1 핵심이론

고급 직업상담학, 고급 직업심리학, 직업정보론, 노동시장론, 노동관계법규의 다섯 과목으로 이루어진 방대한 양의 직업상담사 1급 이론을 각 분야 전문가가 제대로 분석·정리하여 합격의 발판을 마련할 수 있도록 구성하였습니다. 저자의 친절한 'Tip'과 추가적으로 알아야 할 것들을 'Plus Check'로 별도 구성하여 학습의 편의를 높였습니다.

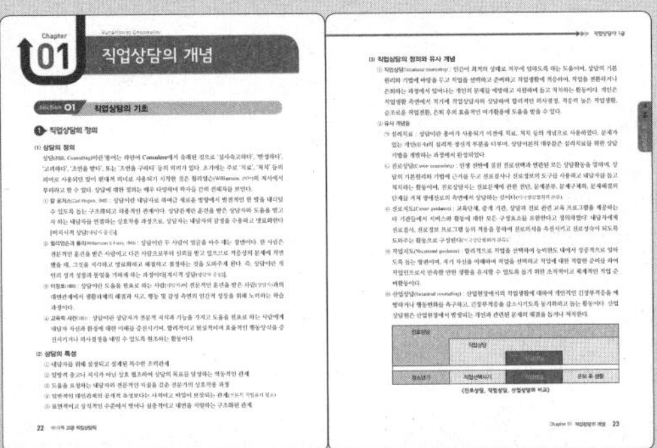

2 단원별 기출문제

각 단원마다 빈출 기출문제를 수록하여 단원학습 이후에 학습의 부족한 부분을 파악하고, 한 번 더 정확한 학습이 가능합니다. 대부분의 문제마다 상세하고 정확한 해설을 수록하여 다시 이론을 찾아보지 않아도 바로 내용을 확인하고 학습할 수 있도록 구성하였습니다.

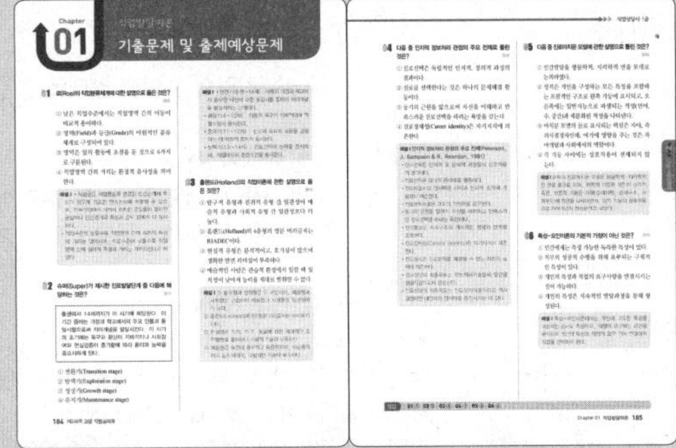

3 모의고사

- 각 과목의 기출문제 분석을 바탕으로 한 과목별 모의고사를 풀어볼 수 있도록 구성하여 해당 과목에서 학습이 부족한 부분을 확인할 수 있습니다.
- 학습의 최종 목표인 실제 시험에 대비하고 연습하여 실전처럼 연습해볼 수 있도록 최종 모의고사를 1회 수록하였습니다.

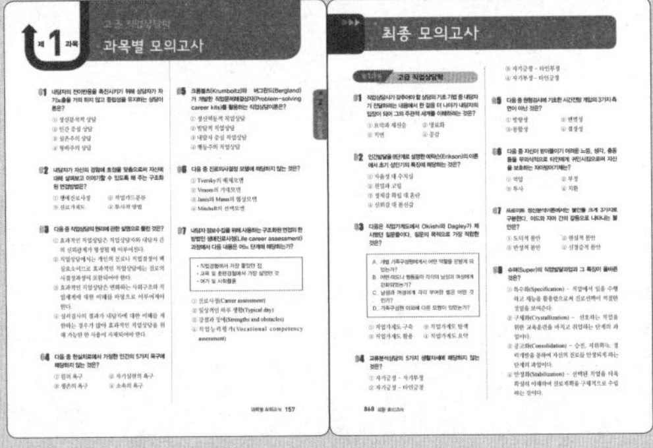

4 최근 기출문제

가장 최근에 시행된 기출문제 4회분을 수록하여 최근 출제경향을 파악하고 실전에 대비하며, 완벽하게 직업상담사 1급 학습을 마무리할 수 있도록 구성하였습니다.

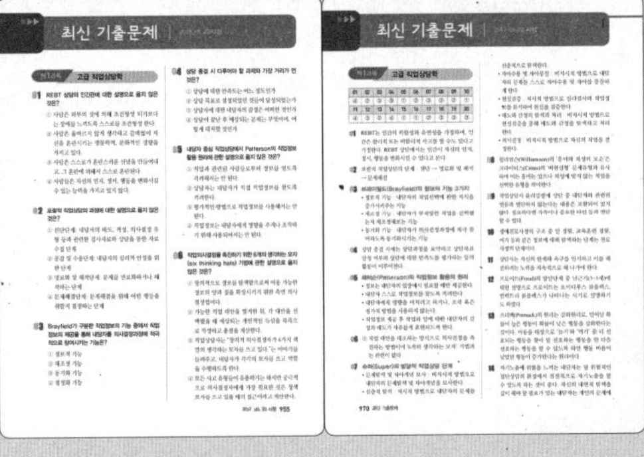

합격問답 직업상담사 1급 1차 필기시험

2018. 1. 2. 초 판 1쇄 인쇄
2018. 1. 5. 초 판 1쇄 발행

지은이 | 김덕수, 김인숙, 손민정, 정태욱, 홍준용
펴낸이 | 이종춘
펴낸곳 | 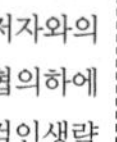 주식회사 **성안당**

주소 | 04032 서울시 마포구 양화로 127 첨단빌딩 5층(출판기획 R&D 센터)
10881 경기도 파주시 문발로 112 출판문화정보산업단지(제작 및 물류)

전화 | 02) 3142-0036
031) 950-6300

팩스 | 031) 955-0510
등록 | 1973. 2. 1. 제406-2005-000046호
출판사 홈페이지 | **www.cyber.co.kr**
ISBN | 978-89-315-8151-5 (13320)
정가 | 39,000원

이 책을 만든 사람들
책임 | 최옥현
기획 · 진행 | 박남균
교정 · 교열 | 류지은
본문 디자인 | 홍수미 · 상상디자인
표지 디자인 | 박원석
홍보 | 박연주
국제부 | 이선민, 조혜란, 김해영
마케팅 | 구본철, 차정욱, 나진호, 이동후, 강호묵
제작 | 김유석

※ 잘못된 책은 바꾸어 드립니다.

합격問답
직업상담사

1급 · 1차 필기시험

김덕수, 김인숙, 손민정, 정태욱, 홍준용 편저

BM 성안당
www.cyber.co.kr

| 저자약력

정태욱

現 한국평생직업 · 진로연구원장
現 성결대학교 경영학부(프라임대학원 직업학 전공) 객원교수
現 한국NCS연구소 대표이사

학력

경기대학교 대학원 직업학과 직업학 박사

경력

한국직업상담협회 서울지회장
한국진로교육학회 감사
한국직업자격학회 이사
한국노동경제학회 이사
前 성결대학교 경영학부(프라임대학원 직업학 전공) 조교수

김덕수

現 노무법인 한샘 대표노무사

학력

충남대학교 법학과 졸업

경력

노무법인 한샘 대표노무사
한국산재보상보험학회 감사
근로복지공단 업무상질병판정위원회 위원
경기도 법률상담위원
경기중소기업연합회 전문위원(인사노무)
서울법학원, 한국학원, YWCA, 퇴직연금모집인교육, 직업소개종사자교육 등 강사
(노동법, 민법, 사회보호법 등)

김인숙

現 (사)한국직업상담협회 강사

학력

경기대학교 직업학과 박사 수료

경력

고용노동부 직업상담직 13년 근무

경기대학교, 동남보건대, 동서울대, 명지전문대, 서울여자간호대학 등 외래강사

숙명대, 충북대 진로상담

직업상담사 1급·2급 강사

직업상담실무 강사

MBTI 성격검사 일반강사

손민정

現 경기대학교 행정대학원 직업학과 강의(직업상담심리학 등)

現 상담인적자원개발위원회 팀장

학력

경기대학교 직업학 박사

경력

(사)한국직업상담협회 사무국장

강남대학교 조교수(산학협력중점교수)

서울시여성능력개발원 취업지원센터장

가톨릭대학교 취업지도연구위원

고용노동부 직업상담직

NCS 및 NCS 기반자격 개발, 수정보완/NCS 학습모듈 개발 등(직업상담서비스 분야, 2013~2017)

한국산업인력공단 국가기술자격 종목개발 연구 참여(자격명 : 퇴직컨설턴트, 2015)

홍준용

現 도연공인노무사 사무소 대표(공인노무사)

現 여성인력개발센터(은평, 노원, 영등포, 인천, 성남) 직업상담사 2급 자격시험 대비반 강사(노동시장론)

학력

동국대학교 법학과 졸업

한국방송통신대학교 경제학과 졸업

경력

노무법인 일과희망 공동대표

테크빌 직업상담사 2급 자격시험 대비반 강사(노동법)

| 머리말

요즈음의 화두는 일자리와 4차 산업혁명입니다. 인간은 누구나 직업을 통해 행복한 삶을 살아갈 권리가 있습니다. 그러나 우리들의 끝없는 욕망은 결국 우리 손으로 만든 기계에게 직업을 빼앗기고 행복한 삶까지도 위협받는 세상을 만들어 내고 있습니다. 이러한 현실은 직업소외를 만들었고, 청년들은 취업을 못해 장기 실업자로 전락하고 있습니다. 정부에서 다양한 정책으로 이 문제를 해결하고자 하지만 크게 효과를 거두지 못하고 있는 실정입니다.

직업 문제는 시공간을 떠나 인류 모두에게 중요한 일입니다. 이렇듯 중요하고 긴급한 직업 문제를 연구하고 답을 찾아 사람들에 제공함으로써 행복을 찾아 주는 일이 우리들에게 주어진 소명입니다. 힘들고 끝이 안 보이고 답이 없을 것 같은 이 일을 해결하겠다고, 아니 조금이라도 나아질 수 있다면 어떤 일이든 조건을 가리지 않고 도전하겠다는 결심으로 이 소명을 담당하게 된 것이 과연 잘 선택한 것일까요? 직업을 연구하는 한 사람으로서 이러한 선택은 우리들 자신에게는 행운이고 국민들의 입장에서도 도움이 될 것이라고 판단됩니다. 왜냐하면 앞으로의 직업은 크게 변화할 것이고, 경제 성장이 일자리를 창출하던 시대는 지났기 때문입니다. 이제 일자리는 일자리 범주 안에서 해결해야 합니다. 1인당 국민소득이 3만 달러가 넘고, 최저임금이 1만 원이 되면 우리 국민이 갖는 직업가치는 경제적 가치보다는 자기실현 가치의 비중이 높아질 것입니다. 삶의 가치가 높게 평가되는 모습으로 변화될 것입니다. 즉, 생산이나 단순, 통계, 숫자를 요하는 일 등은 모두 기계에게 맡기고 인간은 데이터를 종합하고, 사람을 자문하며, 사물을 관리하는 등 최고의 직무기능을 수행하면서 여유롭게 사람다운 삶을 살아가게 될 것입니다.

그렇다면 우리는 이 문제를 해결하기 위해 무엇을 어떻게 해야 할까요?

첫째, 인간과 직업연구에 최고의 전문가가 되어야 합니다.
이를 위해 인간과 직업에 대해 끝없이 연구하고 학습해야 합니다. 그리고 검증된 자격을 갖춰야 합니다. 자격은 직업자기효능감과 직업정체감을 향상하게 합니다. 자격에는 학력자격과 직업자격이 있습니다. 학력자격은 인간 중심의 학문인 직업학이 개설된 대학원을 통해 획득할 수 있습니다. 또한 직업자격에는 국가기술자격인 직업상담사가 있습니다. 이 책은 국가가 공인해 주는 직업자격 취득을 위한 교재입니다. 이 자격이 여러분이 일 능력과 관계 능력을 갖춘 직업상담 전문가가 되기 위한 첫 번째 관문입니다.

둘째, 직업 · 진로상담 전문가가 되어야 합니다.

상담은 이론과 지식만으로는 전문가가 되기 어렵습니다. 오랜 경험이 전문가를 만들어 줍니다. 따라서 본 교재는 1급 직업상담사 자격 취득을 목적으로 집필하였습니다. 뿐만 아니라 실제로 인간과 직업 문제에 대해서도 심도 있는 내용으로 편성하였으며 실제 상담 현장에서 쉽게 활용할 수 있도록 제작하였습니다. 인간에 관한 연구로 직업심리학과 직업상담학을, 직업정보에 관한 영역으로 직업정보론, 노동시장론, 노동관계법을 편성하였습니다. 저자들은 최고의 전문성과 실무 경험(직업학 교수, 노무법인 대표노무사, 직업학 박사, 고용지원센터 1기 직업상담사 출신)을 갖춘 전문가로 구성하였습니다.

본 교재의 편집 체계는 이론과 기출문제 해설, 예상문제 풀이, 최근 기출문제(2016년, 2017년) 해설로 구성하였습니다. 이론은 시험에 합격하기 위해 필요한 내용과 향후 직업상담 실무에서 활용할 수 있는 이론을 함께 설명하였습니다.

끝으로, 이 교재가 나올 수 있도록 몇 년을 기다려 주시고 끝까지 도와주신 ㈜성안당 이종춘 회장님께 깊이 감사하는 마음을 전합니다. 편집과 교정에 애쓰신 최옥현 상무님과 편집부 선생님들께 감사를 드립니다.

2018년 1월
편저자 일동

차례

국가직무능력표준(NCS)

↵ 국가직무능력표준(NCS)이란?

국가직무능력표준(National Competency Standards, NCS)은 산업현장에서 직무를 행하기 위해 요구되는 지식·기술·태도 등의 내용을 국가가 산업 부문별, 수준별로 체계화한 것으로, 산업현장의 직무를 성공적으로 수행하기 위해 필요한 능력을 국가적 차원에서 표준화한 것을 의미한다.

↵ NCS 학습모듈이란?

NCS가 현장의 '직무 요구서'라고 한다면, NCS 학습모듈은 NCS의 능력단위를 교육훈련에서 학습할 수 있도록 구성한 '교수·학습자료'이다. NCS 학습모듈은 구체적 직무를 학습할 수 있도록 이론 및 실습과 관련된 내용을 상세하게 제시하고 있다. NCS 학습모듈은 산업계에서 요구하는 직무능력을 교육훈련 현장에 활용할 수 있도록 성취목표와 학습의 방향을 명확히 제시하는 가이드라인의 역할을 하며, 특성화고, 마이스터고, 전문대학, 4년제 대학교의 교육기관 및 훈련기관, 직장교육기관 등에서 표준교재로 활용할 수 있으며 교육과정 개편 시에도 유용하게 참고할 수 있다.

↵ NCS 기반 직업상담분야 분류

대분류		중분류		소분류		세분류
사회복지 · 종교	▶	상담	▶	직업상담서비스	▶	01. 직업상담 02. 취업알선 03. 전직지원

↵ 직업정보

세분류		01.직업상담/02.취업알선/03.전직지원			
직업명		직업상담사 및 취업알선원		헤드헌터	전직지원 종사자
		공공고용서비스기관	민간고용서비스		
종사자 수		4,827	27,619		500
종사 현황	연령	38.7세	41.7세	평균 45세	
	임금	월 187.9만 원	월 208.1만 원	월 250만 원	
	학력	대졸 이상	초대졸 이상	초대졸 이상	
	성비	29.1(남) : 70.9(여)	74.2(남) : 25.9(여)		
	근속 연수	4.95	4.33	평균 6.5년	
관련자격		직업상담사 2급 이상	직업상담사 2급 이상		

※ 출처: 한국고용정보원(2009) '산업 · 직업별 고용구조조사'

↰ 세분류 직무 정의 및 능력단위

① 직업상담

- 직무 정의 : 직업상담은 상담의 기본 원리와 기법에 준하여 진로탐색, 직업선택, 직업적응, 직업전환, 은퇴 등에서 발생하는 개인의 직업 관련 문제를 예방하고 지원하며, 처치하는 일이다.
- 능력단위

> 직업심리검사 선정, 직업심리검사 실시, 직업심리검사 해석, 구직역량분석, 취업상담, 구직자 사후관리, 직업적응문제 진단, 직업적응상담, 전직상담, 전직실행지원, 창업준비상담, 창업실행지원, 직업복귀자 역량분석, 직업복귀상담, 은퇴자특성분석, 은퇴상담, 재활직업역량분석, 재활직업상담, 다문화직업역량분석, 다문화직업상담, 심층직업상담 초기면담, 심층직업상담, 심층직업상담 변화관리, 집단상담 프로그램 실시, 사이버직업상담, 직업심리검사도구개발, 직업상담 프로그램 개발, 직업상담 슈퍼비전, 직업상담사업 현황분석, 직업상담사업 계획수립, 직업정보관리, 직업상담행정, 직업상담마케팅, 직업상담홍보, 직업상담네트워크 구축

② 취업알선

- 직무 정의 : 취업알선은 고용 관련 정보를 수집하고 분류하여 구직자에게는 취업에 필요한 서비스를 제공하고, 구인자에게는 충족되는 구직자를 소개하기 위한 업무를 지원하는 일이다.
- 능력단위

> 구인구직발굴계획, 구인구직모집, 구인자 초기상담, 구인자 일반상담, 구직자 초기상담, 구직자 일반상담, 직업심리검사 준비, 직업심리검사 운영, 직업훈련상담, 구직기술상담 준비, 구직기술 클리닉, 취업알선사업기획, 취업알선사업운영, 취업역량강화 프로그램 기획, 취업역량강화 프로그램 운영, 구인구직매칭 준비, 구인구직매칭, 사후관리

③ 전직지원

- 직무 정의 : 전직지원은 실직이나 퇴직으로 인한 위기를 극복하기 위해서 경력전환과 효율적인 인력관리에 필요한 경쟁력 강화와 변화관리를 위한 정보와 방법을 제공하고 지원하는 일이다.
- 능력단위

> 전직지원컨설팅사전기획, 전직지원 프로그램 사전컨설팅, 전직환경인지, 전직환경 재적응능력향상, 경력목표설정 사전분석, 경력목표설정 컨설팅, 재취업욕구사정, 재취업역량강화 컨설팅, 창업역량 사전컨설팅, 창업실무지원 컨설팅, 생애설계 욕구사정, 생애설계지원 컨설팅, 능력개발 컨설팅, 전직지원 프로그램 운영, 전직지원 프로그램평가, 전직지원 사후관리

↳ 개요

　직업상담원이 수행하는 업무는 상담업무, 직업소개업무, 직업 관련 검사실시 및 해석업무, 직업지도 프로그램 개발과 운영업무, 직업상담 행정업무 등으로 구별할 수 있다. 주요 상담업무에는 근로기준법을 비롯한 노동관계법규 등 노동시장에서 발생되는 직업과 관련된 법적인 일반적인 사항에 대한 일반상담 실시와 구인·구직상담, 창업상담, 경력개발상담, 직업적응상담, 직업전환상담, 은퇴 후 상담 등의 각종 직업상담이 있다. 직업상담원은 구직자들이 그들의 교육, 경력, 기술, 자격증, 구직직종, 원하는 임금 등을 포함한 구직표를 정확하게 작성하도록 도와주며, 구직표를 제출하면 정확하게 되었는지를 검토하고 필요하면 수정을 한다. 직업상담원은 구직자들에게 가장 적합한 직업이 무엇인지를 찾도록 도와주며, 적성·흥미검사 등을 실시하여 구직자의 적성과 흥미에 알맞은 직업정보를 제공하고, 청소년, 여성, 중·고령자, 실업자 등을 위한 직업지도 프로그램 개발 및 운영을 한다. 그리고 취업이 곤란한 구직자(장애자, 고령자)에게 보다 많은 취업기회를 제공하고, 구인난을 겪고 있는 기업에게 다양한 인력을 소개하기 위하여 구인처 및 구직자를 개척하기도 한다.

↳ 수행직무

　구인·구직·취업알선상담·진학상담·직업적응상담 등 노동법규 관련 상담업무를 수행하고, 노동시장·직업세계 등과 관련된 직업정보를 수집·분석하여 상담자에게 정보를 제공하며, 직업적성 검사, 흥미검사 실시 및 해석을 수행하는 업무를 수행한다.

↳ 진로 및 전망

　노동부 지방노동관서, 고용안정센터, 인력은행 등 전국 19개 국립직업안정기관과 전국 281개 시·군·구 소재 공공직업안정기관 및 민간 유·무료직업소개소, 24개 국외 유료직업소개소 등의 직업상담원으로 취업이 가능하다. 노동부 지방노동관서 등 직업소개기관 직업상담원 채용 시 직업상담사 자격 소지자에게 우대할 예정이다.

↵ 취득방법

① **시행처** : 한국산업인력공단

② **관련 학과** : 대학 등의 심리학과, 경영·경제학과, 법정계열학과, 교육심리학과 등, 기타 사회교육기관의 직업상담사과정 및 사설학원

③ **시험과목**
- 필기(총 100문, 각 20문) : 고급 직업상담학, 고급 직업심리학, 고급 직업정보론, 노동시장론, 노동관계법규
- 실기 : 직업상담실무

④ **출제경향** : 직업상담 및 직업심리검사의 실시, 관련 직업정보 수집·가공·제공과 직업상담 관련 행정업무 수행능력 평가

⑤ **검정방법**
- 필기 : 객관식 4지택일형 100문제(150분)
- 실기 : 작업형(3시간 정도)

⑥ **합격기준**
- 필기 : 매 과목 40점 이상, 전 과목 평균 60점 이상
- 실기 : 60점 이상

⑦ **시험수수료**
- 필기 : 19,400원
- 실기 : 33,900원

| 필기 출제기준

직무 분야	사회복지 · 종교	중직무 분야	사회복지 · 종교	자격 종목	직업상담사 1급	적용 기간	2015. 1. 1 ~ 2019. 12. 31

직무내용 : 구직자, 구인자 및 실업자를 위한 취업, 직업능력개발 상담을 제공하거나 초 · 중 · 고등학교, 전문대학 및 대학의 학생을 위한 진학지도, 취업상담 등의 진로지도를 담당하며, 이와 관련한 직업정보를 수집 및 관리하며, 진로지도 프로그램 개발 · 운영하거나 직업상담 관련 제반 업무를 수행하는 직무

필기검정방법	객관식	문제수	100	시험시간	2시간 30분

↵ 고급 직업상담학(20문)

주요항목	세부항목	세세항목
1. 직업상담의 개념	1. 직업상담의 기초	1. 직업상담의 정의 2. 직업상담의 목적 3. 직업상담자의 역할 및 영역 4. 집단직업상담의 의미
	2. 직업상담의 분석틀	1. 윌리엄슨의 분류 2. 보딘의 분류 3. 크라이티스의 분류 4. 직업의사결정상태에 따른 분류
2. 직업상담의 이론	1. 기초상담이론의 종류	1. 정신분석적 상담 2. 아들러의 개인주의 상담 3. 행동주의 상담 4. 내담자 중심 상담 5. 합리적 · 정서적 상담 6. 교류분석적 상담 7. 인지행동 상담
3. 직업상담 접근 방법	1. 특성–요인 직업상담	1. 특성–요인 직업상담 모형, 방법, 평가
	2. 내담자 중심 직업상담	1. 내담자 중심 직업상담 모형, 방법, 평가
	3. 정신 역동적 직업상담	1. 정신 역동적 직업상담 모형, 방법, 평가
	4. 발달적 직업상담	1. 발달적 직업상담 모형, 방법, 평가
	5. 행동주의 직업상담	1. 행동주의 직업상담 모형, 방법, 평가
	6. 포괄적 직업상담	1. 포괄적 직업상담 모형, 방법, 평가
4. 직업상담의 기법	1. 초기면담의 의미	1. 초기면담의 유형과 요소 2. 초기면담의 단계
	2. 구조화된 면담법의 의미	1. 생애진로사정의 의미 2. 생애진로사정의 구조 3. 생애진로사정의 적용
	3. 내담자 사정의 의미	1. 동기 · 역할 사정하기 2. 가치사정하기 3. 흥미사정하기 4. 성격사정하기
	4. 목표설정 및 진로시간전망	1. 목표설정의 의미 및 특성 2. 진로시간전망의 의미
	5. 내담자의 인지적 명확성 사정	1. 면담의존 사정과 사정 시의 가정 2. 사정과 가설발달의 의미
	6. 내담자의 정보 및 행동에 대한 이해	1. 내담자의 정보 및 행동에 대한 이해기법
	7. 대안개발과 의사결정	1. 대안선택 및 문제해결

5. 직업상담 행정 및 제반 업무	1. 각종 행사운영	1. 행사기획 및 관리 3. 행사 평가	2. 행사 관련 홍보 및 업체 섭외
	2. 취업지원 관련 자료분석	1. 요구별 · 목적별 자료 정리 및 산출 2. 절차에 따른 정기 및 수시 자료 분석	
	3. 직업상담사의 윤리	1. 직업상담 시 윤리적 문제	

↵ 고급 직업심리학(20문)

주요항목	세부항목	세세항목	
1.직업발달이론	1. 특성-요인이론 제개념	1. 특성-요인이론의 특징 3. 홀랜드의 직업선택이론	2. 특성-요인이론의 주요 내용
	2. 직업적응이론 제 개념	1. 롭퀴스트와 데이비스의 이론	2. 직업적응에 대한 제 연구
	3. 발달적 이론	1. 긴즈버그의 발달이론 3. 고트프레드슨 이론	2. 슈퍼의 발달이론
	4. 욕구이론	1. 욕구이론의 특성	2. 욕구이론의 주요 내용
	5. 진로선택의 사회학습이론	1. 진로발달과정의 특성과 내용	2. 사회학습모형과 진로선택
	6. 새로운 진로발달이론	1. 인지적 정보처리접근 3. 가치중심적 진로접근모형	2. 사회인지적 조망접근
2.직업심리검사	1. 직업심리검사의 이해	1. 심리검사의 특성 3. 심리검사의 분류	2. 심리검사의 용도
	2. 규준과 점수해석	1. 규준의 개념 및 필요성 3. 규준해석의 유의점	2. 규준의 종류
	3. 신뢰도와 타당도	1. 신뢰도의 개념	2. 타당도의 개념
	4. 주요 심리검사	1. 성인지능검사 3. 직업선호도검사 5. 직업흥미검사	2. 직업적성검사 4. 진로성숙검사
3. 직무분석 및 평가	1. 직무분석의 제 개념	1. 직무분석의 의미 3. 직무분석의 원칙	2. 직무분석의 방법 4. 직무분석의 단계
	2. 직무평가	1. 직무평가의 방법	2. 직무가치 분석방법
	3. 직무수행 준거	1. 객관적 준거 3. 직무수행에 관한 준거의 관계	2. 주관적 준거
4. 경력개발과 직업전환	1. 경력개발	1. 경력개발의 정의 3. 경력개발의 단계	2. 경력개발 프로그램
	2. 직업전환	1. 직업전환과 직업상담 3. 경력단절여성의 직업전환	2. 고령계층의 직업전환
5. 직업과 스트레스	1. 스트레스의 의미	1. 스트레스의 특성	2. 스트레스의 작용원리
	2. 스트레스의 원인	1. 직업 관련 스트레스 요인	

| 필기 출제기준

5. 직업과 스트레스	3. 스트레스의 결과 및 예방	1. 개인적 결과 3. 대처를 위한 조건	2. 조직의 결과 4. 예방 및 대처전략
6. 작업동기	1. 동기의 이해	1. 동기의 개념 이해	
	2. 작업동기이론	1. 욕구위계이론 3. 기대이론 5. 목표설정이론	2. 형평이론 4. 강화이론
	3. 작업동기이론의 적용	1. 동기전략의 적용　2. 작업동기이론의 통합	

↲ 고급 직업정보론(20문)

주요항목	세부항목	세세항목	
1. 직업정보의 제공	1. 직업정보의 이해	1. 직업정보의 의의	2. 직업정보의 기능
	2. 직업정보의 종류	1. 민간직업정보	2. 공공직업정보
	3. 직업정보 제공 자료	1. 한국직업사전 3. 학과정보 5. 훈련정보	2. 한국직업전망 4. 자격정보 6. 직업정보시스템
2. 직업 및 산업 분류의 활용	1. 직업분류의 이해	1. 직업분류의 개요 3. 직업분류의 체계와 구조	2. 직업분류의 기준과 원칙
	2. 산업분류의 이해	1. 산업분류의 개요 3. 산업분류의 체계와 구조	2. 산업분류의 기준과 원칙
3. 직업 관련 정보의 이해	1. 직업훈련 정보의 이해	1. 직업훈련제도의 개요 및 훈련기관	
	2. 워크넷의 이해	1. 워크넷의 내용 및 활용	2. 기타 취업사이트 활용
	3. 자격제도의 이해	1. 국가자격종목의 이해	
	4. 고용지원정책의 이해	1. 고용지원정책 및 제도	
4. 직업정보의 수집, 분석	1. 고용정보의 수집	1. 정보수집방법 3. 정보수집 시 유의사항	2. 정보수집활동
	2. 고용정보의 분석	1. 정보의 분석 3. 고용정보의 주요 용어	2. 분석 시 유의점

↲ 노동시장론(20문)

주요항목	세부항목	세세항목	
1. 노동시장의 이해	1. 노동의 수요	1. 노동수요의 의의와 특징 3. 노동의 수요곡선	2. 노동수요의 결정요인 4. 노동수요의 탄력성
	2. 노동의 공급	1. 노동공급의 의의와 특징 3. 노동의 공급곡선	2. 노동공급의 결정요인 4. 노동공급의 탄력성
	3. 노동시장의 균형	1. 노동시장의 의의와 특징 3. 한국의 노동시장의 구조와 특징	2. 노동시장의 균형분석

2. 임금의 제 개념	1. 임금의 의의와 결정이론	1. 임금의 의의와 법적 성격 3. 임금의 경제적 기능	2. 임금의 범위 4. 최저임금제도
	2. 임금체계	1. 임금체계의 의의 3. 임금체계의 유형	2. 임금체계의 결정
	3. 임금형태	1. 시간임금 3. 직능급	2. 연공급 4. 직무급 등
	4. 임금격차	1. 임금격차이론	2. 임금격차의 실태 및 특징
3. 실업의 제 개념	1. 실업의 이론과 형태	1. 실업의 제 이론 3. 비자발적 실업 5. 구조적 실업 7. 잠재적 실업	2. 자발적 실업 4. 마찰적 실업 6. 경기적 실업
	2. 실업의 원인과 대책	1. 한국의 실업률 추이와 실업구조 2. 실업대책	
4. 노사관계이론	1. 노사관계의 의의와 특성	1. 노사관계의 의의	2. 노사관계의 유형
	2. 노동조합의 이해	1. 노동조합의 형태 3. 노동조합의 운영 5. 파업의 이론과 기능	2. 단체교섭 4. 조직률의 개념과 결정요인

↲ 노동관계법규(20문)

주요항목	세부항목	세세항목
1. 노동기본권과 개별근로관계법규, 고용관련 법규	1. 노동기본권의 이해	1. 헌법상의 노동기본권
	2. 개별근로 관계법규의 이해	1. 근로기준법 및 시행령, 시행규칙 2. 남녀고용평등과 일·가정 양립 지원에 관한 법률 및 시행령, 시행규칙 3. 고용상 연령차별금지 및 고령자고용촉진에 관한 법률 및 시행령, 시행규칙 4. 파견근로자보호 등에 관한 법률 및 시행령, 시행규칙 5. 기간제 및 단시간근로자 보호 등에 관한 법률 및 시행령, 시행규칙 6. 근로자퇴직급여 보장법 및 시행령, 시행규칙
	3. 고용관련법규	1. 고용정책 기본법 및 시행령, 시행규칙 2. 직업안정법 및 시행령, 시행규칙 3. 고용보험법 및 시행령, 시행규칙 4. 근로자직업능력 개발법 및 시행령, 시행규칙 5. 장애인고용촉진 및 직업재활법 및 시행령, 시행규칙

| 실기 출제기준

↵ 실기시험 수행 준거

- 각종 심리평가 도구를 사용하여 직업상담을 할 수 있다.
- 직업심리검사를 시행하고 그 결과를 해석할 수 있다.
- 노동시장 분석 등을 통해 취업박람회 등의 각종 행사를 위한 기획서를 작성할 수 있다.

↵ 직업상담 실무

주요항목	세부항목	세세항목
1. 심층 직업상담	1. 초기면담하기	1. 심층 상담에 대한 내담자의 적절성을 파악하기 위해 주요 호소 이슈와 상담 동기를 확인하고 내담자와 촉진적 관계를 형성할 수 있다. 2. 내담자에 대한 심상을 형성하기 위해 내담자의 행동, 표정, 언어 표현 등을 관찰할 수 있다.
	2. 진단하기	1. 표준화된 진단도구 활용 지침에 따라 검사를 실시할 수 있다. 2. 정확한 검사결과 해석을 위해 채점기준에 따라 검사결과를 평정할 수 있다.
	3. 상담기법 정하기	1. 초기면담과 진단도구 평정 결과에 따라 내담자의 특성을 분석할 수 있다. 2. 내담자의 이슈에 개입하기 위해 적합한 상담기법을 선택할 수 있다.
	4. 상담하기	1. 내담자가 해결하고자 하는 이슈에 따라 적절한 기법을 사용하여 상담을 진행할 수 있다. 2. 상담의 원활한 진행을 위해 적극적 경청, 공감, 수용 등의 상담기술을 사용할 수 있다.
	5. 상담진행변화 분석하기	1. 상담을 통한 내담자의 변화를 분석하기 위해 문제 상황에 대한 내담자의 균형 잡힌 관점, 핵심 이슈의 파악, 자기 패배적 사고에서의 탈피, 치유의 정도 등을 분석할 수 있다. 2. 상담 목표를 달성하기 위해 상담의 올바른 방향성을 검토하고 내담자의 변화에 대한 수용과 의지에 따라 적절한 상담회기 및 상담기법을 변경할 수 있다. 3. 상담이 효과적으로 진행되고 있는지 점검하기 위해 내담자 스스로 변화의지와 자신감 등을 파악할 수 있다. 4. 상담결과를 분석함에 있어 내담자의 긍정적 변화를 도출하기 위해 개입 방법이 적절하였는지 평가할 수 있다.

2. 직업상담 연구	1. 검사도구 개발하기	1. 필요성에 따라 개발할 검사 대상과 속성을 결정할 수 있다. 2. 관련 도구와 자료를 조사하고 전문가 자문을 통해 예비문항을 개발할 수 있다. 3. 신뢰도와 타당도를 위한 예비조사를 실시하고 검사문항을 확정할 수 있다. 4. 표준화를 위해 본 조사를 실시하고 규준을 설정할 수 있다. 5. 규준에 따라 검사도구 실시 및 활용 매뉴얼을 작성할 수 있다.
	2. 직업상담 프로그램 개발하기	1. 직업상담 프로그램의 목표에 따라 대상의 특성을 분석할 수 있다. 2. 전문가 조언을 참고하여 프로그램을 개발할 수 있다.
3. 직업심리검사	1. 검사 선택하기	1. 내담자에 따라 직업심리검사의 종류와 내용을 설명할 수 있다. 2. 내담자의 목표에 적합한 검사를 선택하기 위해 다양한 검사들의 가치와 제한점을 설명할 수 있다.
	2. 검사 실시하기	1. 표준화된 검사 매뉴얼에 따라 제시된 소요시간 내에 검사를 실시할 수 있다. 2. 표준화된 검사 매뉴얼에 따라 내담자의 수검 태도를 관찰할 수 있다. 3. 정확한 검사결과를 도출하기 위해 채점기준에 따라 검사결과를 평정할 수 있다.
	3. 검사결과 해석하기	1. 검사 항목별 평정에 따라 내담자에게 의미 있는 내용을 도출할 수 있다. 2. 내담자가 검사결과를 쉽게 이해할 수 있도록 전문적 용어, 평가적 말투, 애매한 표현 등을 자제하고 적절한 용어를 선택하여 검사점수의 의미를 설명할 수 있다. 3. 검사결과 해석에 내담자 참여를 유도하기 위해 구조화된 질문을 사용할 수 있다. 4. 검사결과에 대한 내담자의 불안과 왜곡된 이해를 최소화하기 위해 검사결과 해석 시 내담자의 반응을 고려할 수 있다. 5. 직업심리검사도구의 결과에 대한 한계점을 설명할 수 있다. 6. 각종 심리검사 결과를 활용할 수 있다.
4. 직업상담 마케팅	1. 직업상담 논점 분석하기	1. 직업상담의 대상을 파악하고 분석할 수 있다. 2. 직업상담 논점을 확인하기 위하여 직업정보를 수집할 수 있다. 3. 수집된 내용을 바탕으로 주요 논점을 파악할 수 있다.
	2. 각종 기획서 작성하기	1. 노동시장을 분석할 수 있다. 2. 행사 목적을 수립할 수 있다. 3. 행사 추진계획을 수립할 수 있다. 4. 행사를 사전 준비할 수 있다. 5. 행사를 진행할 수 있다. 6. 행사 사후조치를 할 수 있다.

직업상담사 1급

Vocational Counselor

제 1 과목

고급 직업상담학

과목별 모의고사

직업상담의 개념

Section 01 직업상담의 기초

❶ 직업상담의 정의

(1) 상담의 정의

상담(相談, Counseling)이란 용어는 라틴어 Consulere에서 유래된 것으로 '심사숙고하다', '반성하다', '고려하다', '조언을 받다', 또는 '조언을 구하다' 등의 의미가 있다. 초기에는 주로 '치료', '처치' 등의 의미로 사용되던 말이 현대적 의미로 사용되기 시작한 것은 윌리엄슨(Williamson, 1939)의 저서에서 부터라고 할 수 있다. 상담에 대한 정의는 매우 다양하며 학자들 간의 견해차를 보인다.

① 칼 로저스(Carl Rogers, 1942) : 상담이란 내담자로 하여금 새로운 방향에서 발전적인 한 발을 내디딜 수 있도록 돕는 구조화되고 허용적인 관계이다. 상담관계란 훈련을 받은 상담자와 도움을 받고자 하는 내담자를 연결하는 상호작용 과정으로, 상담자는 내담자의 감정을 수용하고 명료화한다 [비지시적 상담(내담자 중심)].

② 윌리엄슨과 폴리(Williamson & Foley, 1949) : 상담이란 두 사람이 얼굴을 마주 대는 장면이다. 한 사람은 전문적인 훈련을 받은 사람이고 다른 사람으로부터 신뢰를 받고 있으므로 적응상의 문제에 직면했을 때, 그것을 지각하고 명료화하고 해결하고 결정하는 것을 도와주게 된다. 즉, 상담이란 개인의 성격 성장과 통일을 기하게 하는 과정이다[지시적 상담(상담자 중심)].

③ 이장호(1989) : 상담이란 도움을 필요로 하는 사람(내담자)이 전문적인 훈련을 받은 사람(상담자)과의 대면관계에서 생활과제의 해결과 사고, 행동 및 감정 측면의 인간적 성장을 위해 노력하는 학습과정이다.

④ 교육학 사전(1981) : 상담이란 상담자가 전문적 지식과 기능을 가지고 도움을 필요로 하는 사람에게 내담자 자신과 환경에 대한 이해를 증진시키며, 합리적이고 현실적이며 효율적인 행동양식을 증진시키거나 의사결정을 내릴 수 있도록 원조하는 활동이다.

(2) 상담의 특성

① 내담자를 위해 설정되고 설계된 특수한 조력관계
② 일방적 충고나 지시가 아닌 상호 협조하여 상담의 목표를 달성하는 역동적인 관계
③ 도움을 요청하는 내담자와 전문적인 자질을 갖춘 전문가의 상호작용 과정
④ 일반적인 대인관계의 공개적 속성보다는 사적이고 비밀이 보장되는 관계(전문적 직업윤리 필요)
⑤ 표면적이고 상식적인 수준에서 벗어나 심층적이고 내면을 지향하는 구조화된 관계

(3) 직업상담의 정의와 유사 개념

① 직업상담(Vocational counseling) : 인간이 최적의 상태로 직무에 임하도록 하는 도움이며, 상담의 기본원리와 기법에 바탕을 두고 직업을 선택하고 준비하고 직업생활에 적응하며, 직업을 전환하거나 은퇴하는 과정에서 일어나는 개인의 문제를 예방하고 지원하며 돕고 처치하는 활동이다. 개인은 직업생활 측면에서 적기에 직업상담자와 상담하여 합리적인 의사결정, 적응력 높은 직업생활, 순조로운 직업전환, 은퇴 후의 효율적인 여가활용에 도움을 받을 수 있다.

② 유사 개념들

㉠ 심리치료 : 상담이란 용어가 사용되기 이전에 치료, 처치 등의 개념으로 사용하였다. 문제가 있는 개인(환자)의 심리적·정신적 부분을 다루며, 상담이론의 대부분은 심리치료를 위한 상담기법을 개발하는 과정에서 완성되었다.

㉡ 진로상담(Career counseling) : 인생 전반에 걸친 진로선택과 연관된 모든 상담활동을 말하며, 상담의 기본원리와 기법에 근거를 두고 진로검사나 진로정보의 도구를 사용하고 내담자를 돕고 처치하는 활동이며, 진로상담자는 진로문제에 관한 진단, 문제분류, 문제구체화, 문제해결의 단계를 거쳐 생애진로의 측면에서 상담하는 것이다(미국상담협회의 분류).

㉢ 진로지도(Career guidance) : 교육단체, 중개 기관, 상담과 진로 관련 교육 프로그램을 제공하는 타 기관들에서 서비스와 활동에 대한 모든 구성요소를 포함한다고 정의하였다. 내담자에게 진로검사, 진로정보 프로그램 등의 적용을 통하여 진로의식을 촉진시키고 진로성숙이 되도록 도와주는 활동으로 구성된다(미국상담협회의 분류).

㉣ 직업지도(Vocational guidance) : 합리적으로 직업을 선택하여 능력한도 내에서 성공적으로 일하도록 돕는 방편이며, 자기 자신을 이해하며 직업을 선택하고 직업에 대한 적합한 준비를 하여 직업인으로서 만족할 만한 생활을 유지할 수 있도록 돕기 위한 조직적이고 체계적인 직업 준비활동이다.

㉤ 산업상담(Industrial counseling) : 산업현장에서의 직업생활에 대하여 개인적인 긴장부적응을 예방하거나 행동변화를 촉구하고, 긴장부적응을 감소시키도록 동기화하고 돕는 활동이다. 산업상담원은 산업현장에서 발생되는 개인과 관련된 문제의 해결을 돕거나 처치한다.

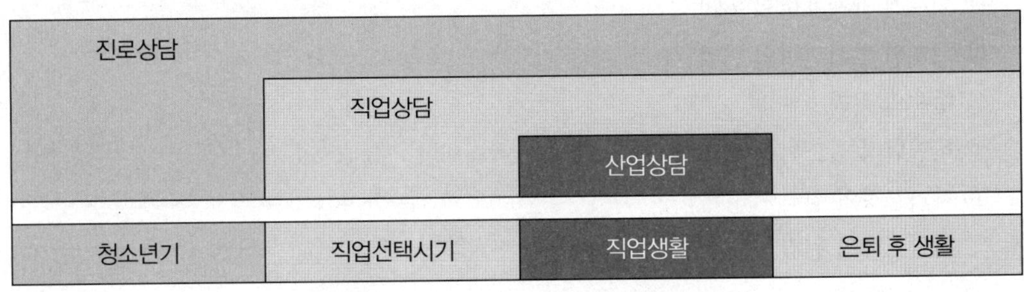

〈진로상담, 직업상담, 산업상담의 비교〉

③ 직업상담과 심리상담(심리치료)의 차이[크라이티스(Crites)의 견해]
　㉠ 심리치료에 대한 요구보다 직업상담에 대한 요구가 더 많다.
　㉡ 직업상담은 일정부분에 있어서 치료적일 수 있다.
　㉢ 직업상담은 심리치료에 준하여 진행되어야 한다.
　㉣ 직업상담은 심리상담에 비해 더 효과적이다.

❷ 직업상담의 목적과 단계

(1) 직업상담의 목표

① 9가지 일반적 목표
　㉠ 직업선택에 대한 책임
　㉡ 일 세계에 대한 이해
　㉢ 의사결정능력의 배양
　㉣ 자아개념의 구체화를 통한 현실적인 자신의 이미지를 형성
　㉤ 협동적 사회행동 추구
　㉥ 직업문제 인식
　㉦ 생애직업설계에 대한 시도
　㉧ 직업에 대한 의식, 태도 형성
　㉨ 실업 등 직업에 대한 위기관리능력
② 직업상담의 목표[기즈버스(Gysbers)의 견해]
　㉠ 예언과 발달
　㉡ 처지와 자극
　㉢ 결함과 유능

(2) 상담의 기본원리[바이스텍(Biestek)]

① 개별화의 원리
② 의도적 감정표현의 원리
③ 통제된 정서관여의 원리
④ 수용의 원리
⑤ 비판단적 태도의 원리
⑥ 자기결정의 원리
⑦ 비밀보장의 원리

(3) **직업상담의 단계**

① 내담자의 문제확인, 문제명료화, 문제상세화의 단계

 ㉠ 들어가기

 ㉡ 내담자의 정보 수집하기

 ㉢ 내담자 행동이해 및 가정하기

② 내담자의 목적 또는 문제해결

 ㉠ 행동 취하기

 ㉡ 직업목표 및 행동계획 발전시키기

 ㉢ 사용된 개입의 영향 평가하기

(4) **직업상담과정의 통합적 모형**

① 크라이티스(Crites)의 직업상담과정 모형

 ㉠ 직업상담과정 : 진단 → 문제명료화 또는 해석 → 문제해결

 ㉡ 직업상담의 목적 : 직업상담은 내담자의 진로선택, 의사결정기술의 습득, 일반적 적응을 고양시킬 수 있도록 하기 위한 것이어야 하며, 이를 위해 면담기법, 검사해석, 직업정보제공 등을 직업상담과정에 포함시켜야 한다고 하였다.

② 키너와 크롬볼츠(Kinner & Krumboltz)의 직업상담과정

 ㉠ 사정(Assessment)

  • 상담자와 내담자의 관계성 증진

  • 상담구조 및 목적에 관한 의견일치

  • 문제탐색, 문제확인

  • 극복할 장애 확인

 ㉡ 개입(Intervention)

  • 목표실현에 도움이 되는 활동

  • 내담자의 걱정 덜어주기

 ㉢ 평가(Evaluation) : 개입이 얼마나 잘 적용되었는가?

③ 슈퍼(Super)의 통합적 견해 : 진로사정(Career assessment)이 유용하긴 하나 적극적인 진로계획자와 의사결정자가 되도록 격려하고 지지하며 돕는 데 불충분하다고 지적하면서 발달론적 사정모형을 고려할 필요가 있다고 보고 개인이 자아에 관한 정보와 환경에 관한 정보를 조합할 필요가 있다고 강조하였다.

❸ 직업상담자의 역할 및 영역

(1) 직업상담사의 역할

① 상담자 : 직업상담, 일반상담 등을 수행한다.

② 처치자 : 내담자가 자신의 문제를 인식하도록 하고 이를 진단, 분류, 처치한다.

③ 조언자 : 고용 관련 법규, 직업정보, 구인정보, 미래사회정보 등을 제공하고, 모호하거나 왜곡된 의사결정을 하는 내담자에게 조언한다.

④ 개발자 : 청소년, 여성, 퇴직자, 중·고령자, 장애인 등 특성에 맞는 프로그램을 개발한다.

⑤ 지원자 : 직업상담 프로그램을 적용하고 평가하여 보완할 수 있는 자료제공을 지원한다.

⑥ 해석자 : 심리검사를 실시 및 해석하여 내담자의 이해를 돕는다.

⑦ 정보분석가 : 직업정보를 수집, 가공, 분석하여 내담자에게 제공한다.

⑧ 협의자 : 직업정보 제공원, 구인처와 연계를 구축하여 협의한다.

⑨ 관리자 : 상담과정, 직업정보 수집과정에서 발생하는 일련의 업무를 관리하고 통제한다.

⑩ 연구 및 평가 : 다양한 상담 프로그램 개발을 위한 조사연구 및 직업상담 운영에 대해 평가한다.

(2) 직업상담사의 자질

① 객관성 : 통일된 동일시, 건설적 냉철, 정서성에서 분리된 태도, 지나치지 않은 동정심, 순수한 이해를 가진 신중한 태도 등이 필요하다.

② 내담자에 대한 존경심 : 내담자를 수용하고, 스스로 해결하도록 자유를 주어야 한다.

③ 자기 자신에 대한 이해 : 자신의 능력, 한계, 단점, 정서적 태도 등을 이해해야 한다.

④ 심리학적 지식 : 인간의 행동과 신체적, 사회적, 심리학적 규정요인에 대한 지식이 있어야 한다.

⑤ 직업적 정보분석능력 : 노동시장, 미래산업사회에 나타나는 직업정보에 대한 분석을 할 수 있어야 한다.

(3) 직업상담사의 직무

① 일반상담

② 직업정보 제공

③ 검사의 실시 및 해석

④ 직업상담 실시

⑤ 직업상담 프로그램 개발

⑥ 직업소개 등에 관한 조언

⑦ 행사의 기획 및 실행

⑧ 직업정보 제공원, 직업 관련 지역기관과의 협의

⑨ 직업상담실 관리

⑩ 직업상담의 연구와 평가

(4) 직업상담사의 윤리

① 사회관계

② 전문적 태도

③ 개인정보의 보호

④ 내담자의 복지

⑤ 상담관계

⑥ 타 전문기관과의 관계

(5) 직업상담사가 취업알선 시 지켜야 할 원칙

① 적격자 알선의 원칙

② 자유의 원칙

③ 공익의 원칙

④ 공평의 원칙

⑤ 근로조건 명시의 원칙

⑥ 통근권 내 거주자 알선의 원칙

⑦ 비밀보장의 원칙

❹ 집단직업상담의 의미

(1) 집단상담의 의의

① 한 사람의 전문상담자가 여러 명의 내담자를 대상으로 행동양식의 변화를 가져오고자 노력하는 것이다.

② 집단의 역동성에 기초하여 자신에 대한 통찰력 및 타인에 대한 태도를 증진시키는 것이 목적이다.

③ 허용적 분위기 속에서 자신의 감정과 태도 및 자신과 외부와의 관계를 이해하도록 하여 자신의 가능성을 최대로 계발시키도록 도와주는 과정이다.

(2) 집단구성 시 고려사항

① 구성원 간의 사전 친숙도나 성격차이 등을 고려해야 한다.

② 집단의 크기는 2~23명까지도 가능하나 6~9명이 적당하다.

③ 상담 횟수는 주 1회가 보통이다.

④ 목적에 따라 개방적 집단이나 폐쇄적 집단으로 구성할 수 있다.

⑤ 장소는 학교교실과 거리가 먼 곳일수록 좋다.

⑥ 종결 시기는 상담이 시작되기 전에 결정한다.

(3) 집단상담의 장단점

① 장점

ㄱ 시간적 경제성이 있다.

ㄴ 동료집단의 성격이 강하여 자유롭게 자신의 문제를 논의할 수 있다.

ㄷ 동료집단의 성격이 강화될 수 있어 동료집단의 교육적 효과를 얻을 수 있다.

ㄹ 자신과 타인과의 관계에서 문제를 보는 시각이 증진된다.

ㅁ 상호작용 학습의 장이 된다.

ㅂ 사회성을 키워주며 대인관계에서 자신감을 갖게 한다.

ㅅ 자기의 감정을 다른 사람에게 표현할 수 있고, 남의 감정표현을 받아들일 수 있는 태도를 학습한다.

② 단점

ㄱ 구성원 개개인에게 모두 만족을 줄 수 없다.

ㄴ 집단상담이 모든 학생에게 적합한 것은 아니다.

ㄷ 시간적으로나 문제별로 집단을 구성하기 어렵다.

ㄹ 개인에게 집단의 압력이 가해지면 구성원의 개성 상실이 우려된다.

ㅁ 상담의 비밀보장이 어렵다.

(4) 집단상담이 부적합한 경우

① 내담자가 위기에 처해 있을 경우

② 내담자를 보호하기 위해서 비밀이 보장되어야 할 경우

③ 자아개념과 관련된 검사를 할 때

④ 내담자가 비정상적으로 말하는 데 공포를 가지고 있을 경우

⑤ 내담자가 대인관계 기술에 있어서 극도로 비효과적일 경우

⑥ 내담자가 아주 제한된 인식이나 자신의 감정, 동기 행동을 가지고 있을 경우

⑦ 일탈적인 성적 행동을 보이고 있는 경우

⑧ 내담자의 특별 욕구가 집단에서 다루기에 너무 큰 경우

(5) 집단직업상담

① 집단직업상담의 3단계(Butcher)

　㉠ 탐색단계 : 자기개방, 흥미와 적성에 대한 측정, 측정결과에 대한 피드백, 불일치의 해결 등이 이루어진다.

　㉡ 전환단계 : 자아상과 피드백 간의 일치가 이루어지면, 집단구성원들은 자기 지식을 직업세계와 연결하고, 일과 삶의 가치를 조사한다. 또한 자신의 가치에 대해 피드백을 받고, 가치 명료화를 위해 또다시 자신의 가치와 피드백 간의 불일치를 해결한다.

　㉢ 행동단계 : 목표설정, 행동계획의 개발, 목표달성을 촉진시키기 위한 자원의 탐색, 정보의 수집과 공유, 즉각적 및 장기적 의사결정 등이 이루어진다.

② 집단직업상담 과정에서 나타나는 5가지 활동 유형(Tolbert)

　㉠ 탐색 : 수용적 분위기 속에서 감정, 태도, 가치 등을 탐색

　㉡ 상호작용 : 개개인의 개인적인 직업계획과 목표에 대한 구성원들의 피드백

　㉢ 개인적 정보의 검토 및 목표와의 연결

　㉣ 직업적 및 교육적 정보의 획득과 검토

　㉤ 의사결정

Section 02 　직업상담의 문제 유형

① 윌리엄슨(Williamson)의 기술적(記述的) 분류

(1) 진로무선택

① 진로를 선택(결정)한 바 없다고 내담자가 말하는 경우를 말한다.

② 선호하는 진로(장래직업)가 몇 가지 있지만 어느 것을 선택할지 모른다.

(2) 진로선택 불확실

① 선택한 진로(직업)가 있으나 자신감이 없다.

② 타인으로부터 자기가 그 직업에서 성공할 것이라는 위안을 받으려고 한다.

(3) 흥미와 적성의 차이

① 흥미를 느끼는 직업이 있으나 그 직업을 가질 능력이 부족하다.

② 적성이 높은 직업에 흥미가 적고, 흥미가 있는 직업에는 적성이 낮다.

(4) 우둔한 진로선택

① 저능력, 저동기인 개인이 고능력, 고동기를 요하는 직업을 지원한다.

② 특별한 재능을 요하는 직업을 가지려 하지만 그런 특수재능이 부족하다(운동선수, 연주가 등).

③ 흥미가 별로 없는 분야를 선택한다.

④ 성격상 맞지 않는 직업을 선택한다.

⑤ 구인처가 많지 않은 직업을 원한다.

⑥ 본인의 능력보다 훨씬 낮은 능력을 요하는 직업을 택한다.

⑦ 자리가 보장된 직업만을 추구한다.

❷ 보딘(Bordin)의 정신역동적 분류

(1) 의존성

의존적 갈등은 내담자로 하여금 문제해결이나 의사결정을 위한 적극적 노력을 못하게 한다.

(2) 정보의 부족

체험 폭의 제한, 체험의 부적절성, 필요한 기술을 습득할 기회가 부족하다.

(3) 내적 갈등

내부의 심리적 요소 간의 갈등, 자아개념과 환경자극 간의 차이가 있다.

(4) 선택에 대한 불안

대안들 가운데 선택, 결정하지 못하고 불안해한다.

(5) 문제없음(불확신)

내담자가 현명한 선택을 한 후에 단지 그것을 확인하기 위해서 상담자를 찾는 경우에 '문제는 없고 확신이 부족한 경우'는 명명할 수 있지만, 이와 같은 확신의 결여 또한 여러 가지 문제를 야기할 수 있다.

❸ 필립스(Phillips)의 5가지 상담목표

(1) 자기탐색의 발견

① 자기능력의 정도 파악이 궁금할 때

② 원하는 직업의 분야가 무엇인지 궁금할 때

③ 왜 일하기 싫은지가 궁금할 때

(예 : 대학생 → 현재의 전공이 맞지 않을 때, 그 이유를 잘 모르고 무슨 전공으로 바꾸어야 할지 모를 때)

(2) 선택을 위한 준비

선택을 위한 준비과정에서도 상담문제가 발생한다.

(3) 의사결정과정

선택을 위한 준비와 의사결정과정의 경우는 공통적으로, 어느 특정 내담자가 고민을 안고서 개별적으로 상담을 요청하는 경우보다는 집단직업지도의 형태를 취하는 것이 일반적이다. 즉, 적성·성격과 직업 간의 관계, 관심 있는 직업에 대한 정보, 진로·직업선택 및 결정방법의 습득, 선택과 결정의 장애요소 발견이 주요 주제가 된다.

(4) 선택과 결정

① 어떤 내담자는 진로를 선택, 결정해야 하는 상황에 직면한 상태에서 방황하는 경우가 있다. 이런 경우는 내담자의 흥미, 적성, 성격, 가치, 포부, 계획, 능력 등을 고려하여 최선의 선택을 하고 만족할 만한 결정을 내리도록 하는 것이 상담의 목표가 된다.

② 선택과 결정은 탐색적인 것이 아니라 실천을 전제로 한 결정이라는 점에서 이전 단계의 상담과 차이가 있다.

③ 만약, 결정을 내리지 못하는 무결정, 미결정의 문제에 갇혀 있는 경우에 상담자는 문제를 다루어 주기 위한 개입을 시작한다.

(5) 실천

① 선택과 결정에 대한 만족-불만족, 확신-불확신의 상태에 내담자가 놓여 있을 경우 실천을 목표로 하는 상담이다.

② 실천단계에서의 상담에서는 의사결정 내용을 행동으로 옮길 수 있는 가능성의 제고와 최종적인 취업 혹은 합격의 가능성을 높이는 데 목표가 맞추어져야 한다. 기업체에 취직하려는 사람에게 서류작성 및 면접요령을 가르치는 것이 실천단계에 해당한다.

④ 크라이티스(Crites)의 문제 분류

크라이티스(Crites)는 직업상담의 문제유형 분류에서 흥미와 적성을 3가지 변인들과 관련지어 분류하였다.

(1) 적응성

흥미와 적성의 일치 여부에 따라 적응형과 부적응형으로 구분된다.

① 적응형 : 흥미와 적성에 맞는 직업을 발견하였으나 직업선택을 하지 못한 유형

② 부적응형 : 흥미와 적성에 맞는 직업을 발견하지 못한 유형

(2) 결정성

재능의 풍부함이나 결단성 부족에 의한 것으로, 다재다능형과 우유부단형으로 구분된다.

① 다재다능형 : 재능이 많아 흥미와 적성에 맞는 직업 사이에서 결정을 내리지 못하는 유형

② 우유부단형 : 흥미와 적성에 관계없이 어떤 직업을 선택할지 결정을 내리지 못하는 유형

(3) 현실성

적성수준이나 직업적 흥미에 대한 고려 부족에 기인한 것으로 비현실형, 불충족형, 강압형으로 구분된다.

① 비현실형 : 흥미를 느끼지만 그 분야에 대해 적성을 가지고 있지 못한 유형

② 불충족형 : 흥미와 일치하지만 자신의 적성수준보다 낮은 적성을 요구하는 직업을 선택하는 유형

③ 강압형 : 적성 때문에 직업을 선택했지만 그 직업에 흥미가 없는 유형

5 직업문제를 진단·분류하는 목적

연구자 간의 효율적인 의사소통, 예후나 치료전략에 대한 효율적인 예측을 위해서 직업문제를 진단하고 분류한다.

윌리엄슨	문제의 상태를 주로 진단
보딘	심리적 특성을 주로 진단
필립스	문제를 다룰 수 있는 수준을 주로 진단
크라이티스	흥미, 적성을 3가지 변인에 따라 분류

기출문제 및 출제예상문제

01 다음 중 직업상담사에게 요구되는 역할이 아닌 것은?

① 직업정보를 분석하고 구인·구직정보 제공
② 구직자의 직업적 문제를 진단하고 해결 및 지원
③ 노동통계를 분석하여 새로운 직업전망을 예견
하여 미래의 취업정보를 제공
④ 직업상담실을 관리하며 구직자의 행동을 조정
및 통제

> **해설 |** 상담실을 관리하는 것은 직업상담사의 역할 중
> 하나이나, 구직자의 행동을 조정하고 통제하는 것은 아
> 니며 구직자로 하여금 자신과 직업세계에 대해 탐색하
> 고 결정하는 과정에서 정보를 제공하고 도움을 주는 협
> 조적인 조력관계이다.

02 경력개발 직업상담에서 상담자의 주요 역할이 아닌
것은?

① 현실적인 기대를 가지고 조직을 면밀하게 평가
하고 선택하도록 돕는다.
② 필요한 경우 미리 은퇴를 준비시킨다.
③ 변화하는 조직에서 새로운 기술을 배우고 이질
적인 작업환경에 적응하도록 돕는다.
④ 조직의 권력관계에서 생긴 갈등을 해결하도록
돕는다.

> **해설 |** 조직의 권력관계에서 생긴 갈등을 해결하는 것
> 은 조직적응 직업상담에서의 상담자의 역할이다.

03 직업상담의 문제 유형 중 윌리엄슨(Williamson)의
분류에 해당하지 않는 것은?   2013, 2010

① 직업무선택
② 직업선택의 확신 부족
③ 정보의 부족
④ 현명하지 못한 직업선택

> **해설 |** 정보의 부족은 직업문제의 분류 가운데 보딘의
> 정신역동적 분류 내용이다.
> **윌리엄슨의 문제 분류**
> • 직업무선택
> • 진로선택 불확실
> • 흥미와 적성의 차이
> • 우둔한 진로선택

04 헤어(Herr)가 제시한 직업상담사의 직무 내용 18가
지에 해당되지 않는 것은?

① 상담자는 특수한 상담기법을 통해서 내담자의
문제를 확인하도록 한다.
② 상담자는 내담자의 마음속에 일어나고 있으며
윤리적으로 적절한 부가적 대안을 확인한다.
③ 직업선택이 근본적 관심사인 내담자에 대해서
는 직업상담 실시를 보류하도록 한다.
④ 내담자에 관한 부가적 정보를 종합한다.

> **해설 |** 직업선택이 근본적 관심사인 내담자에 대해서는
> 직업선택에 대한 방향을 제시하고 관련 정보를 제공하
> 는 등의 직업상담을 실시한다.

05 우리나라 직업상담사의 윤리강령에 대한 설명으로
옳지 않은 것은?   2009, 2006

① 상담자는 상담에 대한 이론적·경험적 훈련과
지식을 갖춘 것을 전제로 한다.
② 상담자는 내담자의 성장 촉진과 문제해결 및
방안을 위해 시간과 노력상의 최선을 다한다.
③ 상담자는 자신의 능력 및 기법의 한계에도 불구
하고 최선을 다하여 내담자를 끝까지 책임지도
록 한다.

정답   01 ④   02 ④   03 ③   04 ③   05 ③

④ 상담자는 내담자가 이해, 수용할 수 있는 한도 내에서 기법을 활용한다.

> **해설 |** 윤리강령에 의하면 상담자는 자신의 능력과 전문성의 범위 내에서 상담을 실시하고, 도움을 줄 수 있는 범위를 벗어난 내담자의 경우에는 다른 기관이나 상급자에게로 상담을 연계한다.

06 효과적인 집단상담을 위해 고려해야 할 사항이 아닌 것은?

① 집단발달과정 자체를 촉진시켜 주기 위하여 의도적으로 게임을 활용할 수 있다.
② 매 회기가 끝난 후 집단구성원에게 경험보고서를 쓰게 할 수 있다.
③ 집단 내의 리더십을 위해 집단상담자는 반드시 1인이어야 한다.
④ 집단상담의 장소는 가능하면 신체활동이 자유로운 크기가 좋다.

> **해설 |** 집단상담의 리더는 반드시 1명일 필요는 없으며, 집단의 크기에 따라 1~3명 정도의 상담자가 함께 리더가 된다.

07 상담자는 내담자와 상담한 내용에 대해 비밀을 보장해야 하지만 상담자가 보고를 해야 하는 상황도 있다. 다음 중 상담자가 보고할 의무가 없는 상황은?

① 내담자가 적개심이 강할 때
② 가족을 폭행할 때
③ 내담자가 범법행위를 했을 때
④ 미성년자로 성적인 학대를 당한 희생자일 때

> **해설 |** 상담자의 비밀보장의무는 내담자 및 그 내담자의 주변인 그리고 사회적으로 불이익을 주지 않는 범위 내에서 이루어지며, 내담자의 적개심은 상담과정에서 일어날 수 있는 저항의 한 형태일 뿐 비밀을 보고해야 할 정도의 위급한 상황은 아니다.

08 윌리엄슨(Williamson)의 직업문제 분류 범주에 포함되지 않는 것은?

2010

① 진로무선택
② 흥미와 적성의 차이
③ 진로선택에 대한 불안
④ 진로선택 불확실

> **해설 |** 윌리엄슨(Williamson)의 직업문제 분류
> • 진로무선택
> • 진로선택의 불확실
> • 흥미와 적성 간의 차이
> • 우둔한 진로선택

09 다음 중 상담자의 태도로서 바람직한 것은?

① 내담자와 거래적 관계를 유지하면서 대한다.
② 내담자의 이야기는 선택적으로 경청한다.
③ 상담자도 필요하다면 자신의 것을 적절하게 공개하는 개방적 자세를 갖는다.
④ 내담자의 문제를 파악하기 위하여 가능한 많은 질문을 한다.

> **해설 |** 상담자의 자기개방이란 내담자를 도울 목적으로 상담자 자신의 감정, 태도, 경험 등을 공개하는 것을 말한다. 상담자가 자신에 관한 것을 적절한 때에 적절한 내용으로 공개해 줌으로써 내담자로 하여금 자신을 개방하도록 유도한다.

10 진로, 직업, 직무에 대한 설명으로 틀린 것은?

① 진로는 직업보다 폭넓은 개념이다.
② 직업, 직무는 고용활동과 상태를 의미한다.
③ 직업은 개인이 일생 동안 추구해 온 일의 총칭이다.
④ 진로는 직업, 직무와 연관된 활동이나 상태를 말한다.

> **해설 |** 진로는 개인이 일생 동안 추구해 온 일의 총칭이다. 진로, 직업, 직무의 개념은 '직무 < 직업 < 진로' 순으로 폭이 넓다.

11 직업상담의 단계는 일반적으로 크게 2가지의 주요 단계로 구분할 수 있다. 다음 중 제2단계의 내용에 해당되는 것은?

① 들어가기
② 행동 취하기
③ 내담자 정보 수집하기
④ 내담자 행동이해 및 가정하기

> **해설 | 직업상담의 단계**
> ㉠ 내담자의 문제확인, 문제명료화, 문제상세화의 단계 (제1단계)
> · 들어가기
> · 내담자의 정보 수집하기
> · 내담자 행동이해 및 가정하기
> ㉡ 내담자의 목적 또는 문제해결(제2단계)
> · 행동 취하기
> · 직업목표 및 행동계획 발전시키기
> · 사용된 개입의 영향 평가하기

12 직업상담의 기본원리에 대한 설명으로 틀린 것은?

2009, 2006

① 직업상담은 개인의 특성을 객관적으로 파악한 후, 직업상담자와 내담자 간의 신뢰관계(Rapport)를 형성한 뒤에 실시하여야 한다.
② 직업상담에서 가장 핵심적인 요소는 개인의 심리적·정서적 문제의 해결이다.
③ 직업상담은 진로발달이론에 근거하여야 한다.
④ 직업상담은 각종 심리검사를 활용하여 그 결과를 기초로 합리적인 결과를 끌어낼 수 있어야 한다.

> **해설 |** 심리적 · 정서적 문제의 해결도 중요하나 직업상담에서 가장 핵심적인 요소는 직업과 관련한 문제의 해결이다.

13 보딘(Bordin)의 정신역동적 직업상담 모형에서 제시한 진단 분류가 아닌 것은?

① 직업선택에 대한 불안
② 자아 갈등
③ 의존성
④ 비현실성

> **해설 | 보딘(Bordin)의 정신역동적 분류**
> · 의존성
> · 정보의 부족
> · 내적 갈등
> · 선택의 불안
> · 문제없음(불확신)

14 집단진로상담의 설명으로 옳지 않은 것은?

① 어느 정도 책임의식이 있는 구성원을 선발한다.
② 다양한 수준의 발달단계에 있는 구성원으로 한다.
③ 탐색, 전이, 행동의 3단계를 겪는다.
④ 성별에 따라 집단에 대한 기대감, 집단경험에 차이가 있다.

> **해설 | 집단원 구성 시 고려사항**
> · 구성원 간의 사전 친숙도나 성격차이 등을 고려해야 한다.
> · 집단의 크기는 2~23명까지 가능하나 6~9명이 적당하다.
> · 상담 횟수는 주 1회가 보통이다.
> · 목적에 따라 개방적 집단이나 폐쇄적 집단으로 구성할 수 있다.
> · 비슷한 수준의 발달단계에 있는 구성원으로 한다.
> · 종결 시기는 상담이 시작되기 전에 결정한다.

15 직업상담에 대한 설명으로 틀린 것은?

① 직업상담에서는 내담자의 안전이나 사회적 적응 방법으로 직업문제를 인식하는 것이므로 일반상담에서 사용되는 심리치료를 포함하고 있다.
② 직업상담은 개인의 내적·외적 문제를 다루므로 개인의 내적 문제를 다루는 심리치료보다 더 필요하다.
③ 직업상담은 생애역할과 다른 생애역할과의 통합의 부적절과 불만족을 포함한 것이다.

④ 직업상담은 잘못된 논리체계에 의한 인지적 명확성이 부족한 내담자에게는 일반상담을 실시토록 의뢰한다.

16 직업상담 장면에서 미결정자나 우유부단한 내담자에게 가장 우선되어야 할 직업상담 프로그램은?

2014, 2010, 2007

① 미래사회 이해 프로그램
② 자신에 대한 탐구 프로그램
③ 취업효능감 증진 프로그램
④ 직업세계 이해 프로그램

17 자신에 대한 탐구 프로그램 내용에 포함되지 않는 것은?

2003

① 타인이 판단하는 자신의 모습
② 가족관계
③ 자신의 능력 평가
④ 과거 위인의 생애와 자신의 생애 비교

18 상담의 본질로서 가장 거리가 먼 것은?

① 사적·비밀적인 성격을 갖고 있다.
② 개인 대 개인의 관계에 의하여 성립된다.
③ 전문적인 조력관계에 있다.
④ 구술적 수단에 의한 평이한 상호작용적 특성을 갖는다.

19 상담 내용으로서 거리가 먼 것은?

① 상담은 당면한 문제의 선택과 결정 그리고 해결을 강조한다.
② 상담에서는 정상적인 개인의 일시적인 욕구불만이나 갈등의 해결을 돕는다.
③ 상담에서의 접근은 주로 현재적·의식적 자료에 기초를 두고 있다.
④ 상담에서는 치료에 중점을 두고 있기 때문에 개인의 내부적인 갈등을 중시한다.

20 다음 중 상담의 일반적인 목표로서 적합하지 않은 것은?

① 행동변화　　　② 문제해결
③ 정신건강의 증진　　④ 충고와 설득

• 개인적 효율성 향상 : 내담자가 상담을 통하여 생산적 사고를 할 수 있고, 적극적인 인간관계를 형성하며, 다양한 문제 상황에 효과적으로 대처하는 능력을 습득할 뿐만 아니라 문제를 정확히 인지하고, 주어지는 역할을 수행하며, 자기 자신을 적절히 통제할 수 있도록 하는 것을 말한다.

③ 개인의 효율성 향상
④ 정신건강의 증진

> **해설 l** 상담의 목표는 개인의 사고, 정서, 태도, 행동에 대한 변화와 향상을 꾀하는 것이며, 환경적 요인의 개선은 상담의 목표라 할 수 없다.

21 브래머의 상담과정 중 상담자에 대한 내담자의 신뢰를 증가시켜 나가는 것이 중요한 단계는?

① 준비와 시작 단계   ② 구조화 단계
③ 명료화 단계   ④ 견고화 단계

> **해설 l 브래머의 상담과정**
> • 제 1 단계 : 준비와 시작 단계
> • 제 2 단계 : 명료화 단계
> • 제 3 단계 : 구조화 단계
> • 제 4 단계 : 관계심화 단계
> • 제 5 단계 : 탐색 단계
> • 제 6 단계 : 견고화 단계
> • 제 7 단계 : 계획 단계
> • 제 8 단계 : 종료 단계

24 다음 중 직업상담 시 상담자가 고려할 사항으로 옳지 않은 것은?

① 정보제시의 시기가 적절해야 한다.
② 검사결과에 대한 평가와 해석을 한 뒤 직업정보를 제공한다.
③ 상담 종료와 함께 직업 및 진로결정이 되어야 한다는 것을 내담자에게 알린다.
④ 상담 종료 시 진로계획, 검사결과기록을 내담자가 가지고 가야 책임감도 커진다.

> **해설 l** 상담 종료 시 직업 및 진로결정이 되면 좋겠지만, 반드시 그래야 하는 것은 아니다. 직업의 결정을 내담자에게 강요할 경우 내담자는 중압감으로 인해 상담에 참여하는 것을 기피할 수도 있다.

22 직업상담사의 역할이 아닌 것은?   2011

① 치료자 및 조언자의 역할
② 자료제공자의 역할
③ 내담자의 보호자 역할
④ 기관, 단체들과의 협의자 및 직업심리검사의 해석자

> **해설 l** 내담자의 보호자 역할까지는 할 수 없음을 상담 시작 전 구조화 단계에서 미리 내담자에게 알려주어야 하며, 이를 역할의 한계 설정이라 한다.

25 직업상담의 과정에는 진단, 문제분류, 문제구체화, 문제해결의 단계가 있고, 직업상담의 목적에는 진로선택, 의사결정기술의 습득, 일반적 적응의 고양 등이 포함된다고 한 학자는?

① 크라이티스(Crites)
② 크롬볼츠(Krumboltz)
③ 슈퍼(Super)
④ 기즈버스(Gysbers)

> **해설 l 크라이티스(Crites)가 얘기한 직업상담의 목적**
> 직업상담은 내담자의 진로선택, 의사결정기술의 습득, 일반적 적응을 고양시킬 수 있도록 하기 위한 것이어야 하며, 이를 위해 면담기법, 검사해석, 직업정보제공 등을 직업상담과정에 포함시켜야 한다고 하였다.

23 다음 중 상담의 목표가 아닌 것은?

① 행동의 변화
② 환경적 요인의 개선

---

26 직업상담사의 요건 중 "상담업무를 수행하는 데 가급적 결함이 없는 성격을 갖춘 자"에 대한 내용이 아닌 것은?   2007

① 지나칠 정도의 동정심
② 순수한 이해심을 가진 신중한 태도
③ 건설적인 냉철함
④ 두려움이나 충격에 대한 공감적 이해력

> **해설 |** 객관성을 유지한 상태에서의 지나치지 않은 동정심이 필요하다.
> **직업상담사의 자질**
> • 객관성 : 통일된 동일시, 건설적 냉철, 정서성에서 분리된 태도, 지나치지 않은 동정심, 순수한 이해를 가진 신중한 태도 등
> • 내담자에 대한 존경심 : 수용, 스스로 해결하도록 자유를 줌
> • 자기 자신에 대한 이해 : 능력, 한계, 단점, 정서적 태도 등
> • 심리학적 지식 : 인간행동과 신체적, 사회적, 심리학적 규정요인에 대한 지식
> • 직업적 정보분석능력 : 노동시장, 미래산업사회에 나타나는 직업적 정보에 대한 분석

27 다음 중 직업상담에 대한 설명으로 틀린 것은?

① 직업상담은 진로상담에 비해 좁은 의미를 내포한다.
② 직업상담은 어린아이부터 은퇴한 70세 이상의 노인을 대상으로 한다.
③ 직업적응은 직업상담과 산업상담의 영역이기도 하다.
④ 진로상담은 직업상담과 산업상담의 영역을 포함한다.

> **해설 |** 직업상담의 영역은 직업선택 시기에서 은퇴 후까지이다.

28 다음 중 직업상담 과정을 바르게 나열한 것은?   2007, 2006

① 관계형성–진단 및 측정–개입–목표설정–평가
② 관계형성–목표설정–진단 및 측정–개입–평가
③ 관계형성–진단 및 측정–목표설정–개입–평가
④ 관계형성–목표설정–개입–진단 및 측정–평가

> **해설 |** 직업상담의 과정 : 관계형성 → 진단 및 측정 → 목표설정 → 개입 → 평가

29 직업상담을 할 경우 적절한 내담자의 목표가 갖는 중요한 특성이 아닌 것은?

① 상담자가 바라는 것이어야 한다.
② 구체적이어야 한다.
③ 실현 가능해야 한다.
④ 상담자의 기술과 양립 가능해야 한다.

> **해설 |** 직업상담에 있어서 내담자의 목표는 상담자 또는 내담자의 주변사람이 원하는 것이 아니라 내담자 본인이 원하는 것이어야 한다.

30 보딘(Bordin)의 정신역동적 직업상담 모형에서 제시한 진단 분류가 아닌 것은?

① 자아 갈등
② 직업선택에 대한 불안
③ 의존성
④ 비현실성

> **해설 |** 비현실성은 크라이티스(Crites)의 문제 분류이다.
> **보딘(Bordin)의 직업문제 분류**
> • 의존성
> • 정보의 부족
> • 내적(자아) 갈등
> • 선택에의 불안
> • 문제없음(불확신)

31 다음 중 직업상담사의 역할이 아닌 것은?   2011, 2007

① 직업정보분석
② 직업상담
③ 직업지도 프로그램 운영
④ 직업창출

해설 | 직업상담사가 직업을 창출하는 역할을 수행하는 것은 아니다.

32 다음 중 직업상담사의 윤리강령에 해당되지 않는 것은?

2006, 2003

① 내담자 개인이나 사회에 임박한 위험이 있더라도 개인정보의 보호를 위하여 누설하지 말아야 한다.

② 내담자에 대한 정보를 교육장면이나 연구에 사용할 경우에는 내담자와 합의 후 사용하되 그 정체가 노출되지 않도록 한다.

③ 직업상담사는 소속기관과의 갈등이 있을 경우 내담자의 복지를 우선적으로 고려한다.

④ 상담자는 상담관계의 형식, 방법, 목적을 설정하고 그 결과에 대하여 내담자와 협의한다.

해설 | 상담자는 사생활과 비밀유지에 대한 내담자의 권리를 최대한 존중해야 할 의무가 있지만, 내담자의 생명이나 사회의 안전을 위협하는 위험이 있을 경우에 한하여 내담자의 동의 없이 내담자의 정보를 관련 전문가나 기관에 알릴 수 있으며, 이러한 비밀보장의 한계에 대하여 상담 시작 전에 내담자에게 알려줘야 한다.

33 필립스(Phillips)가 제시한 상담목표에 따른 진로문제의 분류 범주에 따를 때, 내담자가 자기의 능력이 어느 정도인지, 어떤 분야의 직업을 원하는지, 왜 일하는 것이 싫은지 등의 고민을 가지고 있는 경우 상담의 초점은 다음 중 어디에 두어야 하는가?

① 자기탐색과 발견   ② 선택의 준비도

③ 의사결정과정   ④ 선택과 결정

해설 | 내담자가 자기 능력의 정도나 원하는 직업의 분야가 궁금하거나 왜 일하기 싫은지가 궁금할 때(예를 들어, 대학생이 현재의 전공이 맞지 않을 때, 그 이유를 잘 모르고 무슨 전공으로 바꾸어야 할지 모르는 경우) 자기탐색과 발견에 상담의 초점을 두어야 한다.

34 내담자에 대한 직업상담의 목적이 아닌 것은?

① 직업목표를 명확하게 해 준다.

② 상담능력을 향상시킨다.

③ 의사결정능력을 증진시킨다.

④ 자기를 성장시키는 능력을 기른다.

해설 | 직업상담의 9가지 일반적 목표

- 직업선택에 대한 책임
- 일 세계에 대한 이해
- 의사결정능력의 배양
- 자아개념의 구체화를 통한 현실적인 자신의 이미지를 형성
- 협동적 사회행동 추구
- 직업문제 인식
- 생애직업설계에 대한 시도
- 직업에 대한 의식, 태도 형성
- 실업 등 직업에 대한 위기관리능력

35 직업상담의 상담목표 설정에 관한 설명 중 올바른 것은?

① 상담목표 설정은 상담전략 및 개입의 선택과 관련이 없다.

② 하위목표들을 명확히 하여 가능한 구체적으로 설정되어야 한다.

③ 내담자의 기대나 가치와 어긋나더라도 상담자의 전문가적인 식견에 따라 설정되어야 한다.

④ 현실적이기보다 가능한 궁극적인 변화를 가져올 수 있는 원대한 목표이어야 한다.

해설 | 내담자 목표의 특성

- 목표들은 구체적이어야 한다.
- 목표들은 실현 가능해야 한다.
- 목표들은 내담자가 원하고 바라는 것이어야 한다.
- 내담자의 목표는 상담자의 기술과 양립 가능해야만 한다.

36 직업상담사의 역할이 아닌 것은?

① 직업정보분석
② 각종 심리검사 실시 및 해석
③ 직업지도 프로그램 운영
④ 취업알선 및 봉급조정

> **해설 l** 직업상담사는 취업알선의 역할을 담당하지만 봉급조정자의 역할을 담당하는 것은 아니다.

37 다음 중 직업상담 영역이 아닌 것은?

① 은퇴 상담　　② 직업전환 상담
③ 취업 상담　　④ 실존문제 상담

> **해설 l 직업상담(Vocational counseling)**
> 인간이 최적의 상태로 직무에 임하도록 하는 도움이며, 상담의 기본원리와 기법에 바탕을 두고 직업을 선택하고 준비하고 직업생활에 적응하며 직업전환을 하거나 은퇴하는 과정에서 일어나는 개인의 문제를 예방하고 지원하며 돕고 처치하는 활동이다. 개인은 직업생활 측면에서 적기에 직업상담자와 상담하여 합리적인 의사결정, 적응력 높은 직업생활, 순조로운 직업전환, 은퇴 후의 효율적인 여가활용에 도움을 받을 수 있다.

38 다음 중 직업상담자가 갖추어야 할 지식이라 할 수 없는 것은?

① 직업정보를 수집, 보충하여 전달하는 전략에 대한 지식
② 진로발달과 의사결정이론에 대한 지식
③ 여성과 남성의 변화하는 역할과 일, 가족, 여가의 관련성에 관한 지식
④ 변화하는 가족기능과 부모의 욕구기대 충족에 도움이 되는 지식

> **해설 l 직업상담자가 갖추어야 할 지식**
> • 직업정보를 수집, 보충하여 전달하는 전략에 대한 지식
> • 진로발달과 의사결정이론에 대한 지식
> • 여성과 남성의 변화하는 역할과 일, 가족, 여가의 관련성에 관한 지식

39 직업선택에 대해 내담자들이 보이는 우유부단함의 일반적인 이유로 보기 어려운 것은? 2007, 2006

① 자신이 선택하려는 직업에서 실패할 것에 대한 두려움
② 자신의 선택이 중요한 다른 사람에게 나쁜 결과를 줄 것이라는 죄의식
③ 자신이 선택하려는 직업이 자신이 원하는 것을 완벽하게 제공하지 못할 것이라는 믿음
④ 자신이 선택을 빨리하면 할수록 더 결과가 좋을 것이라는 조급함

> **해설 l 우유부단의 원인(선택을 미루는 원인)**
> • 실패에 대한 공포(위험부담을 지지 않으려 함)
> • 중요한 타인들의 영향
> • 완벽하려는 욕구
> • 성급한 결정 내리기
> • 우유부단함에 대한 강화
> • 다재다능
> • 좋은 직업들의 부재

40 직업상담의 목표로 적절하지 않은 것은?

① 예언과 발달
② 진로발달이나 직업문제에 대한 처치
③ 결함보다 유능성에 초점을 맞추는 것
④ 직업을 골라주는 것

> **해설 l 직업상담의 목표(Gysbers)**
> • 예언과 발달
> • 처지와 자극
> • 결함과 유능

Section 01 기초상담이론의 종류

❶ 정신분석적 상담

(1) 정신분석적 상담의 개요

① 정신장애는 무의식적인 성격의 서로 다른 부분 사이에서 억압된 갈등으로 인한 불안에 의해 발생한다고 보고, 무의식적인 충동과 갈등이 직접적으로 표현되지 않으면 이를 여러 증세와 신경질적인 행위를 통하여 간접적으로 해소하려 한다.

② 상담의 목적은 각 개인으로 하여금 이러한 무의식적인 욕구나 갈등을 의식적으로 인식하게 하거나 통찰력을 갖게 함으로써 정서적인 긴장감을 해소하고, 궁극적으로는 이들에 대한 통제력을 갖게 하는 것이다.

③ 정신분석적 상담의 목표는 내담자의 자아를 강화시켜 줌으로써 자기이해와 자기지배를 용이하게 하는 것이다.

④ 대표적인 학자는 프로이트(Freud)이다.

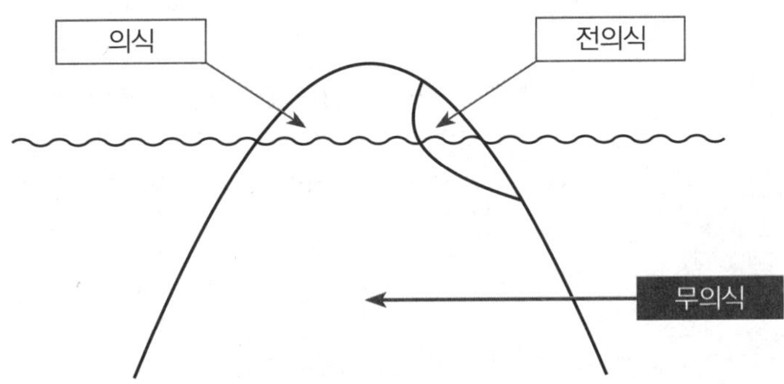

(2) 정신분석적 상담의 주요 개념

① 인간관

㉠ 프로이트 : 결정론적 인간관

㉡ 융, 아들러, 랭크, 호니, 설리번 등 신프로이트 학파 : 결정론에 반대

㉢ 본능 : 생의 본능(Eros), 죽음의 본능(Thanatos)

㉣ 생의 본능 에너지 = 리비도(Libido)

② 성격의 구조

원초아(Id)	• 사람이 태어날 때부터 지니고 있는 원시적이고 동물적인 욕망, 생물로서 지니고 있는 욕구이기 때문에 본능은 법이나 규칙, 예의나 도덕, 현실적 조건 같은 것에 구애되지 않으며, 모든 금지나 억압으로부터 자유롭다. • 원초아는 충동적이고 자기중심적이며, 비합리적으로 움직이는 쾌락의 원리에 따르기 때문에 다른 사람에게나 자기 자신에게 어떤 위협을 초래할 수도 있다.
자아(Ego)	• 외부 세계를 현실적으로 판단하고 이 현실의 세계와 자신의 관계를 평가하는 이성을 중심으로 하여 후천적으로 발달하며, 원초아, 현실의 조건, 초자아의 관계를 조절한다. • 자아의 적응적인 전략이란, 원초아로 하여금 사회규범에 합당하게 욕구를 충족시키도록 하는 방법과 절차들을 가리키는 것이다. • 사실과 허구를 구별하고, 적절한 수준의 긴장을 견뎌내고, 새로운 경험의 기능으로 인해서 자신이나 타인의 안전을 위협하지 않고도 본능적 욕구를 충족시킬 수 있는 적절한 행동을 취할 수 있게 된다. • 정신분석의 목표 중에서 가장 중요한 것이 자아의 에너지를 자유롭게 활용할 수 있게 하여 높은 수준에서의 문제를 해결할 수 있도록 하는 것이다.

초자아(Super ego)	• 가치, 규범, 윤리 등과 같은 사회적 행동규제체제에 관련되어 있는 것으로, 초자아는 자아와는 달리 개인의 사회화 과정을 통하여 발전하는 것으로 사회규범과 행동기준을 내면화한 것이다.
	• 초자아의 분류 : 초자아는 양심과 자아이상의 2가지로 분류된다.
	  – 양심 : 부모가 나쁜 행동이라고 말하는 것이나 꾸중 또는 벌을 받는 것과 관련하여 처벌적인 자아평가(~하면 안 된다), 도덕적 억제, 죄책감 등과 같이 그 자신이 이상적이라고 믿는 그대로 살지 못했을 때 이루어지는 도덕적 판단능력이 양심에 포함된다.
	  – 자아이상 : 부모가 인정하고 상을 줌으로써 형성되는 것이다. 개인으로 하여금 목적과 포부를 설정하고 자아존중이나 긍지를 지닐 수 있게 한다(~해야만 한다).
	• 초자아는 사회적 · 문화적 · 윤리적이며, 완전의 원리를 따른다.

③ 의식의 3가지 수준

의식	• 주어진 순간에 우리들이 알아차리는 모든 것 • 보고, 듣고, 만지고, 맛보고, 냄새를 맡는 감각적 투입을 인식하고, 유쾌하거나 고통스러운 경험을 아는 것 • 우리들의 사고, 지각, 감정, 기억 등과 같은 정신생활의 작은 부분만이 의식의 영역에 있다. • 의식되는 경험은 아주 짧은 시간 동안 지속되는 것이며, 그 사람의 관심이 다른 것으로 옮겨가면 곧 전의식이나 무의식으로 흡수된다.
전의식	• 특정한 순간에는 인식하고 있지 못하나, 저절로 아니면 아주 적은 노력을 통하여 인식해 낼 수 있는 모든 경험 • 무의식과 의식 사이에서 교량역할을 하고 있다.

무의식	• 인간 정신의 가장 심층적이고 주요한 위치에 있다. • 프로이트는 인간의 행동에서 중요한 측면은 무의식적 충동과 욕망에 의해서 결정되는 것으로 굳게 믿었다. • 무의식이 의식의 수준으로 떠오르려고 할 때는 상당히 커다란 저항을 받게 되며, 전의식과 달리 무의식은 철저하게 떠오를 수가 없으면서도 사람들의 행위를 대부분 결정한다. • 무의식의 자료들은 어떤 왜곡된 형태나 상징화된 형태로 나타난다. 이러한 현상은 신경증이나 정신병과 같은 심리적 장애를 지니고 있는 사람들에게 흔히 나타나기 때문에 정신분석에서 환상, 공상, 꿈과 같은 것들이 행동의 밑에서 작용하고 있는 무의식을 이해하기 위한 통로가 될 수 있다고 본다.

④ 불안 : 불안은 심적 에너지를 통제할 수 없을 때 발달하는 것으로 본능과 자아, 초자아 간의 갈등에서 비롯된다.

현실적 불안	외부 세계로부터 오는 위협에 대한 두려움으로, 외부 세계가 주는 실제 위협의 정도에 따라 불안의 정도는 비례한다.
신경증적 불안	본능이 통제되지 않아 개인이 어떤 행동을 함으로써 느끼는 처벌에 대한 두려움이다.
도덕적 불안	자신의 양심에 대한 두려움으로, 자신의 도덕률에 위배되는 일을 할 때 느끼는 죄의식이다.
실존적 불안	존재 자체에 대해 느끼는 불안이다(비존재 또는 죽음에 대한 불안).

⑤ 방어기제 : 불안에 대해 적절한 대책이 취해지지 않으면 자아는 위협을 받게 되고, 자아가 합리적이고 직접적인 방법으로 불안을 제거할 수 없을 때 비현실적인 방법, 즉 자기방어기제에 의존하게 된다.

억압과 억제	• 억압 : 의식하기에 너무나 고통스럽고 충격적인 기억을 무의식으로 밀어 넣는 것 • 억제 : 의식적으로 생각과 느낌을 억누르는 것
거부	위협적인 현실에 눈을 감아버리는 것(예 : 사랑하는 사람의 죽음을 부인하는 것)
망상적 투사	외부 현실에 대한 망상을 포함하며 보통 피해망상, 과대망상을 나타냄
투사	자신의 받아들일 수 없는 심리적인 속성을 타인에게 돌리는 것
퇴행	비교적 단순한 초기의 발달단계로 후퇴하는 것
고착	발달단계 중 어느 한 단계에 머물러 있는 것
합리화	실망을 주는 현실에서 도피하기 위해 그럴듯한 구실을 붙여서 이유를 대는 것
치환 혹은 전위	자신이 원했던 원래의 목표나 인물 대신 덜 위협적인 대상으로 방향을 전환하는 것
반동형성	금지된 충동이 표출되는 것이 두려워 오히려 반대로 행동하는 것

건강염려증	사별, 외로움, 혹은 수용할 수 없는 공격적 충동에서 야기된 다른 사람에 대한 비난이 처음에는 자신을 비난하는 것으로 되었다가 그 후에는 통증에 대한 호소, 신체적 질병, 신경쇠약의 변형된 형태로 나타나는 것
소극적 공격적 행동	다른 사람에 대한 공격적 행동을 소극적으로 자신에게 향하게 함으로써 간접적으로 비효과적으로 행동하는 것
승화	사회적으로 용납될 수 없는 충동을 용납된 생각이나 행동으로 적절하게 전환하는 것 (성숙한 방어기제)

⑥ 성격의 발달 : 프로이트는 성욕이 영아기 때부터 나타나며, 이것이 억압되면 무의식 속에 자리 잡고 있다가 성장 후에 신경증 등의 신체질환이나 꿈, 예술 등 사회적으로 용인되는 행위로 나타난다고 하여 보편적인 5단계를 가정하고, 이를 거치면서 성격이 발달한다고 하였다.

1단계 (구강기)	• 생후 1년 동안 유아는 자신의 생존을 전적으로 타인 또는 어머니에게 의존하여 어머니의 젖을 빨아 영양을 공급받고 배고픔의 충동을 만족시키며, 동시에 입을 움직여 기쁨을 얻는다. • 충족 : 어른이 되어서도 낙천적이고 남을 신뢰하는 경향 • 결핍 : 커서도 구강적 미련이 남아 물어뜯거나 씹는 버릇이 생기고, 논쟁적이고 비꼬는 성격을 갖게 되어 구강 고착이 생긴다.
2단계 (항문기)	• 생후 2세경에 유아는 부모의 배변훈련을 통해서 처음으로 강요된 통제를 경험하여 배변을 억제하거나 배설함으로써 상당한 만족을 얻는다. • 이때 부모의 배변훈련이 너무 강제적이면 유아는 고집불통이 되고 인색하며, 지나치게 청결하거나 이와 반대로 불결한 성격이 된다.
3단계 (남근기)	• 3세에서 5세까지를 말하며, 아동은 자신의 성기를 만지고 자극하면서 기쁨을 느끼며 또한 남자와 여자의 신체적 차이에 관심을 갖게 된다. • 어린이는 이성 부모에 대한 연정을 가져 소위 오이디푸스 콤플렉스를 경험하게 되는데, 이는 남아가 어머니에 대한 소유욕과 동시에 아버지에 대한 적개심 혹은 경쟁심을 갖는 것을 말한다. 특히 아동은 여러 면에서 우월한 아버지가 자신을 처벌할 힘이 있으며 자신을 해칠 수 있다는 두려움을 갖고, 아버지가 보복으로 자신의 성기를 자를지도 모른다는 거세 공포증을 갖게 된다(↔ 엘렉트라 콤플렉스). • 이러한 불안을 떨쳐 버리기 위해 아동은 이 시기의 끝에 가서 어머니에 대한 연정을 포기하는 대신에 이제 자신도 아버지의 대리자로서 아버지와 유사한 속성을 지니게 되고, 어머니와의 사랑도 두려움 없이 간직할 수 있게 된다고 할 수 있다. • 아동이 오이디푸스 콤플렉스의 갈등을 해소하고 부모와의 동일시를 통해 부모의 행동기준을 내면화하여 초자아를 발달시킨다고 한다.
4단계 (잠재기)	• 6세 이후부터 12세경까지를 말하며, 이 시기에는 신체에 대한 관심이 감소하는 반면 지적 흥미와 운동, 우정, 환경적응에 필요한 기술습득에 주력하는 단계이다. • 관심이 외부로 향하고 타인과의 관계를 형성하는 사회화의 시기이다.

5단계 (성기기)	• 사춘기가 시작되면 청소년은 성적, 공격적 충동에 눈을 뜨기 시작한다. • 생식기관과 2차성징이 발달하는 시기에 접어든 젊은이들은 이성에 대한 성적 흥미를 표현하고 사랑을 하는 데 있어 더욱 성숙한 방법을 사용하게 된다.

(3) 정신분석적 상담기법

① 해석 : 자유연상이나 꿈, 저항, 전이 등을 분석할 때 사용되는 기본적인 절차이다. 주제가 바뀔 때마다 무의식의 갈등에서 자유롭게 되는 상태로, 불교에서 말하는 해탈과 같은 개념이다. 해석의 원칙은 다음과 같다.

  ㉠ 내담자의 거부반응을 줄이기 위해 해석을 시도하는 시기가 적절해야 한다.

  ㉡ 내담자가 소화할 수 있는 정도의 깊이까지만 해석을 해야 한다.

  ㉢ 무의식의 의미를 해석하기 이전에 내담자의 저항과 방어를 먼저 지적해 주어야 한다.

② 꿈의 해석

  ㉠ 꿈의 해석은 꿈의 내용이 갖는 상징을 탐구하여 그 가장된 의미를 파악하는 것이다.

  ㉡ 수면 중에는 방어가 약화되어 억압된 욕망과 감정이 의식 표면에 떠오르게 되므로, 이 속성을 이용하여 무의식적 자료를 발굴하고 정의하여 내담자로 하여금 자신의 내면세계와 문제영역에 대한 통찰을 얻도록 도와준다.

③ 자유연상

  ㉠ 정신분석이론의 가장 기초적인 기법이다.

  ㉡ 아무런 제한 없이 사소한 것이라도 의식에 떠오르는 것을 이야기하도록 한다.

  ㉢ 상담자는 긴 의자의 뒤나 옆에 앉아서 내담자의 사고의 흐름을 방해하지 않도록 하며, 내담자의 연상의 계열이나 흐름을 살피고 그의 억압된 자료를 찾아내며, 그 자료를 내담자에게 설명해 줌으로써 무의식적 심리과정을 점차 이해하도록 한다.

  ㉣ 정신적 세계는 계속하여 표현시키려는 압력을 받고 있기 때문에 마음속에 있는 것이 자아와 의식 사이에 가까이 있는 무의식의 전면에 자리 잡고 있다가 표현되는 것이다.

④ 저항의 분석

  ㉠ 프로이트는 정신분석의 과정에서 환자들이 방어적 노력을 하는 것은 모두 저항이라고 보았다. 예를 들면, 약속시간을 자주 어기거나, 특정한 생각이나 감정, 경험 등을 털어놓지 않는 것 등이다.

  ㉡ 저항은 무의식이 의식화되는 것을 막는 것으로 증상을 형성한다.

  ㉢ 저항은 퇴행의 형태로 나타날 수 있다. 환자는 좌절을 느끼는 경우 현재보다 더욱 유쾌하였던 과거 시절을 다시 누려보고 싶은 바람에서 고착이 이루어졌던 시기로 퇴행할 수 있다.

⑤ 전이의 분석

  ㉠ 어릴 때 중요한 인물에게 가졌던 사랑이나 증오의 감정, 기대, 좌절 등의 감정이 상담 장면에

서 활성화되는 것이다. 이러한 전이의 해석으로 상담자는 내담자의 과거 경험의 갈등에 대한 통찰을 얻게 된다.

ⓛ 전이의 분석이 치료의 절대적인 생명력이며, 성공적인 치료의 결과가 이 과정에 달렸다.

ⓒ 상담자는 역전이에 대해 조심해야 한다. 상담자가 내담자와의 관계에서 억압된 무의식 갈등이나 동기를 표출하는 것, 즉 내담자가 상담자에게 보였던 전이현상을 상담자가 내담자에게 보이는 것을 말한다.

ⓔ 성공적인 상담을 위해 전이관계는 훈습되어야 하는데, 훈습이란 오랜 기간 전이해석을 반복적으로 진행할 때 달성된다.

❷ 아들러(Adler)의 개인주의 상담

(1) 개인주의 상담의 주요 개념

① 인간관 : 아들러는 인간은 성적인 충동보다는 주로 사회적인 충동에 의해 동기화된다고 보았다. 그에게 있어 행동은 의도적이고 목표 지향적이다. 무의식이 아닌 의식이 성격의 중심이다. 프로이트와 달리 그는 선택과 책임, 삶의 의미, 성공과 완벽의 욕구를 강조했다. 그는 열등감을 창조성의 원천이 될 수 있다고 보았다. 기본적 열등감은 우리가 숙달, 우월, 완전을 추구하도록 동기화시킬 수 있으며, 특히 어린 시절에는 더욱 그러하다고 보았다. 그는 6세경에 삶의 목표가 결정된다고 보았다. 생의 목표는 인간동기의 원천이며, 특히 완전의 추구와 열등감을 극복하려는 욕구로 나타난다. 그는 총체적, 사회적, 목표 지향적, 인본주의적 관점을 강조한다.

㉠ 총체적 존재 : 아들러 심리학의 가장 중요한 기본전제로서 성격은 통합적이고 분리할 수 없는 전체로 보아야 한다는 것이다. 프로이트가 환원론의 입장에서 인간을 의식과 무의식, 원초아, 자아, 초자아로 분류한 데 반대하고, 인간을 더 이상 분류하거나 분리, 분할할 수 없는 그 자체로서 완전한 전체로 보았다. 아들러는 이러한 자아일치된 통합된 성격구조를 개인의 생활양식이라 부르고 있는데, 개인의 성격은 생의 목표를 통해 통합되기 때문이다. 성격에 대한 이러한 총체적 관심이 시사하는 것은 내담자는 사회체계의 통합된 부분이라는 것이고, 그래서 인간 내적·심리적 요소들보다는 대인관계를 중시한다.

• 합목적적이고 목표 지향적인 행동

• 중대성과 우월성 추구

• 생활양식

㉡ 사회적 관심 : 사회적 관심은 개인이 인간사회의 일부라는 인식과 사회적 세계를 다루는 개인의 태도를 말하며, 인간의 보다 나은 미래를 위한 노력을 포함한다. 아들러는 사회적 관심은 일체감이나 공감과 같으며, "다른 사람의 눈으로 보고, 다른 사람의 귀로 듣고, 다른 사람의 가슴으로 느끼는 것"이라고 했다. 사회적 관심이 발달함에 따라 열등감과 소외감은 감소하는데, 사회적 관심은 가르치고, 배우고, 사용하면 발달한다고 본다. 개인심리학은 우리의 행복과 성

공은 대개 사회적 유대와 관련되어 있다는 핵심사상에 근거한다. 우리는 사회의 일원이기 때문에 사회구조를 떠나 고립된 존재로 이해될 수 없다. 삶을 통해 소속되고자 하는 욕구가 인간행동의 기본이 된다. 우리가 경험하는 문제의 대부분은 자신이 가치를 두는 사람들에게 수용되지 못한다는 두려움에 관련되어 있다. 만약 이러한 소속감이 충족되지 못하면 불안이 발생한다. 아들러는 우리는 소속되고자 하는 강한 욕구를 가졌고 또 소속감을 가질 때에만 문제에 직면하고 그것을 처리하려고 노력한다고 주장하고 있다.

ⓒ 창조적 존재 : 아들러는 성격형성에 있어서 유전과 환경의 중요성을 인정하면서도, 개인은 분명히 이 2요인 이상의 산물이라고 하였다. 그래서 사람들이란 창조적인 힘을 가지고 자기 인생을 좌우할 수 있는 존재로 묘사한다. 즉, 자유롭고 의식적인 활동이 인간을 정의하는 특징이다. 이것은 인간의 목적론적 특성과 관련이 있는데 인간은 자신의 궁극적 목표 혹은 특정 경향으로 나아가려는 지속적인 경향성을 갖고 있고, 이 점이 우리가 무엇을 수용할 것인지, 어떻게 행동할 것인지, 사상을 어떻게 해석할 것인지를 선택할 수 있는 창조적 힘을 가질 수 있게 한다고 보았다.

ⓔ 현실에 대한 주관적 지각 : 개인주의 심리학은 현상학적인 관점을 수용하여, 개인이 자신과 자신이 적응해 나가야 하는 환경을 어떻게 보느냐에 따라 그의 행동이 결정된다고 하였다. 모든 개인은 그들 자신이 가진 개인적 신념, 관점, 지각, 결론 등의 도식과 일치하는 방향으로 그들 자신이 설계한 세계 속에서 산다.

② 성격이론

㉠ 열등감과 보상 : 인간은 특정 신체기관이 다른 신체기관에 비해 더 약한 상태로 태어날 수 있는데 이때 그 신체기관이 병에 걸리기가 쉽다. 그래서 사람들은 이러한 신체적 열등성을 극복하려고 훈련과 연습을 통한 보상적 노력을 하게 된다. 이러한 노력은 한 개인에 있어 괄목할 만한 성공을 가져다주기도 하는데, 이러한 시도가 성공적으로 이루어지지 못했을 경우 병적 열등감에 머물게 된다.

㉡ 우월성의 추구 : 열등감에 대한 보상의 노력은 결국 우월성의 추구라는 개념으로 연결된다. 아들러는 인간이 추구하는 궁극적인 목적을 바로 우월성의 추구라고 보았는데, 이는 단지 '열등감을 극복한다'는 소극적인 입장에서 한 단계 넘어서서 보다 적극적으로 향상과 완성으로 나아가는 것이라고 하였다. 아들러는 성공목표가 개인을 완숙으로 나가게 밀어주고 장애물을 극복하게 한다고 주장한다. 아들러는 이러한 목표를 달성하기 위한 개인의 노력을 생활양식이란 개념에서 다룬다.

㉢ 생활양식 : 삶에 대한 개인의 기본적 지향이나 성격을 말하며, 성격을 움직이는 체계적 원리로서 부분에 명령을 내리는 전체의 역할을 한다. 개인의 독특성, 즉 삶의 목적, 자아개념, 가치, 태도 등을 포함하는 것으로 삶의 목적을 달성하는 독특한 방법들이다. 이러한 생활양식은 우리의 독특한 열등감을 극복하기 위한 노력을 나타내며, 4~5세경에 그 틀이 형성되어 그 후에는 거의 변화하지 않는다. 아들러는 생활양식을 사회적 관심과 활동수준이라는 2가지 차원

을 중심으로 다음과 같은 4가지 유형으로 구분하였다.

지배형	사회적 관심이 거의 없으면서 활동수준이 높아 공격적이고 주장적이다.
획득형	기생적인 방법으로 외부 세계와 관계를 맺으며, 다른 사람에게 의존하여 욕구를 충족한다.
회피형	사회적 관심도 적고 활동도 적다. 이들의 목표는 인생의 모든 문제를 회피함으로써 한 치의 실패 가능성도 모면하려는 것이다.
사회형	심리적으로 건강한 사람의 표본이 된다. 활동수준과 사회적 관심이 높아 자신의 욕구는 물론 다른 사람의 복지를 위해서 협력하려는 의지를 가진다.

ⓔ 생활과제 : 아들러는 인간은 최소한 3가지의 주요 생활과제를 해결해야 한다고 하였다. 일, 성(사랑), 사회(우정)가 그것이다. 또한 아들러 학파는 우리가 삶의 5가지 과제를 직면하고 숙달해야만 한다고 하였으며, 이는 타인과의 관계(우정), 기여(일), 친밀의 달성(사랑과 가족관계), 자신과 잘 지내기(자기수용), 그리고 정신적 영역의 발달(가치관, 의미, 삶의 목표, 세상이나 우주와의 관계 등)이다.

ⓜ 출생순위와 형제관계 : 아들러식 상담자들은 대부분의 인간적 문제를 본질적으로 사회적인 관점에서 보기 때문에 가족 내 관계를 중시한다. 가족자리란 가족집단의 사회심리적인 형태를 그리는 데 사용되는 용어이다. 즉, 가족들의 성격유형, 정서적 거리, 나이 차이, 출생순위, 상호지배 및 복종관계, 가족의 크기 등은 가족자리를 결정해 주는 요소가 되며 개인의 성격발달에 영향을 미친다. 특히 출생순위는 중요한 의미를 가지며, 각 출생순위에 수반되는 상황에 대한 지각이 중요하다. 일반적으로 어떤 특정한 출생순위에 태어난 아이들은 일반적인 특징들을 가지고 있는데, 그것을 살펴보면 다음과 같다.

첫째 아이	맏이는 잠시 동안 부모의 사랑을 독차지하지만 동생이 태어나면서 사랑을 빼앗기게 되고 그것을 되찾으려고 노력하나 실패한다. 그 결과 그는 스스로 고립해서 적응해 나가며 다른 사람의 애정이나 인정을 얻고자 하는 욕구에 초연해 혼자 생존해 가는 전략을 습득해 간다. 때문에 일반적으로 다른 성인들과 좋은 관계를 맺으며 타인의 기대에 쉽게 순응하고, 사회적인 책임을 잘 감당하는 특징을 보인다.
둘째 아이	둘째 아이는 날 때부터 형이나 누나라는 경쟁자를 가지고 있으므로 그들의 장점을 능가하기 위한 자극과 도전을 받는다. 이러한 이유로 첫째보다 훨씬 빠른 발전을 보이기도 한다. 그 결과 아주 경쟁심이 강하고 대단한 야망을 가진 성격이 되기 쉽다. 그의 생활양식은 자신이 첫째보다 낮다는 것을 증명하기 위해 노력하는 것이다.
막내 아이	막내는 동생에게 자리를 빼앗기는 경험을 하지 않고 귀염둥이로 자랄 수도 있지만, 때로는 전혀 관심을 받지 못할 수도 있다. 또한 자기보다 크고 힘이 세고 특권이 있는 형들에게 둘러싸여 독립심의 부족과 함께 강한 열등감을 경험하기 쉽고, 다른 사람이 자기 대신 자기의 생활을 만들어 주기를 바라는 경향이 있다.

독자(녀)	외동아이는 경쟁할 형제가 없으므로 응석받이가 되기 쉬우며, 이러한 생활양식으로 인해 의존심과 자기중심성이 현저하게 나타난다. 나누어 가지거나 다른 아동과 협동하는 것을 배우지는 못하나 어른들을 어떻게 다루어야 하는지는 잘 배운다. 항상 무대의 중앙에 있기를 원하며, 그 위치가 도전을 받으면 그것을 불공평하다고 느낀다.
중간 아이	삶은 불공평한 것이라고 확신할 수 있으며 속았다는 느낌을 받을 수 있다. 중간 아이는 '불쌍한 나'라는 태도를 가질 수 있으며 문제아가 될 수도 있다.

(2) 상담의 과정

① 치료목표 : 아들러 상담은 내담자와 상담자의 계약과 협력을 전제로 하고 있다. 일반적으로 잘못된 목표나 잘못된 가정을 규명하고 탐색하기 위한 계약을 체결하고, 다음에 건설적인 목표를 설정하기 위해 내담자를 재교육한다. 치료의 기본목표는 내담자의 사회적 관심, 즉 잘못된 사회적 가치를 바꾸는 것이다. 사회적 관심은 자기인식을 넓히고 기본적 전제나 생활목표 그리고 기본적 개념들을 공박하고 수정함으로써 증진된다. 행동수정보다는 동기수정에 관심을 가지며 기본적인 삶의 전제들, 즉 생의 목표나 기본개념에 도전하려 한다. 따라서 상담과정은 정보제공, 교육, 지도, 낙담한 내담자에 대한 격려에 초점을 맞춘다.

㉠ 사회적 관심을 증진시킨다.

㉡ 패배감을 극복하고 열등감을 감소시키도록 돕는다.

㉢ 내담자의 견해나 목표를 수정한다. 즉, 그들의 생활방식을 변화시킨다.

㉣ 잘못된 동기를 변화시킨다.

㉤ 내담자가 다른 사람과 동등한 감정을 갖도록 돕는다.

㉥ 사회의 구성원으로 기여하도록 돕는다.

② 상담과정

㉠ 치료관계 형성

㉡ 개인역동성 탐색

- 가족 내에서의 개인의 위치 탐색
- 초기기억
- 꿈
- 우선적 과제

㉢ 통합과 요약

㉣ 재교육

(3) 상담의 기술

① 일반적 상담기술 : 관심 기울이기, 경청하기, 공감, 구체성, 진실성, 자기 노출, 바꾸어 말하기, 맞닥뜨림, 해석, 즉시성 등이 있다.

② 언어적 기술 : 개인심리학에서는 충고를 사용하되 내담자의 의존성을 부추기지 않도록 해야 하며, 내담자의 자기 지도력과 자립능력을 격려하도록 충고해야 한다.

③ 격려하기 : 불행, 우울, 분노, 불안의 심리상태에 있는 사람은 성장할 수 있고 보다 자기 충족적인 방향으로 모험을 감행할 수 있는 스스로의 능력에 대한 신뢰가 없기 때문이라고 생각한다. 따라서 이런 사람들의 내적 자원(Resource)의 개발을 촉진하고 긍정적인 방향으로 나아갈 수 있는 용기를 북돋아 주는 것이 필요한데 이것이 곧 격려(Encouragement)이다.

④ 행동적 기술 : 역할연기(Role playing), 빈 의자 기법 등이 있다.

⑤ 시범 보이기 : 상담자는 내담자가 모방하려고 하는 가치를 행동으로 나타내 보여야 한다.

⑥ 가상행동 : 내담자가 바라는 행동을 실제 장면이 아닌 가상 장면에서 '마치 ~인 것처럼(As if)' 해 보게 하는 것이다.

⑦ 역설적 의도(Frankl) : 바라지 않거나 바꾸고 싶은 행동을 의도적으로 반복해서 실시하게 함으로써 역설적으로 그 행동을 제거하거나 벗어날 수 있게 하는 행동이다.

⑧ 상상하기(Creating images) : 바람직한 자신의 모습을 상상함으로써 실제로 그렇게 되도록 하는 방법이다.

⑨ 자기간파 : 내담자가 자기비난을 하지 않으면서 자기 파괴적 행동 혹은 비합리적 사고를 인식하도록 한다.

(4) 아들러 이론에 대한 평가

① 아들러 이론의 공헌점 : 아들러 이론에서 성격의 사회적 요인에 대한 강조는 집단 내에서 개인을 치료하는 집단치료의 개념을 선도하였다. 따라서 중요한 공헌은 초등교육, 부모교육, 부부상담, 가족상담 등이다. 또한 아들러 이론은 실존 접근 및 행동치료 접근, 인간중심 접근, 형태치료, 현실치료, 합리적·정서적 치료 등 다른 치료법에도 큰 영향을 미쳤다.

② 비판

　㉠ 아들러는 자신의 이론을 잘 다듬고 체계적으로 조직하기보다는 실행과 교수를 강조하였다. 따라서 그의 저술은 대부분 어딘가 느슨하게 상식심리학에 근거하고 있고 지나치게 간결한 경향이 있다.

　㉡ 아들러의 이론적인 개념은 실제적인 연관이 상당히 높은 것으로 인정되는 반면, 이 개념들의 경험적인 검증은 수적으로 빈약하다. 개인주의 심리학 개념의 경험적 검증의 어려움은 그의 이론적 체계가 구체적인 하위수준에 대한 개념이 부족하고 너무 일반적인 특성을 지녔기 때문이다. 예를 들어, 우월을 향한 노력, 자기의 창조적 힘, 열등감 등의 기본개념들이 잘 정의되어 있지 않고 두루뭉술하다. 그래서 아들러는 상식적인 감각의 심리학이라는 비판을 받았으며, 복합적 개념을 지나치게 단순화하고 있다는 비난을 받았다.

　㉢ 급히 해결해야 할 문제를 가지고 있는 내담자들에게도 아들러적 치료는 조금 문제가 된다. 그런 내담자들은 자신의 아동기, 초기기억, 가족 내의 역동을 탐색하는 데 별 관심이 없기 때문이다.

③ 실존주의 상담

(1) 실존주의적(인본주의적) 상담의 개요

① 의의
  ㉠ 치료를 잘 정의된 기법들의 체계로 보는 경향에 반발하여 선택, 자유, 자신의 생애를 조성해 갈 수 있는 책임능력 등과 같은 인간존재에 대한 기본전제에 따라 치료하는 것을 강조한다. 치료관계는 인간관계에 초점을 맞춘다.
  ㉡ 인간의 불안 문제를 인간존재의 가장 중요한 문제로 본다. 그 문제의 원인을 시간적 제한과 죽음 또는 비존재에 대한 불안에서 찾고, 문제해결 방법은 인간존재의 의미를 찾는 데서 얻는다.
  ㉢ 철학에서 현상학적 움직임의 산물이며 특히 후설(Husserl)의 현상학이 많은 영향을 주었다.

② 대표 학자 : 후설(Husserl), 키르케고르(Kierkegaard), 야스퍼스(Jaspers), 하이데거(Heidegger), 사르트르(Sartre), 패터슨(Patterson), 메이(May), 프랭클(Frankl) 등

③ 상담의 철학적 가정
  ㉠ 인간 존재의 명백한 특징은 현존재이며, 인간은 자신이 거기에 있고, 있다는 사실을 알고 있는 가운데 존재하며, 그 사실에 준거를 두고 어떤 입장을 취할 수 있는 존재이다.
  ㉡ 모든 주체와 세계는 각각 분리된 것으로 생각할 수 없다. 인간은 3가지 세계, 즉 주변세계, 공존세계, 고유세계 속에서 동시에 살고 있다.
  ㉢ 인간은 정적 실체가 아니며, 변천, 발생, 생성, 발전의 계속적인 상태에 있다.
  ㉣ 인간은 미래의 언젠가 자신이 존재하지 않을 것을 안다. 존재는 비존재를 내포하며, 존재의 의미는 비존재의 사실과 관련된다.
  ㉤ 비존재의 위협은 정상적인 불안, 적개심, 공격의 근원이며, 이런 위협은 항상 모든 개인에게 존재하는 실존적 불안이다.
  ㉥ 존재는 사회적·윤리적 규범의 내면화에 환원될 수 없다. 존재감에 기인한 자존심은 단순히 한 사람에 관한 타인들의 관점의 반영이 아니다.
  ㉦ 인간에게는 직접적인 사태를 초월하고, 과거를 넘어서고, 자신을 초월하는 능력이 있다.
  ㉧ 모든 현대인은 자신의 세계와 사회로부터 소외되었다는 감정을 가지고 있다.

(2) 실존주의적(인본주의적) 상담의 주요 개념

① 존재와 비존재
  ㉠ 인간은 하나의 존재라는 데서 출발하고, 인간이 살아간다고 하는 하나의 과정 자체가 '무엇이 된다(Becoming)'고 하는 데에 중점을 둔다.
  ㉡ 존재란 인간 개개인이 그가 누구인가에 대한 인식이며, 인간이 그 자신에게 내리는 정의이며, 무엇이 그 자신을 현재의 그로 만드는 것인가에 대한 인간의 자각이다.
  ㉢ 건전한 개인은 현실에 대하여 개방되어 있으며, 그 자신을 위하여 삶의 의미를 창조한다.
  ㉣ 비존재의 가장 뚜렷한 형태는 죽음이다. 그뿐만 아니라 사회에 완전히 순응하거나 흡수되어

개개인의 실체와 독특성을 상실한 것 역시 비존재라고 본다.

② 불안과 죄의식 : 메이(May)는 "불안은 절박한 비존재의 위협에 대한 체험"이라고 하였다. 개인이 그의 잠재능력을 실현시킬 상황에 직면할 때 그는 불안을 체험하게 되며, 만약 잠재능력을 부정하거나 그것을 실행하는 데 실패할 경우 죄의식을 느낀다.

③ 시간 : 내담자의 실존적인 시간의 의미를 이해하고자 하였다. 인간은 늘 형성되고 있는 과정에 있으므로 고정된 관점에서 설명될 수 없고, 그 자신을 과거와 미래로 이동하고 투사할 수 있으며 그렇게 함으로써 현재를 초월할 수도 있다.

④ 자유 : 인간을 성숙되어 가는 존재, 선택과 자유의지를 가지고 있는 존재로 본다. 즉, 자유를 실행할 수 있는 존재로 보는 것이다. 본능, 유전, 환경의 영향을 받지만 이를 선택하고 결정해서 이를 수용할지 말지에 대한 자유를 가진다.

⑤ 인간 : '내던져짐', 즉 주사위를 던지거나 땅에 씨를 뿌리는 것과 같이 인간은 세상에서 어떤 선택도 할 수 없는 데 반해 내던져진 한계 내에서, 또는 장차 어떤 존재로 성숙될 것인가 하는 범위 내에서 자유롭게 선택할 수 있다.

(3) 상담방법 및 기술

① 상담관계의 원리

비도구성의 원리	• 실존적 관계는 기술적 관계가 아니다. • 상담자는 수단이나 도구가 아니며, 기술적이거나 지식적인 것도 아니다.
자아중심성의 원리	• 실존주의 상담의 초점은 내담자의 자아이다. • 자아중심성이란 객관화된 것이 아니라 '나', '나 자신'과 같은 주관적이고 내면적인 것이며, 개인의 자아세계 내면에 있는 심리적 실체를 중심으로 이루어지는 것이다.
만남의 원리	• 공간적으로 '여기', 시간적으로 '지금'을 강조한다. • 상담자는 지금, 여기에서 내담자의 감정, 판단, 생각을 직면한다.
치료할 수 없는 위기의 원리	• 실존적 상담관계는 인간의 위기를 제거하거나 교정, 치료하려는 노력이 아니다. • 실존분석은 위기극복이 아니라 인간으로서의 순정성 회복이 목적이다.

② 상담기법

㉠ 역설적 의도

- 내담자가 두려움으로 예측 또는 기대하는 바를 직면하도록 요구하는 것으로, 그 사태에 대한 태도의 역전을 말한다. 예를 들면, 불면증이 있는 내담자에게 자려고 노력하는 대신 잠을 자지 말 것을 요구하는 것이다.
- 증상 자체를 과장하거나 직면하게 하여 문제해결을 시도한다.
- 역설적 전략은 때로 우유부단한 사람에게도 적용된다. 예를 들어, 늑장을 부리는 내담자들에게 과제를 더 미루라고 말한다. 오랫동안 걱정하는 내담자들에게는 매일 가능한 모든 것에 대해 걱정하는 데 전념하게 한다. 교실에서 말하는 것을 두려워하는 내담자에게는 교실

뒤에 앉아서 아무 말도 하지 않도록 한다. 이 절차를 사용하여 측정시간 동안 행동양상을 과장하도록 함으로써 내담자들이 이 실험에서 무엇을 배울지 스스로 알게 하는 것이 좋다.

ⓒ 역반응 : 증상에 대한 과잉된 주의나 자기관찰이 행동의 원인이므로 이러한 과잉된 주의를 내담자 자신의 밖으로 돌려 문제를 무시하게 하여 의식을 긍정적, 생산적으로 전환한다. 예를 들어, 불면증이 있는 내담자에게 자려고 노력하는 대신 음악을 듣거나 다른 흥미 있는 일을 하여 관심을 다른 곳에 집중시키는 것이다.

ⓒ 의미요법(Frankl) : 생에 대한 확고한 논리나 가치를 심어주어 실존의 계기를 튼튼하게 하는 것이다.

ⓔ 현존분석

- 내담자의 내적 생활사를 밝히며 그 세계 내의 존재의 구조, 세속적 존재를 분석하려는 것이다. 그러기 위해서는 상담자와 내담자가 현존재의 공동의 입장에 있어야 한다. 상담자는 내담자를 객체로 취급하는 것이 아니고 내담자에 있어서 현존재의 상대를 발견할 필요가 있다.
- 이 이론은 내담자의 생활사, 행동, 경과 등을 관찰·기술하여 내담자의 내적 세계의 의미를 해석하는 것이다.

❹ 현실치료 상담

(1) 현실치료 상담의 개요

① 사람들이 그들의 삶을 보다 잘 통제하도록 돕는 방법이다.

② 사람들이 일상적 활동을 하는 데 있어서 남의 욕구를 침범하지 않는 범위에서 자기의 욕구충족을 위한 자신의 행동을 주도적으로 선택해서 책임을 지도록 상담자가 도움을 주는 과정이다.

③ 과거를 중시하는 전통적 상담방법과 달리 내담자의 행동과 '지금', 그리고 '책임'을 강조함으로써 현재에 집중하며, 그 현재의 행동이 내담자가 원하는 것을 얻는 데 효과적인지 평가하도록 도와준다.

④ 대표적 학자로는 글래서(Glasser), 우볼딩(Wubbolding)이 있다.

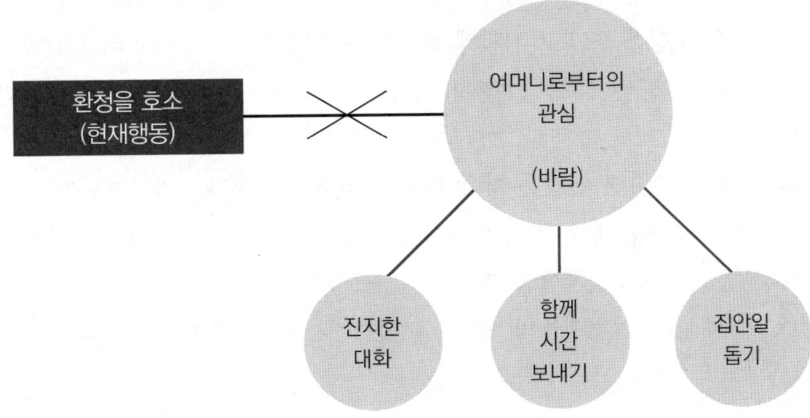

(2) 현실치료 상담의 주요 개념

① 인간의 욕구와 목적 지향적 행동

　㉠ 인간의 행동은 목적 지향적이며 외부의 힘에 의한 것이 아니라 개인의 내적인 힘, 즉 욕구에 의해 동기화된다.

구분	내용
소속과 사랑의 욕구	사람들에게 소속되고 싶은 욕구이며, 다른 사람을 사랑하고 사랑받고자 하는 욕구이다.
힘(Power)에 대한 욕구	성취와 완수에 대한 욕구이며, 자신의 인생을 변화시키는 데 있어서의 자신감에 대한 욕구이다.
자유의 욕구	선택하는 것을 마음대로 하고 싶어 하는 욕구이다.
즐거움(Fun)의 욕구	인생을 즐기고, 웃고, 새로이 배우고자 하는 욕구이다.
생존(Survival)에 대한 욕구	자신의 삶과 건강을 유지하려는 것에 관련된 욕구이다.

　㉡ 각 개인은 다양한 방법으로 욕구를 충족시키게 되는데, 책임감은 이러한 기본적인 인간의 욕구에 대해 현실적으로 대응하는 방법을 학습하는 것이고, 치료의 본질은 사람들이 그러한 책임감을 수용하도록 가르치는 것이다.

　㉢ 현실치료적 상담자의 역할은 내담자로 하여금 그들이 원하는 것을 얻는 데 있어 현재의 행동보다 더 좋은 방법을 선택하도록 조언하는 것이다.

　㉣ 우울하게 되거나 불행하게 된 것(수동적)이 아니라 우울해 하고 있는 것이고 불행해 하고 있는 것(능동적)이라고 함으로써, 이러한 감정도 결국 자신이 선택한 결과라는 것을 인지하고 행동할 때만 변화를 가져올 수 있다고 보았다.

② 통제이론에 기초

　㉠ 통제이론이란 모든 살아 있는 유기체는 끊임없이 자신의 목적에 따라 외부 세계를 통제하기 위해 행동한다는 것이다.

　㉡ 우리의 뇌는 우리가 원하는 것을 얻도록 하는 통제체계로 볼 수 있으며, 원하는 욕구들이 방해를 받을 경우 고통을 느끼고 생활에 불만을 느끼게 된다. 그러나 우리가 책임 있는 방식으로 이러한 심리적 욕구들을 충족시키면, 성공적인 정체감(↔ 패배적인 정체감)을 발달시킬 수 있게 된다.

　㉢ 글래서(Glasser)에 의하면 인간은 항상 행동을 통제하는 존재이며, '행동이 지각을 통제한다'는 가정에 기초를 두는데 이는 전체행동(Total Behavior)과 그 구성요소인 활동(Acting), 생각(Thinking), 감정(Feeling), 신체반응(Physiology)을 이해함으로써 명료화된다.

　㉣ 우볼딩(Wubbolding)은 전체행동의 개념을 기술하기 위해 '여행가방'에 비유하여 설명하였다.

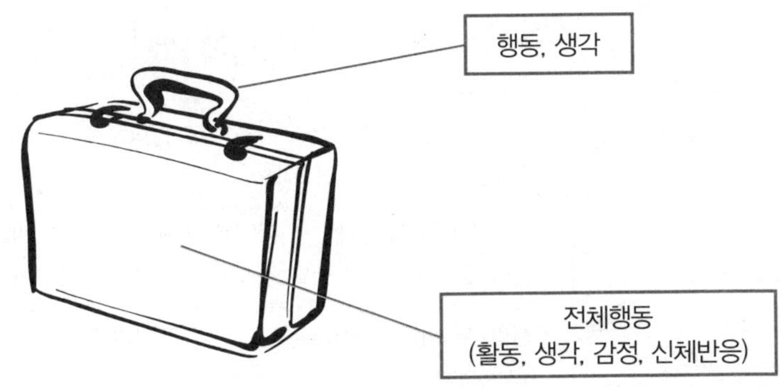

전체행동을 바꾸기를 원한다면, 행동하는 것을 바꾸는 것이 훨씬 쉽다.

③ 상담과정

㉠ 관여, 책임의 소재 확인, 재학습 기술을 활용한다.

- 관여 : 온정, 관심표명, 긍정적 존중, 진실성, 자기개방
- 책임의 소재 확인 : 맞닥뜨림
- 재학습 : 체계적인 계획 짜기, 시범교수, 대화, 유머, 풍자

㉡ 주로 적극적, 지시적 그리고 교수적 방법을 사용한다.

㉢ 따뜻한 유대관계를 통해 책임감을 재교육시킨다.

㉣ 좋은 계획을 세워 성공적 경험을 하도록 하는 것이다.

상담관계를 형성	내담자에게 친구가 되어주고 원하는 것(Want)이 무엇인지를 묻는다. 5Need를 탐색하고 지각한다.
현재행동에 초점	현재에 무엇을 하는지(Doing)를 묻는다. 감정보다는 행동(Act)에 중점을 둔다. 현재와 미래에 초점을 둔다. 과거는 성공적인 정체감을 획득하는 것만 탐색한다.
내담자의 행동평가	내담자가 선택한 행동(Doing)이 원하는 것을 얻게 해 줄 것인지를 평가(Evaluation)한다. 가치판단을 내리도록 한다.
활동계획 짜기	더 잘하기 위한 계획(Plan)을 세운다(이 경우 치료자의 가치가 개입되기 쉽다).
다짐 받아내기	세운 계획을 잘 수행하겠다는 공약을 받는다.
변명 받아들이지 않기	변명을 받아들이지 않아 내담자의 책임을 강조한다.
처벌을 사용하지 않기	처벌하지 않는다.
결코 포기하지 않기	내담자가 용기를 잃더라도 가능성을 믿고 끝까지 포기하지 않는다.

④ 상담절차(WDEP)

과정	치료내용
바람 · 욕구 탐색 (Want)	• 사진첩 탐색 : 각인된 개인의 심리적 바람을 규명한다. • 원하는 것, 가지고 있는 것, 얻지 못하고 있는 것을 탐색한다.

현재행동 (Doing)	• 상담 초기에는 내담자가 하는 일이 어디로 가고 있는지 생활의 전반적 방향을 논의한다. • 현재행동 전체에 대해 초점을 두고 인식하도록 함으로써 그들의 감정에 대한 책임감을 이해하도록 돕는다.
행동평가 (Evaluation)	• 자신의 행동에 대해 가치판단을 내릴 수 있도록 행동을 스스로 평가하게 한다. • 상담자는 내담자의 행동에 대해 판단적이어서는 안 된다.
계획실천 (Planning)	• 변화시키려는 내용이 결정되면 활동계획을 수립하여 욕구충족의 구체적 방법을 모색한다. • 자신의 선택이나 성공적인 경험을 통하여 책임능력을 인정하도록 한다.

(3) 현실치료적 상담기법

숙련된 질문	• 내담자의 내부 세계로 들어가기 위한 것 • 정보획득 및 정보제공 • 내담자가 자신의 생활을 효과적으로 통제하도록 돕는 것
개인성장을 위한 자기조력 절차	• 대체 프로그램 : 부정적 행동을 긍정적 행동으로 대체하는 것 • 자기조력 절차의 행동평가에 도움이 되는 질문 　－ 자기 생활을 변화시키려 하는가? 　－ 변화를 막는 것은 무엇인가? 　－ 성취감을 느꼈을 때는 언제인가? 　－ 책임감이 있다고 느꼈을 때 당신은 무엇을 하고 있었는가?
유머 사용	• 유머는 내담자와 상담자 간의 긍정적인 관계가 형성된 뒤에 해야 하며, 이런 유머는 치료에 도움을 준다. • 치료적 유머는 내용이 교육적이고 올바른 생각을 바탕으로 한다.
역설적 기법	• 내담자의 강력한 저항과 실전계획의 불이행 시 사용한다. • 역설적 지시를 따른다면 이미 치료자의 통제를 따르기 시작한 것이며, 이 역설적 지시에 저항하여 증상이 멈춘다면 문제는 치료된 것으로 본다.

❺ 이성적–지시적(특성–요인) 상담

(1) 이성적–지시적 상담의 개요

① 의의

㉠ 이성적–지시적 상담(Rational directive counseling)은 주로 교육과 직업문제에 있어서의 적응을 강조하는 직업상담에서 발전해 나온 것으로 이 접근법의 많은 부분이 학생들에 대한 직업상담의 기초가 되어 학교의 전통적인 상담활동에서 많이 활용되어 왔다.

ⓛ 특히 개인의 능력이나 특성에 맞추어 합리적인 자료를 제공하여 보다 효과적인 선택과 결정을 하도록 하는 데 초점을 두고 있다.

ⓒ 이 상담은 특성–요인적 상담(Trait and factor counseling), 지시적 상담(Directive counseling), 상담자 중심 상담(Counselor centered counseling), 윌리엄슨과 미네소타 견해(Minnesota point of view)라고도 한다.

② 대표 학자 : 파슨스(Parsons), 윌리엄슨(Williamson)

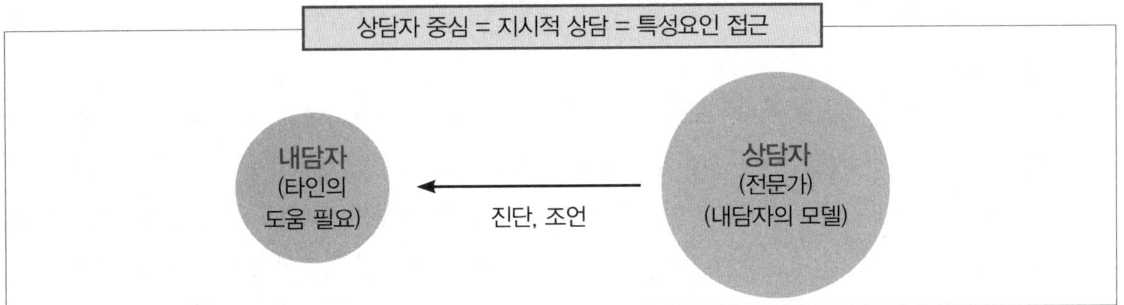

(2) 이성적–지시적 상담의 주요 개념

① 인간관(패터슨의 인간본성에 대한 5가지 기본가정)

ⓐ 인간은 선과 악의 잠재력을 모두 지니고 있는 존재이다.

ⓑ 인간은 선을 실현하는 과정에서 타인의 도움을 필요로 하는 존재이다.

ⓒ 그러나 선한 생활을 결정하는 것은 바로 자기 자신이다.

ⓓ 선의 본질은 자아의 완전한 실현이다.

ⓔ 우주와 인간의 관계, 즉 세계관은 개인적인 것으로, 인간은 누구나 그 자신의 독특한 세계관을 지닌다.

② 상담의 철학적 가정

ⓐ 상담자는 명백히 내담자에게 영향을 주는 존재이다(중립적인 존재가 아니다).

ⓑ 상담자는 의사결정을 돕는 전문가로 인정되며, 또 그렇게 행동하는 존재이다.

ⓒ 인간에게는 저마다 독특한 심리적 특성이 있으며, 객관적인 심리검사로 측정할 수 있다.

ⓓ 인간은 이성적인 존재이다.

ⓔ 인간은 의사결정을 하는 데 타인의 도움(=교육)을 필요로 한다.

ⓕ 상담의 목표인 훌륭한 생활의 성취에는 개인의 가능성을 최대한 활용하는 것도 포함된다.

③ 상담의 목적 및 목표

ⓐ 이성적–지시적 상담의 목적은 선한 생활, 즉 탁월성을 갖도록 하는 것이다.

- 내담자가 이성적으로 생활하도록 한다.
- 내담자가 자신의 가능성을 확인하고, 그 가능성을 실제로 활용할 수 있게 한다.
- 자기통제가 가능하도록 한다.

- 내담자 자신의 동기, 능력, 적성, 성격, 흥미 등의 특성과 요인을 이해하고 수용하도록 한다.
- 내담자 자신이 필요로 하는 정보를 수집, 분석, 종합할 수 있도록 한다.
- 내담자 자신의 특성 및 요인과 직업 또는 외부조건을 검토하여 만족스러운 결정을 내릴 수 있도록 한다.
- 내담자가 자신의 문제를 해결하도록 한다.

ⓒ 개인의 전체적인 발달을 목적으로 하지만, 모든 개성을 발휘하도록 하는 것이 아니라 어떤 특정 방향으로 발달하도록 영향을 주는 것이 상담자의 임무라고 본다.

(3) 상담의 과정

① 상담자와 내담자의 관계 : 윌리엄슨은 파슨스의 영향을 받아 ㉠ 자기탐색, ㉡ 직업세계탐색, ㉢ 과학적 조언에 의한 매칭의 3단계를 확장하여 상담과정을 6단계로 분류하였다. 이성적–지시적 접근에서 상담과정의 본질은 '교사 역할의 상담자'와 '학생 역할의 내담자' 간의 교육과정이라 볼 수 있다. 즉, 상담자와 내담자의 관계는 고도로 인격화, 개별화된 교수학습과정이라는 것이다.

② 윌리엄슨(E. G. Williamson)의 상담과정 분류 : 분석, 종합, 진단, 처치, 상담, 추수작업 등 6가지 단계를 제시하였다.

구분	내용
분석(Analysis)	내담자의 현재 상태 및 미래 가능성 등을 종합적으로 이해하기 위해 적절한 측정기술을 선택, 활용하여 신뢰할 수 있고 타당성이 있는 정보와 자료들을 모으는 데 초점을 둔다.
종합(Synthesis)	내담자의 다양한 측면들을 정리, 재배열하여 하나의 전체적인 모습을 그려본다. 이때 내담자 생활의 대인–관계적 측면과 대인–내적 측면의 장단점에 대한 정보를 이용한다.
진단(Diagnosis)	문제를 사실적으로 확인하고, 그 원인을 발견(잠정적 진단)하며, 내담자의 반응과 논리적 결과를 검토하여 객관적이고 주관적인 자료에 기초한 행동 프로그램을 제안한다.
예후(Prognosis, 처치)	가능한 선택들을 기초로 하여 예후 단계가 이루어진다. 진단은 과거와 현재의 상태에 관련된 것인 반면, 예후는 미래와 관련된 것으로 일종의 예언을 시도하는 것이다.
상담(Counseling)	일반화된 방식으로 생활 전체를 다루는 것을 학습하는 단계이다. 이때 상담이란 무미건조한 치료 상황 그 이상의 것으로, 다양한 기법에 의한 개인적인 조력을 통해 상담에서 배운 학습을 모든 문제 상황에 적용할 수 있도록 돕는 안내된 학습이며 재교육이다.
추수지도(Follow-up)	상담에서 학습했던 것을 일상생활에서 적용할 때 이루어지는 진보를 강화하고 재평가하며 점검하는 단계이다. 이 단계는 상담의 효과를 평가하고자 할 경우나, 상담 종료 후 내담자에게 문제가 다시 발생했을 경우에 실시된다.

(4) 상담의 기술[윌리엄슨(Williamson)]

① 상담자의 기술

ㄱ 동조를 요청하기 : 내담자로 하여금 자신의 환경에 적응하도록 강요하는 기술이다.

ㄴ 환경을 변화시키기 : 내담자에게 곤란을 야기하는 실제적인 환경이든 잠재적인 환경이든 간에 내담자의 환경을 부분적으로 변화시키려는 시도이다.

ㄷ 적절한 환경을 선택하기 : '환경을 변화시키기'보다 더욱 적극적인 기술로 내담자의 개성이나 성격에 가장 알맞은 환경을 선택하게 하는 것이다.

ㄹ 필요한 기술을 학습하기 : 내담자에게 곤란을 야기하는 결함들을 극복하도록 조력하는 것이다.

ㅁ 태도 바꾸기 : 가장 치료적인 성격을 띠는 기술로, 내담자의 욕구와 환경의 요구가 조화되도록 내담자의 태도를 바꾸게 하는 것이다.

② 상담의 기술

ㄱ 라포르(Rapport)의 형성

ㄴ 자기이해의 증진

ㄷ 조언과 활동계획의 수립

ㄹ 계획의 실행

ㅁ 다른 전문가에게 의뢰하기

(5) 상담유형 및 특징

① 유형 : 집단작업, 교사의 조언 혹은 충고, 수업형태의 상담, 임상적 상담

② 특징 : 상담자 중심의 상담방법으로 정서적 이해보다는 문제의 객관적 이해에 중점을 둔다. 내담자에게 정보를 제공하고 학습기술과 사회적 적응기술을 알려주는 것을 중시하며, 사례나 사례연구를 상담의 중요한 자료로 삼는다.

(6) 평가

① 장점 : 과학적 접근, 객관적 검사자료를 강조하여 심리검사의 발달을 가져왔다.

② 단점 : 상담자가 지나치게 지시적이어서 내담자의 가능성을 제한한다.

❻ 내담자 중심 상담

(1) 내담자 중심(인간 중심) 상담의 개요

① 내담자 중심 상담에서는 모든 내담자가 자신의 중요한 일들을 스스로 결정하고 해결할 수 있는 능력을 지니고 있음을 강조하며, 상담자는 내담자들이 긴장이나 정서적 불안을 발산하고 자기 자신의 문제에 대한 해결능력을 되찾아 인간적인 성숙을 기할 수 있도록 돕고, 적극적으로 성장할 수 있도록 허용적인 분위기를 만드는 데 주력한다(내담자 = 능동적 존재).

② 이 상담은 비지시적 상담, 내담자 중심 상담(Client-centered counseling), 현상학적 접근(Phenomenological approach), 자아이론적 접근(Self-theory approach)이라고도 한다.

③ 대표 학자로는 로저스(C. R. Rogers)가 있다.

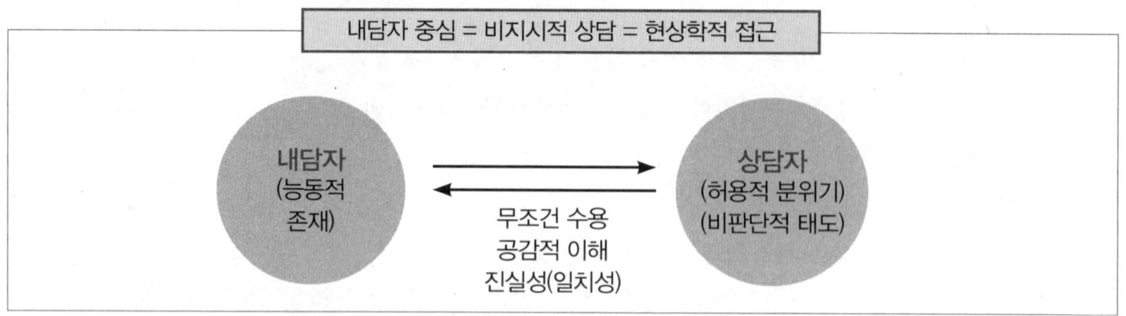

(2) 내담자 중심 상담의 주요 개념

① 인간관

    ㉠ 인간은 근본적으로 합목적적이고, 전진적이며 건설적이고, 긍정적이며 독립적이고, 수용적이며 현실적인 존재인 동시에 신뢰할 만한 선한 존재이다.

    ㉡ 인간은 사회적이고 미래 지향적인 존재이며, 자기실현의 의지와 더불어 선한 마음을 갖고 태어난다.

    ㉢ 인간은 본래 부적응 상태를 극복하고 정신적 건강상태를 되찾을 수 있는 능력을 가지고 있다고 믿기 때문에 치료진행의 일차적 책임을 내담자에게 맡긴다.

② 유기체

    ㉠ 유기체는 사고, 감정, 행동을 포함한 인간의 자기지각으로 이루어져 있는 전체로서의 한 개인을 뜻한다.

    ㉡ 유기체의 일차적 목적은 욕구를 만족시키기 위해 행동하는 것이고, 늘 유기체 자신을 향상시키고 유지하려는 동기를 가진다.

③ 현상학적인 장 : 현상학적인 장은 유기체가 경험하는 모든 것을 말한다. 각 개인은 계속적으로 변화하는 세계 속에서 존재하며 자신이 경험하고 지각하는 장에 대하여 반응하는데, 이런 주관적인 경험의 세계를 현상학적인 장이라고 한다.

④ 자아 : 자아란 자기 존재의 각성 또는 기능화의 각성을 말한다. 자아의 발달을 통해 개인은 현상학적인 장 속에서 자기에게 속한 것 혹은 자기의 일부인 것과 자신이 지각하는 다른 모든 대상 사이를 구별할 수 있게 된다.

⑤ 내담자 중심 상담의 목표

    ㉠ 내담자가 '자기실현을 이룬 사람'이 될 수 있도록 하는 것이 목표이다.

    ㉡ 상담자는 상호 신뢰적인 분위기를 조성하여 내담자가 거리낌 없이 자기를 공개하도록 함으로써, 내담자가 스스로의 내면세계를 이해하고 자신의 문제를 파악할 수 있도록 돕는다.

    ㉢ 이런 관계 속에서 내담자는 자신의 환경에 대한 왜곡된 지각을 수정하고, 현실적 경험과 자아개념 간의 조화를 이루며, 능력과 개성을 최대한 발휘하는 자기실현을 촉진하게 된다.

⑥ 자기실현을 이룬 사람의 특징

 ㉠ 자기방어를 위해 현실을 왜곡하지 않는다.

 ㉡ 자기 자신에 대한 올바른 이해에 바탕을 둔 신뢰감과 융통성 있는 마음의 자세를 갖고 있다.

 ㉢ 실존문제에 대한 해답을 자신의 내부에서 찾으려 하며, 인간적인 성숙이 지속적 과정임을 알고 있다.

(3) 상담의 과정

① 상담자가 갖추어야 할 태도

 ㉠ 일치성(Congruence) 또는 진실성(Geniuses) : 상담자가 내담자와의 관계에서 순간순간 경험하는 자신의 감정이나 태도를 있는 그대로 솔직하게 인정하고, 경우에 따라서는 솔직하게 표현하는 태도를 말한다. 이러한 진실한 태도는 내담자와 순수한 인간 간의 만남을 가능하게 하고, 내담자의 개방적인 자기탐색을 촉진, 격려하게 된다.

 ㉡ 무조건적인 긍정적 관심(Unconditional positive regard) : 상담자가 내담자를 평가하거나 판단하지 않고, 내담자가 나타내는 어떤 감정이나 행동특성도 있는 그대로 수용하여 소중히 여기고 존중하는 상담자의 태도를 말한다.

 ㉢ 공감적 이해(Empathic understanding) : 상담자와 내담자가 상호작용하는 동안에 발생하는 내담자의 경험과 감정들을 이해하려고 노력하는 것을 말한다. 공감은 동정이나 동일시와는 다르며, 상담자가 내담자의 입장이 되어 내담자를 깊이 있게 주관적으로 이해하면서도 자기 본연의 자세는 버리지 않는 것이다.

② 상담의 한계 : 상담에 있어 내담자의 요구나 행동을 무한정 받아들일 수는 없으며, 몇 가지 한계가 있음을 설정한다.

 ㉠ 책임의 한계 : 문제해결의 책임을 상담자에게 맡겨서는 안 된다.

 ㉡ 시간의 한계 : 상담시간에 대한 일정한 한계를 설정하여 내담자가 적응하도록 한다.

 ㉢ 공격적 행위의 한계 : 최대한의 자유를 누릴 수 있으나, 무제한의 자유를 누릴 수는 없다.

 ㉣ 애정의 한계 : 상담자가 내담자에게 보이는 애정에는 어떤 한계가 있음을 담당자가 이해하도록 한다.

(4) 내담자 중심 상담이론의 공헌과 한계

① 공헌

 ㉠ 내담자 스스로 해결책을 찾도록 도와주므로, 해석이나 진단, 무의식의 탐색 등을 사용하는 지시적 치료법에 비해 내담자를 그릇되게 인도할 위험이 적다.

 ㉡ 심리상담·치료자들이 자신의 상담 스타일을 개발해 나갈 수 있도록 하였다.

 ㉢ 심리학을 배우지 않은 사람들도 진실성, 무조건적 긍정적 관심, 공감적 이해 등의 치료 조건을 개인이나 직업 면에서 사용할 수 있다.

ⓔ 로저스(Rogers)는 '상담'과 '심리치료'를 연결하고, 당시까지만 해도 심리치료 영역에서만 다루어지던 내담자 문제를 상담자도 다룰 수 있다는 사실을 제시하였다.

ⓜ 위기상담에서 진실로 경청하고 이해함으로써 중요한 가치를 발휘한다.

ⓗ 상담 장면을 녹음하여 테이프에 담아 공개하고 상담기술을 체계화하여 보편화시켰고, 이를 상담 훈련과 연구에 활용하는 데 선구적인 기여를 하였다.

ⓢ 교육, 사업, 공업, 국제관계, 집단상담, 심리요법, 정신위생분야 종사자를 위한 훈련, 가족생활, 그 외의 대인관계 등 여러 분야에서 다양하게 사용될 수 있다.

ⓞ 다양한 문화를 지닌 사람들의 상호 이해를 발전시키는 데 적용됨으로써, 인간관계와 중다문화적 치료에 지대한 공헌을 하였다.

② 한계

㉠ 심리상담·치료자가 내담자의 중심적 입장의 태도를 잘못 해석하거나 단순화할 수 있고, 심리상담·치료자가 '내담자 중심'이 되어 자기 자신의 인간성과 독자성을 잃어버릴 수 있다.

㉡ 정서적 및 감정적인 요소를 크게 강조하는 반면에 지적·인지적 요인을 무시하는 경향과 심리검사 등의 객관적인 정보를 사용하여 내담자를 도와주는 면이 부족하다는 비판을 받고 있다.

㉢ 상담 초기에는 시원하게 문제를 꼬집어주지 않기 때문에 심리상담·치료자가 무엇을 지향하고 있는지를 내담자가 이해하지 못해서 성급히 물러서는 경우가 생긴다.

㉣ 심리상담·치료자가 치료의 기본철학을 생활화할 수 있어야 하므로 상담자의 인격과 소양이 중시된다. 심리상담·치료자의 기술수준을 초월하는 사람 됨됨이의 문제이므로 심리상담·치료자의 인격과 수양이 요구되나 결코 쉽지 않다. 그러므로 심리상담·치료자가 상담의 기본철학을 철저히 이해할 수 있어야 한다.

㉤ 현상학에서는 객관적 환경은 그대로라도 수용방법이 변하면 행동이 변한다고 본다. 그러나 이런 생각은 환경의 작용을 경시할 위험이 있다.

㉥ 로저스 이론에선 저항과 감정전이 등이 무시된다.

❼ 형태주의 상담

(1) 형태주의(게슈탈트) 상담의 개요

① 의의

㉠ 게슈탈트(Gestalt)란 형태, 모양, 전체를 의미하며 지각의 대상을 형성하는 통일적인 구조이다(게슈탈트 상담을 다른 말로 형태요법이라고도 함).

㉡ 정신분석학, 현상학 그리고 실존주의의 영향을 받았다.

㉢ 행동주의나 연합주의 등 수량적 인식론에 반대하여 통합과 지각을 강조했으며, 특히 신체적 기능과 정신적 기능의 통합을 강조한다.

㉣ 전체는 부분의 총화 그 이상이다[물(전체) ≠ H + H + O (부분의 합)].

　　ⓜ 개체는 장을 전경과 배경으로 구분하여 지각한다.

　　ⓑ 개체는 장을 능동적으로 조직하여 의미 있는 전체로 지각하는 경향을 지니고 있다.

　　ⓢ 개체는 자신의 현재 욕구를 바탕으로 게슈탈트를 형성하고 지각한다.

　　ⓞ 주어진 상황에서 게슈탈트를 형성하지 못하거나, 형성하더라도 오직 하나에만 집착할 때에는 그 상황에 어울리지 않는 행동을 하게 되고 그 결과 한 가지 패턴의 인간이 된다.

　　ⓩ 건전한 인격이란 상황에 따라 자유롭게 게슈탈트를 형성할 수 있는 인간이다.

　　ⓒ 개체는 미해결된 상황을 완결하려는 경향을 지니고 있다.

　　ⓚ 개체의 행동은 개체가 처한 상황의 전체 맥락을 통하여 이해된다.

　② 대표 학자 : 펄스(Perls)

(2) 게슈탈트 상담의 주요 개념

　① 인간관

　　㉠ 스스로 선택할 수 있는 자유의지를 갖고 있다.

　　㉡ 선천적으로 자아실현 경향성을 갖고 있다(긍정적 인간관).

　　㉢ 자아실현은 끝없는 과정으로, 인간은 끊임없이 되어가는(Becoming) 존재이다.

　　㉣ 인간은 신체, 정서, 사고, 감각, 지각으로 이루어지는 전체이며, 동시에 자기의 신체, 정서, 사고, 지각 등을 각성할 수 있다.

　　㉤ 인간은 환경에 대한 단순한 반응자가 아니라 주도자이다.

　② 인간의 성격 : 자아(Self), 자아상(Self-image), 존재(Being)

　③ 부적응 행동 : 각성의 결여, 책임의 결여, 환경과의 접촉상실, 형태완성능력의 부족, 욕구의 부인, 자아의 미분화에서 그 원인을 찾을 수 있다.

　④ 미결감정 : 원한, 증오, 분노, 고통, 불안, 슬픔, 죄책감, 자포자기 등과 같이 표현되지 못한 감정들이 포함되며, 이 감정들은 표현되지 않는다 하더라도 뚜렷한 기억이나 환상들과 연합되어 있다.

(3) 게슈탈트 상담의 내용과 기법

　① 상담의 목표

　　㉠ 책임 : 내담자를 성숙시키고 성장시키는 것으로, 책임 있는 인간이 될수록 성숙이 이루어진다.

　　㉡ 통합 : 내담자로 하여금 감정, 사고, 지각, 신체가 모두 하나의 전체로서 통합된 기능을 발휘할 수 있도록 도와주는 것이다.

　　㉢ 각성 : 각성 없이는 내담자가 자신을 알 수 없을 뿐만 아니라, 자신의 부정적인 면을 직면하고 수용할 수 없다.

　② 상담의 일반적인 규칙

　　㉠ 지금, 여기(Here and Now)에 충실하라.

　　㉡ 말로써 설명하거나 분석하는 대신 직접적인 경험을 하라.

　　㉢ 내담자에게 자기발견을 강조하라.

ⓔ 내담자의 각성에 초점을 맞춰라.
ⓜ 욕구좌절을 기술적으로 활용하라.
ⓗ 책임과 선택을 강조하라.
ⓢ 부적응의 원인은 인식의 결핍이나 인식의 차단에서 나온다.

③ 상담의 기법

자기각성	"당신의 손에서 지금 무엇을 느끼고 있습니까?"라고 단순하고 직접적인 질문을 통해 그의 각성을 촉진하는 방법이다.
대화 게임	• 갈등하는 마음을 대화로 엮어보는 기법이다. • 양다리를 걸치려고 하는 내담자의 경우, 1명만 택하는 마음이 되어 얘기해 보고, 2명 모두 데이트하는 입장이 되어 이야기한다.
투사연기하기	내담자가 자기의 투사에 대해 의식하지 못하고 다른 사람이 잘난 체한다고 비난하면 그로 하여금 가능한 한 잘난 체하는 행동을 해 보게 한다.
반대행동하기	평소 행동과 정반대되는 행동을 하는 방법으로, 평소 공격적인 내담자에게 얌전하고 소극적인 행동을 요구하는 것이다.
책임지기	내담자에게 어떤 말을 한 후 "나에게 책임이 있다"라고 말하게 하여 책임을 인식시킨다.
신체표현 활용하기	내담자의 자기각성을 촉진하기 위해 신체표현을 관찰하고 그 의미를 이야기하게 하는 방법이다.
과장하기	무심코 하는 습관이나 행동을 과장시켜 그 행동의 의미를 알게 한다.
뜨거운 자리 (Hot seat)	해결하고 싶은 문제가 있는 구성원으로 하여금 상담자와 마주 보이는 빈자리에 앉게 한다. 이때 빈자리가 '뜨거운 자리'가 되며 흔히 '도마 위에 앉는 식'의 장면이 연출된다.
빈 의자 기법	• 내담자가 내사를 외형화하도록 하는 1가지 방법이다. 이 기법에는 2개의 의자가 사용된다. 치료자는 내담자에게 1개의 의자에 앉아서 지배자가 되어보라고 한다. 그리고 다른 의자로 옮겨 피지배자가 되어보라고 한다. 내담자의 두 측면 사이에 대화가 계속된다. 이것은 내담자가 모든 역할을 수행하는 역할놀이 기법이다. 내담자가 두 측면을 수용하고 통합하면 갈등이 해결된다. 대립되는 경향 간의 대화는 양극성이나 갈등을 통합시키기 위한 것이다. • 갈등 상태의 내담자에게 빈 의자를 향해 이야기하게 하여 감정과 마음을 쉽게 표현하게 한다.
언어적 기법	• 책임감을 느끼게 하기 위해 '그것 → 나, 당신 → 나, 우리 → 나'로 바꾼다. • '할 수 없다'를 '할 수 있다'로 바꾼다. • '왜' 대신 '어떻게'와 '무엇'으로 묻는다. • 수동태를 능동태로 바꾸어 자신의 생각과 의지를 각성하게 한다.

⑧ 교류분석적 상담

(1) 교류분석 상담의 개요

① 의의

㉠ 의사교류분석(Transactional Analysis, TA)의 접근법은 대부분의 다른 상담과 달리 계약적이고 의사결정적이다.

㉡ 각 개인의 초기결정을 중요시하며 새로운 결정을 내릴 수 있는 개인의 능력을 강조한다.

㉢ 개인 간, 그리고 개인 내부의 상호작용을 분석하기 위한 구조를 제공한다.

㉣ 3가지의 자아상태(부모, 어른, 아동)에 기초한다.

㉤ 주요 개념으로 부모(Parent), 어른(Adult), 아동(Child), 결정(Decision), 재결정(Redecision), 게임(Game), 극본(Script), 라켓(Racket), 애무(Stroke), 할인(Discounting), 우표수집(Stamps) 등이 있다.

② 대표 학자 : 번(Berne)

(2) 교류분석 상담의 주요 개념

① 인간관

㉠ 인간은 자율적인 존재이다.

㉡ 인간은 자유로운 존재이다.

㉢ 인간은 선택할 수 있는 존재이다.

㉣ 인간은 책임질 수 있는 존재이다.

② 자아상태 : 모든 사람은 3가지 자아상태로 그 인격을 이루고, 이 3개의 인격은 각각 분리되어 특이한 행동의 원천이 된다고 보았다.

어버이 자아 (Parent ego, P)	NP	양육적인 어버이 자아(Nurturing Parent), 어머니
	CP	비판적인 어버이 자아(Critical Parent), 아버지
어른 자아 (Adult ego, A)	A	상황을 판단하고 이치에 맞게 처신하는 어른 자아
어린이 자아 (Child ego, C)	FC	자연스러운 어린이 자아(Free Child ego)
	LP	작은 교수 자아(Little Professor ego)
	AC	적응된 어린이 자아(Adapted Child ego)

③ 명령과 초기결정들

㉠ 명령은 부모 자신의 고통들(분노, 불안, 좌절, 불행 등)로부터 부모의 내면에 있는 아동(Child)에 의해 그의 아동(Child)에게 주는 메시지이다.

㉡ 이 메시지는 아동들에게 그들이 무엇을 해야 하며, 무엇이 되어야 하는지를 말해 준다(예 : "하지 마라", "가까이하지 마라", "성장하지 마라", "태어나지 말았어야 한다" 등).

ⓒ 언어적 또는 비언어적인 행동으로 표현된다.

ⓓ 부모에게 인정받으려는 욕구나 신체적·심리적 생존을 위한 욕구에서 초기결정이 동기화된다.

④ 애무(Stroke) : 애무는 인지의 형태이다. 긍정적 애무는 "나는 너를 좋아한다"와 같이 말하는 것이며, 따뜻한 신체적 애무, 수락하는 말들, 친밀한 몸짓 등으로 표현된다.

   ⓐ 긍정적 애무 : 성장을 촉진시키는 촉매이며 애정과 승인의 형태로 표현된다.

   ⓑ 부정적 애무 : "나는 너를 좋아하지 않는다"와 같이 말하는 것으로, 때리거나 놀리거나 학대하는 것이다. 성장을 후퇴시킨다.

   ⓒ 조건적 애무 : "나는 네가 이러이러한 방식으로 행동하면 널 좋아할 것이다"와 같이 말하는 것이다.

   ⓓ 무조건적 애무 : "나는 네가 누구든 어떤 존재이든 기꺼이 너를 수용하며 우리의 어려움을 함께 해결하기 위해 협의할 수 있다"라고 말하는 것이다.

⑤ 게임(Game) : 게임은 최소한 한 사람에게 나쁜 감정을 주고 끝내는 일련의 암시적 의사교류이다. 초기결정을 지지할 목적으로 발달되며, 개인의 인생극본(생을 위한 계획이나 또는 이 세상을 살아가기 위해 어떻게 행동해야 하는가에 대한 결정)의 하나이다.

   ⓐ 게임은 깊숙한 곳에 참된 동기나 목적이 숨겨져 있다.

   ⓑ 게임을 하고 있는 사람은 자신이 게임을 하고 있다는 것을 거의 의식하지 못한다. 만약 그것을 의식한다면 그것은 계약이지 게임이 아니다.

   ⓒ 게임은 예측이 가능한 일정 과정을 거쳐서 결말에 이른다.

   ⓓ 게임은 두 사람 모두 또는 최소한 한 사람에게는 불쾌감을 가져온다.

⑥ 불쾌하고 쓰린 감정들(Rackets) : 게임 뒤에 맛보는 불쾌하고 쓰린 감정을 라켓(Racket)이라고 부른다. 부모와의 관계에서 경험하기도 하고 우리가 어린아이처럼 행동했을 때 느끼는 감정이기도 하다. 라켓도 초기결정을 지원하며, 개인의 인생극본의 기본이다. 사람들은 주의를 끌기 위해 불쾌하고 쓰린 감정, 위장된 죄의식 또는 위장된 우울한 감정을 발달시킬 수 있다.

⑦ 인생극본

   ⓐ 연극의 각본과 비슷하며, 이 세상을 무대로 보았을 때 인간의 삶도 어떤 각본에 따라 절정과 종말에 이른다는 것이 교류분석의 입장이다.

   ⓑ 생활각본에는 우리가 받아들인 부모의 메시지, 금지에 따른 결정, 초기결정을 유지하기 위한 게임, 결정을 정당화하기 위한 개인 특유의 감정, 삶이 어떠해야 하며 어떻게 끝나야 한다는 기대 등이 포함된다.

   ⓒ 맨 처음 유아시절의 부모의 메시지로부터 비언어적으로 생겨난다(우리 집에서는 남자가 가장이다).

   ⓓ 인생극본과 행동성향

인생극본		행동성향
자기부정-타인긍정 I'm not OK-You're OK	헌신 패턴 (피해적)	억압된 자세. 타인에 비해 자신을 무능력하게 여기며 타인을 위해 봉사하는 자세
자기부정-타인부정 I'm not OK-You're not OK	갈등 패턴 (파괴적)	모든 삶의 소망을 포기하고 삶의 희망을 포기한 무익한 자세(자포자기)
자기긍정-타인부정 I'm OK-You're not OK	자기주장 패턴 (공격적)	자기의 잘못을 타인에게 투사시키고 타인을 원망하는 사람의 자세(이기주의자)
자기긍정-타인긍정 I'm OK-You're OK	원만 패턴 (생산적)	건전한 심리적 자세. 동등한 위치에서 직접적인 상호관계를 맺음

(3) 상담목표 및 절차

① 상담의 목적은 개인이 자신의 삶에 대해 책임지고 스스로 지도할 수 있는 자율성을 갖도록 하는 것이며, 이를 위해 각성, 자발성, 친밀성이 중요하다.

② 각성, 자발성, 친밀성을 유지하여 결국은 자율적인 인생극본을 갖도록 하는 목적을 달성하기 위한 구체적 목표는 다음과 같다.

㉠ 혼합 없이 성인 자아가 정상적으로 기능할 수 있도록 한다.

㉡ 배타 없이 상황에 따라 P, A, C가 적절히 기능할 수 있도록 한다.

㉢ 각성을 통해 게임에서 벗어나도록 한다.

㉣ 초기결단 및 이에 근거한 생활각본을 새로운 결단에 근거한 자기긍정-타인긍정의 생활각본으로 바꾼다.

③ 상담절차 : 교류분석 상담의 절차는 계약 → 구조분석 → 교류분석 → 게임분석 → 각본분석 → 재결정 등으로 이루어진다.

㉠ 구조분석

혼입성	하나의 자아상태의 내용이 또 하나의 다른 자아상태와 혼합될 때 존재한다. '부모'나 '아동' 또는 그들이 '어른'의 자아상태의 영역 내에 침입하거나 '어른'의 명석한 사고와 기능을 간섭한다. '부모'로부터의 혼입은 현실을 왜곡해서 지각하는 것을 포함한다. 부모가 혼입된 것을 반영하는 신술의 예로는 "너는 다른 종류의 사람들과 섞이지 마라", "이탈리아인을 믿지 마라", "기계를 잘 지켜라. 그것들은 매번 너를 속일 것이다", "10대들에게 의존하지 마라" 등이다. 아동이 혼입된 것을 반영하는 진술의 예로는 "모두가 다 나를 괴롭히고 있어. 아무도 날 정당하게 대접해 주지를 않아", "내가 원하는 것을 지금 당장 얻어야 해", "누가 나를 친구로 삼고 싶어 할까?" 등이다.

| 배타성 | 경직된 자아상태의 경계가 자유로운 이동을 허락하지 않는 것이다. '어른'과 '아동'이 제외된 '완고한 부모'는 전형적으로 의무에 충실한 과업 지향적인 사람에게서 발견될 수 있다. 그런 사람들은 다른 사람들에 대해 비판적이고 도덕적이며 요구할지도 모른다. 그들은 때로 지배적이고 권위적인 태도로 행동할 것이다. '어른'과 '부모'가 배제된 '완고한 아동'은 의식하지 않고 반사회적 행동을 한다. '견고한 아동'에 의해 움직이는 사람들은 성장을 거부하는 영원한 어린이와 같다. 그들은 자신을 위해 생각하거나 결정하지 않고 대신에 자신의 행동에 대한 책임에서 벗어나기 위해 의존적으로 남아 있으려고 한다. 그들은 누군가가 자기를 돌보아 주길 바란다. '부모'와 '아동'이 배제된 '완고한 어른'은 대상적이다. 즉, 사저에 휘말리고 관여한다. '완고한 어른'은 감정이나 자발성이 거의 없는 로봇처럼 보이는 개인이다. |

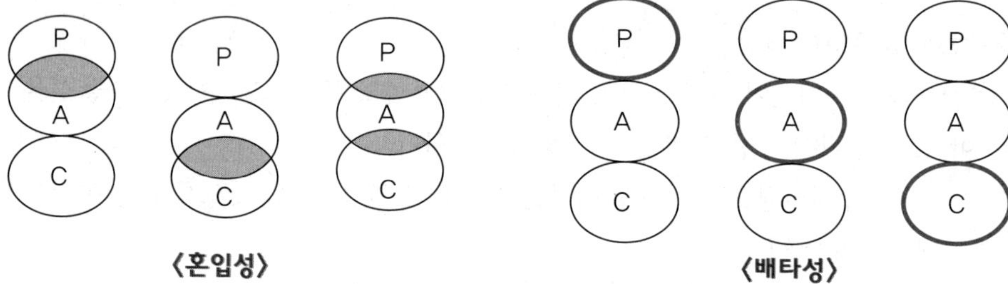

ⓛ 교류분석

상보적 교류		딸 : 엄마, 날 사랑해요? 엄마 : 그럼, 사랑하고말고!
		친구 : 숙제가 너무 어려워. 좀 도와줘. 친구 : 그래 도와줄게.
교차적 교류		S : 혹시, 박물관이 이 근처에 있는지요?(AA) R : 제 무거운 짐 좀 들어주시겠어요?(CP)
암시적 교류	실제 의미를 숨긴 위장된 메시지가 교환될 때	아들 : 엄마, 시장 안 가세요?(AA) → 엄마 없으면 즐겁게 놀 텐데.(CC) 엄마 : 오늘 시장 안 간다.(AA) → 공부 안 하고 놀려고. 어림없다.(CC)

❾ 행동주의 상담

(1) 행동과학적 상담의 개요

① 의의

 ㉠ 눈으로 관찰이 가능한 행동만이 과학이다.

 ㉡ 객관적이고 과학적인 근거에 의해서 상담기술을 계속 발전시킨다.

 ㉢ 학습이론에 근거를 두며 행동과 행동에 관한 현재의 영향을 강조한다.

 ㉣ 외현적인 행동변화를 치료평가의 가장 중요한 준거로 삼는다.

② 대표 학자로는 파블로프(Pavlov), 왓슨(Watson), 손다이크(Thorndike), 스키너(Skinner), 월페(Wolpe), 아이젠크(Eysenck), 크롬볼츠(Krumboltz), 미카엘(Michael) 등이 있다.

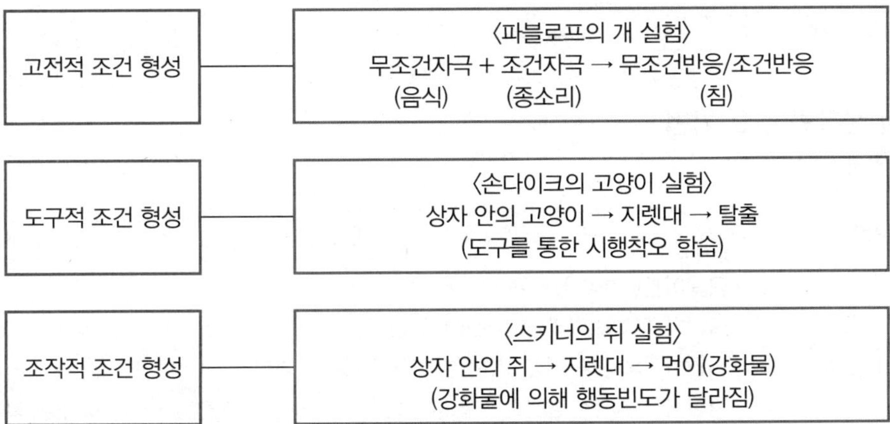

(2) 행동과학적 상담의 주요 개념

① 인간관

 ㉠ 인간의 행동은 유전과 환경 간의 상호작용에 의한 소산이며, 인간의 행동은 복잡하기는 하나 원칙적으로 예측이 가능하고, 현재의 행동은 어떤 선행조건에 의하여 결정된다.

 ㉡ 인간의 의식이라는 것은 믿을 수 없으며 과학적인 자료가 되지 못하고, 중요한 것은 관찰 가능한 행동뿐이며 과학이라 할 수 있다. 무의식이나 욕구 등이 인간에게 존재한다면 이들은 어떠한 방법으로든지 행동으로 표출된다.

 ㉢ 인간의 행동은 학습된 것이며 학습조건의 변화와 조작에 따라 행동의 수정이 가능하다.

② 강화원리 : 특정 자극(보상)에 의해 어떤 목적 행동의 빈도를 증가 또는 감소시키는 것을 말하며, 이때 제공되는 자극(보상)을 강화물이라고 한다.

 ㉠ 1차적 강화물 : 음식물, 물, 공기 등 생리적으로 인체에 필요한 것

 ㉡ 2차적 강화물 : 돈, 칭찬, 비난, 애정 등 가치 있는 것이라고 학습된 자극들

 ㉢ 정적 강화물 : 원하는 것, 유쾌한 것을 제공하여 바람직한 행동의 강도를 증가시키는 것

 ㉣ 부적 강화물 : 불쾌한 것, 혐오적인 것을 제거하여 바람직한 행동의 강도를 증가시키는 것

ⓜ 중립적 자극 제공 : 중립적 자극만 제공하거나 아무 자극도 제공하지 않아 행동을 소멸시키는 것

고정간격 강화	• 처음 보상을 받은 후 일정한 시간마다 보상이 주어진다. • 예 : 4년마다 있는 국회의원선거 때마다 열심히 선거운동을 한다. 기말고사 때가 되면 열심히 공부를 한다.
고정비율 강화	• 일정 수의 반응을 나타낼 때마다 보상을 받는 것이다. • 예 : 과수원에서 사과 1바구니를 딸 때마다 1천 원씩 준다.
변동간격 강화	• 일정 시간마다 보상이 주어지나 그 시간 간격이 불규칙하다. • 예 : 3분, 8분, 6분, 1분 등 평균적으로 5분마다 강화를 준다.
변동비율 강화	• 강화가 반응의 빈도를 기준으로 주어지나 그 빈도의 기준이 불규칙하다. • 예 : 20회, 1회, 29회, 10회 등 평균 15회마다 강화를 준다. 주로 슬롯머신이나 도박기계에서 이용된다.

(3) 행동과학적 상담의 주요 기법

① 내적 행동변화 촉진

구분	내용
체계적 둔감법	• 근육이완훈련을 실시한다. • 불안의 정도에 따라 불안위계를 만든다. • 불안위계목록 중 가장 낮은 순위에 있는 불안 장면부터 상상하도록 한다. • 가장 불안위계가 높은 장면을 상상할 때에도 내담자가 불안을 느끼지 않게 되면 이 절차는 종료된다.
근육이완훈련	이완 상태와 불안이 서로 양립할 수 없다는 이론에 근거를 두고 부교감신경의 항진작용을 이용하여 불안을 역제지하는 방법
인지적 모델링	상담자가 모델이 되어 과제를 수행하는 것을 보고 내담자가 외현적 수준에서 점점 내현적 수준으로 자기지도를 할 수 있도록 하는 방법
사고정지	부정적 인지를 억압하거나 제거함으로써 비생산적이고 자기패배적인 사고와 심상을 통제할 수 있도록 하는 방법

② 외적 행동변화 촉진

구분	내용
토큰법	목적행동을 할 때마다 보상으로 토큰을 제공하고 이를 내담자가 원하는 물건으로 교환할 수 있도록 하는 방법이다(대리경제체계).
모델링	적절한 행동대안들을 명백하게 공개적으로 시범을 보여주는 것으로, 효과적인 모델은 연령, 성, 인종 및 태도에서 내담자와 유사하며, 일정수준의 권위나 지위를 가진 경우이다.

구분	내용
자기주장훈련	사람들은 자신의 느낌, 생각, 신념, 태도를 표현할 권리를 가진다는 가정에서 나오게 되어 다른 사람들과 성공적으로 상호작용하는 방법을 가르친다.
자기관리 프로그램	내담자가 자기관리와 자기지시적인 삶을 영위하고 전문가에게 의존하지 않도록 하기 위해 상담자가 내담자와 지식을 공유하는 것을 의미한다.
역할연기	행동적 심리극, 행동시연 등으로 실제 생활에서 구체적인 행동이 어려운 장면에 대해 역할행동을 해 보도록 하는 것을 의미한다.
바이오피드백	각 개인에게 자신의 근육활동, 체온, 심장박동수, 혈압, 심지어 뇌파에 이르기까지 광범위한 정보를 제공하는 것(고혈압, 두통, 간질 등)을 의미한다.
혐오치료	바람직하지 않은 행동이 제거될 때까지 증상행동과 고통스러운 자극(구토제, 전기충격)을 연관시키는 것(알코올중독, 약물중독, 흡연, 도박, 동성애 등)을 의미한다.

❿ 인지적-정서적 상담

(1) 인지행동적 상담의 개요

① 의의

㉠ 인지행동적 접근에서는 인간의 여러 측면(감정, 사고, 행동 등) 중 인지(사고, 생각)적 측면이 가장 중요하며 우선적이라는 입장을 취한다.

㉡ 감정이나 행동은 사람들이 어떻게 생각하느냐에 따라 영향을 받는다는 것으로, 이러한 입장을 인지의 우선성 또는 인지적 결정론이라 부른다.

㉢ 인지행동적 접근에 따르면 부적응을 겪는 사람들을 변화시키기 위한 가장 효율적인 방법은 그 사람의 생각을 변화시키는 것이다. 생각(사고)을 변화시키면 잘못된 행동과 감정은 저절로 변화된다.

② 대표 학자 : 엘리스(Ellis), 벡(Beck)

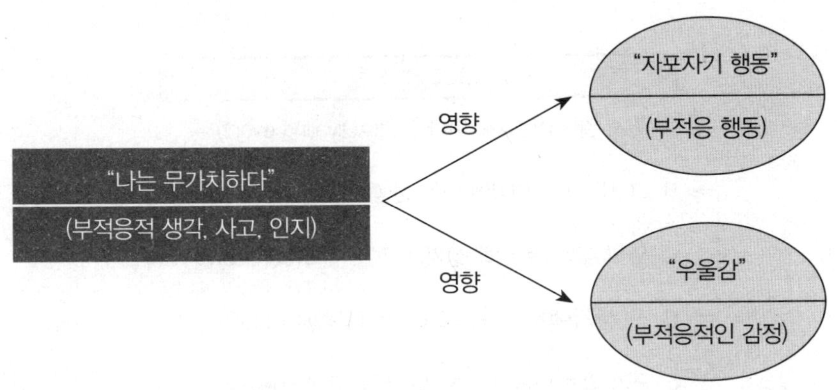

(2) 엘리스(Ellis)의 합리적-정서적 행동치료(Rational Emotive Behavior Therapy, REBT)

① 이론적 근거

    ㉠ 비합리적인 신념과 심리적 문제 : 사람들이 정서적인 문제(우울, 불안 등)를 겪는 이유는 구체적인 사건들 때문이 아니라 그 사건을 자신이 이미 가지고 있는 기존의 생각들에 비추어 비합리적으로 해석함으로써 그 결과로 정서적 문제를 경험하는 것이며, 이러한 왜곡되고 잘못된 사고의 뿌리에는 비합리적인 신념이 있다.

    ㉡ 합리적 신념과 비합리적 신념의 구분

구분	내용
융통성	• '모든', '항상', '반드시', '꼭', '결코', '당연히', '~이어야만' 등과 같은 단어가 들어가는 생각들은 융통성이 없고 비합리적이다. • 예 : 나는 모든 사람들로부터 반드시 인정받아야만 한다.
현실성	• 현실적으로 실현 불가능한 생각들이 있다. • 예 : 인간적으로 가치 있는 사람이 되려면 매사에 유능하고 완벽해야 한다. • 세상에 완벽한 사람이란 없다. 완벽이라는 것은 이상일 뿐 현실은 아니다. 사람들 개개인의 인간적인 가치는 현실 속에서 달성 가능한 목표를 향해 꾸준하고 성실하게 노력을 기울이는 데서 찾을 수 있는 것이지 완벽에서 찾아지는 것이 아니다.

    ㉢ 비합리적인 신념의 교정과 정신적 건강 : 정서적 문제로부터 벗어날 수 있기 위해서는 비합리적인 신념들을 합리적인 신념들로 대체해야 한다.

구분	예시
비합리적 신념(당위성)	나는 이 남성으로부터 거절당하지 않아야만 한다.
합리적 신념(단순선호나 소망)	나는 이 남성으로부터 거절당하지 않았으면 좋겠다.

② 상담과정

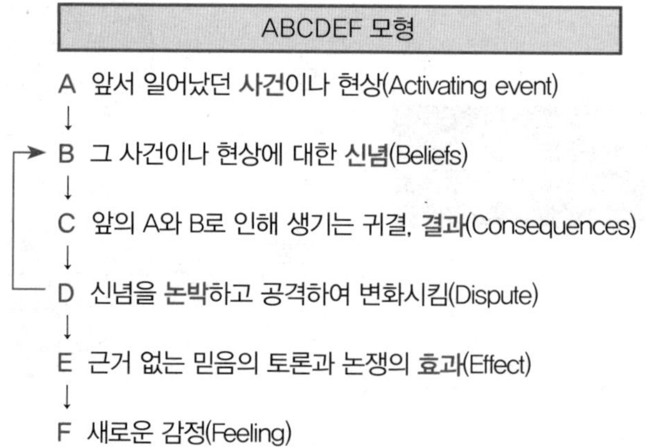

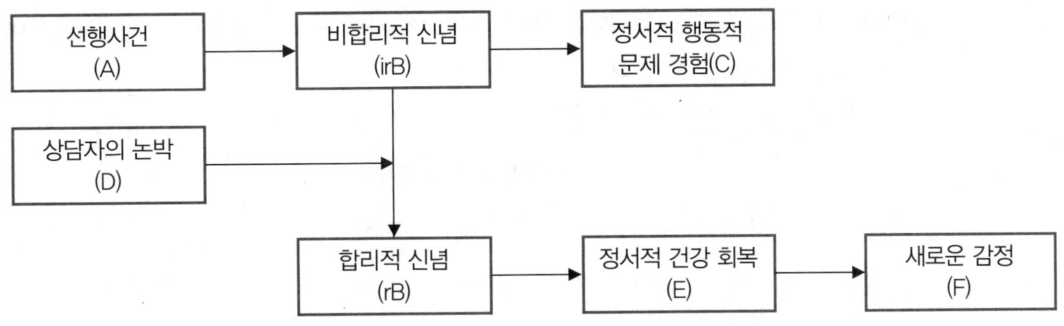

상담과정은 ⊙ 내담자에게 비합리적인 신념을 보여주고, ⓒ 비합리적인 신념은 자신의 재교육에 의한 것임을 자각하게 하며, ⓒ 내담자의 비합리적인 신념을 바꾸도록 하고, ⓔ 합리적이고 능률적인 인생관을 갖게 하는 것이다.

(3) 벡(Beck)의 인지치료(Cognitive Therapy, CT)

① 이론적 근거

  ㉠ 자동적 사고

  • 사람들은 대개 어떤 사건을 접하게 되면 자동적으로 어떤 생각들을 떠올리게 되는데, 이를 자동적 사고(Automatic thoughts)라 한다.

  • 사람들이 경험하는 심리적인 문제는 스트레스 사건을 경험했을 때 자동적으로 떠올리는 부정적인 내용의 자동적 사고에 의해 발생하는 것이다.

  • 심리적 부적응(우울증 등)을 가져오는 자동적 사고는 크게 3가지 내용으로 구성되는데 이것이 '인지삼제(Cognitive triad)'이다. 이는 첫째, 자기에 대해 비관적인 생각(예 : 나는 무가치한 사람이다), 둘째, 앞날에 대한 염세주의적 생각(예 : 나의 앞날은 희망이 없다), 셋째, 세상에 대한 부정적인 생각(예 : 세상은 살기가 매우 힘든 곳이다)이다.

  ㉡ 역기능적 인지도식

  • 인지도식이란 세상을 살아가는 과정에서 삶에 관한 이해의 틀을 형성한 것을 의미하며, 이러한 인지도식은 아주 어린 시절부터 시작해서 삶을 사는 과정 속에서 하나의 체계화된 덩어리를 이루어 형성된다.

  • 사람에 따라 살아온 삶의 과정과 경험한 내용이 다르기 때문에 인지도식의 내용은 달라질 수 있으며, 문제가 되는 것은 그 인지도식의 내용이 부정적인 성질의 것인 경우 심리적 문제를 초래하는데 이를 역기능적인 인지도식이라고 한다.

  • 예를 들면, '인정을 받으려면 항상 일을 잘해야만 한다', '사람은 멋지게 생기고 똑똑하고 돈이 많지 않으면 행복해지기 어렵다', '다른 사람에게 도움을 청하는 것은 나약함의 표시이다' 등이다.

  ㉢ 인지적 오류

  • 역기능적 인지도식은 자동적 사고와 인지적 오류를 발생시키는 역할을 하는데, 인지적 오

류(Cognitive errors)란 현실을 제대로 지각하지 못하거나 사실 또는 그 의미를 왜곡하여 받아들이는 것을 뜻한다.

• 사람들이 이러한 오류를 많이 범할수록 심리적 문제를 겪게 될 가능성이 더 커진다.

▶ 인지적 오류의 종류 ◀

구분	내용
흑백논리	사건의 의미를 이분법적인 범주의 둘 중의 하나로 해석하는 오류로, 회색지대를 인정하지 않는 것
과잉 일반화	한두 번의 사건에 근거하여 일반적인 결론을 내리고 무관한 상황에도 그 결론을 적용시키는 오류
선택적 추상화	상황이나 사건의 주된 내용은 무시하고 특정한 일부의 정보에만 주의를 기울여 전체의 의미를 해석하는 오류
의미확대 · 축소	사건의 중요성이나 의미를 지나치게 과장하거나 축소하는 것

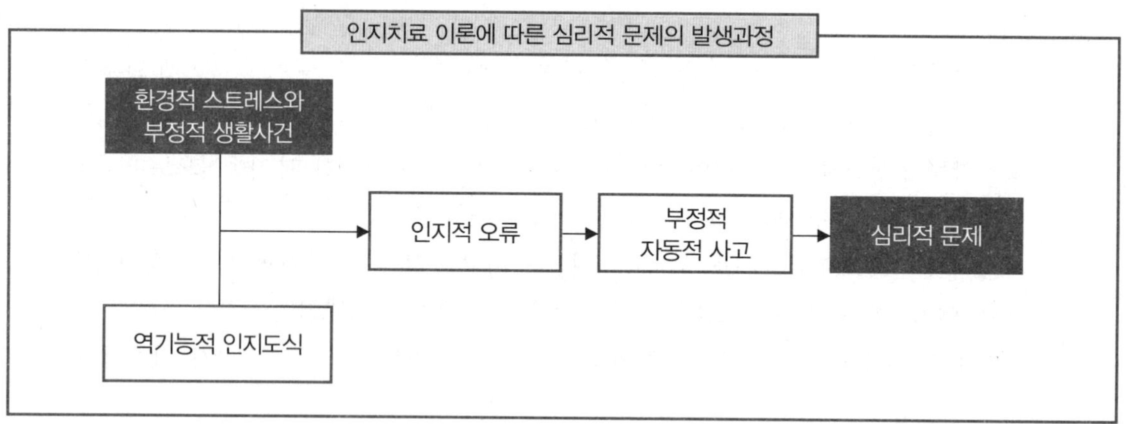

② 인지치료과정의 5단계

구분	내용
1단계	내담자가 느끼는 감정의 속성을 확인(가능하면 구체적인 상황과 함께 감정을 연결하여 둠)
2단계	감정과 연합된 사고, 신념, 태도들을 확인
3단계	내담자의 사고들을 1~2개의 문장으로 요약, 정리하여 내담자와 함께 상담자가 그것을 파악했는지 검토(여기서의 문장은 앞으로 바꿔야 할 낡은 사고방식으로 구성)
4단계	내담자를 도와 현실과 이성의 사고를 조사해 보도록 개입 첫째, 낡은 사고에 대한 인지적 평가 → 새로운 인지의 형성 둘째, 낡은 사고나 새로운 사고의 적절성을 검증하는 실험
5단계	과제를 부여하여 신념들과 생각들의 적절성을 검증하도록 함

01 다음 중 합리적−정서적 상담(RET)에 대한 설명으로 옳지 않은 것은? *2003*

① 내담자의 문제를 학습과정을 통해 습득된 부적응 행동으로 보고, 상담과정을 통해 부적절한 행동을 밝혀서 제거하고, 보다 적절한 새로운 행동을 학습하도록 하는 것이 상담의 목표이다.

② 인간의 정서적·행동적 문제의 근원은 비합리적 사고에 있다고 본다.

③ 우울증을 치료하는 데 효과적이다.

④ A−B−C 또는 A−B−C−D−E−F이론이라고도 불린다.

해설 | ①의 설명은 행동주의 상담이론이다.

02 다음은 어떤 상담이론에 관한 설명인가?

- 상담목표 : 비현실적인 공포나 불안의 제거와 학습을 통한 행동수정이 중요한 목표였으나, 최근에는 자기지도가 강조되고 있음
- 상담과정 : 상담관계의 형성 → 문제행동의 규명 → 현재의 상태파악 → 상담목표의 설정 → 상담기술의 적용 → 상담결과의 평가 → 상담의 종결
- 상담기술 : 주장훈련, 체계적 과민성 제거, 감동적 구상법, 혐오기술 등

① 정신분석적 상담 ② 특성요인 상담

③ 인간 중심 상담 ④ 행동주의 상담

해설 | 행동주의 상담의 목표는 부적응적 행동을 적응적인 대안행동으로 수정하는 것이다.

03 상담이론에 대한 설명으로 틀린 것은? *2007*

① 정신분석적 상담에서는 인간을 비합리적이고 결정론적이며, 생물학적 충동과 본능을 만족시키려는 욕망에 의해 동기화된 존재로 가정한다.

② 내담자 중심 상담은 로저스(Rogers)의 상담경험에서 비롯된 이론으로서 학자에 따라서는 비지시적 또는 사람 중심의 방법이라고도 하며, 대표적인 인본주의적 접근방법이다.

③ 교류분석적 상담은 인간의 본성에 대한 관념주의적 철학과 인본주의적 관점의 토대 위에 "지금, 여기"에 대한 자각과 주변환경의 책임을 강조한다.

④ 행동주의 상담은 학습이론에 바탕을 두고 체계적인 관찰, 철저한 통제, 자료의 계량화, 결과의 반복이라는 과학적 방법을 강조한다.

해설 | 관념주의적 철학과 인본주의적 관점의 토대 위에 "지금, 여기"에 대한 자각과 주변환경의 책임을 강조하는 상담이론은 게슈탈트(형태주의)이론이다.

04 성격에 대한 자아상태를 부모(P), 성인(A), 아동(C)으로 구분하여 타인들과의 상호작용을 통해 자아상태를 분석하는 상담기법은? *2013*

① 교류분석 상담 ② 내담자 중심 상담

③ 발달적 직업상담 ④ 특성요인 상담

해설 | 의사교류분석(Transactional Analysis, TA)의 접근법은 대부분의 다른 상담과 달리 계약적이고 의사결정적이다. 각 개인의 초기결정을 중요시하며 새로운 결정을 내릴 수 있는 개인의 능력을 강조한다. 개인 간, 그리고 개인 내부의 상호작용을 분석하기 위한 구조를 제공하며 3가지의 자아상태(부모, 어른, 아동)에 기초한다.

정답 01 ① 02 ④ 03 ③ 04 ①

05 내담자 중심의 상담과정에서 직업정보 제공 시의 유의사항이 아닌 것은?

① 내담자 스스로 얻도록 격려한다.
② 내담자의 입장에서 필요할 때 제공되어야 한다.
③ 직업과 일에 대한 내담자의 감정과 태도가 자유롭게 표현되어야 한다.
④ 내담자에게 직접적인 영향을 주거나 조작을 위하여 사용되어야 한다.

> **해설 I** 직업정보의 제공은 원칙적으로 내담자 스스로 탐색해 볼 수 있도록 제공되어야 하며, 제공 시기나 정도가 내담자의 입장에서 적절해야 한다. 직업정보를 제공하는 것이 내담자에게 직접적인 영향을 주거나 조작을 위해 사용하는 것은 아니다.

06 다음 중 개인적 역할을 강조한 아들러(Adler)의 주장이 아닌 것은?

2014

① 개인은 사회적 환경에 관해서만 이해할 수 있다.
② 한 가정에서 태어난 두 아이는 동일한 상황에서 자라는 아이이다.
③ 개인은 일, 사회, 성(性) 등 3개의 주요 인생과제에 반응해야 한다.
④ 성격과 특성요인이 가족집단 내에서의 운동의 표현이다.

> **해설 I** 아들러의 개인심리학에 의하면 가족 내에서의 개인의 경험, 즉 기회와 장애, 도전과 기대, 열망과 좌절 등은 태어난 순서에 의한 가족 내 개인의 위치에 의해 큰 영향을 받는다. 한 가정에서 태어난 두 아이는 동일한 상황에서 자라는 아이라고 단정 지을 수는 없다. 왜냐하면 각 아동을 둘러싼 가족환경은 변화하기 때문이다.

07 내담자 중심 상담에서 강조되는 상담자의 특성이 아닌 것은?

2011

① 일치성
② 무조건적 수용
③ 공감적 이해
④ 분석적 사고

> **해설 I** 내담자 중심 상담에서 강조되는 상담자의 특성
> • 무조건적 수용
> • 공감적 이해
> • 일치성(진실성)

08 다음은 직업상담기법 중 무엇에 대한 설명인가?

> 상담자는 두 부분의 개입을 하게 된다. 첫 번째는 낡은 사고에 대한 평가이며, 두 번째는 낡은 사고나 새로운 사고의 적절성을 검증하는 실험을 해 보는 것이다. 의문의 형태의 개입은 상담자가 정답을 제시하기보다는 내담자 스스로 해결방법에 다가가도록 유도한다.

① 실제적 기법
② 심리측정도구 사용기법
③ 인지적 기법
④ 논리적 기법

해설 I 벡(Beck)의 인지치료단계

구분	내용
1단계	내담자가 느끼는 감정의 속성을 확인(가능하면 구체적인 상황과 함께 감정을 연결하여 둠)
2단계	감정과 연합된 사고, 신념, 태도들을 확인
3단계	내담자의 사고들을 1~2개의 문장으로 요약, 정리하여 내담자와 함께 상담자가 그것을 파악했는지 검토(여기서의 문장은 앞으로 바꿔야 할 낡은 사고방식으로 구성)
4단계	내담자를 도와 현실과 이성의 사고를 조사해 보도록 개입 첫째, 낡은 사고에 대한 인지적 평가 → 새로운 인지의 형성 둘째, 낡은 사고나 새로운 사고의 적절성을 검증하는 실험
5단계	과제를 부여하여 신념들과 생각들의 적절성을 검증하도록 함

09 로저스(Rogers)의 내담자 중심의 접근이 개인의 '지금, 여기'에서의 주관적인 경험을 중시한다는 것을 보여주는 대표적인 개념은?

① 자기실현 경향성　　② 현상학적인 장
③ 가치의 조건　　　　④ 수용적인 존중

> **해설 ┃ 로저스(Rogers)의 현상학적인 장**
> 현상학적인 장은 유기체가 경험하는 모든 것을 말한다. 각 개인은 계속적으로 변화하는 세계 속에서 존재하며 자신이 경험하고 지각하는 장에 대하여 반응하는데, 이런 주관적인 경험의 세계를 현상학적인 장이라고 한다.

10 다음은 어떤 상담기법과 관련이 있는가?　2013

> Berne, 부모 자아상태, 스크립트 분석

① 교류분석적 상담　　② 정신분석적 상담
③ 내담자 중심적 상담　④ 특성-요인적 상담

> **해설 ┃ 교류분석적 상담**
> • 대표 학자 : 번(Berne)
> • 각 개인의 초기결정을 중요시하며 새로운 결정을 내릴 수 있는 개인의 능력을 강조한다.
> • 개인 간, 그리고 개인 내부의 상호작용을 분석하기 위한 구조를 제공한다.
> • 3가지의 자아상태(부모, 어른, 아동)에 기초한다.
> • 주요 개념으로 부모(Parent), 어른(Adult), 아동(Child), 결정(Decision), 재결정(Redecision), 게임(Game), 극본(Script), 라켓(Racket), 애무(Stoke), 할인(Discounting), 우표수집(Stamps) 등이 있다.

11 왜곡된 사고체제나 신념체제를 가진 내담자에게 효과적인 상담기법은?

① 내담자 중심 상담　　② 인지치료
③ 정신분석　　　　　　④ 행동요법

> **해설 ┃ 인지치료**
> 사람들이 정서적인 문제(우울, 불안 등)를 겪는 이유는 구체적인 사건들 때문이 아니라 그 사건을 자신이 이미 가지고 있는 기존의 생각(사고)들에 비추어 비합리적으로 해석함으로써 그 결과로 정서적 문제를 경험하는 것이며, 이러한 왜곡되고 잘못된 사고의 뿌리에는 비합리적인 신념(사고) 또는 인지적 오류가 있으므로 이를 수정하는 것이 우선되어야 한다.

12 다음 중 내담자 중심(인간 중심)적 상담자가 심리검사를 사용할 때의 활동 원칙으로 옳지 않은 것은?　2004

① 검사결과의 해석에 내담자가 참여하도록 한다.
② 검사결과를 전할 때는 명확하게 하기 위해 평가적인 언어를 사용한다.
③ 내담자가 알고자 하는 정보와 관련된 검사의 가치와 제한점을 설명한다.
④ 검사결과를 입증하기 위한 더 많은 자료가 수집될 때까지는 시험적인 태도로 조심스럽게 제시되어야 한다.

> **해설 ┃** 검사결과를 전달할 때에는 평가적이거나 가치판단적인 언어는 배제한다. 내담자 중심 상담에서는 심리검사가 내담자에 대한 선입견을 갖게 할 수도 있기 때문에 최소한의 제한적 사용을 당부한다.

13 자아개념을 중심으로 자아와 일의 세계에 대한 정보부족과 일치성 부족으로 내담자의 부적응이 발생한다고 보는 상담이론은?

① 발달적 직업상담
② 행동주의 직업상담
③ 특성요인 직업상담
④ 내담자 중심 직업상담

> **해설 ┃** 내담자 중심 상담이론에서는 자아개념을 중심으로 자아와 일의 세계에 대한 정보 부족과 일치성 부족으로 내담자의 부적응이 발생한다고 본다.

14 인지행동적 접근에 포함되는 주된 상담과정으로 올바른 것은?

> a. 인지적 재구성　　b. 대처기술훈련
> c. 역설적 의도　　　d. 지각촉진기법

① a, b　　　　　　② b, c
③ c, d　　　　　　④ b, d

해설 | 인지치료과정의 5단계

구분	내용
1단계	내담자가 느끼는 감정의 속성을 확인(가능하면 구체적인 상황과 함께 감정을 연결하여 둠)
2단계	감정과 연합된 사고, 신념, 태도들을 확인
3단계	내담자의 사고들을 1~2개의 문장으로 요약, 정리하여 내담자와 함께 상담자가 그것을 파악했는지 검토(여기서의 문장은 앞으로 바꿔야 할 낡은 사고방식으로 구성)
4단계	내담자를 도와 현실과 이성의 사고를 조사해 보도록 개입 첫째, 낡은 사고에 대한 인지적 평가 → 새로운 인지의 형성 둘째, 낡은 사고나 새로운 사고의 적절성을 검증하는 실험
5단계	과제를 부여하여 신념들과 생각들의 적절성을 검증하도록 함

15 수차례에 걸친 면담을 통하여 자신과 타인, 진로 그리고 성장 가능한 능력 등의 진로탐색과 계획을 하도록 도와주는 적절한 상담이론은?

① 비지시적 상담이론　　② 지시적 상담이론
③ 목표설정이론　　　　④ 의사결정이론

해설 | 비지시적 상담에서는 모든 내담자가 자신의 중요한 일들을 스스로 결정하고 해결할 수 있는 능력을 지니고 있음을 강조하며, 상담자는 면담을 통해 내담자들이 긴장이나 정서적 불안을 발산하고 자기 자신의 문제에 대한 해결능력을 되찾아 인간적인 성숙을 기할 수 있도록 돕고, 적극적으로 성장할 수 있도록 허용적인 분위기를 만드는 데 주력한다.

16 다음은 어떤 상담기법의 인간관을 나타내고 있는가?

2011, 2003

> 인간은 과거와 환경에 의해 결정되는 존재가 아니라 현재의 사고, 감정, 행동의 전체성과 통합을 추구하는 존재로 본다.

① 정신분석학적 상담
② 형태주의 상담
③ 아들러의 개인주의 상담
④ 교류분석적 상담

해설 | 펄스(Perls)의 게슈탈트(Gestalt, 형태주의) 상담의 인간관

- 스스로 선택할 수 있는 자유의지를 갖고 있다.
- 선천적으로 자아실현 경향성을 갖고 있다(긍정적 인간관).
- 인간은 과거와 환경에 의해 결정되는 존재가 아니라 현재의 사고, 감정, 행동의 전체성과 통합을 추구하는 존재이다.
- 자아실현은 끝없는 과정으로, 인간은 끊임없이 되어가는(Becoming) 존재이다.
- 인간은 신체, 정서, 사고, 감각, 지각으로 이루어지는 전체이며, 동시에 자기의 신체, 정서, 사고, 지각 등을 각성할 수 있다.
- 인간은 환경에 대한 단순한 반응자가 아니라 주도자이다.

17 주장훈련은 어느 상담이론에서 활용되는 기법인가?

2011

① 형태주의적 상담　　② 정신역동적 상담
③ 행동주의적 상담　　④ 교류분석적 상담

해설 | 자기주장훈련

- 이 기법은 주로 대인관계의 문제를 해결하는 데 사용되는 기법이며 집단상담에서도 유용하다.
- 사람들은 자신의 느낌, 생각, 신념, 태도를 표현할 권리를 가진다는 가정에서 나오게 되어 다른 사람들과 성공적으로 상호작용하는 방법을 가르친다.
- 표현의 결핍을 가져오는 신념에 도전하고 건설적인 자기진술과 표현적 행동을 하게 되어 문제해결 이상의 의미를 가진다.

• 불쾌한 감정이나 분노를 제대로 표현하지 못하는 사람, 거절을 못하는 사람, 혹은 애정이나 호감을 표현하지 못하는 사람들에게 효과적인 기법이다.
• 이 훈련기법은 상담자와 내담자가 특정한 대인관계 상황을 놓고 서로 역할을 바꾸어 가며 자유로이 자신의 감정과 의사를 표현하는 역할행동의 연습을 통해 달성될 수 있다.

18 다음 중 내담자 중심 상담이론에 대한 설명으로 틀린 것은?

① 내담자들이 완전히 기능하는 사람이 될 수 있다고 보았다.
② 인간은 자신이 나아가야 할 방향을 찾고 건설적 변화를 이끌 수 있는 능력이 있음을 가정한다.
③ 내담자들로 하여금 사회적 관심을 갖도록 도우며 열등감을 감소할 수 있도록 돕는다.
④ 기본적인 상담기법으로 적극적 경청, 감정 반영, 명료화, 공감적 이해 등이 이용된다.

해설 I 아들러(Adler)의 개인심리학
인간은 성적인 충동보다는 주로 사회적인 충동에 의해 동기화된다고 보았다. 열등감은 창조성의 원천이 될 수 있다고 보았다. 기본적 열등감은 우리가 숙달, 우월, 완전을 추구하도록 동기화시킬 수 있으며 특히 어린 시절에는 더욱 그러하다고 보았다. 그는 6세경에 삶의 목표가 결정된다고 하였는데, 생의 목표는 인간동기의 원천이며 특히 완전의 추구와 열등감을 극복하려는 욕구로 나타난다. 개인심리학에서는 총체적, 사회적, 목표 지향적, 인본주의적 관점을 강조한다.

19 많은 상담기법들은 내담자를 상담하기 이전에 그의 문제점을 알아보기 위한 진단이 필요하다고 본다. 다음 중 상담 이전에 심리진단이 필요하지 않다고 보는 입장은 어느 것인가?

① 정신분석적 상담　　② 내담자 중심 상담
③ 형태주의 상담　　　④ 교류분석적 상담

해설 I 로저스의 내담자 중심 상담
• 로저스는 자아, 자신을 강조한다. 상담의 초점은 문제가 아니라 인간 자신에게 있다.
• 인간행동을 이해하는 최선의 길은 개인 자신의 내적 준거체제로부터 이해하는 것이다.
• 과거보다는 현재 상황에 강조점을 둔다.
• 더욱 완전하게 현실을 직면할 수 있는 방법을 발견하는 내담자의 책임과 능력에 초점을 맞춘다.
• 심리진단은 상담관계에 방해가 될 수도 있으며, 상담관계 형성을 위해 필요한 것은 무조건적 수용과 공감적 이해 그리고 일치성(진실성)이다.

20 다음 중 현실치료의 특징으로 적절하게 짝지어진 것은?
2011, 2003

> a. 책임감에 대한 강조
> b. 과거 경험에 대한 체계적인 탐색
> c. 자율적이고 합리적인 모습 강조
> d. 내담자 스스로 계획수립 및 수행평가

① a, b, c　　　　② b, c, d
③ a, c, d　　　　④ a, b, d

해설 I 현실치료의 특징
• 사람들이 그들의 삶(행동)을 보다 잘 통제하도록 돕는 방법이다.
• 사람들이 일상적 활동에 있어서 남의 욕구를 침범하지 않는 범위에서 자기의 욕구충족을 위한 자신의 행동을 주도적으로 선택해서 책임을 지도록 상담자가 도움을 주는 과정이다.
• 과거를 중시하는 전통적 상담방법과 달리 내담자의 행동과 '지금, 그리고 책임'을 강조함으로써 현재에 집중하며, 그 현재의 행동이 내담자가 원하는 것을 얻는 데 효과적인지 평가하도록 도와준다.

21 체계적 둔감화의 3단계 순서는?

① 근육이완훈련 → 불안위계목록 작성 → 둔감화
② 둔감화 → 근육이완훈련 → 불안위계목록 작성

③ 불안위계목록 작성 → 둔감화 → 근육이완훈련

④ 근육이완훈련 → 둔감화 → 불안위계목록 작성

해설 | 체계적 둔감화란 불안과 양립할 수 없는 이완 반응을 유출해 낸 다음, 불안을 유발시키는 경험을 상상하게 함으로써 불안유발자극의 위력을 약화시키는 방법이다.

체계적 둔감화의 순서

• 근육이완훈련을 실시한다.

• 불안을 유발하는 자극을 분석하여 불안의 정도에 따라 불안위계를 만든다.

• 불안위계목록 중 가장 낮은 순위에 있는 불안 장면부터 상상하도록 한다.

• 가장 불안위계가 높은 장면을 상상할 때에도 내담자가 불안을 느끼지 않게 되면 종료한다.

22 행동적 상담기법 중 불안을 감소시키는 방법으로 이완법과 함께 쓰이는 방법은?
2012

① 강화(Reinforcement)

② 변별학습(Discrimination learning)

③ 사회적 모델링(Social modeling)

④ 체계적 둔감화(Systematic desensitization)

해설 | 체계적 둔감화란 불안과 양립할 수 없는 이완 반응을 유출해 낸 다음, 불안을 유발시키는 경험을 상상하게 함으로써 불안유발자극의 위력을 약화시키는 방법으로, 맨 처음 단계로 근육이완훈련을 실시한다.

23 정신분석적 상담에서 상담자와 내담자의 관계를 가장 두드러지게 보여주는 현상으로서 내담자가 과거의 중요한 인물에게서 느꼈던 감정이나 생각을 상담자에게 투사하는 현상은?
2004

① 증상형성　　　　② 전이

③ 저항　　　　④ 자유연상

해설 | 전이란 어릴 때 중요한 인물에게 가졌던 사랑이나 증오의 감정, 기대, 좌절 등의 감정이 상담 장면에서 활성화되는 것이다. 이러한 전이의 해석으로 상담자는 내담자의 과거 경험의 갈등에 대한 통찰을 얻게 된다. 전이의 분석이 치료의 절대적인 생명력이며 성공적인 치료의 결과가 이 과정에 달렸다.

24 내담자의 불완전하고 부적응적인 학습이 어디서 발생했는지를 밝혀서 그것을 변화시키는 데 초점을 두는 직업상담이론은?

① 정신역동적 직업상담

② 발달적 직업상담

③ 내담자 중심 직업상담

④ 행동주의 직업상담

해설 | 행동주의 직업상담에서는 인간의 행동은 학습된 것이며 학습조건의 변화와 조작에 따라 행동의 수정이 가능하다고 보고 학습이론에 근거를 두며 행동과 행동에 관한 현재의 영향을 강조한다. 외현적인 행동변화를 치료평가의 가장 중요한 준거로 삼는다.

25 다음의 내용과 관계 있는 상담이론과 학자가 맞게 짝 지어진 것은?

> • 사회적 관계를 강조하였다.
> • 행동수정보다는 동기수정에 관심을 둔다.
> • 열등감의 극복과 우월성의 추구가 개인의 목표이다.

① 실존주의적 상담 – 프랭클(Frankl)

② 개인심리학적 상담 – 아들러(Adler)

③ 형태주의적 상담 – 펄스(Perls)

④ 현실치료적 상담 – 글래서(Glasser)

해설 | 아들러(Adler)의 개인심리학적 상담
인간은 성적인 충동보다는 주로 사회적인 충동에 의해 동기화된다고 보았으며, 열등감을 창조성의 원천이 될 수 있다고 보았다. 기본적 열등감은 우리가 숙달, 우월, 완전을 추구하도록 동기화시킬 수 있으며, 특히 어린 시절에는 더욱 그러하다고 보았다. 그는 6세경에 삶의 목표가 결정된다고 하였는데, 생의 목표는 인간동기의 원천이며 특히 완전의 추구와 열등감을 극복하려는 욕구로 나타난다. 개인심리학에서는 총체적, 사회적, 목표지향적, 인본주의적 관점을 강조한다. 일, 사회(사회적 관계), 성(우정)의 3가지 평생과제를 제시하고 있다.

26 정신과 육체를 일반적으로 파악하여 현상학적 장의 개념으로 통합한 사람은?

① 월페(Wolpe)　　　② 반두라(Bandura)
③ 번(Berne)　　　　④ 로저스(Rogers)

> **해설 |** 로저스는 정신과 육체를 분리하여 생각하는 이원론을 피하고 이것들을 현상학적 장의 개념으로 통합하였다. 인간 중심 상담이론에서 보는 성격구조의 관점에 의하면 정신과 신체는 동일한 것의 다른 두 부분의 불가분의 관계에 있다.

27 로저스가 제시한 완전기능인의 특징으로 잘못된 것은?

2014, 2009

① 창조성　　　　　② 경험의 폐쇄성
③ 실존적인 삶　　　④ 경험적 자유

> **해설 | 완전기능인(로저스)**
> • 경험에 대하여 열려 있다.
> • 실존적인 삶을 살고 있다.
> • 유기체적 신뢰를 하고 있다.
> • 경험적 자유를 지니고 있다.
> • 심리적 성숙의 결과로 나타나는 창의성을 지니고 있다.

28 로저스의 인간 중심 이론에 의하면 부적응 행동의 원인은?

2004

① 도덕적으로 용납될 수 없는 상념이나 동기, 억압된 무의식의 정신세계
② 자아에 대한 지각과 이상적 자아와의 불일치
③ 고전적 조건화 이론에 의한 잘못된 학습
④ 비합리적, 비논리적, 비현실적인 융통성 없는 사고

> **해설 |** ① 정신분석학에서의 부적응 행동의 원인
> ③ 행동주의에서의 부적응 행동의 원인
> ④ 합리적·정서적 이론에서의 부적응 행동의 원인

29 내담자가 자기 자신의 경험에서 새로운 의미를 지각하는 것을 일컫는 인간 중심 상담의 기초적 개념은?

① 통찰　　　　　　② 공감
③ 일치　　　　　　④ 자아의 수용

> **해설 |** 인간 중심 상담이론에서 상담자는 내담자가 자신의 심리적 부적응의 원인에 대해 분명한 통찰을 갖도록 돕는다. 여기에서 통찰이란 자기 자신의 경험에서 새로운 의미를 지각하는 것을 말한다.

30 원초아의 충동이 의식화됨으로써 생기는 위협에 대한 정서적 반응은?

2013, 2009

① 현실적 불안　　　② 신경증적 불안
③ 도덕적 불안　　　④ 사회적 불안

> **해설 |** 정신분석이론에서는 자아에 대한 위협이 되는 원천이 무엇인가에 따라서 불안의 종류를 구분하였다. 그중 원초아의 충동이 의식화됨으로써 생기는 위협에 대한 정서적 반응을 신경증적 불안이라고 한다. 현실적 불안은 외부환경에 실제로 존재하는 위협에 대한 정서적 반응을 말하며, 도덕적 불안은 자아가 초자아의 벌을 받을 위협이 있을 때 나타나는 정신적 반응이다.

31 다음 중 의사교류분석의 주창자는?

① 펄스(Perls)　　　② 글래서(Glasser)
③ 번(Berne)　　　　④ 벡(Beck)

> **해설 |** ① Perls – 게슈탈트이론 주창자
> ② Glasser – 현실치료이론 주창자
> ③ Berne – 의사교류분석 주창자
> ④ Beck – '인지–정서치료'를 발전시킨 학자

32 의사교류분석에서는 인간의 성격특성을 무엇으로 표현했는가?

① 의식　　　　　　② 자아상태
③ 어른　　　　　　④ 대본

정답　22 ④　23 ②　24 ④　25 ②　26 ④　27 ②　28 ②　29 ①　30 ②　31 ③　32 ②

33 의사교류분석에서 말하는 어른(Adult)의 자아상태의 특징은?

① 부모로부터 차입한 자아상태
② 현실적, 논리적이며 인지적 기능을 담당
③ 부모나 부모 위치에 있는 사람의 동일시
④ 고태적이며 퇴행적인 자아상태

34 다음 중 인지-정서치료의 기본원리 ABCDE 중에서 D에 해당하는 것을 고르면?
2012

① 앞에서 일어난 사건이나 현상
② 사건에 대한 신념
③ 비합리적 신념에 대한 논박
④ 비합리적 신념에 대한 비합리적 귀결

35 내담자의 바람직하지 못한 행동도 바람직한 행동과 마찬가지로 학습되었다고 가정하는 상담은?

① 내담자 중심 상담　　② 정신분석적 상담
③ 교류분석적 상담　　④ 행동적 상담

36 잘못 학습되었다고 생각되는 행동을 소거하고 바람직한 행동을 새로이 학습하도록 내담자를 돕는 것이 상담의 목적인 상담이론은?

① 정신분석적 상담이론
② 행동요법 상담이론
③ 내담자 중심 상담이론
④ 실존주의 상담이론

37 행동수정이론과 관계없는 사람은?

① 스키너(Skinner)
② 로저스(Rogers)
③ 반두라(Bandura)
④ 파블로프(Pavlov)

38 칼 로저스(Carl Rogers)의 내담자 중심 상담에서 상담자의 태도로 적합하지 않은 것은?
2011

① 내담자의 감정(정서)과 생각에 소극적이어야 한다.
② 무조건적인 수용 태도로 꾸준히 내담자의 내면 심리를 반영해 준다.
③ 내담자와 마주 앉으며 상담자와 내담자는 동등한 관계라는 입장을 취한다.
④ 기법보다는 태도(진실성, 공감적, 수용적)를 강조하고 내담자와의 신뢰형성에 더 많은 관심을 갖는다.

해설 | 로저스식 상담은 관계 지향적이며 상담자의 진실한 태도와 공감적 이해, 무조건적 수용을 중요한 태도로 강조한다. 상담자는 내담자와 동등한 위치에서 내담자를 존중하고 내담자의 정서변화에 민감하게 반응하며 중심을 잃지 않는 범위에서 적극적으로 이에 동승한다.

39 행동주의 접근의 상담기법 중 불안이 원인이 되는 부적응 행동이나 회피행동을 치료하는 데 가장 효과적인 기법은?
2012, 2011, 2009,

① 타임아웃 기법　　② 모델링 기법
③ 체계적 둔감법　　④ 과잉교정 기법

해설 | 불안이나 공포가 원인이 되는 부적응 행동에 대해 근육이완훈련을 통해 의도적인 이완반응을 유발하여, 불안을 일으키는 상황에 대한 위계목록에 따라 체계적으로 둔화시키는 기법을 체계적 둔감법이라 한다.

40 다음은 어떤 상담기법의 인간관을 나타내고 있는가?
2011, 2003

> 인간은 과거와 환경에 의해 결정되는 존재가 아니라 현재의 사고, 감정, 행동의 전체성과 통합을 추구하는 존재로 본다.

① 정신분석학적 상담　　② 형태주의 상담
③ 개인주의 상담　　④ 교류분석적 상담

해설 | 형태주의 상담에서의 인간은 과거와 환경에 의해 결정되는 존재가 아니라 현재의 사고, 감정, 행동의 전체성과 통합을 추구하는 존재이다.

41 다음 중 상담이론과 주요 이론가의 관계가 맞는 것은?

① 합리적·정서적 치료-칼 로저스(C. Rogers)
② 개인심리학-칼 융(C. Jung)
③ 교류분석-프리츠 펄스(F. Perls)
④ 현실치료-윌리엄 글래서(W. Glasser)

해설 | ① 합리적 · 정서적 치료-알버트 엘리스(A. Ellis)
② 개인심리학-알프레드 아들러(A. Adler)
③ 교류분석-에릭 번(E. Berne)
그 외의 상담이론과 주요 이론가
• 분석심리학-칼 융(C. Jung)
• 형태주의(게슈탈트)-프리츠 펄스(F. Perls)
• 인간 중심 상담-칼 로저스(C. Rogers)

42 다음 중 실업자의 비합리적 신념체계를 논박하고 자신이 무가치한 존재가 아니라는 것을 일깨워주고, 자신에 대한 긍정적인 태도와 감정을 갖게 만드는 상담기법은?
2006

① 합리적-정서적 상담(RET)
② 특성-요인적 상담
③ 정신역동적 상담
④ 내담자 중심적 상담

해설 | 합리적-정서적 상담(RET)
사람들이 정서적인 문제(우울, 불안 등)를 겪는 이유는 구체적인 사건들 때문이 아니라 그 사건을 자신이 이미 가지고 있는 기존의 생각들에 비추어 비합리적으로 해석함으로써 그 결과로 정서적 문제를 경험하는 것이며, 이러한 왜곡되고 잘못된 사고의 뿌리에는 비합리적인 신념이 있다. 정서적 문제로부터 벗어나기 위해서는 비합리적 신념들을 합리적인 신념들로 대체해야 한다.

정답　33 ②　34 ③　35 ④　36 ②　37 ②　38 ①　39 ③　40 ②　41 ④　42 ①

43 단계적 둔감화에 대한 설명으로 틀린 것은?

① 불안과 공포증이 있는 내담자에게 효과가 있다.
② 조작적 조건형성 원리를 이용한 방법이다.
③ 근육의 긴장을 이완시키는 과정이 포함된다.
④ 불안위계목록은 10~20개 정도로 자세하게 작성한다.

해설 I 단계적 둔감화는 고전적 조건형성의 원리를 이용한 방법이다. 고전적 조건형성의 원리란 파블로프의 개 실험에서와 같이 생리적 반응(침)을 불러일으키는 무조건 자극(음식)과 조건 자극(종소리)을 결합시킴으로써 나중에는 무조건 자극(음식)을 제거하고 조건 자극(종소리)만을 제공하더라도 반응(침=조건반응)을 보이게 된다는 원리이다.

44 행동주의 상담기법에 해당되지 않는 것은?

① 조형법　　　　② 자유연상법
③ 혐오치료법　　④ 긍정적 강화법

해설 I 행동주의 상담은 학습이론, 강화이론을 중심으로 행동수정을 목표로 하며, 체계적 둔감법, 모델링, 토큰법, 조형법, 혐오치료 등이 있다.
② 자유연상법은 정신분석적 상담기법의 한 종류이다.

45 인간 중심(내담자 중심) 직업상담을 할 때 직업상담사가 갖추어야 할 기본태도가 아닌 것은?

① 일치성(진실성)　　② 해석능력
③ 공감적 이해　　　④ 수용

해설 I 해석능력은 정신분석적 상담을 할 때 갖추어야 할 능력이다.

46 다음 중 행동주의적 직업상담에서 사용하는 기법이 아닌 것은?

① 체계적 둔감화　　② 반조건형성
③ 사회적 모델링　　④ 충고와 설득

해설 I 충고와 설득은 지시적 상담의 기법이다.

47 파슨스(Parsons)가 주장한 직업상담의 3단계 접근법 중 두 번째 단계는?

① 직업분석　　　　② 직무분석
③ 자기분석　　　　④ 직장분석

해설 I 파슨스의 직업상담 3단계는 자기분석, 직업분석, 과학적 연결(매칭)이다.

48 다음 중 직업상담에서 특성-요인이론의 설명으로 맞는 것은?
2012

① 대부분의 사람들은 성격 특성 면에서 6가지 유형으로 분류될 수 있다.
② 개개인은 신뢰할 만하고 타당하게 측정될 수 있는 고유한 특성의 집합이다.
③ 개인은 일을 통해 개인적 욕구를 성취하도록 동기화되어 있다.
④ 직업적 선택은 개인의 발달적 특성이다.

해설 I 특성-요인이론
• 각 개인은 신뢰할 만하고 타당하게 측정될 수 있는 고유한 특성의 집합체이다.
• 모든 직업은 그 직업에서 성공하는 데 필요한 특성을 지닌 근로자를 요구한다.
• 직업의 선택은 직선적인 과정이며 매칭이 가능하다.
• 개인의 특성과 직업의 요구 간에 매칭이 잘 될수록 성공(생산성과 만족)의 가능성은 커진다.

49 특성-요인 직업상담의 과정 중 내담자가 능동적으로 참여하는 단계는?
2011

① 상담 또는 치료단계
② 분석단계
③ 진단단계
④ 종합단계

해설 I 상담 또는 치료단계는 일반화된 방식으로 생활 전체를 다루는 것을 학습하는 단계이다. 이때 상담이란 무미건조한 치료 상황 그 이상의 것으로, 다양한 기법에 의한 개인적인 조력을 통해 상담에서 배운 학습을 모든 문제 상황에 적용할 수 있도록 돕는 안내된 학습이며 재교육이다.

50 파슨스(Parsons)가 제안한 특성–요인이론의 핵심적인 3가지 요소에 포함되지 않는 것은?

① 내담자 특성의 객관적인 분석
② 직업세계의 분석
③ 과학적 조언을 통한 매칭(Matching)
④ 주변환경의 분석

> **해설ㅣ파슨스(Parsons)의 3가지 핵심 요소**
> - 자기에 대한 탐색
> - 직업세계에 대한 탐색
> - 과학적 조언을 통한 연결(매칭)

51 특성–요인이론에 관한 설명으로 틀린 것은?　2011

① "직업과 사람을 연결시키기"라는 심리학적 관점을 대표한다.
② 직업선택과정이 개인의 아동기부터 초기 성인기까지의 사회–문화적 환경에 따라 주관적으로 발달된다고 본다.
③ 특성–요인 직업상담에 있어서 상담자의 역할은 교육자의 역할이다.
④ 미네소타 대학의 직업심리학자들이 이 이론에 근거한 각종 심리검사를 제작하였다.

> **해설ㅣ** ②는 발달이론에 대한 설명이다.

52 다음 중 특성요인 상담의 특징으로 틀린 것은?

① 상담자 중심의 상담방법이다.
② 문제의 객관적 이해보다는 내담자에 대한 정서적 이해에 중점을 둔다.
③ 내담자에게 정보를 제공하고 학습기술과 사회적 적응기술을 알려주는 것을 중요시한다.
④ 사례연구를 상담의 중요한 자료로 삼는다.

> **해설ㅣ** 내담자의 정서적 이해에 중점을 두는 것은 인간 중심(내담자 중심) 상담의 특징이다.

직업상담의 기법

Section 01 초기면담

❶ 초기면담의 의미

(1) 직업상담자와 내담자와의 관계 수립

내담자와 상담자 간의 긍정적이고 생산적인 관계는 상담에 있어서 필수불가결한 조건이다. 특히 내담자의 이야기를 들어주고 동정해 주는 기술이 중요한데, 상담자는 내담자의 욕구, 관심사, 가능성 등에 관심이 있음을 내담자에게 보여줌으로써 일단 긍정적이고 생산적인 관계를 수립한 다음 직업상담 전 과정을 통하여 관계를 발전시켜 나가야 한다.

(2) 직업상담과정의 틀과 내담자의 유형

① 직업상담과정의 틀 : 직업상담과정의 틀은 상담의 특성, 조건, 절차 그리고 범위 등에 관하여 상담자와 내담자가 공통으로 이해하고 있는 관계라고 정의된다. 상담의 틀은 모든 단계에서 제시되어야 하며, 특히 처음 단계에서 중요하다. 너무 틀이 많으면 해로울 수도 있으므로 상담자는 유연할 필요가 있으며, 진행과정에 따라 틀의 성격에 대하여 내담자와 타협할 수 있어야 한다. 상담과정의 틀은 시간제한(50분), 행동제한(파괴적 행동 방지를 위한), 역할한계(각 참여자에게 기대되는), 절차상의 한계(그 절차에 따라서 내담자는 특정한 목적이나 요구를 성취해야 할 책임)를 부여한다. 또한 이러한 구조는 내담자의 다른 중요한 관심사에 대한 정보를 제공한다.

② 직업상담에 응하는 내담자의 유형 및 특성

㉠ 솔선수범 유형 : 대부분의 상담자들은 내담자가 협력적인 것으로 생각하고 있는데, 실제로 내담자는 자발적으로 상담하러 오는 경우가 많다.

㉡ 유보적인 태도를 보이는 유형 : 이 유형의 내담자는 대부분 상담과정을 마음 내키지 않아 하기 때문에 상담자가 이 유형의 내담자를 만나면 무엇을 어떻게 해야 할지, 어떤 방법으로 진행해야 할지 당황하게 된다. 마음 내키지 않아 하는 내담자는 제3집단으로 불리는데, 이들은 도움을 받을 동기가 없으며, 상담과정에 참여하는 것을 원하지 않고 그저 혼자 자신들에 대하여 떠들도록 내버려 두기를 원한다.

㉢ 상담과정에서 반항적이거나 변화하기를 꺼리거나 변화를 거부하는 유형 : 이러한 사람들은 상담과정에 적극적으로 참여할 수 있지만 요구를 변화시키는 고통을 경험하고 싶어 하지 않는다. 어떤 반항적인 내담자는 결정 내리기를 거부하며 문제를 다루는 데 있어서 피상적이며, 문제를 해결하려는 어떤 행동을 취하는 것도 거부하고, 상담자가 말하는 어떤 행위도 거부한

다. 그러한 반응은 상담자가 다음 단계로 진행하는 것을 어렵게 한다.

③ 내담자를 상담에 임하도록 도와주는 방법 : 먼저 내담자가 보여주는 분노, 좌절, 방어를 예상해야 한다. 다음으로 상담자는 설득방법을 활용해야 한다. 모든 상담자는 내담자에게 어떤 영향력을 가질 수 있으며 그 반대의 경우도 가능하다. 다른 방법은 철저한 대면으로, 상담자가 정확하게 내담자가 무엇을 하고 있는지를 지적하는 것이다. 이때 내담자는 다소 상이한 과업을 완수하여야 할 책임을 가지게 된다.

❷ 초기면담의 유형과 요소

(1) 초기면담의 유형

① 내담자 대 상담자의 솔선수범 면담

ⓐ 초기면담은 내담자에 관해 필요한 정보를 수집하고 받아들이는 면담이며 관계의 시작을 알리는 면담으로, 내담자에 의해 시작된 면담과 상담자에 의해 시작된 면담으로 구분된다.

ⓑ 내담자에 의해 면담이 요청되었을 때 상담자는 내담자의 목적을 확신하지 못하게 된다. 이런 불확실성은 상담자에게 불안감을 야기하는데, 상담자는 가능한 한 열심히 내담자가 하는 말에 귀를 기울이면서 이러한 감정을 극복하여야 한다.

ⓒ 상담자에 의해 초기면담이 시작되면 상담자는 우선 왜 상담을 실시하는지를 설명하여 내담자의 긴장을 완화시켜야 한다.

② 정보 지향적 면담 : 초기면담의 목적이 정보수집에 있다면 상담의 틀은 상담자에게 초점을 두어야 한다. 여기에서 상담자는 정보수집을 위해 탐색해 보기, 폐쇄형 질문, 개방형 질문을 사용한다.

ⓐ 탐색해 보기 : '누가, 무엇을, 어디서, 어떻게'로 시작되는 질문이다. 그것은 한두 마디 단어 이상의 응답을 요구한다. 예를 들어 "일자리를 구하기 위해서 당신은 어떤 계획을 가지고 있는가"와 같은 질문을 하는 것이 좋다. 대부분의 질문은 "왜"라는 단어 없이 시작되는데, "왜"라는 단어는 항상 불만을 표시하고 내담자를 방어적인 위치에 두기 때문에 피하는 것이 좋다.

ⓑ 폐쇄형 질문 : '예', '아니오'와 같은 특정하고 제한된 응답을 요구하는 것이다. 이런 폐쇄적인 질문은 짧은 시간에 상당한 양의 정보를 추출해 내는 데 아주 효과적이다. 그러나 도움이 될 수 있을 만큼 정교화된 것은 아니다.

ⓒ 개방형 질문 : 폐쇄적인 질문과 대조적으로, 통상적으로 '무엇을, 어떻게' 등과 같은 단어로 시작되는 개방형 질문이 있다. 내담자가 말할 수 있는 많은 시간을 허락하여야 한다. 폐쇄형 질문과 개방형 질문은 내담자가 말을 하도록 용기를 돋우는 데 차이가 있다.

③ 관계 지향적 면담 : 재진술과 감정의 반영 등이 주로 이용된다.

ⓐ 재진술 : 내담자에 대한 단순한 반사적 반응으로서 내담자에게 상담자가 적극적으로 듣고 있음을 알게 해 준다. 상대적으로 스스로 알게 하는 것은 유효하지 않으며 비효과적이다.

ⓑ 감정의 반영 : 그것이 언어적·비언어적 표현임을 제외하고는 재진술과 유사하다. 반영은 여러

가지 수준에서 이루어지며 다른 것 이상의 공감을 전달한다.

(2) 초기면담의 주요 요소

① 감정이입 : 상담자가 길을 전혀 잃어버리지 않고 마치 자신이 내담자 세계에서의 경험을 갖는 듯한 능력을 말한다. 감정이입에는 특수한 2가지 기법이 있는데, 그것은 지각과 의사소통이다.

② 언어적 행동 : 내담자에게 중요한 것이 무엇인가를 논의하거나 이해시키려는 열망을 보여주는 의사소통을 포함하고 있다. 해명, 재진술, 종합적인 느낌 등을 포함한 이러한 행동은 상담자가 내담자 개인에게 초점을 맞추고 있음을 의미한다.

③ 비언어적 행동 : 면담에서 중요한 것은 상담자의 비언어적 행동인데, 미소, 몸짓, 기울임, 눈 맞춤, 끄덕임 등은 상담자가 관심을 갖고 열린 상태가 되어 내담자를 끌어들이는 매우 효과적인 비언어적 방법이다.

   ㄱ 미소 : 정면으로 내담자를 대하는 신호이며, 이것은 정말로 이해할 수 있거나 상황에 은유적으로 의존할 수 있다. 상담자가 참여함을 보여주고 내담자에게 관심을 갖는 것이 중요하다.

   ㄴ 몸짓 : 열린 자세를 취하는 신호이다. 이 자세는 팔짱을 끼거나 다리를 꼬는 등의 자유로운 것으로 비방어적이어야 한다.

   ㄷ 기울임 : 상담자가 내담자에게 몸을 기울인다는 신호이다. 내담자에게 너무 많이 몸을 기울이거나 너무 밀접하게 되면 오히려 부담이 될 수 있으며, 반대로 내담자에 대하여 너무 멀리 기울이는 것은 관심이 없음을 의미하므로, 상담자는 양쪽 부분을 만족할 수 있는 중간의 거리를 찾는 것이 필요하다.

   ㄹ 눈 맞춤 : 내담자와의 좋은 눈 맞춤은 상담자가 내담자를 이해한다는 표시이다.

   ㅁ 끄덕임 : 상담자가 느긋하다는 것을 나타내는 신호로, 상담자가 만족하고 있음을 표현한다.

④ 도움이 되지 않는 면담행동

   ㄱ 도움이 되지 않는 면담행동 중에서 가장 문제가 되는 것은 충고하는 것이다.

   ㄴ 기울임 또는 타이름 등은 충고를 주는 형태에서 실제로 위장된 것이다.

   ㄷ 과도한 질문은 많은 상담자가 행하는 흔한 실수이다.

   ㄹ 구수한 이야기를 하는 것도 상담에 도움이 되지 않는다.

   ㅁ 하품을 하는 것과 같은 행동은 상담자가 상담내용에 흥미가 없다는 것을 명백히 보여주므로 주의해야 한다.

⑤ 직업상담자 노출하기 : 자신의 사적인 정보를 드러내 보임으로써 자기 자신에 대해서 다른 사람이 알 수 있도록 하는 것을 의미한다. 내담자의 측면에서 볼 때 자기노출은 성공적인 상담을 위해서 필요한 것으로 볼 수 있으나 상담자에게는 자기노출이 항상 필요한 것은 아니다.

⑥ 즉시성

   ㄱ 상담자가 상담자 자신의 바람은 물론 내담자의 느낌, 인상, 기대 등에 대해서 이를 깨닫고 대화를 나누는 것을 의미한다. 즉시성에는 관계즉시성과 지금-여기에서의 즉시성이 있다. 관계

즉시성이란 상담자–내담자 관계의 질에 대해서 그것이 긴장되어 있는 것인지, 지루한 것인지 혹은 생산적인 것인지에 대해 내담자와 이야기를 나누는 상담자의 능력을 의미한다. 그리고 지금–여기에서의 즉시성은 발생하고 있는 어느 특정 교류에 대해서 의논하는 것을 말한다.

ⓛ 즉시성이 유용한 경우는 방향감이 없는 관계의 경우, 긴장이 감돌고 있을 경우, 신뢰성에 의문이 제기될 경우, 상담자와 내담자 간에 상당한 정도의 사회적 거리가 있을 경우, 내담자 의존성이 있을 경우, 역의존성이 있을 경우, 상담자와 내담자 간에 친화력이 있을 경우 등이다.

⑦ 유머 : 상담자의 입장에서 볼 때 유머는 민감성과 시간성을 동시에 요구한다. 상담 장면에서의 유머는 적절하게 활용된다면 '여러 가지 치료적 시사를 갖는 임상도구'와 같다고 할 수 있다.

⑧ 직면 : 내담자로 하여금 행동의 특정 측면을 검토해 보고 수정하게 하며 통제하도록 도전하게 하는 것이다. 훌륭하고, 책임이 있으며 주의 깊고 적절한 직면은 성장을 유도하고, 자신을 솔직하게 돌아볼 수 있는 용기를 주지만, 때때로 상담자가 직면에 실패할 경우 그것은 실제로 내담자에게 매우 해로울 수 있다. 직면을 행한 동기가 진실해야 하며, 내담자의 약점보다는 강점을 직면시키는 것이 보다 생산적이다.

⑨ 계약 : 목표달성에 포함된 과정과 최종결과에 초점을 두는 것으로, 다음과 같은 사항에 유념해야 한다.

㉠ 상담자는 내담자에게 상담의 목적이 일하는 것임을 분명하게 한다. "무엇에 대해서 이야기 나누기를 원하십니까?" → "어떤 일을 하고 싶으신가요?"

㉡ 상담을 위한 계약은 내담자와 관련된 변화를 위한 것이라는 점에서 매우 중요하다.

㉢ 신용 없는 말들을 포함시키지 않는 계약의 설정이 중요하다. '시도해 보라' 등과 같은 말은 구체적이지 못하기 때문에 대개 내담자가 목표에 도달하는 것을 실패로 끝나게 만든다.

㉣ 상담자는 '해야만 한다'는 말을 포함시켜서 내담자의 목표를 설정해야 하는가의 여부에 특별히 관심을 두어야 한다. '해야만 한다'는 말을 포함시키는 계약을 피하는 방법은 내담자가 진정으로 원하는 것이 무엇인가를 물어보는 것이다. 한편 내담자가 상담을 통하여 성취하기를 원하는 것이 무엇인가를 정의하는 데 있어서는 구체성이 매우 중요하다.

㉤ 상담자는 계약의 초점이 변화에 있음을 강조해야 한다.

⑩ 리허설(Rehearsal) : 선정된 행동을 연습하거나 실천토록 함으로써 내담자가 계약을 실행하는 기회를 최대화하도록 도울 수 있다. 내담자가 리허설을 하는 데에는 2종류가 있는데, 하나는 명시적인 것이고 다른 하나는 암시적인 것이다. 명시적 리허설은 내담자로 하여금 그가 하고자 하는 것을 말로 표현하거나 혹은 행위로 나타내 보일 것을 요구하는 것이며, 암시적 리허설은 원하는 목표를 상상하거나 숙고해 보는 것이다.

❸ 초기면담의 단계

(1) 초기면담의 일반적 지침

초기면담은 직업상담과정에서 가장 중요한 면담으로, 상담자-내담자 간에 상담계약이 이루어지고, 관계형성과 평가가 이루어지며, 비밀유지의 한계가 성립된다. 상담과정에 대해 뚜렷한 방식이 정해진 것은 아니지만, 다음의 7가지를 초기면담의 일반적인 지침으로 볼 수 있다.

① 면담 준비
② 내담자와의 만남 및 관계형성
③ 구조화-초기계약 설정과 비공식적 역할 수립
④ 비밀유지의 한계 설정
⑤ 평가사항 및 평가방법 인식하기
⑥ 상담 시 필요한 주의사항
⑦ 초기면담의 종결

(2) 초기면담의 단계

① 면담 준비

　㉠ 대부분의 상담자는 먼저 내담자에 대한 예비적 인상을 얻고, 다음으로 평가과정의 중복을 피하기 위해 자료를 세밀하게 검토한다. 단, 내담자의 동기와 성격특성과 같은 요인에 대한 판단은 직접 만날 때까지 보류하는 것이 좋다.

　㉡ 내담자의 기록을 검토하는 이유는 첫째, 중복노력을 피할 수 있기 때문이며, 둘째, 상담자가 면담을 준비할 수 있기 때문이다.

② 내담자와의 만남 및 관계형성 : 상담현장의 기본적 규칙은 일단 내담자가 상담을 하러 오면 내담자를 반갑게 맞을 준비를 해야 한다는 것이다. 이 원칙이 깨지면 관심부족으로 생각하고 관계발달이 어려워진다.

③ 구조화

초기계약 설정	• 계약설정은 상담결과와 상담과정에 대한 내담자의 기대를 탐색하여 명확하게 하는 것이다. • 내담자의 기대는 2가지 범주로 나누어질 수 있다. 첫째는 어떤 일이 앞으로 일어날지에 대한 생각이고, 둘째는 어떤 일이 일어나야 하는지 또는 상담이 성공하게 된다면 어떻게 해야 하는지에 대한 생각이다. • 내담자가 직업상담과정에 대해 기대를 갖는 것처럼 상담자도 기대를 갖게 된다. 상담자는 상담과정이 얼마나 걸리게 될지, 내담자의 변화에 대해 내담자들이 할 역할과 직업상담과정에서 상담자가 할 역할과 관련된 기대를 하게 된다. 이런 기대는 첫째는 상담과정 동안 어떤 일이 일어날지에 대한 생각이고, 둘째는 어떤 일이 일어나야 하는지에 대한 생각으로 이어진다.

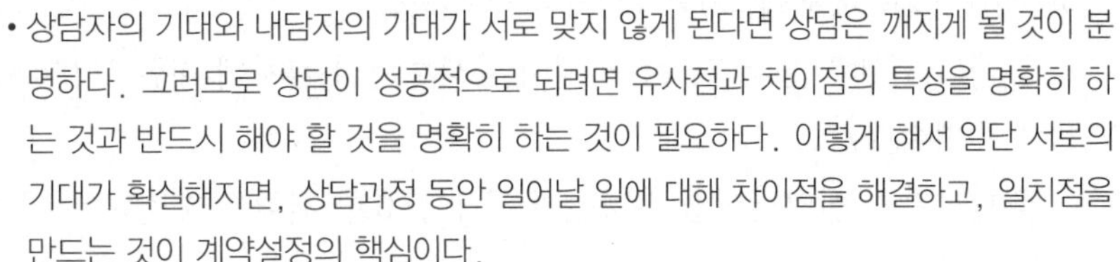

	• 상담자의 기대와 내담자의 기대가 서로 맞지 않게 된다면 상담은 깨지게 될 것이 분명하다. 그러므로 상담이 성공적으로 되려면 유사점과 차이점의 특성을 명확히 하는 것과 반드시 해야 할 것을 명확히 하는 것이 필요하다. 이렇게 해서 일단 서로의 기대가 확실해지면, 상담과정 동안 일어날 일에 대해 차이점을 해결하고, 일치점을 만드는 것이 계약설정의 핵심이다. • 계약설정과정의 정점에서 직업상담의 초기목표가 만들어지는데 이는 정식 목표가 아니며 내담자에 의해 언제든 수정이 가능하다.
구조화된 비공식적 역할 수립	직업상담을 관장하는 비공식적인 규준설정을 검토해야 한다.

④ 비밀유지의 한계 설정 : 초기면담이 어느 정도 진행되면 비밀유지에 대한 것을 반드시 논의해야 한다. 특히 내담자는 자신이나 주변사람이 위험하지 않는 한 비밀을 유지하겠다는 말을 들어야 한다. 상담자는 또한 상담관리자나 다른 전문 상담자에게 상담과정에서 상담자가 잘 수행했는지에 대한 평가를 받기 위해 상담의 방법이나 내용을 토의할 수 있음을 알려주어야 한다.

⑤ 평가사항 및 평가방법 인식하기 : 초기면담에 앞서서 검사자료를 해석해야 하며, 내담자에 대한 검사결과가 없으면 초기면담을 가진 후에 검사를 시작해야 한다. 검사점수와 프로필(Profile)은 평가자료에 있어 가장 확실한 자료이다. 또한 처음 인사를 나누고 상담을 진행하기 전에 상담실에 들어올 때의 표정, 내담자가 입고 있던 옷의 특징, 말의 속도, 상담자를 대하는 태도, 자세 등과 같은 비언어적 행동과 그 밖의 다른 자료 등 다양한 방식으로 내담자에 대해 알 수 있다.

⑥ 초기면담의 종결

   ⊙ 내담자와 상담자 간의 역할과 비밀유지에 관해 그들이 약속한 동의내용을 요약한다. 이 요약은 상담자가 할 수도 있고, 내담자가 할 수도 있다.

   ⓛ 상담을 진행하면서 필요하다면 과제물을 부여할 수 있다.

   ⓒ 상담 시 반드시 지켜야 할 '준수사항'을 모두 지킨다.

(3) 상담 시 필요한 주의사항

① 상담 초기에는 다음 상담을 언제로 할지, 얼마나 자주 만나는 게 좋을지, 어디서 만날지, 내담자가 센터나 사설 상담소에서 상담을 받기 때문에 상담료를 지불해야 한다면 언제, 어떤 방식으로 상담료를 낼지, 약속을 잊었을 때는 어떻게 해야 하는지, 여러 검사들을 상담자가 직접 실시하지 않는다면 어디서 검사를 받을 것인지 등을 다루어야 한다.

② 상담일지를 통한 상담과정 확인

   ⊙ 다음 약속을 언제, 어디서 할지에 대해 기록함으로써 약속이행 여부를 알 수 있다.

   ⓛ 회기당 얼마의 상담료가 어떻게 지불되는지에 대해 영수증 내역을 기록한다.

   ⓒ 검사 받은 목록이나, 질문지의 종류 및 시간과 장소를 기록한다.

③ 직업안정기관에서 실업자와의 상담 시 주의사항

    ㉠ 상담 전에 노동부 지방관서에서는 서류처리 절차에 대한 상세한 안내를 우편이나 유선상으로 수행한다.

    ㉡ 내담자가 실업급여를 수령받기 위해 필요한 서류를 제출하는 의미에 대하여 충분히 인식시킬 수 있어야 한다.

    ㉢ 취업이 될 때까지 상담이 이루어진다는 것과 내담자와의 계속적인 관계가 유지되어야 함을 내담자에게 알려준다.

    ㉣ 고용보험법에 의존하여 운영되는 절차상의 한계에 대하여 내담자의 양해를 구한다.

Section 02 구조화된 면담법

❶ 생애진로사정의 의미와 역할

(1) 생애진로사정의 의미

① 생애진로사정은 상담자와 내담자에게 내담자와 환경과의 관계를 이해하는 데 도움을 주는 것으로, 아들러의 개인심리학에 기초한다(Dinkmeyer, Row & Dinkmeyer, 1979). 아들러는 세계와 개인의 관계를 일, 사회(사회적 관계), 성(우정) 등 3가지 평생과제로 구분했는데, 이 3가지 과제는 뒤얽혀 있어 분리될 수 없는 것으로, 하나가 변하면 다른 것도 변한다.

② 일, 사회(사회적 관계) 그리고 성(우정)에 대한 내담자 접근방법을 사정하는 것은 생애에서 그들의 움직임을 분석하고 종합하는 확고한 방법을 제공하는 것이다. 이 생애진로사정은 상담자가 내담자를 이해하는 데 도움이 될 뿐만 아니라 내담자가 생애의 독특한 의미를 드러내는 자신의 생애주제를 보다 잘 이해하도록 돕는 협동적인 노력이다. 생애진로사정을 통해 그러한 주제를 확인함으로써 상담자와 내담자는 생애진로의 접근을 이해하고 만족할 수 있으며 솔직한 태도를 가질 수 있다.

(2) 생애진로사정의 역할

① 생애진로사정은 상담자가 내담자와 처음 만났을 때 이용할 수 있는 구조화된 면접기법이다. 이 기법은 시간이 많이 걸리지 않으므로 전체 면접이 30~45분 만에 끝날 수 있는데, 필요하다면 시간을 10~15분으로 나누어 내담자와 몇 번에 걸쳐 접촉할 수도 있다.

② 생애진로사정에서는 작업자, 학습자 그리고 개인의 역할을 포함한 다양한 생애역할에서의 내담자의 기술수준뿐만 아니라 그들이 환경을 어떻게 극복할 것인가에 대한 정보의 산출까지 구안된다.

③ 생애진로사정은 상담자가 내담자와 긍정적인 관계를 형성하는 데 도움을 주는데, 내담자에 대한 관심을 갖고 상담이 진행되면, 생애진로사정은 비판단적, 비위협적이고 대화적인 분위기로 전개될 수 있다. 여기서는 내담자가 간혹 학교에서나 훈련에서 평가를 받을 때 느꼈던 부정적인 선입견과 연관되는 인쇄물이나 소책자 그리고 지필도구 등을 사용하지 않는다.

④ 생애진로사정은 내담자의 진로계획을 향상시킨다. 상담자는 생애진로사정을 통해서 내담자의 강점과 직면할 수 있는 장애를 발견하고, 생활의 다양한 장면에서 내담자의 기능수준을 발견하여 수립된 목표를 제시할 수 있으며, 내담자로 하여금 이 목표에 도달하기 위한 행동을 하도록 변화시킬 수 있다.

❷ 생애진로사정의 구조

(1) 진로사정

진로사정 부분은 일의 경험, 교육 또는 훈련과정 및 관심사 그리고 오락 등 다음과 같이 3부분으로 나누어진다.

① 일의 경험 : 일의 경험을 사정하려면 내담자에게 과거 또는 현재의 직업을 서술하게 해야 한다. 내담자에게 수행한 직무를 적도록 하고, 직무에 관하여 가장 좋았던 것과 싫었던 것을 적도록 한다. 좋음과 싫음을 기술할 때 나타난 주제들은 반복되거나 명백하게 반영되어서 내담자가 주제를 통해 지속된 일관성을 깨닫게 해 준다. 예를 들어 청소하기, 어린 동생 돌보기, 혹은 집안일 하기 등에서는 내담자의 가정적 책임에 대한 탐색이 나타날 수 있는데, 이것은 특히 내담자가 일의 경험이 거의 없을 때 유용하다.

② 교육 또는 훈련과정 및 관심사

㉠ 내담자에게 그들의 교육 또는 훈련경험에 대한 일반적인 경력을 작성하게 하는 데서 시작된다. 그리고 내담자에게 가장 좋아하는 것과 가장 싫어하는 것을 질문하여 구조를 진전시키는데, 대개 주제는 좋음과 싫음으로 나타나기 시작한다. 이 주제는 반복적으로 명확하게 반영하여 내담자가 주제들을 통해 지속적인 일관성 혹은 불일치를 깨닫도록 해야 한다.

㉡ 내담자의 교육배경 또는 훈련경험 등에 대한 몇 가지 일반적인 사항을 토대로 상담자는 교과, 교사, 강사 그리고 학습조건에 대한 좀 더 구체적인 질문을 시작할 수 있다(다른 학생과의 접촉, 훈련방식 등).

③ 오락(여가)

㉠ 생애진로사정에서 오락 영역을 사정하기 위해서는 내담자들이 여가시간에 무엇을 하는지를 질문하여야 한다. 이때 오락활동이 일과 교육적 주제와 일치하는지의 여부가 중요하다. 여가시간의 사정은 사랑과 우정관계를 탐색하는 데에도 유용하다.

ⓛ 여가시간 중 하는 일에 대하여 내담자의 사회생활을 탐색하는 것은 때때로 민감한 부분에 있어서도 비교적 비위협적인 방법이 된다. 오히려 주의할 점은 일과 교육환경에서 확인된 주제를 사회관계 주제에 얼마나 반영할 수 있는지를 발견하는 것이다. 즉, '내담자는 친구가 많은가? 적은가? 아니면 없는가? 내담자는 여가활동에 대한 의사결정을 하는가? 아니면 타인의 제안을 따르는가?' 등을 탐색해야 한다.

(2) 전형적인 하루

① 생애진로사정을 실시하는 동안 나타난 많은 주제들은 활동적-수동적, 사교적-수줍음 등과 같은 본질적인 대립들을 보인다. 이들 각 대립의 쌍들은 성격차원에서 고려될 수 있는데, 생애진로사정 부분에서 전형적인 하루 동안 검토되어야 할 성격차원은 의존적-독립적 성격차원 그리고 자발적-체계적 성격차원이다.

② 전형적인 하루의 탐색목적은 개인이 자신의 생활을 어떻게 조직하는지를 발견하는 것이다. 이 사정은 내담자에게 단계적 방식으로 전형적인 하루를 서술하도록 함으로써 가능하다. 의존적-독립적 차원은 "당신은 아침에 스스로 일어납니까? 아니면 누군가 당신을 깨웁니까?", "혼자 일을 합니까? 아니면 모든 시간에 어떤 사람의 일을 도와줍니까?"라고 질문하면서 탐색될 수 있다. 마찬가지로 자발적-체계적 차원도 탐색해야 하는데, 상담자는 내담자가 그들의 생활을 체계적으로 조직하는지 아니면 매일 자발적으로 반응하는지 결정할 필요가 있다. 예를 들면, 체계적인 사람은 꽤 안정된 일상에서 매일 똑같은 일을 반복하는 경향이 있는 반면에 자발적인 사람은 좀처럼 똑같은 것을 두 번 하지 않는다.

③ 전형적인 하루의 사정에서 나타난 형태의 이해는 학교, 훈련, 직업에서의 문제를 일으키는 것들이기 때문에 내담자에게 매우 도움이 될 것이다. 예를 들어, 내담자가 늦잠 자는 것을 즐긴다고 털어놓는다면 그의 일에 관한 참여도와 정확성을 예견할 수 있는데 이것은 나중에 직업상담 부분에서 탐색될 수 있다. 다시 이 형태는 반복·확인·반영되어서 내담자가 자신의 삶을 어떻게 조직하고 이행하는지에 대한 좀 더 분명한 이해를 얻게 해 줄 것이다.

의존적-독립적 성격차원	의존적	타인에게 의존한다.
	독립적	타인에게 의사결정을 주장한다.
자발적-체계적 성격차원	자발적	반복되는 것을 싫어한다.
	체계적	안정된 일상, 영속적이고 빈틈이 없다.

(3) 강점과 장애

① 강점 및 장애에 대한 사정은 내담자가 다루고 있는 문제와 내담자를 돕기 위해 내담자가 마음대로 사용하는 자원 등에 대하여 직접적인 정보를 준다.

② 내담자에게 강점과 장애를 몇 가지 말하게 한 후, 이러한 점들이 내담자에게 어떠한 의미가 있는지 질문함으로써 좀 더 깊이 조사하여야 한다.

③ 정보가 없는 모호한 대답에 대해서는 보다 많은 정보를 얻을 수 있도록 내담자의 진로사정이나 전형적인 하루에서 나온 정보를 통해 유사한 사항을 계속 질문하여야 한다.

④ 어떠한 강점도 내세우지 않는 내담자의 경우 장애 부분을 제거하고 숨겨진 강점에 대처해야 한다. 예를 들어, "나는 너무 느리게 일한다"라고 말하는 내담자에게는 차분하고 꼼꼼한 강점이 드러날 수 있도록 대처한다.

(4) 요약

요약은 생애진로사정의 마지막 부분이며, 요약을 하는 데는 2가지 목적이 있다.

① 면접하는 동안에 수집된 정보를 강조하는 것이다. 요약할 때 수집된 모든 정보를 검토할 필요는 없지만, 주도적인 생애주제, 강점 그리고 장애 등은 반복하여 검토하여야 한다. 이 부분에서는 상담자가 내담자에게 깨달은 것을 요약하도록 부탁하는 것이 도움이 되는데, 이는 내담자에게 깨달은 것을 표현하도록 시킴으로써 정보의 충돌을 증가시키고, 자기인식을 증진시킬 수 있기 때문이다. 상담자는 내담자가 무엇을 획득했는지 알면서도 몇 가지 점을 간과하고 요약을 끝마쳤을 때, 그 점을 부언해 줄 수 있다. 여기서는 무엇보다 상담자와 내담자가 내담자의 생애주제에 관하여 의견일치에 도달하는 것이 중요한데, 이 일치는 내담자의 말과 의미를 사용하여 도달할 수 있을 때 특히 효과적이다.

② 상담자와 내담자가 내담자의 가능한 직업선택, 진로탐색, 혹은 진로계획을 향상시키기 위해 상담을 통해 목표를 성취하도록 자극하는 정보를 강조하기 위해서이다. 드러난 생애주제는 발전된 탐색을 요구하는 가능한 직업선택을 제시할 수도 있으나, 특정의 다른 선택을 방해할지도 모르며 극복할 필요가 있는 장벽들을 제시할 수도 있다. 또한 강점과 장애가 발견되어서 내담자의 긍정적인 면이 좀 더 개발되도록 할 수도 있고, 주목할 필요가 있는 약점이 뚜렷해질 수도 있으며, 어떤 경우에는 상담자와 내담자가 목표를 세워 이 목표에 도달할 행동계획을 수정하는 것을 결정할 수도 있다.

❸ 생애진로사정의 적용

(1) 생애진로사정에서의 가족역할 부가

① 생애진로사정은 내담자들이 그들의 환경에 대해 어떻게 타협하는가에 관한 정보를 이끌어낼 뿐만 아니라 작업자로서의 역할, 학습자로서의 역할, 그리고 개인적 역할을 포함한 각종 생애역할을 어떻게 수행하고 있는지 역할기능 수준을 다루기 위한 것이다. 상담자가 생애진로사정을 사용하게 되면, 진로사정과정에 여타의 생애역할들을 부가하고 싶어 하게 마련인데, 그 생애역할 중의 하나가 가족의 역할이다.

② 딕슨과 파멜리(Dickson & Parmerlee, 1980)는 생애진로사정에서 가족역할을 부가하는 데 가족의 직업위계를 사용하고 있는데, 이것은 1쪽의 응답지로 되어 있으며, 내담자들이 다음과 같은 사항에 응답하도록 되어 있고, ①~⑤의 사항에 대해 진술식 반응을 위한 과제를 제시할 수도 있다.

<table>
<tr><td rowspan="5">"당신은 당신 친척들의 직업에 대해
어떻게 생각합니까?"</td><td>① 조부모의 직업</td></tr>
<tr><td>② 부모의 직업</td></tr>
<tr><td>③ 큰아버지, 큰어머니, 작은아버지, 작은어머니의 직업</td></tr>
<tr><td>④ 형제자매들의 직업</td></tr>
<tr><td>⑤ 내담자가 원하는 직업</td></tr>
</table>

(2) 직업가계도

① 직업가계도의 의의

　㉠ 직업가계도는 가족치료에 기원한 것으로, 내담자의 생물학적 친조부모와 양조부모, 양친, 숙모와 삼촌, 형제자매 등의 직업들을 도해로 표시하는 것이며, 직업, 경력포부, 직업선택 등에 관해 내담자에게 영향을 주었던 다른 사람들도 포함시킨다(Gysbers & Moore, 1987 ; Okiishi, 1987).

　㉡ 직업가계도는 직업상의 지각에 영향을 끼쳤을지 모르는 모형들을 찾는 데 사용될 뿐 아니라 작업자로서 자기지각(Self-perception)의 근거를 밝히는 데도 사용된다.

　㉢ 즉, 내담자를 도와 가족의 핵심구성원인 부모들과의 상호작용들을 체계적으로 탐색해 보게 함으로써 내담자 자신에 대한 관점과 그들이 직업을 선택하고자 하는 이유를 인식할 수 있게 하는 도구로 사용될 수 있다.

② 직업가계도의 과정

　㉠ 직업가계도를 사용하는 의의나 과정을 이야기한다.

　㉡ 유도질문들

구애단계	구애기간, 서로에게 끌린 점 등에 대한 여러 가지 유도질문
자녀를 갖기 전 결혼 상태	결혼 전의 생활방식, 결혼 동기 등에 대한 질문
자녀를 둔 가족의 경우	첫아이를 갖게 된 동기, 출산 후의 변화 등에 대한 질문
상담을 요하는 자녀를 둔 가족	아동에 대한 특성, 장애 자녀에 대한 우려사항이나 관련 사건
넓은 의미의 가족에 대한 질문	가정의 분위기, 가족들의 직업, 가족들과 내담자 간의 역동 등

　㉢ 요약

③ 직업가계도의 구축

　㉠ 내담자 준비시키기 : 직업가계도는 내담자가 세상에 대한 태도와 지각 그리고 삶의 다른 역할과의 관계 등과 같은 출처들을 탐색하는 방법의 하나임을 설명하고 의의와 과정에 대해 이야기한다.

　㉡ 직업가계도 구축하기 : 직업가계도를 구축하려면 신문지 크기만 한 전지와 매직펜이 있어야 하는데, 특히 직업가계도를 완전히 채울 수 있는 신문지 크기의 전지가 충분히 있어야 한다. 직업가계도는 5개의 횡렬로 배치되는데, 제1열은 조부모용으로 수양조부모도 가족의 일원일

때에는 여기에 포함시킨다. 제2열은 양친의 형제자매인 숙모와 삼촌들에 관한 것이며, 수양숙모나 삼촌도 여기에 포함시킨다. 제3열은 삼촌들에 관한 것이며, 제4열은 양친과 수양부모, 그리고 제5열은 수양자매, 이복형제자매를 포함한 형제자매의 직업을 표시한다.

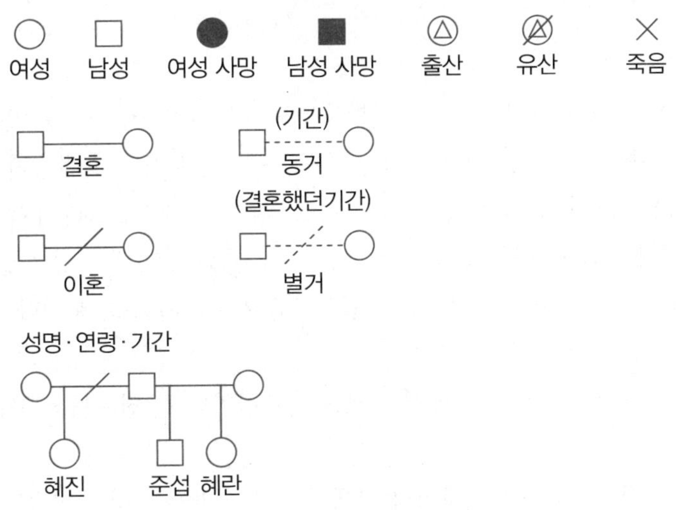

④ 직업가계도 탐색 : 다음은 직업가계도의 시사성을 탐색하면서 검증해 봐야 할 핵심적인 중요한 질문들이다.

㉠ 개별 가족구성원에게서 어떤 역할을 본받게 되었는가?

㉡ 어떤 태도나 행동들이 각각의 남성과 여성에게 강화되었는가?

㉢ 남성과 여성에게 각각 부여한 벌은 어떤 것인가?

㉣ 가족구성원 이외에 다른 모델도 있었는가?

㉤ 가족의 가치는 무엇인가?

㉥ 내담자의 가치가 가족의 가치와 동일한가?

㉦ 확실한 가치를 부여할 만한 직업(교사 또는 사업) 소명이 있는가?

㉧ 직업에 대한 세대의 신화나 오해 같은 것이 있는가?

㉨ 직업에 대한 태도들을 만든 가족전통, 옛날이야기 또는 전설이 있는가?

㉩ 가족의 일, 가족과 여가, 가족 내의 관계형성 등을 어떻게 설명하는가?

㉪ 직업유동성에 제한을 두는 어떤 확실한 경계선들이 확립되어 있는가?

㉫ 이런 가족구조를 살펴봄으로써 떠오르는 직업형태는 무엇인가?

㉬ 가족 중에 누가 이루지 못한 소망, 포부, 환상을 가지고 있어서 자녀나 증손자를 통해 대리만족의 삶을 살아가고 있는가?

❶ 동기 · 역할 사정하기

(1) 동기사정하기

① 인지적 명확성 결여 사정하기 : 동기의 결여는 다양한 요인에 의한 것일 수 있는데, 여기엔 인지적 명확성 결여도 포함되어 있다. 예를 들어, 너무 목표를 높게 잡았기 때문에 자긍심이 낮아서 힘들어 하는 사람은 직업상담 때 보면 끝까지 목표를 성취하는 데에 그다지 동기가 높지 않을 것이다. 그뿐만 아니라 양극적인 사고, 즉 예를 들면 '의대를 못 가면 내 인생은 실패작이다'라고 사고하는 사람도 의대를 진로에서 제외하면 직업상담을 계속하지 못하게 된다. 인지적 명확성 결여 시 수행되어야 하는 사정은 다음과 같다.

    ㉠ 상황의 중요성 사정 : 지금 시점에서 진로를 선택하거나 현 진로를 바꾸는 것이 얼마나 중요한가?

    ㉡ 자기효능감 기대 : 진로를 선택하거나 현재의 진로를 바꾸는 것을 성공적으로 했는지에 대해 내담자가 어느 정도 확신을 하고 있는가?

    ㉢ 결과 기대 : 내담자가 자신의 상황이 나아질 거라고 어느 정도 확신하는가? 내담자는 자신의 상황이 현재보다 더 악화될 가능성이 있다고 느끼는가?

    ㉣ 수행에 대한 기준 : 진로를 선택하거나 바꾸는 데 있어 일을 잘한다는 것이 내담자에게 얼마나 중요한가?

② 동기사정 자료 사용하기 : 낮은 동기는 직업상담과정에 위협이 되며, 내담자의 동기를 유발시키지 않으면 불완전한 종결 또는 부적절한 선택을 초래할 수 있다.

▶ 낮은 동기에 대처하는 방법 ◀

진로선택에 대한 중요성 증가시키기	• 심사숙고한 진로선택에 동기가 어떻게 작용하는지를 논의하기 위해 생동감이 있는 모형이나 비디오테이프를 이용한다. • 아무런 손해가 없이 진로선택이 연기될 수 있다는 기저의 논리를 직면시킨다.
좋은 선택이나 전환을 할 수 있는 자기효능감 증가시키기	• 성공적으로 진로를 선택하는 방법을 논의하기 위해 내담자와 비슷한 인물이나 비디오테이프를 제공한다. • 내담자의 강점을 강조하면서 격려한다. • 긍정적 단계를 강화시킨다. • 내담자가 계획/의사결정과제(나는 좋은 일을 했다)를 완수했을 때, 자기강화방법을 가르쳐준다.

기대한 결과를 이끌어낼 수 있는지에 대한 확신 증가시키기	• 직업계획의 결과 성공한 인물이나 비디오테이프를 보여준다. • 진로계획의 결과 성공을 경험한 내담자의 이야기를 들려준다.
직업상담의 결과를 최대화하기 위해 내담자가 충분한 노력을 기울였는지를 확인하는 기준 증가시키기	• 수행기준이 낮은 사람에게 직업상담에서의 높은 수행기준의 필요성을 인식하도록 돕는다. • 높은 수준의 수행을 강화시킨다. • 수행기준을 증가시키는 목표설정에 내담자가 가담하도록 한다.

(2) 역할 내 일치성 사정하기

① 역할 내 일치성의 의미 : 역할(Role)이란 사회적으로 규정된 활동 세트를 포함하는 삶의 한 기능이라고 볼 때, 관계의 사정(Assessment of relationships)은 일하는 사람, 학생, 가족 또는 친한 사적 관계, 여가, 영적·종교적 관계, 그리고 지역사회성원 등과 같은 생애역할(Life roles) 간의 내적 관계의 속성을 결정하는 것을 의미한다.

   ㉠ 역할 내 일치성이란 내담자가 지금 직업과 잘 맞는지 또는 잘 맞게 될지의 정도를 나타내주는 것으로 작업자–작업환경 간의 일치성이며, 작업자 만족(흥미, 가치, 성격의 강화)과 수행의 만족(작업환경에서 요구되는 직무수행능력이 있을 때 강화) 측면에서 사정될 수 있다.

   ㉡ 상호역할관계의 사정은 개인의 여러 가지 생애역할 중에서 어떤 역할들이 상호 보완적이고, 어떤 것들이 보상적인 것이고, 어떤 것들이 상충적인 것인지를 확인하기 위해 이루어진다.

② 상호역할관계 사정의 목표

   ㉠ 현재나 미래의 어느 시점에서 작업역할(Work role)을 방해하는 역할들을 결정하는 것

   ㉡ 개인이 불운한 작업역할에 '빠져' 있을 때 이 부정적인 작업결과를 보상해 주는 역할들을 찾아내는 것

   ㉢ 지금이나 앞으로 보완될 역할들(적어도 2개의 역할을 증진시킴)을 결정하는 데 있다.

③ 상호역할관계 사정의 용도

   ㉠ 직업계획에서 상호역할사정은 집대성한 생애역할들 중에서 하나의 역할에 해당하는 작업(일)의 인식을 높여주는 자극제로 쓰인다.

   ㉡ 직업적응상담에서는 상호역할사정이 삶의 다른 역할들에 부정적인 영향을 주는 직업전환을 피해 갈 수 있도록 내담자를 도와주는 한 수단으로 쓰인다.

   ㉢ 생애를 윤택하게 하는 계획에서 상호역할사정은 잠재적으로 보완적인 역할들을 찾아내는 한 수단으로 쓰인다.

④ 상호역할관계의 사정방법

   ㉠ 질문을 통해 사정하기

      • 내담자가 개입하고 있는 생애역할들 나열해 보기

      • 개개 역할에 소요되는 시간의 양 추정해 보기

      • 순서를 정하는 근거로 내담자의 가치들(제3장 제3절)을 이용해서 순위 정하기

- 상충적·보상적·보완적 역할들 찾아내기
ⓛ 동그라미로 역할관계 그리기
- 내담자에게 삶에서의 역할들(작업자, 학생, 친한 사적 관계, 여가, 종교, 지역사회성원, 양친, 집안 관리)을 대표하는 원을 그리는 것부터 시작하게 한다. 그리고 내담자에게 원의 크기로 시간을 표시하라고 주문한다. 이때 시간을 많이 쓸수록 원의 크기는 더 커지게 되며, 각 원마다 명칭을 부여한다.
- 일단 원들이 그려진 후, 내담자에게 역할들 간의 관계를 연결해서 표시하게 한다(상충적·보상적·보완적 역할).
- 내담자에게 가치를 부여하여 그 크기에 따라 ①의 과정에 대한 연습을 반복시킨다.
- 역할 간의 갈등, 과부하, 역할수행시간 등에 관한 질문을 한 뒤 만일 가치갈등에 문제의 핵심이 있다면, 어떤 가치들이 갈등상태에 있는지를 찾아본다.
- 내담자로 하여금 이상적인 역할관계를 그려보라고 한다.
- 내담자에게 현재 상태에서 그들이 원하는 곳까지 갈 수 있도록 도와주는 책략들을 찾아보라고 한다.
ⓒ 생애-계획연습으로 전환시키기 : 원 그리기 연습은 성인들이 가정해 왔던 역할들의 내적 관계를 조사해 보도록 도와주는 데 목표가 있으며, 이를 통해 다음과 같은 생애-계획연습(Life-planning excercise)으로 전환시킬 수 있다.
- 생애역할의 목록을 작성한다(작업자, 학생, 친한 사적 관계, 여가, 종교, 지역사회성원, 양친, 집안 관리).
- 자신의 미래의 삶을 생각해 본다. 생애역할들의 목록에서 25세에 충족시킬 것으로 기대하는 것들을 선택한다.
- 자신의 개인 가치를 지침으로 삼아, 각 생애단계에서 이들 역할에 대한 상대적인 중요성을 나타내주는 원을 그린다.
- 시간을 한 변인으로 잡고, 생의 각 단계에서 내담자가 실제로 어떻게 시간을 보낼 것으로 기대하는지를 묘사해 주는 원을 그리게 한다.
- 내담자의 생애를 25세에서 비춰보면서, 이렇게 살아갈 때 내담자의 가치들과 시간요구 간에 갈등이 생기는지, 이 갈등들의 속성은 무엇인지 등에 관하여 탐색한다.
- 내담자도 가정할 수 있는 삶의 다양한 역할들 간의 긍정적인(보완적인 또는 보상적인) 관계를 파악할 수 있는지를 탐색한다.
- 내담자의 마음에 떠오르는 생애계획을 참작하여 내담자는 개선욕구를 알 수 있는지, 새로운 방향인지 등을 탐색한다.
⑤ 역할 간 사정의 한계
ⓛ 역할 간 사정은 가치, 흥미 등에 의존하게 되므로, 사정과정을 하나의 독립적 과정으로 간주해서는 안 된다.

ⓛ 역할 간 사정은 내담자의 자기보고에 의존하기 때문에 역할 간 사정을 하기 전에 상담자는 내담자의 인지적 명확성을 제대로 사정해야만 한다.

❷ 가치사정하기

(1) 가치사정하기

가치라는 것은 우리를 자극하여 어떤 활동이나 마음 상태로 다가가거나 멀어지게 하는 신념과 같은 것으로 다음과 같은 용도로 활용한다.

① 자기인식(Self-awareness)의 발전
② 현재의 직업 불만족 근거에 대한 확정
③ 역할갈등(작업역할과 가족역할)의 근거에 대한 확정
④ 저수준의 동기성취의 근거를 확정
⑤ 개인의 다른 측면들(흥미나 성격 같은 것)을 사정할 수 있는 예비단계
⑥ 직업선택이나 직업전환을 바로잡아주는 한 전략

(2) 자기보고식 가치사정법

일반적으로 자기보고식 가치사정법이 많이 활용되는데, ① 체크 목록의 가치에 순위 매기기, ② 과거의 선택 회상하기, ③ 절정경험 조사하기, ④ 자유시간과 금전의 사용, ⑤ 백일몽 말하기, ⑥ 존경하는 사람 기술하기 등이 있다.

(3) 가치확인과정에 대한 요약 및 한계

① 요약
　㉠ 의사결정, 직업만족, 동기 면에서 가치의 중요성을 강조한다.
　ⓛ 공식적·비공식적인 가치확인 연습을 끝낸다.
　㉢ 가치목록을 구성한다.
　㉣ 필요할 땐 가치들을 명료하게 한다.
　㉤ 직업선택, 직업전환, 다른 생애역할 등의 가치들에 대한 함의를 토의한다.

② 가치사정의 한계
　㉠ 가치에 대한 심리측정도구들은 아직 미약하며, 비공식적인 사정절차들이 신뢰할 수 있는 정보를 주는 것은 아니다.
　ⓛ 개인적인 가치에 관한 정보와 관심이 있는 직업유형들과 직결된 연결이란 있을 수 없다. 따라서 상담자와 내담자가 이런 연결고리를 구축해 내야만 하는데, 이런 일은 많은 시간을 필요로 할 수 있다.

❸ 흥미사정하기

(1) 흥미사정의 의의와 목적

① 의의 : 흥미는 그 사람의 관심이나 호기심을 자극하거나 일으키는 어떤 것이라고 정의 내릴 수 있다. 즉, 흥미는 그 사람이 하고 싶어 하는 것이나, 즐기거나 좋아하는 것의 지표이다. 슈퍼(Super, 1949)는 흥미를 사정하는 방법을 3가지로 제시하였다.

  ㉠ 표현된 흥미 : 어떤 활동이나 직업에 대해 '좋다', '싫다'고 간단하게 말하도록 요청하는 것

  ㉡ 조작된 흥미 : 활동에 대해 질문을 하거나 활동에 참여하는 사람들이 어떻게 시간을 보내는지를 관찰하는 것

  ㉢ 조사된 흥미 : 검사에 의해 개인의 흥미를 사정하는 것

② 목적

  ㉠ 자기인식 발전시키기

  ㉡ 직업대안 규명하기

  ㉢ 여가선호와 직업선호 구별하기

  ㉣ 직업교육상의 불만족의 원인 규명하기

  ㉤ 직업탐색 조장하기

(2) 흥미사정하기

① 표현된 흥미와 조작된 흥미 유발하기

  ㉠ 매우 자기인식적인 내담자의 경우, 표현된 흥미와 조작된 흥미의 평가는 개방적 질문을 통한 상담회기에서 매우 쉽게 완수될 수 있다. 이에 해당하는 질문은 다음과 같다.

   • 어떤 직업을 생각하고 있나요?

   • 어려서부터 지금까지 어떤 직업에 흥미가 있었나요?

   • 어떤 일을 하면 즐겁나요?

   • 학교에서 가장 좋아하는 과목이 무엇이었나요?

   • 이상적인 직업이 있을 수 있을까요? 있다면 그게 뭐죠?

   • 주말에 좋아하는 무엇인가를 할 자유가 주어진다면 무엇을 하면서 시간을 보내고 싶은가요?

  ㉡ 이런 질문에 대답하기 어려운 내담자나 흥미의 가짓수가 매우 적은 내담자는 확실히 부가적인 기법이나 질문이 필요할 것이다.

② 상담자가 사용할 수 있는 부가적인 자극목록

  ㉠ 흥미평가기법

   • 내담자는 종이에 알파벳을 쓰고, 그 알파벳에 맞춰 흥미거리를 기입한다. 이 목록은 상담과정에까지 유지되고 추가될 수 있다. 그런 다음, 과거에 중요했던 주제와 흥미에 대해 생각해 보도록 지시한다. 또한 이런 목록은 선호하는 직무를 잘 묘사하는 데 사용되기도 한다.

- 내담자가 숭배하는 사람이거나, 내담자가 좋아하는 일을 하고 있는 사람들이기 때문에 중요한 모델들의 목록을 적도록 한다. 이 역할모델들은 실제 인물일 수도 있고, 상상의 인물일 수도 있으며, 산 사람일 수도 죽은 사람일 수도 있고, 책 속의 등장인물일 수도 있다.
- 내담자가 자신의 인생의 단계를 돌아보도록 하고, 어떤 행동을 했으며, 그 가운데 무엇에 흥미를 가졌었는지 알아내도록 한다.
- 내담자가 지난 몇 년 동안 생각해 온 직업의 종류를 적어보고, 그것을 거부한 이유도 생각해 보도록 한다.
- 내담자가 앞으로 10년 동안만 살 수 있다고 한다면 하고 싶은 일이 무엇인지를 말해 보도록 한다.
- 환경을 이용한다. 즉, 내담자에게 TV를 보게 하거나 신문이나 잡지를 읽게 하면서, 흥미가 있다고 여겨지는 직업목록을 만들게 한다. 가족과 친구들로부터 내담자가 즐거워할 수 있다고 보는 직업에 대한 그들의 제안을 들어볼 수도 있다.

ⓒ 작업경험 분석
- 작업경험 분석의 전략은 직업의 형태를 비롯해서 광범위한 영역을 포함한다.
- 나이 어린 내담자의 경우에는 가정과 교육적 경험에서의 과제가 있을 수 있다.

▶ **작업분석 기법의 4단계** ◀

1단계	내담자가 자신이 경험해 본 모든 직무를 확인하거나, 직무가 너무 많을 경우엔 지난 5년에서 10년 사이에 했던 직무에 대해 확인하는 것
2단계	각 직무에서의 과제를 서술하는 단계
3단계	내담자가 좋아하는 과제와 싫어하는 과제를 분류하는 단계
4단계	상담자와 내담자가 함께, 주제(예 : 구조화된 상황을 좋아함)와 불일치성(예 : 가족과 시간을 보내고 싶은데, 일에 많은 시간을 빼앗김)에 대해 정보를 총괄 정리하는 단계

ⓒ 직업카드 분류전략 : 전형적으로 카드 분류를 사용한 직업은 다른 직업분류체계를 기저의 틀로 사용할 수도 있지만, 대부분 홀랜드(1985)의 유형론에 따라서 구분된 것이다. 기술과 직업수준이 서로 다른 직업들을 담고 있는 하나 이상의 카드 세트를 가지고 상담자는 매우 다양한 내담자들에게 이 방법을 사용할 수가 있다. 직업카드 분류는 숙제로 내줄 수도 있고, 상담회기 중에 실시할 수도 있다. 내담자에게 직업카드를 분류한 대로 "크게 말하시오"라고 요청하면 내담자는 "난 이 직업이 이렇기 때문에 좋습니다"라고 대답해야 한다. 한편, 상담자는 내담자가 직업을 분류하는 데 사용하는 차원을 직접 관찰할 수 있다. 그러나 이 접근법은 지루하다는 단점이 있다.

▶ **직업카드 분류의 실행단계** ◀

1단계	내담자는 3가지 구분, 즉 ① 선택하고 싶은 것, ② 의문이 있는 것, ③ 선택하고 싶지 않은 것으로 카드를 분류한다.

2단계	내담자는 그 직업을 선택하는 이유와 선택하지 않는 이유를 규명한다. 이 과정은 보통 선택하고 싶은 직업에서 시작하여, 선택하고 싶지 않은 직업, 의문사항이 있는 직업카드의 순으로 그 이유를 규명해 나간다.
3단계	선호하는 직업(선택하고 싶은 것)을 관련 범주로 분류한다.

⑶ 진로와 관련된 흥미들

흥미사정에서 상담자들이 직면하는 1가지 난관은 내담자가 자신의 흥미와 직업 간의 연관성을 결정하도록 돕는 것이다. 흥미검사 중에서 자기방향탐색, 스트롱 직업흥미검사 등은 내담자와 직업세계에서의 흥미를 연결시키는 체계로 사용되지만, 이외의 다른 것은 그렇지 않다.

① 직업선호도검사 중 흥미검사 : 우리나라의 직업안정기관에서 사용되고 있는 직업선호도검사는 홀랜드의 성격검사를 표준화한 것이다.

② 홀랜드의 분류체계

　㉠ 홀랜드의 분류체계는 좀 더 일반적인 이론에 기초하고 있는데, 그것은 6가지 유형의 사람과 6가지 유형에 대응하는 작업환경이 있다는 것이다.

현실적(R)	밖에서 일하거나, 도구를 가지고 일하는 것과 관련된 직업(자동차 기술자, 자동기술자, 조사연구원, 농부, 전기공 등)
탐구적(I)	과학적 활동이나, 추상적 문제해결과 연관된 직업(생명공학기술자, 디자인기술자, 물리학자 등)
예술적(A)	창의성, 작문, 음악, 예술적 능력과 연관된 직업(작가, 인테리어 장식가, 작곡가 등)
사회적(S)	사람들과 어울려 작업하거나 사람들을 돕는 것과 연관된 직업(교사, 상담가, 목회자 등)
진취적(E)	설득, 지도자, 말하는 능력과 연관된 직업(판매원, 기업실무자, 변호사 등)
관습적(C)	숫자, 세부사항, 자료와 연관되어 일하는 직업(사무직 근로자, 은행원, 세무사 등)

　㉡ 이 체계에 따르면 어떤 직업도 순수하게 1가지 유형인 경우는 없고, 대부분의 직업은 그 영향력의 순서에 따라 2~3 가지 문자로 배열되어 있다. 예를 들어 직업상담사는 'SAE'로 입력되었는데, 그것은 이 일이 진취성과 예술요소를 포함한 사회적 직업임을 의미한다.

③ 로의 분류체계 : 로(Roe, 1956)는 2차원 분류체계를 개발하였는데, 수평차원은 활동에 1차적 초점을 둔 것이고, 수직차원은 기능수준(책임감, 능력, 기술 정도)에 초점을 둔 것이다. 구체적으로 수평차원에는 다음의 8가지 영역이 있으며, 수직차원에는 6가지 영역이 있다.

▶ 로의 2차원 직업분류체계 영역 ◀

수평차원(8가지)	수직차원(6가지)
① 서비스 ② 경영 ③ 조직 ④ 기술 ⑤ 외근 ⑥ 과학 ⑦ 전반적 문화 ⑧ 예술 및 연예	① 전문직과 관리직–독립적 책임감 ② 전문직과 관리직–기타 ③ 준전문직과 소사업 ④ 기능직 ⑤ 준기능직 ⑥ 무기능직

⑷ 흥미평가의 제한점 및 유의점

① 제한점
  ㉠ 비공식적 사정기법과 흥미검사지는 흥미와 직업 간의 관계를 나타내는 정보를 산출하지 못한다.
  ㉡ 좀 더 큰 진로결정 모형에서의 과정도 아닌데 흥미사정을 지나치게 강조하는 것은 흥미의 역할을 과잉 강조할 수 있다.
  ㉢ 내담자는 흥미검사지에 대해 마술적 힘을 부여하는 경향을 갖는다.
  ㉣ 흥미는 경험에 의해 제한된다.

② 상담자의 유의점
  ㉠ 자신만의 흥미를 사정하되, 어떤 점이 가장 도움이 되었는지 반문해 보고 부가적인 기법을 만들어낸다.
  ㉡ 위에 제시된 직업분류체계 중 하나를 사용하거나 하나 이상에 의거하여 자신의 흥미목록을 조직화한다.
  ㉢ 2가지의 표준화된 흥미검사를 해 보고, 자신의 검사결과를 검토해 본다. 즉, 그 검사들이 비슷한지, 어떤 문제점이 있는지 조사해 본다.
  ㉣ 흥미사정에 대한 부가적인 생각에 대해 자기보조적 진로계획 작업을 검토하고, 스스로가 내담자가 되어 연습해 본다.
  ㉤ 친구나 동료들의 흥미를 평가한다.
  ㉥ 공식적·비공식적 도구를 모두 사용해서 내담자의 흥미를 평가하거나 사정한다. 내담자와 보다 전문적인 직업상담자에게 피드백을 받는다.

❹ 성격사정하기

⑴ 성격사정의 접근법

성격사정은 자기인식을 증진시키는 데 이용될 수 있고, 또 선호하는 작업역할, 작업기능, 작업환경을 찾아내고 직업 불만족의 원인과 출처를 찾아내는 데 활용될 수 있다.

성격사정에 대해 가장 빈번히 사용되는 2가지 접근법은 홀랜드의 분류체계에 의한 성격사정(스트롱검사, 자기방향탐색검사, 직업선호도검사 등) 방법과 융(Jung)의 유형론을 바탕으로 한 마이어스-브리그스 유형지표(Myers-Briggs Type Indicator, MBTI)이다.

① 홀랜드의 유형 분류를 이용한 성격사정

    ㉠ 홀랜드의 6가지 직업흥미 유형을 서술한 형용사 목록을 체크하게 하여 가장 빈번히 나온 2~3코드에 대한 사정을 할 수 있다.

    ㉡ 내담자가 표현한 흥미, 능력, 작업경험, 학창 시절에 좋아한 주제 등을 분류한 후, 가장 빈번하게 나타난 글자를 찾아보는 것이다.

    ㉢ 홀랜드 코드가 결정된 후에는 직업색인을 통해 본인의 코드와 일치하는 직업들을 찾아보도록 한다.

▶ 홀랜드의 유형 분류 ◀

유형	관련 형용사
현실형(R)	순응적인, 솔직한, 정직한, 겸손한, 유물론적인, 꾸밈없이 순수한, 지구력 있는, 실용적인, 신중한, 수줍어하는, 착실한, 검소한
탐구형(I)	분석적인, 조심스러운, 비판적인, 호기심이 많은, 독립적인, 지적인, 내향적인, 방법론적인, 신중한, 정확한, 합리적인, 말수가 적은
예술형(A)	세련된, 무질서한, 정서적인, 표현적인, 이상적인, 상상력이 풍부한, 실용적이지 못한, 충동적인, 독립적인, 직관적인, 비순응적인, 독창적인
사회형(S)	설득력 있는, 협조적인, 우애가 있는, 관대한, 남을 도와주는, 이상적인, 통찰적인, 친절한, 책임감 있는, 사교적인, 재치 있는, 이해심 있는
진취형(E)	모험적인, 야망이 있는, 관심을 받는, 지배적인, 정열적인, 충동적인, 낙관적인, 재미를 추구하는, 인기 있는, 자기확신적인, 사교적인, 말이 많은
관습형(C)	순응적인, 양심적인, 조심성 있는, 보수적인, 억제하는(삼가는), 복종적인, 질서정연한, 지구력 있는, 실용적인, 자기통제적인(조용한), 상상력이 없는, 능력 있는

② 마이어스-브릭스 유형지표(Myers-Briggs Type Indicator, MBTI)

    ㉠ MBTI의 4가지 양극차원 : 융(Jung)의 유형론을 바탕으로 한 MBTI는 자기보고 식의 강제선택검사이다(Myers & McCaulley, 1985). MBTI는 4개의 양극차원을 따라 응답자들을 분류하는데, 간략히 기술하자면 다음의 각 차원별로 2개의 선호 중 한 부분에 개인을 할당하는 것이다.

세상에 대한 일반적인 태도	외향형	사람과 사건들과 같은 외부세계에 관심이 있음
	내향형	관념과 내적 반응 같은 내부세계에 관심이 있음
지각적인 또는 정보수집적인 과정	감각형	정보를 오감을 통해 수집하고 사실과 자료에 초점을 맞춤
	직관형	직관을 거친 개연성과 육감에 초점을 맞춤

사정 또는 판단 과정	사고형	논리와 이성에 의거하여 정보를 사정
	감정형	개인의 가치에 따라 다른 사람에 대한 영향을 고려하면서 사정
생활양식 (행동)	판단형	일을 종결하기 위해서 신속하고 확고한 의사결정을 함
	지각형	정보를 더 수집하기 위해 의사결정을 미룸

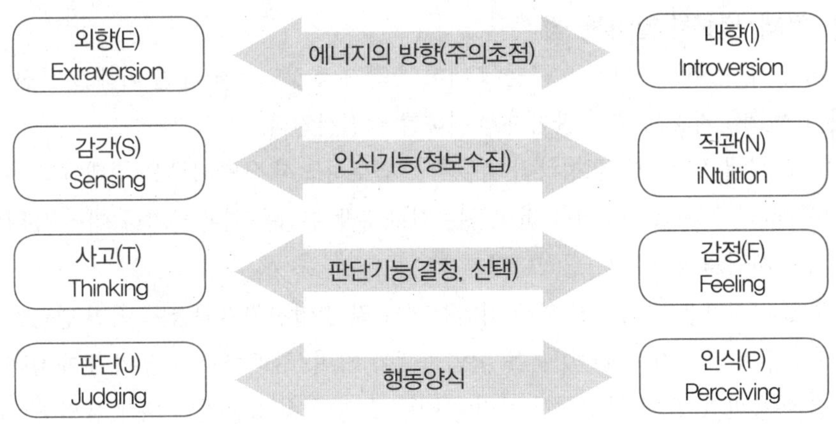

ⓒ MBTI 성격 유형과 직업 : 유형이론은 자신의 작업과 관련된 지치고 부적절한 느낌이 곧 직업과 잘못 연결되었다는 표시가 된다고 보았는데, 이것은 자신이 덜 좋아하는 기능을 사용하면 피로를 더 느끼게 되기 때문이다. 예를 들어 혼자 있는 시간과 개인적인 작업환경을 선호하는 사람(내향형)이 많은 사람을 만나야 하는 영업직이나 서비스직에 종사하게 될 경우, 외부환경과 다양한 관계 속에서 에너지를 얻을 수 있는 외향형에 비해 그 직업환경에서 강한 부적절감을 느낄 것이다.

ⓒ MBTI의 용도

- 현재의 직업불만족의 이유들을 탐색할 수 있다.
- 내담자를 도와 직업대안들을 창출하고 양립할 수 있는 적합한 작업 장면들을 탐색하는 데 활용할 수 있다.
- 구체적인 직업들에 대한 제시가 가능한 흥미검사와 특정 직업에 대한 가능성을 제시해 주는 MBTI를 함께 사용할 경우 보다 유용한 정보를 얻을 수 있다.

(2) 성격사정의 목표 및 제한점

① 성격사정의 목표

ㄱ 자기인식을 증진시킬 수 있다.

ㄴ 좋아하는 일, 역할, 작업기능, 작업환경을 확인할 수 있다.

ㄷ 작업불만족의 근원을 확인할 수 있다.

② 성격사정의 한계

ㄱ 직종이 다양한 종류의 성격을 폭넓게 수용하고 있으므로, 성격검사들을 사용한다 해도 성격

과 직업 간의 직접적인 관련성을 보여주는 정보를 얻는 것은 아니다. 따라서 상담자는 이런 직접적인 관련성을 주장하는 검사들에 대해 의혹을 가져야만 한다.

ⓒ 적응을 잘하고 있는 정상인들을 측정하려는 의도로 고안되었음에도 불구하고, 몇몇 성격검사들은 때로 내담자가 보기에 부정적으로 보이는 척도들을 포함하고 있다. 따라서 상담자는 검사자를 선정하고 해석할 때 이런 가능성에 반드시 민감하게 대처해야만 한다.

(3) 진로 관련 문제사정 시 알아둘 점

① 검사도구, 검사지, 비표준화된 도구들에 대하여 각각의 장단점에 대한 이해를 발전시킨다.

② 정상 및 비정상적 기능에 대해 완벽하게 이해를 발전시킨다.

③ 시간을 두고 실제로 자신에게 정확히 맞는지를 검토하면서 상담이론을 채택하고 이용한다.

④ 대학, 교육센터, 고등학교 등에서 전개하는 진로개발 수업을 참관하거나 여러 유형의 진로 관련 문제를 가진 사람들의 얘기를 경청한다.

⑤ 경험하고 있는 문제를 알아보기 위해 직업선택자 및 직업전환자와 심층적인 면담을 한다.

⑥ 최소한 2가지 이상의 진로발달이론을 섭렵하여야 하며, 사례별로 고유의 문제점을 사정하기 위해 이론을 이용한다. 또한 사정에서 어떤 차이를 발견할 수 있는지에 대해 유의하도록 한다.

⑦ 훌륭한 경청기술을 갖고 있다는 확신을 주기 위해 면담행동에 대해 피드백을 준다.

⑧ 가능한 한 직업상담자료를 많이 읽는다.

⑨ 직업상담은 자신보다 더 전문적인 지식을 가진 상담자에게 방향 등을 협의하면서 시작한다. 상담자의 직업상담전략에 대한 내담자의 반응을 결정하기 위해서는 상담자가 전문상담자에게 내담자와의 대화내용을 검토해 보아야 한다.

Section 04　목표설정 및 진로시간전망

❶ 목표설정의 의미 및 특성

(1) 목표설정의 의의 및 특성

① 목표설정의 의의 : 직업상담에 있어서 목적은 상담의 결과로서 추구되는 것을 뜻하며, 직업상담의 목표는 상담의 방향을 제시해 주는 것이다. 상담의 전반적인 목표는 내담자와 내담자 사이의 대화와 욕구들에 의해 결정되지만, 상담자의 개입이 필요한 이유는 내담자가 명확하고 구체적인 목표를 설정하도록 돕기 때문이다. 그러므로 목표설정은 내담자와 상담자 간의 협조적 과정이라고 할 수 있다.

② 목표설정의 이용 : 목표의 설정은 다음과 같이 3가지 측면에서 주로 이용된다.

ⓐ 상담의 방향을 제공하기 위해

ⓑ 상담전략 선택 및 개입에 대한 기초 마련을 위해

ⓒ 상담결과를 평가하는 기초로 제공되기 위해

③ 내담자 목표의 특성

　㉠ 목표들은 구체적이어야 한다 : 예를 들어 "내 인생에서 뭔가 다른 것을 하고 싶어요"라는 목표는 상담과정을 이끌어나가기에는 너무 모호하다. 반면 "6개월 안에 다른 직업을 찾고 싶어요"라는 목표는 상담의 초점에 대한 초기 아이디어를 제공하기에 충분히 구체적이다.

　㉡ 목표들은 실현 가능해야 한다 : 실현 가능하거나 성취 가능한 목표는 내담자가 목표달성에 필요한 시간, 에너지, 능력, 자원을 가지고 있음을 의미한다. 이러한 실현 가능한 목표는 내담자가 목표를 통제할 수 있음을 의미하는데, 이 목표는 다른 것들과의 타협이 필요하다. 목표들은 실현 가능해야 하지만 상담자는 내담자의 가능성을 과대·과소 추정하지 않도록 조심해야만 한다. 동기화가 높은 개인은 목표달성이 불가능할 것처럼 보이는 목표에도 도달할 수 있다.

　㉢ 목표들은 내담자가 원하고 바라는 것이어야 한다 : '해야만 하는 것' 또는 타인의 기대를 반영하는 목표들은 내담자의 동기를 저해한다. 그러나 때때로 내담자들은 그들이 통제하기 어렵다고 믿는 상황 때문에 어떤 목표들을 달성해야만 한다고 느낀다. 예를 들면, 집을 장만하고 싶은 남자는 그가 현재 다니고 있는 직장에 만족하고 있음에도 불구하고 더 높은 수입이 보장되는 직업을 찾아야만 한다고 믿는다.

　㉣ 내담자의 목표는 상담자의 기술과 양립이 가능해야만 한다 : 때때로 개인은 직업소개소 또는 직업훈련원과 같이 또 다른 종류의 서비스 기관을 필요로 할 때 직업상담원을 찾을 수 있다. 또 다른 예로, 같은 일을 하는 부부가 이직문제로 갈등하는 경우를 다루는 부부치료, 또는 성격장애가 적절한 직업수행을 악화하는 경우를 다루는 집중적인 정신역동치료와 같이 어떤 개인은 직업상담원의 능력 이상의 도움을 필요로 할지도 모른다. 이러한 경우에는 다른 곳으로 의뢰하는 것이 필요할 것이다.

(2) 내담자의 목표 확인하기

① 내담자의 결과목표 결정 : 직업상담을 하러 오게 된 이유에 대한 내담자의 최초 진술은 내담자가 상담하기를 원하는 목표 또는 문제에 관한 가장 중요한 단서들 중의 하나이다. 일단 현존하는 문제가 어느 정도 깊은 수준까지 평가되고 직업상담이 적절한 개입임이 결정되면 상담자는 초기 목표설정과정으로 이동할 수 있다.

② 목표의 실현 가능성 결정하기 : 일단 전반적인 목표가 설정되면 목표의 실현 가능성은 내담자와 함께 탐색되어야 하는데, 앞에서 언급한 것처럼 목표의 실현 가능성은 나의 시간, 에너지, 능력, 자원과 관계된 현실성과 내담자가 그 상황을 통제할 수 있는 정도를 함께 고려해야 한다.

③ 하위목표 설정 : 일단 전반적인 목표가 결정되면, 하위목표를 확인함으로써 그 목표에 대한 안내지도를 확립하는 것이 중요하다. 상담자가 자신의 마음속에 그런 지도를 구성한다고 할지라도, 그들은 때때로 이러한 지도에 대하여 내담자와 공유하는 데 실패할 수 있으며, 이러한 생각이 상담자를 실망시킬 수도 있다.

④ 목표설정을 위해 상담자가 유의할 점
    ㉠ 상담자가 성취하고자 하는 목표를 구체화하고, 구체적인 용어로 목표를 진술한다. 그런 후에 목표에 도달하는 데 관여되는 단계나 하위목표를 결정한다.
    ㉡ 직업상담 사례를 읽어보고, 내담자의 목표와 하위목표를 기록해 본다. 또한 전문 직업상담자나 지도자에게 피드백을 요청한다.
    ㉢ 상담자가 현장에서 활동하고 있거나 경험이 있다면 내담자가 목표설정과정을 거치도록 한다. 그리고 상담자는 전문 직업상담자에게 피드백을 받는다.

❷ 진로시간전망의 의미

(1) 진로시간전망의 의의

진로시간전망이란 과거, 현재, 미래의 정신적인 상을 의미하는 것으로, 진로에 대한 시간전망 개입은 미래에 대한 내담자의 관심을 증가시키고 현재의 행동을 미래의 목표에 연결시키는 것이어야 한다. 내담자에게 미래에 초점을 맞추고 그들의 미래를 설계할 수 있도록 가르치는 것은 진로선택과 조정에 필요한 계획태도와 기술을 발달시킨다.

(2) 진로계획

① 객관적 진로와 주관적 진로 : 객관적 진로란 지위와 명백히 정의된 사무로 구성되며, 주관적 진로는 자신의 인생을 전체로 보는 사람이 다양한 속성, 행동, 자신에게 일어날 일들의 의미로 해석하는 동적인 관점이다. 여기서 개인의 객관적 진로는 자신의 인생주기 동안 가졌던 일련의 지위로 구성되기 때문에 외적으로 관찰이 가능한 반면, 개인의 주관적 진로는 직업의 과거, 현재, 미래에 대한 생각으로 구성되기 때문에 외적으로 관찰 가능한 것이 아니다. 누구나가 객관적 진로를 가지고 있지만 누구나가 주관적 진로를 가지는 것은 아니다.

② 시간차원에 따른 진로결정
    ㉠ 미래에 초점을 둔 진로결정 : 진로결정의 초점이 미래에 맞춰져 있는 사람들은 미래에 가장 좋을 것이 무엇인지에 기초해서 선택을 한다. 이들은 미래에 대한 불안을 감소시키기 위해 학교에서 열심히 공부하고 직업계획을 세우면서 내일을 준비하며, 미래의 직업을 설계하는 하나의 방법으로 직업상담을 하게 되는데, 전형적인 진로개입에서는 이러한 내담자들에게 자기효능감을 증진시키는 힘을 부여하고, 의사결정기법을 사용하며, 진로계획을 구성하도록 한다.
    ㉡ 과거에 초점을 둔 진로결정 : 진로결정의 초점이 과거에 맞춰져 있는 사람들은 가족의 전통에 맞는 직업을 찾는 것에 대해 더 많이 걱정한다. 이들은 미래를 과거의 반복으로 보며 일단 타인에 의해 자신의 역할이 결정되면 스스로 그 역할을 수행한다. 이들은 전형적으로 직업선택에 대한 직업상담을 구하지 않으며, 직업상담을 요청한다고 해도 보통 세습된 목표를 성취하기 위한 계획을 세우는 데에 도움을 청하거나 목표달성에 방해물이 되는 문제점들을 해결하기 위한 도움을 원한다.

ⓒ 현재에 초점을 둔 진로결정 : 현재에 초점을 맞춰 진로를 결정하는 사람들은 음식이나 주거공간과 같은 생존적인 문제나 당장 필요한 돈과 단기적 만족을 제공하는 오락에 더 관심을 가지고 있다. 현재에 고착된 사람들에게 미래는 흥미가 되지 못한다. 현재 지향적 사람들은 미래를 논의하기 위해 직업상담을 찾는 경우가 매우 드물며, 이들이 직업상담을 찾는다면 지금 당장 직업이 필요해서이다.

③ 미래 지향적 시간전망 개입 : 직업상담자는 미래를 지향하고 있는 내담자들을 가르치기 위해 시간전망 개입을 사용할 수 있다. 과거를 지향하는 내담자들은 미래가 과거의 반복일 필요가 없다는 점을 배울 수 있을 것이며, 미래를 지향하는 내담자는 기대사건을 통해 그것을 가정하면서 미래를 더욱 의미 있게 하는 법을 배울 수 있을 것이다.

(3) 진로시간전망에 대한 검사(원형검사, The circles test)

진로시간전망 검사 중에서 특히 효과적인 시간전망 개입은 코틀(Cottle, 1967)의 원형검사이다. 원형검사를 받을 때 사람들은 3가지 원을 그리게 되는데, 그 원들은 각각 과거, 현재, 미래를 의미한다. 여기서 원의 크기는 시간차원에 대한 상대적 친밀감을 나타내고, 원의 배치는 시간차원이 각각 어떻게 연관되어 있는지를 나타낸다. 그리고 상담자는 시간적인 지배성과 연관성을 평가하고, 개인 또는 집단의 시간전망을 향상시키기 위해서 원형검사를 사용할 수 있다. 원형검사에 기초한 시간전망 개입은 시간에 대한 심리적 경험의 3가지 측면에 반응하는 3가지 국면으로 나뉘는데, 즉 방향성, 변별성, 통합성이 그것이다.

(4) 진로시간전망 검사지의 사용 목적

① 미래의 방향을 이끌어내기 위해서
② 미래에 대한 희망을 심어주기 위해서
③ 미래가 실제인 것처럼 느끼도록 하기 위해서
④ 계획에 대해 긍정적 태도를 강화하기 위해서
⑤ 목표설정을 촉구하기 위해서
⑥ 현재의 행동을 미래의 결과와 연계시키기 위해서
⑦ 계획기술을 연습하기 위해서
⑧ 진로의식을 높이기 위해서

(5) 시간전망 개입

① 내담자 스스로 자신의 시간전망을 평가하고 실행해 본 후 친구나 동료와 함께 그 결과를 논의해 보게 한다.
② 내담자에게 개입하기 전에 상담자나 학생들에게 시간전망 개입을 실시하고 이 개입(프로그램)과 당신의 개입방식에 대해 솔직한 피드백을 얻는다.
③ 내담자가 일하는 기관의 조직문화에서의 시간전망을 파악하고, 이것이 내담자의 일상적인 행동과 진로계획에 어떤 영향을 미치는지 고려해 본다.

④ 앞의 논의가 포함된 참고문헌을 읽고 시간의 심리학에 대해서 공부한다.

⑤ 미래에 관한 책을 읽음으로써 시간의 철학적·역사적·사회적 의미에 대해서 공부한다.

 내담자의 인지적 명확성 사정

❶ 면담의존 사정과 사정 시의 가정

(1) 면담의존 사정의 개요

① 사정의 개요

  ㉠ 직업상담에서의 사정은 사람들이 기능하는 방식을 상담자가 제대로 지각하도록 하는 것보다는 내담자의 기능을 심층적으로 탐색하는 것이 더 중요하다. 예를 들어 상담자가 정보 불충분이 모든 직업상담 관련 문제의 원인이라고 생각한다면, 면담행동은 단지 내담자가 자기 자신과 진로에 대해 무엇을 알고 모르는지에만 초점을 맞추게 될 것이다. 그리고 그 결과 진로선택이나 직업적응과 연관된 많은 요인들은 간과될 것이다.

  ㉡ 내담자의 관심사를 사정하는 과정은 상담자가 인지적 명확성, 직업문제, 다른 생애역할과 일과의 상호작용, 상담관계 내에서의 문제들을 동시에 검토하는 역동적인 것이다.

② 내담자의 자기진단에 대한 다양한 면담전략

  ㉠ 사정은 전형적으로 내담자의 자기진단에서 시작하는 것으로, 드러난 문제를 통해 내담자가 상담자에게 자신을 노출시키는 것을 말한다.

  ㉡ 내담자가 자기진단을 했다면, 직업상담자는 그들의 진단에서 알아낼 수 있는 정보에 기초해서 다양한 전략을 세울 것이다. 이러한 면담전략은 전형적으로 그 사람이 진로 관련 문제를 겪게 된 이유에 대한 직업상담자의 이론적 관점에 근거한다. 예를 들면 특성요인 상담자는 직업문제가 정보결여와 연관되어 있다고 가정했을 때, 자기와 직업세계에 대하여 내담자가 가진 정보에 어떤 것이 결여되어 있는지를 가늠해 내려고 할 것이다.

  ㉢ 상담을 하는 동안 직업상담자는 내담자의 문제의 원인과 관련된 가설을 세우기도 하고 버리기도 한다.

③ 직업상담과 상담자의 역할 : 직업상담은 문제를 진단하는 것뿐만 아니라, 목표를 설정하고, 목표에 도달하기 위한 개입방법을 선택하며, 목표가 도달되었는지를 사정하는 것을 포함한다. 따라서 직업상담자는 직업을 선택하거나 전환하기 위한 목표를 설정하기 전에 인지적 명확성과 동기라는 2가지 사항에 대해 진단과 개입을 해야 한다.

(2) 면담의존 사정 시의 가정

① 사정 시의 가정

  ㉠ 내담자가 심리적 문제를 경험하고 있다면 직업선택과 적응결정을 적절하게 할 수 없다.

ⓛ 직업상담과정을 완수하려면 내담자의 동기가 꼭 필요하다.

ⓒ 내담자의 작업자 역할은 다른 생애역할들과 복잡하게 얽혀 있다.

ⓔ 신규 직업선택과 직업전환, 직업적응하는 중인 내담자는 각기 사정과정이 조금씩 다르다.

② 직업전환자에 대한 부가적 사정

　ⓐ 심리적 문제에 대한 사정 : 우울, 스트레스, 만성두통, 심장질환 등

　ⓛ 역할 내 일치성과 역할 간 상호작용의 사정 : 직업역할에 있어서 역할 내 불일치, 다른 생애역할과의 부정적 영향 등

　ⓒ 직업전환 내담자에 대한 여러 가지 고려사항 : 직업전환에 필요한 기술이 있는지, 주위사람들이 변화(소득감소 등)에 협조할 수 있는지 등

(3) 면담의 몇 가지 유형

① 잘못된 면담 유형 : 상담자가 단답식 질문을 하면 내담자가 이에 맞추어 대답하는 상담방법이며, 이는 상담자나 내담자 모두 준비가 안 된 상태임을 의미한다.

② 좋은 면담 유형 : 이 면담에서 상담자는 일반적으로 대화를 이끌며 개방식 질문을 사용하여 대답하도록 자극을 제공하고, 내담자는 직업상담과정을 진전시키는 데 필요한 정보를 제공한다.

③ 비협조적·협조적 면담 유형 : 상담자는 자칫 전문가라고 생각하여 내담자의 동의 없이 예측을 하는 경우가 있다. 그러나 상담자가 전문가적인 입장에서 내담자와 협조하는 역할을 설정할 수는 있다. 이러한 협조적 관계가 내담자에게는 외부상황에서 힘을 갖게 하므로 더 효과적이다.

④ 왜곡되거나 반항적이거나 우유부단한 내담자와의 면담 유형 : 내담자는 매우 다양한 태도로 면담에 응하는데, 이 유형의 면담법은 이미 그 직업에 대하여 왜곡된 정보를 가지고 있는 내담자, 상담자나 상담과정에 대해 반항적인 내담자, 자기 자신에 대한 이해에 있어 우유부단한 내담자의 경우에 해당되는 것이다.

❷ 사정과 가설발달의 의미

(1) 인지적 명확성의 정의

인지적 명확성이란 자기 자신의 강점과 약점을 객관적으로 평가하고, 그 평가를 환경상황에 연관시킬 수 있는 능력으로 정의된다. 인지적 명확성이 부족한 사람은 어떤 잘못된 논리체계에 사로잡혀 자기 자신을 잘 이해하지 못하고 환경에 제대로 적응하지 못하는 사람이다. 인지적 명확성의 결여는 정신건강문제에 기인한다.

(2) 인지적 명확성의 문제

① 인지적 명확성의 문제에는 정보결핍, 고정관념, 경미한 정신건강의 문제, 심각한 정신건강의 문제, 그리고 기타 외적 요인(사별, 불화, 일시적·장기적 스트레스) 등의 5가지 요인이 있다. 정보결핍이나 고정관념에 문제가 있는 경우에는 곧바로 직접 실시할 수 있으나, 경미한 정신건강의 문제나 심각한 정신건강의 문제, 또는 외부요인으로부터의 심적 스트레스로 인한 인지적 명확성이 결핍

된 경우에는 심리치료 등 다른 치료기법을 사용한 후에 직업상담을 실시한다.

㉠ 정보결핍 : 왜곡된 정보에 집착하거나(자신과 직업에 대한 지식부족), 정보분석능력이 보통 이하인 경우, 변별력이 낮은 경우 등이다.

㉡ 고정관념 : 경험부족에서 오는 고정관념, 편협한 가치관(종교문제 등), 낮은 자기효능감, 의무감에 의한 집착성을 보이는 경우 등이다.

㉢ 경미한 정신건강의 문제 : 잘못된 결정방법이 진지한 결정방법을 방해하는 경우, 낮은 효능감, 비논리적 사고, 공포증, 말더듬 증상을 보이는 경우이다.

㉣ 심각한 정신건강의 문제 : 심각하게 손상된 정신건강(만성정신분열증, 정동장애-우울증, 조울증), 약물남용장애 등이다.

㉤ 기타 외적 요인 : 일시적 위기(사별, 이혼, 불화), 일시적 또는 장기적 스트레스로 인해 직업문제에 집중하는 데 어려움을 겪는 경우이다.

② 인지적 명확성이 부족한 내담자의 유형과 면담에서의 개입

내담자 유형	상담자의 개입
단순 오정보	정보제공
복잡한 오정보	논리적 분석, 잘못된 논리체계의 재구성
구체성의 결여	구체화시키기
가정된 불가능/불가피성	논리적 분석, 격려
원인과 결과 착오	논리적 분석
파행적 의사소통	저항에 다시 초점 맞추기
강박적, 양면적 사고	RET 기법
걸러내기(좋다, 나쁘다만 듣는 경우)	재구조화(지각 바꾸기), 역설적 기법(긍정적 측면을 강조)
순교자형	논리적 분석
비난하기	직면, 논리적 분석
잘못된 의사결정	불안에 대처하기, 의사결정 돕기
자기인식의 부족	은유나 비유
높고 도달할 수 없는 기준에 기인한 낮은 자긍심	비합리적 신념에 논박하기
무력감	지시적 상상
고정성	정보제공, 가정에 도전하기
미래시간에 대한 미계획	정보제공
실업충격완화하기	실업충격완화 프로그램 제공하기

③ 개입의 몇 가지 사례 : 여기서 제시하는 사례들이 인지적 명확성의 결여로 보이는 언어목록의 전부는 아니며, 제시된 개입의 목록 또한 이러한 관심사에 대처하기 위해 상담자들이 이용하는 접근법만을 사용한 것은 아니다.

㉠ 단순 오정보(정보제공)

> 내담자 : 그 대학은 부자들만 갈 수 있어요. 그러니까 어쨌든 난 거기 가고 싶지 않아요. 거긴 속물들만 있어요. 그들 대부분이 서울에서도 강남 출신이고, 나는 그 대학엔 갈 수가 없어요.
> 상담자 : 학생은 그 대학에 대해 아주 부정적인 감정을 가지고 있군요. 그런데 그 대학은 학교운영을 매우 잘하고 있지요. 과거엔 강남 출신 학생들이 많았는데, 점차 바뀌고 있어요. 그 대학의 학생을 보면, 서울 출신이 전체의 23%인데 이 중에 강남 출신은 1.1%밖에 안 되는데요.

㉡ 구체성의 결여(구체화시키기)

> 내담자 : 사람들이 요즘은 좋은 교사직을 얻기가 힘들다고들 해요.
> 상담자 : 어떤 사람들을 말하는지 모르겠네요.
> 내담자 : 모두 다예요. 제가 상의할 수 있는 상담자, 교수님들, 심지어는 교사인 친척들까지도요.
> 상담자 : 그래요? 그럼 사실이 어떤지 알아보도록 하죠.

㉢ 가정된 불가능/불가피성(논리적 분석과 격려)

> 내담자 : 난 의대를 마칠 수 없을 것 같아요.
> 상담자 : 학생의 성적은 상당히 우수한 걸로 아는데요.
> 내담자 : 하지만 단념했어요. 내 친구 상철이는 의대 상급생인데 성적 때문에 그만뒀어요.
> 상담자 : 학생은 의대에서 실패할 거라고 확신하고 있군요. 그 이유 중 하나는 학생의 친구 상철이가 그랬었기 때문이고요. 그러면 학생과 상철이의 공통점을 알아보기로 하죠.

㉣ 파행적 의사소통(저항에 다시 초점 맞추기)

> 상담자 : 제가 내준 과제를 하는 데 많은 어려움이 있다고 하셨지요. 선생님이 하시는 일을 조절하는 데에 제가 전화를 하면 도움이 될지 모르겠네요.
> 내담자 : 그거 괜찮은 생각인 것 같네요. 제가 작업을 하는 데에 어떤 문제가 있을 수 있다는 걸 아셨어요? 그리고 오늘 저는 새 차를 하나 보아둔 것이 있어요. 그 생각만 하면 즐거워져요.
> 상담자 : 직업문제가 선생님의 주요 관심사인 것 같은데요. 제가 제안을 할 때마다 선생님은 그걸 거부하시는 것 같아요. 선생님은 문제가 해결됐다고 생각할 때 어떤 느낌이 드는지 말씀해 보시겠어요?

㉤ 강박적 사고(RET 기법)

> 내담자 : 전 변호사가 될 거예요. 우리 아빠도 변호사고, 할아버지도 변호사고, 제 형들도 모두 변호사예요.
> 상담자 : 학생은 변호사가 될 거라고 확신하고 있네요.
> 내담자 : 예, 물론이에요.
> 상담자 : 변호사가 안 된다면 어떤 일이 벌어질까요?
> 내담자 : 모든 것이 엉망이 될 거예요. 끔찍할 거예요.
> 상담자 : 다시 말해서, 학생은 학생이 하길 바라는 것을 하지 못했을 때 끔찍하게 느끼는군요. 그럼 ABC 기법에 맞춰서 얘기해 보도록 하죠.

① 비합리적 사고 명확히 하기
  • 내가 원하는 대로 되어야 한다.
  • 내가 기분이 엉망이라면, 그건 화가 많이 난 것이다.
  • 난 가치가 없는 인간이다. 존경 받을 구석이 없다.
② ABC 모형 설명하기
  • A : 선행사건(입사신청이 거절당함, 승진이 좌절됨 등)
  • B : 비합리적 사고(난 가치가 없다)
  • C : 정서적 · 행동적 결과

③ A 때문이 아니라 B 때문에 기분이 나빠졌는데 A 때문이라고 믿고 있다는 것을 알려준다.
  • 자신의 신념 때문에 기분이 나빠질 것이다.
  • 대안적 신념의 모형을 찾는다.
  • 신념에 도전한다.
  • 변화에 개입할 것을 요구한다.

ⓗ 높고 도달할 수 없는 기준에 의한 낮은 자긍심(비합리적 신념에 대해-역설적 기법/상상)

내담자 : 난 잘하고는 있지만, 충분한 것 같지 않아서 항상 기분이 안 좋아요. 난 더 잘할 수 있다고 생각해요. 사람들은 내가 잘했다고 말하지만, 난 내가 한 일이 정말 잘한 것은 아니라는 걸 알아요.
상담자 : 선생님은 완전해지길 바라는 것처럼 들리네요. 완벽하지 않다면 정말 끔찍한 일인 것처럼 말이에요.
내담자 : 무슨 뜻인가요?
상담자 : 음, 선생님은 만족하지 못한다는 거예요. 완벽하길 바라는 것이 합리적일까요? 선생님의 성취에 대해서 자기 자신을 믿을 필요가 있다는 것에 동의하시나요?
내담자 : 예, 정말 일을 잘한다면요.
상담자 : 좋아요, 우리가 다시 만날 때까지 이 생각을 계속하고 계세요. "난 내가 하는 모든 일에서 완벽해야 한다."
내담자 : 그건 좀 선생님께서 이야기한 것과 반대되는 것 같은데요.
상담자 : 다음 시간에 그 이유에 대해 얘기해 보죠. 지금은 그냥 그 생각만 하시면 돼요. 명심하세요. "난 완벽해야만 한다."

Section 06 — 내담자의 정보 및 행동에 대한 이해

❶ 내담자의 정보 및 행동에 대한 이해기법

(1) 내담자의 정보 및 행동에 대한 이해의 필요성

직업상담에서 중요한 과제는 상담자와 내담자의 관계 및 책임이 성립되기 시작할 때 내담자의 목표와 문제를 명백하게 구체화하는 데 도움을 주는 내담자 정보와 환경적 정보를 수집하는 일이다. 그러한 과정에서 내담자들이 자신의 진로계획이나 직업결정에 대해 근거 없는 믿음, 성격 역동적 변덕, 동기적 문제, 왜곡된 사고 등이 직업상담에 있어서의 가장 좋은 도구와 기법의 진행을 방해하는 것들이다. 따라서 직업상담의 효과를 높이기 위해서 그러한 내담자와 상담을 진행하기 전에 이 문제들을 어떻게 처리할 것인가에 관한 기법을 먼저 체득하여야 한다.

(2) 내담자의 정보 및 행동에 대한 이해기법

내담자와 관련된 정보를 수집하고 내담자의 행동을 이해하고 해석하는 데 기본이 되는 기즈버스와 무어(Gysbers & Moore, 1987)의 9가지 상담기법은 다음과 같다.

① 가정 사용하기 : 가정의 사용법은 상담자가 내담자에게 그러한 행동이 이미 존재했다는 것을 가정하여 내담자의 행동을 추측하려는 방법이다.

가정을 사용하지 않은 예	• 당신은 일이 마음에 듭니까? • 당신의 상사는 어때요?
가정을 사용한 예	• 당신의 직업에서 마음에 드는 것은 어떤 것들입니까? • 당신의 직업에서 좋아하지 않는 것은 무엇입니까? • 어떤 사람이 상사가 되었으면 좋겠어요? • 당신의 상사는 어떤 일을 해서 미움을 받습니까?

② 의미 있는 질문 및 지시 사용하기 : 의미 있는 질문과 지시는 ⊙ 공손한 명령의 의미를 담거나(당신이 특별히 좋아하는 것이 있으면 말씀해 주겠어요?), ⓒ 대답을 원하지 않으면서도 내담자의 주의를 요하는 질문(이게 맞는 건지 잘 모르겠네요, 이 직업이 쉬운 건지 어려운 건지 잘 모르겠어요), ⓒ 언제, 어떻게 반응할지 대답의 범위를 광범위하게 개방시키고 있는 것(어떻게 생각해야 할지 이해가 잘 가지 않는군요. 잘 모르겠어요. 제가 좀 더 확실하게 이해할 수 있도록 도와주겠어요?) 등으로 내담자는 이러한 질문에 대해 대답하기보다는 스스로에 대해 변호하는 방식을 취할 수 있기 때문에 명령하거나 강제적인 것보다 대답하기에 더 편리함을 느낀다.

③ 전이된 오류 정정하기 : 직업상담에서는 전이된 오류가 자주 발생하고 있는데, 정보의 오류, 한계의 오류, 논리적 오류가 그것이다.

⊙ 정보의 오류 : 내담자가 실제의 경험과 행동을 이야기함에 있어서 대강대강 이야기할 때 나타나는 오류이다. 내담자들은 자신이 직업세계에 대해서 충분한 정보를 알고 있다고 잘못 생각하는 경우가 많다. 이러한 경우 보충물음을 하거나 되물음으로써 잘못을 인식시켜주어야 한다. 이러한 잘못은 삭제, 불확실한 인물의 인용, 불분명한 동사의 사용, 참고자료, 어투의 사용 등으로 일어난다.

종류	특징	내담자의 진술	상담자의 대응
삭제	중요한 부분이 빠져 있는 경우	• 내 생각이 옳아요. • 내 상사가 그러는데 나는 책임감이 없대요.	• 무엇에 대한 생각 말인가요? • 무엇에 비해서 옳다는 거죠? • 무엇에 대한 책임감을 말하는 거죠?
불확실한 인물의 사용	명사나 대명사를 잘못 사용한 경우	• 사람들은 나를 의기소침하게 만들지요. • 나는 대응할 수가 없어요.	• 누가 특히 더 그렇지요? • 무엇에 대응한단 말인가요? • 누구에게 대응한단 말인가요?
불분명한 동사의 사용	모호한 동사를 사용한 경우	• 상관이 나를 무시해요. • 내가 결정을 내리는 데 방해를 받고 있죠.	• 특히 어떤 점에서 무시한다는 생각이 드나요? • 어떻게 방해를 받고 있죠?

종류	특징	내담자의 진술		상담자의 대응
참고자료	사람이나, 장소, 사건 등을 구체적으로 이야기하지 않는 경우	• 모르겠어요(모르는 것). • 혼란스러워요(혼란스러운 것).		• 무엇을 모르겠다는 거죠? 예를 들면? • 무엇이 혼란스럽다는 거죠?
	자신의 세계를 제한하는 어투의 사용	불가능	• 할 수 없어요. • 안 돼요.	• 무엇이 못하게 하는 거죠? • 만약 한다면 어떻게 되나요?
		필수	• 해야만 해요. • 해야 해요. 다른 방법이 없어요.	• 만일 안 하면 어떻게 되나요? • 만일 하지 않는다면?

ⓛ 한계의 오류 : 내담자가 경험이나 느낌의 한정된 정보만을 노출시킬 때 생기는 오류이다. 경험을 통한 관점만을 보기 때문에 제한된 기회·및 선택에 대한 견해를 갖고 있는 내담자는 예외를 인정하지 않거나, 불가능을 가정하거나, 어쩔 수 없음을 가정한다.

종류	특징	상담자의 대응
예외를 인정하지 않는 것	'항상, 절대로, 모두, 아무도'와 같은 말을 자주 사용하는 경우	"항상 그러하다는 말입니까?" "매번 한 가지 경우만 합니까?"
불가능을 가정하는 것	'할 수 없다. 안 된다. 해서는 안 된다' 등의 용어를 사용하면서 변화에 대한 자신의 능력에 한계를 짓는 경우	"당신은 사장님과 대화하는 방법을 찾지 못한 것이겠죠." "사장님과 별로 얘기할 필요가 없다는 거지요."
어쩔 수 없음을 가정하는 것	'해야만 한다, 필요하다, 된다, 선택의 여지가 없다, 강요되다, 하지 않으면 안 된다' 등의 용어를 사용하는 경우	"당신은 아무런 선택도 하지 않는다는 것을 이미 선택했어요. 따라서 선택의 여지가 없다는 것은 선택의 폭이 많다는 것을 의미하지요."

ⓒ 논리적 오류 : 내담자가 상담과정을 왜곡되게 생각하고 있을 때 나타나는 오류이다. 내담자가 논리적인 관계에 맞지 않는 진술을 함으로써 의사소통까지 방해하는 경우로, 잘못된 인간관계 오류, 마음의 해석, 제한된 일반화 등이 있다.

종류	특징	내담자의 진술	상담자의 대응
잘못된 인간관계 오류	자신이 선택이나 통제에 대해 전혀 상관치 않고 책임감이 없다는 식으로 생각하는 경우	"사장님이 나를 엉망진창으로 만들었어요."	"사장님이 어떤 식으로 당신의 기분을 상하게 했죠? 구체적으로 말해 보세요."
마음의 해석	다른 사람의 경험에 대해 직접 의사소통을 해 보지도 않고 그 사람의 마음을 읽을 수 있다고 자신하는 사람의 경우	"나의 상사는 나와 함께 일하는 데 불편을 느끼죠."	"그 사실을 어떻게 그렇게 잘 알죠?"
제한된 일반화	마치 한 사람의 견해가 모든 사람에게 공유된다는 개인의 생각에서 비롯되는 경우	"당신의 느낌에 대해서 이야기하는 것은 아주 좋은 생각이다."	"누구에게 좋은 생각이란 말입니까?"

④ 분류 및 재구성하기

　㉠ 내담자의 표현을 분류하고 재구성해 주면 내담자가 자신의 세계를 다른 각도에서 바라볼 수 있는 기회를 갖게 해 준다. 내담자의 경험을 끄집어내는 것을 도와주고 그러한 경험의 중요성을 새로운 언어로 구사함으로써 주의 깊게 경험을 이끌어내는 데 도움을 준다.

　㉡ 분류 및 재구성하기의 효과적인 기법은 역설적 의도이며, 특히 내담자가 연설할 때나 수행불안(구직면접시험 불안)인 경우, 그리고 예기된 불안이 있는 행동을 할 때에 도움을 줄 수 있다. 역설적 의도의 기법은 파괴적 행동 형태를 없애는 데 사용되며, 내담자들의 행동을 유사한 행동, 즉 긍정적 결과의 행동으로 치환할 수 있다.

　㉢ 예를 들면, 내담자가 훌륭한 엄마가 되어 어린이를 돌보고 싶다고 말하면, 사람들을 돌보고 다른 사람을 도와주는 기술과 직업에 대해 말해줌으로써 가정주부의 역할을 다른 직업의 역할로 전이되는 여러 가지 직무기능으로 재분류해 준다.

⑤ 저항감 재인식하기 및 다루기 : 전혀 동기화되지 않거나 저항감을 나타내는 내담자의 경우, 그러한 저항의 목적이 무엇인지 이해하고 재인식하는 것과 다루는 기술이 필요하다.

　㉠ 저항감 재인식하기

종류	내용	내담자의 태도
책임감에 대한 두려움	수행할 수 없는 두려움은 내담자의 자아가치, 적절한 존재결정에 대한 무능력 등에 영향을 미친다.	내담자들은 자신이 원하지 않는 직업에는 자격이 없다고 생각하려고 노력한다. 그래도 만일 그 직업을 택해야 한다면 실패를 정당화하려 한다.
방어기제	이중의 대비를 함으로써 자기가치를 확보하며 지적능력의 결함을 대비하여 사용한다.	어떤 일을 할 때 미리 다 했으면서도 마감시간 전까지 그 일을 갖고 있다가 마감시간이 되어서야 제출을 함으로써 자기가치를 확보할 수 있다. 만일 그 서류가 상사의 마음에 들지 않았다면 그것은 시간이 부족하기 때문으로 핑계를 대고, 상사의 마음에 들었다면 또 그 나름대로 열심히 노력한 것으로 보여지는 것이다.
고의로 방해하는 의사소통	상황을 적당히 얼버무리는 것은 많은 이점이 있으며, 상황이 분명해지면 뒤로 물러설 수 있는 경우 의사소통을 완전히 하지 않는 것도 행동의 자유를 보장해 준다.	• 직설 : 다른 사람이 하는 말에는 뚜렷한 반대의사 없이 무조건 거부반응을 보이는 것 • 불신 : 다른 사람의 말을 타당하게 받아들일 때 사람들은 자신의 지식과 도덕적 판단에 근거해서 듣는 것 • 상담자의 능력과 방법 헐뜯기 : 내담자는 상담자가 자격을 갖추고 있는지, 상담전문가라고 할 수 있는지, 상담기술은 뛰어난지 등에 관심을 갖고 상담이 실패하면 상담자의 능력이 부족한 소치라고 하는 것 • 함축에 대한 도전 : 내담자가 '최선'이라고 이야기한 것은 다만 절반 정도의 노력, 미온적인 협력을 뜻할 뿐이며, 첫 번째 시도에서 성공하지 못하면 포기할 작정인 것 • 책임에 대한 도전 : '희망이 없는' 상황일 때 내담자는 책임을 지지 않으며 무력감을 갖는 것

ⓛ 저항감 다루기

종류	내용
변형된 오류 수정하기	변형된 오류를 수정하는 방법으로 되돌아간다.
친숙해지기	상담관계를 높이기 위해서 내담자와의 관계를 긴밀히 한다.
은유 사용하기	위협을 축소화하기 위해서 은유를 사용하고 대안을 제시한다.
대결하기	목적 행동에 직면한다.

⑥ 근거 없는 믿음 확인하기 : 내담자가 집에서, 학교에서 또는 직업에서 삶의 길잡이로 근거 없는 믿음을 이용한다면 이것을 깨닫게 하고 A–B–C–D–E와 같은 일련의 사건으로 다루어야 한다.

종류		내용
활성화된 경험(A)		직업면접시험 동안 잘 대응하지 못했고, 이로 인해 직업을 제공받지 못했다.
신념(B)	이성적 믿음 (rB, 원하거나 욕망하는 것)	그 직업을 좋아하므로 거절당해서는 안 된다. 거절당하는 것은 매우 귀찮은 일이다. 면접을 그렇게 못 본 것은 불행한 일이다. 기대에 어긋나지 않게 열심히 구해 보겠다.
	근거 없는 믿음 (iB, 요구 및 명령)	거절당한다는 것은 무서운 일이며, 견딜 수 없는 일이다. 거절되는 것은 내가 무례한 사람이라는 것을 의미하므로, 원하는 직업을 절대 얻지 못할 것이다. 나는 직업면접시험을 항상 잘 못 본다.
활성화된 경험에 관한 신념의 (정서적) 결과(C)		우울하고, 가치 없게 느껴지고, 도움이나 희망이 없다.
근거 없는 믿음의 토론과 논쟁(D) (질문 형태의 진술)		직업을 갖지 못하는 것을 그렇게 두려워하는 이유는 무엇인가? 거절당하는 것을 견디지 못한다면 어떤 사건이 일어나겠는가? 왜 원하는 직업을 절대 가질 수 없다고 생각하는가? 왜 직업면접시험을 항상 못 보아야 하는가?
근거 없는 믿음의 토론과 논쟁의 효과 (E)	인지적 효과(cE)	거절에 대해 두려워할 필요는 없으며, 모든 사람이 원하는 직업을 다 갖는 것도 아니다. 거절당한다는 것은 단지 그 특별한 직업을 가질 수 없다는 것을 뜻할 뿐이며, 무례한 사람으로 평가되는 것은 아니다. 앞으로 좋아하는 직업을 절대 갖지 못할 것이라고 판단하기에 18세는 너무 빠르다. 18세가 되었다는 것은 앞으로 더 많은 시간을 가질 수 있다는 것을 의미하므로, 기다리면서 더 많이 노력할 수 있다. 직업면접시험을 잘 보려면 아마도 많은 노력을 해야 할 것이며, 긴장하는 습관을 없애야 한다.
	정서적 효과(eE)	절망하더라도 우울해 하지 않는다.
	행동적 효과(bE)	직업면접시험에 더 많이 응할 것이다. 면접시험 동안 어떻게 행동할지 상담자로부터 지도를 받고 나서 동료, 부모와 함께 연습한다. 직업안정사무소에 등록하고, 연령에 맞는 지역사회 고용 관련 프로그램에 참여한다.

⑦ 왜곡된 사고 확인하기 : 왜곡된 사고란 결론도출, 재능지각, 지적 및 정보의 부적절하거나 부분적인 일반화, 관념 등에서 정보의 한 부분만을 보는 경우이다.

종류	내용
여과하기	상황의 긍정적인 면은 모두 여과시키고 부정적인 면만을 확대하는 것
극단적인 생각	모든 것을 흑이냐 백이냐 또는 선이냐 악이냐로 판단하는 것. 따라서 성공 아니면 실패이고 중간 노선은 없음
과도한 일반화	사건의 일부분이나 한 가지 면만을 보고 성급하게 일반화시키는 것
마음 읽기	말을 하지 않았는데도 상대방의 마음을 자기 마음대로 읽고 해석하는 것. 특히 상대가 자신에 대해서 어떤 생각을 갖고 있는지에 대해 이런 오류가 많으며, 나쁜 것이 되풀이해서 일어난다고 기대함
파국	불행을 기대하는 것. "어떤 것이 있다면……", "재난이 일어나면 어떻게 하지?"라는 식으로 문제를 듣거나 예상하는 것
인격화	다른 사람들의 모든 말이나 행동이 자신과 연결되어 있다고 생각하는 것. 타인과 비교하고 누가 더 멋진지, 누가 더 잘생겨 보이는지 등을 정하려 하는 것
오류의 통제	외적인 사람은 자신을 운명의 희생물이라고 생각하지만, 내적인 사람은 고통과 행복의 책임을 주위의 다른 사람에게 돌리는 것
공정성의 오류	자신은 어떤 것이 옳은지 잘 알고 있는데 다른 사람들이 이에 동조하지 않을 때 느끼는 감정
비난	자신의 고통이 남에게서 비롯된다고 믿는 생각, 또는 타인의 방침을 가져오는 것, 모든 문제나 반전의 탓을 자신에게 돌리는 것
의무	자신과 다른 사람들이 어떻게 행동해야 한다는 규칙을 갖고 있는데, 사람들이 그 규칙을 지키지 않아서 속상해 하거나 자신이 그 규칙을 지키지 못해서 부끄러움을 느끼는 경우
정서적 이성	진실이라고 믿는 것은 반드시 진실이라는 것. 자신이 어리석다는 생각이 들면 어리석어져야 한다는 것
변화의 오류	압력을 넣거나 꾀어서 사람들이 자신에게 맞추어 변해야 한다고 생각하는 것. 행복에 대한 희망이 완전히 사람들에게 달려 있다는 이유로 사람들의 변화를 필요로 함
포괄적 분류	포괄적인 부정적 판단을 가지고 하나 또는 두 가지를 질적으로 일반화하는 것
정당화하기	자신의 행동이나 의견이 옳다는 것을 계속해서 밝히려고 노력하는 것. 나쁜 것을 생각하지 않고 옳다는 것을 보여주기 위해 어느 정도까지 진행하는 것
인과응보의 오류	자기희생이나 자기부정에 대해 대가가 반드시 돌아올 것이라고 믿으며 수치가 있다고 믿는 것. 돌아오지 않으면 비참해 함

⑧ 반성의 장 마련하기 : 내담자 자신, 타인 그리고 내담자가 살고 있는 세상 등에 대한 판단을 내리는 과정을 알 수 있는 상황을 만들어주는 것이다.

　㉠ 1단계 : 독단적인 사고를 밝히는 단계이다.

ⓛ 2단계 : 이상적인 지식이란, 정확하고 확실하게 얻을 수 있는 것이라고 확신하면서 현실의 대안적인 개념에 대하여 어느 정도 알기 시작하는 단계이다. 여기에서는 권위라는 것이 받아들여질 수 없다는 것을 깨닫게 된다.

ⓒ 3단계 : 절대적인 지식이 어떤 영역(과학, 수학 등)에서는 존재하지만, 그 밖의 영역에서 진리가 출현될 때까지 사람들이 제멋대로의 사실을 믿고 있다는 것을 알게 된다.

ⓔ 4단계 : 주위 모든 지식의 불확실성을 깨닫는다. 어떤 확실성도 없으며, 절대적인 권위란 존재하지 않는다.

ⓜ 5단계 : 점차적으로 내담자들은 존재의 법칙에 따라서 논쟁을 숙고하고 평가하며 법칙을 배우게 된다.

ⓗ 6단계 : 자신의 판단체계를 벗어나서 일반화된 지식을 비교·대조할 수 있게 된다.

ⓢ 7단계 : 전반적인 반성적 판단이 이루어진다. 이러한 판단능력은 비판적 탐구 및 평가과정을 통하여 획득되는 것이다.

⑨ 변명에 초점 맞추기 : 변명은 "타인이나 자신의 행동의 부정적인 면을 줄이려는 행동이나 설명으로써 자신의 긍정적인 면을 계속 유지시키려는 것"이다.

ⓖ 책임을 회피하기(내가 하지 않았어요) : 부정, 알리바이, 비난

ⓛ 결과를 다르게 조작하기(그렇게 나쁘다고는 할 수 없어요.) : 축소, 정당화, 훼손

ⓒ 책임을 변형시키기(예, 그러나 …) : 그렇게 할 수밖에 없었어요, 그걸 의미한 것은 아니었어요, 이건 정말 제가 아니에요.

Section 07 의사결정과 진로계획

❶ 대안선택 및 문제해결

(1) 의사결정문제와 상담

① 진로미결정

단순한 미결정	만성적 미결정
상황적으로, 혹은 발달과정상 진로결정이 되지 않은 상태	상황과 행동 전반에 걸쳐 의사결정을 못하는 우유부단 상태, 이들의 인지양식과 성격 특성은 비교적 부적응적이다.

② 우유부단한 내담자들의 유형

㉠ 실패에 대한 공포를 가진 내담자들 : 실패에 대한 공포는 우유부단함의 공통적인 이유이다. 자신들의 실패에 대한 공포가 강할 때 많은 사람들은 어떤 노력이나 시도를 통해 실패에 대한 확률을 줄이려 하기보다 오히려 아무것도 시도하지 않는다. 자존심이 약하거나 자신의 능력에 대해 부정확한 견해를 가진 내담자들도 실패를 두려워한다.

ⓛ 중요한 타인들의 영향 : 내담자가 선택을 못하는 공통적인 또 다른 이유는, 내담자의 주변에 있는 중요한 타인들과의 관계와 관련이 있다. 내담자 자신의 의사결정이 타인들의 삶에 미칠지도 모르는 부정적인 결과를 두려워하고 죄의식을 갖기 때문이다.

ⓒ 완벽하려는 욕구 : 융통성이 없고 완벽하려는 욕구는 우유부단의 일반적인 이유 중 하나이다.

ⓔ 성급한 결정 내리기 : 조급한 의사결정자들은 수중에 직업목록을 갖고 있기 때문에 의사결정 과정을 피해 가려 하거나 성급한 의사결정을 내리려 한다.

ⓜ 우유부단함에 대한 강화 : 어떤 내담자들은 자신의 우유부단함으로 인해 중요한 타인들의 관심과 애정 혹은 재정적 지원 등의 보상적 측면을 통해 스스로의 우유부단함에 계속적인 강화를 부여 받는다.

ⓗ 다재다능 : 다양한 분야에 관심과 능력을 보이는 매우 뛰어난 사람들은 자신들의 다재다능 때문에 우유부단해진다.

ⓢ 좋은 직업들의 부재 : 가장 심각한 우유부단의 이유로는, 좋은 직업이 없어서 의사결정을 내릴 수 없는 경우이다.

(2) 진로결정 요인

① 개인적 요인

㉠ 성별 : 직업선택이나 직업에 대한 관심은 남녀 차이가 있는 것이 통념으로 되어왔다. 성역할에 대한 고정관념이 점차 사라짐에 따라 성별에 따른 전통적인 성역할에 따른 직업선택도 사라질 것이다.

㉡ 능력 : 일반지능, 적성이 여기에 속한다.

종류	내용
지능	추상적 사고력, 지식획득력, 창의력, 분석력 등이다.
적성	특수분야에 대한 능력의 정도나 그 능력의 발현 가능성, 언어능력, 공간지각력, 계산력, 추리력, 기계추리력, 척도해독력, 수공능력, 기억력, 사무지각력, 형태지각력 등 10가지 요인으로 분류된다. 직업세계의 만족과 성공을 가장 잘 예언해 주는 요인이다.

㉢ 성격 : 욕구, 자아개념, 성취동기, 포부수준, 대인관계 성질의 특성이 포함된다. 개인의 포부수준은 직업선택에 가장 큰 영향을 미치는 요인 중의 하나이다. 포부수준이 높으면 다소 능력이 부족해도 그 열망으로 인해 다소 높은 수준의 직업을 선택할 가능성이 있다. 또한 활동성, 사려성, 사회성, 안정성, 지배성, 예술성 등의 성격 특성을 파악하는 성격검사를 통한 적합한 직업을 선택한다.

㉣ 흥미 : 흥미를 검사하는 방법은 크게 직접관찰법, 실험에 의한 관찰법, 질문지법, 표준화 검사법(가장 신뢰성이 높다)으로 나눈다.

ⓜ 학력 : 현재는 점점 학력보다는 능력을 중시하는 기업풍토로 바뀌어가고 있는 추세이기는 하나, 학업성취를 고려한 직업선택이 필요하다.

ⓑ 신체적 조건 : 체격, 체력, 체질, 신체적 특성, 건강상태, 신체적 결핍 등으로 나누어볼 수 있는데, 이 요인에 의해 직업선택이 좌우되는 경향이 있다.

ⓢ 가치 : 어떤 사람을 동기화하여 행동하게 하는 원리, 믿음, 신념을 말하며, 자기가 가장 옳다고 느끼고 가치 있는 것으로 믿는 것을 의미한다.

② 사회적 요인

ㄱ 사회경제적 수준 : 사회경제적 수준이 달라짐에 따라 사회적 반응, 교육을 받는 정도, 직업적 야망 등의 심리적 환경이 달라지고, 결국 개인의 직업선택 및 직업발달에 영향을 미친다.

ㄴ 가족의 심리적 환경 : 부모·자녀 간의 상호작용 또는 육아법이 개인의 인격형성에 지대한 영향을 준다.

ㄷ 직업세계의 변화 : 정보화, 세계화, 평생학습, 탈공업화, 웰빙, 환경문제 등

(3) 진로의사결정

① 타이드만과 오하라(Tiedeman & O'Hara)의 기술적 진로의사결정 모형

ㄱ 의의 : 자아의 분화와 통합을 중심으로 하는 발달적 진로의사결정 모형을 개발하였다. 개인의 직업적 발달은 의사결정자가 직업과 관련된 문제에 직면할 때, 분화와 통합을 거듭하면서 직업적 정체감을 형성하는 과정을 통해 촉진되며 일생 동안 여러 번 반복될 수도 있는 입장이다. 슈퍼는 연령의 증가에 따른 직업의식의 발달을 말했다면, 타이드만과 오하라는 의사결정 과정을 통한 직업의식의 발달을 주장했다.

ㄴ 의사결정의 단계

예상기 **(직업기)**	탐색기	자신의 진로목표를 설정하고 대안을 탐색해 보며, 자신의 진로목표를 성취할 수 있는 능력과 여건이 갖추어져 있는지에 대하여 예비평가를 하는 단계
	구체화기	가치와 목표, 가능한 보수나 보상 등을 고려하면서 구체적으로 자신의 진로를 준비하는 단계
	선택기	개인이 하고 싶어 하는 일과 하기 싫어하는 일을 확실히 알게 되며, 구체적으로 의사결정에 임하는 단계
	명료화기	이미 내린 의사결정을 신중히 분석하고 검토하여 결론을 내리는 단계
실행기 **(적응기)**	순응기	새로운 상황, 즉 새 집단이나 조직에 적응하기 위하여 자신의 일면을 수정하거나 버리면서 수용적인 자세로 임하는 단계
	개혁기	수용적인 자세로 새로운 상황에 임한 후에 일단 인정을 받게 되면서 자신의 의견이나 주장을 강력하게 드러내는 단계
	통합기	개인이 집단이나 조직의 욕구와 자신의 욕구를 타협과 통합을 통하여 균형 있게 조절하는 단계

② 하렌(Harren)의 진로의사결정 단계

인식기	• 자아와 진로의사결정과 관련된 대안들을 인식하는 단계이다. • 타이드만과 오하라의 진로의사결정이 시작되는 첫 단계인 탐색기 이전에 자아정체감의 분화가 일어나기 시작하는 시기로 파악하고 있다.
계획기	• 타이드만과 오하라의 탐색기와 구체화기를 통합한 단계이다. • 자아개념의 발달 정도에 따라 각 대안들의 상호관계를 인식하고 그 가치에 대한 평가가 이루어진다.
잠정적 실행기	• 타이드만과 오하라의 선택기와 명료화기를 통합한 단계이다. • 개인이 잠정적으로 의사결정에 임하게 된다.
실행기	• 타이드만과 오하라의 실행기와 유사하다. 즉, 그들의 순응기와 개혁기 및 통합기와 유사하게 동조와 자율성기 및 독립기로 분류했다. 이 단계에서는 개인이 결정한 진로를 실행에 옮기게 된다. • 동조기에서 개인은 사회적 승인을 받고 그들에 의해 구성원으로 받아들여지기를 원하기 때문에 자신의 욕구와 가치 및 목적 등을 표출하지 않는다. 자율성기에서는 이러한 개인의 욕구와 가치 및 목적이 주장되고 때로는 과장되기도 한다. 마지막으로 독립기에서는 자아와 상황과의 역동적인 균형 또는 평형 상태에 도달하게 된다. • 하렌의 실행기에는 이미 결정한 진로분야에 적응하고, 그 결정에 따른 성공이나 만족감 등을 통하여 피드백을 하는 단계이다. 이 단계에서 개인의 성취정도는 자아개념체계의 발달정도, 진로의사결정의 유형, 진로발달과업의 달성정도 그리고 이들 간의 상호관계와 상황변화에 따라 달라진다.

③ 게라트(Gelatt)의 처방적 진로의사결정 모형

㉠ 처방적 진로의사결정 모형은 개인이 진로를 결정하려고 할 때 그 오류를 최소화하여 보다 나은 결정을 하도록 도와주기 위한 방식이며, 카츠(Katz), 칼리토(Kalito), 쥐토우스키(Zytowski)도 같은 관점을 취한다.

㉡ 게라트는 어떤 결정의 결과보다도 의사결정의 과정을 제일 중시하였다.

㉢ 그는 직업선택과 직업발달의 과정을 의사결정의 순환과정으로 파악하고 있다. 먼저 진로목표를 세운 다음에 그에 따라 정보를 수집한다. 수집된 정보를 가지고 가능한 대안을 탐색하게 된다. 다음에는 각 대안들의 가능성을 신중히 평가한 후에 의사결정을 한다.

㉣ 이러한 결정은 개인의 목적에 따라 최종결정이 되거나 또는 탐색적 결정이 되며, 또한 평가과정을 거쳐 수정, 보완되며 목표수정을 위한 피드백의 자료로 이용된다.

㉤ 정리하면, 진로목표설정 → 정보수집 → 가능한 대안의 열거 → 각 대안의 실현 가능성 예측 → 가치평가 → 의사결정 → 의사결정의 평가 → 재투입의 과정으로 도식화할 수 있는데, 이러한 순환과정은 의사결정 시에 계속 반복된다.

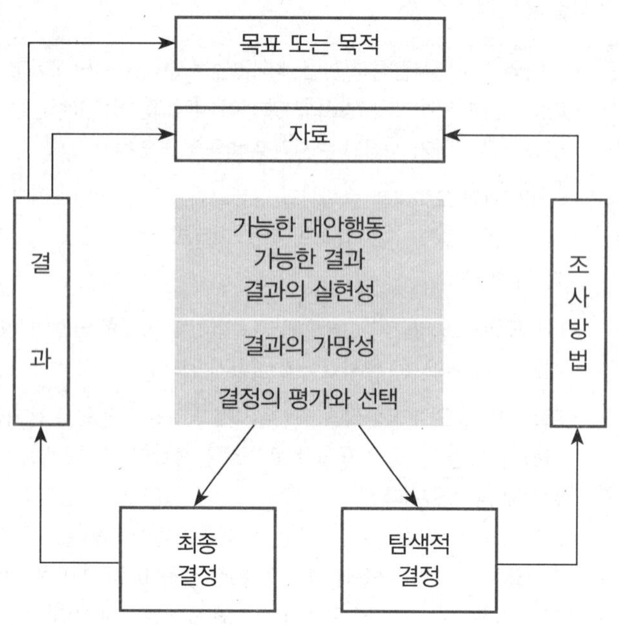

⑷ 의사결정의 유형

사람마다 문제상황에 대처하는 방법이 다르다. 문제상황을 지각하고 그에 반응하는 특정적인 형식 또는 어떠한 결정을 내리기 위하여 이용되는 접근방법과 결정방식을 의사결정 유형이라고 한다.

① 딩클리지(Dinklage) : 계획형, 직관형, 동조형, 숙명론적 유형, 충동형, 지연형, 고민형, 무력형 등 8가지 유형으로 분류

② 하렌(Harren)(딩클리지의 의사결정 유형을 수정)

　㉠ 합리적 유형 : 의사결정 시 장기적 전망을 지니며, 결정을 예견하고 논리적으로 결정하며 자신을 인식하는 유형

　㉡ 직관적 유형 : 현재의 감정을 중시하고, 결정을 예견하지 않으며 감정적으로 자신을 인식하고 육감을 이용하는 유형

　㉢ 의존적 유형 : 다른 사람의 의견을 물어보고 이를 수용하여 결정을 내리는 유형

③ 드라이버(Driver)

　㉠ 결정적 유형 : 충분한 정보를 이용하여 거의 재검토가 필요 없는 실행 가능한 결정을 내리는 유형

　㉡ 유동적 유형 : 충분한 자료를 이용하나 새로운 자료를 이용하게 되면 계속해서 다른 결정을 내리는 유형

　㉢ 위계적 유형 : 보통 최대한도로 관련 정보를 이용하여 매우 정교한 계획을 수립하지만, 일단 결정이 내려지면 그 목적을 달성하기 위한 전술적인 계획은 변경하나 그 결정은 변경하지 않는 유형

  ㉣ 통합적 유형 : 통합적인 유형은 한꺼번에 몇 가지 계획을 수립하기 위하여 충분한 자료를 이용하고, 그 계획과 목적은 항상 변경할 수 있는 유형

 ④ 아로하(Arroha) : 무사유형, 동조형, 논리형, 감정형, 직관형, 주저형으로 분류

(5) 의사결정의 절차
 ① 문제의 인식
 ② 문제의 진단과 분석
 ③ 대안의 탐색
 ④ 대안의 선택
 ⑤ 계획수립

❷ 진로계획수립

(1) 개인 진로계획의 특징
 ① 포괄적 성격
  ㉠ 개인 진로계획은 스스로의 생애를 관리하도록 도와줄 수 있는 지침이 되어야 한다.
  ㉡ 진로계획은 과거, 현재, 미래의 경험이나 목표에 대한 하나의 기록인데, 이 자체가 완성된 것은 아니다.
  ㉢ 개인 진로계획은 문서화된 형태로 내담자가 자신이 누구인지, 자신이 어디를 향해 가고 있는지, 그리고 작업자, 소비자, 시민, 학습자, 개인, 가족구성원 등과 같은 생애역할과 관련하여 자신의 목표를 어떻게 달성할 수 있는지를 확인하고 검토할 수 있어야 한다.
 ② 발전적 성격
  ㉠ 개인 진로계획은 생애주기에 전반적으로 사용될 수 있도록 고안되어야 한다.
  ㉡ 이 계획은 변화의 단계에서 항상 기록되어야 하며, 상이한 생애역할과 단계의 요구와 도전에 대처할 수 있는 요소를 포함하여야 한다.
  ㉢ 단 한 번 사용된다 하더라도, 새로운 경험이 기대되고 완료되었을 시간마다 채워지고 수정될 수 있는 융통성 있는 기록이어야 한다.
 ③ 개인 중심 및 개인 지향
  ㉠ 개인 진로계획은 계획들을 사용하는 내담자에게 알맞은 것이어야 한다.
  ㉡ 비록 개개인이 조직에서 일하거나 조직의 프로그램에 참여하고 있기 때문에 편의에 의해서 조직 내에 계획이 보관된다고 할지라도 이 계획은 기관, 회사, 산업 또는 정부기관 등의 점유물이 될 수 없다.
  ㉢ 계획은 개인의 기록이지만 계획이 고안되고 전개되는 방식에 있어서는 기업, 산업체의 인사담당자, 교사, 상담자 그리고 정부기관의 직원 등을 포함한 대부분의 사람들이 관련된다. 그러나 계획은 항상 개인 중심적, 개인 지향적 성격을 띠게 된다.

④ 유능에 기초

　　㉠ 개인의 적성, 흥미, 가치 등은 개인 진로계획을 개발하는 데 있어서 중요한 요소이다. 또한 과거와 현재의 경험이나 성취에 대한 고려도 마찬가지로 중요한 요소인데, 이 요소들에는 유능이라는 개념이 부가되어야 한다.

　　㉡ 유능이란 내담자가 가정, 학교, 작업장, 지역사회와 같은 환경에서 알게 되고, 일하고 생활하면서 획득하게 되는 기술, 지식, 태도 등을 말한다.

　　㉢ 개인 진로계획은 현재의 가능성을 확인하고 기록할 수 있는 기회를 제공하는 요소로 구성되어야 하며, 미래의 생애역할 욕구나 도전에 대응할 수 있는 부가적인 가능성이 무엇인가를 지적하는 데 도움을 주는 요소로 구성되어야 한다.

(2) 개인 진로계획의 구조

① 포괄적 진로계획(생애역할) : 작업자, 소비자, 시민, 학습자, 개인, 가족구성원으로서의 생애역할들은 개인 진로계획의 주요 부분이다. 이 계획의 구조는 3개의 고리를 가진 바인더 또는 서류철과 같아서 여러 가지 내용이 삽입 가능하며 소책자로 사용될 수도 있다. 노트와 펜과 컴퓨터의 활용을 통해 기록한다. 컴퓨터는 쉽게 재생이 가능한 정보를 저장할 수 있고, 노트나 서류철은 행위단계를 미리 계획하거나 검토하기 위해 사용될 수 있다. 이를 통해 개인의 가정, 정책, 건강, 작업기록, 세금, 가족, 교육적 경험, 자원봉사의 기회, 검사결과, 투자 등에 관한 자료를 재생할 수 있으며, 다음 단계의 결정을 하기 위해 이런 정보를 활용할 수 있다.

　　㉠ 작업자 역할 : 각 개인이 작업자 역할에 대해 보유하고 있는 유능에 관한 정보를 기록한다(흥미와 적성, 가정과 학교, 개인이 경험한 직업 등에서 수행한 과제 등).

　　㉡ 소비자시민의 역할 : 개인의 유능은 소비자시민의 역할에서 발견될 수 있는데, 개인의 연령에 따라 다르며, 주택구입이나 유지, 금전투자, 기금설립이나 유언장 작성 등을 포함해서 법적인 계약 등에 관한 정보가 기록된다.

　　㉢ 학습자 역할 : 한 개인의 교육적 경험 및 성취에 관한 내용이 기록되고 관리된다. 공식 증명서, 학습자의 자격증목록, 비공식적인 경험목록, 정상학과 이외의 활동 등에 관한 것도 여기에 포함되지만 아주 적은 부문을 차지한다.

　　㉣ 개인적 역할 : 내담자가 개인적 기호, 가치, 친구관계, 선호하는 여가활동 등 개인 자신에 관한 정보를 기록하고 관리하기 위해 활용한다. 여기에는 개인의 건강사항 기록과 유지에 관한 것, 즉 예방접종, 약의 처방, 의원이나 병원 방문, 유년기의 질병, 과거의 병력 등에 관한 내용이 포함된다.

　　㉤ 가족구성원 역할 : 가족구성원 역할 부분에서는 가족적 배경, 가족구성원 및 친척에 관한 자료, 잠재된 가족의 위기, 과거에 가족의 위기에 어떻게 대처하였는가 등에 관한 정보를 기록하고 유지하기 위해 활용된다.

ⓑ 진로성장 행위단계 : 앞에서 언급한 포괄적 진로계획의 5가지 주요 부분이 생애역할에 초점을 두는 데 비해 여기에서는 개인이 충분히 생각할 수 있는 부분을 포함하고 진로성장이나 미래를 위하여 어떤 노력을 할 것인가에 대한 계획을 세운다. 이 부분에서의 계획은 생애역할에서 기록된 정보를 분석하고 종합할 수 있는 기회를 제공하고, 현재나 미래의 행위에 대하여 이러한 발견들을 일반화할 수 있도록 해 준다. 좀 더 구체적으로 말하자면, 이 부분의 계획은 단기적·장기적 목표들을 기록하고 검토할 수 있으며, 자신과 타인과의 행동적 접촉을 유지할 수 있을 뿐 아니라 목표를 달성하는 데 예상되는 장애를 확인할 수 있다. 또한 친구들이나 지지집단을 언급할 수 있고, 가능한 역할모형이나 훌륭한 조언자를 확인하며 목록을 만들고 이를 연결할 수 있다. 즉, 이 부분에서는 개인의 진로성장을 향한 구체적인 행위단계를 기록하고 검토하게 된다.

② 진로서류철(작업자 역할) : 개인 진로계획에서 생애역할 구조는 전반적인 생애진로계획 및 의사결정에서 사용되도록 고안된 것이다. 어떤 내담자들은 구직이나 승진 또는 직업전환에 필요한 노동시장 정보의 조직이나 활용을 도와주는 그런 계획구조를 필요로 할 수도 있는데, 진로서류철은 이러한 좀 더 상세한 요구에 대처하도록 고안된 것이다. 진로서류철은 노동시장에 신규로 진입하거나 또는 재진입하고자 하는 개인들을 돕고, 승진 가능성이나 직업전환의 가능성을 고려하면서 개인이 경험한 일, 교육, 훈련, 개인적 경험과 내담자들이 이미 획득한 기술 등을 기록하기 위해 고안된 것이다. 이 진로서류철은 이력서가 아니며 개인적인 정보 저장소로서, 내담자가 이력서나 입사지원서 또는 다른 구직 목적을 위한 정보에서 이끌어낸 것이다.

㉠ 직무성취증명서 : 직무성취증명서는 입사지원에 관련된 것으로 4가지 중요 영역, 즉 개인사항, 교육, 일 기록 및 주요 직무기술 등을 기록하게 된다.

개인사항	자신의 성명, 주민등록번호, 주소, 전화번호, E메일, 휴대전화번호 등을 기록한다.
교육 부분	자격증이나 면허증은 물론 강조할 수 있는 범위 내의 모든 교육훈련 경험목록을 작성한다. 이 부분에서 부가적인 정보로는 직무 관련 검사결과가 포함될 수 있다. 예를 들면, 비서 관련 직업에 지원한 경우 개인은 워드프로세서 자격증 등을 제시할 수 있다. 왜냐하면 이런 것들은 취업과 직접적으로 관련되어 있지만 다른 부분에는 기록되지 않는 사항이기 때문이다.
일 기록 부분	일의 경험, 자원봉사 경험, 현장훈련, 군대 경험 등을 기록한다.
주요 직무기술 부분	특별히 직무와 관련된 숙련기술 등을 나열한다. 예를 들면, 디젤기계 기술자의 경험을 가진 사람 또는 이런 직종에서 훈련을 받은 경험이 있는 사람들은 '디젤엔진 및 연료체계의 고장발견수리가능', 또는 '기본엔진의 분해검사 서술수행가능'이라고 기록한다. 마찬가지로 오프셋 석판인쇄 기술자였던 사람은 '인쇄기계의 분해 청소, 재조립과 인쇄공장의 다른 기계도 수리가능'이라고 기록한다.

ⓒ 개인소개장

일에 대한 흥미, 특성 및 태도	개인에 따라 상이한 여러 형태의 작업활동을 포함한다. 이런 활동은 사물이나 대상(수리기계)에 관한 것, 다른 사람에게 도움을 주거나 가르치는 개인적인 접촉(교육, 훈련), 관념이나 정보의 의사소통(쓰기, 말하기) 등을 포함하기도 한다. 또한 자신들이 보유하고 있다고 생각하는 충성스러움, 신뢰할 만함, 인내력이 있음, 조직적임, 자기절제적임, 학습의욕, 인간 지향적임 등과 같이 일과 관련된 특성이나 태도를 서술할 수 있다.
특별한 훈련 및 기술능력	필수적 전문직무는 아니지만 개인 측면에서 가장 우수한 기술 등이 여기에 포함된다. 예를 들면 연장상자나 목공도구 등을 가지고 조립·구성하고, 건축을 하는 데 있어서 능숙하게 다룬다든지 구멍 뚫는 기계, 재봉틀, 트럭, 잔디 깎는 기계와 같은 도구나 기계, 장비를 조정할 줄 아는 것, 또는 조립 라인 작업에서 손놀림이 능숙하고 정확하게 다루며, 자동화기계 등을 수리할 수 있다든지 재고품 조사, 계산, 수표장 기록 등의 숫자를 사용하는 기술이나 능력 등을 말한다.
선호하는 부류, 훈련 프로그램, 교과목 및 교육활동	개인의 클럽활동이나 음악·연극·체육모임, 리더십 역할, 기타 등등의 경험과 공식 학교활동이나 수상 경험 업적 등이 포함된다.
사회여가활동	내담자가 자신의 여가시간에 즐기는 활동들이 여기에 포함된다. 예를 들면 '규칙적으로 어떤 취미활동(개인에게 특별할 뿐더러 어떤 특정한 영역에 대한 관심 이상의 것을 지칭하는 그런 종류의 활동을 말한다)을 하는가?, 학교와 연결되지 않은 어떤 조직의 활동에 참여하는가? 어떤 조직에 정규적으로 소속되어 있는가?' 등의 내용을 말한다.

③ 진로수첩(작업자 역할)

　　㉠ 진로수첩은 주로 청년들을 주요 대상으로 하지만, 모든 연령층에 적용되는 개념이다. 이 진로수첩은 내담자들이 신규취업을 하든 직업전환을 위한 취업을 하든 간에 상관없이, 취업면접 및 입사지원서를 작성할 때 손쉽게 참고가 될 수 있는 조직화된 정보를 제공한다.

　　㉡ 진로서류철에서도 동일한 정보가 발견될 수 있으나, 진로수첩에서는 개인사정을 위해 이 수첩을 활용하는 방법, 그리고 입사지원서를 작성하는 법, 취업면접에서 어떻게 행동할 것인가에 대한 견해나 지침 등을 포함하고 있다. 내담자의 경험, 배경, 철학적 수준에 따라 예시된 수첩의 형식이나 내용에 더 첨가하거나 삭제·수정하는 것이 가능하다.

　　㉢ 진로수첩은 내담자, 고용주, 상담자 모두에게 다음과 같은 면에서 유용한 도구이다.

내담자	① 진로수첩은 항상 최신의 것으로 보완되고 언제든지 수정될 수 있는 형식으로 갖추어져 있으므로 고용 가능성, 기술, 일 관련 태도 및 능력 등을 확인할 수 있다.
	② 일 관련 태도 및 흥미에 대한 지식을 증진시킨다.
	③ 교육 및 진로계획을 향상시킨다.
	④ 자기평가를 통해 자신감과 자기인식을 증진시킨다.
	⑤ 고용주에게 자신을 소개하는 방편으로 내담자의 경험을 포괄적으로 목록화한다.
	⑥ 다양한 경험들이 어떻게 직무 관련 태도나 기술로 전환될 수 있는지에 대해 이해를 발전시킨다.
	⑦ 내담자가 새롭거나 상이한 형태의 경험을 갖도록 하는 유인을 제공한다.

고용주	① 종업원을 심사하고 선발하는 데 더 유용한 정보를 제공한다. ② 장래가 유망한 종업원과의 면접을 향상시킨다. ③ 일 경험이 있든 없든 간에 기술의 발전에 대한 인식을 증진시킨다. ④ 가능성이 있는 피고용인으로서 내담자들에 대한 고용주의 태도를 변화시킨다. ⑤ 일 경험이 없는 개인에 대한 정보를 가지고 표준화된 입사지원절차를 보완하거나 지원할 수 있다. ⑥ 가능성 있는 피고용인의 준비도를 한눈에 파악할 수 있다. ⑦ 고용주가 전통적인 방식으로 자신의 능력을 효과적으로 내보이지 못하는 사람들을 간과하지 않도록 보장한다.
상담자	① 상담도구로서 활용될 수 있는 지침과 과정을 제공한다. ② 기존의 진로사정 및 상담 프로그램의 내용을 향상시킨다. ③ 교실단위 수업이나 훈련 또는 상담 프로그램 등의 결과물로서 진로수첩을 적용한다. ④ 진로, 교육, 훈련계획을 개발하기 위한 상담도구를 제공한다.

(3) 진로일기

① 진로일기의 의의

㉠ 진로일기 상담 프로그램은 직업상담자가 자신에 대해 탐구하기, 직업세계 이해, 미래사회 이해의 과정을 제공하고 난 후에 도입하는 과정이다.

㉡ 진로일기는 진로개척에 용기를 잃거나, 무기력해지거나, 생활에 활력소가 없을 때 자신에 대한 새로운 면모를 발견하고 용기를 갖게 하는 도구이기도 하다.

② 진로일기 작성방법

㉠ 평생을 두고 1주일을 단위로 작성하는 것이다.

㉡ 예상되는 사망나이를 추정하고, 인생목표를 설정하는 한편 종사하고 싶은 직업, 도달하고자 하는 경제적 수준, 쟁취하고자 하는 사회적 지위, 받고자 하는 교육, 살고 싶은 장소 등을 구체적으로 구상한 다음 1주일, 1개월, 6개월, 1년, 3년, 5년, 10년, 15년, 20년, 30년 등 각 기간 동안에 예상되는 사회적 지위, 경제적 수준, 받고자 하는 교육 등을 명시하고 목표를 설정하여 1주일 단위로 해야 할 일을 분석해 내는 것이다.

㉢ 이러한 내용을 표로 작성하여 한눈에 알아볼 수 있도록 하고, 그리고 1주일이 지난 후에 자기가 설정한 목표를 어느 정도 달성했는지 평가하여 그 결과를 퍼센트(%)로 나타내는 것으로, 평가한 결과에 의해 목표를 조정하거나 다시 세워가면서 자신의 진로를 진지하게 생각해 보게 한다.

③ 진로일기 작성상의 유의점

㉠ 진로일기에서 제시되는 직업들은 자신의 적성과 흥미, 미래에 대한 직업의 유망성 등을 고려하여야 하므로 유망 직업에 대한 탐색과정을 거친다.

ⓛ 진로일기에는 경력단계를 제시하도록 한다. 경력단계를 위하여 실제 직업에 종사하는 작업자를 면담하여 진급과정을 알아보고, 각 진급과정에 소요되는 기간들을 탐색하여 이를 경력단계에 도입한다.

ⓒ 일생 동안 가질 수 있는 직업 수를 제시하도록 하고, 각 직업을 전환하기 위하여 최소한 준비과정이 5년 이상 소요되도록 구상한다.

ⓔ 직업생활에서 은퇴 후에 사회에 봉사하기 위해 자신의 일생을 마감하는 일들을 구상하게 한다.

ⓜ 사망 연도와 월, 일을 추정하되, 평균수명의 추이를 감안하도록 한다.

ⓗ 직업뿐만 아니라 가족과의 관계도 포함되어야 하며, 이를 위하여 배우자와 협의하여 작성한다.

ⓢ 진로일기 마지막에는 유언장을 작성하는데, 이 유언장은 자신이 남에게 어떤 모습으로 기억되기를 바라는지에 대한 내용으로 구성한다.

01 다음의 내담자를 상담할 경우 가장 먼저 해야 할 것은?

2007

> 갑자기 구조조정 대상이 되어 직장을 떠난 40대 후반의 남성이 상담을 받으러 왔다. 전혀 눈 마주침도 못하며 상당히 위축되어 있는 상태이고, 미래에 대한 불안감을 호소하고 있다.

① 관계형성
② 상담자의 전문성 소개
③ 상담구조 설명
④ 과제 부여

해설 | 초기상담에서 가장 먼저 해야 할 일은 관계형성이다. 내담자의 방문목적과 문제를 확인하고 편안한 분위기를 제공하여 자신을 개방할 수 있도록 공감대(라포)를 형성하는 것이 중요하다.

02 경력개발 직업상담에서 상담자의 주요 역할이 아닌 것은?

① 현실적인 기대를 가지고 조직을 면밀하게 평가하고 선택하도록 돕는다.
② 필요한 경우 미리 은퇴를 준비시킨다.
③ 변화하는 조직에서 새로운 기술을 배우고 이질적인 작업환경에 적응하도록 돕는다.
④ 조직의 권력관계에서 생긴 갈등을 해결하도록 돕는다.

해설 | 조직의 권력관계에서 생긴 갈등을 해결하도록 돕는 것은 조직적응 직업상담에서의 상담자의 역할이다.

03 직업상담을 진행함에 있어 내담자들은 자신의 직업 세계에 대해서 충분한 정보를 알고 있다고 잘못 생각하는 경우가 많은데, 내담자가 "내 상사가 그러는데 나는 책임감이 없대요"라고 진술한 경우는 어떤 오류가 발생한 경우인가?

① 삭제 ② 참고자료
③ 불문명한 동사 사용 ④ 어투의 사용

해설 | 삭제는 내담자의 경험을 이야기함에 있어서 중요한 부분이 빠졌을 때 일어난다. 예를 들면, 내담자가 "나는 맞지 않아요"라고 말할 때 "어디에 맞지 않는다는 거지요?"라는 보충물음이 필요하게 되는데, 이러한 질문은 내담자가 빠뜨린 것을 보충할 수 있는 기회를 마련해 준다.

04 과거에 했던 선택의 회상, 절정 경험, 자유시간과 금전사용 계획 등을 조사하고 존경하는 사람을 쓰게 하는 등의 상담행위는 다음 중 무엇을 위한 것인가?

① 내담자의 동기사정을 위해서
② 내담자의 역할관계사정을 위해서
③ 내담자의 가치사정을 위해서
④ 내담자의 흥미사정을 위해서

해설 | 지문에서 나타난 상담행위는 내담자의 직업능력 사정 중 가치사정 기법이다.
㉠ 동기사정 : 인지적 명확성 사정 등
㉡ 역할관계사정 : 동그라미로 역할관계 그리기 등
㉢ 흥미사정 : 직업카드 등

05 슈퍼(Super)의 이론이나 그의 생애진로 무지개 개념에 관한 설명으로 틀린 것은?

① 사람은 동시에 여러 가지 역할을 함께 수행하며 발달단계마다 다른 역할에 비해 중요한 역할이 있다.

② 인생에서 진로발달과정은 전 생애에 걸쳐 계속되며 성장, 탐색, 정착, 유지, 쇠퇴로 구성된 대주기(Maxi cycle)가 있다.

③ 진로발달에는 대주기 외에 각 단계마다 같은 성장, 탐색, 정착, 유지, 쇠퇴로 구성된 소주기(Mini cycle)가 있다.

④ 슈퍼(Super)의 이론은 생애진로 발달과정에서 1회적인 선택과정에 대해 구체적으로 잘 설명한다.

> **해설 |** 슈퍼의 이론은 1회적 선택이 아니라 전 생애의 발달단계에 걸친 포괄적 선택을 설명한다.

06 다음의 행동특성이 올바르게 연결된 것은?

> ㉠ • 점심을 먹으면서도 서류를 보면서 먹는다.
> • 아무것도 하지 않고 쉬면 견딜 수 없다.
> • 주말이나 휴일에도 쉴 수가 없다.
> ㉡ • 열심히 일을 했지만 성취감보다는 허탈감을 느낀다.
> • 인생에 환멸을 느낀다.
> • 불면증이 생긴다.

	㉠	㉡
①	내적 통제소재	외적 통제소재
②	A형 성격	B형 성격
③	과다 과업지향성	과다 인간관계지향
④	일 중독증	소진

> **해설 |** ㉠ 일 중독증 : 자기의 삶보다는 직장이 우선이고, 고향 친구들보다는 직장에서의 인간관계가 중요하고, 자신의 욕구보다는 일이 더 중요하다. 행여 집 안에 무슨 행사라도 있으면 자신이 하는 일이 방해받는 것 같아 귀찮아한다. 자신과 가족의 개인적인 삶이나 욕구는 제쳐둔 채 가정보다는 일을 우선시하는 사람들이 보이는 심리적·행동적 현상이다.
> ㉡ 소진 : 일에 자신의 에너지를 다 쏟아붓다가 어느 순간 일로부터 자신이 소외당하면서 겪는 심리적·행동적 증상을 소진증후군이라고 한다.

07 상담 중의 질문에 대한 설명으로 틀린 것은? ₂₀₀₄

① 간접적 질문보다는 직접적 질문이 더 효과적이다.

② 폐쇄적 질문보다는 개방적 질문이 더 효과적이다.

③ 이중질문은 상담에서 결코 도움이 되지 않는다.

④ "왜"라는 질문은 가능하면 피해야 한다.

> **해설 |** 직접적인 질문은 어느 정도의 공감대가 형성된 이후에 사용하는 것이 좋고, 그 전에는 가능하면 간접적으로 질문하는 것이 더 효과적이다(문제가 뭡니까? → 어떤 어려움이 있으신가요?).

08 내담자가 "내가 무능해서 가족이 고생한다"라고 말했을 때 내담자의 감정에 가장 공감을 잘한 상담자의 반응은? ₂₀₀₉

① "당신은 무능하지 않습니다."

② "걱정 마세요. 제가 도와드리겠습니다."

③ "가족이 고생한다고 여겨져서 마음이 아프시군요."

④ "가족들도 당신을 이해할 거예요."

> **해설 |** 공감의 가장 높은 수준으로는 내담자의 입장이 되어서 내담자의 감정을 이해하는 것이다.

09 내담자가 인지적 명확성이 부족한 경우 직업상담과정이 올바른 것은?

① 내담자와의 관계형성 → 진로와 관련된 개인적 사정 → 직업선택 → 정보통합과 선택

② 직업탐색 → 내담자와의 관계형성 → 정보통합과 선택 → 직업선택

③ 내담자와의 관계 → 인지적 명확성/동기에 대한 사정 → 예/아니오 → 직업상담/개인상담

④ 개인상담/직업상담 → 내담자와의 관계 → 인지적 명확성/동기에 대한 사정 → 예/아니오

해설 I 내담자와의 관계형성 후에 인지적 명확성이 결핍된 내담자는 개인상담 혹은 심리치료를 먼저 수행한 후에 직업상담을 실시하고, 인지적으로 명확한 내담자는 직업상담을 실시한다.

10 다음 중 상담자의 태도로서 바람직한 것은?

① 내담자와 거래적 관계를 유지하면서 대한다.

② 내담자의 이야기는 선택적으로 경청한다.

③ 상담자도 필요하다면 자신의 것을 적절하게 공개하는 개방적 자세를 갖는다.

④ 내담자의 문제를 파악하기 위하여 가능한 많은 질문을 한다.

해설 I 상담자의 자기개방
내담자를 도울 목적으로 상담자 자신의 감정, 태도, 경험 등을 공개하는 것을 말한다. 상담자가 자신에 관한 것을 적절한 때에 적절한 내용으로 공개해 줌으로써 내담자로 하여금 자신을 개방하도록 유도한다.

11 상담기법 중 내담자가 전달하는 이야기의 표면적 의미를 상담자가 다른 말로 바꾸어서 말하는 것을 무엇이라고 하는가?

① 탐색적 질문   ② 요약과 재진술
③ 명료화   ④ 적극적 경청

해설 I 요약과 재진술
내담자의 얘기를 상담자가 하나로 묶어 정리하는 것이며, 내담자의 얘기를 듣고 표면적 의미를 상담자가 다른 말로 바꾸어서 말하는 것이다.

12 즉시성의 상담기법이 유용한 경우가 아닌 것은?

① 상담자와 내담자 간에 상당한 정도의 사회적 거리가 있을 경우

② 내담자 의존성이 있을 경우

③ 상담자와 내담자 간에 친화력이 있을 경우

④ 내담자가 심리적 고통에 빠져 있을 경우

해설 I 즉시성이 유용한 경우
- 방향감이 없는 관계의 경우
- 긴장이 감돌고 있을 경우
- 신뢰성에 의문이 제기될 경우
- 상담자와 내담자 간에 상당한 정도의 사회적 거리가 있을 경우
- 내담자 의존성이 있을 경우
- 역의존성이 있을 경우
- 상담자와 내담자 간에 친화력이 있을 경우

13 다음 중 실직자 위기상담의 직접적인 목표가 되는 것은?

① 긴장감 제거와 적응능력의 회복

② 직업적성에 대한 정확한 이해

③ 변화하는 직업세계에 대한 이해

④ 의사결정능력의 증진

해설 I 실업자는 직업으로 복귀하기 전에 실업충격의 완화 및 적응력 회복 등 심리적 처치가 우선적으로 이루어져야 하며, 이를 통해 취업 효능감을 향상시켜 취업활동을 도울 수 있어야 한다.

14 초기면담의 유형인 정보 지향적 면담에서 주로 사용하는 기법이 아닌 것은?

① 폐쇄형 질문   ② 개방형 질문
③ 탐색하기   ④ 감정이입하기

해설 I 정보 지향적 면담
초기면담의 목적이 정보수집에 있다면 상담의 틀은 상담자에게 초점을 두어야 한다. 여기에서 상담자는 정보수집을 위해 탐색해 보기, 폐쇄형 질문, 개방형 질문을 사용한다.

15 다음의 내담자와 상담자의 대화 중에서 내담자가 범하고 있는 한계의 오류와 이에 대한 상담자의 개입이라 볼 수 있는 것은?

① "나는 사장님께 말을 할 수 없어요."
　－ "사장님과 대화할 수 있는 방법을 모르시는 것이겠지요."
② "우리 상사는 나와 일하는 것을 불편하게 생각해요."
　－ "그 사실을 어떻게 그렇게 잘 알지요?"
③ "그 사람들은 나를 이해하지 못해요."
　－ "누가 당신을 이해하지 못한다는 거지요?"
④ "우리 상관은 나를 무시하려 들지요."
　－ "당신의 상관에게서 특별히 어떤 점에서 무시한다는 생각이 드나요?"

> **해설ㅣ** ① 한계의 오류 : 경험을 통한 관점만을 보기 때문에 제한된 기회 및 선택에 대한 견해를 갖고 있는 내담자는 예외를 인정하지 않거나, 불가능을 가정하거나, 어쩔 수 없음을 가정한다. "나는 사장님께 말을 할 수 없어요"라고 말하는 내담자는 불가능을 가정하고 있다.
> ② 논리적 오류(마음의 해석)
> ③ 정보의 오류(불확실한 인물의 사용)
> ④ 정보의 오류(불분명한 동사의 사용)

16 다음 (　) 안에 알맞은 것은?　　　2011

> 생애진로사정은 진로사정, (　　), 강점과 장애, 그리고(　　)(으)로 이루어진다.

① 진로요약, 하루에 대한 묘사
② 일의 경험, 요약
③ 전형적인 하루, 요약
④ 훈련과정과 관심사, 내담자 자신의 용어 사용

> **해설ㅣ 생애진로사정의 구조**
> • 진로사정 : 일 경험, 교육 및 훈련 경험, 오락(여가)
> • 전형적 하루 : 독립적－의존적, 임의적－체계적
> • 강점과 장애
> • 요약

17 다음의 상담과정에 필요한 상담기법은?

> 내담자 : 난 ○○기사 자격시험에 합격할 수 없을 것 같아요.
> 상담자 : 그동안 선생님은 ○○기사 공부를 매우 열심히 하셨네요.
> 내담자 : 하지만 단념했어요. 내 친구는 ○○기사 자격시험이 어렵다고 했어요.
> 상담자 : 선생님은 ○○기사 자격시험에 불합격할 것이라고 생각하고 있군요. 그 이유는 친구 분이 어렵다고 했기 때문이고요. 그러면 선생님과 친구 분과의 공통점을 알아보기로 하죠.

① 은유나 비유 쓰기　　② 논리적 분석, 격려
③ 구체화시키기　　　　④ 정보제공

> **해설ㅣ** ② 가정된 불가능/불가피성을 이야기하는 내담자에게는 논리적 분석과 격려를 통해 개입한다.
> ① 은유나 비유 쓰기 : 자기인식이 부족한 내담자에게 사용한다.
> ③ 구체화시키기 : 구체성이 결여된 내담자에게 사용한다.
> ④ 정보제공 : 단순 오정보를 가진 내담자에게 사용한다.

18 직업상담기법의 설명으로 틀린 것은?　　　2011

① 상담자의 사적인 정보를 공개하는 자기노출은 직업상담과정에서 항상 필요한 것은 아니다
② 유머는 민감성과 시간성이 요구되며, 상담 장면에서 품위를 떨어뜨리는 것이 아니고 내담자의 저항을 우회할 수 있고 긴장을 없앨 수 있다
③ 리허설에는 2가지 종류가 있으며, 이는 내담자가 하고자 하는 것을 말로 표현하거나 행위로 보이는 명시적인 것과 원하는 것을 상상해 보는 공상적인 것이 있다
④ 주의 깊고 적절한 직면은 성장을 유도하고 용기를 주나 때론 상담자가 직면에 실패할 경우 실제로 내담자에게 해로울 수 있다

해설 | 리허설(Rehearsal)

리허설은 선정된 행동을 연습하거나 실천하도록 함으로써 내담자가 계약을 실행하는 기회를 최대화하도록 하는 것이다. 내담자가 리허설을 하는 데에는 2종류가 있는데, 하나는 명시적인 것이고 다른 하나는 암시적인 것이다. 명시적 리허설은 내담자로 하여금 그가 하고자 하는 것을 말로 표현하거나 혹은 행위로 나타내 보일 것을 요구하는 것이며, 암시적 리허설은 원하는 목표를 상상하거나 숙고해 보는 것이다.

19 홀랜드(Holland)의 직업적응 매칭(Matching)이론에서 다음과 같은 유형의 직업세계에 적합한 성격 유형은?

2015, 2003

- 사서원, 은행원, 행정관료
- 정확성과 꼼꼼함을 요구함
- 융통성과 상상력이 부족함

① 사회적 유형 ② 현실적 유형
③ 탐구적 유형 ④ 관습적 유형

해설 | 홀랜드의 성격 유형

- 현실적(R) : 밖에서 일하거나, 도구를 가지고 일하는 것과 관련된 직업(자동차 기술자, 자동기술자, 조사연구원, 농부, 전기공 등)
- 탐구적(I) : 과학적 활동이나, 추상적 문제해결과 연관된 직업(생명공학기술자, 디자인기술자, 물리학자 등)
- 예술적(A) : 창의성, 작문, 음악, 예술적 능력과 연관된 직업(작가, 인테리어 장식가, 작곡가 등)
- 사회적(S) : 사람들과 어울려 작업하거나 사람들을 돕는 것과 연관된 직업(교사, 상담가, 목회직 등)
- 진취적(E) : 설득, 지도자, 말하는 능력과 연관된 직업(판매원, 기업실무자, 변호사 등)
- 관습적(C) : 숫자, 세부사항, 자료와 연관되어 일하는 직업(사무직 근로자, 은행원, 세무사 등)

20 다음의 상담과정에서 필요한 상담기법은?

> 내담자 : 전 의사가 될 거예요. 저희 집안은 모두 의사들이거든요.
> 상담자 : 학생은 의사가 될 것으로 확신하고 있네요.
> 내담자 : 예. 물론이지요.
> 상담자 : 의사가 되지 못한다면 어떻게 되나요?
> 내담자 : 한 번도 그런 경우를 생각해 보지 않았습니다. 의사가 안 된다면 내 일생은 매우 끔찍할 것입니다.

① 재구조화 ② 합리적 논박
③ 정보제공 ④ 직면

해설 | ② 강박적 사고를 가진 내담자에게 상담자는 RET기법(합리적-정서적 상담)으로 개입한다.
① 재구조화(지각 바꾸기)는 좋다, 나쁘다만 듣는 걸 러내기 유형 내담자에게 필요하다.
③ 정보제공은 단순 오정보를 가진 내담자를 상담할 때 필요하다.
④ 직면은 비난하는 내담자를 상담할 때 필요하다.

21 다음 중 생애진로사정의 설명으로 틀린 것은?

2013, 2010, 2006

① 내담자의 과거 직업에 대한 전문지식 분석
② 내담자의 과거 직업경력에 대한 정보수집
③ 내담자의 가계도(Genogram) 작성
④ 내담자가 가진 자원과 장애물에 대한 평가

해설 | ① 내담자의 직업에 대한 전문지식을 분석하는 것은 생애진로사정의 구조에 포함되지 않는다.
생애진로사정의 구조는 진로사정, 전형적인 하루, 강점과 장애, 요약 등의 부분으로 이루어지며, 이러한 구조를 통해 내담자에 대한 정보를 얻을 수 있다. 진로사정에서는 내담자의 일 경험, 교육 및 훈련 경험, 오락(여가)에 관한 정보를 탐색하고, 전형적인 하루에서는 내담자가 자신의 삶(시간)을 어떻게 조직해 가는지에 대한 정보를, 그리고 강점과 장애에서는 내담자가 보유한 자원과 장애물을 탐색한다. 이러한 생

애진로사정의 과정에서 가족의 역할을 부가하여 분석
하는 것이 직업가계도이다.

22 직업상담에 있어 검사도구에 대해 내담자가 비현실
적 기대를 가지고 있을 때 상담자가 취할 수 있는 적
절한 행동은?

① 즉시 검사를 실시한다.
② 검사 사용목적에 대하여 내담자에게 설명한다.
③ 검사종류의 선택을 독단적으로 한다.
④ 심리검사는 상담관계를 방해하므로 실시하지
않는다.

해설 | 검사 선택 시 고려사항
• 검사의 사용 여부
• 내담자의 목표와 특성과 연관된 검사도구의 심리
측정적 속성
   – 검사지가 실시하고자 하는 목적과 특정 내담자
에 대해 적합한 타당성
   – 정상집단(규준)에서의 적합성이다.
   – 검사의 신뢰도
• 검사 선택에 내담자 포함시키기(내담자와 함께 검사
를 선택하기)

23 다음 설명은 인지적 명확성의 원인과 관련하여 어떤
직업상담과정이 필요한가?

• 자기가 경험한 역할 이외에 대해선 생각하지 못
하는 데서 오는 낮은 자기효능감으로 인하여 다
른 선택사항에 대한 고려를 방해
• 비논리적 사고나 다른 배제적 사고 유형에서 나
오는 의사결정에 방해
• 잘못된 결정방식이 진지한 결정을 방해

---

① 고정관념이 그 원인이므로 직업상담 실시
② 경미한 정신건강이 그 원인이므로 다른 치료 후
에 직업상담을 실시
③ 자신과 직업에 대한 정보결핍이 그 원인이므로
직업상담 실시
④ 직업문제에 대해 집중하는 데 어려움이 있는
것이 그 원인이므로 개인상담 후 직업상담 실시

해설 | 인지적 명확성의 범위
• 정보결핍 : 왜곡된 정보에 집착, 정보분석능력이
보통 이하인 경우, 변별력이 낮은 경우 → 직업상담
실시
• 고정관념 : 경험부족에서 오는 관념, 편협된 가치
관, 낮은 자기효능감, 의무감에 의한 집착성 등 →
직업상담 실시
• 경미한 정신건강의 문제 : 잘못된 결정방법이 진지
한 결정방법을 방해하는 경우, 낮은 효능감, 비논
리적 사고, 공포증, 말더듬 등 → 심리치료(개인상
담) 후 직업상담 실시
• 심각한 정신건강의 문제 : 심각하게 손상된 정신건
강, 약물남용 등 → 심리치료(개인상담) 후 직업상
담 실시

24 상담관계의 틀을 재구조화하기 위해서 다루어야 할
요소가 아닌 것은?   2015, 2006

① 상담자의 역할과 책임
② 내담자의 성격
③ 상담의 목표
④ 상담시간과 장소

해설 | 구조화
상담의 본질, 제한조건 및 방향에 대하여 상담자가
정의를 내려주는 것이다. 상담을 동반에 비유한다면
상담자는 안내자와 같은 역할을 하는 것이다. 구조화
를 통하여 내담자는 상담과정에서 자신이 무엇을 해
야 하는지, 상담자는 어떤 역할을 하는 것인지를 알게
된다. 구조화를 위해서 일반적으로 시간의 한계, 행
동의 한계, 책임의 한계, 역할의 한계를 설정하고, 상
담과정과 목표설정 및 비공식적 역할의 수립, 상담 장
소, 상담료 등의 내용이 포함되어야 한다.

25 개인의 직업선택에 미치는 요인들은 크게 내부요인
과 외부요인으로 나누어볼 수 있다. 이 중 내부요인
들(Internal factors)에 해당되지 않는 것은?

① 개인 정보적 요인
② 성별 등의 일반적 요인
③ 개인 심리적 요인
④ 개인 사회적 요인

해설 l 직업선택에 영향을 미치는 내부요인
- 개인적 요인(성별 등 일반적 요인, 개인 심리적 요인 등)
- 개인 사회적 요인(가정환경, 학교환경 등)

26 직업상담 장면에서 미결정자나 우유부단한 내담자에게 가장 우선되어야 할 직업상담 프로그램은?

2014, 2010, 2007

① 미래사회 이해 프로그램
② 자신에 대한 탐구 프로그램
③ 취업효능감 증진 프로그램
④ 직업세계 이해 프로그램

해설 l 개인의 진로선택과 진로의사결정을 돕기 위해 구조화된 직업상담 프로그램을 실시할 수 있으며, 이때 가장 우선적으로 자신에 대한 이해와 관련하여 자신의 흥미, 적성, 성격, 가치관 등을 탐색해 볼 수 있는 프로그램이 필요하다.

27 자신에 대한 탐구 프로그램 내용에 포함되지 않는 것은?

① 타인이 판단하는 자신의 모습
② 가족관계
③ 자신의 능력 평가
④ 과거 위인의 생애와 자신의 생애 비교

해설 l 자신에 대한 이해 프로그램은 자기 자신에 대해 탐색해 보는 프로그램이므로 가족관계는 프로그램의 내용으로 맞지 않다.

28 개인적 부적응의 행동을 보이는 내담자가 취업상담을 원할 때 우선 고려해야 할 점은?

① 성취검사
② 능력검사
③ 부적응 행동의 수준평가 및 치료
④ 가족력

해설 l 인지적 명확성의 사정에서처럼 단순 정보부족이거나 고정관념일 경우 바로 직업상담을 실시하고, 정신건강에 문제가 있다고 판단될 경우 심리치료 등을 실시한 후에 직업상담에 들어가듯이, 부적응 행동을 보이는 내담자의 경우 부적응 행동의 수준이 어느 정도인지를 우선 평가하고, 바로 직업상담을 실시할 수 없는 경우에는 이에 대한 치료를 한 후에 직업상담을 실시한다.

29 다음 중 생애진로사정(Life career assessment)과 관련이 없는 것은?

2004

① 생애진로사정은 아들러의 개인심리학에 이론적 기초를 두고 있다.
② 생애진로사정의 구조는 진로사정, 전형적인 하루, 강점과 장애 및 요약으로 이루어진다.
③ 생애진로사정은 직업상담의 마무리 단계로서 최종 결론을 도출하기 위한 시도이다.
④ 생애진로사정은 구조화된 면담기술로서 짧은 시간에 체계적인 정보를 수집할 수 있다.

해설 l 생애진로사정(Life career assessment)
생애진로사정은 상담자가 내담자와 처음 만났을 때 이용할 수 있는 구조화된 면접기법이다. 상담자와 내담자에게 내담자와 환경과의 관계를 이해하는 데 도움을 주는 것으로, 아들러의 개인심리학에 기초하며, 진로사정, 전형적인 하루, 강점과 장애 및 요약으로 이루어진다.

30 일반적으로 상담자가 갖추어야 할 다음의 기본기술들 중 "내담자가 전달하려는 내용에서 한 걸음 더 나아가 그 내면적 감정에 대해 반영하는 것"을 무엇이라 하는가?

2003

① 해석
② 공감
③ 직면
④ 명료화

31 홀랜드의 유형에 따르면 기술자, 정비사, 엔지니어 등은 어느 유형에 속하는가?

2015, 2003

① 현실형　　　　② 관습형
③ 탐구형　　　　④ 사회형

32 인간의 성격 유형을 6가지로 구분한 홀랜드 흥미검사에서 과거나 미래보다는 현재를 중요시하고 사람보다는 사물 지향적인 작업을 선호하는 사람의 유형은?

2015, 2003

① 탐구형　　　　② 관습형
③ 사회형　　　　④ 현실형

33 다음의 면담에서 직업상담자가 택한 개입의 방법은?

> 내담자 : 난 사업을 할까 생각 중이에요. 그런데 그 분야에서 일하는 여성들은 대부분 이혼한다고 합니다.
> 상담자 : 선생님은 사업을 하면 이혼할까 두려워하시는군요. 직장여성들의 이혼율과 다른 분야에 종사하는 여성들에 대한 통계를 알아보도록 하죠.

① 구체화시키기　　　② 논리적 분석
③ 격려　　　　　　　④ 재구조화

34 상담면접에서 질문을 사용하는 상담자의 요령으로 적절한 것은?

2004

① 질문은 가능한 개방적 형태를 띠어야 한다.
② '예' 혹은 '아니오'의 단답식 답변을 이끌어낼 수 있는 질문을 하여야 한다.
③ 한꺼번에 많은 정보를 얻기 위해서는 상담자는 질문공세를 펴야 한다.
④ 내담자를 충분히 이해하기 위해서는 '왜?'라는 질문을 자주 던져야 한다.

35 생애주기에 관한 연구들의 결과가 주는 시사점이 아닌 것은?

① 모든 연령수준별로 일에 대한 이해, 일을 수행하기 위한 훈련과 자격, 원하는 직업을 얻는 방법, 생활과 직업의 관계를 인식해야 한다.

② 특히 10대에게는 직업에 필요한 적당한 기술과 훈련이 필요하다.

③ 한번 얻은 직업정보는 시간과 상황에 관계없이 계속 유지되어야 한다.

④ 여성과 노인들을 위한 취업정보체계가 필요하다.

> **해설 |** 직업의 세계는 하루가 다르게 변화하고 있으며 따라서 직업정보 역시 그때그때 다시 수집되고 가공되어야 한다.

36 직업지도 프로그램을 개발해서 운영하는 데 있어서 적합하지 않은 시각은?

① 미래사회를 보는 시각
② 노동시장과의 연계
③ 생애주기 변화에 대한 인식 제고
④ 개인의 사회경제적 지위

> **해설 |** 직업지도 프로그램을 개발하고 운영하는 데 개인의 사회경제적 지위와 관련한 시각은 적합하지 않다.

37 신규입직자를 대상으로 하는 상담으로서, 조직문화, 인간관계, 직업예절, 직업의식과 직업관 등에 관한 정보를 제공하고 필요 시 직업지도 프로그램에 참여케 하는 등의 상담은?

① 직업전환 상담　　② 직업적응 상담
③ 구인구직 상담　　④ 경력개발 상담

> **해설 |** ① 직업전환 상담 : 전직의사가 있으며 전직하고자 하는 사람
> ② 직업적응 상담 : 신규입직자
> ③ 구인구직 상담 : 재취업하려고 하는 실직자
> ④ 경력개발 상담 : 경력개발의 단계에 있는 재직자

38 효과적 상담에 장애가 되는 면담행동은?

① 내담자와 유사한 언어를 사용하는 행동
② 분석하고 충고하는 행동
③ 비방어적 태도로 내담자를 편안하게 만드는 행동
④ 경청하는 행동

> **해설 |** 상담을 실패하게 하는 원인 가운데 70%가 충고 때문이다.

39 상담에 관련된 다음 설명 중 맞는 것은?

① 즉시성(Immediacy)이란 내담자의 질문에 대해 즉각적으로 반응하는 것을 의미한다.

② 내담자에게 피드백(Feedback)을 줄 때는 대체로 부정적인 것부터 주는 것이 좋다.

③ 상담을 진행하면서 시간, 내담자의 행동 및 절차상의 제한, 상담목표 등에 대해 논의하는 것을 구조화(Structuring)라고 한다.

④ 짧은 시간에 구체적인 정보를 많이 수집하려고 할 때는 폐쇄형 질문(Closed question)보다 개방형 질문(Open question)이 효과적이다.

> **해설 | 즉시성**
> 상담자가 상담자 자신의 바람은 물론 내담자의 느낌, 인상, 기대 등에 대해서 이를 깨닫고 대화를 나누는 것을 의미한다. 즉시성에는 관계즉시성과 지금-여기에서의 즉시성이 있다. 관계즉시성이란 상담자-내담자 관계의 질에 대해서 그것이 긴장되어 있는 것인지, 지루한 것인지 혹은 생산적인 것인지에 대해 내담자와 이야기를 나누는 상담자의 능력을 의미한다. 그리고 지금-여기에서의 즉시성은 발생하고 있는 어느 특정 교류에 대해서 의논하는 것을 말한다.

40 직업대안 선택과정에 생길 수 있는 문제 중에서 내담자가 선택할 수 없게 만드는 원인은?

① 낮은 수준의 좌절
② 부적절한 흥미와 과제

③ 정보의 평가절하

④ 위험부담을 지지 않으려 함

> **해설 ㅣ 우유부단의 원인(선택을 미루는 원인)**
> • 실패에 대한 공포(위험부담을 지지 않으려 함)
> • 중요한 타인들의 영향
> • 완벽하려는 욕구
> • 성급한 결정 내리기
> • 우유부단함에 대한 강화
> • 다재다능
> • 좋은 직업들의 부재

41 직무의 활동, 과제 그리고 작업조건을 기술한 것은?

2006, 2003

① 직무안내서 　　　 ② 직무기술서

③ 직무명세서 　　　 ④ 직무지침서

> **해설 ㅣ** 직무기술서와 직무명세서 둘 다 직무분석의 결과를 정리 · 기록한 문서이다.
> ㉠ 직무기술서 : 직무내용과 직무요건을 동일한 비중으로 다루고 있다. 직무의 특성을 강조한 것으로 직무명칭, 소속 · 직종, 직무내용, 직무수행에 필요한 각종 도구, 직무수행 방법 및 절차, 작업조건 등이 있다. 이는 직무의 목적과 표준성과를 제시해 줌으로써 직무에서 기대되는 결과와 직무수행 방법을 간단하게 설명해 준다.
> ㉡ 직무명세서 : 직무내용보다 직무요건, 특히 인적요건에 큰 비중을 두고 있다. 인적요건을 강조한 것으로 직무명칭, 소속 · 직종, 교육수준, 기능 · 기술 수준, 지식, 정신적 특성 및 육체적 능력, 작업경험, 책임정도 등을 기술한다.

42 게라트(Gelatt)가 제시한 의사결정과정 단계로 맞는 것은?

① 목표수립 → 정보수집 → 실현 가능성 예측 → 가능한 대안의 탐색 → 가치평가 → 의사결정 → 의사결정 평가 → 재투입

② 목표수립 → 정보수집 → 가능한 대안의 탐색 → 가치평가 → 실현 가능성 예측 → 의사결정 → 의사결정 평가 → 재투입

③ 목표수립 → 가능한 대안의 탐색 → 정보수집 → 실현 가능성 예측 → 가치평가 → 의사결정 → 의사결정 평가 → 재투입

④ 목표수립 → 정보수집 → 가능한 대안의 탐색 → 실현 가능성 예측 → 가치평가 → 의사결정 → 의사결정 평가 → 재투입

> **해설 ㅣ** 게라트(Gelatt)의 처방적 진로의사결정 모형은 진로목표설정 → 정보수집 → 가능한 대안의 열거 → 각 대안의 실현 가능성 예측 → 가치평가 → 의사결정 → 의사결정의 평가 → 재투입의 과정으로 도식화할 수 있는데, 이러한 순환과정은 의사결정 시에 계속 반복된다.

43 낮은 동기를 갖는 내담자에게 자기효능감을 증진시키기 위한 방법에 포함되지 않는 것은?

① 내담자의 장점을 강조하며 격려하기

② 긍정적인 단계를 강화하기

③ 내담자와 비슷한 인물이나 비디오테이프 보여주기

④ 직업대안을 규명하기

> **해설 ㅣ 좋은 선택이나 전환을 할 수 있는 자기효능감 증가시키기**
> • 성공적으로 진로를 선택하는 방법을 논의하기 위해 내담자와 비슷한 인물이나 비디오테이프를 제공한다.
> • 내담자의 강점을 강조하면서 격려한다.
> • 긍정적 단계를 강화시킨다.
> • 내담자가 계획/의사결정과제(나는 좋은 일을 했다)를 완수했을 때, 자기강화방법을 가르쳐준다.

44 직업상담 장면에서 미결정자나 우유부단한 내담자에게 가장 우선되어야 할 직업상담 프로그램은?

2014, 2010, 2007

① 미래사회 이해 프로그램

② 자신에 대한 탐구 프로그램

③ 취업효능감 증진 프로그램

④ 직업세계 이해 프로그램

해설 l 개인의 진로선택과 진로의사결정을 돕기 위해 구조화된 직업상담 프로그램을 실시할 수 있으며, 이 때 가장 우선적으로 자신에 대한 이해와 관련하여 자신의 흥미, 적성, 성격, 가치관 등을 탐색해 볼 수 있는 프로그램이 필요하다.

45 다음은 직업상담과정 중 무엇에 대한 설명인가?

2006

> 직업상담 시 상담자와 내담자가 상담에 대한 기본적인 기대를 맞추어가는 과정으로, 이를 통해 내담자는 상담에 대한 모호함과 불안감을 경감시킬 수 있다. 여기에는 상담이 얼마 동안 진행되는지, 얼마나 자주 만나는 것인지, 상담시간에는 무엇을 하는 것인지, 비밀보장은 어떻게 해 주는지 등이 포함된다.

① 상담의 명료화　　② 상담의 구체화
③ 상담의 안정화　　④ 상담의 구조화

해설 l 구조화
상담과정의 본질, 조건, 목적 등에 대하여 상담자가 정의를 내려주는 것이다. 구조화를 통해 내담자는 상담관계가 합리적인 계획을 통해 이루어진다는 것을 느끼게 된다.
- 명시적 구조화 : 상담의 과정과 시간, 장소 등을 내담자에게 설명하고 정하는 것
- 암시적 구조화 : 따로 약속을 정하지 않더라도 상담관계에 있어 암묵적 동의가 생겨 구조를 가하는 것
- 서로 편안하게 느낄 정도의 최소한도로 해야 한다.
- 내담자를 처벌하는 형식으로 진행되어서는 안 된다.
- 시간약속, 내담자의 행동제한 등에 관해서는 구체적으로 정해야 한다.
- 구조화의 유형으로는 시간의 제한(비용 포함), 내담자 행동의 제한, 상담자와 내담자 역할의 구조화, 과정 및 목표의 구조화 등이 있다.

46 홀랜드(Holland)의 직업선호성 모형을 토대로 한 흥미검사에서는 직업흥미 유형을 6가지로 분류하고 있다. 이 중 관습적(Conventional) 유형의 특징과 적합한 직업을 잘 나타낸 것은?

2015, 2003

① 억세고, 강인하고, 실제적임 : 농업, 기술자나 엔지니어, 군인
② 아이디어를 강조하고 추상적인 문제를 선호함 : 과학자, 의료서비스 분야
③ 질서정연하거나 숫자를 다루는 작업을 선호함 : 회계직, 사무직, 행정직
④ 창의적인 자기표현을 잘하며 구조화된 상황을 싫어함 : 예술가, 저술 분야

해설 l 관습적 유형 : 안정을 추구하며, 체계적이고 순서가 정해진 활동을 선호한다. 자료, 숫자, 통계를 통한 작업(회계, 사무, 행정 등)을 선호한다.

47 직업상담에서 저항을 다루는 방법으로 적절하지 않은 것은?

① 내담자와의 상담관계를 재점검한다.
② 내담자의 고통을 공감해 준다.
③ 내담자가 위협을 느끼지 않도록 한다.
④ 긴장이완법을 사용한다.

해설 l 저항감 다루기 및 재인식하기
- 변형된 오류 수정하기 : 변형된 오류를 수정하는 방법으로 되돌아간다.
- 친숙해지기 : 상담관계를 높이기 위해서 내담자와의 관계를 긴밀히 한다.
- 은유 사용하기 : 위험을 축소화하기 위해서 은유를 사용하고 대안을 제시한다.
- 대결하기 : 목적 행동에 직면한다.

48 내담자로 하여금 자기의 문제를 새로운 각도에서 이해하도록 그의 생활경험과 행동의 의미를 상담자가 설명해 주는 기법은?

2015, 2011

① 환언　　　　　　② 명료화
③ 해석　　　　　　④ 구조화

> **해설 |** 해석이란 내담자로 하여금 자기의 문제를 새로운 각도에서 이해하도록 그의 생활경험과 행동의 의미를 설명하는 것이다.

49 다음 중 상담에 대한 구조화 작업에 주로 포함되는 것으로만 나열된 것은?

2006

> a. 상담목표 설정
> b. 상담시간 약속
> c. 촉진적인 관계형성
> d. 구체적인 상담기법의 적용

① a, b, c　　　　　② b. c, d
③ a, c, d　　　　　④ a, b, c, d

> **해설 |** 구조화는 초기면담에서 상담의 틀(구조)을 형성하는 것으로 상담의 목표, 시간, 회기, 비용, 평가방법 등에 관한 내담자와 상담자 간의 전반적인 약속이 이루어지며, 촉진적 상담관계가 형성된다.

50 다음 중 직업상담에서 웰펠(Welfel)의 7단계에 관한 설명으로 틀린 것은?

① 5단계에서는 개인적인 경험과 서로 다른 사람에 대한 여러 가지 관점을 비교하여 자신의 판단체계를 벗어나서 일반화된 지식을 비교·대조할 수 있게 된다.
② 지식의 확실성을 의심하여 준법적 권위조차 받아들여질 수 없을 때가 3단계이다.
③ 지식의 궁극적인 불확실성에도 불구하고 실제에 대한 판단이나 다른 것보다 더 정확하다는 것을 인식하는 단계가 7단계이다.

④ 이상적인 지식이란 정확하고 확실하게 얻을 수 있는 것이라고 확신하면서 현실적 대안의 개념에 대하여 알기 시작하는 단계가 2단계이다.

> **해설 | 웰펠(Welfel)의 7단계(반성의 장 마련하기 단계)**
> 내담자 자신, 타인 그리고 내담자가 살고 있는 세상 등에 대한 판단을 내리는 과정을 알 수 있는 상황을 만들어주는 것이다.
> - 1단계 : 독단적인 사고를 밝히는 단계이다.
> - 2단계 : 이상적인 지식이란, 정확하고 확실하게 얻을 수 있는 것이라고 확신하면서 현실의 대안적인 개념에 대하여 어느 정도 알기 시작하는 단계이다. 여기에서는 권위라는 것이 받아들여질 수 없다는 것을 깨닫게 된다.
> - 3단계 : 절대적인 지식이 어떤 영역(과학, 수학 등)에서는 존재하지만, 그 밖의 영역에서 진리가 출현될 때까지 사람들이 제멋대로의 사실을 믿고 있다는 것을 알게 된다.
> - 4단계 : 주위 모든 지식의 불확실성을 깨닫는다. 어떤 확실성도 없으며, 절대적인 권위란 존재하지 않는다.
> - 5단계 : 점차적으로 내담자들은 존재의 법칙에 따라서 논쟁을 숙고하고 평가하며 법칙을 배우게 된다.
> - 6단계 : 자신의 판단체계를 벗어나서 일반화된 지식을 비교·대조할 수 있게 된다.
> - 7단계 : 전반적인 반성적 판단이 이루어진다. 이러한 판단능력은 비판적 탐구 및 평가과정을 통하여 획득되는 것이다.

51 내담자의 생애진로 주제를 확인하는 데 도움이 되는 자료를 바르게 연결한 것은?

① 기술확인 – 프레디저(Prediger)의 분류체계
② 작업자 역할 – 자료, 관념, 사람, 사물
③ 직업적 성격 및 작업환경 – 볼레스(Bolles)의 분류체계
④ 탐구적 성격 및 환경 – 상상적이고 창조적인 활동

해설 I

생애역할	모형
작업자	㉠ 자료–관념–사람–사물(프레디저) ㉡ 직업적 성격 및 작업환경(홀랜드 스타일 : 현실, 탐구, 예술, 사회, 진취, 관습) ㉢ 기술확인(볼레스) • 자기관리 기술 : 타인과 함께 진행하기 위한 권위, 시간, 공간 등 • 기능적, 전환적 기술 : 정보, 사람, 사물에 대해 어떻게 행동하는가 • 일의 내용 기술 : 어휘, 일 관련 기법, 과정 등을 숙달하는 데 필요한 기술
학습자	㉠ 학습자 형태(콜브의 4가지 학습자 형태 : 집중적, 환산적, 동화적, 적응적) ㉡ 학습형태(캔필드의 4가지 학습형태 : 조건, 내용, 양식, 기대)
개인	㉠ 생애형태(아들러) • 세계와 개인과의 관계를 일, 사회(사회적 관계), 성(우정) 3가지로 구분, 이들은 서로 얽혀 있어 하나가 변하면 다른 것도 변한다. • 출생순위에 따른 인간의 위치 ㉡ 대뇌반구상의 기능(좌뇌형, 우뇌형)

생애진로 주제란, 내담자의 정보와 행동을 이해하는 방법으로 직업상담 분석에 있어 하나의 툴(도구, Tool)이다.

52 마이어스–브릭스의 유형지표에 관한 설명으로 틀린 것은?

① 자기보고식의 강제선택 검사이다.
② 판단형과 지각형의 성격 차원은 지각적 또는 정보수집적 과정과 관계가 있다.
③ 외향형과 내향형의 성격 차원은 세상에 대한 일반적인 태도와 관계가 있다.

④ 내담자가 선호하는 작업 역할, 기능, 환경을 찾아내는 데 유용하다.

해설 I ② 판단형과 지각(인식)형의 성격 차원은 주된 행동양식과 관련 있다.

53 다음 중 정상적인 실직자와의 상담 장면에서 피해야 할 것은?

① 정신분석적 해석을 근거로 한 꿈의 해석
② 공감적 이해
③ 자기개방하기
④ 반복, 요약, 환언하기

해설 I 정신분석적 상담은 내담자의 무의식을 탐색하고 분석하여 깊은 수준의 성격변화를 추구하는 상담 목표를 가지고 있으므로 시간과 비용이 많이 들며, 관련 분야에 숙련된 상담자도 부족하다는 제한점이 있다. 그러므로 일반 실직자를 대상으로 상담하기에는 비효율적인 방법이 될 수 있다.

54 다음 중 내담자가 상담에 적극적으로 임하도록 도와주는 방법으로 틀린 것은?

① 계속 들어준다.
② 내담자의 분노, 좌절, 방어를 예상해야 한다.
③ 설득방법을 활용해야 한다.
④ 철저한 대면을 한다.

해설 I 내담자가 상담에 적극적인 태도로 임하지 않고 유보적인 태도를 취하는 경우 저항의 한 형태로 볼 수 있으며, 이렇게 저항하는 내담자의 말을 무조건 계속 들어주기만 하는 것은 내담자를 상담에 적극적으로 임하게 하는 좋은 방법이 아니다.

55 초기면담의 주요 요소 중 내담자로 하여금 행동의 특정 측면을 검토해 보고 수정하게 하며 통제하도록 도전하게 하는 것은?

2011

① 계약　　　　　② 감정이입
③ 리허설　　　　④ 직면

해설 | 직면
내담자가 모르고 있거나 인정하기를 거부하는 생각과 느낌, 행동에 대해서 주목하도록 하는 상담자의 언급(지적)을 직면이라 하며, 직면을 통해 내담자로 하여금 자신을 돌아보고 통찰하도록 한다.

56 상담자에 대한 공감적 이해과정을 설명한 것으로 틀린 것은?

2003

① 공감적 이해를 위해서는 내담자의 입장에서 느끼고 생각해야 한다.
② 공감적 이해는 내담자의 자기탐색과 수용을 촉진시킨다.
③ 공감적 이해란 상담자가 내담자의 주관적인 경험의 세계에 자신을 맞춰나가는 것이다.
④ 공감적 이해란 지금-여기에서의 내담자의 감정과 경험을 정확하게 이해하는 것이다.

해설 | 공감적 이해를 통해 내담자의 주관적인 세계를 상담자가 마치 내담자가 된 것처럼 공감하고 이해하지만 그것에 상담자 자신을 맞춰간다는 의미는 아니며, 객관성을 유지한 상태에서 내담자의 경험과 감정을 이해하는 것이 필요하다.

Chapter 04 직업상담자의 역할과 윤리

Section 01 직업상담자의 역할

직업상담자는 그 명칭에서도 알 수 있듯이 독특한 영역에 대한 다양한 역할을 한다. 이 역할들은 각각 독자적인 전문영역이며, 이러한 역할들을 전문적으로 잘 수행할 수 있다면 이는 또 다른 직업을 가질 수 있음을 의미하는 것이다. 직업상담자로 활동하게 되면, 고용처의 성격에 의해 여러 가지 역할들을 수행하게 되는데, 여기서는 직업상담자의 9가지 역할을 소개하겠다.

❶ 상담자

상담을 하고자 방문한 내담자의 유형은 여러 가지이다. 취업하고자 하는 구직자, 단순히 직업정보만을 확인하려는 자, 자신의 적성이나 흥미에 관하여 측정하고 싶은 학생, 자녀의 진학이나 진로에 관심 있는 부모, 직업전환을 하고자 교육훈련에 관한 안내를 받고자 하는 직장인, 오랫동안 노동시장을 떠난 후에 구직활동을 하는 여성, 고용보험 적용 사업장의 퇴직자로서 실업급여를 받으려는 실업자, 정년퇴직 후에도 직업을 가질 수 있는지 궁금한 중·고령자 등 내담자는 직업에 대한 욕구가 매우 다양한 계층으로 구성되어 있다. 직업상담자는 이러한 내담자의 직업욕구에 적절한 일반상담이나 직업상담을 수행하는 상담자의 역할을 한다.

❷ 처치자

직업상담자는 단순히 정보만을 알려고 온 내담자뿐 아니라 빈번히 직장을 옮겨 다니는 사람, 자신의 이력 중 좋지 않은 생각 때문에 비슷한 유형의 이야기만 해도 거부감을 나타내는 사람, 직장에 다니지만 구조조정이 있다는 풍문에 다른 사람보다 심한 불안을 느끼는 사람, 직장에서 동료와 항상 문제를 가지고 있는 사람, 자기의 능력에 대하여 평가절하하거나 평가절상하는 고정관념을 가지고 있는 사람, 취업처를 소개해 주어도 두려워하거나 우유부단하여 미적거리는 사람, 어떤 정보를 주어도 신뢰를 하지 않는 사람, 알코올중독 및 약물중독과 관련되어 직업문제가 있는 사람, 직업에 적응하지 못하는 사람, 상담과정에서 불안한 모습을 보이는 사람 등 다양한 직업문제를 가지고 있는 내담자와 만나게 된다. 실업자의 경우, 병원에서 의사가 병을 진단하고 치료하듯이 직업상담자가 실업자의 직업문제를 진단하고 분류하여 처치하는 과정이 있어야 한다. 이것은 인간에 대한 충분한 지식과 다년간의 상담자 경력이 있어야 수행 가능한 역할이다.

❸ 조언자

상담은 내담자 스스로 문제를 인식하여 문제해결을 하도록 돕는 활동이므로 충고를 하거나 지시를 하는 방법은 좋지 않다. 그러나 고용 관련 법규와 관련된 정보, 직업세계 정보, 미래사회 정보, 구인정보 등을 제공하여도 모호한 의사결정을 하는 내담자가 있게 마련이다. 예를 들면, 고용 관계 법규에 대해 법적 지식이 없는 사람은 법조항을 일방적으로 자신에게 유리하도록 해석하는 경향이 있다. 또한 여러 가지 정보를 주어도 자신의 취미에 맞는 정보에만 집착하는 사람도 있으며, 어떤 내담자는 이미 왜곡된 정보를 가지고 와서 상담자의 동의를 구하기도 한다. 주부의 경우 이미 아내와 어머니의 역할에 젖어 있어 직업인으로서의 능력이 적은데도, 자신은 고학력자이며 결혼 전에 전문직에 종사하였다는 생각으로 결혼 전에 가졌던 직업과 동일한 임금과 이에 상당한 근로조건을 갖춘 직장을 원할 수 있다. 이때 직업상담자는 충고나 지시가 아닌 조언을 해 주어야 한다. 이러한 조언도 상담기법에 따라 제공되어야 하는데, 직업상담자는 내담자가 조언을 받아들여 자신이 가지고 있는 정보가 충분하지 못하거나 왜곡되어 있음을 인식하고 바른 각도에서 문제해결을 하도록 도와주어야 한다.

❹ 개발자

직업상담자는 다양한 계층의 내담자와 만나게 된다. 직업선택을 하려는 10대와 20대의 청소년, 직업복귀를 하려는 주부, 명예퇴직이나 정년퇴직을 하였으나 직업을 가지려는 50대 이후의 중·고령자, 직장을 가지고 있으나 근로조건이 더 좋은 직장을 찾는 직업인, 실업위기를 맞고 있는 직장인, 학교를 졸업한 후 한 번도 직업을 갖지 못한 신규실업자, 직업경력이 있으나 실업을 맞은 전직실업자, 일정한 기술이 있어도 취업이 안 되는 장애자 등 매우 다양하다. 또한 이들이 가지는 직업욕구도 천차만별이다. 직업상담자는 이러한 다양한 계층을 대상으로 자기를 이해하고 직업의식을 촉구하며 직업생활에 도움이 되기 위한 프로그램을 개발하는 역할을 한다. 예를 들면, 청소년들에게는 대학의 전공을 선택할 때 간접적인 경험에 의해 다양한 직업과 만나게 하는 프로그램이 필요하고, 주부에게는 직업인으로서 가져야 할 기초 능력과 태도, 그리고 직업의식을 고취시켜 직업과 밀접하게 연관시켜 주는 프로그램이 제공되어야 하며, 실업자들에게는 실업에서 오는 충격을 완화시켜 주는 프로그램이 있어야 한다.

❺ 지원자

직업상담자는 직업발달단계에 따라 개발된 직업상담 프로그램을 실제로 적용하고 그 결과를 평가하여 프로그램을 보완하는 한편, 프로그램 참여자를 관찰하여 프로그램 개발자에게 중요한 자료를 제공하는 지원자의 역할을 한다.

❻ 해석자

직업상담의 목적은 예언에 있다. 직업상담에서 예언이라 함은 내담자가 가지고 있는 능력을 판정하여 능력에 적합한 직업을 찾아내는 것이다. 그러므로 검사결과는 미래의 내담자를 예언하는 데 좋은 자료가 된다. 내담자의 정보는 상담신청서나 구직표에 기재된 간단한 내용이 전부이므로 내담자에 대한 특징을 알기 위해서는 심리검사를 실시하는 것이 좋다. 직업상담자는 내담자의 정신적 특질인 성격, 흥미, 적성, 진로성숙도 등에 관한 심리검사를 실시하고 결과를 분석·판독한다. 그리고 결과를 내담자에게 해석해 주어 내담자가 보다 자신을 잘 이해하도록 촉구하는 한편, 이 결과를 가지고 직업에 관한 적절한 정보를 제공해야 한다. 이와 같이 직업상담자는 직업에 관한 심리검사를 해석하는 해석자 역할을 한다.

❼ 정보분석가

직업상담이 다른 상담과 다른 점은 직업정보를 가지고 상담을 한다는 것이다. 직업정보는 그 양이 방대할 뿐만 아니라 수시로 변화하는 속성을 가지고 있으며, 또한 내담자의 특성에 맞는 직업정보를 찾아야 그 가치가 있게 된다. 이러한 직업정보는 직업세계에 대한 정보, 미래사회에 대한 정보, 그리고 내담자에 대한 정보로 구성되어 있다. 가령 취업정보는 전국의 온라인 시스템으로 연결되어 있어 전국의 직업안정기관이 동시다발적으로 내담자에게 정보를 제공하게 된다. 그러나 정보망에 수록된 취업정보는 그 순간 이미 구직자와 구인자가 연결되어 종결되는 경우도 많다. 그러므로 직업상담자는 적정한 정보와 관련된 기업체에 확인 작업을 거쳐 현재 살아 있는 정보를 내담자에게 제공해야 한다. 또한 직업정보망에 수록된 각종 직업들은 체계적인 코드에 의해 운영되고 있는데, 국가에서 통용되는 이러한 코드는 직업상담자가 반드시 알아 두어야 할 내용이다. 이와 같이 직업정보는 수시로 변화하고 있기 때문에 산업사회에서는 현재의 직무를 분석하여 이를 직업정보화해야 한다. 직업상담자는 이러한 정보를 수집·분석·가공·관리하고 환류(Feedback)하여 정보를 축적하는 과정에 절대적인 시간을 투입해야 한다.

❽ 협의자

직업정보는 방대하기 때문에 각종 정보를 생산하는 기관과 단체들과 유기적인 관계를 맺어, 이러한 정보제공원이 생산한 정보가 직업정보망에 자동적으로 축적될 수 있도록 체제를 구축해야 한다. 이를 위하여 직업상담자는 직업정보 제공원과 긴밀한 관계를 유지하는 한편, 취업정보를 제공하는 기업체의 인사노무 담당자와 협조체제를 가져야 한다. 그리고 지역사회의 인력수요를 위하여 지역사회 인사, 기업체의 관계자와 정기적인 간담회를 개최하거나 협의회를 구성하여 운영하는 등의 역할을 한다. 또한 취업박람회와 같은 행사를 위하여 직업정보 제공원들의 협조를 요청하는 등 직업정보 제공원들과 협의관계를 갖고 있다.

❾ 관리자

직업상담은 내담자와 1:1 관계이지만, 직업정보를 수집하기 위하여 다양한 기관이나 단체 그리고 기업들과 관계를 맺고 있다. 직업상담자는 이러한 기관과 서신이나 유선을 통하여 유기적인 관계를 맺으며, 내담자의 상담기록을 누가적으로 축적하여 수시로 열람할 수 있도록 관리해야 한다. 또한 상담실이 항상 쾌적한 상태로 유지되도록 해야 하며, 직업안정전산망에는 최신의 정확한 정보를 투입하고 산출해야 할 임무가 있다. 그리고 직업상담자는 동료와 함께 상담진행을 위한 계획을 수립하고 상담결과를 평가하며, 상담진행에 있어 문제점을 협의하고 보완해야 한다. 이와 같이 직업상담자는 상담과정, 직업정보 수집과정, 상담실의 관리과정 등에서 일어나는 일련의 업무를 관리하고 통제하는 역할을 한다.

❿ 연구 및 평가자

직업상담자는 직업환경 변화에 의하여 내담자의 직업상담 욕구가 다양화됨에 따라 이에 대하여 주기적으로 조사·연구하는 한편, 이에 적절한 상담 프로그램 개발을 위한 연구 및 직업상담 운영에 대한 평가를 한다.

Section 02 직업상담자의 윤리

❶ 직업상담자의 윤리

(1) 윤리강령의 필요성

직업상담은 내담자와 상담자 간에 보유된 가치에 기초하여 방향이 선택되고 결정이 이루어진다. 직업상담은 책임이 요구되는 윤리적 활동이며, 특별한 상황에서 옳고 사려 깊은 반성적 사고를 기초로 한 활동이다.

가치, 윤리, 법적 책임이 명확하지 않은 직업상담자가 있다면 내담자들은 상담이라는 좋은 의도에도 불구하고 손해를 본다. 그러므로 직업상담자는 다른 상담자와 일하기에 앞서 자신의 전문적 상담지침에 관해 인정받는 것이 중요하며, 내담자에게 항상 애정과 지혜를 베풀어야 한다. 또한 직업상담자는 내담자가 제안하는 것에 주의 깊고 신중하게 반응해야 하며, 의심스러운 상황이 생길 때에는 다른 전문가들로부터 자문을 얻는 데 적극적이어야 한다. 패터슨(Paterson)은 상담자의 전문성은 자신의 지식과 윤리의 실천에 의존한다고 강조하였다.

상담자의 윤리강령의 필요성에 대하여 후스(V. Hoose)는 "첫째, 정부로부터 상담자의 직업을 보호받는다. 둘째, 내부의 불일치와 다툼을 조정하도록 돕고 직업 내부의 안정성을 증진시킨다. 셋째, 일반인으로부터 특히 배임행위 소송과 관련하여 상담자를 보호한다" 등의 3가지를 제시하였다.

(2) 윤리강령의 제한점

직업윤리강령은 직업상담이나 심리치료와 같은 주어진 임무를 수행하면서 자율적으로 지키기로 한 합의된 일련의 행위기준이다. 이러한 윤리강령은 여러 면에서 유용하나 다음과 같은 제한점을 갖고 있다.

① 어떤 문제는 윤리강령에 의해 해결될 수 없다.

② 윤리강령은 실행하기가 어렵다.

③ 때때로 강령에 의해 표현된 기준 사이에 갈등이 있다.

④ 강령에 밝히지 않은 법적 윤리문제가 있다.

⑤ 윤리강령은 역사적 문서로서, 한 시대에서 용인된 것도 훗날 반윤리적인 것이 될 수 있다.

⑥ 때때로 윤리강령과 법적 강령과의 갈등이 있다.

⑦ 윤리강령은 반문화적인 것을 언급하지 않는다.

⑧ 윤리강령은 가능한 모든 상황을 언급하지 않는다.

⑨ 체계적으로 하나의 윤리적 분쟁에 관련된 모든 단체의 이익을 고려하는 데에는 어려움이 있다.

⑩ 윤리강령은 상담자가 새로운 상황에서 해야 할 일을 결정하도록 돕는 적극적인 문서는 아니다.

❷ 반윤리적 행동

반윤리적 행동에는 여러 형태가 있는데, 레벤슨(Levenson)과 스완슨(Swanson)은 가장 일반적인 반윤리적 행동을 제시하였다. 즉, 비밀누설, 자신의 전문적 능력 초월, 태만함, 자신이 가지지 않은 전문성의 주장, 내담자에게 자신의 가치 속이기, 내담자에게 의존성 심기, 내담자와의 성적 행위, 이해갈등, 과중한 요금, 의심스러운 계약, 부당한 광고 등이 그것이다.

사실 직업상담자에게는 어떤 상황이나 지역에서도 일반적인 유혹이 있게 마련이다. 특히 직업상담자가 직업정보를 다룰 때 더 많은 유혹이 따르게 되는데, 이는 직업정보가 극히 개인적인 정보이기 때문이다. 개인의 경력이 포함된 직업정보의 유출, 근로조건이 좋은 구인처에 대한 정보의 누설, 경력을 높이기 위하여 직업문제에 대한 전문성이 없는데도 무리하게 행하는 상담의 진행, 개인상담보다 짧은 상담횟수로 인하여 많은 내담자와의 면담에서 오는 오해 등이 바로 유혹에 따른 문제들이다.

상담자의 윤리적 결정을 증진하기 위하여 후스(Hoose)와 파라다이스(Paradise)는 상담자의 윤리적 행동을 다음과 같은 연속적인 추론발달단계로 개념화하였다.

① 처벌지향 : 상담자는 외부적인 사회적 기준들이 행위판단의 기초라고 믿는다.

② 기관지향 : 상담자는 자신이 일하는 기관의 권위와 규칙을 믿고 따른다.

③ 사회지향 : 사회적 기준에 의해 결정해야 하며, 사회와 개인 중 사회의 요구를 항상 우선으로 한다.

④ 개인지향 : 사회의 요구와 법률에 대하여 관심을 갖지만 개인을 위하여 무엇이 최우선인가에 초점을 맞춘다.

⑤ 양심지향 : 개인에 대한 관심이 주가 되며, 내면화된 윤리적 기준에 기초한다.

❸ 윤리강령

(1) 카운슬러 윤리강령

한국카운슬러협회에서는 1979년에 다음과 같이 카운슬러 윤리강령을 제정하였다. 한국카운슬러협회의 윤리강령은 직업상담자가 지켜야 할 기본윤리이다. 그러나 직업상담자는 이외에도 다음과 같은 윤리를 지켜야 한다.

① 양질의 취업알선전산망의 구인·구직정보의 최신화

② 취업알선전산망의 구인·구직결과 즉시 처리

③ 구인·구직정보의 공신력 부여

④ 습득된 직업정보에 대한 비밀유지

⑤ 구인·구직 시 정확한 정보제공

카운슬러 윤리강령(1979. 8. 18)

1. 일반 원칙

카운슬러는 내담자가 자기 및 타인에 대한 이해를 통하여 보다 바람직한 사회생활을 할 수 있도록 돕는다. 이러한 역할을 수행하는 과정에서, 카운슬러는 자기의 도움을 청하는 내담자의 복지를 보호한다. 내담자를 돕는 과정에서 카운슬러는 문의 및 의사소통의 자유를 가지되, 그에 대한 책임을 지며 동료의 관심 및 사회공익을 위하여 최선을 다한다.

2. 개별 원칙

(1) 사회관계

　① 카운슬러는 자기가 속한 기관의 목적 및 방침에 모순되지 않는 활동을 할 책임이 있다. 만일 그의 전문적 활동이 소속기관의 목적과 모순되고, 윤리적 행동기준에 관하여 직무수행 과정에서의 갈등을 해소할 수 없을 경우에는 그 소속기관과의 관계를 종결해야 한다.

　② 카운슬러는 사회윤리 및 자기가 속한 지역사회의 도덕적 기준을 존중하며, 사회공익과 자기가 종사하는 전문직의 바람직한 이익을 위하여 최선을 다한다.

　③ 카운슬러는 자기가 실제로 갖추고 있는 자격 및 경험의 수준을 벗어나는 인상을 타인에게 주어서는 안 되며, 타인이 실제와 다른 인식을 가지고 있을 경우 이를 시정해 줄 책임이 있다.

(2) 전문적 태도

　① 카운슬러는 카운슬링에 대한 이론적 · 경험적 훈련과 지식을 갖추는 것을 전제로 하며, 내담자를 보다 효과적으로 도울 수 있는 방법에 관하여 꾸준히 연구 · 노력하는 것을 의무로 삼는다.

　② 카운슬러는 내담자의 성장 · 촉진과 문제의 해결 및 예방을 위하여 시간과 노력상의 최선을 다한다.

　③ 카운슬러는 자기의 능력 및 기법의 한계를 인식하고, 전문적 기준에 위배되는 활동을 하지 않는다. 만일 자신의 개인문제 및 능력의 한계 때문에 도움을 주지 못하리라고 판단될 경우에는 다른 전문직 동료 및 관련 기관에 의뢰한다.

(3) 개인정보의 보호

　① 카운슬러는 내담자 개인 및 사회에 임박한 위험이 있다고 판단될 때 극히 조심스러운 고려 후에만, 내담자의 사회생활 정보를 적정한 전문인 혹은 사회 당국에 공개한다.

　② 카운슬링에서 얻는 임상 및 평가자료에 관한 토의는 사례 당사자에게 도움이 되는 경우 및 전문적 목적에 한하여 제공할 수 있다.

　③ 내담자에 관한 정보를 교육장면이나 연구용으로 사용할 경우에는 내담자와 합의한 후 그 정체가 전혀 노출되지 않도록 해야 한다.

(4) 내담자의 복지

　① 카운슬러는 카운슬링 활동의 과정에서 소속기관 및 비전문인과의 갈등이 있을 경우, 내담자의 복지를 우선적으로 고려하고 자신의 전문적 집단의 이익은 부차적인 것으로 간주한다.

　② 카운슬러는 내담자가 자기로부터 도움을 받지 못하고 있음이 분명할 경우에는 카운슬링을 종결하려고 노력한다.

　③ 카운슬러는 카운슬링의 목적에 위배되지 않는 경우에 한하여, 검사를 실시하거나 내담자 이외의 관련 인물을 면접한다.

(5) 카운슬링 관계

　① 카운슬러는 카운슬링 전에 카운슬링의 절차 및 있을 수 있는 주요 국면에 관하여 내담자에게 설명한다.

② 카운슬러는 자신의 주관적 판단에만 의존하지 않고, 내담자와의 협의하에 카운슬링 관계의 형식, 방법 및 목적을 설정하고 결과를 토의한다.

③ 카운슬러는 내담자가 이해·수용할 수 있는 한도 내에서 카운슬링의 기법을 활용한다.

⑹ 타 전문직과의 관계

① 카운슬러는 상호 합의한 경우를 제외하고는 타 전문인으로부터 도움을 받고 있는 내담자에게 카운슬링을 하지 않는다. 공동으로 도움을 줄 경우에는 타 전문인과의 관계와 조건에 관하여 분명히 할 필요가 있다.

② 카운슬러는 자기가 아는 비전문인의 윤리적 행동에 관하여 중대한 의문을 발견했을 경우 그러한 상황을 시정하는 노력을 할 책임이 있다.

③ 카운슬러는 자신의 전문적 자격이 타 전문분야에서 오용되는 것을 피하며, 자신의 이익을 위해 타 전문직을 손상시키는 언어 및 행동을 삼간다.

⑵ 우리나라 직업상담사의 윤리강령[(사)한국직업상담협회 2014. 8)]

(사)한국직업상담협회에서는 2014년 8월 직업상담사 윤리강령을 제정하여 발표하였으며, 그 내용은 다음과 같다.

직업상담사 윤리강령(2014. 8)

직업상담사는 직업에 따른 인간복지 증진자라는 입장을 견지하여 도움이 필요한 내담자에게 인본주의적 직업상담 지식과 기법을 충실히 활용하며, 자신의 전문성 제고를 통한 직업적 사명을 다하기 위해서 부단히 노력한다.

1. 직업상담사의 일반적 의무와 권리

① 직업상담사는 내담자가 직업선택, 직업유지, 은퇴 등의 과정에서 자신의 이해를 바탕으로 한 합리적 의사결정 및 적응 등을 돕는다.

② 직업상담사는 인본주의 입장에서 내담자가 직업적 갈등과 고통을 치유하는 데 도움을 주며, 직업적 사명에 입각하여 모든 지식과 기법을 오직 내담자의 직업복지 증진을 위하여 사용한다.

③ 직업상담사는 내담자의 인종과 민족, 나이와 성, 직업과 직위, 사상과 종교, 경제여건 등에 차별 없이 평등하고 공정하게 돕는다.

④ 직업상담사는 정확한 최신 직업정보를 내담자에게 제공하도록 노력한다.

⑤ 직업상담사는 취업알선과 관련된 정보를 체계적으로 관리하며, 취업알선 결과를 즉시 전산망에 입력, 삭제, 보완하여 그 정확성을 유지한다.

⑥ 직업상담사는 직업상담에 대한 최고의 지식과 기법으로 내담자를 도움으로써 직업상담가의 품위와 명예를 지킨다.

⑦ 직업상담사는 자신의 양심과 전문적 판단에 따라 내담자를 상담할 수 있어야 하며, 본연의 사명을 수행함에 있어 국가와 사회로부터 법률 등에 의하여 보호받을 권리가 있다.

⑧ 직업상담사는 직업적 갈등과 고통을 덜어주기 위한 최선의 직업상담 서비스가 국민에게 제공될 수 있는 적절한 환경조성을 국가와 사회에 요구할 수 있어야 하며, 직업상담 행위에 대하여 국가와 사회로부터 정당하고 합당한 대우를 받을 권리가 있다.

2. 내담자와의 관계

⑨ 직업상담사는 내담자를 인격을 가진 존엄한 존재로서 대우하며, 내담자의 긍정적인 면에 기초하여 상담한다.

⑩ 직업상담사는 내담자의 직업문제를 해결함에 있어 내담자와 동등한 입장에서 노력하는 동반자로서의 관계를 유지하며, 내담자와의 협의하에 상담관계, 형식, 방법, 목적을 설정하고 과정을 토의한다.

⑪ 직업상담사는 내담자와의 신뢰를 바탕으로 좋은 관계가 유지되도록 최선을 다한다.

⑫ 직업상담사는 내담자가 정확한 최신의 직업정보를 가지고 의사결정할 수 있도록 최선을 다하여 지원한다.

⑬ 직업상담사는 내담자가 자신의 의사를 자유롭게 제시하고 검사, 상담시간, 상담종료 등을 선택할 권리와 상담방법에 대하여 알 권리를 인정하고 존중한다.

⑭ 직업상담사는 내담자에게 상담예약, 상담진행방법, 진행과정, 상담 시에 있을 수 있는 국면, 상담료 등에 대하여 내담자나 보호자에게 정확하고 친절하게 안내함으로써 내담자의 권리를 보호하고 내담자의 적극적 역할을 제고한다.

⑮ 직업상담사는 상담목적에 위배되지 않은 경우에 한하여 검사를 실시하며, 필요할 경우 내담자 이외의 관련 인물과도 면접을 하여 효과적인 상담을 꾀한다.

⑯ 직업상담사는 내담자가 도움을 받지 못하고 있음이 분명한 경우에는 상담을 종료하도록 한다.

⑰ 직업상담사는 직무수행에서 습득한 내담자의 비밀을 철저히 유지하며, 학술적 발표나 논의에 있어서는 내담자의 신상에 관한 사항은 일체 공개하지 않는다.

⑱ 직업상담사는 연구의 목적으로 상담사례를 발표할 시에는 반드시 내담자의 사전 동의를 얻어야 하며, 이 경우 내담자의 신상에 대한 일체의 단서가 공개되지 않도록 한다.

⑲ 직업상담사는 자신의 전문성을 제고하기 위하여 인간에 대한 연구, 직업상담기법 탐구 등의 연구활동을 부단히 전개하여야 한다.

3. 동료 직업상담사와의 관계

⑳ 직업상담사는 모든 직업상담사들을 서로 아끼고 존중한다.

㉑ 직업상담사는 모든 직업상담사들이 수행하는 직무의 가치와 내용을 인정하고 이해하여야 하며, 상호 간에 민주적 직무관계를 이루도록 최선의 노력을 다한다.

㉒ 직업상담사는 내담자와의 직업상담과 관련된 모든 활동을 수행함에 있어 동료 직업상담사와 협조하여야 하며, 전문가 기준에 위배되지 않도록 자신의 역량을 최대한 발휘한다. 자신의 개인적 여건이나 능력의 한계에서 벗어난 내담자의 경우 언제든지 내담자에게 맞는 전문성을 가진 동료 직업상담사에게 의뢰한다.

㉓ 직업상담사는 직업상담심리학적으로 인정되지 않은 직업상담을 행하는 경우를 제외하고는 동료 직업상담사들의 상담행위에 대하여 비난하지 않는다.

㉔ 직업상담사는 동료 직업상담사들이 의학적·윤리적 오류를 범하는 경우 그것을 해당자에게 알려 바로잡도록 하여야 한다.

4. 직업상담사의 사회적 역할과 임무

㉕ 직업상담사는 지역사회, 국가, 인류사회와 그 구성원들의 직업적 갈등과 고통을 치유하고 직업생활의 질을 향상시키는 데 최선의 노력을 경주한다.

㉖ 직업상담사는 실업에 따른 국가·사회적 비용경감을 위하여 노력하는 동시에 노동에 대한 적절한 보상이 보장되는 여건을 형성하는 데 감시자의 역할을 한다.

㉗ 직업상담사는 적절한 검사비, 상담료, 프로그램 참가비 등 이외의 금품이나, 부당한 대가 등 정당하지 않은 방법으로 경제적 이득을 취하여서는 안 된다. 따라서 순수한 목적의 직업상담 서비스를 제공하며 상담료와 관련하여 직업상담 질서를 문란하게 하지 않는다.

㉘ 직업상담사는 내담자를 위한 직업정보 제공 이외의 목적으로는 어떠한 방법으로도 광고를 하지 않는다. 직업정보 제공의 목적이더라도 과장, 동료 직업상담사 비방, 저속한 광고를 하지 않는다.

5. 직업상담 연구

㉙ 직업상담사는 내담자가 초기면담에서 상담종료 시까지 상담목적을 달성하도록 도우며, 상담 이외의 다른 목적으로 상담을 진행하지 않는다.

㉚ 직업상담사는 직업상담기법을 구현하고 그 과정과 결과를 관련 학회에 보고하여 회원들에게 정보를 공유하는 데 최선을 다한다.

㉛ 직업상담사는 전문성 제고를 위하여 직업상담 전문지식과 기법, 직업정보의 가공 등에 대하여 부단히 노력한다.

㉜ 직업상담사는 직업상담 서비스의 질을 위하여 정기적으로 관련 학회의 교육 및 연구활동에 적극적이고 능동적으로 참여한다.

㉝ 직업상담사는 전문가로서의 활동을 통해 직업상담 정책과 제도의 발전 및 확립에 참여한다.

01 상담사의 윤리적 태도와 행동으로 옳은 것은? 2017

① 내담자와 상담관계 외에도 사적으로 친밀한 관계를 형성한다.
② 과거 상담사와 성적 관계가 있었던 내담자라도 상담관계를 맺을 수 있다.
③ 내담자의 사생활과 비밀보호를 위해 상담종결 즉시 상담기록을 폐기한다.
④ 비밀보호의 예외 및 한계에 관한 갈등상황에서는 동료 전문가의 자문을 구한다.

> **해설 |** 상담자가 내담자와 사적인 관계를 형성하거나 이중의 관계를 맺는 것은 윤리에 어긋나는 일임. 상담기록은 보안을 유지해야 하지만 상담종결 직후 폐기해야 하는 것은 아님.

02 비밀보장의 예외 원칙과 가장 거리가 먼 것은? 2014

① 상담자가 슈퍼비전을 받아야 하는 경우
② 심각한 범죄 실행의 가능성이 있는 경우
③ 내담자가 자살을 실행할 가능성이 있는 경우
④ 청소년 내담자를 의뢰한 교사가 요청하는 경우

> **해설 |** 상담자는 상담내용에 대한 비밀을 유지해야 하나 내담자 자신 또는 타인에게 심각한 위해가 예상되는 경우 예외적으로 관련 사실을 알릴 수 있으며, 일부 교육, 연구, 슈퍼비전 등에 활용할 경우 내담자의 사전 동의를 구하여야 한다.

03 직업상담사의 윤리에 관한 설명으로 옳은 것은? 2012

① 직업상담사는 내담자 개인 및 사회에 임박한 위험이 있다고 판단되더라도 개인정보와 상담내용에 대한 비밀을 유지해야 한다.
② 직업상담사는 자신이 실제로 갖추고 있는 자격 및 경험의 수준을 벗어나는 인상을 주어서는 안 된다.
③ 직업상담은 심층적인 심리상담이 아니므로 비밀유지 의무가 없다.
④ 직업상담사는 내담자가 상담을 통해 도움을 받지 못하더라도 먼저 종결하려고 해서는 안 된다.

> **해설 |** 직업상담사는 비밀유지의 의무가 있으나 내담자 개인 및 사회에 임박한 위험이 있다고 판단되면 개인정보와 상담내용을 상급자 또는 상위기관에 알릴 수 있다.

04 직업상담자가 지켜야 할 윤리강령에 해당되지 않는 것은? 2011

① 내담자에 관한 정보를 교육과 연구를 위해 임의로 적극 활용한다.
② 내담자를 보다 효율적으로 도울 수 있는 방법을 꾸준히 연구 개발한다.
③ 내담자와 협의하에 상담관계의 형식, 방법, 목적을 설정하고 토의한다.
④ 자신이 종사하는 전문직의 바람직한 이익을 위하여 최선을 다한다.

> **해설 |** 내담자에 관한 정보를 교육과 연구를 위해 활용할 때에도 내담자의 정체가 노출되지 않도록 해야 하며 내담자의 사전 동의를 구해야 한다.

정답 01 ④ 02 ④ 03 ② 04 ①

05 직업상담자가 지켜야 할 윤리사항으로 가장 적합한 것은? 2010

① 습득된 직업정보를 가지고 다니면서 직업을 찾아준다.

② 습득된 직업정보를 먼저 가까운 사람들에게 알려준다.

③ 상담에 대한 이론적 지식보다는 경험적 훈련과 직관을 앞세워 구직활동을 도와준다.

④ 취업알선 관련 전산망의 구인, 구직결과를 즉시 처리한다.

06 직업상담사의 윤리강령에 대한 설명으로 틀린 것은? 2009

① 상담자는 상담에 대한 이론적, 경험적 훈련과 지식을 갖춘 것을 전제로 한다.

② 상담자는 내담자의 성장, 촉진과 문제해결 및 방안을 위해 시간과 노력상의 최선을 다한다.

③ 상담자는 자신의 능력 및 기법의 한계에도 불구하고 최선을 다하여 내담자를 끝까지 책임지도록 한다.

④ 상담자는 내담자가 이해, 수용할 수 있는 한도 내에서 기법을 활용한다.

07 직업상담사의 역할이 아닌 것은? 2008

① 치료자 및 조언자의 역할

② 자료제공자의 역할

③ 내담자의 보호자 역할

④ 기관/단체들과의 협의자 및 직업심리검사 해석자의 역할

08 다음 중 직업상담사에게 요구되는 역할이 아닌 것은? 2007

① 직업정보를 분석하고 구인·구직정보를 제공

② 구직자의 직업적 문제를 진단하고 해결 및 지원

③ 노동통계를 분석하여 새로운 직업전망을 예견하여 미래의 취업정보를 제공

④ 직업상담실을 관리하며 구직자의 행동을 조정 및 통제

01 내담자의 전이반응을 촉진시키기 위해 상담자가 자기노출을 거의 하지 않고 중립성을 유지하는 상담이론은?

① 정신분석적 상담
② 인간 중심 상담
③ 실존주의 상담
④ 형태주의 상담

02 내담자가 자신의 경험에 초점을 맞춤으로써 자신에 대해 살펴보고 이야기할 수 있도록 해 주는 구조화된 면접방법은?

① 생애진로사정 ② 직업카드분류
③ 진로가계도 ④ 투사적 방법

03 다음 중 직업상담의 원리에 관한 설명으로 틀린 것은?

① 효과적인 직업상담은 직업상담자와 내담자 간의 신뢰관계가 형성될 때 이루어진다.
② 직업상담에서는 개인의 진로나 직업결정이 핵심요소이므로 효과적인 직업상담에는 진로의사결정과정이 포함되어야 한다.
③ 효과적인 직업상담은 변화하는 사회구조와 직업세계에 대한 이해를 바탕으로 이루어져야 한다.
④ 심리검사의 결과가 내담자에 대한 이해를 제한하는 경우가 많아 효과적인 직업상담을 위해 가능한 한 사용이 자제되어야 한다.

04 다음 중 현실치료에서 가정한 인간의 5가지 욕구에 해당하지 않는 것은?

① 힘의 욕구 ② 자기실현의 욕구
③ 생존의 욕구 ④ 소속의 욕구

05 크롬볼츠(Krumboltz)와 버그란드(Bergland)가 개발한 직업문제해결상자(Problem-solving career kits)를 활용하는 직업상담이론은?

① 정신역동적 직업상담
② 발달적 직업상담
③ 내담자 중심 직업상담
④ 행동주의 직업상담

06 다음 중 진로의사결정 모델에 해당하지 않는 것은?

① Tversky의 배제모델
② Vroom의 기대모델
③ Janis와 Mann의 협상모델
④ Mitchell의 선택모델

07 내담자 정보수집을 위해 사용하는 구조화된 면접의 한 방법인 생애진로사정(Life career assessment) 과정에서 다음 내용은 어느 단계에 해당하는가?

> • 직업경험에서 가장 좋았던 점
> • 교육 및 훈련경험에서 가장 싫었던 것
> • 여가 및 사회활동

① 진로사정(Career assessment)
② 일상적인 하루 생활(Typical day)
③ 강점과 장애(Strengths and obstacles)
④ 직업능력평가(Vocational competency assessment)

08 인지적 상담이론에서 설명하는 인지적 오류 중 다음은 무엇에 해당하는가?

> 100% 완벽하게 일을 하지 않으면 아무것도 하지 않은 것이거나 실패한 것이다.

① 선택적 주의
② 이분법적 추론
③ 과잉일반화
④ 개인화

09 다음 중 형태주의 상담에 관한 설명으로 틀린 것은?

① 인간은 과거와 환경에 의해 결정되는 존재이다.
② 인간본성에 대한 실존주의적 철학과 인본주의적 관점의 토대 위에 개인적 책임을 강조한다.
③ 역할연기, 대화연습, 과장해서 표현하기 등의 다양한 기법들을 사용한다.
④ 개인이 자신의 내부와 주변에서 일어나는 일들을 충분히 자각할 수 있다면, 자신이 당면하는 삶의 문제들을 개인 스스로가 효과적으로 다룰 수 있다고 가정한다.

10 진로결정수준에 따라서 내담자의 상태를 분류할 때, 다음 사례에 해당하는 내담자는?

> • 역기능적인 불안을 동반한다.
> • 진로를 쉽게 결정하지 못하는 심리적 속성을 지니고 있다.
> • 일반적으로 진로문제해결에서 부적응적인 성격을 갖고 있다.

① 우유부단형
② 진로결정자
③ 진로미결정자
④ 조기 진로결정자

11 아들러(Adler)의 개인주의 상담에 관한 설명으로 틀린 것은?

① 현실에 대한 내담자의 주관적 지각을 중요시한다.
② 결정론적 입장을 강조한다.
③ 행동수정보다는 동기수정에 더 관심을 가진다.
④ 사회적 관심과 공동체감을 중요시한다.

12 보딘(Bordin)이 제시한 진로상담 단계 중 내담자의 성장과 변화를 조력하기 위한 노력에 초점을 맞춘 단계는?

① 비판적 결정단계
② 변화를 위한 단계
③ 탐색단계
④ 계약체결의 단계

13 다음 중 적극적인 경청과 가장 거리가 먼 것은?

① 내담자로 하여금 생각이나 감정을 자유롭게 표현할 수 있도록 도와준다.
② 내담자가 자신의 문제를 탐색하도록 돕고, 자신의 문제에 대한 탐색 동기를 증가시키도록 돕는다.
③ 상담자가 자신이 내담자의 말을 주목하여 듣고 있음을 전달해 준다.
④ 내담자가 말하는 내용의 의미를 파악해서 해석해 준다.

14 상담이론 중 상담 성과의 중요 결정요인은 상담자의 태도, 인간적 특성, 그리고 내담자와 상담자 간 관계의 질이며, 상담이론과 기법에 관한 상담자의 지식은 부차적인 것이라고 주장한 것은?

① 정신분석적 상담
② 인지적-정서적 상담
③ 인간 중심 상담
④ 행동주의 상담

15 상담결과에 영향력을 행사하는 내담자 요인 중 치료 과정을 잘 참고 상담을 종결하는 데 가장 도움을 주는 것은?

① 문제의 심각성
② 상담에 대한 동기
③ 과거 상담경험
④ 지능

16 특성-요인 상담에서 브레이필드(Brayfield)가 구분한 직업정보의 기능이 아닌 것은?

① 재조정 기능　　② 정보적 기능
③ 동기화 기능　　④ 평가의 기능

17 초기상담에서 상담자가 달성해야 할 가장 중요한 목표는?

① 내담자의 인적사항 파악
② 내담자의 의문에 대답하는 것
③ 내담자와 신뢰관계 형성 및 치료계획 수립
④ 내담자의 의존심을 줄이는 것

18 다음 중 발달적 직업상담에 대한 설명으로 옳은 것은?

① 대표 학자는 Bordin, Super 등이다.
② 내담자의 약점에 대한 정확한 파악 및 수정을 강조한다.
③ 직업성숙도 개념이 중요하다.
④ 내담자보다는 직업상담자의 적극적인 역할이 중시된다.

19 카츠(Katz)가 제시한 직업상담에서의 3가지 행정기술에 해당하지 않는 것은?

① 사무처리 기술　　② 인화적 기술
③ 구상적 기술　　④ 사회복지 기술

20 REBT 상담의 인간관에 대한 설명으로 틀린 것은?

① 사람은 외부의 것에 의해 조건형성되기보다는 장애를 느끼도록 스스로를 조건형성한다.
② 사람은 올바르지 않게 생각하고 쓸데없이 자신을 혼란시키는 생물학적, 문화적인 경향을 가지고 있다.
③ 사람은 스스로가 혼란스러운 신념을 만들어내고, 그 혼란에 의해서 스스로 혼란된다.
④ 사람들은 자신의 인지, 정서, 행동을 변화시킬 수 있는 능력을 가지고 있지 않다.

01	02	03	04	05	06	07	08	09	10
①	①	④	②	④	③	①	②	①	①
11	12	13	14	15	16	17	18	19	20
②	①	④	③	②	④	③	③	④	④

01 전이 : 상담 장면에서 내담자가 자기의 무의식적 경험과 정서를 상담자에게 옮기는 반응

02 생애진로사정의 구조 : 진로사정, 전형적인 하루, 강점과 장애, 요약

03 심리검사 : 내담자를 객관적으로 이해하고 진단하는 데 적절히 사용할 수 있다.

04 현실치료의 5가지 욕구 : 소속, 권력(힘), 자유, 즐거움, 생존

05 Krumboltz와 Bergland는 직업문제해결상자(problem-solving career kits)를 통해 다양한 직업정보를 제시함

06 • 기술적 진로의사결정모델 : 기대모델, 갈등모델
• 처방적 진로의사결정모델 : 선택모델, 배제모델

09 형태주의 인간관 : 인간은 현상학적이며 실존적 존재로서 자신에게 가장 긴급하게 필요한 게슈탈트를 끊임없이 완성하며 살아가는 유기체이다.

12 • 탐색과 계약체결 : 내담자의 방어적 태도의 의미를 탐색하고 상담과정을 구조화하여 계약을 체결
• 비판과 결정 : 내담자의 성장과 변화를 조력하기 위한 노력을 하며 상호작용을 통해 여러 가지 대안을 탐색
• 변화를 위한 노력 : 내담자가 자아를 보다 명백히 인식하고 이해하도록 조력

13 ④의 설명은 '해석'기법에 대한 설명임

16 • 정보적 기능 : 내담자가 모호한 의사결정을 하지 않도록 정보를 제공하는 기능
• 재조정 기능 : 내담자가 부적당한 선택을 했는지 다시 살펴볼 수 있도록 현실검증을 위한 기초정보를 제공하는 기능
• 동기화 기능 : 내담자가 자신의 진로의사결정에 적극 참여하도록 동기화하는 기능

20 비합리적 신념을 바꿀 수 있고 이로 인해 행동과 정서도 변화할 수 있다고 봄

MEMO

직업상담사 1급

Vocational
Counselor

제2과목

고급 직업심리학

과목별 모의고사

직업발달이론

Section 01 특성-요인이론

특성-요인이론을 대표하는 학자들은 직업지도의 아버지인 파슨스(Parsons), 윌리엄슨(Williamson), 패터슨(Paterson) 등이 있다.

① 특성-요인이론의 특징

① 개개인은 객관적인 방법으로 측정될 수 있는 자신만의 고유한 특성을 갖고 있다.

② 직업은 성과를 위해서 특별한 특성을 갖고 있는 작업자를 원한다.

③ 개인의 특성과 직업에서 요구하는 조건이 잘 맞을수록 직업의 성공이나 만족도의 가능성이 커진다.

② 특성-요인이론의 주요 내용

(1) 파슨스(Parsons)

파슨스는 특성-요인이론의 기초가 된 3가지의 직업지도 모형을 구체화하였다.

① 개인분석(자기이해) : 자신의 적성, 흥미, 가치 등 개인적인 특성을 이해한다.

② 직업분석(직업세계 이해) : 직업에서 요구하는 자격조건, 보상, 승진, 미래전망 등에 관한 직업정보를 이해한다.

③ 과학적 조언 : 수집된 직업정보를 바탕으로 합리적인 결정을 해 나간다.

(2) 윌리엄슨(Williamson)

윌리엄슨은 상담의 과정을 6단계로 제시하였다.

① 분석 : 내담자의 정보와 자료를 수집하는 단계로 적성, 흥미, 동기 등 심리검사, 면접 등을 통해 신뢰할 수 있는 객관적인 자료를 수집할 뿐만 아니라 내담자의 태도나 관념도 다룬다.

② 종합 : 분석에서 나온 자료들을 요약하고 정리하는 과정이다.

③ 진단 : 내담자의 종합자료를 분석하여 내담자의 문제점을 확인하고 추론하는 과정이다.

④ 예후(처방) : 가용한 자료와 진단을 근거로 상담자가 내담자가 미래에 얼마나 잘 적응할 수 있는가를 판단하는 과정이다.

⑤ 상담 : 상담자는 내담자가 갖고 있는 직업선택의 문제점들을 확인하여 해결해 나갈 수 있도록 돕는 단계이다.

⑥ 추수상담 : 상담과정의 마지막 단계로, 상담의 결과에 내담자의 입장에서 판단하는 과정이 포함
된다. 상담의 결과가 만족하지 못하면 다시 상담과정이 시작될 수도 있다.

❸ 홀랜드(Holland)의 직업선택이론

(1) 홀랜드의 이론

① 홀랜드의 이론은 직업에 대한 흥미는 일반적으로 성격의 한 부분이 개인의 직업적 흥미로 이어
지기에 직업적 흥미에 대한 설명은 개인의 성격에 대한 설명이라는 가정을 기초로 하고 있다.

② 홀랜드는 성격을 유형론에 초점을 둔다. 사람들은 6유형 중 하나에 유사하고, 그 유형과 비슷한
행동이나 특성이 잘 보이며 또한 환경도 환경 속에 속해 있는 사람들에 의해 그 비슷한 특징이
나타난다고 하였다.

(2) 성격이론

① 기본가정

㉠ 대부분의 사람들은 '현실적(Realistic), 탐구적(Investigative), 예술적(Artistic), 사회적(Social), 진취
적(Enterprising), 관습적(Conventional)'의 6유형 중 하나로 분류될 수 있다.

㉡ 환경에도 '현실적, 탐구적, 예술적, 사회적, 진취적, 관습적'의 6종류가 있으며, 대부분 그 환경
에는 그 성격 유형에 일치하는 사람들이 있다.

㉢ 사람들은 자신의 능력이나 기술을 활용하고, 태도와 가치를 나타내며, 자신에게 맞는 역할을
잘할 수 있는 환경을 찾는다.

㉣ 개인의 행동은 성격과 환경의 상호작용에 영향을 받아 결정된다.

② 6가지 성격 유형

㉠ 현실형(Realistic) : 현장에서 몸으로 활동하는 것을 좋아한다. 사교적인 부분이 약하며, 대인관
계 부분에서 어려움을 느끼며 혼자 또는 현실형인 사람들과 일하는 것을 좋아한다. 기술자나
엔지니어, 운전 등 사물 지향적이다.

㉡ 탐구형(Investigative) : 사람보다는 아이디어를 강조하고 추상적인 사고능력을 가지고 있다. 반
면에 리더십 기술이 부족하고, 과학자 직업을 가진 사람들이다.

㉢ 예술형(Artistic) : 창의성을 지향하며, 아이디어와 재료를 사용해서 새로운 방식으로 표현하는
작업을 좋아한다. 예술가, 실내장식가, 음악가 등이다.

㉣ 사회형(Social) : 다른 사람들과 함께 일하는 것을 지향하며, 다른 사람을 돕는 것과 육성하고
계발하는 것을 좋아한다. 기계적이고 과학적인 능력이 부족하다. 카운슬러, 사회사업가, 상담
사 등이다.

㉤ 진취형(Enterprising) : 물질이나 아이디어보다는 목표달성을 위해 타인을 통제하고 지배하는
데 관심이 있다. 상징적이고 체계적인 활동은 싫어하며, 과학적 능력이 부족하다. 경영자, 영
업, 법관 등이 속한다.

ⓗ 관습형(Conventional) : 잘 짜인 구조에서 일을 잘하고, 기록을 정리하거나 자료를 정리하거나 세밀하고 꼼꼼한 일에 능숙하다. 심리적인 활동은 어려워한다. 비서, 회계사, 공무원, 사무원 등이다.

(3) 홀랜드의 5개 주요 개념

① 일관성(Consistency, 개인 간 비교)

　㉠ 육각형 유형에는 인접해 있는 직업 유형끼리는 유사한 점이 많이 있으며, 반면에 멀리 떨어진 유형끼리는 유사한 점이 거의 없다.

　㉡ 육각 모형에서 꼭지점에서 가까운 유형끼리는 일관성이 있다고 해석한다. RI > RA > RS

② 변별성(Differentiation, 개인 내 비교)

　㉠ 개인이 어떤 1가지 유형만 높은 점수를 보이고 다른 유형에서는 낮은 점수를 보일 때 변별성이 있다고 한다.

　㉡ 6개의 유형들이 골고루 유사성을 보이고 있는 경우, 특징이 없거나 그 특징이 규정되지 않았다고 할 수 있다. 그러므로 직업흥미나 직무를 규정하기가 어렵다.

③ 일치성(Congruence, 개인과 작업환경 간 비교)

　㉠ 개인의 직업흥미나 특성이 직무 또는 조직과 잘 맞는지를 의미한다.

　㉡ 직업적 흥미와 직업특성이 잘 조화를 이룰 때 일치성이 높아진다.

　㉢ 현실적 환경에는 현실형 유형, 탐구적 환경에는 탐구형 유형이 가장 완벽한 적합이다.

④ 정체성(Identity)

　㉠ 정체성이란 자신의 목적이나 흥미, 재능에 대해 스스로 정확한 안정된 인식을 가지고 있는지를 말한다.

　㉡ 작업환경의 정체성은 조직이 분명하고, 목적과 업무, 안정된 보상을 가지고 있으면 정체성이 있다고 해석한다.

⑤ 계측성

　㉠ 육각형 모형에서의 흥미 유형 또는 환경 유형 간의 거리는 그들의 이론적 관계에 반비례한다.

　㉡ 계측성을 통해 육각형은 개인 흥미들에 대한 일관성의 정도를 나타내주는 모형으로 활용될 수 있다.

(4) 검사도구 개발

홀랜드는 직업선호도검사, 자기방향탐색, 직업탐색검사, 자기직업상황 등 검사도구를 개발하였다.

① 직업선호도검사(VPI) : 사람들은 다양한 직업들에 좋고 싫음을 표시한다.

② 자기방향탐색(SDS) : 내담자가 직접 점수를 기록하는 1시간용 측정워크북과 소책자가 있으며, 직업상의 활동, 능력, 구체적 직업에 대한 태도, 자아평가능력을 다룬다.

③ 직업탐색검사(VEIK)

　㉠ 미래 진로문제에 대해서 다소 또는 매우 스트레스를 받는 내담자에게 사용한다.

ⓛ 직업탐색검사(VEIK)의 4가지 목표

- 미래진로로 생각하고 있는 직업의 수를 증가시킨다.
- 직업과 진로에서 원하는 것을 이해하도록 돕는다.
- 과거 경험과 현재 직업의 목표가 어떻게 관련되는지 알아본다.
- 지금이 어떻고 다음 단계가 무엇인지를 알도록 지원한다.

④ 자기직업상황(MVS) : 자가 검사로 직업 정체성, 직업정보에 대한 필요, 선택된 직업목표의 장애 등을 측정한다.

Section 02 직업적응이론 제 개념

❶ 롭퀴스트(Lofquist)와 데이비스(Dawis) 이론

롭퀴스트와 데이비스는 직업만족과 근로자 적응에 관한 접근방법을 발전시키고자 미네소타 대학교의 직업적응 프로젝트에 참여했다. 일이란 인간의 상호작용과 만족, 불만족, 보상, 스트레스와 기타 여러 가지의 심리적 변인을 포함하며, 개인은 자신의 작업환경과 긍정적 관계를 유지하려 한다는 일적응이론(Theory of work adjustment)을 발표하였다. 롭퀴스트와 데이비스는 개인-환경조화이론이라는 가정을 제시하였다. 이는 인간은 작업에서의 요구를 성취하도록 동기화되어 있고, 작업을 통해 개인적 요구를 성취하도록 동기화되어 있으며, 개인이 이러한 조화를 유지하려고 노력하는 것을 일 적응이라 하며, 직무유지, 직무만족도, 효율성과 체계적으로 연관되어 있을 수 있다고 가정하였다.

(1) 성격이론

① 성격구조(Personality structure)

　㉠ 개인의 능력과 가치의 목록 등 이들 간의 관계를 말한다.

　㉡ 개인의 가치는 욕구(Needs)를 뜻하는데, '개인이 주어진 강도로 강화물을 요구하는 정도'로 정의된다.

　㉢ 개인의 성격구조를 파악하는 데 가치와 능력의 파악이 중시된다.

　㉣ 가치와 능력은 개인이 성장하면서 노출되는 환경에서 주어지는 강화에 의해 점차 안정적으로 변화를 갖는다고 가정한다.

② 성격양식(Personality style) : 성격구조가 작동하는 방식을 뜻한다.

　㉠ 민첩성(Celerity) : 환경과의 작용에서 빨리 혹은 천천히 반응하는 정도(개인의 반응 속도)

　㉡ 속도(Pace) : 활동수준이 높거나 낮은 정도(개인의 에너지 소비량)

　㉢ 리듬(Rhythm) : 활동수준의 패턴(다양한 활동성)

　㉣ 지속성(Endurance) : 환경과 상호작용에서 반응의 길이(다양한 활동수준의 기간)

③ 직업성격(Work personality) : 개인의 성격 중 직업과 밀접하게 관계되는 부분이다.

④ 직업성격을 평가하는 도구

　㉠ 일반적성검사(GATB) : 개인의 능력

　㉡ 미네소타 중요도검사(Minnesota Importance Questionnaire, MIQ)

　　• 20개의 욕구에 대한 개인의 중요도를 측정한다.

　　• 성취(Achievement), 편안함(Comfort), 지위(Status), 이타성(Altruism), 안정성(Safety), 자율성(Autonomy) 등 6개의 가치요인으로 묶어진다.

(2) 직업환경이론

① 직업환경은 직업환경구조(Work environment structure)와 직업환경양식(Work environment style)을 통해 파악한다.

② 직업환경은 신호(Cue)와 강화인(Reinforcer)이 있다.

　㉠ 신호(Cue) : 어떤 반응이 적절하고 언제 반응하는지에 관한 자극조건을 뜻한다.

　㉡ 강화인(Reinforcer) : 반응의 유지, 이후 반응이 일어날 가능성과 관련된 요소를 뜻한다.

(3) 직업적응이론

① 개인과 직업환경의 상호작용과정을 이야기하는 것이 직업적응이론이다.

② 개인이 환경과 조화를 이루려는 것, 이를 유지하려는 기본적인 동기가 있다고 본다.

③ 개인과 환경 간에 조화는 서로 조화를 이루려고 노력하는 역동적인 과정이다.

④ 2가지 개념 만족(Satisfaction)과 충족(Satisfactoriness)이 있다.

　㉠ 만족 : 조화의 내적지표로 직업환경이 개인의 욕구에 얼마나 만족하는가에 대한 개인의 평가이다. 개인의 욕구에 대한 직업의 강화가 적절할 때 만족이 높다.

　㉡ 충족 : 조화의 외적지표로 직업에서 요구하는 과제와 수행할 수 있는 개인의 능력에 관한 개념이다. 직업환경이 과업을 수행할 수 있는 능력을 개인이 갖고 있을 때 직업의 요구가 충족된다.

⑤ 개인과 환경이 적응과정에는 성격뿐 아니라 적응양식(Adjustment style)이 영향을 준다.

　㉠ 유연성(Flexibility) : 개인-환경 간의 부조화가 있을 때 대처반응 전에 부조화를 견딜 수 있는 정도이다. 유연성이 낮으면 부조화에 견디지 못하고 대처반응을 한다.

　㉡ 적극성(Activeness) : 개인-환경 간 부조화의 정도가 유연성의 범위를 넘어설 때, 환경을 변화시켜서 대처하는 방식이다.

　㉢ 반응성(Reactiveness) : 개인-환경 간 부조화의 정도가 유연성의 범위를 넘어설 때, 자신의 직업성격을 변화시킴으로써 대처하는 방식이다.

　㉣ 인내(Perseverance) : 환경과의 부조화가 있을 때 환경을 견뎌내는 정도이다.

Section 03 발달적 이론

진로발달이 생애과정이며 생애 전 단계에서 일어난다는 것을 전제로 한 직업선택이론이다.

① 긴즈버그(Ginzberg)의 발달이론

의사결정과정에서 개인차가 있으며, 직업선택은 개인이 직업생활과 전 생애에 걸쳐 일어나지만 초기 선택이 중요하다.

발달이론을 개발하는 과정에서

① 표집 대상이 중상류층, 도시가정 출신의 백인 남성, 교육수준은 고등학교 졸업에서 대학원까지 해당으로 표집 특성상 연구결과의 적용은 제한적이었으며, 이들의 일탈에 대한 것이다.

② 직업선택과정은 환상기, 잠정기, 현실기 등 3단계이다.

③ 진로결정과정이 개인적으로 다를 수 있음을 지적하였다.

(1) 진로발달단계

기간	연령	특징
환상기 (Fantasy period)	유년기 (11세 이전)	• 놀이 지향적 단계 • 놀이가 일 지향으로 변화
잠정기 (Tentative period)	초기 청소년기 (11~17세)	• 일의 요구조건에 점차적으로 인식하는 단계 • 흥미, 능력, 일의 보상, 가치, 시간적 측면에 인식이 이루어지는 단계
현실기 (Realistic period)	청소년 중기 (17세~청장년기)	• 능력과 흥미의 통합단계 • 가치의 발달, 직업선택의 구체화, 직업형태의 명료화 등이 가능

① 환상기(Fantasy period) : 일을 놀이활동을 통해서 표출하려고 한다. 처음으로 특정 활동에 선호, 직업세계에 대한 최초의 가치판단을 반영한다.

② 잠정기(Tentative period) : 4단계로 구분된다.

㉠ 흥미단계(Interest stage) : 좋아함과 그러하지 않은 것에 입각해서 직업을 선택하려는 경향

㉡ 능력단계(Capacity stage) : 자신의 흥미분야에서 성공할 수 있는 능력이 있나 시험해 보고 자신의 능력을 인식하게 된다.

㉢ 가치단계(Value stage) : 특정한 직업선호와 다양한 요인들을 알게 되고, 자신의 가치관과 목표를 이해하며 자신의 직업 스타일에 대하여 이해한다.

㉣ 전환단계(Transition stage) : 주관적인 요소에서 현실적인 외적요인들로 관심을 가지게 되며 직업선택과 진로선택에 책임의식을 깨닫게 된다.

③ 현실기(Realistic period) : 3단계로 구분된다.

 ㉠ 탐색단계(Exploration stage) : 자신의 진로선택을 위해 교육이나 경험을 쌓으려고 노력하며 진로에 대한 범위를 2~3가지로 좁혀나간다.

 ㉡ 구체화단계(Crystalization stage) : 직업목표를 정하고 진로결정에 관련된 내적·외적 요소를 종합하는 단계로 특정분야에 몰두하게 된다.

 ㉢ 특수화단계(Specification stage) : 자신의 결정에 구체적으로 계획을 세우는 단계로 직업을 선택하거나 직업훈련을 받는다.

(2) 이론의 평가

① 직업선택과정이 개인의 아동기부터 성인기까지 개인의 특성에 좌우되나 결국에는 사회·문화적 환경에 따라 주관적으로 평가·발달되었다는 점이 독특하다.

② 초기의 진로선택이 중요하나 발달하면서 현실 지향적이 된다고 믿었다.

③ "직업적 선택은 일생 동안의 의사결정이며, 사람들은 자신의 일로부터 상당한 만족을 추구한다. 이를 통해서 사람들은 자신의 변경된 진로목표와 직업세계라는 현실 간의 조정을 어떻게 해 나갈 수 있는지를 반복적으로 재평가하게 되는 것이다[긴즈버그(Ginzberg), 1984]"라고 주장했다.

❷ 슈퍼(Super)의 발달이론

(1) 슈퍼의 발달이론의 명제

① 슈퍼는 직업선택 및 직업발달에 대한 이론을 분석, 종합하여 포괄적인 진로발달이론을 제시하였다.

② 슈퍼는 생애 공간적 관념에서 진로발달이라 하고 14가지의 명제를 제안하였다.

 ㉠ 능력, 성격, 욕구, 가치, 흥미, 자기개념 등에 있어 차이가 있다.

 ㉡ 사람들은 이러한 특성들로 인해 특정한 직업에 어울리는 적합성을 지니게 된다.

 ㉢ 각 직업군에는 특별히 요구되는 능력과 성격적 특성이 있다.

 ㉣ 직업선호와 적성, 생활하고 일하는 환경, 자기개념은 시간과 경험 등에 따라 변화한다. 자아개념은 청소년 후기부터 성인까지 연속적인 선택과 적응에서 안정적이게 된다.

 ㉤ 이러한 자아개념의 변화과정은 성장, 탐색, 확립, 유지, 쇠퇴 등으로 생애단계를 거친다.

 ㉥ 개인의 진로 유형의 특성은 부모의 사회경제적 수준, 정신적 능력, 교육, 기술, 성격적 특성, 진로성숙, 주어진 기회에 의해 결정된다.

 ㉦ 생애진로단계에서 조직과 환경의 요구에 적응하는 성공여부는 개인의 진로에 대한 준비도에 달려 있다. 진로성숙은 신체적, 정신적, 사회적 특성들의 집합체로서 자아개념의 발달이다.

 ㉧ 진로성숙은 가설적인 구성개념이다. 이것의 조작적 정의는 어려우나, 이에 대한 정의는 포괄적인 방식으로 개념화될 수 있다.

 ㉨ 진로발달은 능력과 흥미를 성숙시킴으로써 현실검증과 자기개념 속에서 일어나는 타협과정이다.

ⓒ 진로발달과정은 직업적 자아개념을 발달시키고 충족시키는 과정이다.
ⓚ 개인과 사회적 요소, 자아개발과 현실 간의 통합과 타협의 과정은 역할수행과 피드백을 통한 학습과정이다.
ⓔ 직업만족과 삶의 만족은 개인의 능력, 욕구, 가치, 흥미, 성격적 특징, 자아개념에 따라 다르다.
ⓟ 직업만족도는 자아개념을 충족시킬 수 있는 정도에 비례한다.
ⓗ 직업은 사람의 성격조직에 영향을 준다.

(2) 진로발달 5단계

① 성장기(출생~14세) : 아동이 가정과 학교에서 주요 인물과 동일시를 통하여 자아개념을 발달시키는 단계이다.
　ㄱ 환상기(4~10세) : 아동의 욕구가 지배적이며 역할수행이 중시된다.
　ㄴ 흥미기(11~12세) : 진로의 목표와 내용을 결정하는 데 아동의 흥미가 중시된다.
　ㄷ 능력기(13~14세) : 진로선택에 능력이 보다 중시되며, 직업에서의 요구조건을 중시한다.
② 탐색기(15~24세) : 개인이 학교생활, 여가생활, 시간제 일 등과 같은 활동으로 자아를 검증하고 역할을 수행하며 직업탐색을 행한다.
　ㄱ 잠정기(15~17세) : 욕구, 흥미, 능력, 가치와 취업기회 등을 고려하기 시작하며, 잠정적으로 경험을 통해 진로를 선택해 본다.
　ㄴ 전환기(18~21세) : 직업선택에 필요한 교육, 훈련을 받으며 자신의 자아개념을 확립하고 현실적 요인을 중요시하게 된다.
　ㄷ 시행기(22~24세) : 자기에게 적합하다고 판단되는 직업을 선택하여 직업을 가지게 된다.
③ 확립기(25~44세) : 자신에게 적합한 분야를 발견해서 종사하고 영구적인 위치를 확보하기 위해 노력하는 시기이다.
　ㄱ 수정기(25~30세) : 자신이 선택한 일의 세계가 적합하지 않을 경우, 적합한 일을 발견할 때까지 몇 차례 변화가 있게 된다.
　ㄴ 안정기(31~44세) : 진로 유형이 안정되는 시기. 개인은 직업세계에서 인정과 만족감, 소속감, 지위 등을 얻게 된다.
④ 유지기(45~64세) : 개인이 비교적 안정된 여건에서 직업에 정착하고 만족스러운 삶을 살아가는 시기이다.
⑤ 쇠퇴기(65세 이후) : 개인이 정신적·육체적으로 그 기능이 쇠퇴함에 따라 직업전선에서 은퇴하는 시기로, 다른 새로운 활동을 찾는다.

(3) 진로아치문 모델

아치문 모델은 진로발달의 복합적인 측면과 많은 돌과 시멘트를 사용한 것으로, 생애진로 무지개와 유사한 내용을 다른 방법으로 설명하였다.

① 아치문은 인간발달의 생물학적·지리학적 면을 토대로 하였고, 개인의 심리적 특징을 왼쪽 기둥으로, 사회(경제자원, 경제구조, 사회제도 등)를 오른쪽 기둥으로 세웠다.

② 사회는 개인에게 영향을 주고, 개인은 사회의 단위로서 성장하고 기능하면서 사회에서 자신의 교육적·가족적·직업적·시민적·여가적 생애를 추구한다.

③ 아치문 모델에서 사용되는 주요 개념에는 성격과 자아개념이 있다.

④ 아치문의 핵심 돌은 의사결정자인 자아로, 자아에 영향을 주는 것은 자아개념과 사회에서의 역할이며 중심 돌인 사람은 아치문, 진로의 중심적인 구성요소가 된다.

(4) 슈퍼의 직업발달과업

진로발달단계를 기초로 하여 5단계의 직업발달과업(Vocational development tasks)이 제시되었다.

직업발달과업	연령	일반적인 특징
구체화	14~17세	• 자신의 흥미, 가치 등 가용자원과 장차 생길지 모르는 일, 선호하는 직업계획 등을 인식하여 직업목적을 계획하는 지적과정단계. • 선호하는 진로를 계획하고 실행할 것을 고려하는 것.
특수화	18~21세	• 잠정적인 직업선호로부터 특정한 직업의 선호로 옮기는 단계. • 직업선택을 객관적으로 명백히 하고, 선택한 직업에 대해 구체적으로 이해하여 진로계획을 특수화하는 것.
실행화	22~24세	선호하는 직업을 위해 직업훈련을 마치고 취업하는 단계.
안정화	25~35세	직업에서 일을 하고 수행하고 재능을 활용함으로써 적합한 진로선택이며 자신의 위치를 확립하는 단계.
공고화	35세 이후	승진, 지위, 경력개발 등을 통해 자기 자신의 진로가 안정되는 단계.

(5) 슈퍼의 집단 직업상담과정

① 문제탐색 : 비지시적인 방법으로 직업문제를 탐색하고 자아개념을 표출한다.

② 심층적 탐색 : 심층적인 방법으로 탐색을 하고 지시적인 방법으로 직업문제를 설정한다.

③ 자아수용 : 자아수용과 통찰을 위해 사고와 감정을 명료화시킨다.

④ 현실검증 : 심리검사와 직업정보분석을 실시한다.

⑤ 태도와 감정의 탐색과 처리 : 현실검증에서 태도, 감정 등을 통하여 자신과 일의 세계를 탐색한다.

⑥ 의사결정 : 가능한 대안과 행동에 대해 검토하여 의사결정을 내린다.

❸ 고트프레드슨(Gottfredson)의 발달이론

(1) 직업적 포부의 발달

사람들은 자신의 자아 이미지에 맞는 직업을 원하기 때문에 직업발달에서 자아개념은 진로선택의 중요한 요인이 된다. 또한 자아개념의 중요한 결정요인은 사회계층, 지능, 다양한 경험 등이다.

(2) 직업포부의 발달단계

① 힘과 크기 지향성(3~5세) : 사고과정이 구체화되고, 어른이 된다는 것의 의미를 알게 된다. 이때 아동들은 직업을 갖는 것을 성인의 역할로 인식한다.

② 성역할 지향성(6~8세) : 자아개념이 성의 발달에 의해서 영향을 받는다.

③ 사회적 가치 지향성(9~13세) : 사회계층에 대한 개념이 생기면서 자아를 인식하고, 일의 수준에 대한 이해를 확장한다.

④ 내적 고유한 자아 지향성(14세 이후) : 내성적인 사고로 자아인식이 발달하고 타인에 대한 개념이 생겨나며, 자아성찰과 사회계층의 맥락에서 직업적 포부가 더욱 발달한다.

(3) 주요 논점

이 과정에서 사회적·경제적 배경과 지능수준을 강조, 개인이 직업세계에서 자신의 사회적 공간, 지적수준, 성 유형에 맞는 직업을 선택한다고 고트프레드슨은 설명한다.

(4) 타협과 제한

개인은 자기개념과 일치하는 직업에 대해 포부를 형성한다는 가정으로 직업포부 형성과정을 타협과 제한과정으로 설명하였다.

① 제한과정 : 자신의 자기개념과 일치하지 않는 직업대안들을 제거하는 과정이다.

② 타협과정 : 제한과정을 통해 선택된 직업대안 중 자신이 극복할 수 없는 문제를 가진 직업은 어쩔 수 없이 포기하는 과정이다. 즉, 타협은 외적현실에 적응하기 위해 자신의 진로포부를 조절하는 것이다.

Plus Check 타협의 4가지 원칙

사람들은 직업대안을 평가하기 위해 성 유형(성역할과 일치하는 직업조건), 사회적 명성(추구하는 사회적 명성을 충족시켜주는 직업조건), 흥미(흥미·성격과 일치하는 직업조건)의 직업조건들을 사용한다.

① 타협 시 성 유형 자기개념과 일치하는 직업을 끝까지 지키려 하고, 흥미와 일치하는 직업조건을 제일 먼저 포기한다.

② 타협 시 최상(best)의 선택을 결정하기보다는 최선(good)의 선택을 하려 한다.

③ 자신의 직업대안들에 만족하지 못한다면, 그 직업에 관여하는 것을 회피할 뿐만 아니라 직업대안을 탐색하거나 불만스러운 선택을 유지하거나 할 때 최대한 결정을 미루고자 한다.

④ 타협에 대한 적응

- 흥미 타협 : 심리적으로 잘 적응한다.
- 사회적 위상 타협 : 흥미 타협보다 덜 적응한다.
- 성 유형 타협 : 자신의 성과 반대되는 성 유형의 직업을 선택한 경우 심리적으로 큰 타격을 입어 가장 적응을 못한다.

---

④ 타이드만(Tiedeman)과 오하라(O' Hara)의 진로발달이론

(1) 특성

① 타이드만(Tiedeman)이 진로발달에서 다루는 개념은 자기발달이다.

② 개인의 전체적인 인지발달과 의사결정과정을 강조한다.

③ 진로발달이 개인의 자아와 관련된 위기를 해결하고자 할 때 일반적인 인지발달과정 안에서 일어
난다고 본다.

④ 자아정체감의 발달이 진로발달과정에서 핵심적인 중요성을 갖는다.

⑤ 자아정체감이 발달하면 진로의사결정의 가능성도 발달하게 된다.

⑥ 진로발달을 개인이 일에 직면했을 때 분화와 통합을 통해서 직업정체감을 형성하는 과정으로 정
의하였다.

⑦ 일에 대한 자신의 특성을 파악하고 자아 실현시키는 과정에서 진로를 결정하는 과정으로 의사결
정이론이라고도 한다.

(2) 분화와 통합

① 분화 : 다양한 직업을 학습함으로써 자아구조가 분화되어 직업세계에서의 신뢰와 불신을 해결하
게 된다.

② 통합 : 개인이 직업세계의 일원으로, 개인의 고유성이 직업세계에 고유성과 일치하게 된다.

(3) 직업정체감 형성과정(의사결정과정)

① 타이드만(Tiedeman)과 오하라(O' Hara)는 의사결정과정을 인지적인 구조와 분화와 통합에 의한 문
제해결 행동으로 보고 있다.

② 의사결정과정은 예상기(탐색기 – 구체화기 – 선택기 – 명료화기) 4단계와 실천기(순응기 – 개혁기 – 통합
기) 3단계로 7단계의 하위단계로 설명하고 있다.

Section 04 욕구이론

❶ 욕구이론의 특성

① 성격이론과 직업분류라는 이질적인 영역을 통합하는 데 관심을 두었다.

② 로(Roe)는 개인의 욕구가 직업선택에 큰 영향을 줄 수 있으며, 다양한 직업에 종사하는 사람들은
다른 성격을 지니며, 성격의 차이는 유아기와 아동기에 부모와의 관계에 따라 결정된다고 본다.

③ 직업과 기본욕구 만족의 관련성에서 매슬로의 욕구위계이론을 가장 유용한 접근법으로 설명
한다.

④ 매슬로(Maslow, 1954)의 기본욕구위계

  ㉠ 생리적 욕구

  ㉡ 안전의 욕구

  ㉢ 소속과 애정의 욕구

  ㉣ 자기존중 욕구

　　ⓜ 자아실현의 욕구

② 직업분류에 미치는 초기경험과 부모행동의 영향

① 로(Roe)는 아동기 초기의 경험은 가정환경, 특히 부모와의 관계, 부모의 행동에 큰 영향을 받는다고 설명한다.

② 발달 초기의 부모행동

　　㉠ 아동에 대한 정서적 집중은 과보호, 과요구적으로 될 수 있다.

　　㉡ 아동에 대한 회피는 정서적 거부와 방임으로 표현된다.

　　㉢ 아동에 대한 수용은 무관심한 수용과 애정적인 수용으로 나타난다.

③ 직업수준이 높을수록 직업영역 간의 심리적 특성의 거리는 멀어지며, 직업수준이 낮을수록 직업영역 간의 심리적 특성의 거리는 가까워진다고 하였다.

③ 직업분류의 체계

로(Roe)는 미네소타 직업평가 척도에서 힌트를 얻어, 흥미에 기초해서 직업을 8개의 군집으로 나누고, 각각 군집에 알맞은 직업들의 목록을 작성했다. 각 직업에서의 곤란도와 책무성을 고려하여 8×6의 분류체계를 만들었다.

(1) 8가지 직업군집(흥미에 기초)

① 서비스(Service) : 다른 사람의 취향·욕구·복지에 관심, 봉사하는 직업으로, 사회사업, 가이던스 등이 속하고, 다른 사람을 위해서 무엇인가를 하고 있는 환경이다.

② 사업적 접촉(Business Contact) : 1:1 만남을 통해 공산품, 투자상품, 부동산, 용역을 판매하는 것으로, 대인관계가 중요하며 상대방을 설득하는 데 초점을 둔다.

③ 조직(Organization) : 기업의 조직과 효율적인 기능에 주로 관련된 직업으로, 사업, 제조업, 행정에 종사하는 관리직 사무원 등이 속하며, 인간관계의 질이 형식화되어 있는 것이 특징이다.

④ 기술과학(Technology) : 상품과 재화의 생산·유지·운송과 관련된 직업을 포함하는 군집으로, 운송과 정보통신에 관련된 직업뿐만 아니라 공학·기능·기계무역에 관계된 직업들이 속한다. 대인관계보다 사물을 다루는 데 관심을 둔다.

⑤ 옥외활동직(Outdoor) : 농산물, 수산자원, 지하자원, 임산물, 기타의 천연자원을 개간·보존·수확하는 것과 축산업에 관련된 직업이 속하며, 기계화에 의해 상당부분 기술과학으로 옮겨졌으며, 대인관계는 별로 중시되지 않는다.

⑥ 과학(Science) : 과학이론을 특정한 환경에 적용하는 직업이다. 심리학, 인류학, 물리학, 과학적 연구에서도 인간관계에 호소하는 경향을 지니며, 의학직이 대표직이다.

⑦ 보편문화(General Culture) : 보편적인 문화유산의 보존과 전수에 관련되는 군집이다. 교육, 언론, 법률, 성직, 언어학·인문학과 관련된 직업들이 속하며, 초·중등학교 교사들은 이 군집에 속하나 고

등학교 교사들은 교과에 따라 서로 다른 군집에 포함된다. 과학 교사는 과학, 예술 교사는 예술과 연예, 인류학 과목의 교사는 보편문화에 속한다.

⑧ 예술과 연예(Arts and Entertainment) : 창조적인 예술과 연예에 관련된 특별한 기술을 사용하는 직업이 속한다.

(2) 직업군집의 6단계(책무성의 정도에 기초)

각 군집의 책임, 능력, 기술의 정도에 따라 각각 6단계로 분류되는데, 책무성의 정도가 단계의 구분에 가장 결정적인 영향을 미친다.

① 전문적이고 관리적인 단계 1 : 중요한 사안에 대해 독립적인 책임을 지는 전문가로, 개혁자, 창조자, 최고 경영 관리자를 포함한다.

    ㉠ 중요도와 다양성의 측면에서 중간수준의 책임을 진다.

    ㉡ 정책을 해석한다.

    ㉢ 박사나 이에 준하는 정도의 교육을 받는다.

② 전문적이고 관리적인 단계 2 : 단계 1보다 더 좁은 영역에 대한 덜 중요한 책임이 따르는 단계이다.

    ㉠ 중요도와 다양성의 측면에서 중간수준의 책임을 진다.

    ㉡ 정책을 해석한다.

    ㉢ 석사학위 이상의 교육을 받는다.

③ 준전문적인 소규모의 사업단계

    ㉠ 타인에 대한 낮은 수준의 책임을 진다.

    ㉡ 정책을 적용하거나 자신만을 위한 의사결정을 한다.

    ㉢ 고등학교나 기술학교 이상의 교육수준을 받는다.

④ 숙련직 단계 : 숙련직은 견습, 다른 특수한 훈련과 경험을 필요로 하는 단계이다.

⑤ 반숙련직 단계 : 약간의 훈련과 경험을 요구하지만 숙련직 단계보다는 낮은 수준. 자율과 주도권이 훨씬 적게 주어진다.

⑥ 비숙련직 단계 : 특수한 훈련이나 교육을 필요로 하지 않으며, 간단한 지시를 따르거나 단순한 반복활동에 종사하기 위해서 필요한 능력 이상을 요구하지 않는 단계이다.

Section 05 진로선택의 사회학습이론

1 진로발달과정의 특성과 내용

진로선택에 대한 사회학습이론은 크롬볼츠(Krumboltz), 미첼(Mitchell), 겔라트(Gelatt)에 의해서 제안되었으며, 진로발달과정이 4가지 요인에 의해서 진로선택을 결정하는 데 영향을 준다고 설명한다.

(1) 유전적 요인과 특별한 능력

유전요인과 특별한 능력이 개인의 진로기회를 제한하는 타고난 특질을 말한다. 인종, 성별, 신체적 특징, 지능, 예술적 재능을 포함한다.

(2) 환경조건과 사건

환경조건과 사건은 종종 개인의 통제를 넘어서 영향을 미친다. 즉, 개인의 환경에서의 특정한 사건이 기술발달, 활동, 진로선호 등에 영향을 미친다는 것이다. 예를 들면, 정부의 정책, 가뭄, 홍수 등이 포함되며, 이웃과 지역사회의 영향을 들 수 있다.

(3) 학습경험

도구적 학습경험과 연상적 학습경험을 포함한다.

① 도구적 학습경험 : 행동의 직접적이고 관찰 가능한 결과, 다른 사람의 반응을 통해 학습하는 것이다. 선행사건과 행동, 결과를 포함한다.

② 연상적 학습경험 : 과거의 중립적 상황에 대한 부정적·긍정적 반응이다. 이러한 연상은 관찰, 출판물, 영화 등을 통해 학습될 수 있다(예: 중병에 걸려 병원에 입원한 사람이 건강을 회복하였다면, 그 경험으로 나중에 의사가 되길 희망할 것이다. 이러한 경험은 개인이 체험하는 직간접의 대리적인 학습경험도 개인의 교육, 직업적 행동에 영향을 미친다).

(4) 과제접근기술

개인이 개발시켜온 기술(문제해결기술, 작업습관, 정신구조, 정서적 반응, 인지적 반응 등)을 말한다. 이러한 개발된 기술은 개인이 직면한 문제의 해결과 과제를 발달시키며, 개인이 환경을 이해하고 대처하는 능력이나 경향을 파악하는 것이다.

❷ 사회학습모형과 진로선택

(1) 학습경험과 진로선택

인생에서 각 개인의 독특한 학습경험이 진로선택을 결정하는 데 주요한 영향요인을 발달시킨다.
영향요인은
① 학습기준과 경험과 수행으로부터 도출된 개인의 일반화
② 환경에 대응하는 데 이용하기 위해 개발된 기술 일체
③ 직업에 지원하거나 교육이나 훈련기관을 선택하는 것도 같은 진로진입행동도 포함한다.
사회학습모형은, 직업선택에서 학습경험과 그 영향을 강조한다.

(2) 직업선호에 영향을 미치는 요인

직업선호에 영향을 미치는 요인은 수많은 인지과정, 환경과의 상호작용, 타고난 개인의 특성과 특질 등으로 구성된다. 만약 개인이 학습과정 활동이나 직업에 종사하는 동안 긍정적인 강화를 받았다면, 그 사람은 학습과정이나 직업분야에 보다 높은 선호를 보일 것이다. 유전적 요인과 환경적 요인도 선호발달과정에 영향을 준다.

(3) 개인의 신념에 대한 사회학습모형의 접근

개인의 신념과 일반화는 사회학습모형에서 매우 중요하다. 어떤 신념과 일반화가 도출되는지를 알아내는 것이 진로결정 문제를 가지고 있는 개인에 대한 상담전략을 개발하는 중요한 방법이기 때문이다.

(4) 진로선택과 진로상담

이 이론은 진로과정을 기술하며 선택에 영향을 미치는 요인의 예를 제시한다. 기술적이고 동시에 설명적이다.

① 진로결정은 학습된 기술이다.

② 진로선택을 결정하였다고 하더라도, 사람들 또한 도움이 필요하다(진로선택은 부정확한 정보와 잘못된 대체물로부터 이루어질 수도 있기 때문).

③ 성공은 진로결정에서의 기술에 의해 측정될 수 있다(결정기술의 평가가 필요).

④ 내담자는 다양한 집단으로부터 나온다.

⑤ 내담자들은 결정한 진로가 확실하지 않다고 해서 죄책감을 느낄 필요는 없다.

⑥ 어떠한 직업도 모든 개인에게 가장 좋은 직업으로 보이지는 않는다.

Section 06 새로운 진로발달이론

❶ 인지적 정보처리 관점

(1) 인지적 정보처리 개념

① 인지적 정보처리이론은 패터슨(Peterson), 샘프슨(Sampson), 리어딘(Reardon)이 개발한 것이다.

② 개인이 진로결정을 내릴 때, 어떻게 정보를 이용하는지의 측면에서 인지적 정보처리이론을 진로발달에 적용시킨 것이다.

(2) 인지적 정보처리의 주요 전제

인지적 정보처리의 주요 전제는 10개의 가정에 기초한 것이다(Peterson, J. Sampson & R. Reardon, 1991).

① 진로선택은 인지적 및 정의적 과정들의 상호작용의 결과이다.

② 진로선택은 하나의 문제해결 활동이다.

③ 진로해결자의 잠재력은 지식과 인지적 조작의 가용성에 의존한다.

④ 진로문제해결은 고도의 기억력을 요구한다.

⑤ 동기의 근원을 알면서 자신을 이해하고 만족스러운 진로선택을 하려는 욕망이다.

⑥ 진로발달은 지식구조의 계속적인 성장과 변화를 포함한다.

⑦ 진로정체성(Career identity)은 자기지식에 의존한다.

⑧ 진로성숙은 진로문제를 해결할 수 있는 자신의 능력에 의존한다.

⑨ 진로상담의 최종목표는 정보처리기술들의 발전을 성장시킴으로써 완성된다.

⑩ 진로상담의 최종목표는 진로문제해결자이고 의사결정자인 내담자의 잠재력을 증진시키는 데 있다.

(3) 인지적 정보처리과정

진로문제해결은 인지적 과정이며, 다음의 절차를 통해 증진시킬 수 있다.

① 의사소통(Communication) : 질문을 받아들여 부호화하며 송출하는 것이다(욕구를 밝힘).

② 분석(Analysis) : 한 개념적 틀 안에서 문제를 찾고 분류하는 것이다.

③ 통합(Synthesis) : 일련의 행위를 형성시키는 것이다

④ 가치부여(Valuing) : 성공과 실패의 확률에 의해 각각의 행위를 판단하는 것이다(대안들에 우선순위를 매김).

⑤ 집행(Execution) : 계획을 실행시키는 것이다.

❷ 사회인지적 이론

(1) 사회인지적 진로이론

① 사회인지적 진로이론은 렌트(Lent), 브라운(Brown), 해킷(Hackett)에 의해 개발되었다.

② 사회인지적 진로이론은 흥미·능력·가치와 같은 변인들이 어떻게 상호관계를 맺고 있으며, 이러한 변인들이 어떻게 개인성장과 진로성과로 유도되는 요인들에 영향을 미치는가를 설명하고 있다.

(2) 진로개발의 개인적 요인

① 진로개발의 개인적 요인으로는 자기효능감, 성과기대, 개인목표이다.

② 자기효능감은 4종류의 학습경험을 거쳐서 발달한다.

　　㉠ 개인적 수행성취

　　㉡ 간접경험

　　㉢ 사회적 설득

　　㉣ 생리적 상태와 반응

③ 자기효능감은 한 수행영역에서 성공을 경험할 때는 강화되는 반면에 거듭해서 실패할 때는 약해진다.

④ 이 이론에서 개인목표가 중요한 이유는 목표들이 행동을 지속시키도록 유도하기 때문이다.

(3) 반두라(Bandura)의 사회인지이론

개인과 환경 간에 상호작용하는 인과적 영향을 분류하고 개념화하기 위해 호혜성이라는 인과적 모형을 기술한다.

① 양방향적 모델형 3개 변인
- ㉠ 개인과 신체적 속성
- ㉡ 외부환경 요인
- ㉢ 외형적 행동
② 개인과 행동, 환경 사이에서 상호작용하는 힘들을 개념화하고 자신들의 사고와 행동에 영향을 주는 상황에 개개인이 어떻게 영향을 주는지 기술한다.
③ 즉, 이 이론은 개인-행동-상황의 상호작용이다.

❸ 가치중심적 진로이론

브라운(Brown)의 진로개발에 대한 가치중심적 접근법은 인간의 기능은 가치에 의해 상당부분 영향을 받는다는 가정에서 시작되었으며, 가치란 개인이 자신의 행위와 타인의 행위를 판단하는 규칙들이 된다.

(1) 가치중심모형의 6가지 명제

① 개인이 우선으로 생각하는 가치들은 얼마 되지 않는다.
② 생애역할가치를 만족시키려면 1개의 가치를 선택할 수 있어야 하며, 선택한 생애역할가치는 명확하게 그려져야 한다. 또한 각 선택권을 실행하는 난이도는 동일해야 한다.
③ 가치는 환경 속에서 가치를 담은 정보를 획득함으로써 학습된다.
④ 생애만족은 중요한 가치를 만족시키는 생애역할에 의존한다.
⑤ 한 역할의 특이성은 역할 안에 있는 필수적인 가치들의 만족 정도와 직접 관련된다.
⑥ 생애역할에서의 성공은 많은 요인에 의해 결정되는데, 이들 중에는 학습된 기술과 인지적·정의적·신체적 적성도 있다.

(2) 진로결정의 흥미와 가치

가치는 세습된 특성과 경험의 상호작용을 통해 개발되는 것이라 하였다.
① 이 이론에서는 흥미가 진로결정에 별로 큰 역할을 하지 않으며, 흥미는 가치만큼 행동형성에 큰 역할을 하지는 않는다.
② 가치들은 원하는 목표에 방향을 제공하고, 목표설정에 중추적인 역할을 함에 따라 진로결정과정에서 가장 중요한 작용을 한다.

❹ 기타 이론

(1) 자기효능감이론

자기효능감이론은 성차를 가장 잘 설명한 이론으로, 반두라(Bandura)의 사회학습이론을 토대로 하여 해킷과 베츠(Hackett & Betz, 1981)가 제시하였다.

① 특성

   ㉠ 성별의 차이에 따라 각기 다른 성역할 사회화 과정의 결과로 진로행동의 성차가 발생한다.

   ㉡ 여성은 남성보다 약한 자기효능감을 기대한다.

② 반두라의 견해

   ㉠ 반두라의 사회학습이론에서는 자기효능감이 심리적 기능에 영향을 미치는 개인의 사고와 심상(Image)을 포함한다는 점을 강조한다.

   ㉡ 자기효능감은 개인의 노력 강도를 결정하는데, 높은 효능감을 지닌 사람들은 수행을 긍정적으로 이끌어가는 과정을 시각화하고, 또 문제에 대한 좋은 해결방안을 인지적으로 제시한다.

③ 해킷과 베츠의 견해

   ㉠ 효능감이 떨어지는 여성들은 진로기동성뿐만 아니라 진로선택권에도 제약을 받는다. 또한 성취에 대한 보상을 남성과 동등하게 받지 못하는 작업환경에 있을 때 여성들은 자기효능감 개발에 방해를 받는다.

   ㉡ 낮은 수준의 효능감을 가진 여성들은 진로결정을 포기하거나, 지연·회피하는 경향이 있다.

(2) 에릭슨(Erikson)의 자아발달(심리 · 사회적 발달) 8단계

① 제 1 단계 : 구강기, 영아기(0~1세)

   ㉠ 신뢰감 대 불신감(희망 대 공포)

   ㉡ 세상을 안전하고 믿을 수 있는 곳이라고 생각하는 기본적인 신뢰감이 형성되는 시기이다. 그러나 주위의 보호가 부적절하면 아기는 세상에 대한 공포와 불신을 갖게 된다.

② 제 2 단계 : 유아기, 걸음마(2~3세)

   ㉠ 자율성 대 수치심(의지력 대 자기회의)

   ㉡ 자기의 요구에 따른 자율과 독립적인 기초를 마련하는 시기이다. 어린이는 세계에 대해 적극적, 능동적으로 신체활동과 언어사용이 증가되고, 반면에 저조한 경우 심한 회의와 수치심을 갖게 된다. 질문과 탐색활동이 많아진다.

   ㉢ 부모나 주위의 분별력 있는 도움과 격려는 자율성을 키워주지만, 과잉보호나 부적절한 격려는 자신의 능력을 의심하게 된다.

③ 제 3 단계 : 남근기, 유치기(3~6세)

   ㉠ 주도성 대 죄책감(목적의식 대 무가치함)

   ㉡ 주변세계를 탐색할 수 있는 기회와 자유는 어린이의 주도성을 발달시키지만, 반면에 자신의 행동에 죄책감을 갖는다.

④ 제 4 단계 : 잠복기, 아동기(6~11세)

   ㉠ 근면성 대 열등감(유능감 대 무능감)

   ㉡ 무엇인가를 성취하도록 기회가 주어지면 그 결과에 대해 근면성과 성취감을 갖게 되지만, 비난이나 좌절감을 경험하면 열등감을 가지게 된다.

⑤ 제 5 단계 : 청소년기(11~18세)

   ⊙ 자아정체감 대 역할혼란(충성심 대 불확실)

   ⓛ 정서적 안정과 좋은 성역할의 모델이 있으면 자신에 대한 통찰과 자아정체감이 만들어지지만, 직업선택이나 성역할, 가치관의 확립에 있어서 심한 갈등과 혼란함을 경험하게 되면 이로 인해 역할과 자아정체성의 혼란이 온다.

⑥ 제 6 단계 : 청년기(18~30세)

   ⊙ 친밀감 대 고립감(사랑 대 혼잡)

   ⓛ 청소년기에 자아정체성이 확립되면 부모, 배우자, 동료 등과 인간관계를 발전시켜 친밀감이 형성되지만, 그렇지 못하면 타인에 대한 두려움과 단절된 인생을 맞게 된다.

⑦ 제 7 단계 : 장년기(30~65세)

   ⊙ 생산성 대 침체성(보살핌 대 이기주의)

   ⓛ 자신에게 몰입하기보다는 생산적인 일, 자녀와 직업에 몰입하여 생산적인 활동을 하지만 원만하게 이끌지 못하면 사회적, 발달적 정체에 막혀버릴 수 있다.

⑧ 제 8 단계 : 노년기(65세~사망)

   ⊙ 자아통합성 대 절망감(지혜 대 의미상실)

   ⓛ 현재까지의 삶에 만족하면 생의 유한성도 수용할 수 있지만, 그렇지 않으면 공허함과 초조함 등 절망감을 느낀다.

(3) 레빈슨의 성인기이론

레빈슨(Levinson, 1996)의 생애주기이론은 질적 방법을 적용한 연구의 대표적인 사례이다. 성인기의 연구에서는 전 생애적인 접근방식이 필요하다. 인생의 사계절은 변화와 안정의 순환과정이며, 인생의 한 계절에서 다른 계절로 옮겨가는 과정에는 변화와 성장을 위한 고통이 동반한다.

① 인생구조

   ⊙ 인생구조란 특정시기에 개인생활의 기초가 되는 유형이나 설계라 할 수 있다.

   ⓛ 개인과 환경과의 관계를 형성하고 그 관계에 의해 구체화되는 발달적 기초라고 볼 수 있다.

   ⓒ 인생구조에는 외적측면(사람, 장소, 제도, 사물 등)과 내적측면(가치, 꿈, 정서 등)이 있다.

② 인생주기

   ⊙ 성인 이전 시기(0~22세) : 수태에서 청년말기까지의 형성기

   ⓛ 성인 전기(22~40세) : 인생의 중요한 선택을 하며 최고의 정력을 활용하지만 가장 큰 스트레스를 받는다.

   ⓒ 성인 중기(40~60세) : 생물학적 능력이 다소 감소하고, 사회적 책임은 커진다.

   ⓔ 성인 후기(60세 이상) : 인생의 마지막 단계

③ 생애발달의 '계절적 주기'

   ⊙ 성인 전기 전환기(17~22세)

      • 아동기를 끝내고 성인 초기로 진입

- 인생구조의 변화수반과 기본적인 전환점
- 한 시대를 끝내고 다음 시대의 기반 마련

ⓛ 성인 전기 초보인생구조(22~28세)

- 몇 개의 중요한 선택의 시기(사랑, 결혼, 가족, 직업, 독립, 삶의 양식)
- 젊은 성인이 자신의 삶을 계획
- 새로운 세계와 세대에서 자신의 위치를 마련하는 첫 시도

ⓒ 30세 전환기(28~33세)

- 성인 초기의 중반
- 입문기의 인생구조 재평가, 개별화
- 새로운 가능성 탐색, 여성과 남성 간에 다소간 발달적 어려움이 있다.

ⓔ 성인 전기 절정인생구조(33~40세)

- 사회에서 자신이 안주할 안전한 위치를 마련하고 목적을 성취해 나갈 수 있는 인생구조를 형성한다.
- 성인 세계에서 '연소자'에서 '연장자'로 이동해 가고 있다.

ⓜ 성인 중기 전환기(40~45세)

- 성인의 초기와 중기 사이의 발달적 교량역할을 하는 시기
- 30대의 인생구조를 마무리하고 젊음이 끝남을 수용
- 중년기에 걸맞은 젊음과 늙음의 균형을 이루는 새로운 방법 모색
- 개별화 작업이 이 시기에 매우 중요하며, 개별화과정을 통해서 중년기의 수정된 자아와 삶의 내적인 모형이 형성된다.

ⓗ 성인 중기 초보인생구조(45~50세)

- 중년기를 시작할 인생구조를 만든다.
- 이 시기는 새로운 세대, 인생의 새로운 계절에서 설 자리를 마련한다.

ⓢ 50세 전환기(50~55세)

- 중년 입문기의 인생구조를 재평가하고 자아와 세계에 대한 탐색에 더욱 관심을 기울여 다음 시대의 인생구조를 형성하기 위한 기초 마련
- 발달적 위기일 가능성이 있으며, 특히 10~15년 동안 삶의 변화에 준비가 없었거나 부적절한 경험을 한 사람들에게는 위기일 수 있다.

ⓞ 성인 중기 절정인생구조(55~60세)

- 30대 절정기처럼 이 시기는 중년기의 중요한 야망과 목표를 실현하기 위한 수단이 된다.

ⓩ 성인 후기 전환기(60~65세)

- 중년기를 마감하고 노년기를 시작하는 시기
- 과거를 재평가해 보고 새로운 시대로 전환해 가야 하는 시기
- 노년기로 들어갈 인생구조를 형성하는 데 필요한 기반을 마련하는 것이 과제

01 로(Roe)의 직업분류체계에 대한 설명으로 옳은 것은?

2015

① 낮은 직업수준에서는 직업영역 간의 이동이 비교적 용이하다.

② 영역(Field)과 등급(Grade)의 이원적인 분류체계로 구성되어 있다.

③ 영역은 일의 활동에 초점을 둔 것으로 6가지로 구분된다.

④ 직업영역 간의 거리는 환경적 유사성을 의미한다.

> **해설 |** • 직업군은 직업활동과 관련된 인간관계의 특성과 강도에 기초한 연속선상에 배열될 수 있으며, 연속선상에서 가까이 위치한 군집들이 떨어진 군집보다 인간관계의 특성과 강도 면에서 더 유사하다.
> • 직업수준이 높을수록 직업영역 간의 심리적 특성의 거리는 멀어지며, 직업수준이 낮을수록 직업영역 간의 심리적 특성의 거리는 가까워진다고 하였다.

02 슈퍼(Super)가 제시한 진로발달단계 중 다음에 해당하는 것은?

2015

> 출생에서 14세까지가 이 시기에 해당된다. 이 기간 중에는 가정과 학교에서의 주요 인물과 동일시함으로써 자아개념을 발달시킨다. 이 시기의 초기에는 욕구와 환상이 지배적이나 사회참여와 현실검증이 증가함에 따라 흥미와 능력을 중요시하게 된다.

① 전환기(Transition stage)

② 탐색기(Exploration stage)

③ 성장기(Growth stage)

④ 유지기(Maintenance stage)

> **해설 |** • 성장기(출생~14세) : 아동이 가정과 학교에서 중요한 타인에 대한 동일시를 통하여 자아개념을 발달시키는 단계이다.
> • 환상기(4~10세) : 아동의 욕구가 지배적이며 역할수행이 중시된다.
> • 흥미기(11~12세) : 진로의 목표와 내용을 결정하는 데 아동의 흥미가 중시된다.
> • 능력기(13~14세) : 진로선택에 능력을 중시하며, 직업에서의 훈련조건을 중시한다.

03 홀랜드(Holland)의 직업이론에 관한 설명으로 옳은 것은?

2015

① 탐구적 유형과 진취적 유형 간 일관성이 예술적 유형과 사회적 유형 간 일관성보다 더 높다.

② 홀랜드(Holland)의 6유형의 영문 머리글자는 RIADEC이다.

③ 현실적 유형은 분석적이고, 호기심이 많으며 정확한 반면 리더십이 부족하다.

④ 예술적인 사람은 관습적 환경에서 일할 때 일치성이 낮아져 능력을 제대로 발휘할 수 없다.

> **해설 |** ① 탐구형과 진취형은 두 요인이며, 예술형과 사회형은 근접하여 예술형과 사회형의 일관성이 더 높다.
> ② 홀랜드(Holland)의 6유형의 머리글자는 RIASEC이다.
> ③ 현실형은 기계, 도구, 동물에 관한 체계적인 조작활동을 좋아하나 사회적 기술이 부족하다.
> ④ 예술형은 표현이 풍부하고 독창적이며, 비순응적이고 심리적이며, 규범적인 기술이 부족하다.

04 다음 중 인지적 정보처리 관점의 주요 전제로 틀린 것은?

2015

① 진로선택은 독립적인 인지적, 정의적 과정의 결과이다.
② 진로를 선택한다는 것은 하나의 문제해결 활동이다.
③ 동기의 근원을 앎으로써 자신을 이해하고 만족스러운 진로선택을 하려는 욕망을 갖는다.
④ 진로정체성(Career identity)은 자기지식에 의존한다.

> **해설 |** 인지적 정보처리 관점의 주요 전제(Peterson, J. Sampson & R. Reardon, 1991)
> - 진로선택은 인지적 및 정의적 과정들의 상호작용의 결과이다.
> - 진로선택은 하나의 문제해결 활동이다.
> - 진로해결자의 잠재력은 지식과 인지적 조작의 가용성에 의존한다.
> - 진로문제해결은 고도의 기억력을 요구한다.
> - 동기의 근원을 알면서 자신을 이해하고 만족스러운 진로선택을 하려는 욕망이다.
> - 진로발달은 지식구조의 계속적인 성장과 변화를 포함한다.
> - 진로정체성(Career identity)은 자기지식에 의존한다.
> - 진로성숙은 진로문제를 해결할 수 있는 자신의 능력에 의존한다.
> - 진로상담의 최종목표는 정보처리기술들의 발전을 성장시킴으로써 완성된다.
> - 진로상담의 최종목표는 진로문제해결자이고 의사결정자인 내담자의 잠재력을 증진시키는 데 있다.

05 다음 중 진로아치문 모델에 관한 설명으로 틀린 것은?

2015

① 인간발달을 생물학적, 지리학적 면을 토대로 논의하였다.
② 성격은 개인을 구성하는 모든 특징을 포함하는 포괄적인 구조로 왼쪽 기둥에 표시되고, 오른쪽에는 일반지능으로 파생되는 적성(언어, 수, 공간)과 세분화된 적성을 나타낸다.
③ 아치문 모델의 돌로 표시되는 핵심은 자아, 즉 의사결정자인데, 여기에 영향을 주는 것은 자아개념과 사회에서의 역할이다.
④ 각 기둥 사이에는 상호작용이 전제되지 않는다.

> **해설 |** 슈퍼의 진로아치문 모델은 생물학적-지리학적인 면을 토대로 하여, 왼쪽의 기둥은 개인의 성격적 측면, 오른쪽 기둥은 사회(경제자원, 경제구조, 사회제도)적 측면을 나타내면서, 양쪽 기둥의 상호작용으로 자아개념이 형성된다고 보았다.

06 특성-요인이론의 기본적 가정이 아닌 것은?

2015

① 인간에게는 측정 가능한 독특한 특성이 있다.
② 직무의 성공적 수행을 위해 요구되는 구체적인 특성이 있다.
③ 개인의 특성과 직업의 요구사항을 연결시키는 것이 가능하다.
④ 개인의 특성은 지속적인 발달과정을 통해 형성된다.

> **해설 |** 특성-요인이론에서는 개인의 고유한 특성을 객관적인 검사로 측정하고, 직업이 요구하는 요인을 분석하며 개인의 특성과 직업의 요구 간에 연결하여 직업을 선택하게 한다.

07 긴즈버그(Ginzberg)의 직업발달이론에 관한 설명과 가장 거리가 먼 것은? 2014, 2007, 2006

① 직업선택과정은 환상기, 잠정기, 현실기로 구분된다.
② 잠정기는 하위 4단계로 나눠지며, 전반적으로 일에 대한 요구조건을 점차적으로 인식하는 단계이다.
③ 잠정기 전환단계에서는 직업적 선택을 구체화하고 직업적 패턴을 명료화하게 된다.
④ 개인의 진로발달 유형이 동년배와 유사하지 않은 경우 일탈적인 것으로 간주했다.

> **해설 |** 긴즈버그(Ginzberg)의 직업선택과정은 환상기, 잠정기, 현실기 등 3단계이며, 잠정기 (Tentative period)는 다음의 하위 4단계로 구분된다.
> - 흥미단계(Interest stage) : 좋아함과 그러하지 않은 것에 입각해서 직업을 선택하려는 경향
> - 능력단계(Capacity stage) : 자신의 흥미 분야에서 성공을 할 수 있는 능력이 있나 시험해 보고 자신의 능력을 인식하게 된다.
> - 가치단계(Value stage) : 특정한 직업선호와 다양한 요인들을 알게 되고, 자신의 가치관과 목표를 이해하며 자신의 직업 스타일에 대하여 이해한다.
> - 전환단계(Transition stage) : 주관적인 요소에서 현실적인 외적요인들로 관심을 가지게 되며 직업선택과 진로선택에 책임의식을 깨닫게 된다.

08 로(Roe)가 구분한 3가지 부모-자녀 상호작용 유형 가운데 다음에서 설명하는 것은? 2014, 2011, 2009

> 자녀가 남보다 뛰어나기를 바라기 때문에 부모는 엄격하게 훈련시킨다.

① 자녀회피(Avoidance of the child)
② 자녀수용(Acceptance of the child)
③ 자녀에 대한 애정(Affection of the child)
④ 자녀에 대한 감정적 집중(Emotional concentrate of the child)

> **해설 |** 로(Roe)의 욕구이론
> - 로는 아동기 초기의 경험은 가정환경, 특히 부모와의 관계, 부모행동에 큰 영향을 받는다고 보았다.
> - 발달 초기의 부모행동은 다음과 같이 개념화된다.
>   - 아동에 대한 정서적 집중은 과보호적·과요구적으로 될 수 있다.
>   - 아동에 대한 회피는 정서적 거부와 방임으로 표현된다.
>   - 아동에 대한 수용은 무관심한 수용과 애정적인 수용으로 나타난다.
> - 로는 인간 지향과 비인간 지향의 2가지를 가정했는데, 이러한 지향이 아동기 초기의 경험 및 직업선택과 관계된다고 보았다.

09 진로발달에 대한 정신분석이론에 관한 설명과 가장 거리가 먼 것은? 2014

① 일생 동안 개인이 경험을 통해서 외부로부터 영향을 받는다는 점을 가장 중요시한다.
② 만족을 추구하는 본능은 유아기의 단순행동에서처럼 성인기의 복잡한 행동에서도 나타난다고 본다.
③ 직업선택에 대한 정신분석적 입장을 타당화하는 연구가 거의 없는 실정이다.
④ 모든 직업은 욕구충족의 일환으로 기술될 수 있다.

> **해설 |** ① 유아기의 여러 경험에 의해 기본구조가 5세 이전에 형성된다.

10 진로선택을 하나의 문제해결과정으로 보는 진로발달이론으로 가장 적합한 것은? 2014

① 사회인지적 조망
② 인지적 정보처리 관점
③ 맥락적 관점
④ 자기효능감

> **해설 |** 인지적 정보처리이론은 진로문제해결에서 개인이 어떻게 정보를 사용하여 의사결정을 내리는가에 초점을 둔다.

11 홀랜드(Holland)의 직업발달이론에 대한 설명으로 가장 적합한 것은?   2014

① 개인은 자신의 성격 유형과 약간 다른 환경에서 일할 때 가장 생산적이 될 수 있다.

② 홀랜드 코드의 첫 두 문자가 육각형 모형에 인접해 있을 때 일관된 성격 유형을 나타낼 수 있다.

③ 흥미를 기초로 직업을 8가지 군집으로 나누고, 각각의 군집에 맞는 직업목록을 작성했다.

④ 6가지 인성 유형을 정하는 데 매슬로(Maslow)의 기본욕구이론을 근거로 삼았다.

> **해설 |** 홀랜드는 성격과 환경의 상호작용을 강조하고, 6가지 유형으로 분류하였다. 흥미와 성격과 환경에 맞는 유형의 사람이 최적의 선택이라고 한다.

12 직업발달에서 파슨스(Parsons)가 제안한 특성-요인이론의 핵심적인 가정으로 적합한 것은?   2014

① 개인들은 객관적으로 측정될 수 있는 독특한 능력 혹은 특성을 지니고 있다.

② 직업발달은 성장기, 탐색기, 확립기, 유지기, 쇠퇴기의 순서로 단계가 있다.

③ 초기 가족과의 관계를 중시하여 이것이 직업선택에 영향을 준다.

④ 직업발달과정은 유전요인과 특별한 능력, 환경조건과 사건, 학습경험, 과제접근기술 등의 요인과 관련 있다.

> **해설 |** 객관적인 방법으로 개인의 특성을 찾아내 직업의 요인을 연결하여 직업을 선택한다.

13 진로발달에 대한 인지적 정보처리접근의 과정과 가장 거리가 먼 것은?   2014

① 진로선택은 인지적 및 정의적 과정들의 상호작용 결과이다.

② 진로선택 및 결정은 일종의 문제해결 활동이다.

③ 진로문제해결자의 능력은 지식뿐 아니라 인지적 조작 가능성에 달려 있다.

④ 진로결정과정에서 가치는 원하는 최종상태에 대한 방향을 결정한다.

> **해설 |** ① 진로선택은 인지적 및 정의적 과정들의 상호작용의 결과이다.
> ② 진로의 선택은 하나의 문제해결 활동이다.
> ③ 진로해결자의 잠재력은 지식과 인지적 조작의 가용성에 의존한다.
> ④ 진로문제해결은 고도의 기억력을 요구한다.

14 홀랜드(Holland) 이론의 주요 개념에 관한 설명으로 옳은 것은?   2014

① 일관성 : 사람들은 자신의 특성과 비슷한 환경에서 능력을 최대한 발휘한다.

② 일치성 : 여섯 유형 중 어떤 유형들 간에는 다른 유형들보다 더 많은 공통점이 있다.

③ 정체성 : 자신의 목표, 흥미, 재능에 대한 명확하고 견고한 청사진을 가지고 있다.

④ 계측성 : 특정 유형에 속하는 특성들은 다른 유형에서는 별로 나타나지 않는다.

> **해설 | 홀랜드(Holland) 이론의 주요 개념**
> • 일관성 : 어떤 쌍은 다른 유형의 쌍보다 공통점을 더 많이 가지고 있다. 예술형-사회형은 탐구형-진취형보다 공통점이 많다.
> • 차별성 : 하나의 유형에는 유사성이 많지만 다른 유형에는 별로 유사성이 없다.
> • 정체성 : 개인의 목표, 흥미, 재능에 대한 명확하고 뚜렷한 청사진을 말한다.
> • 일치성 : 자신의 유형과 비슷한 환경에서 일을 하거나 생활할 때 일치성이 높아진다.
> • 계측성 : 육각형 모형에서 유형 간의 거리는 그 사이의 이론적 관계에 반비례한다.

15 홀랜드(Holland)의 흥미이론 중 개인의 흥미 유형과 개인이 몸담고 있거나 소속되고자 하는 환경의 유형이 서로 부합하는 정도를 무엇이라고 하는가? 2014

① 일치성(Congruence)
② 일관성(Consistency)
③ 변별성(Differentiation)
④ 정체성(Identity)

> **해설 |** 일치성 : 자신의 유형과 비슷한 환경에서 일을 하거나 생활할 때 일치성이 높아진다.

16 크롬볼츠(Krumboltz)의 사회학습이론에서 진로결정에 영향을 주는 요인이 아닌 것은? 2014

① 학습환경
② 인간관계
③ 환경적 조건과 사건
④ 유전적 요인과 특별한 능력

> **해설 |** 사회학습이론은 개인의 진로발달과정에 영향을 미치는 요인으로, 유전적 요인과 특별한 능력, 환경조건과 사건, 학습경험, 과제접근기술이 있다.

17 긴즈버그(Ginzberg)의 발달이론에 관한 설명으로 옳은 것은? 2014

① 특정 층의 백인 남성을 표본으로 개발되어 일반화에 한계가 있다.
② 진로발달단계를 환상기, 잠정기, 현실기, 확립기의 4단계로 제시한다.
③ 진로결정과정은 모든 개인이 동일하다고 가정한다.
④ 직업선택은 단 한 번의 결정이다.

> **해설 |** • 의사결정과정에서 개인차가 있으며, 직업선택은 개인이 직업생활과 함께 전 생애에 걸쳐 일어나지만 초기 선택이 중요하다.
> • 표집 대상이 중상류층, 도시가정 출신의 백인 남성, 교육수준은 고등학교 졸업에서 대학원까지로 일반화에 한계가 있다.

18 다음 중 개인의 특성과 직업세계의 특징과의 최적의 조화(Person-environment)를 가장 강조한 이론은? 2013

① 슈퍼의 생애주기이론
② 홀랜드 이론
③ 베츠의 자기효능감이론
④ 사회적 인지학습이론

> **해설 |** 홀랜드는 성격, 환경과의 상호작용을 강조하고 6가지 유형으로 나누었는데, 흥미와 성격과 환경에 맞는 유형의 사람이 최적의 선택이라고 하였다.

19 홀랜드(Holland)의 성격유형이론에서 구조화된 작업환경을 싫어하고 혁신적이고 직관적인 능력을 가지고 있는 사람들의 직업적 성격은? 2013

① 사회적 유형
② 예술적 유형
③ 탐구적 유형
④ 관습적 유형

> **해설 |** ① 사회적 유형 : 다른 사람과 함께 일하거나 다른 사람을 돕는 것을 즐긴다. 기계적이고 과학적인 능력이 부족하다.
> ② 예술적 유형 : 표현이 풍부하고 독창적, 비순응적이고 심미적이다. 규범적인 기술은 부족하다.
> ③ 탐구적 유형 : 분석적이고, 호기심이 많고 조직적이며 정확한 반면, 리더십이 부족하다.
> ④ 관습적 유형 : 체계적으로 자료를 잘 정리하고, 기록을 정리하거나 자료를 재생산하는 것을 좋아하는 대신 심미적 활동은 피한다.

20 진로발달이론 중 인지적 정보처리이론의 주요 전제에 해당되지 않는 것은? 2013

① 진로선택에서는 개인의 가치부여가 개입되어서는 안 된다.
② 진로를 선택하는 것은 일종의 문제해결과정이다.
③ 진로문제해결은 고도의 기억력을 요구하는 과정이다.
④ 진로발달은 지식구조의 끊임없는 변화를 포함한다.

해설 | 인지적 정보처리이론의 주요 전제(Peterson, J. Sampson & R. Reardon, 1991)

- 진로선택은 인지적 및 정의적 과정들의 상호작용의 결과이다.
- 진로선택은 하나의 문제해결 활동이다.
- 진로해결자의 잠재력은 지식과 인지적 조작의 가용성에 의존한다.
- 진로문제해결은 고도의 기억력을 요구한다.
- 동기의 근원을 알면서 자신을 이해하고 만족스러운 진로선택을 하려는 욕망이다.
- 진로발달은 지식구조의 계속적인 성장과 변화를 포함한다.
- 진로정체성(Career identity)은 자기지식에 의존한다.
- 진로성숙은 진로문제를 해결할 수 있는 자신의 능력에 의존한다.
- 진로상담의 최종목표는 정보처리기술들의 발전을 성장시킴으로써 완성된다.
- 진로상담의 최종목표는 진로문제해결자이고 의사결정자인 내담자의 잠재력을 증진시키는 데 있다.

21 진로발달과정이 유전요인과 특별한 능력, 환경조건과 사건, 학습경험 그리고 과제접근기술 등의 4가지 요인과 관련된다고 본 직업발달이론은? 2013

① 사회학습이론　　　② 정신분석이론
③ 직업포부발달이론　④ 평생발달이론

해설 | 사회학습이론은 개인의 진로발달과정에 유전적 요인과 특별한 능력, 환경조건과 사건, 학습경험, 과제접근기술 등 4가지 요인이 영향을 미친다고 본다.

22 슈퍼(Super)의 직업발달단계를 바르게 나열한 것은?

2013

```
A. 특수화(Specification)
B. 구체화(Crystallization)
C. 실행화(Implementation)
D. 안정화(Stabilization)
E. 공고화(Consolidation)
```

① A → B → C → D → E
② B → A → C → D → E
③ B → A → C → E → D
④ B → A → D → E → C

해설 | 진로발달단계를 기초로 하여 5단계의 직업발달과업(Vocational development tasks)이 제시되었다.

- 구체화(14~17세) : 자신의 흥미, 가치 등 선호하는 직업계획을 인식하여 진로를 계획하고 실행할 것을 고려하는 단계
- 특수화(18~21세) : 잠정적인 직업선호로부터 특정한 직업의 선호로 옮기는 단계
- 실행화(22~24세) : 선호하는 직업을 위해 직업훈련을 마치고 취업하는 단계
- 안정화(25~35세) : 직업에서 일을 하고 수행하고 재능을 활용함으로써 적합한 진로선택이며, 자신의 위치를 확립하는 단계
- 공고화(35세 이상) : 승진, 지위, 경력개발 등을 통해 자기 자신의 진로가 안정되는 단계

23 각기 다른 직업에 종사하는 사람들은 서로 다른 성격을 가지며, 이러한 성격의 차이는 어린 시절 부모와의 심리적 관계에서 기인한다고 보는 이론은? 2013

① 로(Roe)의 욕구이론
② 홀랜드(Holland)의 성격유형이론
③ 오시포우(Osipow)의 의사결정이론
④ 렌트(Lent)의 사회인지이론

해설 | 로(Roe)의 욕구이론에서 아동기 초기의 경험은 가정환경, 특히 부모와의 관계, 부모행동에 큰 영향을 받는다고 보았다.

24 슈퍼(Super)의 진로발달이론에서 탐색기의 하위단계에 해당하는 것은? 2012

① 흥미기(Interest substage)
② 전환기(Transition substage)
③ 안정기(Stabilization substage)
④ 능력기(Capacity substage)

정답　15 ①　16 ②　17 ①　18 ②　19 ②　20 ①　21 ①　22 ②　23 ①　24 ②

해설 ┃ 탐색기는 잠정기, 전환기, 시행기의 3가지 하위단계로 구분된다.
- 잠정기 : 욕구, 흥미, 능력, 가치와 취업기회 등을 고려하기 시작하며 잠정적으로 진로를 선택해 본다.
- 전환기 : 장래 직업선택에 필요한 교육, 훈련을 받으며 자신의 자아개념을 확립하여 현실적 요인을 중시한다.
- 시행기 : 자기가 적합하다고 판단되는 직업을 선택해서 종사하기 시작한다.

25 슈퍼의 평생발달이론에서 아치문 모델의 왼쪽 기둥을 이루고 있는 것은?
2012

① 생물학적-지리학적인 기초 측면
② 경제자원, 사회제도, 노동시장 등으로 이루어진 사회정책 측면
③ 욕구나 지능, 가치, 흥미 등으로 이루어진 개인의 성격적 측면
④ 발달단계와 역할에 대한 자아개념으로 이루어진 상호작용적 측면

해설 ┃ 아치문 모델에서의 왼쪽 기둥은 개인의 성격적 측면을 이룬다.

26 다음 (   ) 안에 알맞은 것은?
2012

레빈슨(Levinson)의 발달이론에서 성인은 연령에 따라 (   )의 계속적인 과정을 거쳐 발달하게 되며, 이러한 과정단계는 남녀나 문화에 상관없이 적용 가능하다.

① 위기　　　　　　② 과제와 도전
③ 주요 사건　　　　④ 안정과 변화

해설 ┃ • 성인기의 연구에서는 전 생애적인 접근방식이 필요하다.
- 각계각층의 남성 40명에 대한 심층 인터뷰를 통해 '모든 인간은 필연적인 패턴으로 발달을 계속한다'는 과제를 증명한다.
- 인생의 사계절은 변화와 안정의 순환과정이며, 인생의 한 계절에서 다른 계절로 옮겨가는 과정에는 변화와 성장을 위한 고통이 동반한다.

27 다음 중 홀랜드(Holland)의 직업선택이론에 관한 설명으로 옳은 것은?
2012

① 직업선택은 개인 지향성 유형을 만족시키기 위한 과정이다.
② 가족과의 초기경험에 의한 성격, 적성, 지능의 차이가 직업선택에 영향을 미친다.
③ 인지발달과정을 통해서 자아와 관련된 위기를 해결하고자 할 때 경력발달이 일어난다.
④ 직업선택은 일생을 통한 개인들의 독특한 학습경험을 통해서 발달한다.

해설 ┃ 자신의 유형과 비슷한 환경에서 일을 하거나 생활할 때 일치성이 높아진다.

28 긴즈버그(Ginzberg)가 제시한 진로발달이론에서 잠정기(Tentative period)의 하위단계에 관한 설명으로 틀린 것은?
2012

① 흥미단계 - 좋아하는 것과 그렇지 않은 것에 대한 보다 분명한 결정을 하게 된다.
② 능력단계 - 직업적인 열망과 관련하여 자신의 능력을 인식하게 된다.
③ 가치단계 - 자신의 직업 스타일에 대하여 보다 명확한 이해를 하게 된다.
④ 전환단계 - 점차 현실적인 외적요인에서 주관적인 요소들에게 관심을 가지게 된다.

해설 | ① 흥미단계(Interest stage) : 좋아함과 그러하지 않은 것에 입각해서 직업을 선택하려는 경향.
② 능력단계(Capacity stage) : 자신의 흥미 분야에서 성공할 수 있는 능력이 있나 시험해 보고 자신의 능력을 인식하게 된다.
③ 가치단계(Value stage) : 특정한 직업선호와 다양한 요인들을 알게 되고 자신의 가치관과 목표를 이해하며 자신의 직업 스타일에 대하여 이해한다.
④ 전환단계(Transition stage) : 주관적인 요소에서 현실적인 외적요인들로 관심을 가지게 되며 직업선택과 진로선택에 책임의식을 깨닫게 된다.

29 긴즈버그(Ginzberg)의 발달이론 중 현실단계의 하위단계에 대한 설명으로 옳은 것은? 2011

① 흥미단계 : 자신의 흥미에 입각해서 직업을 선택하려는 경향이 있다.
② 능력단계 : 자신이 흥미를 느끼는 분야에서 성공을 거둘 수 있는지 시험해 본다.
③ 전환단계 : 주관적인 요소에서 점차 현실적인 외적요인들로 관심을 돌리게 된다.
④ 구체화단계 : 직업목표를 정하고, 자신의 결정에 관련된 내적·외적 요소들을 종합할 수 있다.

해설 | 긴즈버그의 발달이론 중 현실기(Realistic period)는 3단계로 구분된다.
① 탐색단계(Exploration stage) : 자신의 진로선택을 위해 교육이나 경험을 쌓으려고 노력하며 진로에 대한 범위를 2~3가지로 좁혀나간다.
② 구체화단계(Crystalization stage) : 직업목표를 정하고 진로결정에 관련된 내적·외적 요소를 종합하는 단계로 특정분야에 몰두하게 된다.
③ 특수화단계(Specification stage) : 자신의 결정에 구체적으로 계획을 세우는 단계로, 직업을 선택하거나 직업훈련을 받는다.

30 사회적 학습이론에서 '나는 할 수 있다' 혹은 '나는 할 수 있을 것이다'라는 자기능력에 대한 예상이나 기대 또는 자기이해에 대한 인지적인 상태를 설명하는 개념은? 2011

① 자신감　　　　② 자존감
② 자아개념　　　④ 자기효능감

해설 | 자기효능감 : 개인이 어떤 행동이나 활동을 성공적으로 수행할 수 있는 자신의 능력에 대한 신념

31 파슨스(Parsons)의 특성-요인이론에 대한 설명으로 옳은 것은? 2010

① 개인의 특성과 직업의 요구 간에 매칭(Matching)이 잘 될수록 성공 가능성은 커진다.
② 모든 특성의 발달 잠재성은 유전의 영향을 받는다.
③ 욕구의 강도, 욕구의 만족도는 성취에 대한 동기유발 정도를 결정하는 요인이다.
④ 유전적 통제력을 가진 다른 성격변인들의 발달 유형은 주로 개인적 경험에 의해 결정된다.

해설 | 특성-요인이론의 핵심개념
• 사람과 직업을 짝지어주는 '매칭'이다.
• 개인이 가지고 있는 특성과 직업이 요구하는 요인을 분석하여 개인의 특성에 맞는 적합한 직업을 선택하게 하는 것이다.

32 타이드만(Tiedeman)의 진로발달이론에 관한 설명으로 틀린 것은? 2010

① 자아정체감이 발달할 때 진로에 적합한 의사결정능력도 개발된다.
② 자기발달에 역점을 두면서 개인의 전체적인 인지발달과 의사결정을 강조한다.
③ 어떤 직업의 계속된 수용이나 거부 등으로 자신의 의사를 분명히 표현하는 것이 직업선택에서 중요하다.
④ 생애진로이론을 지지한다.

- 타이드만과 오하라는 자아발달, 개인의 종합적인 인지발달과 의사결정과정을 중점으로 발달이론을 제시하였다.
- 개인들이 자신의 심리사회적 위기를 해결해 나감으로써 일에 대한 태도와 자아가 발달한다.
- 자아정체감이 발달하면서 진로 관련 의사결정도 이루어진다.

33 다음 중 성인의 생애발달을 단계별로 설명하는 레빈슨(Levinson)의 모형을 올바르게 설명한 것은?

2010

① 성인 중기에는 생애구조를 혼란과 고뇌 속에서 재평가하여 생애 전반에 걸친 통합감을 얻는다.

② 심리사회적 유예기간에는 직업선택과 결정을 통해서 자기정체성을 형성한다.

③ 성인 중기에는 자신의 현 생애구조를 재평가할 것을 요구 받는다. 만일 삶의 변화를 시도하려면 지금 해야 한다고 생각한다.

④ 초기 성인기에는 자신의 역할을 유지하면서 다른 역할을 시도하여 탐색하는 잠재적 갈등을 지닌 시기이다.

해설 l · 성인 전기 초보인생구조(22~28세)
- 몇 개의 중요한 선택의 시기(사랑, 결혼, 가족, 직업, 독립, 삶의 양식)
- 젊은 성인이 자신의 삶을 계획함
- 새로운 세계와 세대에서 자신의 위치를 마련하는 첫 시도
· 성인 중기 전환기(40~45세)
- 성인의 초기와 중기 사이의 발달적 교량역할을 하는 시기
- 30대의 인생구조를 마무리하고 젊음이 끝남을 수용
- 중년기에 걸맞은 젊음과 늙음의 균형을 이루는 새로운 방법 모색
- 개별화 작업이 이 시기에 매우 중요하며, 개별화과정을 통해서 중년기의 수정된 자아와 삶의 내적인 모형이 형성

34 진로발달에 관한 이론 중에서 능력에 대한 자기평가, 즉 자신감이 개인의 직업선택 및 만족에 영향을 미친다는 가정은 다음 중 어느 이론에 기초하는가?

2010

① 자기효능감이론
② 진로발달이론
③ 인지적 정보처리이론
④ 진로선택이론

해설 l 자기효능감은 개인의 노력 강도를 결정하고, 높은 효능감을 갖고 있는 사람은 수행을 긍정적으로 이끌어가고 좋은 해결방안을 인지적으로 제시한다.

35 긴즈버그(Ginzberg)가 제시한 진로발달단계에서 처음으로 특정 활동에 대한 선호를 나타내며, 직업세계에 대한 최초의 가치판단을 반영하는 시기는?

2010

① 현실기　　　　② 잠재기
③ 청소년기　　　④ 환상기

해설 l 환상기(Fantasy period) : 일을 놀이 활동을 통해서 표출하려고 한다. 처음으로 특정 활동에 대한 선호를 나타내며, 직업세계에 대한 최초의 가치판단을 반영한다.

36 레빈슨(Levinson)의 성인 생애발달단계에 대한 설명으로 틀린 것은?

2009

① Levinson은 사람의 생애단계를 성인 초기단계, 성인 중기단계, 성인 말기단계의 3가지로 구분하였다.

② 성인 중기는 중년 변환기로부터 시작되는데 바로 전 시기에 강력하게 추구했던 생애구조를 혼란과 고뇌 속에 재평가하게 된다.

③ Levinson은 인간생애 모형을 제시하였으며 안정과 변환시기를 통해 각 시기에서의 중요 발달단계를 다루었다.

④ 성인 말기 변환기는 성인 중기를 끝내고 성인 말기를 시작하는 시기이며, 신체적 퇴보, 은퇴 등을 경험한다.

해설 I ① 레빈슨(Levinson)은 사람의 생애단계를 성인 이전 시기(0∼22세), 성인 전기(17∼40세), 성인 중기(40∼60세), 성인 후기(60세 이상)의 4가지로 구분한다.

37 긴즈버그(Ginzberg)가 제시한 진로발달단계에 있어서 현실기의 특징에 해당되는 것은? *2007*

① 일 지향적 놀이를 통해 직업세계에 대한 최초의 가치판단을 반영한다.

② 직업선택에 대한 결정과 진로선택에 대한 책임의식을 깨닫게 된다.

③ 직업적인 열망과 관련하여 자신의 능력을 깨닫게 된다.

④ 탐색을 통해 자신의 진로선택을 2∼3가지 정도로 좁혀간다.

해설 I 긴즈버그의 진로발달단계에서 현실기(Realistic period)는 3단계로 구분된다.
① 탐색단계(Exploration stage) : 자신의 진로선택을 위해 교육이나 경험을 쌓으려고 노력하며 진로에 대한 범위를 2∼3가지로 좁혀나간다.
② 구체화단계(Crystalization stage) : 직업목표를 정하고 진로결정에 관련된 내적·외적 요소를 종합하는 단계로 특정분야에 몰두하게 된다.
③ 특수화단계(Specification stage) : 자신의 결정에 구체적으로 계획을 세우는 단계로, 직업을 선택하거나 직업훈련을 받는다.

38 슈퍼(Super)의 평생발달이론에서 제안하는 기본명제로 올바른 것은? *2007*

① 변화과정은 연속적이며 개인의 안정이 유지될 때 다음 단계로 거치게 된다.

② 현실검증과 자아개념 발달을 도움으로써 삶의 단계를 통한 발달은 지도될 수 있다.

③ 사람들의 능력, 성격, 욕구, 자아개념 등은 유사하다.

④ 직업적 선호와 적성, 자아개념은 시간과 경험에 영향을 받지 않는다.

해설 I ① 자아개념은 청소년 후기부터 성인까지 연속적인 선택과 적응에서 안정적이게 된다.
③ 사람들은 능력, 성격, 욕구, 가치, 흥미, 자기개념 등에 있어 차이가 있다.
④ 직업선호와 적성, 생활하고 일하는 환경, 자기개념은 시간과 경험 등에 따라 변화한다.

39 슈퍼(Super)의 경력(직업)발달단계를 순서대로 나열한 것은? *2007*

① 성장 → 탐색 → 확립 → 유지 → 쇠퇴

② 탐색 → 성장 → 확립 → 유지 → 쇠퇴

③ 탐색 → 확립 → 성장 → 유지 → 쇠퇴

④ 성장 → 탐색 → 유지 → 확립 → 쇠퇴

해설 I 슈퍼의 진로발달 5단계
성장기(출생∼14세) → 탐색기(15∼24세) → 확립기(25∼44세) → 유지기(45∼64세) → 쇠퇴기(65세 이후)

40 진로발달의 단계 중 진로인식의 단계는 어느 연령대에서 시작하는가? *2007*

① 유치원에서 초등학교

② 중학교

③ 고등학교

④ 대학교

해설 I 유년기(11세 이전)에는 놀이가 일 지향이 되며 특정활동에 선호가 나타나며 직업에 대한 가치판단이 반영된다.

41 다음 중 진로발달에 관련된 설명으로 틀린 것은? *2006*

① 평생 동안 과업을 통해 일의 가치를 발전시키고 직업정체성을 확립해 가는 과정을 의미한다.

② 진로란 개인의 생애직업 발달과 과정 내용을 의미하는 포괄적 용어이다.

③ 진로발달을 위한 진로지도나 진로교육은 다양한 전문영역에서 행해질 수 있다.

④ 진로발달에는 모든 사람에게 통용되는 표준적이고 객관적인 진로발달 경로가 있다.

> **해설 |** ④ 직업선택의 과정이 개인의 아동기부터 초기성인까지의 사회·문화적 환경에 따라 주관적으로 평가, 발달되었다는 점이 독특하다.

42 로(Roe)는 직업수준이 높을수록 직업영역 간의 심리적 특성의 거리는 멀어지며, 직업수준이 낮을수록 직업영역 간의 심리적 특성의 거리는 가까워진다고 하였다. 이것을 바르게 설명한 것은? 2006

① 낮은 직업수준에서는 직업영역 간의 이동이 비교적 용이하다.

② 높은 직업수준에서는 직업영역 간의 이동이 비교적 용이하다.

③ 직업수준과 직업영역 간의 이동은 관계없다.

④ 서비스직에 속한 사람은 옥외 활동직에 이직하려 한다.

> **해설 |** 직업군은 직업활동과 관련된 인간관계의 특성과 강도에 기초한 연속선상에 배열될 수 있으며, 연속선상에 가까이 위치한 군집들이 떨어진 군집보다 인간관계의 특성과 강도 면에서 더 유사하다.

43 발달적 입장에서 직업선택이론을 설명하는 긴즈버그(Ginzberg)가 말하는 진로발달 3단계에 해당하지 않는 것은? 2005

① 환상기단계　　　　② 잠정기단계
③ 확립기단계　　　　④ 현실기단계

> **해설 |** 긴즈버그(Ginzberg)의 직업선택과정은 환상기, 잠정기, 현실기 등 3단계이다.

44 다음 중 홀랜드(Holland)의 진로탐색검사에 나오는 직업적 성격 유형의 종류가 아닌 것은? 2005

① 실재형　　　　② 예술형
③ 기업형　　　　④ 외향형

> **해설 |** 대부분의 사람들은 현실형(R), 탐구형(I), 예술형(A), 사회적(S), 진취적(E), 관습적(C) 유형의 6가지 유형 중 하나로 분류된다.

45 자기효능감은 4가지 종류의 학습경험을 거쳐 발전된다. 4가지에 속하지 않는 것은? 2005

① 개인적인 수행성취　　② 정신적 상태와 반응
③ 간접경험　　　　④ 사회적 설득

> **해설 |** 자기효능감에 영향을 주는 4가지 정보원
> - 수행성취경험　　　　· 대리경험
> - 타인의 설득과 격려　　· 생리적, 정서적 각성

46 다음과 같은 진로발달에 관한 슈퍼(Super)의 설명은 어떤 단계에 해당하는가? 2004

> - 15세에서 24세까지 해당된다.
> - 자신의 욕구, 흥미, 능력, 가치 등을 고려한다.
> - 잠정기, 전환기, 시행기의 하위단계로 나눌 수 있다.
> - 역할시행과 경험을 통한 자아검증을 한다.

① 유지기　　　　② 확립기
③ 성장기　　　　④ 탐색기

> **해설 |** 탐색기(15~24세) : 개인이 학교생활, 여가생활, 시간제 일 등과 같은 활동으로 자아를 검증하고 역할을 수행하며 직업탐색을 행한다.
> - 잠정기(15~17세) : 욕구, 흥미, 능력, 가치와 취업기회 등을 고려하기 시작하며, 잠정적으로 경험을 통해 진로를 선택해 본다.
> - 전환기(18~21세) : 직업선택에 필요한 교육, 훈련을 받고 자신의 자아개념을 확립하며, 현실적 요인을 중요시하게 된다.
> - 시행기(22~24세) : 자기에게 적합하다고 판단되는 직업을 선택하여 직업을 가지게 된다.

47 홀랜드(Holland) 이론과 관련된 세부 논의들 중 올바른 것은?

2004

① RI형은 RS형보다 일관성이 높다고 볼 수 있다.

② 실제적 유형에 속하는 대표적인 직업은 기업경영인, 정치가 등이다.

③ 사회적 유형에 속하는 대표적인 직업은 공인회계사, 경제분석가, 세무사 등이다.

④ 6유형에서의 점수가 비슷한 경우 진로정체성이 뚜렷한 것으로 해석한다.

> **해설 |** ② 실제적 유형에 속하는 대표적인 직업은 기술자나 엔지니어, 운전기사 등 사물 지향적인 직업이다.
> ③ 사회적 유형에 속하는 대표적인 직업은 상담가, 사회복지사, 간호사 등 사람 중심적인 직업이다.
> ④ 6개의 유형들이 골고루 유사성을 보이는 경우 특징이 없거나 그 특징이 규정되지 않았다고 할 수 있어 직업흥미나 직무를 규정하기가 어렵다.

48 홀랜드(Holland)의 직업상담이론에 관한 설명 중 옳은 것은?

2003

① 개인의 직업선택은 사회적 교육이 적극 반영되는 것이다.

② 같은 직업을 가진 사람이라 하더라도 그들이 문제상황에 대처하는 방식과 대인환경을 구성하는 방식에는 큰 차이가 있다.

③ 직업에 대한 만족과 안정성, 업적 등은 개인의 성격과 직업환경 간의 일치성에 달려 있다.

④ 흥미검사는 성격검사와는 무관한 검사이다.

> **해설 |** • 직업적 흥미는 일반적으로 성격이라고 불리며, 개인의 직업적 흥미의 설명은 개인의 성격에 대한 설명이다.
> • 홀랜드 인성이론의 특징은 사회문화 및 물리적 환경과 접하는 과정에서 개인의 독특한 적응방식인 인성이 생긴다는 것이다.
> • 직업선택 시 인성을 만족시키는 환경을 선택한다.

49 진로결정에 영향을 주는 다양한 요인 중에서 크롬볼츠(Krumboltz)가 제시한 대표적인 요인이 아닌 것은?

2003

① 유전적 요인과 특별한 능력

② 환경적 조건과 주요 사건

③ 학습경험

④ 직업적응

> **해설 |** 크롬볼츠(Krumboltz)의 사회학습이론은 개인의 진로발달과정에 영향을 미치는 요인으로, 유전적 요인과 특별한 능력, 환경조건과 사건, 학습경험, 과제접근기술을 제시한다.

50 진로발달이론과 그 주요 개념이 올바르게 짝지어진 것은?

2003

① 특성이론 – 개인의 특성 평가, 일의 요소와 특성을 관련시킴

② 발달이론 – 직업선택은 욕구에 기초함

③ 사회이론 – 진로의사결정은 개인의 진로발달에 있어 중요 요소임

④ 사회학습이론 – 직업발달과 직업선택에 있어서 사회적인 영향을 강조함

> **해설 |** ① 특성이론 : 과학적이고 객관적인 방법으로 개인의 특성과 직업의 특성을 연결하여 직업을 선택하게 한다.
> ② 발달이론 : 직업선택과정이 아동기부터 초기성인까지 사회·문화적 환경에 따라 주관적으로 발달되었다.
> ③ 사회이론 : 사회에 관한 이론, 일정한 시공을 점유한 인적 결합체이다.
> ④ 사회학습이론 : 직업선택에서 학습경험과 그 영향을 강조하였다.

51 에릭슨(Erikson)의 인성발달과정에 있어서 피아제가 말하는 인지발달이론의 전조작기에 해당되는 단계는?

2003

① 신뢰 대 불신
② 주도성 대 죄책감
③ 근면성 대 열등감
④ 자아정체감 대 자아정체감 혼란

> **해설 |** 피아제의 인지발달이론의 전조작기는 2~7세의 감각운동에만 의지하는 것을 벗어나 언어를 배우고, 몸을 움직이면서 경험이 쌓이고, 기호를 사용하는 능력이 발달하는 단계이다.
> ① 신뢰 대 불신 : 구강기, 영아기(0~1세)
> ② 주도성 대 죄책감 : 남근기, 유치기(3~6세)
> ③ 근면성 대 열등감 : 잠복기, 아동기(6~11세)
> ④ 자아정체감 대 자아정체감 혼란 : 청소년기(11~18세)

52 에릭슨(Erikson)의 심리사회적 발달이론에서 청년기에 해당하는 것은?

2003

① 근면 대 열등감 – 능력
② 자아정체 대 역할혼란 – 충성심
③ 친밀감 대 고립감 – 사랑
④ 생식 대 정체 – 배려

> **해설 |** 에릭슨의 자아발달 8단계
> • 1단계 : 구강기, 영아기. 신뢰감-공포감
> • 2단계 : 유아기, 걸음마. 자율성-수치심
> • 3단계 : 남근기, 유치기. 주도성-죄책감
> • 4단계 : 잠복기, 아동기. 근면성-열등감
> • 5단계 : 청소년기. 자아정체감-역할혼란
> • 6단계 : 청년기. 친밀감-고립감
> • 7단계 : 장년기. 생산성-침체성
> • 8단계 : 노년기. 자아통합-절망감

53 다음은 진로선택의 사회학습이론에서 진로발달과정에 영향을 미치는 어떤 요인과 밀접한 관계를 가지는가?

2003

> 고등학교 3학년의 A양은 가끔 수업노트를 가지고 공부하는데, 비록 고등학교에서는 그녀가 좋은 성적을 받더라도, 대학에서는 이런 방법이 실패하게 되어 그녀의 노트 기록 습관과 학습습관을 수정하게 할지 모른다.

① 유전적 요인과 특별한 능력
② 환경조건과 사건
③ 학습경험
④ 과제접근기술

> **해설 |** 사회학습이론은 개인의 진로발달과정에 영향을 미치는 요인으로 유전적 요인과 특별한 능력, 환경조건과 사건, 학습경험, 과제접근기술이 있다. 과제접근기술은 문제해결기술, 작업습관, 정신구조, 정서적 반응, 인지적 반응을 말한다.

02 직업심리검사

Section 01 직업심리검사의 이해

❶ 심리검사의 특성

능력, 성격, 흥미, 태도(특성) 등의 인간의 심리적 속성, 즉 심리적 구성개념(Psychological constructs)을 수량화하기 위해서 표준화된 측정도구를 말한다. 심리검사를 통해 개인의 심리적 속성을 평가하는 것을 심리평가라고 하며, 이런 심리검사들 중에서 직업상담이나 직무와 관련해서 개발하고 사용하는 검사들을 직업심리검사라고 부른다.

(1) 심리적 구성개념

인간행동을 설명해 주는 이론을 만들기 위해서 연구자들이 상상으로 만들어낸 추상적이고 가설적인 개념으로서, 직접 측정하기가 불가능하나 다만 그 사람의 행동을 관찰함으로써 '성실성의 정도' 또는 '외향성의 정도'를 추론하는 것이다. 이런 심리적 특성을 심리적 구성개념이라 한다.

(2) 표준화

검사의 실시와 채점절차의 동일성을 유지하는 데 필요한 세부사항들이 잘 정리되어 있는 것을 말한다. 즉, 검사재료, 시간제한, 검사의 순서, 검사장소, 지시문읽기 등 검사실시의 모든 과정과 응답한 내용을 어떻게 점수화하는가 하는 채점절차를 세부적으로 명시하는 것이다.

(3) 측정

어떤 일정한 규칙에 따라 대상이나 사건에 대해 수치를 할당하는 과정을 말한다.

① 물리적 속성 : 사람의 키, 몸무게 등

② 심리적 속성 : 성실성, 내향성–외향성, 직무 스트레스, 직무만족, 불안, 친밀감, 공격성 등

(4) 심리검사 측정상 유형

① 표준화검사 : 정해진 절차에 따라 실시되고 채점되는 검사를 의미한다. 검사조건이 모든 내담자에게 동일해야 하고, 모든 채점은 객관적이어야 한다. 성취검사, 능력검사, 성격검사, 흥미검사 등이 있다.

② 평정척도 : 평정자의 관찰에 기초하여 다양한 성격 혹은 행동을 평가하는 방법이다. 표준검사와 다르게 객관적인 자료보다는 주관적인 자료로부터 얻어진다. 자기평정, 타인평정, 환경평정 등이 있다. 평정척도는 주관성이라서 후광효과, 중심화 경향, 관용의 오류 등이 있다.

③ 투사기법 : 피검사자에게 애매모호한 자극을 주고 이에 반응하도록 한다. 자극의 모호성 때문에 사람들은 자극에 단순히 반응하기보다는 자극을 해석하는 과정에서 자기 자신을 드러내게 되는 경향이 있어 자신의 성격을 자극에 투사하게 된다. 투사기법은 로르샤흐 잉크반점검사, 주제통 각검사(TAT), 문장완성검사 등이 있다.

④ 행동관찰 : 행동이란 관찰되고 측정될 수 있는 행동을 의미하며 사전에 미리 계획하여 사건을 기록하는 것이며, 행동은 자연상태에서 발생하는데 이를 관찰자가 모니터링하는 방법이다.

⑤ 생애사적 자료 : 내담자에 의해 보고되거나 역사적 기록에 반영되어 있는 개인의 성취나 경험을 말한다. 학교성적, 학업성취, 취미, 과제수행 경험 등의 축적된 학교기록 혹은 직장의 인사기록 등에서 얻어진 정보이다.

❷ 심리검사의 용도

심리검사의 기능은 내적인 심리적 속성이나 특성을 진단하고 객관화시키는 기능을 가지고 있고, 이런 진단을 통해 향후 행동 또는 성과를 예측할 수 있다.

(1) 교육장면

① 심리검사 개발의 초기문제는 정신지체아(The mentally retarded)를 선별하는 것이다.

② 학교에서 정신지체아·영재아를 선별할 때, 낙제자를 진단할 때, 청소년·대학생 상대로 진로 및 직업을 상담할 때, 응시자를 선발할 때 등 교육적 목적에 따라서 다양한 심리검사를 사용한다.

(2) 임상 · 상담장면

① 임상장면은 심리적 질환자의 진간과선별을 위해 심리검사를 이용한다.

② 정서적 혼란을 겪는 사람, 반사회적 성격이나 다양한 유형의 행동이탈자를 진단하는 데도 검사가 사용된다.

③ 상담분야에서도 교육, 직업계획 등 직업지도에 심리검사가 널리 사용된다.

(3) 산업장면

산업체나 군대의 인사선발과 배치에서도 활용한다.

(4) 기초연구장면

심리검사는 광범위한 실질적인 문제들을 해결할 때 통용되고 있는 것으로 기초연구에서도 중요한 몫을 차지하고 있다.

❸ 심리검사의 역사

(1) 초기의 지능검사

① 비네 · 시몽 척도(Binet-Simon Scale) : 1905년에 개발되었으며, 판단력, 이해력, 추리력 등을 강조한다.

② 스탠퍼드 · 비네(Stanford-Binet) 검사 : 지능지수(Inteligence Quotient, IQ), 즉 정신연령과 실제연령의 비율을 처음으로 이용한 검사이다. 한 사람에게만 실시한다는 점에서 개인척도(Individual scales)에 해당한다.

③ 집단검사(Group testing) : 1917년 미국 심리학회는 일반적 지능수준에 따라 쉽게 분류할 수 있도록 하는 집단검사를 개발하였다. 이 검사가 미 육군 알파검사이며 지능검사인데, 선다형(Multiple-choice)과 객관식 문제를 도입해 집단실시가 가능하게 되었다.

(2) 적성검사의 등장

다중적성총집(Multiple aptitude batteries)이란 지능지수를 산출하지 않고 언어이해력, 수리능력, 공간시각화, 산수추리력, 지각속도 등 특별성을 각각의 점수로 산출하는 검사로, 한 개인이 각각의 특성들이 차지하는 위치를 측정하고 개인 내에서 상대적으로 비교할 수 있도록 고안된 검사이다.

(3) 성취도검사

1923년 스탠퍼드 성취도검사로 단일규준집단을 이용하여 평가하기 때문에 여러 학교 학생들의 성적을 서로 비교해 볼 수 있는 측정도구였다. 성취도검사는 산업체와 정부기관의 직무 등에 응시하는 사람들을 선발할 때도 이용된다.

(4) 성격검사

① 성격자료 기록지(Personal Data Sheet) : 일반적으로 성격검사라고 부르는 성격질문지 혹은 자기보고서 항목표(Self-report inventory)의 원형이다.

② 행동 또는 상황검사(Performance or situational tests) : 1920년대 성격을 측정하는 검사로 대부분 일상적인 실생활 장면을 그대로 묘사(Simulation)하고 있다.

③ 투사기법(Projective techniques)을 이용한 성격측정 : 자유연상검사나 문장완성검사들을 비롯해서 임상장면에서 널리 사용되고 있는 주제통각검사(TAT)나 로르샤흐(Rorschach)검사 등이 투사적 성격검사의 예이다.

4 심리검사의 분류

(1) 심리검사의 실시방법에 따른 분류

① 속도검사(Speed test) : 시간제한을 두는 검사로서 숙련도를 측정하는 검사

② 역량검사(Power test) : 시간제한이 없으며 숙련도보다는 문제해결능력을 측정하는 검사

(2) 검사 실시하는 인원수에 대한 분류

① 개인검사 : 검사는 한 사람씩 해야 하며 한국판 웩슬러 지능검사(K-WAIS), 일반 직업적성검사(GATB), 로르샤흐, 주제통각검사(TAT) 등이다.

② 집단검사 : 한 번에 여러 명에게 실시할 수 있는 검사로, 미네소타 다면적 인성검사(MMPI), 성격유형검사(MBTI), 캘리포니아 심리검사(CPI), 미 육군 알파검사와 베타검사 등이다.

(3) 검사의 도구에 따른 분류

① 지필검사(Paper-pencil test) : 종이에 인쇄된 문항에 연필로 응답하는 방식이다. 일반적인 검사방식
이며, 운전면허시험의 필기시험, 각종 자기보고 항목표(Self-report inventory)와 질문지 및 검사
(K-WAIS의 바꿔 쓰기, 문장완성검사, MMPI, CPI, VPI) 등이 있다.

② 수행검사(Performance test) : 수검자가 대상이나 도구를 직접 다루어야 하는 검사이며, 운전면허의
주행검사, 한국판 웩슬러 지능검사(K-WAIS)의 블록디자인, 차례 맞추기, 모양 맞추기 등이 있다.

(4) 내용에 따른 분류

① 인지적 검사 : 인지능력을 평가하기 위한 검사. 지능검사, 적성검사, 성취도검사 등이 여기에 속한
다. 인지적 검사는 일부 능력만을 측정하므로 능력검사라고도 한다.

② 정서적 검사 : 인간의 인지능력 외에 정서, 동기, 흥미, 태도, 가치 등을 측정하는 검사이다. 정답이
없기 때문에 검사보다는 ○○목록, 항목표(Inventory)라고 부른다.

▶ 내용별 (직업)심리검사 분류체계와 특징 비교 ◀

대분류	중분류	직업상담에 적합한 심리검사의 예	특징 비교
인지적 검사 (능력검사)	지능검사	한국판 웩슬러 성인용 지능검사(K-WAIS)	• 극대 수행검사 • 문항에 정답 • 시간제한 • 최대한 능력발휘
	적성검사	• GATB 일반적성검사 • 기타 다양한 특수적성검사	
	성취도검사	• TOEFL, TOEIC	
정서적 검사 (성격검사)	성격검사	• 직업선호도검사L 중 성격검사 • 캘리포니아 성격검사(CPI) • 성격유형검사(MBTI)	• 습관적 수행검사 • 정답 없음 • 시간제한 없음 • 최대한 정직한 응답
	흥미검사	직업선호도검사L 중 흥미검사	
	태도검사	직무만족도 검사 등 매우 다양	

(5) 사용목적에 따른 분류

① 규준참조검사(Norm-reference test) : 규준참조검사는 개인의 점수를 다른 사람들의 점수와 비교해
서 상대적으로 어떤 수준인지를 알아보는 게 주목적이다. 이때 비교기준이 되는 점수들을 규준
(Norm)이라고 하며, 규준집단(Norm group)이라는 대표적인 집단을 통해 비교점수를 얻어낸다.

② 준거참조검사(Criterion-reference test) : 검사점수를 타인과 비교하는 것이 아니라, 어떤 기준점수와 비
교해서 이용하려는 검사를 말하며, 당락점수가 정해져 있는 대부분의 국가자격시험이 대표적인
준거참조검사이다.

(6) 객관적 검사와 투사적 검사

① 객관적 검사(자기보고형 검사)의 특징

㉠ 검사과제가 구조화되어 있다.

ⓛ 개인의 독특성을 측정하기보다는 개인마다 공통적으로 지니고 있는 특성이나 차원을 기준으로 하여 개인들을 상대적으로 비교할 수 있다.

ⓒ 장점과 단점

- 장점 : 검사실시의 간편성, 시간과 노력의 절약, 객관성의 증대, 신뢰도 및 타당도의 확보, 부적합한 응답의 최소화
- 단점 : 사회적 바람직성에 영향, 반응경향성, 문제제한성, 응답제한성

② 투사적 검사의 특징

㉠ 비구조화검사이다.

ⓛ 수검자의 특성은 모호한 검사자극에 대한 수검자의 비의도적·자기노출적 반응으로 나타난다.

ⓒ 수검자의 자신의 내면적인 욕구나 성향을 외부에 투사할 수 있도록 유도한다.

㉣ 장점과 단점

- 장점 : 반응의 독특성, 방어의 어려움, 반응의 풍부함, 무의식적인 내용의 반응
- 단점 : 검사의 신뢰도, 검사의 타당도, 반응에 대한 상황적 영향력

❺ 측정도구

(1) 변인

서로 다른 수치를 부여할 수 있는 모든 사건과 대상의 속성을 말한다. 예를 들어, 성별인 경우 남자에게 1, 여자에게 2라는 수치를 부여하기 때문에 하나의 변인이다. 또한 연령, 불안수준, 학과목, 성적, 친구의 수, 스트레스 수준, 직업선호도 등도 직업상담 연구자가 관심을 갖는 변인일 수 있다. 변인의 측정은 모든 연구에서 필수적인 일이다.

(2) 변인의 종류

① 연속변인과 불연속변인

연속변인	불연속변인
• 무한히 많은 값을 할당할 수 있는 변인 • 키, 몸무게 등	• 한정된 수치만을 할당할 수 있는 변인 • 자녀의 수, 구직을 위한 방문빈도

② 양적 변인과 질적 변인

양적 변인	질적 변인
• 변인에 할당한 수치들이 그 자체로서 양적인 차이를 나타내는 변인 • 나이, 시간, 길이, 무게 등	• 수치의 차이가 질의 차이를 나타내는 변인 • 성별, 졸업한 학교, 사는 지역, 인종 등

③ 독립변인과 종속변인

독립변인	종속변인
다른 변인의 원인이 되는 변인	독립변인의 결과가 되는 변인

④ 예언변인과 준거변인

예언변인	준거변인
그 변인의 값을 통해 어떤 다른 변인의 값을 예언하려는 용도로 사용되는 변인	예언변인으로 예측하고자 하는 변인

㉠ 고등학교 성적을 통해 대학졸업 시 학업성취도를 예측할 경우, 고등학교 때의 성적이나 지능지수는 예언변인이고, 대학졸업 시의 학업성적이나 학업성취도는 준거변인이다.

㉡ 예언변인과 준거변인의 관계는 독립변인과 종속변인의 관계가 유사해 보이지만, 차이점은 인과관계 탐구를 위한 실험연구에서는 독립변인과 종속변인의 활용도가 높고, 상관관계 연구에서 예언변인과 준거변인이란 용어의 활용도가 높다.

(3) 척도

객관적인 사실에 체계적으로 수치를 부여하는 과정이고, 수치를 체계적으로 할당하는 데 사용하는 도구를 측정도구라 하며, 이를 일반적으로 척도(Scale)라고 한다. 예를 들어 몸무게를 재는 체중계나 키를 재는 신장계, 인간의 내적 특성을 재기 위한 심리검사들이 모두 척도들이다.

▶ 척도의 종류 ◀

명목척도 (구분)	• 숫자의 차이가 대상에 따라 측정한 속성이 다르다는 것만을 나타내는 척도이다. • 축구선수나 배구선수의 등번호, 예를 들면 13번과 14번은 각 번호를 할당받은 사람들이 같은 사람이 아니라는 것 외에는 아무런 정보를 갖고 있지 않다. 단순히 조사연구 측정대상을 분류하거나 확인하기 위한 목적으로 숫자를 부여한다면 이것이 명목척도이다.
서열척도 (구분/서열)	숫자의 차이가 측정한 속성의 차이에 관한 정보뿐 아니라, 그 순위관계에 대한 정보도 포함하고 있는 척도이다. 예를 들어 학급의 석차를 내기 위해 총점을 계산해 보니 길동이가 1등, 춘향이가 2등, 철수가 3등이었다고 하면, 1, 2, 3이라는 숫자를 통해 길동, 춘향, 철수가 각기 성적이 다르다는 것을 알 수 있다.
등간척도 (구분/서열/간격)	• 수치상의 차이가 실제 측정한 속성 간의 차이와 동일한 숫자집합을 말한다. 예를 들어 측정한 온도를 보면 5도와 10도의 차이는 15도와 20도의 차이와 같다. • 속성이 전혀 없는 절대적 원점 0이 존재하지 않는다.
비율척도	• 등간 데이터를 갖는 특성에 수의 비율에 관한 정보도 담고 있는 척도이다. 절대적 원점 0이 존재하고 비율계산이 가능하다. • 예를 들면, 100cm는 10cm의 10배, 1kg은 100g의 10배이다. • 무게, 길이, 가족당 어린이 수, 시청률 등이 해당된다.

❻ 통계적 분석에 필요한 기본개념

(1) 분포

자료들이 흩어져 있는 정도를 의미하며, 정상분포인 경우 종 모양을 이루게 된다.

(2) 대푯값

집단의 자료 전체를 대표하는 값으로, 평균, 최빈값, 중앙값 등이 있는데, 그 가운데 가장 많이 이용되는 대푯값이 평균값이다.

① 평균 : 집단에 속하는 모든 점수를 합한 값을 사례 수로 나눈 값을 말한다.

② 중앙치 : 측정값을 크기 순서대로 나열했을 때 중앙에 위치한 값을 말한다.

③ 최빈치 : 주어진 값 중에서 가장 자주 나오는 값이다.

> **Plus Check** 평균, 중앙값, 최빈값
>
> 측정값이 '3, 5, 7, 7, 9, 10'일 때 평균은 6.83, 중앙값은 7, 최빈값은 7이 된다.

(3) 산포도

대푯값과 더불어 분포의 형태를 나타내는 중요한 척도로서, 각 점수들이 대푯값을 중심으로 퍼져 있는 정도를 보여주는 통계값이다.

① 범위 : 자료들이 퍼져 있는 구간의 크기를 나타내는 것이다[범위(R) = 최댓값 − 최솟값]. 변인의 분포의 최댓값에서 최솟값을 뺀 수치이다. 범위의 폭이 클수록 우열의 정도가 크다고 해석할 수 있다.

② 사분위편차 : 자료들이 얼마나 중앙부분에 집중되어 있는가를 나타내주는 퍼짐의 정도를 말한다. 범위를 크기 순으로 4등분하여 각 사분위로 표현한 값이다.

③ 분산과 표준편차

　㉠ 분산 : 측정값이 평균값으로부터 퍼져 있는 정도를 나타내는 것으로 분산의 값이 작을수록 그 변인은 동질적이고, 분산의 값이 클수록 그 변인은 이질적이라고 할 수 있다.

　㉡ 표준편차 : 평균으로부터 떨어진 점수들의 흩어진 정도를 나타내는 것으로, 전체표본에서 결과들의 변량에 대한 추정치로서 상이한 집단들의 변량을 비교할 때 유용하다. 표준편차가 클수록 자료는 더 많이 흩어져 있고, 표준편차가 작을수록 자료는 더 평균에 가깝게 분포된다.

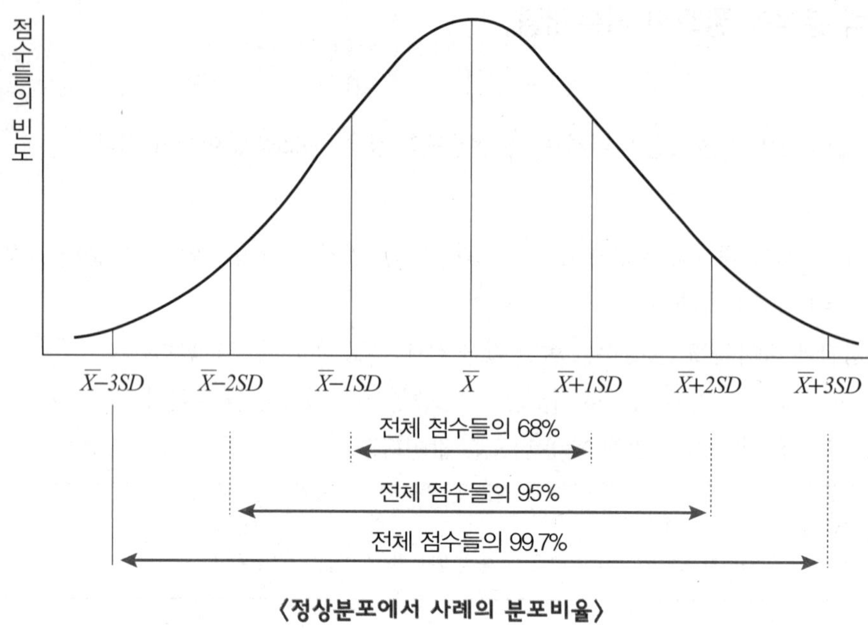

〈정상분포에서 사례의 분포비율〉

⑷ 원점수, 표준점수, 표준화점수

① 원점수

　㉠ 검사를 채점해서 얻은 최초의 점수가 원점수이다.

　㉡ 원점수는 다른 개인과 비교해서 한 개인의 수준을 평가할 수 있는 정보를 제공해 주지 못한다.

② 표준점수(Z점수) : 검사에서 얻은 원점수들은 정규분포에서 평균과 표준편차가 다르기 때문에 단순히 빼거나 더해서는 비교하기 어렵다. 그러므로 이러한 정규분포를 평균과 평균이 0, 표준편차가 1이 되도록 표준화된 표준정규분포에서 원점수들을 평균과 표준편차가 같은 정상분포 곡선상에서의 상대적 위치로 표시하여 의미 있는 비교를 가능하게 하기 위해 사용하는 것이 표준점수이다.

$$Z = \frac{원점수 - 평균}{표준편차}$$

③ 표준화점수

　㉠ 표준점수에 상수를 더하거나 곱해서 친숙한 수치들로 변화하여 만든 점수를 표준화점수라고 한다.

　㉡ 대표적인 표준화점수는 T점수이다. 원점수를 변환해서 평균이 50이고 표준편차가 10인 분포로 만든다.

$$T = 10 \times 표준점수(Z) + 50$$

(5) 상관계수

① 상관계수의 의미 및 크기

　㉠ 상관계수는 두 변인이 서로 일정한 관련성을 갖고 있는 정도를 나타내는 상관의 크기를 수치로 나타낸 것을 말한다. 예를 들어, 키가 큰 사람은 몸무게가 많이 나가고, 키가 작으면 몸무게도 가볍다. 이렇게 키와 몸무게는 어떤 관련성이 있다고 추정할 수 있다.

　㉡ 두 변인 간에 상관이 있다는 것은 한 변인의 값이 변함에 따라 다른 한 변인의 값이 영향을 받는 것을 의미한다.

　㉢ 상관계수를 분석하는 것은 검사의 신뢰도나 타당도를 분석할 때 널리 이용된다.

　㉣ 상관도는 상관계수(r)로 계산되고, −1에서 +1 값을 취한다.

② 상관계수의 크기에 영향을 미치는 요인

　㉠ 점수제한 : 두 변인 중 관찰한 점수 범위가 실제 범위보다 제한될 경우 상관계수의 크기는 실제 크기보다 작아진다.

　㉡ 서로 다른 집단의 결합 : 각 집단 내에서 두 변인 간의 상관이 없는데도 이들 두 집단의 자료를 결합해서 상관계수를 측정하면 두 변인 간에 상관이 높은 것으로 나타날 수 있으며, 반대로 두 변인 간의 상관이 높은데도 두 집단 자료를 합해서 상관계수를 측정하면 상관계수가 낮은 것으로 나타날 수 있다.

(6) 표집오차

① 연구대상의 모집단을 대상으로 연구하는 경우 일부 표본으로 대상을 얻게 되는데, 이 표본이 모집단을 잘 대표하지 못하게 되면 표집오차가 커진다.

② 표집오차는 분산의 정도, 표본의 크기, 표집방법에 따라 변화하며 표본의 크기가 클수록, 표본의 분산이 작을수록 표집오차가 작아진다.

Section 02　규준과 점수해석

❶ 규준의 개념 및 필요성

(1) 규준

심리검사점수는 표준화된 집단의 검사점수와 비교함으로써 그 의미를 해석하게 되는데, 특정 검사점수의 해석에 필요한 기준이 되는 자료가 규준이다.

(2) 규준의 필요성

규준은 다른 사람의 검사점수를 참고로 하여 개인의 상대적 위치를 알아 점수를 상대적으로 쉽게 해석하기 위함이다.

예를 들면, A가 언어검사에서 40점의 원점수를 얻고 산수검사에서 20점의 원점수를 얻었다면, 이들 두 점수를 비교해서 2가지 능력의 크기를 알아볼 수 없다. 원점수를 표준점수나 표준화점수로 바꾸거나 아니면 규준을 통한 점수로 전환시키면 한 개인이 서로 다른 종류의 검사에서 얻은 결과를 비교하는 것이 가능하다는 것이다.

(3) 규준제작

① 규준집단

　㉠ 특정 모집단을 대표하는 표본을 구성하고 표본집단에게 검사를 실시하여 얻은 점수를 체계적으로 분석해서 만드는데, 이때 규준제작을 위해 검사를 실시하는 표본을 규준집단이라고 한다.

　㉡ 규준집단을 구성할 때 중요한 것은 모집단에 대한 대표성을 확보할 수 있는 표본추출방법을 이용하는 것이다.

② 표본추출방법

　㉠ 단순무선표집 : 모집단 구성원이 표본에 속할 확률이 같도록 표집하는 방법이며, 구성원에게 일련번호를 부여하고, 그 가운데서 무선적으로 필요한 만큼 표집한다.

　㉡ 층화표집(유층표집) : 모집단이 규모가 다른 몇 개의 하위집단으로 구성되어 있는 경우는, 예를 들어 모집단이 종교집단이라면, 각 종파별로 나누어서 해당 종파 내에서 필요한 만큼 무선표집하는 방법이다.

　㉢ 집락표집(군집표집) : 모집단을 서로 동질적인 하위집단으로 구분하여 집단 자체를 표집하는 것으로, 예를 들면 초등학교 3학년용 검사의 규준을 개발할 때, 표집단위를 반으로 하는 것이 가능하다.

　㉣ 체계적 표집 : 최초의 표본단위만 무선적으로 선택하고 나머지는 일정한 표집 간격을 두고 추출하는 방법이다.

❷ 규준의 종류

(1) 백분위 점수

① 백분위는 100명의 집단으로 가정하여 순위를 정한다.

② 개인이 표준화집단에서 차지하는 상대적 위치를 가리킨다. 표준화집단에서 특정 원점수 이하인 사례의 비율이라는 측면에서 표시한 것으로 평균 근처의 백분위 차이의 점수는 양극단에서의 백분위 차이 점수보다 점수 차이가 작다.

③ 백분위는 보편적으로 적용할 수 있어 어떤 종류의 검사에도 적합하다.

④ 한 적성검사에서 A라는 사람이 백분위 95라면, A의 점수보다 낮은 사람들이 전체의 95%가 있다는 말이다.

(2) 표준점수

① 표준점수는 분포의 표준편차를 이용하여 개인이 평균으로부터 벗어난 거리를 표시한다.

② 지능검사 외에 다면적 인성검사(MMPI)는 원점수를 Z점수로 바꾼 후에 다시 10을 곱하고 50을 더해서 표준화점수를 만들어 사용한다.

(3) 표준등급

① 표준등급은 스태나인이라고도 하며, 'Standard nine'의 약자이다.

② 원점수를 1에서 9까지의 범주로 나누고, 평균값이 5이다.

③ 학교에서 실시하는 성취도검사나 적성검사의 결과를 나타낼 때 주로 사용되며, 학생들의 점수를 정해진 범주에 집어넣음으로써 학생들 간의 점수 차가 작을 때 생길 수 있는 지나친 확대해석을 미연에 방지할 수 있다.

④ 우리나라는 고등학교에서 학생들의 성적을 등급제로 표시하는데, '내신등급제'는 표준등급의 대표적인 예이다.

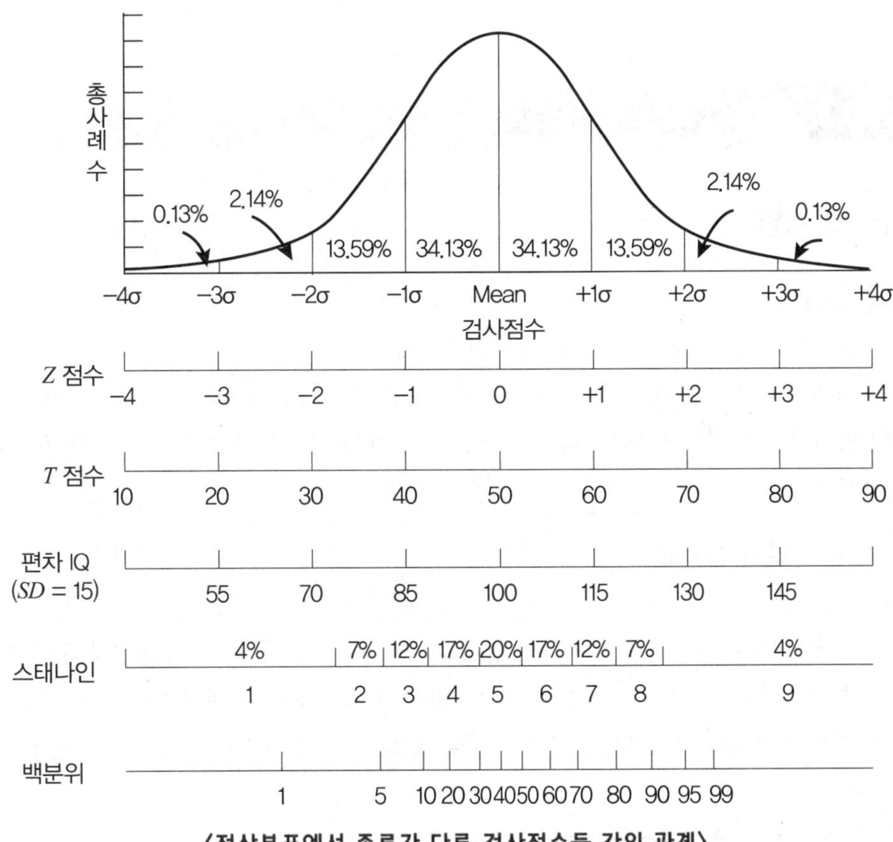

〈정상분포에서 종류가 다른 검사점수들 간의 관계〉

(직업상담을 위한 심리검사, 전진수 · 김완석 공저)

(4) 연령규준

개인의 점수를 규준집단에 있는 사람들의 연령에 비교해서 몇 살에 해당하는지를 해석할 수 있게 하는 방법을 말한다.

(5) 학년수준

주로 성취도검사에서 이용하기 위해 학년별 평균, 중앙치를 이용해서 규준을 제작하는 방법이다. 예를 들면, 어떤 학생의 어휘력점수가 6학년 평균과 같다면, 이 학생의 어휘능력은 실제 학년과 관계없이 6학년 수준이라고 해석할 수 있다.

③ 규준해석의 유의점

① 규준집단이 모집단을 잘 대표하는지를 확인하는 것이다.

② 표본 수가 너무 적거나 지역적으로 편중되어 있지 않도록 다양한 변인들이 구성된 것인지 확인한다.

③ 규준을 제작한 시기가 너무 오래된 것이라면 해석에 특히 유의해야 한다.

Section 03 신뢰도와 타당도

① 신뢰도의 개념

(1) 신뢰도의 의미

① 신뢰도란 믿을 수 있는 정도, 즉 일관성을 의미한다.

② 검사의 신뢰도란 검사를 동일한 사람에게 실시했을 때, '검사조건이나 검사시기에 관계없이 점수들이 얼마나 일관성이 있는지, 비슷한 것을 측정하는 검사의 점수와 얼마나 일관성이 있는지'를 의미한다.

(2) 내적 신뢰도와 외적 신뢰도

① 내적 신뢰도

㉠ 사건이나 현상에 대한 관찰자들 간의 일치도, 연구자료 수집 및 분석, 해석상의 일관성 정도.

㉡ 다른 연구자가 이미 산출된 일련의 구성개념을 제시했을 때 본래의 연구자가 했던 것과 동일한 방식으로 자료와 구성개념을 결부시킬 수 있다면 내적 신뢰도가 높은 것으로 본다.

② 외적 신뢰도

㉠ 연구결과에 대한 일치도.

㉡ 동일한 설계를 바탕으로 다른 연구자들도 동일한 현상을 발견하거나 유사한 상황에서 동일한 구성개념을 산출한다면 외적 신뢰도가 높은 것으로 본다.

(3) 신뢰도의 종류

① 검사-재검사 신뢰도(안정성 계수)

　㉠ 동일한 사람에게 서로 다른 시기에 두 번 실시한 검사점수와의 상관계수로, 시간의 변화에 따라 얼마나 일관성이 있는지를 나타내므로 안정성계수라고 한다. 두 검사의 실시시간 간격이 중요하다.

　㉡ 검사-재검사 신뢰도가 높다는 것은 그 검사가 수검자의 조건이나 환경변화의 영향을 덜 받는다는 것으로 연습효과, 기억효과, 이월효과라고 한다.

② 동형검사 신뢰도(동등성 계수 등)를 두 번 실시하여 상관계수를 구한다.

　㉠ 검사의 난이도(문항의 내용, 문항 수, 난이도, 변별도)는 동일하나 문항이 다른 검사를 제작하여 두 검사에서 얻은 점수의 상관을 산출하여 신뢰도 계수를 얻는 방법이다.

　㉡ 이때 상관계수가 두 검사의 동등성 정도를 나타낸다는 면에서 동등성 계수라 한다. 단점은 전문가라도 유사한 검사지를 개발하기가 쉽지 않기 때문에 동형검사 신뢰도 역시 대부분의 검사에 쉽게 이용하기가 어렵다.

③ 반분신뢰도(내적합치도 계수)

　㉠ 둘로 구분된 문항들이 내적으로 얼마나 일관성이 있는가를 측정하는 것이다.

　㉡ 해당 검사를 문항 수가 같도록 반씩 나눠, 개인별로 2개의 점수를 구하여 두 점수 간의 상관계수를 구한다. 검사를 한 번만 실시해서 구하기 때문에 시간에 따른 변동이 발생하지 않는다.

　㉢ 다른 조건이 동등하다면 문항의 수가 많을수록 신뢰도는 높다. 왜냐하면 더 많은 행동표집을 이용함으로써 더 일관성 있는 측정치를 얻어낼 수 있기 때문이다.

④ 채점자 신뢰도 : 한 집단의 검사용지를 2명의 채점자가 각자 독립적으로 채점해서 찾아내는 것으로, 개개의 수검자들한테서 관찰해 낸 2개의 점수를 가지고 통상적인 방법에 따라 상관관계를 따져보는 것이며, 이때 나타난 신뢰도 계수가 채점자 신뢰도 측정치가 된다.

⑤ 문항내적합치도

　㉠ 동일한 개념을 측정하는 항목인 경우 그 측정결과에 일관성이 있어야 한다는 논리에 따라 일관성이 없는 항목을 찾아서 배제시킨다.

　㉡ 크론바흐 알파(Cronbach's α) 계수

　　• 반분신뢰도를 찾아내는 방법 중 가장 널리 사용되는 계수이다.

　　• 컴퓨터를 이용하여 문항 수가 각기 반이 되도록 나눌 수 있는 모든 경우의 반분상관계수를 구할 수 있으며, 이렇게 구한 반분상관계수의 평균값은 크론바흐가 제안한 알파 계수이다.

(4) 신뢰도 계수에 영향을 미치는 요인

① 검사의 문항 수 : 검사의 문항 수가 많을수록 신뢰도가 높다.

② 문항의 반응 수 : 검사자의 검사문항의 반응 수가 많을수록 신뢰도가 높다.

③ 개인차 : 수검자의 개인차가 없다면 신뢰도 계수는 0이 된다. 이는 수검자의 검사점수가 동일하게 된다는 뜻이다.

④ 신뢰도의 종류 : 신뢰도 계산방법에 따라 신뢰도 크기가 달라질 수 있다.

⑤ 응답자 속성의 변화 : 검사-재검사에 의하면 두 검사과정 중 심리적 상태, 피로, 질병 등 다양한 변인이 수검자에게 영향을 미친다.

(5) 검사의 신뢰도를 높이는 방법

① 오차변량을 줄인다.

② 검사의 실시와 채점과정을 표준화한다.

③ 검사의 문항 수를 늘린다.

④ 검사문항의 반응 수를 늘린다.

❷ 타당도의 개념

(1) 타당도의 의미

① 검사의 타당도란, 검사가 측정하고자 의도하는 속성을 어느 정도 정확하게 측정하고 있는가를 말한다.

② 신뢰도와 타당도는 밀접한 관계가 있다. 어떤 검사의 신뢰도 크기는 이론적으로 그 검사의 타당도의 최댓값이다. 즉, 어떤 검사의 타당도가 아무리 커도 그 검사의 신뢰도보다 클 수 없다는 것이다. 이러한 점에서 검사가 상당히 높은 수준의 신뢰도를 확보하는 것이 매우 중요하다.

(2) 내적 타당도와 외적 타당도

① 내적 타당도

㉠ 연구에서 종속변인에 나타난 변화가 독립변인 때문이라고 추론할 수 있는 정도를 말한다.

㉡ 각 변수 사이의 인과관계를 추론하여 그 결과가 실험에 의한 변화에 따른 것으로 판명되는 경우 내적 타당도가 높다고 본다.

② 외적 타당도

㉠ 연구의 결과에 의해 기술된 인과관계가 연구대상 이외의 경우로 확대·일반화될 수 있는 정도를 말한다.

㉡ 내적 타당도가 연구결과의 정확성과 관련된 개념이라면, 외적 타당도는 연구결과의 일반화 가능성의 문제와 연결된다.

(3) 타당도의 종류

① 내용타당도

㉠ 검사의 문항들이 그 검사가 측정하고자 하는 내용영역을 얼마나 잘 반영하고 있는지를 말한다.

㉡ 성취도검사의 타당도를 평가하는 방법으로 많이 사용하는데, 해당 분야의 전문가들이 주관적 판단을 토대로 결정하므로, 타당도 계수를 산출하기 어렵다. 다만 다수의 전문가들의 판단 일치도를 계산해서 내용타당도 계수로 사용하는 경우도 있다.

ⓒ 안면타당도는 수검자에게 그 검사가 타당한 것처럼 보이는가를 뜻한다. 그러므로 제대로 측정하는가의 문제로 수검자가 판단하는 것이다.

② 준거타당도

ⓐ 어떤 심리검사가 특정 준거와 어느 정도 관련성이 있는가를 나타낸다.

ⓑ 준거타당도는 검사점수와 특정 준거점수와의 상관계수를 구하는데, 그 검사를 통해 예측하고자 하는 준거와 어느 정도 관련이 있는가 하는 것이 준거타당도이다.

ⓒ 준거타당도에는 예언타당도와 동시타당도가 있다.

예언타당도	그 검사의 점수를 가지고 다른 준거점수들을 얼마나 예측해 낼 수 있는가 하는 정도이다. 예로, 인사선발과정에서 사용하는 적성검사, 흥미검사는 입사 후의 업무성과를 예측하기 위해서 사용된다. 예언타당도는 일정시간을 필요로 하여 측정하기 때문에 시간이 오래 걸린다는 단점이 있다.
동시타당도	• 예언타당도의 단점을 해결할 수 있는 것이 동시타당도이다. • 동시타당도는 해당 검사의 점수와 준거점수를 동시에 얻어서 나온 상관계수로 새로운 검사를 제작하였을 때 기존에 타당성을 보장받고 있는 검사와의 연관성에 의하여 타당성을 검증하는 방법이다.

③ 구성타당도

ⓐ 그 검사가 해당 이론의 구성개념이나 특성을 측정하는 정도를 말한다.

ⓑ 학업적성, 직업적성, 직업흥미, 직무만족, 우울 등 심리검사가 측정하고자 하는 것들은 대부분 추상적인 것이며, 직접 관찰할 수 없는 가상적인 개념들이다. 심리검사는 이러한 추상적 구성개념들을 실제적인 수준에서 관찰 가능한 행동표본들로 구성한 것이다.

ⓒ 심리검사가 포함하고 있는 행동표본들이 실제 그 검사에 측정하고자 하는 구성개념을 잘 반영하는가 하는 것이 구성타당도이다.

ⓓ 구성타당도를 구하는 방법은 수렴타당도, 변별타당도, 요인분석법 등이 사용된다.

수렴타당도	어떤 검사의 측정하고자 하는 개념과 관계있는 문항들의 높은 상관관계 정도를 알아보는 것으로, 어떤 검사의 결과가 이론적으로 그 속성과 관계있는 변인들과 상관관계가 높을 때 수렴타당도가 높다고 본다.
변별타당도	어떤 검사의 측정하고자 하는 개념과 관계없는 문항 간의 낮은 상관관계 정도를 알아보는 것으로, 어떤 검사의 결과가 이론적으로 그 속성과 관계없는 변인들과 상관관계가 낮을 때 변별타당도가 높다고 본다.
요인분석법	검사를 구성하는 문항들 간의 상관관계를 분석해 서로 상관이 높은 문항들을 묶어주는 통계적 방법이다. 검사의 구성타당도를 점검하기 위해 보편적으로 사용되는 통계적 기법이다.

(4) 타당도의 크기에 영향을 미치는 요인

① 표집오차 : 표본이 모집단을 잘 대표하지 못할 경우 표집오차는 커지고, 타당도 계수가 낮아진다.

② 준거측정치의 신뢰도 : 준거측정치의 신뢰도가 낮으면 검사의 준거타당도는 낮아지는 경향을 보인다. 이는 준거측정치의 신뢰도가 그 검사의 타당도 계수에 영향을 미친다는 것이다.

③ 준거측정치의 타당도

　㉠ 준거측정치가 해당 준거개념을 얼마나 잘 반영하고 있는가 하는 준거측정치의 타당도는 검사의 준거타당도에 영향을 미치게 된다.

　㉡ 준거측정치의 타당도가 낮으면, 이를 준거로 삼은 검사의 준거타당도는 실제보다 낮아지게 된다.

④ 범위제한

　㉠ 검사점수와 준거점수의 자료들이 전체 범위를 포괄하지 못하고 일부 범위만을 포괄하는 경우를 말한다.

　㉡ 이런 범위에서 얻은 상관계수의 크기는 실제의 상관계수보다 작아진다.

Section 04 　주요 심리검사

❶ 성인지능검사

지능검사는 개인의 독특하고 대표적인 능력, 인격특성, 적응적·비적응적 행동양상을 파악하는 데 도움이 되기 때문에 가장 널리 사용되는 검사이다.

(1) 스탠퍼드-비네 검사

① 스탠퍼드-비네 검사는 잘 알려진 검사로 다른 지능검사의 타당도를 확인하는 데 표준으로 사용되었으며, 평균 100, 표준편차 16인 표준점수로 계산된다.

② 검사는 15개의 소검사(언어추리, 추상적, 시각적 추리, 수량추리, 단기기억 등)로 구성되어 있으며, 약 1시간 30분 소요된다.

(2) 한국판 웩슬러 성인지능검사(k-WAIS)의 구성

한국판 웩슬러 성인지능검사는 아래와 같이 언어성 검사와 동작성 검사의 2개의 하위검사로 구성되고, 각 하위검사는 6개와 5개의 소검사로 구성된다.

▶ 한국판 웩슬러 성인지능검사의 구성 ◀

하위검사명		측정 내용	문항 구성
언어성 검사	기본지식	개인이 가지는 기본지식의 정도	29문항
	숫자 외우기	청각적 단기기억, 주의력	14문항
	어휘문제	일반지능의 주요 지표, 학습능력과 일반개념 정도	35문항
	산수문제	수개념 이해와 주의집중력	16문항

	이해문제	일상경험의 응용능력, 도덕적 · 윤리적 판단능력	16문항
	공통성문제	유사성 파악능력과 추상적 사고능력	14문항
동작성 검사	빠진 곳 찾기	사물의 본질과 비본질 구분능력, 시각예민성	20문항
	차례 맞추기	전체 상황에 대한 이해와 계획능력	10문항
	토막 짜기	지각적 구성능력, 공간표상능력, 시각 · 운동 협응능력	9문항
	모양 맞추기	지각능력과 재구성능력, 시각 · 운동 협응능력	4문항
	바꿔 쓰기	단기기억 및 민첩성, 시각 · 운동 협응능력	93문항

(3) 실시와 채점

① 실시시간은 1시간~1시간 30분 정도 소요된다.

② 표준절차에 따라 검사를 실시하면서 피검사의 행동을 관찰해야 한다.

③ 채점과정

㉠ 소검사의 원점수를 검사지의 환산점수 산출표를 토대로 하여 환산점수로 바꾼다. 이때의 환산점수는 표준점수로서 평균 10, 표준편차 3으로 변환한 것이다.

㉡ T점수 : 평균 100, 표준편차 15인 T점수를 보인다.

(4) 해석과 평가

① 채점해서 얻은 언어성 IQ, 동작성 IQ, 전체 IQ를 검사요강을 이용해서 백분위나 표준측정 오차범위로 현재의 지능수준을 기술한다.

예를 들면, 언어성 IQ가 103, 동작성 IQ가 105, 전체 IQ가 105인 경우, 이 수검자의 개인지능지수는 보통이며 백분위 63이다. 결론적으로 같은 또래 100명 가운데 37등에 해당되는 보통수준의 지능을 소유하고 있다고 볼 수 있다.

② 언어성 검사는 아동기부터 축적된 경험과 지식을 측정하기 때문에 조직화된 능력을 측정한다.

③ 동작성 검사는 문제해결능력, 지식의 활용, 즉각적인 대처능력을 측정한다.

④ 반응내용, 반응방식, 언어적 표현방식, 검사행동방식 등을 토대로 개인의 독특한 심리특성을 알 수 있다.

⑤ 신뢰도와 타당도가 높다.

② GATB 직업적성검사

미국에서 개발한 일반적성검사는 가장 널리 알려진 적성검사로, 우리나라에는 이 검사를 토대로 표준화한 검사들로 직업적성검사, 적성종합검사 등이 있다.

(1) 구성요소

① GATB 직업적성검사는 15개의 하위검사를 통해서 9개 분야의 적성을 측정한다.

② 15개의 하위검사 중 11개는 지필검사, 4개는 수행검사이다.

하위검사명(15개)	검출되는 적성		측정방식
기구대조검사	형태지각(P)		
형태대조검사			
명칭비교검사	사무지각(Q)		
타점속도검사	운동반응(K)		지필검사
표식검사			
종선기입검사			
평면도 판단검사	공간적성(S)	지능(G)	
입체공간검사			
어휘검사	언어능력(V)		
산수추리검사	수리능력(N)		
계수검사			
환치검사	손의 재치(M)		수행검사
회전검사			
조립검사	손가락 재치(F)		
분해검사			

(2) 검출되는 적성

① 지능(G) : 학습능력, 지도내용, 원리 이해능력

② 형태지각(P) : 실물, 도해, 표에 나타나는 것을 세부까지 바르게 지각하는 능력

③ 사무지각(Q) : 문자, 인쇄물, 전표 등의 세부를 식별하는 능력

④ 운동반응(K) : 눈과 손을 함께 사용해서 빠르고 정확하게 운동할 수 있는 능력

⑤ 공간적성(S) : 공간상의 형태를 이해하고, 평면과 물체의 관계를 이해하는 능력

⑥ 언어능력(V) : 언어의 뜻과 그에 관련된 개념을 이해하고 사용하는 능력

⑦ 수리능력(N) : 빠르고 정확하게 계산하는 능력

⑧ 손의 재치(M) : 손을 마음대로 정교하게 조절하는 능력

⑨ 손가락 재치(F) : 손가락을 정교하게 조절하는 능력

(3) 평가

하위검사의 구성과 그에 따른 직업분류가 부적합하다는 평가를 받고 있지만, 주로 중·고등학생을 대상으로 하는 개략적인 진로지도용으로 사용된다.

❸ 직업흥미검사

(1) 직업선호도검사(노동부)

직업선호도검사는 18세 이상의 성인을 대상으로 개인이 어떤 직업에 흥미와 관심이 있어 그 관심 분야의 직업에서 성공할 가능성이 있는지를 예측해 주는 검사이다. 직업선호도검사는 흥미검사, 성격검사, 생활사검사의 3가지 하위검사로 이루어진다.

① 흥미검사

 ㉠ 이론적 배경 : 홀랜드의 개인·환경 간의 적합성 모형을 토대로 하여 개발된 것이다. 사람들의 흥미는 6가지 유형으로 구분할 수 있으며, 환경도 사람들의 흥미에 대응하는 6가지 유형으로 구분할 수 있다. 사람과 환경 유형이 일치하는 경우 최대한의 잠재력을 발휘한다고 본다.

 ㉡ 홀랜드의 6가지 흥미 유형의 특징

유형	특징
현실적 유형	기계, 도구, 동물에 관한 체계적인 조작활동을 좋아하거나 사회적 기술이 부족하다. 기술자, 정비사, 엔지니어 등
탐구적 유형	호기심이 많고 분석적 · 조직적이며 정확한 반면, 리더십 기술이 부족하다. 생물학자, 과학자 등
예술적 유형	표현이 풍부하고 독창적이며 비순응적이고 심미적인 반면, 규범적인 기술이 부족하다. 실내장식가, 음악가 등
사회적 유형	다른 사람과 함께 일하거나 다른 사람을 돕는 것을 즐기지만 기계적이고 과학적인 능력이 부족하다. 장의사, 카운슬러, 바텐더 등
진취적 유형	조직목표나 경제적 목표를 달성하기 위해 타인을 조작하는 활동을 즐기는 반면, 상징적이고 체계적인 활동을 싫어하며 과학적 능력이 부족하다. 세일즈맨, 경영자, 법관 등
관습적 유형	체계적으로 자료, 기록을 정리하거나 자료의 재생산을 좋아하는 반면, 심미적 활동을 싫어한다. 비서, 재정전문가, 사무원, 회계사 등

 ㉢ 흥미검사 구성 : 흥미검사는 5개 하위검사로 구성되어 있으며, 각 하위검사는 6개의 흥미 유형을 측정할 수 있는 문항으로 구성되어 있다.

구성	특징
활동검사 (48문항)	평소에 좋아하거나 하고 싶어 하는 활동에 대한 검사
유능검사 (31문항)	자신에게 어떤 능력이 있다고 생각하는지에 대한 검사
선호직업검사 (66문항)	평소에 어떤 직업을 좋아하는지에 대한 검사

선호분야검사 (42문항)	현재나 과거에 어떤 과목이나 학문 분야를 선호하는지에 대한 검사
일반성향검사 (60문항)	자신의 일반적인 성향이나 태도 검사

② 해석

개인별 흥미코드	흥미코드는 원점수가 큰 3가지 흥미 유형의 문자로 표기되며, 본 코드에 따라 피검사자에게 적합한 직업과 훈련이 안내된다.
흥미 유형별 원점수	흥미란 타인과 비교하기보다는 개인 내적으로 어떤 유형에 가까운지를 아는 것이 더 중요하므로 원점수가 결과 해석의 중요한 자료로 사용된다.
흥미 유형별 표준점수	타인과 비교하기 위한 점수로서, 특이한 흥미코드의 해석과 같은 몇 가지 경우를 제외하고는 결과 해석의 보조자료로 사용된다.

ⓜ 검사에 대한 평가

- 흥미검사는 홀랜드의 이론을 토대로 제작된 것으로, 이론적 토대가 비교적 탄탄하다는 평가를 받는다.
- 성인의 연령대별(29세 이하, 30대, 40대, 50대 이상), 성별규준을 제공하고 있어서, 성인을 대상으로 하는 직업진로지도가 가능하여 직업상담에 적합하다는 장점이 있다.
- 그러나 개발된 지 얼마 되지 않아서 타당화에 대한 연구가 미흡한 편이다.

② 성격검사

㉠ 이론적 배경 : 빅 파이브(Big Five) 이론을 토대로 개발한 것이다. 빅 파이브 이론이란, 성격을 기술하는 기본차원인 외향성, 호감성, 정서적 불안정성, 성실성, 경험에 대한 개방성을 말한다.

외향성	• 외향적인 사람은 사교적이며 활달하고, 말을 많이 하며, 자기주장을 잘한다. • 흥분하기 쉽고 자극을 좋아하며, 명랑하고 힘이 넘치며, 선천적으로 낙관적이다. • 영업사원들은 전형적인 외향적 특성을 갖고 있다. • 내향적인 사람은, 외향성의 반대가 아니라 외향적 특징이 없는 것으로 보아야 한다.
호감성	• 호감성은 외향성과 함께 대인관계적인 양상과 관련된 차원이다. • 이타적이며 타인과 공감을 잘하고, 기꺼이 도와주며 상대방도 도움을 줄 것이라 생각한다. • 호감성이 부족한 사람은, 자기중심적이고 타인의 의도를 의심하고 경쟁적이다. • 이 차원의 양극단은 사회적으로 바람직하지 않다. 낮은 점수는 자기애적, 반사회적, 편집증적 성격장애과 관견이 있고, 높은 점수는 의존적 성격장애와 관련이 있다.
성실성	• 매사에 꼼꼼히 계획하고 일정을 조직하고, 끈질기게 과제를 수행하는 일종의 자기통제력이다. • 이 점수가 높은 사람은 꼼꼼하고 정확하며 믿을 만하다. 의지가 강하다. • 높은 성실성 점수는 학문적 및 직업적 성취와 관련하여 까다로움, 강박적인 깔끔함, 일중독자 증상을 보일 수도 있다.

정서적 불안정성	• 두려움, 슬픔, 당혹감, 분노, 죄책감과 같은 부정적인 정서의 경험이다. • 점수가 낮은 사람은 정서적으로 안정되어 있고, 어려운 상황에 큰 두려움 없이 대처한다.
경험에 대한 개방성	• 자신을 둘러싼 세계에 관심이 많고, 새로운 윤리·사회·정치사상을 기꺼이 받아들인다. • 풍부한 경험, 감정의 긍정적인 면과 부정적인 면 모두를 예민하게 경험한다. • 점수가 높을수록 더 건강하고 성숙한 사람으로 보이기 쉽지만, 이것은 상황이 요구조건에 따라 달라진다.

ⓒ 성격검사의 구성 : 성격검사는 5개 기본성격 요인에 속하는 28개 소검사로 구성된 172개 성격문항, 사회적 바람직성 척도 13문항 및 부주의 척도 3문항 등 188개 문항으로 구성되어 있다.

▶ 성격검사의 구성 ◀

요인 이름	소검사	문항 수	비고
외향성	온정성, 사교성, 리더십, 적극성, 긍정성	29문항	5개 하위척도
호감성	타인에 대한 믿음, 도덕성, 타인에 대한 배려, 수용성, 겸손, 휴머니즘	33문항	6개 하위척도
성실성	유능감, 조직화능력, 책임감, 목표지향성, 자기통제력, 완벽성	37문항	6개 하위척도
정서적 불안정성	불안, 분노, 우울, 자의식, 충동성, 스트레스 취약성	29문항	6개 하위척도
경험개방성	상상력, 문화, 정서, 경험추구, 지적 호기심	29문항	5개 하위척도

ⓒ 해석

• 성격검사는 다른 종류의 검사들에 비해 해석이 어렵다.

• 상담원들은 5개의 일반적 성격요인에서 뚜렷하게 높거나 낮은 점수에 대해서 설명하고, 아래의 설명을 참고하여 그 요인들 간의 관계에 대해서 설명한다.

▶ 요인 간의 관계로 설명할 수 있는 개인특성 ◀

내용	5요인
정서	정서적 불안정성, 호감성
대인관계	외향성, 호감성
활동성	외향성, 성실성
기본적인 태도	경험에 대한 개방성, 호감성
과제수행	성실성, 정서적 불안정성
학업	경험에 대한 개방성, 성실성

⑵ **자기탐색검사(Self Dirrect Serch, SDS)**

홀랜드의 흥미검사로, 대학생 및 성인에게 진로흥미를 탐색한다.

① 구성요소

　㉠ 제1부 : 평소 희망하는 전공학과와 직업 쓰기

　㉡ 제2부 : 영역별 검사 – 활동흥미

　㉢ 제3부 : 영역별 검사 – 유능감

　㉣ 제4부 : 영역별 검사 – 직업흥미

　㉤ 제5부 : 영역별 검사 – 능력의 자기평가

② 적용 : 대학생의 진로결정 및 신입사원채용 시 적합한 직무배치 및 직무능력개발

⑶ **기술확신척도(Skills Confidence Inventory, SCI)**

홀랜드의 6가지 유형으로, 일반적인 직업주제와 관련된 일을 수행해 내는 개인의 확신감 수준을 측정하는 도구이다.

① 구성요소

　㉠ 각 척도는 10개의 문항으로 구성되어 있다. 1~5점으로 응답하고, 5점은 측정영역에서 매우 높은 확신이 있음을 의미한다.

　㉡ 스트롱 검사와 함께 사용되도록 개발되었으며, 직업에 관련된 확신감과 흥미를 보여준다.

② 적용

　㉠ 확신감과 흥미가 높은 경우, 확신감이 흥미보다 높은 경우, 흥미가 확신감보다 높은 경우의 3가지로 평가한다.

　㉡ 확신감과 흥미가 모두 높은 주제는 좋은 진로영역이 되며, 진로선택에 도움이 된다.

⑷ **스트롱(Strong) 직업흥미검사**

다양한 직업세계의 특징과 개인의 흥미 간의 유의한 자료를 제공해 주는 도구로, 홀랜드의 이론으로 구성되어 있다.

① 구성요소

　㉠ OS(Occupational Scale, 직업척도) : 211개의 직업척도로, 직업에 종사하는 사람들을 대상으로 문항반응을 비교·분석한 것이다. OS의 점수가 높을수록 그 직업에 종사하는 사람들의 흥미와 유사함을 의미한다.

　㉡ GOT(General Occupational Themes, 일반직업분류) : 보편적인 흥미를 알 수 있는 척도로, 홀랜드 이론에 기초하여 RIASEC 6개의 주제로 구성되어 있으며, 성격특성, 특정적인 활동, 대표적인 직업으로 구성되어 있다.

　㉢ BIS(Basic Interest Scales, 기본흥미척도) : 특정한 활동이나 주제에 대한 자신의 흥미를 측정하는 25개의 척도로, GOT의 각 주제보다 세분화함으로써 개인에게 적합한 직업영역을 구체적으로 제공한다.

ⓔ PSS(Personal Style Scale, 개인특성척도) : 개인의 업무형태, 학습유형, 리더십, 위험감수와 관련한 개인적인 선호도를 평가하는 4개의 척도이다.

ⓜ TR지수와 IR지수

- 총응답지수(TR)는 317문항 중 실제 응답한 문항의 수를 의미, TR지수가 300 이하이면 검사해석은 하지 않는 것이 바람직하다.

- 희귀응답지수(IR)는 검사결과를 신뢰하기 어려운 정도를 나타내는 지표로서 여성의 경우 5점 이하, 남성의 경우 7점 이하이면 검사응답에 문제가 있을 수 있음을 가정할 수 있다.

ⓑ 한국판 스트롱(Storng) 검사는 GOT, BIS, PSS의 검사구조로 되어 있다(2000년).

② 스트롱(Storng) 진로탐색검사

㉠ Storng 흥미검사의 척도 중에 일반직업분류(GOT) 척도를 사용하며, 중·고등학생들의 진로성숙 수준을 측정하기 위해 진로성숙도검사와 직업흥미검사로 나누어 구성된다.

㉡ 진로성숙검사는 진로정체감, 가족일치도, 진로준비도, 진로합리성, 정보습득률 등을 측정하고, 직업흥미검사는 직업, 활동, 교과목, 여가활동, 능력, 성격특성 등에 대한 문항을 통해 학생들의 흥미 유형을 포괄적으로 이해할 수 있도록 한다.

❹ 진로성숙검사

(1) 진로발달 검사도구(Career Develoment Inventory, CDI)

슈퍼의 진로발달이론에 기초하여 제작된 진로발달 검사도구이며, 진로성숙, 진로 유형, 진로발달단계 및 직업적 자아개념 등에 관련된다.

① 검사도구(CDI)의 개발 목적

㉠ 학생들의 진로발달과 직업 또는 진로성숙도를 측정.

㉡ 학생들의 교육과 진로계획수립에 도움을 주며, 진로결정을 위한 준비도를 측정하기 위함이다.

② 진로발달 검사도구의 척도 : 진로발달 검사도구(CDI)는 8개의 하위척도로 구성되어 있으며, 5개의 하위척도는 진로발달 특수영역을 측정하기 위하여, 나머지 3개의 하위척도는 5개의 하위척도 가운데 같은 특성을 측정하는 척도들을 조합하여 만든다.

㉠ CP(Career Planning, 진로계획) : 20문항

㉡ CE(Career Exploration, 진로탐색) : 20문항

㉢ DM(Dicision-Making, 의사결정) : 20문항

㉣ WW(World of Work information, 일의 세계에 대한 정보) : 20문항

㉤ PO(knwoledge of Preferred Occupational group, 선호하는 직업군에 대한 지식) : 40문항

㉥ CDA(진로발달-태도) : CP + CE

㉦ CDK(진로발달-지식과 기술) : DM + WW

㉧ CDT(총체적인 진로성향) : DP + CE + DM + WW

③ 진로발달 검사도구의 활용

　㉠ 개인상담 시 정보를 제공할 뿐만 아니라 상담을 필요로 하는 특별영역을 찾아내는 데 유용하다.

　㉡ 진로교육 프로그램 시행결과를 측정하기 위한 도구로 유용하다.

　㉢ 진로발달 검사도구를 통하여 얻은 정보는 적성개발, 흥미검사, 학력검사 등에서 얻은 정보와 함께 학생들을 위한 진로발달 경험을 계획할 때 유용하다.

(2) 진로성숙 검사도구(Career Maturity Inventory, CMI)

① 진로성숙 검사도구 : 진로성숙 검사도구는 객관적으로 점수화·표준화된 진로발달 측정도구이다.

　㉠ 측정모델은 성인지능검사척도에서 사용한 연령에 따른 점수화 방법을 사용하고 있다.

　㉡ 다양한 측면에서 개인 진로상담이나 집단 진로지도에 유용한 정보를 제공하며, 종합적인 진로발달 프로그램 개발에 활용될 수 있다.

　㉢ 진로성숙 검사도구의 문항은 진로의사결정과정에서 제기되는 미결정과 비현실성의 분석에 유용하다.

　㉣ 초등학교 6학년부터 고등학교 3학년을 대상으로 표준화되었다.

② 진로성숙 검사도구 척도

　㉠ 진로성숙 검사도구는 태도척도와 능력척도로 구성되어 있다.

　㉡ 태도척도와 능력척도의 문항들은 진로상담 시 상담자가 진술한 내용, 진로상담 사례, 직업정보자료 등 실제적인 근거로 제작되었다.

　㉢ 진로성숙 검사도구의 척도

<table>
<tr><td colspan="3">태도척도는 진로선택과정에 대한 피험자의 태도와 진로결정에 영향을 미치는 성향적 반응 경향성을 측정하는 것으로, 선발척도와 상담척도 2가지가 있다.
• 선발척도 : 직업발견 및 진로설정과 관련된 긍정적 진술과 부정적 진술 50개로 이루어져 있으며, 선발척도는 상담을 위하여 학생들을 분류하거나 진로교육의 결과를 평가할 때 적합하다.
• 상담척도 : 75개의 문항으로 구성되어 있으며, 50문항은 선발척도의 문항과 동일하며, 이들 75개의 문항들은 진로결정성, 참여도, 독립성, 성향, 타협성의 5개 하위척도로 나뉜다.</td></tr>
<tr><td rowspan="5">태도척도</td><td>결정성</td><td>선호하는 진로의 방향에 대한 확신의 정도
예) 나는 선호하는 진로를 자주 바꾸고 있다.</td></tr>
<tr><td>참여도</td><td>진로선택과정에서의 능동적 참여의 정도
예) 나는 졸업할 때까지 진로선택문제에 별로 신경을 쓰지 않겠다.</td></tr>
<tr><td>독립성</td><td>진로선택을 독립적으로 할 수 있는 정도
예) 나는 부모님이 정해 주시는 직업을 선택하겠다.</td></tr>
<tr><td>성향</td><td>진로결정에 필요한 사전이해와 준비의 정도
예) 일하는 것이 무엇인지에 대해 생각한 바가 거의 없다.</td></tr>
<tr><td>타협성</td><td>진로선택 시 욕구와 현실을 타협하는 정도
예) 나는 하고 싶기는 하나 할 수 없는 일을 생각하느라 시간을 보내곤 한다.</td></tr>
</table>

능력척도	진로의사결정과정에서 가장 중요한 지식영역으로, 자기평가, 직업정보, 목표선정, 계획 그리고 문제해결 등 5개 영역을 측정하는 문항들로 나뉜다. 각 영역은 20개의 문항으로 구성되어 전체 100개의 문항이 능력척도를 구성한다. 각 문항은 4개의 선택답지와 1개의 '모른다' 답지로 구성되어 있다.

(3) 진로성숙도검사(한국교육개발원)

한국교육개발원에서 제작한 진로성숙도검사에서는 진로성숙이라는 개념을 '태도'와 '능력'으로 대별한다.

① 태도영역

    ㉠ 계획성 : 자신의 진로방향 선택, 직업결정을 위한 사전준비와 계획의 정도

    ㉡ 독립성 : 자신의 진로를 스스로 탐색, 준비, 선택할 수 있는 정도

    ㉢ 결정성 : 자신의 진로방향, 직업선택에 대한 확신의 정도

② 능력영역

    ㉠ 직업세계 이해능력 : 직업종류, 직업특성, 작업조건, 교육수준, 직무 및 직업세계의 변화 경향과 직업정보 획득 등 6개 분야에 대한 지식과 이해의 정도

    ㉡ 직업선택능력 : 자신의 적성, 흥미, 학력, 신체적 조건, 가정환경 등과 직업세계에 대한 지식과 이해를 토대로 자신에게 적합한 직업을 선택할 수 있는 능력

    ㉢ 합리적인 의사결정능력 : 진로와 관련된 의사결정과정에서 부딪히는 갈등상황을 합리적으로 해결하는 능력

③ 진로성숙도검사는 중학교 2, 3학년, 그리고 고등학교 1, 2, 3학년 등을 대상으로 실시가 가능하다.

④ 영역별 검사문항 수는 아래 표와 같다.

▶ 영역별 검사문항 수 ◀

검사	하위영역	문항 수
태도검사(36)	계획성	13
	독립성	13
	결정성	10
능력검사(60)	직업세계의 이해	30
	직업선택	15
	의사결정	15
합계		96

(4) 진로발달평가모델(C-DAC)

슈퍼(Super)는 진로검사가 내담자의 특성을 이해하는 데 개인의 정량적, 정질적 사정이 가능하고 발달학적 개입을 시사할 수 있는 평가라는 용어를 지향하고 진로발달적 특성을 평가모델(C-DAC)로 개발하였다.

① 진로평가모델은 4가지 평가기준을 제시한다.

② 구성요소

　㉠ 1단계(내담자의 생애구조와 직업역할의 중요성) : 6가지 생애역할(부모, 배우자, 직장인, 시민, 학생, 자녀) 중 직업인으로서의 역할이 자녀, 학생 등의 역할에 비해 얼마나 중요한지를 탐색한다.

　㉡ 2단계(내담자의 진로발달수준과 자원) : 내담자와 연관되어 있는 발달과업을 확인 후 이 문제를 해결할 수 있는 자원에 대해 평가한다.

　㉢ 3단계(가치, 흥미, 능력을 포함한 직업적 정체성) : 가치, 능력, 흥미 측면에서 내담자의 직업적 정체성의 내용을 파악하고, 정체성이 내담자의 생애역할에서 어떻게 나타나는지 탐색한다.

　㉣ 4단계(직업적 자아개념과 생애주제) : 내담자가 자신과 세상을 어떻게 이해하고 있는지 자아개념을 확인하는 과정이다.

(5) 성인용 진로문제검사(Adult Career Concerns Inventory, ACCI)

이 검사는 슈퍼와 동료들이 성인에게 발달적 진로과업과 단계를 평가하기 위한 것으로, 슈퍼의 생애진로발달단계 중 초기 성장기를 빼고 다음 4단계, 즉 탐색기, 확립기, 유지기, 쇠퇴기의 각 단계에 대한 점수와 각 단계의 하위단계까지 측정한다.

① 각 하위단계 점수를 통해 개인이 심각하게 생각하는 진로문제가 무엇인지를 확인할 수 있고, 규준집단 내에서 개인의 위치를 파악할 수 있다.

② 검사점수는 내담자의 진로과업과 각 단계 및 하위단계에서 내담자가 겪는 문제의 심각성을 의미한다.

(6) 진로신념검사(Career Beliefs Inventiry, CBI)

크롬볼츠가 진로결정과정에서 비합리, 비논리적인 신념을 확인하기 위해 개발한 검사로, 내담자의 자원에 비해 자신의 진로영역에 대한 자기지각과 세계관을 탐색할 수 있다. 96문항으로 25개의 하위척도로 구성되어 있으며, 각 하위척도는 다음과 같은 5개의 영역으로 설명된다.

① 나의 현재 현황

② 나의 행복을 위해 필요하다고 생각되는 것

③ 나의 결정에 영향을 끼치는 요소

④ 내가 기꺼이 변화할 수 있는 것

⑤ 내가 기꺼이 노력할 수 있는 것

❺ 성격검사

(1) 다면적 인성검사(MMPI)

① 이론적 배경

　㉠ 미네소타 다면적 인성검사(Minnesota Multiphasic Inventory, MMPI)는 객관적 성격검사이며, 미네소타 대학교의 심리학자 스타크 해더웨이와 정신과 의사인 조비앙 맥킨리에 의해 처음으로

개발되었다.

   ⓛ MMPI의 주된 기능은 정신과적 진단과 분류를 위한 것이며, 일반적인 성격특성을 측정하는 것은 아니다.

② MMPI 구성요소 : 검사는 수검자의 태도를 측정하는 4개의 타당도척도와 비정상 행동의 종류를 측정하는 10개의 임상척도에 따라 채점되며, 각 문항에 대하여 '그렇다', '아니다'로 응답해야 한다.

   ㉠ MMPI의 타당도척도

?(무응답)척도	?척도는 수검자가 응답하지 않은 문항과 '그렇다'와 '아니다'에 모두 답한 문항을 합한 것이다. 이 척도의 T점수가 70 이상일 경우, 프로파일이 무효일 가능성이 있거나, 문항을 읽고 이해할 수 있는 능력이 부족하거나, 검사자에 대한 불신감을 나타내는 경우이다.
L척도	자신을 좋은 모습으로 나타내 보이려는 부정적 정도를 측정한다.
F척도	보통사람들의 생각, 경험과는 다르게 비전형적으로 행동하는 것을 측정한다.
K척도	L척도와는 달리 은밀하고도 세련된 방어성과 경계심을 측정한다.

   ㉡ MMPI의 임상척도 : 건강염려증, 우울증, 히스테리, 반사회성, 남성적 특성-여성적 특성, 편집증, 강박증, 정신분열증, 경조증, 내향성

▶ MMPI 타당도 및 임상척도 ◀

구분	척도명	기호	약자(문항 수)
타당도척도	알 수 없다		?
	L척도		L(15)
	F척도		F(64)
	K척도		K(30)
임상척도	건강염려증	1	HS(33)
	우울증	2	D(60)
	히스테리	3	Hy(59)
	반사회성	4	Pd(50)
	남성 특성-여성 특성	5	Mf(60)
	편집증	6	Pa(40)
	강박증	7	Pt(48)
	정신분열증	8	Sc(78)
	경조증	9	Ma(46)
	내향성	10	Si(70)

③ 프로파일 작성 : T점수를 가지고 프로파일 용지에 점을 찍고 절선그래프를 그린다.

④ 결과의 해석

　㉠ 1단계 : 13개 척도의 환산점수를 검토한다. 정상범위에 속하는지를 조사해 보고 개인력을 토대로 해석한다.

　㉡ 2단계 : 척도별 관련성을 분석하며, 각 척도의 점수 범위가 의미하는 바와 타당도척도와 임상척도 간의 관련성을 분석한다.

　㉢ 3단계 : 임상척도에서 T점수가 70 이상인 2개의 코드만을 가지고 해석하는 것이 흔히 하는 방법이다.

　㉣ 4단계 : 임상척도에서 T점수가 매우 낮은 척도들을 가지고 해석한다. 때에 따라 낮은 점수가 더 의미 있을 수 있다.

(2) MBTI(성격유형검사)

심리학자 칼 융(K. Jung)의 유형론을 근거로 하는 심리검사로, 마이어스-브릭스 유형 지표(Myers-Briggs Type Indicator)의 약어이다.

〈MBTI 성격유형〉

내향적(I)	주의집중과 에너지 방향	외향적(E)
감각형(S)	정보수집의 방향(인식기능)	직관형(N)
사고형(T)	정보판단의 결정과정	감정형(F)
판단형(J)	행동양식과 생활방식	인식형(P)

① MBTI 4개의 양극차원

　㉠ 외향형-내향형

　　• 외향형 : 폭넓은 대인관계를 유지하며, 사교적이며 정열적이고 활동적이다.

　　• 내향형 : 깊이 있는 대인관계를 유지하며, 조용하고 신중하며, 이해한 다음에 경험한다.

　㉡ 감각형-직관형

　　• 감각형 : 오감에 의존하여 실제의 경험을 중시하며, 지금-현재에 초점을 맞추고 정확하고 철저하게 일처리를 한다.

　　• 직관형 : 육감 내지 영감에 의존하며 미래 지향적이고, 가능성과 의미를 추구하며 신속히 비약적으로 일처리를 한다.

　㉢ 사고형-감정형

　　• 사고형 : 진실과 사실에 관심을 갖고 논리적이고 분석적이며 객관적으로 판단한다.

　　• 감정형 : 사람과 관계에 관심을 갖고 상황적이며 정상을 참작한 설명을 한다.

　㉣ 판단형-인식형

　　• 판단형 : 분명한 목적과 방향이 있으며, 기한을 엄수하고, 철저히 사전에 계획하고, 체계적이다.

- 인식형 : 목적과 방향은 변화가 가능하며, 상황에 따라 일정이 달라지며 자율적이고 융통성이 있다.

② MBTI의 용도

　㉠ 현재 직업에 대한 불만족의 이유를 탐색하는 데 사용한다.

　㉡ 내담자를 지원함으로써 직업대안을 찾을 수 있다.

　㉢ 내담자를 도와 적합한 직업환경을 찾아내는 데 쓰인다.

　㉣ 개인이 특정 직업을 좋아하는지 그 이유를 제시할 수 있다.

(3) CPI(캘리포니아 성격검사)

① 이론적 배경

　㉠ 일반 성인을 대상으로 해리슨 고흐(Harrison Gough)가 개발하였다.

　㉡ MBTI 성격개념에 사회성, 관용성, 책임성 등 일반적인 성격 특성을 측정하기 위함이다.

　㉢ 행동 유형과 태도를 나타내는 문항으로 구성되어 정상적인 개인의 관계행동을 이해하는 데 도움을 주는 검사이다.

② 구성요인 : 4개의 군집으로 구성, 각 군집은 20개의 척도로 구성된다.

　㉠ 1군집척도 : 지배성, 사교성, 자기수용성, 독립성, 동정심, 지위수용력, 사회적 자발성

　㉡ 2군집척도 : 책임감, 사회화, 자기통제력, 호감성, 공동체의식, 인내력, 행복감

　㉢ 3군집척도 : 순응적 성취, 독립적 성취, 지적 효율성

　㉣ 4군집척도 : 융통성, 남성–여성성, 심리지향성

6 투사검사

투사검사는 성격검사의 하나로, 표준화가 되어 있지 않다. 그러므로 검사자는 피검자에게 비구조적 과제를 제시, 자유롭게 응답하도록 하여 분석한다. 응답자의 다양한 반응을 유도, 분석하는 심리검사이다. 투사검사는 정답과 오답이 있는 것이 아니고, 검사자료에 잘 정의된 의미가 있는 것도 아니다. 따라서 피검자들이 자신을 반응을 통해 노출시키는 의미가 많을수록 검사지의 추론에 도움이 된다.

(1) 로르샤흐(Rorschach) 잉크반점검사

① 1921년에 스위스의 정신과 의사 로르샤흐(Rorschach)가 개발하였다.

② 피검자에게 애매한 반응을 제공하여 개인의 사고, 정서, 현실지각, 대인관계 방식 등 여러 가지의 인격적 특성에 관한 정보를 제공해 줌으로써 성격분석에 널리 사용된다.

③ 피검자는 10개의 대칭적인 잉크반점 카드를 보고 반응하게 된다.

④ 측정 대상자는 흑백이고 일부는 컬러로 색깔과 복잡성이 상이한 10개의 카드를 보고 자유연상을 통해서 '어떻게 인식하고 반응하느냐'로 성격을 테스트한다.

⑤ 특정 반응이 특정 심리행동적 특징과 관련이 있기 때문에 임상도구뿐만 아니라 개인의 성격이나 습관, 반응을 알려주는 도구로 활용될 수 있으며, 전문적인 교육을 받은 전문가가 해석을 해야 한다.

(2) **주제통각검사(Thematic Apperception Test, TAT)**

  ① 주제통각검사는 프로이트의 정신분석학에 근거하여 머레이(Murray)와 모건(Mogan)이 만들었다.

  ② 이 검사는 인격적 특징 가운데 동기, 정서, 갈등, 콤플렉스 등에 대한 정보를 제공해 주는데, 사용하기가 좀 어렵다.

  ③ 주제통각검사는 1명, 2명, 3명의 사람이 포함된 애매한 장면 사진을 보고 반응한다.

  ④ 검사실시는 20장의 흑백카드를 반으로 나누어 2회에 걸쳐 제시되며, 카드 선택은 피검자의 성과 나이에 따라 결정된다. 피검자는 상황의 사진을 보고 묘사하도록 요청받는다.

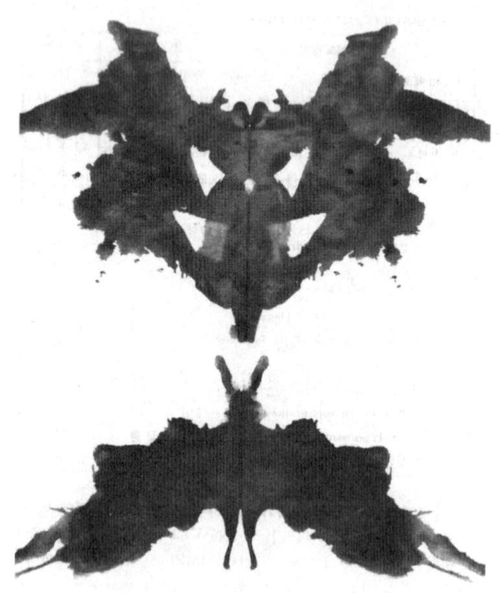

〈로르샤흐 검사카드의 예〉

〈TAT카드의 예〉

Section 05 직업심리학의 연구

직업심리가의 연구방법은 데이터를 수량화하고 통계적인 기법들을 활용하여 결론에 도달하는 실험, 설문조사와 같은 실증적 연구와 연구자의 관찰과 주관적 해석을 중요시하는 정질적 연구가 있다.

❶ 실증적 연구방법

(1) **실증적 연구 특성**

관찰 가능한 자료를 중심으로 문제에 관한 결론을 논리적으로 이끌어냄으로써 현상을 정확하게 기술하고 설명하며, 과학적이고 객관적인 특성이 있다. 예를 들면, 사고 난 사람들의 나이, 성별, 직업 등을 조사하고 통계를 낸 다음 규칙을 통해 일반화시킨다.

(2) 실증적 연구의 장단점

장점	단점
• 정확하고 정밀한 연구가 가능하다. • 통계적 연구가 가능하다. • 자료를 계량·통계화시키기 때문에 법칙이나 규칙의 발견이 용이하다.	• 계량화가 어려운 연구는 불가능하다. 예를 들면, 심리적 연구 등이 속한다. • 인간의 가치, 동기와 분리된 연구이기 때문에 한계성이 있다.

(3) 실증적 연구과정

문제진술 → 연구방법 설계 → 변인측정 → 자료분석 → 결론도출

(4) 실증적 연구방법의 종류

① 실험실 실험

㉠ 실험실 실험이란, 객관적인 조건을 엄격하게 통제한 실험실에서 이루어지는 실험방법을 말한다. 주로 변인들의 인과관계를 밝히기 위해 사용되며, 이론적 연구 대부분은 실험법을 선호한다.

㉡ 실험의 3가지 방법

• 독립변인 : 연구자가 연구결과의 원인이라고 생각하는 변인

• 종속변인 : 연구의 결과라고 생각하는 변인

• 가외변인 : 독립변인이 아니면서도 종속변인에 영향을 미치는 모든 변인을 가리킨다.

▶ 실험실 실험의 장단점 ◀

장점	단점
• 인과관계를 밝히는 가장 좋은 방법이다. 가외변인의 엄격한 통제를 통해 종속변인의 차이를 독립변인의 차이 때문이라고 해석할 가능성이 높다. • 엄격한 측정이 가능하기 때문에 정확성이 높다. • 다른 연구자들이 쉽게 반복 확인할 수 있으므로 연구결과의 객관성을 높일 수 있다.	• 현실성이 떨어진다. • 실험결과의 외적 타당도가 낮다. • 모든 주제를 실험실 연구로 다룰 수 없다.

② 현장실험

㉠ 현장실험은 실제 현장에서 이루어진다는 면에서 가외변인이 개입할 여지가 더 많아지게 됨에 따라 독립변인의 조작에 어려움이 많다.

㉡ 연구결과를 일반화할 수 있는 가능성은 실험실 실험에 비해 높은 결과로 인해 직업상담 장면에서 이루어지는 연구들은 대체로 실험실 실험보다는 현장실험의 형태를 띠게 된다.

▶ 현장실험의 장단점 ◀

장점	단점
• 연구가 자연 상태에서 이루어지기 때문에 현실적이고 결과의 일반화 가능성이 높다. • 적절한 실험설계를 사용하면 인과적 결론을 내리는 것도 가능하다. • 실제 상황의 복잡한 행동들에 관해 광범위한 자료를 얻을 수 있다.	• 실험과정 전체를 엄격하게 통제한다는 것이 불가능하기 때문에 내적 타당도가 낮다. • 연구기간 동안 상황변화 등의 통제가 어렵다. • 연구자들이 현장에서 실험을 하는 데 필요로 하는 협조를 얻는 것이 어렵다.

③ 현장연구

    ㉠ 현장에서 이루어지는 연구로서, 독립변인을 조작하지 않고 현장에서 관찰, 면접, 설문조사 등을 통해서 하는 연구를 말한다.

    ㉡ 현장연구의 방법

        • 전수조사 : 예를 들면, 우리나라의 실업자들을 대상으로 자기효능감의 수준을 연구한다면 모집단 전체를 조사하는 방법이다.

        • 조사연구 : 모집단을 대표하는 표본을 구성해서 자기효능감을 측정하고 이를 통해 모집단의 자기효능감 수준을 추론하는 방법이다.

        • 표본조사 : 모집단 특성을 추론하지 않고 연구대상 표본의 특성에 관심이 있는 방법이다.

        • 참여관찰법 : 연구자가 현장에 직접 참여하여 연구대상들과 함께 지내면서 관찰하는 방법이다.

        • 기술적 연구 : 자연 상태에서 전혀 개입하지 않고 변인들의 수준이나 변인 간의 관계를 관할하는 방법이다.

        • 사례연구 : 사례를 통해 연구하는 방법이다.

    ㉢ 현장연구는 연구 장면에 거의 개입하지 않기 때문에 어떠한 통제도 가하지 않는다. 따라서 외적 타당도가 높을 수 있다는 장점이 있다.

    ㉣ 표본조사

        • 표본조사란 표준화된 방법으로 사람들의 자료를 얻는 방법이다.

        • 표본이란 직접적인 관찰대상이 되는 사람들을 말한다.

        • 이런 연구법의 가장 큰 목적은 현상의 정확한 기술이며, 현장연구와 마찬가지로 후속연구에 사용될 가설 개발이나 이론적 통찰을 제공할 수 있다.

❷ 직업심리학 연구의 유형

(1) 조사연구

    ① 이론을 만들고 검증하는 과정이다. 과학적 이론형성에는 논리와 경험의 결합을 구체적으로 나타내는 것이 조사연구이다.

② 연구주제와 관련된 변인들을 찾아 알려진 변인들의 기초치를 측정하기 위한 목적으로 사용된다.

③ 개방형 면접이나 반구조화 면접을 이용한다. 응답자가 비교적 자유롭게 답할 수 있고, 연구자도 추가적인 질문들을 할 수 있어서 현상을 더 잘 인식하고 정리해 낼 수 있다.

(2) 기법연구

① 기법연구는 수량화할 수 있는 관찰방법을 개발하기 위한 목적으로 사용된다.

② 표준화 질문이나 심리검사를 개발하는 데 사용되는 방법이다.

③ 측정도구를 개발하는 기법연구는 직업심리학 분야에서 오래된 이론적 방법이다.

(3) 이론연구

① 이론연구는 경험법칙을 설명하기 위해 개발된 이론에서 도출한 가설을 검증하는 것을 목적으로 한다.

② 변인들의 인과성을 밝히고자 한다.

(4) 응용연구

① 현실의 문제를 해결하기 위해 어떤 활동을 취해야 하는가를 모색하는 연구이다.

② '검사를 어떻게 해석하는 것이 가장 효과적인가, 어떤 면접기법이 효과적인가, 어떤 직업정보가 유용한가' 등에 대한 답을 찾는 것이 응용연구이다.

❸ 정질적 연구의 특성

정질적 연구는 면담 등을 통해 행동과 심리를 파악하고 해석한다. 인간의 행동은 매우 복잡하고 변함이 있어서 전형적인 정량적 연구로는 이를 제대로 관찰하고 기록할 수 없다는 비판이 있다. 정질적 연구는 덜 체계적이며 관찰과 주관적 해석을 강조하는 특징이 있으며, 정질적 자료수집 방법으로는 생애진로사정, 직업카드분류법, 자기효능감 측정 등이 있다.

(1) 생애진로사정

① 생애진로사정의 개념

㉠ 생애진로사정(Life Career Assessment, LCA)이란 내담자에 관한 직업상담 정보를 얻는 질적 평가 절차이며, 내담자가 자신의 경험에 초점을 맞춤으로써 자신에 대해 이야기할 수 있는 구조화된 면담법이다.

㉡ 생애진로사정은 아들러(Adler)의 개인주의 심리학에 기반을 두고 있으며, 세상에 대한 개인의 관계를 일, 사회(사회적 관계), 성(우정)의 3가지 생활영역으로 나누었다.

㉢ 생애진로사정은 내담자 자신의 인생 가치관이 무엇이고, 자신의 행동을 어떻게 지배하는지를 확인하고 명확하게 인식하도록 돕기 위한 과정이다.

㉣ 생애진로사정을 통한 자료
  • 내담자의 직업경험과 교육수준을 나타내는 객관적인 사실

　　　　• 내담자 자신의 기술과 능력에 대한 자기평가

　　　　• 내담자 자신의 가치와 자기인식 등을 알 수 있다.

　② 생애진로사정의 구조 : 생애진로사정은 '진로사정, 전형적인 하루, 강점과 장애, 요약'으로 구성
　　된다.

　　　㉠ 진로사정 : 내담자의 경험, 교육, 여가 등에 대한 전반적 평가, 가계도 작성

　　　㉡ 전형적인 하루 : 내담자의 일상생활이 어떻게 구성되는지를 밝힌다. 예를 들면, 내담자의 하
　　　　루가 '독립적–의존적', '체계적–자발적'인가를 탐색하는 것이다.

　　　㉢ 강점과 장애 : 내담자의 강점과 약점에 대한 질문, 내담자가 직면하고 있는 문제들, 환경적 장
　　　　애들에 대한 정보를 얻는다.

　　　㉣ 요약 : 요약은 생애진로사정 면접 동안에 얻은 정보(가치관, 강점과 장애, 경력 등)를 확인함으로써
　　　　자기인식을 증진시킬 수 있다. 또한 면접 동안에 얻은 정보들을 상담자와 내담자가 문제해결
　　　　을 위해 삼았던 목표와 관련시켜 생애진로사정 면담에서 발견한 강점과 약점을 통해 내담자
　　　　의 긍정적인 측면을 더 발전시킬 수 있다는 것을 보여주고, 약점들을 극복하기 위한 목표달성
　　　　계획을 세울 수도 있다.

(2) 직업카드분류법

　① 표준화된 검사들과 다르게 카드분류는 점수를 산출하지 않으며 규준이 없다.

　② 미주리 대학교에서 개발한 미주리 직업카드분류(The Missouri Occupation Card Sort, OCS)는 대학생
　　을 대상으로 개발한 것이지만 고등학생, 성인들에게도 쉽게 적용할 수 있다.

　③ 미주리 직업카드분류는 홀랜드의 6가지 유형에서 각 유형의 직업 중 15개씩의 직업을 택해서 모
　　두 90개의 직업카드를 만들었다.

　④ 카드분류의 진행요령

　　　㉠ 90개의 카드를 내담자 앞에 놓고 분류요령을 설명한다. 카드에는 직업명이 있고, 카드를 선택
　　　　하고 싶은 직업(선호함), 선택하기 싫은 직업(싫어함), 좋아하는지 싫어하는지 잘 모르겠거나 확
　　　　신이 가지 않는 직업(잘 모르겠음)의 3가지로 분류한다.

　　　㉡ 선호하는 직업과 싫어하는 직업들을 자신이 선택한 이유를 생각하고 주제어를 작성한다.

　　　㉢ 선호한 직업군을 분류하여 직업들에 관한 정보를 제공한다.

(3) 자기효능감 측정

　① 자기효능감은 반두라의 개념으로, '어떤 과제나 직무를 특정수준까지 해낼 수 있다는 개인의 판
　　단에 대한 신념'을 뜻한다.

　② 자기효능감은 직업선택에 관한 의사결정이나 구직활동 등에 상당한 영향을 미친다.

　③ 자기효능감 측정 : 수행해야 할 과제를 주고, 내담자에게 과제의 난이도와 자신이 그 과제를 성공
　　적으로 해낼 수 있는지의 확신을 묻고 나서 자신의 수행수준을 예측하게 하는 방법으로 자기효
　　능감을 측정한다.

Section 06 검사개발과 해석

❶ 심리검사의 개발

① 1단계(구성개념의 영역규정) : 측정하고자 하는 심리적 구성개념을 기존의 문헌을 참조하여 개념을 정의한다.

② 2단계(문항의 표집 작성) : 심리검사 개발과정 중 가장 창의적인 과정으로, 문헌연구를 통해 연구자의 심리적 구성개념에 부합하는 문항을 표집 또는 문항을 제작한다.

③ 3단계(사전검사 자료수집) : 수집된 문항을 표본집단에게 검사하여 자료를 수집한다.

④ 4단계(측정도구의 세련화) : 사전검사에서 수집된 자료결과 타당도와 신뢰도가 부족하다면 불필요한 문항을 삭제, 수정함으로써 문항을 재구성한다.

⑤ 5단계(본검사 자료수집) : 수정된 문항을 표본집단에게 다시 검사하여 잘못된 문항이 수정되었는지를 확인한다.

⑥ 6단계(신뢰도와 타당도 평가) : 어느 정도 세련된 표본으로 사람들을 대상으로 검사를 실시하여 신뢰도와 타당도를 평가하게 된다.

⑦ 7단계(규준제작) : 신뢰도와 타당도가 있는 완성된 문항을 표준화 표본집단(규준집단)에게 검사를 실시한 후 집단의 특성을 파악한다. 규준은 인구통계변인을 고려하여 집단별로 제작하는 것이 바람직하다.

❷ 심리검사의 실시

① 사전준비 : 검사의 정확한 구두지시사항을 암기할 뿐만 아니라 검사재료를 미리 준비하고 검사절차를 숙지한다.

② 검사조건 : 표준화된 검사절차로 구두지시사항, 시간제한, 검사재료, 검사환경도 포함되며, 검사조건은 검사점수에 영향을 줄 수 있다.

③ 검사의 도입과 실시 : 수검자와 친밀감을 형성하고 수검자의 불안을 감소시켜주는 것도 필요하다.

④ 채점과 해석 : 채점 시 검사요강이 정한 판단기준과 절차를 따르는 것이 가장 중요하다.

⑤ 검사결과 해석

   ㉠ 일상적인 용어로 수행을 설명하고 해석을 붙이는 것이 좋다.

   ㉡ 검사결과를 규준에 따라 해석한다.

   ㉢ 검사가 가질 수 있는 한계와 제한점을 설명한다.

   ㉣ 해석에 대한 내담자의 방어를 최소화해야 한다.

   ㉤ 내담자의 점수 범위를 고려해야 한다.

   ㉥ 검사결과에 상담자는 중립적인 입장을 취한다.

   ㉦ 검사지의 대상과 용도를 명확히 해야 한다.

③ 심리검사 결과해석의 4단계

① 해석 준비기 : 검사의 결과(점수)가 의미하는 바를 충분히 이해하는지, 내담자의 면담을 통하여 얻은 내담자의 정보와 어떻게 통합되는지 검토한다.

② 내담자 준비기 : 내담자가 검사결과 해석을 받아들일 수 있도록 준비시키는 단계로, 피검자가 점수나 프로파일의 결과를 예측해 보도록 한다.

③ 정보결과의 전달 : 측정 목적을 염두에 두고 해석을 하고, 어려운 용어는 피하고 점수가 의미하는 바를 강조하여 전달하도록 한다.

④ 추후 활동 : 내담자와 상담결과에 대한 의견을 나누고, 내담자가 어떻게 이해했는지를 확인하고 검사를 통해 알게 된 내용들과 자료들을 잘 통합할 수 있도록 돕는다.

01 어떤 심리검사의 타당도를 판단하기 위해 각 문항에 대해 전문가들에게 적합도를 평정하게 했다. 어떤 타당도를 산출하기 위한 절차인가? 2015

① 준거타당도 ② 예언타당도
③ 내용타당도 ④ 수렴타당도

해설 | ① 준거타당도 : 어떤 심리검사가 특정준거와 어느 정도 관련성이 있는가 하는 정도
② 예언타당도 : 검사의 점수를 가지고 다른 준거점수들을 얼마나 예측해 낼 수 있는가 하는 정도
③ 내용타당도 : 검사의 문항들이 측정하고자 하는 내용영역을 얼마나 잘 반영하고 있는지 하는 정도. 다수의 전문가들의 판단의 일치도를 계산해서 내용타당도 계수로 사용하는 경우도 있다.
④ 수렴타당도 : 어떤 검사의 측정하고자 하는 개념과 관계있는 문항들의 높은 상관관계 정도를 알아보는 것

02 한 집단의 수치들이 어느 정도 동질적인지를 나타내는 통계치 중의 하나로, 변산성을 표현하는 통계치는? 2015

① 유의값 ② 표준편차
③ 중앙값 ④ 평균

해설 | ① 유의값 : 통계에서 귀무가설과 대립가설에서 오류가 일어날 확률의 최대 허용치를 유의수준(α)이라고 한다.
② 표준편차 : 집단의 각 수치들이 그 집단의 평균치로부터 평균적으로 얼마나 떨어져 있는가를 나타낸다. 변산성은 점수들이 서로 흩어진 성질을 말하며, 즉 표준편차가 클수록 자료는 더 많이 흩어져 있고, 표준편차가 작을수록 자료는 더 평균에 가깝게 분포한다.
③ 중앙값 : 자료를 순서대로 나열했을 때 중앙에 위치한 값
④ 평균 : 집단에 속하는 모든 점수를 합한 값을 사례 수로 나눈 값

03 워크넷 직업선호도검사 L형의 성격검사에 포함된 성격요인이 아닌 것은? 2015

① 직관성 ② 외향성
③ 호감성 ④ 정서적 불안정성

해설 | 성격의 5요인
외향성, 호감성, 성실성, 정서적 불안정성, 경험에 대한 개방성

04 속도검사(Speed test)의 신뢰도를 추정할 때 사용하기에 부적절한 방법은? 2015

① 검사–재검사 신뢰도
② 반분신뢰도
③ 동형검사 신뢰도
④ 채점자 간 신뢰도

해설 | ① 검사–재검사 신뢰도 : 검사점수가 시간변화에 따라 일관성이 있는지를 나타내므로 안정성 계수라고 한다.
② 반분신뢰도 : 검사를 한 번만 실시해서 구하기 때문에 시간적 안정성 계수를 포함하지 않는다.
③ 동형검사 신뢰도 : 시간에 따른 안정성과 반응의 안정성을 모두 포함하는 좋은 신뢰도 측정방법이다.
④ 채점자 간 신뢰도 : 한 집단의 검사용지를 2명의 채점자가 각각 독립적으로 채점해서 찾아내는 것이다.

제2과목 고급 직업심리학

정답 01 ③ 02 ② 03 ① 04 ②

05 원점수를 해석하기 위한 점수척도에 관한 설명으로 틀린 것은?
2014

① 내용척도 : 개인의 검사결과를 그 검사의 내용으로 정의된 표준과 비교하여 점수를 할당하는 방법이다.

② 백분위 : 백분위 69란, 규준집단에 있는 사람 중 69%가 그 점수 밑에 놓여 있다는 것을 의미한다.

③ T점수 : T점수척도에는 소수점 점수와 음수가 있다.

④ 발달점수척도 : 발달단계를 나타내주는 점수로 연령척도와 학년척도가 있다.

> **해설 Ⅰ** ① 내용척도 : 개인의 검사결과를 그 검사의 내용으로 정의된 표준과 비교하여 점수를 할당하는 방법이다.
> ② 백분위 : 개인이 표준화된 집단에서 차지하는 상대적 위치를 가리킨다.
> ③ T점수 : 원점수를 변환해서 평균 50이고 표준편차가 10인 분포로 만든 점수이다.
> ④ 발달점수 : 연령규준은 사람들의 연령에 비교해서 몇 살에 해당하는지를 해석할 수 있게 하는 방법이며, 학년규준은 학년별 평균, 중앙치를 이용해서 규준을 제직하는 방법이다.

06 성격 5요인(Big Five) 이론에서 제시한 성격요인이 아닌 것은?
2014

① 성실성　　　　② 외향성
③ 친화성　　　　④ 자기효능성

> **해설 Ⅰ** 성격 5요인(Big Five) 이론에서 성격을 기술하는 기본차원은 외향성, 호감성, 정서적 불안정성, 성실성, 경험에 대한 개방성을 말한다.

07 투사적 성격검사에 해당하는 것은?
2014

① MMPI　　　　② Rorschach
③ 16PF검사　　　④ CPI

> **해설 Ⅰ** • 일반적 성격검사 : 다면적 성격검사(MMPI), 캘리포니아 성격검사(CPI), 성격유형검사(MBTI)
> • 투사적 성격검사 : 주제통각검사(TAT), 로르샤흐(Rorschach)

08 타당도에 관한 설명으로 옳은 것은?
2014

① 내용타당도는 미래의 행동을 예언하기 위한 목적으로 실시된다.

② 구인타당도는 전문가나 검사제작자의 주관적 판단으로 결정된다.

③ 준거타당도는 검사점수와 이론적으로 관련된 외부의 측정치와 비교한다.

④ 안면타당도는 특정검사가 조작적으로 정의된 요인을 실제로 측정하고 있는지를 검증한다.

> **해설 Ⅰ** ① 내용타당도 : 검사의 문항들이 측정하고자 하는 내용영역을 얼마나 잘 반영하고 있는지를 말한다.
> ② 구인타당도(구성타당도) : 그 검사가 해당 이론의 구성개념이나 특성을 잘 측정하는 정도를 말한다.
> ③ 준거타당도 : 어떤 심리검사가 특정준거와 어느 정도 관련성이 있는가를 구한다.
> ④ 안면타당도 : 수검자가 그 검사가 타당한 것처럼 보이는가를 뜻한다.

09 다음 중 백분위에 대한 설명으로 옳은 것은?
2014, 2012, 2003

① 백분위 98%란, 그 점수보다 낮은 점수를 가진 사람이 전체의 2%라는 뜻이다.

② 백분위 1%의 차이는 점수 분포상의 위치와 관계없이 일정하다.

③ 평균 근처에서의 백분위 차이는 양극단에서의 백분위 차이보다 실제 점수 차이가 작다.

④ 백분위 50%는 그 분포에서의 평균과 일치한다.

해설 l 백분위

- 백분위는 100명의 집단에서 순위를 정한다.
- 개인이 표준화된 집단에서 차지하는 상대적 위치를 가리킨다.
- 표준화집단에서 특정 원점수 이하인 사례의 비율이라는 측면에서 표시한 것으로 평균 근처의 백분위 차이의 점수는 양극단에서의 백분위 차이 점수보다 점수 차이가 작다.
- 백분위가 95라면 그 점수보다 낮은 사람이 전체의 95%가 있다는 말이며, 상위 5%에 속한다고 본다.

10 적성검사의 실제 수행과 관련된 준거점수 간의 상관계수가 0.30일 때의 설명으로 가장 적합한 것은?

2014

① 시험 본 사람 중 30%가 합격할 것이다.
② 시험 본 사람 중 9%가 합격할 것이다.
③ 준거점수 변량의 30%가 검사점수에 의해 설명된다.
④ 준거점수 변량의 9%가 검사점수에 의해 설명된다.

해설 l 상관계수는 두 변량 사이의 상관관계를 나타내는 값으로 −1에서 1 사이의 값을 가진다. 변량은 상관계수 r을 제곱해서 구한다($0.3×0.3=0.09$).

11 검사의 신뢰도에 관한 설명으로 가장 적합한 것은?

2014

① 재고자 하는 속성을 얼마나 정확하게 재는가이다.
② 재고자 하는 속성을 얼마나 일관성 있게 재는가이다.
③ 검사의 난이도를 나타낸다.
④ 준거를 예측하기 위한 적절성을 나타낸다.

해설 l 검사의 신뢰도

- 믿을 수 있는 정도, 일관성을 의미한다.
- 동일한 사람에게 검사를 실시했을 때, 검사조건이나 검사시기에 관계없이 점수들이 일관성이 있는가를 측정한다.

12 검사의 내적합치도(Internal consistency)를 측정하기 위한 적절한 방법은?

2013

① 검사−재검사 신뢰도
② 동형검사(Alternate form) 신뢰도
③ 채점자 간의 일치도
④ 크론바흐의 알파 계수(Cronbach's alpha coefficient)

해설 l 반분신뢰도(내적합치도 계수)

- 둘로 구분된 문항들이 내적으로 얼마나 일관성이 있는가를 측정하는 것이다.
- 해당 검사를 문항 수가 같도록 반씩 나눠, 개인별로 2개의 점수를 구하여 두 점수 간의 상관계수를 구한다. 검사를 한 번만 실시해서 구하기 때문에 시간적 안정성 계수는 포함되지 않는다.
- 다른 조건이 동등하다면 문항의 수가 많을수록 신뢰도는 높다. 왜냐하면 더 많은 행동표집을 이용함으로써 더 일관성 있는 측정치를 얻어낼 수 있기 때문이다.
- 크론바흐 알파(Cronbach's α) 계수
  - 반분신뢰도를 찾아내는 방법 중 가장 널리 사용되는 계수이다.
  - 컴퓨터를 이용하여 문항 수가 각기 반이 되도록 나눌 수 있는 모든 경우의 반분상관계수를 구할 수 있으며, 이렇게 구한 반분상관계수의 평균값은 크론바흐가 제안한 알파 계수이다.

13 표준화검사 제작 시 규준(Norm) 자료의 수집에 앞서 예비검사를 실시하는 목적과 가장 거리가 먼 것은?

2013

① 수정을 필요로 하는 문항을 확인한다.
② 각 문항의 곤란도와 변별도를 확인한다.
③ 최종검사에 쓰일 적당한 문항 수를 결정한다.
④ 측정하고자 하는 특성의 조작적 정의를 결정한다.

> **해설 l** 사전검사 실시 : 문항분석을 하고 문항들을 수정 · 첨가 · 삭제함으로써 적절한 요건을 충족시키고 문항군을 구성한다.

14 다음 중 다른 셋과 용도가 다른 검사는?

2013

① 16PF　　　　② MMPI
③ GATB　　　　④ Rorschach Test

> **해설 l** 16PF, MMPI, Rorschach Test는 성격검사, GATB는 적성검사에 속한다.

15 준거참조검사(Criterion-referenced test)에 해당되는 것은?

2013

① 지능검사　　　② 적성검사
③ 운전면허검사　④ 다면적 인성검사

> **해설 l 준거참조검사**
> 검사점수를 타인과 비교하는 것이 아니라, 어떤 기준점수와 비교해서 이용하는 검사이다. 대부분의 국가고시 시험은 준거참조검사이다.

16 직업적성검사가 개인의 능력, 흥미, 성격을 측정하는 것으로 나눌 때, 다음 중 가장 성격을 달리하는 것은?

2012

① 스트롱-캠벨 흥미검사(Strong-Campbell Interest Test)
② 미네소타 다면적 인성검사(Minnesota Multiphasic Peronality Iventoy, MMPI)

③ 홀랜드의 자기방향탐색(Self Directed Search, SDS)
④ 직업선호검사(Vocational Preference Inventory, VPI)

> **해설 l** • 흥미검사 : 스트롱-캠벨 흥미검사(Strong-Campbell Interest Test), 홀랜드의 자기방향탐색(Self Directed Search, SDS), 직업선호검사(Vocational Preference Inventory, VPI)
> • 성격검사 : 미네소타 다면적 인성검사(Minnesota Multiphasic Peronality Iventoy, MMPI), 캘리포니아 성격검사(CPI), 성격유형검사(MBTI)

17 K-WAIS검사에서 동작성 검사의 측정 내용이 아닌 것은?

2012

① 숫자 외우기　　② 빠진 곳 찾기
③ 차례 맞추기　　④ 토막 짜기

> **해설 l** 한국판 웩슬러 성인지능검사(K-WAIS)는 언어성 검사(기본지식, 숫자 외우기, 어휘문제, 산수문제, 이해문제, 공통성문제)와 동작성 검사(빠진 곳 찾기, 차례 맞추기, 토막 짜기, 모양 맞추기, 바꿔쓰기)로 구성된다.

18 어느 축구선수가 슛을 할 때마다 매번 공이 우측 골대를 맞고 나온다면 그 선수의 슛 기술 정도를 측정할 때 적합한 설명은?

2012

① 신뢰도와 타당도 모두 높다.
② 신뢰도는 높으나 타당도는 낮다.
③ 타당도는 높으나 신뢰도는 낮다.
④ 신뢰도와 타당도 모두 낮다.

> **해설 l** • 신뢰도 : 믿을 수 있는 정도
> • 타당도 : 측정하고자 의도하는 속성을 어느 정도나 정확하게 측정하고 있는가에 관한 것

19 다음 중 특정 검사점수의 해석에 필요한 규준(Norm)을 얻는 방법으로 틀린 것은?   2012

① 표준화집단에서 특정 원점수 이하에 떨어지는 사례의 비율을 구한다.
② 정상분포를 이루는 점수들의 표준편차를 이용하여 개인 점수가 평균으로부터 벗어난 정도를 구한다.
③ 소규모의 집단에서 얻어진 원점수를 비교한다.
④ 개인의 점수를 규준집단에 있는 사람들의 연령과 비교해서 몇 살에 해당되는지 해석한다.

> **해설 I** ③ 원점수를 표준점수나 표준화점수로 바꾸거나 규준을 통한 점수로 전환시켜 서로 다른 종류의 검사에서 얻은 결과를 비교한다.

20 다음 중 신뢰도와 타당도에 대한 설명으로 틀린 것은?   2012

① 내용타당도는 검사문항을 전문가가 아닌 일반인들이 읽고, 그 검사가 얼마나 타당해 보이는지를 평가하는 방법이다.
② 검사-재검사 신뢰도는 동일한 사람에게 동일한 검사를 두 번 실시해서 관찰한 점수들 간의 상관 정도이다.
③ 반분신뢰도는 먼저 검사를 한 집단에게 실시하고 전체 검사문항들을 반으로 나누어 하위검사로 만들고 두 하위검사에서 얻은 점수 사이의 상관계수를 구한다.
④ 예언타당도는 그 검사로 어떤 준거변인을 얼마나 잘 예측하는가 하는 정도이다.

> **해설 I** ① 내용타당도 : 검사의 문항들이 측정하고자 하는 내용영역을 얼마나 잘 반영하고 있는지를 말한다.
> ② 검사-재검사 신뢰도 : 동일한 사람에게 서로 다른 시기에 두 번 실시한 검사점수와 상관관계를 구한다.
> ③ 반분신뢰도 : 둘로 구분된 문항들이 내적으로 얼마나 일관성이 있는가를 측정한다.
> ④ 예언타당도 : 검사의 점수를 가지고 다른 준거점수들을 얼마나 예측해 낼 수 있는가 하는 정도이다.

21 다음 중 심리검사 제작과정을 바르게 나열한 것은?   2012

```
A. 신뢰도, 타당도, 규준 작성
B. 예비검사 실시와 문항분석
C. 검사목적에 대한 조작적 정의
D. 문항작성 및 수정
E. 검사목적의 명세화
F. 최종검사 제작
```

① A → B → C → D → E → F
② C → E → B → D → A → F
③ D → B → C → A → E → F
④ E → C → D → B → F → A

> **해설 I 심리검사 제작과정**
> • 구성개념의 영역규정
> • 문항표본 작성
> • 사전검사 자료수집
> • 측정의 세련화
> • 본검사 자료수집
> • 신뢰도와 타당도 평가
> • 규준개발

22 GATB 직업적성검사에서 검사종목과 측정되는 적성이 바르게 연결된 것은? 2012, 2009, 2007

① 기구대조검사 – 사무지각
② 종선기입검사 – 운동조절
③ 입체공간검사 – 형태지각
④ 명칭비교검사 – 언어능력

> **해설 |** ① 기구대조검사 : 형태지각
> ③ 입체공간검사 : 공간적성
> ④ 명칭비교검사 : 사무지각

23 일반적으로 성격검사와 같은 심리검사에서는 점수 해석을 위해 원점수를 사용하지 않고 T점수를 많이 사용한다. T점수의 평균과 표준편차는? 2011

① 평균 0, 표준편차 1
② 평균 10, 표준편차 5
③ 평균 50, 표준편차 10
④ 평균 100, 표준편차 15

> **해설 |** T점수란 원점수를 변환해서 평균 50에 표준편차 10인 분포로 만든 것이다.

24 다음 중 객관적 심리검사의 특성과 가장 거리가 먼 것은? 2011

① 시행, 채점, 해석이 비교적 용이하다.
② 개인의 심층적 문제가 드러날 경우가 있다.
③ 문항내용에 따라 방어할 여지가 있다.
④ 검사의 변인, 검사상황 변인의 영향을 적게 받는다.

> **해설 |** 객관적 심리검사의 특성
> • 검사의 시행과 채점의 간편성, 검사의 가독성, 시행시간, 심리검사자의 경제성을 검토한다.
> • 수검자의 방어를 최소화하기 위한 해석의 기회를 갖는다.
> • 구두지시사항, 시간제한, 검사재료, 검사환경도 포함한다.

25 다음의 심리검사 중 흥미검사에 해당하는 것은? 2011

① 대입수학능력시험　　② TAT
③ 자기탐색검사　　④ MMPI

> **해설 |** ① 대학수학능력시험 : 적성 및 능력검사
> ② TAT : 주제통각검사성격검사
> ③ 자기탐색검사 : 흥미검사
> ④ MMPI : 다면적 인성검사 성격검사

26 성격검사의 기본성격요인인 5요인(Big Five)에 해당하지 않는 것은? 2011

① 창의성　　② 정서적 불안정성
③ 성실성　　④ 경험적 개방성

> **해설 |** 5요인(Big Five)
> 외향성, 호감성, 정서적 불안성, 성실성, 경험에 대한 개방성

27 일반적으로 볼 때, 업무수행 성공을 예측하는 데 있어서 신뢰도와 타당도가 가장 높은 심리검사는? 2010

① 성격검사　　② 인지능력검사
③ 흥미검사　　④ 신체능력검사

> **해설 |** 인지능력검사란 지능검사, 적성검사, 성취도검사 등 자신의 능력을 최대한 발휘하는 검사이다.

28 향후 학업수행능력을 예측하기 위하여 심리검사를 하고자 할 때 가장 적합한 검사는? 2010

① 성취도검사　　② 흥미검사
③ 성격검사　　④ 태도검사

> **해설 |** 성취도검사란 학생들의 성적을 비교해 볼 수 있는 특정도구이다.

29 다음 중 검사점수의 해석에 측정의 표준오차가 작아지려면? 2010

① 타당도 계수가 낮아야 한다.
② 타당도 계수가 높아야 한다.
③ 신뢰도 계수가 낮아야 한다.
④ 신뢰도 계수가 높아야 한다.

> **해설 l** 신뢰도란 믿을 수 있는 정도를 말한다. 검사신뢰도란 검사점수의 전체 변량 중에서 오차변량을 제외한 실제변량이 차지하는 비율이다.

30 직업적성검사에서 어떤 사람의 추리력 점수가 T점수로 40점이 나왔다면 이 사람의 추리력 수준은 어느 정도인가? 2010

① 점수분포에서 이 사람보다 추리력이 낮은 수준의 사람들이 16% 있다.
② 점수분포에서 이 사람보다 추리력이 낮은 수준의 사람들이 26% 있다.
③ 점수분포에서 이 사람보다 추리력이 낮은 수준의 사람들이 50% 있다.
④ 점수분포에서 이 사람보다 추리력이 낮은 수준의 사람들이 66% 있다.

> **해설 l** T점수 40점 이하 13.59%+2.14%+0.13%=15.86(≒16%)

〈정상분포에서 종류가 다른 검사점수들 간의 관계〉

31 다음 논리에 의해서 문제 상황을 제시하고 여러 해결책의 실현 가능성이나 적용 가능성을 평정하도록 하는 검사는? 2009

> 실제 직업상황에서의 문제들은 하나의 정답을 갖지는 않는다. 따라서 여러 대안 중에서 오직 하나만의 정답이 존재하는 것이 아니라 어떤 답은 다른 답보다 단지 실현 가능성이나 적절성이 더할 뿐이다.

① 주제통각검사   ② 상황판단검사
③ 자기보고검사   ④ 수행능력검사

> **해설 l** ① 주제통각검사 : 성격검사
> ③ 자기보고검사 : 심리검사 방법
> ④ 수행능력검사 : 능력검사

32 한국판 웩슬러 성인지능검사(K-WAIS)에 대한 설명으로 틀린 것은? '09 5

① K-WAIS는 모두 언어성 검사와 동작성 검사의 하위검사로 구성되어 있다.
② K-WAIS의 하위검사는 각각 6개의 소검사들로 구성되어 있다.
③ K-WAIS는 평균 100, 표준편차 15의 점수를 보인다.
④ 지능지수만이 아니라 반응내용이나 방식을 통해 독특한 심리특성을 알아볼 수도 있다.

> **해설 l** ② 언어성 검사는 6개, 동작성 검사는 5개의 소검사로 구성된다.

33 다음 중 Big 5 모델(성격 5요인) 이론에서 제시한 성격 요인이 아닌 것은? 2009

① 성실성   ② 정서적 안정성
③ 호감성   ④ 자기효능성

외향성, 호감성, 정서적 불안성, 성실성, 경험에 대한 개방성

34 심리검사가 피검사자의 조건(피로, 기분 등)이나 환경조건(날씨, 소음 등)의 영향을 덜 받는다는 것은 어떤 신뢰도가 높다는 것인가?

2009

① 동형검사 신뢰도 ② 검사-재검사 신뢰도
③ 반분신뢰도 ④ 채점자 신뢰도

해설 | 검사-재검사 신뢰도가 높다는 것은 그 검사가 수검자의 조건이나 환경조건들의 무선적 변화의 영향을 덜 받는다는 것을 의미한다. 성숙, 질병, 피로, 심리상태, 학습 등 개인적인 요인과 날씨, 소음, 기타 방해요인 등 환경적 차이에 의해 발생된다.

35 타당도의 종류 중 검사문항이 각 하위영역들을 적절하게 대표하고 있는가를 나타내며 흔히 성취도검사의 타당도를 평가하는 방법으로 많이 사용되는 것은?

2007

① 준거타당도 ② 내용타당도
③ 구성타당도 ④ 변별타당도

해설 | 내용타당도
• 검사의 문항들이 측정하고자 하는 내용영역을 얼마나 잘 반영하고 있는지를 말한다.
• 성취도검사의 타당도를 평가하는 방법으로 많이 사용한다.
• 해당분야의 전문가들이 주관적 판단을 토대로 결정하므로, 내용타당도를 나타내는 통계치는 없다고 할 수 있다.

36 다음 중 백분위 점수에 관한 설명으로 맞는 것은?

2007, 2005

① 백분위는 개인의 표준화집단에서 차지하는 절대적인 위치를 의미한다.
② 백분위는 성인과 아동에게도 똑같이 이용할 수 있다.

③ 성격변인을 측정하는 검사에는 적합하지 않다.
④ 백분위가 낮아질수록 개인성적은 더욱 좋다.

해설 | ① 개인이 표준화집단에서 차지하는 상대적 위치를 가리킨다.
② 백분위는 여러 가지 장점이 없다. 백분위는 보편적으로 사용할 수 있다. 백분위는 성인과 아동에게도 똑같이 이용할 수 있다.
③ 적성변인이든 성격변인이든 어떤 종류의 검사에도 적합하다.
④ 백분위가 95라면 그 점수보다 낮은 사람이 전체의 95%가 있다는 말이며, 상위 5%에 속한다는 의미로 백분위가 높아질수록 개인성적이 좋은 것이다.

37 일정한 규칙에 따라 어떤 사건이나 대상의 특성에 숫자를 부여하는 과정은?

2007

① 척도 ② 조작적 정의
③ 개념적 정의 ④ 측정

해설 | ① 척도 : 이들 수치를 체계적으로 할당하는 데 사용하는 도구를 측정도구라 하는데, 일반적으로 척도라고 부른다.
② 조작적 정의 : 단순히 조사연구 측정대상을 분류하거나 확인하기 위한 목적으로 숫자를 부여하기 때문에 측정대상에 조작적 정의를 한다.
③ 개념적 정의 : 개념을 보다 명백히 재구성해 보는 과정으로 모호한 개념보다 명확히 규정하는 과정이다.
④ 측정 : 현상에 대해 체계적으로 수치를 부여하는 과정이고, 이들 수치를 분석자료로 삼아 결론을 내리게 된다.

38 직업심리학의 연구방법 중 실험에 포함되는 필수과정이 아닌 것은?

2006

① 준거변인의 예측
② 종속변인의 측정
③ 가외변인의 통제
④ 독립변인의 조작

해설 | ② 종속변인의 측정 : 연구의 결과라고 생각하는 변인이다.
③ 가외변인의 통제 : 독립변인이 아니면서도 종속변인에 영향을 미치는 모든 변인을 가리킨다.
④ 독립변인의 조작 : 연구자가 연구결과의 원인이라고 생각하는 변인이다.

39 직업심리학 연구의 유형은 크게 4가지로 나눌 수 있다. 여기에 포함되지 않는 것은?   *2006*

① 변인들의 기초값을 정하거나 연구할 가치가 있는 변인들을 모색하는 조사연구
② 심리검사를 개발하기 위한 기법연구
③ 직업심리학의 이론을 바탕으로 한 가설들을 검증하는 이론연구
④ 통계적 방법을 통한 결과도출에 관심을 두는 통계분석연구

해설 | 직업심리학 연구의 유형
- 조사연구 : 이론을 만들고 검증하는 방법으로, 이미 알려진 변인들의 기초치를 측정하기 위한 목적으로 사용된다.
- 기법연구 : 수량화할 수 있는 관찰방법으로, 개발하기 위한 목적으로 사용되는 연구이다.
- 이론연구 : 경험법칙을 설명하기 위해 개발된 이론에서 도출한 가설을 검증하는 것을 목적으로 하는 연구이다.
- 응용연구 : 현실의 문제를 해결하기 위해 어떤 활동을 취해야 하는가를 모색하는 연구이다.

40 시간의 흐름에 따른 심리검사점수의 안정성을 측정한 신뢰도는?   *2006*

① 반분신뢰도
② 동형검사 신뢰도
③ 내적합치도
④ 검사-재검사 신뢰도

해설 | ② 동형검사 신뢰도(동등성 계수) : 비슷한 것을 재는 다른 검사를 이용하는 것으로, 이미 신뢰성이 입증된 유사한 검사점수와의 상관계수를 검토하는 것
③ 내적합치도(반분신뢰도) : 해당검사를 문항 수가 같도록 반씩 나누어서 개인별로 2개의 점수를 구해서 두 점수 간의 상관계수를 계산한 것
④ 검사-재검사 신뢰도(안정성 계수) : 동일한 사람에게 서로 다른 시기에 두 번 실시한 검사점수들의 상관계수

41 직업상담을 위해서 표준화 심리검사를 이용하는 방법으로 잘못된 것은?   *2006*

① 상담자가 필요하다고 판단하더라도 심리검사는 내담자의 동의를 얻어 실시한다.
② 검사결과는 임상적 관찰과 함께 상담자의 진단에 보충적으로 사용된다.
③ 검사결과를 통해서 내담자의 문제를 정확하게 분류하여 제시한다.
④ 직업상담에서 심리검사를 사용하는 최종목표는 내담자 문제 진단이다.

해설 | 표준화 심리검사
- 검사결과는 상담부분의 한 부분으로 간주하고 전반적인 상담자-내담자 관계 속으로 끌어들이는 것
- 검사결과를 가능한 한 내담자가 제기한 특정문제에 대한 설명이나 해결책으로 활용하는 것
- 심리검사는 내담자의 현재의 내적 심리상태를 진단하고, 이런 진단을 통해 미래의 행동이나 성과를 예측하고자 할 때 사용한다.
- 사전동의(Informed concent) : 심리검사를 실시할 때 수검자에게 검사의 목적과 절차에 관해 사전에 충분히 정보를 제공하고 동의를 받아야 한다.

정답   34 ② 35 ② 36 ② 37 ② 38 ① 39 ④ 40 ④ 41 ③

42 곱셈 능력 성취도를 측정하고자 하는 검사의 문항들이 철자 쓰기 문항들로 이루어져 있다면, 어떤 타당도에 가장 문제가 있는 것인가? 2006

① 예언타당도 ② 준거타당도
③ 내용타당도 ④ 구성타당도

> **해설 |** ① 예언타당도 : 그 검사의 점수를 가지고 다른 준거점수들을 어느 정도 예측할 수 있는가 하는 정도이다.
> ② 준거타당도 : 어떤 심리검사가 특정 준거와 어느 정도 관련성이 있는가를 나타내는 것이다.
> ③ 내용타당도 : 그 검사의 문항들이 그 검사가 측정하고자 하는 내용영역을 얼마나 잘 반영하고 있는지를 말한다.
> ④ 구성타당도 : 그 검사가 해당 이론적 구성개념이나 특성을 잘 측정하는지를 말한다.

43 심리검사에서의 규준에 대한 설명으로 맞는 것은? 2006

① 검사문항이 적절한지를 판단하는 근거로 작용한다.
② 평균과 편차를 가지고 있으며 모집단을 예측할 수 있게 해 준다.
③ 개인의 점수가 집단에서 어디에 속하는지를 의미한다.
④ 검사문항들 간의 난이도를 비교하는 기준으로 작용한다.

> **해설 |** 규준이란 특정 검사점수의 해석에 필요한 기준이 되는 자료로, 한 개인의 점수를 분포에 비추어 어떤 위치에 속하는지를 해석한다.

44 좋은 심리검사가 개발되는 과정(절차)으로 가장 옳은 것은? 2006

① 측정대상 개념화 → 문항표집 → 사전검사 → 측정도구 완성하기 → 본검사 → 신뢰도 평가 → 타당도 평가 → 규준개발
② 측정대상 개념화 → 사전검사 → 본검사 → 문항표집 → 측정도구 완성하기 → 신뢰도 평가 → 타당도 평가 → 규준개발
③ 측정대상 개념화 → 사전검사 → 본검사 → 문항표집 → 측정도구 완성하기 → 타당도 평가 → 신뢰도 평가 → 규준개발
④ 측정대상 개념화 → 문항표집 → 사전검사 → 측정도구 완성하기 → 본검사 → 타당도 평가 → 신뢰도 평가 → 규준개발

> **해설 | 좋은 심리검사의 개발과정**
> • 가설개념의 영역규정(측정대상의 개념화) – 문헌연구
> • 문항표집(문항제작) – 문헌연구, 사례에 대한 통찰
> • 사전검사 자료수집 – 표본조사
> • 측정도구 세련화 – 문항분석/요인분석
> • 본검사 자료수집 – 표본조사
> • 신뢰도 평가 – 신뢰도 계수
> • 타당도 평가 – 타당도 계수
> • 규준개발 – 통계집단별 분포

45 어떤 적성검사가 쓸모 있으려면 지원자를 모두 선발했을 때 적성검사의 점수가 높은 사람들은 잘 적응하고 성과가 높은 반면에, 점수가 낮은 사람들은 잘 적응하지 못하고 성과도 낮아야 한다. 그러기 위해서는 어느 타당도가 높아야 하는가? 2005

① 예언타당도 ② 구성타당도
③ 동시타당도 ④ 안면타당도

> **해설 |** ① 예언타당도 : 그 검사의 점수를 가지고 다른 준거점수들을 어느 정도 예측할 수 있는가 하는 정도이다.
> ② 구성타당도 : 그 검사가 해당 이론적 구성개념이나 특성을 잘 측정하는 정도이다.
> ③ 동시타당도 : 해당검사의 점수와 준거점수를 동시에 측정해서 얻은 상관계수이다.
> ④ 안면타당도 : 검사가 잰다고 말하는 것을 재는 것처럼 보이는가의 문제이다. 즉, 수검자에게 그 검사가 타당한 것처럼 보이는가를 뜻하는 것이다.

46 다음 중 홀랜드(Holland) 진로탐색결과에 나오는 직업적 성격 유형의 종류가 아닌 것은? 2005

① 실재형 ② 예술형
③ 기업형 ④ 외향형

해설 | 홀랜드 진로탐색결과에 나오는 직업적 성격 유형의 종류는 현실형, 탐구형, 예술형, 사회형, 진취형, 관습형이 있다.

47 신뢰도와 타당도에 대한 설명으로 옳은 것은? 2005

① 타당도가 높으면 신뢰도는 낮다.
② 신뢰도는 타당도를 보장하지 않는다.
③ 신뢰도가 높으면 타당도가 낮다.
④ 신뢰도가 높으면 타당도도 높다.

해설 | 신뢰도와 타당도는 밀접한 관계가 있다. 어떤 검사의 신뢰도 크기는 이론적으로 그 검사의 타당도의 최댓값이다. 즉, 어떤 검사의 타당도가 아무리 커도 그 검사의 신뢰도보다 클 수가 없다는 것이다.

48 다음 중 심리검사의 하위영역별 문항의 동질성을 나타내는 것은? 2005

① 공인타당도 ② 검사-재검사 신뢰도
③ 내적일치도 ④ 내용타당도

해설 | ② 검사-재검사 신뢰도(안정성 계수) : 동일한 사람에게 서로 다른 시기에 두 번 실시한 검사점수들의 상관계수를 검사-재검사 신뢰도라고 한다.
③ 내적합치도(반분신뢰도) : 해당검사를 문항 수가 같도록 반씩 나누어서 개인별로 2개의 점수를 구해서 두 점수 간의 상관계수를 계산한 것이다.
④ 내용타당도 : 그 검사의 문항들이 그 검사가 측정하고자 하는 내용영역을 얼마나 잘 반영하고 있는지를 말한다.

49 독립변인과 종속변인에 대한 설명으로 옳은 것은? 2005

① 독립변인은 변인에 할당한 수치들이 그 자체로서 양적인 차이를 나타낼 수 있는 변인이며, 종속변인은 수치의 차이가 질의 차이를 나타내는 변인을 말한다.

② 독립변인은 어떤 다른 변인의 원인이 되는 변인이며, 종속변인은 그 독립변인의 결과가 되는 변인이다.
③ 독립변인은 무한히 많은 값을 취하는 변인이고, 종속변인은 한정된 수치만을 할당할 수 있는 변인이다.
④ 독립변인은 그 변인의 값을 통해 어떤 다른 변인의 값을 예언하는 질적 변인이고, 종속변인은 이 독립변인으로 예측하고자 하는 양적 변인을 말한다.

해설 | 독립변인은 다른 변인의 원인이 되는 변인이고, 종속변인은 독립변인의 결과가 되는 변인이다.

50 심리검사결과를 해석할 때 고려해야 할 원칙을 바르게 설명한 것은? 2005

① 검사결과는 절대적인 것이 아니다.
② 피검자의 검사결과와 실제 생활이 다를 때는 검사결과를 우선적으로 생각한다.
③ 검사 시 행동은 해석할 때 언급하지 않는 것이 좋다.
④ 검사결과는 개인의 특수성을 규정짓는다.

해설 | 심리검사결과를 해석할 때 고려해야 할 원칙
• 검사결과에 대하여 내담자가 이해할 수 있는 언어를 구사한다.
• 검사결과에 대한 주관적 판단을 배제하고 중립적 입장을 고수한다.
• 검사결과를 제시한 후 해석에 대한 내담자의 반응을 고려한다.

51 타당도(Validity)에 대한 설명으로 옳지 않은 것은? 2004

① 검사의 타당도는 그 검사가 측정하고자 의도하는 속성을 얼마나 정확하게 측정하고 있는가를 말한다.

② 구성타당도는 그 검사가 해당 이론적 구성개념이나 특성을 잘 측정하고 있는가를 말한다.

③ 직업적성, 직무만족 등과 같은 추상적인 개념들을 실제적인 수준에서 관찰 가능한 행동표본으로 얼마나 잘 나타내고 있는가 하는 것이 구성타당도이다.

④ 특정의 검사점수를 가지고 다른 준거점수를 얼마나 잘 예측해 낼 수 있는가 하는 정도는 변별타당도이다

> **해설 |** ④ 검사의 점수를 가지고 다른 준거점수들을 어느 정도 예측할 수 있는가 하는 정도는 예언타당도에 대한 설명이다.

52 심리검사 제작과정에서, 탐색적 요인분석방법인 주성분 분석과 주축요인 분석이 자주 사용된다. 요인 추출 기준에 대한 다음 설명 중 옳은 것은? 2004

① 주축요인 분석에서 요인추출 기준은 고유값 1.0 이상이다.

② 문항 수가 적을 때는 주축요인 분석보다 주성분 분석이 더 적절하다.

③ 주성분 분석에서 요인의 해석 가능성은 요인 추출의 가장 중요한 기준이 된다.

④ 주축요인 분석에서 요인 수를 미리 정하는 것이 바람직하다.

> **해설 | •** 주성분 모형 : 측정변수 등의 분산을 설명하기 위해 측정변수의 선형결합으로 주성분을 추출하는 모형이다. 분산의 고유/공통을 구분하지 않고 모두 분석대상으로 하므로 원상관행렬을 분석하게 된다.
> **•** 공통요인 모형 : 측정변수 간 상관을 설명하는 공통요인을 추출하는 모형이다. 고유분산을 제거한 축소상관행렬을 분석하게 된다.

53 한국교육개발원(1991)이 개발한 '진로성숙도검사'는 태도영역과 능력영역으로 구분하여 측정하고 있다. 다음 중 능력영역의 측정내용으로 옳은 것은? 2004

① 직업선택능력, 자기탐색능력, 의사결정능력

② 직업세계 이해능력, 사회적 관계 능력, 자기 탐색능력

③ 직업세계 이해능력, 직업선택능력, 합리적 의사결정능력

④ 직업선택능력, 사회적 관계 능력, 독립성 능력

> **해설 | 진로성숙도검사**
> • 태도영역 : 계획성, 독립성, 결정성
> • 능력영역 : 직업세계이해, 직업선택능력, 합리적인 의사결정능력

54 직업훈련이 업무이해능력에 미치는 효과를 알아보기 위하여 훈련 전과 훈련 후에 동일한 측정도구를 사용하여 피훈련자의 직무에 대한 이해수준을 측정하였다. 분석결과 훈련 후 측정치의 점수가 더 높게 나왔으므로 연구자는 그 직업훈련이 효과가 있다는 결론을 내렸다. 이 사례에 대하여 다른 학자들은 측정도구에 대한 노출이 가외변수로 작용한다고 비판하였다. 다음 중 가외변수를 통제하여야 한다는 지침과 가장 일치하는 용어는? 2004

① 검사-재검사 신뢰도 ② 내적 일치도

③ 내적 타당도 ④ 외적 타당도

> **해설 | 내적 타당도**
> • 연구에서 종속변인에 나타난 변화가 독립변인 때문이라고 추론할 수 있는 정도.
> • 각 변수 사이의 인과관계를 추론하여 그 결과가 실험에 의한 변화에 의한 것으로 판명되는 경우 내적 타당도가 높다고 본다.

55 다음 중 직업심리검사의 종류와 사용대상이 잘못 짝 지어진 것은? 2004

① 노동부 구직욕구진단검사 – 만18세 이상 구직자

② 국방부 군 인성검사 – 군 입대자

③ 노동부 일반 직업적성검사 – 초등학생 이상
④ 노동부 직업흥미검사 – 중고생

> **해설 |** ③ 노동부 일반 직업적성검사의 사용대상은 18세 이상의 성인이다.

56 검사점수가 시간의 변화가 있더라도 일관적인가를 나타내는 신뢰도(Reliability) 계수는?

2004

① 검사–재검사 신뢰도 ② 동형검사 신뢰도
③ 반분신뢰도　　　　　 ④ 채점자 간 신뢰도

> **해설 |** 동일한 사람에게 서로 다른 시기에 두 번 실시한 검사점수들의 상관계수를 검사–재검사 신뢰도(안정성 계수)라고 한다.

57 한 연구보고서에서 인성검사 점수와 직업적성검사의 상관계수가 1.01로 제시되었다. 이에 대한 가장 적절한 설명은?

2004

① 인성과 직업적성 간에는 인과적 관계를 추정할 수 있다.
② 직업적성과 인성 간에는 매우 높은 상관이 있다.
③ 상관계수가 잘못 계산되었으므로 인성과 직업적성의 관련성을 알 수 없다.
④ 상관계수가 0.01인 경우보다 인성과 직업적성의 관련성이 100배가 높다.

> **해설 |**
> • 인성검사 : 습관적 검사 및 최대한 정직함을 나타낸다.
> • 적성검사 : 능력측정으로 자신의 능력을 최대한 발휘할 것을 요구한다.
> • 인성검사와 적성검사 간의 상관계수를 알 수 없다.
> • 상관계수(r)는 −1에서 +1 값을 취한다.

58 다음 중 공인(Concurrent)타당도와 관련된 설명은 어느 것인가?

2003

① 중학교 1학년생의 영어듣기능력을 평가하기 위해서 TOEFL의 청취력 문항을 사용하는 것은 맞지 않다.
② 기존의 지능검사와 새로 개발된 지능검사와의 상관을 구한다.
③ 신입사원 선발을 위해 직무적성검사를 실시하였다면, 1년 후에 입사 시 받은 검사점수와 현재의 근무성적을 비교해 본다.
④ 신입사원 선발을 위해 직무적성검사를 개발하고자 한다면 개발된 검사를 기존의 직원들을 대상으로 실시하고 그들의 근무평점과의 상관을 구한다.

> **해설 |** 공인타당도(동시타당도) : 해당검사의 점수와 준거점수를 동시에 얻어서 나온 상관관계이다. 새로운 검사를 제작하였을 때 기존에 타당성을 보장받고 있는 검사와의 연관성에 의하여 타당성을 검증하는 방법이다.
> • 추정방법 : 새로 제작한 검사 실시 → 동일한 조건에서 기존의 검사를 실시 → 상관정도를 추정
> • 장점 : 계량화되어 타당도에 대한 객관적인 정보를 제공 가능하고, 준거타당도 정보를 바로 확인 가능하다.
> • 단점 : 기존 검사가 없을 경우 공인타당도를 확인할 수 없고, 기존 검사에 의존적인 점이 있다.

제2과목 고급 직업심리학

직무분석 및 평가

Section 01 · 직무분석의 제 개념

❶ 직무분석의 의미

① 직무분석(Job Analysis) : 직무내용(직무를 구성하는 일)과 그 직무를 수행하기 위하여 요구되는 직무조건을 절차에 의하여 밝혀내는 일이며, 인사관리나 노무관리를 유연하게 수행하기 위해 필요한 정보를 얻는 데 그 목적이 있다.

② 직무분석의 다양한 활용

  ㉠ 직무평가, 조직합리화, 채용·배치·배치전환·승진 등 인사관리, 교육훈련, 인사고과, 정원관리, 안전관리, 작업관리, 작업조건 개선 등의 목적으로 활용된다.

  ㉡ 작업방법·공정의 개선, 직업소개, 직업상담 등 다양한 목적으로 활용되고 있다.

❷ 직무분석 관련 용어

① 요소(Element) : 일이 분할될 수 있는 가장 작은 단위이다(손 올리기, 걸음 걷기 등).

② 과업(Task) : 요소의 집합으로, 그 자체로 독립될 수 있고 측정 가능한 구체적인 작업활동이다(자동차 운전, 전화 받기 등).

③ 직위(Position) : 과업들의 집합으로서 한 사람에게 할당된 과업이다(상담사, 간호사, 의사, 회계사 등).

④ 직무(Job) : 직위들의 집합으로, 다른 직무와 구별이 되는 일 또는 특징적인 일의 수행이다(상담업무, 간호업무, 진찰업무, 결산업무 등).

⑤ 직군(Job Family) : 직무들의 집합으로, 동일하거나 유사한 직무 또는 작업수행자의 유사한 특성을 요구하는 직무들을 묶은 것이다(관리직군, 영업직군, 연구개발직군 등).

❸ 직무 관련 특성

직무를 수행하는 데는 다양한 개인의 특성(KSAO : 지식, 기술, 능력, 기타 특성)이 필요하다.

① 지식(Knowledge) : 특정한 직무를 수행하기 위해 아는 바를 말한다(변호사의 법적 지식 등).

② 기술(Skill) : 특정한 직무를 수행하기 위해서 알아야 할 것을 말한다(타이핑 등).

③ 능력(Ability) : 직무과업을 배울 수 있는 적성이나 재능이다(악기 연주, 외국어 말하기 등).

④ 기타 특성(Other characteristics) : 모든 인적 속성으로 흥미, 성격, 신체적 특징, 직무와 관련된 이전의 경험들이 포함된다.

④ 직무분석의 목적

① 경력개발 : 승진을 위해 필요한 KSAO를 정의한다.

② 수행평가 : 수행을 평가하기 위한 준거를 정한다.

③ 종업원의 모집과 선발 : 지원자 특성을 기술한다.

④ 훈련 : 훈련영역을 추천한다.

⑤ 임금책정 : 직무의 임금수준을 정한다.

⑥ 효율/안전 : 효율과 안전을 위해 직무를 설계한다.

⑦ 직무분류 : 유사한 직무들을 군집으로 묶는다.

⑧ 직무기술 : 직무에 대해 간략하게 기술한다.

⑨ 직무설계 : 직무내용을 설계한다.

⑩ 계획 : 특정 KSAO를 지닌 종업원들에 대한 미래의 수요를 예측한다.

⑤ 직무분석의 출처

① 직무현직자 : 현직에 종사하는 사람으로, 직무정보를 얻기 위해 널리 사용되는 출처이다.

② 현직자의 상사 : 현직자들이 직무를 통해 어떤 일을 하는지 알려준다. 특히, 주관적인 의견을 제시하는 현직자들과 달리 직무를 객관적으로 기술할 수 있다.

③ 직무분석가 : 훈련받은 직무분석가는 직무분석 방법에 익숙하므로 다양한 직무들을 비교할 때 유리하며, 여러 가지 직무들에 일관된 평정을 내릴 수 있다.

⑥ 직무분석의 방법

직무분석은 직무분석 목적에 따라서 방법이 달라질 수 있는데, 직무분석 방법은 최초분석법, 비교확인법 및 현장검증법, 데이컴법 등으로 나누어진다.

⑴ 최초분석법

최초분석법(New Analysis Method)은 분석할 대상의 직업에 대한 정보가 드물고, 그 직업에 종사하는 많은 경험과 지식을 갖춘 전문가가 없을 때 직접 작업현장을 방문하여 직무분석을 실시하는 방법이다.

① 면담법(Interview Method) : 특정직무에서 오랫동안 경력을 쌓아 전문지식과 숙련된 기술과 기능을 보유하고 있으며, 자신의 직무를 정확하게 설명할 수 있는 작업자를 방문하여 면담을 통해 분석하는 방법이다.

　　㉠ 장점 : 가장 정확한 정보를 얻을 수 있으며, 작업자가 자발적이고 능동적으로 직무 관련 자료를 충분히 제공하여야 한다.

　　㉡ 단점 : 작업자가 많은 시간을 할애해야 하는 어려움이 있다.

① 면담 시에는 항상 감독자와 떨어져 자유로운 분위기 속에서 면담한다.
② 질문방법으로서 직접법과 간접법을 적절하게 사용한다.
③ 질문의 요점에서 대화가 빗나가지 않도록 이끌어간다.
④ 대화를 하면서 얻는 자료는 직무분석 양식에 기입해 나간다.
⑤ 면담 중 가끔 협조자가 대답을 생각하면서 침묵할 때 인내를 가지고 기다린다.
⑥ 상대방이 하는 일과 발언에 관심과 흥미를 나타낸다.
⑦ 시간을 효율적으로 사용하기 위하여 항상 핵심적인 질문을 한다.
⑧ 응답내용을 객관적으로 받아들이고 속단하지 않는다.
⑨ 언질이나 암시를 함으로써 어떤 기대감을 갖지 않는다.
⑩ 심리적으로 저항감이나 경계심을 갖지 않도록 부드러운 분위기를 갖게 한다.
⑪ 분석목적과 관계가 없는 사항이나 상대방의 자존심을 상하게 하는 질문을 피한다.

② **관찰법**(Observational Method) : 분석자가 직접 사업장에 방문하여 직무현장에서 작업자의 직무활동을 상세하게 관찰하여 그 결과를 작성하는 방법이다.

  ㉠ 장점

   • 현장에서 모든 직무활동을 직접 목격하면서 직무내용을 파악하기 때문에 효과적이다.

   • 분석자가 해당직무에 풍부한 경험을 가지고 있다면 예리한 분석으로 많은 자료를 수집할 수 있다.

  ㉡ 단점

   • 직무의 외면은 관찰을 통해서 알 수 있지만, 내부구조를 이해하는 데는 제약이 있다.

   • 직무의 특성이 시간적·공간적 형태로 나타나지 않는 지적·정신적 직무에 대해서는 직업동작 그 자체를 추출할 수 있으나, 다른 작업자를 감독하거나 통제하는 등이 직무내용에는 적정한 방법이 아니다(한국교육개발원, 1994).

   • 분석자의 주관이 개입될 가능성이 높다.

③ **체험법**(Empirical Method) : 분석자 자신이 직접 현장실무에 참여하여 체험함으로써 직무분석 자료를 얻는 방법이다.

  ㉠ 장점 : 직무활동에서의 내부구조(의식, 감각, 피로의 상태)까지 분석할 수 있다.

  ㉡ 단점

   • 분석자가 현장경험이 그 직무에 종사하는 작업자의 심리상태에 도달하기까지는 한계가 있다.

   • 분석자가 직접 체험한다는 것은 많은 기간이 필요하여 제한이 있다.

④ **설문법**(Questionnaire Method) : 현장의 작업자나 감독자에게 설문지를 배부하여 직무내용을 설명하게 하는 방법이다.

  ㉠ 장점

   • 조사대상의 폭이 넓다.

- 관찰법이나 체험법으로 확인하기 어려운 전문직과 사무관리 분야의 직무에서 요구되는 고도의 기술이나 지식, 오랜 경험으로 터득한 책임의 소재나 그에 관한 자료를 얻을 수 있다.

  ㉡ 단점
  - 응답자가 설문내용을 이해하지 못하거나 편중적으로 응답할 수 있다.
  - 응답자가 자신의 직무에는 전문성이 있지만, 제한된 경험과 생각이 반영되어 사실이나 사물에 대한 판단을 객관적으로 기술하는 데 어려움이 있다.
  - 응답자들이 성의 있게 답변을 하지 않는다.
  - 회수율이 낮다.

⑤ 녹화법(Video Tape Recording Method) : 단순직무이며, 작업환경이 소음, 분진, 진동, 습윤 등으로 인하여 장시간 관찰하기 어려운 경우, 비디오테이프로 작업 장면을 보면서 분석하는 방법이다.

  ㉠ 장점 : 촬영된 테이프로 현장을 떠나 다른 환경에서 충분한 시간을 가지고 세밀하게 분석할 수 있다.
  ㉡ 단점 : 녹화를 위한 기계와 촬영전문가를 확보해야 한다.

⑥ 중요사건법 : 일을 잘했거나 실수한 경험적 사례들을 작업자들로부터 수집해서 구체적 행동을 내용분석해서 범주별로 분류·분석한 다음 지식, 기술, 능력 등의 직무요건들을 추론해 내는 질적인 직무분석기법이다. 개인적 특성보다는 직무행동들에 대한 정보가 주요 요소이므로 이 방법은 작업자 지향적 직무분석이다.

  ㉠ 단점
  - 결정적 사건들에 기초한 직무의 차원들은 전체 직무를 잘 나타내지 못할 수 있다.
  - 직무 차원들은 분석가의 판단에 따른 것으로 객관적이지 못하다.
  - 노력을 매우 요하는 방법으로, 산출되는 결정적 사건들의 목록은 직무마다 달라질 수 있기 때문에 적용범위가 좁다. 새로운 직무마다 결정적 사건들을 찾아내기 위해서 노력이 필요하다.

(2) 비교확인법(Verification Method, 현장검증법)

① 역사가 오래되어 많은 자료가 수집될 수 있는 직업으로, 작업내용이 다양하고 직무의 폭이 넓어 단시간의 관찰을 통해서 분석하기 어려운 경우에 적당하다.

② 지금까지 개발된 각종 자료를 수집하고 분석하여 직무분석 양식에 직무분석가가 초안을 작성하여 현장에 나가 면담이나 관찰과 같은 최초분석법으로 확인하는 방법이다.

③ 일반적으로 많이 사용되는 자료는 이미 직무분석에 의해 편찬된 직업사전을 참고하여 거꾸로 직무분석 자료를 확인하는 작업이다.

④ 이때 자료가 분석된 시기와 현재 시점의 차이를 발견하여 현장에 나가 수정, 추가, 검증하기 때문에 비교·분석법이라 한다.

(3) 데이컴법(Dacum Method)

① 교과과정을 개발하는 데 활용되는 직업분석의 한 가지 기법이다.

② 전문적인 작업자 8~12명의 실무자가 사전에 준비한 쾌적한 장소에 모여 2박3일 정도의 집중적인 워크숍으로 데이컴법을 완성한다.

7 직무분석의 원칙

미국 노동성의 직무분석 기본원칙은 다음과 같다.

① 직무의 정확·완전한 확인

② 직무군에 있는 일의 완전·정확한 기록

③ 직무를 완전하게 수행하기 위하여 작업자에게 요구하는 요건의 명시 등이다.

8 직무분석의 단계

(1) 직무분석의 단계

직업분석단계	• 채용, 임금결정, 조직관리 등을 목적으로 직업행렬표를 작성하여 인력의 과부족과 분석대상 직업들의 상호 관련을 분석한다. • 채용하는 직업이 요구하는 성, 연령, 교육과 훈련의 경험, 정신적·신체적 특질, 채용 후의 책임과 권한 등을 명시한 직업명세서를 작성해야 한다.
직무분석단계	• 직무의 정의를 의미하는 직업기술들과 작업들을 열거한 작업일람표를 기술하기 위해 직무명세서를 작성한다. • 직무명세서를 토대로 각 작업마다 작업명세서를 작성하는데, 각 작업명세서는 작업요소, 작업표준, 작업조건, 사용하는 기계 및 공구, 재료, 전문지식, 일반지식, 안전 등에 관한 사항 등으로 구성된다.
작업분석단계	• 공정관리와 직업개선을 하기 위해 매 작업요소별로 동작, 시간을 카메라나 스톱워치 등으로 분석하여 불필요한 동작을 제거하는 생산공학적인 과정이다. • 작동, 운반, 검사, 정체, 저장 등을 의미하는 기호로 사용, 작업공정을 흐름도로 나타낸다. • 작업분석은 작업공정이나 작업방법을 표준화하거나, 작업을 개선하여 원가를 절감하는 데 기여한다.

(2) 직무분석 자료의 특성

① 가장 최신의 정보를 반영하고 있어야 한다.

② 사실 그대로를 나타내어야 한다.

③ 가공하지 않은 원상태로의 정보이어야 한다.

④ 논리적으로 체계화되어야 한다.

⑤ 여러 가지 목적으로 활용될 수 있어야 한다.

(3) **직무분석의 내용**

① 자료, 사람, 사물과 관련된 내용을 분석한다.

㉠ 자료(종합, 조정, 분석, 수집, 계산, 정서, 비교)

㉡ 사람(자문, 협의, 교육, 연예, 감독, 설득, 전달·보고, 봉사·조력)

㉢ 사물(설치, 정밀작업, 조절, 운전, 조작, 유지, 투입·인출, 운반·처리)

② 육체의 활용(힘의 강도−들어 올림, 운반 및 당김 등)

③ 작업환경(실내, 실내외, 실외 등 작업장소 등)

❾ 직무기술서와 직무명세서

(1) **직무기술서[과제(과업) 중심 직무분석]**

직무수행과제나 활동내용을 중심으로 파악하여 현장 실무자가 수행하는 과업의 내용, 빈도, 중요성 등을 조사하고 직무의 내용 및 유형을 기술한다.

① 직무기술서 작성 시 유의사항

㉠ 직무와 그 책임의 한계가 명백해야 한다.

㉡ 감독책임을 직접적인 문체로 기술해야 한다.

㉢ 간결하고 직접적인 문체로 기술해야 한다.

㉣ 항상 현재형의 시제를 사용해야 한다.

㉤ 과제를 수행하는 사람은 작업자이므로 능동형의 문장을 사용해야 한다.

㉥ 구체적인 행위를 나타내는 동사를 사용하여 과제를 기술해야 한다.

㉦ 가급적 수량을 나타내는 용어를 사용한다.

㉧ 직무 담당자들에게 친숙한 용어(은어, 속어 등의 용어는 배제)를 사용해야 한다.

② 직무기술서에 포함되는 내용

㉠ 직무표식(직무의 명칭, 직무부서 등)

㉡ 직무개요(직무의 목적, 내용, 직무의 범위 등)

㉢ 직무내용(직무의 수행방법, 사용되는 도구, 활동사항 등이 자세히 기록)

㉣ 직무요건(숙련 및 기술요건, 노력요건, 책임요건, 인적자격요건, 고용의 요건, 환경요건 등)

(2) **직무명세서(작업자 중심 직무분석)**

① 직무분석결과를 토대로 직무수행에 필요한 개인적 특성이나 능력을 기술한다.

② 직무명세서는 직무기술서를 기초로 하여 채용, 배치, 승진, 평가 등의 목적에 따라 필요한 자료를 추출·편성하여 작성한 것이라고 말할 수 있다.

③ 일반적인 직무명세서는 직무확인사항, 직무개요, 인적요건 3가지 부분으로 구성된다.

④ 인적요건에 관한 직무명세서의 기재사항
  ㉠ 성별 및 연령
  ㉡ 작업자의 체격
  ㉢ 동작의 기민성
  ㉣ 작업자의 정서
  ㉤ 작업자의 정신적인 능력
  ㉥ 경험 및 숙련도
  ㉦ 일반적으로 분류에 들어가지 않는 특수한 기능

Section 02 직무평가

❶ 직무평가의 의의

직무평가는 직무분석에 따른 직무기술서와 직무명세서를 기초로 하여 어떤 조직 내에 존재하는 다른 직무들을 일정한 기준에 의해 서로 비교하고 직무 간의 상대적인 가치를 결정하는 체계적인 과정이다.

❷ 직무평가의 목적

① 공평하고 공정한 임금체계를 통해 노사 간의 관계가 호전된다.
② 경영자로 하여금 노무비를 보다 정확히 평가하고 통제할 수 있다.
③ 동일 노동시장 내의 타 직무와의 임금을 비교할 수 있는 자료를 제공한다.
④ 각 직무의 수준결정 등에 객관적인 자료가 된다.
⑤ 임금을 중심으로 한 단체교섭에 유익한 자료가 된다.

❸ 직무평가의 요소

① 책임성(Responsibility) : 일이 잘못되었을 때 대인적, 대물적 책임수준은 어느 정도인가의 결정
② 숙련성(Skill) : 해당직무를 수행하기 위한 교육, 경험, 기술수준 정도
③ 노력성(Effort) : 해당직무를 완수하기 위해 필요한 육체적, 정신적 노력수준
④ 작업조건(Working Conditions) : 해당직무를 수행하기 위해 적합한 작업장소, 분위기, 위험도 수준

❺ 직무평가의 방법

(1) **질적 평가방법**
① 서열법 : 가장 간단한 방법으로, 직무평가요소를 근거로 각 직무의 상대적 가치에 기초를 두고, 각 직무의 중요도, 난이도, 책임도 등을 고찰하고 각 직무의 상대적 가치를 비교하여 서열을 결정하는 평가방법이다.

② 분류법 : 분류법은 직무기술서를 사용하여 평가하려는 직무를 종합적(각 직무에서 요구되는 기술과 책임감의 수준)으로 판단하여 미리 정해진 등급에 따라 분류하는 방법이다(예 : 공무원에게 적용되는 1~9급의 체계).

(2) 양적 평가방법

① 점수법 : 평가의 대상이 되는 직무 상호 간의 여러 가지 요소를 뽑아내어 요소별로 평정척도를 선정하고, 이것에 의하여 각 요소별 등급을 정하여 그것을 점수로 표시한다. 표시된 점수로 직무를 평가하고 그 결과를 종합하여 그 직무의 상대적 가치를 평가하는 방법이다. 따라서 임금수준에 맞는 정교한 임금체계를 설정할 수 있으며, 여기에는 직무에서 오는 오류의 결과, 필수교육, 책임, 필수기술 등의 요인들이 포함된다.

② 요소비교법 : 조직 내의 중심이 되는 기준 직무를 선정하여 평가하고자 하는 직무와 기준 직무의 평가요소들을 상호 비교하여 상대적 가치를 상대적 서열로 가리는 방법이다.

(3) 질문지 평가방법

① 직무요소질문지(Job Components Inventory, JCI) : 직무요건과 근로자의 특성을 맞추어 보아야 할 필요성에 의해 개발되었다. 직무에서 필요로 하는 요건과 특정한 사람이 보유하고 있는 KSAO를 동시에 평가할 수 있다.

② 기능적 직무분석(Functional Job Analysis, FJA) : 관찰과 주제 관련 전문가와의 면접을 통하여 직무기술서를 작성하고 여러 차원에서 직무와 잠재적 작업자의 점수를 도출한다. 이 방법으로 직무를 서로 비교할 수 있다. 미국에서 직업명사전(DOT)을 제작하기 위해 활용한 직무분석방법이다.

③ 직무분석질문지(Position Analysis Questionnaire, PAQ) : 모든 직업을 분석하는 데 사용 가능한 도구이며, 표준화된 분석도구이다. 질문지는 직업의 과업요건이나 인간의 요소를 다루는 목적을 두며, 194개의 문항(직업자 활동 187개 항목, 임금 관련 7개 항목)을 포함하고 있으며, 요소들에 기반을 두어 직업에 대한 KSAO 프로파일을 작성하여 서로 다른 직업을 비교할 수 있다.

④ 과업질문지(Task Inventory, TI) : 분석대상의 직무에서 수행될 가능성이 있는 특정한 과업들의 목록을 담고 있는 질문지이다. 또한 질문지에는 각 과업에 대한 하나 이상의 평정척도(시간, 직무를 잘하기 위한 필수적인 정도, 학습의 난이도, 과업의 중요도)가 포함된다.

Section 03 직무수행평가

❶ 수행평가를 하는 이유

수행평가를 하는 이유는 직무수행자료가 종업원과 조직 모두에 이익이 되기 때문이며, 수행자료는 관리적 결절, 종업원 육성과 평가 피드백, 조직에서 시행하는 방침과 절차의 효과성을 결정하기 위한 연구에 사용된다.

❷ 수행준거

종업원의 수행을 판단하는 기준이다. 준거로 좋은 수행과 나쁜 수행을 구분한다.

① 준거의 특성 : 실제준거와 이론준거로 분류된다. 이론준거는 무엇이 좋은 수행인지에 대한 정의이
며, 실제준거는 이론준거를 측정하고 조작적으로 정의하는 방식이다. 이 준거는 판매원의 판매
량을 세는 것과 같이 실제 사용하는 수행평가기법이다.

② 준거 복잡성 : 직무수행이 복잡하다는 것은 수행을 적절히 평가하기 위해 여러 가지 준거측정이
필요하다는 것을 의미하며, 질적 차원이나 양적 차원 중 하나만 포함하거나 두 차원 모두를 포함
한다.

③ 역동적 준거 : 기준이 아닌 직무수행이 시간이 지남에 따라 변화하는 것, 시간에 따른 수행의 변산
성을 역동적 준거라고 부른다.

④ 맥락 수행 : 종업원들이 동료나 조직을 위해 자발적으로 수행하는 추가적인 행동들, 즉 자발적으
로 추가업무를 수행하거나 동료를 돕는 행위 등을 말한다.

❸ 직무수행을 평가하는 방법

일반적인 평가절차는 객관적 수행측정과 주관적 수행측정의 두 범주로 나눈다. 객관적 측정은 다양한
행동의 합(예 : 결근 일수)이나 직무행동의 결과(예 : 총 월간 판매량)이고, 주관적 측정은 직무수행을 잘 아
는 사람이 평정하는 것이다.

(1) 직무수행의 객관적 측정

종업원의 행동과 행동 결과의 기록, 또한 결근·사건·사고·지각을 기록, 생산성기록 등으로 측정하
는 방법이다.

(2) 직무수행의 주관적 측정

종업원의 직무수행을 평가하기 위해 흔히 사용되는 방법이다.

① 도식 평정양식 : 여러 수행 차원에서 종업원들을 평가하기 위해 사용된다. 사람의 특성이나 특질
혹은 사람의 수행에 초점을 맞춘다.

② 행동 중심 평정양식 : 종업원이 수행했거나 수행할 것으로 기대하는 행동의 구체적인 사례에 초점
을 맞춘다.

　㉠ 행동기준 평정척도 : 응답 선택지가 행동으로 정의된 평정척도이다.

　㉡ 혼합 표준척도 : 효과성에서 차이가 있는 여러 행동으로 구성된다.

　㉢ 행동관찰척도 : 중요 사건에 근거한 문항들을 포함하며, 혼합 표준척도와 유사하게 만든다.

01 직무분석기법에서 최초분석법에 해당되지 않는 것은?

2015

① 비교확인법 　② 면담법
③ 설문법 　　　④ 녹화법

> **해설 |** 최초분석법(New Analysis Method)은 분석할 대상의 직업에 대한 정보가 드물고, 그 직업에 종사하는 많은 경험과 지식을 갖춘 전문가가 없을 때 직접 작업현장을 방문하여 직무분석을 실시하는 방법이다. 면담법, 관찰법, 체험법, 설문법, 녹화법, 중요사건법 등이 있다.

02 직무분석설문지(PAQ)에 대한 설명으로 틀린 것은?

2015

① 비표준화된 분석도구이다.
② 작업자 중심 직무분석의 대표적인 예이다.
③ 직무수행에 요구되는 인간의 특성들을 기술하는 데 사용되는 194개의 문항으로 구성되어 있다.
④ 직무수행에 관한 주요 범주는 정보입력, 정신과정, 작업결과, 타인들과 관계, 직무맥락, 직무요건 등이다.

> **해설 | 직무분석설문지(PAQ)**
> • 194개의 항목으로 된 구조화된 표준화 직무분석 질문지이다.
> • 질문지의 문항은 작업행동, 작업조건, 작업특성 등 여러 직무분석을 하여 직무에 필요한 적성, 보수, 직무분류, 직무와 관련된 스트레스 등을 예측한다.
> • 직무에 필요한 작업자의 요구조건을 확인하여 종업원 선발에 중요한 자료로 활용된다.
> • 응답하는 사람에게 대학졸업 이상의 읽기 능력을 요구한다.

03 관리자나 중역들의 임금을 결정할 때 주요하게 고려되는 요인과 가장 거리가 먼 것은?

2014

① 직무를 수행하는 데 필요한 모든 지식과 기술
② 직무에서 결정을 내리는 데 필요한 독창적인 사고의 정도를 나타내는 문제해결력
③ 직무에서 취한 행동에 대한 책임
④ 직무수행에 필요한 학력 정도

> **해설 |** 임금체계는 직능급, 직무급, 능률급 등으로 결정된다.

04 직무분석의 용도와 가장 관계가 먼 것은?

2014

① 경력개발 및 진로상담
② 결근 및 이직의 원인분석
③ 교육 및 훈련
④ 직무의 재설계 및 작업환경개선

> **해설 | 직무분석의 용도**
> • 인사관리나 조직관리 전반에 활용
> • 채용, 배치, 배치전환, 승진 등 인사관리
> • 교육훈련, 인사고가
> • 작업방법, 작업공정의 개선, 작업조건개선 등

05 직무분석기법과 가장 거리가 먼 것은?

2014

① 실험법 　　　② 면접법
③ 설문지법 　　④ 관찰법

> **해설 | 최초분석법**
> 작업현장을 방문하여 분석을 실시하는 방법으로 면담법, 관찰법, 체험법, 설문법, 녹화법, 중요사건법 등이 있다.

06 직무평가에 관한 설명으로 가장 적합한 것은?

2014, 2007

① 직무평가란 개인이 담당하는 여러 과업들을 상대적인 중요도로 평가하는 것이다.
② 직무평가는 인사고과평정의 한 가지 방법이다.
③ 직무평가는 직무들의 상대적 가치를 결정하는 데 유용한 절차로 임금수준을 결정하도록 한다.
④ 직무평가는 업무분장을 분명하게 하기 위해 실시하는 방법이다.

해설 ㅣ 직무평가란 어떤 조직 내에 존재하는 다른 직무들을 일정한 기준에 의해 서로 비교하고 직무 간의 상대적인 가치를 결정하는 체계적인 과정이다.

07 직무수행평가에서 행동기준 평정척도에 대한 설명으로 틀린 것은?

2014, 2009, 2004

① 중대사건법과 평정척도법을 혼합한 것이다.
② 수행은 척도상에 평정되지만 척도점들에 행동적 사건들이 제시되어 있다.
③ 평가자는 일정 기간 동안 종업원을 관찰하고, 중대사건의 빈도를 평정한다.
④ 중요 사건들이 해당 차원에서 얼마나 효과적인지를 척도상에 평정한다.

해설 ㅣ • 객관적 평가 : 다양한 행동의 합과 직무행동의 결과이다.
• 주관적 평가 : 도식 평정양식, 행동 중심 평정양식, 행동 중심 양식의 개발 등이다.

08 직무설계과정에서 조직구성원에게 요구하는 'KSAO'를 가장 잘 설명한 것은?

2013, 2009

① 지식(Knowledge), 기술(Skill), 능력(Ability), 기타 특성(Other characteristics)
② 지식(Knowledge), 사회성(Social related-ness), 능력(Ability), 기타 특성(Other charac-teristics)

③ 지식(Knowledge), 사회성(Social related-ness), 적성(Aptitude), 기타 특성(Other charac-teristics)
④ 지식(Knowledge), 기술(Skill), 적성(Aptitude), 기타 특성(Other characteristics)

해설 ㅣ KSAO란 지식(Knowledge), 기술(Skill), 능력(Ability), 기타 특성(Other characteristics)을 말한다.

09 일반적인 직무분석단계를 바르게 나열한 것은? 2013

A. 직업분석(Occupational Analysis)
B. 직무분석(Job Analysis)
C. 작업분석(Task Analysis)

① A → B → C
② B → A → C
③ B → C → A
④ C → B → A

해설 ㅣ 직무분석단계
• 직업분석단계 : 채용, 임금결정, 조직관리 등 직업행렬표를 작성하여 채용하는 직업이 요구하는 성, 연령, 교육과 훈련의 경험 등 직업명세서를 작성한다.
• 직무분석단계 : 직무의 정의를 의미하는 직무기술들과 작업들을 열거한 작업일람표를 기술하기 위해 직업명세서를 작성한다.
• 작업분석단계 : 공정관리와 작업개선을 하기 위해 매 작업요소별로 동작, 시간을 카메라나 스톱워치 등으로 분석하여 불필요한 동작을 제거하는 생산공학적인 과정이다.

10 다음 중 직무평가에 관한 설명으로 틀린 것은? 2013

① 직무분석결과를 사용하여 상대적 가치를 결정하기 때문에 직무분석의 확장으로 볼 수 있다.
② 직무평가의 최종목적은 직무들의 상대적 가치를 평가하는 것이다.
③ 공정한 임금결정을 위해서 외적 형평성을 고려해야 한다.
④ 공정한 임금결정을 위해서 내적 형평성을 고려해야 한다.

해설 | 직무평가

- 어떤 조직 내에 존재하는 다른 직무들을 일정한 기준에 의해 서로 비교하고 직무 간의 상대적인 가치를 결정하는 체계적인 과정이다.
- 공평하고 공정한 임금체계를 통해 노사 간의 관계가 호전된다.
- 경영자로 하여금 노무비를 보다 정확히 평가하고 통제할 수 있다.

11 다음 ( ) 안에 알맞은 것은?　　　　2012

> 생명보험회사의 영업지점에 10명의 직원이 근무하고 있는데 1명은 영업소장이고, 나머지 9명은 동일한 일을 하는 영업사원이다. 이 영업지점에는 10개의 (A)와 2개의 (B)가 존재한다고 말할 수 있다.

① A : 과업(Task)　　　　B : 직무군(Job family)
② A : 직위(Position)　　　B : 직무(Job)
③ A : 직무(Job)　　　　　B : 직무군(Job family)
④ A : 과업(Task)　　　　B : 직위(Position)

해설 | ・과업(Task) : 작업자가 수행하는 작업
- 직위(Position) : 한 사람에게 부과된 일의 집단. 작업자의 수만큼 직위가 존재한다.
- 직무(Job) : 한 사람이 수행하는 임무와 일. 4개의 사무원이라는 직위는 '사무원'이라는 1개의 직무를 구성한다.

12 직무수행을 평가하기 위한 준거 중 역동적 직무수행 준거의 개념에 대한 설명으로 옳은 것은?　　2012

① 사실적이거나 객관적인 직무수행을 평가할 때 사용하는 준거이다.
② 직무수행을 주관적인 판단이나 평정에 의해서 평가할 때 사용하는 준거이다.
③ 시간경과에 따라 직무수행이 변하기 때문에 미래의 수행을 예측하기 어려운 직무수행을 평가할 때 사용하는 준거이다.

④ 직무수행의 과정에 초점을 둔 수행평가를 위한 준거이다.

해설 | 직무수행은 시간이 지남에 따라 변한다고 여겨진다. 시간에 따른 수행의 변산성은 역동적 준거라고 불린다.

13 다음 중 직무분석을 실시할 때 사용하는 방법에 관한 설명으로 틀린 것은?　　2012

① 관찰법은 직무분석을 시작할 때 직무에 대해 가장 기초적인 지식을 제공하는 방법으로, 직무분석가가 직무를 몸소 체험할 수 있는 탁월한 방법이지만 직무행동이 일어나는 원인에 대한 파악은 힘들다.
② 면접법은 다양한 직무들에 관한 자료를 수집하는 데 광범위하게 적용될 수 있지만, 자료수집에 많은 시간과 노력이 들고 계량적인 정보를 얻기 힘든 단점이 있다.
③ 작업일지법은 작업자들의 문장작성능력에 있어서 현저한 개인차가 있기 때문에 사용빈도가 낮은 방법이다.
④ 결정적 사건법은 직무상 가장 자주 발생하는 중간수준의 수행에 해당하는 사건을 중심으로 그 사건이 발생한 환경이나 이유 등에 관해 분석하는 방법이다.

해설 | ① 관찰법 : 분석자가 직접 사업장을 방문하여 작업자의 직무활동을 상세하게 관찰하고 그 결과를 기술하는 방법이다.
② 면접법 : 숙련된 기술과 기능을 보유한 작업자를 방문하여 면담을 통해 분석한다. 정확한 자료를 얻을 수 있으나 직무를 분석하는 데 많은 시간과 노력이 소요된다.
④ 중요사건법(결정적 사건법) : 작업 중에 일어나는 경험적 사례를 작업자들로부터 구체적 행동을 내용분석해서 기술, 능력 등의 직위 요건들을 추론해 내는 질적인 직무분석기법이다.

14 다음은 어떤 직무분석방법에 관한 설명인가? 2011

> • 플래너건(Flanagan, 1954)이 개발한 방법이다.
> • 종업원들로부터 직무수행을 잘하거나 잘못한 사건들을 수집한다.
> • 그 사건들에서 있었던 구체적인 행동들을 알아낸다.
> • 이 행동들로부터 직무에서 요구되는 지식, 기술, 행동 등 인적요건들을 추론해 낸다.

① 결정적 사건법 ② 작업일지법
③ 브레인스토밍 ④ 역량개발법

해설 I 중요사건법(결정적 사건법)
작업 중에 일어나는 경험적 사례를 작업자들로부터 구체적 행동을 내용분석해서 기술, 능력 등의 직위요건들을 추론해 내는 질적인 직무분석기법이다.

15 다음 중 직무분석에 대한 설명으로 틀린 것은? 2011, 2005

① 직무분석은 인사선발을 위한 도구로 활용된다.
② 직무분석은 종업원의 동기나 만족을 고양시키기 위해 설계된다.
③ 직무분석은 실제 업무를 수행하는 종업원의 행동만을 기준으로 측정된다.
④ 직무분석은 업무수행에 필요한 직업요건을 명세화하기 위한 과정이다.

해설 I 직무분석의 의의
• 종업원 선발을 위한 방법을 결정에 활용한다.
• 직무를 구성하는 내용 및 직무수행을 위해 요구되는 조건들을 밝히는 과정

16 다음 중 직무분석의 목적과 가장 거리가 먼 것은? 2010

① 훈련설계 ② 수행평가
③ 경력개발 ④ 임금관리

해설 I 직무분석의 목적(용도)
• 인사관리나 조직관리 전반에 활용
• 채용, ·배치, 배치전환, 승진 등 인사관리
• 교육훈련, 인사고가
• 작업방법, 작업공정의 개선, 작업조건 개선 등

17 다음 중 직무수행준거가 갖추어야 할 바람직한 특성과 가장 거리가 먼 것은 2010

① 적절성 ② 대표성
③ 안정성 ④ 실용성

해설 I 직무수행준거가 갖추어야 할 특성으로는 적절성, 안정성, 실용성이 있다.

18 다음 중 직무평가에 관한 설명으로 틀린 것은? 2010

① 직무평가의 대상은 직무 자체이다.
② 직무평가는 조직 내 여러 직무들이 조직에 기여하는 중요도나 가치를 평가하는 것이다.
③ 직무평가는 각 직무종사자의 수행수준을 조직 목표 달성도에 따라서 평가하는 것이다.
④ 직무평가과정에서는 조직이 추구하는 가치의 판단이 관련된다.

해설 I 직무평가
• 어떤 조직 내에 존재하는 다른 직무들을 일정한 기준에 의해 서로 비교하고 직무 간의 상대적인 가치를 결정하는 체계적인 과정이다.
• 공평하고 공정한 임금체계를 통해 노사 간의 관계가 호전된다.
• 경영자로 하여금 노무비를 보다 정확히 평가하고 통제할 수 있다.

19 다음 중 직무분석 유형에 대한 설명으로 틀린 것은? 2009

① 과제 중심 직무분석은 직무에서 수행하는 과제나 활동이 어떤 것들인지를 파악하는 데 초점을 둔다.

② 과제 중심 직무분석에 의해 직무에서 수행되는 과제들을 나열하면 일반적으로 동사의 형태로 표현된다.

③ 작업자 중심 직무분석은 직무를 수행하는 데 요구되는 작업자의 인적요건들에 의해 직무가 표현된다.

④ 작업자 중심 직무분석은 직무 각각에 대해 표준화된 분석도구를 만들 수 없다.

> **해설 | 직무분석의 유형**
> • 과제 중심적 직무분석
> • 작업자 중심적 직무분석

20 미래의 직무분석에 대한 설명으로 틀린 것은? 2007

① 직무분석에 필요한 정보수집의 원천으로서 현직자뿐만 아니라 외부 고객이 중요해질 것이다.

② 기술의 발전으로 직접면접 대신 전자우편과 같은 방법을 활용함으로써 시간과 비용을 절약할 수 있다.

③ 과거에는 직무분석에 포함되지 않았던 과제 외 수행이나 조직시민행동 등도 분석내용으로 포함될 것이다.

④ 직무의 내용이 전문화되고 급변하게 되므로 직무분석의 단위가 더 세분화될 것이다.

> **해설 | 미래의 직무분석의 변화**
> • 직무의 내용이 빠르게 변하므로 분석의 단위를 넓혀서 역량을 중심으로 분석
> • 직무정보를 수집할 때 자동적으로 수행을 기록하는 장비들의 사용이 증가
> • 다른 부서의 작업자와 같은 내부, 조직 밖의 외부 고객으로부터 정보를 얻는 부분이 증가
> • 과거에는 직무분석에서 과제수행을 중심으로 자료를 수집했지만, 미래에는 과제 외 수행에서 자료를 수집할 필요성이 증가
> • 과제수행의 인지적 능력 이외에도 성격적 요인에 대한 분석의 필요성이 증가

21 직무분석자료의 특성에 해당하지 않는 것은? 2007, 2005

① 직무분석은 분석시점에서 가장 최신 정보이다.

② 직무분석자료는 가공되지 않은 원자료이다.

③ 직무분석자료는 여러 가지 용도로 활용되는 다목적성이 있다.

④ 직무분석자료는 조사대상 특정 기업에 대한 주관적 특성이 강하다.

> **해설 | 직무분석자료**
> • 최신 정보를 반영하고 있어야 한다.
> • 사실 그대로 나타내어야 한다.
> • 가공하지 않은 원상태의 정보이어야 한다.
> • 논리적으로 체계화되어야 한다.
> • 여러 가지 목적으로 활용되는 다목적성이 있어야 한다.

22 직무분석방법에 대한 설명으로 틀린 것은? 2007

① 관찰법은 직무에 대하여 가장 기초적인 지식을 제공한다.

② 면접법에서는 면접자의 개인적인 선호나 견해가 개입되지 말아야 한다.

③ 설문지법은 비구조화된 설문지만을 이용한다.

④ 결정적 사건법은 직무에서 결정적으로 잘한 사건 또는 실수한 사건을 수집하는 것이다.

> **해설 | ① 관찰법 : 직접 직무활동에 접근하여 관찰하기 때문에 정확하게 직무에 관한 사실을 파악할 수 있다.**
> **② 면접법 : 전문지식과 숙련된 기술, 기능을 보유한 작업자를 방문하여 면담을 통해 분석한다.**
> **③ 설문지법 : 작업자, 감독자에게 설문지를 배부하여 직무내용을 기술하게 하는 방법이다.**

23 여러 직무들 간의 관계에 관하여 가장 정확한 정보를 주는 출처는?

2007

① 훈련받은 직무분석가
② 현재 종사 중인 사람
③ 현재 종사 중인 사람의 상사
④ 과거에 종사했던 사람

> **해설 |** 직무분석 훈련을 받은 사람이 가장 정확한 정보를 알 수 있다.

24 직무기술서와 작업자명세서에 대해서 올바르게 설명한 것은?

2006

① 직무기술서는 작업자 중심 직무분석에 의해서 만들어진다.
② 작업자명세서는 직무를 수행하는 데 필요한 인적요건에 대한 정보를 담고 있다.
③ 작업자명세서는 과제 중심 직무분석에 의해서 작성된다.
④ 작업자명세서와 직무기술서는 명칭만 다를 뿐 같은 내용을 담고 있다.

> **해설 |** • 직무기술서 : 직무분석의 결과로 얻어진 자료이며, 일과 방법, 능력(기술, 지식, 다른 특성들)을 확인하기 위해 사용된다.
> • 작업자명세서 : 직무분석결과를 토대로 직무수행에 필요한 개인적 특성이나 능력을 기술한다.

25 다음 직무분석기법들의 특징을 설명한 것 중 잘못된 것은?

2006

① 반복되는 단순직무이면서, 작업환경이 소음이나 진동, 분진 혹은 습기 등으로 장시간 관찰하기 어려운 경우에 사용될 수 있는 직무분석기법은 녹화법이다.
② 면담법을 사용할 때는 작업자가 감독자와 떨어져 자유로운 분위기에서 면담하는 것이 좋다.

③ 다른 작업자를 감독하거나 조정하는 등의 직무내용에는 관찰법이 바람직한 선택이다.
④ 설문법은 작업자나 감독자 모두에게 사용될 수 있으나 낮은 회수율이 큰 단점이다.

> **해설 |** ① 녹화법이란 작업현장의 소음, 분진 등으로 장시간 관찰하기 어려운 경우, 비디오 녹화테이프로 작업 장면을 보면서 분석하는 방법이다.
> ② 면담법을 사용할 시에는 감독자와 떨어져 자유로운 분위기로 면담한다.
> ③ 관찰법은 사업장에 직접 방문하여 작업자의 직무활동을 상세하게 관찰하여 기술하는 방법으로, 분석자의 주관성이 개입될 수 있다.
> ④ 설문법은 조사대상의 폭이 넓다는 장점이 있으나 성실성의 기대와 회수율이 낮다.

26 종업원의 선발, 훈련, 직무평가, 수행평가 등이 인사 관련 프로그램을 설계하기 위해 제일 먼저 실시하는 절차는?

2005

① 적성검사　　　　② 직무분석
③ 직무명세서　　　④ DOT

> **해설 |** 직무분석은 인사관리와 조직관리 전반에 활용될 수 있다.

27 대부분의 직무평가계획에서 사용되는 준거가 아닌 것은?

2003

① 책임　　　　　　② 흥미
③ 기술　　　　　　④ 노력과 작업조건

> **해설 | 직무평가의 요소**
> • 책임성(Responsibility) : 일이 잘못되었을 때 대인적, 대물적 책임수준은 어느 정도인가의 결정
> • 숙련성(Skill) : 해당직무를 수행하기 위한 교육, 경험, 기술수준 정도
> • 노력성(Effort) : 해당직무를 완수하기 위해 필요한 육체적, 정신적 노력수준
> • 작업조건(Working Conditions) : 해당직무를 수행하기 위해 적합한 작업장소, 분위기, 위험도 수준

Chapter 04 경력개발과 직업전환

Section 01 경력개발

① 경력개발의 정의

경력개발(Career Development)은 경력과 개발의 복합적 개념으로, 개인의 경력목표를 달성하기 위한 경력계획(Career Planning)을 수립하여 조직의 욕구와 개인의 욕구가 합치될 수 있도록 각 개인의 경력을 개발하는 활동을 말한다. 즉, 경력개발은 자신이 경험한 능력을 평가하여 유용한 방향으로 바꾸고자 하는 것이다.

② 경력개발 프로그램(Career Development Program, CDP)

(1) 의의

조직구성원에게 개인의 업무 적성·희망(근무지, 근무부서, 직종)·능력 등에 연계하여 조직과 개인에게 바람직한 경력을 쌓아갈 수 있도록 하는 의도적이고 제도적인 제반 노력을 말한다.

(2) 종류

구체적인 경력개발도구를 개발하는 단계로서 사내공모제도, 자기경력관리, 경력개발센터의 운영, 직무순환제도의 프로그램이 있다.

① 사내공모제도 : 공석을 충원하기 위해 부서장이 함께 일할 직원들을 직접 발탁하는 제도이다.

② 사내추천제 : 사내 직원이 외부인을 추천해 채용으로 연결한다.

③ 조기발탁제 : 잠재력이 높은 종업원을 초기에 발견하고, 특별한 경력경험을 제공하여 승진 가능성 인재에게 집중 투자하는 제도이다.

④ 직무순환제도 : 종업원의 직무영역을 변경시켜 다양한 경험, 지식 등을 쌓게 하는 방식이다.

⑤ 멘토링제 : 조직의 내부 네트워크로 직원의 경력개발에 도움을 주는 방법으로, 신입사원들이 강점과 약점을 객관적으로 평가하며, 참여자들의 의견전달통로로 기능을 한다.

(3) 조직개발의 기법

① 변화에 대한 종업원의 수용

② 목표관리 : 목표설정에 기초한 조직변화기법이다.

③ 서베이 피드백(조사결과 전달기법) : 종업원들의 태도와 의견을 조사하여 조직 전체에 조사결과를 통보해 주는 기법이다.

④ 팀 구축(Team Building) : 작업 팀의 활동을 향상시킬 목적으로 고안된 여러 가지 기법이다.

⑤ T-집단(훈련집단) : 특수한 집단훈련을 통해 개별 종업원의 의사소통능력과 대인관계기술을 향상시키는 개입법이다.

(4) 경력개발의 중요성

① 직무와 인간과의 유기적 연결이 가능하다.

② 비용절감효과를 가져온다.

③ 관리자의 독단적인 의사결정의 그릇된 판단을 방지할 수 있다.

④ 미래 지향적인 조직이 될 수 있다.

⑤ 종업원의 전직, 사기, 생산성에 있어서 긍정적인 효과를 부여한다.

Plus Check 다운사이징 시대

① 다운사이징(Downsizing) 시대에는 장기고용이 어려워지고 고용기간이 점점 짧아지면서, 경력개발은 단기적, 연속적인 학습단계로 이어진다.

② 경력개발은 조직구조의 수평화로 인하여 개인의 자율권 신장과 능력개발에 초점을 두고, 계속적으로 실시되는 평생학습의 방법으로 이루어져야 한다.

③ 다운사이징 시대의 경력개발 형태
　㉠ 재교육
　㉡ 내부배치
　㉢ 역동적인 능력개발

---

③ 경력개발의 단계

(1) 종업원의 사회화

조직에서의 발달단계를 종업원 사회화라 부르며, 이를 통해 신입사원은 외부자로부터 참여하는 능률적이고 협동적인 사원으로 전환된다.

(2) 필드만(Fieldman)의 종업원 사회화의 3단계

① 진입(입사)단계 : 개인이 조직에서 자기의 참모습을 제시하는 단계

② 분쇄(친밀화)단계 : 개인이 동료와 상사에게 수용되는 단계

③ 해결단계 : 개인의 작업생활과 가정생활 간의 갈등과 작업환경 안의 갈등을 해소하는 단계

(3) 크랜(Kran)의 개인의 욕구를 토대로 한 4단계

① 확립단계 : 지지와 지시

② 향상단계 : 지도, 노출, 역할모형

③ 유지단계 : 공헌하기, 타인과 공유하기, 지도자로 봉사하기

④ 철수단계 : 작업 정체성에서 벗어나기

⑷ 경력개발 프로그램 설계

① 제 1 단계(니즈 및 현 시스템 평가) : 누구를 대상으로 경력개발 프로그램을 만들 것인지 니즈 및 현 시스템을 평가하여 가장 중요한 문제점을 파악한다.

② 제 2 단계(비전 및 설정) : 1단계에서 나타난 문제점을 해결하기 위한 비전과 향후 목표설정이 필요하다.

③ 제 3 단계(행동계획 구축 및 실시) : 목표설정에 달성하기 위해서는 구체적인 행동과 계획(최고경영진의 지원, 자문집단 구성, 파일럿 연구의 실행방안, 경력개발 시스템의 완성과정 등)이 필요하다.

④ 제 4 단계(변화유지) : 행동계획을 실시함으로써 변화를 장기적으로 유지하도록 전략을 수립한다.

⑸ 조직에서의 경력개발단계

조직에서의 경력개발단계는 입사, 경력초기, 경력중기, 경력후기로 구분된다.

① 경력초기 : 작업자가 조직에 적응하고 새로운 기술들을 습득하기 시작하며, 원만한 인간관계를 구축하며 경력목표를 세우는 단계이다.

　㉠ 인턴십 : 특정 조직에 입사하고자 하는 개인이 일정 기간 동안 그 조직에서 인턴사원으로 일하면서 그 조직이 자신에게 잘 맞는지를 확인해 볼 수 있다.

　㉡ 현실적 직무소개 : 새로 들어가게 될 조직과 직무에 관해 정확하고 현실적인 정보를 제공한다.

　㉢ 경력계획 워크숍 : 신입구성원들 나름대로 경력계획을 세우는 데 도움을 줄 수 있다.

　㉣ 후견인 프로그램

② 경력중기 : 생애역할과 균형을 이루고 작업역할 면에서도 안정성을 찾게 되며, 경력에 대한 장기적인 부분을 점점 깨달아가는 시기이다. 또한 일의 세계에서 개인역할로 초점이 옮겨가는 시기로 역할의 균형이 필요하다.

　㉠ 직무순환제도 : 중간관리자는 이 제도를 통해 다양한 분야의 직무를 경험함으로써 자신의 능력을 향상시킬 수 있다.

　㉡ 강등 : 일부 조직에서는 승진이 누락된 중간관리자를 대상으로 퇴직 대신 현재보다 직급이 낮은 직무로 강등시키는 방법을 사용하기도 한다.

　㉢ 재교육 : 첨단기술에 관한 교육을 비롯해, 특정 전문분야에 관한 교육 등을 통해서 젊은 신입사원에게 뒤지지 않는 지식을 제공한다.

③ 경력후기 : 조직 안의 직위를 유지한 상태에서 하나씩 책임을 벗으려는 준비를 하게 된다. 개인은 외부의 흥미를 구축하고 조직으로부터 멀리 떨어져나가기 시작하며, 조직활동도 권력 역할에서 개인의 사소한 역할로 바뀐다.

　㉠ Bridge Employment : 기존 직장에서 은퇴 후 새로운 직장을 택하도록 다리를 놓는 형식의 경력관리로, 조기퇴직자의 퇴직요인 및 니즈를 분석하고 개인에 맞는 시스템을 제공하는 것이다.

ⓛ Out-placement(재취업 주선) : 퇴직자들에게 이전 직위에 상응하는 새로운 직장을 소개하는 프로그램이다.

ⓒ 은퇴준비 프로그램

1 직업전환과 직업상담

(1) 실업극복 프로그램

JOBS 프로그램은 미국에서 개발한 프로그램으로, 실업자에게 재취업을 촉진하고, 좋은 직장을 알선하게 하며 정신건강을 재충전함에 효과가 있는 실업대책 프로그램이다.

① 1단계 : 프로그램 진행자가 참여자들이 직장을 얻는 데 도움을 줄 수 있는 전문성을 갖추고 있음에 대한 신뢰감을 형성하는 단계

② 2단계 : 자신의 직무 관련 능력을 고용주에게 전달하는 방법에 관한 훈련을 받는 단계

③ 3단계 : 실제로 훈련을 받는 단계

④ 4단계 : 자신을 능력을 전달하는 방법을 확고히 하는 단계

⑤ 5단계 : 실제 참여자들이 면접에 응하여 피드백을 받는 단계

(2) 경력개발

쥐토우스키(Zytowski)는 실업자의 전환훈련이 성공할 수 있는 요건을 제시하였다.

① 사업체에서 최고경영자의 전폭적인 지원

② 참가자의 철저한 선발

③ 강사진의 높은 자질

④ 완벽한 교과과정

⑤ 종업원의 계속적인 경력성장과 개발에 대한 계획

⑥ 프로그램 효과의 비용에 대한 계속적인 평가 실시

⑦ 또한 효과와 비용에 대한 분석결과, 전직훈련에 드는 비용은 새로 선발하는 비용보다 적게 든다고 하였다.

(3) 직장 외 배치에 대한 상담(미국의 예)

① 미국에서는 산업변화에 따른 고용변화로 발생하는 문제를 조직 내의 배치전환으로 해결할 수 없게 되면서 해고와 같은 의미인 직장 외 배치를 위한 상담을 실시하고 있다.

② 이는 미국에서 제1차로 해고를 통고하는 방식으로 처리해 왔던 조직의 태도를 개선하려는 것이다.

▶ 미국의 직장 외 배치에 대한 상담 ◀

단계	내용
1단계 (오리엔테이션)	제 1 단계 : 조직의 서비스에 대한 계획 제 2 단계 : 해고와 종업원의 위기 카운슬링 제 3 단계 : 직장 외 배치 카운슬링 제 4 단계 : 생애경력 카운슬링
2단계 (자기평가)	제 5 단계 : 시험 제 6 단계 : 자기평가
3단계 (일의 목표화)	제 7 단계 : 직무의 목표선택 제 8 단계 : 직무선택과 이력서 작성 제 9 단계 : 영역의 선택
4단계 (취득활동)	제 10 단계 : 면접에 응함 제 11 단계 : 일의 결정 제 12 단계 : 추수지도 및 진행에 대한 권고

❷ 고령계층의 경력개발

고령인력에 대한 경력관리의 기본방안은 다음 몇 가지로 요약할 수 있다(Fieldman, 1988).

① 직무성과를 정기적으로 체크한다. 고령인력의 직무성과가 보통의 상식보다 낮지 않은 것으로 실제 연구에 나타나고 있다.

② 고령인력에 대한 체계적 인력계획을 실시한다. 임원으로 승진하지 못하는 고령인력은 조직이 활용해야 할 인력이다. 유휴인력으로 방치할 것이 아니라 현실적 인력계획이 필요하다.

③ 고령인력에 대한 재교육 프로그램을 운영한다.

❸ 경력단절여성의 경력개발

(1) 여성의 진로형태

여성의 진로형태는 결혼, 임신, 수유, 양육 등으로 차단된 형태로 나타나고 있다.

(2) 장벽

여성의 진로발달에 있어 장벽이라는 개념을 주목해야 한다.

① 파머(Farmer, 1976)에 의해 제시된 내적(자기개념적) 장벽과 환경적 장벽

내적(자기개념적) 장벽		환경적 장벽
• 성공에 대한 두려움	• 성역할 지향	• 차별
• 위험부담 행동	• 가정–진로 갈등	• 가족사회화
• 낮은 학구적 자기존중		• 육아보조와 같은 자원의 가능성

② 하몬(Harmon, 1977)은 여성의 진로발달은 내적-심리적, 외적-사회적 제약 모두로부터 영향을 받는다고 주장하였다.

③ 이러한 선택장벽들은 여성이 성 고정관념 및 전통적인 여성적 선택을 하는 경향을 갖게 하고, 적응장벽은 고용된 여성의 성공이나 만족을 제한하는 힘으로 작용한다.

(3) 여성 경력개발이론

현재에도 여성은 남성에 비해 전문적 진출이 제한되어 있다. 해킷(Hackett)과 베츠(Betz)는 반두라(Bandura)의 자신감이론에 기초하여 여성경력개발에 대한 자신감 접근법을 시도하였다. 반두라는 개인들이 자신감 기대를 갖게 되거나 변화시키는 정보원천을 성과달성, 대리학습, 정서적 각성, 언어적 설득으로 설명한다. 이는 여성은 남성에 비해 경력과 관련된 행위에 있어 자신감 기대가 결여되어 경력개발에 있어서 자신의 역량과 능력을 충분히 실현하지 못하게 된다는 것이다.

▶ **여성의 경력개발 모형** ◀

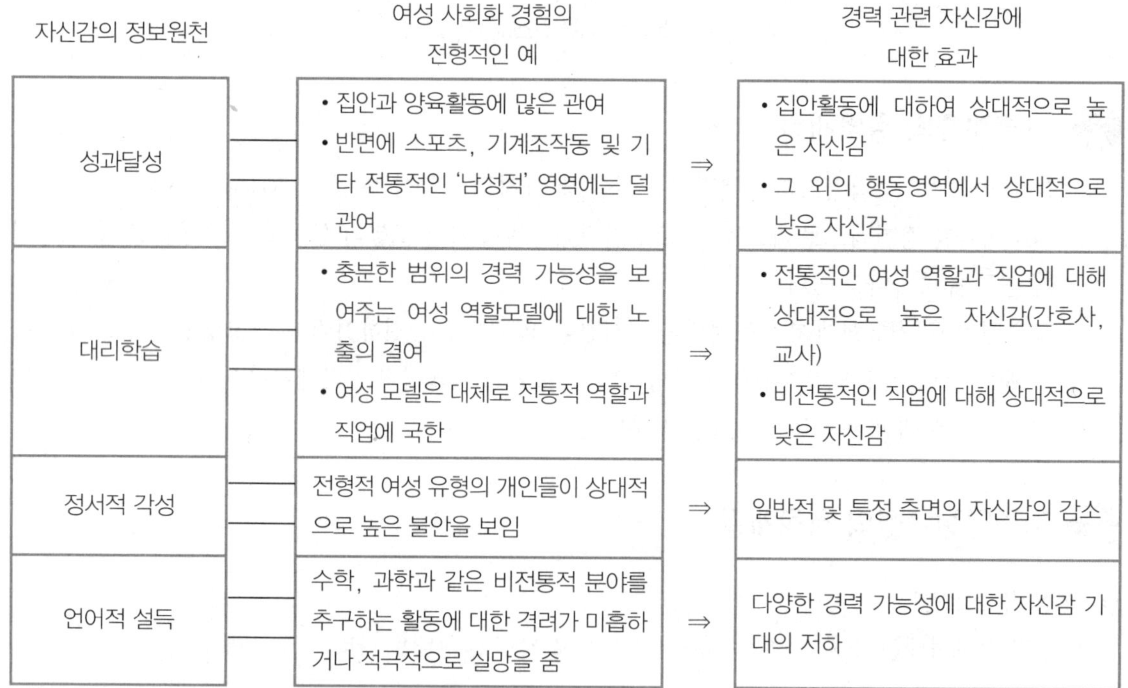

자신감의 정보원천	여성 사회화 경험의 전형적인 예		경력 관련 자신감에 대한 효과
성과달성	• 집안과 양육활동에 많은 관여 • 반면에 스포츠, 기계조작동 및 기타 전통적인 '남성적' 영역에는 덜 관여	⇒	• 집안활동에 대하여 상대적으로 높은 자신감 • 그 외의 행동영역에서 상대적으로 낮은 자신감
대리학습	• 충분한 범위의 경력 가능성을 보여주는 여성 역할모델에 대한 노출의 결여 • 여성 모델은 대체로 전통적 역할과 직업에 국한	⇒	• 전통적인 여성 역할과 직업에 대해 상대적으로 높은 자신감(간호사, 교사) • 비전통적인 직업에 대해 상대적으로 낮은 자신감
정서적 각성	전형적 여성 유형의 개인들이 상대적으로 높은 불안을 보임	⇒	일반적 및 특정 측면의 자신감의 감소
언어적 설득	수학, 과학과 같은 비전통적 분야를 추구하는 활동에 대한 격려가 미흡하거나 적극적으로 실망을 줌	⇒	다양한 경력 가능성에 대한 자신감 기대의 저하

자료 : Hackett, G., & Betz, N.E.(1981).

01 직업활동과 관련하여 평균수명 연장과 같은 미래사회의 변화에 대비하여 세워야 할 계획으로 가장 적합한 것은?
2015

① 진로형성과 직업전환
② 평생직장 유지하기
③ 노령화를 막고, 평균수명 연장하기
④ 직업활동 최소화하기

> **해설 |** 변화하는 조직구조의 형태에서는 고도의 작업화된 환경에서 여러 가지 기술을 습득한 작업자들이 선택적으로 이용된다.

02 서로 모르는 사람들이 모여 대인관계 기술을 향상시키고, 팀을 증진시키기 위한 목적으로 활용될 수 있는 조직개발의 개입기법은?
2015, 2013

① 경력워크숍
② T–Group
③ 극기 체험
④ 분임조

> **해설 |** ① 워크숍 : 연수를 위한 합동 연구모임이다.
> ② T–Group(Trainning Group) : 집단훈련, 집중적인 집단토론과 상호작용을 통해 자신과 다른 사람에 대한 개인의 의식을 높이는 심리학기법이다.
> ③ 극기 체험 : 일정한 목표나 기준에 도달할 수 있도록 기본자세나 동작 따위를 되풀이하여 익혀서 자기의 감정이나 욕심, 충동 따위를 이성적 의지로 눌러 이기는 것으로, 정신적인 것과 육체적인 것이 있다.
> ④ 분임조 : 집단사회에서 어떤 임무를 부여하기 위하여 구성된 말단 조직이다.

03 종업원들에게 다양한 직무를 경험하게 함으로써 한 분야의 전문가보다는 다기능전문가를 양성하는 목적의 경력개발 프로그램은?
2015

① 조기발탁제
② 직무순환
③ 개인상담
④ 패스트트래커

> **해설 |** ① 조기발탁제 : 잠재력이 높은 종업원을 초기에 발견, 특별한 경력경험을 제공함으로써 상위직으로의 승진 가능성이 있는 인재를 조기에 발견하여 집중투자하는 프로그램
> ② 직무순환 : 다양한 직무를 경험하여 여러 분야의 능력을 개발시킬 목적의 프로그램
> ④ 패스트트래커(Fast Tracker) : 임원조기육성제도. 30대 젊은 임원을 탄생시켜 조직에 활력을 불어넣고 인력을 정예화시키기 위한 것

04 다운사이징 시대 종업원의 경력개발 형태와 가장 거리가 먼 것은?
2014

① 개인의 능력개발과 자율권 신장에 큰 비중을 두어야 한다.
② 경력개발 전략을 계속적이고 평생학습 방향으로 전환해야 한다.
③ 다양한 능력을 학습할 수 있도록 많은 프로그램에 참여시켜 적응능력을 키워야 한다.
④ 수직이동에 중점을 두는 경력개발에 초점을 두어야 한다.

> **해설 |** ④ 다운사이징 시대의 경력개발은 계속적으로 실시되는 평생학습의 방법으로 이루어져야 하며, 조직구조의 수평화로 개인의 자율적 신장과 능력개발에 초점을 둔다.

05 경력개발 프로그램이 성공하기 위해서 경력개발 담당자에게 요구되는 역할이 아닌 것은? 2014

① 위험감수자 ② 카운슬러
③ 프로그램 집행자 ④ 재정적 지원자

> **해설 |** 경력개발 담당자의 역할 및 역량으로는 평가자, 그룹 진행자, 경력개발 상담자, 자료개발자, 강사, 마케터, 분석자, 프로그램 운영자, 프로그램 기획자, 이론가, 변화촉진자, 성과분석가, 행정담당자 등이 있다.

06 공석을 충원하기 위해서 회사 내의 게시판, 뉴스레터 및 발간물을 통해서 종업원들에게 알리고 지원서를 받아 적임자를 발탁하는 제도는? 2014

① 조기발탁제 ② 멘토십(후견인제)
③ 사원추천제 ④ 사내공모제

> **해설 |** ① 조기발탁제 : 잠재력이 높은 종업원을 초기에 발견하고 특별한 경력경험을 제공함으로써 상위직으로의 승진 가능성 인재를 조기에 발견하여 집중투자하는 것
> ② 멘토십(후견인제) : 경험이 많은 연장자로 조직의 후진들에게 역할모형이 되고 경력계획 및 대인관계 개발과 관련된 후원, 지시, 피드백을 제공하여 의사결정자에게 지원을 해 주는 제도
> ③ 사원추천제 : 사내직원이 외부인을 추천해 채용으로 연결
> ④ 사내공모제 : 전문성과 능력을 바탕으로 인사가 이루어지도록 부서장이 함께 일할 직원들을 직접 발탁하는 제도

07 다음 중 사내공모제에 대한 설명으로 적합하지 않은 것은? 2013, 2006

① 조직의 조직원들을 대상으로 한다.
② 기업에서 새로운 팀을 구성할 때 이용된다.
③ 조직 내 공석의 증원방법이다.
④ 경력개발 비용을 절감한다.

> **해설 |** 사내공모제란 전문성과 능력을 바탕으로 인사가 이루어지도록 부서장이 함께 일할 직원들을 직접 발탁하는 제도이다.

08 다음 중 초기경력단계에 있는 사람들에게 도움이 되는 경력개발 프로그램과 가장 거리가 먼 것은? 2011

① 사전 직무안내 ② 변형근무제
③ 경력계획 워크숍 ④ 후견인 프로그램

> **해설 | 경력초기의 경력개발 프로그램**
> • 인턴십
> • 현실적 직무소개
> • 오리엔테이션
> • 개인적인 목적과 승진기회의 관점에서 경력개발을 탐색
> • 후견인 프로그램

09 다음 중 여성의 경력개발 장애요인과 가장 거리가 먼 것은? 2010, 2007

① 여성에 대한 남성의 편견이 쉽게 사라지지 않는다.
② 전문지식이나 기술이 부족하다.
③ 조직문화가 여성에게 비우호적이다.
④ 비공식 모임에서 제외된다.

> **해설 | 여성의 경력개발 장애요인**
> • 여성의 과도한 가사부담
> • 사업주의 편견
> • 여성의 사회성 부족
> • 여성 전공의 편중현상

10 경력개발에서 특정 조직이나 직업에 얽매이지 않고 각 개인이 인생에서 중요하다고 판단되는 것을 추구하는 것은 무엇인가? 2010

① 프로틴 경력 ② 이중 사다리 경력
③ 탐구형 경력 ④ 도전형 경력

> **해설 |** 프로틴 경력이란 조직보다는 개인에 의해 주도되는 경력개발을 의미한다. 직무수행능력보다는 전반적 적응력을 중시하며, 직업적 성공보다는 심리적 성공을, 일을 중심으로 한 자아보다는 총체적 자아를 성공의 지표로 삼는다.

11 경력개발 담당자가 갖추어야 할 역할이 아닌 것은?

2009

① 시스템 사고자(System Thinker)
② 카운슬러
③ 훈련자
④ 안전추구자

> **해설 |** 경력개발 담당자의 역할 및 역량으로는 평가자, 그룹 진행자, 경력개발 상담자, 자료개발자, 강사, 마케터, 분석자, 프로그램 운영자, 프로그램 기획자, 이론가, 변화촉진자, 성과분석가, 행정담당자 등이 있다.

12 다음 중 경력정체의 유형이 아닌 것은?

2009

① 기술과 능력의 부적절
② 경력이동에 대한 낮은 욕구
③ 외적 보상의 결여
④ 직무확대

> **해설 |** 직무확대란 개인이 분담하는 직무의 범위를 확대하여 몇 개의 일을 묶어서 공동 담당으로 다기능공의 능력을 개발시키는 경력 프로그램이다.

13 다음 중 경력개발 프로그램의 기본원칙으로 볼 수 없는 것은?

2006

① 적재적소 배치의 원칙
② 명확한 승진경로의 확립 원칙
③ 선배 직원의 직무분석 및 평가 원칙
④ 경력개발의 기회제공 원칙

> **해설 |** 경력개발 기본원칙
> • 적재적소의 원칙
> • 승진경로의 원칙
> • 인재양성의 원칙
> • 직무와 역량 중심 원칙
> • 개방성 및 공정경쟁 원칙
> • 자기주도의 원칙

14 경력개발 프로그램이 성공적이기 위해서 경력개발 담당자에게 요구되는 능력이 아닌 것은?

① 시스템 사고자   ② 봉사자
③ 카운슬러   ④ 프로그램 진행자

> **해설 |** 경력개발 담당자의 역할 및 역량으로는 평가자, 그룹 진행자, 경력개발 상담자, 자료개발자, 강사, 마케터, 분석자, 프로그램 운영자, 프로그램 기획자, 이론가, 변화촉진자, 성과분석가, 행정담당자 등이 있다.

15 조직의 근속 연수에 따라 조직구성원에게 도움이 되는 경력개발 프로그램들이 있다. 초기경력단계에 있는 사람들에게 도움이 되는 경력개발 프로그램은?

2006

a. 사전 직무안내	b. 변형근무제
c. 직무순환	d. 직무 재구조
e. 경력계획 워크숍	f. 후견인 프로그램

① a, b, e   ② a, c, d
③ a, e, f   ④ a, d, f

> **해설 |** 경력초기 경력개발 프로그램
> • 인턴십
> • 현실적 직무소개
> • 오리엔테이션
> • 개인적인 목적과 승진기회의 관점에서 경력개발을 탐색
> • 후견인 프로그램

16 다음 중 경력개발을 위한 자기탐색 검사도구 유형에 대한 설명으로 옳지 않은 것은? 2006

① 직업선호도검사는 특정직업 분야에 잘 적응하고 만족하는 사람은 공통적인 흥미를 가지고 있다고 가정한다.

② 일반적성검사(GATB)는 9가지의 인지, 지각 및 심리운동능력을 측정한다.

③ 스트롱(Strong) 흥미검사는 홀랜드(Holland)의 6가지 기본직업 흥미지향성을 토대로 한다.

④ MBTI는 3개의 양극척도로 구분된다.

해설 | MBTI 성격검사는 4개의 양극척도(외향−내향, 감각−직관, 사고−감정, 판단−인식)로 구분된다.

17 개인의 관점에서 경력관리에 대한 설명으로 옳지 않은 것은? 2005

① 효율적인 경력관리는 구성원에게 높은 기대를 유지하게 하는 것이다.

② 효율적인 경력관리는 구성원에게 자유와 자율성을 얻게 해 준다.

③ 개인이 자신의 독특한 경력가치를 충족시키기 위해서 다양한 유형의 경력지향성을 유지해야 한다.

④ 직업과 관련된 성 유형이 약화됨에 따라 여성과 남성에게 경력선택의 폭을 넓힐 수 있는 경력관리가 되어야 한다.

해설 | 경력관리
• 경력개발은 개인의 발전을 위하여 스스로 선택할 수 있는 자율성을 배가시킨다.
• 경력개발을 실시함으로써 구성원들에게 만족도 및 소속감이 증대된다.
• 개인은 전문성을 지속적으로 향상시키고 개인의 경쟁력을 강화할 수 있다.

18 경력개발 프로그램에 대한 설명으로 틀린 것은? 2005

① 대학생을 주 대상으로 한다.

② 조직의 특정 목표달성을 강조한다.

③ 직장인들의 특정 경력목표달성을 돕는다.

④ 직장인들을 주 대상으로 삼는다.

해설 | ① 대학생은 진로 프로그램, 직업지도 프로그램이 필요하다.

19 경력개발 프로그램 담당자에게 요구되는 능력을 바르게 설명한 것은? 2005

ㄱ. 상담능력	ㄴ. 프로그램 집행능력
ㄷ. 위험감수능력	ㄹ. 개인능력 평가 자질

① ㄱ

② ㄱ, ㄴ

③ ㄱ, ㄴ, ㄷ

④ ㄱ, ㄴ, ㄷ, ㄹ

해설 | 경력개발 담당자의 역할 및 역량으로는 평가자, 그룹 진행자, 경력개발 상담자, 자료개발자, 강사, 마케터, 분석자, 프로그램 운영자, 프로그램 기획자, 이론가, 변화촉진자, 성과분석가, 행정담당자 등이 있다.

20 경력개발 프로그램 중 '종업원 개발'에 해당되지 않는 것은? 2004

① 훈련 프로그램

② 직무순환

③ 조기발탁제

④ 후견인 프로그램

해설 | ③ 조기발탁제는 종업원 평가에 해당된다.
종업원 개발 프로그램
• 훈련 프로그램 : 조직 내에서 실시하는 다양한 내용의 훈련 프로그램
• 후견인 프로그램 : 종업원이 조직에 쉽게 적응하도록 상사가 후견인이 되어 도와주는 과정
• 직무순환 : 다양한 직무를 경험하도록 하여 여러 분야의 능력을 개발시키는 프로그램

21 경력개발 프로그램의 일반적인 과정을 순서대로 바르게 나열한 것은? 2003

① 현 시스템의 평가 – 비전과 목표설정 – 행동계획 실시 – 변화의 유지

② 비전과 목표설정 – 현 시스템의 평가 – 변화의 유지 – 행동계획 실시

③ 변화의 유지 – 비전과 목표설정 – 행동계획 실시 – 현 시스템의 평가

④ 행동계획 실시 – 현 행동계획 실시 – 변화의 유지 – 현 시스템의 평가

해설 l 경력개발 프로그램의 과정

- 제 1 단계(니즈 및 현 시스템 평가) : 누구를 대상으로 경력개발 프로그램을 만들 것인지 니즈 및 현 시스템을 평가하여 가장 중요한 문제점을 파악한다.
- 제 2 단계(비전 및 설정) : 1단계에서 나타난 문제점을 해결하기 위한 비전과 향후 목표설정이 필요하다.
- 제 3 단계(행동계획 구축 및 실시) : 목표설정에 달성하기 위해서는 구체적인 행동과 계획이 필요하다 (최고경영진의 지원, 자문집단 구성, 파일럿 연구의 실행방안, 경력개발 시스템의 완성과정 등).
- 제 4 단계(변화유지) : 행동계획을 실시함으로써 변화를 장기적으로 유지하도록 전략을 수립한다.

제2과목 고급 직업심리학

정답 16 ④ 17 ① 18 ① 19 ③ 20 ③ 21 ①

05 직업과 스트레스

Section 01 스트레스의 의미

스트레스란 '몸에 해로운 자극이 가해졌을 때 생체가 나타내는 반응'으로, 외부 압력에 대항하여 현재 상태를 유지하기 위해 각성을 불러일으킨다는 뜻으로 사용된다.

1 스트레스의 특성

(1) 스트레스와 일반적응증후군

① 스트레스 : 스트레스라는 용어는 셀리에(Selye)의 생활 스트레스 연구에서 찾을 수 있으며, 셀리에는 스트레스를 복잡한 현대생활에 나타나는 신체의 쇠약과 관련된 용어로 기술하면서 '어떤 요구에 대한 분명하지 않은 신체적인 반응'이라고 하였다.

② 일반적응증후군(General Adaptation Syndrome, GAS)

    ㉠ 일반적(General) : 스트레스의 결과가 신체부위에 영향을 준다는 의미

    ㉡ 적응(Adaptation) : 스트레스의 원인으로부터 신체를 대처 또는 적응시킨다는 의미

    ㉢ 증후군(Syndrome) : 스트레스 결과에 의해 어떤 반응이 일어난다는 의미

(2) 일반적응증후군의 단계

① 경계단계 : 정신적·육체적 위험 앞에 갑자기 노출되었을 때 나타나는 최초의 즉각적인 반응단계를 말한다. 몸은 일시적으로 두통 증상이 나타나며, 피곤해지고, 식욕이 떨어지며, 위통 등이 발생한다.

② 저항단계

    ㉠ 신체가 외부 자극에 대하여 적응하고 저항하는 시기이다.

    ㉡ 신체적 증상은 호전되거나 없어진다.

    ㉢ 체내에서는 호르몬 분비가 왕성하고 신체적으로 소진될 가능성이 있다.

③ 탈진단계 : 탈진단계는 스트레스에 대한 적응 에너지가 제한되어 있기 때문에 스트레스에 계속 노출되면 증상은 다시 나타나고, 우리의 신체는 탈진상태에 빠지게 된다. 계속 진행되면 질병과 죽음에 이르게 된다.

❷ 스트레스의 작용원리

(1) 역U형 가설과 스트레스 결과

① 역U형 가설은 여키스(Yerkes)와 도드슨(Dodson) 법칙을 발전·적용시킨 개념이다.

② 스트레스의 수준이 너무 낮거나 너무 높으면 우리의 건강이나 작업능률이 낮아지며, 스트레스 수준이 적당하면 건강도 최적수준으로 유지되고 작업능률도 최대가 된다는 가설이다.

③ 최적 스트레스 수준 : 스트레스 수준이 너무 높거나 낮아도 바람직한 것이 못 되므로, 스트레스는 항상 적당한 수준을 유지하는 것이 좋다.

(2) 스트레스가 너무 높은 경우

① 스트레스가 너무 높으면, 생활의 리듬이 깨어지고 생산 효율성이 떨어진다. 이 상태가 계속되면 신체기능이 떨어져 질병을 얻게 되고, 심한 경우에는 죽음도 맞이하게 된다.

② 브룸(Vroom, 1964)은 스트레스 수준이 지나치게 높을 때 수행실적이 감소되는 이유로 다음과 같은 2가지 이유를 제시하였다.

　㉠ 높은 수준의 스트레스 조건에서는 주어진 문제를 해결하려는 동기가 지나치게 높아 문제에 대한 지각의 범위가 좁아지게 되며, 그 결과 자신의 능력을 충분히 발휘하지 못하는 결과를 얻게 된다.

　㉡ 스트레스가 너무 높으면 불안을 가져오게 되고, 그로 인해 신체가 떨리는 생리적 불순의 자동반응을 일으키게 되고, 이로 인해 과제를 수행하기보다는 불안을 감소시키려는 동기가 앞서 수행이 감소될 수밖에 없다.

(3) 스트레스와 질병

단시일 내에 스트레스 상황이 끝나면 신체의 모든 기관은 원래의 평형상태로 돌아가지만, 계속적으로 스트레스에 노출되면 면역체계에 무리를 가져오게 된다. 즉, 신체방어체계가 약화될 때 질병이 생기게 된다.

(4) 스트레스의 긍정적 효과

① 희망의 부산물이다.

② 목표성취를 위해 필연적인 것이다.

③ 인생의 조미료, 생활의 활력소이다.

④ 적당한 수준의 스트레스는 성숙과 자아발전을 가져오는 원동력이 된다.

❶ 직업 관련 스트레스 요인

(1) 과제 특성

① 복잡한 과제는 정보과부하 조건을 만들기 때문에 상대적으로 높은 인지활동을 요구하며, 또한 단순·반복 과제는 기계화, 자동화 시대에 살고 있는 오늘날 가장 위험한 스트레스 요인이 될 수 있다.

② 단순한 자동화는 근로자들로 하여금 일에 대한 흥미와 참여의식, 도전의식을 상실하게 하여 조립대 히스테리(Assembly-line Hysteria)라는 증상을 일으킨다.

(2) 역할갈등

① 역할 전달자와 역할 담당자 간의 역할기대에 대해 상충되는 상황에서 지각하는 심리적 상태를 의미한다.

② 역할갈등의 요인

㉠ 역할 전달자와 역할 담당자 간에 지각하는 역할에 차이가 날 경우

㉡ 한 사람에게 동시에 2가지 이상의 역할이 주어질 경우

㉢ 동시에 두 사람 이상의 다른 명령을 받을 경우

㉣ 윤리적으로 도저히 수용할 수 없는 역할을 부여받을 경우

③ 역할갈등의 종류

㉠ 개인 내 역할갈등 : 개인이 수행하는 직무의 요구와 개인의 가치관이 다를 때 발생한다.

㉡ 개인 간 역할갈등 : 직업에서의 요구와 직업 이외의 요구 간의 갈등에서 발생한다.

㉢ 송신자 내 갈등 : 업무지시가 서로 배타적이고 양립할 수 없는 요구를 요청할 때 발생한다.

㉣ 송신자 간 갈등 : 2명 이상의 요구가 갈등을 일으킬 때 발생한다.

(3) 역할모호성

① 개인의 역할이 명확하지 않을 때 발생한다.

② 역할모호성은 개인적인 갈등의 범주에 속하는 것으로, 자기역할을 수행하는 데 필요하다고 느끼고 있는 정보를 보유하지 못하거나 전달받지 못하는 경우에 주로 일어난다.

③ 스트레스 연구에서 많이 다루는 예언성과 확실성이 감소될 경우에도 경험하게 된다.

❷ 개인 관련 스트레스 요인

(1) A형 행동유형

① 스트레스 상황에서 A형 행동유형은 B형 행동유형보다 훨씬 많은 스트레스를 받는다.

② A형 행동유형의 특징

    ㉠ 짧은 시간 내에 많은 일을 하려는 만성적이고 지칠 줄 모르는 노력을 한다.

    ㉡ 자신에게 반대하는 사람에게 강하게 대처하는 특징과 극단적으로 공격하며 상황에 관계없이 적대감을 표출한다.

    ㉢ 늘 시간에 쫓기며 경쟁적 성취감이 충만하다.

(2) 통제소재

① 통제소재는 내통제자와 외통제자로 구분한다.

② 외통제자 : 행위의 결과를 자신의 행동에 의한 결과로 보기보다는 행운, 기회, 운명, 다른 사람들에 의한 것이라고 생각하는 사람을 뜻한다.

③ 내통제자

    ㉠ 행위의 결과를 자신의 행동에 달려 있다고 보는 사람을 뜻한다.

    ㉡ 자신이 보다 많은 통제력을 발휘하고 있다고 믿기 때문에 스트레스 상황에 노출되더라도 크게 위험을 느끼지 않고 적대적 반응도 하지 않는다.

    ㉢ 역할갈등이 없으며, 직무에서 직무만족과 사회적 지원자들로부터 보다 많은 지원을 받는다.

    ㉣ 외통제자들에 비해 자신이 노력하면 보다 더 좋은 수행을 할 것이고, 그 결과에 대한 보상에 기대를 더 많이 한다.

(3) 인구통계적 변인

① 인구통계적 변인에는 연령, 교육수준, 성, 사회경제적 지위 등이 속한다.

② 인구통계적 변인의 관점에서 보면 여성 직장인이 남성 직장인보다 스트레스 수준이 더 높은 결과를 보이는데, 그 원인은 아래와 같다.

    ㉠ 여성의 역할 스트레스 : 역할의 과부하(가정과 일)

    ㉡ 직업 상동형 : 남성의 영역으로 간주되어 내려온 직업관(고정관념)

    ㉢ 성 관련 갈등 : 여성은 남성을 유혹하고 흥분시키며 둔화시킨다는 요부로서의 여성관

(4) 사회적 지원

① 개인이 대인관계로부터 제공되는 다양한 지원을 의미한다.

② 직장 내의 상사, 동료, 부하, 고객 등을 들 수 있으며, 직장 외에는 가족, 친구 등이 있다.

Plus Check 직무 스트레스의 조절변인
① 성격특성 : A형 · B형 행동유형. A형이 직무 스트레스에 더 민감하다.
② 인구통계학적 : 연령, 성, 교육수준, 혼인관계, 직종, 직위 및 근속 연수
③ 사회적 지원 : 조직 내적 · 외적 요인

❶ 개인적 결과

① 생리적 반응 : 심장박동 수의 증가, 혈압의 증가, 호흡수의 증가, 동공의 확대, 체온의 변화, 빈번한 소변 증세, 갈증, 식욕부진, 소화불량, 구토, 변비

② 심리적 반응 : 불안, 분노의 공격성, 무감각과 우울증, 인지적 손상

③ 행동적 반응 : 흡연, 알코올 남용, 약물남용, 돌발적인 사고, 격렬, 식욕부진

④ 의학적 결과 : 심장병 및 심장마비, 암, 뇌질환, 근골격질환, 궤양, 성적 관심 감퇴

❷ 조직의 결과

① 이직률 및 결근 : 현재의 힘든 상황을 피하려고 결근을 하거나 다른 직장으로 전환을 생각한다.

② 직무수행감소 : 스트레스의 직간접적 결과로 건강을 해친 근로자는 집중력과 판단력이 저하되어 직무를 수행하기 어렵다.

③ 조직성과 : 적당한 스트레스는 직무성과를 최적의 수준에 이르게 한다. 어느 정도의 스트레스는 개인의 능력을 최대한 혹은 그 이상으로 발휘하게 함으로써 조직성과를 증가시킨다.

❸ 대처를 위한 조건

① 적절한 스트레스는 우리에게 도움을 준다는 명제를 받아들여야 한다.

② 자신을 조정한다.

③ 필요 이상으로 자신의 건강에 대해 너무 예민할 필요는 없지만 자신의 스트레스 상황을 의식하고 확인하는 일은 매우 중요하다.

④ 스트레스 상황은 내 자신의 내면에 있다는 점을 인식해야 한다.

❹ 예방 및 대처전략

① 가치관을 전환시켜야 한다.

② 목표 지향적 초고속심리에서 과정 중심적 사고방식으로 전환해야 한다.

③ 스트레스에 정면으로 도전하는 마음가짐이 있어야 한다.

④ 가슴속의 한을 털어내야 한다.

⑤ 균형 있는 생활을 해야 한다.

⑥ 취미·오락을 통해 생활 장면을 전환하는 활동을 규칙적으로 한다.

⑦ 운동을 통해 스트레스를 해소한다.

기출문제 및 출제예상문제

01 직무 스트레스에 관한 설명으로 옳은 것은? 2015

① 내적 통제자일수록 스트레스에 대해 적절히 대처하지 못하며, 결과적으로 위협에 대한 고통을 많이 경험한다.

② A형 행동유형은 경쟁적이고, 공격적이며, 시간압박을 느끼고, 참지 못하는 경향으로 인해 스트레스를 많이 받는다.

③ 외적 통제자들은 환경에 대한 강한 통제감에 기초하여 매우 통제감이 높은 직업을 선택하는 경향이 있다.

④ B유형의 성격 소유자가 관상동맥성 심장병에 걸릴 확률이 높다.

> **해설 I A형 행동유형의 특징**
> - 짧은 시간 내에 많은 일을 하려고 한다.
> - 만성적이고 지칠 줄 모르는 노력을 한다.
> - 자신에게 반대하는 사람에게 강하게 대처한다.
> - 극단적으로 공격하며 상황에 관계없이 적대감을 표출한다.
> - 늘 시간에 쫓기며 경쟁적 성취감에 충만하다.

02 직업 관련 스트레스 요인 중에서 직무 및 조직과 관련된 요인이 아닌 것은? 2014

① 과제 특성 ② A형 행동유형
③ 역할갈등 ④ 역할모호성

> **해설 I 직업 관련 스트레스 요인**
> - 과제 특성
> - 역할갈등
> - 역할모호성
> - 조직문화와 조직풍토

03 육체적 피로, 수면방해, 업무에 대한 긍정적 강화요인의 결여, 무기력감과 직무에 관련된 일에 대한 일반적응증후(GAS) 단계는? 2014

① 소진단계 ② 저항단계
③ 경고단계 ④ 이탈단계

> **해설 I** 일반적응증후의 단계는 경계단계, 저항단계, 탈진(소진)단계로 진행되며, 저항단계는 신체가 외부 자극에 대하여 적응하고 저항하는 시기이다.

04 직무 스트레스에 대한 직접적 대처전략에 해당하는 것은? 2014

① 공격행동 ② 억제
③ 억압 ④ 합리화

> **해설 I 직무 스트레스에 대한 직접적 대처전략**
> - 가치관을 전환시켜야 한다.
> - 목표 지향적 초고속심리에서 과정 중심적 사고방식으로 전환해야 한다.
> - 스트레스에 정면으로 도전하는 마음가짐이 있어야 한다.
> - 균형 있는 생활을 해야 한다.
> - 취미, 오락을 통해 생활 장면을 전환하는 활동을 규칙적으로 한다.

05 스트레스 대처방안인 직무재설계모형에서 해크먼(Hackman)과 올드햄(Oldham)이 제시한 직무 핵심차원이 아닌 것은? 2013

① 기술의 다양성 ② 과제 정체성
③ 자율성 ④ 창의성

06 직무 스트레스를 조절하는 변인 중 상황변인은?

2012, 2006

① A 유형 성격　　② 통제의 위치
③ 사회적 지원　　④ 작업조건

07 다음 중 작업상황에서 나타나는 A형 행동유형의 특징과 거리가 먼 것은?

2012, 2007

① 과부하 상태에서 지속적으로 장기간 작업을 한다.
② 퇴근 후나 주말에도 일거리를 집에 가지고 간다.
③ 자신이나 다른 사람에 대하여 지속적으로 협동적이다.
④ 하급자들의 노력에 대해 짜증을 낸다.

08 일반적으로 직무 스트레스를 조절하는 매개변수로 가정하기에 적합하지 않은 것은?

2011

① A/B 유형 성격　　② 통제의 위치
③ 사회적 지원　　④ 역할모호성

09 스트레스와 직무수행과의 관계로 가장 적합한 것은?

2011

① 스트레스가 많을수록 직무수행이 떨어지는 일차함수 관계이다.
② 어느 수준까지는 스트레스가 많을수록 직무수행이 떨어지다가 어느 수준에 이르면 더 이상 직무수행이 떨어지지 않고 일정수준을 유지한다.
③ 스트레스 수준이 너무 낮거나 너무 높으면 직무수행은 떨어지는 역U형 관계이다.
④ 스트레스와 직무수행은 관계가 없다.

10 스트레스 수준과 수행에 관한 여키스–도드슨(Yerkes–Dodson)의 가설이 일반적으로 시사하는 바는 무엇인가?

2010

① 청년이나 노년보다는 장년층이 스트레스의 영향을 가장 민감하게 받는다.
② 스트레스는 작업수행을 저하시키기 때문에 가능하면 이를 줄여야 한다.
③ 스트레스 수준이 너무 낮거나 높으면 수행이 저조해지는 반면, 스트레스 수준이 적당하면 더 많이 경험한다.
④ 관리직 근로자는 생산직 근로자에 비해 책임감이 더 많기 때문에 스트레스를 더 많이 경험한다.

해설 | ② 스트레스 수준이 너무 높거나 낮아도 바람직한 것이 못 되므로, 스트레스는 항상 적당한 수준을 유지하는 것이 좋다(최적 스트레스 수준).

11 직무 스트레스의 요인 중 개인의 책임한계나 직무의 목표가 명료하지 않을 때 생기는 것으로, 개인의 직무에 관한 정보가 부적절하거나 잘못된 경우 발생하는 것은 무엇인가?   2010

① 역할과부하(Role over load)

② 역할모호성(Role ambiguity)

③ 역할태만성(Role laziness)

④ 역할갈등(Role conflict)

해설 | ① 역할과부하 : 복잡한 과제가 주어졌을 때 발생한다.
② 역할모호성 : 개인의 역할이 분명하지 않을 때 발생한다.
③ 역할태만성 : 개인의 역할에 대한 게으름이다.
④ 역할갈등 : 역할 전달자와 역할 담당자 간의 역할 기대에 대해 상충될 때 발생한다.

12 직무 스트레스 대처 및 관리법 중 분노관리에 대한 설명으로 틀린 것은?   2009

① 상대방에게 분노를 표현할 때 "너" 대신 "나"를 사용한다.

② 분노는 한꺼번에 쏟아내지 말고 한 번에 하나씩 드러낸다.

③ 분노는 즉각적이고 직접적으로 표현해야 오해가 없고 효과적이다.

④ 분노 표현과 함께 애정도 표현한다.

해설 | ③ 분노는 실제보다 약간 줄여서 표현하고, 분노 후 적절한 시간간격을 두고 화해한다.

13 직무 스트레스를 유발하는 개인 요인 중 내외통제에 관한 설명으로 틀린 것은?   2009

① 외적 통제자는 좌절상황에서도 결과에 대한 책임감을 못 느끼므로 스트레스를 덜 받고 덜 불안하여 오히려 적절한 대처를 할 수 있다.

② 로터(Rotter)가 제안한 개념으로, 개인이 외부 성과와 상황에 미치는 통제감에 대한 일반적 기대를 지칭한다.

③ 내적 통제자란 외부 환경에서 발생한 사건에 대해서 자신이 통제할 수 있다는 신념과 기대가 높기 때문에 타인의 통제에 저항을 보인다.

④ 외적 통제자와 비교해서 내적 통제자는 자율성이 없는 작업조건에서 스트레스를 더 받는다.

해설 | 내외통제
• 외적 통제자 : 행위의 결과를 자신의 행동에 의한 결과로 보기보다는 행운, 기회, 운명, 다른 사람 등에 의한 것이라고 생각하는 사람
• 내적 통제자 : 행위의 결과를 자신의 행동에 달려 있다고 보는 사람
• 내적 통제자는 외적 통제자들에 비해 자신이 노력하면 보다 더 좋은 수행을 할 것이고, 그 결과에 대한 보상에 기대를 더 많이 한다.

14 직업 스트레스에 대한 설명으로 틀린 것은?   2007

① 스트레스의 수준이 낮을수록 작업능률(생산성)은 비례하여 향상된다.

② 직업 스트레스는 직업환경 내에서 발생되는 스트레스를 의미한다.

③ 스트레스는 그것을 유발하는 요인을 평가하거나 지각하는 심리적 과정이 포함된다.

④ 스트레스는 종업원의 성격요인과 관계가 있다.

15 김 과장은 Type A 행동특성을, 그리고 박 과장은 Type B의 행동특성을 지닌 대표적인 인물이다. 이들의 행동특성에 대한 다음의 설명 중 틀린 것은?

2006

① 스트레스 상황에서 김 과장은 박 과장에 비해 호흡률이나 혈압과 같은 생리적 각성수준을 더 증가시킬 가능성이 있다.
② 스트레스 상황에 노출되면 박 과장이 김 과장보다 부정과 투사기제를 사용할 가능성이 더욱 적다.
③ 직무 스트레스에 있어서 김 과장이 박 과장보다 더 많은 우울, 불안, 적대감 등 심리적 긴장이 높을 가능성이 있다.
④ 통제 불능의 스트레스 상황에서 박 과장은 김 과장보다 더 쉽게 과제를 포기하고 더 많은 무력감을 느낄 가능성이 있다.

16 직무와 관련되어 육체적 피로, 수면 방해, 업무에 대한 긍정적 강화요인의 결여, 무기력감과 무용감, 그리고 직무에 관련된 일에 대한 냉소적 태도 등이 나타나는 스트레스의 일반적 적응증후군의 단계는?

2004

① 경고단계　　　② 저항단계
③ 소진단계　　　④ 이탈단계

17 직무 스트레스에 대한 다음 설명 중 옳지 않은 것은?

2004

① 스트레스에 대한 반응은 심리적, 생리적, 행동적 반응으로 나뉜다.
② 조직생활에서 스트레스의 출처로 감독자와의 관계나 역할갈등을 역할속성(Role Property)적 스트레스라고 할 수 있다.
③ 과업내용이 단순-복잡 정도에 따라 스트레스가 유발된다.
④ 성격유형으로 볼 때 A형보다 B형이 더 스트레스를 많이 받는다.

18 직무 및 조직과 관련된 스트레스 요인에 대한 설명 중 틀린 것은?

2003

① 스트레스가 없다면 생산성은 극도로 높아진다.
② 일반적응증후는 경고단계, 저항단계, 탈진단계를 거친다.
③ 역할갈등은 정신적 긴장과 정적 상관관계를 맺는다.
④ 비공식적이고 비구조적인 조직에서 역할갈등은 주로 인간관계의 변수로 일어난다.

정답　　**15** ④　**16** ③　**17** ④　**18** ①

06 작업동기

Section 01 　동기의 이해

❶ 동기의 개념

① 작업동기가 긍정적이면 직무만족을 가져올 수 있다.

② 작업동기란 어떤 과업 행동을 선택하고, 어느 정도의 노력을 하며, 얼마나 지속하는지를 예측할 수 있다.

③ 작업자가 필요한 능력을 지니고 있고, 수행에 대한 제약이 상대적으로 낮다고 가정한다면, 동기 수준이 높으면 훌륭한 직무수행으로 이어질 것이다는 가정이다.

❷ 작업동기이론의 대두(호손 연구)

호손은 조명과 작업능률과의 관계에 관한 실험을 통해 환경이 열악한 작업조건에서도 작업 내외에 친밀한 인간관계가 있으면 생산은 저하되지 않고 향상된다는 결과를 얻었다. 즉, 생산능률 저하는 물리적·작업적 근로조건과 피로뿐 아니라 주변의 환경인 인간적·사회적의 영향이 개인이 적응하지 못했을 경우에도 영향을 준다는 것이다.

Section 02 　작업동기이론

❶ 욕구위계이론

① 매슬로의 욕구위계이론은 인간욕구의 충족이 육체적인 건강과 심리적인 건강 모두를 위해 필수적이라고 제시한 것으로 동기욕구들이 위계 순서를 가지고 있다고 가정하였다.

② 어떤 욕구가 충족되지 않는다면 그 욕구에 대한 동기가 생겨나고, 충족되지 않은 가장 하위수준의 욕구에 의해 동기가 생겨난다(예 : 2가지 수준의 욕구가 충족되지 않았다면 더 낮은 수준의 욕구에 의해 동기가 발생하게 된다).

③ 5가지 욕구의 범주

　㉠ 생리적 욕구 : 생존을 위한 기본적인 욕구로 식욕, 성욕, 수면욕, 배설욕 등의 욕구를 말한다.

　㉡ 안전욕구 : 사람들은 생리적 욕구가 해소되고 나면 다음으로 편안하게 지내고 싶은 욕구와 외부의 위험으로부터 안전을 지키고 싶은 욕구가 생긴다.

ⓒ 소속과 애정욕구 : 사회적 소속의 욕구로, 집단의 일원으로서 사랑과 인정을 받으려는 욕구이다.

ⓔ 자존심의 욕구(존경의 욕구, 인지적 욕구, 심미적 욕구) : 자존심을 지키고 타인의 존경을 받고 싶은 욕구이다.

ⓜ 자아실현의 욕구 : 이러한 욕구가 다 충족되고 나면 최고 수준의 자아실현을 위한 욕구가 나타난다. 자아실현이란 자신의 잠재력을 실현시키는 자기충족상태를 말한다.

④ 자아실현한 사람의 특징

ⓐ 꾸준히 개인적 성장을 추구한다.

ⓑ 현실과 자기 자신을 잘 조화시킨다.

ⓒ 자발적이고 주위의 사상을 그대로 받아들이고 평가한다.

ⓓ 타인의 욕구에 민감하고 가치 있는 인간관계를 발전시키며 타인에게 의존하지 않고 일을 추구한다.

ⓔ 다른 사람에 비하여 절정 경험을 더 많이 가지고 있다.

ⓕ 여러 가지 극단적인 성격 특징을 잘 조화시킨다(어린아이 같으면서도 성숙하고, 합리적이면서도 직관적이고, 순종적이면서도 반항적인 기질을 가지고 있다).

❷ 존재·관계성·성장(ERG)이론

① 알더퍼에 의한 이론으로, 매슬로의 욕구위계이론인 5가지 욕구와 비슷한 이론이다.

② 존재·관계성·성장의 3가지 욕구의 형태를 기반으로 한다.

ⓐ 존재욕구 : 물질적인 환경적 요인(음식, 물, 봉급 등)

ⓑ 관계성 욕구 : 의미 있는 타인과의 관계(동료작업자, 가족, 이웃, 친구 등)

ⓒ 성장욕구 : 인간적 발전에 대한 열망(자아실현)

❸ 형평성이론

① 애덤스(Adams, 1965)에 의해 제기된 이론으로, 사람들이 타인이나 조직과의 거래에서 형평(Equity) 또는 공정함(Fairness)의 조건을 달성하기 위해 동기화된다고 본다.

② 종업원이 조직에 기여하는 바(직무에 투입한 노력), 조직으로부터 교환(투입에 대한 대가)을 얻게 되는데 이것이 곧 성과(보수, 공식적 예우, 표창, 조직에서 차지하는 지위 등)이다.

③ 과소지급과 과다지급 : 어떤 종업원이 자신들이 투입한 것에 비해 다른 사람들이 더 많은 산출물을 얻는다고 믿게 되는 경우를 '과소지급'이라 하고, 그 반대를 '과다지급'이라 한다.

④ 과소지급(분노), 과다지급(양심의 가책)으로 인해 불형평을 경험하게 되고 이를 형평 상태로 되돌리기 위한 동기가 발생되는데, 동기의 강도는 불형평의 크기에 의해 결정된다.

⑤ 불형평을 감소하려는 동기가 유발되는데 이는 투입물의 변화, 산출물의 변화, 상황으로부터 이탈이다.

❹ 기대·유인가 이론(브룸, 포터, 롤러)

① 기대이론은 사람들은 자신의 행동으로 원하는 보상이나 결과물을 얻게 될 것이라고 믿는 경우에만 동기화될 것이라는 것이다.

② 브룸(Vroom, 1964)에 의해 제시되었다[힘=기대×∑(유인가×도구성)].

　㉠ 힘(Force) : 직무수행과 관련 있는 특정한 행동이나 일련의 행동에 한 개인이 몰입하는 동기의 정도이다.

　㉡ 기대(Expectancy) : 한 개인이 어떠한 행동을 수행할 자신의 능력에 대해 갖고 있는 주관적인 확률이다.

　㉢ 유인가(Valence) : 한 개인에게 주어지는 결과물 또는 보상의 가치를 의미한다. 개인이 특정한 보상을 원하거나 바라는 정도를 의미한다.

　㉣ 도구성(Instrumentality) : 주어진 행동이 특정한 보상을 낳을 것이라는 것에 대한 주관적인 확률이다.

③ 기대이론은 개인이 2가지 혹은 그 이상의 선택 가능한 행동들 중에서 어떠한 것을 선택할 것인지를 예측할 수 있도록 해 준다.

④ 롤러의 수정된 기대·유인가 이론

　㉠ 노력 대 수행기대 : 노력을 발휘하면 가능성으로 평가하여 기대로 이어지며, 그 결과 성공적 수행

　㉡ 수행 대 성과기대 : 노력이 성공적으로 발휘되면 가능성으로 평가되어, 기대로 이어지며 재정적 보상 등을 열망하게 된다. 그것은 임금과 같은 긍정적 가치이다.

❺ 강화이론

① 파블로프의 고전적 조건형성, 스키너의 조작적 조건형성, 반두라의 관찰학습을 토대로 형성되었다.

② 강화이론의 3가지 주요 변인

　㉠ 자극 : 행동적 반응을 이끌어내는 변인 또는 조건을 나타낸다.

　㉡ 반응 : 산업에서 직무수행을 측정한 것으로, 생산성, 결근, 사고 등과 같은 것이다.

　㉢ 보상 : 나타난 행동적 반응에 대한 고용인에게 주어지는 가치이다.

③ 스키너의 강화원리를 적용한 조직행동수정에서 직무에 영향을 미치는 행동을 찾아내어 강화계획 도입전략을 개발하여 실시 후 직무수행의 전반적인 영향을 평가하여 효율성을 높이게 한다는 것이다.

　㉠ 강화 : 어떤 반응이 일어날 확률을 증가시키는 모든 사건과 사물이다.

　　• 정적강화 : 유기체가 원하는 보상자극이 주어지는 경우

　　• 부적강화 : 행동의 빈도를 증가시키기 위해 유기체가 피하려고 하는 혐오자극을 제거하는 일

ⓒ 처벌 : 바람직하지 못한 행동을 멈추기 위해 개인이 원하는 것이나 원치 않는 것을 제거하거나 주는 것이다.
  - 가하는 벌 : 부적강화물을 가하는 것
  - 감하는 벌 : 정적강화물을 박탈하는 것
ⓒ 강화계획
  - 계속적 강화 : 각 행동마다 강화물을 주어 행동을 빨리 변화시키기 때문에 조작적 조건화의 초기단계
  - 부분강화 : 고정간격(월급), 고정비율(성과급, 보수제도), 변동간격(일정한 시간마다 보상이 주어지거나 간격이 불규칙), 변동비율(강화가 반응의 빈도를 기준으로 주어지나 그 빈도의 기준이 불규칙)

6 목표설정이론(Locke)

① 로크(Locke)와 래덤(Latham)에 의해 제안되었다.
② 사람들의 행동이 그들이 내적으로 가지고 있는 의도(Intentions), 목적(Objectives), 목표(Goals)들에 의해 동기화된다는 것이다.
③ 직무수행을 향상시키기 위한 목표설정이 중요한 원인
  ㉠ 종업원의 목표수용 : 종업원들은 목표에 몰입
  ㉡ 목표를 향한 각 과정에 대한 피드백
  ㉢ 어렵고 도전적인 목표 : 목표가 어려울수록 수행은 더욱 좋아질 가능성이 크다.
  ㉣ 구체적인 목표 : 구체적이고 힘든 목표는 애매한 목표보다 훨씬 효과적이다.
④ 목표가 행동에 미치는 방식
  ㉠ 목표달성을 위해 행동의 방향을 결정한다.
  ㉡ 목표는 열심히 노력을 하게 한다.
  ㉢ 목표달성을 위해 필요한 행동이나 노력을 오랫동안 유지하게 한다.
  ㉣ 목표달성을 위한 효과적인 전략을 찾도록 동기를 부여한다.

 작업동기이론의 적용

1 동기전략의 적용(전직의 감소 유도방법)

(1) 직무확충과 직무확대
① 휴린(Hulin, 1968)은 조직의 변화가 직무만족을 향상시켜 전직을 감소시키는 데 성공적이었다고 지적하였다.
② 조직이 전직에 영향을 주는 행동으로는 직무확충의 직무재설계와 보상체계 등이 있다.

③ 직무확충과 직무확대 : 단조롭고 낮은 수준의 직무를 수행하는 작업자가 직무에 소원해지는 것을 동기화시키기 위하여 직무의 내용을 변화시키는 목적에 사용되는 기법이다. 작업재설계에 포함된다.

④ 작업재설계 : 직무기술서를 재작성하여 인간의 더 높은 동기와 연결시키기 위해 작업의 본질을 변화시키는 것을 말한다.

(2) 직무확충

① 직무확충은 단조롭고 낮은 직무를 수행하는 작업자가 직무에 소원해지는 것을 동기화시키기 위하여 직무의 내용을 변화시키는 목적에 사용되는 기법이다.

② 직무확충은 직무재설계를 포함하고, 직무재설계는 작업자의 직무몰입을 위한 작업동기를 증가시키는 방법이다.

③ 직무확충은 상위직책의 직무내용 일부를 하위직책의 직무로 이관시키는 방법이다.

④ 허즈버그(Herzberg)는 작업자들에게 정신적 성장기회를 부여하는 직무설계는 직무확충에 의해 가능하다고 말했으며, 직무확충은 3개의 동기인을 강조한다.

  ㉠ 책임과 향상을 위한 기회

  ㉡ 성취감

  ㉢ 재인식

⑤ 허즈버그는 1968년의 논문에서 직무확충의 원칙을 제안하였다.

  ㉠ 본인이 책임을 지고 있는 것에는 가능한 한 통제를 가하지 않는다.

  ㉡ 각각의 일에 관해 개인의 책임을 증대시킨다.

  ㉢ 일의 종결은 자연스럽게 정리하고 통합된 일을 부여한다.

  ㉣ 작업자의 활동권한을 증대시켜 직무수행에 자유를 부여한다.

  ㉤ 성과의 보고를 감독자보다도 오히려 작업자에게 정기적으로 피드백한다.

  ㉥ 이전에는 경험한 적이 없는 보다 어려운 과제를 부여한다.

  ㉦ 개인이 전문가가 될 수 있을 만한 전문적인 과제를 맡긴다.

⑥ 해크먼과 올드햄(Richard Hackman & Greg Oldham)이 말한 직무확충

  ㉠ 직무의 핵심을 이루는 직무특성이 작업자의 심리상태에 영향을 미친다고 본다.

  ㉡ 핵심 직무특성(5개 특성)

  • 기술의 다양성 : 직무를 수행하기 위해 필요한 기술의 수

  • 과제의 정체성 : 종업원이 직무 전체에 관한 일을 하는지 혹은 일부에 관한 일을 하는지 여부

  • 과제의 중요도 : 다른 사람에 대한 내 직무의 영향력

  • 자율성 : 종업원 자신이 옳다고 생각하는 대로 직무를 수행할 수 있는 자유

  • 과업 피드백 : 수행결과의 환류

ⓒ 핵심 직무특성에 의해서 영향을 받는 주요 심리상태
  • 작업의 유의미성 경험
  • 작업활동결과에 대한 책임 경험
  • 작업활동결과에 대한 지식
ⓓ 심리상태에서 초래되는 효과
  • 높은 내적 동기
  • 높은 질적 수행
  • 직무만족
  • 결근, 이직의 축소

(3) 직무확대

① 1964년 아지리스(Argyris)는 처음으로 직무확대의 심리학적 구상을 구체적으로 전개하였다.

② 직무확대는 직무내용의 다양성을 살리기 위하여 기존 직무에 다른 과제를 더 부과함으로써 직무 구조의 변화를 꾀하는 것을 말한다. 기존 과제에 동일위계 과제를 덧붙이는 것으로, 수평적 직무 부하 방법이다.

③ 직무확대의 방법

ⓐ 참가제도 도입 : 평의회, 대의원제 등을 통하여 경영의 의사결정에 제도적으로 참가하는 길을 연다.

ⓑ 직무의 편성변화 : 재료의 선정에서부터 작업계획, 분담계획, 제조, 품질검사까지 일관성 있게 정리된 일을 개개인이 하도록 한다(수평적 조직의 직무재설계).

ⓒ 피드백 원리의 도입 : 고객의 고충은 말단조직의 라인 작업자에게까지 환류되고, 이것의 대책이 라인의 책임으로 더해진다.

ⓓ 자기조절 시스템 도입 : 제품의 품질표준, 직무설계, 작업연구에 의한 임금률의 결정 등을 자율적으로 하도록 하는 기회를 보장한다.

(4) 보상과 징계

적절한 보상과 징계는 수행에 긍정적인 효과를 가져온다.

① 보상은 외재적이며 내재적인 것이 있다.

ⓐ 회사는 노동시장에서의 임금수준에 대한 정보를 수집하고, 여러 가지 직무평가를 통하여 내부적 임금구조를 수립한다.

ⓑ 격려 차원의 유형은 보너스체계이다.

② 징계

ⓐ 징계도 수행에 영향을 준다.

ⓑ 행동이 일어난 즉시 제공한다.

ⓒ 징계와 밀접한 관련이 있는 사람에게 주어야 한다.

ㄹ 징계를 하는 이유, 회피하는 방법에 대해 명백히 설명하여야 한다.

ㅁ 대안적으로 요구되는 행동에 대해 보상을 줄 때에 더 효과적이다.

② 직무만족의 개념

(1) 직무만족도

① 직무만족은 직무 전반과 직무의 다양한 단면에 대해 어떻게 느끼는지를 나타내는 태도이다. 또한 직무만족은 사람들이 자신들의 직무를 좋아하는 정도로, 연령, 건강, 근무연한, 사회적 지위, 여가와 오락활동, 정서적 안정감, 가족관계, 레크리에이션, 사회적 활동범주 등에 의해 영향을 받는다.

② 다양한 단면에 대해 각기 다른 수준의 만족감을 느낀다.

③ 보상(급여와 부가급부), 직무 관련 타인들(상사, 동료), 직무조건, 작업자의 본질이 포함된다.

(2) 작업동기

작업동기는 직무상 발생되는 행동과 관계된 것으로, 목표에 부합하는 행동을 일으키게 하는 유기체 내에 존재하는 힘(역동성)을 말한다.

③ 직무만족이론

직무만족이론은 개인 내 비교과정, 대인비교과정, 2요인이론 등 3가지로 구분한다.

(1) 개인 내 비교과정이론

① 맥코믹과 일겐(McCormick & Ilgen, 1980)은 직무만족에 관해 '개인의 기준이나 기준으로 삼았던 범위에 대한 개인의 지각과 비교되는 경험 결과의 수준'이라 하였다. 즉, 개인의 기준과 직무로부터 실제로 받은 것과의 차이가 만족의 수준이라는 것이다.

② 개인 내 비교과정이론은 개인이 원하는 것과 실제 받은 것을 비교하는 것이다. 개인의 욕구나 열망 사이에 여러 가지 모순이 있으면 직무불만족이라는 결과를 얻는다.

(2) 대인비교과정이론

① 대인비교과정이론은 사람들이 직무만족에 대한 자신의 느낌을 평가하여 다른 사람의 느낌과 비교하는 것으로, 사회적 체계 내에서 비교가 이루어진다.

② 즉, 개인은 유사한 직무에 있는 타인과 타인이 만족하고 있는 법을 관찰한다는 것이다.

③ 바이스와 쇼(Weiss & Show, 1979)는 타인에 대한 개인의 지각에 있어서의 영향을 제시하였다.

(3) 2요인이론

① 허즈버그(Herzberg)는 동기-위생이론을 정립하였다. 이는 직무만족과 동기를 종합한 것이다.

② 동기요인(만족) : 동기요인은 직무만족을 산출해 내는 요인으로, 일의 내용, 개인의 성취감, 책임수준, 개인의 발전과 향상 등을 포함한다(직무내용에 기인).

③ 위생요인(불만족) : 위생이론은 직무불만족을 가져오는 요인으로, 관리규정, 감독형태, 대인관계, 조직혜택, 작업환경(조건) 등을 포함한다(직무맥락 요인에 기인).

4 직무만족의 측정

(1) 직무기술지표(Job Descriptive Index, JDI)

가장 많이 사용되며, 철저하고 치밀하게 타당화된 척도로 알려져 있다. 척도는 5개의 단면을 평가한다.

① 업무 : 현재 직무에서 하는 업무

② 관리감독

③ 급여 : 현재 급여

④ 동료 : 동료 직원들(사람들)

⑤ 승진기회

(2) 미네소타 만족질문지(Minnesota Satisfaction Questionnaire, MSQ)

직무만족의 20개 단면에 대해 묻는 문항들로 구성된다.

① 내적만족 : 직무 자체의 특성과 사람들이 자신이 하는 일을 어떻게 느끼는지에 대한 만족을 의미한다.

② 외적만족 : 부가급부와 급여와 같은 작업상황의 외적 측면에 관한 만족을 의미한다.

(3) 직무전반척도(Job in General scale, JIG)

직무기술지표(JDI)를 모태로 한 것이며, 직무전반에 대한 형용사 혹은 구문으로 18개의 문항을 포함한다.

5 직무만족과 삶의 만족

① 파급가설 : 삶의 한 영역에서의 만족(불만족)이 다른 영역에 영향을 미치거나 파급된다고 본다.

② 보상가설 : 삶의 한 영역에서의 불만족이 삶의 다른 영역에서 만족으로 보상된다는 것을 말한다.

③ 분리가설 : 자신들의 삶을 구분하며, 삶의 한 영역에서의 만족은 다른 영역에서의 만족과 아무런 상관이 없다고 주장한다.

6 직무불만족으로 나타나는 행동

① 반생산적 행동(이탈) : 결근, 지각, 이직

② 반생산적 행동 : 공격, 사보타주, 절도

기출문제 및 출제예상문제

01 직장에서 불만족한 점이나 부족한 점을 직장이 아닌 다른 친교 모임에서 해소하였다면 이는 어떤 모형을 설명한 것인가? 2015, 2012

① 파급모형　　　② 상호작용 모형
③ 보상모형　　　④ 분리모형

> **해설 |** ① 파급모형 : 삶의 한 영역에서의 만족(불만족)이 다른 영역에 영향을 미치거나 파급된다고 본다.
> ③ 보상모형 : 삶의 한 영역에서의 불만족이 삶의 다른 영역에서 만족으로 보상된다는 것을 말한다.
> ④ 분리모형 : 자신들의 삶을 구분하며, 삶의 한 영역에서의 만족은 다른 영역에서의 만족과 아무런 상관이 없다고 주장한다.

02 직업수행준거 가운데 객관적 준거에 해당되지 않는 것은? 2015

① 상사의 부하에 대한 평가
② 생산량
③ 판매실적
④ 근속기간

> **해설 | 직업수행준거**
> • 객관적 수행준거 : 상대적으로 객관적이거나 사실적인 성격을 지니는 직무수행평가 시 사용되며, 급여지급장부나 인사기록장부 등으로부터 얻어진다.
> • 주관적 수행준거 : 사람들의 주관적 평가에 의해 직무수행평가 시 사용되며, 상사 · 동료 등으로부터 얻어진다.

03 동기의 개념적 성질에 관한 설명으로 가장 적합한 것은? 2015

① 과학적 심리학에서 사용하는 동기는 직접관찰 및 측정이 가능한 것이다.
② 동기는 행동의 가장 직접적인 원인요인이므로 동기는 곧 행동이다.
③ 동기는 가설적 구성체로서 행동주의 심리학 입장에서는 일반적으로 연구대상이 아니다.
④ 추동이론의 견해에서 볼 때, 동기가 행동에 영향을 미치는 과정은 순환적이다.

> **해설 |** 행동주의 심리학은 인간을 수동적인 존재라고 전제하며, 반복된 학습과 강화를 통해서 보다 올바른 행동의 일반화를 이끌어내는 것이 가능하다고 본다.

04 형평성이론에서 불형평을 감소시키는 행동적 방식이 아닌 것은? 2015

① 자신의 투입과 성과를 변화시킨다.
② 타인의 투입과 성과를 변화시키도록 한다.
③ 비교대상을 변경한다.
④ 보다 형평한 직무를 찾기 위해 직무를 그만둔다.

> **해설 |** 불형평을 감소하려는 행동적 방식으로는 투입물의 변화, 산출물의 변화, 상황으로부터 이탈 등이 있다.

05 존재·관계·성장이론(ERG이론)과 욕구위계이론의 차이점에 관한 설명으로 가장 거리가 먼 것은?

2014

① ERG이론은 한 위계의 욕구가 충족되지 못한 경우 하위위계로 퇴행할 수도 있다고 설명한다.

② ERG이론은 세 욕구들 가운데 하나 이상의 욕구들이 동시에 작용하거나 활성화된다고 주장한다.

③ 욕구위계이론은 욕구의 작용에서 상대적으로 무의식과정을 강조한다.

④ 욕구위계이론은 한 위계의 욕구가 충족되더라도 상위위계로 나아갈 수준에 이르지 못하면 동일한 욕구위계에 머물 수 있다고 주장한다.

> **해설 I ERG이론**
> ① 매슬로 만족 – 진행의 욕구전개를 좌절 – 퇴행의 욕구전개를 주장
> ② 저차원의 욕구와 고차원의 욕구 간의 기본적인 구별이 필요함을 주장
> ③ 좌절 – 퇴행의 고차원의 욕구가 좌절되었을 때 저차원의 욕구의 중요성이 커진다고 주장

06 작업동기이론 중 다음에서 설명하는 것은?

2014

> 자극, 반응, 보상이라는 3가지 주요한 변인을 다루는 이론으로, 자극은 행동적 반응을 이끌어내는 변인 또는 조건이고, 반응은 산업에서 직무수행을 측정한 생산성, 결근, 사고 등과 같은 것이며, 보상은 나타난 행동적 반응에 기초하여 고용인에게 주어진 가치를 의미한다.

① 목표설정이론　　　② 기대이론

③ 강화이론　　　　　④ 형평이론

> **해설 I 강화이론의 3가지 주요 변인**
> • 자극 : 행동적 반응을 이끌어내는 변인 또는 조건을 나타낸다.
> • 반응 : 산업에서 직무수행을 측정한 것으로, 생산성, 결근, 사고 등과 같은 것이다.
> • 보상 : 나타난 행동적 반응에 대한 고용인에게 주어지는 가치이다.

07 직무만족을 측정하기 위한 직무기술자료(Job Descriptive Index)의 구성내용이 아닌 것은?

2014

① 직무 자체　　　　② 감독

③ 동료 작업자　　　④ 직무 환경

> **해설 I 직무기술자료의 구성내용**
> • 업무 : 현재 직무에서 하는 업무
> • 관리감독
> • 급여 : 현재 급여
> • 동료 : 동료 직원들(사람들)
> • 승진기회

08 다음은 기대이론의 요소 중 무엇에 관한 설명인가?

2014

> 성과에 대해 종업원들이 느끼는 감정으로서, 흔히 성과가 지니는 매력의 정도 혹은 성과로부터 예상되는 만족이라고 정의된다.

① 직무성과(Job outcome)

② 유인가(Valence)

③ 기대(Expectancy)

④ 힘(Force)

> **해설 I 유인가(Valence)**
> 한 개인에게 주어지는 결과물 또는 보상의 가치, 즉 개인이 특정한 보상을 원하거나 바라는 정도를 의미한다.

09 직무만족이론 중 동기–위생이론(Motivation–hygiene Theory) 또는 2요인이론(Two-factor Theory)에 대한 설명으로 틀린 것은?

2014, 2009

① 허즈버그(Herzberg)가 정립한 이론으로, 매슬로(Maslow)의 욕구위계이론과 유사하다.

② 일반적으로 일의 내용은 위생요인인 반면, 작업환경의 여러 특징은 동기요인이다.

③ 낮은 수준의 욕구가 만족되지 않으면 결과적으로 직무불만족이 생겨나 그 역은 성립되지 않는다.

④ 동기요인은 주로 직무만족과, 반면에 위생요인은 직무불만족과 관련된다.

해설 | 동기요인과 위생요인
- 동기요인(만족) : 직무내용에 기인, 일의 내용, 개인의 성취, 책임
- 위생요인(불만족) : 직무맥락으로 작업환경, 관리규정, 감독형태, 대인관계, 조직혜택

10 직장 내에서 일어날 수 있는 다음과 같은 수행은?

2014

- 자신의 과업을 성공적으로 완수하는 데 필요한 열정과 추가적인 노력을 지속적으로 유지한다.
- 공식적으로 자신의 업무가 아닌 과업활동을 자발적으로 수행한다.
- 다른 사람들을 돕고 협조한다.
- 조직의 목표를 따르고, 지지하고, 방어한다.

---

① 과업수행 ② 맥락수행
③ 적응수행 ④ 성실수행

해설 | 맥락수행
공식적인 자신의 직무가 아닌 과업활동을 자발적으로 수행하는 행동이나 자신의 과업을 성공적으로 완수하는 데 필요한 열정과 추가적인 노력을 지속한다거나, 조직 내의 다른 사람들을 돕고 협동하는 행동 등이 있다.

11 다음 중 내재적 보상에 대한 설명으로 가장 적합한 것은?

2013, 2010

① 내재적 보상은 직무 그 자체보다는 승진이나 복지혜택을 통해 얻어진다.

② 내재적 보상은 주로 경영진으로부터 얻어진다.

③ 내재적 보상은 종업원에게 직무확충을 통해 일을 보다 의미 있는 것처럼 보이게 만듦으로써 제공할 수 있다.

④ 내재적 보상은 종업원의 수행에 근거하여 제공할 수 있다.

해설 | 내재적 보상은 직무과정, 직무의 질, 성취과정 등 종업원의 내재적 동기를 증진시킨다.

12 서비스업 종사자는 자신의 주문대로 처리하지 않았다고 항의하는 고객에게 정중하게 사과해야 한다. 이처럼 고객으로부터 바람직한 반응을 이끌어내기 위해서 작업자가 스스로의 감정을 관리해야 하는 현상을 설명하는 개념은?

2013

① 서비스 패러독스 ② 정서노동
③ 고충처리 ④ 자기조절

해설 | 정서노동이란 직업상 자신의 감정을 억누르고 정해진 감정표현을 연기하는 일을 말한다. 주로 고객을 직접 응대하면서 어떤 상황에서도 친절함을 드러내야 하는 서비스직 종사자들이 해당하는 노동 형태다. 서비스직뿐만 아니라 일반 직장에서도 인간관계나 권력관계로 인한 감정노동에 시달리는 경우도 있다.

13 다음 중 강화이론에 관한 설명으로 틀린 것은? 2013

① 강화이론에서의 주요 변인은 자극, 반응, 보상이다.

② 강화계획은 고정-변동, 간격-비율 계획으로 구분된다.

③ 대체로 변동-비율 계획이 여러 강화계획 중 가장 효과적이라고 알려져 있다.

④ 종업원의 개인차를 고려하는 동기화 전략이다.

- 강화이론의 3가지 주요 변인은 자극, 반응, 보상이다.
- 강화는 어떤 특수한 반응이 일어날 확률을 증가시키는 모든 것을 말한다.
- 강화계획 : 일관성 있게 강화하는 계속(연속)적 강화와 부분적으로 강화하는 간헐적 강화가 있으며, 간헐적 강화가 보다 유용하다.
- 변동간격계획 : 간헐적 강화의 하나로, 지난번 강화로부터 일정한 시간이 경과된 뒤에 나타난 첫 번째 반응에 강화가 주어지도록 강화 간의 시간이 어떤 평균점을 중심으로 변동하는지에 대한 강화계획을 뜻한다.

14 다음 중 목표설정 동기이론의 주요 개념에 대한 설명으로 틀린 것은?

2012, 2009

① 목표는 어려울수록 작업수행 수준은 비례하여 증가한다.

② 직무수행 동기에 가장 직접적 영향요인은 의도 또는 목표이다.

③ 목표는 양적인 형태로 구체적으로 설정될 때 수행을 가장 잘 예측할 수 있다.

④ 목표설정과 함께 피드백을 사용하면 직무수행 수준에 강한 영향을 미친다.

해설 | 목표설정 동기이론

- 사람들의 행동이 그들이 내적으로 가지고 있는 의도(Intentions), 목적(Objectives), 목표(Goals)들에 의해 동기화된다는 것이다.
- 직무수행을 향상시키기 위한 목표설정이 중요한 원인
  - 종업원의 목표수용 : 종업원들은 목표에 몰입
  - 목표를 향한 각 과정에 대한 피드백
  - 어렵고 도전적인 목표 : 목표가 어려울수록 수행은 더욱 좋아질 가능성이 크다(보다 높아진다).
  - 구체적인 목표 : 구체적이고 힘든 목표는 애매한 목표보다 훨씬 효과적이다.

15 형평성이론에 따르면, 제조업에서 시간급으로 일하는 종업원들이 원래 시간당 정해진 금액보다 더 많이 임금을 받았다면 어떤 행동을 할 가능성이 가장 큰가?

2012

① 품질이 낮은 제품을 더 많이 생산하려고 할 것이다.

② 품질이 낮은 제품을 더 적게 생산하려고 할 것이다.

③ 품질이 좋은 제품을 더 많이 생산하려고 할 것이다.

④ 품질이 좋은 제품을 더 적게 생산하려고 할 것이다.

해설 | 고용인이 투입하면(직무에 투입한 노력) 고용주로부터 교환(투입에 대한 대가)을 얻게 되는데 이것이 곧 성과(보수, 공식적 예우, 표창 등)이다.

16 다음 중 작업동기의 3가지 중요한 구성요소가 아닌 것은?

2011

① 의도(Intention) ② 방향(Direction)

③ 지속기간(Duration) ④ 강도(Intensity)

해설 | 작업동기란 직무상에서 발생되는 행동에 대한 것으로 정의되며, 개인의 작업 관련 행동을 일으키며, 작업 관련 행동의 형태, 방향, 강도, 지속기간을 결정하는 역동적 힘의 집합으로, 작업수행, 직무만족, 이직 등의 문제와 관련 있다.

17 형평이론에서 불형평을 감소시키는 인지적 방식이 아닌 것은?

2011

① 자신의 투입이나 성과를 왜곡한다.

② 타인의 투입이나 성과를 왜곡한다.

③ 자신의 투입을 변화시킨다.

④ 비교대상을 변경한다.

해설 | 불형평을 감소하려는 행동으로는 투입물의 변화, 산출물의 변화, 상황으로부터 이탈 등이 있다.

18 형평이론에서 과소지급이나 과다지급과 같은 불형평 상태를 형평 상태로 변경시키는 방안에 관한 설명으로 틀린 것은?   2010

① 개인의 여러 요인을 변경시키기 어려운 경우에는 타인의 투입이나 성과를 변경시키거나 인지적으로 왜곡할 수 있다.

② 개인이 비교하는 대상을 바꿀 수 있다.

③ 극단적인 과소지급의 경우 불형평을 해소하기 위해 현장을 떠날 수도 있다.

④ 과소지급의 경우 개인이 자신의 수행을 높이는 방안을 사용할 수 있다.

> **해설 | 과소지급과 과다지급**
> - A의 입장에서 A의 투입이나 B의 투입이 동일한데 A보다 B의 보수가 많다고 지각하는 것을 '과소지급'이라 하고, 그 반대를 '과다지급'이라 한다.
> - 과소지급(분노), 과다지급(죄책감)으로 인해 불형평을 경험하게 되고 이를 형평 상태로 되돌리기 위한 동기가 발생되는데, 동기의 강도는 불형평의 크기에 의해 결정된다.

19 다음 동기이론 중 내용이론이 아닌 것은?   2010

① 매슬로(Maslow)의 욕구위계이론

② 애덤스(Adams)의 형평이론

③ 허즈버그(Herzberg)의 2요인이론

④ 알더퍼(Alderfer)의 ERG이론

> **해설 | ①** 매슬로(Maslow)의 욕구위계이론 : 동기 욕구들이 위계순서를 가지고 있다고 가정하였다.
> **②** 형평이론(Equity Theory)의 중요 부분
> - 개인 : 개인은 다른 사람과 비교하여 자신을 지각한다.
> - 타인 : 비교대상 인물
> - 투입(Input) : 직무를 수행하는 데 투입하는 자산으로, 개인이 받은 교육, 지능, 경험, 기술, 근무시간, 노력정도, 건강 등이 포함된다.
> - 성과(Outcome) : 임금, 수당, 작업조건, 지위의 상징, 장기근속, 보상 등이 포함된다.

③ 허즈버그(Herzberg)의 2요인이론 : 동기요인(만족)과 위생요인(불만족)이론을 정립

④ 알더퍼(Alderfer)의 ERG이론 : 매슬로의 욕구위계이론과 유사한 직업동기이론이다. 존재욕구, 관계성 욕구, 성장욕구의 3가지 형태의 욕구를 기반으로 한다.

20 다음은 무엇에 관한 설명인가?   2007

> 직업에서의 요구와 직업 이외의 요구 간의 갈등에서 발생하며, 예컨대 결혼기념일에 외식을 약속했으나 회사 일로 인하여 늦게까지 남아 있어야 하는 상황에서 갈등이 발생한다.

① 개인 내 역할갈등   ② 개인 간 역할갈등
③ 송신자 내 갈등   ④ 송신자 간 갈등

> **해설 | ①** 개인 내 역할갈등 : 개인이 수행하는 직무의 요구와 개인의 가치관이 다를 때 발생한다.
> **②** 개인 간 역할갈등 : 직업에서의 요구와 직업 이외의 요구가 다를 때 발생한다.
> **③** 송신자 내 갈등 ; 업무지시자가 서로 양립할 수 없는 요구를 할 때 발생한다.
> **④** 송신자 간 갈등 : 개인에게 요구하는 두 사람 이상의 요구가 다를 때 발생한다.

21 다음 중 알더퍼(Alderfer)의 욕구이론의 특징이 아닌 것은?   2007

① 한 위계의 욕구가 충족된 후 인접한 상위위계로 전환되는 과정뿐만 아니라 충족되지 못한 경우에는 하위위계로 퇴행도 한다.

② 세 욕구들 가운데 하나 이상의 욕구들이 동시에 작용하거나 활성화된다.

③ 한 위계의 욕구가 충족되더라도 상위위계로 진전할 수 있는 수준에 이르지 못하면 동일한 욕구위계에 머물 수도 있다.

④ 욕구는 무의식적으로만 인식될 수 있다.

22 다음 직무만족에 관한 설명으로 옳지 않은 것은? 2006

① 직무만족이 결근, 이직과 깊은 관계가 있다.
② 직무만족 수준이 직무수행 수준을 결정한다.
③ 전체적 만족수준이 같다고 하더라도 각 개인의 단면별 만족수준은 다를 수 있다.
④ 동료에 대한 만족, 임금에 대한 만족 등이 단면별 직무만족 요인이다.

23 직무만족과 관련된 행동이 아닌 것은? 2005

① 인간관계　　　② 이직
③ 결근　　　　　④ 직무수행

24 허즈버그(Herzberg)의 동기이론에서 위생욕구에 속하지 않는 것은? 2005

① 회사정책　　　② 대인관계
③ 작업환경　　　④ 자아성취

25 직업과 관련된 9가지 생애형태 분석에 있어서 '노동현장×업무(일)지향' 형태의 특징이 아닌 것은? 2005

① 일요일이나 휴일 등은 가능한 사회활동에 쓰고 싶어 한다.
② 유급휴가는 거의 쓰지 않는다.
③ 의욕과 즐거움을 업무 속에서 찾고 싶어 한다.
④ 정해진 근무시간 이후에도 잔업 등 업무를 한다.

26 다음 중 일과 여가의 관계에 대한 가설이 해당되지 않는 것은? 2005

① 전이(Spill-over)가설
② 보상(Compensation)가설
③ 분리(Segmentation)가설
④ 효능(Efficacy)가설

27 알더퍼(Alderfer) ERG 이론의 하위욕구 중 매슬로(Maslow) 욕구위계이론의 생리와 안전욕구에 해당되는 욕구는? 2005

① 생존　　　　　② 관계
③ 성장　　　　　④ 성취

제2과목 고급 직업심리학

해설 I ERG이론의 하위욕구
- 존재욕구 : 물질적인 것으로 환경적 요인에 의해 만족하는 것(음식, 물, 봉급 등)
- 관계성 욕구 : 의미 있는 타인과의 관계를 의미하는 것(동료 작업자, 가족, 이웃, 친구 등)
- 성장욕구 : 인간적 발전에 대한 열망(자아실현)

28 직업훈련이 언제나 긍정적인 효과를 가져오는 것은 아니다. Rynes에 따르면 사실적 직무소개(Realistic Job Preview) 기법은 종종 이직과 같은 부정적인 결과를 초래하기도 하는데 이는 직무특성에 따라 달라지는 것으로 알려져 있다. 사실적 직무소개 기법의 효과를 좌우하는 직무특성은? '05. 5.

① 직무개방성   ② 직무순환성
③ 직무복잡성   ④ 직무건전성

해설 I 직무복잡성 : 개인 수준에서 과업들의 폭이나 범위를 의미하며 조직 수준에서는 수평적, 수직적, 공간적인 것들을 의미한다.

29 과소보상(적은 보상)으로 인해 직장에서 불공평을 느낀 종업원이 공평감(공평한 느낌)을 회복하기 위해 사용하는 방법으로서 애덤스(Adams)가 제시하는 것이 아닌 것은? 2004

① 열심히 일하지 않는다.
② 다른 직장으로 옮긴다.
③ 동료보다 더 많은 공헌을 하려고 한다.
④ 임금이나 대우를 개선하도록 회사 측에 요구한다.

해설 I 형평과 불형평을 산출하는 공식
- 개인의 전반적인 성과를 극대화하도록 노력한다.
- 조직은 구성원 사이에 균등하게 할당된 자원을 위하여 개발된 체계를 받아들이도록 고무시킨다.
- 조직은 타인들을 공평하게 처리하는 구성원에게 보상을 주며, 불공평하게 처리하는 구성원에게는 벌을 준다.

30 직업부적응에 대한 일반적인 행동준거라고 볼 수 없는 것은? 2004

① 지각 및 결근   ② 소진(Burnout)
③ 직무참여   ④ 이직(離職)

해설 I 인간은 직무불만족이나 동료 간의 관계가 소원해질 때 전직의사를 갖는다. 또한 동기부여가 낮아지며 지각과 결근을 자주 한다.

31 '직무만족도와 생산성 사이에 정적 상관관계가 있다'에 대한 해석으로 옳은 것은? 2004

① 직무만족이 높으면 생산성도 높다는 의미이다.
② 직무만족은 낮지만 생산성은 높다는 의미이다.
③ 직무만족이 높으면 생산성은 낮다는 의미이다.
④ 직무만족과 생산성 사이에 상관은 없다는 의미이다.

해설 I 직무만족도와 생산성은 비례한다.

32 종업원들이 일을 통해 무엇을 얻고자 하는가, 혹은 무엇 때문에 열심히 일을 하는가를 설명하는 동기이론들을 욕구이론 혹은 내용이론이라고 부른다. 여기에 해당하지 않는 것은? 2004

① 매슬로(Maslow)의 욕구위계이론
② 알더퍼(Alderfer)의 ERG이론
③ 허즈버그(Herzberg)의 2요인이론
④ 로크(Locke)의 목표설정이론

해설 I 욕구위계이론, ERG이론, 2요인이론은 인간의 욕구와 만족에 대한 기본설정으로 이루어진 이론이며, 목표설정이론은 개인에게 의도된 행동이 기초가 된다.

33 직무만족을 유발하는 요인과 불만족을 유발하는 요인은 크게 다르며, 그것들은 일차원적인 양립관계에 있지 않다고 하는 이론은? *2004*

① 매슬로(Maslow)의 욕구이론

② 알더퍼(Alderfer)의 ERG이론

③ 포터(Porter) & 롤러(Lawler)의 공평이론

④ 허즈버그(Herzberg)의 2요인이론

> **해설 l 허즈버그(Herzberg)의 2요인이론**
> 직무만족과 동기를 종합한 것이다.
> - 동기요인(만족) : 직무만족을 산출해 내는 요인으로 일의 내용, 개인의 성취감, 책임수준, 개인의 발전과 향상 등을 포함한다.
> - 위생요인(불만족) : 직무불만족을 가져오는 요인으로 관리규정, 감독형태, 대인관계, 조직혜택, 작업환경(조건) 등을 포함한다.

34 다음 중 직무만족이론과 관계가 없는 것은? *2003*

① 동기-위생이론

② 개인 내 비교과정이론

③ 5요인이론

④ 대인비교과정

> **해설 l 5요인이론**
> 코스타와 맥크래에 의해 기존의 여러 성격이론과 다양한 성격검사를 통합해 'Big Five'라는 5가지 요인으로 만들어진 성격이론이다.

35 한 직무과제에서 100개의 수행수준을 보인 사람에게 새로운 수행목표를 제시할 경우, 목표설정이론에 따르면 다음 중 어느 조건에서 가장 동기가 높아지는가? *2003*

① 최선을 다하라는 목표

② 80개 목표

③ 100개 목표

④ 180개 목표

> **해설 l** 목표설정이론에 따르면 구체적이고 어려운 목표는 더 높은 직무수행을 가져온다.

01 로(Roe)의 직업분류체계에 대한 설명으로 옳은 것은?

① 낮은 직업수준에서는 직업영역 간의 이동이 비교적 용이하다

② 영역(Field)과 등급(Grade)의 이원적인 분류체계로 구성되어 있다.

③ 영역은 일의 활동에 초점을 둔 것으로 6가지로 구분된다.

④ 직업영역 간의 거리는 환경적 유사성을 의미한다.

02 홀랜드(Holland)의 직업이론에 관한 설명으로 옳은 것은?

① 탐구적 유형과 진취적 유형 간 일관성이 예술적 유형과 사회적 유형 간 일관성보다 더 높다.

② 홀랜드(Holland)의 6유형의 영문 머리글자는 RIADEC이다.

③ 현실적 유형은 분석적이고, 호기심이 많으며 정확한 반면 리더십이 부족하다.

④ 예술적인 사람은 관습적 환경에서 일할 때 일치성이 낮아져 능력을 제대로 발휘할 수 없다.

03 다음 중 인지적 정보처리 관점의 주요 전제로 틀린 것은?

① 진로선택은 독립적인 인지적, 정의적 과정의 결과이다.

② 진로를 선택한다는 것은 하나의 문제해결 활동이다.

③ 동기의 근원을 앎으로써 자신을 이해하고 만족스러운 진로선택을 하려는 욕망을 갖는다.

④ 진로정체성(Career identity)은 자기지식에 의존한다.

04 다음 중 진로아치문 모델에 관한 설명으로 틀린 것은?

① 인간발달을 생물학적, 지리학적 면을 토대로 논의하였다.

② 성격은 개인을 구성하는 모든 특징을 포함하는 포괄적인 구조로 왼쪽 기둥에 표시되고, 오른쪽에는 일반지능으로 파생되는 적성(언어, 수, 공간)과 세분화된 적성을 나타낸다.

③ 아치문 모델의 돌로 표시되는 핵심은 자아, 즉 의사결정자인데, 여기에 영향을 주는 것은 자아개념과 사회에서의 역할이다.

④ 각 기둥 사이에는 상호작용이 전제되지 않는다.

05 긴즈버그(Ginzberg)의 직업발달이론에 관한 설명과 가장 거리가 먼 것은?

① 직업선택과정은 환상기, 잠정기, 현실기로 구분된다.

② 잠정기는 하위 4단계로 나눠지며, 전반적으로 일에 대한 요구조건을 점차적으로 인식하는 단계이다.

③ 잠정기 전환단계에서는 직업적 선택을 구체화하고 직업적 패턴을 명료화하게 된다.

④ 개인의 진로발달 유형이 동년배와 유사하지 않은 경우 일탈적인 것으로 간주했다.

06 로(Roe)가 구분한 3가지 부모–자녀 상호작용 유형 가운데 다음에서 설명하는 것은?

> 자녀가 남보다 뛰어나기를 바라기 때문에 부모는 엄격하게 훈련시킨다.

① 자녀회피(Avoidance of the child)
② 자녀수용(Acceptance of the child)
③ 자녀에 대한 애정(Affection of the child)
④ 자녀에 대한 감정적 집중(Emotional concentrate of the child)

07 타이드만(Tiedeman)의 진로발달이론에 관한 설명으로 틀린 것은?

① 자아정체감이 발달할 때 진로에 적합한 의사결정능력도 개발된다.
② 자기발달에 역점을 두면서 개인의 전체적인 인지발달과 의사결정을 강조한다.
③ 어떤 직업의 계속된 수용이나 거부 등으로 자신의 의사를 분명히 표현하는 것이 직업선택에서 중요하다.
④ 생애진로이론을 지지한다.

08 한 집단의 수치들이 어느 정도 동질적인지를 나타내는 통계치 중의 하나로, 변산성을 표현하는 통계치는?

① 유의값
② 표준편차
③ 중앙값
④ 평균

09 다음 중 백분위에 대한 설명으로 옳은 것은?

① 백분위 98%란 그 점수보다 낮은 점수를 가진 사람이 전체의 2%라는 뜻이다.
② 백분위 1%의 차이는 점수 분포상의 위치와 관계없이 일정하다.
③ 평균 근처에서의 백분위 차이는 양극단에서의 백분위 차이보다 실제 점수 차이가 작다.
④ 백분위 50%는 그 분포에서의 평균과 일치한다.

10 GATB 직업적성검사에서 검사종목과 측정되는 적성이 바르게 연결된 것은?

① 기구대조검사 – 사무지각
② 종선기입검사 – 운동조절
③ 입체공간검사 – 형태지각
④ 명칭비교검사 – 언어능력

11 일반적으로 볼 때, 업무수행 성공을 예측하는 데 있어서 신뢰도와 타당도가 가장 높은 심리검사는?

① 성격검사
② 인지능력검사
③ 흥미검사
④ 신체능력검사

12 일정한 규칙에 따라 어떤 사건이나 대상의 특성에 숫자를 부여하는 과정은?

① 척도
② 조작적 정의
③ 개념적 정의
④ 측정

13 직무분석설문지(PAQ)에 대한 설명으로 틀린 것은?

① 비표준화된 분석도구이다.
② 작업자 중심 직무분석의 대표적인 예이다.
③ 직무수행에 요구되는 인간의 특성들을 기술하는 데 사용되는 194개의 문항으로 구성되어 있다.
④ 직무수행에 관한 주요 범주는 정보입력, 정신과정, 작업결과, 타인들과 관계, 직무맥락, 직무요건 등이다.

14 직무평가에 관한 설명으로 가장 적합한 것은?

① 직무평가란 개인이 담당하는 여러 과업들을 상대적인 중요도로 평가하는 것이다.
② 직무평가는 인사고과평정의 한 가지 방법이다.
③ 직무평가는 직무들의 상대적 가치를 결정하는 데 유용한 절차로 임금수준을 결정하도록 한다.
④ 직무평가는 업무분장을 분명하게 하기 위해 실시하는 방법이다.

15 직무수행평가에서 행동기준 평정척도에 대한 설명으로 틀린 것은?

① 중대사건법과 평정척도법을 혼합한 것이다.

② 수행은 척도상에 평정되지만 척도점들에 행동적 사건들이 제시되어 있다.

③ 평가자는 일정 기간 동안 종업원을 관찰하고, 중대사건의 빈도를 평정한다.

④ 중요 사건들이 해당 차원에서 얼마나 효과적인지를 척도상에 평정한다.

16 직무설계과정에서 조직구성원에게 요구하는 'KSAO'를 가장 잘 설명한 것은?

① 지식(Knowledge), 기술(Skill), 능력(Ability), 기타 특성(Other characteristics)

② 지식(Knowledge), 사회성(Social relatedness), 능력(Ability), 기타 특성(Other characteristics)

③ 지식(Knowledge), 사회성(Social relatedness), 적성(Aptitude), 기타 특성(Other characteristics)

④ 지식(Knowledge), 기술(Skill), 적성(Aptitude), 기타 특성(Other characteristics)

17 다음 중 직무분석에 대한 설명으로 틀린 것은?

① 직무분석은 인사선발을 위한 도구로 활용된다.

② 직무분석은 종업원의 동기나 만족을 고양시키기 위해 설계된다.

③ 직무분석은 실제업무를 수행하는 종업원의 행동만을 기준으로 측정된다.

④ 직무분석은 업무수행에 필요한 직업요건을 명세화하기 위한 과정이다.

18 직무분석 자료의 특성에 해당하지 않는 것은?

① 직무분석은 분석시점에서 가장 최신 정보이다.

② 직무분석 자료는 가공되지 않은 원자료이다.

③ 직무분석 자료는 여러 용도로 활용되는 다목적성이 있다.

④ 직무분석 자료는 조사대상 특정 기업에 대한 주관적 특성이 강하다.

19 서로 모르는 사람들이 모여 대인관계 기술을 향상시키고, 팀을 증진시키기 위한 목적으로 활용될 수 있는 조직개발의 개입기법은?

① 경력워크숍　　　　② T – Group
③ 극기 체험　　　　④ 분임조

20 다음 중 사내공모제에 대한 설명으로 적합하지 않은 것은?

① 조직의 조직원들을 대상으로 한다.
② 기업에서 새로운 팀을 구성할 때 이용된다.
③ 조직 내 공석의 충원방법이다.
④ 경력개발비용을 절감한다.

1	2	3	4	5	6	7	8	9	10
①	④	①	④	③	④	③	②	③	②
11	12	13	14	15	16	17	18	19	20
②	②	①	③	③	①	③	④	②	④

01 직업수준이 높을수록 직업영역 간의 심리적 특성의 거리는 멀어지며, 작업수준이 낮을수록 직업영역 간의 심리적 특성의 거리는 가까워진다고 하였다.

02 ① 탐구형과 진취형은 2요인이며 예술형과 사회형은 근접하여 예술형과 사회형의 일관성이 더 높다.
② 홀랜드(Holland)의 6유형은 RIASEC임
③ 현실형은 기계, 도구, 동물에 관한 체계적인 조작활동을 좋아하나 사회적 기술이 부족하다.
④ 예술형은 표현이 풍부하고 독창적이며, 비순응적이고 심리적이며 규범적인 기술이 부족하다.

03 ① 진로선택은 인지적 및 정의적 과정들의 상호작용의 결과이다.
② 진로의 선택은 하나의 문제해결 활동이다.
③ 진로해결자의 잠재력은 지식과 인지적 조작의 가용성에 의존한다.
④ 진로문제해결은 고도의 기억력을 요구한다.
⑤ 동기의 근원을 알면서 자신을 이해하고 만족스러운 진로선택을 하려는 욕망이다.
⑥ 진로발달은 지식구조의 계속적인 성장과 변화를 포함한다.
⑦ 진로정체성(Career identity)은 자기지식에 의존한다.
⑧ 진로성숙은 진로문제를 해결할 수 있는 자신의 능력에 의존한다.
⑨ 진로상담의 최종목표는 정보처리 기술들의 발전을 성장시킴으로써 완성된다.
⑩ 진로상담의 최종목표는 진로문제해결자이고 의사결정인 내담자의 잠재력을 증진시킴에 있다(Peterson, J. Sampson, & R. Reardon, 1991).

04 슈퍼의 진로아치문 모델은 생물학적-지리학적인 면을 토대로 하여, 왼쪽의 기둥은 개인의 성격적 측면, 오른쪽 기둥은 사회(경제자원, 경제구조, 사회제도)적 측면을 나타내면서, 양쪽 기둥의 상호작용으로 자아개념이 형성된다고 보았다.

05 ① 긴즈버그(Ginzberg)의 직업선택과정은 환상기, 잠정기, 현실기 등 3단계이다.
② 잠정기는 하위 4단계로 나누어지며, 직업요구 수준이 능력, 작업보상, 가치관 등 점차적으로 인식하는 단계이다.
③ 잠정기의 전환단계(Transition stage) : 주관적인 요소에서 현실적인 외적 요인들로 관심을 가지게 되며 직업선택과 진로선택에 책임의식을 깨닫게 된다.
④ 긴즈버그는 진로결정 과정이 개인적으로 다를 수 있음을 설명하며, 개인의 진로발달 유형이 동년배와 유사하지 않은 경유는 일탈적인 것으로 간주된다고 주장함.

06 ① 로는 아동기 초기의 경험은 가정환경, 특히 부모와의 관계, 부모 행동에 큰 영향을 받는다고 보았다.
② 로는 부모의 양식방법을 감정적 집중, 자녀회피, 자녀 수용의 3가지 유형으로 나타냄
③ 감정적 집중 : 자녀를 지나치게 보호하여 의존심을 키울 수 있고, 남보다 뛰어나거나 공부를 잘하기를 바라기 때문에 엄격하게 훈련시킨다.
④ 자녀회피 : 부모의 사랑과 관심을 제대로 받지 못해, 부정적인 분위기에서 성장한 사람들은 공격적이고 방어적인 성격이 형성된다.
⑤ 자녀수용 : 온정적이며 수용적인 분위기에서 성장한 사람으로, 사람들과 접촉이 많은 서비스, 교직 등의 직종에 종사하게 된다.

07 - 타이드만과 오하라는 자아발달, 개인의 종합적인 인지발달과 의사결정 과정을 중점으로 발달이론 제시
- 개인들이 자신의 심리사회적 위기를 해결해 나감이 일에 대한 태도와 자아가 발달
- 자아정체감이 발달하면서 진로 관련 의사결정도 이루어진다.

08 ① 유의값 : 통계에서 귀무가설과 대립가설에서 오류가 일어날 확률의 최대 허용치를 유의수준(α)이라고 한다.
② 표준편차 : 집단의 각 수치들이 그 집단의 평균치로부터 평균적으로 얼마나 떨어져 있는가, 즉 변산성은 점수들이 서로 흩어진 성질을 말하며, 즉 표준편차가 클수록 자료는 더 많이 흩어져

있고, 표준편차가 작을수록 자료는 더 평균에 가깝게 분포한다.

③ 중앙값 : 자료를 순서대로 나열했을 때 중앙에 위치한 값

④ 평균 : 집단에 속하는 모든 점수를 합한 값을 사례 수로 나눈 값

09 ① 백분위는 100명의 집단에서 순위를 정한다.

② 개인이 표준화된 집단에서 차지하는 상대적 위치를 가리킨다.

③ 표준화집단에서 특정 원점수 이하인 사례의 비율이라는 측면에서 표시한 것으로 평균 근처의 백분위 차이의 점수는 양극단에서의 백분위 차이 점수보다 점수 차이가 작다.

④ 백분위가 95라면 그 점수보다 낮은 사람이 전체의 95%가 있다는 말이며, 상위 5%에 속한다고 본다.

10 ① 기구대조검사 : 형태지각

② 종선기입검사 : 운동반응

③ 입체공간검사 : 공간적성

④ 명칭비교검사 : 사무지각

11 인지능력검사 : 지능검사, 적성검사, 성취도검사 등 자신의 능력을 최대한 발휘

12 ① 측정 : 현상에 대해 체계적으로 수치를 부여하는 과정이고, 이들 수치를 분석자료로 삼아 결론을 내리게 된다.

② 척도 : 이들 수치를 체계적으로 할당하는 데 사용하는 도구를 측정도구라 하는데, 일반적으로 척도라고 부른다.

③ 조작적 정의 : 단순히 조사연구 측정대상을 분류하거나 확인하기 위한 목적으로 숫자를 부여하기 때문에 측정대상에 조작적 정의를 한다.

④ 개념적 정의 : 개념을 보다 명백히 재구성해 보는 과정으로 모호한 개념보다 명확히 규정하는 과정이다.

13 ① 194개의 항목으로 된 구조화된 표준화 직무분석 질문지다.

② 질문지의 문항은 작업행동, 작업조건, 작업특성 등 여러 직무분석들을 하여 직무에 필요한 적성, 보수, 직무를 분류, 직무와 관련된 스트레스 등을 예측한다.

③ 직무에 필요한 작업자의 요구조건을 확인하여 종업원 선발에 중요한 자료로 활용된다.

④ 응답하는 사람에게 대학졸업 이상의 읽기 능력을 요구한다.

14 직무평가 : 어떤 조직 내에 존재하는 다른 직무들을 일정한 기준에 의해 서로 비교하고 직무 간의 상대적인 가치를 결정하는 체계적인 과정

15 ① 행동에 기반을 둔 직무수행 평가도구로, 조직에서 일어나는 행동을 중대사건에서 도출하여 사용하는 방법과 응답 선택지가 행동으로 정의된 평정척도이다.

② 평정자는 제시된 행동 중 어느 행동이 직무수행과 가까운지 표시한다.

④ 수행행동이 얼마나 더 나쁜지, 비슷한지, 나은지를 표시한다.

참고 : http:terms.naver.com. 한태영(2013). 인사평가와 성과관리. 서울시그마

16 KSAO : 지식(Knowledge), 기술(Skill), 능력(Ability), 기타 특성(Other characteristics)

17 ① 인사관리나 조직관리 전반에 활용

② 채용, 배치, 배치전환, 승진 등 인사관리

③ 교육훈련, 인사고과

④ 작업방법, 작업공정의 개선, 작업조건 개선 등

18 ① 최신 정보를 반영하고 있어야 한다.

② 사실 그대로 나타내어야 한다.

③ 가공하지 않은 원상태의 정보이어야 한다.

④ 논리적으로 체계화되어야 한다.

⑤ 여러 가지 목적으로 활용되는 다목적성이 있어야 한다.

19 ① 워크숍 : 연수를 위한 합동 연구모임

② T-Group : Trainning Group 집단훈련, 집중적인 집단토론과 상호작용을 통해 자신과 다른 사람에 대한 개인의 의식을 높이는 심리학기법

③ 극기훈련 : 일정한 목표나 기준에 도달할 수 있도록 기본자세나 동작 따위를 되풀이하여 익혀서 자기의 감정이나 욕심, 충동 따위를 이성적 의지로 눌러 이기는 것으로 정신적인 것과 육체적인 것이 있다.

④ 분임조 : 집단사회에서 어떤 임무를 부여하기 위하여 구성된 말단조직

20 사내공모제 : 기업에서 특정 프로그램이나 신규 사업을 위한 인력배치, 결원 충원을 위해 사내에서 인재를 직접 발탁하는 제도

직업상담사 1급

Vocational
Counselor

제 **3** 과목

고급
직업정보론

과목별 모의고사

직업정보의 제공

Section 01 직업정보의 이해

1 직업정보의 의의

(1) 직업정보의 정의

직업정보는 직업의 생성과 쇠태, 직업구조, 직업의 분류와 직종, 직업에 필요한 자격요건, 노동에 관한 제반 규정, 준비과정, 취업경향, 취업정보, 취업처 등을 규칙에 따라 재배열·요약·삭제하는 행위를 거쳐 목적에 맞게 처리(Process)되고 수명(Age)과 질(Quality)의 속성 및 가치를 가지고 있는 직업에 관한 자료이다(G. B. Davis & M. H. Olson, 1985 ; 안문석, 1990 ; 채명일, 1995 ; 최성모 편, 1998).

▶ **직업정보의 정의에 관한 이론** ◀

학 자	내 용
노리스 (Norris, 1979)	① 일에 대한 넓은 분야를 배우는 것, ② 커리큘럼과 이러한 분야와의 관계를 이해하는 것, ③ 특수한 직무고용에 대한 정보를 확보하는 것, ④ 직업세계에 대한 정확하고 수정·보완된 정보수집 방법을 이해하는 것, ⑤ 직업계획의 의미와 범위를 이해하는 것, ⑥ 일의 세계는 정지된 것이 아니라 항상 변화한다는 것을 이해하는 것 등을 제시하였다. 또한 그는 새롭거나 관련된 직무에서 요구되는 자격요건 등에 관한 정보를 알아야 한다고 하였다.
후크(Hook, 1976)	① 선택 가능한 직업의 종류, ② 직업에 관한 정보의 수집방법과 정확성을 가지고 선택하는 방법, ③ 직업선택 방법, ④ 자기가 설정한 목표를 객관적으로 재검토하고 자신의 선택범위 내에 있는 직업군의 세부내용을 탐색하는 방법, ⑤ 직업선택 이전에 그 직업의 세부적인 내용을 이해하는 것 등에 대해 충고하고 있다.
셰릴(Sherrill)	① 산업형태, ② 기업의 상태, ③ 산업 및 기업의 안정성, ④ 해당 직무, ⑤ 창의성과 자유성, ⑥ 전문적인 지위, ⑦ 승진, ⑧ 보수, ⑨ 계속교육, ⑩ 거주지, ⑪ 직무 이외의 조건, ⑫ 주택자금, ⑬ 교통수단, ⑭ 생활비, ⑮ 군복무, ⑯ 기업의 특징 등을 들었다.
패터슨 (Patterson, 1964)	① 내담자의 입장에서 필요할 때 직업정보를 제공해야 한다. ② 내담자에게 부정적인 영향을 주거나 조작하기 위해 사용되어서는 안 된다. ③ 직업정보를 얻는 데 가장 효과적인 방법은 내담자 스스로 출판물을 찾아보든지 내담자가 선호하는 직종에 종사하는 사람들로부터 정보를 얻도록 격려하는 것이다. ④ 직업과 일에 대한 내담자의 감정과 태도는 자유롭게 표현되어야 한다.

자료 : 김병숙(2007), 『직업정보론』.

(2) 직업정보의 의의

① 개인은 직업을 탐색하여 선택하고 유지·퇴직·전직·은퇴에 이르기까지 직업경로 단계마다 직업정보를 이용하여 의사결정을 한다.

② 정부는 일자리 정책을 결정하는 데 자료로 직업정보를 활용한다.

③ 기업은 채용 등 인사관리에 직업정보를 이용한다. 결과적으로 직업정보는 이용자가 의사결정을 할 때 기초자료로 활용하는 데 의의가 있다. 한편 브라운(Brown, 2007)은 상담전문가가 생애상담을 할 때 직업정보가 유용하게 활용된다고 보고하였다(김병숙, 2007).

(3) 직업정보의 의의와 유용성에 관한 이론

학자명	내용
호포크 (Hoppock, 1976)	직업정보는 직위, 직무, 직업 등에 관한 모든 종류의 정보를 말하며, 이 정보는 직업을 선택하고자 하는 사람에게 최대한으로 유용하게 사용되어야 한다.
노리스 (Norris, 1979)	직업정보란 채용자격, 작업조건, 보상, 승진 등을 포함한 직위, 직무, 직업 등에 관한 유용하고 타당한 자료이며, 이는 인력수급, 미래정보의 자원 등에 중요하다고 하였다.
크라이티스 (Crites, 1974)	직업발달은 직업인식, 탐색, 선택 및 입직과정을 거치며, 이러한 각각의 단계에서 직업지식이 중요한 역할을 한다고 보았다.
슬로컴 (Slocum, 1974)	직업선택의 필수조건에 관한 정보가 직업준비를 할 때 사용될 수 있도록 미리 갖추어져 있어야 한다고 하였다.

자료 : 김병숙(2007), 『직업정보론』.

❷ 직업정보의 기능

① 직업상담전문가가 내담자의 직업선택, 유지, 퇴직, 전직, 은퇴 등 직업상담에 기초자료로 활용한다.

② 직업구조의 변화, 인력수급 추계, 직무분석 등과 같은 조사와 연구에 기초자료로 활용한다.

③ 인력의 채용, 배치 등 인사관리에 활용한다.

④ 직업안정망을 근대화와 노동시장의 유연성(Labor Market Flexibility)을 위한 고용보험 운영에 직업정보를 활용한다.

▶ 직업정보기능에 관한 이론 ◀

브레이필드 (Brayfield)	• 직업정보 제공으로 직업선택 의사결정을 돕고 관련 지식을 증가 • 직업선택에 대한 검증 기초자료로 활용 • 의사결정에 내담자가 자발적 · 적극적으로 참여할 수 있도록 동기화

민간직업정보	공공직업정보
영리의 목적으로 생산, 제공된다.	정부, 비영리기관에서 공익적인 목적으로 생산, 제공된다.
단시간에 조사되어 집중적으로 제공된다(한시적으로 지속성 부족).	지속적으로 조사, 분석하여 제공된다(거시적, 지속적).
특정한 목적에 맞게 해당 분야의 직종을 제한적으로 선택한다(개별적인 목적달성).	전체 산업 및 업종에 걸친 직업을 대상으로 한다(포괄적).
유료로 제공된다.	무료로 제공된다.
다른 직업정보와의 관련성이 낮다.	다른 정보에 미치는 영향이 크며 관련성이 높다.
정보생산자의 임의적 기준에 따라 직업을 분류한다.	정보생산자의 객관적 기준에 따라 직업을 분류한다

Section **O3**　**직업정보 제공자료**

① ▶ 『**한국직업사전**』(출처 : 2012~2016 한국직업사전, 한국고용정보원)

(1) 발간 목적

① 과학기술발전과 산업구조변화, 사회·경제 환경의 변화 등에 따라 변동하는 직업세계를 체계적으로 조사·분석하여 표준화된 직업명과 기초직업정보를 제공한다.

② 청소년과 구직자, 이·전직 희망자에게는 직업선택을 위해, 기업 인사담당자에게는 근로자 선발을 위해, 직업훈련담당자에게는 직업훈련과정 개발을 위해, 연구자에게는 직업분류체계 개발과 기타 직업연구를 위해, 그리고 노동정책 수립자에게는 노동정책 수립을 위해 기초자료로 사용한다.

(2) 발간 연혁

발간 연도	직업명 수록	주요내용
1969년	3,260여 개	• 우리나라 최초의 『한국직업사전』(인력개발연구소) 발간 • 경제기획원 조사통계국 제정 「한국표준직업분류」와 국제노동기구 제정 「국제표준직업분류」의 소분류를 기준으로 수록직업을 분류
1986년	10,600여 개 (본직업명 6,500여 개, 관련 직업명 2,400여 개, 유사직업명 1,700여 개)	• 통합본 1판(노동부 국립중앙직업안정소) 발간 • 1970~1980년대의 경제발전과 산업화에 따른 직업세계의 변화를 실질적으로 반영하고자 현장직무분석을 통하여 발간

발간 연도	직업명 수록	주요내용
1995년	12,000여 개 (본직업명 6,000여 개, 관련 직업명 3,500여 개, 유사직업명 2,500여 개)	• 통합본 2판(노동부 중앙고용정보관리소) 발간 • 1987~1994년까지 조사·정리한 24개 산업분야의 표준직업명세에 대하여 직업내용과 직업명세사항을 전면 재검토 및 통합하고, 1980년대 후반 이후의 과학발달과 산업구조변화에 따른 직업내용 변화와 신규·생성 직업을 보완
2003년	9,426개 (본직업명 4,630개, 관련 직업명 3,350개, 유사직업명 1,446개)	• 통합본 3판(중앙고용정보원) 발간 • 1997~2002년까지 조사한 각 산업별 직업을 재분류하고 산업분류 개정으로 국내의 전체 산업 및 직업에 대한 정보수록 • 기존 부가직업정보 외에 OES 코드 부여 •「한국표준직업분류」세분류를 기준으로 코드명 통합 ※ 통합본 3판의 직업 수가 통합본 2판보다 감소한 이유는 통합본 2판에 수록된 직업이 지나치게 세분화되었다는 판단에 따라 직업을 통합한 결과임.
2011년	11,655개 (본직업명 5,385개, 관련 직업명 3,913개, 유사직업명 2,357개)	• 통합본 4판(한국고용정보원) 발간 • 2004~2011년까지 산업별로 조사한 직업들에 대한 직무내용을 재검토 및 통합,「한국표준직업분류」를 대신하여「한국고용직업분류(KECO)」를 사용하여 노동시장 현실을 제대로 반영하고 일-훈련-자격 체계의 일관성을 도모 • 기존 부가직업정보 외에「한국표준직업분류(제6차)」코드 및「한국표준산업분류(제9차)」코드를 부여
2012년	3,212개 (본직업 897개, 관련 직업명 1,856개, 유사직업명 459개)	•「2013 직종별 직업사전」발간 • 통합본 5판(2018년 발간 예정) 발간을 위한 첫해 연도 사업으로서, 6개년(2012~2017년)에 걸쳐 직종별[「한국고용직업분류(KECO)」의 24개 중분류 기준]로 직무조사가 실시될 예정이며, 2012년에는 '문화·예술·디자인·방송 관련직', '미용·숙박·여행·오락·스포츠 관련직', '교육·자연과학·사회과학 관련직', '음식 서비스 관련직', '관리직' 등 5개 직종에 대해 직무조사 실시
2013년	2,821개 (본직업명 956개, 관련 직업명 1,307개, 유사직업명 558개)	•「2014 직종별 직업사전」발간 • 통합본 5판(2018년 발간 예정) 발간을 위한 둘째 연도 사업으로서, '경영·회계·사무 관련직', '금융·보험 관련직', '운전 및 운송 관련직', '영업 및 판매 관련직' 등 4개 직종에 대해 직무조사 실시
2014년	3,131개 (본직업명 959개, 관련 직업명 975개, 유사직업명 1,197개)	•「2015 직종별 직업사전」발간 • 통합본 5판(2018년 발간 예정) 발간을 위한 셋째 연도 사업으로서, '건설 관련직', '전기·전자 관련직', '정보통신 관련직' 등 3개 직종에 대해 직무조사 실시

제3과목 고급 직업정보론

- 『2016 직종별 직업사전』에 수록된 직업명칭 개수는 총 2,288개이다.
- 직업명칭 개수는 본직업명 및 관련 직업명의 개수에 유사직업명을 더한 수이다.
  - 기계 관련직 1,128개(본직업명 402개, 유사직업명 210개, 관련 직업명 516개)
  - 재료 관련직 1,160개(본직업명 536개, 유사직업명 277개, 관련 직업명 347개)가 수록되었다.

(3) 발간 절차

① 직업사전 구성요소 타당성 연구

② 직무조사 방법설계

③ 설문지개발 매뉴얼 작성

④ 조사결과분석

⑤ 사업체현장직무조사(조사결과정리)

⑥ 조사원 교육 및 훈련

⑦ 조사결과 타당성 검토(협회 및 전문가 FGI)

⑧ 직업사전 등재(최종원고작성)

(출처: 2012 한국직업사전)

① 조사대상 사업체 선정

　㉠ 고용보험 적용 사업체

　㉡ 『사업체기초통계조사보고서』(통계청), 『광업·제조업통계조사보고서』(통계청) 및 『전국기업체총람』(대한상공회의소) 등에 수록된 업체

　㉢ 기타 협회 및 단체, 연구소 등의 등록업체와 인터넷, 서적, 잡지 등에서 인지도가 검증된 업체를 추가

② 직무조사 실시

　㉠ 조사대상 산업 및 대상 직무에 대한 예비분석을 통해 적절한 조사사업체를 선정하고, 현장 직무조사를 실시하여 직무명세조사표를 작성

　㉡ 직업당 3개 사업체에서 직무조사를 실시하는 것이 원칙이나, 해당 직업이 존재하는 업체가 2개 이하인 경우는 예외적으로 1~2개 업체에서만 직무조사를 실시

　㉢ 직무조사 방법은 관찰법, 면담법, 비교분석법 등을 사용

　㉣ DM, FAX, web, 전화상담, 직접방문, 담당자 e-mail 등을 활용하며, 조사일정에 따라 고려된 지역, 산업체에 우편공문을 발송하고, 전화상담(방문가불, 조사대상 직무 존재, 방문조사일자, 특이사항) 후 현장조사원의 직무조사 실시

　㉤ 직무조사 대상자는 사업장의 사장, 인사담당자, 공장장, 작업반장 등 현직 종사자

ⓑ 직무명세조사표 기술은 『한국직업사전(KDOT) 발간을 위한 업무 수행 매뉴얼』(한국고용정보원, 2008)을 토대로 정해진 기준에 의거 작성

(4) 『한국직업사전』의 구성체계

① 직무분석으로 조사된 직업정보들로서 수많은 일을 조직화된 방식으로 고찰하기 위하여 유사한 직무를 기준으로 분류

② 직업코드, 본직업명, 직무개요, 수행직무, 부가직업정보로 체계적인 형식의 구성 항목으로 수록

　㉠ 직업코드

　　• 『한국고용직업분류(KECO)』의 세분류 4자리 숫자로 표기

　　• 동일한 직업에 대해 여러 개의 직업코드가 포함되는 경우에는 직무의 유사성 등을 고려하여 가장 타당하다고 판단되는 직업코드 하나를 부여

　　• 직업코드 첫 번째와 두 번째 숫자는 『한국고용직업분류(KECO)』의 24개 중분류, 세 번째 숫자는 소분류, 네 번째 숫자는 세분류, 세분류 내 직업들은 가나다 순으로 배열

　　※ 직업분류체계의 기준은 2011년도까지 『한국표준직업분류』의 일-훈련-자격체계의 일관성을 도모, 『2012 한국직업사전』부터는 『한국고용직업분류(KECO)』(한국고용정보원)를 사용하였다.

　㉡ 본직업명

　　• 산업현장에서 일반적으로 해당 직업으로 알려진 명칭

　　• 통상적으로 호칭되는 것으로 『한국직업사전』에 그 직무내용이 기술된 명칭

　　• 사업주가 근로자를 모집할 때 사용하는 명칭

　　• 사업체 내에서 일반적으로 통용되는 명칭

　　• 구직자가 취업하고자 할 때 사용하는 명칭

　　• 해당 직업 종사자 상호 간의 호칭

　　• 그 외 각종 직업 관련 서류에서 사용되는 명칭

　　• 특별히 부르는 명칭이 없는 경우에는 직무의 내용과 산업의 특수성을 고려하여 누구나 쉽게 이해할 수 있는 명칭을 부여

　　• 직업 명칭은 해당 작업자의 의견뿐만 아니라 상위책임자 및 인사담당자의 의견을 수렴하여 결정

Plus Check 특별히 부르는 명칭이 없는 경우

• 직업 관련 서류에 쓰이는 명칭

• 누구나 쉽게 이해할 수 있는 명칭

• 직업 명칭은 해당 작업자, 상위책임자, 인사담당자의 의견을 수렴하여 결정

• 외래어를 피하고 우리말로 표기

• 교육인적자원부에서 정한 외래어 표기법에 따라 표기

ⓒ 직무개요

주로 담당자의 활동, 활동의 대상 및 목적, 직무담당자가 사용하는 기계, 설비 및 작업보조물, 사용된 자재, 만들어진 생산품 또는 제공된 용역, 수반되는 일반적·전문적 지식 등을 간략히 포함

ⓔ 수행직무

직무담당자가 직무의 목적을 완수하기 위하여 수행하는 구체적인 작업(Task) 내용을 작업순서에 따라 서술

• 공정 순서를 파악하기 어려운 경우에는 작업의 중요도 또는 작업빈도가 높은 순으로 기술

• 작업요소(Task Element)는 직무를 기술하는 데 필요한 것이라면 포함

• 작업자가 무엇을, 어떻게, 왜 하는가를 정확하게 평이한 문체로 이해하기 쉽게 기술

• 작업과 작업요소는 상대적인 개념으로 직무의 특성에 따라 적절히 판단

• 문장기술의 통일성을 확보하기 위하여 조사자는 다음의 원칙을 고려하여 수행직무를 기술
  - 해당 작업원이 주어일 때는 주어를 생략하나, 다른 작업원이 주어일 때에는 주어를 생략하지 않는다.
  - 작업의 본질을 표현하는 동사와 그것을 규정하는 수식어를 적절히 사용하여 문장을 완성한다. 직무의 특성이 나타나지 않는 일반적인 문장은 가급적 피한다.
  - 문체는 항상 현재형으로 기술한다. 즉, "……한다", "……이다" 의 형식이 된다.
  - 작업의 내용을 기술할 때 추상적인 언어는 사용하지 않는다.
  - 문체는 간결한 문장으로 한다.
  - 내용기술은 시간적 순서(작업순서)에 의해 작성한다.
  - 전체를 정확히 파악하여 중요한 내용을 모두 기술한다.
  - 주된 직무보다 빈도나 중요도는 낮으나 수행이 가능한 작업에 대해서는 "수행직무"에서 "~하기도 한다"로 표현한다. "~하기도 한다"라는 문장은 이 직업에 종사하는 사람이 가끔 이런 작업을 수행할 것이라는 의미가 아니라 다른 사업체에 있는 이 직업에 종사하는 사람이 일반적으로 수행하거나 수행 가능한 작업을 나타낸다.
  - 외래어의 정확한 이해를 위해 원어(原語)를 함께 표기한다.

(5) 부가직업정보

순번	구성체계	구 성 내 용
1	정규교육	• 해당 직업의 직무를 수행하는 데 필요한 일반적인 정규교육수준을 의미하는 것으로 해당 직업 종사자의 평균학력을 나타내는 것은 아니다. 현행 우리나라 정규교육과정의 연한을 고려하였다. • 독학, 검정고시 등을 통해 정규교육과정을 이수하였다고 판단되는 기간도 포함된다. **수준 / 교육정도** 1 / 6년 이하 (초졸 정도) 2 / 6년 초과 ~ 9년 (중졸 정도) 3 / 9년 초과 ~ 12년 (고졸 정도) 4 / 12년 초과 ~ 14년 (전문대졸 정도) 5 / 14년 초과 ~ 16년 (대졸 정도) 6 / 16년 초과 (대학원 이상)
2	숙련기간	정규과정을 이수한 후 해당 직업의 직무를 평균적인 수준으로 스스로 수행하기 위하여 필요한 각종 교육기간, 훈련기간 등을 의미한다. 해당 직업에 필요한 자격ㆍ면허를 취득하는 취업 전후 교육 및 훈련기간도 포함된다. 또한 자격ㆍ면허가 요구되는 직업은 아니지만 해당 직무를 평균적으로 수행하기 위한 각종 교육ㆍ훈련, 수습교육, 기타 사내교육, 현장훈련 등의 기간이 포함된다. 단, 해당 직무를 평균적인 수준 이상으로 수행하기 위한 향상훈련(Further Training)은 "숙련기간"에 포함되지 않는다. **수준 / 숙련기간** 1 / 약간의 시범 정도 2 / 시범 후 30일 이하 3 / 1개월 초과 ~ 3개월 이하 4 / 3개월 초과 ~ 6개월 이하 5 / 6개월 초과 ~ 1년 이하 6 / 1년 초과 ~ 2년 이하 7 / 2년 초과 ~ 4년 이하 8 / 4년 초과 ~ 10년 이하 9 / 10년 초과

제3과목 1급 직업정보론

순번	구성체계	구 성 내 용
3	직무기능	(내용은 아래 본문 참조)

- 해당 직업 종사자가 직무를 수행하는 과정에서 "자료(Data)", "사람(People)", "사물(Thing)"과 맺은 관련된 특성을 나타낸다. 각각 작업자의 직무기능은 광범위한 행위를 표시하고 있으며 작업자가 자료, 사람, 사물과 어떤 관련을 가지고 있는지를 보여준다. 3가지 관계 내에서의 배열은 아래에서 위로 올라가면서 단순한 것에서 차츰 복잡한 것으로 향하는 특성을 보여주지만 그 계층적 관계가 제한적인 경우도 있다.
- "자료(Data)"는 정보, 지식, 개념 등 3종류의 활동으로 배열되어 있는데 어떤 것은 광범위하며 어떤 것은 범위가 협소하다. 또한 각 활동은 상당히 중첩되어 배열 간의 복잡성이 존재한다.
- "사람(People)"과 관련된 기능은 위계적 관계가 없거나 희박하다. '서비스 제공'이 일반적으로 덜 복잡한 사람 관련 기능이며, 나머지 기능들은 기능의 수준을 의미하는 것은 아니니다.
- "사물(Thing)"과 관련된 기능은 작업자가 기계와 장비를 가지고 작업하는지 혹은 기계가 아닌 도구나 보조구를 가지고 작업하는지에 기초하여 분류된다. 또한 작업자의 업무에 따라 사물과 관련되어 요구되는 활동수준이 달라진다.

수준	자료	사람	사물
0	종합	자문	설치
1	조정	협의	정밀작업
2	분석	교육	제어조작
3	수집	감독	조작운전
4	계산	오락제공	수동조작
5	기록	설득	유지
6	비교	말하기–신호	투입–인출
7	–	서비스 제공	단순작업
8	관련 없음	관련 없음	관련 없음

- 자료(Data) : "자료"와 관련된 기능은 만질 수 없으며, 숫자, 단어, 기호, 생각, 개념 그리고 구두상 표현을 포함한다.
0. 종합(Synthesizing) : 사실을 발견하고 지식개념 또는 해석을 개발하기 위해 자료를 종합적으로 분석한다.
1. 조정(Coordinating) : 데이터의 분석에 기초하여 시간, 장소, 작업순서, 활동 등을 결정한다. 결정을 실행하거나 상황을 보고한다.
2. 분석(Analyzing) : 조사하고 평가한다. 평가와 관련된 대안적 행위의 제시가 빈번하게 포함된다.
3. 수집(Compiling) : 자료, 사람, 사물에 관한 정보를 수집 · 대조 · 분류한다. 정보와 관련한 규정된 활동의 수행 및 보고가 자주 포함된다.

순번	구성체계	구 성 내 용
3	직무기능	4. 계산(Computing) : 사칙연산을 실시하고 사칙연산과 관련하여 규정된 활동을 수행하거나 보고한다. 수를 세는 것은 포함되지 않는다. 5. 기록(Copying) : 데이터를 옮겨 적거나 입력하거나 표시한다. 6. 비교(Comparing) : 자료, 사람, 사물의 쉽게 관찰되는 기능적·구조적·조합적 특성(유사성 또는 표준과의 차이)을 판단한다. – 사람(People) : "사람"과 관련된 기능은 인간과 인간처럼 취급되는 동물을 다루는 것을 포함한다. 0. 자문(Mentoring) : 법률적으로나 과학적, 임상적, 종교적, 기타 전문적인 방식에 따라 사람들의 전인격적인 문제를 상담하고 조언하며 해결책을 제시한다. 1. 협의(Negotiating) : 정책을 수립하거나 의사결정을 하기 위해 생각이나 정보, 의견 등을 교환한다. 2. 교육(Instructing) : 설명이나 실습 등을 통해 어떤 주제에 대해 교육하거나 훈련(동물 포함)시킨다. 또한 기술적인 문제를 조언한다. 3. 감독(Supervising) : 작업절차를 결정하거나 작업자들에게 개별 업무를 적절하게 부여하여 작업의 효율성을 높인다. 4. 오락제공(Diverting) : 무대공연이나 영화, TV, 라디오 등을 통해 사람들을 즐겁게 한다. 5. 설득(Persuading) : 상품이나 서비스 등을 구매하도록 권유하고 설득한다. 6. 말하기-신호(Speaking-signaling) : 언어나 신호를 사용해서 정보를 전달하고 교환한다. 보조원에게 지시하거나 과제를 할당하는 일을 포함한다. 7. 서비스제공(Serving) : 사람들의 요구 또는 필요를 파악하여 서비스를 제공한다. 즉각적인 반응이 수반된다. – 사물(Thing) : "사물"과 관련된 기능은 사람과 구분되는 무생물로서 물질, 재료, 기계, 공구, 설비, 작업도구 및 제품 등을 다루는 것을 포함한다. 0. 설치(Setting up) : 기계의 성능, 재료의 특성, 작업장의 관례 등에 대한 지식을 적용하여 연속적인 기계가공작업을 수행하기 위한 기계 및 설비의 준비, 공구 및 기타 기계장비의 설치 및 조정, 가공물 또는 재료의 위치 조정, 제어장치 설정, 기계의 기능 및 완제품의 정밀성 측정 등을 수행한다. 1. 정밀작업(Precision Working) : 설정된 표준치를 달성하기 위하여 궁극적인 책임이 존재하는 상황하에서 신체부위, 공구, 작업도구를 사용하여 가공물 또는 재료를 가공, 조종, 이동, 안내하거나 또는 정위치시킨다. 그리고 도구, 가공물 또는 원료를 선정하고 작업에 알맞게 공구를 조정한다. 2. 제어조작(Operating-controlling) : 기계 또는 설비를 시동, 정지, 제어하고 작업이 진행되고 있는 기계나 설비를 조정한다. 3. 조작운전(Driving-operating) : 다양한 목적을 수행하고자 사물 또는 사람의 움직임을 통제하는 데 일정한 경로를 따라 조작되고 안내되어야 하는 기계 또는 설비를 시동, 정지하고 그 움직임을 제어한다.

제3과목 고급 직업정보론

순번	구성체계	구 성 내 용
3	직무기능	4. 수동조작(Manipulating) : 기계, 설비 또는 재료를 가공, 조정, 이동 또는 위치할 수 있도록 신체부위, 공구 또는 특수장치를 사용한다. 정확도 달성 및 적합한 공구, 기계, 설비 또는 원료를 산정하는 데 어느 정도의 판단력이 요구된다. 5. 유지(Tending) : 기계 및 장비를 시동, 정지하고 그 기능을 관찰한다. 체인징 가이드, 조정 타이머, 온도 게이지 등 계기의 제어장치를 조정하거나 원료가 원활히 흐르도록 밸브를 돌려주고 빛의 반응에 따라 스위치를 돌린다. 이러한 조정업무에 판단력은 요구되지 않는다. 6. 투입·인출(Feeding-off bearing) : 자동적으로 또는 타 작업원에 의하여 가동, 유지되는 기계나 장비안에 자재를 삽입, 투척, 하역하거나 그 안에 있는 자재를 다른 장소로 옮긴다. 7. 단순작업(Handling) : 신체부위, 수공구 또는 특수장치를 사용하여 기계, 장비, 물건 또는 원료 등을 정리, 운반 처리한다. 정확도 달성 및 적합한 공구, 장비, 원료를 선정하는 데 판단력은 요구되지 않는다.
4	작업강도	• "작업강도"는 해당 직무를 수행하는 데 필요한 육체적 힘의 강도를 나타낸 것으로, 5단계로 분류하였다. 그러나 "작업강도"는 심리적·정신적 노동강도는 고려하지 않았다.

구분	정의
아주 가벼운 작업	• 최고 4kg의 물건을 들어 올리고, 때때로 장부, 소도구 등을 들어 올리거나 운반한다. • 앉아서 하는 작업이 대부분을 차지하지만 직무수행상 서거나 걷는 것이 필요할 수도 있다.
가벼운 작업	• 최고 8kg의 물건을 들어 올리고, 4kg 정도의 물건을 빈번히 들어 올리거나 운반한다. • 걷거나 서서 하는 작업이 대부분일 때, 또는 앉아서 하는 작업일지라도 팔과 다리로 밀고 당기는 작업을 수반할 때에는 무게가 매우 적을지라도 이 작업에 포함된다.
보통 작업	최고 20kg의 물건을 들어 올리고, 10kg 정도의 물건을 빈번히 들어 올리거나 운반한다.
힘든 작업	최고 40kg의 물건을 들어 올리고, 20kg 정도의 물건을 빈번히 들어 올리거나 운반한다.
아주 힘든 작업	40kg 이상의 물건을 들어 올리고, 20kg 이상의 물건을 빈번히 들어 올리거나 운반한다.

• 또한 각각의 작업강도는 "들어 올림", "운반", "밂", "당김" 등을 기준으로 결정하는데 이 것은 일차적으로 힘의 강도에 대한 육체적 요건이며, 일반적으로 이러한 활동 중 한 가지에 참여한다면 그 범주를 기준으로 사용한다.

순번	구성체계	구 성 내 용		
4	작업강도	**들어 올림**	물체를 주어진 높이에서 다른 높이로 올리거나 내리는 작업	
		운반	손에 들거나 팔에 걸거나 어깨에 메고 물체를 한 장소에서 다른 장소로 옮기는 작업	
		밂	물체에 힘을 가하여 힘을 가한 반대쪽으로 움직이게 하는 작업(때리고, 치고, 발로 차고, 페달을 밟는 일도 포함)	
		당김	물체에 힘을 가하여 힘을 가한 쪽으로 움직이게 하는 작업	

5	육체활동	"육체활동"은 해당 직업의 직무를 수행하기 위해 필요한 신체적 능력을 나타내는 것으로 균형감각, 웅크림, 손, 언어력, 청각, 시각 등이 요구되는 직업인지를 보여준다. 단, "육체활동"은 조사대상 사업체 및 종사자에 따라 다소 상이할 수 있으므로 전체 직업종사자의 "육체활동"으로 일반화하는 데는 무리가 있다.

구분	정의
균형감각	손, 발, 다리 등을 사용하여 사다리, 계단, 발판, 경사로, 기둥, 밧줄 등을 올라가거나 몸 전체의 균형을 유지하고 좁거나 경사지거나 또는 움직이는 물체 위를 걷거나 뛸 때 신체의 균형을 유지하는 것이 필요한 직업이다. – 예시 직업 : 도장공, 용접원, 기초구조물 설치원, 철골조립공 등
웅크림	허리를 굽히거나 몸을 앞으로 굽히고 뒤로 젖히는 동작, 다리를 구부려 무릎을 꿇는 동작, 다리와 허리를 구부려 몸을 아래나 위로 굽히는 동작, 손과 무릎 또는 손과 발로 이동하는 동작 등이 필요한 직업이다. – 예시 직업 : 단조원, 연마원, 오토바이 수리원, 항공기엔진정비원, 전기도금원 등
손 사용	일정기간의 손 사용 숙련기간을 거쳐 직무의 전체 또는 일부분에 지속적으로 손을 사용하는 직업으로, 통상적인 손 사용이 아닌 정밀함과 숙련을 필요로 하는 직업에 한정한다. – 예시 직업 : 해부학자 등 의학 관련 직업, 의료기술 종사자, 기악연주자, 조각가, 디자이너, 미용사, 조리사, 운전 관련 직업, 설계 관련 직업 등
언어력	말로 생각이나 의사를 교환하거나 표현하는 직업으로, 개인이 다수에게 정보 및 오락제공을 목적으로 말을 하는 직업이다. – 예시 직업 : 교육 관련 직업, 변호사, 판사, 통역가, 성우, 아나운서 등
청각	단순히 일상적인 대화내용 청취여부가 아니라 작동하는 기계의 소리를 듣고 이상 유무를 판단하거나 논리적인 결정을 내리는 청취활동이 필요한 직업이다. – 예시 직업 : 피아노조율사, 음향 관련 직업, 녹음 관련 직업, 전자오르간 검사원, 자동차엔진정비원, 광산기계수리원 등
시각	일상적인 눈 사용이 아닌 시각적 인식을 통해 반복적인 판단을 하거나 물체의 길이, 넓이, 두께를 알아내고 물체의 재질과 형태를 알아내기 위한 거리와 공간관계를 판단하는 직업이다. 또한 색의 차이를 판단할 수 있어야 하는 직업이다. – 예시 직업 : 측량기술자, 제도사, 항공기조종사, 사진작가, 의사, 심판, 보석감정인, 위폐감정사 등 감정 관련 직업, 현미경 · 망원경 등 정밀광학기계를 이용하는 직업, 촬영 및 편집 관련 직업 등

순번	구성체계	구성 내용		
6	작업장소		**구분**	**정의**
			실내	눈, 비, 바람과 온도변화로부터 보호를 받으며 작업의 75% 이상이 실내에서 이루어지는 경우
			실외	눈, 비, 바람과 온도변화로부터 보호를 받지 못하며 작업의 75% 이상이 실외에서 이루어지는 경우
			실내·외	작업이 실내 및 실외에서 비슷한 비율로 이루어지는 경우

"작업장소"는 해당 직업의 직무가 주로 수행되는 장소를 나타내는 것으로 실내·실외 근무시간에 따라 구분한다.

"작업환경"은 해당 직업의 직무를 수행하는 작업자에게 직접적으로 물리적, 신체적 영향을 미치는 작업장의 환경요인을 나타낸 것이다. 작업자의 작업환경을 조사하는 담당자는 일시적으로 방문하고 또한 정확한 측정기구를 가지고 있지 못한 경우가 일반적이기 때문에 조사 당시 조사자가 느끼는 신체적 반응 및 작업자의 반응을 듣고 판단한다. 온도, 소음, 진동, 위험내재 및 대기환경이 미흡한 직업은 근로기준법, 산업안전보건법 등의 법률에서 제시한 금지직업이나 유해요소가 있는 직업 등을 근거로 판단할 수 있다. 그러나 이러한 기준도 산업체 및 작업장에 따라 달라질 수 있으므로 절대적인 기준이 될 수 없다.

순번	구성체계	구성 내용		
7	작업환경		**구분**	**정의**
			저온	신체적으로 불쾌감을 느낄 정도로 저온이거나 두드러지게 신체적 반응을 야기시킬 정도로 저온으로 급변하는 경우
			고온	신체적으로 불쾌감을 느낄 정도로 고온이거나 두드러지게 신체적 반응을 야기시킬 정도로 고온으로 급변하는 경우
			다습	신체의 일부분이 수분이나 액체에 직접 접촉되거나 신체에 불쾌감을 느낄 정도로 대기 중에 습기가 충만한 경우
			소음·진동	심신에 피로를 주는 청각장애 및 생리적 영향을 끼칠 정도의 소음, 전신을 떨게 하고 팔과 다리의 근육을 긴장시키는 연속적인 진동이 있는 경우
			위험내재	신체적인 손상의 위험에 노출되어 있는 상황으로 기계적·전기적 위험, 화상, 폭발, 방사선 등의 위험이 있는 경우
			대기환경 미흡	직무를 수행하는 데 방해가 되거나 건강을 해칠 수 있는 냄새, 분진, 연무, 가스 등의 물질이 작업장의 대기 중에 다량 포함된 경우
8	유사명칭	"유사명칭"은 현장에서 본직업명을 명칭만 다르게 부르는 것으로 본직업명과 사실상 동일하다. 따라서 직업 수 집계에서 제외된다. 예를 들어, "보험모집원"은 "생활설계사", "보험영업사원"이라는 유사명칭을 가지는데 이는 동일한 직무를 다르게 부르는 명칭들이다.		
9	관련 직업	"관련 직업"은 본직업명과 기본적인 직무에 있어서 공통점이 있으나 직무의 범위, 대상 등에 따라 나누어지는 직업이다. 하나의 본직업명에는 2개 이상의 관련 직업이 있을 수 있으며 직업 수 집계에 포함된다.		

순번	구성체계	구 성 내 용
10	자격 · 면허	"자격 · 면허"는 해당 직업에 취업 시 소지할 경우 유리한 자격증 또는 면허를 나타내는 것으로, 현행 국가기술자격법 및 개별법령에 의해 정부 주관으로 운영하고 있는 국가자격 및 면허를 수록한다. 한국산업인력공단 및 대한상공회의소에서 주관 · 수행하는 시험에 해당하는 자격과 각 부처에서 개별적으로 시험을 실시하는 자격증을 중심으로 수록하였다. 그러나 민간에서 부여하는 자격증은 제외한다.
11	한국표준 산업분류 코드	해당 직업을 조사한 산업을 나타내는 것으로 『한국표준산업분류(제9차 개정)』의 소분류 (3-digits) 산업을 기준으로 하였다. 2개 이상의 산업에 걸쳐 조사된 직업에 대해서도 해당 산업을 모두 표기하였다. 대분류 기준의 모든 산업에 포함되는 일부 직업은 대분류의 소분류 산업을 모두 표기하는 것이 아니라 "제조업", "도매 및 소매업" 등 대분류 산업을 기준으로 표기하였다. 단, "산업분류"는 수록된 산업에만 해당 직업이 존재하는 것을 의미하는 것이 아니라 그 직업이 조사된 산업을 나타내고 있다. 따라서 타 산업에서도 해당 직업이 존재할 수 있다.
12	한국표준 직업분류 코드	해당 업의 『한국고용직업분류(KECO)』 세분류 코드(4-digits)에 해당하는 『한국표준직업분류』(통계청)의 세분류 코드를 표기한다.
13	조사 연도	"조사 연도"는 해당 직업의 직무조사가 실시된 연도를 나타낸다.

❷ 『2017 한국직업전망』(자료 : 『2017 한국직업전망』, 한국고용정보원)

(1) 『한국직업전망』 발간 목적

① 『한국직업전망』은 1999년부터 2년 주기로 발간되고 있다. 『2017 한국직업전망』은 우리나라를 대표하는 17개 분야 195개 직업에 대한 상세 정보를 수록하고 있다.

② 진로와 직업을 결정하고자 하는 청소년 및 일반 구직자에게 다양한 직업정보를 제공하여 직업선택에 도움을 주고자 기획되었다.

③ 직업에 대한 향후 전망 정보는 진로·진학상담교사, 고용센터 담당자, 노동시장 정책입안자, 연구자 등에게 중요한 자료로 활용된다.

④ 특히 『2017 한국직업전망』은 하는 일, 근무환경 등 일반적인 직업정보 외에 향후 10년간(2016~2025)고용전망과 이유를 제공함으로써 이용자들이 미래의 직업세계 변화에 대한 이해를 높이도록 하였다는 점에 의의가 있다.

(2) 수록직업 선정 방향

① 『2017 한국직업전망』에 수록된 직업은 『한국고용직업분류(KECO)』의 세분류(4-digits) 직업에 기초하여 종사자 수가 일정 규모(3만 명) 이상인 경우를 원칙으로 선정하였으며, 그 밖에 청소년 및 구직자의 관심이 높거나 직업정보를 제공할 가치가 있다고 판단되는 직업을 추가 선정하였다.

② 『2017 한국직업전망』의 직업 선정 시, KECO의 세분류 직업 429개 중 승진을 통해 진입하는 관리직은 제외하였다.

③ 직무가 유사한 직업들은 하나로 통합하거나 소분류(3-digits) 수준에서 통합하였다. 예를 들어 건설 관련직 중 '강구조물 가공원 및 건립원'과 '경량철골공'은 철골공으로 통합하였고, 한식·중식·일식·양식으로 나뉘는 주방장 및 조리사의 경우도 '주방장 및 조리사'로 통합하였다.

④ 『2017 한국직업전망』에는 『2015 한국직업전망』에 수록되지 않았던 석유화학물 가공장치조작원, 에너지공학기술자, 의복제조원 및 수선원, 농림어업기술자 등 4개 직업을 추가 수록하였다.

⑤ 석유화학물 가공장치조작원과 의복제조원 및 수선원은 종사자 수가 일정 규모 이상이며, 화학과 섬유·의류 분야에 해당하는 직업이 각각 1개에 불과하여 분야 간 형평성을 맞추기 위해 추가 개발·수록되었다. 농림어업기술자는 기존에 생명과학연구원에 포함되었으나, 직무의 고유성과 농림어업 분야에서 기술자의 역할 증대를 고려하여 신규 개발되었다.

⑥ 에너지공학기술자는 4차 산업혁명 시대를 맞이하여 신재생에너지에 대한 중요도와 관심도가 커지는 것을 반영하였다.

(3) 분류체계

① 『2017 한국직업전망』의 분류는 KECO의 24개 중분류(2-digits)를 통합 또는 분할하여 17개 직군으로 재편하였다. 예를 들면, KECO의 대분류 "08 문화·예술·디자인·방송 관련직"은 수록직업이 25개로 많으므로 "문화·예술 관련직", "디자인 및 방송 관련직"으로 분할하였고, 해당 직업 수가 적은 "11 경비 및 청소 관련직"과 "12 미용·숙박·여행·오락·스포츠 관련직"은 "경비·미용 및 개인서비스 관련직"이라는 명칭으로 통합하였다.

② 『2017 한국직업전망』이 『2015 한국직업전망』과 달라진 점은 2015년도의 "경비·청소 및 개인서비스 관련직"에서 수록직업 수의 비중이 높은 '미용'을 직군명에 포함하여 2017년도에는 "경비·미용 및 개인서비스 관련직"으로 변경하였다.

③ 2015년도의 '화학'은 직무의 유사성을 고려하여 "기계·재료 관련직"에서 분리하여 "화학·섬유·환경 및 공예 관련직"에 포함시켰다.

(4) 고용전망 방법

① 『2017 한국직업전망』은 향후 10년간(2016~2025) 해당 직업의 일자리 규모에 대한 전망과 변화요인을 제공하고 있다.

② 일자리전망 결과는 향후 10년간의 연평균 고용증감률을 −2% 미만(감소), −2% 이상 −1% 이하(다소 감소), −1% 초과 +1% 미만(현 상태 유지), 1% 이상 2% 이하(다소 증가), 2% 초과(증가) 등 5개 구간으로 구분하여 제시하였다.

③ 3차 과정으로 전망하였다.

　㉠ 1차 과정 : 정량적 전망과 정성적 전망을 종합 분석하여 직업별 고용전망 결과를 도출하였다.

ⓛ 2차 과정 : 1차 분석 과정을 통해 정리된 전망 결과와 그 요인에 대해 직업별로 관련 협회나 연구소 등의 산업 또는 현장 전문가로부터 검증을 받았다. 1차 안과 대치되는 의견에 대해서는 재검토하여 수정하였다.

ⓒ 3차 과정 : 마지막으로 외부 전문가로부터 검증받아 2차로 도출된 전망 결과에 대해 직업 및 고용 전문가들로 구성된 내부 연구진의 토론을 통해 상호 검증과정을 거쳤다. 특히,「중장기 인력수급 수정전망 2015~2025」 결과와 연구진 분석(정성적 전망 등)에 큰 차이가 있는 직업에 대해 집중 논의를 하여 수정·합의하였다. 이상의 3차에 걸친 과정을 통해 최종 전망 결과를 확정하였다.

> • 정량적 전망 : 한국고용정보원의 「중장기 인력수급전망」을 참고
> • 정성적 전망 :「정성적 직업전망 조사」,「KNOW 재직자 조사」, 산업경기전망 관련 각종 연구보고서, 통계청·협회 등의 통계자료 등을 참조
> • 직업별 고용전망 :「중장기 인력수급 수정전망 2015~2025」(한국고용정보원, 2016)의 취업자 증감률(2015~2025)을 바탕으로 하였다.
> •「중장기 인력수급 수정전망 2015~2025」에서 제시하지 않은 직업의 경우에는 「2016년 정성적 직업전망 조사」,「2016년 한국직업전보(KNOW) 재직자 조사」 등의 정성적 조사 결과와 관련 협회, 연구보고서, 전문가 의견 등을 종합 분석하여 판단하였다.
> •「2016년 정성적 직업전망 조사」는 한국의 대표 직업 250여 개에 대해 직업별로 경력 5년 이상의 현직자 또는 학계, 협회 등의 전문가 2~7명씩을 대상으로 구조화된 설문지를 바탕으로 표적집단면접법(FGI)과 심층면접법(In-depth interview), 자기기입식 설문법 등을 통해 고용변동 요인별 전망, 직무변화 양상 등에 대해 조사한 것이다.
> •「2016년 한국직업정보(KNOW) 재직자 조사」는 KNOW의 630여 개 직업별로 경력 1년 이상인 재직자 30명 내외를 대상으로 업무수행능력, 지식, 성격, 흥미, 가치관, 업무환경, 일자리전망 등을 조사한 것이다.

(5) 직업정보

① 대표 직업명

ⓐ 직업명은 KECO의 세분류 수준의 명칭을 가능한 차용(다른 직업정보나 통계자료와의 연계성을 높이기 위함)

ⓑ 여러 세분류 직업들이 합쳐진 경우에는 소분류 수준의 명칭을 사용

ⓒ 산업현장에서 실제 불리는 명칭이 대표 직업명과 다른 경우는 대표 직업명과 병기하거나 내용 중 포함

② 하는 일

ⓐ 해당 직업 종사자가 일반적으로 수행하는 업무내용과 과정 서술

ⓛ 여러 직업을 포함하는 경우에는 세부 직업별로 하는 일을 서술

③ 근무환경 : 해당 직업 종사자의 일반적인 근무시간, 근로형태(교대근무, 야간근무 등), 육체적·정신적 스트레스 정도, 근무장소, 산업안전 등에 대해 서술

④ 되는 길

　㉠ 교육 및 훈련 : 해당 직업에 종사하는 데 필요한 학력과 전공, 직업훈련기관 및 훈련과정 등을 소개

　㉡ 관련 학과 : 일반적인 입직 조건을 고려하여 대학에 개설된 대표 학과명을 수록하거나, 특성화고등학교, 직업훈련기관, 직업전문학교의 학과명을 수록

　㉢ 관련 자격 및 면허 : 해당 직업에 종사하기 위해 반드시 필요하거나 취업에 유리한 국가(기술, 전문)자격을 수록

　㉣ 그 외에 민간공인자격이나 외국자격 중 업무수행이나 취업에 필요하거나 유용한 것도 수록

　㉤ 입직 및 경력개발 : 해당 직업에 입직(入職)하기 위한 방법, 채용 전형 등을 소개하였다. 그리고 활동 분야(취업처)나 이·전직 가능 분야를 수록. 직업에 따라 승진이나 창업 등 경력개발 내용이 포함되는 경우도 있다.

Plus Check 　국가자격 및 공인민간자격

- 국가기술자격은 법령에 따라 국가가 신설하여 관리·운영하는 국가자격 중 산업과 관련이 있는 기술·기능 및 서비스 분야의 자격을 말한다. 기술·기능 분야는 기술사, 기능장, 기사, 산업기사, 기능사 5개 등급으로 구분된다. 기술계 자격은 산업기사 → 기사 → 기술사 단계로 구성되며, 기능계 자격은 기능사 → 산업기사 → 기능장 단계로 구성된다.
- 국가전문자격은 정부부처, 즉 보건복지부, 환경부, 고용노동부, 법무부 등에서 개별 법률에 따라 주관하는 자격으로, 개별 부처의 필요에 의해 신설 및 운영된다. 예를 들면, 보건복지부의 의사, 간호사, 사회복지사, 국토교통부의 건축사, 고용노동부의 공인노무사 등이 있다.
- 공인민간자격은 자격의 관리·운영 수준이 국가자격과 같거나 비슷한 민간자격 중에서 주무부 장관이 공인한 자격이다.

---

⑤ 적성 및 흥미 : 해당 직업에 취업하거나 업무를 수행하는 데 필요하거나 유리한 적성, 성격, 흥미, 지식 및 기술 등을 수록

> **Plus Check** 성별 · 연령 · 학력 분포 및 임금
>
> • 직업 종사자의 성별, 연령, 학력 등 인적 특성과 임금 자료는 통계청의 「지역별고용조사(2015)」 자료를 활용.
> • 「지역별고용조사(2015)」는 통계청 자료로 제시된 통계는 취업자 전부를 조사하는 전수조사가 아니고 집단의 일부를 조사하는 표본조사이기 때문에 실제 근로자 특성을 온전히 대표하지 못함을 밝히고 있다.
> • 「지역별고용조사(2015)」는 최근 3개월간 월평균임금을 조사, 임금 현황을 세 구간의 평균임금으로 제시. 이는 전체 평균이나 중위값 등 특정 숫자로 제시하게 되면 임금값의 대표성에 논란이 발생할 수 있기 때문이라고 밝히고 있다.
> • 또한 임금 정보의 사용에 주의할 필요가 있다고 밝히고 있다. 동일 직업이라 하더라도 기업 규모나 산업 업종, 지역 등의 사업체 특성, 성별이나 연령, 경력, 학력 등 인적 특성 그리고 직급, 근로시간, 특별급여(상여금 등) 등에 따라 편차가 크기 때문이다.
>   – 성별 : 직업 종사자의 남녀 비율을 제시
>   – 연령 : '20대 이하(29세 이하)', '30대(30~39세)', '40대(40~49세)', '50대(50~59세)', '60대 이상(60세 이상)'으로 구분하여 제시하였다.
>   – 학력 : '고졸 이하', '전문대졸(2~3년제)', '대졸(4~5년제)', '대학원졸 이상'으로 구분하여 제시
>   – 임금 : 임금 구간을 세 구간('25% 미만', '25% 이상 75% 미만', '75% 이상')으로 나누어 각각 평균임금을 제시. 25% 미만은 '하위 25%', 25% 이상 75% 미만은 '중위 50%', 75% 이상은 '상위 25%'로 표기하였다. 다만, 통계조사 샘플 수가 30명 미만으로 적은 직업의 경우는 통계의 신뢰성을 고려하여 임금을 제시하지 않았다.

⑥ 부가직업정보

   ㉠ 관련 직업 : 한국직업정보시스템(KNOW)에서 서비스하는 약 800개 직업을 중심으로 자격이나 전공, 경력 등을 고려하여 곧바로 혹은 추가 교육훈련을 통해 진입이 가능한 직업을 제시하였다.

   ㉡ 직업코드 : 한국고용직업분류(KECO)와 한국표준직업분류(KSCO)의 세분류(4-digits) 코드를 제공하였다. 해당 직업이 소분류(3-digits) 수준이라면 하위에 포함된 직업코드 여러 개가 제공된다.

   ㉢ 관련 정보처 : 직업정보와 관련된 정부부처, 공공기관, 협회, 학회 등의 기관 명칭, 전화번호, 홈페이지 주소를 제공하였고, 유용한 웹사이트를 수록하였다.

(6) 향후 10년간 고용전망 및 요인

① 고용전망 결과 : 향후 10년간(2016~2025) 직업 대분류별 고용전망(취업자 전망, 고용전망 결과, 고용변동 요인)을 그래픽으로 시각화하여 제시하였다.

② 고용전망 요인

   ㉠ 고용전망 결과를 설명할 수 있는 요인들을 제시

   ㉡ 고용에 영향을 미치는 요인 : 인구구조 및 노동인구 변화, 대내외 경제상황 변화, 기업의 경영전략 변화, 산업특성 및 산업구조 변화, 과학기술 발전, 기후변화와 에너지 부족, 가치관과 라이프스타일 변화, 정부정책 및 법·제도 변화 등 8가지 범주를 바탕으로 하되, 직업에 따라 유연하게 활용

   ㉢ 고용전망 결과를 설명할 수 있는 요인들을 제시하기 위해 「정성적 직업전망 조사」, 「KNOW 재직자 조사」의 일자리전망 조사, 산업경기전망 등 각종 보고서, 통계청·협회 등의 통계자료, 산업전문가 자문, 현장전문가 인터뷰 등을 활용

※ 검색방법 : 키워드, 조건별, 학과계열별, 취업률별

계열	학과	관련 학과
인문계열	언어학과	언어과학과, 언어인지과학전공, 언어정보학과
	국어 · 국문학과	국어국문학과, 한문어문학과, 한국어학과, 외국어로서의 한국어학과
	문예창작과	문예창작학과, 문학영상학과, 스토리텔링학과, 방송시나리오극작과
	일본어 · 문학과	일어문학과, 일본어과, 관광일어통역과, 관광일어과
	중국어 · 문학과	중어중문학과, 중국어과, 관광중국어학과, 한문학과
	영미어 · 문학과	영어영문학과, 영어학과, 영어과, 관광영어과, 실용영어전공
	독일어 · 문학과	독어독문학과, 독어학과, 독일어문학전공, 독일어과, 독일언어문학과
	러시아어 · 문학과	노어노문학전공, 노어학과, 러시아학과, 러시아어문학전공, 러시어학과
	스페인어 · 문학과	서어서문학과, 서반아어과, 스페인어과, 스페인어문학전공
	프랑스어 · 문학과	불어불문학과, 불어불문학전공, 불어과, 불어학과, 프랑스어문학전공
	기타 아시아어 · 문학과	태국어과, 터키어과, 몽골어과, 미얀마어과, 베트남어과, 아랍어과, 히브리 · 중동학전공, 말레이 · 인도네시어과
	기타 유럽어 · 문학과	네덜란드어과, 루마니아어과, 스칸디나비아어과, 유고어과, 이태리어과, 체코어과, 포르투갈어과, 폴란드어과, 헝가리어과
	문헌정보학과	문헌정보학과, 도서관학과, 데이터정보학과
	심리학과	심리학과, 산업심리학과, 상담심리학과, 상담학과
	문화 · 민속 · 미술사학	문화인류학과, 문화학과, 문화재보존학과, 고고미술사학과, 민속학과, 인류학과
	역사 · 고고학과	고고학과, 사학과, 역사학과, 한국사학과, 역사문화학과
	종교학과	신학과, 불교학과, 선교학과, 종교학과, 원불교학과
	국제지역학과	국제지역학과, 중남미학과, 동아시아학과, 한국문화학과, 독일학과, 러시아학과, 유럽학과
	철학 · 윤리학과	동양철학과, 미학과, 국민윤리학과, 종교철학과
사회계열	경영학과	경영학과, 국제경영학과, 마케팅학과, 정보경영학과, e-비지니스학과, 부동산경영학과
	경제학과	경제학과, 국제경제학과, 산업경제학과, 디지털경제학과, 경제금융학과, 환경경제학과, 농업경제학과
	호텔 · 관광경영학과	관광경영학과, 호텔경영학과, 문화관광학, 관광개발학과, 외식경영학과
	항공서비스과	스튜어디스과, 항공관광과, 항공운항과, 항공비서과
	광고 · 홍보학과	광고홍보학과, 언론홍보학과, 언론광고학과, 광고마케팅학과, 광고창작과
	금융 · 보험학과	금융마케팅과, 금융보험과, 금융세무과, 증권금융과

사회계열	세무 · 회계학과	회계학과, 경영회계학과, 세무학과, 세무회계학과, 전산세무회계과
	무역 · 유통학과	무역학과, 무역유통학, 국제통상학과, 유통학과, 물류유통학과
	법학과	법학과, 사법학과, 공법학과, 법률학과, 국제법무전공, 부동산법무전공, 법률실무과, 법률행정전공
	사회복지학과	사회복지학과, 가족복지학과, 사회복지행정과, 의료복지과, 재활복지과
	아동 · 청소년복지학과	아동복지학과, 청소년교육복지과, 청소년복지상담학과, 청소년지도전공
	노인복지학과	노인복지과, 실버케어보건복지전공, 노인요양복지과, 실버복지과
	국제학과	국제관계학과, 국제문화전공, 해외개발학과
	도시 · 지역학과	도시계획학과, 지역개발학과, 도시개발학과, 지역학과, 부동산과
	사회학과	사회학과, 정보사회학과, 도시사회학과
	신문방송학과	언론정보학과, 언론학과, 신문방송학과, 언론학전공
	정보미디어학과	미디어학과, 언론정보학과, 정보미디어학과, 디지털미디어전공, 디지털방송전공
	정치외교학과	정치외교학과, 정치학과, 외교학과
	행정학과	행정학과, 도시행정학과, 자치행정학과, 행정정보학과, 국제행정학과
	경찰행정학과	경찰행정학과, 경찰행정법학과, 여성경찰행정학과, 해양경찰학과, 사이버경찰학전공
	보건행정학과	보건행정학과, 병원관리학과, 보건과학과
	비서학과	국제사무학과, 국제행정학과, 비서행정학과, 법률비서과, 비서정보과
	지리학과	지리학과, 지리정보학과
교육계열	교육학과	교육학과, 교육공학과, 교육심리학과, 평생교육학과
	유아교육학과	유아교육학과, 보육학과, 아동보육과, 영육아보육과, 컴퓨터보육과, 아동미술교육과
	특수교육학과	특수교육과, 초등특수교육과, 중등특수교육과, 유아특수교육과, 언어치료학과
	초등교육학과	초등교육과, 초등교육학과
	인문교육과	윤리교육학과, 기독교교육학과, 문헌정보교육학과
	언어교육과	국어교육학과, 영어교육학과, 일어교육학과, 독어교육학과, 불어교육학과, 한문교육학과
	사회교육과	사회교육과, 일반사회교육과, 역사교육과, 지리교육과
	공학교육과	컴퓨터교육과, 기술교육전공, 정보전자공학교육과, 기계교육과
	자연계교육과	가정교육과, 과학교육과, 물리교육과, 생물교육과, 수산교육과, 지구과학교육과, 화학교육과
	예체능교육과	미술교육과, 음악교육과, 체육교육과, 보건교육과
자연계열	농업학과	농업공학부, 농학전공, 축산학전공, 축산식품생물공학전공, 낙농산업과학전공, 직물생산공학전공

자연계열	산림 · 원예학과	산림학전공, 산림과학과, 임산공학과, 목재응용과학전공, 원예학과, 원예과학전공, 관상원예조경학부
	수산학과	양식학과, 수산양식학과, 해양생산과학전공, 해양생산학과
	생명과학과	생명과학부, 생명과학과, 생명공학부, 생명공학부, 생명화학공학부, 식물생명공학부, 동물생명공학전공, 생명환경학부, 바이오학부, 생명분자공학부, 해양생명의학과
	생물학과	생물학과, 화학생물공학부, 미생물학과, 응용생물공학부, 분자생물학과, 농생물학전공
	수의학과	수의학과, 수의예학과
	(애완)동물학과	애완동물학과, 애완동물관리과, 애관동물미용학부, 애완동물미용패션전공
	자원학과	산림자원학과, 동물자원학과, 식물자원학과, 한약재산업학과, 한약개발과, 한약자원개발과
	화학과	화학과, 응용화학과, 농화학전공, 응용생명화학전공, 생명환경화학과
	환경학과	환경공학과, 사회환경시스템공학과, 지구환경과학과, 환경조경학과, 바이오환경공학과, 환경대기과학과, 에너지환경과학과, 생태공학전공
	가정관리학과	가정관리학과, 아동가족학과, 가족주거학과, 주거환경학과, 소비자학전공, 생활복지주거학과, 주거환경, 소비자학과
	식품영양학과	식품영양학과, 식품공학과, 식품생명공학과, 식품과학과, 한방식품영양학부, 한방건강식품학과
	식품조리학과	호텔조리과, 식품조리과, 호텔조리학과, 호텔외식조리과, 전통조리과, 제과제빵과
	의류 · 의상학과	의류학과, 의상학과, 의류패션학과, 패션산업학과, 의생활학부, 패션학과, 의류직물학과, 텍스타일아트전공
	수학과	수학과, 응용수학과, 수리정보학부, 수리과학부, 수학정보과, 전산수학과, 정보수리학과
	통계학과	통계학과, 정보통계학과, 수학통계학부, 응용통계학과, 전산통계학과, 컴퓨터통계학과
	물리 · 과학과	물리학과, 응용물리학과, 나노시스템공학부, 첨단과학부, 나노공학부, 나노전자물리학과, 전자물리학과, 신소재물리학과, 물리천문학부
	천문 · 기상학과	대기환경과학전공, 천문우주학전공, 천문대기과학과, 대기과학과
	지구과학과	지질학과, 지적학과, 지구정보공학전공, 지구시스템과학전공
공학계열	건축학과	건축학과, 건축과, 실내건축학과, 건축설계전공
	건축 · 설비공학과	건축공학과, 건축토목학과, 건축토목공학과, 건축설비공학과, 도시건축공학부, 해양건설공학과
	조경학과	조경학과, 조경디자인학과, 녹지조경학과, 도시환경조경과, 환경조경과
	토목공학과	토목공학과, 건설시스템공학과, 토목환경공학과, 토목환경시스템공학과, 지역환경토목학과, 철도토목학과, 산업토목학과, 토목도시환경과, 토목건설과
	도시공학과	도시공학과, 도시정보공학과, 지역시스템공학전공, 도시토목환경학과

공학계열	지상교통공학과	교통공학과, 교통시스템공학전공, 철도차량공학과, 철도차량시스템학과, 철도전기신호학과
	항공학과	기계항공공학부, 항공우주공학과, 항공운항학과, 항공기계학과, 항공교통관리학과, 항공전자시뮬레이션학과
	해양공학과	기관시스템공학부, 해상운송시스템학부, 조선해양공학과, 해양기술학부, 해양시스템공학부, 해사수송과학부, 선박해양공학과, 조선공학과, 해양학과, 해양산업공학과, 수중기술학과
	기계공학과	기계공학과, 기계설계공학과, 기계시스템전공, 기계정보공학과, 첨단기계전공, 정밀기계공학전공, 지능기계공학전공, 동력기계시스템공학과
	금속공학과	금속공학전공, 금속시스템공학전공
	자동차공학과	자동차공학과, 자동차기계공학과, 카메카트로닉스학과, 자동차생산공학전공
	전기공학과	전기공학과, 전기 · 제어공학부, 전기정보시스템공학과, 전기생체공학부
	전자공학과	전자공학과, 전자컴퓨터공학전공, 전자전기공학과, 전자유도기술학과, 디지털디스플레이공학전공
	제어계측공학과	제어계측공학과, 제어자동화공학전공, 시스템제어공학과, 기계제어공학전공, 컴퓨터제어공학전공
	광학공학과	안경광학과, 광기술공학과, 레이저광정보공학전공, 광전자물리학과, 광공학전공, 광전자디스플레이공학전공
	에너지공학과	에너지자원공학과, 원자력공학과, 에너지환경시스템공학과, 원자핵공학과, 수소에너지공학과, 신재생에너지공학과, 환경에너지학과
	반도체 · 세라믹공학과	세라믹공학과, 반도체시스템공학과, 반도체과학과, 세라믹반도체전공
	섬유공학과	섬유공학과, 섬유시스템공학과, 섬유소재시스템공학과, 섬유나노소재전공, 섬유신소재설계전공, 섬유산업학과
	신소재공학과	신소재공학과, 첨단소재공학부, 신소재화학과, 나노신소재공학전공, 신소재시스템공학과
	재료공학과	전자재료공학과, 재료공학전공, 금속재료공학과, 항공재료공학과, 조선기자재공학부, 무기재료공학과
	컴퓨터공학과	컴퓨터공학과, 멀티미디어공학과, 컴퓨터미디어공학부, 디지털콘텐츠전공, 컴퓨터시스템공학과, 디지털콘텐츠학과
	응용소프트웨어공학과	컴퓨터소프트웨어공학과, 게임공학과, 게임애니메이션학과, 인터넷소프트웨어학과, 게임모바일콘텐츠학과, 임베디드소프트웨어학과
	정보 · 통신공학과	정보통신공학과, 정보기술공학부, 전자정보통신공학전공, 컴퓨터정보공학과, 전자통신공학과, 통신공학과, 컴퓨터정보처리학과, 위성정보학과
	산업공학과	산업경영공학과, 산업공학과, 산업시스템공학과, 시스템경영공학과, 첨단산업공학전공, 해양산업공학과, 산업정보학과, 안전보건학과

공학계열	화학공학과	화학공학과, 응용화학공학과, 공업화학전공, 화학시스템공학과, 나노화학공학과, 화공생명학과, 화공생물공학과
	소방방재학과	소방방재학과, 소방방재공학과, 소방안전학과, 소방안전관리학과, 소방방재환경학과, 소방방재시스템전공
의학계열	의학과	의예과, 의학과, 의학부
	치의학과	치의학과
	한의학과	한의학과
	간호학과	간호학과, 간호과
	약학과	약학과, 약학부, 약학전공, 제약학과, 한약학과
	치위생학과	치위생학과, 치위생과
	보건관리학과	환경보건학과, 산업보건학과, 보건학과, 환경위생과, 보건위생과, 공중보건학과
	임상병리학과	임상병리학과, 임상병리과
	방사선학과	방사선과, 방사선학과
	응급구조학과	응급구조학과, 응급구조과, 전문응급구조학과, 소방안전구급과
	재활학과	재활학과, 재활공학과, 언어재활과, 노인요양재활과, 유아특수재활과, 보건재활학부, 언어재활과, 재활심리과
	물리치료학과	물리치료학과, 물리치료과
	작업치료학과	작업치료학과, 작업치료과
	의료공학과	의용공학과, 의공학과, 의용전자공학전공, 의용메카트로닉스전공, 한방의료공학과
	의료장비과	의료보장구과, 보건의료기기과, 의료기기과
	치기공학과	치기공학과, 치기공과
	의무행정학과	의무행정과, 의료정보시스템전공, 보건의료정보과, 의약정보관리과
예체능계열	산업디자인학과	산업디자인학과, 산업디자인전공, 산업정보디자인학부, 생산디자인전공
	시각디자인학과	시각디자인전공, 시각디자인학과, 시각정보디자인전공, 시각커뮤니케이션디자인전공
	패션디자인학과	의상디자인전공, 패션디자인학과, 섬유·패션디자인전공, 공연의상학과
	실내디자인학과	실내디자인학과, 실내환경디자인전공, 실내건축디자인학과
	공예학과	공예과, 공예전공, 디지털공예전공, 도자공예전공, 도자예술전공, 금속공예과, 산업공예학과
	사진학과	사진학과, 사진영상학과, 사진예술학과
	애니메이션학과	애니메이션전공, 만화애니메이션학과, 카툰코믹스전공, 출판만화전공, 만화콘텐츠전공
	영상·예술학과	영화영상전공, 다매체영상학과, 방송영상학전공, 언론영상전공, 영화영상학과, 디지털영상전공

예체능계열	뷰티아트과	미용과학과, 미용분장학과, 뷰티미용학과, 뷰티케어과, 피부미용학과, 한방피부미용학과, 향장미용학과
	무용학과	무용학과, 발레전공, 생활무용예술학과, 민속무용학과, 한국무용과
	체육학과	체육학과, 사회체육학과, 스포츠과학과, 운동처방학과, 건강관리학과, 경기지도과, 유도과, 골프과, 태권도학과, 해양스포츠학과
	경호학과	경호학과, 경호비서학과, 경찰무도학과, 경호정보학과
	조형학과	조소전공, 판화전공, 환경조각학과, 조형예술학부
	미술학과	회화전공, 미술학과, 서양화과, 서양화전공, 동양화전공, 섬유미술과, 응용미술교육과, 미술창작과, 다중매체미술학과, 미술경영학전공
	연극 · 영화학과	연극영화학과, 연극전공, 연극학과, 연기전공, 영화전공, 영화학과, 연기예술학전공
	방송 · 연예과	방송연예학과, 영화방송학과, 뮤지컬공연전공, 공연엔터테인먼트전공, 방송연기영상과
	음악학과	음악학과, 음악과, 음악학부, 국악과, 한국음악과, 관현악과, 기악과, 피아노과, 성악과, 작곡과
	실용음악과	실용음악과, 생활음악과, 대중음악과, 뮤지컬과, 아동음악과, 기독교실용음악과
	음향과	음향제작과, 음향과, 음향미디어전공

❹ 자격정보(자료 : 국가기술자격법 시행규칙/Q-net)

(1) 국가기술자격 현황

건설기계운전, 건설배관, 건축, 경비·청소, 경영, 금속·재료, 금형·공작기계, 기계장비설비·설치, 기계제작, 농업, 단조·주조, 도시·교통, 도장·도금, 디자인, 목재·가구·공예, 방송, 방송·무선, 보건·의료, 비파괴검사, 사무, 사회복지·종교, 생산관리, 섬유, 숙박·여행·오락·스포츠, 식품, 안전관리, 어업, 에너지·기상, 영업·판매, 용접, 운전·운송, 위험물, 의복, 이용·미용, 인쇄·사진, 임업, 자동차, 전기, 전자, 정보기술, 제과·제빵, 조경, 조리, 조선, 채광, 철도, 축산, 토목, 통신, 판금·제관·새시, 항공, 화공, 환경

(2) 국가전문자격 현황

가맹거래사, 감정사, 감정평가사, 검량사, 검수사, 경매사, 경비지도사, 경영지도사, 공인노무사, 공인중개사, 관광통역안내사, 관세사, 국내여행안내사, 기술지도사, 농산물품질관리사, 문화재수리기능자, 문화재수리기술자, 물류관리사, 박물관/미술관학예사, 방사선취급감독면허, 방사성동위원소취급(일반), 방사성동위원소취급(특수), 변리사, 사회복지사1급, 산업보건지도사, 산업안전지도사, 세무사, 소방시설관리사, 소방안전교육사, 정수시설운영관리사, 주택관리사보, 청소년상담사, 청소년지도사, 한국어교육능력검정시험, 행정사, 호텔경영사, 호텔관리사, 호텔서비스사

(3) 국가기술자격 검정기준 및 방법(출처 : Q-net)

① 국가기술자격 검정기준

자격등급	검정기준
기술사	응시하고자 하는 종목에 관한 고도의 전문지식과 실무경험에 입각한 계획, 연구, 설계, 분석, 조사, 시험, 시공, 감리, 평가, 진단, 사업관리, 기술관리 등의 기술업무를 수행할 수 있는 능력의 유무
기능장	응시하고자 하는 종목에 관한 최상급 숙련기능을 가지고 산업현장에서 직업관리 소속 기능인력의 지도 및 감독, 현장훈련, 경영계층과 생산계층을 유기적으로 연계시켜주는 현장관리 등의 업무를 수행할 수 있는 능력의 유무
기사	응시하고자 하는 중목에 관한 공학적 기술이론 지식을 가지고 설계, 시공, 분석 등의 기술업무를 수행할 수 있는 능력의 유무
산업기사	응시하고자 하는 종목에 관한 기술기초이론 지식 또는 숙련기능을 바탕으로 복합적인 기초기술 및 기능업무를 수행할 수 있는 능력의 보유
기능사	응시하고자 하는 종목에 관한 숙련기능을 가지고 제작, 제조, 조작, 운전, 보수, 정비, 채취, 검사 또는 작업관리 및 이에 관련되는 업무를 수행할 수 있는 능력의 유무

② 검정방법

직무분야	등급	필기시험	실기(면접)시험
기술 · 기능 분야 및 기타 서비스	기술사	• 단답형 또는 주관식 논문형 • 100점 만점에 60점 이상	• 구술형 면접시험 • 100점 만점에 60점 이상
	기능장	• 객관식 4지택일형(60문항) • 100점 만점에 60점 이상	• 주관식 필기시험 또는 작업형 • 100점 만점에 60점 이상
	기사 · 산업기사	• 객관식 4지택일형 • 과목당 20문항 • 과목당 40점 이상, 전과목 평균 60점 이상	• 주관식 필기시험 또는 작업형 • 100점 만점에 60점 이상
	기능사	• 객관식 4지택일형(60문항) • 100점 만점에 60점 이상	• 주관식 필기시험 또는 작업형 • 100점 만점에 60점 이상

(4) 응시자격

① 기술 · 기능 분야 기사기술사 자격의 응시자격(자료: Q-net)

등급	검정기준
기술사	다음의 어느 하나에 해당하는 자 • 기사 자격을 취득한 후 응시하려는 종목이 속하는 직무분야(고용노동부령으로 정하는 유사 직무분야를 포함한다. 이하 " 동일 직무분야"라 한다)에서 4년 이상 실무에 종사한 사람 • 산업기사 자격을 취득한 후 응시하려는 종목이 속하는 동일 직무분야에서 5년 이상 실무에 종사한 사람 • 기능사 자격을 취득한 후 응시하려는 종목이 속하는 동일 직무분야에서 7년 이상 실무에 종사한 사람 • 응시하려는 종목과 관련된 학과로서 고용노동부장관이 정하는 학과(이하 "관련 학과"라 한다)의 대학졸업자 등으로서 졸업 후 응시하려는 종목이 속하는 동일 및 유사 직무분야에서 6년 이상 실무에 종사한 사람 • 응시하려는 종목이 속하는 동일 및 유사 직무분야의 다른 종목의 기술사 등급의 자격을 취득한 사람 • 3년제 전문대학 관련 학과 졸업자 등으로서 졸업 후 응시하려는 종목이 속하는 동일 및 유사 직무분야에서 7년 이상 실무에 종사한 사람 • 2년제 전문대학 관련 학과 졸업자 등으로서 졸업 후 응시하려는 종목이 속하는 동일 및 유사 직무분야에서 8년 이상 실무에 종사한 사람 • 국가기술자격 종목별로 기사의 수준에 해당하는 교육훈련을 실시하는 기관 중 고용노동부령으로 정하는 교육훈련기관의 기술훈련과정(이하 "기사수준 기술훈련과정"이라 한다) 이수자로서 이수 후 응시하려는 종목이 속하는 동일 및 유사 직무분야에서 6년 이상 실무에 종사한 사람 • 기술자격의 종목별로 산업기사의 수준에 해당하는 교육훈련을 실시하는 기관 중 고용노동부령으로 정하는 교육훈련기관의 기술훈련과정(이하 "산업기사 수준 기술훈련과정"이라 한다) 이수자로서 이수 후 동일 및 유사 직무분야에서 8년 이상 실무에 종사한 사람 • 응시하려는 종목이 속하는 동일 및 유사 직무분야에서 9년 이상 실무에 종사한 사람 • 외국에서 동일한 종목에 해당하는 자격을 취득한 사람
기능장	다음의 어느 하나에 해당하는 자 • 응시하려는 종목이 속하는 동일 및 유사 직무분야의 산업기사 또는 기능사의 자격을 취득한 후 근로자직업능력 개발법에 따라 설립된 기능대학의 기능장 과정을 마친 이수자 또는 그 이수예정자 • 산업기사 등급 이상의 자격을 취득한 후 응시하려는 종목이 속하는 동일 및 유사 직무분야에서 5년 이상 실무에 종사한 사람 • 기능사 자격을 취득한 후 응시하려는 종목이 속하는 동일 및 유사 직무분야에서 7년 이상 실무에 종사한 사람 • 응시하려는 종목이 속하는 동일 및 유사 직무분야에서 9년 이상 실무에 종사한 사람 • 응시하려는 종목이 속하는 동일 및 유사 직무분야의 다른 종목의 기능장 등급의 자격을 취득한 사람 • 외국에서 동일한 종목에 해당하는 자격을 취득한 사람

산업기사	다음의 어느 하나에 해당하는 자 • 기능사 등급 이상의 자격을 취득한 후 응시하려는 종목이 속하는 동일 및 유사 직무분야에 1년 이상 실무에 종사한 사람 • 응시하려는 종목이 속하는 동일 및 유사 직무분야의 다른 종목의 산업기사 등급 이상의 자격을 취득한 사람 • 관련 학과의 대학졸업자 등 또는 졸업예정자 • 관련 학과의 2년제 또는 3년제 전문대학졸업자 등 또는 그 졸업예정자 • 동일 및 유사 직무분야의 산업기사 수준 기술훈련과정 이수자 또는 그 이수예정자 • 응시하려는 종목이 속하는 유사 직무분야에서 2년 이상 실무에 종사한 사람 • 고용노동부령으로 정하는 기능경기대회 입상자 • 외국에서 동일한 등급 및 종목에 해당하는 자격을 취득한 사람
기능사	제한 없음

② 서비스 분야 국가기술자격의 응시자격(자료:국가기술자격법 시행규칙 별표 11의 4)

구분	종목	응시자격
서비스 분야	사회조사분석사 1급 직업상담사 1급	다음 각 호의 어느 하나에 해당하는 사람 1. 해당 종목의 2급 자격을 취득한 후 해당 실무에 2년 이상 종사한 사람 2. 해당 실무에 3년 이상 종사한 사람
	사회조사분석사 2급 직업상담사 2급	제한 없음
	소비자전문상담사 1급	다음 각 호의 어느 하나에 해당하는 사람 1. 해당 종목의 2급 자격 취득 후 소비자상담 실무경력 2년 이상인 사람 2. 소비자상담 관련 실무경력 3년 이상인 사람 3. 외국에서 동일한 종목에 해당하는 자격을 취득한 사람
	소비자전문상담사 2급	제한 없음
	임상심리사 1급	다음 각 호의 어느 하나에 해당하는 사람 1. 임상심리와 관련하여 2년 이상 실습수련을 받은 사람 또는 4년 이상 실무에 종사한 사람으로서 심리학 분야에서 석사학위 이상의 학위를 취득한 사람 및 취득예정자 2. 임상심리사 2급 자격 취득 후 임상심리와 관련하여 5년 이상 실무에 종사한 사람 3. 외국에서 동일한 종목에 해당하는 자격을 취득한 사람
	임상심리사 2급	다음 각 호의 어느 하나에 해당하는 사람 1. 임상심리와 관련하여 1년 이상 실습수련을 받은 사람 또는 2년 이상 실무에 종사한 사람으로서 대학졸업자 및 그 졸업예정자 2. 외국에서 동일한 종목에 해당하는 자격을 취득한 사람

구분	종목	응시자격
서비스 분야	컨벤션기획사 1급	다음 각 호의 어느 하나에 해당하는 사람 1. 해당 종목의 2급 자격을 취득한 후 응시하려는 종목이 속하는 동일 직무분야(별표 3에 따른 유사 직무분야를 포함한다. 이하 "동일 및 유사 직무분야"라 한다)에서 3년 이상 실무에 종사한 사람 2. 응시하려는 종목이 속하는 동일 및 유사 직무분야에서 4년 이상 실무에 종사한 사람 3. 외국에서 동일한 종목에 해당하는 자격을 취득한 사람
	국제의료관광코디네이터	공인어학성적 기준요건을 충족하고, 다음 각 호의 어느 하나에 해당하는 사람 1. 보건의료 또는 관광분야의 학과로서 고용노동부장관이 정하는 학과(이하 "관련 학과"라 한다)의 대학졸업자 또는 졸업예정자 2. 2년제 전문대학 관련 학과 졸업자 등으로서 졸업 후 보건의료 또는 관광분야에서 2년 이상 실무에 종사한 사람 3. 3년제 전문대학 관련 학과 졸업자 등으로서 졸업 후 보건의료 또는 관광분야에서 1년 이상 실무에 종사한 사람 4. 삭제 〈2015.1.21.〉 5. 보건의료 또는 관광분야에서 4년 이상 실무에 종사한 사람 6. 관련 자격증(의사, 간호사, 보건교육사, 관광통역안내사, 컨벤션기획사 1·2급)을 취득한 사람 ※ 비고: 공인어학성적 기준요건(취득한 성적의 유효기간 내에 응시자격 기준일이 포함되어 있어야 함)
	※ 응시자격 제한 없는 종목	게임그래픽전문가, 게임기획전문가, 게임프로그래밍전문가, 멀티미디어콘텐츠제작전문가, 비서 1급·2급·3급, 스포츠경영관리사, 워드프로세서, 전자상거래운용사, 전산회계운용사 1급·2급·3급, 컴퓨터활용능력 1급·2급, 텔레마케팅관리사, 한글속기 1급·2급·3급
비고		1. "졸업자 등"이란 「초·중등교육법」 및 「고등교육법」에 따른 학교를 졸업한 사람 및 이와 같은 수준 이상의 학력이 있다고 인정되는 사람을 말한다. 다만, 대학(산업대학 등 수업연한이 4년 이상인 학교를 포함한다. 이하 "대학 등"이라 한다) 및 대학원을 수료한 사람으로서 관련 학위를 취득하지 못한 사람은 "대학졸업자 등"으로 보고, 대학 등의 전 과정의 2분의 1 이상을 마친 사람은 "2년제 전문대학졸업자 등"으로 본다. 2. "졸업예정자"란 국가기술자격 검정의 필기시험일(필기시험이 없거나 면제되는 경우에는 실기시험의 수험원서 접수마감일을 말한다. 이하 같다) 현재 「초·중등교육법」 및 「고등교육법」에 따라 정해진 학년 중 최종 학년에 재학 중인 사람을 말한다. 다만, 「학점인정 등에 관한 법률」 제7조에 따라 106학점 이상을 인정받은 사람(「학점인정 등에 관한 법률」에 따라 인정받은 학점 중 「고등교육법」 제2조 제1호부터 제6호까지의 규정에 따른 대학 재학 중 취득한 학점을 전환하여 인정받은 학점 외의 학점이 18학점 이상 포함되어야 한다)은 대학졸업예정자로 보고, 81학점 이상을 인정받은 사람은 3년제 대학졸업예정자로 보며, 41학점 이상을 인정받은 사람은 2년제 대학졸업예정자로 본다. 3. 「고등교육법」 제50조의 2에 따른 전공심화과정의 학사학위를 취득한 사람은 대학졸업자로 보고, 그 졸업예정자는 대학졸업예정자로 본다.

③ 국가기술자격의 등급체계(자료: Q-net)

　　㉠ 기사 ⇨ 기술사

　　㉡ 기능사 ⇨ 산업기사 ⇨ 기능장

　　㉢ 산업기사 ⇨ 기사 ⇨ 기술사

　　㉣ 기능사 ⇨ 산업기사 ⇨ 기사 ⇨ 기술사

5 훈련정보[출처 : 고용노동부(moel.go.kr)/직업능력개발]

우리나라 직업훈련정보는 고용노동부 홈페이지, 워크넷, HRD-net 등에 다양하게 제공되고 있다. 본 장에서는 고용노동부 홈페이지/정책/분야별 정책/직업능력개발에서 제공하고 있는 실업자, 재직자, 사업주에게 지원하는 훈련과정을 소개한다. 직업훈련제도 및 훈련기관 등은 Chepter 03에서 설명한다.

(1) 실업자 훈련과정

① 국가기간 · 전략산업직종 훈련

　㉠ 사업목적 : 국가의 기간산업 및 전략산업 등의 산업분야에서 부족하거나 수요가 증가할 것으로 예상되는 직종에 대한 직업능력개발훈련을 실시하여 기업에서 필요로 하는 기술·기능 인력 양성·공급 및 실업문제 해소

　㉡ 사업내용

　　• 지원대상

　　　- 구직 등록한 15세 이상 실업자, 고 3학년에 재학 중인 상급학교 비진학자, 대학(전문대 포함) 최종 학년 재학생으로 대학원 등에 진학하지 않는 자(다음 연도 8월 말까지의 졸업예정자).

　　　- 사업기간이 1년 이상이면서 연간 매출액이 8,000만 원 미만인 영세영업자, 1개월간 소정 근로시간이 60시간 미만(1주 15시간 미만 포함)인 사람 중 고용보험 피보험자가 아닌 사람 등

　　• 지원내용

　　　- 훈련기관 : 훈련비 전액

　　　- 훈련생 : 훈련장려금 최대 월 21만 6천 원 ~ 31만 6천 원(취업성공패키지 참여자 최대 6개월 동안 월 10만 원 추가지원)

　　　* 단위기간(1개월)별 출석률이 80% 이상인 경우 훈련생 특성에 따라 차등지원(고3 21만 6천 원, 대학생 23만 6천 원, 일반구직자 31만 6천 원)하며, 실업급여 수급 중이거나 소득이 있는 경우 등에는 일부 감액 또는 전액 지급하지 않음

② 내일배움카드제(실업자)

　㉠ 사업목적 : 취·창업에 필요한 직무수행능력 습득이 필요한 실업자 등에게 직업능력개발훈련 참여기회를 제공하여 (재)취직·창업 촉진과 생활안정 도모

　㉡ 사업내용

　　• 지원과정 : 고용노동부로부터 적합성을 인정받아 훈련비 지원대상으로 공고된 훈련과정

* 세부훈련정보는 직업능력지식포털(hrd.go.kr)에서 직접 검색·확인 가능
- 지원대상 : 고용센터의 상담을 거쳐 훈련의 필요성이 인정된 실업자 등에게 취업희망분야에 따른 훈련 직종을 협의·선정 후 직업능력개발계좌 발급
* 취업성공패키지 2유형 참여자는 훈련비의 70~90%를, 1유형 참여자는 300만 원 범위 내 훈련비 전액 지급
* 훈련비 외에 출석률 80% 이상인 경우 훈련장려금(월 11만 6천 원) 지원
　ⓒ 유효기간 : 계좌 발급일로부터 1년
③ 취업사관학교 운영 지원
　㉠ 사업목적 : 학업 중단, 가출 등의 이유로 경제적·사회적·심리적 도움이 필요한 청소년을 대상으로 맞춤형 훈련 실시를 통해 건전한 자립 지원
　ⓒ 사업내용
- 지원대상
  - 청소년 : 만 15세 이상 만 24세 미만의 학교 밖 청소년
  - 참여기관 : 근로자직업능력 개발법령에 따라 적법하게 직업교육훈련을 실시할 수 있는 기관으로 기숙사 시설을 갖춘 기관(훈련시설 및 법인, 비영리단체, 고등교육법에 의한 학교, 평생교육법에 의한 평생교육시설, 사업주 또는 사업주단체 등에 의한 시설, 기타 개별법에 의한 훈련시설)
- 지원내용 : 훈련기관에 훈련비용 지원, 훈련생에 자립수당 월 30만 원 지원(훈련비 및 기숙비용 무료), 직무능력향상을 위한 직업훈련뿐만 아니라 인성교육 및 직업진로지도 실시, 학업(검정고시) 지원 등 개별적 맞춤 서비스 지원
- 훈련기간 : 6개월 이상(집체훈련)
- 훈련직종 : 민간훈련기관에서 학교 밖 청소년의 선호직종, 직종별 난이도·취업률 등을 종합적으로 고려하여 신청한 직종으로 실시
④ 직업훈련 생계비 대부
　㉠ 사업목적 : 실업자 및 비정규직 등의 장기간 직업훈련에 따른 생계부담을 대부지원을 통해 경감함으로써 직업훈련에 전념토록 하여 더 나은 일자리로의 취업 지원
　ⓒ 사업내용
- 취약계층(비정규직 근로자, 전직실업자)이 직업훈련 시 장기 저리의 생계비 대부지원
- 지원대상 : 고용부가 지원하는 훈련(지방자치단체 설치 공공직업훈련시설에서 실시하는 국가기술자격 취득목적 훈련 포함) 중 4주 이상 훈련에 참여하고 있는 비정규직 근로자(연간 소득금액이 3,000만 원 미만) 또는 전직실업자(배우자 소득 포함 연간 소득금액 4,000만 원 이하)
- 지원내용 : 월 단위 100만 원(1인당 1,000만 원 한도) 한도, 연리 1%(신용보증료 별도), 최대 3년 거치 최대 5년 매월 균등분할 상환

(2) 재직자 훈련과정

① 내일배움카드제(재직자)

 ㉠ 사업목적 : 중소기업 근로자, 비정규직 근로자 등의 직업훈련기회 확대를 통한 평생고용 가능성 제고

 ㉡ 사업내용

  • 지원대상 : 중소기업 근로자, 기간제·단시간·파견·일용근로자, 이직 예정의 근로자(180일 이내), 경영상의 이유로 90일 이상 무급 휴직·휴업자, 45세 이상 대규모기업 근로자, 3년간 사업주훈련을 받지 못한 사람, 육아휴직자

  • 지원내용 : 근로자 내일배움카드 과정을 수강한 경우 1인당 1년간 200만 원(5년간 300만 원) 한도 지원(자비부담분을 제외한 훈련비를 훈련기관에 지급)

훈련 구분	지원금액	상세내용
일반 과정(집체훈련)	수강료의 60~100%	음식 및 기타 서비스 직종은 60% 지원
외국어 과정	수강료의 60%	• 정규직 : 4만 5천 원/20시간 • 비정규직 : 5만 4천 원/20시간(단, 수강료의 60% 내에서만 지원) • 고용노동부 장관이 고시한 금액을 초과할 수 없음
인터넷 과정	수강료의 100%	• 단, 외국어 과정은 50% 지원 • 고용노동부장관이 고시한 금액을 초과할 수 없음

* 비정규직 : 기간제근로자, 단시간근로자, 파견근로자, 일용근로자(출처 : HRD-Net)

(3) 사업주 지원과정

① 국가인적자원개발 컨소시엄

 ㉠ 사업목적 : 중소기업 재직 근로자의 직업훈련 수혜 확대와 우수인력공급, 신성장동력분야 등 전략산업의 인력육성, 지역·산업별 인력양성 기반 조성을 통한 현장수요 맞춤형 직업훈련체계 구축 등

 ㉡ 사업내용

  • 훈련대상 : 중소기업 재직 근로자 및 채용예정자 등

  • 지원대상 : 다수의 중소기업과 컨소시엄을 구성하고 자체 우수훈련시설을 이용하여 중소기업 근로자 등에게 맞춤형 공동훈련을 제공하는 기업 및 사업주 단체 등

  • 지원내용 및 조건

구분	소재지	지원한도 (연간 20억)	지원조건
시설 · 장비비	훈련에 소요되는 시설 임차료, 증 · 개축 비용, 장비 구매 · 리스 비용 등	연간 15억 원	대응투자 20%
프로그램 개발비	직무분석, 교재 및 커리큘럼 개발 · 구매 비용 등	연간 1억 원	대응투자 없음

구분		소재지	지원한도 (연간 20억)	지원조건
운영비	인건비	훈련수요 조사, 협약기업 관리 및 지원인력 인건비	연간 4억 원	대응투자 20%
	일반운영비	훈련수요 조사비용, 홍보비, 컨소시엄 운영위원회 운영비용 등		대응투자 없음
훈련비 및 훈련수당		• 사업주훈련 환급방식 • 공동훈련비 지원방식 • 전략분야 훈련과정운영비	수료인원에 따라 지급	훈련수당은 1개월(120시간) 이상의 채용예정자훈련 수강생만 지원

• 지원기간 : 연간 최대 20억 원 범위에서 6년간 지원

* 6년 이후에는 사업실적에 따라 지원 여부 및 지원수준 차등 지원

② 사업주 직업능력개발 지원

　㉠ 사업목적 : 사업주가 소속 근로자 등에게 직업능력개발훈련을 시킬 때 소요되는 비용의 일부를 지원함으로써 기업의 인적자원개발을 촉진

　㉡ 사업내용 : 사업주가 비용을 전적으로 부담하여 소속 근로자, 채용예정자, 구직자 등을 대상으로 직업능력개발훈련을 실시(자체 또는 위탁)했을 때 정해진 수료 기준을 충족한 근로자에게 소요된 비용에 한해서 지원

　• 지원대상 : 고용보험가입 사업주

　• 지원내용

지원내용	지원요건	지원수준
훈련비	1일 8시간(대기업 2일 16시간) 이상의 훈련 실시	• 자체훈련: 자체훈련비의 80% 지원(우선지원대상기업 120%, 1,000인 이상 50%) • 위탁훈련: 위탁훈련비의 60% 지원(50인 미만 기업 100%, 그 외 우선지원대상 90%, 1,000인 이상 40%) * 단, 외국어과정은 산정된 지원금의 50% 지원
유급휴가훈련 인건비	소속 근로자 대상으로 7일(대기업 60일) 이상 유급휴가를 부여하고 30시간(대기업 180시간) 이상 훈련 실시	(훈련생 인건비) 소정 훈련시간×시간급 최저임금액의 150%(대기업 100%)
훈련수당	채용예정자 등을 대상으로 1개월 120시간 이상 양성훈련을 실시하면 훈련생에게 훈련수당을 지급	1월 20만 원 한도 내에서 사업주가 훈련생에게 지급한 금액
숙식비	훈련시간이 1일 5시간 이상인 훈련과정 중 훈련생에게 숙식을 제공	식비 1일 3,300원 한도, 숙식비 1일 11,040원 한도(1개월 27만 6천 원 한도)

③ 중소기업 훈련 지원

  ⊙ 사업목적 : 인적자원개발에 대한 투자 여력이 부족한 중소기업 근로자들의 직업능력개발 참여 촉진 및 중소기업 경쟁력 제고

- 중소기업 핵심직무능력 향상 지원 : 비용부담 등으로 수강이 어려웠던 우수훈련기관의 고급 과정을 중소기업 사업주 및 근로자에게 무료로 제공
- 중소기업 학습조직화 지원 : 중소기업이 업무 관련 지식·경험·노하우를 작업장 내에서 체계적으로 축적·확산토록 지원
- 대한민국 산업현장 교수제 : 훈련참여 경험이 거의 없는 중소기업에 대기업 등에서 퇴직한 HRD 전문가 및 우수 기술·기능인력을 활용하여 종합 HRD 서비스 지원

  ⓛ 사업내용

구분	지원대상	지원요건	지원내용
핵심직무능력 향상 지원	고용보험에 가입한 우선지원 대상기업(중소기업) 사업주 및 근로자	한국산업인력공단에서 선정한 훈련과정 수료 시	훈련비 : 100% * 일부 과정의 경우 자부담이 있을 수 있음
학습조직화 지원	고용보험에 가입한 우선지원 대상기업(중소기업) 사업주 및 사업주단체	학습조직화 지원사업 공모 절차를 거쳐 선정된 기업	지원 유형(학습조직운영, 우수학습활동, 학습네트워크 지원 등)에 따라 비용의 70~100% 지원
대한민국 산업현장 교수제	고용보험에 가입한 우선지원 대상기업(중소기업) 사업주	고용보험에 가입한 우선지원대상기업(중소기업) 사업주	대한민국 산업현장 교수를 통한 기술진단 · HRD 역량 진단 등에 바탕한 종합 HRD 서비스 지원

(4) 기타 훈련과정

① 능력개발시설 · 장비비용 대부

  ⊙ 사업목적 : 근로자직업능력개발 실시의 기반이 되는 훈련시설 및 장비 확충을 지원(융자)함으로써 훈련실시 인프라 구축

  ⓛ 사업내용

- 지원대상 : 직업능력개발훈련을 실시하기 위해 필요한 훈련시설 및 장비를 새롭게 확충하고자 하는 고용보험 가입 사업주(기업), 사업주단체, 직업능력개발훈련시설
- 지원내용 : 훈련시설 및 장비 등 구입비용의 90% 범위 내에서 최대 60억 한도 내에서 융자

② 국가직무능력표준(National Competency Standards, NCS)

  ⊙ NCS의 개념

- 산업현장에서 직무를 수행하기 위하여 요구되는 지식·기술·태도 등의 내용을 국가가 산업부문별·수준별로 체계화한 것
- 직업교육·훈련 및 자격제도를 현장(일)에 맞도록 체계적으로 개편하고 기업의 능력 중심 인사관리(채용·승진·임금 등)를 유도하는 기준

* 일자리 종사자에 대한 직무수행 명세서이며, 산업현장이 요구하는 인재양성 지침서
ⓛ NCS 개요
- 우리나라 직업에 요구되는 핵심능력을 제시하기 위해 필요한 NCS 897개 개발
- NCS는 유사직종 종사자들이 수행하는 직무들을 종합적으로 분석하여 그들에게 요구되는 핵심능력을 도출하여 제시
- 하나의 NCS는 여러 개(10~30개)의 능력단위로 구성
- 능력단위란 해당 분야 우수성과자가 목표를 달성하기 위해 반드시 수행해야 할 일을 크게 구분 지은 것
* 능력단위별로 직능수준(Skill Level) 제시(NCS 수준은 1~8수준으로 구성)
- 능력단위는 능력단위요소로 구성된다.
- 수행준거는 능력단위요소별로 성취여부를 확인하기 위해 도달해야 하는 수행의 기준을 제시한 것이다.
ⓒ 국가직무능력표준(NCS) 구축 추진현황
- 2016년까지 전 분야 897개 국가직무능력표준(NCS) 개발 완료
- 산업별 인적자원개발위원회(ISC)를 구성, 산업계 주도 NCS 보완·개발 체계 구축 기계·섬유·정보기술·전자 등 16개 ISC 구성·운영
ⓔ NCS 활용 확산
- 직업교육·훈련에 NCS 적용 프로그램 운영
- 능력 중심 채용 확산(우선적으로 공공기관 채용에 적용)
- 중소기업에 NCS 컨설팅을 통한 활용 확대
- 특성화 고등학교 NCS 교육과정으로 개편
- 전문대학 특성화 사업으로 NCS 활용 교과과정 개편
- 대학 IPP사업에 NCS를 이용한 교육과정 개발 확산
ⓜ 국가자격 개편
- NCS 기반 국가기술자격 종목 출제기준 개편, 교육·훈련 및 평가를 통해 자격을 취득하는 과정평가형 자격 운영
- 산업계(ISC) 중심으로 산업현장에 필요한 신직업자격 설계
③ 과정평가형 국가기술자격
ⓐ 개념 : 국가직무능력표준(NCS) 기반 일정 요건을 충족하는 교육·훈련과정을 충실히 이수한 사람에게 내부·외부 평가를 거쳐 일정 합격기준을 충족하는 사람에게 국가기술자격을 부여하는 제도(국가기술자격법 제10조)
* 출석률 75% 이상이면서 내부평가(훈련기관) 및 외부평가(한국산업인력공단) 결과 평균점수가 80점 이상인 경우 해당 국가기술자격 취득

④ 직업능력개발훈련기관 인증평가
  ㉠ 사업목적
    • 직업능력개발훈련기관의 건전성, 역량 및 훈련성과를 인증평가하여 부실훈련기관 진입을 배제하고 직업능력개발훈련의 질 향상
    • 평가결과를 공개하여 훈련수요자인 국민들이 합리적으로 직업능력개발훈련기관 및 훈련과정을 선택할 수 있도록 지원
  ㉡ 인증평가 대상 훈련
    • 집체훈련 : 계좌제, 국가기간·전략직종, 재직자 위탁
    • 원격훈련 : 우편원격, 인터넷 원격
  ㉢ 인증평가 요소
    • 기관건전성 : 준법성(행정처분), 재정건전성, 훈련성과(취업률, 수료율)
    • 훈련역량 : 훈련 인프라, 훈련과정 개발·운영, 수요자 만족도 등
  ㉣ 인증평가등급 부여
    • 집체훈련 및 원격훈련 각 3등급(3년 인증, 1년 인증, 인증유예)으로 구분하여 평가등급 부여, 인증평가등급 부여, 인증평가등급 및 항목별 세부점수 HRD-Net 공개(훈련수요자에게 훈련기관 선택에 필요한 정보제공)
    • 최상위등급 훈련기관 중 우수훈련기관 선정
    • 최하위등급 훈련기관(인증유예등급)은 훈련과정 심사신청 배제
⑤ 숙련기술 장려
  ㉠ 사업목적 : 숙련기술 장려 활성화로 숙련기술자의 경제적·사회적 지위 향상을 도모하고, 우수 숙련기술인이 존중받는 능력 위주 사회풍토를 조성
  ㉡ 사업내용
    • 우수숙련기술인 선정
    • 숙련기술의 중요성을 알리고, 숙련기술인에게는 자부심을 고취시키기 위해 매년 대한민국 명장 등 선정 및 홍보

6 한국직업정보시스템(자료 : http://www.work.go.kr/jobMain.do)

한국직업정보시스템(Korea Network for Occupations and Workers, KNOW)은 청소년과 성인들의 진로 및 경력설계, 진로상담, 구인·구직 등에 도움을 주기 위해 국내 대표 직업(2016년 현재)에서 요구하는 역량, 임금, 되는 방법, 관련 자격 및 학과 등의 정보를 제공하는 종합직업정보시스템이다. 한국직업정보시스템은 매년 실시하는 재직자 조사결과 및 학과정보, 한국직업전망, 한국직업사전, 직업탐방, 대상별 추천직업, 미래를 함께할 새로운 직업, 우리들의 직업 만들기(창직), 워크넷이 만난 사람들, 카드로 보는 직업정보, 잡맵, 커리어엔진(뉴스레터) 등의 최신 직업연구 결과물이 반영된다.

(1) 한국직업정보시스템

① 검색

　㉠ 검색어 입력

　㉡ 추천 분야 직업(한국직업정보/전체검색결과) : 교육(130/1,196건), 의료(48/266건), 방송(56/372건), 마케팅(16/213건), 과학기술(20/126건)

　㉢ 검색결과 : 하는 일, 교육·자격·훈련, 임금·전망·직업만족도, 능력·지식·환경, 성격·흥미·가치관 등이 제공되고, [요약보기]에서 5가지 카테고리의 요약된 주요내용을 볼 수 있다.

② 조건별 검색

　㉠ 평균임금(4단계로 제시) : 3,000만 원 미만, 3,000만~4,000만 원 미만, 4,000만~5,000만 원 미만, 5,000만 원 이상

　㉡ 직업전망(4단계로 제시) : 매우 밝음(상위 10% 이상), 밝음(상위 20% 이상), 보통(중간 이상), 전망 안 좋음(감소 예상 직업)

③ 나의 특성에 맞는 직업 찾기

　㉠ 분류별로 찾기

　㉡ 지식으로 찾기

　㉢ 업무수행능력으로 찾기

　㉣ 통합찾기

(2) 직업탐방

① 테마별 직업여행

　㉠ 각 분야별로 어떤 일을 하는지, 어떻게 준비하는지, 직업의 현재와 미래 전망과 '한 걸음 더' 직업인에게 요구되는 태도와 역량 등을 알 수 있다.

　㉡ 테마별 직업여행에서 소개하는 직업

▶ 테마별 직업여행 ◀

전체	여행	음식	호텔	수송	관광레저	게임
애니메이션	순수예술	영화	음반	금융	스포츠	의료
과학수사와 법	문화/예술	방송/언론	광고/마케팅	디자인	정보통신	건설/교통

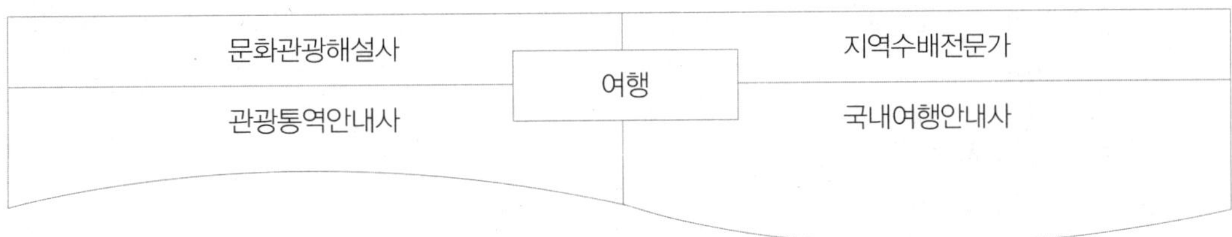

② 눈길 끄는 이색직업

　　㉠ 각 분야별로 어떤 일을 하는지, 어떻게 준비하는지, 직업의 현재와 미래 전망을 알 수 있다.

　　㉡ 직업인 인터뷰 : 하고 있는 일을 구체적으로 알 수 있다. 이 일을 하게 된 동기를 파악할 수 있다. 이 일의 중요한 것을 알 수 있다. 필요능력, 힘든 점, 보람된 점 등 다양한 정보를 제공한다.

　　㉢ 눈길 끄는 이색직업에서 소개하는 직업

▶ 눈길 끄는 이색직업 ◀

전체	경영/기획/금융	공공/안전	보건/의료	사회복지/교육
과학/공학/IT	문화/예술	디자인/방송	미용/여행/음식	스포츠/동물

귀농귀촌플래너	경영/기획/금융	디지털마케터
모바일광고기획자		창업보육매니저

(3) 대상별 추천직업

① 중장년 : 중장년이 도전하기에 적합한 직종을 선정하고 관련 직무와 준비방법을 제공함으로써 이들의 성공적인 재취업과 창업 등을 안내하고 있다.

　　㉠ 틈새도전형

　　㉡ 사회공헌·취미형

　　㉢ 미래준비형

② 3050 여성 : 3050세대 여성의 특성과 이들에게 맞는 직업 34개를 소개하고 있으며, 특히 재취업에 성공한 여성들의 살아 있는 사례를 통해 많은 여성이 당당히 사회로 진출하는 데 용기와 힘을 얻을 수 있도록 다양한 직종에 대한 정보를 제공하고 있다.

　　㉠ 도전 新직업

　　㉡ 여성진출 多직업

③ 인문계 대졸 청년 : 취업에 어려움을 격는 인문계열 졸업생(재학생)이 인문학적 기본 소양을 바탕으로 ICT, 공학, 디자인, 의료 등과 융합하여 자신의 경쟁력을 높일 수 있거나 전통적으로 인문계열 학생들이 강세를 보이는 직종을 소개하고 있다.

　　㉠ 융합직업

　　㉡ 강세직업

(4) 미래를 함께할 새로운 직업

분류별로 소개하고 있다.

미래 청소년이 도전하면 좋은 직업			
• 상품 · 공간스토리텔러 • 정신건강상담전문가 • 약물중독예방전문요원 • 정밀농업기술자	• 3D프린팅운영전문가 • 정신건강상담전문가 • 자살예방전문요원 • 감성인식기술전문가	• 미디어콘텐츠창작자 • 홀로그램전문가 • 인공지능전문가	• 정신건강상담전문가 • 행위중독예방전문요원 • 빅데이터전문가 • 소셜미디어전문가

인문사회계열 출신이 진출하면 좋은 직업			
• 기술문서작성가 • 상품 · 공간스토리텔러 • 신사업아이디어컨설턴트 • 지속가능경영전문가	• 크루즈승무원 • 직무능력평가사 • 사이버평판관리사 • 소셜미디어전문가	• 의료관광경영컨설턴트 • 대체투자전문가 • 기업컨시어지 • 협동조합코디네이터	• 개인간(P2P)대출전문가 • 진로체험코디네이터 • 빅데이터전문가

이공계 출신이 진출하면 좋은 직업			
• 기술문서작성가 • 의약품인허가전문가 • 과학커뮤니케이터 • 도시재생전문가 • 녹색건축전문가 • 연구실안전전문가	• 해양설비(플랜트) 기본설계사 • 방재전문가 • BIM(빌딩정보모델링) 디자이너 • 정밀농업기술자 • 연구기획평가사 • 연구장비전문가	• 3D프린팅운영전문가 • 기업재난관리자 • 홀로그램전문가 • 감성인식기술전문가 • 화학물질안전관리사	• 레저선박시설(마리나) 전문가 • 사이버평판관리자 • 빅데이터전문가 • 인공지능전문가 • 온실가스관리컨설턴트

3050 여성에게 적합한 직업			
• 의료관광경영컨설턴트 • 주변환경정리전문가 • 병원아동생활전문가 • 산림치유지도사	• 정신대화사 • 이혼상담사 • 가정에코컨설턴트	• 생활코치 • 매매주택연출가 • 과학커뮤니케이터	• 애완동물행동상담원 • 영유아안전장치설치원 • 임신출산육아전문가

전문성과 경력을 활용해 도전하면 좋은 직업(중장년)			
• 3D프린팅운영전문가 • 주변환경정리전문가 • 문화여가사 • 산림치유지도사	• 주택임대관리사 • 이혼상담사 • 주거복지사	• 기업재난관리자 • 노년플래너 • 민간조사원	• 신사업아이디어컨설턴트 • 도시재생전문가 • 전직지원전문가

새로운 아이디어를 더해 창업이 가능한 직업(창업직종)			
• 3D프린팅운영전문가 • 신사업아이디어컨설턴트 • 매매주택연출가	• 정신대화사 • 애완동물행동상담원 • 영유아안전장치설치원	• 생활코치 • 주변환경정리전문가 • 기업프로파일러	• 그린장례지도사 • 이혼상담사 • 노년플래너

(5) 우리들의 직업 만들기(창직)

① **창직**(創職, Job Creation)**의 의미** : 창직이란, 창조적 아이디어와 활동을 통해 스스로 새로운 직업을 발굴하고 이를 바탕으로 노동시장에 진입하는 것을 말한다. 문화·예술·IT·농업·제조업 등 다양한

분야에서 창조적인 아이디어와 활동을 통해 자신의 지식, 기술, 능력, 흥미, 적성 등에 부합하는 기존에 없던 직업을 창출하는 것이다. 즉, 창조적 아이디어를 통해 기존에 없던 지속 가능한 새로운 직업을 발굴하고 이를 통해 일자리를 창출하는 일련의 활동이나 기존 직업의 직무를 재설계(직무의 전문화, 세부화, 재구조화, 통합화 등)하여, 새로운 직업을 발굴하고 이를 통해 일자리를 창출하는 일련의 활동을 총칭한다.

② 창직 지원 방법
  ㉠ 중장년과 청년 창직자 인터뷰 : 인터뷰를 통해 어떤 직업인지, 하는 일은 어떤 내용인지, 관련 경험은 있었는지, 향후 포부는 무엇인지, 창직을 준비 중인 중장년이나 청년에게 당부하고 싶은 이야기 등을 제공한다.
  ㉡ 창직 성공기 : 창직 성공사례를 제공한다.
  ㉢ 창직할 직업 찾기 : 창직이 가능한 직업의 생성 배경, 하는 일, 해외 현황, 국내 현황을 제공하고 특히 창직 가능성을 구체적으로 제공한다.

(6) 워크넷이 만난 사람들

'워크넷이 만난 사람들'에서는 다양한 분야에서 자신만의 입지를 다지고 널리 이름을 알린 직업인들의 이야기를 제공하여 이들의 일과 성공에 대한 이야기를 접함으로써 꿈을 찾고 미래를 계획하는 기회를 만들어 취업을 확대하는 데 목적이 있다.

(7) 카드로 보는 직업정보

직업정보의 가독성을 높여 자신의 성격이나 일역량에 맞는 직업을 탐색함으로써 직업선택 의사결정 능력을 향상시켜 취업 기회를 확대하는 데 목적이 있다.

01 윌렌스키(Wilensky)가 제기한 전문직의 발전단계로 가장 적합한 것은? _2015_

① 전일제 직업화 → 전문가협회 설립 → 대학 설립 → 국가 면허 → 직업윤리 규정 마련
② 전일제 직업화 → 대학 설립 → 국가 면허 → 전문가협회 설립 → 직업윤리 규정 마련
③ 전일제 직업화 → 대학 설립 → 전문가협회 설립 → 국가 면허 → 직업윤리 규정 마련
④ 전일제 직업화 → 국가 면허 → 대학 설립 → 전문가협회 설립 → 직업윤리 규정 마련

해설 l 전문직에 대한 이론은 시각에 따라 기능론, 갈등론, 상호작용론으로 설명할 수 있다. 구체적인 접근방법으로 과정접근법, 구조기능접근법, 권력접근법 등이 있다. 윌렌스키(Wilensky)는 과정접근법의 전문적 연구 선구자로서 하나의 직업이 전문직으로 변화하는 과정에 초점을 맞춰 전일제 직업화(어떤 일을 전업으로 하기 시작) → 대학 설립 → 전문가협회 설립 → 국가 면허(국가의 보호를 받기 위해) → 직업윤리 장전을 확립함으로써 직업의 전문화가 최고 단계에 이르게 된다고 설명했다.

02 한국직업사전(2012) 부가정보의 숙련기간에 대한 설명으로 틀린 것은? _2015_

① 정규교육과정을 이수한 후 해당 직업의 직무를 평균적인 수준으로 스스로 수행하기 위하여 필요한 각종 교육, 훈련, 숙련기간을 의미한다.
② 취업 후에 이루어지는 자격이나 면허 취득기간은 포함되지 않는다.
③ 해당 직무를 평균 이상으로 수행하기 위한 향상훈련 기간은 포함되지 않는다.
④ 자격·면허가 요구되는 직업이 아니지만 해당 직무를 평균적으로 수행하기 위한 각종 교육·훈련기간도 포함된다.

해설 l 취업 전후에 이루어지는 자격이나 면허 취득기간도 포함한다.

03 한국직업사전(2012)에서 작업강도에 관한 설명으로 틀린 것은? _2015_

① 아주 가벼운 작업 – 최고 4kg의 물건을 들어 올리고, 때때로 장부, 소도구 등을 들어 올리거나 운반한다.
② 가벼운 작업 – 최고 8kg의 물건을 들어 올리고, 4kg 정도의 물건을 빈번히 들어 올리거나 운반한다.
③ 보통 작업 – 최고 20kg의 물건을 들어 올리고, 10kg 정도의 물건을 빈번히 들어 올리거나 운반한다.
④ 아주 힘든 작업 – 최고 40kg의 물건을 들어 올리고, 20kg 정도의 물건을 빈번히 들어 올리거나 운반한다.

구분	정의
아주 가벼운 작업	• 최고 4kg의 물건을 들어 올리고, 때때로 장부, 소도구 등을 들어 올리거나 운반한다. • 앉아서 하는 작업이 대부분이지만 서거나 걷는 것이 필요할 수도 있다.
가벼운 작업	• 최고 8kg의 물건을 들어 올리고, 4kg 정도의 물건을 빈번히 들어 올리거나 운반한다. • 걷거나 서서 하는 작업이 대부분일 때 또는 앉아서 하는 작업일지라도 팔과 다리로 밀고 당기는 작업을 수반할 때에는 무게가 매우 적을지라도 이 작업에 포함된다.
보통 작업	• 최고 20kg의 물건을 들어 올리고, 10kg 정도의 물건을 빈번히 들어 올리거나 운반한다.
힘든 작업	• 최고 40kg의 물건을 들어 올리고, 20kg 정도의 물건을 빈번히 들어 올리거나 운반한다.
아주 힘든 작업	• 40kg 이상의 물건을 들어 올리고, 20kg 이상의 물건을 빈번히 들어 올리거나 운반한다.

04 한국직업사전(2012)에서 다음의 직무를 수행하는 직업명은?

2015

> 펄프 및 각종 종이 제조를 위하여 투입되는 각종 약품을 혼합, 가공하여 공급한다.

① 조약원
② 증해기조작원
③ 초지기조작원
④ 교반기조작원

05 국가공인(부분공인 포함) 민간자격이 아닌 것은?

2015

① 정보보호전문가
② 점역교정사
③ 도로교통사고감정사
④ 개인신용평가사

06 한국직업사전(2012)에서 작업강도 구분에 포함되지 않는 것은?

2015

① 가벼운 작업
② 힘든 작업
③ 아주 힘든 작업
④ 쉬운 작업

07 실기능력이 중요하여 고용노동부령이 정하는 필기시험이 면제되는 기능사 종목이 아닌 것은?

2015

① 조적기능사
② 미장기능사
③ 방수기능사
④ 판금기능사

08 한국직업사전(2012)에서 "만질 수 없으며, 숫자, 단어, 기호, 생각, 개념 그리고 구두상 표현을 포함한다"의 직무기능과 관련된 예시는?

2015

① 사실을 발견하고 지식개념 또는 해석을 개발하기 위해 자료를 종합적으로 분석한다.
② 법률적으로나 과학적, 임상적, 종교적, 기타 전문적인 방식에 따라 사람들의 전인격적인 문제를 상담하고 조언하며 해결책을 제시한다.
③ 기계 또는 설비를 시동, 정지, 제어하고 직업이 진행되고 있는 기계나 설비를 조정한다.
④ 언어나 신호를 사용해서 정보를 전달하고 교환한다.

해설 | 부가직업정보 직무기능 '자료'에 대한 설명이다. ②와 ④는 사람, ③은 사물

0 종합(Synthesizing) : 사실을 발견하고 지식개념 또는 해석을 개발하기 위해 자료를 종합적으로 분석

1 조정(Coordinating) : 데이터의 분석에 기초하여 시간, 장소, 작업순서, 활동 등을 결정. 결정을 실행하거나 상황을 보고

2 분석(Analyzing) : 조사하고 평가한다. 평가와 관련된 대안적 행위의 제시가 빈번하게 포함

3 수집(Compiling) : 자료, 사람, 사물에 관한 정보를 수집 · 대조 · 분류. 정보와 관련한 규정된 활동의 수행 및 보고가 자주 포함

4 계산(Computing) : 사칙연산을 실시하고 사칙연산과 관련하여 규정된 활동을 수행하거나 보고. 수를 세는 것은 포함되지 않음

5 기록(Copying) : 데이터를 옮겨 적거나 입력하거나 표시

6 비교(Comparing) : 자료, 사람, 사물의 쉽게 관찰되는 기능적, 구조적, 조합적 특성(유사성 또는 표준과의 차이)을 판단

09 재직자 직무능력향상 지원금에 대한 설명으로 가장 거리가 먼 것은?

① 1인당 연간 200만 원 한도 내에서 훈련과정에 따라 지원한다.

② 일반과정은 실훈련비의 50%에서 100%를 지원한다.

③ 외국어 과정은 수강료의 60%를 지원한다(원격훈련 50%).

④ 인터넷 과정은 수강료의 100%를 지원한다.

해설 | 일반과정(집체훈련)의 경우 80%, 단 기간제, 단시간, 파견, 일용, 자영업자, 180일 이내에 이직 예정인 사람(우선지원대상기업), 휴직 중인 사람은 100%를 지원한다. 학교교육, 평생교육, 사회복지, 문화예술, 부동산, 청소, 빨래, 이 · 미용, 결혼 · 장례, 스포츠, 식음료조리, 제과제빵은 60%, 인터넷 외국어 과정은 50%

10 한국직업전망서의 구성체계에서 '교육 · 훈련/자격'의 내용이 아닌 것은? 2014

① 교육 및 훈련　　　② 적성 및 흥미
③ 관련 자격 및 면허　④ 승진 및 경력개발

해설 | 별도 내용 : ㉠ 교육 및 훈련, ㉡ 관련 학과, ㉢ 관련 자격 및 면허, ㉣ 입직 및 진출분야, ㉤ 승진 및 경력개발

11 한국직업사전의 문장기술원칙으로 틀린 것은? 2014

① 작업의 내용을 기술할 때 추상적인 언어는 사용하지 않는다.

② 문체는 항상 현재형으로 기술한다.

③ 주어는 생략하지 않는다.

④ 외래어의 정확한 이해를 위해 원어(原語)를 함께 표기한다.

해설 | ③ 해당 작업원이 주어일 때는 주어를 생략, 다른 작업원이 주어일 때는 주어를 생략하지 않는다.

12 다음은 어떤 등급의 국가기술자격의 검정방법인가?

2014

• 객관식 4지택일형 (60문항) • 100점 만점에 60점 이상	• 주관식 필기시험 또는 작업형 • 100점 만점에 60점 이상

① 기능장　　　② 기사
③ 산업기사　　④ 기술사

등급	필기시험	실기(면접) 시험
기술사	• 단답형 또는 주관식 논문형 • 100점 만점에 60점 이상	• 구술형 면접시험 • 100점 만점에 60점 이상
기능장	• 객관식 4지택일형 (60문항) • 100점 만점에 60점 이상	• 주관식 필기시험 또는 작업형 • 100점 만점에 60점 이상
기사 · 산업 기사	• 객관식 4지택일형 • 과목당 20문항 • 과목당 40점 이상, 전과목 평균 60점 이상	• 주관식 필기시험 또는 작업형 • 100점 만점에 60점 이상
기능사	• 객관식 4지택일형 (60문항) • 100점 만점에 60점 이상	• 주관식 필기시험 또는 작업형 • 100점 만점에 60점 이상

13 공공직업정보에 관한 설명으로 가장 거리가 먼 것은?

2014

① 장기적인 계획 및 목표에 따라 주기적으로 생산한다.
② 특정한 목적에 맞게 해당 분야 및 직종을 제한하여 제공한다.
③ 직업정보 간의 비교·활용이 용이하도록 생산하여 제공한다.
④ 한국직업사전은 전형적인 공공직업정보이다.

	공공직업정보 (워크넷)	민간직업정보 (직업소개소)
목적	비영리 공익	영리
기간	지속적	한시적
범위	포괄적	제한적
비용	무료	유료
비교·활용	용이	낮음
직업분류 구분	객관적	자의적

14 다음 중 ( ) 안에 알맞은 것은?

2014

> ( )공학은 일상생활 및 산업 생산의 기본요소인 ( )을/를 다루며, 물질의 물리적, 화학적, 기계적, 전기적 및 자기적 제 성질에 대한 전반적인 이해와 응용을 추구하는 종합학문이다.

① 섬유　　　　　　② 기계
③ 재료　　　　　　④ 환경

15 다음 중 한국직업사전(2013)의 부가직업정보와 가장 거리가 먼 것은?

2014

① 숙련수준　　　　② 교육수준
③ 직무기능　　　　④ 작업환경

16 한국직업전망(2013)에서 세무사에 관한 설명과 가장 거리가 먼 것은?

2014

① 조세에 대해 상담하고 세무 관련 서류작성 등의 각종 세무업무를 수행한다.

② 세무사가 되기 위해서는 반드시 세무사 시험에 합격하여야 한다.

③ 관련 학과로는 세무회계학과, 회계학과, 세무학과 등이 있다.

④ 세무사 흥미 유형은 탐구형이다.

해설 | 세무사 흥미 유형은 관습형이다.

17 한국직업사전(2012)의 직무기능에 대한 내용 중 다음 ( ) 안에 들어갈 내용으로 가장 적합한 것은?

2014

> • 자료 : 비교−기록−계산−(ㄱ)−조정−종합
> • 사람 : 서비스 제공−말하기−신호−설득−오락제공−감독−(ㄴ)−협의−자문
> • 사물 : 단순작업−투입 · 인출−(ㄷ)수동조작−조작운전−제어조작−정밀작업−설치

① ㄱ : 분석, ㄴ : 교육, ㄷ : 유지

② ㄱ : 교육, ㄴ : 분석, ㄷ : 유지

③ ㄱ : 분석, ㄴ : 유지, ㄷ : 교육

④ ㄱ : 유지, ㄴ : 교육, ㄷ : 분석

해설 | 직무기능의 세부영역으로 자료(Data), 사람(People), 사물(Thing)을 대상으로 직무기능을 수준단계별로 분류한 것이며, 자료는 종합이 가장 복잡한 직무이고, 사람은 자문, 사물은 설치가 가장 복잡한 직무이다.

18 워크넷의 학과정보 중 다음에서 설명하는 학과는?

2014

> 아픈 사람을 돕는 것을 좋아하고 희생정신을 통해 보람을 느낄 수 있는 사람에게 적합한 학문이지만 긴급 상황에 당황하지 않고 침착하게 대처하고 정확한 판단을 할 수 있는 능력도 필요하다. 생물학이나 물리학 등의 자연 과목에 흥미가 있고, 강한 체력을 바탕으로 활동적인 것을 좋아하는 사람이 흥미를 가질 수 있다.

① 응급재활학과 ② 작업치료학과

③ 응급구조학과 ④ 물리치료학과

해설 | [관련 학과] : 전문응급구조학과, 응급구조학과, 소방안전구급과
취득국가자격 : 응급구조사 1급

19 한국직업전망에 관한 설명으로 옳은 것은? 2013

① 한국직업전망은 2005년부터 발간되기 시작하였다.

② 한국직업전망의 수록직업은 한국고용직업분류(KECO)에 근거한다.

③ 해당 직업에 대한 고용전망은 감소, 현 상태 유지, 증가 등 3가지 수준으로 구분하여 제시한다.

④ 해당 직업에 종사하는 사람들의 평균적인 임금수준, 학력수준 등 관련 정보를 제공하기 위해 통계청 경제활동 인구조사 결과를 활용하였다.

해설 | ① 한국직업전망은 1999년부터 발간되기 시작하였다.
② 한국직업전망의 수록직업은 한국고용직업분류(KECO)에 근거한다.
③ 해당 직업에 대한 고용전망은 감소, 다소 감소, 현 상태 유지, 다소 증가, 증가 등 5가지 수준으로 구분하여 제시한다.
④ 해당 직업에 종사하는 사람들의 평균적인 임금수준은 한국직업정보의 재직자조사 결과를 사용하였다.

20 워크넷(직업 · 진로)에서 제공하는 학과정보 중 공학계열에 해당하는 학과가 아닌 것은? `2013`

① 식품영양학과　　　② 건축학과
③ 소방방재학과　　　④ 도시공학과

21 2012년도 계좌제 적합훈련과정 중 훈련비의 100분의 45를 자비로 부담해야 하는 직종은? `2012`

① 비서(0291)　　　② 애완동물미용사
③ 바텐더　　　④ 회계 및 경리사무원

22 큐넷(www.q-net.or.kr)에서 제공하는 국가별 자격제도 정보가 아닌 것은? `2012`

① 호주의 자격제도　　　② 중국의 자격제도
③ 영국의 자격제도　　　④ 프랑스의 자격제도

23 다음 (　) 안에 알맞은 것은? `2012`

> 한국직업정보시스템(워크넷/직업 · 진로)에서 직업의 전망조건을 '밝음'으로 선택하여 직업정보를 검색하면 직업전망이 상위 (　) 이상인 직업만 검색된다.

① 5%　　　② 10%
③ 15%　　　④ 20%

24 한국직업정보시스템(워크넷/직업 · 진로)에서 제공하는 학과정보 중 사회계열에 해당하는 학과가 아닌 것은? `2012`

① 항공서비스과　　　② 광고·홍보학과
③ 도시공학과　　　④ 지리학과

25 한국직업사전에서 '상품이나 서비스 등을 구매하도록 권유하고 설득한다'가 관련되는 직무기능은? `2012`

① 자료　　　② 사람
③ 사물　　　④ 조정

26 민간직업정보의 일반적인 특성과 가장 거리가 먼 것은? `2011`

① 국내 또는 국제적으로 인정되는 객관적인 기준에 근거한 직업분류
② 필요한 시기에 최대한 활용되도록 한시적으로 신속하게 생산되어 운영
③ 특정한 목적에 맞게 해당 분야 및 직종을 제한적으로 선택
④ 정보생산자의 임의적 기준에 따라 해당 직업을 분류

해설 I 공공직업정보와 민간직업정보

	공공직업정보 (워크넷)	민간직업정보 (직업소개소)
목적	비영리 공익	영리
기간	지속적	한시적
범위	포괄적	제한적
비용	무료	유료
비교 · 활용	용이	낮음
직업분류 구분	객관적	자의적

27 『2017 한국직업전망』에 관한 설명으로 틀린 것은?

① 『2017 한국직업전망』의 수록직업은 『한국고용직업분류(KECO)』의 세분류(4-digits) 직업에 기초하여 종사자 수가 일정 규모(3만 명) 이상인 경우를 원칙으로 선정하였으며, 그 밖에 청소년 및 구직자의 관심이 높거나 직업정보를 제공할 가치가 있다고 판단되는 직업을 추가 선정하였다.

② 『2017 한국직업전망』의 직업 선정 시, KECO의 세분류 직업 429개 중 승진을 통해 진입하게 되는 관리직은 제외하였다.

③ 직무가 유사한 직업들은 하나로 통합하거나 세분화하였다. 소분류(3-digits) 수준에서 통합하였다. 예를 들어 건설 관련직 중 '강구조물가공원 및 건립원'과 '경량철골공'은 철골공으로 통합하였고, 한식·중식·일식·양식으로 나뉘는 주방장 및 조리사의 경우는 세분화하였다.

④ 『2017 한국직업전망』에는 『2015 한국직업전망』에 수록되지 않았던 석유화학물 가공장치 조작원, 에너지공학기술자, 의복제조원 및 수선원, 농림어업기술자 등 4개 직업을 추가 수록하였다.

해설 I 한식 · 중식 · 일식 · 양식으로 나뉘는 주방장 및 조리사의 경우도 통합하였다.

28 큐넷(www.q-net.or.kr)에서 제공하는 서비스가 아닌 것은?
2011

① 자격취득확인서 발급
② 자격취득사항 조회
③ 자격증 진위 확인
④ 자격증 갱신 등록

해설 I 자격증 갱신 등록 : 직접 방문

29 한국직업사전(2011)의 부가직업정보 중 작업강도에 관한 설명으로 틀린 것은?
2011

① 작업강도는 해당 직무를 수행하는 데 필요한 육체적 힘의 강도를 나타낸 것이다.
② 작업강도는 5단계로 분류한다.
③ 작업강도는 심리적·정신적 노동강도를 고려한다.
④ 작업강도에서 보통작업은 최고 20kg의 물건을 들어 올리고 10kg 정도의 물건을 빈번히 들어 올리거나 운반한다.

해설 I "작업강도"는 해당 직업의 직무를 수행하는 데 필요한 육체적 힘의 강도를 나타낸 것으로 5단계로 분류하였으며, 심리적 · 정신적 노동강도는 고려하지 않았다.

제3과목 고급 직업정보론

30 한국직업사전(2011)에서 제공하는 정보 중 직무기능(DPT)은 해당 직무를 수행하는 작업자가 자료, 사람, 사물과 맺는 관계를 나타내는 것이다. 다음 표의 ( ) 안에 들어갈 알맞은 것은?

2011

수준	자료(Data)	사람(People)	사물(Thing)
0	(A)	자문	설치
1	조정	(B)	정밀작업
2	분석	교육	(C)
3	수집	감독	조작운전
4	(D)	오락제공	수동조작

① A : 종합, B : 협의, C : 제어조작, D : 계산
② A : 비교, B : 협의, C : 관련 없음, D : 기록
③ A : 종합, B : 설득, C : 서비스 제공, D : 비교
④ A : 기록, B : 말하기·신호, C : 단순작업, D : 관련 없음

수준	자료(Data)	사람(People)	사물(Thing)
0	종합	자문	설치
1	조정	협의	정밀작업
2	분석	교육	제어조작
3	수집	감독	조작운전
4	계산	오락제공	수동조작
5	기록	설득	유지
6	비교	말하기 · 신호	투입 인출
7	–	서비스 제공	단순작업

31 한국직업전망(2011)의 직업별 정보 중 "되는 길"에서 제공하는 정보가 아닌 것은?

2011

① 교육 및 훈련
② 관련 학과
③ 입직경로 및 진출분야
④ 관련 적성 및 홍미

32 직업선택을 위한 학과정보(2011 한국고용정보원)에서 제공하는 정보에 관한 설명으로 틀린 것은?

2011

① 학과명 : 전국 4년제 대학교 및 전문대학에 개설되어 있는 학과(전공)를 인문, 사회, 교육, 공학, 자연, 의약, 예체능 계열로 나누어 수록했다.
② 개설학과명 : 대표 학과명을 기준으로 대학에서 개설되어 있는 구체적인 학과명을 제시했으며, 주로 대학별로 많이 개설되어 있거나 재학생이 많은 순서로 명기하였다.
③ 자격·면허 : 관련 학과를 전공한 후 자동 발급되거나 취득하기 유리한 국가·민간자격 혹은 면허를 소개하며, 국가기술자격은 졸업생들이 많이 취득하는 기능사 등급을 중심으로 수록했다.
④ 진출직업 : 한국직업정보시스템 재직자조사 결과를 분석하여 해당 학과를 졸업하고 많이 진출하는 직업을 유사한 영역으로 구분하여 소개했다.

33 내일배움카드제에서 자비부담률이 상향(20% → 40%)된 공급 과잉 훈련분야가 아닌 것은? 2011

① 주방장 및 조리사 분야
② 식품가공 관련 기능 종사자 분야
③ 전화통신판매원(텔레마케터) 분야
④ 이·미용 및 관련 서비스 종사자 분야

> **해설 I 2016년 기준 변경 내용**
> ㉠ 훈련비의 100분의 40
> - 이·미용 및 관련 서비스 종사자(121)
> - 주방장 및 조리사(131)
> - 식당 서비스 관련 종사자(213)
> - 제과·제빵원 및 떡 제조원(212)
> - 식품가공 관련 기능 종사자(213) 직종
> ㉡ 상기의 직종을 제외한 훈련직종 : 훈련비의 100분의 20

34 『2017 한국직업전망』에서 제공하는 정보의 설명으로 틀린 것은?

① 석유화학물 가공장치 조작원과 의복제조원 및 수선원은 종사자 수가 일정 규모 이상이며, 화학과 섬유·의류 분야에 해당하는 직업이 각각 1개에 불과하여 분야 간 형평성을 맞추기 위해 추가 개발·수록되었다.
② 농림어업기술자는 기존에 생명과학연구원에 포함되었으나, 직무의 고유성과 농림어업 분야에서 기술자의 역할 증대를 고려하여 신규 개발되었다.
③ 에너지공학기술자는 4차 산업혁명 시대를 맞이하여 신재생에너지에 대한 중요도와 관심도가 커지는 것을 반영하였다.
④ 근로자 수가 줄어드는 석유화학물 가공장치 조작원, 에너지공학기술자, 의복제조원 및 수선원, 농림어업기술자 등 4개 직업을 삭제하였다.

> **해설 I** 『2015 한국직업전망』에 수록되지 않았던 석유화학물 가공장치 조작원, 에너지공학기술자, 의복제조원 및 수선원, 농림어업기술자 등 4개 직업을 추가 수록하였다.

직업 및 산업분류의 활용

Section 01 직업분류의 이해

[본 저작물은 '통계청'에서 '2018. 1. 1' 시행예정인 한국표준직업분류로 공공누리 3유형으로 개방한 한국표준직업분류(통계청장)를 이용하였으며 해당 저작물은 통계청 통계분류포털(https://kssc.kostat.go.kr)에서 무료로 다운받으실 수 있습니다.]

❶ 한국표준직업분류의 개요

(1) 연혁

① 1960년 당시 내무부 통계국 국세조사 사용

② 국제노동기구(ILO)의 국제표준직업분류(International Standard Classification of Occupations, ISCO)를 근거로 1963년 한국표준직업분류

③ 국내 노동시장의 직업구조와 직능수준의 변화를 반영하기 위하여 6차례 개정 작업 추진(1970, 1974, 1992, 2000, 2007)

④ 2018년 1월 1일부터 시행하게 되었다.

(2) 직업의 정의

직업(Occupation)은 인간이 사회를 살아가는 동안 생계유지를 위하여 일정기간 동안 계속적으로 실행하는 경제적 활동이다. 이때 직업활동은 계속성, 경제성, 윤리성과 사회성을 충족해야 하며 '유사한 직무의 집합'으로 정의된다. 국제표준직업분류(ISCO-08)에서 직무(Job)는 '자영업을 포함하여 특정한 고용주를 위하여 개별 종사자들이 수행하거나 또는 수행해야 할 일련의 업무와 과업(Tasks and Duties)'을 지칭하며, '유사한 직무'란 '주어진 업무와 과업이 매우 높은 유사성을 갖는다는 것'이다.

① 계속성 : 일시적인 것을 제외한 다음에 해당하는 것

ㄱ 매일, 매주, 매월 등 주기적으로 행하는 것

ㄴ 계절적으로 행해지는 것

ㄷ 명확한 주기는 없으나 계속적으로 행해지는 것

ㄹ 현재 하고 있는 일을 계속적으로 행할 의지와 가능성이 있는 것

② 경제성 : 경제적인 거래 관계가 성립하는 활동. 따라서 무급 자원봉사, 전업학생 등 노력이 전제되지 않는 자연발생적 이득의 수취나 우연하게 발생하는 경제적인 과실에 전적으로 의존하는 활동은 직업으로 보지 않는다.

③ 윤리성과 사회성 : 비윤리적인 행위나 반사회적인 활동을 통한 경제적 이윤추구는 직업활동으로 인정되지 않는다.

④ 직업으로 보지 않는 활동

　㉠ 이자, 주식배당, 임대료(전세금, 월세금) 등과 같은 자산 수입이 있는 경우

　㉡ 연금법, 국민기초생활 보장법, 국민연금법 및 고용보험법 등의 사회보장이나 민간보험에 의한 수입이 있는 경우

　㉢ 경마, 경륜, 복권 등에 의한 배당금이나 주식투자에 의한 시세차익이 있는 경우

　㉣ 예·적금 인출, 보험금 수취, 차용 또는 토지나 금융자산을 매각하여 수입이 있는 경우

　㉤ 자기 집의 가사활동에 전념하는 경우

　㉥ 교육기관에 재학하며 학습에만 전념하는 경우

　㉦ 시민봉사활동 등에 의한 무급 봉사적인 일에 종사하는 경우

　㉧ 의무로 복무 중인 사병, 단기 부사관, 장교와 같은 군인

　㉨ 사회복지시설 수용자의 시설 내 경제활동

　㉩ 수형자의 활동과 같이 법률에 의한 강제노동을 하는 경우

　㉪ 도박, 강도, 절도, 사기, 매춘, 밀수와 같은 불법적인 활동

(3) 직업분류의 목적

① 직업분류는 경제활동인구조사, 인구주택총조사, 지역별 고용조사 등 고용 관련 통계조사나 각종 행정자료를 통하여 얻어진 직업정보를 분류하고 집계하기 위한 것이다. 직업 관련 통계를 작성하는 모든 기관이 통일적으로 사용하도록 함으로써 통계자료의 일관성과 비교성을 확보할 수 있다.

② 각종 직업정보에 관한 국내 통계를 국제적으로 비교·활용할 수 있도록 하기 위하여 ILO의 국제표준직업분류(ISCO)를 근거로 설정되고 있다.

③ 직업분류는 고용 관련 통계 및 장·단기 인력수급 정책수립과 직업연구를 위한 기초자료 작성에 활용되며, 다음의 기준자료로도 활용되고 있다.

　㉠ 각종 사회·경제 통계조사의 직업 단위 기준

　㉡ 취업알선을 위한 구인·구직 안내 기준

　㉢ 직종별 급여 및 수당지급 결정 기준

　㉣ 직종별 특정 질병의 이환율, 사망률과 생명표 작성 기준

　㉤ 산재보험료율, 생명보험료율 또는 산재보상액, 교통사고 보상액 등의 결정 기준

(4) 직업분류의 개념과 기준

① 직업분류의 개념 : 수입(경제활동)을 위해 개인이 하고 있는 일을 그 수행되는 일의 형태에 따라 체계적으로 유형화 한 것

② 한국표준직업분류의 기준 : 우리나라 직업구조 및 실태에 맞도록 표준화한 것이다. 직능(Skill)을 근거로 편제되며, 직능수준과 직능유형을 고려하고 있다.

   ㉠ 직능 : 주어진 직무의 업무와 과업을 수행하는 능력

   ㉡ 직능수준(Skill Level) : 직무수행능력의 높낮이를 말하는 것으로 정규교육, 직업훈련, 직업경험 그리고 선천적 능력과 사회·문화적 환경 등에 의해 결정된다. 직무를 수행하는 데 필요한 특정업무의 수행능력이다.

   ㉢ 직능유형(Skill Specialization) : 직무수행에 요구되는 지식의 분야, 사용하는 도구 및 장비, 투입되는 원재료, 생산된 재화나 서비스의 종류와 관련된다.

   ㉣ 직업(Occupation) : 직무상 유사성을 갖고 있는 여러 직무(Job)의 묶음

   ㉤ 직무 배타성(Exclusivity) : 직무상 서로 다른 것을 규정하는 것

   ㉥ 직무 유사성의 기준 : 직무를 수행하는 사람에게 필요한 지식(Knowledge), 경험(Experience), 기능(Skill)과 함께 직무수행자가 입직을 하기 위해서 필요한 요건(Skill Requirements) 등이 있다. 때로는 직업 종사자가 주로 일하는 기업의 특성, 생산 과정이나 최종 산출물 등이 중요할 때도 있다.

   ㉦ 직무 범주화 기준 : 세분류 단위에서 최소 1,000명의 고용을 기준으로 설정하였으며, 고용자 수가 많은 세분류에는 5,000~10,000명이 분포되어 있을 것으로 판단된다.

(5) 직업 대분류와 직능수준

직능수준	직무능력 및 교육수준	대분류
제1직능수준	일반적으로 단순하고 반복적이며 때로는 육체적인 힘을 요하는 과업을 수행한다. 간단한 수작업 공구나 진공청소기, 전기장비들을 이용한다. 과일을 따거나 채소를 뽑고 단순 조립을 수행하며, 손을 이용하여 물건을 나르기도 하고 땅을 파기도 한다. 이러한 수준의 직업은 최소한의 문자이해와 수리적 사고능력이 요구되는 간단한 직무교육으로 누구나 수행할 수 있다. 일부 직업에서는 초등교육이나 기초적인 교육(ISCED 수준1)을 필요로 한다.	• 단순노무 종사자(대분류 9)
제2직능수준	일반적으로 완벽하게 읽고 쓸 수 있는 능력과 정확한 계산능력, 그리고 상당한 정도의 의사소통 능력을 필요로 한다. 보통 중등 이상의 교육과정의 정규교육 이수(ISCED 수준2, 수준3) 또는 이에 상응하는 직업훈련이나 직업경험을 필요로 한다. 이러한 수준의 직업에 종사하는 자는 일부 전문적인 직무훈련과 실습과정이 요구되며, 훈련실습기간은 정규훈련을 보완하거나 정규훈련의 일부 또는 전부를 대체할 수 있다. 운송수단의 운전이나 경찰 업무를 수행하기도 한다.	• 사무 종사자(대분류 3) • 서비스 종사자(대분류 4) • 판매 종사자(대분류 5) • 농림어업 숙련 종사자(대분류 6) • 기능원 및 관련 기능 종사자(대분류 7) • 장치 · 기계조작 및 조립 종사자(대분류 8)

제3직능 수준	복잡한 과업과 실제적인 업무를 수행할 정도의 전문적인 지식을 보유하고 수리 계산이나 의사소통 능력이 상당히 높아야 한다. 이러한 수준의 직업에 종사하는 자는 일정한 보충적 직무훈련 및 실습과정이 요구될 수 있으며, 정규훈련과정의 일부를 대체할 수도 있다. 또한 유사한 직무를 수행함으로써 경험을 습득하여 이에 해당하는 수준에 이를 수도 있다. 시험원과 진단과 치료를 지원하는 의료 관련 분야나 스포츠 관련 직업이 대표적이다. 일반적으로 중등교육을 마치고 1~3년 정도의 추가적인 교육과정(ISCED 수준 5b) 정도의 정규교육 또는 직업훈련을 필요로 한다.	• 전문가 및 관련 종사자(대분류 2) • 관리자(대분류 1)
제4직능 수준	매우 높은 수준의 이해력과 창의력 및 의사소통력이 필요하다. 이러한 수준의 직업에 종사하는 자는 일정한 보충적 직무훈련 및 실습이 요구된다. 또한 유사한 직무를 수행함으로써 경험을 습득하여 이에 해당하는 수준에 이를 수도 있다. 분석과 문제해결, 연구와 교육 그리고 진료가 대표적인 직무분야이다. 일반적으로 4년 또는 그 이상 계속하여 학사, 석사나 그와 동등한 학위가 수여되는 교육수준(ISCED 수준5a 혹은 그 이상)의 정규교육 또는 훈련을 필요로 한다.	• 전문가 및 관련 종사자(대분류 2) • 관리자(대분류 1)

직능수준이 실제 종사자의 학력수준을 제시하는 것은 아니며, 필요로 하는 최소 직능수준을 의미한다고 할 수 있다.

(6) 직업분류 원칙

① 직업분류의 일반 원칙 : 포괄성의 원칙과 배타성의 원칙

② 직무의 범위가 분류에 명시된 내용과 일치하지 않을 때 직업분류 원칙

    ㉠ 주된 직무 우선 원칙

    ㉡ 최상급 직능수준 우선 원칙

    ㉢ 생산업무 우선 원칙

③ 다수 직업 종사자의 분류 원칙

    ㉠ 취업시간 우선의 원칙

    ㉡ 수입 우선의 원칙

    ㉢ 조사 시 최근의 직업 원칙

④ 순서배열 원칙

    ㉠ 한국표준산업분류(KSIC)

    ㉡ 특수·일반 분류

    ㉢ 고용자 수와 직능수준, 직능유형 고려

(7) 분류체계 및 분류번호

① 직업분류는 세분류를 기준으로 상위에는 소분류–중분류–대분류로 구성되어 있으며, 하위분류는 세세분류로 구성되어 있다. 각 항목은 대분류 10, 중분류 52, 소분류 156, 세분류 450, 세세분류 1,231개로 구성되어 있는데 계층적 구조로 되어 있다.

② 분류번호는 아라비아 숫자와 알파벳 A로 표시하며 대분류 1자리, 중분류 2자리, 소분류 3자리, 세분류 4자리, 세세분류는 5자리로 표시된다.

③ 동일 분류에 포함된 끝 항목의 숫자 9는 '기타~(그 외~)'를 표시하여 위에 분류된 나머지 항목을 의미한다. 또한 끝자리 0은 해당 분류수준에서 더 이상 세분되지 않는 직업을 의미하고 있다.

▶ 분류단계별 항목 수 ◀

대분류	중분류	소분류	세분류	세세분류
전체	52	156	450	1,231
1 관리자	5	16	24	82
2 전문가 및 관련 종사자	8	44	165	463
3 사무 종사자	4	9	29	63
4 서비스 종사자	4	10	36	80
5 판매 종사자	3	5	15	43
6 농림 · 어업 숙련 종사자	3	5	12	29
7 기능원 및 관련 기능 종사자	9	21	76	198
8 장치 · 기계 조작 및 조립 종사자	9	31	65	220
9 단순노무 종사자	6	12	24	49
A 군인	1	3	4	4

(8) 직업 대분류별 개념

① 대분류 1 : 관리자

㉠ 의회 의원처럼 공동체를 대리하여 법률이나 규칙을 제정하고, 정부를 대표, 대리하며 정부 및 공공이나 이익단체의 정책을 결정하고 이를 지휘·조정한다.

㉡ 정부, 기업, 단체 또는 그 내부 부서의 정책과 활동을 기획, 지휘 및 조정하는 직무를 수행한다.

㉢ 현업을 겸할 경우에는 직무시간의 80% 이상을 다른 사람의 직무를 분석, 평가, 결정하거나 지시하고 조정하는 데 사용하는 경우에만 관리자 직군으로 분류한다.

㉣ 이 대분류에 포함되는 대부분의 직업은 제4수준과 제3수준의 직무능력을 필요로 한다.

② 대분류 2 : 전문가 및 관련 종사자

㉠ 특정 분야의 전문지식과 경험을 바탕으로 개념과 이론을 이용하여 해당 분야에 대한 연구·개발, 자문, 지도(교수) 등 전문 서비스를 제공하는 자를 말한다.

ⓛ 주로 자료 분석과 관련된 직종으로 물리, 생명과학 및 사회과학 분야에서 높은 수준의 전문적 지식과 경험을 기초로 과학적 개념과 이론을 응용하여 해당 분야를 연구하고 개발 및 개선하며 집행한다.

ⓒ 전문지식을 이용하여 의료 진료활동과 각급 학교 학생을 지도하고 예술적인 창작활동이나 스포츠 활동 등을 수행한다. 또한 전문가의 지휘 하에 조사, 연구 및 의료, 경영에 관련된 기술적인 업무를 수행한다. 이 대분류에 포함되는 대부분의 직업은 제4수준과 제3수준의 직무능력을 필요로 한다.

③ 대분류 3 : 사무 종사자

ⓐ 관리자, 전문가 및 관련 종사자를 보조하여 경영방침에 의해 사업계획을 입안하고 계획에 따라 업무를 추진하며, 당해 작업에 관련된 정보(Data)의 기록, 보관, 계산 및 검색 등의 업무를 수행한다.

ⓛ 금전취급 활동, 법률 및 감사, 상담, 안내 및 접수와 관련하여 사무적인 업무를 주로 수행한다.

ⓒ 이 대분류에 포함되는 대부분의 직업은 제2수준의 직무능력을 필요로 한다.

④ 대분류 4 : 서비스 종사자

ⓐ 공공안전이나 신변보호, 돌봄, 보건·의료 분야 보조 서비스와 미용, 혼례 및 장례, 운송, 여가, 조리와 관련된 공공사회 서비스 및 개인생활 서비스 등 대인 서비스를 제공하는 업무를 주로 수행한다.

ⓛ 이 대분류에 포함되는 대부분의 직업은 제2수준의 직무능력을 필요로 한다.

⑤ 대분류 5 : 판매 종사자

ⓐ 영업활동을 통해 상품이나 서비스를 판매하거나 인터넷 등 통신을 이용하거나, 상점이나 거리 및 공공장소에서 상품을 판매 또는 임대한다.

ⓛ 상품을 광고하거나 상품의 품질과 기능을 홍보하며, 매장에서 계산을 하거나 요금정산 등의 활동을 수행한다.

ⓒ 이 대분류에 포함되는 대부분의 직업은 제2수준의 직무능력을 필요로 한다.

⑥ 대분류 6 : 농림·어업 숙련 종사자

ⓐ 자기 계획과 판단에 따라 농산물, 임산물 및 수산물의 생산에 필요한 지식과 경험을 기초로 작물을 재배·수확하고 동물을 번식·사육하며, 산림을 경작, 보존 및 개발하고, 물고기 및 기타 수생 동·식물을 번식 및 양식하는 직무를 수행한다.

ⓛ 이 대분류에 포함되는 대부분의 직업은 제2수준의 직무능력을 필요로 한다.

⑦ 대분류 7 : 기능원 및 관련 기능 종사자

ⓐ 광업, 제조업, 건설업 분야에서 관련된 지식과 기술을 응용하여 금속을 성형하고 각종 기계를 설치 및 정비한다.

ⓛ 섬유, 수공예 제품과 목재, 금속 및 기타 제품을 가공한다.

ⓒ 작업은 손과 수공구를 주로 사용하며 기계를 사용하더라도 기계의 성능보다 사람의 기능이 갖는 역할이 중요하다.

ⓔ 자동화된 기계의 발전에 따라 직무영역이 축소되는 추세인데, 생산과정의 모든 공정과 사용되는 재료나 최종 제품에 관련된 내용을 알 수 있어야 한다.

ⓜ 이 대분류에 포함되는 대부분의 직업은 제2수준의 직무능력을 필요로 한다.

⑧ 대분류 8 : 장치·기계 조작 및 조립 종사자

ⓐ 기계를 조작하여 제품을 생산하거나 대규모적이고 때로는 고도의 자동화된 산업용 기계 및 장비를 조작하고 부분품을 가지고 제품을 조립하는 업무로 구성된다.

ⓑ 작업은 기계 조작뿐만 아니라 컴퓨터에 의한 기계 제어 등 기술적 혁신에 적응할 수 있는 능력을 포함하여 기계 및 장비에 대한 경험과 이해가 요구되며, 기계의 성능이 생산성을 좌우한다.

ⓒ 여기에는 운송장비의 운전 업무도 포함된다. 이 대분류에 포함되는 대부분의 직업은 제2수준의 직무능력을 필요로 한다.

⑨ 대분류 9 : 단순노무 종사자

ⓐ 주로 간단한 수공구의 사용과 단순하고 일상적이며, 어떤 경우에는 상당한 육체적 노력이 요구되고, 거의 제한된 창의와 판단만을 필요로 하는 업무를 수행한다.

ⓑ 몇 시간 혹은 몇 십 분의 직무훈련(On The Job Training)으로 업무수행이 충분히 가능한 직업이 대부분이며, 일반적으로 제1수준의 직무능력을 필요로 한다.

ⓒ 직능수준이 낮으므로 단순노무직 내부에서의 직업이동은 상대적으로 매우 용이한 편이라고 할 수 있다.

⑩ 대분류 A : 군인

ⓐ 의무 복무 여부를 불문하고 현재 군인 신분을 유지하고 있는 군인을 말한다.

ⓑ 직업정보 취득의 제약 등 특수 분야이므로 직무를 기준으로 분류하는 것이 아니라, 계급을 중심으로 분류하였다.

ⓒ 국방과 관련된 정부기업에 고용된 민간인, 국가의 요청에 따라 단기간 군사훈련 또는 재훈련을 위해 일시적으로 소집된 자 및 예비군은 제외된다.

ⓔ 이 대분류에 포함되는 대부분의 직업은 제2수준 이상의 직무능력을 필요로 한다.

(9) 특정 직종의 분류 요령

① 행정관리 및 입법적 기능 수행업무 종사자 : 행정관리 및 입법 기능을 수행하는 자는 '대분류 1 관리자'에 분류된다. 따라서 주된 업무가 정책결정, 법규 등의 입안 업무를 주로 하는 중앙 및 지방정부 고위 공무원 및 공·사기업 관리자가 여기에 분류된다. 또한 대규모의 농업, 도·소매업 및 음식·숙박업 등의 관리자, 고용주 중에서 기획, 조정, 통제, 지시 업무를 주로 하는 자 등이 여기에 포함된다. 현업을 겸하는 경우에는 다른 사람의 직무수행을 감독 및 관리하는 직무에 평균 근무시간의 80% 이상을 종사하는 자만 관리자로 분류된다.

② 자영업주 및 고용주의 직종

  ㉠ 자영업주 및 고용주는 수행되는 일의 형태나 직무내용에 따른 정의가 아니라 고용형태 또는 종사상 지위에 따라 정의된 개념

  ㉡ 직업분류에서 자영업주 및 고용주의 직업은 그들이 주로 수행하는 직무내용이 관리자가 하는 일과 유사한가 아니면 동일 분야에서 종사하는 다른 근로자와 유사한 일을 하는가, 즉 주된 직무 우위 원칙에 따라 수행하는 직무 중 투자하는 시간이 가장 많은 직무로 분류

  ㉢ 소규모 상점을 독립적으로 또는 소수의 타인의 지원을 받아 소유하고 운영하는 자를 분류하기 위해 신설된 '소규모 상점 경영자'는 예외

  ㉣ 게스트 하우스, 민박, 음식점, 카페 등의 소규모 업체 운영자들은 관리가 주된 업무가 아닌 경우, 조리사, 웨이터처럼 하는 일의 주된 업무에 따라 분류

③ 감독 직종

  ㉠ 반장 등과 같이 주로 수행된 일의 전문, 기술적인 통제업무를 수행하는 감독자는 그 감독되는 근로자와 동일 직종으로 분류

  ㉡ 주된 업무가 본인 감독 하에 있는 일이나 근로자의 일상 작업 활동을 기획, 조정, 통제, 지시하는 업무인 경우에는 관리직으로 보아 '12 행정·경영 지원 및 마케팅 관리직', '13 전문 서비스 관리직', '14 건설·전기 및 생산 관련 관리직', '15 판매 및 고객 서비스 관리직'으로 각각 분류된다.

  ㉢ 편의점 등 프랜차이즈 소매점이나 백화점, 쇼핑센터 내에 단일 매장 내의 인력을 지휘하고, 판매 및 관리업무 전반을 일선 관리하는 자를 분류하기 위해 제7차 개정에서 신설된 '소규모 상점 일선 관리 종사원'은 예외로 한다.

④ 연구 및 개발 직종 : 연구 및 개발업무 종사자는 '대분류 2 전문가 및 관련 종사자'에서 그 전문분야에 따라 분류된다. 다만, 연구자가 교육에 종사할 경우에는 '25 교육 전문가 및 관련직'으로 분류한다.

⑤ 군인 직종 : 군인은 별도로 '대분류 A 군인'에 분류된다. 이것은 수행된 일의 형태에 따라 분류되어야 한다는 일반 원칙보다는 자료수집상의 현실성에 따라 분류된 것이다.

⑥ 기능원과 기계 조작원의 직무능력 관계

  ㉠ 하나의 제품이 기능원에 의해 제조되는지 또는 대량 생산기법을 유도하는 기계를 사용해서 제조되는지에 따라 필요로 하는 직무능력에 대단한 영향을 미친다.

  ㉡ 기능원은 재료, 도구, 수행하는 일의 순서와 특성 및 최종 제품의 용도를 알아야 하는 반면에, 기계 조작원은 복잡한 기계 및 장비의 사용방법이나 기계에 어떤 결함이 발생할 때 이를 대체하는 방법을 알아야 한다.

  ㉢ 기계 조작원은 제품 명세서가 바뀌거나, 새로운 제조기법이 도입될 때 이를 적용할 수 있는 직무능력을 갖추고 있어야 한다.

㉣ 직업분류에서는 이러한 직무능력 형태의 차이를 반영하여 대분류 7, 8을 설정하였다. '대분류 7 기능원 및 관련 기능 종사자'에는 목공예원, 도자기공예원, 보석 세공원, 건축 석공, 전통 건물 건축원, 한복 제조원과 같은 장인 및 수공 기예성 직업을 분류하였다.

㉤ '대분류 8 장치·기계 조작 및 조립 종사자'에는 제품의 가공을 위한 기계 지향성 직업으로 분류하였다. 최근 전자·제어 기술과 자동화 기계의 발전에 따라 기능직무 영역이 축소되고 조작 직무 영역이 증가하는 추세이다.

⑦ 직능수준과 아동 돌봄 관련 직종 분류

㉠ 영유아 교육 관련 종사자인 '대분류 2 전문가 및 관련 종사자' 이하 '유치원 교사'나 '보육 교사'는 영유아를 대상으로 일련의 놀이나 교육계획을 수립하고, 정해진 계획에 따라 교육과정 전반을 운영한다.

㉡ 반면, 아동복지시설, 어린이 카페, 탁아기관 등 보육 관련 시설에서 일하는 '대분류 4 서비스 종사자' 이하 '보육 관련 시설 서비스 종사원'은 놀이나 교육적 활동 전반을 계획하거나 조직하는 업무를 수행하지 않으며, 주로 돌봄 대상 영유아를 보호하거나 몸을 씻고 옷을 입고 먹는 등의 기초생활을 원활하게 영위할 수 있도록 돕는 것에 직무의 초점이 맞추어져 있다.

⑧ 직능수준과 음식 조리 및 준비 관련 직종 분류

㉠ 음식을 준비하거나 조리하는 직업 중 '대분류 2 전문가 및 관련 종사자' 이하 '주방장'은 조리법을 정하고, 새로운 메뉴의 요리를 개발하는 한편, 조리 관련 업무 전반을 책임지는 자로서, 음식점의 경영계획에 참여한다.

㉡ 반면, '대분류 4 서비스 종사자' 이하 '조리사'는 음식을 만들기 위한 재료를 준비하고 조리하지만 주방장의 감독 또는 정해진 조리법에 따라 음식을 조리하는 '생산' 측면에 직무의 초점을 두고 있다.

㉢ 한편, '대분류 9 단순노무 종사자' 이하 '패스트푸드 준비원'과 '주방보조원'은 주로 음식을 조리하는 데 자격이 특별히 요구되지 않으며, 직무를 수행하는 데 필요한 훈련이나 경험의 수준에 있어 조리사와 구별된다.

❷ 제7차 개정 주요 내용(2018. 1. 1 시행 예정)

(1) 개정 방향

① 중분류 이하 단위 분류체계를 중심으로 개정

② 국제표준직업분류(ISCO)의 분류 기준, 적용 원칙, 구조 및 부호체계 등 직업분류 기본 틀은 기존 체계를 유지

③ 2007년 7월 개정 작업에 이어 국제표준직업분류(ISCO-08) 개정 내용을 추가로 반영

④ 국내 노동시장 직업구조의 변화 특성을 반영

⑤ 전문 기술직의 직무영역 확장 등 지식 정보화 사회 변화상을 반영

⑥ 사회 서비스 일자리 직종을 세분 및 신설

⑦ 사무 및 판매·서비스직 분류는 세분

⑧ 자동화·기계화 진전에 따른 기능직 및 기계 조작직 분류는 통합

⑨ 관련 분류 간 연계성, 통합성을 제고, 직업분류체계의 일관성을 유지

⑩ 2016년 9월 제정·고시된 한국표준교육분류(영역)와 2017년 1월 개정·고시된 한국표준산업분류의 내용을 명칭 변경, 분류 신설 등에 반영

⑪ 한국표준직업분류와 특수 분류인 고용직업분류가 세분류 수준에서 일대일로 연계될 수 있도록 복수연계 항목을 세분

(2) 개정 특징

① 전문 기술직의 직무영역 확장 등 지식 정보화 사회 변화상 반영

    ㉠ 4차 산업혁명 등 ICTs 기반의 기술 융·복합 및 신성장 직종을 분류체계에 반영하여 데이터 분석가, 모바일 애플리케이션 프로그래머, 산업 특화 소프트웨어 프로그래머 등을 신설

    ㉡ 과학기술 고도화에 따라 로봇공학 기술자 및 연구원을 상향 조정하고, 대형재난 대응 및 예방의 사회적 중요성을 고려하여 방재 기술자 및 연구원을 신설

    ㉢ 문화·미디어 콘텐츠와 채널의 생산 및 유통구조가 다변화됨에 따라 신성장 직종인 미디어 콘텐츠 창작자, 사용자 경험 및 인터페이스 디자이너, 공연·영화 및 음반 기획자 등을 신설하거나 세분

② 사회 서비스 일자리 직종 세분 및 신설

    ㉠ 노인 및 장애인 돌봄 서비스 종사원, 놀이 및 행동치료사를 신설

    ㉡ 임상심리사, 상담전문가 등 관련 직종을 상향 조정

    ㉢ 문화관광 및 숲·자연환경 해설사, 반려동물 훈련사, 개인생활 서비스 종사원 등을 신설

③ 고용 규모 대비 분류항목이 적은 사무 및 판매 · 서비스직 세분

    ㉠ 사무직의 대학 행정조교, 증권 사무원, 기타 금융 사무원, 행정사, 중개 사무원을 신설

    ㉡ 판매·서비스직의 소규모 상점 경영 및 일선 관리 종사원, 대여 제품 방문 점검원 등의 직업을 신설 또는 세분

④ 자동화 · 기계화 진전에 따른 기능직 및 기계 조작직 직종 통합

    ㉠ 제조 관련 기능 종사원, 과실 및 채소 가공 관련 기계 조작원, 섬유제조 기계 조작원 등은 통합

(3) 대분류별 주요 개정 내용

① 대분류 1 : 관리자

    ㉠ '마케팅 및 광고·홍보 관리자'를 소분류로 신설

    ㉡ 세세분류로 '마케팅 관리자'와 '광고 및 홍보 관리자'를 배열

    ㉢ '문화 및 예술 관련 관리자'를 '공연·전시 예술 관련 관리자'로, '영상 관련 관리자'를 '방송·출판 및 영상 관련 관리자'로 항목명을 변경 : 분류명과 포괄 범위가 일치

ⓔ 공동주택 관리가 강화되면서 '공동주택 관리자'를 신설

ⓜ '건설 관련 관리자'를 건축, 토목, 조경 관리자로 세분

② 대분류 2 : 전문가 및 관련 종사자

ㄱ 세분류 '자연과학 연구원' 하위분류인 천문 및 기상학 연구원을 '지구 및 기상과학 연구원'과 '천문 및 우주과학 연구원'으로 세분

ㄴ 학문 분야의 인접성 및 관련성을 고려하여 세세분류 배열 순서를 조정

ㄷ '정보 시스템 개발 전문가'를 '컴퓨터 시스템 및 소프트웨어 전문가', '데이터 및 네트워크 관련 전문가'로 소분류 수준에서 세분

ㄹ '웹 운영자'는 소분류 '정보 시스템 및 웹 운영자' 이하 '웹 개발자'는 '컴퓨터 시스템 및 소프트 웨어 전문가' 하위분류로 이동

ㅁ '산업 특화 소프트웨어 프로그래머'와 '모바일 애플리케이션 프로그래머'를 세분·신설하고, '데 이터 분석가'는 비정형 데이터 분석을 포괄할 수 있도록 기존 분류명칭 및 직무 범위를 조정

ㅂ 중분류 '공학 전문가 및 기술직'에서는 직무내용이 상이하고 각각 고용 규모가 큰 '건축가'와 '건축공학 기술자'를 세분류 수준에서 분리

ㅅ 전기·전자와 기계공학 분야 기술 고도화 및 고용 규모를 고려하여 '전기·전자 및 기계공학 기 술자 및 시험원'을 '전기·전자공학 기술자 및 시험원'과 '기계·로봇공학 기술자 및 시험원'으로 분리

ㅇ '로봇공학 기술자 및 연구원'은 세세분류 '로봇 및 그 외 기계공학 기술자 및 연구원'에서 분리 하여 세분류로 상향·신설

ㅈ 소방, 안전관리, 환경공학, 가스, 에너지 분야 기술자 및 시험원의 분류체계를 소분류 '소방·방 재 기술자 및 안전관리원'과 '환경공학·가스·에너지 기술자 및 시험원'으로 재편

ㅊ 중분류 '보건·사회복지 및 종교 관련직'에서는 '전문 의사' 이하 세세분류 명칭을 '소아과 의사' 에서 '소아청소년과 전문 의사'로, '정신과 의사'에서 '정신건강의학과 전문 의사' 등으로 변경

ㅋ '한의사'를 '전문 한의사'와 '일반 한의사'로, '영양사'를 '임상영양사'와 '일반 영양사'로 세분

ㅌ '보조공학사', '임상심리사', '놀이 및 행동치료사', '상담전문가'와 '청소년지도사'는 상향 조정 하거나 세분·신설

ㅍ 세분류 '대학교수'와 '대학 시간강사'의 세세분류가 계열별 체계로 되어 있던 것을 관련 표준 분류와의 정합성을 제고하기 위해 '한국표준교육분류(영역)' 대분류 기준 체계를 반영하여 영 역별 체계로 재편

ㅎ 중분류 '문화·예술·스포츠 전문가 및 관련직'에서는 소분류 '작가 및 언론 관련 전문가' 하위분 류를 세분류 수준에서 '작가', '출판물 전문가', '기자 및 언론 관련 전문가', '번역가 및 통역가' 로 재편

㉮ '평론가'는 직무 특성 및 국제분류를 고려하여 상위분류를 '작가'에서 '기자 및 언론 관련 전문 가'로 이동

　　ⓑ 소분류 '화가·사진가 및 공연예술가'의 분류명을 관련 직업을 모두 포괄할 수 있는 용어인 '시각 및 공연 예술가'로 변경

　　ⓒ 신성장 직종인 '미디어 콘텐츠 창작자'와 문화예술 분야 매개 인력인 '공연·영화 및 음반기획자'를 세분류로 신설

　　ⓓ 소분류 '식문화 관련 전문가'를 신설

　　ⓔ 세세분류를 '주방장', '요리연구가', '그 외 식문화 관련 전문가'

③ 대분류 3 : 사무 종사자

　　㉠ '대학 행정조교'는 대학 행정의 보조자로서 교육조교(TA), 연구조교(RA) 등과는 구분되며, 대학 내 고용 규모가 상당하므로 '총무 사무원'에서 분리하여 세세분류로 신설

　　㉡ 세분류 '기타 사무원' 하위분류에 행정 서비스를 대행해주는 '행정사'를 신설

　　㉢ '금융 사무 종사자'의 경우 관련 분야의 전체 대비 규모 등을 고려하여 은행, 금융, 보험으로 분류되어 있던 것을 은행, 보험, 증권, 기타 금융으로 구분하여 세분

　　㉣ '사무 종사자' 이하 안내원은 정해진 공간에서 해당 시설, 기관에 방문한 사람을 대상으로 시설물의 위치, 운영시간, 담당자 등의 일반적인 사항을 안내하는 경우에 한하는 것으로 정의

　　㉤ 박물관, 문화재, 전시회, 박람회와 같은 시설 또는 공간에서 장소를 이동하여 견학, 해설하는 업무의 경우에는 '서비스 종사자'로 이동

　　㉥ '고객상담 및 기타 사무원'에 '의료 서비스 상담 종사원'(피부과, 성형외과, 안과, 치과, 한방병원, 건강검진센터 등의 병원 코디네이터)을 신설

④ 대분류 4 : 서비스 종사자

　　㉠ 중분류 '경찰·소방 및 보안 관련 서비스직'에서는 '해양경찰관'과 '일반 경찰관'에 수사관을 분류명에 병기하여 치안경찰과 함께 검찰 수사관 및 형사를 포괄

　　㉡ '시설 및 특수 경비원'을 시설, 호송, 기계, 특수 등으로 세분하였다. 소년 보호관의 분류명은 '소년원 학교 교사'로 변경

　　㉢ 국제분류(ISCO-08)와의 정합성을 제고하고 사회변화로 인한 돌봄·복지 및 대인 서비스 분야 인력 수요 증가를 고려하여 관련 분류체계를 정비

　　㉣ 보건, 의료, 복지, 미용 및 예식, 장례 등 대인 서비스 직무 전반을 아우를 수 있도록 중분류명을 '돌봄·보건 및 개인생활 서비스식'으로 변경

　　㉤ 세분류 '돌봄 서비스 종사원' 이하 세세분류 '요양보호사'와 '노인 및 장애인 돌봄 서비스 종사원'을 신설

　　㉥ '보육 관련 시설 서비스 종사원'을 신설하여 키즈카페나 대형 상업시설 내 탁아시설 등 보육 관련 시설의 아동 돌봄 종사원을 분류

　　㉦ 세분류 '반려동물 미용 및 관리 종사원'을 신설

　　㉧ 세세분류에 '반려동물 미용사', '반려동물 훈련사', '수의사 보조원'을 배열

ⓩ 세분류 명칭을 '여행 및 관광통역 안내원'에서 '여가 및 관광 서비스 종사원'으로 변경하여 미술관 및 박물관의 전시품, 예술품을 설명하고 안내하거나 박람회, 전시회에서 전시내용을 안내하는 직무를 대분류 '사무 종사자'에서 '서비스 종사자'로 이동

ⓩ 일반 관광 가이드와 직능수준, 직무내용 등에서 구분되는 '문화관광 및 숲·자연환경 해설사'를 신설

⑤ 대분류 5 : 판매 종사자

ㄱ 국내 노동시장 특성을 고려하여, 현업과 일선 관리(First-line Managing) 업무를 함께 수행하는 점주(shopkeepers) 및 일선 관리 종사원(Shop Supervisors)을 단순판매직 및 관리자와 구분할 수 있도록 세분류를 신설

ㄴ 대분류 '관리자'와 구분을 명확히 할 수 있도록 분류명에 '소규모'와 '일선 관리(First-line)'를 명기

ㄷ 대여(렌털) 제품 시장 성장을 반영하여 중분류 '매장 판매직'의 분류명이 '상품 대여원'을 포괄할 수 있도록 '매장 판매 및 상품 대여직'으로 변경

ㄹ '자동차 영업원'을 신차와 중고차 영업원으로 세분하고, 관계 법령 변화를 반영하여 '간접투자 증권 판매인'을 '투자권유대행인'으로 명칭 및 직무범위를 변경

ㅁ '대출 모집인'과 '신용카드 모집인'을 신설

ㅂ '상점 판매원'과 '상품 대여원' 이외의 판매직 중 통신, 방문, 노점 판매직을 소분류 '통신 관련 판매직'과 '방문 및 노점 판매 관련직'으로 재편

ㅅ 이동전화 단말기와 통신 서비스의 판매가 함께 이루어지는 특성을 고려하여 '단말기 및 통신 서비스 판매원'으로 명칭 및 직무범위를 변경

⑥ 대분류 6 : 농림·어업 숙련 종사자

ㄱ 세분류 '조림·영림 및 벌목원' 중 '영림'을 '산림경영'으로 알기 쉽게 변경

ㄴ 동물원 등에서 관람 또는 공연을 위해 동물을 사육하는 '동물 사육사'를 출하 목적의 동물이나 가축 사육자와 구분하기 위하여 '동물원 사육사'로 변경

⑦ 대분류 7 : 기능원 및 관련 기능 종사자

ㄱ '정보통신 및 방송장비 관련 기능직'을 신설

ㄴ '전기 및 전자기기 설치 및 수리원'과 '영상 및 통신장비 관련 기능직'에 분산되어 있던 컴퓨터와 이동전화기, 정보통신 기기, 방송·통신장비 관련 설치 및 수리원을 하위분류로 재편

ㄷ '의복 제조 관련 기능 종사자' 이하 가죽 수선원과 모피 수선원을 통합하고, '자동차 튜닝원'(드레스업 튜닝 제외)을 신설

⑧ 대분류 8 : 장치·기계 조작 및 조립 종사자

ㄱ 통조림기, 살균기, 냉장기, 건조기 등으로 세분되어 있던 '과실 및 채소 가공 관련 기계 조작원'과 연조기, 조방기, 정방기, 권사기, 혼합기, 소면기, 래핑기 등으로 세분되어 있던 '섬유 제조 기계 조작원' 등 복합·다기능 기계 조작직의 분류를 통합

  ⓛ '음료 제조 관련 기계 조작원'을 알코올성 음료와 비알코올성 음료로 세분

  ⓒ '차·커피 및 코코아 제조기 조작원' 중 분말류의 제조기 조작원은 세분류 '기타 식품가공 관련 기계 조작원'으로, 액상 가공 음료 제조기 조작원은 '비알코올성 음료 제조기 조작원'으로 범위를 조정

  ⓔ '화물열차 차장', '철도 신호원', '철도 수송원'을 '철도운송 관련 종사원'으로, '갑판장', '갑판원', '기관부원'을 '선박부원'으로 통합

  ⓜ 세분류 '화물차 및 특수차 운전원' 이하 세세분류를 화물차의 총중량 규모에 따라 '경·소형 화물차 운전원', '중형 화물차 운전원', '대형 화물차 운전원'으로 재편

  ⓗ 관련 법에 따라 건설기계로 분류되는 '콘크리트 믹서 트럭 운전원'과 '덤프트럭 운전원'을 '화물차 및 특수차 운전원'에서 '건설 및 채굴기계 운전원' 이하 세세분류로 이동

⑨ 대분류 9 : 단순노무 종사자

 ⓐ '자동판매기 관리원'을 제외한 각종 수금업무를 담당하는 '수금원'은 '사무 종사자'로 대분류 이동

 ⓑ 경비원 중 특수 및 시설 경비 직무는 '서비스 종사자'로 대분류 이동

 ⓒ '건물 관리원'은 '아파트 경비원', '건물 경비원'으로 한정

 ⓓ 정수기, 공기청정기, 가습기, 매트리스 등 대여 제품 유지·관리 직종이 증가함에 따라 '대여 제품 방문 점검원'을 신설

⑩ 대분류 A : 군인

 ⓐ 이번 개정에는 의무 복무 중인 사병 및 장교도 직업 활동에 포함하여 모든 군인을 직업분류 범위 안에 포괄. 단, '의무 복무 중인 군인'의 직업분류 포함 여부는 경제활동 상태의 판단 기준이 되지 않음

❸ 한국고용직업분류의 개요

(1) 목적

구인·구직 등 취업알선의 정보제공용으로 작성한 「고용직업분류」를 통계 작성에 활용되도록 법적, 제도적 근거를 제공하고 이를 탄력적으로 운용

(2) 배경

고용노동부(한국고용정보원)는 「고용직업분류」가 노동시장의 취업알선 정보를 제공하기 위해 기 활용되고 있으나, 미승인 분류로 이용에 애로가 있어 한국표준직업분류의 특수목적분류로 지정 요청

(3) 추진 경과

① 한고원의 고용직업분류 특수목적분류 지정 신청(2011년 12월)

② 고용직업분류를 특수분류로 지정하고, 표준직업분류와의 상호 연계성이 유지되도록 협의 요청
 (2011년 12월 18일, 고용노동부장관)

③ 고용직업분류 특수분류 요건의 적절성 검토(2011년 12월)

④ 고용직업분류 특수분류 지정 신청에 따른 신청기관 및 청내 업무 협의(2011년 12월, 2012년 2월)

⑤ 고용직업분류체계 및 활용성 검토(2012년 3월)

⑥ 고용직업분류를 표준직업분류의 특수목적분류로 지정(2012년 3월)

(4) 고용직업분류의 내용

① 분류원칙 : 직능유형(Skill Type) 중심의 분류

② 분류체계 : 대·중·소·세분류 순으로 표준직업분류를 재구성

③ 분류구조 : 중분류 중심 구조로 중분류 데이터 활용성을 증대시킴

(5) 분류의 원칙

① 직능유형(Skill Type) 우선 : 직능유형이란 작업자가 수행하는 일이 갖는 여러 측면의 성격을 말하는 것으로, 직무수행 결과 생산되는 최종 생산물, 일을 수행하는 방법과 그 과정, 일을 수행하는 데 필요한 지식, 주요 활용 도구 및 장비 등이 포함됨

* 유사한 업무를 수행하는 데 필요한 직무수행능력의 높낮이를 말하는 직능수준과 대비되는 개념임

② 중분류 중심 체계

㉠ 고용직업분류는 영역이 다른 분야를 다르게 분류하고, 하나의 분류가 독립적인 성격을 갖도록 함

* 한국표준직업분류는 10진법 중심의 분류로 여러 가지 면에서 편리점이 있음. 하위분류를 10개 이내로 함으로써 적절한 대분류를 가지고 있으며, 10진법에서와 같이 수치의 위치값과 수치값을 사용할 수 있음

㉡ 중분류 중심의 체계를 대외적으로 주로 사용함으로써 데이터의 활용성을 증대시키고자 하였음

③ 연계성 유지 : 고용직업분류는 한국표준직업분류와 4단위(세분류)에서 연계할 수 있도록 설계하였음

(6) 분류의 구조

① 대 · 중분류 구조 : 대분류 코드(I~Ⅶ)는 4자리 직업분류코드에서 제외되어 대외적으로 중분류를 주되게 사용함은 물론 이를 통해 중분류 데이터의 활용성을 증대시키고자 하였음

② 분류의 구성

대분류 (미활용 코드)	중분류	개정체계	
		소분류	세분류
Ⅰ 관리직	01. 관리직	9	24
Ⅱ 경영재무직	02. 경영 · 회계 · 사무 관련직	9	31
	03. 금융 · 보험 관련직	3	11
Ⅲ 사회서비스직	04. 교육 및 자연과학 · 사회과학 연구 관련직	8	22
	05. 법률 · 경찰 · 소방 · 교도 관련직	3	8
	06. 보건 · 의료 관련직	8	23
	07. 사회복지 및 종교 관련직	3	9
	08. 문화 · 예술 · 디자인 · 방송 관련직	8	30
Ⅳ 판매 및 개인 서비스직	09. 운전 및 운송 관련직	5	15
	10. 영업 및 판매 관련직	5	19
	11. 경비 및 청소 관련직	5	16
	12. 미용 · 숙박 · 여행 · 오락 · 스포츠 관련직	7	23
	13. 음식서비스 관련직	2	11
Ⅴ 건설 · 생산직	14. 건설 관련직	7	29
	15. 기계 관련직	9	23
	16. 재료 관련직	7	22
	17. 화학 관련직	3	9
	18. 섬유 및 의복 관련직	6	18
	19. 전기 · 전자 관련직	7	13
	20. 정보통신 관련직	6	15
	21. 식품가공 관련직	4	14
	22. 환경 · 인쇄 · 목재 · 가구 · 공예 및 생산단순직	9	27
Ⅵ 농림어업직	23. 농림어업 관련직	5	13
Ⅶ 군인	24. 군인	1	3
계	24	139	429

제3과목 고급 직업정보론

(7) **기대 효과**

노동시장의 직업은 직능수준과 직능유형에 따라 상이한 분류체계를 가지고 있으므로 고용직업분류를 특수목적분류로 지정하여 활용할 경우 직업 관련 통계활용의 다양성이 확보된다.

1 한국표준산업분류의 개요

[본 저작물은 '통계청'에서 '2007년' 작성하여 공공누리 3유형으로 개방한 한국표준직업분류(통계청장)를 이용하였으며 해당 저작물은 통계청 통계분류포털(https://kssc.kostat.go.kr)에서 무료로 다운받으실 수 있습니다.]

(1) 산업의 정의

산업이란 "유사한 성질을 갖는 산업활동에 주로 종사하는 생산단위의 집합"이라 정의되며, 산업활동이란 "각 생산단위가 노동, 자본, 원료 등 자원을 투입하여, 재화 또는 서비스를 생산 또는 제공하는 일련의 활동과정"이라 정의된다. 산업활동의 범위에는 영리적·비영리적 활동이 모두 포함되나, 가정 내의 가사활동은 제외된다.

(2) 분류 목적

한국표준산업분류는 생산단위(사업체 단위, 기업체 단위 등)가 주로 수행하는 산업활동을 그 유사성에 따라 체계적으로 유형화한 것이다. 이러한 한국표준산업분류는 산업활동에 의한 통계자료의 수집, 제표, 분석 등을 위해서 활동 카테고리를 제공하기 위한 것으로 통계법에서는 산업통계자료의 정확성, 비교성을 위하여 모든 통계작성기관이 이를 의무적으로 사용하도록 규정하고 있다. 한국표준산업분류는 통계목적 이외에도 일반 행정 및 산업정책 관련 법령에서 적용대상 산업영역을 한정하는 기준으로 준용되고 있다.

(3) 분류 범위

한국표준산업분류는 산업활동의 유형에 따른 분류이므로 이 분류의 범위는 국민계정(SNA)에서 정의된 것처럼 경제활동에 종사하고 있는 단위에 대한 분류로 국한하고 있다. 한국표준산업분류 9차 개정안은 982 하나의 분류를 제외하고는 국민계정의 생산영역에 의해서 정해진 범위와 일치한다. 982를 KSIC에 포함시킨 것은 ISIC처럼 982는 SNA 생산영역 밖에 있지만 가구의 생계활동을 측정하기 위한 중요한 틀이 되기 때문이며, 981(자가소비용 가구의 재화생산활동)과 병행하여 분류하여 KSIC의 다른 산업영역에 분류하기 어렵거나 불가능한 가계활동을 노동력 조사 같은 특수목적을 위해서 분류하였으며 일반적으로 사업체 조사에서는 이용되지 않는다.

(4) 분류 기준

산업분류는 생산단위가 주로 수행하고 있는 산업활동을 그 유사성에 따라 유형화한 것으로 다음과 같은 분류 기준에 의하여 분류된다.

① 산출물(생산된 재화 또는 제공된 서비스)의 특성

   ㉠ 산출물의 물리적 구성 및 가공단계

   ㉡ 산출물의 수요처

   ㉢ 산출물의 기능 및 용도

② 투입물의 특성 : 원재료, 생산 공정, 생산기술 및 시설 등

③ 생산활동의 일반적인 결합형태

(5) 통계단위

① 개념 : 통계단위란 생산단위의 활동(생산, 재무활동 등)에 관한 통계작성을 위하여 필요한 정보를 수집 또는 분석할 대상이 되는 관찰 또는 분석단위를 말한다. 관찰단위는 산업활동과 지리적 장소의 동질성, 의사결정의 자율성, 자료수집 가능성이 있는 생산단위가 설정되어야 한다. 생산활동과 장소의 동질성의 차이에 따라 통계단위는 다음과 같이 구분된다.

	하나 이상 장소	단일 장소
하나 이상 산업활동	기업집단 단위	지역 단위
	기업체 단위	
단일 산업활동	활동유형 단위	사업체 단위

* 하나의 기업체 또는 기업집단을 전제함

② 사업체 단위의 정의 : 사업체 단위는 공장, 광산, 상점, 사무소 등으로 산업활동과 지리적 장소의 양면에서 가장 동질성이 있는 통계단위이다. 이 사업체 단위는 일정한 물리적 장소에서 단일 산업활동을 독립적으로 수행하며, 영업잉여에 관한 통계를 작성할 수 있고 생산에 관한 의사결정에 있어서 자율성을 갖고 있는 단위이므로 장소의 동질성과 산업활동의 동질성이 요구되는 생산통계 작성에 가장 적합한 통계단위라고 할 수 있다. 그러나 실제 운영 면에서 사업체 단위에 대한 정의가 엄격하게 적용될 수 있는 것은 아니다. 실제 운영상 사업체 단위는 "일정한 물리적 장소 또는 일정한 지역 내에서 하나의 단일 또는 주된 경제활동에 독립적으로 종사하는 기업체 또는 기업체를 구성하는 부분단위"라고 정의할 수 있다. 한편, 기업체 단위란 재화 및 서비스를 생산하는 법적 또는 제도적 단위의 최소결합체로서 자원배분에 관한 의사결정에서 자율성을 갖고 있다. 기업체는 하나 이상의 사업체로 구성될 수 있다는 점에서 사업체와 구분되며, 재무 관련 통계작성에 가장 유용한 단위이다.

(6) 통계단위의 산업결정

① 생산단위의 활동 형태 : 생산단위의 산업활동은 일반적으로 주된 산업활동, 부차적 산업활동 및 보조적 활동이 결합되어 복합적으로 이루어진다. 주된 산업활동이란 산업활동이 복합 형태로 이루어질 경우 생산된 재화 또는 제공된 서비스 중에서 부가가치(액)가 가장 큰 활동을 말하며, 부차적 산업활동은 주된 산업활동 이외의 재화생산 및 서비스제공 활동을 말한다.

이러한 주된 활동과 부차 활동은 보조활동의 지원 없이는 수행될 수 없으며, 보조활동에는 회계, 창고, 운송, 구매, 판매촉진, 수리서비스업 등이 포함된다.

보조활동은 모생산단위에서 사용되는 비내구재 또는 서비스를 제공하는 활동으로서 생산활동을 지원해 주기 위하여 존재한다. 생산활동과 보조활동이 별개의 독립된 장소에서 이루어질 경우 지역 통계작성을 위하여 보조단위에 관한 정보를 별도로 수집할 수 있다.

다음과 같은 활동단위는 보조단위로 보아서는 안 되며 별개의 활동으로 간주하여 그 자체 활동에 따라 분류하여야 한다.

㉠ 고정자산 형성의 일부인 재화의 생산, 예를 들면 자기계정을 위한 건설활동을 하는 경우 이에 관한 별도의 자료를 이용할 수 있으면 건설활동으로 분류한다.

㉡ 모생산단위에서 사용되는 재화나 서비스를 보조적으로 생산하더라도 그 생산되는 재화나 서비스의 대부분을 다른 시장(사업체 등)에 판매하는 경우

㉢ 모생산단위가 생산하는 생산품의 구성부품이 되는 재화를 생산하는 경우, 예를 들면 모생산단위의 생산품을 포장하기 위한 캔, 상자 및 유사제품의 생산

㉣ 연구 및 개발활동은 통상적인 생산과정에서 소비되는 서비스를 제공하는 것이 아니므로 그 자체의 본질적인 성질에 따라 전문과학 및 기술서비스업으로 분류되며, SNA 측면에서는 고정자본의 일부로 고려된다.

② 산업결정방법

㉠ 생산단위의 산업활동은 그 생산단위가 수행하는 주된 산업활동(판매 또는 제공되는 재화 및 서비스)의 종류에 따라 결정된다. 이러한 주된 산업활동은 산출물(재화 또는 서비스)에 대한 부가가치(액)의 크기에 따라 결정되어야 하나, 부가가치(액)의 측정이 어려운 경우에는 산출액에 의하여 결정한다.

㉡ 상기의 원칙에 따라 결정하는 것이 적합하지 않을 경우에는 그 해당 활동의 종업원 수 및 노동시간, 임금 및 급여액 또는 설비의 정도에 의하여 결정한다.

㉢ 계절에 따라 정기적으로 산업을 달리하는 사업체의 경우에는 조사 시점에서 경영하는 사업과는 관계없이 조사대상 기간 중 산출액이 많았던 활동에 의하여 분류된다.

㉣ 휴업 중 또는 자산을 청산 중인 사업체의 산업은 영업 중 또는 청산을 시작하기 전의 산업활동에 의하여 결정하며, 설립 중인 사업체는 개시하는 산업활동에 따라 결정한다.

㉤ 단일 사업체의 보조단위는 그 사업체의 1개 부서로 포함하며, 여러 사업체를 관리하는 중앙보조단위(본부)는 별도의 사업체로 처리한다.

(7) 산업분류의 적용 원칙

① 생산단위는 산출물뿐만 아니라 투입물과 생산공정 등을 함께 고려하여 그들의 활동을 가장 정확하게 설명된 항목에 분류해야 한다.

② 복합적인 활동단위는 우선적으로 최상급 분류단계(대분류)를 정확히 결정하고, 순차적으로 중·소·세·세세분류 단계 항목을 결정하여야 한다.

③ 산업활동이 결합되어 있는 경우에는 그 활동단위의 주된 활동에 따라서 분류하여야 한다.

④ 수수료 또는 계약에 의하여 활동을 수행하는 단위는 자기계정과 자기책임하에서 생산하는 단위와 동일 항목에 분류되어야 한다.

⑤ 자기가 직접 실질적인 생산활동은 하지 않고, 다른 계약업자에 의뢰하여 재화 또는 서비스를 자기계정으로 생산하게 하고, 이를 자기 명의로, 자기책임하에서 판매하는 단위는 이들 재화나 서

비스 자체를 직접 생산하는 단위와 동일한 산업으로 분류하며, 제조업의 경우에는 그 제품의 고안에 중요한 역할을 하고 자기계정으로 재료를 제공하여야 한다.

⑥ 각종 기계장비 및 용품의 개량활동, 개조활동 및 재제조 등 재생활동은 그 기계장비 및 용품의 제조업과 동일 산업으로 분류하나 이들의 경상적인 유지수리를 전문으로 수행하는 독립된 사업체의 산업활동은 "95 수리업"으로 분류한다. 수수료 또는 계약에 의하여 운송사업장 내에서 철도차량, 선박 및 항공기의 경상적인 점검, 보수 및 유지관리활동은 "52 창고 및 운수 관련 서비스업"으로 분류되며, 고객의 특정 사업장 내에서 건물 및 산업시설의 경상적인 유지관리를 대행하는 경우는 "741 사업시설 유지 관련 서비스업"에 분류한다.

⑦ 동일 단위에서 제조한 재화의 소매활동은 별개 활동으로 파악되지 않고 제조활동으로 분류되어야 한다. 그러나 자기가 생산한 재화와 구입한 재화를 함께 판매한다면 그 주된 활동에 따라 분류한다.

⑧ "공공행정 및 국방, 사회보장사무" 이외의 다른 산업활동을 수행하는 정부기관은 그 활동의 성질에 따라 분류하여야 한다.

(8) 분류구조 및 부호체계

① 분류구조는 대분류(알파벳 문자 사용 / Sections), 중분류(2자리 숫자 사용 / Divisions), 소분류(3자리 숫자 사용 / Groups), 세분류(4자리 숫자 사용 / Classes), 세세분류(5자리 숫자 사용 / Sub-classes)의 5단계로 구성된다.

② 부호처리를 할 경우에는 아라비아 숫자만을 사용하도록 했다.

③ 권고된 국제분류 ISIC Rev.4를 기본체계로 하였으나, 국내 실정을 고려하여 국제분류의 각 단계 항목을 분할, 통합 또는 재그룹화하여 독자적으로 분류항목과 분류부호를 설정하였다.

④ 분류항목 간에 산업내용의 이동을 가능한 억제하였으나 일부 이동 내용에 대한 연계분석 및 시계열 연계를 위하여 부록에 수록된 신구 연계표를 활용하도록 하였다.

⑤ 중분류의 번호는 01부터 99까지 부여하였으며, 대분류별 중분류 추가 여지를 남겨놓기 위하여 대분류 사이에 번호 여백을 두었다.

⑥ 소분류 이하 모든 분류의 끝자리 숫자는 "0"에서 시작하여 "9"에서 끝나도록 하였으며, "9"는 기타 항목을 의미하며 앞에서 명확하게 분류되어 남아 있는 활동이 없는 경우에는 "9" 기타 항목이 필요 없는 경우도 있다. 또한 각 분류단계에서 더 이상 하위분류가 세분되지 않을 때는 "0"을 사용한다(예를 들면, 중분류 02/임업, 소분류/020).

❷ 대분류 항목명 및 내용설명(Titles and Descriptions of Industries)

A 농업, 임업 및 어업(01~03)

① 개요 : 이 대분류에는 농업, 임업, 어업 및 관련 서비스업이 포함된다. 작물재배업, 축산업, 작물재배 및 축산 복합농업, 작물재배 및 축산 관련 서비스업과 수렵 및 수렵 관련 서비스업이 포함된다.

② 타 산업과의 관계

　㉠ 구입한 농·임·수산물을 가공하여 특정 제품을 제조하는 경우에는 제조업으로 본다.

　㉡ 수수료 또는 계약에 의하여 정원 및 공원의 조경을 위한 정원수 식재 및 관리활동 "74300 조경 관리 및 유지 서비스업"에 분류된다.

　㉢ 농·임·수산업 관련 조합은 각각의 사업부문별로 그 주된 활동에 따라 분류된다.

　㉣ 농업 생산성을 높이기 위한 지도·조언·감독 등의 활동을 수행하는 정부기관은 "84 공공행정, 국방 및 사회보장 행정"의 적합한 항목에 분류되며, 수수료 및 계약에 의하여 기타 기관에서 농업 경영상담 및 관련 서비스를 제공하는 경우는 "71531 경영 컨설팅업"에 분류된다.

　㉤ 식물원, 수목원, 휴양림, 동물원, 수족관의 운영활동은 "9023 식물원, 동물원 및 자연공원운영업"에 분류된다.

　㉥ 오락 목적의 낚시장 및 관련 시설 운영활동은 "91231 낚시장 운영업"에 분류된다.

B 광업(05~08)

① 개요 : 지하 및 지표에서 고체, 액체 및 기체 상태의 천연광물을 채굴·채취·추출하는 산업활동을 말한다.

② 타 산업과의 관계

　㉠ 천연생수 및 광천수의 생산 및 포장활동 "112 비알코올성 음료 및 얼음제조업"

　㉡ 채광, 채석활동을 직접 수행하지 않고 구입한 특정 산업용 비금속광물(연료용 제외)을 분쇄, 마쇄 또는 기타 가공하는 산업활동은 "23993 비금속광물 분쇄물 생산업"

　㉢ 상수도, 공업용수의 집수, 정수 및 급수활동은 "360 수도사업"

　㉣ 수수료 또는 계약에 의한 광산의 개발 및 정지활동은 "41210 지반조성 건설업" 또는 "42121 토공사업"

C 제조업(10~33)

① 개요

　㉠ 원재료(물질 또는 구성요소)에 물리적, 화학적 작용을 가하여 투입된 원재료를 성질이 다른 새로운 제품으로 전환시키는 산업활동을 말한다.

　㉡ 단순히 상품을 선별·정리·분할·포장·재포장하는 경우 등과 같이 그 상품의 본질적 성질을 변화시키지 않는 처리활동은 제조활동으로 보지 않는다.

　㉢ 제조활동은 공장이나 가내에서 동력기계 및 수공으로 이루어질 수 있으며, 생산된 제품은 도매나 소매 형태로 판매될 수도 있다.

② 원재료 및 생산품의 유통

　㉠ 제조업체에서 사용되는 원재료에는 농·임·수산물, 광물뿐만 아니라 다른 제조업체에서 생산되는 제품(중간제품 또는 반제품)이 포함될 수 있다.

　㉡ 제련한 동은 동선 제조용 원재료가 되며, 동선은 전기용품 제조용의 원재료가 된다. 이러한 원재료는 생산자로부터 직접 구입하거나 시장을 통하여 획득할 수 있으며, 동일 기업 내에 있

는 한 사업체에서 다른 사업체로 생산품을 이전함으로써 확보할 수 있다.

    ⓒ 제조업체의 생산은 일반 소비자의 주문에 의하여 이루어질 수도 있으나 통상적으로 도·소매시장, 공장 간 이동, 산업 사용자의 주문에 의하여 이루어진다.

③ 타 산업과의 관계

    ㉠ 구입한 기계부품의 조립은 제조업으로 분류된다. 그러나 교량, 물탱크, 저장 및 창고설비, 철도 및 고가도로, 승강기 및 에스컬레이터, 배관, 소화용 살수장치, 중앙난방기, 통풍 및 공기조절기, 조명 및 전기배선 등과 같은 건물조직 및 구조물의 규격제품이나 구성부분품을 건설현장에서 조립, 설치하는 산업활동은 "F 건설업"의 적합한 항목에 각각 분류된다.

    ⓒ 사업체에 산업용 기계 및 장비의 조립 및 설치를 전문적으로 수행하는 산업활동은 해당 기계 및 장비를 제조하는 산업과 같은 항목에 분류된다.

    ⓒ 제조업 또는 도·소매업 사업체가 기계 및 장비를 판매하는 과정에서 부수적으로 해당 기계 및 장비를 조립 또는 설치하는 경우는 그 사업체의 주된 활동에 따라 제조업 또는 도·소매업에 분류된다.

    ⓔ 각종 상품의 본질적 개조활동, 개량활동 및 재제조 등 재생활동은 제조업으로 본다.

    ⓜ 기계 및 장비의 전용 구성부분품, 부속품, 부착물 및 부품을 주로 조립하여 제조하는 사업체는 원칙적으로 그 구성부분품, 부속품, 부품이 사용될 기계 및 장비의 제조업과 동일한 항목에 분류한다. 그러나 이들의 구성부분품 및 부속품이 금속의 주조·단조·압형 및 분말야금 방법이나 고무, 플라스틱의 사출 및 압축성형 등에 의하여 제조되는 경우는 그 재료 및 가공·성형 방법에 따라 각각 분류된다.

    ⓗ 엔진, 피스톤, 전기모터, 전기조립품, 밸브, 기어, 롤러베어링 등과 같은 기계장비의 일반(범용성) 구성부분품 및 부품을 제조할 경우에는 그 제품들이 결합되어 사용되는 기계나 장비에 관계없이 이들 구성부분품 및 부품의 종류에 따라 해당 산업영역에 분류된다.

    ⓢ 인쇄 및 인쇄 관련 서비스업은 제조업으로 분류된다.

    ⓞ 제조공장설비를 갖추고 수수료 또는 계약에 의하여 타인 또는 타 사업체에서 주문받은 특정 제품을 제조하여 납품하는 경우는 "1340 섬유제품 염색, 정리 및 마무리 가공업", "181 인쇄 및 인쇄 관련 산업", "2592 금속열처리, 도금 및 기타 금속 가공업"을 제외하고는 그 제조되는 제품의 종류에 따라 제조업의 적합한 산업항목에 각각 분류된다.

    ⓩ 자기가 특정 제품을 직접 제조하지 않고 다른 제조업체에 의뢰하여 그 제품을 제조하게 하여, 이를 인수하여 판매하는 경우라도 다음의 4가지 조건이 모두 충족된다면 제조업으로 분류된다.

      • 생산할 제품을 직접 기획(고안 및 디자인, 견본제작 등)하고,

      • 자기계정으로 구입한 원재료를 계약사업체에 제공하여

      • 그 제품을 자기명의로 제조하게 하고,

      • 이를 인수하여 자기책임하에 직접 시장에 판매하는 경우

D 전기, 가스, 증기 및 수도 사업(35~36)

① 개요 : 전력의 발전 및 송·배전사업, 연료가스제조 및 배관공급사업, 증기, 온수, 냉수, 냉방공기의 생산·공급사업, 상수도 및 산업용수의 집수·정수 및 공급사업이 포함된다.

② 타 산업과의 관계

ㄱ 정유공장에서의 가스 생산활동 "192"

ㄴ 관개시설의 운영활동 "01411"

ㄷ 하수시설의 운영활동 "37011"

ㄹ 차량용 가스충전소 운영활동 "47712"

ㅁ 배관 이외의 방법(탱크로리 및 충전 상태 등)에 의하여 가스를 공급하는 경우

ㅂ 수수료 또는 계약에 의한 가스보관시설 운영 "5210"

E 하수 · 폐기물 처리, 원료재생 및 환경복원업(37~39)

① 개요 : 각종 형태의 산업 또는 생활 폐기물의 수집운반 및 처리활동, 환경정화 및 복원활동과 원료재생 활동이 포함된다. 폐기물 처리공정이나 하수 처리공정의 산출물은 처분되거나 혹은 다른 생산과정의 투입물이 될 수 있다.

② 타 산업과의 관계

ㄱ 생활용수와 산업용수를 공급하는 산업활동은 수도사업("36")으로 분류된다.

ㄴ 재생된 원료로 특정의 제품을 제조하는 경우에는 제조업의 적정항목으로 분류된다.

ㄷ 폐지, 고철 등 재생용 재료를 수집만 하는 경우는 도매업("46")으로 분류된다.

ㄹ 건축물 청소와 공원 등 공공장소 청소는 "7421"로 분류된다.

F 건설업

① 개요 : 계약 또는 자기계정에 의하여 지반조성을 위한 발파·시굴·굴착·정지 등의 지반공사, 건설용지에 각종 건물 및 구축물을 신축 및 설치, 증축·재축·개축·수리 및 보수·해체 등을 수행하는 산업활동으로서 임시건물, 조립식 건물 및 구축물을 설치하는 활동이 포함된다. 이러한 건설활동은 도급·자영건설업자, 종합 또는 전문건설업자에 의하여 수행된다. 직접 건설활동을 수행하지 않더라도 건설공사에 대한 총괄적인 책임을 지면서 건설공사 분야별로 도급 또는 하도급을 주어 전체적으로 건설공사를 관리하는 경우에도 건설활동으로 본다.

② 타 산업과의 관계

ㄱ 공원 및 정원조성을 위한 조경수 식재 및 유지관리활동 "74300"

ㄴ 계약에 의한 원유 및 천연가스 채굴에 직접 관련된 시굴 및 건설활동 "08010"

ㄷ 조립식 건물 구성부분품, 구조물 및 건물장치용 기계장비 등의 제조 또는 판매를 주로 하는 사업체에서 직접 이들을 조립·설치하는 경우에는 그 주된 활동에 따라 제조 또는 판매업으로 분류하나, 설치만을 전문적으로 수행하는 특정의 부서를 독립된 사업체로 분리·파악할 수 있을 경우에는 이를 건설업으로 분류

ㄹ 건축설계, 감리, 기획, 조사, 측량 및 기타 건축공학 관련 서비스를 제공하는 경우는 "721" 또는 "729"에 분류되나, 건축활동을 직접 수행하는 사업체가 건설할 건축물을 직접 설계하는 경우에는 그 주된 활동에 따라 건설업에 분류

ㅁ 건축물 이외의 부동산(토지, 광업권 등)을 직접 개발하여 판매 또는 임대하거나 직접 건설활동을 수행하지 않으면서 전체 건설공사를 건설업자에게 일괄 도급하여 건물을 건설하게 한 후, 이를 분양·판매하는 경우 "681"

G 도매 및 소매업(45~47)

① 개요 : 구입한 각종 신상품 또는 중고품을 변형하지 않고 구매자에게 재판매하는 도매 및 소매활동, 판매상품에 대한 소유권을 갖지 않고 구매자와 판매자를 위하여 판매 또는 구매를 대리하는 상품중개, 대리 및 경매활동이 포함된다.

H 운수업(49~52)

① 개요 : 이 대분류에는 각종 운송시설에 의한 여객 및 화물 운송업, 창고업 및 기타 운송 관련 서비스업을 수행하는 산업활동을 말한다.

ㄱ 운송업 : 노선 또는 정기 운송 여부를 불문하고 철도, 도로, 파이프라인, 해상 및 항공 등으로 여객 및 화물을 운송하는 산업활동을 말한다.

ㄴ 운송 관련 서비스업 : 여객 및 화물 운송업을 지원·보조하는 화물취급업, 창고업, 터미널시설 운영업, 화물운송 주선 및 기타 운송 관련 서비스업을 수행하는 산업활동을 말한다. 화물취급 및 화물운송 주선 사업체 등은 고객과 운송업체 간에 화물의 수수업무에 이용되는 운송시설을 보조적으로 소유할 수 있으나 고객이 요구한 운송활동 전체를 수행하지는 않는다.

② 타 산업과의 관계

ㄱ 특정 산업활동에 결합된 운송활동은 그 산업의 주된 활동에 따라 다른 산업에 분류되나, 동일 기업체를 위하여 운송에 종사하는 사업체가 독립적으로 운영될 경우에는 운수업에 분류된다.

ㄴ 자동차의 유지 및 수리는 "95 수리업"에 분류되며, 철도터미널에서의 철도차량, 항구에서의 선박, 비행장에서의 비행기에 대한 일상적 유지 및 수리는 각각의 운송지원 서비스에 분류된다. 철도, 선박 및 비행기의 개량, 재생 및 개조활동은 "31 기타 운송장비 제조업"에 분류된다.

ㄷ 도로, 철도, 항구, 비행장 등의 건설은 "4122 토목시설물 건설업"에 분류

ㄹ 운전자 없이 운송장비를 임대할 경우에는 운송장비의 종류에 따라 "691 운송장비 임대업"의 해당 항목에 각각 분류된다.

ㅁ 여행 관련 서비스나 여행보조 서비스를 수행하는 경우에는 "752 여행사 및 기타 여행보조 서비스업"에 분류

I 숙박 및 음식점업(55~56)

① 개요 : 이 대분류에는 숙박업과 음식점업이 포함된다.

ㄱ 숙박업 : 일반 대중 또는 특정 회원에게 각종 형태의 숙박시설, 캠프장 및 캠핑시설 등을 단기적으로 제공하는 산업활동을 말하며, 음식 제공 설비가 결합된(음식을 함께 제공하는) 숙박시설

을 운영하는 경우와 철도 운송업을 수행하지 않는 별개의 사업체가 침대차만을 운영하는 경우도 포함한다.

ⓒ 음식점업 : 구내에서 직접 소비할 수 있도록 접객시설을 갖추고 조리된 음식을 제공하는 식당, 음식점, 간이식당, 카페, 다과점, 주점 및 음료점 등을 운영하는 활동과 독립적인 식당차를 운영하는 산업활동을 말한다. 또한 여기에는 접객시설을 갖추지 않고 고객이 주문한 특정 음식물을 조리하여 즉시 소비할 수 있는 상태로 주문자에게 직접 배달(제공)하거나 고객이 원하는 장소에 가서 직접 조리하여 음식물을 제공하는 경우도 포함한다.

• 접객시설을 갖추고 즉시 소비할 수 있는 음식을 조리하여 고객에게 제공하는 경우(회사 등 기관과 계약에 의하여 구내식당을 운영하는 산업활동을 포함한다)

• 접객시설을 갖추고 구입한 음식을 즉시 소비할 수 있는 상태로 고객에게 제공하는 경우

• 접객시설 없이 고객이 주문한 특정 음식을 즉시 소비할 수 있는 상태로 직접 조리하여 고객에게 제공(배달)하는 경우

• 접객시설 없이 즉석식 빵, 케이크 등을 직접 만들어 일반 소비자에게 판매하는 산업활동을 포함한다.

• 접객시설 없이 개별 행사(연회) 시에 그 장소에 출장하여 소비할 음식을 직접 조리하여 제공하는 경우

② 타 산업과의 관계

ㄱ 접객시설 없이 음식을 구입하여 판매만 하는 경우 "46 또는 47"

ㄴ 즉시 소비할 수 있는 음식을 직접 제조하여 음식점 및 유통사업체에 공급하는 경우 "10"

ㄷ 철도운수 사업체에서 철도 침대칸 및 식당칸을 직접 운영하는 경우 "4910"

ㄹ 장기적인 숙박설비의 임대활동 "6811"

J 출판, 영상, 방송통신 및 정보서비스업(58~63)

① 개요 : 정보 및 문화상품을 생산하거나 공급하는 산업활동, 정보 및 문화상품을 전송하거나 공급하는 수단을 제공하는 산업활동, 통신서비스활동, 정보기술, 자료처리 및 기타 정보서비스를 제공하는 산업활동을 말한다. 여기에는 출판업, 소프트웨어 제작, 영상 및 오디오 기록활동, 라디오 및 텔레비전 방송, 방송용 프로그램 공급, 전기통신, 정보기술 및 기타 정보서비스활동이 포함된다.

ㄱ 출판업 : 학습서적, 정보목록부, 소설 및 수필집 등의 일반 서적과 신문, 주간지, 월간지, 연보 등의 정기간행물 등의 인쇄물을 발간하거나 소프트웨어를 출판하는 산업활동을 말한다. 출판물은 자사에서 직접 창작되거나 다른 사람에 의하여 제작된 창작물을 편집, 구입 또는 계약에 의하여 될 수도 있다.

ㄴ 영상·오디오 기록물 제작 및 배급업 : 영화 및 방송프로그램의 제작, 배급 및 상영하거나 영화 제작에 관련된 필름 가공, 더빙 등의 제작 후 서비스를 제공하는 산업활동과 음반 등 오디오 기록물의 원판 및 출판활동을 말한다.

ⓒ 방송업 : 라디오 및 텔레비전을 지상파, 유선 및 위성 등의 각종 전송 방식에 의하여 송출하는 산업활동을 말한다.

ⓔ 통신업 : 유선, 무선 및 기타 전자적 방법에 의하여 음성, 자료, 문자, 영상 등의 각종 정보를 송수신하거나 전달하는 통신서비스를 제공하는 산업활동을 말한다. 우편활동도 여기에 분류한다.

ⓜ 컴퓨터 프로그래밍, 시스템 통합 및 관리업 : 컴퓨터 시스템의 통합 관련 기획 및 설계서비스를 주로 제공하는 산업활동과 컴퓨터 시스템의 관리 및 운영 관련 기술서비스를 주로 제공하는 산업활동을 말한다.

ⓗ 정보서비스업 : 정보처리, 호스팅서비스 및 온라인정보 제공서비스를 제공하는 산업활동이 포함된다. 뉴스제공 등의 기타 정보서비스활동도 여기에 분류한다.

② 타 산업과의 관계

ⓐ 출판권 없이 각종 서적이나 정기간행물을 인쇄하는 산업활동 "1811"

ⓑ 소프트웨어 및 오디오 기록물을 복제하는 산업활동 "1820"

ⓒ 온라인 방법을 통하여 특정한 산업활동을 수행하는 경우는 해당 산업의 특성에 따라 분류

ⓓ 온라인 증권 중개, 온라인 부동산 중개, 온라인 인력 알선 등

K 금융 및 보험업(64~66)

① 개요 : 이 대분류에는 금융업, 보험 및 연금업, 금융 및 보험 관련 서비스업이 포함된다.

② 타 산업과의 관계

ⓐ 정부이전지출에 의하여 생활 무능력자의 소득 결손 및 손실 등을 보상하는 활동은 "84500 사회보장 행정"에 분류

ⓑ 정부기관 및 사립복지기관이 정부이전지출과 자선기금에 의하여 수행하는 사회복지사업은 "87 사회복지 서비스업"에 분류

ⓒ 운용리스는 "69 임대업"에 분류

ⓓ 특정 사업용 기금을 조성하여 이를 관리하는 경우 금융업에 포함되나 그 사업을 운영하는 경우에는 운영하는 사업의 종류에 따라 각각 분류

L 부동산업 및 임대업(68~69)

① 개요 : 이 대분류에는 부동산업과 조작자가 없이 각종 기계장비 및 개인 또는 가정용품을 임대하는 산업활동을 말한다.

② 타 산업과의 관계

ⓐ 직접 건설활동을 수행하지 않더라도 건설공사에 대한 총괄적인 책임을 지면서 건설공사 분야별로 하도급을 주어 전체적으로 건설공사를 관리하는 경우 "41 종합건설업"에 분류

ⓑ 단기적인 숙박시설 운영은 "551 숙박업"에 분류

ⓒ 조작자가 딸린 각종 기계장비 임대는 그 기계장비의 용도에 따라 적합한 산업영역에 분류

M 전문, 과학 및 기술 서비스업(70~73)

① 개요 : 이 산업은 다른 사업체를 위하여 전문, 과학 및 기술적 업무를 계약에 의하여 수행함으로써 경영의 전문성과 효율성을 달성한다. 이러한 전문, 과학 및 기술 서비스는 동일 기업 내의 다른 사업체에 의하여 수행될 수 있다. 이 산업은 고도의 전문지식과 훈련을 받은 인적자본이 서비스 생산의 주요 요소로서 투입된다. 여기에는 연구개발 활동과 법무, 회계, 광고, 시장조사, 경영컨설팅, 건축설계, 엔지니어링, 수의업, 디자인 및 기타 전문·과학·기술 서비스를 제공하는 산업활동이 포함된다.

N 사업시설관리 및 사업지원 서비스업(74~75)

① 개요 : 사업시설의 청소, 방제 등을 포함한 사업시설 유지관리활동과 고용지원 서비스, 보안 서비스, 여행보조 서비스, 사무지원 서비스 등과 같은 사업운영과 관련한 밀접한 지원 서비스를 제공하는 산업활동을 말한다. 전문, 과학 및 기술 서비스 활동은 대분류 M에서 분류된다.

   ㉠ 사업시설관리 및 조경 서비스업 : 고객의 사업시설을 관리 또는 청소, 소독 및 방제 서비스를 수행하거나 산업장비 및 산업용품을 물리적, 화학적으로 세척하는 산업활동을 말한다. 조경관리 및 유지 서비스활동도 여기에 분류한다.

   ㉡ 사업지원 서비스업 : 고용알선·인력공급 등 고용지원 서비스활동, 경비·경호 및 보안시스템운영 등 보안 서비스활동, 여행사 및 예약대리 등의 여행보조 서비스활동, 문서작성·복사 등의 사무지원 서비스활동 등의 사업운영에 관련된 지원서비스를 제공하는 산업활동을 말한다.

② 타 산업과의 관계

   ㉠ 법률자문, 회계 서비스, 경영컨설팅 등 전문서비스 제공활동 "M"

   ㉡ 부동산(주거용 및 비주거용) 관리활동 "6821"

   ㉢ 조경수를 재배하는 산업활동 "01122"

   ㉣ 건설공사에서 결합수행되는 조경수 식재활동 "41226"

O 공공행정, 국방 및 사회보장 행정(84)

① 개요 : 이 대분류에는 국가 및 지방행정기관이 일반 대중에게 제공하는 공공행정, 국방, 산업 및 사회보장 행정업무가 포함된다. 이러한 활동은 비정부기관에 의해 수행되는 경우도 있다.

   ㉠ 공공행정 및 국방: 입법 사무, 통치행정, 중앙 및 지방행정기관의 일반 공공행정, 정부기관 일반 보조행정, 교육, 환경, 노동, 보건, 문화 및 기타 사회서비스 관리행정, 산업진흥행정, 외교 및 국방행정, 사법 및 공공질서 행정을 수행하는 정부기관 등이 포함된다. 이러한 활동은 비정부 단위들에 의해 수행되기도 한다.

   ㉡ 사회보장 행정 : 정부가 제공하는 사회보장계획을 위한 기금조성 및 행정사무를 말하며, 질병, 사고, 실직, 퇴직 및 기타 수입결손을 유발할 수 있는 명백한 위험에 대하여 정부가 이전지출 방식으로 수행하는 사회보장 행정이 포함된다.

② 타 산업과의 관계 : 일반행정에 관한 규제와 집행사무를 제외한 운수, 통신, 교육, 보건, 제조, 유통 및 금융 등의 특정 사업을 운영하는 정부기관은 그 산업활동에 따라 특정 산업에 각각 분류

P 교육 서비스업(85)

① 개요 : 이 대분류에는 교육수준에 따른 초등(학령전 유아 교육기관 포함), 중등 및 고등교육 수준의 정규교육기관, 성인교육, 기타 교육기관 및 교육지원 서비스업이 포함된다.

② 타 산업과의 관계

　㉠ 실업자와 장애자에 대한 직업 재활 서비스는 "87291 직업 재활원 운영업"에 분류

　㉡ 개인교사를 고용한 가구의 활동은 "97000 가구 내 고용활동"에 분류

　㉢ 기업체에서 운영하는 자사 직원의 훈련기관이 독립성과 지속성이 없으면 별도의 사업체로 분류하지 않음

Q 보건업 및 사회복지 서비스업(86~87)

① 개요 : 이 대분류에는 보건업과 사회복지 서비스활동이 포함된다.

② 타 산업과의 관계

　㉠ 치과의사와 독립적으로 운영하는 인조치아 및 인체 교정장치의 생산활동 "27192"

　㉡ 사회보장 행정사무 "84500"

　㉢ 수의 서비스 활동 "73100"

R 예술, 스포츠 및 여가 관련 서비스업(90~91)

① 개요 : 이 대분류에는 창작, 예술 및 여가 관련 서비스업과 스포츠 및 오락 관련 서비스업이 포함된다.

② 타 산업과의 관계

　㉠ 연극 제작설비 임대는 "69390 기타 산업용 기계 및 장비 임대업"에 분류

　㉡ 연예인 매니저업은 "73901 매니저업"에 분류

　㉢ 스포츠 및 레크리에이션 관련 교육은 "8561 스포츠 및 레크리에이션 교육기관"에 분류

　㉣ 영화제작, 배급, 상영 및 관련 서비스는 "591 영화, 비디오물, 방송프로그램 제작 및 배급업"에 분류

S 협회 및 단체, 수리 및 기타 개인 서비스업(94~96)

① 개요 : 이 대분류에는 협회 및 단체, 수리, 세탁 및 개인 대상의 서비스를 제공하는 산업활동을 말한다.

　㉠ 협회 및 단체: 회원 상호 간의 복리증진과 특정 목적 실현을 위하여 조직된 각종 협회 및 단체를 말하며 산업, 노동 및 전문가 단체 또는 조합, 연합회, 종교, 정치 및 기타 협회 및 단체를 말한다.

　㉡ 수리업 : 산업용 기계장비, 컴퓨터 및 사무용 기계장비, 자동차 및 소비용품의 경상적인 유지수리를 전문적으로 수행하는 산업활동을 말한다.

　㉢ 기타 개인 서비스업 : 세탁소, 이·미용실, 장의업 및 기타 개인 서비스를 제공하는 산업활동을 말한다.

② 타 산업과의 관계

　　㉠ 가사 서비스 종사자를 고용한 가구의 활동은 "97000 가구 내 고용활동"에 분류

　　㉡ 협회 및 단체가 출판, 교육, 금융 및 기타 특정 사업을 주된 사업으로 수행하는 경우에는 사업 내용에 따라 각각 분류

　　㉢ 기계장비의 재생, 개조 및 개량활동은 그 제품의 제조업으로 분류

T 가구 내 고용활동 및 달리 분류되지 않은 자가소비 생산활동(97~98)

이 대분류에는 각종 가사담당자를 고용한 가구의 활동과 달리 분류되지 않은 자가소비를 위한 가구의 재화 및 서비스 생산활동이 포함된다.

U 국제 및 외국기관(99)

이 대분류에는 국제연합 및 전문기구, 아주기구, 구주기구, 경제협력개발기구, 유럽공동체, 국제대사관 및 기타 외국지역 단체 등의 공무를 수행하는 국제 및 외국기관이 포함된다.

③ 10차 개정의 주요내용

(1) 국제표준산업분류 4차 개정안(ISIC Rev.4) 추가 반영

① 2007년 9차 개정작업에 이어, 국제표준산업분류 4차 개정안을 추가로 반영

② 부동산 이외 임대업 중분류를 부동산업 및 임대업 대분류에서 사업시설관리 및 사업지원 서비스업 대분류 하위로 이동

③ 수도업 중분류를 전기, 가스, 증기 및 수도업 대분류에서 수도, 하수 및 폐기물 처리, 원료재생업 대분류 하위로 이동

④ 자본재 성격의 기계 및 장비 수리업 소분류는 수리 및 기타 개인 서비스업 대분류에서 제조업 대분류로 이동하고 중분류를 신설

⑤ 출판, 영상, 방송통신 및 정보 서비스업 대분류는 정보통신업으로 명칭을 변경

(2) 국내 산업구조 변화 특성을 반영한 분류 신설 및 통합

① 국내 산업활동의 변화상과 특수성을 고려하여 미래 성장 산업, 기간산업 및 동력산업 등은 신설 또는 세분

② 저성장 산업 및 사양 산업은 통합하는 등 전체 분류체계를 새롭게 설정

③ 바이오 연료, 탄소섬유, 에너지 저장장치, 디지털 적층 성형기계, 무인항공기 제조업과 태양력 발전업, 전자상거래 소매 중개업 등을 신설

④ 반도체, 센서류, 유기발광 다이오드 표시장치, 자동차 부품류, 인쇄회로기판 제조업, 대형마트, 면세점, 요양병원 등은 기존 분류체계에서 세분

⑤ 일부 광업과 청주, 코르크 및 조물제품, 시계 및 관련 부품, 나전칠기, 악기 제조업 등은 통합

(3) 관련 분류 간 연계성, 통합성 및 일관성 유지

산업분류는 경제활동 관련 모든 분류와 연관되어 있으므로 한국재화 및 서비스분류(KCPC), 국민

계정 경제활동별 분류(SNA 분류체계), 산업별 생산품목(광업 및 제조업통계조사), 한국표준무역분류(SKTC), 관세및통계통합품목분류(HS), 한국상품용도분류(BEC) 등을 동시에 고려하여 분류의 포괄범위, 명칭 및 개념 등을 조정하였고, 결과적으로 통합경제분류 연계표 작성 및 활용을 위한 기본 틀을 구축하고 경제분석을 종합적으로 수행할 수 있는 기초를 마련

(4) 주요 개정 내용

① 다른 업종에 포함 산업

ㄱ A 채소작물 재배업에 마늘, 딸기 작물 재배업을 포함

ㄴ N 국제표준산업분류(ISIC) 체계에 맞춰 부동산 이외 임대업의 소속 대분류를 변경하여 포함

② 변경 산업

ㄱ A 어업에서 해면 → 해수면, 수산 종묘 → 수산 종자로 명칭 변경

ㄴ C 주요 신설 부문은 바이오 연료 및 혼합물, 탄소섬유, 에너지 저장장치, 디지털 적층 성형기계, 자동차 구조 및 장치 변경, 무인항공기 및 무인비행장치 제조업 등으로 변경

ㄷ E 수도업을 전기, 가스, 증기 및 공기조절 공급업 대분류에서 이동하여 포함하고 대분류 명칭 변경

ㄹ H 항공 운송업을 항공여객과 화물 운송업으로 변경

ㅁ J 대분류 명칭을 출판, 영상, 방송통신 및 정보 서비스업에서 정보통신업으로 변경

ㅂ K 자산운용회사는 신탁업 및 집합투자업으로 변경

ㅅ O 포괄범위를 고려하여 통신행정을 우편 및 통신행정으로 변경

ㅇ R 갬블링 및 배팅업 세분류 명칭을 사행시설관리 및 운영업으로 변경

ㅈ R 경주장 운영업 세세분류 명칭을 경주장 및 동물 경기장 운영업으로 변경

ㅊ S 기타 미용 관련 서비스업은 체형 등 기타 신체관리 서비스업으로 명칭을 변경

ㅋ S 마사지업은 발 마사지, 스포츠 마사지 등도 포함하도록 변경, 맞선 주선 및 결혼상담업은 결혼 준비 서비스업을 포함하여 결혼 상담 및 준비 서비스업으로 변경

③ 이동 산업

ㄱ C 안경 및 안경렌즈 제조업: 사진장비 및 기타 광학기기 제조업 → 의료용기기 제조업 이동

ㄴ C 운송장비용 의자 제조업: 가구제조업 → 자동차, 항공기, 철도 등 운송장비 제조업 중 해당 장비 또는 부품 제조업 이동

ㄷ C 산업용 기계 및 장비 수리업: ISIC 분류에 맞춰 수리업 → 제조업 중 중분류를 신설(34)하여 이동

ㄹ C 원모피 가공업: 의복, 의복 액세서리 및 모피제품 제조업 → 가죽, 가방 및 신발 제조업

ㅁ C 전사처리업: 기타 제품 제조업 → 인쇄 및 기록매체 복제업

ㅂ C 아스팔트 관련 제품: 비금속광물 제조업 → 코크스, 연탄 및 석유정제품 제조업으로 이동

ㅅ D 수도업은 국내 산업 연관성을 고려하고 ISIC에 맞춰 대분류 E로 이동

ⓞ I 교육 프로그램을 중심으로 운영하는 숙박시설을 갖춘 청소년 수련시설은 교육 서비스업으로 이동

ⓩ L 부동산 이외 임대업 중분류는 사업시설관리, 사업지원 및 임대 서비스업 대분류로 이동

ⓒ M 상업용 사진 촬영업에서 분류하던 인쇄회로 사진원판 제작은 제조업으로 이동

ⓚ M 마이크로필름 처리 서비스는 사업지원 서비스업에서 기타 전문, 과학 및 기술 서비스업으로 이동

ⓣ N 산업용 기계 및 장비 임대업 중 용접장비 임대업은 기타 산업용 기계 및 장비 임대업으로 이동

ⓟ P 숙박업 대분류에서 구분하던 청소년 수련시설은 교육 프로그램 운영이 주된 산업활동인 경우 교육 서비스업으로 이동

ⓗ P 일반 외국어학원 및 기타 교습학원은 기타 교육기관으로 이동

㋖ R 단역배우 공급업은 공연 및 제작 관련 서비스업에서 사업지원 서비스업으로 이동

㋙ S 자본재 성격의 산업용 기계 및 장비 수리업은 제조업으로 이동

④ 신설 산업

㉠ D 산업 성장세를 고려하여 태양력 발전업을 신설

㉡ D 전기자동차 판매 증가 등 관련 산업 전망을 감안하여 전기 판매업 세분류를 신설

㉢ F 전문직별 공사업에서 2종 이상의 공사 내용으로 수행하는 개량·보수·보강공사를 시설물 유지관리 공사업으로 신설

㉣ G 세분류에서 종이 원지·판지·종이상자 도매업, 면세점, 의복 소매업을 신설

㉤ M 연구개발업 융합 추세를 반영하여 자연과학 및 공학 융합 연구개발업 세분류를 신설

㉥ Q 장기 입원환자를 대상으로 진료하는 요양병원을 신설

㉦ Q 사회복지 서비스 수요를 반영하여 비거주 복지 서비스업 세분류에 종합복지관 운영업, 방문 복지 서비스업, 사회복지 상담 서비스업을 신설

⑤ 세분화 산업

㉠ C 육류 도축업 및 가금류 도축업, 육류 포장육 및 냉동육 가공업, 김치류, 도시락류, 배합사료 및 단미사료·기타 사료, 위생용 원지, 오프셋 인쇄업, 고무패킹, 플라스틱 필름 및 시트·판, 폴리스티렌 발포 성형제품, 안전유리, 디스플레이 장치용 유리, 메모리용 및 비메모리용 반도체, 강관 및 강관 가공품·관연결구류, 피복 및 충전 용접봉, 유기발광 표시장치, 인쇄회로기판용 적층판, 경성 및 연성 인쇄회로기판, 전자감지장치, 자동차용 조향·현가·제동장치 부품 등은 세분

㉡ E 금속 및 비금속 원료재생업 소분류는 원료 수입, 운반 이후 처리 수준을 고려하여 해체, 선별업과 원료재성업으로 세분

㉢ F 주거용 건물 건설업을 단독주택 건설업과 기타 공동주택 건설업으로 세분

　ⓔ F 기타 시설물 축조 관련 전문공사업을 지붕, 내·외벽 축조 관련 전문공사업과 기타 옥외 시설물 축조 관련 전문공사업으로 세분

　ⓜ G 세세분류는 도매업에서 자동차 전용 신품 부품, 자동차용 전기·전자·정밀기기 부품, 자동차 내장용 부품 판매업, 목재 및 건축자재, 연료·광물·1차 금속·비료 및 화학제품 중개업, 과실류 및 채소류·서류·향신작물류, 건어물·젓갈류 및 신선·냉동 및 기타 수산물, 커피·차류 및 조미료, 의료기기 및 정밀기기·과학기기, 전지 및 케이블 등 도매업을 세분

　ⓗ G 소매업은 대형마트, 면세점, 건어물 및 젓갈류, 조리 반찬류, 남자용 및 여자용 겉옷, 셔츠·블라우스 및 가죽·모피 의복, 의복 액세서리 및 모조 장신구 등을 세분

　ⓢ H 철도운송업을 철도 여객과 화물 운송업으로 세분

　ⓞ H 하위분류에서는 산업 규모를 고려하여 용달 및 개별 화물자동차 운송업, 통관 대리 및 관련 서비스업을 세분

　ⓙ I 산업 규모를 고려하여 한식 음식점업 세분류를 일반 한식, 면 요리, 육류 요리, 해산물 요리 전문점으로 세분

　ⓧ I 주점업 세분류에서 생맥주 전문점을, 비알코올 음료점업 세분류에서 커피 전문점을 세분

　ⓚ J 온라인·모바일 게임 소프트웨어 개발 및 공급업을 유선 온라인 게임과 모바일 게임 소프트웨어 개발 및 공급업으로 세분

　ⓣ L 부동산 자문 및 중개업은 산업 규모를 고려하여 부동산 중개 및 대리업과 부동산 투자 자문업으로 세분

　ⓟ M 전문 서비스업 융합 추세를 고려하여 기타 전문 서비스업을 세분

　ⓗ N 인력 공급업은 임시 및 일용 인력 공급업과 상용 인력 공급 및 인사관리 서비스업으로 세분. 스포츠 교육기관은 태권도 및 무술 교육기관과 기타 스포츠 교육기관으로, 예술학원은 음악학원, 미술학원, 기타 예술학원으로 세분.

　ⓐ S 의복 및 기타 가정용 직물제품 수리업과 가죽·가방 및 신발 수리업을 세분

⑥ 통합 산업

　ⓐ B 비철금속 광업 → 우라늄 및 토륨 광업, 금·은 및 백금 광업, 연 및 아연 광업, 그 외 기타 비철금속 광업 등을 통합 분류

　ⓑ B 석회석 광업과 고령토 및 기타 점토 광업, 건설용 석재 채굴업과 건설용 쇄석 생산업, 원유 및 천연가스 채굴 관련 서비스업과 기타 광업 지원 서비스업 등을 통합

　ⓒ C 하위분류에서는 관련 산업통계 시계열 자료 등을 기초로 전문화율 및 포괄률, 사업체 수, 출하액, 종사자 수 등 산업 규모 수준, 산업별 증감률 추세 등을 고려하여 분류를 신설, 세분 또는 통합

　ⓓ C 청주, 담배 재건조, 견직물, 편조제품, 모피제품, 목재 도구 및 주방용 나무제품, 코르크 및 조물제품, 인쇄잉크 및 회화용 물감, 위생용 및 산업용 도자기, 금고, 전자관, 전자접속카드, 자동판매기 및 화폐 교환기, 운송용 컨테이너, 비철금속 선박, 시계 및 시계 부품, 나전칠기 가

구, 악기류, 조화 및 모조장식품, 우산 및 지팡이 제조업 등은 통합

ⓜ H 화물자동차 운송업과 기타 도로화물 운송업을 통합

ⓑ H 내륙 수상여객 운송업과 화물 운송업은 통합

ⓢ J 무선통신업과 위성통신업은 통합

ⓞ K 산업 규모를 고려하여 상호저축은행 및 기타 저축기관을 통합

ⓩ KISIC 분류에 맞춰 금융 및 보험업 대분류의 금융지주회사와 전문, 과학 및 기술 서비스업 대분류에서 포함하던 비금융지주회사를 통합하여 분류

ⓒ N 국내 여행사업은 일반 및 국외 여행사업과 통합

ⓚ P 일반 교습학원은 초·중·고등학생 진학 및 보습용 학원으로 구분

⑦ 유지

ⓞ O 나머지 행정 부문은 정부 직제 및 기능 등을 고려하여 기존 분류를 유지

(5) 구 · 신분류 단계별 분류항목 수 비교

대분류	중분류		소분류		세분류		세세분류	
	9차	10차	9차	10차	9차	10차	9차	10차
A 농업, 임업 및 어업	3	3	8	8	21	21	34	34
B 광업	4	4	7	7	12	10	17	11
C 제조업	24	25	83	85	180	183	461	477
D 전기, 가스, 증기 및 공기조절 공급업	2	1	4	3	6	5	9	9
E 수도, 하수 및 폐기물 처리, 원료재생업	3	4	5	6	11	14	15	19
F 건설업	2	2	7	8	14	15	42	45
G 도매 및 소매업	3	3	20	20	58	61	164	184
H 운수 및 창고업	4	4	11	11	20	19	46	48
I 숙박 및 음식점업	2	2	4	4	8	9	24	29
J 정보통신업	6	6	11	11	25	24	42	42
K 금융 및 보험업	3	3	8	8	15	15	33	32
L 부동산업	2	1	6	2	13	4	21	11
M 전문, 과학 및 기술 서비스업	4	4	13	14	19	20	50	51
N 사업시설관리, 사업지원 및 임대 서비스업	2	3	7	11	13	22	21	32

O 공공행정, 국방 및 사회 보장 행정	1	1	5	5	8	8	25	25
P 교육 서비스업	1	1	7	7	16	17	29	33
Q 보건업 및 사회복지 서 비스업	2	2	6	6	9	9	21	25
R 예술, 스포츠 및 여가 관 련 서비스업	2	2	4	4	17	17	43	43
S 협회 및 단체, 수리 및 기타 개인 서비스업	3	3	8	8	18	18	43	41
T 가구 내 고용활동 및 달 리 분류되지 않은 자가소 비 생산활동	2	2	3	3	3	3	3	3
U 국제 및 외국기관	1	1	1	1	1	1	2	2
21	76	77	228	232	487	495	1,145	1,196

기출문제 및 출제예상문제

01 한국표준직업분류(2007)에서 서비스 종사자(대분류 4)의 분류 순서는? 2015

① 보안 – 운송 및 여가 – 조리 및 음식 – 이미용·예식 및 의료보조

② 보안 – 운송 및 여가 – 이미용·예식 및 의료보조 – 조리 및 음식

③ 보안 – 이미용·예식 및 의료보조 – 조리 및 음식 – 운송 및 여가

④ 보안 – 이미용·예식 및 의료보조 – 운송 및 여가 – 조리 및 음식

> **해설 I 서비스 종사자(Service Workers)**
> • 대인보호 및 서비스를 제공하는 업무를 수행한다.
> • 대부분의 직업은 제2수준의 직무능력을 필요로 한다.
> • 중분류는 서비스 제공에서 공공성이 큰 것을 우선하여, 경찰 · 소방 및 보안 관련 서비스직, 이미용 · 예식 및 의료보조 서비스직, 고객 서비스직, 운송 및 여가 서비스직, 조리 및 음식 서비스직 순으로 분류되어 있다.
> – 41 경찰 · 소방 및 보안 관련 서비스직
> – 42 이미용 · 예식 및 의료보조 서비스직
> – 43 운송 및 여가 서비스직
> – 44 조리 및 음식 서비스직

02 한국표준직업분류(2007)의 개정 방향에 관한 설명으로 틀린 것은? 2015

① 대분류는 국제 비교성을 위해 ISCO 08을 따르기로 원칙을 정하였다.

② 중분류 이하는 우리나라 노동시장 현실을 반영하도록 하였다.

③ 표준직업분류와 고용직업분류 간의 불일치에 따른 문제점 해소를 위해 고용자 수 등을 감안하여 고용직업분류의 중분류 명칭을 일치시키기로 하였다.

④ 직업 관련 정책수립에 필요한 통계의 생산 및 활용성 제고를 위하여 세분류는 고용자 수가 최소 1,000명 이상인 경우만 설정토록 하였다.

> **해설 I** 고용직업분류의 세분류 명칭 일치시키기로 하였다.

03 한국표준직업분류(2007)에서 한 사람이 전혀 상관성이 없는 2가지 이상의 직업에 종사할 경우에 그 직업을 분류하는 일반적인 원칙을 적용하는 순서로 바르게 나열한 것은? 2015

① 취업 시간 → 조사 시 최근의 직업 → 수입

② 수입 → 취업 시간 → 조사 시 최근의 직업

③ 취업 시간 → 수입 → 조사 시 최근의 직업

④ 수입 → 조사 시 최근의 직업 → 취업 시간

> **해설 I** 한국표준직업분류(2007) : 다수 직업 종사자의 분류원칙(취업시간 → 수입 → 조사 시 최근의 직업)

04 한국표준산업분류(2008) 통계단위에서 장소의 동질성을 기준으로 분류할 때 성격이 다른 하나는? 2015

① 기업집단 ② 지역단위

③ 기업체 단위 ④ 활동유형 단위

> **해설 I** • 단일 장소 : 지역단위와 사업체 단위
> • 하나 이상의 장소 : 기업집단 단위, 기업체 단위, 활동유형 단위

05 한국표준산업분류(2008)에서 분류구조와 부호체계에 대한 설명으로 틀린 것은? 2015, 2014, 2013

① 분류구조는 대분류(알파벳 문자 사용/Sections), 중분류(2자리 숫자 사용/Divisions), 소분류(3자리 숫자 사용/Groups), 세분류(4자리 숫자 사용/Classes), 세세분류(5자리 숫자 사용/Sub-classes)의 5단계로 구성된다.

② 부호처리를 할 경우에는 알파벳 문자와 아라비아 숫자를 병용할 수 있다.

③ 권고된 국제분류 ISIC Rev.4를 기본체계로 하였으나, 국내 실정을 고려하여 국제분류의 각 단계 항목을 분할, 통합 또는 재그룹화하여 독자적으로 분류항목과 분류부호를 설정하였다.

④ 분류항목 간에 산업내용의 이동을 가능한 억제하였으나 일부 이동 내용에 대한 연계분석 및 시계열연계를 위하여 부록에 수록된 신구연계표를 활용하도록 하였다.

> **해설 |** 부호처리를 할 경우에는 아라비아 숫자만을 사용할 수 있다.

06 한국표준산업분류(2008)에서 산업분류의 적용원칙이 아닌 것은?

2015

① 수수료 또는 계약에 의하여 활동을 수행하는 단위는 자기계정과 자기책임하에서 소비하는 단위와 동일 항목에 분류되어야 한다.

② 복합적인 활동단위는 우선적으로 최상급 분류단계(대분류)를 정확히 결정하고 순차적으로 중·소·세·세세분류 단계 항목을 결정하여야 한다.

③ '공공행정 및 국방, 사회보장 사무' 이외의 다른 산업활동을 수행하는 정부기관은 그 활동의 성질에 따라 분류해야 한다.

④ 생산단위는 산출물뿐만 아니라 투입물과 생산공정 등을 함께 고려하여 그들의 활동을 가장 정확하게 설명된 항목에 분류해야 한다.

> **해설 |** 소비하는 단위가 아니고 생산하는 단위이다.

07 한국표준산업분류(2008)에서 보조적 활동이 아닌 것은?

2015

① 회계 ② 운송
③ 개발 ④ 판매촉진

> **해설 |** 보조활동에는 회계, 창고, 운송, 구매, 판매촉진, 수리 서비스업 등이 있다.

08 한국표준산업분류(2008)의 분류목적과 가장 거리가 먼 것은?

2015

① 한국표준산업분류는 생산단위(사업체 단위, 기업체 단위 등)가 주로 수행하는 산업활동을 그 유사성에 따라 체계적으로 유형화 한 것이다.

② 한국표준산업분류는 산업활동에 의한 통계자료의 수집, 제표, 분석 등을 위해서 활동카테고리를 제공하기 위한 것이다.

③ 통계법에서는 산업통계자료의 정확성, 비교성을 위하여 모든 통계작성기관이 이를 의무적으로 사용하도록 규정하고 있다.

④ 일반 행정 및 산업정책 관련 법령에서 적용대상 산업영역을 확장하는 기준으로 준용되고 있다.

> **해설 |** 확장하는 것이 아니라 한정하는 것이다.

09 한국표준산업분류(2008)에서 분류기준이 아닌 것은?

2015

① 산출물의 특성
② 투입물의 특성
③ 생산활동의 일반적인 결합 형태
④ 소비활동의 일반적인 형태

10 한국표준산업분류(2008)에서 산업활동의 정의로 옳은 것은?

2015

① 유사한 성질을 갖는 상품과 재화의 생산과 관련된 활동의 집합

② 각 생산단위가 노동, 자본, 원료 등 자원을 투입하여 재화 또는 서비스를 생산 또는 제공하는 일련의 활동과정

정답 01 ④ 02 ③ 03 ③ 04 ② 05 ② 06 ① 07 ③ 08 ④ 09 ④ 10 ②

③ 재화 또는 서비스를 생산하는 일련의 활동과정
④ 국민경제의 기초를 이루는 인적·물적 자원을 이용하여 다양한 재화 또는 서비스를 생산하는 일련의 활동과정

해설 ㅣ 산업활동이란 "각 생산단위가 노동, 자본, 원료 등 자원을 투입하여 재화 또는 서비스를 생산 또는 제공하는 일련의 활동과정"이다.

11 한국표준산업분류(2008)에서 국제표준산업분류 제9차 개정안을 반영한 사항이 아닌 것은?

① 정보 및 커뮤니케이션 산업을 하나로 묶는다.
② 환경 관련 산업의 중요성 및 산업활동의 결합성을 고려하였다.
③ 컴퓨터 제조업은 정보 및 커뮤니케이션으로 이동하였다.
④ 본사, 수의업, 여행사 등은 대분류가 변경되었다.

해설 ㅣ 컴퓨터 제조업("30"), 전자부품, 영상, 음향 및 통신장비 제조업("32")을 "26 전자부품, 컴퓨터, 영상, 음향 및 통신장비 제조업"으로 통합하였다.

12 한국표준산업분류(2008)의 분류구조 및 부호체계에 대한 설명으로 틀린 것은? 2015

① 분류구조는 대분류, 중분류, 소분류, 세분류, 세세분류의 5단계로 구성된다.
② 부호처리를 할 경우에는 알파벳만을 사용토록 했다.
③ 권고된 국제분류 ISIC Rev.4를 기본체계로 하였으나, 국내 실정을 고려하여 국제분류의 각 단계 항목을 분할, 통합 또는 재그룹하여 독자적으로 분류항목과 분류부호를 설정하였다.
④ 중분류의 번호는 01부터 99까지 부여하였으며, 대분류별 중분류 추가 여지를 남겨놓기 위하여 대분류 사이에 번호 여백을 두었다.

13 한국표준산업분류(2008)의 대분류와 관련 산업과의 연결이 틀린 것은? 2015

① 제조업 – 인쇄업
② 도매 및 소매업 – 자동차 판매업
③ 운수업 – 택배업
④ 사업지원 서비스업 – 변호사업

해설 ㅣ 변호사업은 전문 서비스업이다.

14 한국표준산업분류(2008)에서 다음 산업활동의 산업분류로 가장 적합한 것은?

> 1차 자료를 수집 및 조합하여 일정 포맷에 따라 가공된 정보를 컴퓨터에 수록하여 주문에 따라 자동응답전화, 온라인, 디스켓 등의 전자매체로 제공하는 산업활동

① 63991 : 데이터베이스 및 온라인 정보 제공업
② 85701 : 교육 관련 자문 및 평가업
③ 85709 : 기타 교육지원 서비스업
④ 63120 : 포털 및 기타 인터넷 정보매개 서비스업

해설 ㅣ • "63120" : 인터넷에서 검색, 커뮤니티, 전자메일, 블로그 등의 서비스를 통해 금융, 생활정보, 뉴스, 이용자 제작 콘텐츠 및 디지털화된 다양한 정보를 매개하는 산업활동
• "85701" : 교육에 관련된 상담 및 평가업무를 수행하는 산업활동
• "85709" : 기타 교육과정이나 시스템을 지원하는 교육지원 서비스를 제공하는 산업활동

15 한국표준직업분류에서 대분류가 다른 직업은? 2014

① 점술가　　　　② 장의사
③ 미용사　　　　④ 음식점 접수원

해설 ㅣ 음식점 접수원 38229 : 사무 종사자

16 한국표준직업분류에서 직업을 분류하는 기준은?

2014

① 직무와 직능　　② 직무와 직종
③ 직능과 직종　　④ 직무와 자격

> **해설 |** 한국표준직업분류
> 직무의 업무와 과업을 수행하는 능력인 직능(Skill)을 근거로 편제

17 한국표준직업분류(2007)의 목적과 가장 거리가 먼 것은?

2014

① 각종 사회·경제 통계조사의 직업단위 기준
② 직종별 채용기준의 결정
③ 직종별 특정 질병의 이환율, 사망률과 생명표 작성 기준
④ 산재보험률, 생명보험률 또는 산재보상액, 교통사고보상액 등의 결정 기준

> **해설 |** • 취업알선을 위한 구인 · 구직안내 기준
> • 직종별 급여 및 수당지급 결정 기준

18 한국표준직업분류(2007)상 직업정보 수집 시 한 사람이 전혀 상관성이 없는 2가지 이상의 직업에 종사할 경우 그 사람의 직업을 결정하는 일반적 원칙에 해당하지 않는 것은?

2014

① 노동강도가 높은 직업을 택한다.
② 취업 시간이 많은 직업을 택한다.
③ 수입이 많은 직업을 택한다.
④ 조사 시 최근의 직업을 선택한다.

> **해설 |** 다수 직업 종사자의 분류 원칙 : 취업 시간이 많은 직업, 수입이 많은 직업, 조사 시 최근의 직업

19 한국표준직업분류(2007)의 "대분류 2 전문가 및 관련 종사자"에 대한 설명과 가장 거리가 먼 것은?

2014

① 우리나라 노동시장에서는 전문가와 준전문가(기술공)를 분류하는 데 현실적으로 어려움이 있다.
② 학력과 직업의 연관성이 낮아지는 등 직능수준 4와 3이 점차 통합되는 추세에 있다.
③ 지식정보화, 전문화 등으로 일자리가 감소 추세에 있다
④ 전문지식을 이용하여 의료활동을 수행하거나 각급 학교의 학생을 지도하는 활동을 수행한다.

> **해설 |** 지식정보화, 전문화 등으로 일자리가 증가 추세에 있다. 물리, 생명과학 및 사회과학 분야, 높은 수준의 전문적 지식과 경험을 기초로 과학적 개념과 이론을 응용하여 해당 분야를 연구, 개발 및 개선하고 집행을 위한 전문가 및 관련 종사자 직업이 증가 추세에 있다.

20 한국표준직업분류에서 "대분류 A 군인"에 대한 설명으로 가장 적합한 것은?

2014

① 이 대분류에 포함되는 대부분의 직업은 제4수준과 제3수준의 직무능력을 필요로 한다.
② 현재 군인의 신분을 유지하고 있는 장교는 모두 대분류/군인으로 분류된다.
③ 계급을 중심으로 분류하였다.
④ 국방과 관련된 정부기업에 고용된 민간인, 국가의 요청에 따라 단기간 군사훈련 또는 재훈련을 위해 일시적으로 소집된 자 및 예비군은 대분류 A 군인으로 분류되지 않는다.

21 한국표준직업분류(2007)의 대분류 5에 해당하는 것은? 　　2014

① 서비스 종사자
② 판매 종사자
③ 기능원 및 관련 기능 종사자
④ 단순노무 종사자

22 한국표준직업분류(2007)에서 다음 사례에 해당하는 포괄적인 업무에 대한 직업분류 원칙은? 　　2014

> "빵을 굽는 제빵원이 빵을 제조하고 이를 판매하였다면 판매원으로 구분하지 않고 제빵원으로 분류한다."

① 상급 직능수준 우선 원칙
② 최초 업무 우선 원칙
③ 수적우위 우선 원칙
④ 생산업무 우선 원칙

23 한국표준산업분류(2008)의 제조업에 대한 설명으로 옳지 않은 것은? 　　2014

① 제조업이란 원재료(물질 또는 구성요소)에 물리적, 화학적 작용을 가하여 투입된 원재료를 성질이 다른 새로운 제품으로 전환시키는 산업활동을 말한다.
② 단순히 상품을 선별, 정리, 분할, 포장, 재포장하는 경우 등과 같이 그 상품의 본질적인 성질을 변화시키지 않는 처리활동은 제조활동으로 보지 않는다.
③ 구입한 기계부품의 조립은 제조업으로 분류하지 않는다.
④ 인쇄 및 인쇄 관련 서비스업은 제조업으로 분류된다.

24 한국표준산업분류(2008)의 분류구조와 부호체계에 대한 설명으로 틀린 것은? 　　2015, 2014, 2013

① 중분류는 01부터 99까지이며, 대분류별 중분류 추가를 위하여 여백을 두었다.
② 소분류 이하 모든 분류에서 10개가 넘는 분류를 허용하지 않았다.

③ 끝자리 0은 더 이상 하위분류가 없을 때 사용하였다.

④ 끝자리 9는 기타를 의미하며, 모든 분류에 포함되어 있다.

해설 l "9"는 기타 항목을 의미하며, 앞에서 명확하게 분류되어 남아 있는 활동이 없는 경우에는 "9" 기타 항목이 필요 없는 경우도 있다.

25 한국표준산업분류(2008)에서 사업체 단위에 대한 설명으로 가장 거리가 먼 것은? 2014

① 단일장소
② 생산에 관한 의사결정에서 자율성을 가지는 단위
③ 단일 산업활동
④ 자원배분에 관한 의사결정에서 자율성을 가지는 단위

해설 l 사업체 단위
공장, 광산, 상점, 사무소 등으로 산업활동과 지리적 장소의 양면에서 가장 동질성이 있는 통계단위이다.
- 일정한 물리적 장소에서 단일 산업활동을 독립적으로 수행하며,
- 영업잉여에 관한 통계를 작성할 수 있고,
- 생산에 관한 의사결정에 있어서 자율성을 갖고 있는 단위이므로 장소의 동질성과
- 산업활동의 동질성이 요구되는 생산통계 작성에 가장 적합한 통계단위
- 실제 운영상 사업체 단위는 "일정한 물리적 장소 또는 일정한 지역 내에서 하나의 단일 또는 주된 경제활동에 독립적으로 종사하는 기업체 또는 기업체를 구성하는 부분단위"라고 정의할 수 있다.

기업체 단위
- 법적 또는 제도적 단위의 최소 결합체
- 자원배분에 관한 의사결정에서 자율성
- 재무 관련 통계작성에 유용

26 한국표준산업분류(2008)에서 통계단위의 산업결정 방법에 대한 설명과 가장 거리가 먼 것은? 2014

① 생산단위의 산업활동은 그 생산단위가 수행하는 주된 산업활동(판매 또는 제공되는 재화 및 서비스)의 종류에 따라 결정된다.
② 계절에 따라 정기적으로 산업을 달리하는 사업체의 경우에는 조사시점에 경영하는 사업의 활동에 의해 분류한다.
③ 휴업 중 또는 자산을 청산 중인 사업체의 산업은 영업 중 또는 청산을 시작하기 전의 산업활동에 의해 결정한다.
④ 단일 사업체의 보조단위는 그 사업체의 일개 부서로 포함하며, 여러 사업체를 관리하는 중앙보조단위(본부)는 별도의 사업체로 처리한다.

해설 l 계절에 따라 정기적으로 산업을 달리하는 사업체의 경우 조사대상 기간 중 산출액이 많았던 활동에 의하여 분류한다.

27 한국표준산업분류(2008)에서 방송 및 무선통신장비 제조업(2642)에 해당하는 산업활동이 아닌 것은? 2014

① 텔레비전방송 및 중계기 제조
② 무선전화기 제조
③ 무선 팩시밀리 제조
④ 텔레비전 및 안테나 제조

해설 l 텔레비전 및 안테나 제조 : "265"(2642 제외)

28 한국표준산업분류(2008)에서 생산단위의 활동 형태에 대한 설명 중 보조단위로 보아서는 안 되며 별개의 활동으로 간주하여 그 자체 활동에 따라 분류하여야 하는 것과 가장 거리가 먼 것은? 2014

① 고정자산 형성의 일부인 재화의 생산, 예를 들면 자기계정을 위한 건설활동을 하는 경우 이에 관한 별도의 자료를 이용할 수 있으면 건설활동으로 분류한다.
② 모생산단위에서 사용되는 재화나 서비스를 보조적으로 생산하더라도 그 생산되는 재화나 서비스의 대부분을 동일한 시장(사업체 등)에 판매하는 경우
③ 모생산단위가 생산하는 생산품의 구성부품이 되는 재화를 생산하는 경우, 예를 들면 모생산단위의 생산품을 포장하기 위한 캔, 상자 및 유사 제품의 생산
④ 연구 및 개발활동은 통상적인 생산과정에서 소비되는 서비스를 제공하는 것이 아니므로 그 자체의 본질적인 성질에 따라 전문과학 및 기술 서비스업으로 분류되며, SNA 측면에서는 고정자본의 일부로 고려된다.

29 한국표준산업분류(2008)에 대한 설명과 가장 거리가 먼 것은? 2014

① 표준산업분류는 국제표준산업분류에 기초하여 만들어졌다.
② 통계청에서 개정 작업을 담당하고 있다.
③ 분류 간 연계성, 통합 및 일관성 유지가 중요하다.
④ 개정 시 국제표준산업분류의 담당기관인 국제노동기구(ILO)의 허가가 필요하다.

30 한국표준산업분류의 분류구조 및 부호체계에 관한 설명으로 틀린 것은? 2013

① 부호처리를 할 경우에는 아라비아 숫자만을 사용한다.
② 분류구조는 대분류, 중분류, 소분류, 세분류, 세세분류의 5단계로 구성된다.
③ 중분류의 번호는 01부터 09까지 부여하였으며, 대분류별 중분류 추가 여지를 남겨놓기 위하여 대분류 사이에 번호 여백을 두었다.
④ 권고된 국제분류 ISIC Rev.4를 기본체계로 하였으나, 국내 실정을 고려하여 국제분류의 각 단계 항목을 분할, 통합 또는 재그룹화하여 독자적으로 분류항목과 분류부호를 설정하였다.

31 한국표준직업분류에서 직업활동에 해당하는 것은? 2013

① 예·적금 인출, 보험금 수취, 차용 또는 토지나 금융자산을 매각하여 수입이 있는 경우
② 의무로 복무 중인 사병, 단기 부사관, 장교와 같은 군인
③ 사회복지사 등 사회복지시설 종사자의 경제활동
④ 경마, 경륜, 복권 등에 의한 배당금이나 주식투자에 의한 시세차익이 있는 경우

ⓑ 교육기관에 재학하며 학습에만 전념하는 경우
ⓢ 시민봉사활동 등에 의한 무급 봉사적인 일에 종사하는 경우
ⓞ 의무로 복무 중인 사병, 단기 부사관, 장교와 같은 군인
ⓩ 사회복지시설 수용자의 시설 내 경제활동
ⓒ 수형자의 활동과 같이 법률에 의한 강제노동을 하는 경우
ⓚ 도박, 강도, 절도, 사기, 매춘, 밀수와 같은 불법적인 활동

32 한국표준산업분류에서 산업분류의 적용원칙으로 틀린 것은?

2013, 2011

① 복합적인 활동단위는 우선적으로 세세분류단계를 정확히 결정하고, 대·중·소·세분류 단계 항목을 역순으로 결정하여야 한다.
② 생산단위는 산출물뿐만 아니라 투입물과 생산공정 등을 함께 고려하여 그들의 활동을 가장 정확하게 설명된 항목에 분류하여야 한다.
③ 산업활동이 결합되어 있는 경우에는 그 활동단위의 주된 활동에 따라서 분류하여야 한다.
④ 수수료 또는 계약에 의하여 활동을 수행하는 단위는 자기계정과 자기책임하에서 생산하는 단위와 동일 항목에 분류되어야 한다.

> **해설 | 산업분류의 적용원칙**
> 복합적인 활동단위는 우선적으로 최상급 분류단계(대분류)를 정확히 결정하고, 순차적으로 중·소·세·세세분류 단계 항목을 결정

33 한국표준직업분류에 관한 설명으로 틀린 것은? 2013

① 주어진 직무의 업무와 과업을 수행하는 능력인 직능(Skill) 근거로 편제된다.
② 대분류 1 관리자와 2 전문가 및 관련 종사자의 직능수준은 동일하다.

③ 직업분류 원칙 중 포괄성의 원칙이란 우리나라에 존재하는 모든 직무는 어떤 수준에서든지 분류에 포괄되어야 한다는 것이다.
④ 포괄적인 업무에 대한 직업분류 원칙에 따르면 한 사람이 빵을 생산하여 판매도 하는 경우 제빵원으로 분류하지 않고 판매원으로 분류해야 한다.

> **해설 |** • 주된 직무 우선 원칙(생산업무 우선 원칙) : 한 사람이 빵을 생산하여 판매도 하는 경우 판매원으로 분류하지 않고 제빵원으로 분류해야 한다.
> • 최상급 직능수준 우선 원칙 : 조리와 배달 시 조리로 분류

34 한국표준직업분류의 직능수준에 관한 설명으로 옳은 것은?

2013

① 국제표준교육분류에 따라 5단계로 구분한다.
② 정규교육수준에 의해 분류되는 것이 아니라 직무를 수행하는 데 필요한 특정 업무의 수행능력이다.
③ 제1직능수준은 석사 이상의 정규교육이나 훈련을 필요로 한다.
④ 제5직능수준은 초등학교 정도의 정규교육이나 훈련을 필요로 한다.

> **해설 | 직업 대분류와 직능수준**
> 국제표준직업분류(ISCO)에서 정의한 분류체계는 국제적 특성을 고려하여 4개의 직능수준으로 구분하며 직무수행능력의 높낮이를 말하는 것으로 정규교육, 직업훈련, 직업경험 그리고 선천적 능력과 사회 문화적 환경 등에 의해 결정된다. 직무를 수행하는 데 필요한 특정 업무의 수행능력이다.

정답　　28 ②　29 ④　30 ③　31 ③　32 ①　33 ④　34 ②

35 한국표준산업분류의 산업결정방법에 관한 설명으로 틀린 것은? 2013, 2009

① 생산단위의 산업활동은 그 생산단위가 수행하는 주된 산업활동의 종류에 따라 결정된다.
② 계절에 따라 정기적으로 산업을 달리하는 사업체의 경우에는 조사대상 기간 중 산출액이 많았던 활동에 의하여 분류된다.
③ 휴업 또는 자산을 청산 중인 사업체의 산업은 영업 중 또는 청산을 시작하기 전의 산업활동에 의해 결정된다.
④ 단일 사업체의 보조단위는 그 사업체와는 별도의 사업체로 처리한다.

36 다음과 같은 직무를 수행하는 한국표준직업분류상의 대분류는? 2013

주로 자료의 분석과 관련된 직종으로 다양한 분야에서 높은 수준의 전문적 지식과 경험을 기초로 과학적 개념과 이론을 응용하여 해당 분야를 연구, 개발 및 개선하고 집행한다.

① 대분류 1 : 관리자
② 대분류 2 : 전문가 및 관련 종사자
③ 대분류 3 : 사무 종사자
④ 대분류 4 : 서비스 종사자

37 다음 사례의 산업분류로 가장 적합한 것은? 2013

금융기관이나 자산관리공사 등으로부터 부동산을 구입하여 이를 기초로 증권을 발행하고 일반 투자자들에게 증권을 판매하여 마련한 자금으로 부동산 구입비용을 충당하고, 구입한 부동산을 임대 및 처분한 수익금으로 증권을 구입한 투자자에게 상환하는 것이 주된 산업활동이다.

① 681 : 부동산 임대 및 공급업
② 6420 : 투자기관
③ 68221 : 부동산 자문 및 중개업
④ 711 : 법무 관련 서비스업

38 윤리성에 위배되어 직업으로 보지 않은 활동은? 2012

A. 자기 집의 가사활동에 전념하는 경우
B. 고리대금업을 통해 이익을 취하는 경우
C. 도박, 강도, 절도와 같은 활동을 하는 경우
D. 교육기관에 재학하며 학습에만 전념하는 경우

① A, B   ② B, C
③ A, D   ④ A, C, D

39 한국표준직업분류는 어느 국제기구의 국제표준직업분류체계(ISCO)를 따르고 있는가? 2012

① OECD   ② UNDP
③ UNESCO   ④ ILO

40 한국표준직업분류상 다음 개념에 해당하는 대분류는? 2012

관리자, 전문가 및 관련 종사자를 보조하여 경영방침에 의해 사업계획을 입안하고 계획에 따라 업무를 추진하며, 당해 작업에 관련된 정보(Data)의 기록, 보관, 계산 및 검색 등의 업무를 수행한다. 또한 금전취급활동, 법률 및 감사, 상담, 안내 및 접수와 관련하여 사무적인 업무를 주로 수행한다.

① 단순노무 종사자
② 기능원 및 관련 기능 종사자
③ 준전문가
④ 사무 종사자

41 한국표준산업분류(2008)에서 시스템 · 소프트웨어 개발 및 공급업(5822)에 해당하는 산업활동이 아닌 것은?

2011

① 통계처리 프로그램 개발
② 운영체제(OS) 개발
③ 게임 소프트웨어 개발
④ 보안 프로그램 개발

> **해설 l** 게임 소프트웨어 개발(5821) 제외임. 주문형 소프트웨어 개발(62010)

42 한국표준산업분류(2017)의 10차 개정의 주요내용으로 틀린 것은?

① 2007년 9차 개정작업에 이어, 국제표준산업분류 4차 개정안을 추가로 반영
② 부동산 이외 임대업 중분류를 부동산업 및 임대업 대분류에서 사업시설관리 및 사업지원 서비스업 대분류 하위로 이동
③ 수도업 중분류를 전기, 가스, 증기 및 수도업 대분류에서 수도, 하수 및 폐기물 처리, 원료 재생업 대분류 하위로 이동
④ 자본재 성격의 기계 및 장비 수리업 소분류는 제조업 대분류에서 수리 및 기타 개인 서비스업 대분류로 이동하고 중분류를 신설

> **해설 l** 자본재 성격의 기계 및 장비 수리업 소분류는 수리 및 기타 개인 서비스업 대분류에서 제조업 대분류로 이동하고 중분류를 신설

43 한국표준산업분류(2017)에서 국내 산업구조 변화 특성을 반영한 분류 신설 및 통합과 관계가 먼 것은?

① 국내 산업활동의 변화상과 특수성을 고려하여 미래 성장 산업, 기간산업 및 동력산업 등은 폐지
② 저성장 산업 및 사양 산업은 통합하는 등 전체 분류체계를 새롭게 설정
③ 바이오 연료, 탄소섬유, 에너지 저장장치, 디지털 적층 성형기계, 무인항공기 제조업과 태양력 발전업, 전자상거래 소매 중개업 등을 신설
④ 반도체, 센서류, 유기발광 다이오드 표시장치, 자동차 부품류, 인쇄회로기판 제조업, 대형마트, 면세점, 요양병원 등은 기존 분류체계에서 세분

> **해설 l** 국내 산업활동의 변화상과 특수성을 고려하여 미래 성장 산업, 기간산업 및 동력산업 등은 신설 또는 세분

44 한국표준산업분류(2017)에서 보조적 활동이 아닌 것은?

① 회계
② 운송
③ 개발
④ 판매촉진

> **해설 l** 보조활동에는 회계, 창고, 운송, 구매, 판매촉진, 수리 서비스업이 있다.

45 한국표준산업분류(2017)의 변경내용과 가장 거리가 먼 것은?

① A 어업에서 해면 → 해수면, 수산 종묘 → 수산 종자로 명칭 변경
② C 주요 신설 부문은 바이오 연료 및 혼합물, 탄소섬유, 에너지 저장장치, 디지털 적층 성형기계, 자동차 구조 및 장치 변경, 무인항공기 및 무인 비행장치 제조업 등으로 변경
③ H 항공운송업을 항공 여객과 화물 운송업으로 변경

④ J 대분류 명칭을 출판, 영상, 방송통신 및 정보 서비스업에서 영상출판업으로 변경

> **해설 |** J 대분류 명칭을 출판, 영상, 방송통신 및 정보 서비스업에서 정보통신업으로 변경

46 한국표준산업분류(2017)에서 분류기준이 아닌 것은?

① 산출물의 특성
② 투입물의 특성
③ 생산활동의 일반적인 결합 형태
④ 소비활동의 일반적인 형태

47 한국표준산업분류(2017)에서 변경내용으로 옳지 않은 것은?

① S 기타 미용 관련 서비스업은 체형 등 기타 신체관리 서비스업으로 명칭을 변경
② S 마사지업은 발 마사지만 포함하고, 스포츠 마사지는 제외하도록 변경
③ 맞선 주선 및 결혼상담업은 결혼준비 서비스업을 포함하여 결혼상담 및 준비 서비스업으로 변경
④ H 항공운송법을 항공여객과 화물운송업으로 변경

> **해설 |** S 마사지업은 발 마사지, 스포츠 마사지 등도 포함하도록 변경

48 한국표준산업분류(2017)에서 제10차 개정안을 반영한 사항이 아닌 것은?

① C 안경 및 안경렌즈 제조업: 사진장비 및 기타 광학기기 제조업 → 의료용기기 제조업 이동
② C 산업용 기계 및 장비 수리업: ISIC 분류에 맞춰 수리업 → 제조업 중 중분류를 신설(34)하여 이동
③ L 부동산 이외 임대업 중분류는 사업시설관리, 사업지원 및 임대 서비스업 대분류로 이동

④ M 상업용 사진 촬영업에서 분류하던 인쇄회로 사진원판 제작은 기계기구산업으로 이동

> **해설 |** M 상업용 사진 촬영업에서 분류하던 인쇄회로 사진원판 제작은 제조업으로 이동

49 한국표준산업분류(2017)에서 신설된 내용이 틀린 것은?

① D 산업 성장세를 고려하여 태양력 발전업을 신설
② D 전기자동차 판매 증가 등 관련 산업 전망을 감안하여 전기 판매업 세분류를 신설
③ D 전기자동차 판매 증가 등 관련 산업 전망을 감안하여 자동차 판매업 세분류를 신설
④ F 전문직별 공사업에서 2종 이상의 공사 내용으로 수행하는 개량·보수·보강공사를 시설물 유지관리 공사업으로 신설

> **해설 |** D 전기자동차 판매 증가 등 관련 산업 전망을 감안하여 전기 판매업 세분류를 신설

50 한국표준산업분류(2017)에서 통합으로 연결이 틀린 것은?

① H 화물자동차 운송업과 기타 도로화물 운송업을 통합
② H 내륙 수상여객 운송업과 화물 운송업은 통합
③ J 무선통신업과 위성통신업은 통합
④ K 산업 규모를 고려하여 상호저축은행 및 농협을 통합

> **해설 |** K 산업 규모를 고려하여 상호저축은행 및 기타 저축기관을 통합

51 한국표준직업분류(2017)의 개정 방향에 관한 설명으로 틀린 것은?

① 국내 노동시장 직업구조의 변화 특성을 반영
② 전문 기술직의 직무영역 확장 등 지식 정보화 사회 변화상을 반영
③ 사회 서비스 일자리 직종을 세분 및 신설
④ 자동화·기계화 진전에 따른 기능직 및 기계 조작직 분류는 세분

> **해설 I** 자동화·기계화 진전에 따른 기능직 및 기계 조작직 분류는 통합했다.

52 한국표준직업분류(2017)의 개정 특징으로 틀린 것은?

① 전문 기술직의 직무영역 확장 등 지식 정보화 사회 변화상 반영
② 사회 서비스 일자리 직종 세분 및 신설
③ 고용 규모 대비 분류항목이 적은 사무 및 판매·서비스직 세분
④ 자동화·기계화 진전에 따른 기능직 및 기계 조작직 직종 세분

> **해설 I** 자동화·기계화 진전에 따른 기능직 및 기계 조작직 분류는 통합했다.

53 한국표준직업분류(2017)의 '대분류 2 전문가 및 관련 종사자'에 대한 설명과 가장 거리가 먼 것은?

① 세분류 '자연과학 연구원' 하위분류인 천문 및 기상학 연구원을 '지구 및 기상과학 연구원'과 '천문 및 우주과학 연구원'으로 세분
② '정보 시스템 개발 전문가'를 '컴퓨터 시스템 및 소프트웨어 전문가', '데이터 및 네트워크 관련 전문가'로 소분류 수준에서 통합

③ '웹 운영자'는 소분류 '정보 시스템 및 웹 운영자' 이하, '웹 개발자'는 '컴퓨터 시스템 및 소프트웨어 전문가' 하위분류로 이동
④ '산업 특화 소프트웨어 프로그래머'와 '모바일 애플리케이션 프로그래머'를 세분·신설하고, '데이터 분석가'는 비정형 데이터 분석을 포괄할 수 있도록 기존 분류명칭 및 직무 범위를 조정

> **해설 I** '정보 시스템 개발 전문가'를 '컴퓨터 시스템 및 소프트웨어 전문가', '데이터 및 네트워크 관련 전문가'로 소분류 수준에서 세분했다.

54 한국표준직업분류(2017)에서 대분류 A 군인에 대한 설명으로 가장 적합한 것은?

① 이 대분류에 포함되는 대부분의 직업은 제4수준과 제3수준의 직무능력을 필요로 한다.
② 기술병과 군인은 병과에 해당하는 직업으로 분류된다.
③ 자동차 운전을 하는 군인은 운전사로 분류된다.
④ 의무 복무 중인 사병 및 장교도 직업 활동에 포함하여 모든 군인을 직업분류 범위 안에 포괄된다. 단, '의무 복무 중인 군인'의 직업분류 포함 여부는 경제활동 상태의 판단 기준이 되지 않는다.

> **해설 I** 군인의 직업은 2수준에 해당한다. 수행된 일의 형태에 따라 분류되어야 한다는 일반 원칙보다는 자료수집상의 현실성에 따라 분류된다. 2018년 1월 1일 시행 예정인 한국표준직업분류 대분류 개정 사항이다.

55 한국표준직업분류(2017)에서 대분류 기능원과 기계 조작원의 직무능력 관계에 대한 설명으로 잘못된 것은?

① 하나의 제품이 기능원에 의해 제조되는지 또는 대량 생산기법을 유도하는 기계를 사용해서 제조되는지에 따라 필요로 하는 직무능력에 대단한 영향을 미친다.

② 기계 조작원은 재료, 도구, 수행하는 일의 순서와 특성 및 최종 제품의 용도를 알아야 하는 반면에, 기능원은 복잡한 기계 및 장비의 사용방법이나 기계에 어떤 결함이 발생할 때 이를 대체하는 방법을 알아야 한다.

③ 기계 조작원은 제품 명세서가 바뀌거나, 새로운 제조기법이 도입될 때 이를 적용할 수 있는 직무능력을 갖추고 있어야 한다.

④ '대분류 7 기능원 및 관련 기능 종사자'에는 목공예원, 도자기공예원, 보석 세공원, 건축 석공, 전통 건물 건축원, 한복 제조원과 같은 장인 및 수공 기예성 직업을 분류하였다.

56 한국표준직업분류(2017)의 개정 방향에 관한 설명으로 틀린 것은?

① 국제표준직업분류(ISCO)의 분류 기준, 적용 원칙, 구조 및 부호체계 등 직업분류 기본 틀은 기존 체계를 유지

② 2007년 7월 개정 작업에 이어 국제표준직업분류(ISCO-08) 개정 내용을 추가로 반영

③ 대분류 체계를 중심으로 개정하였다.

④ 직업 관련 정책수립에 필요한 통계의 생산 및 활용성 제고를 위하여 세분류는 고용자 수가 최소 1000명 이상인 경우만 설정토록 하였다.

Chapter 03 직업 관련 정보의 이해

Section 01 직업능력개발훈련 정보의 이해(출처: 근로자직업능력 개발법)

❶ 직업능력개발훈련제도의 개요

① 1953년에 「근로자기본법」과 1967년에 「직업훈련법」의 제정

② 1974년에 「직업훈련에 관한 특별법」에서 일정 규모 이상의 기업은 직업훈련을 의무적으로 실시하도록 함으로써 확대됨

③ 1976년 「직업훈련기본법」과 「직업훈련촉진기금법」 제정을 통하여 제도적 틀을 갖춤

④ 1995년 고용보험제도 도입과 「고용보험법」의 제정으로 근로자의 평생직업능력개발을 확대발전하는 계기가 됨

⑤ 1998년 「근로자직업훈련촉진법」을 제정

⑥ 2004년에 「근로자직업능력 개발법」으로 법제명 변경

⑦ 2016년에 능력중심사회 구축 위한 직업훈련체제 개편, 규제 완화·폐지 및 지정요건 완화, 기능대학 운영 합리화, 기술교육대학교 설치 근거 명확화하여 실업자와 재직자에게 직업능력개발훈련을 제공하고 있다.

(1) 「근로자직업능력 개발법」의 목적

① 근로자의 생애에 걸친 직업능력개발을 촉진·지원하고 산업현장에서 필요로 하는 기술·기능 인력을 양성

② 산학협력 등에 관한 사업을 수행함으로써 근로자의 고용촉진·고용안정 및 사회·경제적 지위 향상과 기업의 생산성 향상 도모

③ 능력중심사회의 구현 및 사회·경제의 발전에 이바지함

(2) 「근로자직업능력 개발법」 용어의 정의

① 직업능력개발훈련 : 근로자에게 직업에 필요한 직무수행능력을 습득·향상시키기 위하여 실시하는 훈련

② 직업능력개발사업 : 직업능력개발훈련 및 직업능력개발을 위해 실시하는 직업능력개발훈련 매체·과정의 개발 및 직업능력개발에 관한 조사·연구 등을 하는 사업

③ 직업능력개발훈련시설

　㉠ 공공직업훈련시설 : 국가·지방자치단체 및 대통령령으로 정하는 공공단체(이하 "공공단체"라 한다)가 직업능력개발훈련을 위하여 설치한 시설로서 제27조에 따라 고용노동부장관과 협의하거나 고용노동부장관의 승인을 받아 설치한 시설

ⓛ 지정직업훈련시설 : 직업능력개발훈련을 위하여 설립·설치된 직업전문학교·실용전문학교 등의 시설로서 제28조에 따라 고용노동부장관이 지정한 시설

④ 근로자 : 사업주에게 고용된 사람과 취업할 의사가 있는 사람

⑤ 기능대학 : 고등교육법 제2조 제4호에 따른 전문대학으로서 학위과정인 제40조에 정한 다기능기술자과정 또는 학위전공심화과정을 운영하면서 직업훈련과정을 병설운영하는 교육·훈련기관

(3) 직업능력개발훈련제도의 분류

① 직업능력개발훈련 형태에 따른 분류

㉠ 공공직업훈련(Public Vocational Training) : 국가, 지방자치단체 또는 공공직업훈련법인이 숙련된 다능공 양성을 목표로 실시하는 정규훈련방식의 직업훈련 형태이다. 공공직업훈련은 국가, 지방자치단체, 대통령이 정하는 공공단체에서 운영하며, 훈련비 전액이 국비로서 여기에는 수업료, 실습비, 실습복, 교재비 등이 포함되고, 입학자 전원에게 기숙사가 제공된다. 그리고 직업훈련 수료 후에는 전원 취업알선되며, 생활보호대상자, 국가유공자녀는 정부에서 소정의 훈련수당을 지급받게 된다.

㉡ 인정직업훈련(Authorized Training) : 공공직업훈련법인 이외에 비영리법인이 노동부장관의 인가를 받아 실시하는 단능공 또는 준다능공 양성 목표를 가진 정규훈련방식의 직업훈련 형태이다. 인정직업훈련은 법인과 개인이 각각 추구하는 영리·비영리 목적에 따라 훈련직종을 선정하여 운영하여 왔다. 비영리단체인 사업주 단체나 지역공단 그리고 종교적 또는 복지적인 측면이 강한 각종 기관과 단체가 참여하고 있으며 개인이 설립한 직업훈련원도 있다.

㉢ 사업 내 직업훈련(In-plant Training) : 기업주가 단독 또는 타 기업주와 공동으로 사업체 내에서 단능공이나 준다능공을 양성하거나 고용된 근로자에게 직무향상 및 직무보충 등을 훈련하는 직업훈련 형태이다. 사업 내 직업훈련은 기업체가 필요로 하는 직종에 대한 훈련을 실시하는 것으로 훈련 수료 후 소속기업에 취업이 가능하다(김병숙, 2007).

(4) 직업훈련과정에 따른 분류

① 기능사 훈련과정

② 사무 · 서비스직 종사자 훈련과정

③ 감독자 훈련과정

④ 관리자 훈련과정 및 직업훈련교사 훈련과정

㉠ 양성훈련(Basic Training) : 훈련과정은 직업에 필요한 기초적인 직무수행능력을 습득시키기 위하여 실시하는 직업능력개발훈련(1개월 이상)

㉡ 향상훈련(Up-grade Training) : 훈련을 받는 자나 직업에 필요한 기초적인 직무수행능력을 가지고 있는 자에게 더 높은 직무수행능력을 습득시키거나 기술발전에 대응하여 필요한 지식·기능을 보충하기 위하여 실시하는 훈련(20시간 이상)

ⓒ 전직훈련(Training for the Change of Occupation) : 종전의 직업과 유사한 새로운 직업에 필요한 직무수행능력을 습득시키기 위하여 실시하는 직업능력개발훈련(2주 이상)

(5) 직업훈련방법에 따른 분류(15세 이상)

① 집체훈련(Off the Job Training, Off JT) : 직업능력개발훈련을 실시하기 위하여 설치한 훈련전용시설을 이용하거나 기타 훈련을 실시하기에 적합한 시설(산업체의 생산시설 및 근무장소는 제외)에서 실시하는 직업능력개발훈련

② 현장훈련(On the Job Training, OJT) : 산업체의 생산시설을 이용하거나 근무장소에서 실시하는 직업능력개발훈련

③ 통신훈련 : 정보·통신매체 등을 이용하여 원격지에 있는 근로자에게 실시하는 직업능력개발훈련

④ 혼합훈련 : 제1호부터 제3호까지의 훈련방법을 2개 이상 병행하여 실시하는 방법

(6) 직업훈련기준에 따른 분류

① 기준훈련 : 고용노동부 훈련기준을 준수

② 기준 외(그 밖의) 훈련 : 고용노동부 훈련기준 밖의 훈련

③ 훈련교사 훈련

❷ 근로자직업능력 개발 훈련기관

(1) 지정직업훈련시설을 설립 · 설치 운영하려는 자는 아래 요건을 갖추고 고용노동부장관의 지정을 받아야 한다.

① 해당 훈련시설을 적절하게 운영할 수 있는 인력·시설 및 장비 등을 갖출 것

② 해당 훈련시설을 적절하게 운영할 수 있는 교육훈련 실시 경력을 갖출 것

③ 직업능력개발훈련을 실시하려는 훈련 직종별로 해당 직종과 관련된 직업능력개발훈련교사 1명 이상을 둘 것(그 훈련 직종에 관련된 직업능력개발훈련교사가 정하여지지 아니한 경우에는 그러하지 아니하다)

④ 그 밖에 직업능력개발훈련시설의 운영에 필요한 요건을 갖출 것

(2) 지정직업훈련시설을 지정받으려는 자가 다음의 어느 하나에 해당하면 지정을 받을 수 없다.

① 피성년후견인·피한정후견인·미성년자

② 파산선고를 받고 복권되지 아니한 자

③ 금고 이상의 형을 선고받고 그 집행이 끝나거나(집행이 끝난 것으로 보는 경우를 포함한다) 집행이 면제된 날부터 2년이 지나지 아니한 자

④ 금고 이상의 형의 집행유예를 선고받고 그 유예기간 중에 있는 자

⑤ 법원의 판결에 따라 자격이 정지되거나 상실된 자

⑥ 지정직업훈련시설의 지정이 취소된 날부터 1년이 지나지 아니한 자 또는 직업능력개발훈련의 정지처분을 받고 그 정지기간 중에 있는 자

⑦ 평생교육시설의 설치인가취소 또는 등록취소를 처분받고 1년이 지나지 아니한 자 또는 평생교육과정의 운영정지처분을 받고 그 정지기간 중에 있는 자

⑧ 학원의 등록말소 또는 교습소의 폐지처분을 받고 1년이 지나지 아니한 자 또는 학원·교습소의 교습정지처분을 받고 그 정지기간 중에 있는 자

⑨ 인정의 제한을 받고 있는 자

⑩ 법인의 임원 중 ①부터 ⑨까지의 어느 하나에 해당하는 사람이 있는 법인

(3) 직업능력개발 훈련기관

① 「근로자직업능력 개발법」에 의한 직업능력개발훈련시설 및 직업능력개발훈련법인

② 비영리법인 및 직업능력개발단체

③ 고등교육법에 의한 학교

④ 평생교육법에 의한 평생교육시설

⑤ 학원의 설립운영 및 과외교습에 관한 법률에 의한 학원

⑥ 사업주 또는 사업주 단체 등 직업능력개발을 위해 설치한 시설

⑦ 기타 개별법에 의한 훈련시설

Section 02 워크넷의 이해(출처: 한국고용정보원www.work.go.kr/seek)

1 워크넷의 개요 및 연혁

(1) 개요

워크넷(www.work.go.kr)은 고용노동부와 한국고용정보원이 운영하는 믿고 신뢰할 수 있는 대한민국 모든 일자리정보사이트로 1999년 4월에 고용정보안전망 인트라넷 서비스를 개시하였다.

① 개인(구직자)은 직업심리검사(진단)에서부터 공공기관이나 강소기업과 같은 양질의 일자리 정보 제공, 훈련프로그램 참가 신청 등 일자리에 관한 모든 것을 제공받을 수 있으며, 기업(구인자)은 채용지원 관리를 쉽게 할 수 있고 채용하고자 하는 적합한 인재를 적기에 공급받을 수 있는 정보를 제공받고 있다.

② 청년, 여성, 장년 등으로 분류하여 맞춤 직업정보를 서비스를 제공함으로써 워크넷 이용자의 만족도를 높이고 있다.

③ 국가적으로 화두가 되고 있는 청년 취업을 지원하기 위해 원스톱취업지원, 청년친화 강소기업, 학교와 연계한 우리학교 취업지원실, 청년채용의 날, 유형별 가이드를 제공하여 청년 취업의 효율을 높이고 있다.

(2) 연혁

① 1987년부터 시작된 취업알선 시스템 서비스를 기반(텍스트 위주의 서비스 제공)으로 하여 1988년에 인터넷 기반의 워크넷(Work-net) 서비스가 개시되었다.

② 2011년 7월부터 민간취업포털(잡코리아, 사람인, 커리어, 인크루트)과 수도권 자치단체(서울, 인천시, 경기도)의 일자리정보를 워크넷 한 곳에서도 쉽고 빠르게 검색할 수 있도록 일자리정보를 통합적으로 서비스하고 있다.

③ 온라인 e-채용마당 서비스를 통해 구인기업은 손쉽게 입사지원 관리가 가능하며, 구직자는 원하는 기업에 빠르게 입사지원을 할 수 있다.

④ 2014년에는 시간선택제 일자리 서비스, 고용형태 공시제 서비스, 차세대 일모아(정부지원 일자리) 서비스를 개시하였으며, 2015년에는 '나라일터' 일자리 연계 서비스를 시작하였다.

❷ 주요 서비스

(1) 인터넷 서비스

① 개인 구직자에게 지역별, 역세권별, 직종별, 기업 형태별 등 다양한 일자리정보를 비롯하여 온라인 구직신청, 이메일 입사지원, 맞춤정보 서비스, 구직활동 내역 조사·출력, 메일링 서비스 등의 취업지원 서비스를 제공한다.

② 구인기업에게 지역별, 직종별, 전공계열별 등 다양한 인재정보를 비롯하여 온라인 구인신청, 인재정보관리, 맞춤정보 서비스, 찜하기, e-채용마당 등의 채용지원 서비스를 제공한다.

③ 그 밖에 직업심리검사, 직업·학과정보검색, 직업탐방, 진로상담 등 직업·진로 서비스와 Job Map, 일자리·인재 동향, 통계간행물·연구자료 등의 고용동향 서비스를 제공한다.

(2) 인트라넷 서비스

① 고용센터 상담원 및 지자체 공무원 등에게 구인신청 또는 구직신청을 통해 구인자와 구직자 사이의 고용계약의 성립 등 취업알선 업무와 구인구직통계, SMS/FAX, 모니터링 업무를 지원해 주는 취업알선 서비스를 제공한다.

② 청년강소기업체험, 청년인턴, 취업성공패키지, 장년인턴제, 취업지원민간위탁 등 취업지원사업에 대한 행정지원 서비스를 제공한다.

③ 고용센터에서 실시하고 있는 성취 프로그램, 청년층 직업지도 프로그램, 취업희망 프로그램 등 다양한 집단상담 프로그램에 대한 서비스를 제공한다.

❸ 구직 메뉴

(1) 채용정보

① 근무지역별 : 서울, 부산, 역세권별, 산업단지별 등으로 검색할 수 있다.

② 채용캘린더 : 북마크한 채용정보, 관심기업의 채용정보, 온라인 입사지원 및 알선 요청한 채용공고까지 한눈에 볼 수 있는 나만의 채용캘린더 서비스 받을 수 있다.

③ 직종별 : 취업알선 분류별 직종 검색

    ㉠ 관리자, 공학기술자(엔지니어)

    ㉡ 경영·사무·금융·보험

    ㉢ 교육·연구·법률

    ㉣ 의료·보건·사회복지

    ㉤ 문화·예술·신문방송·디자인·캐드

    ㉥ 영업·판매·TM·고객상담

    ㉦ 미용·여행·숙박·오락·스포츠·음식·경비·청소

    ㉧ 무역·물류·운전·운송

    ㉨ 건설·건축·토목·환경·에너지·산업안전

    ㉩ 기계·금속·재료

    ㉪ 전기·전자

    ㉫ 화학·섬유·식품

    ㉬ IT·정보통신·웹

    ㉭ 인쇄·목재·가구·종이·공예·상하수·재활용·농림어업·군인

    ㉮ 생산직·단순노무·경비·청소

④ 기업형태별 : 강소기업, 대기업, 공기업(공공기관), 외국계기업, 벤처기업으로 분류된 채용정보를 검색할 수 있다.

> **Plus Check** 강소기업
> - 중앙정부와 자치단체, 공공기관, 민간 부문에서 선정된 우수기업 3만 8천여 개를 대상으로 일자리 친화, 기술력 우수, 글로벌 역량 등을 기준으로 최종적으로 선정된 1만 5천여 개의 작지만 강한 기업입니다.
> - 워크넷 강소기업 서비스에서 가장 특화된 점은 바로 일자리 친화, 기술력 우수, 글로벌 역량, 사회적 가치, 지역선도기업, 재무건전성 등의 6개 분류로 나누어져 기업들의 강점을 한눈에 확인할 수 있다는 것이다.

⑤ 우대채용정보 : 청년층 우대 채용정보, 고령자 우대 채용정보, 여성 우대 채용정보, 장애인 우대 채용정보를 검색할 수 있다.

⑥ 조건별 : 경력별, 급여별, 복리후생별, 병역특례기업의 채용정보를 검색할 수 있다.

⑦ e-채용마당 일자리 : 고용노동부 고용센터에서 인재를 채용하고자 하는 기업으로부터 온라인 채용대행 신청을 받아 워크넷에 입사지원 사이트를 개설, 구직자로부터 온라인 지원을 받아 1차 서류심사를 대행해 주는 공공취업 지원 서비스이다.

⑨ 인기채용정보

⑩ 맞춤채용정보

(2) 공채특별관

구직자가 선호하는 공공기관이나 대기업 등 공채 소식을 주 단위로 매일 제공하는 서비스이다.

(3) 청년친화 강소기업

① 채용정보 : 일자리 키워드 검색, 근무지역별, 희망직종별, 강소기업 분류별 검색

② 기업정보 : 희망임금, 학력, 경력, 근무편의(통근버스, 기숙사, 차량유지비, 중식 제공)

(4) 취업지원

① 고용 뉴스 : 고용노동부(고용센터) 한국고용정보원 등에서 새로운 소식과 고용 관련 기사를 알려
준다.

② 2017 채용 트렌드 : 최신 뉴스로 보는 취업 준비, 입사서류 트렌드, 면접 트렌드, 자기 PR 전략, 면
접 마무리 전략

③ 취업 가이드 : 채용동향 이해하기, 이력서 작성요령, 자기소개서 작성요령, 면접요령

④ NCS 활용 가이드 : NCS 기반 능력 중심 채용 소개, 직무탐색 및 설정, 서류전형-능력 중심 지원
서, 필기전형-NCS 기반 필기평가, 면접전형-NCS 기반 면접평가

구직자	• 불필요한 스펙이 아닌 적합한 능력 개발 • 자신이 원하는 직무에 꼭 필요한 능력 배양 • 불필요한 스펙 쌓기에 따른 시간적, 금전적 비용절감
기관(기업)	• 적합한 인재(Right Person) 선발 및 재교육비 감소 • 기관에서 원하는 인재가 갖추어야 할 직무능력(지식, 기술, 태도 등)을 체계적으로 평가할 수 있어 적합한 인재를 채용할 수 있음
사회(국가)	• "스펙 초월 능력중심사회 구현" 및 국가 경쟁력 강화 • NCS 기반 채용을 통해 "스펙 초월 능력중심사회 구현" 직무적합형 인재 선발 → 직무만족도 향상 → 조직몰입도 향상 및 성과 창출 → 개인 및 조직역 량 강화 → 국가경쟁력 강화라는 선순환 고리 마련 • 비생산적 비용, 미스 매칭률 감소

⑤ 워크넷 취업성공수기 : 미래를 job다. 취업에 성공한 스토리를 통하여 동기부여 및 취업성공 노하
우 전달

⑥ 취업지원 프로그램

성취 프로그램	• 성취 프로그램은 장기 실직자(6개월 이상 실직)를 대상으로 하며, 구직자들이 자신감을 회복하 고 구직기술을 습득할 수 있도록 도와주는 프로그램. * 成就 : "성(成)공적인 취(就)업을 돕는"이라는 의미와 동시에 목적한 대로 일을 이룬다는 의미 를 함께 가지고 있다. • 취업 프로그램 내용 첫째 : 구직 스트레스 대처하기　　둘째 : 구인자에게 나의 장점 알리기 셋째 : 일자리 정보 찾기　　넷째 : 구직기술 연습하기 다섯째 : 구직활동 시작하기

취업에 도움이 필요하신 분들에게 자신을 돌아보고 이해하며 긍정적인 측면을 찾도록 하여 자신감 회복과 취업희망(인간관계 향상과 취업 및 원만한 사회생활 적응)을 돕는 프로그램이다.

첫째 날	둘째 날	셋째 날	넷째 날
[나를 만나는 날] • 특파원 게임 및 레크리에이션 • 역경 속에서 발견한 나의 힘 • 교류분석 • 자랑스러운 나 • 새롭게 알게 된 나 : 자아의 외침	[너를 만나는 날] • 우리는 한 운명 • 건강한 만남의 조건-자신감 • 내 마음을 헤아리고 전달하기 • 방해요소 인지하고 극복하기 • 상대방 마음을 헤아리고 전달하기 • 신체언어 인지하고 표현하기	[직업을 만나는 날] • 내 삶의 버팀목 • 나의 특성 살펴보기 • 동영상 시청 및 감상 나누기 • 안성맞춤 직업 찾기 • 직업정보 찾기	[희망으로 가는 날] • 꿈을 현실로 : 계획 세우기 • 프로그램 마무리

위 표는 **취업희망 프로그램**에 해당한다.

성실(중장년층) 프로그램

고령자(55세 이상) 분들이 새로운 일자리를 찾아 알찬 제2의 인생을 설계하실 수 있도록 구직 자신감을 고취시키고, 일자리 정보의 탐색에서 이력서 작성, 면접기법 등 구직활동에 필요한 제반 기술을 익힐 수 있도록 지원하는 프로그램이다.

* 성실이란 "성(成)공적인 실버(silver)"라는 의미와 동시에 성실하게 차곡차곡 준비하면 목적한 바를 이룬다는 의미를 함께 지니고 있다.

주부재취업 설계 프로그램

• 취업을 원하나 출산, 육아로 인해 경력이 단절된 여성이 기초직업능력을 제고함으로써 재취업 분야 결정 등 경력계획을 수립할 수 있도록 지원하고, 재취업 분야 진입을 위한 방안을 실행할 수 있도록 지원하는 프로그램이다.

• 직업의식 확립, 재취업 분야 구체화, 재취업 분야 진입을 위한 실행방안을 모색하며 자신감 회복 및 취업 장애요인을 극복하고 재취업을 위해 필요한 후속단계(전문직업교육, 인턴십, 취업 등)를 지원한다.

1일 차	2일 차	3일 차	4일 차
• 재취업 동기 살펴보기 • 재취업 직종 알아보기	• 나의 특성 이해하기 • 내게 맞는 직업 탐색하기	• 재취업 걸림돌 제거하기 • 재취업 성공요인 분석하기	• 나의 강점 발굴하기 • 셀프마케팅 수행하기 • 새롭게 출발하기

CAP+(청년직업지도 프로그램)

• CAP+(캡플러스) 프로그램은 청년 취업준비생의 직업진로 선택을 지원하고, 취업서류 작성 및 면접기술 강화 등 구직기술을 강화하기 위한 프로그램(4일, 총 24시간)이다.

• 이를 위해 진로와 자기탐색, 의사결정과 기업탐색, 구직서류 준비, 면접 준비 및 실전모의면접, 취업성공요소의 분석과 취업준비행동실천계획 수립 등의 활동을 함께 수행한다.

	1일 차	2일 차	3일 차	4일 차
CAP+(청년직업지도 프로그램)	• 진로와 자기탐색 • 경험 및 강점탐색	• 의사결정과 기업탐색 • 취업상식과 매너	• 구직서류 준비 • 면접 준비	• 실전 모의면접 • 취업성공요소 분석

CAP+(청년직업지도 프로그램)

• CAP+ 프로그램은 'Career Assistance Program Plus'의 약자로 이미 충분한 가능성을 가지고 있는 청년층 여러분을 대상으로 진로지도 및 취업지원 서비스를 수행하여, "최고(CAP)에 하나를 더 더한다(+)"라는 상징적 의미를 가지고 있다.

allA(청년진로역량강화) 프로그램

청년 중 특히 오랜 실직이나 취업 실패로 인해 취업 의욕이 꺾이고 자신감이 낮아진 청년들을 위해 개발되었다. '올라'는 '오르다'는 뜻으로, '날아올라', '뛰어올라', '박차고 올라' 등의 희망적인 메시지를 담고 있다. 또한 영문명 allA는 우리는 모두 최고(A)인 사람들이라는 자부심을 담고 있다. 올라 프로그램은 오랜 실직으로 구직 의욕을 잃은 청년들에게 새로운 희망과 자신감, 진로 좌표를 만들어 줄 것이다. 올라 프로그램은 직장생활에 필요한 의사소통과 대인관계, 협력적 문제해결에 관련된 능력을 기르는 프로그램이다.

청년취업역량 프로그램

• 스펙보다는 능력과 역량을 중시하는 채용 풍토가 확산됨에 따라, 대졸(예정) 청년구직자들의 경우 역량기반 채용을 하려는 기업 및 공공부문의 채용 트렌드를 이해하는 한편, 자신에게 적합한 산업 및 기업과 직무를 탐색하고 이에 부응하는 구직기술을 준비할 필요가 있다.
• 구인기업들은 해당 기업이 속한 산업계의 특성과 그 조직이 보유한 문화적 특성, 그리고 채용 예정 직무 특성 등에 적합한 인재를 발굴하려 노력하고 있습니다. 청년취업역량 프로그램은 이러한 과정을 이해하고 자신이 보유한 역량과 지원하려는 분야에서 요구되는 역량을 이해하고 성찰하여 구직기술을 준비하고 역량개발계획을 수립하는 워크숍 과정이다.

1일 차	2일 차	3일 차	4일 차
• 청년채용 동향 • 역량채용의 이해	• 기업 및 직무와 역량 • 역량기반 서류 이해	• 역량기반 서류 실습 • 역량면접 이해	• 역량면접 실습 • 역량개발계획 수립

Hi(고졸청년취업지원) 프로그램

• 고교졸업 예정의 취업희망자와 고졸학력을 가진 청년층이 첫 직장에 원활하게 진입하여 성공적으로 적응할 수 있도록 지원하는 취업지원 프로그램이다.
• Hi 프로그램이라는 명칭은, 고졸(예정)자를 대상으로 하기에 '고등학교(highschool)'라는 단어의 영문 앞 글자를 의미하며, 다른 한편으로는 학생 또는 자녀의 신분으로 지금까지 위치해 오다가 세상에 첫발을 딛고 사회에 새로이 진출한다는 의미로 '안녕(Hi)'이라는 인사말의 영문 단어를 의미한다.

미래설계	일터이해	취업서류	취업면접	취업상식	직장생활
• 나를 위한 현명한 투자 • 나의 35살에 길을 묻다	• 일터와 채용정보 알기 • 맞아맞아, 자화자찬!	• 서류 Job-Go! • 1분 스피치로 자신감 UP	• 면접 Job-Go! • 각인각색 면접답변	• 퀴즈, 취업 상식 • 퀴즈, 직장인 상식	• 직장 풍파 비켜가기 • 최강적응 나의 비법

WIND(여성결혼이민자) 프로그램	WIND(Women Immigrant's New Direction) 프로그램은 여성결혼이민자들에게 다양한 취업 관련 정보(한국사회에서 취업하는 데 필요한 정보 습득, 장단기 경력설계)를 제공함으로써 한국사회에서 성공적으로 취업할 수 있도록 지원하는 교육 프로그램이다.
단기취업특강	• 취업에 성공하는 이력서 · 자기소개서 • 취업에 성공하는 면접요령 • 성공하는 취업정보 수집 • 여성 · 주부를 위한 취업특강 • 고령자를 위한 취업특강 • 직업심리검사와 직업선택 • 근로기준법 • 자녀 진로지도 첫걸음
단기집단상담 프로그램	개인적인 사정으로 장기간(3~5일)의 프로그램 참여가 어려우신 분들을 위해, 내게 필요한 부분만을 선택하여 수강할 수 있는 집단상담 프로그램의 단기(3~4시간)과정을 제공한다. • 취업의욕 향상과정(행복한 대화 이끌기, 취업 어려움 극복하기, 나를 이해하기) • 기초직업능력 향상과정(대인관계능력 향상, 의사소통능력 향상, 자기개발능력 향상, 직업윤리) • 구직기술 향상과정(취업목표 정하기, 멋진 이력서 · 자기소개서 작성하기, 면접기술 습득하기 Ⅰ · Ⅱ, 취업 전략 세우기)

⑦ 채용행사 : 채용박람회, 구인구직 만남의 날, 채용대행서비스, 동행면접 등 전국 고용센터에서 실시하는 채용행사 제공

⑧ 공모전 : 공공기관, 재단, 대기업 등에서 인재육성을 위한 공모전 제공

⑨ 워크넷 통계자료 : 워크넷에서는 구인·구직정보를 활용하여 구직 및 취업현황, 취업순위도, 일자리 많은 직업, 취업알선 통계 등 다양한 취업현황 통계를 쉽고 빠르게 이해할 수 있도록 제공하고 있으며, 자세한 통계는 한국고용정보원 '통계로 보는 노동시장'에서 확인할 수 있다.

  ㉠ 채용 동향
- 취업이 쉬운 직업 : 전월의 신규 구인 인원이 신규 구직자 수보다 많은 직업
- 취업이 어려운 직업 : 전월의 신규 구인 인원이 신규 구직자 수보다 적은 직업
- 일자리가 많은 직업 : 전월 기준 일반 정규직 구인이 많은 직업, 신규 구인 인원이 신규 구직자 수보다 적은 직업

  ㉡ 취업알선 통계
- 직종별, 학력별, 연령별, 임금별, 산업별, 규모별, 고용형태별로 신규 구인 인원, 유효 구인 인원, 신규 구직자 수, 유효 구직 수, 알선 건수, 취업 건수 등의 정보를 제공한다.
- 고용정보망 'Work-net'의 월별 구직·구인정보를 분석한 것으로 전체 노동자 수급 상황과는 차이가 있을 수 있다.

(4) 대상별 취업지원

① 청년

  ㉠ 일자리 키워드 검색

  ㉡ 근무지역 찾기 : 17개 시도에서 최대 10개의 지역 선택이 가능하다. 원하는 지역을 선택

     ⓒ 희망직종 찾기 : 최대 10개의 직종 선택. '체크박스'를 클릭하면 직종이 선택되고, 명칭별 검색에 직종명을 입력하면 다른 직종을 입력. 3차 분류 직종을 선택하면 해당 직종에 대한 키워드로 채용정보를 검색

     ⓔ 기업형태 : 대기업, 강소기업, 외국계기업, 벤처기업

     ⓜ 경력·학력·고용형태·최저임금·장애인 희망채용

② 여성

     ㉠ 여성 채용정보 : 새일센터 인증 채용정보, 여성구직자 최다지원, 여성구직자 인기직종, 주부재취업 도전직업

     ⓛ 여성 고용뉴스

     ⓒ 취업도우미 : 임신, 출신, 육아기 근로자의 궁금한 77가지, 주부재취업설계 프로그램, 취업성공패키지, 내일배움카드제, 취업지원 동영상, 중견인력 재취업

③ 장년

     ㉠ 장년 우대 채용정보

     ⓛ 전체채용 정보검색

     ⓒ 성실 프로그램

     ⓔ 준고령자 직업선호도검사 : 50대부터 80대 미만, 약 20분 소요, 직업선택과 관련된 의사결정, 흥미에 따른 고령자 적합 직업을 제시, 검사결과 분석을 위한 프로그램을 제공한다.

     ⓜ 사회공헌 일자리 : 유급근로와 금전적 보상보다는 사회공헌 활동을 통해 자기만족도와 성취감을 높일 수 있는 봉사적 성격의 일자리이다.

     ⓗ 장년 고용뉴스

     ⓢ 장년재취업, 취업성공패키지

❹ 구인 메뉴

(1) 인재정보

① 인재정보검색 : 희망직종, 희망근무지역, 희망임금(연봉, 월급, 일급, 시급), 학력[초등학교 이하~대학원(박사)], 전공, 경력, 성별, 연령(만 나이), 등록기간, 검색 키워드, 외국어능력, 컴퓨터 활용능력, 자격면허, 고용형태, 병역특례 희망 여부, 교대근무 여부, 장애 여부, 운전가능 여부, 고용촉진지원금 대상 여부 등

② 직종별

③ 희망근무지역별

④ 전공계열별

⑤ 자격증별

⑥ 석박사 인재정보

⑥ 해외취업희망인재

⑦ 취업희망풀

❺ 직업·진로

(1) 직업심리검사 실시(출처: 한국고용정보원www.work.go.kr)

① 청소년 검사(10개)

　㉠ 청소년용 직업흥미검사(L) : 홀랜드(Holland)의 6가지 일반흥미, 13개 기초흥미분야, 활동, 자신감, 직업척도

　㉡ 고등학생 적성검사(고등학생용) : 10가지 적성요인(언어력, 수리력 등)

　㉢ 청소년용 적성검사(중학생용) : 8가지 적성요인(언어력, 수리력 등)

　㉣ 직업가치관검사 : 13개 가치요인(성취, 봉사 등)

　㉤ 청소년 진로발달검사 : 2개 하위검사로 구성(성숙도검사, 미결정검사)

　㉥ 청소년 직업인성검사 단축형, 전체형 : 성격 5요인(외향성, 개방성 등)

　㉦ 고교계열 흥미검사

　㉧ 대학 전공(학과) 흥미검사 : 3개 하위검사로 구성(활동, 직업, 과목선호도)

　㉨ 초등학생 진로인식검사 : 3개 하위요인으로 구성(자기이해, 직업인식, 진로태도)

② 성인 검사(13개)

　㉠ 성인용 직업적성검사 : 11개 적성요인(언어력 등)

　㉡ 직업선호도검사 S형 : 홀랜드(Holland)의 흥미유형 측정

　㉢ 직업선호도검사 L형 : 흥미, 성격 5요인, 생활사 측정

　㉣ 직업가치관검사 : 13개 가치요인(성취, 봉사 등)

　㉤ 영업직무 기본역량검사 : 영업직별 인지능력과 비인지능력요인 측정

　㉥ IT직무 기본역량검사 : IT직업별 인지능력과 비인지능력요인 측정

　㉦ 준고령자 직업선호도검사

　㉧ 대학생 진로준비도검사 : 진로성숙도, 진로탐색행동, 진로의사결정, 취업준비행동

　㉨ 구직준비도검사 : 실업충격 등 3개 요인, 구직취약성 적응도, 구직동기진단, 구직기술진단 검사

　㉩ 창업진단검사 : 문제해결능력 등 12개

　㉪ 직업전환검사 : 적극성 등 8개 성격요인

　㉫ 이주민 취업준비도검사 : 한국에서 구직을 원하는 국내 거주 이주민, 심리적 요인 등 2개 영역 하위12개

　㉬ 중장년 직업역량검사 : 중장년 구직자의 후기 경력개발을 위한 직업역량 진단 5개 영역 하위 12개

③ 직업카드

④ 직업흥미탐색 : 동영상

(2) 심리검사 내용 및 매뉴얼

① 청소년 대상 심리검사(인터넷, 지필)

㉠ 청소년용 직업흥미검사
- 검사대상 : 중·고등학생
- 검사시간 : 약 30분 소요
- 주요내용 : 직업적 흥미 탐색 및 적합직업·학과 안내
- 측정내용 : 홀랜드(Holland) 일반흥미(6개 유형), 기초흥미분야(13개 분야)
- 하위척도(문항 수) : 활동(61), 자신감(61), 직업(63)

㉡ 고등학생 적성검사
- 검사대상 : 고등학생 해당 연령(고1~고3)
- 검사시간 : 약 65분 소요
- 주요내용 : 직업적성능력의 측정(13개 하위검사로 9개 적성요인)
- 측정요인(하위검사)
  - 언어능력(어휘찾기 검사, 주제찾기 검사, 낱말분류 검사), 수리능력(단순수리 검사, 응용수리 검사)
  - 추리능력(문장추리 검사), 공간능력(심상회전 검사, 부분찾기 검사)
  - 지각속도(문자지각 검사, 기호지각 검사), 과학원리(과학원리 검사)
  - 집중능력(색채집중 검사)
  - 색채능력(색상지각 검사), 사고유연성(성냥개비 검사)

㉢ 청소년용 적성검사(중학생용)
- 검사대상 : 중학생 해당 연령(중1~중3)
- 검사시간 : 약 70분 소요
- 주요내용 : 학업적성능력의 측정
- 적성요인 : 언어능력, 수리능력, 공간능력, 지각속도, 과학능력, 색채능력, 사고유연성, 협응능력, 학업동기

㉣ 직업가치관검사
- 검사대상 : 만 15세 이상 중·고등학생(중학생 3학년 이상)
- 검사시간 : 약 20분 소요
- 주요내용 : 직업가치관 이해 및 적합직업 안내
- 하위요인 : 성취, 봉사, 개별 활동, 직업안정, 변화지향, 몸과 마음의 여유, 영향력 발휘, 지식추구, 애국, 자율성, 금전적 보상, 안정, 실내활동

㉤ 청소년 진로발달검사
- 검사대상 : 중학교 2학년~고등학생
- 검사시간 : 약 40분 소요

- 주요내용 : 진로성숙도(57문항) 및 진로미결정(40문항) 원인 측정
    - 검사구성 : 1부와 2부로 구성되어 있음
  ⑭ 청소년 직업인성검사 단축형, 전체형
    - 검사대상 : 중학교 1학년~고등학교 3학년
    - 검사시간 : 제한 없음(S형 : 약 20분, L형 : 약 40분)
    - 주요내용 : 5가지 성격요인(30가지 하위요인)
    - L형과 S형 차이
      - 문항 수 및 응답의 신뢰성 척도 포함 여부
      - 성격 5요인과 하위요인의 결과는 L형과 S형 동일
    - 요인(세부요인)
      - 민감성(불안, 분노, 우울, 열등감, 충동, 심약)
      - 외향성(온정, 군집, 리더십, 활동성, 자극추구, 명랑)
      - 지적개방성(상상, 심미, 감수성, 신기, 지성, 가치)
      - 친화성(신뢰, 정직, 이타, 협동, 겸손, 동정)
      - 성실성(자기유능감, 정돈, 책임, 성취지향, 자율, 신중)
  ⑮ 고교계열흥미검사(인터넷)
    - 검사대상 : 고등학생
    - 검사시간 : 약 30분 소요
    - 주요내용 : 직업적 흥미 탐색 및 적합 고교계열 안내. 고교계열(3개 계열), 전공계열(7개 계열), 활동선호도(109), 직업선호도(99)
  ⑯ 대학 전공(학과) 흥미검사(인터넷)
    - 검사대상 : 만 15세 이상 고등학생
    - 검사시간 : 약 30분 소요
    - 주요내용 : 전공(학과) 흥미 탐색. 전공계열(7개 계열), 전공학과(49개 학과), 활동(171), 교과목(133), 직업(106)
  ⑰ 초등학생 진로인식검사
    - 검사대상 : 초등학교 5~6학년
    - 검사시간 : 제한 없음(약 20~30분)
    - 주요내용 : 자기이해(자기탐색, 의사결정성향, 대인관계성향), 직업세계인식(직업편견, 직업가치관), 진로태도(진로준비성, 자기주도성)
② 성인 대상 직업심리검사
  ㉠ 성인용 직업적성검사
    - 검사대상 : 만 18세 이상
    - 검사시간 : 약 90분 소요(시간 제한 있음)

- 주요내용 : 자신의 적성에 맞는 직업분야 제시
- **적성요인**(문항 수, 하위검사) : **언어력**(43, 어휘력 검사, 문장독해력 검사), **수리력**(26, 계산력 검사, 자료 해석력 검사), **추리력**(24, 수열추리 1·2 검사, 도형추리 검사), **사물지각력**(30, 지각속도 검사), **상황판단력**(14, 상황판단력 검사), **기계능력**(15, 기계능력 검사), **집중력**(45, 집중력 검사), **색채지각력**(18, 색혼합 검사), **사고유창력**(2, 사고유창력 검사), **협응능력**(5, 기호쓰기 검사), **공간지각력**(26, 조각맞추기 검사, 그림맞추기 검사)

ⓒ 직업선호도검사 S형
- 검사대상 : 만 18세 이상
- 검사시간 : 약 25분 소요
- 주요내용 : 개인의 흥미유형 및 적합직업 탐색

ⓒ 직업선호도검사 L형
- 검사대상 : 만 18세 이상
- 검사시간 : 약 60분 소요
- 주요내용 : 개인의 흥미유형 및 성격, 생활사 특성을 측정하여 적합직업 안내
- 측정요인(하위검사)
  - 흥미검사(현실형, 탐구형, 예술형, 사회형, 진취형, 관습형)
  - 생활사검사(대인관계지향, 독립심, 가족친화, 야망, 학업성취, 예술성, 운동선호, 종교성, 직무만족)
  - 성격검사(외향성, 호감성, 성실성, 정서적 불안정성, 경험에 대한 개방성)

ⓒ 구직준비도검사 : 성인 구직자(고등학교 졸업예정자 포함)
- 검사시간 : 약 20분
- 주요내용 : 구직활동과 관련한 특성을 측정하여 실직자에게 구직활동에 유용한 정보를 제공
- 측정내용(하위척도 문항 수)
  - 구직취약성 적응도(경제적 취약성 12, 사회적 취약성 9, 자아존중감 14)
  - 구직 동기(자기효능감 12, 구직기술 7, 의사전달능력 4)
  - 구직 기술(대인관계활용 4, 구직정보수집 5)

ⓒ 창업적성검사
- 검사대상 : 만 18세 이상 직장 창업희망자
- 검사시간 : 약 20분 소요
- 주요내용 : 창업 적성과 적합업종 추천
- 측정요인 : 사업지향성, 문제해결, 효율적 처리, 주도성, 자신감, 목표설정, 설득력, 대인관계, 자기개발노력, 책임감수, 업무완결성, 성실성

ⓑ 직업전환검사
- 검사대상 : 만 18세 이상 직장 경험이 있는 성인 구직자(신규 구직자 제외)
- 검사시간 : 약 20분 소요

- 주요내용 : 전직 희망자에게 적합직업 추천
- 측정요인 : 개방·감수성, 배타·이타성, 회피·심약성, 노력·적극성, 집중·성실성, 열등·분노성

Ⓐ 직업가치관검사

- 검사대상 : 만 18세 이상
- 검사시간 : 약 20분 소요
- 주요내용 : 직업가치관 이해 및 적합직업 안내
- 하위요인 : 성취, 봉사, 개별 활동, 직업안정, 변화지향, 몸과 마음의 여유, 영향력 발휘, 지식 추구, 애국, 자율성, 금전적 보상, 인정, 실내활동

◎ 영업직무 기본역량검사

- 검사대상 : 만 18세 이상(영업직 진출을 희망하는 성인 구직자)
- 검사시간 : 약 50분 소요(시간제한 있음)
- 주요내용
  - 영업직 분야 직무수행 및 적합분야 제시
  - 적성(시간제한 있음) : 언어력, 기억력
  - 인성(시간제한 없음) : 근면, 자율, 심리적 탄력, 사회성, 타인배려, 감정조절
- 검사실시요령 : 본 검사는 적성과 인성을 종합적으로 판단하는 검사로 시간제한이 있는 능력 검사 문항이 포함되어 있음.

ⓩ IT직무 기본역량검사

- 검사대상 : 만 18세 이상 성인(IT분야 진출을 희망하는 성인 구직자)
- 검사시간 : 95분
- 주요내용 : IT직무 관련 적성 및 인성요인
  - 적성 : 언어력, 추리력, 집중력
  - 인성 : 근면, 자율, 적응력, 심미적 센스
- 검사실시요령 : 본 검사는 IT직무 적합성을 적성과 인성을 종합하여 판단하므로 시간제한이 있는 능력검사 문항이 포함되어 있음.

ⓩ 준고령자 직업선호도검사

- 검사대상 : 50대부터 80대 미만
- 검사시간 : 약 20분 소요
- 주요내용 : 직업선택과 관련된 의사결정
- 검사실시요령
  - 준고령자의 특성을 고려한 검사지 디자인 및 짧은 검사 시간
  - 72개 문항으로 구성, 흥미에 따른 고령자 적합직업을 제시
  - 검사결과 분석을 위한 프로그램 제공

㉠ 대학생 진로준비도검사

- 검사대상 : 대학생 및 취업을 준비하는 청년층 구직자
- 검사시간 : 시간제한 없음(약 20분)
- 주요내용 : 진로 및 취업선택 지원을 위한 진로발달수준 및 취업준비행동수준 측정
- 검사실시요령
  - 1부(진로성숙도검사, 진로탐색행동검사, 진로의사결정검사)
  - 2부(취업준비행동검사)

❻ 기타 취업 사이트 활용

(1) 잡맵(Job Map)

2013~2014 Job Map은 통계청에서 실시한 「2013년 하반기 지역별 고용조사」 결과를 바탕으로 재구성된 자료로서 228개 산업 소분류와 426개 직업 세분류별 평균소득, 종사자 수, 성비, 평균근속연속 등 노동시장 정보를 볼 수 있다.

*직업명 검색 - 산업분류별 검색, 잡맵 관련 자료

(2) 직업훈련포털(HRD-Net, www.hrd.go.kr)

구직자와 근로자에게 나에게 맞는 훈련 조회, 훈련과정 및 훈련기관 검색, 과정정보조회, 온라인학습(e-러닝, 공개동영상), 기관 위치찾기 등 정보를 제공한다. 일자리 직업정보(구인, 자격 등) 직접 검색 가능 고용통계는 한국고용정보원 홈페이지와 연동 검색 기술

(3) 자격정보망(Q-Net, q-net.or.kr)

자격정보망은 정기시험(원서접수, 합격자 발표/답안 발표, 시험일정, 필기시험안내, 실기시험안내, 자격정보, 자격검정통계 등), 전문자격시험, 자격증/확인서, 마이페이지 관리 등 자격과 관련된 모든 것을 지원하는 정보망이다.

▶ 정기시험 ◀

원서접수	합격자/답안발표	시험일정	필기시험안내	실기시험안내
• 원서접수안내 • 원서접수신청 • 원서접수현황 • 장애유형별 편의제공 안내	• 합격자발표조회 • 응시서류불합격 발표 • 가답안/확정답안 • 가답안의견제시	• 월간 시험일정 • 국가기술자격 시험일정 • 전문자격 시험 일정	• 필기시험 접수안내 • 필기시험 수수료 • 필기관할 구역안내 • 외국학력 서류제출	• 필기시험 면제기간 • 실기시험 접수안내 • 실기시험 선택분야 • 실기시험 수수료 • 실기시험 종목별 시험방법 • 수험자 지참 준비물 • 실기시험 일정 변경 기준 • 실기일정 및 타지사이 동사유

자격정보	자격검정통계

• 국가자격
 – 국가기술자격제도
 – 국가자격종목별 상세
  정보
 – 비상대비자원관리종목
 – 자격종목변경일람표
• 민간자격
 – 민간자격종목별 상세
  정보
 – 민간자격국가공인제도
 – 사업내자격제도
• 외국자격
 – 국가별자격제도
 – 운영현황
	• 종괄현황
	• 종목별현황
	• 국가기술자격
	  통계연보
	• 수험자동향

⑷ **잡알리오(JOB-ALIO, www.job.alio.go.kr)**

공공기관의 채용정보 서비스를 제공한다.

⑸ **장애인고용포털(www.worktogether.or.kr)**

장애인을 위한 고용포털시스템을 한 번 클릭으로 취업을 지원해 주는 고객 중심 취업지원 시스템이다.

⑹ **잡월드(www.koreajobworld.or.kr)**

① 2012년5월 개관, 직업에 대한 다양한 체험 및 직업탐색의 기회를 제공하고 건전한 직업관 형성과 적합한 진로·직업 선택을 지원한다.

② 주요 업무로 직업체험 프로그램의 개설·운영, 직업 관련 자료·정보의 전시 및 제공, 청소년 등 직업교육 프로그램 및 교사 직업지도 프로그램 개설·운영.

⑺ **일모아 일자리사업 통합정보시스템(www.ilmoa.go.kr)**

정부 및 지방자치단체에서 추진하는 일자리 사업 및 참여자 선발의 체계적 관리지원을 위한 업무지원 시스템이다

⑻ **민간자격정보서비스(www.pqi.or.kr), 한국직업능력개발원**

국민의 직업능력개발 촉진과 사회경제적 지위 향상을 위한 민간자격제도 정보망으로 민간자격소개, 자격정보, 민간자격 등록신청, 민간자격 통계현황 등을 제공한다.

Section 03 자격제도의 이해(자료: http://www.q-net.or.kr/man001.do?gSite=Q)

❶ 자격의 개념

"자격이란 직무수행에 필요한 지식·기술·소양 등의 습득 정도가 일정한 기준과 절차에 따라 평가 또는 인정된 것을 말한다(「자격기본법」, 제2조 제1항)". 경제협력개발기구(OECD, 1996)에서는 자격인정 (Certification)이란 공식적·형식적인 과정을 거쳐서 확인된 결과이며, 훈련과정이나 시험을 통하여 성공 적으로 성취한 결과를 실증해 준 결과로 정의한다.

면허(License)는 "일반인에게는 허가되지 않는 특수한 행위를 특정한 사람에게만 허가하는 행정처분 으로 특정한 일을 할 수 있는 공식적인 자격을 행정기관이 허가함 또는 그런 일"로 정의한다. 공인 (Authorization)은 사전적 의미로 국가나 사회단체가 어느 행위나 물건에 대하여 인정하는 행위이며, 인 증(Attestation)이란 어떤 행위 또는 문서의 성립 기재가 정당한 절차로 이루어졌음을 공식적인 기관이 증명하는 것을 의미한다. 한편 인정(Accreditation)은 국가나 지방자치단체가 자체의 판단에 의하여 어떤 일의 당부를 결정하는 것이다(국어대사전, 2014; 김병숙, 2007).

❷ 우리나라의 자격체계

우리나라의 자격체계는 국가자격과 민간자격이 있다. 국가자격에는 국가기술자격과 국가전문자격이 있다. 민간자격에는 공인민간자격과 순수민간자격이 있다. 순수민간자격에는 사내자격과 기타민간자 격이 있다. 사내자격은 고용노동부인정 사내자격과 기타 사내자격이 있다.

(1) 국가자격

① 국가가 자격의 틀 설계, 시험운영, 활용을 주관하는 자격

② 검정운영 주체에 따라 국가직접 검정형(변호사 등)과 공공기관 위탁형(기술자격 : 프레스금형기능사 등, 전문자격 : 세무사, 변리사 등)으로 구분

* 국가자격시행기관 : 한국산업인력공단, 보건의료인국가시험원 등

(2) 민간자격

① 민간기관(영리법인, 비영리단체 등)이 자격의 틀 설계, 시험운영을 주관하는 자격

② 국가의 인증 여부에 따라 국가공인 민간자격과 비공인 민간자격으로 구분

* 국가공인 심사·인정 및 비공인 신고·등록기관 : 한국직업능력개발원

(3) 사업내자격

민간자격 중 기업이 소속 근로자를 대상으로 수수료 없이 검정하는 자격으로서 고용노동부가 고용 보험법에 근거하여 개발·운영비를 지원(고객상담사, 반도체요소기술 운영사, 취부사, 전자조립사, 방재관리사 등 114개 종목)

* 사업내자격 심사·인정기관 : 한국산업인력공단

❸ 현황

구 분		종목 수	관련 법	관계부처 · 청	자격 종류(예)
국가 자격	기술자격	527개	국가기술자격법 (고용노동부)	고용노동부 (19개 부처청)	기술사, 기능장, 기사, 산업기사, 기능사, 워드프로세서 등
	전문자격	162개	개별법령	27개 부처청 위원회	변호사(변호사법), 의사(의료법), 공인노무사, 경주 심판 등
민간 자격	공인민간자격	99개	자격기본법 (고용부, 교육부)	15개 부처청 (직능원 위탁)	실용한자, 정보보호전문가, E-Test Professional 등
	비공 인민간자격	23,956개	자격기본법 (교육부)	교육부 (직능원 관리)	특수아동언어발달지도사, 국제물류사 등
	사업내자격	129개	고용보험법 (고용부)	고용노동부	Innovator, 디지털 Master, 고객상담사 등

❹ 자격별 시행기관

(1) 국가기술자격

① 한국산업인력공단 479, 대한상공회의소 15, 한국원자력안전기술원 3, 영화진흥위원회 2, 한국콘텐츠진흥원 3, 한국방송통신전파진흥원 16, 한국광해관리공단 7, 한국인터넷진흥원 2

② 2016년 9월 현재 8개 기관 527종목

(2) 국가전문자격

① 한국산업인력공단 37, 교통안전공단 3, 교육자격검정위원회 8, 한국보건의료인국가시험원 25, 한국방송통신전파진흥원 등 관련 기관 89

② 2016년 9월 현재 89개 기관 162종목

(3) 민간자격

① 공인자격 : ㈜YBM 등 61개 기관 99개-인정기관 직업능력개발원-15개 부처청

② 비공인 민간자격 : 한국심리상담지도협회 등 5,429개 기관, 23,956개-직능원-교육부

③ 사업내자격 : 삼성 SDS 등 64개 업체 129개-한국산업인력공단

❺ 자격의 기능

① 근로자의 능력을 증명하는 문서로 교육과 노동시장을 연계하는 기능을 갖는다.

② 모집 및 채용비용과 적응훈련비용을 줄여 준다.

③ 승진 및 승급 시 유리한 조건을 제공해 줄 수 있으며, 능력개발의 촉진 수단이 된다.

④ 취업이나 승진·승급 또는 전직 과정에서 정당한 대우를 받을 수 있다.

⑤ 근로조건을 향상시키는 기능도 발휘한다.

❻ 자격의 요건

(1) 투명성(Transparency)

① 자격은 자격과 관련하여 이해관계를 갖는 사람들, 즉 개인, 고용주, 교육 프로그램 운영자들에게 명확하게 신호(Signal)를 전달해 주어야 함

② 인적 자산의 내용이나 수준에 대해서 기준을 제시함으로써 학생이나 근로자가 획득한 인적 자산의 양과 질을 알려 줄 수 있어야 함

③ 자격에 의해 주어지는 정보의 신뢰성이 높을 때 자격은 투명성을 갖게 됨

(2) 호환성(Transferability)

① 자격은 자격 간에 상호 호환이 가능하고 그에 따라 부분적 혹은 전면적으로 대체될 수 있어야 함

② 호환성은 학습된 인간의 능력은 전이될 수 있다는 이론에 그 근거를 두고 있는데, 유사종목의 자격검정 시 유관과목 시험을 면제해 주고 있는 '국가기술자격제도의 시험과목 면제조항'이나 자격취득자가 대학진학 시 관련 과목을 인정해 주는 '학점은행제'는 자격의 호환성을 높여 주는 구체적인 제도임

(3) 경제성(Economy)

자격제도를 유지하는 비용이 지나치게 들어감으로써 자격제도가 주는 사회경제적 편익보다 비용이 더 커서는 안 됨

(4) 탄력성(Flexibility)

① 사회경제적 변화에 따라 신속하게 개정되어야 함

② 산업구조의 변화속도가 빠른 현 시점에서 자격의 탄력성 제고는 그 어느 요건보다 중요하다고 할 수 있음

(5) 공신력(Authenticity)

① 공신력이 상실된 자격은 효용가치를 잃고, 결국은 소멸됨

② 시대가 변함에 따라 자격이 많아지고 다양해지는 것은 보편적인 추세임

③ 사업자 간의 부당한 경쟁이 자격의 남발 등 부작용을 초래할 수도 있으므로 자격의 공신력을 유지시킬 수 있는 제도적 장치가 뒷받침되어야 함

(6) 경쟁력(Competitiveness)

① 자격의 유효성은 법·제도를 통한 국가나 이익단체 등의 인위적인 보호에 의해서가 아닌 소비자들의 평가에 의해 확보되어야 함

② 특정 자격소지자에 대한 법적 보호는 최대한 지양해야 함

③ 다양한 자격제도를 운영하여 상호 경쟁하는 제도를 도입하고 그 결과는 국민이 선택

(7) 통용성(Currency)

① 가급적 외국에서도 통용되고 인접 직종에서도 통용되도록 하는 것이 바람직함

② 국가 간 무한경쟁시대를 맞이하여 선진국은 자국자격의 국제적 통용성 확보를 위해 적극 노력하고 있음

(8) 공평성(Access and Equity)

① 자격취득 기회나 접근절차는 모든 국민에게 공평해야 함

② 자격제도 운영에 학력·연령·성별에 상관없이 자격취득 기회가 개방되고, 거리·지역 등으로 인한 불이익이 없도록 해야 함

Section 04 고용지원정책 및 제도

❶ 고용지원정책

고용노동부 고용지원정책에는 대상별 정책과 분야별 정책이 있다. 대상별 정책은 청년, 여성, 중장년, 장애인, 외국인으로 구분하여 지원하는 정책이며, 분야별 정책에는 취업지원, 일자리창출, 고용안전망, 직업능력개발, 근로조건개설, 안심일터, 노사관계 등이 있다. 고용지원정책의 상세한 내용은 고용노동부 홈페이지를 방문하기 바라며, Section 04에서는 청년정책과 고용안전망 사업은 세부사항 안내를 하고 직업능력개발은 Section 01에서 설명하여 생략한다. 고용지원정책제도로 취업지원 사업 중 취업성공패키지 사업내용을 안내한다.

(1) 대상별 정책(출처 : 고용노동부http://www.moel.go.kr)

① 청년

▶ 고용노동부 정책마당 청년지원정책 ◀

고용지원 정책	지원 대상	지원 내용
일학습 병행제	학습근로자를 채용한 기업	교육훈련 프로그램 개발, 학습도구 지원컨설팅 등 인프라 구축비와 훈련비
청년내일 채움공제	청년인턴제, 취업성공패키지, 일학습 병행제 참여자 중 청년내일채움공제에 가입한 만 15~34세 이하 청년	청년이 기업에서 2년간 근속하면서 자기부담금 300만 원 적립(매월 12만 5천 원) 시 정부에서 600만 원, 기업에서 300만 원을 각각 적립하여 1,200만 원(+이자)의 목돈 마련을 지원

중소기업 탐방프로그램	만 15~34세 미취업 청년 1만 명, 운영기관별 배정인원(예산)의 40% 이상은 인문·사회·예체능계열 대학 재학생 선발 등	1일(5시간)~5일(40시간) 연수프로그램 참가(참가비 무료)
재학생 직무체험	인문·사회·예체능계열 대학 2~3학년 재학생 5천 명 등	학습프로그램 운영 지원비(학생 1인당 월 40만원), 관리자지원비(학생 1인당 월 7만 원)
청년취업 아카데미	대학 재학생, 수료 후 6개월 이내에 취업이 가능한 대학졸업(또는 예정)자, 기업·사업주 단체·대학·민간 훈련기관 등	• 교육비 전액지원(운영기관 20% + 정부지원 80%), 취업연계 지원 • 교육비(1인당)의 80% 정부지원(운영기관 20% 자부담)
대학창조 일자리 센터	「고등교육법」 제2조에 의한 대학 및 산업대학, 전문대학에 해당하는 학교로서 취업지원 조직을 갖추고 있는 대학	대학별 매년 평균 6억 지원(5년간: 2+3년)
대학청년 고용센터	「고등교육법」 제2조에 의한 대학·산업대학·전문대학, 직업안정법 제18조 및 제19조에 의한 유·무료 직업소개사업자	컨설턴트 인건비(대학은 40% 이상 매칭)(1인 월 250만 원), 운영경비(연 8백만~1천만 원), 취업프로그램비(연 5백만~6백만 원)
취업지원 관 사업	공모를 통해 선정된 대학(4년제, 전문대학)	• 취업지원관 인건비 최대 60% 지원(대학별 7천만원 한도 지원) • 지원기간 3년 이하는 60%, 4년 차는 50%, 5년 차는 40%, 정규직으로 채용 시 20% 추가 지원
세대간 상생 고용지원 사업	임금피크제 도입, 임금체계 개편 등 세대간 상생고용 노력과 더불어 청년 정규직을 신규채용한 모든 기업(공공기관 포함)	신규채용 청년 1인당 연 1,080만 원을 2년간 지원 * 대기업·공공기관은 연 540만 원
해외취업 지원사업	만 34세 이하 미취업자로 해외취업에 결격사유가 없는 자 등	교육비 등을 포함하여 1인당 최대 800만 원 * 6개월 미만의 단기 교육은 1인당 최대 580만 원, 6~12개월의 장기교육은 최대 800만 원 한도
NCS 기반 능력중심 채용 확산	직무 중심 채용을 희망하는 중소·중견기업 등	• 채용 시 직무능력과 역량 중심으로 직원을 채용할 수 있도록 종합적인 선발 시스템 구축 지원 • 이를 통해, 서류전형부터 면접전형까지의 선발과정을 직무능력중심으로 전환
고용디딤돌 프로그램	만 15~34세의 청년 구직자 및 참여기업	• 운영비, 시설·장비비 및 훈련비(기업), 훈련수당(청년) • 인턴지원금 및 정규직전환지원금(기업), 취업지원금(청년)

② 여성 : 경력유지 및 경력단절 예방

　㉠ 여성고용 차별개선 정책 : 적극적 고용개선조치 지원, 직장 내 성희롱 예방교육 지원, 남녀고용평등 우수기업 유공자 포상, 여성고용 차별개선 민간 인프라 구축

ⓛ 출산휴가·육아휴직 등 급여 지원, 출산육아기 고용안정 사업주 지원금, 대체인력 채용지원서
비스, 직장어린이집 지원

ⓒ 여성고용 촉진 : 여성새로일하기센터 지정 및 지원, 여성고용환경개선 융자사업, 경력단절여
성 고용 관련 세제혜택

ⓔ 일·가정 양립 지원 : 시간선택제 고용·전환 지원, 유연근무제 지원

③ 중장년 : 60+ 일하기 재취업 촉진

ⓖ 고용연장지원금, 임금피크제 지원금, 장년고용지원금, 사회공헌활동 지원, 중장년 일자리희
망센터, 생애경력설계서비스, 고령자인재은행

④ 장애인 : 취업기회 확대

ⓖ 장애인 고용장려금, 장애인 표준사업장 설립 지원, 자회사형 표준사업장 설립 지원, 장애인
보조공학기기 지원, 장애인 고용관리비용 지원, 장애인 근로지원인 제도, 장애인고용시설 설
비비용 융자, 장애인고용시설·장비 지원, 중증장애인지원고용, 장애인 직업능력개발 지원, 중
증장애인 인턴제, 장애인 취업성공패키지

⑤ 외국인 : 국내 노동시장과의 조화

ⓖ 고용허가제도, 외국인근로자 사업장 변경제도, 성실 외국인근로자 재입국 취업 제도, 특별한
국어시험 재취업 제도, 외국인근로자 체류 지원, 외국인력 지원센터 운영, 외국인력 상담센터
운영

(2) **분야별 정책**

① 취업지원정책 제도 : 맞춤형 취업지원 서비스 지원

ⓖ 고용복지+센터 개설, 구직자 취업지원 서비스, 취약계층 취업지원 서비스, 취업성공패키지

② 일자리 창출 : 일자리 창출 지원 제도

ⓖ 고용유지지원금

ⓛ 고용창출지원금 : 고용창출장려금(총괄), 일자리함께하기 지원사업, 시간선택제 고용지원, 지
역·성장산업고용지원, 전문인력 고용지원, 고용촉진장려금

ⓒ 고용안정장려금 : 고용안정장려금(총괄), 시간선택제 전환 지원, 일·가정 양립 환경개선 지원,
정규직 전환 지원, 출산육아기 고용안정 사업주 지원금

ⓔ 사회적기업 : 사회적기업 육성, 사회적기업가 육성

ⓜ 지역고용 : 지역산업맞춤형 일자리 창출 지원, 지역일자리 목표 공시제, 고용위기지역 지정

ⓗ 기타 : 고용영향 평가제도, 고용형태공시제도, 고용노동 통계 조사, 인력수급전망

③ 근로조건 개선

ⓖ 근로개선 : 근로조건 자율개선 지원, 일터혁신 컨설팅 지원사업, 일·가정 양립 환경개선 지원

ⓛ 차별개선 : 근로자 파견제도, 비정규직 차별시정제도, 차별없는 일터 지원단

ⓒ 임금보장 : 최저임금보장제도, 임금채권보장제도, 체당금 조력지원제도, 임금체불 청산 지원 사업주 융자제도, 무료법률 구조 지원

ⓐ 근로복지 : 퇴직연금제도, 사내근로복지기금제도, 우리사주제도, 기업복지제도 도입 지원, 근로자 생활안정자금 대부, 근로자 신용보증 지원제도, 사내(공동)근로복지기금 지원

④ 안심일터

　ⓐ 산재예방 : 업종별 재해예방, 안전인증 대상 방호장치·보호구 제조업체 자금 지원, 위험기계·기구의 근원적 안전성 확보, 유해작업환경 개선, 근로자 건강보호, 산재예방시설 융자, 클린 사업장 조성 지원, 산재근로자(산재예방요율제 지원, 직업훈련 지원, 직장복귀 지원, 대체인력지원사업, 창업지원사업), 산재근로자 및 자녀 장학사업, 산재근로자 생활안정자금 융자 지원, 진폐근로자 지원, 진폐위로금 지급

⑤ 노사관계 : 상생협력의 노사관계 구축

　ⓐ 노사관계 : 근로시간 면제, 복수노조 교섭창구 단일화, 노동쟁의 조정

　ⓑ 노사협의회 : 노사파트너십프로그램 지원, 지역 노사민정 협력 활성화 지원, 노사문화 우수기업·대상 선정 지원, 노사관계 전문가 양성 지원

⑥ 고용안전망

　ⓐ 고용보험제도

　　• 사업목적 : 근로자(보수의 0.65%)와 사업주(보수총액의 0.9~1.5%)가 공동 부담하여 마련한 기금으로 실업의 예방, 고용의 촉진 및 근로자의 직업능력개발·향상, 실직근로자의 생활안정 및 재취업을 지원하는 사회보험제도

　　• 적용범위 : 근로자를 고용하는 모든 사업장

　　• 적용제외 : 65세 이후에 고용되거나 자영업을 개시한 자, 1월간 소정근로시간이 60시간 미만인 자, 외국인근로자, 공무원 등

　　• 사업체계

구분	내용	보험료율(%)	부담
실업급여	근로자 실직 시 실직자와 가정의 생활안정 및 구직활동을 지원 **유형** • 구직급여 • 취업촉진수당 • 모성보호육아 지원	1.3	사업주 0.65 근로자 0.65

고용안정 및 직업능력 개발	근로자를 감원하지 않고 고용을 유지하거나 실직자를 채용하여 고용을 늘리는 사업주를 지원하여 근로자 고용안정 및 취약계층 고용촉진 지원	150인 미만 : 0.25 150인 이상 우선지원 대상기업 : 0.45	사업주
	사업주가 근로자에게 직업훈련을 실시하거나 근로자가 자기개발을 위해 훈련받는 경우 사업주·근로자에게 일정 비용 지원	150인 이상~1,000인 미만 : 0.65 1,000인 이상 : 0.85	

- 고용보험 심사제도 : 실업급여, 피보험자격의 취득·상실에 대한 확인 등에 관한 처분에 있어서 지방고용노동관서의 위법·부당한 행정처분으로 권리와 이익의 침해를 당한 자를 보호하기 위한 이의신청 제도
- 심사처리절차

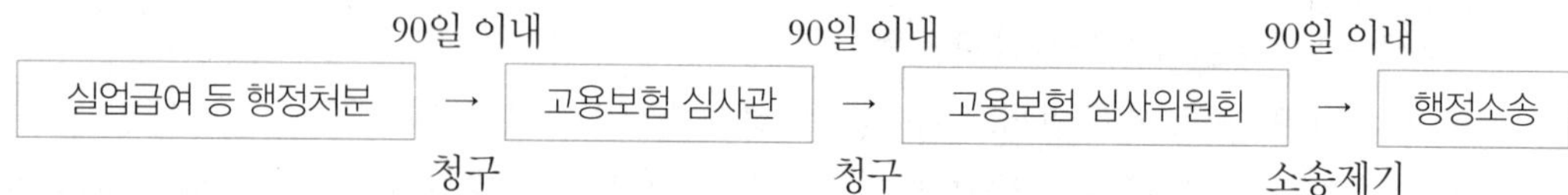

ⓒ 고용보험 피보험자격 관리

- 사업목적 : 고용보험 가입대상 근로자의 피보험자격 취득과 상실 등의 엄격한 관리를 통해 실업급여 등 고용보험 적정 운영
- 사업내용
  - 피보험자격 취득신고 : 사업주는 근로자를 채용한 경우 취득 사유가 발생한 날이 속하는 달의 다음 달 15일까지 '피보험자격 취득신고서'를 관할 지방고용노동청(고용관리과)에 제출
  - 피보험자격 상실신고 및 이직확인서 : 사업종료, 근로자 퇴직 및 변경 등으로 피보험자격을 상실하게 된 경우에는 상실 사유가 발생한 달의 다음 달 15일까지 관할 지방고용노동청(고용관리과)에 '상실신고서' 및 '이직확인서' 제출
  * 일용근로자(1개월간 일한 날 수 10일이 안된 근로자)는 '피보험자격 취득 및 상실신고서'를 대신하여 매월 해당 근로자에 대해 다음 달 15일까지 '근로내용확인신고서' 제출
  - 과태료 : 피보험자격 취득·상실 미신고·지연신고 시 과태료 부과(1인당 3만 원, 최대 100만 원), 거짓 신고 시(1인당 5만 원, 최대 300만 원)

ⓒ 구직급여·연장급여

- 사업목적 : 고용보험 가입대상 근로자의 피보험자격 취득과 상실 등의 엄격한 관리를 통해 실업급여 등 고용보험 적정한 운영
- 사업내용
  - 지원대상 : 이직일 이전 18개월간 피보험단위기간 180일 이상 근로하고, 회사의 경영상 해고 등 비자발적으로 이직하여 상시 취업이 가능한 상태에서 적극적으로 재취업활동을 하는 사람

* 이직 사유가 일정기간 임금체불, 최저임금 미달, 사업장의 휴업, 도산·폐업 등의 정당한 사유가 있는 경우에는 수급자격 인정
• 지원내용
　– 구직급여 : 이직 당시 연령과 고용보험 가입기간(피보험기간)에 따라 90~240일간 이직 전 평균임금의 50%를 지급

▶ 구직급여 소정급여일수 ◀

연령 ＼ 피보험기간	1년 미만	1년 이상 3년 미만	3년 이상 5년 미만	5년 이상 10년 미만	10년 이상
30세 미만	90일	90일	120일	150일	180일
30세 이상~50세 미만	90일	120일	150일	180일	210일
50세 이상 및 장애인	90일	150일	180일	210일	240일

　– 연장급여 : 개별연장, 훈련연장, 특별연장
　　ⓐ 개별연장 : 취업이 특히 곤란하고 생활이 어려운 수급자에게 구직급여의 70%를 60일간 연장하여 지급
　　ⓑ 훈련연장 : 직업능력개발이 필요하다고 판단되어 직업안정기관의 장이 훈련을 받도록 지시한 자로서 구직급여의 100%를 훈련을 받는 기간 지원(최대 2년)
　　ⓒ 특별연장 : 대량 실업사태 발생 등으로 대통령령이 정한 사유발생 시 구직급여의 70%를 60일간 연장하여 지급
ⓔ 취업촉진수당
• 사업목적 : 구직급여 수급자에게 조기재취업 수당, 직업능력 개발수당, 광역구직 활동비, 이주비 등의 인센티브를 제공함으로써 수급자의 장기실업 방지 및 재취업 촉진
• 사업내용

구분	지원 요건	지원 내용
조기재취업 수당	대기기간(실업신고일부터 7일)이 지난 후 소정급여일수 1/2 이상 남기고 재취업한 경우로서, 12개월 이상 계속하여 고용된(사업을 영위한) 경우	잔여 소정급여일수의 1/2 지급
직업능력 개발수당	직업안정기관장이 지시한 직업능력개발훈련을 받을 때	실제로 훈련을 받은 날 1일 5,800원
광역구직 활동비	직업안정기관의 소개에 따라 거주지에서 50km 이상 떨어진 곳에서 구직활동을 한 때	구직활동을 한 날에 소요된 교통비 및 숙박료 지급
이주비	취업하거나 직업안정기관의 장이 지시한 직업능력개발훈련을 받기 위하여 이사를 한 때	• 5톤까지 실비 • 5촌 초과 시 : 5톤까지 실비 +7.5까지 실비의 50%

ⓜ 소규모사업장 저임금근로자 사회보험료 지원
- 사업목적 : 소규모사업장, 저임금근로자의 사회보험(고용보험·국민연금) 보험료 부담분의 일부를 지원, 사회보험 가입확대 및 사회안전망 강화
- 사업내용
  - 대상보험 : 고용보험, 국민연금
  - 지원대상 : 10인 미만 사업장에 근로하는 월보수 140만 원 미만의 근로자와 사업주
  - 지원내용 : 근로자 및 사업주가 부담하는 고용보험·국민연금 보험료의 일부(신규가입자 60%, 기존가입자 40%)를 지원
  - 지원방식 : 사업주가 보험료 지원을 신청하고 보험료를 완납한 경우 다음 달 보험료에서 차감하고 지원

ⓗ 자영업자 고용보험
- 사업목적 : 자영업자의 생계안정, 생산성 향상 및 재취업 지원
- 사업내용
  - 비자발적으로 폐업한 자영업자에게 실업급여 지급 및 직업훈련 등 지원
  - 지원대상 : 50인 미만의 근로자를 고용한 자영업자로서 고용보험에 임의가입한 자
  - 지원요건
    ⓐ 실업급여: 가입기간 1년 이상, 적자지속·매출액 감소 등 부득이한 사유로 폐업, 적극적인 재취업 노력
    ⓑ 직업능력개발 등 : 가입 즉시 훈련참여 가능
    ▶ 보험료 : 선택한 기준보수(154만~269만 원)의 2.25%(월 34,650~60,520원)
  - 지원내용
    ⓐ 실업급여 : 가입기간에 따라 90~180일간 기준보수의 50% 지급
    ▶ 사업내용 가입기간에 따른 급여일수
      1~3년 : 90일, 3~5년 : 120일, 5~10년 : 150일, 10년 이상 : 180일
    ⓑ 직업능력향상 지원 : 내일배움카드제(고용보험 가입 자영업자, 폐업 또는 연매출액 8천만 원 미만 자영업자)를 통해 훈련비용 지원
    ▶ 내일배움카드제 연간 200만 원 한도
  - 지원방식 : 사업주가 보험료 지원을 신청하고 보험료를 완납한 경우 다음 달 보험료에서 차감하고 지원

ⓢ 건설근로자 퇴직공제제도
- 사업목적 : 사업주가 건설근로자를 피공제자로 하여 건설근로자공제회에 공제부금을 내고 그 피공제자가 건설업에서 퇴직하는 등의 경우에 건설근로자공제회가 퇴직공제금을 지급
- 가입대상

- 건설공사 : 공사예정금액 3억 원 이상인 공공발주공사, 공사예정금액 100억 원 이상인 민간발주공사
- 지원내용 : 근로계약기간이 1년 미만인 건설근로자
  ⓐ 다음 달 15일까지 매월 피공제자별 근로일수 신고 및 공제부금 납부
  ⓑ 건설근로자공제회 홈페이지(www.cwma.or.kr) → 화면 중앙의 "빠른 서비스" → "EDI 사용신청"하여 신고
- 퇴직공제금 지급 : 공제부금 납부월수가 12개월(적립일수 252일) 이상인 피공제자가 건설업에서 퇴직 또는 사망한 경우나 60세에 이른 경우 퇴직공제금에 이자를 더하여 퇴직공제금 지급(이자는 월 복리)
- ▶ 공제부금 일액 : (2006년 이전) 2,100원→ (2007년) 3,100원 → (2008년 이후) 4,100원→ (2012년 4월 이후) 4,200원

◎ 건설일용근로자 기능향상 지원
- 사업목적 : 건설업의 특성상 일이 없는 동절기 등에 건설기능훈련을 실시함으로써 건설일용근로자의 직업능력 향상 및 생활안정을 지원
- 가입대상
  - 지원대상 : 만 15~64세에 해당하는 자로서 고용보험 및 퇴직공제제도 가입이력자, 건설현장에서 일한 유경험자 중심
  - ▶ 제외 : 상용직으로 고용보험 취득 중인 자, 실업자 훈련 등 다른 훈련과정을 수강 중인 자, 부정수급 등으로 수강제한 처분 중인 자 등
  - 지원내용 : 1일 5시간 이상 훈련을 이수한 확정 훈련생(가입교 기간 수료자)에게 훈련비 및 훈련장려금 지급
  - ▶ 1일 훈련비 2만 9천 원, 훈련장려금 1만 6천 원
  - 훈련과정 : 1일 완성형으로 20일 모듈식 훈련과정을 편성·운영하고, 수준별 훈련이 가능하도록 기본과정과 심화과정 운영
  - ▶ 심화과정은 해당 직종 자격취득 등을 목표로 참여하는 자 우대
  - 훈련기관 : 건설근로자공제회에 위탁하여 실시하되, 공제회는 훈련실시 요건을 갖춘 기관에게 재위탁(공모)
  - ▶ 직업능력개발훈련시설, 학교, 평생교육시설, 평생직업교육학원 및 그 밖에 기관의 장이 훈련실시능력이 있다고 인정하는 기관

㉿ 산재보험제도
- 사업목적 : 근로자의 업무상 재해에 대해 국가가 사업주로부터 소정의 보험료를 징수하여 그 기금으로 사업주를 대신하여 보상
- 적용범위
  - 일반 : 근로자를 사용하는 모든 사업 또는 사업장

▶ 적용제외 : 타 법령에 의하여 재해보상이 이루어지는 사업(공무원 등), 총공사금액 2천만 원 미만인 공사, 연면적이 100제곱미터 이하인 건축물의 건축 또는 연면적이 200제곱미터 이하인 건축물의 대수선에 관한 공사 등

- 특례 : 특수형태근로종사자*(당연적용, 적용제외 신청 가능, 보험료 1/2 부담), 중·소기업사업주**(임의가입, 보험료 본인 전액 부담), 해외파견자(보험가입 신청 → 근로복지공단 승인), 현장실습생, 「국민기초생활 보장법」에 따른 자활급여 수급자(당연적용)

* 6개 직종(보험모집인, 골프장캐디 등) 기 적용, 3개 직종(신용카드모집인·대출모집인·전속 대리운전기사)은 2016년 7월 1일부터 적용

** 50인 미만 근로자를 사용하는 사업주, 근로자를 사용하지 아니한 여객자동차운송사업주, 화물자동차운송사업주, 건설기계사업주, 퀵서비스업자(비전속), 예술인, 이외 대리운전기사(비전속)는 2016년 7월 1일부터 적용

• 보험료율
- 업종별 보험료율 : 고용노동부장관이 사업종류별(58개)로 구분하여 고시
▶ 다음연도 보험료율은 전년도 12월까지 고시
- 개별실적요율 : 개별사업장의 수지율에 따라 사업장에 적용(10인 이상, 총공사실적 20억 이상)되는 업종별 보험료율을 최대 50% 범위 내에서 인상 또는 인하(규모별 차등)

㉢ 산재보험급여
• 사업목적 : 근로자가 산업현장에서 업무상 재해를 당한 경우 사업주가 부담해야 할 재해보상 책임을 국가가 대행하여 신속 공정한 보상을 행함으로써 산재근로자 및 그 가족의 생활안정 도모
• 급여 종류
- 요양급여 : 4일 이상 요양 중인 산재환자에 대한 진찰, 약제 또는 진료재료와 의지(義肢), 보조기의 지급, 처치, 수술 및 치료비
- 휴업급여 : 요양으로 취업하지 못한 기간에 1일당 평균임금의 70%를 산재근로자에게 지급
▶ 최고보상기준 : 1일 191,793원의 70%, 최저임금(1일 48,240원) 미달 시 최저임금 지급
- 장해급여 : 산재치료 종결 후 신체에 남아 있는 장해 상태에 따라 장해보상연금 또는 일시금 지급
▶ 장해등급 : 14등급 체계(1~3급은 연금으로만 지급, 4~7급은 연금 또는 일시금 선택 가능, 8~14급은 일시금으로만 지급)
▶ 장해보상연금 : 1급(평균임금 329일분)~7급(138일분)
▶ 장해보상일시금 : 1급(1,474일분)~14급(55일분)
- 유족급여 : 근로자가 산업재해로 사망 또는 사망추정 시 유족에게 지급
▶ 유족연금 지급이 원칙(연금 수급권자가 없을 경우 일시금 지급)
▶ 연금 : 급여기초연액(평균임금×365)의 52~67%, 일시금: 평균 임금의 1,300일 분

　　－ 간병급여 : 산재치료 종결 후 상시 또는 수시간병이 필요하여 실제 간병을 받는 자에게 지급

　　▶ 상시간병급여 : 41,170원(1일), 수시간병급여: 27,450원(1일)

　　－ 상병보상연금 : 요양개시 이후 2년 이상이 경과하였으나, 부상이나 질병이 치유되지 않고 폐질 제1급~제3급에 해당하는 자에게 휴업급여 대신 지급

　　▶ 상병보상연금 : 제1급(329일분), 제2급(291일분), 제3급(257일분)

　　－ 장의비 : 산업재해로 사망 시 장제를 지낸 유족 또는 유족이 아닌 자가 장제를 지낸 경우에는 그 장제를 지낸 자에게 지급

　　▶ 장의비 : 평균임금의 120일분, 최고금액 14,217,340원, 최저금액 10,061,800원

　　－ 직업재활급여 : 제1급~제12급 장해판정(예정)자의 조기 직업복귀를 위한 직업훈련 및 제1급~제12급 산재장해인을 원직장 복귀, 직장적응훈련 실시 또는 재활운동 실시한 사업주에 대한 지원

　　▶ 직업훈련비용 : 훈련비(최대 600만 원/연)

　　▶ 직장복귀지원금 : 제1급~제3급(60만 원/월), 제4급~제9급(45만 원/월), 제10급~제12급(30만 원/월)

　　▶ 최고보상기준 : 직장적응훈련(최대 45만 원/월), 재활운동 지원(최대 15만 원/월)

❷ 고용정책제도

(1) 취업성공패키지(출처 : www.work.go.kr/pkg)

① 사업개요

　㉠ 개인별 취업활동 계획('진단·경로 설정 → 의욕·능력증진 → 집중 취업알선')에 의한 통합적인 취업지원 프로그램(최장 11년)

　㉡ '취업성공수당'을 지급 – 노동시장 진입을 체계적으로 지원 – 종합적인 취업지원체계

　㉢ 장기실직자·여성·고령자·청년·장애인 등 취업취약계층에 부분적으로 이들을 포함하는 제도로 취업취약계층에 대한 통합적인 취업지원제도

② 지원대상자

　㉠ 취업성공패키지 Ⅰ유형(만 18~69세, 단 위기청소년의 경우 만 15~만 24세)

　　• 만 18~69세 이하의 기초생활수급자(조건부 수급자), 차차상위(최저생계비 150%) 이하 저소득층 구직자

　　• 노숙인, 북한이탈주민, 출소(예정)자, 결혼이민자, 여성가장, 영세자영업자, 장애인 등의 취약계층은 개인적 특성을 감안 정책상 소득 여부와 관계없이 참여를 허용

　㉡ 취업성공패키지 Ⅱ유형(만 18~69세 이하)

　　• 청년층 : 고등학교 이하 졸업자 (예정자) 중 비진학 미취업 청년

　　• 대학교(전문대학 포함) 졸업 이후 6개월 이상 경과한 자로서 미취업 청년

- 최근 2년 동안 교육·훈련에 참여하지도 않고 일도 하지 않은 청년(NEET, 니트족)
- 영세자영업자(연간매출 8천만 원 이상 1억 5천만 원 미만인 사업자)
- 중장년층(만 35~69세 이하)
- 최저생계비 250% 이하의 가구원으로서 실업급여 수급 종료 이후 미취업자
- 고용보험 가입이력은 있으나 수급 요건을 충족하지 못한 미취업자
- 고용보험 가입이력이 없더라도 신청일 기준 6개월 이상 계속 실직상태에 있는 자 및 영세자
  영업자(연간매출 8천만 원 이상 1억 5천만 원 미만인 사업자)

③ 주요 지원 내용

　㉠ 1단계(진단·경로 설정) : 집중상담 및 직업심리검사 등을 실시, '개인별 취업활동계획(IAP)'을
　　수립

　㉡ 2단계(취업상담·직업능력향상)

- 개인별 취업활동계획(IAP) : 취업의욕 및 근로능력 증진을 위한 취업지원 프로그램 제공(집단
  상담, 직업훈련, 창업지원 프로그램)
- 훈련참여지원 수당을 지급 : 내일배움카드제를 통한 취업성공패키지 I 참여자는 자비부담
  없이 훈련소요비용을 전액 지원(단, 재료비 제외). 다만 취업성공패키지 II 참여자는 자비부담
  10~20% 부과

　㉢ 3단계(집중 취업알선) : 취업알선, 동행면접 실시 등 적극적이고 실질적인 취업알선 실시

④ 1단계 참여수당 : 1단계(진단·결로설정) 과정 – '개인별 취업활동계획을 수립 – 1단계 참여수당(최대
　25만원) 지급. 단, 취업성공패키지 II 참여자는 최대 20만 원 지급

⑤ 2단계 훈련참여지원수당

　㉠ 훈련기간 동안 생계부담 완화 차원에서 지급하는 수당

　㉡ 1일당 18,000원을 지급하되, 최대금액은 월 284,000원까지 지급

　㉢ 훈련참여지원수당은 1차 훈련과정 개시일을 기준으로 1개월이 경과된 이후에 신청서 제출을
　　전제로 지급

　㉣ 내일배움카드제에 의한 직업훈련 시 최대 6개월간 지급

⑥ 취업성공수당 지급

　㉠ 사업 참여자가 1단계 IAP 수립을 완료한 후 주 30시간 이상의 일자리에 취업하여 고용보험 피
　　보험자격을 취득한 경우에 취업성공수당을 지급

　㉡ 사업 종료 후 종료일로부터 3개월 이내에 취업한 경우에도 인정. 3개월 근무 시 30만 원, 같은
　　직장에서 6개월 근무 시 50만 원을 각각 나누어 지급하며 최대 100만 원 지급

기출문제 및 출제예상문제

01 실업급여에 대한 설명과 가장 거리가 먼 것은? 2015

① 실업급여는 실업에 대한 위로금 형태이다.

② 실업급여는 적극적인 재취업활동을 한 실업인 정을 하고 지급한다.

③ 실업급여는 구직급여와 취업촉진수당으로 구분한다.

④ 실업이란 근로의 의사와 능력이 있음에도 불구하고 취업하지 못한 상태에 있는 것을 말한다.

해설 | 실업자(근로의사와 능력이 있음에도 불구하고 취업하지 못한 상태에 있는 자)가 생활안정을 도모하고 구직활동을 용이하게 하기 위하여 실업급여를 지급한다.

02 자격(면허)과 응시자격을 잘못 연결한 것은? 2015

① 직업상담사 1급 – 해당 실무에 3년 이상 종사한 사람

② 사회조사분석사 2급 – 제한 없음

③ 임상심리사 1급 – 임상심리사 2급 자격 취득 후 임상심리와 관련하여 3년 이상 실무에 종사한 사람

④ 컨벤션기획사 1급 – 응시하려는 종목이 속하는 동일 및 유사 직무분야에서 4년 이상 실무에 종사한 사람

해설 | 임상심리사 2급 자격 취득 후 임상심리와 관련하여 4년 이상 실무에 종사한 사람

03 실기능력이 중요하여 고용노동부령이 정하는 필기시험이 면제되는 기능사 종목이 아닌 것은? 2015

① 조적기능사　　② 미장기능사

③ 방수기능사　　④ 용접기능사

해설 | 거푸집, 건축도장, 건축목공, 도배, 미장, 방수, 비계, 온수온돌, 유리시공, 조적, 철근, 타일, 도화, 석공, 지도제작, 항공사진, 금속재창호

04 응시자격에 제한이 있는 국가기술자격 종목은? 2015, 2012

① 멀티미디어콘텐츠제작전문가

② 스포츠경영관리사

③ 임상심리사 2급

④ 컨벤션기획사 2급

해설 | 기술 · 기능 분야 국가기술자격 중 기능사 및 서비스 분야, 직업상담사 2급, 컨벤션기획사 2급, 소비자전문상담사 2급은 응시자격에 제한이 없다.

05 직업과 관련 자격을 연결한 것으로 가장 거리가 먼 것은? 2015

① 작물·원예시험 연구원 – 종자산업기사

② 환경공학기술자 – 대기관리기술사

③ 난방 관련 설비조작원 – 에너지관리산업기사

④ 화학공학기술자 – 초음파비파괴검사산업기사

해설 | 에너지관리산업기사의 직무는 환경과 에너지임. 난방 관련 설비조작원은 건설직무로 온수온돌기능사가 가까운 자격이다.

06 다음 중 고용보험 데이터베이스의 활용에 관한 설명으로 틀린 것은?

2014

① 고용보험 피보험자가 이직으로 자격을 상실하더라도 고용보험 적용사업장으로 재취직할 경우 이들의 노동력 이동현황을 구체적으로 파악할 수 있게 된다.

② 산업·직종 간 노동력 이동현황을 파악할 수 있게 된다.

③ 노동시장에 대한 분석자료로 활용할 수 있다.

④ 실업자가 구직활동을 어떻게 하고 있는지를 한눈에 알 수 있다.

07 육아기 근로시간 단축 급여 내용으로 사실과 다른 것은?

2014

① 육아휴직의 기간은 1년 이내로 한다.

② 사업주는 육아휴직을 이유로 해고나 그 밖의 불리한 처우를 하여서는 아니 되며, 육아휴직 기간에는 그 근로자를 해고하지 못한다.

③ 사업주는 근로자가 만 8세 이하 또는 초등학교 1학년 이하의 자녀(입양한 자녀를 포함한다)를 양육하기 위하여 휴직을 신청하는 경우 이를 허용하여야 한다.

④ 사업주는 육아휴직을 마친 후에는 휴직 전과 같은 업무 또는 같은 수준의 임금을 지급하는 직무에 복귀시켜야 한다.

> **해설 |** 사업주는 근로자가 만 6세 이하의 자녀(입양한 자녀를 포함한다)를 양육하기 위하여 휴직을 신청하는 경우 이를 허용하여야 한다.

08 실업급여제도에 대한 설명으로 가장 거리가 먼 것은?

2014

① 실업급여는 구직급여와 취업촉진수당으로 구분한다.

② 취업촉진수당에는 조기재취업 수당, 직업능력 개발수당, 광역구직 활동비, 이주비가 포함된다.

③ 구직급여를 받기 위해서는 실직 후 근로의사와 능력을 가지고 적극적으로 재취업활동을 해야 한다.

④ 일용근로자는 최소한 120일 이상 일용근로자로 근무해야 구직급여 대상이 된다.

> **해설 |** 일용근로자는 1개월간 일한 날수가 10일이 안 될 경우 실업급여를 받을 수 있다.

09 직업능력개발훈련을 훈련 목적에 따라 분류하였을 때 틀린 것은?

2014

① 집체훈련   ② 양성훈련

③ 향상훈련   ④ 전직훈련

> **해설 |** 훈련방법에 따른 분류 : 집체훈련, 현장훈련, 원격훈련, 혼합훈련

10 해당 국가기술자격의 종목에 관한 공학적 기술이론 지식을 가지고 설계 · 시공 · 분석 등의 업무를 수행할 수 있는 능력 보유 여부를 검정기준으로 하는 국가기술자격 등급은?

2013, 2009

① 기술사   ② 기능장

③ 기사   ④ 산업기사

11 국가기술자격 서비스분야에 해당하지 않는 종목은?

2013

① 국제의료관광코디네이터

② 스포츠경영관리사

③ 텔레마케팅관리사

④ 기술지도사

> **해설 |** 서비스분야 : 국제의료관광코디네이터, 스포츠경영관리사, 텔레마케팅관리사, 직업상담사, 사회조사분석사, 컨벤션기획사, 소비자전문상담사, 임상심리사

12 워크넷(구직)에서 제공하는 채용정보 중 기업형태별 검색에 해당하지 않는 것은? 2013

① 중소기업 ② 대기업
③ 강소기업 ④ 벤처기업

> **해설 l** 대기업, 강소기업, 벤처기업, 일학습 병행기업, 외국계기업, 공기업/공공기관

13 다음 ( ) 안에 알맞은 것은? 2013

> 직업능력개발계좌 적합훈련과정으로 인정받을 수 있는 훈련과정은 훈련기간과 훈련 시작이 각각 (ㄱ)일 이상이고 (ㄴ)시간 이상이어야 하며, 취업 또는 창업을 위한 직무수행능력의 습득·향상을 위한 훈련과정이어야 한다.

① ㄱ : 10, ㄴ : 40 ② ㄱ : 15, ㄴ : 40
③ ㄱ : 10, ㄴ : 65 ④ ㄱ : 15, ㄴ : 120

> **해설 l** 실업자 등 직업능력개발훈련 실시규정 제14조 계좌제적합훈련과정의 인정 요건(10일, 40시간)

14 국가기술자격 기술사 등급의 응시자격으로 틀린 것은? 2013

① 산업기사 자격을 취득한 후 응시하려는 종목이 속하는 동일 및 유사 직무분야에서 5년 이상 실무에 종사한 사람
② 응시하려는 종목이 속하는 동일 및 유사 직무분야의 다른 종목의 기술사 등급의 자격을 취득한 사람
③ 외국에서 동일한 종목에 해당하는 자격을 취득한 사람
④ 응시하려는 종목이 속하는 동일 및 유사 직무분야에서 7년 이상 실무에 종사한 사람

> **해설 l** 응시하려는 종목이 속하는 동일 및 유사 직무분야에서 9년 이상 실무에 종사한 사람

15 가스기사, 산업위생관리기사, 와전류비파괴검사기사 자격이 공통으로 해당되는 직무분야는? 2012

① 건설분야 ② 재료분야
③ 기계분야 ④ 안전관리분야

> **해설 l** 안전관리 직무분야 : 가스기사, 산업위생관리기사, 와전류비파괴검사기사, 건설안전기사, 누설비파괴검사기사, 방사선비파괴검사기사, 산업안전기사, 소방설비기사(기계, 전기), 인간공학기사, 자동비파괴검사기사, 초음파비파괴검사기사, 침투비파괴검사기사

16 다음 중 고용창출 지원 사업이 아닌 것은? 2012

① 일자리 함께하기 지원
② 고용환경개선 지원
③ 유망창업기업고용 지원
④ 직장보육시설 설치비용 지원

17 국가기술자격 서비스분야에 해당하지 않는 종목은? 2012

① 사회조사분석사 ② 임상심리사
③ 사회복지사 ④ 직업상담사

> **해설 l** 멀티미디어콘텐츠제작전문가, 스포츠경영관리사, 텔레마케팅관리사, 컨벤션기획사 1·2급, 직업상담사 1·2급, 사회조사분석사 1·2급, 소비자전문상담사 1·2급, 국제의료관광코디네이터, 임상심리사 1·2급

18 다음은 무엇에 관한 설명인가? 2012

> 한 개인이 산업현장에서 자신의 업무를 성공적으로 수행하기 위해 요구되는 직업능력(지식, 기술, 태도)을 과학적이고 체계적으로 도출하여 표준화한 것이다.

① 직무능력표준(National Competency Stan-
dards)
② 직업정보시스템(Occupation Information
System)
③ 노동시장정보시스템(Labor Market Infor-
mation System)
④ 진로정보보급시스템(Career Information
Delivery System)

19 워크넷 구인 · 구직 및 취업 동향에서 사용하는 용어
해설로 틀린 것은?   2011

① 취업건수 : 금월 기간에 워크넷에 취업 등록
된 수
② 제시임금 : 구직자가 구인업체에 요구하는 임금
③ 상용직 : 기간을 정하지 아니한 근로계약에 의
하여 근로자를 고용
④ 계약직(임시직) : 1월 이상 1년 이하의 기간을
정한 근로계약에 의하여 근로자를 고용

20 워크넷의 채용정보 간편 검색 시 제공하는 내용이 아
닌 것은?   2011

① 회사명   ② 임금정보
③ 등록일   ④ 정보 조회 수

21 고용보험제도에 관한 설명으로 틀린 것은?   2011

① 전통적 의미의 실업보험사업을 비롯하여 고용
안정사업과 직업능력사업 등의 노동시장 정책
을 적극적으로 연계하여 통합적으로 실시하는
사회보장보험이다.

② 고용보험은 적용대상에 따라 일반적인 당연적
용사업과 임의가입사업으로 구분한다.
③ 넓은 의미의 고용보험 피보험자 관리는 보험
료의 징수, 피보험자자격의 관리, 실업급여
지급의 과정을 체계적으로 관리하는 것을 말
한다.
④ 고용보험료 징수특례제도는 고용보험 피보험
자자격을 취득하고 있는 근로자 수가 10인 미
만인 사업장이 대상이며 별도의 신청 없이 적
용받을 수 있다.

22 건설안전기사, 누설비파괴검사기사, 소방설비기사
의 국가기술자격 종목이 공통적으로 해당되는 직무
분야는?   2011

① 기계분야   ② 안전관리분야
③ 산업응용분야   ④ 화공 및 세라믹 분야

23 국가기술자격 서비스분야 응시자격 기준으로 옳은
것은?   2011

① 임상심리사 2급 – 제한 없음
② 직업상담사 1급 – 해당 실무에 3년 이상 종사
한 사람
③ 소비자전문상담사 1급 – 소비자상담 관련 실
무경력 2년 이상인 사람
④ 사회조사분석사 1급 – 해당 실무에 2년 이상
종사한 사람

24 직업훈련제도에 관한 설명과 가장 거리가 먼 것은?

2014

① 직업훈련법은 1967년 제정되었으며, 산업화에 필요한 기능인력의 양성·공급을 통하여 경제개발에 견인차 역할을 수행하였다.
② 1976년에 제정 시행된 직업훈련기본법은 직업훈련자율제를 근간으로 한다.
③ 고용보험에 의한 직업능력개발사업은 1995년 7월에 도입되었다.
④ 1999년에 제정된 근로자직업훈련촉진법으로 민간의 훈련참여가 대폭 확대되었다.

25 단계별 일자리지원 프로그램인 취업성공패키지 사업에 관한 설명으로 틀린 것은?

2012

① 일정 소득수준 이하의 저소득층의 취업지원을 목적으로 통합적인 취업지원제도이다.
② 참여대상자는 만 15~69세 이하의 기초생활수급자(조건부 수급자), 차차상위(최저생계비 150% 이하) 저소득층 구직자가 원칙이다.
③ 지원대상자의 개인별 취업역량 등에 대한 정확한 진단을 토대로 최장 2년의 기간 내에서 단계별로 통합적인 취업지원을 실시한다.
④ 일정 요건을 충족한 참여자에게는 참여수당, 취업성공수당 등을 지급한다.

> **해설 | 2016년 변경 내용**
> 지원기간 : 최장 1년의 기간 내에서 단계별로 통합적인 취업지원 실시

Chapter 04

직업정보의 수집, 분석

Section 01 | 고용정보의 수집

① 정보수집 방법

(1) 고용에 관한 정보수집

노동시장에서 구인자나 구직자에게 요구되는 것이 고용에 관한 정보이다. 고용정보는 고용 당사자가 효율적 의사결정을 하는 데 필요한 기본 자료로서 의미가 있기 때문이다. 따라서 고용정보 수집은 일방적으로 이루어져서는 안 되며, 사용자의 요구에 따라 수집되어야 한다,

현대사회는 정보화사회로 정보의 홍수시대이다. 따라서 수집된 고용정보는 관리되어 제공되어야 한다. 한편 방대한 양과 함께 다양한 사용계층을 포괄하고 있으므로, 컴퓨터에 기반을 둔 정보사용 능력이 뛰어난 의사결정지원 시스템이 가동되어야 한다.

① 고용정보 수집 관리 : 정보수집 → 정보분석 → 정보가공 → 정보체계화 → 정보제공 → 정보축적 → 정보평가

② 고용정보 수집방법 : 구입, 기증, 상담, 조사, 관찰 등의 방법을 통해서 수집될 수 있으며, 직업정보는 책, 잡지, 신문기사, 방송 및 TV 프로그램, CD, 인터넷, 팸플릿, 광고, 상품, 견학, 경험담 등 모든 형태의 자료

② 정보수집 활동

(1) 직업정보의 가공 및 체계화 작업

① 능동적 활용이 가능하도록 편집·가공

② 저장 설계 과정 존재

③ 표준화 작업을 채택하여 체계화

④ 대상별·사용목적별로 가공 작업

⑤ 사용자 동기를 부여할 수 있는 효과를 부가한 상태로 제공될 수 있도록 구상

⑥ 가공 시 유의사항

　㉠ 직업에 대한 장단점을 편견 없이 제공하고, 객관성이 결여된 정보나 문장·어투는 되도록 피한다.

　㉡ 직업정보 관련 현황은 가장 최신의 자료를 활용하되, 표준화된 정보를 활용해야 한다.

　㉢ 시청각의 효과를 부여하고, 정보제공에 적절한 형태로 가공되어야 한다.

ⓔ 전문적인 지식이 없어도 이해할 수 있는 언어로 가공하되, 이용자의 수준에 준한다.

(2) 직업정보 조사방법

① 집단조사 : 조사대상자를 한자리에 모아놓고 설문에 기입하게 하는 방법으로 시간과 경비의 절감과 기입상의 지시가 철저하다는 장점이 있지만, 일종의 집단효과가 작용하는 데에 주의할 필요가 있다.

② 전수조사와 표본조사 : 대상을 모두 조사하는 것을 전수조사라 하는데, 이는 시간이나 비용이 많이 소모되므로 자주 활용되지는 않고 인구·주택 총조사가 전수조사에 해당한다. 표본조사는 일부를 객관적으로 골라 조사하는 것이다. 과학적인 표본 추출 방법을 쓰면 조사상의 오차를 줄이면서 비교적 신뢰도가 높은 통계자료와 정부를 얻을 수 있기 때문에 적은 비용으로 전체의 특성을 파악할 수 있어 자주 사용되는 방법이다.

③ 면접조사 : 조사대상을 조사원이 직접면접을 해서 구두에 의한 질문에 응답자가 구두로 답하는 방식이다. 질문자, 즉 조사원이 그 응답을 기입하는 타계식에 의한 현지조사법의 하나이다. 조사 내용은 사실에 관한 것과 의견이나 태도 등이다.

　ⓐ 구조화 면접 : 질문 내용과 방법, 지원자의 답변 유형에 따른 후속 질문과 평가 점수가 시나리오로 정해져 있는 면접 방법. 어떤 면접관이 들어가더라도 같은 질문을 하고 동일한 기준에 따라 평가가 이루어져 면접관의 주관을 배제한 표준화된 방식으로 평가받고 있다.

　ⓑ 비구조화면접 : 일정한 지침이 없이 진행하는 면접시험 방식을 말한다. 이와 대비되는 구조화면접은 질문·내용과 방법을 미리 정해 놓고 진행시키는 면접을 말한다. 물론 표준화된 형식을 사용하는 구조화면접의 신뢰성과 타당성 그리고 객관성이 높다.

④ 직접 면접법 : 조사원이 직접 면담을 통하여 조사하는 것을 말한다.

　ⓐ 직접면접법의 장점
- 신뢰감을 줄 수 있다.
- 직접 피조사자에게 질문하여 회답을 얻을 수 있다.
- 조사표의 회수율이 높다.
- 질문을 설명하여 이해시킬 수 있다.
- 조사를 원활하게 진행시킬 수 있다.
- 무학력자나 저학력자 또는 신체장애자에게도 면접이 가능하다.

　ⓑ 직접면접법의 단점
- 비용과 시간이 많이 든다.
- 표본조사의 경우 표본추출에 의한 오차가 크다.
- 피조사자 부채시 재방문의 번거로움이 있다.
- 조사원의 부정행위의 가능성이 있다.
- 조사원의 의견에 피조사자가 오염될 가능성이 있다.
- 유도질문을 할 가능성을 피할 수 없다.

• 특수한 계층(대통령이나 고위관료, 대기업의 장 등)은 면접하기가 어렵다.

출처 : [네이버 지식백과](사회조사방법론의 이해, 2001. 4. 23., 고려대학교출판부)

(3) 직업정보의 제공

① 직업정보의 생산과 제공방법

㉠ 이용자가 편하게, 즐겁게 정보를 대할 수 있는 형태로 생산된다.

㉡ 직업정보의 제공방법은 인쇄매체를 통한 방법, 시청각 매체를 통한 방법, 집회, 면담, 시뮬레이션 등 적절한 형태로 제공한다.

② 직업정보 제공 시 고려사항

㉠ 바라는 의미를 정확히 전달할 수 있는가?

㉡ 동기부여 수단으로 얼마나 적합한가?

→ 위의 수준을 충족시킬 수 있는 강력한 장비는 컴퓨터이다.

③ 직업정보 생산과정 공개 : 직업정보원, 직업정보제공원, 가공방법 등을 공개하여 신뢰성을 부각시키고, 이용자의 의사결정에 도움을 준다.

(3) 직업정보의 축적 및 평가

① 컴퓨터의 기반구조를 구축, 정보관리정책과 표준화 등이 병행된 정보 축적

② 직업정보의 축적은 직업정보 DB의 구축

③ 정보의 평가는 정보의 정확성 효용의 관점

④ 직업정보를 평가, 직업상담자가 직업정보를 선별 길잡이

⑤ 평가과정을 거쳐 이를 피드백(Feedback)하며, 직업정보 서비스에 대한 사용자의 의견 수렴, 직업정보 수정·보완·축적

> **Plus Check** 직업정보는 정확성, 신뢰성, 효용성을 갖추어야 한다. 안드루스(R. R. Andrus)는 정보의 정확성 외에 정보 사용을 촉진시키거나 지연시키는 효용의 관점에서 정보를 평가해야 한다고 제안하였다.
>
> ① 형태효용(Form Utility) : 정보의 형태가 의사결정자의 요구사항에 보다 더 근접하게 맞추어짐에 따라 정보의 가치는 증가한다.
>
> ② 시간효용(Time Utility) : 필요할 때 필요한 정보를 사용할 수 있다면 정보는 의사결정자에게 보다 더 큰 가치를 준다.
>
> ③ 장소효용(Possession Utility) : 정보소유자는 타인에게로의 정보전달을 통제함으로써 정보의 가치에 크게 영향을 준다.

(4) 직업정보의 출처

① 자신이 원하는 것, 자신에게 필요로 하는 것을 계획적·조직적·체계적으로 수집해야 하므로, 다양한 직업정보의 출처를 고려

② 직업 관련 자료를 제공하는 단체는 재정경제부(통계청), 노동부, 한국고용정보원, 직업훈련단체, 대한상공회의소, 한국경영자총협회, 직업안정기관 등

(5) 직업정보의 생산

① 선진국은 노동행정부처, 고용보험 및 실업보험과 관련된 국가기관에서 생산

② 우리나라는 직업안정사업을 관장하는 노동부 소속 한국고용정보원이 대표적인 직업정보를 생산하는 기관이다.

③ 정보의 수집에 따른 유의사항

① 계획적으로 수집

② 명확한 목표(내담자 중심)

③ 수집에 필요한 도구 사용

④ 자료의 출처와 수집일자 기록

⑤ 자료의 최신자료 확인

Plus Check 내용분석법

1. 이용 가능한 자료를 이용하여 직업정보 분석/조사대상자의 반응성을 유발하지 않는다.
2. 기존의 자료와 기록물, 작품, 인물평, 감상문 등이 분석 대상
3. 의사소통에서 발생하는 중요한 문제를 분석
4. 개인의 지적 및 정의적 특성 연구 : 인상적, 직관적 분석의 비신뢰성, 비타당성, 비객관성을 극복하기 위해 질적 분석을 통한 양화 목적
5. 분석방법
   ① 모집단을 정의하고 유목화
   ② 분석의 단위를 결정
      - 단어(Words) : 확대 해석을 할 가능성
      - 주제(Themes) : 상대적으로 신뢰롭지 않을 가능성
      - 성격(Characters) : 분석의 단위를 인물
      - 문항(Items) : 논문, 라디오 대담, TV프로그램, 학급회의 등이 전체로서 1개의 단위
      - 시간-공간측정(Space-and-time measure) : 시간, 공간(페이지 수 등)으로 잘라서 분석
   ③ 양화
      - 유목화(Categorization), 서열화(Ranking), 평정(Rating)

표집오차[Sampling Error]

모집단의 특성을 나타내는 실제값과 모집단의 표본으로부터 추정된 값의 차이를 말한다. 오차는 어떠한 표본도 모집단을 정확하게 설명할 수 없기 때문에 발생한다. 표집오차를 추정하고 최소화하기 위해서는 표본의 선택이 반드시 무작위이어야 한다.

---

④ 고용정보의 주요 용어

(1) 고용정보

고용정보란 직업별 직무내용, 직업전망, 직업별 임금수준 등과 이의 분류에 관한 정보로서 이러한 정보의 수집·관리·제공까지 해당되며, 노동시장에서 직업별로 발생하는 구인·구직정보가 포함된다.

(2) **경제활동인구 월보(통계청)**

　① 국내의 취업 및 실업, 노동력 등과 같은 인구의 경제적 특성을 파악하여 정부의 고용정책 입안 및
　　 평가에 필요한 자료제공을 위해 매월 실시하고 있는 경제활동인구조사의 주요 결과를 수록하였다.
　② 주요 수록내용은 매월 고용동향 분석자료, 전국의 경제활동인구총괄, 산업별 취업자, 연령계층
　　 별 실업자 및 16개 시도별 총괄표 등 16개 통계표 등이다.
　③ 2008년 6월부터는 온라인 간행물로만 발간했다.
　④ 경제활동인구조사 대상자는 표본조사가구 3만 2천 가구(5가구/인접 4개 구역 표본 추출 조사) 내에 상
　　 주하는 자로서, 매월 15일 현재 만 15세 이상인 자이다.

(3) **워크넷 구인·구직 및 취업동향(한국고용정보원)**

　① 구인·구직통계의 대상자는 워크넷(Work-Net)에 구인 및 구직을 신청한 구인업체 및 구직자로서
　　 매월 단위로 구인·구직 통계자료를 추출하여 집계한다.
　② 워크넷을 이용한 구인·구직자들만을 대상으로 하므로, 통계자료가 노동시장 전체의 수급상황과
　　 일치하지 않을 수도 있으니 이 점에 유의하여야 한다.
　③ 조사항목
　　　㉠ 구인·구직 공통사항 : 성별, 연령별, 학력대별, 임금대별 구인인원, 구직자 수, 취업 건수 및 취
　　　　 업률
　　　㉡ 구인인원 : 규모별, 산업별, 직종별, 근무지역별 구인인원
　　　㉢ 구직자 수 : 희망직종별, 희망근무지역별 구직자 수 및 취업 건수
　　　㉣ 임금 관련 : 학력별, 종사상 지위별, 직종별 제시임금 및 희망임금

tip 한국고용정보원에서 제공하는 고용 DB 분석자료

① 구인구직통계
② 고용행정통계
③ 직접능력개발사업통계
④ 고용보험통계

(4) **사업체노동력조사 보고서(고용노동부)**

　매월 지정된 표본사업체 2만 5천 개소를 대상으로 조사된 종사자 수, 빈 일자리 수, 입·이직자 수,
　임금 및 근로시간에 관한 사항이 수록되었다.

(5) **기업체노동비용조사(고용노동부)**

　① 노동비용을 종합 분석하기 위한 조사로서 근로자 고용에 소요되는 비용을 내역별로 조사하여 정
　　 부의 고용노동정책수립 및 기업의 근로자 복지증진을 위한 자료로 활용한다.
　② 상용근로자 수가 10명 이상인 3,500여 개 표본 기업체를 조사(연 1회)한다.

③ 조사 내용은 근로자에게 임금으로 지급되는 직접노동비용과 퇴직금, 법정(法定)복리비용, 법정
외 복리비용, 채용비, 교육훈련비 등의 간접노동비용 등이다.

(6) 대졸자직업이동경로조사(GOMS) - 한국고용정보원

① 2006년도부터 실시하며, 대학졸업자의 노동시장 진입 및 이행과정 등 직업이동경로를 추적조사
하여 인력수급 불일치 해소를 위한 정책 기초자료를 제공한다.

② 전문대 및 대학졸업자 1만 8천 명은 격년 단위로 2회 추적조사한다.

③ 조사 내용은 대학졸업자의 현 일자리, 첫 직장, 과거 일자리, 구직활동, 비경제활동상태, 학교생
활, 직업훈련 경험 및 자격증 등을 조사 원시자료(Raw Data)로 이용 가능하다.

(7) 청년패널(YP) - 한국고용정보원

① 청년층의 교육훈련 및 노동시장 경험 분석을 통하여 청년층의 교육 및 직업정책 수립의 기초자
료로 제공한다.

② 2006년 산업·직업별 고용주소 조사의 표본가구 내 만 15~29세에 해당하는 청년층 1만 206명을
매년 추적조사한다.

③ 조사 내용은 현재 및 과거의 학교생활, 아르바이트, 휴학력, 현 직장, 동시 일자리, 첫 직장, 일자
리 경험, 구직활동 및 취업준비, 진로, 시험준비, 사교육, 진로지도, 직업훈련, 자격 등을 조사 원
시자료(Raw Data)로 이용 가능하다.

(8) 지역별고용조사(통계청)

① 전국 19만 9천 표본가구를 대상으로 반기별로 조사하여 우리나라 전체 시·군의 고용통계를 생산
하여 제공한다.

② 경제활동상태에 따라 취업자, 실업자, 비경제활동인구로 구분하여 우리나라 취업자와 실업자의
규모, 고용률, 실업률 등을 파악한다.

③ 또한 유연근무제, 맞벌이가정, 경력단절여성 규모를 파악하여 일·가정 양립 정책 및 근로환경개
선 정책을 수립하는 데 활용하고 있다.

(9) 한국직업정보 재직자 조사(한국고용정보원)

본 조사는 해당 직업에 종사하는 재직자를 통해 각 직업의 업무를 수행하기 위해 요구되는 근로자
특성과 업무특성 및 기타 노동시장 정보를 수집·데이터베이스화하여 진로상담, 구인·구직, 직업훈
련 등 고용안정사업 및 정책수립의 기초자료로 활용하고자 한다.

① 조사대상 : 783개 직업의 현직에서 1년 이상 근무한 재직자 2만 5,110명

② 주요 조사내용 : 3종(업무수행능력·가치관, 지식·성격, 업무환경·흥미)

③ 조사방법 : 방문면접조사 실시

❺ 고용통계 용어

(1) 생산가능인구(Working Age Population)

경제활동을 할 수 있는 연령의 인구를 말하며, 실제로는 통계청의 경제활동인구조사의 대상이 되는 만 15세 이상 인구가 이에 해당한다. 일할 의사와 능력이 있는 경제활동인구와 일할 의사가 없는 비경제활동인구로 이루어진다.

(2) 경제활동인구

만 15세 이상 인구 중 취업자와 실업자(취업자 + 실업자)

(3) 취업자

① 조사대상 주간에 소득, 이익, 봉급, 임금 등의 수입을 목적으로 1시간 이상 일한 자

② 자기에게 직접적으로는 이득이나 수입이 오지 않더라도 가구단위에서 경영하는 농장이나 사업체의 수입을 높이는 데 도와준 가족종사자로서 주당 18시간 이상 일한 자

③ 직업 또는 사업체를 가지고 있으나 조사대상 주간에 일시적인 병, 일기불순, 휴가 또는 연가, 노동쟁의 등의 이유로 일하지 못한 일시휴직자

(4) 실업자

15세 이상 인구 중 조사대상 기간에 일할 의사와 능력을 가지고 있으면서도 전혀 일을 하지 못하였으며, 일자리를 찾아 적극적으로 구직활동을 하였던 사람으로서 즉시 취업이 가능한 사람을 말한다.

(5) 경제활동참가율

만 15세 이상의 인구 중에서 경제활동인구(취업자 + 실업자)가 차지하는 비율

$$경제활동참가율 = (경제활동인구 \div 15세 \ 이상 \ 인구) \times 100$$

(6) 실업률

실업자가 경제활동인구(취업자 = 실업자)에서 차지하는 비율

$$실업률 = \{실업자 \div 경제활동인구(국민 \ 총인구)\} \times 100$$

(7) 비경제활동인구

취업자도 실업자도 아닌 자, 주부, 학생, 연소자, 연로자, 심신장애인, 자선단체, 종교단체 관련자

(8) 비임금근로자

① 고용주(Employer) : 한 사람 이상 유급종사원을 두고 기업을 경영하거나 농장을 경영하는 사람

② 자영(업)(Self-employed Worker) : 자기 혼자 또는 무급가족종사자와 함께 자기책임하에 독립적인 형태로 전문적인 업무를 수행하거나 사업체를 운영하는 사람

③ 무급가족종사자(Unpaid Family Worker) : 자신이 직접적으로 이득이나 수입을 얻지 못하더라도 가구단위에서 경영하는 농장이나 사업체의 수입을 높이는 데 도와준 가족종사자로서 주당 18시간 이상 일한 자

(9) 고용률(Employment-population Ratio)

일자리 변화를 알리는 고용지표 중의 하나로, 생산가능인구 중에서 일자리를 가지고 있는 사람의 비율이다.

① 경제활동인구와 비(非)경제활동인구를 포함한 노동법상 최저 근로연령인 만 15세 이상 생산가능인구(군인·재소자 등 제외)에서 취업자가 차지하는 비율로, 취업인구비율이라고도 한다.

② 고용률은 실업자가 경제활동인구(취업자 + 실업자)에서 차지하는 비율을 나타내는 실업률과 비교해 실업률 통계에서 제외되는 비경제활동인구수를 포함함으로써 구직을 단념했거나 노동시장에 빈번히 들어오고 나가는 반복실업 등에 의한 과소 추정과 경기변동에 따른 변동성 문제를 해결한다.

③ 최근에는 고용률, 경제활동참가율, 실업률 등 3가지 고용지표 중에서 경기변동의 영향을 적게 받는 고용률이 사회지표로 더욱 활용되는 추세다.

$$고용률(\%) = \{취업자 \div (15세\ 이상\ 경제활동인구 + 비경제활동인구)\} \times 100$$

(10) 구인·구직 용어

① 충족률 : 각 업체가 구인하려는 사항의 충족 여부의 비율

$$충족률(\%) = \{(취업\ 건수 \div 신규\ 구인\ 인원) \times 100\}$$

② 구인배율 : 구직자 1명에 대한 구인 수의 비율

$$구인배율 = 신규\ 구인\ 인원 \div 신규\ 구직자\ 수$$

> **Plus Check**
>
> 구인배율 1은 기업에서 요구하는 필요인력의 수와 취업을 원하는 구직자의 수가 같다는 의미이다. 그러므로 1 이하로 떨어질수록 취업난이 가중되는 것을 나타낸다.

③ 유효 구인 인원 : 구인신청을 한 모집인원 중 해당 월말 현재 알선 가능한 인원수의 합[전체 모집인원수에서 신청취소, 자체충족, 기간만료(60일) 등으로 등록 마감한 인원수와 채용으로 알선 처리한 인원수를 뺀 것]

$$유효\ 구인\ 인원수 = 모집인원수 - 채용인원수$$

④ 유효 구직자 수 : 구직신청자 중 해당 기간(해당 월말) 현재 알선 가능한 인원수의 합[신청취소, 본인 취업, 기간만료(90일) 등으로 등록 마감된 구직자, 취업된 구직자를 제외한 수]

$$\text{유효 구직자 수} = \text{등록 마감된 구직자} - \text{취업된 구직자}$$

⑤ 알선 건수 : 해당 기간 동안 알선 처리한 건수의 합
⑥ 알선율

$$\text{알선율} = \{(\text{알선 건수} \div \text{신규 구직 수}) \times 100\}$$

⑦ 취업률

$$\text{취업률} = \{(\text{취업 건수} \div \text{신규 구직 수}) \times 100\}$$

⑧ 제시임금 : 구인자가 구직자에게 제시하는 임금, 희망임금(구직자가 구인업체에 요구하는 임금)
⑨ 희망임금충족률

$$\text{희망임금충족률} = (\text{제시임금} \div \text{희망임금}) \times 100$$

기출문제 및 출제예상문제

01 다음에서 설명하는 조사는?

2015

> 현원, 빈 일자리 및 입·이직에 관한 사항과 고용, 임금 및 근로시간에 관한 사항을 매월 조사하여 변동추이를 파악하고, 우리나라의 빈 일자리율, 입·이직률과 임금상승률 등 거시경제지표 산정 및 임금·고용 관련 정책의 기초자료를 제공하는 조사

① 매월노동통계
② 사업체노동력조사
③ 사업체근로실태조사
④ 임금구조기본통계조사

해설 l ① 매월노동통계 : 매월 고용, 임금 및 근로시간의 변동 상황을 조사함으로써 노동이동수준 및 임금수준의 변동 실태를 파악하여 고용 및 임금정책의 기초자료를 제공하는 데 그 목적이 있다. 또한, 기업의 각종 경영전략자료 및 공사입찰 시 승가(Escalation) 제출자료, 산재보상금 책정, 법원의 손해배상 등의 참고자료, 개별기업체의 임금협상 자료, 경제성장 전망 시 기초자료, 산업활동후행지표화 등으로 활용되고 있다.
② 사업체노동력조사 : 현원, 빈 일자리 및 입·이직에 관한 사항과 고용, 임금 및 근로시간에 관한 사항을 매월 조사하여 변동추이를 파악하고, 우리나라의 빈 일자리율, 입·이직률과 임금상승률 등 거시경제지표 산정 및 임금·고용 관련 정책의 기초자료를 제공하는 데 그 목적이 있다.
③ 사업체근로실태조사 : 2008년 이후 고용형태별 근로실태조사보고서로 발간됨. 근로자 1인 이상 사업체에 종사하는 근로자의 직종별, 성별, 학력별 등에 관한 속성별 임금, 근로시간 등 근로조건에 관한 통계를 수록
④ 임금구조기본통계조사 : 상용근로자 5인 이상 사업체에 종사하는 근로자의 직종별, 성별, 학력별 등에 관한 속성별 임금, 근로시간 등 근로조건에 관한 통계를 수록

02 고용정보 용어 및 개념에 관한 설명으로 틀린 것은?

2015

① 구인배율이 1 이하로 떨어지면 취업난이 가중된다.
② 일자리 경쟁배수가 낮으면 취업이 용이하다.
③ 제시임금보다 의중임금이 높으면 의중임금의 충족률은 100% 이하이다.
④ 충족률이 낮을수록 빈 일자리가 적음을 의미한다.

해설 l 충족률은 (취업 건수÷신규 구인 인원)×100 이다. 따라서 충족률이 낮을수록 빈 일자리가 많음을 의미한다.

03 직업정보 조사를 위한 표본추출에 관한 설명과 가장 거리가 먼 것은?

2015

① 전수조사과정에서 발생하는 비표본 오류 때문에 전수조사가 오히려 표본조사보다 부정확한 경우가 있다.
② 조사 및 자료수집과정에서 발생하는 표본오류는 표본의 숫자가 늘어날수록 증가한다.
③ 표본프레임이란 모집단에 속하는 연구대상이나 표본단위가 포함된 목록으로 최종적인 표본추출의 대상이 된다.
④ 표본프레임이 모집단 내에 포함될 때 표본프레임 오차가 발생할 가능성이 있다.

해설 l 표본이 커지면 오류는 줄어든다.
비표본오류 : 표본오류를 제외한 모든 오류. 전수조사를 해도 제거할 수 없다. 따라서 전수조사는 표본조사 보다 정확하다.

04 직업정보 수집 시의 유의점과 가장 거리가 먼 것은?

① 정확한 목표를 세운다.
② 직업정보 수집에 필요한 도구를 확인하여야 한다.
③ 항상 최신의 자료인가 확인한다.
④ 직업정보는 다양한 형태의 자료를 망라하나, 잡지나 지역정보 신문기사의 자료는 제외된다.

해설ㅣ 직업정보는 다양한 형태의 자료를 망라하며 잡지나 지역정보 신문기사의 자료도 포함된다.

05 고용정보 분석 시 유의할 점과 가장 거리가 먼 것은?

① 민간자격정보는 정보제공기관의 공신력을 살펴볼 필요가 있다.
② 미등록 민간자격종목은 정보제공 시 각별한 주의가 필요하다.
③ 직업정보는 시간에 따라 동태적으로 분석할 필요가 있다.
④ 직업정보의 분석은 단편적 해석 및 분석수준으로만 제공해도 충분하다.

해설ㅣ 동일한 정보라 할지라도 다각적인 분석을 시도하여 해석을 풍부히 한다.

06 직업안정법상 '직업안정기관의 장' 혹은 '직업안정기관'의 업무가 아닌 것은?

① 구인자에 대한 창업지도
② 고용정보 수집정리·제공
③ 구직자에 대한 직업훈련의 지원
④ 구직자에 대한 직업소개

해설ㅣ 구직자에 대한 지원이다.

07 직업정보가 갖추어야 할 조건과 가장 거리가 먼 것은?

① 최신의 정보이어야 한다.
② 정보의 수집방법, 저자, 표본의 수 등이 언급되어 있어야 한다.
③ 직업의 장점이 최대로 부각되어야 한다.
④ 어휘 등 가독성이 제공대상자에게 적합해야 한다.

08 워크넷(직업·진로)에서 제공하는 청소년 대상 심리검사 중 지필검사로 실시 가능한 것은?

① 고교계열흥미검사
② 대학 전공(학과) 흥미검사
③ 웩슬러 지능검사
④ 청소년 진로발달검사

해설ㅣ ㉠ 인터넷, 지필 : 청소년 직업흥미검사, 고등학생 적성검사, 청소년 적성검사(중학생용), 직업가치관검사, 청소년 진로발달검사, 청소년 직업인성검사 단축형, 청소년 직업인성검사 전체형, 초등학생 진로인식검사
㉡ 인터넷 : 고교계열흥미검사, 대학 전공(학과) 흥미검사

09 경제활동인구조사의 종사상 지위에 관한 설명으로 옳은 것은?
2014

① 상용근로자는 고용계약기간이 2년 이상인 정규직원을 의미한다.
② 일용근로자는 고용계약기간이 3개월 이하인 사람을 의미한다.
③ 고용원이 있는 자영업자는 한 사람 이상의 유급고용원을 두고 사업을 경영하는 사람을 의미한다.
④ 무급가족종사자는 자기 가족의 일원이 경영하는 사업체에서 일정한 보수 없이 적어도 하루의 1/2 이상 일한 자를 의미한다.

해설 | ㉠ 상용근로자는 고용계약기간이 1개월 이상인 고용된 자를 의미한다.
㉡ 일용근로자는 고용계약기간이 1개월 미만인 사람을 의미한다.
㉢ 무급가족종사자는 자기 가족의 일원이 경영하는 사업체에서 일정한 보수 없이 1주일에 18시간 이상 일한 자를 의미한다.

10 고용정보의 주요 용어의 개념 설명으로 틀린 것은?

2014

① 실업률 : 실업자가 경제활동인구에서 차지하는 비율
② 입직률 : 입직자 수를 전월 말 근로자 수로 나누어 계산
③ 유효 구인 인원 : 구인신청인원 중 해당 월말 현재 알선 가능한 인원수의 합
④ 취업률 : (신규 구직자 수 ÷ 취업 건수) × 100

해설 | 취업률 = (취업 건수÷신규 구직자 수)×100

11 경제활동인구조사 설명으로 사실과 가장 거리가 먼 것은?

2014

① 표본설계에서 1차 추출단위(PSU)는 일반조사 가구당 20가구 단위로 한다.
② 매월 15일 표본가구 내에 상주하는 자 중 만 15세 이상인 자를 대상으로 한다.
③ 담당직원이 각 대상가구를 방문하여 면접과 동시에 자료를 입력한다.
④ 조사원의 면접조사결과는 지방통계청을 거쳐 통계청에서 집계된다.

해설 | ① 표본조사구역 선정 : 표본조사가구를 평균 5가구씩 묶어서 구역으로 분할한 후 임의추출된 구역을 기준으로 인접된 구역 4개를 추출하여 표본조사구역으로 선정
② 표본가구: 표본조사구역 내 거처에 거주하고 있는 모든 가구

12 다음 통계자료에서 충족률(%)은? (단, 주어진 조건 외는 고려하지 않음)

2014

> • 구인배수 : 5
> • 신규 구직자 수 : 100명
> • 취업 건수 : 50

① 5
② 10
③ 15
④ 20

해설 | ㉠ 구인배율 = 구인인원 ÷ 구직자수
$$5 = 구인인원 ÷ 100$$
∴ 구인인원 = 500명
㉡ 충족률 = (취업건수 ÷ 구인인원) × 100
$$= (50 ÷ 500) × 100$$
$$= 10\%$$

13 직업정보 가공 시 유의해야 할 사항과 가장 거리가 먼 것은?

2014

① 정보의 생명력을 측정하여 활용방법을 선정하고 사용자의 동기를 부여할 수 있는 효과를 부가한 상태로 제공될 수 있도록 구상하여야 한다.
② 직업은 전문적인 것이므로 가능하면 전문적인 용어를 사용하여 가공하여야 한다.
③ 처리된 자료를 선정해 정보관리로 전환시켜 정보를 공유한 방법을 강구하고 어떤 자료를 어떻게 저장할 것인가에 관해 설계하는 과정이 있어야 한다.
④ 직업정보는 활용하기 쉬운 형태로 보존하거나 내용을 요약하거나 적절한 형태로 정리하여 능동적으로 활용 가공하는 것이 중요하다.

해설 | 이용자 수준에 맞게 가공해야 한다.

---

14 A 주식회사의 구인광고에 월임금 180만 원이라고 제시되어 있다. 이 경우 임금에 대한 직업정보를 분석할 때 필요한 정보와 가장 거리가 먼 것은? 2014

① 최저임금　　　　② 근로시간
③ 연장근로시간　　④ 근로자 수

15 고용정보 수집을 위해 집단조사법을 활용할 때의 설명으로 틀린 것은? 2013

① 개별조사와 비교하여 비용과 시간을 절약하고 동일성을 확보할 수 있다.
② 주위의 응답자들과 의논할 수 있어 왜곡된 응답을 줄일 수 있다.
③ 학교나 기업체, 군대 등의 조직체 구성원을 조사할 때 유용하다.
④ 조사대상에 따라서는 집단을 대상으로 한 면접방식과 자기기입방식을 조합하여 실시하기도 한다.

16 내용분석법을 통해 직업정보를 수집할 때의 장점이 아닌 것은? 2013

① 조사대상의 반응성이 높다.
② 장기간의 종단연구가 가능하다.
③ 필요한 경우 재조사가 가능하다.
④ 역사연구 등 소급조사가 가능하다.

17 직업정보에 대한 일반적인 평가기준을 모두 고른 것은? 2013

ㄱ. 누가 만든 것인가?
ㄴ. 언제 만들어진 것인가?
ㄷ. 누구를 대상으로 한 것인가?
ㄹ. 자료를 어떤 방식으로 수집했는가?
ㅁ. 자료를 어떤 목적으로 만든 것인가?

① ㄱ, ㄹ, ㅁ　　　　② ㄴ, ㄷ, ㄹ
③ ㄱ, ㄴ, ㄷ, ㅁ　　④ ㄱ, ㄴ, ㄷ, ㄹ, ㅁ

18 직업정보 가공 시 유의해야 할 사항으로 틀린 것은? 2013

① 전문적인 지식이 없어도 이용자가 이해할 수 있는 수준의 언어를 사용한다.
② 가장 최신의 자료를 활용한다.
③ 시청각 효과를 부여한다.
④ 이용자의 수준에 상관없이 표준화된 정보를 제공한다.

19 직업정보의 분석 시 유의할 사항과 가장 거리가 먼 것은? 2012

① 동일한 정보라도 다각적인 분석을 시도하여 해석을 풍부히 해야 한다.
② 전문적인 시각에서 분석한다.
③ 원자료를 제공한 기관의 제시는 생략 가능하다.
④ 자료표집방법 등을 검토해야 한다.

20 직업정보의 수집에 관한 설명으로 틀린 것은? *2012*

① 구입, 기부, 현장방문, 체험 등으로 수집할 수 있다.
② 경제성을 고려하여 모든 정보제공대상이 볼 수 있는 정보를 수집해야 한다.
③ 최신의 자료인가 확인한다.
④ 사용목적을 고려하여 계획적으로 수집한다.

21 데이컴법(DACUM Method)의 전제조건으로 틀린 것은? *2012*

① 전문적인 기술자는 다른 누구보다도 해당 직무를 잘 기술할 수 있다.
② 1가지 직무는 해당 직업에 종사하고 있는 숙련된 사람이 수행하는 작업명칭들로 충분히 기술될 수 있다.
③ 모든 작업에는 그 작업을 올바르게 수행하는 데 필요한 관계지식과 태도가 있다.
④ 모든 작업은 의식의 흐름, 감각적인 내용 등 내부구조를 파악하는 것이 중요하다.

22 자영업을 포함하여 특정한 고용주를 위하여 개별종사자들이 수행하거나 또는 수행해야 할 일련의 업무와 과업(Tasks and Duties)은? *2012*

① 직업　　　　　② 직무
③ 직종　　　　　④ 직군

23 2012년 2월 워크넷 구인·구직 및 취업동향에서 신규 구인 인원은 100명, 신규 구직자 수는 200명이고, 취업률은 50%라면 취업 건수는? *2012*

① 25　　　　　② 50
③ 100　　　　　④ 200

24 다음 표에 관한 분석으로 틀린 것은? (단, 분석시점은 2011년 3월을 기준으로 함) *2011*

(천 명, 전년동월대비)

구분	2010년 11월	2010년 12월	2011년 1월	2011년 2월	2011년 3월
전체	304	455	331	469	469
임금근로자	511	599	536	574	449
상용	731	715	593	604	617
임시	−187	−75	−12	−57	−194
일용	−33	−41	−45	27	26
비임금근로자	−207	−144	−205	−105	20
자영업	−165	−127	−192	−130	−25
무급가족 종사자	−42	−17	−13	25	45

① 임금근로자는 전년동월대비 44만 9천 명 증가하였음
② 상용직 증가폭은 전체 취업자 증가의 주요 요인으로 작용함
③ 비임금근로자는 전년동월대비 2만 명 증가하였음
④ 자영업을 제외한 비임금근로자는 전년동월대비 지속적 감소추이를 보이다가 3월 들어 다소 증가함

25 직업정보 가공 시 유의해야 할 사항으로 틀린 것은? *2011*

① 직업은 그 분야에서 전문적이므로 이용자가 이해할 수 있는 수준의 언어를 사용한다.
② 가장 최신의 자료를 활용한다.
③ 시청각 효과를 부여한다.
④ 정보제공 방법별로 구분하지 않고, 표준화된 형태로 제공한다.

01 한국직업사전(2012)에서 "만질 수 없으며, 숫자, 단어, 기호, 생각, 개념 그리고 구두상 표현을 포함한다"의 직무기능과 관련된 예시는?

① 사실을 발견하고 지식개념 또는 해석을 개발하기 위해 자료를 종합적으로 분석한다.

② 법률적으로나 과학적, 임상적, 종교적, 기타 전문적인 방식에 따라 사람들의 전인격적인 문제를 상담하고 조언하며 해결책을 제시한다.

③ 기계 또는 설비를 시동, 정지, 제어하고 직업이 진행되고 있는 기계나 설비를 조정한다.

④ 언어나 신호를 사용해서 정보를 전달하고 교환한다.

02 워크넷의 학과정보 중 다음에서 설명하는 학과는?

2014

> 아픈 사람을 돕는 것을 좋아하고 희생정신을 통해 보람을 느낄 수 있는 사람에게 적합한 학문이지만, 긴급상황에 당황하지 않고 침착하게 대처하고 정확한 판단을 할 수 있는 능력도 필요하다. 생물학이나 물리학 등의 자연 과목에 흥미가 있고, 강한 체력을 바탕으로 활동적인 것을 좋아하는 사람이 흥미를 가질 수 있다.

① 응급재활학과   ② 작업치료학과
③ 응급구조학과   ④ 물리치료학과

03 민간직업정보의 일반적인 특성과 가장 거리가 먼 것은?

① 국내 또는 국제적으로 인정되는 객관적인 기준에 근거한 직업분류

② 필요한 시기에 최대한 활용되도록 한시적으로 신속하게 생산되어 운영

③ 특정한 목적에 맞게 해당분야 및 직종을 제한적으로 선택

④ 정보생산자의 임의적 기준에 따라 해당직업을 분류

04 Q-net(www.q-net.or.kr)에서 제공하는 국가별 자격제도 정보가 아닌 것은?

2012

① 호주의 자격제도   ② 중국의 자격제도
③ 영국의 자격제도   ④ 프랑스의 자격제도

05 한국직업사전(2011)에서 제공하는 정보 중 직무기능(DPT)은 해당직무를 수행하는 작업자가 자료, 사람, 사물과 맺는 관계를 나타내는 것이다. 다음 표의 (　　) 안에 들어갈 알맞은 것은?

수준	자료(Data)	사람(People)	사물(Thing)
0	(A)	자문	설치
1	조정	(B)	정밀작업
2	분석	교육	(C)
3	수집	감독	조작운전
4	(D)	오락제공	수동조작

① A : 종합, B : 협의, C : 제어조작, D : 계산
② A : 비교, B : 협의, C : 관련 없음, D : 기록
③ A : 종합, B : 설득, C : 서비스제공, D : 비교
④ A : 기록, B : 말하기/신호, C : 단순작업, D : 관련 없음

06 한국직업전망에 관한 설명으로 옳은 것은?

① 한국직업전망은 2005년부터 발간되기 시작하였다.

② 한국직업전망에 수록직업은 한국고용직업분류(KECO)에 근거한다.

③ 해당 직업에 대한 고용전망은 감소, 현상태 유지, 증가 등 3가지 수준으로 구분하여 제시한다.

④ 해당 직업에 종사하는 사람들의 평균적인 임금수준, 학력수준 등 관련 정보를 제공하기 위해 통계청 경제활동인구조사 결과를 활용하였다.

07 한국표준산업분류(2008)에서 분류구조와 부호체계에 대한 설명으로 틀린 것은?　2015, 2014, 2013

① 분류구조는 대분류(알파벳 문자 사용/Sections), 중분류(2자리 숫자 사용/Divisions), 소분류(3자리 숫자 사용/Groups), 세분류(4자리 숫자 사용/Classes), 세세분류(5자리 숫자 사용/Sub-Classes)의 5단계로 구성된다.

② 부호처리를 할 경우에는 알파벳 문자와 아라비아 숫자를 병용할 수 있다.

③ 권고된 국제분류 ISIC Rev.4를 기본체계로 하였으나, 국내 실정을 고려하여 국제분류의 각 단계 항목을 분할, 통합 또는 재그룹화하여 독자적으로 분류항목과 분류부호를 설정하였다.

④ 분류항목 간에 산업내용의 이동을 가능한 억제하였으나 일부 이동내용에 대한 연계분석 및 시계열연계를 위하여 부록에 수록된 신구 연계표를 활용하도록 하였다.

08 한국표준산업분류(2008)의 분류목적과 가장 거리가 먼 것은?

① 한국표준산업분류는 생산단위(사업체단위, 기업체단위 등)가 주로 수행하는 산업활동을 그 유사성에 따라 체계적으로 유형화한 것이다.

② 한국표준산업분류는 산업활동에 의한 통계자료의 수집, 제표, 분석 등을 위해서 활동 카테고리를 제공하기 위한 것이다.

③ 통계법에서는 산업통계자료의 정확성, 비교성을 위하여 모든 통계작성기관이 이를 의무적으로 사용하도록 규정하고 있다.

④ 일반행정 및 산업정책 관련 법령에서 적용대상 산업영역을 확장하는 기준으로 준용되고 있다.

09 한국표준산업분류(2008)에서 산업활동의 정의로 옳은 것은?

① 유사한 성질을 갖는 상품과 재화의 생산과 관련된 활동의 집합

② 각 생산단위가 노동, 자본, 원료 등 자원을 투입하여 재화 또는 서비스를 생산 또는 제공하는 일련의 활동과정

③ 재화 또는 서비스를 생산하는 일련의 활동과정

④ 국민경제의 기초를 이루는 인적·물적 자원을 이용하여 다양한 재화 또는 서비스를 생산하는 일련의 활동과정

10 한국표준산업분류(2008)에서 통계단위의 산업결정 방법에 대한 설명과 가장 거리가 먼 것은?　2014

① 생산단위의 산업활동은 그 생산단위가 수행하는 주된 산업활동(판매 또는 제공되는 재화 및 서비스)의 종류에 따라 결정된다.

② 계절에 따라 정기적으로 산업을 달리하는 사업체의 경우에는 조사시점에 경영하는 사업의 활동에 의해 분류한다.

③ 휴업 중 또는 자산을 청산 중인 사업체의 산업은 영업 중 또는 청산을 시작하기 전의 산업활동에 의해 결정한다.

④ 단일사업체의 보조단위는 그 사업체의 1개 부서로 포함하며, 여러 사업체를 관리하는 중앙 보조단위(본부)는 별도의 사업체로 처리한다.

11 한국표준산업분류(2008)의 분류구조와 부호체계에 대한 설명으로 틀린 것은?　2015, 2014, 2013

① 중분류는 01부터 99까지이며, 대분류별 중분류 추가를 위하여 여백을 두었다.

② 소분류 이하 모든 분류에서 10개가 넘는 분류를 허용하지 않았다.

③ 끝자리 0은 더 이상 하위분류가 없을 때 사용
하였다.
④ 끝자리 9는 기타를 의미하며, 모든 분류에 포
함되어 있다.

12 고용정보의 주요 용어의 개념 설명으로 틀린 것은?

① 실업률 : 실업자가 경제활동인구에서 차지하
는 비율
② 입직률 : 입직자 수를 전월 말 근로자 수로 나
누어 계산
③ 유효 구인 인원 : 구인신청 인원 중 해당 월말
현재 알선 가능한 인원수의 합
④ 취업률 : (신규 구직자 수 ÷ 취업 건수) × 100

13 한국표준산업분류(2008)에서 생산단위의 활동형태
에 대한 설명 중 보조단위로 보아서는 안 되며 별개
의 활동으로 간주하여 그 자체 활동에 따라 분류하여
야 하는 것과 가장 거리가 먼 것은?   2014

① 고정자산 형성의 일부인 재화의 생산, 예를 들
면 자기계정을 위한 건설활동을 하는 경우 이
에 관한 별도의 자료를 이용할 수 있으면 건설
활동으로 분류한다.
② 모생산단위에서 사용되는 재화나 서비스를 보
조적으로 생산하더라도 그 생산되는 재화나
서비스의 대부분을 동일한 시장(사업체 등)에
판매하는 경우
③ 모생산단위가 생산하는 생산품의 구성부품이
되는 재화를 생산하는 경우, 예를 들면 모생산
단위의 생산품을 포장하기 위한 캔, 상자 및
유사제품의 생산
④ 연구 및 개발활동은 통상적인 생산과정에서
소비되는 서비스를 제공하는 것이 아니므로
그 자체의 본질적인 성질에 따라 전문과학 및
기술서비스업으로 분류되며 SNA 측면에서는
고정자본의 일부로 고려된다.

14 한국표준직업분류에 관한 설명으로 틀린 것은?

① 주어진 직무의 업무와 과업을 수행하는 능력
인 직능(Skill) 근거로 편제된다.
② 대분류 1 관리자와 2 전문가 및 관련 종사자의
직능수준은 동일하다.
③ 직업분류 원칙 중 포괄성의 원칙이란 우리나
라에 존재하는 모든 직무는 어떤 수준에서든
지 분류에 포괄되어야 한다는 것이다.
④ 포괄적인 업무에 대한 직업분류 원칙에 따르
면 한 사람이 빵을 생산하여 판매도 하는 경우
제빵원으로 분류하지 않고 판매원으로 분류해
야 한다.

15 한국표준직업분류의 직능수준에 관한 설명으로 옳은
것은?

① 국제표준교육분류에 따라 5단계로 구분한다.
② 정규교육수준에 의해 분류되는 것이 아니라
직무를 수행하는 데 필요한 특정업무의 수행
능력이다.
③ 제1직능수준은 석사 이상의 정규교육이나 훈
련을 필요로 한다.
④ 제5직능수준은 초등학교 정도의 정규교육이
나 훈련을 필요로 한다.

16 자격(면허)과 응시자격을 잘못 연결한 것은?

① 직업상담사 1급 – 해당 실무에 3년 이상 종사
한 사람
② 사회조사분석사 2급 – 제한 없음
③ 임상심리사 1급 – 임상심리사 2급 자격 취득
후 임상심리와 관련하여 3년 이상 실무에 종
사한 사람
④ 컨벤션기획사 1급 – 응시하려는 종목이 속하
는 동일 및 유사 직무분야에서 4년 이상 실무
에 종사한 사람

17 실업급여에 대한 설명과 가장 거리가 먼 것은?

① 실업급여는 실업에 대한 위로금 형태이다.
② 실업급여는 적극적인 재취업활동을 한 실업인
  정을 하고 지급한다.
③ 실업급여는 구직급여와 취업촉진수당으로 구
  분한다.
④ 실업이란 근로의 의사와 능력이 있음에도 불
  구하고 취업하지 못한 상태에 있는 것을 말
  한다.

18 고용보험제도에 관한 설명으로 틀린 것은?

① 전통적 의미의 실업보험사업을 비롯하여 고용
  안정사업과 직업능력사업 등의 노동시장 정책
  을 적극적으로 연계하여 통합적으로 실시하는
  사회보장보험이다.
② 고용보험은 적용대상에 따라 일반적인 당연적
  용사업과 임의가입사업으로 구분한다.
③ 넓은 의미의 고용보험 피보험자 관리는 보험
  료의 징수, 피보험자자격의 관리, 실업급여
  지급의 과정을 체계적으로 관리하는 것을 말
  한다.
④ 고용보험료 징수특례제도는 고용보험 피보험
  자자격을 취득하고 있는 근로자 수가 10인 미
  만인 사업장이 대상이며 별도의 신청 없이 적
  용받을 수 있다.

19 고용정보 용어 및 개념에 관한 설명으로 틀린 것은?

① 구인배율이 1 이하로 떨어지면 취업난이 가중
  된다.
② 일자리 경쟁배수가 낮으면 취업이 용이하다.
③ 제시임금보다 의중임금이 높으면 의중임금의
  충족률은 100% 이하이다.
④ 충족률이 낮을수록 빈 일자리가 적음을 의미
  한다.

20 경제활동인구조사 설명으로 사실과 가장 거리가 먼 것은?

① 표본설계에서 1차 추출단위(PSU)는 일반조사
  가구당 20가구 단위로 한다.
② 매월 15일 표본가구 내에 상주하는 자 중 만
  15세 이상인 자를 대상으로 한다.
③ 담당직원이 각 대상가구를 방문하여 면접과
  동시에 자료를 입력한다.
④ 조사원의 면접조사결과는 지방통계청을 거쳐
  통계청에서 집계된다.

01	02	03	04	05	06	07	08	09	10
①	③	①	②	①	②	②	④	②	②
11	12	13	14	15	16	17	18	19	20
④	④	②	④	②	③	①	④	④	①

01 ㉠ 종합(Synthesizing) : 사실을 발견하고 지식개념 또는 해석을 개발하기 위해 자료를 종합적으로 분석

㉡ 조정(Coordinating) : 데이터의 분석에 기초하여 시간, 장소, 작업순서, 활동 등을 결정. 결정을 실행하거나 상황을 보고

㉢ 분석(Analyzing) : 조사하고 평가한다. 평가와 관련된 대안적 행위의 제시가 빈번하게 포함

㉣ 수집(Compiling) : 자료, 사람, 사물에 관한 정보를 수집·대조·분류. 정보와 관련한 규정된 활동의 수행 및 보고가 자주 포함

㉤ 계산(Computing) : 사칙연산을 실시하고 사칙연산과 관련하여 규정된 활동을 수행하거나 보고. 수를 세는 것은 포함되지 않음

㉥ 기록(Copying) : 데이터를 옮겨 적거나 입력하거나 표시

㉦ 비교(Comparing) : 자료, 사람, 사물의 쉽게 관찰되는 기능적, 구조적, 조합적 특성을(유사성 또는 표준과의 차이) 판단

02 관련학과 : 전문응급구조학과, 응급구조학과, 소방안전구급과
취득국가자격 : 응급구조사 1급

03

	공공직업정보 (워크넷)	민간직업정보 (직업소개소)
목적	비영리 공익	영리
기간	지속적	한시적
범위	포괄적	제한적
비용	무료	유료
비교·활용	용이	낮음
직업분류구분	객관적 직업	자의적

04 일본, 독일, 영국, 호주, 미국, 프랑스

05 자료 0 수준 : 종합, 사람 1 수준 : 협의

06 ① 한국직업전망은 1999년부터 발간되기 시작하였다.

② 한국직업전망에 수록직업은 한국고용직업분류(KECO)에 근거한다.

③ 해당 직업에 대한 고용전망은 감소, 다소 감소, 현상태 유지, 다소 증가, 증가 등 5가지 수준으로 구분하여 제시한다.

④ 해당 직업에 종사하는 사람들의 평균적인 임금수준, 학력수준 등 통계청 지역별고용조사 결과를 사용하였다.

07 부호처리를 할 경우에는 아라비아 숫자만을 사용할 수 있다.

08 확장하는 것이 아니라 한정하는 것이다.

09 각 생산단위가 노동, 자본, 원료 등 자원을 투입하여 재화 또는 서비스를 생산 또는 제공하는 일련의 활동과정

10 계절에 따라 정기적으로 산업을 달리하는 사업체의 경우 조사대상 기간 중 산출액이 많았던 활동에 의하여 분류한다.

11 "9"는 기타 항목을 의미하며, 앞에서 명확하게 분류되어 남아 있는 활동이 없는 경우에는 "9" 기타 항목이 필요 없는 경우도 있다.

12 취업률 = (취업 건수 ÷ 신규 구직자 수) × 100

13 모생산단위에서 사용되는 재화나 서비스를 보조적으로 생산하더라도 그 생산되는 재화나 서비스의 대부분을 다른 시장(사업체 등)에 판매하는 경우

14 • 주된 직무 우선 원칙(생산업무 우선 원칙) : 한 사람이 빵을 생산하여 판매도 하는 경우 판매원으로 분류하지 않고 제빵원으로 분류해야 한다.
• 최상급 직능수준 우선 원칙 : 조리와 배달 시 조리로 분류

15 직업 대분류와 직능수준 : 국제표준직업분류(ISCO)에서 정의한 분류체계는 국제적 특성을 고려하여 4개의 직능수준으로 구분한다.
• 제1직능수준 : 일반적으로 단순하고 반복적이며 때로는 육제적인 힘을 요하는 과업을 수행한다.
• 제2직능수준 : 보통 중등 이상의 교육과정의 정규교육 이수(ISCED 수준2, 수준3) 또는 이에 상응하는 직업훈련이나 직업경험을 필요로 한다.
• 제3직능수준 : 일반적으로 중등교육을 마치고 1~3년 정도의 추가적인 교육과정(ISCED 수준5b) 정도의 정규교육 또는 직업훈련을 필요로 한다.

- 제4직능수준 : 일반적으로 4년 또는 그 이상 계속하여 학사, 석사나 그와 동등한 학위가 수여되는 교육수준(ISCED 수준5a 혹은 그 이상)의 정규교육 또는 훈련을 필요로 한다.

16 임상심리사 1급 : 2급 자격 취득 후 관련 분야에서 4년 이상 실무 종사한 자

17 실업자(근로의사와 능력이 있음에도 불구하고 취업하지 못한 상태에 있는 자)가 생활안정을 도모하고 구직활동을 용이하게 하기 위하여 실업급여를 지급한다.

18 1인 이상의 근로자가 있는 모든 사업장에 적용된다.

19 충족률은 취업 건수÷신규 구인 인원이다. 따라서 충족률이 낮을수록 빈 일자리가 많음을 의미한다.

20
- 표본조사구역 선정 : 표본조사가구를 평균 5가구씩 묶어서 구역으로 분할한 후 임의추출된 구역을 기준으로 인접된 구역 4개를 추출하여 표본조사구역으로 선정
- 표본가구 : 표본조사구역 내 거처에 거주하고 있는 모든 가구

직업상담사 1급

Vocational Counselor

제4과목

노동시장론

노동시장의 이해

❶ 노동수요의 의의

(1) 정의

노동수요란 노동수요자(기업)가 일정 기간 동안에 노동력을 고용하려는 욕구(의사)를 의미한다.
'노동수요자'는 노동시장에서 노동력이라는 상품을 구매하고자 하는 주체를 의미하므로 기업이 노동수요자가 된다.
'일정 기간'은 어느 특정한 시점을 의미하는 것이 아니라 일주일, 1개월, 1년처럼 정해진 단위기간을 의미하는데 노동수요는 그 정해진 기간 동안 기업이 어느 정도의 노동을 수요하려는 의사를 가지고 있는지를 나타내는 개념이다. 즉, 노동수요는 유량개념이다.

> **tip** 유량개념
>
> 일정 기간을 기준으로 판단하는 개념을 '유량개념'이라고 하는데 수요나 공급, 국민소득 등이 대표적인 유량(流量, flow)개념이다. 반면, 어느 한 시점을 기준으로 판단하는 개념을 '저량(貯量 ; stock)개념'이라고 한다. 외환보유고, 국부 등이 저량개념에 속한다.

노동을 수요하려는 의사를 가진다는 의미는 노동수요가 사후(事後)적인 개념이 아니라 사전(事前)적인 개념임을 나타낸다. 가령 '한 달 임금이 1,000만 원이면 직원을 10명까지 채용하고 싶고 500만 원이면 30명까지 채용하고 싶다'는 식으로 실제로 채용을 한 상태는 아니지만 임금이 어느 정도 수준이라면 그때 노동은 어느 정도로 수요하겠다는 의미로 이해하면 된다.

(2) 파생수요(유발수요)

생산요소는 생산물(상품)을 생산하기 위한 목적으로 수요되는 것이므로 해당생산물(상품)의 수요에 영향을 받을 수밖에 없다. 노동 역시 생산요소이므로 기업이 생산하는 상품이 상품시장에서 수요되는 것에서 유발 또는 파생되는 수요이다. 즉, 상품이 상품시장의 소비자에 의하여 수요되기 때문에 그 상품을 생산하는 데 필요한 노동이 노동시장에서 수요된다. 이러한 수요를 파생수요라고 한다.
노동에 대한 수요가 이와 같이 파생수요이기 때문에 기업은 노동을 수요할 때 언제나 상품시장에서 상품의 판매와 결부시켜 노동을 수요한다.
쉽게 말해, 기업이 장사가 잘 될 때는 상품을 많이 만들어 팔려고 직원을 많이 뽑고 장사가 안 되면 물건을 많이 만들어 팔 수 없으므로 직원을 줄이는 것을 유발수요라고 이해할 수 있다.

❷ 노동수요의 법칙

노동수요의 법칙이란 임금과 노동수요량과의 관계에 관한 법칙으로, 다른 조건이 일정할 때 임금이 상승(하락)하면 노동수요량이 감소(증가)한다는 내용이다.

상식적으로도 다른 외부적인 변수 없이 같은 조건에서 임금이 비싸면 기업들은 고용을 적게 하고 임금이 싸다면 고용을 많이 하는데, 이러한 기업들의 행동패턴을 노동수요의 법칙으로 이해하면 된다.

❸ 노동수요곡선

(1) 정의

다른 조건이 일정할 때 임금과 노동수요량과의 여러 조합을 연결한 곡선으로, 노동수요법칙을 그림으로 나타낸 것을 노동수요곡선이라고 한다.

(2) 형태

임금과 노동수요량은 반비례관계이며 그래프는 우하향하는 형태를 띤다. 노동수요곡선은 직선 형태든 곡선의 형태든, 기울기가 가파르든 완만하든 임금과 노동수요량은 상충관계이므로 항상 우하향하는 모양을 갖는다.

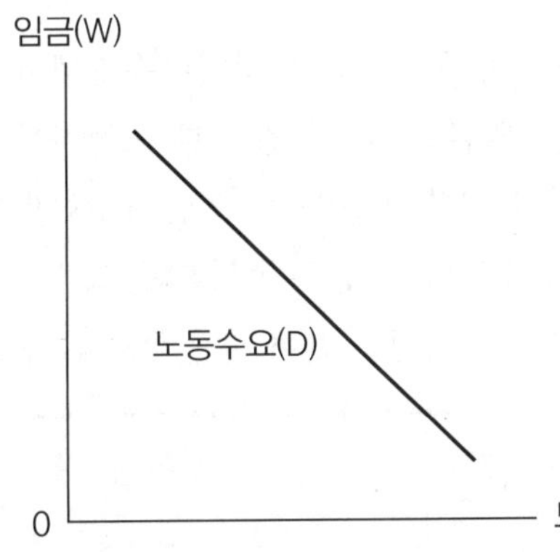

수요와 공급을 영어로 번역하면 각각 'Demand'와 'Supply'가 되므로 노동수요를 나타내는 기호는 알파벳 D, 노동공급을 나타내는 기호는 알파벳 S가 일반적으로 사용된다.

> **tip 반비례관계**
>
> 반비례관계, 상충관계, 역관계, 부의 관계, 음의 관계, (−)관계 모두 같은 의미로서, 두 변수가 서로 반대 방향으로 변화하는 경우를 나타내는 것으로 이해하면 된다. 가령 '가' 변수와 '나' 변수가 있는데 '가' 변수의 값이 상승할 때 반대로 '나' 변수의 값이 감소한다면 두 변수는 서로 반대 방향으로 변화하므로 이 경우 두 변수는 '상충(역 · 반비례 · 부 · 음 · −)관계에 있다'고 표현한다. 그리고 두 변수가 서로 상충관계일 때 그 두 변수를 각각 가로축과 세로축에 놓고 그리는 그래프는 우하향하는 형태를 띠게 된다. 마찬가지로 어떤 그래프가 우하향하는 형태를 띠고 있다면 그 그래프의 두 변수는 서로 상충관계임을 의미한다.
>
> 일반적으로 수학에서 그래프를 그릴 때는 가로축에 원인이 되는 변수(독립변수)를 표시하고 세로축에 결과값이 되는 변수(종속변수)를 표시하지만, 노동수요곡선이나 노동공급곡선은 관행적으로 원인이 되는 변수인 임금을 세로축에, 결과변수인 노동수요량(공급곡선의 경우는 공급량)을 가로축에 표시하는데, 만일 위치를 바꿔서 가로축에 임금을 표시하더라도 임금과 노동수요량이 상충관계라는 노동수요법칙의 본질은 변함이 없으므로 그 경우에도 그래프의 형태는 우하향하는 모양을 띠게 된다.

세로축의 임금은 임금의 총액을 의미하는 것이 아니라 단위당 임금(쉽게 말해, 인건비 단가)을 의미한다. 즉, 임금의 단위를 인원수 단위로 정했다면 1인당 임금, 시간단위로 정했다면 시간당 임금이 단위당 임금이 된다. 예를 들어 어떤 기업이 1인당 임금이 100만 원일 때는 10명, 200만 원일 때는 7명을 고용하려는 의사를 갖고 있다면 단위당 임금은 각각 100만 원, 200만 원이 되고, 이때 지급해야 할 임금의 총액은 1,000만 원, 1,400만 원이 되는데 노동수요곡선의 세로축에 표시하는 임금은 총액 1,000만 원, 1,400만 원이 아니라 단위당 임금인 100만 원, 200만 원으로 표시해야 한다.

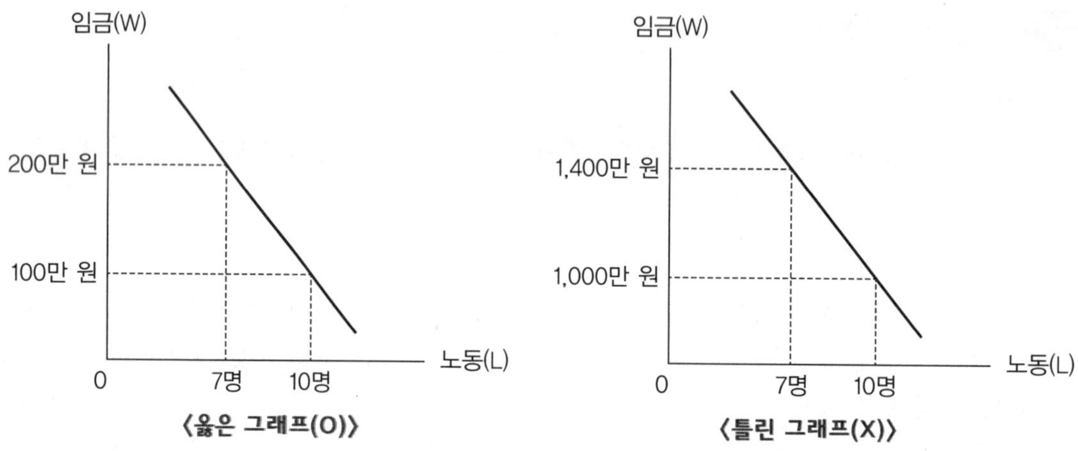

가로축의 노동(L)은 노동수요량을 의미한다. 노동수요량이란 특정임금수준에서 노동수요자가 수요하고자 하는 노동의 양이다. 가령 어떤 기업이 임금이 100만 원일 때 노동자를 10명까지 고용하려고 하고 200만 원이면 7명까지 고용하려고 한다고 할 때, 10명은 임금이 100만 원일 때의 노동수요량, 7명은 임금이 200만 원일 때의 노동수요량이 된다. 한편 노동의 양을 측정하는 단위는 정하기 나름이므로 10명, 7명처럼 인원수가 아니라 10시간, 7시간과 같이 시간 수로 나타낼 수도 있다.

> **tip** 노동수요곡선이나 노동공급곡선이나 가로축 변수는 똑같이 노동(L)으로 표시하는데 이를 노동수요곡선에서는 노동수요량으로, 노동공급곡선에서는 노동공급량으로 이해하면 된다.

❹ 노동수요의 변화(=노동수요곡선의 이동)

(1) 정의

노동수요의 변화란 임금 이외의 다른 요인의 변화로 인해 노동수요곡선 자체가 이동하는 것을 말한다.

노동시장에는 무수히 많은 변수가 존재하는데 그러한 변수들을 모두 고려한 상태에서 일정한 법칙성을 도출하는 것은 현실적으로 불가능하기 때문에, 노동수요의 법칙도 다른 조건은 일정불변이라는 가정하에서 임금만이 원인이 되어 변할 때 그 결과로 노동수요량이 어떻게 변하는지만 알려준다 (임금↑ → 노동수요량↓, 임금↓ → 노동수요량↑).

따라서 다른 조건이 일정한 상태에서 임금이 변한다면 노동수요량이 변하므로 노동수요곡선은 그 형태를 유지한 상태에서 노동수요곡선상의 점의 위치만 바뀌게 된다. <그림 1>에서 보듯이 임금이 100만 원에서 200만 원으로 인상되면 노동수요량은 10명에서 7명으로 감소하는데, 노동수요곡선은 움직이지 않고 노동수요곡선상의 점의 위치가 ㉮에서 ㉯로 이동할 뿐이다.

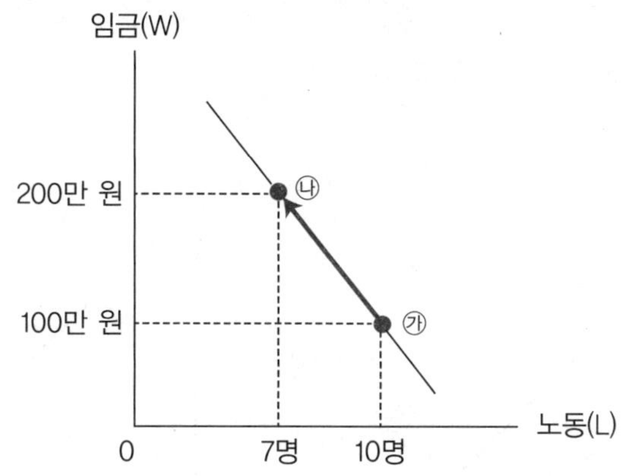

〈그림 1〉 임금의 변화로 '노동수요량'이 변하는 경우

그러나 임금 이외의 다른 요인이 변하게 되면 다른 조건은 일정하다는 가정하에 그려진 최초의 노동수요곡선의 전제조건이 변하므로 당초의 형태를 유지할 수 없고 변화하게 된다.

예를 들어, 상품시장의 상품수요가 증가하면(임금 이외의 다른 조건이 변함) 노동수요자인 기업은 증가한 상품수요에 대응하기 위해 상품 생산량을 늘리려고 할 것인데, 생산량을 늘리기 위해서는 종전보다 더 많은 노동력이 필요하므로 <그림 2>에서 보듯이 임금이 100만 원일 때 10명까지 고용하려던 것을 13명으로, 200만 원일 때 7명까지 고용하려던 것을 10명까지 늘리려고 할 수 있다.

이와 같이 각각의 임금수준에 대응하는 노동수요량들이 모두 종전보다 증가하게 되면 결국 노동수요곡선은 D1에서 D2 형태로 변하는데 이는 노동수요곡선의 위치가 D1에서 D2로 이동한 것과 같기 때문에 '노동수요곡선이 이동했다'고 표현하게 된다.

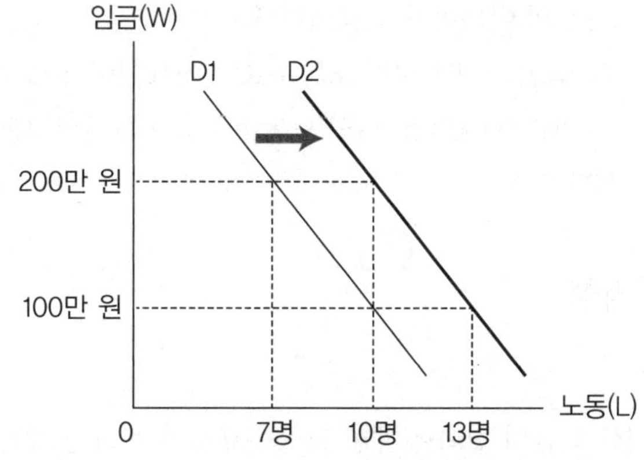

〈그림 2〉 상품수요 증가로 '노동수요'가 증가한 경우

이처럼 임금 이외의 다른 요인이 변하여 동일한 임금수준에 대응하는 노동수요량들이 모두 증가하여 노동수요곡선이 우측으로 이동하는 경우는 '노동수요량의 증가'라고 표현하지 않고 '노동수요의 증가'로 표현한다.

같은 이치로 상품수요가 감소하여 기업이 생산량을 줄이기 위해 동일한 임금수준에 대응하는 노동수요량들을 모두 줄여서 노동수요곡선이 좌측으로 이동하였다면 '노동수요량의 감소'라고 표현하지 않고 '노동수요의 감소'라고 표현한다.

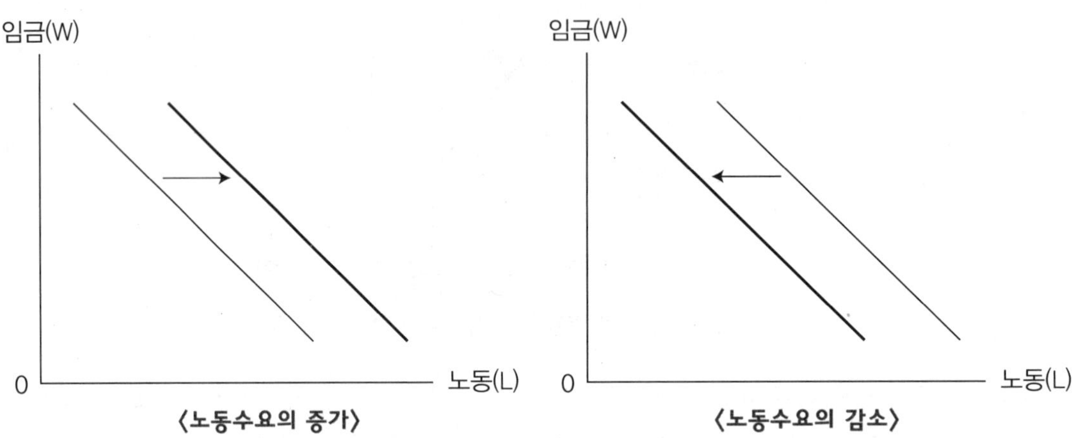

(2) 노동수요의 변화요인(=노동수요곡선을 이동시키는 원인)

노동수요에 영향을 줄 수 있는 것 중에서 임금을 제외한 것은 무엇이든 노동수요의 변화요인이 될 수 있다.

다시 말해, 기업이 직원을 몇 명이나 채용할지 또는 몇 시간 동안 일을 시킬지를 결정할 때 임금 이외에 고려하는 요소들은 무엇이든 노동수요의 변화요인이 될 수 있는데, 대표적인 것이 ① 상품수요이며, 그밖에 ② 노동생산성, ③ 다른 생산요소(흔히 자본)의 가격, ④ 상품 가격, ⑤ 생산기술, ⑥ 기업의 수 등이다. 이런 요소들이 변화하면 노동수요는 증가하거나 감소하게 되고, 이를 노동수요의 변화 또는 노동수요곡선의 이동이라고 표현한다.

참고로, 임금은 가장 대표적이고 핵심적인 노동수요 결정요인이라고 할 수 있는데(이런 이유로 임금은 노동수요곡선의 원인변수로서 세로축에 위치함) 위의 노동수요의 변화원인들은 모두 그 의미상 당연히 노동수요의 결정요인에도 해당한다. (※ 임금은 노동수요의 '결정요인'은 되지만 노동수요의 '변화요인'은 될 수 없다.)

⑤ 노동수요의 탄력성

(1) 정의

노동수요의 탄력성이란 임금의 변화에 대한 노동수요량의 변화를 각각의 변화율로 나타낸 것을 의미한다.

$$\text{임금에 대한 노동수요의 탄력성} = \frac{\text{노동수요량의 변화율(\%)}}{\text{임금의 변화율(\%)}} = \frac{\Delta L/L}{\Delta W/W}$$

> **tip** 노동수요의 탄력성 공식을 기호로 나타낼 경우에 다음과 같이 식의 변환이 가능하다.
>
> $$\frac{\Delta L/L}{\Delta W/W} = \frac{\dfrac{\Delta L}{L}}{\dfrac{\Delta W}{W}} = \frac{\Delta L \times W}{L \times \Delta W} = \frac{\Delta L \times W}{\Delta W \times L} = \frac{\Delta L}{\Delta W} \times \frac{W}{L}$$

탄력성이 크다면 임금이 조금만 변화해도 노동수요량의 변화폭이 크지만, 탄력성이 작다면 임금의 변화에 노동수요량이 큰 변동을 보이지 않는다. 즉, 노동수요의 임금 탄력성이 크다면 임금이 인상될 경우 인상되는 임금의 비율보다 더 많은 비율로 노동수요량이 줄어들고, 탄력성이 작다면 임금이 인상될 경우 인상된 임금의 비율보다 낮은 비율로 노동수요량이 줄어든다. 따라서 노동자(노동공급자)는 노동수요의 탄력성이 큰 것보다는 탄력성이 작은 것을 선호하며, 노동조합은 노동수요를 비탄력적이게 하는 전략을 사용하려 한다.

임금이 10% 상승한 경우 노동수요의 탄력성 값		
$\dfrac{-50\%}{+10\%} = 5$	$\dfrac{-10\%}{+10\%} = 1$	$\dfrac{-1\%}{+10\%} = 0.1$
탄력적	단위 탄력적	비탄력적
기업(가)	기업(나)	기업(다)

노동수요의 탄력성은 노동수요량이 임금에 대해 얼마나 민감하게 반응하는지 그 민감한 정도를 파악하기 위한 개념으로 절댓값으로 나타낸다. 만약 절댓값으로 나타내지 않는다면 위 표의 기업 중에서 가장 탄력적인 기업(가)의 탄력성 값은 −5로 셋 중 가장 작게 되어 의미의 혼란을 야기할 수 있다. 따라서 노동수요의 탄력성 값은 절댓값으로 나타내며, 탄력성의 크기를 비교할 때 값이 1이면 '단위 탄력적'이라고 하고, 1보다 크면 '탄력적', 1보다 작으면 '비탄력적'이라고 표현한다. 물론 탄력성의 크기는 상대비교도 가능하므로 가령 '탄력성 값 5는 탄력성 값 7에 비해서는 비탄력적이다'고 표현할 수 있다.

> **tip** 노동수요의 탄력성 공식은 다음과 같이 절댓값 부호를 붙이거나 공식 앞에 음수값 부호를 붙여서 나타내기도 한다.
>
> $$\text{노동수요의 탄력성} = \left| \frac{\text{노동수요량의 변화율(\%)}}{\text{임금의 변화율(\%)}} \right| , \quad \text{노동수요의 탄력성} = (-) \frac{\text{노동수요량의 변화율(\%)}}{\text{임금의 변화율(\%)}}$$
>
> 단, 노동공급의 경우는 일반적으로 임금과 노동공급량의 관계가 비례관계이므로 탄력성 공식에 음수값 부호를 붙여서 나타낼 수 없다.
>
> $$\text{노동공급의 탄력성} = (-) \frac{\text{노동공급량의 변화율(\%)}}{\text{임금의 변화율(\%)}} \quad \leftarrow \text{틀림}$$

(2) 그래프의 형태

다음 그래프에서 임금이 100에서 120으로 20% 인상될 경우 <그래프 (가)>는 노동이 1,000에서 300으로 70% 감소하므로 탄력성 값이 3.5(=70%/20%)이고, <그래프 (나)>는 노동이 1,000에서 980으로 2% 감소하므로 탄력성 값이 0.1(=2%/20%)이다.

따라서 기울기가 더 완만한 형태인 <그래프 (가)>의 탄력성 값이 더 크고 더 탄력적이라는 사실을 알 수 있다.

결국 노동수요의 탄력성이 클수록 노동수요곡선은 기울기가 완만한 형태가 되며, 탄력성이 작을수록 기울기가 가파른 형태가 된다.

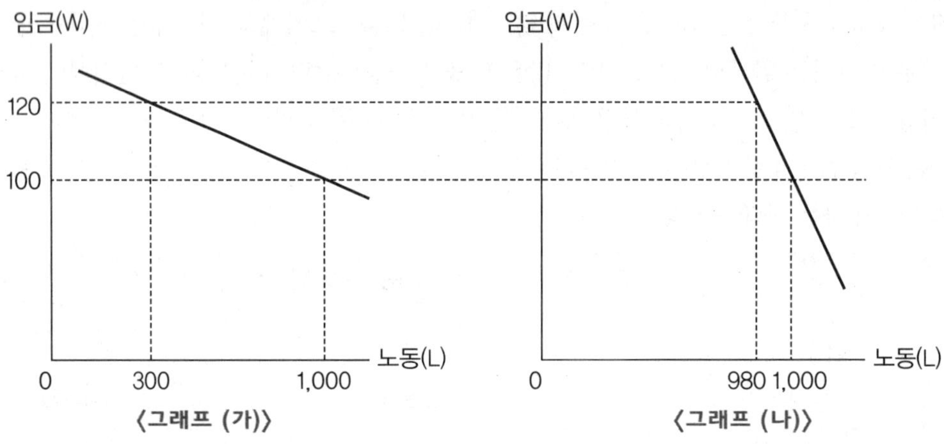

그리고 극단적인 형태로 탄력성 값이 0인 경우는 그래프는 수직, 탄력성 값이 무한대인 경우는 그래프가 수평인 형태를 나타내게 된다.

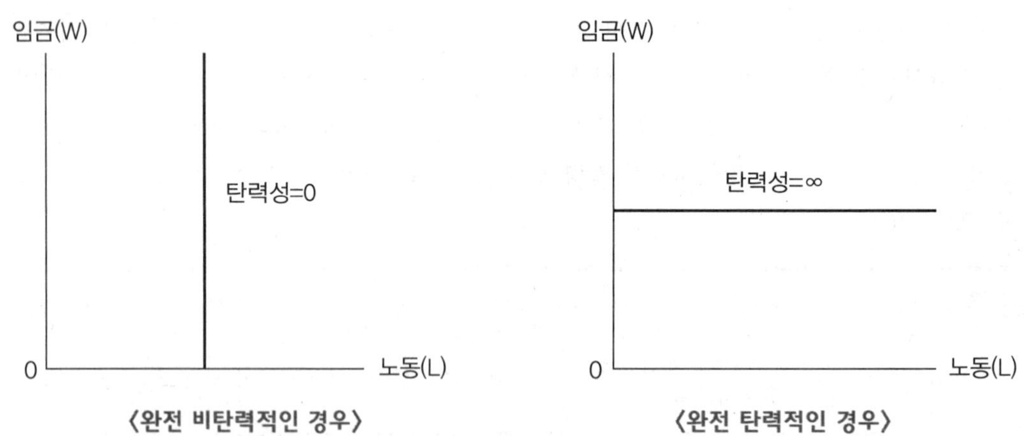

(3) 노동수요의 탄력성 결정요인

① 생산물(상품)수요의 탄력성 : 생산물에 대한 수요가 탄력적일수록 노동의 수요도 탄력적이다.

② 총생산비에 대한 노동비용의 비중 : 노동수요의 탄력성은 총생산비 중에서 노동비용이 차지하는 비

중에 의하여도 영향을 받는다. 노동비용이 차지하는 비중이 클수록 노동수요의 탄력성이 크다.

③ 노동의 대체가능성 : 노동을 다른 생산요소로 대체할 수 있는 가능성이 크면 노동수요의 탄력성은 커진다.

④ 다른 생산요소의 공급 탄력성 : 다른 생산요소의 공급 탄력성이 클수록 노동수요의 탄력성도 커진다.

> **tip** 노동수요 탄력성 결정요인의 크기가 크면 노동수요의 탄력성도 크고, 탄력성 결정요인의 크기가 작으면 노동수요의 탄력성도 작다('방향이 같다'로 암기).

❻ 노동의 한계생산 체감의 법칙(노동↑ → MP_L↓)

(1) 노동의 한계생산

노동의 한계생산량(MPL)이란 노동을 한 단위씩 추가로 늘릴 때마다 증가되는 총생산물의 증가분을 의미한다.

> **tip** 노동의 한계생산
> 노동의 한계생산은 '노동의 한계생산량', '노동의 한계생산물', '노동의 한계생산성', '노동의 한계생산력' 등으로 끝 글자만 바꿔서 달리 표현하기도 하지만 모두 같은 개념이다.

$$\text{노동의 한계생산량(Marginal Product of Labor, } MP_L)$$
$$MP_L = \frac{\Delta Q}{\Delta L} \ (\Delta Q : \text{총생산량의 변화량}, \ \Delta L : \text{노동투입량의 변화량})$$

(2) 노동의 평균생산량

노동의 평균생산량(APL)이란 노동의 총투입량으로 총생산량을 나눈 값이다.

$$\text{노동의 평균생산량(Average Product of Labor, } AP_L)$$
$$AP_L = \frac{Q}{L} \ (Q : \text{총생산량}, \ L : \text{노동투입량})$$

(3) 노동의 한계생산 체감의 법칙

노동의 한계생산 체감의 법칙이란 노동투입량이 늘어날수록 노동의 한계생산량이 점점 감소한다는 법칙을 말한다.

> **tip** 노동의 한계생산 체감의 법칙을 노동수요에서 다루는 이유는 노동의 한계생산 체감의 법칙을 통해 노동수요곡선을 도출해 내기 때문이다. 즉, 노동수요곡선을 설명하기 위한 기초개념이기 때문에 중요하게 다루게 된다.

아래 표에서 보는 바와 같이 다른 생산요소는 변화를 주지 않고 노동투입량만 1단위씩 늘어나면 총
생산량은 1 → 2 → 6 → 10 → 13으로 증가하고, 노동의 평균생산량도 그에 따라 1 → 1.5 → 2 →
2.5와 같은 형태로 증가한다. 노동의 단위를 인원수로 파악한다면 평균생산량이 증가한다는 의미는
직원을 늘려갈수록 직원 1명당 생산해 내는 생산물의 양이 증가한다는 의미이다.

따라서 평균생산량이 2.6이 될 때까지는 직원이 늘어날수록 직원 1명당 생산량은 계속 증가하므로
기업주(노동수요자) 입장에서는 직원을 몇 명 쓸까 고민할 필요 없이 계속 직원을 뽑아도 된다. 이처
럼 평균생산량이 0에서 최대치(표에서는 2.6)가 될 때까지의 구간을 생산의 1단계라고 하는데, 생산의
1단계에서는 노동수요자는 고민 없이 계속 노동투입량을 늘리면 되기 때문에 관심의 대상으로 삼
지 않는다.

한편, 노동의 한계생산량은 1 → 2 → 3 → 4로 증가하다가 4 → 3 → 2 → 1 → 0 → −1로 감소한다.

> **tip** 노동이 1에서 2로 1단위 증가할 때($\Delta L = 1$) 총생산량은 1에서 3으로 2단위 증가하므로($\Delta Q = 2$) 노동이 2단위
> 일 때 한계생산량은 2가 된다. 같은 방식으로 노동이 5에서 6으로 1단위 증가할 때($\Delta L = 1$) 총생산량은 13에서 15로
> 2단위 증가했으므로($\Delta Q = 2$) 노동이 6단위일 때 한계생산량은 2이다. 한편, 노동이 7에서 8로 1단위 늘어날 때($\Delta L = 1$) 총생산량은 16에서 16으로 변동이 없으므로($\Delta L = 1$) 노동이 8일 때 한계생산량은 0이다.

이때 한계생산량이 0이면 노동을 투입해도 더 이상 생산량이 늘어나지 않고, −1이면 생산량이 도리
어 1만큼 감소한다는 뜻이다. 따라서 이윤극대화를 추구하는 합리적인 기업주(노동수요자)라면 노동
을 추가로 투입했는데 도리어 생산량이 늘기는커녕 감소하는 상황은 원치 않기 때문에 한계생산량
이 0 이하가 되는 구간(이 구간을 생산의 3단계라고 함)은 관심의 대상으로 삼지 않는다.

결국 기업주는 평균생산량이 최대가 되고 한계생산량이 0이 되는 구간(이 구간을 생산의 2단계라고 함)
에서 노동을 얼마나 투입해야 이윤극대화를 달성할 수 있는지를 고민하게 되는데, 이 구간에서는
항상 노동투입량이 늘어날 때 노동의 한계생산량은 감소하게 된다.

이처럼 논의의 대상이 되는 생산의 2단계에서는 노동을 투입할 때 노동의 한계생산량이 점점 감소
하므로 이를 노동의 한계생산 체감의 법칙이라 한다.

> **tip** 시험문제에서 별도의 언급이 없으면 항상 생산의 2단계를 전제로 문제가 출제된다고 가정하면 되고, 노동의 한
> 계생산이 체감하는 상황도 발생하는 생산의 1단계나 노동의 한계생산이 음수값이 되는 생산의 3단계는 고려하지 않아
> 도 된다.

노동투입량	0	1	2	3	4	5	6	7	8	9
총생산량	0	1	3	6	10	13	15	16	16	15
한계생산량	0	1	2	3	4	3	2	1	0	−1
평균생산량	0	1	1.5	2	2.5	2.6	2.5	2.3	2	1.67

생산단계	생산의 1단계	생산의 2단계	생산의 3단계
특징	• $0 \sim AP_L$이 극대인 영역 • $MP_L \rangle 0$	• AP_L이 극대 $\sim MP_L=0$인 영역 • $MP_L \rangle 0$	• $MP_L \langle 0$
의미	비경제적 영역	경제적 영역	비경제적 영역

한편, 노동의 한계생산 체감의 법칙이 발생하는 생산의 2단계에서는 노동이 늘어날수록 한계생산량은 감소하므로 노동과 한계생산량을 2개의 변수로 삼아 그래프를 그리면 해당구간은 우하향하는 형태를 띤다.

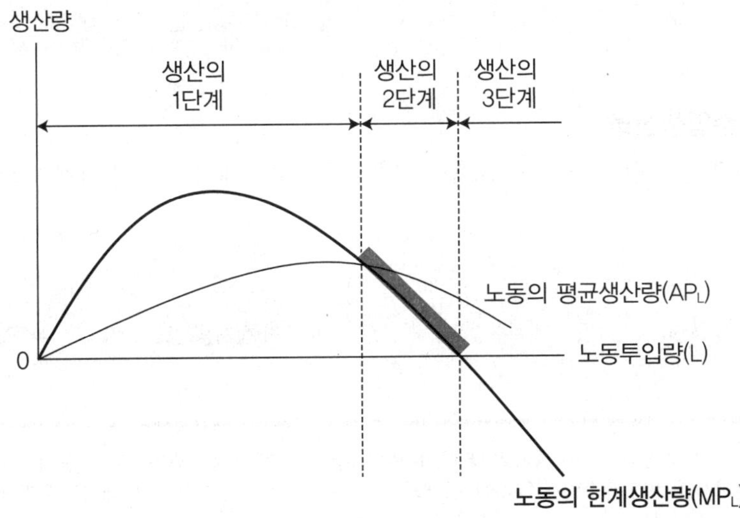

이처럼 생산의 2단계에서 우하향하는 형태인 노동의 한계생산량곡선을 토대로 이윤극대화의 관점에서 노동수요곡선을 도출하게 되므로 노동수요곡선도 우하향하는 형태를 띠게 된다.

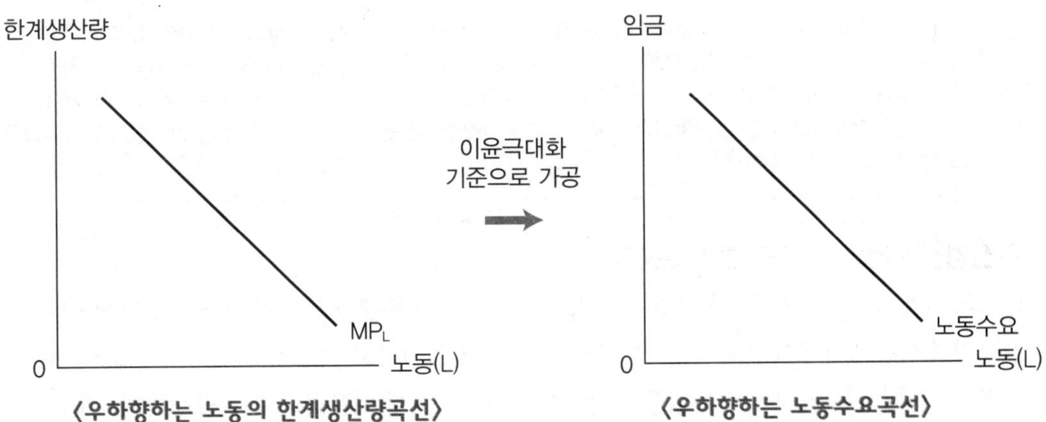

〈우하향하는 노동의 한계생산량곡선〉 　〈우하향하는 노동수요곡선〉

❼ 완전경쟁기업의 이윤극대화 조건

(1) 노동의 한계생산물가치

노동의 한계생산물가치(VMPL)란 노동을 1단위 추가투입해서 생산된 생산물의 사회적 가치를 의미하며, 노동의 한계생산물을 시장의 생산물 가격으로 곱하여 구한다.

> **tip** 노동의 한계생산물가치는 기업이 직원 1명을 더 고용했을 때 늘어나는 매출 증가분이라고 이해하면 된다.

$$VMP_L = MP_L \times P$$

VMP_L : 노동의 한계생산물가치, MP_L : 노동의 한계생산물, P : 생산물의 가격

(2) 노동의 한계수입생산물

노동의 한계수입생산물(MRPL)이란 노동을 1단위 추가투입해서 기업이 얻게 되는 총수입의 증가분을 의미한다.

$$MRP_L = MP_L \times MR$$

MRP_L : 노동의 한계수입생산물, MP_L : 노동의 한계생산물, MR : 한계수입

> **tip** 한계수입이란 판매량이 1단위 증가할 때 증가하는 총수입의 증가분을 의미한다. 가령 100원짜리 상품을 판매하고 있다고 할 때 2개를 팔면 총수입은 200원, 3개를 팔면 총수입은 300원인데, 판매량이 2개에서 3개로 1단위 늘어날 때 총수입은 200원에서 300원으로 100원이 늘어났으므로 판매량이 2단위에서 3단위로 늘어날 때의 한계수입은 100원이다.

> **tip** 완전경쟁시장에선 MR과 P가 같기 때문에 VMP_L과 MRP_L이 같다. 상품시장이 완전경쟁시장이라면 상품가격은 항상 일정하다고 가정하기 때문에 판매량이 1단위 늘어날 때 수입의 증가분은 가격과 동일하므로 상품가격과 한계수입은 일치한다($P = MR$). 예를 들어, 단가 100원짜리 상품을 1,000개 팔다가 1개 더 팔아서 1,001개 팔더라도 상품시장이 완전경쟁시장이면 단가는 여전히 100원이므로 수입은 상품가격인 100원만큼만 늘어난다(한계수입은 상품 1개 더 팔았을 때 수입의 증가분).

(3) 완전경쟁기업의 이윤극대화 고용량

노동의 한계생산물가치와 노동 1단위당 임금이 일치하는 수준에서 이윤극대화가 달성된다.

완전경쟁 상품시장에서 존재하는 기업을 완전경쟁기업이라고 하므로 완전경쟁기업은 상품시장이 완전경쟁상태라는 가정에서 논의를 진행한다. 이때 기업이 이윤극대화를 달성하기 위해서는 노동의 한계생산물가치와 단위당 임금이 일치하는 수준까지 노동을 고용하면 된다.

노동 투입량	한계생산량 (MP_L)	상품가격 (P)	한계생산물가치 ($VMP_L = MP_L \times P$)	단위당 임금 (W)	추가이윤 ($VMP_L - W$)
10	10	100원	1000원	300원	700원
11	8	100원	800원	300원	500원
12	5	100원	500원	300원	200원
13	3	100원	300원	300원	0원
14	1	100원	100원	300원	−200원

위 표와 같이 노동을 1단위씩 투입할 때 노동의 한계생산량은 $10 \rightarrow 8 \rightarrow 5 \rightarrow 3$으로 감소하고, 상품시장과 노동시장을 완전경쟁시장이라고 가정하면 상품가격이나 노동의 단위가격은 상품생산량이나 노동투입량에 영향을 받지 않고 항상 일정하다.

> **tip** 노동의 한계생산 체감의 법칙이 적용되면 노동투입량이 늘어날수록 한계생산량은 감소하므로 그런 형태로 한계생산량이 변화되는 예를 들었다.

이때 노동투입량을 10단위에서 11단위로 1단위 늘리면 한계생산물가치는 800원이다. 즉, 노동을 1단위 더 늘려서 기업은 800원의 매출이 더 늘어난 상태로 이해하면 되는데, 노동은 공짜가 아니라 1단위 더 늘릴 때 임금이라는 비용을 지불해야 하고 그 가격은 단위당 300원이다. 결국 기업은 300원의 비용을 지불해서 800원을 벌었으므로 이윤은 500원이 남는다. 이렇게 노동을 1단위 추가투입해서 이윤이 발생하면 이윤극대화를 추구하는 기업이라면 당연히 노동을 더 투입해서 이윤을 얻고자 한다. 노동을 11단위에서 12단위로 1단위 더 투입한 경우에도 비용은 300원이 소요되지만 그때 발생하는 추가이윤은 200원이다. 따라서 그 이윤을 얻기 위해 노동을 투입하게 된다. 이런 식으로 따지다 보면 결국 기업은 이론상으로 더 이상 이윤을 얻을 수 없는 상태가 될 때까지 노동을 투입할 때 가장 많은 이윤을 얻을 수 있다.

그러므로 추가로 얻을 수 있는 이윤이 극대화되는 수준의 노동투입량이 중요한 것이 아니라 총이윤이 극대화되는 수준의 노동투입량이 중요하다. 위에 제시된 표를 보면 노동투입량이 10단위일 때 추가이윤은 700원으로 가장 높지만 그렇다고 기업이 노동투입량을 10단위로 결정하지는 않는 것도 바로 이런 이유 때문이다.

위의 표에서는 노동투입량을 13단위까지 투입할 때가 가장 이윤이 극대화되는 상태이다. 더 이상 추가이윤을 얻을 수 없는 순간까지 노동을 투입했을 때 누적된 총이윤이 가장 극대화된다는 뜻이다. 그런데 만약 이 기업이 욕심을 내서 노동을 1단위 더 투입한다면 그때는 추가이윤이 −200원이므로 그 이전보다 이윤이 200원 줄어들게 된다.

$VMP_L = W$ (이윤극대 달성된 상태)　　　$VMP_L > W$ (고용량 늘려야 이윤극대 달성)
$VMP_L < W$ (고용량 줄여야 이윤극대 달성)
※ W는 노동 1단위당 임금

⑧ 단기 노동수요곡선의 도출

(1) 상품시장이 완전경쟁시장인 경우

노동의 한계생산물가치곡선이 완전경쟁기업의 노동수요곡선이 된다.

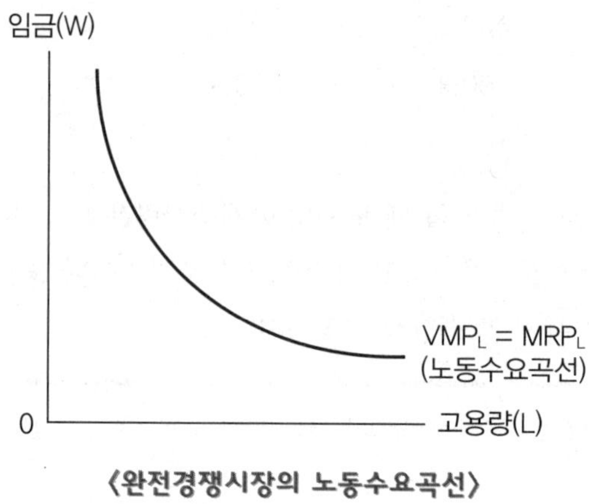

〈완전경쟁시장의 노동수요곡선〉

(2) 상품시장이 독과점시장인 경우

노동의 한계수입생산물곡선이 독과점기업의 노동수요곡선이 된다.

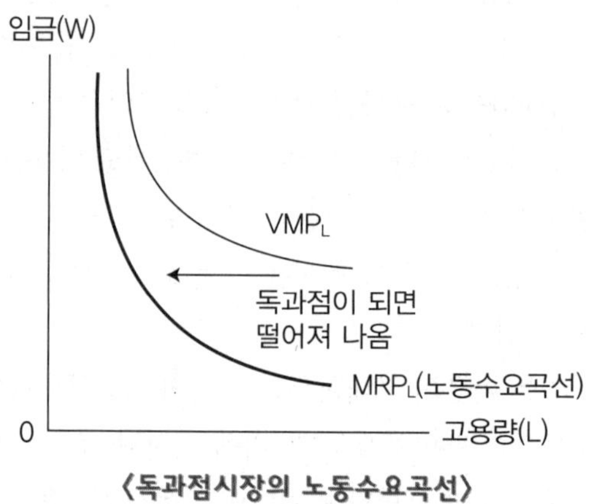

〈독과점시장의 노동수요곡선〉

⑨ 장기 노동수요곡선의 도출

(1) 노동과 자본의 동시 변화

기업은 장기에는 고용량뿐 아니라 자본량도 변화시킬 수 있다. 단기에는 자본은 고정시켜두고 임금이 변화할 때 노동투입량을 변화시켜 생산을 조정하지만, 장기에는 임금이 변화한다면 자본량도 변화시킬 수 있다.

(2) 등량선

어떤 상품을 생산할 때 동일한 생산량을 생산할 수 있는 2요소(여기선 노동과 자본)의 조합을 연결한 무차별곡선

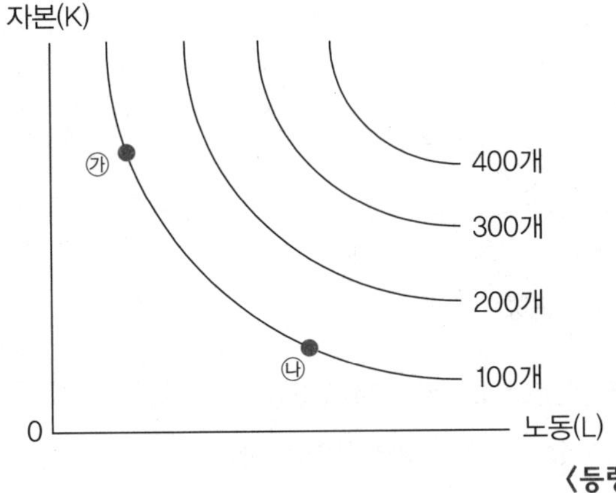

한 등량선 위의 어떤 점이든 노동과 자본의 투입비율만 다를 뿐 생산량은 동일하다.
점 ㉮, ㉯ 모두 생산량이 100개인 등량선 위의 점이므로 두 점에서의 생산량은 모두 100개로 동일하지만 ㉮점은 ㉯점보다 자본을 많이 사용하는 대신 노동은 적게 사용한다.
등량선은 노동과 자본의 투입비율이 변화하더라도 생산량은 동일하게 유지되는 점들을 이어준 선이다. 이러한 <u>등량선에는 대체의 원리가 작용한다.</u>

(3) 등비선

소비이론의 가격선에 대응하는 개념으로, 주어진 예산으로 최대한 구입할 수 있는 생산요소 배합의 궤적

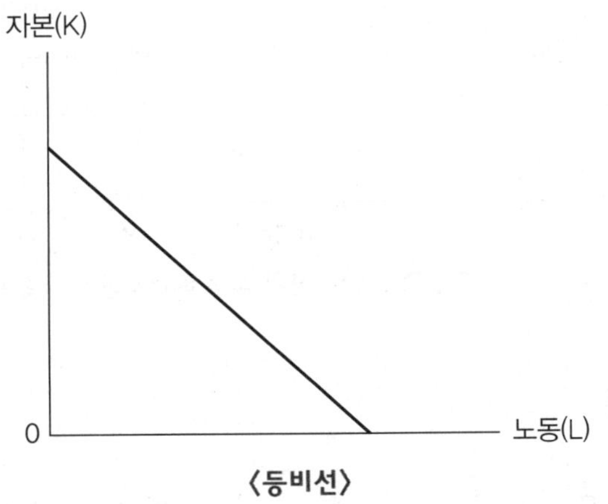

(4) 생산자균형

주어진 예산제약하에서 극대생산을 가져오는 생산요소의 최적결합(등량선과 등비선이 접하는 지점)

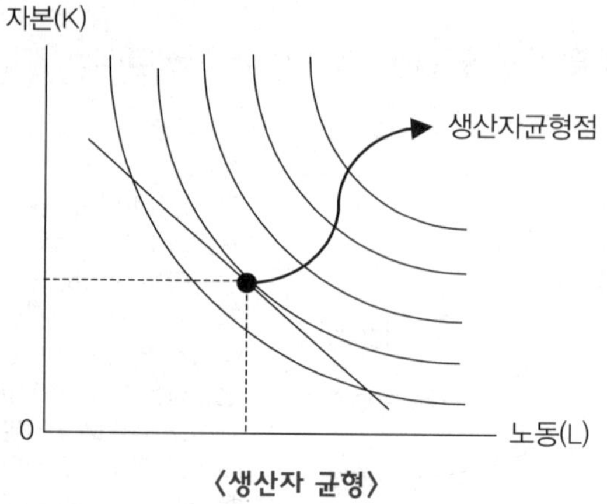

〈생산자 균형〉

(5) 기업의 장기 노동수요곡선(단기 노동수요곡선보다 더 탄력적이다)

임금 변화에 따른 생산자균형점을 연결한 궤적은 장기 노동수요곡선이 된다.

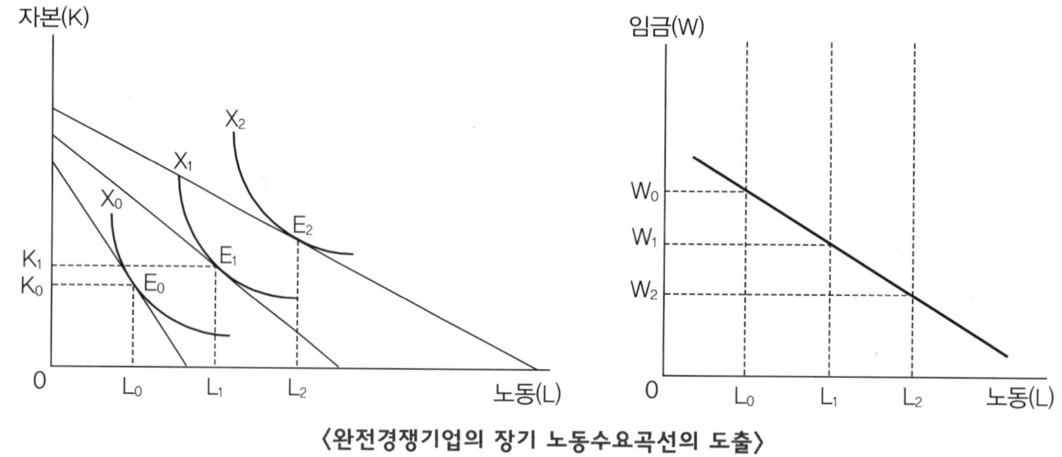

〈완전경쟁기업의 장기 노동수요곡선의 도출〉

⑩ 산업의 노동수요

(1) 상품가격 불변인 경우

개별기업의 노동수요곡선의 수평적 합이 산업의 노동수요곡선이 된다.

(2) 상품가격이 변하는 경우

개별기업의 노동수요곡선을 수평적으로 합한 것보다 비탄력적인 형태의 수요곡선이 도출된다.

> **tip** 임금률 하락 → 산업의 고용량 증가 → 전체 산출량 증가 → 생산물 가격 하락 → 노동의 한계생산물가치(VMP_L) 하락 → VMP_L 곡선의 하방 이동 → 고용의 증가폭이 당초 예상보다 적다(그래프가 비탄력적으로 된다).

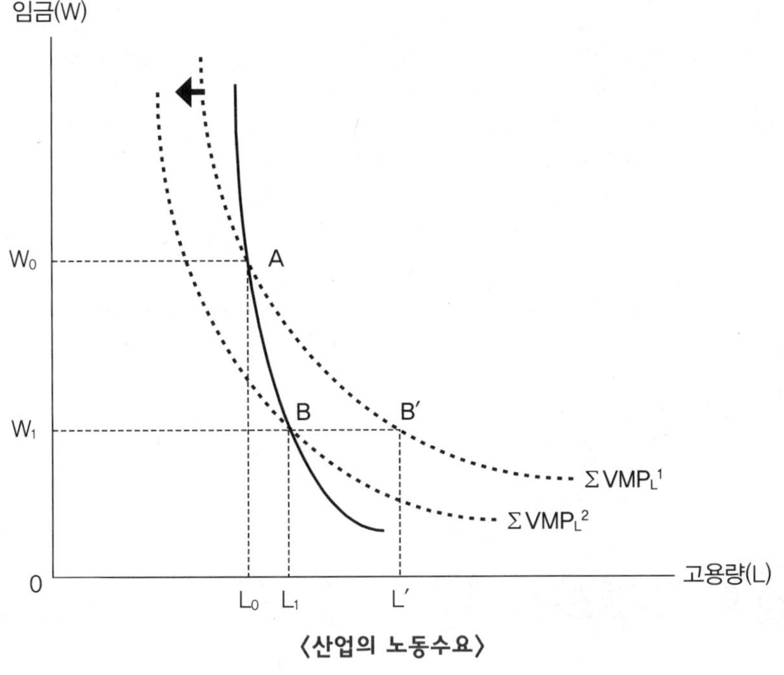

〈산업의 노동수요〉

⑪ 고임금경제의 노동수요 변화

만일 임금이 상승할 때 노동의 한계생산성이 증가하게 된다면 아래와 같은 보다 비탄력적인 형태의 노동수요곡선이 나타나게 된다. 임금의 상승으로 이러한 현상이 나타나는 경우에 '고임금경제가 존재한다'고 표현하는데, 고임금의 경제가 존재할 때에는 고임금경제가 존재하지 않는 경우에 비해 결과적으로 임금이 상승할 때 고용량의 감소폭이 더 적다.

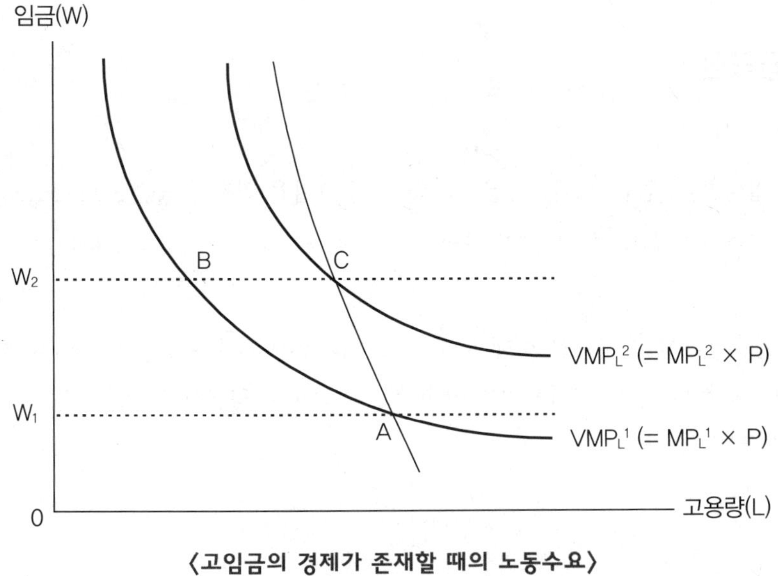

〈고임금의 경제가 존재할 때의 노동수요〉

Section 02　노동공급

❶ 노동공급

노동공급이란 노동공급자(노동자)가 일정 기간 동안에 노동력을 판매(공급)하려는 욕구(의사)를 의미한다.

❷ 노동공급의 법칙

임금과 노동공급량과의 관계에 관한 법칙으로, 다른 조건이 일정할 때 일반적으로 임금이 상승(하락)하면 노동공급량이 증가(감소)한다는 내용

❸ 노동공급곡선

(1) 정의

다른 조건이 일정할 때 임금과 노동공급량과의 여러 조합을 연결한 곡선으로, 노동공급법칙을 그림으로 나타낸 것을 노동공급곡선이라고 한다.

(2) 형태

임금과 노동공급량은 일반적으로 비례관계이며, 그래프는 우상향하는 형태를 띤다. 노동공급곡선은 직선 형태든 곡선의 형태든, 기울기가 가파르든 완만하든 임금과 노동공급량이 비례관계일 때는 우상향하는 모양을 갖는다.

> **tip** 비례관계
>
> 비례관계, 정의 관계, (+)관계 모두 같은 의미로, 두 변수가 서로 같은 방향으로 변화하는 경우를 나타내는 것으로 이해하면 된다. 가령 '가' 변수와 '나' 변수가 있는데 '가' 변수의 값이 증가할 때 '나' 변수의 값도 증가한다면 두 변수는 서로 같은 방향으로 변화하므로 이 경우 두 변수는 '비례(정/+)관계에 있다'고 표현한다. 그리고 두 변수가 서로 비례관계일 때 그 두 변수를 각각 가로축과 세로축에 놓고 그리는 그래프는 우상향하는 형태를 띠게 된다. 마찬가지로 어떤 그래프가 우상향하는 형태를 띠고 있다면 그 그래프의 두 변수는 서로 비례관계임을 의미한다.

> **tip** 일반적으로 수학에서 그래프를 그릴 때는 가로축에 원인이 되는 변수(독립변수)를 표시하고 세로축에 결과값이 되는 변수(종속변수)를 표시하지만, 노동수요곡선이나 노동공급곡선은 관행적으로 원인이 되는 변수인 임금을 세로축에, 결과변수인 노동수요량(공급곡선의 경우는 공급량)을 가로축에 표시하는데, 만일 위치를 바꿔서 가로축에 임금을 표시하더라도 임금과 노동공급량이 비례관계라는 노동공급법칙의 본질은 변함이 없으므로 그 경우에도 그래프의 형태는 우상향하는 모양을 띠게 된다.

그러나 임금이 상승할 때 노동공급이 감소하는 예외적인 현상이 발생하는 경우에는 노동공급곡선이 좌상향(우하향)하는 형태를 띠게 된다. 이러한 예외적인 형태의 노동공급곡선을 후방굴절형 노동공급곡선이라고 한다.

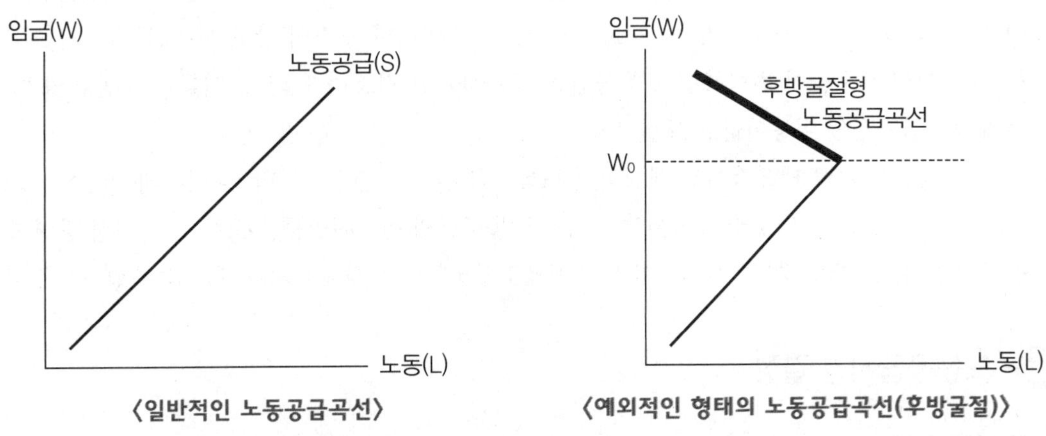

그림에서 보는 것처럼 일반적인 형태의 노동공급곡선은 우상향하지만, 임금이 W_0 이상 상승하자 그래프가 뒤에서 꺾이는 경우도 존재하는데, 고소득자나 선진국 국민들의 경우는 이와 같이 노동공급곡선이 후방굴절하는 경향을 보일 수 있다.

④ 노동공급의 변화(=노동공급곡선의 이동)

(1) 정의

노동공급의 변화란 임금 이외의 다른 요인의 변화로 인한 노동공급곡선 자체가 이동하는 것을 말한다.

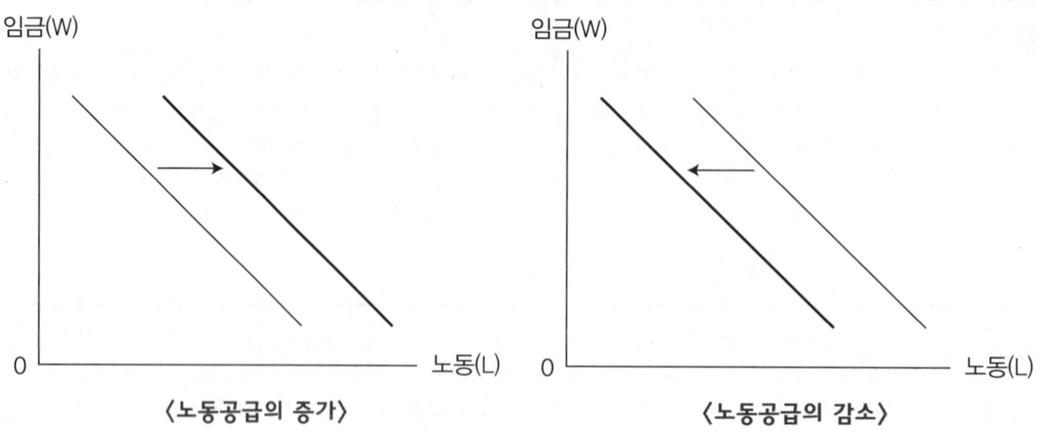

(2) 노동공급의 변화요인(=노동공급곡선을 이동시키는 원인)

노동공급에 영향을 줄 수 있는 것 중에서 임금을 제외한 것은 무엇이든 노동공급의 변화요인이 될 수 있다.

다시 말해, 노동자가 일을 할지 말지, 일을 하게 된다면 몇 시간이나 할지를 결정할 때 임금 이외에 고려하는 요소들은 무엇이든 노동공급의 변화요인이 될 수 있는데, 대표적인 것이 ① 인구의 규모이며, 그 밖에 ② 경제활동참가율, ③ 노동시간, ④ 일에 대한 노력의 강도, ⑤ 노동인구의 교육정도 등이다. 이런 요소들이 변화하면 노동공급은 증가하거나 감소하게 되고, 이를 노동공급의 변화 또는 노동공급곡선의 이동이라고 표현한다.

참고로, 임금은 가장 대표적이고 핵심적인 노동공급 결정요인이라고 할 수 있는데(이런 이유로 임금은 노동공급곡선의 원인변수로서 세로축에 위치함) 위의 노동공급의 변화원인들은 모두 그 의미상 당연히 노동공급의 결정요인에도 해당한다. (※ 임금은 노동공급의 '결정요인'은 되지만 노동공급의 '변화요인'은 될 수 없다.)

❺ 노동공급시간 결정

(1) 기본전제

노동자에게 주어진 시간은 누구나 일정하며(누구나 하루는 24시간임), 그 시간은 여가시간과 노동시간으로만 이루어져 있다고 가정한다. 따라서 여가시간이 늘어나면 늘어난 여가시간만큼 노동시간은 감소하고, 반대로 여가시간이 감소하면 감소한 여가시간만큼 노동시간은 늘어난다. 즉, 여가시간과 노동시간은 서로 상충관계에 놓인다. 그리고 노동을 하면 소득이 발생하므로 노동시간이 늘어나면 소득은 증가하고, 노동시간이 감소하면 소득은 감소한다.

결국 여가시간이 늘어나면(노동시간 감소로) 소득은 감소하고 여가시간이 감소하면(노동시간 증가로) 소득은 증가하므로 여가시간과 소득도 상충관계에 놓인다.

(2) 소득-여가 선호에 의한 분석

노동자 개인은 노동을 공급하여 얻게 되는 소득과 여가 사이의 일정한 상충관계를 바탕으로 한 선호체계를 가지고 있다고 가정한 분석법이다.

이 분석법에 의하면 노동자는 시장의 임금이 변화할 때 자신의 만족을 극대화시킬 수 있는 수준에서 여가시간과 노동시간의 비율을 정하게 된다. 그런데 만족이라는 것은 주관적인 영역이기 때문에 동일한 수준으로 임금이 상승하더라도 여가를 더 많이 사용해야 만족이 커지는 사람은 여가시간을 늘리는 대신 노동시간은 줄이게 되고, 소득을 더 많이 가져가야 만족이 커지는 사람은 여가시간을 줄이는 대신에 노동시간을 늘리게 된다.

이를 그래프로 나타내면 아래와 같다. 시장에서 형성된 예산제약선과 개인의 여가·소득의 무차별곡선이 접하는 점에서 여가시간과 노동시간(노동공급량)을 결정하게 된다. 왼쪽 그래프의 예산제약선과 무차별곡선이 접하는 점에 대응하는 여가시간과 오른쪽 그래프의 예산제약선과 무차별곡선이 접하는 점에 대응하는 여가시간을 비교해 보면 오른쪽 그래프의 여가시간이 훨씬 크다. 따라서 오른쪽 그래프와 같은 선호체계를 갖는 노동자는 왼쪽 그래프와 같은 선호체계를 갖는 노동자보다 노동을 더 적게 한다.

> **tip** 내용 이해가 어려운 경우에는 다음과 같이 상식적인 내용으로만 이해하여도 문제를 푸는 데 큰 지장은 없다.
> "노동자에게 주어진 시간은 여가시간과 노동시간 딱 2가지만 있다. 노동자들은 각자가 자기의 만족을 극대화할 수 있는 수준에서 노동공급량을 결정한다. 따라서 같은 임금수준이라도 여가를 많이 써야 만족이 큰 사람은 노동을 적게 할 것이고, 소득을 많이 가져가야 만족이 큰 사람은 노동을 많이 할 것이다."

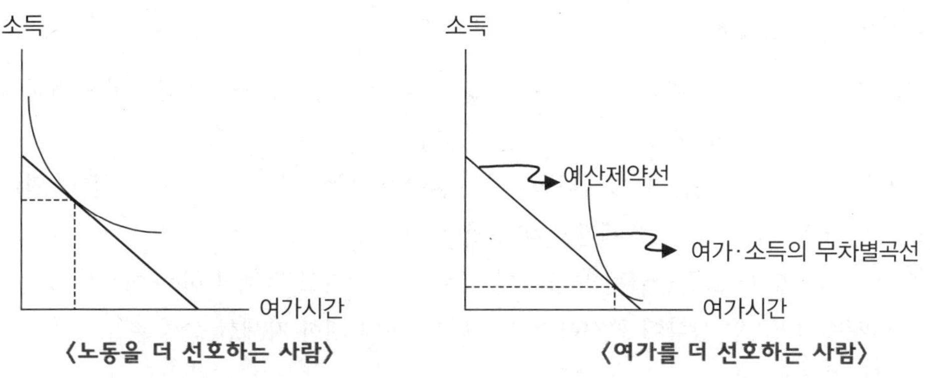

(3) 비근로소득 및 타가구원의 소득의 영향

비근로소득(비노동소득)은 노동자가 일을 하지 않아도 발생하는 소득을 말하므로 불로소득이라고 할 수 있는 임대소득, 이자수입, 용돈 등을 떠올리면 된다. 타가구원의 소득은 동거하고 있는 식구가 벌어오는 소득을 말하므로 함께 사는 배우자나 부모, 형제자매, 자녀의 소득으로 이해하면 된다. 동거하는 식구들이 벌어오는 소득이 늘어나면 본인도 그 소득의 혜택을 볼 수 있으므로 타가구원의 소득도 일종의 비근로소득으로 이해해도 무방하다.

이처럼 비근로소득이나 타가구원의 소득이 증가하면 노동자의 노동공급시간은 감소한다.

이를 그래프로 나타내면 아래와 같다. 하루 24시간을 기준으로 그래프를 그렸다고 가정하고, 24시간을 모두 여가로 사용하여 일을 전혀 하지 않았을 때는 소득이 0원이지만, (가)만큼의 임대수입(비근로소득)이 발생하면 노동시간이 0시간(=여가시간이 24시간)일 때도 (가)만큼의 소득은 존재하므로 예산제약선이 오른쪽 위로 평행이동하게 된다. 이에 따라 예산제약선과 여가·소득 무차별곡선의 접점도 오른쪽 위로 이동하게 되고 그만큼 여가시간은 더 증가(㉠시간 → ㉡시간)하고 그만큼 노동시간은 감소한다.

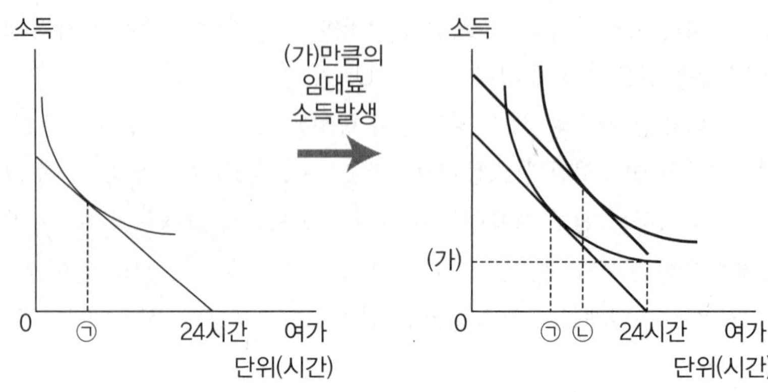

> **tip** 그래프에 대한 설명이 이해되지 않더라도 "비근로소득이나 타가구원의 소득이 증가하면 노동자의 노동공급시간은 감소한다"는 사실만 암기해도 문제 푸는 데는 큰 지장이 없다.

6 임금의 상승효과

노동공급의 법칙에서 살펴본 바와 같이 일반적으로 임금이 상승하면 노동공급량이 증가하지만 예외적으로 노동공급량이 감소하는 현상이 나타날 수도 있다.

따라서 "임금이 올라갈 때 일을 많이 합니까?"라는 물음에 "많이 한다"라는 답변은 틀린 말이며, "알 수 없다" 또는 "일반적으로는 많이 한다"라고 해야 맞는 말이다.

이처럼 임금이 상승할 때 노동공급량의 증감여부는 알 수 없다고 답해야 하는 이유는 노동공급곡선의 후방굴절이라는 예외적인 상황이 존재하기 때문인데, 이에 대한 자세한 설명은 노동공급곡선의 후방굴절에서 다루기로 한다.

7 노동공급곡선의 후방굴절

(1) 여가시간과 노동시간은 서로 상충관계

앞서 노동공급과 관련한 논의에서 기본전제로 노동자에게 주어진 시간은 여가시간과 노동시간 2가지로만 이루어져 있고, 둘은 서로 상충관계에 놓여 있다고 가정하였다. 따라서 임금이 상승할 때 노동자의 여가사용시간의 변화를 통해(여가를 많이 사용하는지 적게 사용하는지에 따라) 노동공급량(노동공급시간)의 증감을 판단할 수 있다. 즉, 임금이 상승할 때 여가를 많이 사용했다면 그만큼 노동시간(노동공급량)은 감소했다는 뜻이고, 여가를 적게 사용했다면 그만큼 노동시간은 증가했다는 뜻이다.

(2) 임금상승＝여가의 기회비용 증가

(1)번의 기본전제하에서 시간당 임금이 1만 원인 노동자가 1시간 여가를 사용했다면 노동은 1시간 적게 하게 되므로 1시간 노동을 해서 얻을 수 있는 소득 1만 원을 포기해야 한다. 이처럼 노동자가 여가를 선택함에 따라 포기해야 되는 금전적인 가치(이 경우는 1만 원)를 여가의 기회비용이라고 한다. 만약 시간당 임금이 5만 원인 노동자가 1시간 여가를 사용했다면 이때 포기해야 하는 금액은 5만 원이므로 여가의 기회비용은 5만 원이 된다. 결국 시간당 임금이 상승하면 여가의 기회비용도 증가한다는 사실을 알 수 있다. 달리 표현하자면, 시간당 임금이 올라갈수록 여가는 그전보다 상대적으로 더 비싸진다는 의미이다(임금상승＝여가의 상대가격 상승).

(3) 대체효과와 소득효과

대체효과는 '상대가격'의 변화로 나타나는 효과라고 이해하면 된다. 합리적인 사람이라면 어떤 재화의 상대가격이 상승하면 이전보다 적게 소비하려 하고 하락하면 더 많이 소비하려고 할 것이다. 여가도 노동자들이 소비하는 일종의 재화라고 본다면, 노동자들이 여가를 소비할 때 여가가 이전보다 비싸게 느껴지면 적게 소비하고 싸게 느껴지면 더 많이 소비하려고 할 것이다. 따라서 임금이 상승하면 여가의 기회비용이 상승(여가의 상대가격이 상승)하므로 대체효과는 비싸진 여가를 적게 소비하는 형태로 나타나게 된다. 즉, 단순하게 정리하면 다음과 같다.

> 임금상승 → 여가의 기회비용(상대가격) 상승 → 여가시간 감소(여가를 적게 소비) → 노동시간 증가

한편, 소득효과는 '실질소득'의 변화로 나타나는 효과라고 이해하면 된다. 사람들은 재화를 소비할 때 해당재화의 상대가격 변화뿐만 아니라 자신의 소득수준도 고려한다. 정상적인 경우에는 소득이 상승하면 재화의 소비량을 늘리고 소득이 낮으면 줄이는 경향을 보이는데, 이처럼 소득이 상승했을 때 소비량이 늘어나는 재화를 '정상재'로, 반대로 소득이 상승했을 때 소비량이 감소하는 재화를 '열등재'로 부른다.

만약에 여가를 정상재라고 가정한다면 임금의 상승으로 소득이 증가했을 때 노동자들은 여가를 더 많이 소비할 것이다. 즉, 여가가 정상재일 때 임금상승으로 나타나는 소득효과는 여가소비시간의 증가를 통해 노동시간의 감소를 가져오고, 여가가 열등재일 때 임금상승으로 나타나는 소득효과는 여가소비시간의 감소를 통해 노동시간의 증가를 가져오게 된다. 이를 단순하게 정리하면 다음과 같다.

> 임금상승 → 소득증가 ⟨ (여가가 정상재인 경우) 여가시간 증가 (여가를 많이 소비) → 노동시간 감소
> (여가가 열등재인 경우) 여가시간 감소 (여가를 적게 소비) → 노동시간 증가

이처럼 임금이 상승하면 여가의 기회비용이 상승(상대가격의 상승)함과 동시에 소득도 상승한다. 즉, 상대가격의 변화로 나타나는 대체효과와 소득의 변화로 나타나는 소득효과가 모두 발생한다는 의미이다.

이때 여가가 정상재라면 임금이 상승할 경우 대체효과는 노동시간의 증가로 나타나는 데 비해 소득효과는 노동시간의 감소로 나타난다. 따라서 두 효과 중에서 어느 효과가 더 크게 작용하느냐에 따라 결과가 달라진다. 만약 대체효과가 소득효과보다 크면 임금상승 시 노동시간은 증가하고, 소득효과가 대체효과보다 크면 임금상승 시 노동시간은 감소한다.

이를 그림으로 나타내면 다음과 같은 노동공급곡선이 된다. 임금이 W*보다 낮은 수준일 때는 임금이 상승할수록 노동공급량이 증가하여 우상향하는 형태를 띠지만, W*보다 높은 수준일 때는 임금이 상승할수록 노동공급량이 감소하여 좌상향하는 형태를 띠고 있다. 이처럼 뒤에서 꺾이는 모양의 노동공급곡선을 후방굴절형 노동공급곡선이라고 한다.

일반적인 형태의 노동공급곡선은 우상향하는 형태를 나타내지만 여가가 정상재일 경우에는 소득효과가 대체효과보다 크면 노동공급곡선이 후방굴절하는 형태를 나타낸다.

> **tip** 여가가 정상재일 경우에는 노동공급곡선이 우상향하지 않고 후방굴절형태가 되는 예외적인 상황이 발생할 수 있으므로 '임금이 상승할 때 노동공급량은 증가한다'는 명제는 거짓이며, '임금이 상승할 때 일반적으로 노동공급량은 증가한다' 또는 '임금이 상승할 때 노동공급량의 증가·감소여부는 알 수 없다'는 명제는 참이다.

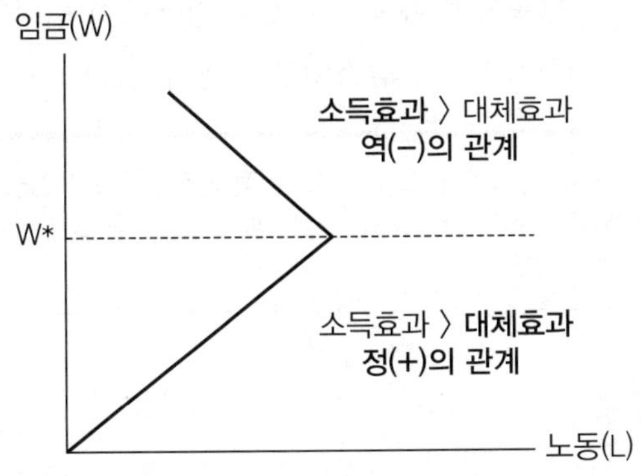

〈여가가 정상재일 때 나타날 수 있는 후방굴절형 노동공급곡선〉

한편, 여가가 열등재라면 임금이 상승할 때 대체효과는 노동시간의 증가로 나타나고 소득효과도 노동시간의 증가로 나타난다. 즉, 두 효과 모두 임금이 증가할 때 노동시간이 증가하는 쪽으로 결론이 같다. 따라서 여가가 열등재인 경우는 굳이 대체효과와 소득효과의 크기를 비교할 필요가 없다.

> **tip** 여가가 열등재인 경우
>
> 대체효과 : 임금상승 → 노동시간 증가(임금과 노동은 비례관계)
> 소득효과 : 임금상승 → 노동시간 증가(임금과 노동은 비례관계)
>
> 대체효과와 소득효과의 크기를 비교하지 않아도 임금과 노동은 항상 비례관계임을 알 수 있다.
> (대체효과와 소득효과의 크기를 비교할 실익이 없음)

그리고 이를 그림으로 나타내면 다음과 같은 형태의 노동공급곡선이 된다. 즉, 여가가 열등재일 경우에는 노동공급곡선은 항상 우상향한다.

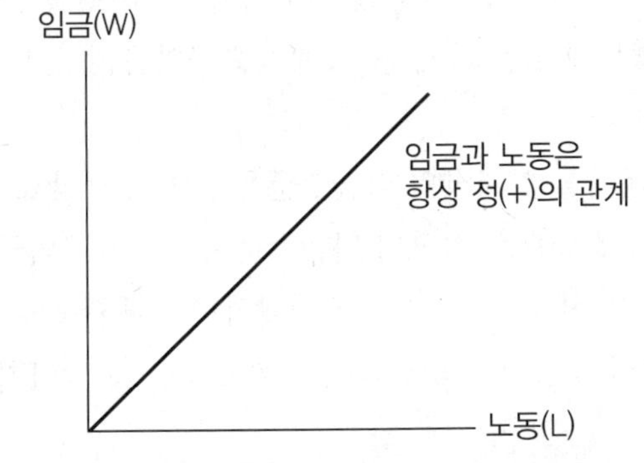

〈여가가 열등재일 때 항상 우상향하는 노동공급곡선〉

⑧ 근로소득세율의 상승효과

근로소득세율이 상승하면 세율이 상승한 만큼 징수하는 세액이 늘어나게 되어 임금이 하락한 것과 같은 결과를 초래하며, 반대로 세율이 인하되면 그만큼 징수세액이 줄어서 임금이 상승한 것과 같은 결과를 초래한다. 따라서 근로소득세율이 변화한다는 것은 임금률이 변화한다는 것으로 이해하면 되므로 근로소득세율 상승 시 노동공급량의 증가·감소여부를 알 수 없다.

> **tip** 고용보험료율이 하락했다고 하면 그만큼 고용보험료를 적게 징수하므로 임금은 상승한 것으로 이해하면 되는데, 임금이 상승할 경우 노동공급량의 증가여부는 알 수 없으므로 고용보험료율이 하락할 때 노동공급량의 증가여부도 알 수 없다.

⑨ 경제활동참가의 결정

지금까지는 개별노동자들이 어떤 경우에 자신의 노동시간을 늘리거나 줄이게 되는지를 살펴보았는데 노동공급은 노동시간뿐 아니라 노동자의 숫자로도 파악할 수 있다. 즉, 개별노동자의 노동공급시간의 증감뿐만 아니라 전체 인구에서 얼마나 많은 인원이 노동시장에 참가하여 노동을 하려고 하는지 여부도 따질 수 있어야 한다.

사람들이 일을 할 것인지 말 것인지를 결정할 때, 즉 경제활동참가 여부를 결정할 때 고려하는 요소에는 ① 보상요구임금, ② 비근로소득의 크기, ③ 사회보장수준, ④ 보육시설이용 가능성, ⑤ 파트타임 노동시장의 발달정도, ⑥ 가계생산기술 등이 있다.

(1) 보상요구임금과 시장임금의 비교

보상요구임금(Reservation Wage)이란 노동을 시장에 공급하기 위해서 노동자가 요구하는 최소한의 주관적 요구임금수준을 말한다. 예를 들어, 어떤 노동자가 "나는 임금을 최소한 100만 원보다는 많이 받아야 일을 할 것이다"라고 생각하고 있으면 이 노동자의 보상요구임금은 최소한 100만 원은 넘는 수준에서 정해진다. 따라서 어떤 기업이 임금 100만 원을 제시하면 자신이 설정한 최소한의 눈높이를 충족시키지 못하므로 일을 하지 않겠지만, 만일 101만 원을 제시하면 최소한의 눈높이 수준인 100만 원은 넘기 때문에 일을 하게 된다. 보상요구임금은 '유보임금', '의중(意中)임금', '눈높이임금'으로 표현하기도 한다.

위의 예에서 보듯이, 노동자들은 시장의 임금수준을 본인의 보상요구임금수준과 비교하여 노동을 할지 말지 여부를 결정하게 되므로 시장의 임금수준이 보상요구임금보다 높은 경우에는 경제활동에 참가하고, 시장임금이 보상요구임금수준에 미달하면 경제활동에 참가하지 않는다. 즉, 노동시장의 임금수준이 올라가거나 노동자들의 임금에 대한 눈높이가 낮아지면 경제활동에 참가하는 사람의 숫자는 늘어난다.

(2) 비근로소득

비근로소득이 없고 근로소득이 유일한 노동자라면 노동을 하지 않으면 생계유지가 불가능하기 때문에 비근로소득이 있는 사람에 비해 눈높이 임금(보상요구임금)수준이 낮지만, 임대소득이 있는 사람은 상대적으로 여유가 있으므로 눈높이 임금이 더 높다. 결국 비근로소득이 커지면 개인의 보상요구임금은 높아지므로 노동자의 경제활동참가는 감소한다.

노령인구의 경제활동참가를 보상요구임금의 관점에서 설명한다면, 사회보장제가 미흡한 우리나라는 노년에 사회보장혜택의 금전적 가치, 즉 비근로소득의 크기가 작기 때문에 노령인구의 보상요구임금수준은 낮고 노령인구의 경제활동참가율은 높아진다.

한편 부가노동자효과도 비근로소득의 감소로 설명이 가능하다. 가계소득을 책임지던 남편의 실직은 기혼여성 입장에서는 타가구원의 소득이 감소한 것이다. 타가구원의 소득이 본인 입장에서는 비근로소득이므로 비근로소득이 감소한 기혼여성의 보상요구임금(눈높이 임금)수준은 감소하고 그에 따라 기혼여성의 경제활동참가율은 증가한다.

비근로소득 감소 ⇨ 보상요구임금수준 감소 ⇨ 경제활동참가율 증가

(3) 육아 내지 통근시간의 영향

여성의 경우 육아시간이나 통근시간이 경제활동참가에 영향을 미치기 때문에 노동공급도 이에 따라 변화한다. 탁아시설의 증가로 여성이 부담하는 육아시간이 줄어들면 경제활동참가는 증가한다. 같은 맥락에서 자녀의 수 증가를 육아시간의 증가로 가정한다면 자녀의 수가 늘면 여성의 경제활동참가는 감소한다.

여성의 나이와 경제활동참가율의 변화를 그래프로 나타내면 20대 후반에서 30대 초반에 참가율이 급격히 떨어지는 M자 형태를 띠게 되는데, 이는 해당연령대에 결혼, 출산, 육아 등으로 그만큼 경력이 단절되는 여성이 많다는 것을 의미한다.

한편 남성의 경우는 결혼, 출산, 육아 등으로 경력이 단절되는 경향이 적기 때문에 나이와 경제활동참가율의 관계를 그래프로 그려보면 역U자 형태가 된다.

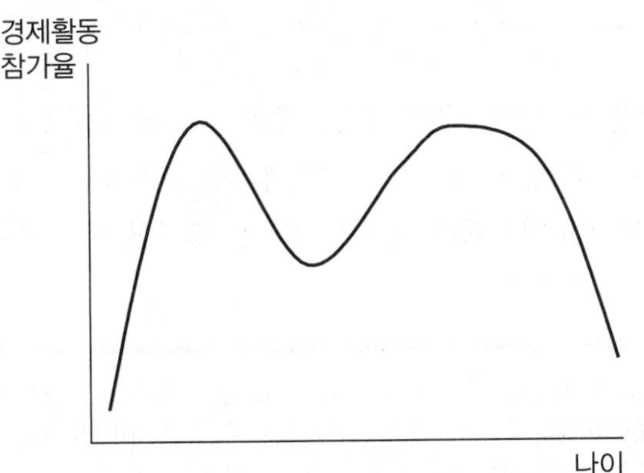

〈여성의 M자형 경제활동참가 모형〉

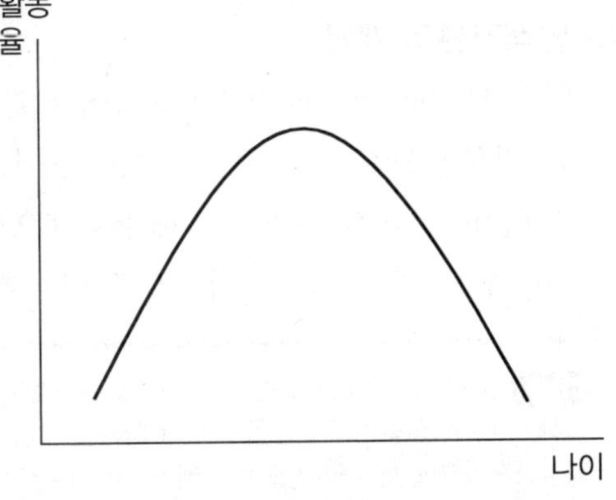

〈남성의 역U자형 경제활동참가 모형〉

(4) 파트타임 고용시장의 발달

기업이 노동시간을 신축적으로 운영하여 파트타임 고용시장이 발달한 경우에는 경제활동참가율은 증가한다. 파트타임 일자리의 증가는 사실상 비정규직 일자리 증가이므로 고용의 질은 후퇴하는 셈인데, 이러한 질적인 면은 논외로 하고 양적인 측면만 바라보면 파트타임 일자리의 증가는 노동공급을 늘릴 수 있다.

(5) 가계생산기술의 발달

기혼여성은 가사노동을 통해 가정 내에서 필요한 상품(가정재)을 생산하는데 가계생산기술이 발달하면 기혼여성의 경제활동참가율은 증가한다. 예를 들어, 세탁기가 있으면 빨래하는 시간을 절약할 수 있으므로 남는 시간에 노동시장에서 일을 할 수 있다.

❿ 루이스(A. Lewis)의 무제한 노동공급이론

산업화 초기단계인 저개발국에서는 농업 부문에 잠재실업상태의 과잉노동력이 존재하기 때문에 근대적인 공업 부문에서 농업 부문에 비해 높은 임금수준의 고용기회가 주어진다면 장기간에 걸쳐 무제한적인 노동공급이 가능하다.

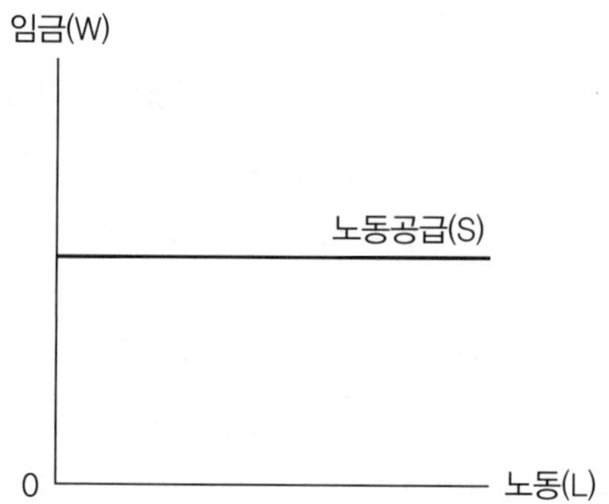

⓫ 인적자본에 대한 투자와 노동의 질

(1) 인적자본의 개념

인적자본(Human Capital)이란 교육이나 훈련 등을 통해 인간에게 내재된 생산성을 높이는 기술, 기능, 지식을 통칭한다. 인적자본이란 용어는 1950년대 말 미국의 노동경제학자인 슐츠(Schultz, T. W.)와 베커(Becker, G. S.) 등에 의해 본격적으로 사용되기 시작했다. 이들은 인간을 투자에 의해 경제가치나 생산력의 크기를 증가시킬 수 있는 자본으로 보았다.

> **tip** 슐츠나 베커 이전에도 인적자본에 대한 개념은 있었다. 애덤 스미스(Adam Smith)도 많은 노동과 시간을 투입하여 '더 높은 숙련과 기술을 획득한 사람은 고가의 기계와 비유될 수 있다'고 하였는데 그와 같은 생각이 현대이론에 정밀하게 도입되지는 않고 슐츠와 베커 이후에 본격적으로 논의되기 시작했다.

인적자본이론에 따르면, 노동자에게 교육이나 훈련을 시키면 노동생산성이 향상되고 이를 통해 높은 수익을 얻어낼 수 있다.

인적자본을 늘릴 수 있는 투자에는 ① 정규교육(학교교육), ② 현장훈련, ③ 이주, ④ 건강, ⑤ 노동시장정보 등이 있는데 이 가운데 가장 중요한 것이 바로 교육이다.

> **교육 · 훈련 투자 ⇨ 높은 생산성 ⇨ 고수익, 고임금**
>
> 일부에서는 위의 과정이 인과관계가 불분명하다며 비판을 제기하기도 함. 교육은 능력 있는 사람을 식별 · 선별하는 데만 유용할 뿐이며 정작 임금을 높이는 것은 그 사람의 타고난 능력이라는 주장

(2) 인적자본의 투자대상

① 정규교육 또는 학교교육 : 가장 일반적인 형태의 인적자본 형성방법이라 할 수 있다. 학교교육을 통하여 습득한 지식과 기술 등으로 노동시장에서 필요로 하는 노동력을 공급하고 그에 따른 수익을 얻을 수 있다.

② 현장훈련 : 현장훈련은 노동자가 취업 후 해당사업장의 작업현장에서 작업을 수행하면서 관련 지식이나 기술, 노하우를 획득하는 것을 말한다. 정규교육과 함께 인적자본 투자의 큰 부분을 차지한다.

③ 이주 : 일정한 인적자본을 축적한 근로자가 자신의 생산능력을 최대한 발휘하기에 보다 알맞은 곳으로 이동함으로써 자신의 가치를 더욱 증가시키는 과정을 말한다. 이러한 이주에도 비용이 투입되고, 이주에 의하여 더 높은 수익이 획득될 수 있기 때문에 이것도 일종의 인적자본투자로 간주한다.

④ 건강 : 건강수준을 높임에 의하여 노동공급시간을 일정수준 이상으로 유지시킬 수 있고, 결근 등에 따른 경제적 손실을 줄일 수 있다.

⑤ 정보 : 노동시장정보가 불완전한 상태이므로 일정한 노동시장 관련 정보를 얻기 위한 투자를 하고, 이를 통해 기타 노동시장 관련 정보를 얻을 수 있는 방법에의 투자비용의 지출은 자신의 취업 내지 고용생활에 더 많은 경제적인 수익을 확보할 수 있다.

(3) 훈련비용의 부담

일반적 훈련이란 어느 기업에서나 사용할 수 있는 일반적인 기술을 가르쳐주는 훈련을 의미하고, 기업특수적 훈련이란 특정기업에서만 사용이 가능한 기술을 가르쳐주는 훈련을 의미한다. 한편 VMP^*는 훈련을 받기 전 노동의 한계생산물가치를 의미하고, VMP_0는 훈련을 받고 있는 동안의 한계생산물가치를, VMP_1은 훈련이 끝난 후 한계생산물가치를 의미한다.

그림에서 보듯이 훈련 받는 동안에는 시행착오도 겪고 업무에 제대로 집중할 수 없을 것이므로 일시적이지만 생산성이 낮아지기 때문에 훈련 중의 한계생산물가치(VMP_0)는 훈련 전 한계생산물가치(VMP^*)보다 낮다. 그러나 훈련이 종료되면 생산성이 향상되므로 훈련 후 한계생산물가치(VMP_1)는 훈련 전 한계생산물가치(VMP^*)보다 더 높다.

이 경우 각 훈련별로 기업이 임금을 어떻게 지급하는지를 살펴보면 다음과 같다.

일반적 훈련의 경우 훈련 중이든 훈련 후든 임금을 VMP* 수준으로 지급한다고 가정하면 노동자는 훈련 중일 때는 불만 없이 VMP* 수준의 임금을 지급받고 있지만 훈련 후에는 다른 기업으로 이직하게 된다. 왜냐하면 일반적 훈련을 통해 습득한 기술은 어느 기업에서나 사용이 가능하므로 다른 기업으로 이직하여 VMP_1 수준으로 일을 해 주고 VMP_1 수준의 임금을 받을 수 있기 때문이다. 따라서 기업은 훈련 중에는 VMP_0 수준의 임금을 지급하고, 훈련 후에는 VMP_1 수준의 임금을 지급한다.

> **tip** 이렇게 지급해도 노동자는 불만이 없다. 왜냐하면 일반적인 기술은 배워두면 다른 기업으로 이직해서도 그 기술을 사용하여 수익을 얻을 수 있으므로 훈련기간 동안 VMP*보다 낮아진 임금 차액(VMP*−VMP0)을 자신의 몸값을 높이기 위한 투자비 지출로 받아들이기 때문이다.

그런데 기업특수적 훈련의 경우에 일반적 훈련처럼 임금을 지급하면 노동자와 기업 모두 만족하지 않는다. 기업특수적 훈련은 배워둬도 다른 기업에서 사용할 수 없기 때문에 혹시라도 훈련 중이나 훈련 후에 이직을 하게 되면 노동자만 손해를 보기 때문에 훈련 중에 VMP_0 수준의 임금이 지급되면 노동자에게 불만이 생긴다. 한편 훈련 후에 VMP_1 수준의 임금을 지급하게 되면 기업이 불만이 생긴다. 기업특수적 훈련을 받은 노동자는 다른 기업에 이직했을 때 VMP_1 수준이 아니라 VMP* 수준의 임금밖에 지급받지 못하므로 굳이 VMP_1 수준의 임금을 지급할 필요성을 못 느끼게 된다. 따라서 노동자와 기업은 서로 암묵적으로 조금씩 양보하여 훈련 중일 때는 VMP_0 수준보다는 조금 높은 W1 수준으로, 훈련 후에는 VMP_1 수준보다는 조금 낮은 W2 수준에서 임금을 결정한다.

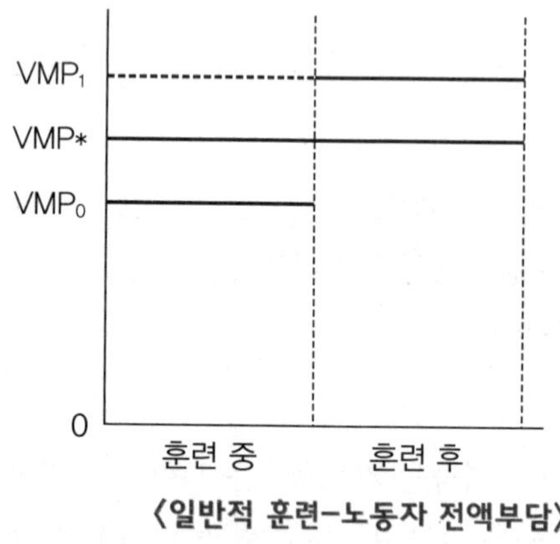

〈일반적 훈련-노동자 전액부담〉

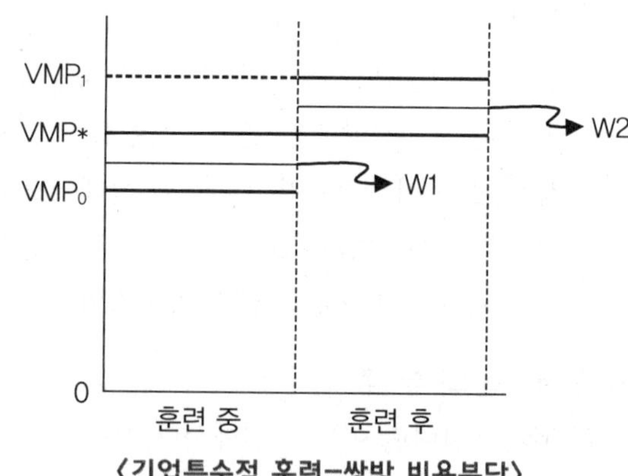

〈기업특수적 훈련-쌍방 비용분담〉

(4) 인적자본에 대한 비판(선별가설)

선별가설은 인적자본이론에 대한 비판으로 등장한 것으로서, 교육이 생산성을 높여주는 것이 아니라 단지 노동자의 생산성이 높을 것이라는 신호로서만 역할을 한다고 보는 이론이다. 선별가설에서도 교육·훈련을 많이 받은 사람이 고임금을 지급받을 수 있다고 보는데 그 이유는 인적자본이론과 차이가 있다.

인적자본이론은 교육이 노동자의 노동생산성을 향상시켜서 고임금이 지급된다고 본다. 그러나 선별가설은 기업이 인재선발과정에서 생산성이 높은 지원자를 파악하기 곤란할 때 학력수준이 높은 사람이 생산성이 높을 것이란 기대하에 교육을 많이 받은 사람을 채용한다고 주장한다. 결국 고학력자일수록 실제로 생산성이 높은지 여부와는 무관하게 단지 학력이 높다는 사실만으로 취업 가능성이 높고 고임금 획득 가능성도 높아진다.

> **tip** 만약 고3 수험생이 "왜 대학에 가야 합니까?"라고 질문을 한다면 인적자본이론을 주장하는 사람은 "대학에 가야 교육을 많이 받아서 당신의 생산성을 높여 고임금을 받을 수 있다"고 답하겠지만, 선별가설을 주장하는 사람은 "대학에 가야 간판을 따서 좋은 직장에 취직하기 쉽다"라고 답할 것이다.

Section 03 노동시장의 균형

❶ 노동시장의 의의와 특징

노동시장이란 노동수요자와 노동공급자 사이에서 노동력이라는 상품이 거래되는 시장을 의미한다. 이와 같은 노동시장은 노동력이라는 상품이 이것을 소유하고 있는 노동자(노동공급자)로부터 노동수요자인 기업으로 이전되는 조직과 기구, 또는 그러한 전 과정에 존재하는 제반 관계를 포괄하여 일컫는 말이다. 즉, 다양한 수요·공급의 균형점을 찾는 장을 일반시장이라고 한다면, 노동시장이란 생명을 가진 인간의 노동력을 대상으로 하고 있는 특수한 시장이라고 할 수 있다.

❷ 완전경쟁노동시장

(1) 의의

완전경쟁노동시장이란 기술 및 숙련이나 지역적인 고려를 제외하면 모든 근로자들이 직업의 선택이나 임금의 결정에 있어서 아무런 제약도 받지 않으며 자유롭게 이동할 수 있는 하나의 연속적인 노동시장을 의미한다.

주로 고전학파나 신고전학파 경제학자들이 노동시장은 완전경쟁노동시장이라는 관점에서 접근한다. 이들은 시장의 '보이지 않는 손'(자율적 조정기능 = 놔두면 알아서 잘 돌아간다 = 시장을 믿고 자유경쟁에 맡겨라)을 믿기 때문에 정부가 노동시장에 개입하는 것에 부정적이다.

(2) 특성과 가정

① 다수의 노동 수요·공급자가 존재하며 양 당사자는 자유롭게 근로계약을 체결한다.

② 노동의 이동이 자유롭게 이루어진다.

③ 노동 수요·공급자는 완전정보하에서 의사결정을 한다.

④ 기술·숙련, 지역적 차이를 제외하고는 노동력의 질적 차이는 없다.

⑤ 동일한 노동에 동일한 임금이 지급된다.

(3) 관련 이론

① 보상원리 : 직종의 불리함을 임금으로 보상해 준다는 이론이다. 서로 다른 직종에 종사하는 노동자들의 이익과 불이익은 전체적으로 보아 균등화되는 경향이 있다. 왜냐하면 특정직종이 다른 직종에 비해 어떤 측면에서 불이익이 발생하게 되면 다른 측면에서는 그 불이익을 보상해 줄 만큼의 이익이 발생하기 때문이다. 이와 같이 정부의 간섭 없이 완전경쟁만 보장되면 모든 노동자들이 받는 순이익은 '보이지 않는 손'의 보상원리에 의하여 균등화된다. 만일 노동시장이 완전경쟁시장이고 (가)직종이 (나)직종보다 노동조건 등 여러 측면에서 불리함이 많은 상태인데 두 직종의 임금이 동일하다면 아무도 (가)직종으로는 취업하려고 하지 않을 것이다. 따라서 (가)직종은 이러한 불리함을 보상해 주기 위해 임금을 더 얹어서 지급하게 된다(임금의 프리미엄). 즉, 보상원리가 원활히 작동되는 노동시장이라면 상대적으로 노동조건이 열악한 3D업종에 종사하는 노동자가 더 많은 임금을 받을 수 있다.

② 인적자본이론 : 앞서 살펴본 바대로, 인적자본이론은 인간도 투자를 하면 수익을 낼 수 있는 일종의 자본으로 간주하여 교육·훈련에 투자를 하면 노동생산성이 향상되어 수익을 낼 수 있다고 보는 이론이다. 인적자본의 질의 차이가 생산력과 임금수준의 차이를 유발하므로 인적자본에 대한 투자(교육·훈련 등)로 임금의 격차를 완화시킬 수 있다.

❸ 분단노동시장

(1) 의의

분단노동시장이란, 노동시장을 하나의 연속적이고 경쟁적인 시장으로 보지 않고 상당히 다른 속성을 지닌 노동자가 분단된 상태의 노동시장에서 상호 간에 이동이나 교류가 거의 단절된 상태에 있고 임금이나 근로조건에도 서로 차이가 현저한 시장을 말한다.

(2) 등장배경

보상원리나 인적자본이론은 힘든 일을 하거나 교육을 많이 받는 식으로 노동자 개인의 노력으로 충분히 고임금을 받을 수 있다고 하지만 현실에서는 그렇지 않은 경우도 많다. 실제로 현실에서는 노동자 본인이 아무리 노력을 해도 빈부격차, 차별, 제도적 장애물 등으로 좋은 일자리를 얻지 못하고 저임금의 열악한 조건의 일자리를 전전하는 경우를 자주 접할 수 있다. 이런 이유로 완전경쟁노동시장이론만으로는 현실을 설명하는 것이 충분치 않다는 비판에서 분단노동시장이론이 등장하게 된다.

(3) 관련 이론

① 비경쟁집단이론 : 고전학파의 보상원리에 대한 반론으로 등장한 이론으로, 현실에서는 경제적·사회적 장벽으로 인해 근로자의 자유로운 직장이동이 이뤄지지 못하며 그에 따라 보상원리의 가정과 달리 노동조건이 열악한 곳이 임금은 오히려 더 낮은 경우도 있는데, 이러한 현상을 설명하기 위해 도입된 이론이다.

② 직무경쟁이론 : 노동자들이 노동시장에서 경쟁대상으로 삼고 있는 것이 임금이 아니라 취업기회라고 주장하는 이론이다. 노동자가 취업할 수 있는 직무의 수와 종류는 기술적으로 미리 정해진 상태이고, 노동자의 기술 내지 숙련과 그들이 요구하는 임금수준은 실제 충원되는 직무의 수나 종류를 결정하는 데 의미가 없다. 노동시장이 사회적·제도적 요인에 의하여 크게 영향을 받게 된다는 점을 강조한 이론이다.

③ 내부노동시장이론 : 노동시장을 내부노동시장과 외부노동시장으로 구분한 후 기업에서의 숙련의 특수성, 직장 내 훈련, 관습에 따라 기업에서의 내부노동시장이 형성된다는 이론이다. 내부노동시장이란 임금, 상여금, 부가급여로 구성되는 노동의 가격결정과 직무배치·전환, 현장훈련 및 승진 등 고용의 여러 측면이 일련의 관리규칙과 절차에 의해 지배되는 기업 내부의 구조화된 고용관계를 말한다.

> **Plus Check** 내부노동시장의 형성요인
> • 숙련(훈련)의 특수성 : 특정기업에서만 사용이 가능한 기술을 가르치는 기업특수적 훈련을 실시할 경우에는 내부노동시장이 형성되기 쉽다.
> • 현장훈련 : 사업장 내에서 일을 하면서 훈련을 실시하는 현장훈련이 활성화된 경우에는 내부노동시장이 형성되기 쉽다.
> • 관습 : 기업 내부에 성문화(成文化)되지 않은 업무 관행이나 관습이 광범위하게 존재하고 중요하게 작용하는 경우에는 내부노동시장이 형성되기 쉽다.

④ 이중노동시장이론 : 이중노동시장이론은 한 나라의 노동시장이 1차 노동시장과 2차 노동시장으로 분단되어 있다고 보는 이론이다. 이때 1차 노동시장은 주로 내부노동시장으로 형성되어 있으며, 임금수준도 상대적으로 높고, 근로조건도 양호하며, 승진의 기회도 다양할 뿐만 아니라 고용의 안정성이 보장된 노동시장인 반면, 2차 노동시장은 임금수준도 낮고, 근로조건도 매우 열악하며, 승진의 기회도 부족할 뿐만 아니라 특히 고용의 불안정성이 심한 노동시장이라는 것이다.

⑤ 급진파이론 : 자본에 의한 노동시장의 의도적 분단화에 초점을 맞추어 노동시장의 특성을 분석하고 있는 이론이다. 이 이론에서는 노동시장이 하나의 연속적이고 경쟁적인 것이 아니라 서로 상이한 속성을 가진 근로자가 분단된 상태의 노동시장으로 분단되어 있으며, 이들 노동자 간에는 노동자 상호 간의 이동이나 교류가 거의 단절되어 있을 뿐만 아니라 임금이나 근로조건도 현저하게 차이가 있다는 것이다.

(4) 분단노동시장이론의 정책적 시사점

① 인적자본 투자계획이나 직업탐색에 대한 지원 등과 같은 노동시장의 공급 측면에 대한 정부의 개입 또는 지원을 지나치게 강조하는 것에 부정적이다.

② 노동시장의 수요 측면에 초점을 둔다(예 : 공공적인 고용기회 확대, 임금에 대한 보조금, 차별대우 철폐 등).

③ 내부노동시장의 중요성을 강조한다.

④ 완전고용을 위한 확장적 거시경제정책(재정정책, 금융정책) 주장

⑤ 노동의 소외를 방지하고 노동의 인간화를 도모할 의식적, 정책적인 노력 요구

④ 노동시장의 균형분석

(1) 노동시장의 균형

노동시장의 균형이란, 노동수요량과 노동공급량이 서로 일치하는 임금수준에 도달하여 외부변수가 변하지 않는 한 균형임금 또는 균형고용량이 더 이상 변하지 않는 상태를 말한다.

(2) 노동시장의 균형조건

노동시장이 완전경쟁상태라고 가정하면, 노동수요곡선과 노동공급곡선이 만나는 점에서 균형임금과 균형고용(노동)량이 결정된다.

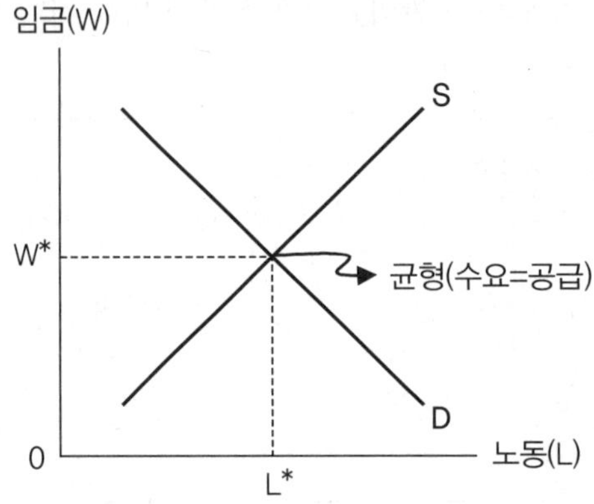

W* : 균형임금　　L* : 균형고용(노동)량

〈노동시장의 균형〉

노동시장이 완전경쟁시장이라고 가정을 하고, 노동시장의 균형이 달성되는 과정을 설명하면 다음과 같다.

임금이 200만 원으로 균형임금수준일 때 노동수요량과 공급량은 모두 200명으로 일치하는 균형상태이다. 만약 임금이 200만 원에서 300만 원으로 균형임금수준보다 높아진다면 노동수요량은 200명에서 100명으로 감소하고, 노동공급량은 300명으로 증가한다. 결국 노동공급량이 200명 더 많은 노동의 초과공급(실업)상태가 발생한다. 노동의 초과공급상태라는 것은 일하겠다는 사람은 많은데 일자리는 부족한 상황이므로, 노동공급자(노동자)들은 경쟁적으로 자신의 임금을 낮춰서 노동력을 팔려고 하므로 시장의 임금은 하락압력이 발생하여 점차 균형임금수준으로 낮아지면서 노동시장은 균형을 이루게 된다.

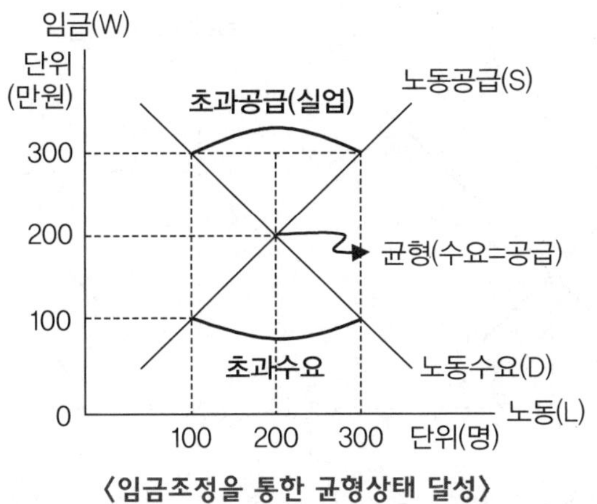

〈임금조정을 통한 균형상태 달성〉

반대로 임금이 200만 원에서 100만 원으로 균형임금수준보다 낮아진다면 노동수요량은 200명에서 300명으로 증가하지만, 노동공급량은 200명에서 100명으로 감소한다. 이때는 노동수요량이 200명 더 많은 노동의 초과수요상태가 발생한다. 노동의 초과수요상태라는 것은 기업들의 일자리는 많은데 일하겠다는 사람이 모자라는 상황이므로, 노동수요자(기업)는 경쟁적으로 임금을 올려서 직원을 채용하려고 하므로 시장의 임금은 상승압력이 발생하여 점차 균형임금수준으로 올라가면서 노동시장은 균형을 이루게 된다.

(3) 균형임금, 균형고용량의 변화

노동수요 또는 노동공급이 변할 경우에는 균형임금과 균형고용량도 변하게 된다.

이러한 균형임금과 균형고용량의 변화를 손쉽게 확인하는 방법은 노동수요곡선과 공급곡선을 그린 후 변화가 발생하는 그래프를 이동시켜서 균형점의 변화를 살펴보면 된다.

수요곡선이든 공급곡선이든 증가하면 해당그래프를 오른쪽으로 이동시키고, 감소하면 해당그래프를 왼쪽으로 이동시키면 된다.

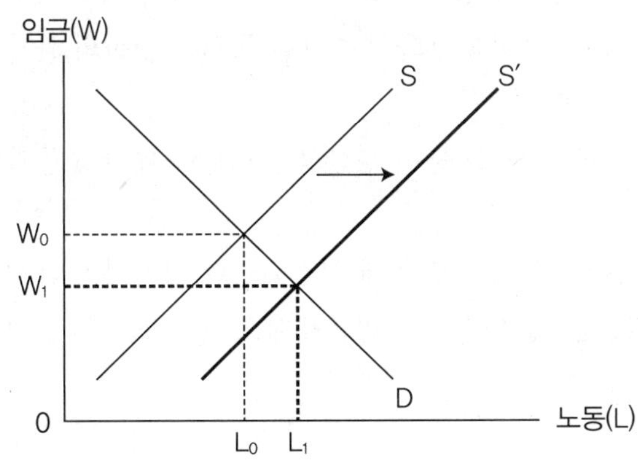

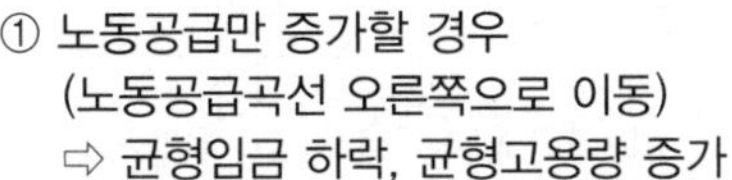

① 노동공급만 증가할 경우
(노동공급곡선 오른쪽으로 이동)
⇨ 균형임금 하락, 균형고용량 증가

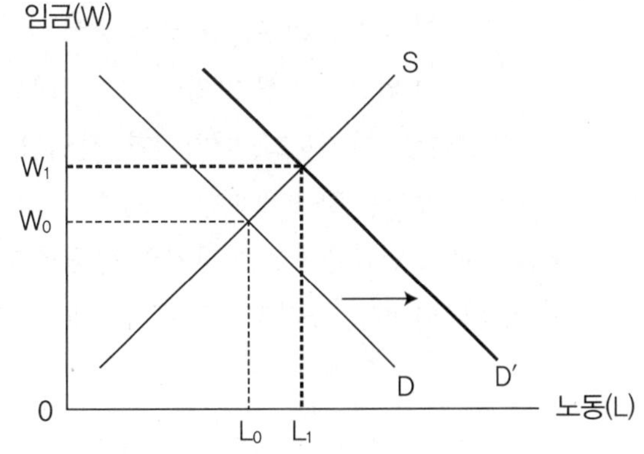

② 노동수요만 증가할 경우
(노동수요곡선 오른쪽으로 이동)
⇨ 균형임금 상승, 균형고용량 증가

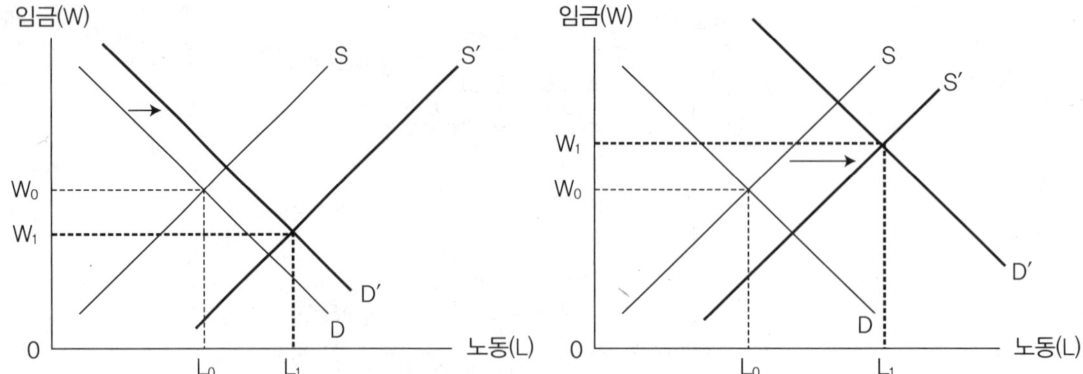

③ 노동수요, 노동공급 동시 증가할 경우(수요곡선, 공급곡선 모두 오른쪽으로 이동)
　⇨ 노동수요와 노동공급이 동시 증가할 경우 균형고용량은 반드시 증가하지만,
　　수요 · 공급곡선의 증가폭에 따라 균형임금의 증가 · 감소여부는 달라지므로 알 수 없다.

❺ 노동시장의 유연성

(1) 노동시장의 유연성

노동시장의 유연성이란 경제환경의 변화에 노동시장이 유연하게 반응할 수 있는 정도를 말한다.

(2) 노동시장 유연성의 유형

① 외부적 수량유연성 : 외부적 수량유연성은 해고가 용이하도록 법제도를 바꾸고, 종신고용 대신 기간제 고용을 도입하며, 다양한 형태의 파트타임직을 확대하는 것을 의미한다.

② 내부적 수량유연성 : 고용주가 기업 내 노동자 수를 조정하지 않고도 노동시간을 조정할 수 있는 능력을 말하며, 변형근무일제, 교대근무제, 탄력적 근로시간제 등이 이에 속한다.

③ 외부화 : 작업을 도급형태로 외부에 주거나, 파견근로의 형태로 노동자를 고용하거나, 소사장제라는 내부하청을 통해 노동자를 고용하는 것을 말한다. 외부화의 주요한 목적은 생산의 불확실성과 관련된 위험을 다른 기업에 전가시키는 것이다.

④ 기능적 유연성 : 다기능화, 배치전환, 작업장 간 노동이동을 통해 생산과정 변화에 대한 노동자의 적응력을 높이는 것을 말한다.

⑤ 임금유연성 : 임금유연성은 과거의 연공서열이나 단체협약에 의해 결정되었던 경직적 임금제도를 개인이나 팀별 능력과 성과에 연동되는 직능급, 성과급 등의 임금체계로 전환하는 것을 의미한다.

⑥ 노동의 이동

(1) 개념

노동의 이동이란, 노동자들의 지역 간 이주나 산업 간, 직종 간 및 기업 간의 이동을 말한다. 노동의 이동은 그 동기가 노동자의 자발적인 의사인지 사용자의 주도에 의한 것인지에 따라 자발적 이동과 비자발적 이동으로 구분된다. 이하에서는 자발적 이동과 관련하여 노동자들이 어떤 판단기준에 따라 노동이동을 하게 되는지 알아보고자 한다.

(2) 인적자본투자 관점에서 본 노동이동(노동이동의 투자수익률 판단)

인적자본이론에 따르면 노동의 이동(이주)도 인적자본 투자방법 중 하나이다. 어떤 투자가 됐건 투자를 할 때는 투자수익률을 고려하게 되는데, 노동이동도 투자 측면에서 접근한다면 당연히 그 수익률을 판단할 수 있어야 노동이동을 할지 말지를 결정할 수 있다.

> **tip** 앞서 인적자본의 투자방법으로 ① 정규교육, ② 현장훈련, ③ 이주, ④ 건강, ⑤ 정보를 열거한 바 있다.

① 순수익의 현재가치 판단

가령 현재 근무하는 직장에서 월급을 100만 원 받는 노동자가 있다고 가정하자. 이때 중국에 있는 경쟁업체가 이 노동자에게 월급 200만 원을 제시하며 이직을 권유한다면 이 노동자는 이직을 하는 것이 이익일까? 만약 200만 원을 받기 위해 이직을 선택한다면, 이 선택은 노동자 개인 입장에서 자신의 수익을 높이기 위한 투자임은 분명한데 수익률이 얼마가 되는지를 따져봐야 한다. 왜냐하면 단순히 100만 원에서 200만 원으로 100만 원 인상된 임금만으로 수익을 따질 수는 없기 때문이다.

우선 현재 받는 임금이 100만 원이고 이직 후 장래에 받을 임금이 200만 원이라면, 지급받는 시점의 차이에 따라 돈의 가치는 다르기 때문에 현재 100만 원과 미래의 200만 원을 그대로 비교해서 100만 원 이익이라고 할 수는 없다. 미래에 받게 될 임금 200만 원을 현재가치로 환산해서 두 금액을 비교해야 한다.

> **tip** 돈의 가치는 물가상승 등으로 인해서 시간의 흐름에 따라 변화하므로, 가령 현재 1만 원과 10년 전 1만 원, 10년 후 1만 원의 가치는 동일할 수 없다. 따라서 동일한 시점에 놓고 그 금액들을 비교해야 한다.

그런데 미래에 지급받을 임금을 현재가치로 환산할 때 적용하는 환산율(이를 '시차할인율'이라고 함)도 사람마다 차이가 있다. 즉, 미래와 현재 중에서 어떤 것을 더 선호하는지에 따라 미래가치를 현재가치로 환산할 때 적용하는 환산율(시차할인율)은 차이가 생긴다. 만약 미래보다 현재를 더 중요하게 여기는 노동자라면 시차할인율이 높고, 반대로 현재보다 미래를 더 중요하게 여기는 노동자라면 시차할인율이 낮다.

위 사례에서 시차할인율이 10%라면 이직 후 받을 임금의 현재가치는 180만 원이므로 이직을 하면 수익이 80만 원(이직 후 받을 임금의 현재가치 180만 원-현재 받는 임금 100만 원 = 80만 원)이지만, 시차할인율이 20%라면 이직 후 받을 임금의 현재가치는 160만 원이므로 수익은 60만 원이다. 즉, 시차할인율이 높을수록 미래에 받을 임금을 현재가치로 환산한 금액은 낮아져서 노동이동의 수익도 낮아지므로 노동이동 가능성도 낮아진다.

한편 현재 재직 중인 직장은 60세까지 정년이 보장되는데 이직할 직장은 1년 계약직이라면, 이직 후에 수익을 낼 수 있는 기간이 1년밖에 안 되므로 이직 후 지급되는 임금액이 더 많다고 하더라도 수익이 크지 않다. 즉, 이직할 직장의 예상근속기간이 길수록 노동이동의 수익은 증가하고, 예상근속기간이 짧을수록 노동이익의 수익은 감소한다.

또한 이직을 하게 되면 이직에 따르는 여러 가지 비용(심리적 비용도 포함)이 발생하므로 이러한 노동이동비용도 수익을 따질 때 고려대상으로 삼아야 한다. 노동이동비용이 증가하면 노동이동의 수익은 감소하고, 비용이 감소하면 노동이동의 수익은 증가한다.

결국 노동자는 노동이동을 통해 얻을 수 있는 장래수익을 현재가치로 환산한 금액에서 노동이동 비용을 뺀 금액이 노동이동의 순수익의 현재가치가 된다. 그리고 이 순수익의 현재가치가 0보다 커야 노동이동을 하게 될 것이며, 순수익의 현재가치가 클수록 노동이동의 욕구는 더 커지게 된다.

지금까지 설명한 순수익의 현재가치를 식으로 나타내면 다음과 같다. 결국 ① 새 직장에서 받는 임금이 클수록, ② 시차할인율이 낮을수록, ③ 새 직장에서의 예상근속연수가 길수록, ④ 이동에 부수되어 발생되는 직접 및 심리적 비용이 적을수록 노동이동에 따른 순수익의 현재가치는 커진다.

$$순수익의\ 현재가치 = \sum_{t=1}^{T} \frac{B_{nt} - B_{ot}}{(1+r)^t} - C$$

B_{nt} : t년에 새로운 직장에서 받는 임금 ☞ (클수록 공식의 분자값 증가로 순수익 증가요인)
B_{ot} : t년에 현 직장에서 받는 임금 ☞ (클수록 공식의 분자값 감소로 순수익 감소요인)
T : 새 직장에서의 예상근속연수 ☞ (클수록 합계액 증가로 순수익 증가요인)
r : 시차할인율 ☞ (클수록 공식의 분모값 증가로 순수익 감소요인)
C : 노동이동으로 발생하는 비용(직접 및 심리적 비용) ☞ (클수록 비용증가로 순수익 감소요인)
Σ : 1년부터 T년까지 기간 동안 발생하는 순수익의 현재가치의 합계

위 식은 인적자본 투자방법으로, 노동이동의 순수익의 현재가치 판단에만 적용되는 것이 아니라 다른 인적자본 투자방법에도 그대로 적용할 수 있다. 가령 교육투자에 따른 순수익의 현재가치를 판단할 경우에는 다음과 같이 이해하면 된다.

$$순수익의\ 현재가치 = \sum_{t=1}^{T} \frac{A}{(1+r)^t} - C$$

A : 교육투자로 t년 후 발생한 소득 ☞ (클수록 공식의 분자값 증가로 순수익 증가요인)
T : 교육투자 후 수익발생기간 ☞ (클수록 합계액 증가로 순수익 증가요인)
r : 시차할인율 ☞ (클수록 공식의 분모값 증가로 순수익 감소요인)
C : 교육투자비용 ☞ (클수록 비용증가로 순수익 감소요인)
Σ : 1년부터 T년까지 기간 동안 발생하는 순수익의 현재가치의 합계

② 내부수익률 판단

내부수익률이란 어떤 투자가 이루어질 때 그것으로부터 발생하는 미래수익의 현재가치를 투자비용과 일치시켜주는 할인율(환산율)을 말한다. 노동이동(이주)도 인적자본 투자방법 중 하나이므로 투자의 내부수익률을 판단할 수 있다. 이 경우에는 노동이동을 통해 장래에 발생하는 수익을 현재가치로 환산한 금액과 노동이동비용이 같아지게 하는 시차할인율이 내부수익률이다.

만약 인적자본의 투자방법으로 교육투자를 선택한 경우라면 같은 이치로 교육투자비용과 교육 후 발생하는 수익의 현재가치를 같아지게 하는 할인율이 내부수익률이 된다.

앞서 순수익의 현재가치 판단에서 도출된 순수익의 현재가치 공식은 다음과 같다.

$$순수익의\ 현재가치 = \sum_{t=1}^{T} \frac{A}{(1+r)^t} - C$$

수익에서 비용을 뺀 것이 순수익이므로, 투자비용(C)을 차감하지 않은 $\sum_{t=1}^{T} \dfrac{A}{(1+r)^t}$ 는 인적자본투자에 따른 수익의 현재가치이다.

따라서 내부수익률이란 $\sum_{t=1}^{T} \dfrac{A}{(1+r)^t} = C$ 가 되게 하는 할인율 r을 의미한다.

이렇게 보면 내부수익률은 투자를 했을 때 얻을 수 있는 투자수익으로 적어도 투자비용은 건질 수 있게 해 주는 이자율이라고 할 수 있다. 따라서 내부수익률이 시중은행이자율보다 높을 때는

투자를 하겠지만, 시중은행이자율보다 낮을 때는 투자를 하기보다는 은행에 예금하여 이자를 얻는 것이 더 이득이므로 투자를 하지 않을 것이다.

(3) 노동이동과 관련한 학설로서 임금격차설과 취업기회설이 있으며, 이는 상호 보완적이다.

① 임금격차설 : 노동은 임금이 낮은 곳에서 높은 곳으로 이동한다(Push).

② 취업기회설 : 취업기회가 많을수록 노동이동이 많아진다(Pull).

(4) 사직률과 해고율에 영향을 주는 요인

① 경기변동의 영향 : 사직률과 해고율은 경기변동과 상반되는 관련성을 갖고 있다. 호경기에는 일자리가 많기 때문에 노동자들이 현재 근무하는 직장이 마음에 들지 않으면 쉽게 그만두고 다른 곳으로 이직할 수 있기 때문에 사직률은 증가하고, 반대로 기업들은 신규인력채용이 쉽지 않아 해고를 자제하기 때문에 해고율은 낮아진다.

② 기업특수적 인적자본의 영향 : 기업특수적 인적자본이 많이 축적된 노동자는 다른 기업에서는 기업특수적 인적자본을 활용할 수 없기 때문에 그만큼 몸값이 낮아져서 사직을 하지 않고, 기업도 신규채용이나 교육·훈련비용의 부담 때문에 기업특수적 인적자본이 많이 축적된 노동자보다는 일반적 훈련을 받은 노동자를 먼저 해고한다.

③ 임금의 영향 : 임금수준과 사직률은 임금수준이 올라갈수록 사직률은 낮아지는 역의 관계를 갖지만, 해고율은 인적자본의 투자량에 따른 영향을 받기 때문에 임금과의 상관관계는 불분명하다. 즉, 인적자본량에 상관없이 임금이 높은 경우에는 해고율이 올라갈 수도 있지만 인적자본이 많이 축적되어서 임금이 높은 노동자들도 있으므로 그런 경우는 임금이 높다는 이유로 해고를 많이 하지 않는다.

❼ 노사의 탐색이론

(1) 사용자의 탐색(구인활동)

① 탐색활동 : 기업은 주어진 직무를 가장 효율적으로 수행할 수 있는 근로자를 채용하기 위해 학력, 경력, 연령, 성별 등 명시적인 몇 가지 노동특성을 채용기준으로 참고하는데, 이 채용기준은 경기변동에 따라 달라진다.

② 숙련의 희석화 : 기업들은 불경기에는 채용기준의 수준을 높이고 호황기에는 채용기준을 낮추게 되는데, 이렇게 채용 시에 요구하는 기술이나 숙련의 수준을 낮추는 것을 숙련의 희석화라고 한다.

③ 탐색비용을 낮추고 잘못된 채용으로 인한 위험을 줄이는 방법 : 고임금정책을 추구하여 우수한 인력의 지원을 유도하거나 내부노동시장을 활용할 수 있다.

(2) 노동자의 탐색(구직활동)

① 구직활동 : 구직활동이란 실업 중이거나 혹은 취업 중이라 하더라도 전직을 위하여 새로운 일자리를 찾는 것을 말한다.

② 직업탐색이론 : 노동자는 탐색에 소요되는 비용과 탐색을 통해 얻은 수익이 균형을 이루는 관점에서 직업탐색활동을 설명하는 이론이다. 직업탐색활동은 노동시장의 정보가 불완전한 데 기인한다(실업수당, 사회보장제도 축소 → 직업탐색의 한계비용 상승 → 사람들이 최적탐색기간 단축 → 전체적으로 실업 감소).

01 노동에 대한 수요가 파생수요(Derived Demand)라는 의미는?　　　　2011, 2004

① 노동수요는 노동공급에 의해 유발된다.
② 노동수요함수가 기업의 총수입함수의 1차도함수이다.
③ 노동수요는 생산물수요에 의해 유발된다.
④ 노동수요는 자본에 의해 유발된다.

> **해설 |** 노동은 생산요소이므로 생산물(상품)수요의 영향을 받는다. 생산물수요가 증가하면(소비자들이 상품을 많이 소비하려고 하면) 기업은 상품을 많이 생산하려고 할 것이므로 생산요소도 많이 필요하므로 생산요소의 수요도 증가하고, 상품을 적게 생산하고자 하는 경우는 생산요소도 적게 필요하므로 생산요소의 수요도 감소한다.

02 다음 중 기업의 단기노동수요에 관한 설명으로 맞는 것은?　　　　2005

① 생산물시장으로부터의 파생수요이다.
② 한계생산력 체증의 법칙이 적용된다.
③ 임금이 상승하면 고용량은 증가한다.
④ 수요곡선의 기울기는 항상 일정하다.

> **해설 |** 노동수요는 한계생산 체감의 법칙을 통해 도출된다. 임금이 상승하면 고용량(노동수요량)은 감소한다(상충관계). 노동수요곡선의 기울기는 노동수요자의 상황에 따라 얼마든지 다양하게 나타날 수 있다.

03 임금은 Y축, 고용수준은 X축으로 표시할 때, 완전경쟁시장에서 이윤극대화를 추구하는 기업의 노동수요곡선에 관한 설명으로 옳은 것은?　　　　2014

① 우상향한다.　　　② 우하향한다.
③ 수직선이다.　　　④ 수평선이다.

> **해설 |** 임금과 노동수요량은 상충관계이므로 노동수요곡선은 우하향한다.

04 생산요소인 노동의 수요곡선을 이동시키는 요인이 아닌 것은?

① 임금의 변화
② 노동을 투입하여 생산한 생산물의 가격변화
③ 노동생산성의 변화
④ 자본의 생산성 변화

> **해설 |** 임금은 노동수요의 변화(=노동수요곡선의 이동)요인이 될 수 없다. 임금 이외의 노동수요에 영향을 줄 수 있는 다른 요인이 변할 때 노동수요는 변한다. 임금이 변화하면 '노동수요량'이 변한다.

05 A기업의 임금에 대한 노동수요의 탄력성은?　　　　2014

> 이윤극대화를 추구하는 A기업은 지난해 종업원 수 500명, 평균임금 200만 원, 매출액 1,000억 규모였는데, 금년도 평균임금을 10만 원 인상하고 종업원을 50명 감원하였다.

① 0.5　　　　　　　② −0.5
③ 2　　　　　　　　④ 1

> **해설 |**
> $$\dfrac{\frac{50명}{500명}}{\frac{10만}{200만}} = \dfrac{\frac{1}{10}}{\frac{1}{20}} = \dfrac{1 \times 20}{10 \times 1} = 2$$

06 다음 상황에서 어떤 노동조합이 보다 탄력적인 수요곡선에 직면하고 있으며(A), 또 어떤 노동조합이 조합원들의 총소득(임금×노동시간)을 증가시키는 데 더 성공적일까(B)?   2009

> • "노동조합 #1"은 시간당 5,000원의 임금에 10,000노동시간, 시간당 6,000원의 임금에 5,000노동시간을 각각 수요하도록 하는 수요곡선에 직면하고 있다.
> • "노동조합 #2"는 시간당 10,000원의 임금에 20,000노동시간, 시간당 8,000원의 임금에 25,000노동시간을 각각 수요하도록 하는 수요곡선에 직면하고 있다.

① A-노동조합 #1,　　B-노동조합 #1
② A-노동조합 #1,　　B-노동조합 #2
③ A-노동조합 #2,　　B-노동조합 #1
④ A-노동조합 #2,　　B-노동조합 #2

해설 |

노동조합 #1의 탄력성 $= \dfrac{\frac{5,000시간}{10,000시간}}{\frac{1,000원}{5,000원}} = \dfrac{\frac{1}{2}}{\frac{1}{5}} = \dfrac{1 \times 5}{2 \times 1} = 2.5$

노동조합 #2의 탄력성 $= \dfrac{\frac{5,000시간}{20,000시간}}{\frac{2,000원}{10,000원}} = \dfrac{\frac{1}{4}}{\frac{1}{5}} = \dfrac{1 \times 5}{4 \times 1} = 1.25$

노동수요의 탄력성이 작을수록 임금상승률에 비해 고용감소율이 작기 때문에 노동자의 총소득은 상승한다.

07 노동조합의 목표가 조합원의 임금인상과 고용안정이라면, 노동조합의 임금인상 효과가 가장 큰 경우는?   2004

① 노동수요가 비탄력적인 경우
② 노동수요가 탄력적인 경우
③ 노동수요가 단위 탄력적인 경우
④ 노동수요곡선이 수평선인 경우

해설 | 노동수요가 비탄력적일수록 임금이 상승할 때 고용량의 감소율은 더 작다. 즉, 임금이 인상되더라도 기업이 고용을 많이 줄이지 못하므로 노동조합의 임금 인상 효과가 커진다. 노동수요곡선이 수평적인 노동수요의 탄력성 값은 무한대(완전 탄력적)이고 노동수요곡선이 수직이면 탄력성 값은 0(완전 비탄력적)이다.

08 노동의 수요가 탄력적인 경우에 임금이 상승하면 임금총액은?   2014

① 증가한다.
② 감소한다.
③ 변함없다.
④ 임금수준에 따라 상이하다.

해설 | • 노동수요가 탄력적이면 임금상승 시 근로자의 총수입(임금총액)은 감소
• 노동수요가 단위 탄력적이면 임금상승 시 근로자의 총수입(임금총액)은 불변
• 노동수요가 비탄력적이면 임금상승 시 근로자의 총수입(임금총액)은 증가
그러므로 노동자 · 노동조합은 노동수요의 탄력성이 작은 것을 선호한다.

09 다음 중 노동수요의 탄력성 결정요인은?   2004

① 노동자에 의해 생산된 상품의 공급 탄력성
② 총수입 중에서 차지하는 노동비용의 비율
③ 다른 생산요소로의 노동의 결합 가능성
④ 노동 이외의 다른 생산요소의 공급 탄력성

해설 | 노동수요 탄력성 결정요인 4가지는 무조건 암기해야 한다.

10 다음 중 노동수요 탄력성의 크기에 영향을 미치는 요인이 아닌 것은?   2009

① 생산물수요의 탄력성
② 총생산비에 대한 노동비용의 비중

③ 노동의 대체곤란성

④ 노동 이외의 생산요소의 수요 탄력성

11 노동수요의 탄력성에 대한 설명으로 틀린 것은? 2005

① 생산물의 수요가 생산물의 가격변화에 민감하게 반응할수록 노동수요가 탄력적으로 된다.

② 총생산비 중 노동비용이 차지하는 비중이 클수록 노동수요가 탄력적으로 된다.

③ 생산에서 노동을 다른 요소로 대체할 수 있는 가능성이 작을수록 노동수요가 비탄력적으로 된다.

④ 노동 이외의 생산요소의 공급이 탄력적일수록 노동수요가 비탄력적으로 된다.

12 어떤 나라 자동차산업의 노동에 대한 수요가 비탄력적이라고 하자. 그 이유에 대한 설명으로 가장 적합한 것은? 2003

① 근로자들을 쉽게 대체할 수 있다.

② 생산비 중 노동비용이 차지하는 비중이 크다.

③ 자동차시장이 과점시장이어서 자동차 가격 변동폭이 작다.

④ 조립기계는 기술이 크게 필요하지 않으므로 쉽게 조달할 수 있다.

13 처음 7명의 노동자의 평균생산량은 20단위였다. 노동자를 추가로 한 사람 더 고용함으로써 8명의 평균생산량은 18단위로 감소하였다. 이때 추가 고용된 노동자의 한계생산량은?

① 4단위 ② 2단위

③ −2단위 ④ 0단위

14 다음 중 경쟁시장하에 있는 기업의 단기 노동수요곡선이 우하향하는 이유로 가장 타당한 것은? 2011, 2003

① 노동의 한계생산력이 체감하기 때문이다.

② 노동의 한계생산력이 체증하기 때문이다.

③ 기업의 한계수입이 체증하기 때문이다.

④ 기업의 한계수입이 불변이기 때문이다.

15 다음 표에는 근로자 수가 증가할 때 볼펜 생산량의 변화가 나타나 있다. 임금이 시간당 5,000원이고 볼펜 가격이 개당 2,000원이라면, 경쟁기업은 몇 명의 근로자를 고용할 것인가?

2003

근로자 수	시간당 총생산량
0	0
1	6
2	13
3	18
4	21
5	23

① 2명　　　　　　② 3명
③ 4명　　　　　　④ 5명

해설 | $VMP_L = W$ (이윤극대화 조건)
$VMP_L = MP_L \times P$ 이므로
$MP_L \times P = W$ (이윤극대화 조건)
$P = 2{,}000$원이고, $W = 5{,}000$원이므로
$MP_L \times 2{,}000$원 $= 5{,}000$원(이윤극대화 조건)
따라서 MP_L이 2.5일 때 이윤이 극대화된다.
노동을 3명에서 4명으로 증가시킬 때 MP_L은 3이고, 4명에서 5명으로 증가시킬 때 MP_L은 2이다.
MP_L이 2.5보다 작으면 추가이윤이 $(-)$가 되므로 4명까지 고용한다.

근로자 수	시간당 총생산량	한계생산량(MPL)
0	0	0
1	6	6
2	13	7
3	18	5
4	21	3
5	23	2

16 생산물시장과 노동시장이 완전경쟁적일 때 기업의 이윤이 극대화되는 경우는?

2012

① 노동의 한계생산이 실질임금보다 클 때
② 노동의 한계생산이 실질임금보다 작을 때
③ 노동의 한계생산과 실질임금이 같을 때
④ 노동의 수요와 공급이 같을 때

해설 | $VMP_L = W$ (이윤극대화 조건)
위 식은 이윤극대화 조건인데 이때 $VMP_L = MP_L \times P$ 이고, 단위당 임금 W는 명목임금이다.
명목임금을 물가수준(가격)으로 나누면 실질임금이 된다.
위 이윤극대화 조건식의 양변을 가격(P)로 나누면
$MP_L = \dfrac{W}{P}$ ($\dfrac{W}{P}$ 는 실질임금)

17 상품시장과 노동시장이 완전경쟁일 때 다음 기업이 이윤을 극대화시키는 고용량은? (단, 임금은 120만 원임)

2014

노동투입인원	노동의 한계생산물	가격
1		20만
2	10	20만
3	8	20만
4	7	20만
5	6	20만
6	5	20만
7	4	20만
8	3	20만

① 3명　　　　　　② 4명
③ 5명　　　　　　④ 6명

해설 | $VMP_L = W$ (이윤극대화 조건)
$VMP_L = MP_L \times P$ 이므로
$MP_L \times P = W$ (이윤극대화 조건)
$P = 20$만 원이고, $W = 120$만 원이므로
$MP_L \times 20$만 원 $= 120$만 원(이윤극대화 조건)
그러므로 MP_L은 6이다.
MP_L이 6인 경우는 노동투입인원이 5명일 때이다.

18 다음 표는 경쟁적인 생산물시장과 노동시장하에서 조업하는 어느 가상기업의 단기 생산함수를 보인 것이다. 임금이 12,000원, 생산물의 가격이 2,000원이라면 이 기업은 몇 명의 근로자를 고용하려 하겠는가?

2004

근로자 수(명)	생산량(개)
1	5

2	18
3	36
4	48
5	55
6	60
7	62
8	56

① 3명   ② 4명
③ 5명   ④ 6명

해설 | $VMP_L = W$ (이윤극대화 조건)
$VMP_L = MP_L \times P$ 이므로
$MP_L \times P = W$ (이윤극대화 조건)
$P = 2,000$원이고, $W = 12,000$원이므로
$MP_L \times 2,000$원 $= 12,000$원(이윤극대화 조건)
그러므로 MP_L은 6이다.
따라서 MP_L이 6일 때 이윤이 극대화된다.
노동을 4명에서 5명으로 증가시킬 때 MP_L은 7이고, 5명에서 6명으로 증가시킬 때 MP_L은 5이다.
MP_L이 6보다 작으면 추가이윤이 (−)가 되므로 5명까지 고용한다.

근로자 수(명)	생산량(개)	한계생산량(MPL)
1	5	
2	18	13
3	36	18
4	48	12
5	55	7
6	60	5
7	62	2
8	56	−6

19 완전경쟁시장하에서, 노동의 한계생산물가치가 $VMP_L = 5N$으로 주어져 있고, 노동의 시장 임금률이 $W = 50$으로 주어져있다면, 이윤극대화를 추구하는 기업의 균형고용량(N)은 얼마나 되겠는가?

2004

① 5   ② 10
③ 15   ④ 20

해설 | $VMP_L = W$ (이윤극대화 조건)
$VMP_L = 5N$이므로
$5N = W$
$W = 50$이라면
$5N = 50$
그러므로 $N = 10$

20 다음 노동수요곡선에 대한 설명 중 틀린 것은?

① 상품시장이 독과점시장이면 노동의 한계생산물가치곡선은 노동수요곡선이 된다.
② 상품시장이 완전경쟁시장이면 노동의 한계수입생산물곡선은 노동수요곡선이 된다.
③ 상품시장이 독과점시장이면 노동의 한계수입생산물곡선은 노동수요곡선이 된다.
④ 상품시장이 완전경쟁시장이면 노동의 한계생산물가치곡선은 노동수요곡선이 된다.

해설 | 노동의 한계생산물가치곡선은 상품시장이 완전경쟁시장인 경우에만 노동수요곡선이 된다.

21 다음 중 노동공급의 결정요인이 아닌 것은?

① 인구의 규모와 구조   ② 노동생산성의 변화
③ 임금지불방식   ④ 동기부여와 사기

해설 | 노동생산성은 노동수요의 결정요인이다.

22 다음 중 노동공급의 결정요인을 모두 짝지은 것은?

A. 인구수	B. 경제활동참가율
C. 노동시간	D. 일에 대한 노력의 강도
E. 노동인구의 교육정도	

① A, B   ② A, B, C,
③ A, B, C, D   ④ A, B, C, D, E

23 다음 중 노동시간의 결정과 임금과의 상관관계를 올바르게 기술한 것은? 2005

① 임금이 상승하면 개별근로자의 노동시간은 당연히 증가한다.
② 임금이 상승할 때 대체효과가 소득효과를 압도하면 노동시간은 증가한다.
③ 임금이 상승할 때 대체효과가 소득효과를 압도하면 노동시간은 감소한다.
④ 임금이 상승하면 개별근로자의 노동시간은 반드시 감소한다.

해설 | 대체효과 〉 소득효과 : 임금상승 → 노동시간 증가(임금과 노동은 비례관계)

24 노동공급곡선의 후방굴절(Backward-bending)이 발생하는 이유로 옳은 것은? 2009

① 임금상승의 소득효과가 대체효과를 압도하기 때문이다.
② 임금상승의 대체효과가 소득효과를 압도하기 때문이다.
③ 대체효과와 소득효과의 크기가 같기 때문이다.
④ 대체효과와 소득효과가 모두 음수이기 때문이다.

해설 | 대체효과 〈 소득효과 : 임금상승 → 노동시간 감소(임금과 노동은 상충관계)

25 다음 중 후방굴절 노동공급곡선이 나타나는 이유에 관한 설명으로 옳은 것은? 2012

① 임금이 상승하는 경우, 소득효과가 대체효과를 압도하면 노동시간은 증가하고 대체효과가 소득효과를 압도하면 노동시간이 감소하기 때문이다.
② 임금이 상승하는 경우, 대체효과가 소득효과를 압도하면 노동시간은 증가하고 소득효과가 대체효과를 압도하면 노동시간이 감소하기 때문이다.

③ 임금이 상승하면 대체효과와 소득효과와 상관없이 노동시간을 늘리기 때문이다.
④ 임금이 상승하면 대체효과와 소득효과와 상관없이 노동시간을 줄이기 때문이다.

해설 | 대체효과 〉 소득효과 : 임금상승 → 노동시간 증가(임금과 노동은 비례관계)
대체효과 〈 소득효과 : 임금상승 → 노동시간 감소(임금과 노동은 상충관계)

26 후방굴절형 노동공급곡선의 후방굴절 구간에 대한 설명으로 옳은 것은? 2014

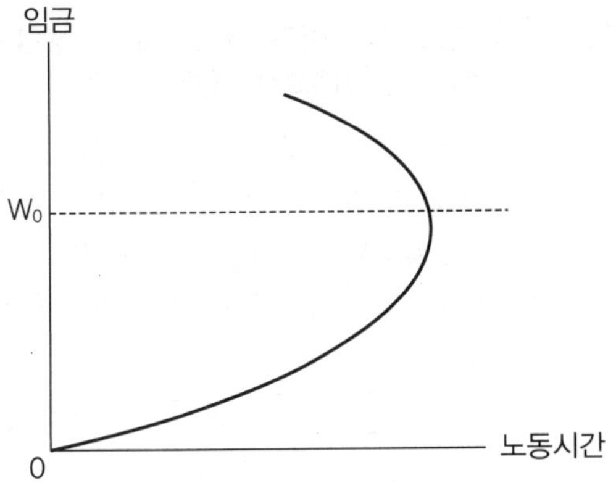

① 임금상승으로 인한 소득효과가 대체효과보다 크다.
② 임금상승으로 인한 소득효과가 대체효과보다 작다.
③ 임금상승으로 인한 노동시간의 증가효과가 여가의 증가효과보다 더 크다.
④ 임금상승으로 인한 노동시간의 증가효과가 소득효과보다 더 크다.

해설 | 대체효과 〈 소득효과 : 임금상승 → 노동시간 감소(임금과 노동은 상충관계)

27 법정근로시간 단축에 따른 정책적 기대효과와 가장 거리가 먼 것은? 2014

① 경제활동참가율이 증가할 것이다.
② 일자리 나누기(Work-sharing)를 통하여 취업기회가 증가할 것이다.
③ 비정규직 근로자가 감소할 것이다.
④ 근로자의 주당 평균근로시간이 감소할 것이다.

28 고용보험료율이 0.65%에서 0.7%로 인상된다면 이런 상황에 대한 예측으로 적합한 것은?

① 소득이 감소하므로 노동공급이 증가한다.
② 소득효과와 대체효과의 크기를 알 수 없으므로 노동공급량의 증감여부를 알 수 없다.
③ 일반적으로 소득효과가 크므로 노동공급은 증가한다.
④ 여가의 상대가격이 상승하므로 노동공급이 감소한다.

29 아내의 소득증가가 남편의 노동공급에 미치는 효과는? (단, 여가는 정상재임) 2014

① 노동공급을 증가시킨다.
② 노동공급을 감소시킨다.
③ 노동공급을 증가시킬지, 아니면 감소시킬지 알 수 없다.
④ 소득효과가 대체효과보다 크다면 노동공급이 증가할 것이다.

30 다음 중 기혼여성의 경제활동참가를 촉진하는 요인에 해당되지 않는 것은? 2011, 2005

① 남편의 고소득
② 탁아시설의 발달
③ 자녀 수의 감소
④ 파트타임 고용시장의 발달

31 다음 중 여성의 경제활동참가를 결정하는 요인에 관한 설명으로 틀린 것은? 2009

① 시장임금이 증가할수록 경제활동참가율은 높아진다.
② 보상요구임금이 높을수록 경제활동참가율은 높아진다.
③ 가계생산기술이 향상될수록 경제활동참가율은 높아진다.
④ 파트타임 고용시장의 발달에 따라 여성의 경제활동참가율은 높아진다.

32 여성의 연령에 따른 경제활동참가율의 추이를 나타내는 그래프가 다음의 그림처럼 M자형을 띠고 있다. 이로부터 유추할 수 있는 정책적 시사점으로 가장 적당한 것은 무엇인가?   2003

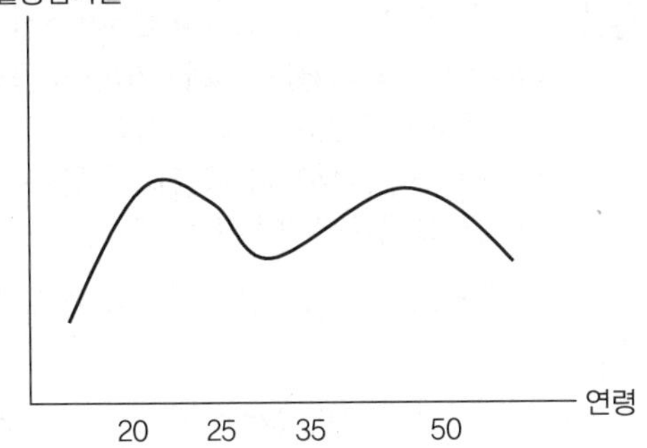

① 미혼여성일수록 경제활동참가율이 낮으므로 미혼여성의 취업대책이 필요하다.
② 출산·육아가 여성의 경제활동참가를 저해하는 요인이므로 이에 대한 대책이 필요하다.
③ 저학력 여성의 경제활동참가율이 낮으므로 이에 대한 대책이 필요하다.
④ 여성에 대한 임금차별이 크므로 이에 대한 대책이 필요하다.

> **해설 |** 결혼, 출산, 육아로 여성의 경력이 단절되는 경향이 높으면 M자 형태의 그래프가 나타난다.

33 '더 높은 숙련과 기술을 획득한 사람은 고가의 기계에 비유할 수 있다(Adam Smith)'를 가장 잘 설명하는 논리는?   2012

① 인적자본론   ② 투자선택론
③ 노동선별론   ④ 교육훈련성과론

> **해설 |** 애덤 스미스도 인적자본에 대한 개념을 갖고 있었으나 그와 같은 생각이 현대이론에 정밀하게 도입되지는 않고, 슐츠와 베커 이후에 본격적으로 논의되기 시작했다.

34 인적자본론에서 가계의 인적자본 투자량 결정에 관한 설명으로 틀린 것은?   2009

① 인적자본에 대한 공급곡선은 투자기회가 유리할수록 좌측으로 이동한다.
② 인적자본에 대한 수요곡선과 공급곡선이 만나는 점에서 투자량이 결정된다.
③ 인적자본에 대한 수요곡선은 개인적 능력이 우수할수록 우측으로 이동한다.
④ 투자기회가 동일하더라도 개인적 능력이 클수록 더 많은 수익이 가능하다.

> **해설 |** 투자기회가 유리하면 투자를 더 많이 하게 될 것이므로 인적자본의 공급을 증가시킨다.
> 수요든 공급이든 증가하면 그래프는 우측으로 이동한다.

35 경쟁적 노동시장가설의 특징과 가장 거리가 먼 것은?   2014

① 노동시장의 흐름과 배분에 장애요인이 없다.
② 대학 졸업자는 주로 대졸자와 경쟁하고 있다.
③ 동일노동에 대한 동일임금원칙이 적용된다.
④ 노동시장이 연속적이다.

> **해설 |** 완전경쟁노동시장이라면 노동시장이 분단된 상태가 아니므로 누구나 제약 없이 자유롭게 이동하고 경쟁하게 된다.

36 다음 중 노동시장의 특징이 아닌 것은?   2009

① 노동이동의 한계성
② 시장정보의 불완전성
③ 거래가격의 단일성
④ 근로자 교섭의 상대적 열세성

> **해설 |** 현실의 노동시장의 특징이 아닌 것을 묻는 문제이다.
> 현실의 노동시장에서 노동의 질은 천차만별이므로 임금도 단일한 경우는 드물다.

정답 27 ③ 28 ② 29 ② 30 ① 31 ② 32 ② 33 ① 34 ① 35 ② 36 ③

37 다음 중 내부노동시장의 특징이 아닌 것은? 2014, 2009

① 장기계약관계
② 제한된 입직구
③ 직무사다리에서의 승진
④ 일반적 숙련

38 다음 중 내부노동시장의 형성요인이 아닌 것은? 2012

① 기업의 숙련의 특수성
② 현장훈련
③ 관습
④ 고용차별

39 노동공급은 증가하고 노동수요는 감소할 경우, 균형임금과 균형고용량은 어떻게 변화하는가?

① 균형임금, 균형고용량 모두 증가한다.
② 균형임금 감소하고, 균형고용량 증가한다.
③ 균형임금 알 수 없고, 균형고용량 증가한다.
④ 균형임금 감소하고, 균형고용량 알 수 없다.

해설 |

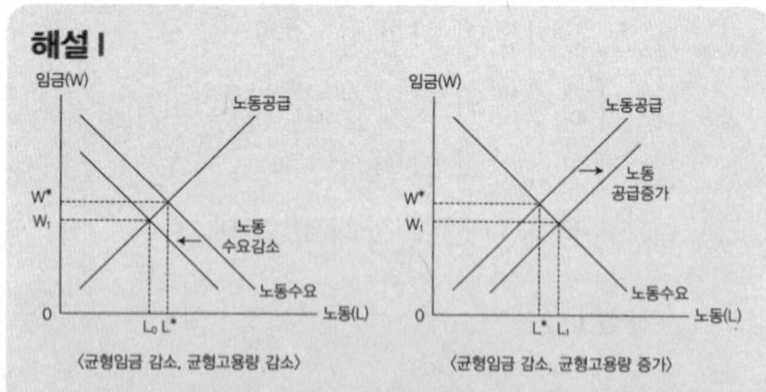

• 노동공급이 증가하면 균형임금은 감소하고 균형고용량은 증가한다.
• 노동수요가 감소할 경우에는 균형임금은 감소하고 균형고용량은 감소한다.

• 위 2가지 상황이 동시에 발생하면 균형임금은 감소하고 균형고용량은 증가할 수도 있고 감소할 수도 있으므로 균형고용량의 증감여부는 알 수 없다.

40 효율적 계약모형(Efficient Contract Model)에 따를 때 노동공급을 독점하고 있는 노동조합과 경쟁적 시장에서 조업하고 있는 기업 간에 파레토 최적인 임금 및 고용결정이 이루어지기 위해서는 다음 중 어떤 조건이 충족되어야 하는가? 2012

① 노조의 무차별곡선과 노동수요곡선이 접해야 한다.
② 노조의 무차별곡선과 기업의 등이윤곡선이 접해야 한다.
③ 기업의 등이윤곡선과 노동수요곡선이 접해야 한다.
④ 임금은 노조가, 고용은 기업이 결정해야 한다.

41 다음 그림은 수요독점적인 노동시장에서의 임금과 고용의 결정을 보인 것이다. 이 시장에서 이제 노동조합이 조직되어 노동시장이 쌍방독점 상태로 된다고 하자. 임금상승과 고용증가를 동시에 달성할 수 있는 임금구간은? 2005

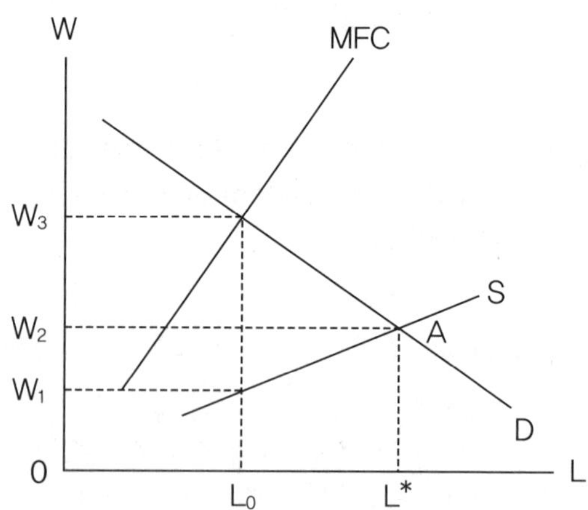

① W_1 이하 구간
② $W_1 - W_2$ 구간
③ $W_2 - W_3$ 구간
④ W_3 이상 구간

해설 | 최초 노동수요독점 상태일 때는 임금이 W_1, 고용은 L_0수준에서 정해진다(기업 측 균형수준). 그러나 노동공급도 독점이 되면 노조는 W_1보다 높은 수준의 임금을 요구하게 되고(노조 측 균형수준) 이때는 양측이 협상을 통해 임금수준을 결정하게 된다. 만약에 협상을 통해 임금이 W_2까지 인상될 경우에는 고용은 L_0에서 L^*수준까지 증가하지만(이때의 공급곡선은 W_2에서 A를 지나 S를 향하는 형태) 임금이 W_2 이상 올라가면 고용은 다시 L^*보다 작아진다.

42 다음 중 노동시장의 유연성(Labor Market Flexibility) 증진과 가장 거리가 먼 것은?   2014

① 비정규직 근로자의 취업 확대
② 변형근로시간제의 적극적 활용
③ 최저임금제의 확대 적용
④ 성과급 임금체계의 보편적 실시

해설 | ①은 주로 외부적 수량유연성, 외부화의 결과
②는 내부적 수량유연성
④는 임금유연성

43 다음 중 유능한 노동자가 자신의 유능성을 내보이지 않고, 오히려 최소한의 기준만 충족시키면서 빈둥거리는 이유를 설명하고 있는 것은?   2005, 2003

① 주인-대리인 효과   ② 무임승차 효과
③ 자기선택 효과   ④ 톱니 효과

해설 | 노동자가 열심히 노력해서 초과 성과를 달성했을 때 회사가 추가적인 보상을 해 주는 것이 아니라 그 초과된 성과수준을 당연한 것으로 여기고 다음에는 더 높은 성과를 달성하도록 독려하는데 이를 톱니 효과라고 하며, 이런 상황이 예상되면 노동자는 굳이 열심히 일을 하려고 하지 않고 최소한의 기준만 충족시키면서 빈둥거린다.

44 지식기반경제(Knowledge-based Economy)에서 나타나는 특징이라고 볼 수 없는 것은?   2004

① 다품종 소량생산
② 대립적 노사관계
③ 기업내 의사결정과정의 분권화
④ 숙련노동자의 다능공화

해설 | 고급 지식을 활용하여 상품과 서비스의 부가가치를 크게 향상시키거나 고부가가치의 지식 서비스를 제공하는 산업을 말하며, 이와 같은 지식기반산업의 비중이 높은 경제를 지식기반경제라고 한다. 지식기반경제는 참여와 협력의 노사관계를 특징으로 한다.

45 21세기 기업의 특징에 대한 설명과 가장 거리가 먼 것은?   2014

① 경박단소형(輕薄短小型) 기업
② 표준화된 제품의 대량생산
③ 위계관계보다는 수평관계를 중시
④ 참여와 협력의 노사관계

해설 | 획일화·표준화된 대량생산 시스템보다는 시장 변화에 민감하게 대응할 수 있는 다품종생산 시스템이 21세기 기업특징이라 할 수 있다.

46 미래산업구조의 특성으로 보기 어려운 것은?   2005

① 지식기반산업의 발달
② 표준화된 제품산업의 발달
③ 정보통신산업의 발달
④ 고부가가치산업의 발달

해설 | 획일화·표준화된 대량생산 시스템보다는 시장 변화에 민감하게 대응할 수 있는 다품종생산 시스템이 21세기 기업특징이라 할 수 있다.

제4과목 노동시장론

정답   **37** ④   **38** ④   **39** ④   **40** ③   **41** ②   **42** ③   **43** ④   **44** ②   **45** ②   **46** ②

47 사회보험의 특징으로 틀린 것은? 2012

① 사고에 대하여 개별적인 적용을 받는 개별보험
이다.
② 강제가입이 일반적이다.
③ 인적보험이다.
④ 운영비에 대한 국가보조가 일반적이다.

48 근로생활의 질(QWL)을 높이는 것과 가장 거리가 먼 것은? 2014

① 적정하고 공정한 보상을 한다.
② 안전하고 쾌적한 작업환경을 제공한다.
③ 작업조직을 비제도화한다.
④ 직장과 가정생활 사이에 조화가 이루어지도록 한다.

49 기업이 아직 정년이 되지 않은 장기근속자의 자진 퇴사를 유도하기 위해 정년 전에 퇴사할 경우 상당한 액수의 명예퇴직금을 지불하기로 결정하였다. 그 효과에 대한 다음의 설명 중 맞는 것은? 2009, 2004

① 생산성이 낮은 근로자들이 주로 퇴사한다.
② 생산성이 높은 근로자들이 주로 퇴사한다.
③ 생산성과 무관하게 골고루 퇴직한다.
④ 알 수 없다.

50 다음 ( )에 들어갈 말로 적당한 것은? 2003

> (㉠) 활동은 이제 모든 경제적인 생산 분야를 지배하고 있다. 최선의 결과를 낳기 위하여 요구되는 연구개발, 품질 통제, 정비, 금융, 보험, 광고, 분배, 고객서비스, 재활용 부문 등에 경제는 더욱더 종속되어가고 있다.
> 상품과 서비스의 (㉡) 영역은 이제 더 이상 생산과 완전히 격리된 활동이 아니다. 이 영역은 총체적인 생산체계에 점차 편입되고 있다. 특히 분배와 이용, 재활용과 같은 활동에서 더욱 그러하다.

① ㉠ 제조　　　㉡ 분배
② ㉠ 영리　　　㉡ 판매
③ ㉠ 서비스　　㉡ 소비
④ ㉠ 산업　　　㉡ 교환

51 자발적 이직(사직)이 발생하는 이유에 대한 설명으로 옳지 않은 것은? 2003

① 저임금 근로자의 경우 자발적 이직의 확률이 높다.
② 경기가 호황일 때 자발적 이직의 확률이 높아진다.
③ 일반적으로 연령이 높을수록 자발적 이직은 줄어든다.
④ 직장이동에 드는 비용이 높을수록 자발적 이직의 확률이 높아진다.

52 다음 중 노동이동에 따르는 순이익의 현재가치를 크게 하기 위해 커져야 하는 요인은? 2009

> A. 새 직장과 과거 직장에서 얻어지는 효용의 차이
> B. 새로운 직장에서 일할 수 있으리라 기대되는 기간
> C. 할인율
> D. 이동비용

① A, B   ② A, C

③ C, D   ④ B, C

> **해설 |** 노동이동을 했을 때 발생하는 순수익의 현재가치
> $$= \sum_{t=1}^{T} \frac{B_{nt} - B_{ot}}{(1+r)^t} - C$$
>
> B_{nt} : t년에 새로운 직장에서 받는 임금 ☞(클수록 공식의 분자값 증가로 순수익 증가요인)
>
> B_{ot} : t년에 현 직장에서 받는 임금 ☞(클수록 공식의 분자값 감소로 순수익 감소요인)
>
> T : 새 직장에서의 예상근속연수 ☞(클수록 합계액 증가로 순수익 증가요인)
>
> r : 시차할인율 ☞(클수록 공식의 분모값 증가로 순수익 감소요인)
>
> C : 노동이동으로 발생하는 비용(직접 및 심리적 비용) ☞(클수록 비용증가로 순수익 감소요인)
>
> 직장생활을 통해 얻는 주된 효용은 임금이므로 새 직장과 과거 직장에서 얻는 효용의 차이는 임금의 차이를 의미한다. 그리고 새 직장의 임금은 높고 과거 직장의 임금이 낮을수록 임금의 차이는 크다.

53 노동이동을 인적자본투자모형으로 분석해 보면 노동이동에 따른 순이익의 현재가치가 0보다 클 경우에만 노동자가 자발적으로 이동하게 된다. 노동이동에 따른 순이익의 현재가치를 크게 하여 노동이동확률을 더 높이는 경우와 가장 거리가 먼 것은? 2014

① 신·구 직장 간의 수익격차가 클수록

② 새로운 직장에서의 예상근무연수가 길수록

③ 노동이동의 비용이 적을수록

④ 시차할인율이 높을수록

> **해설 |** 노동이동을 했을 때 발생하는 순수익의 현재가치
> $$= \sum_{t=1}^{T} \frac{B_{nt} - B_{ot}}{(1+r)^t} - C$$
> 시차할인율이 높을수록 순수익의 현재가치는 낮아지므로 노동이동의 가능성은 낮아진다.

54 어떤 훈련프로그램을 수료하면 기업이 1년 후에 330만 원을 보너스로 준다고 한다. 단, 이 훈련을 받는 데에는 수강료 200만 원과 50시간의 참여가 필요하다. 훈련에 참가하는 시간 동안은 임금을 받지 못한다. 현재의 임금률이 시간당 2만 원이라면 이 프로그램의 내부수익률(Internal Rate of Return)은?

2014, 2004

① 5%   ② 10%

③ 12%   ④ 15%

> **해설 |** 내부수익률이란 교육투자 후 발생한 수익의 현재가치와 교육투자비용이 같아지게 하는 할인율(환산율)을 의미한다.
> 즉, $\sum_{t=1}^{T} \frac{A}{(1+r)^t} = C$ 가 되게 하는 할인율(r)을 의미한다.
>
> A : 교육투자로 t년 후 발생한 소득
>
> T : 교육투자 후 수익발생기간
>
> r : 시차할인율
>
> C : 교육투자비용
>
> 교육투자비용은 수강료 200만 원에 50시간 교육참여로 발생하는 기회비용 100만 원(50시간×2만 원)을 포함한 300만 원이고, 1년 교육투자 후 발생한 수익은 330만 원이다.
> 이를 위 식 $\sum_{t=1}^{T} \frac{A}{(1+r)^t} = C$ 에 대입하면 다음과 같다.
>
> 교육기간이 1년이므로
> $\frac{330}{(1+r)} = 300$ 이고, 양변에 $(1+r)$을 곱하면
>
> $330 = 300 \times (1+r)$
>
> $30 = 300r$
>
> $\therefore r = \frac{1}{10} = 0.1$
>
> 백분율로 나타내면 10%

제4과목 노동시장론

55 직장이동에 관한 옳은 설명을 모두 짝지은 것은? 2014

> A. 호경기일수록 사직률은 높아진다.
> B. 불경기일수록 해고율은 높아진다.
> C. 임금이 높을수록 사직률은 낮아진다.
> D. 장기근속자일수록 기업특수적 인적자본량이 많아져 해고율은 낮아진다.

① A
② B, C
③ A, B, C
④ A, B, C, D

해설 | 호경기에는 사직률은 올라가고 해고율은 낮아진다. 불경기에는 사직률은 내려가고 해고율은 올라간다. 임금이 높을수록 사직률은 낮아진다. 장기근속자일수록 기업특수적 인적자본이 많이 축적될 가능성이 높으므로 해고율이 낮아진다. 그 결과 경험, 기술, 경력 등이 낮은 신입직원이 상대적으로 해고 가능성은 더 크다.

56 다음 중 이직의 가능성을 증가시키는 요인과 가장 거리가 먼 것은?
2012

① 현재 다니는 직장에서의 근속연수가 길수록
② 현재의 경기상태가 호황국면에 있을수록
③ 현재 다니는 직장에서 받는 임금이 낮을수록
④ 새로운 직장의 탐색비용이 감소할수록

해설 | 현재 다니는 직장의 근속연수는 짧을수록, 이직할 직장의 근속연수가 길수록 이직을 했을 때의 수익이 증가하여 이직 가능성이 높아진다.

57 청소년 근로자의 경우 상대적으로 자진 사직할 확률이 높다. 다음 중 그 이유로 가장 타당한 것은 어느 것인가?
2009, 2005

① 청소년의 직업탐색에 대한 수익이 상대적으로 낮기 때문이다.
② 청소년의 직업탐색으로 인한 상실소득이 상대적으로 높기 때문이다.
③ 청소년의 직업탐색비용이 상대적으로 낮기 때문이다.
④ 청소년의 실업률이 상대적으로 낮기 때문이다.

해설 | 청소년은 상대적으로 임금수준이 낮기 때문에 지금 근무 중인 직장을 그만두고 다른 직장을 구할 때 포기해야 되는 가치가 높지 않다. 즉, 탐색의 기회비용(다른 직장을 구하러 다니느라 포기해야 하는 현 직장에서 받는 임금)이 낮기 때문에 상대적으로 고임금을 받는 성인 근로자들보다 사직의 부담이 적다.

58 직장탐색(Job Search)모형의 예측으로 옳지 않은 것은?
2003

① 실업은 불완전정보에 의해 발생하는 마찰적 실업이며 개인의 합리적 선택의 결과이다.
② 실업기간 중 실업급여가 클수록 실업비용이 낮아지기 때문에 실업기간은 길어진다.
③ 직업정보망체계의 확충은 개인의 기술수준에 적합한 직장에의 취업확률을 높인다.
④ 직장탐색 후 얻는 직장에서의 예상근무기간이 짧을수록 직장탐색기간이 길어진다.

해설 | 탐색 후 얻는 직장의 예상근무기간이 길면 그만큼 그 직장에서 오랫동안 수익을 얻어낼 수 있으므로 더 큰 수익을 얻을 수 있다. 반대로 예상근무기간이 짧다면 그만큼 탐색의 수익이 낮다는 의미이다. 직장탐색도 일종의 투자이므로 투자수익이 커야 투자의 유인도 커진다. 투자수익이 낮을 때는 그만큼 투자를 많이 하지 않는다.

Chapter 02 임금

❶ 임금

(1) 의의

임금(Wage)이란 노동을 제공한 대가로 얻은 소득이다. 이 임금은 사용자의 입장에서 보면 기업에 제공된 노동에 대하여 지불하는 대가이며, 노동자의 입장에서 보면 생활의 원천을 이루는 소득이다.

(2) 임금관리의 대상

임금관리의 3대 지주는 임금수준, 임금체계, 임금형태를 말하는 것으로 임금관리를 효율적으로 수행하기 위해서는 ① 임금수준의 적정성, ② 임금체계의 공정성(공헌도에 비례하여 지급), ③ 임금형태의 합리성을 유지해야 한다.

❷ 임금에 관한 학설

(1) 임금생존비설(임금철칙설)

임금은 생존비수준에서 결정된다는 이론이다. 이 학설의 이론적 지주는 맬서스의 인구법칙으로, 이 법칙에 의하면 임금이 생존비 이상으로 상승하면 근로자들은 인구를 증가시키고 노동공급을 증가시켜 결국 임금을 생존비수준으로 인하시킨다고 한다. 만약 임금이 생존비 이하로 하락하면 기아, 사망률의 급증, 도덕적 절제 등으로 다시 임금이 생존비수준으로 상승한다고 한다. 이 이론은 후진국 또는 열악한 노동조건으로 노동력이 거의 무제한적으로 공급되는 일부 분단시장 내의 지나친 저임금 업종의 임금결정에는 타당성을 가진다.

(2) 임금기금설

19세기에 주로 밀에 의하여 주장되었는데, 어느 한 시점에 노동자의 임금으로 지불될 수 있는 부의 총액 또는 기금은 이미 정해져 있고, 이 기금을 노동자들이 분배할 수밖에 없으므로 임금은 임금기금을 노동자 수로 나눈 것과 같다고 한다. 결국 이 학설에 따르면 노동조합의 노력으로 임금을 변화시킬 수 없으며, 일부에서 임금을 올리면 다른 일부에서는 임금이 하락하거나 실업이 발생한다(노동조합 무용론으로 논의가 확대).

노동자들의 임금인상 요구에 대해 정부나 재계에서 "갑자기 임금을 올려달라고 하면 기업도 지불능력이 안 되기 때문에 인상하기 힘들다. 대신 경제를 성장시켜서(파이를 키워서) 분배를 실현하자"라는 답변을 내놓는 경우를 흔히 볼 수 있는데 전형적인 임금기금설에 기반을 둔 관점이라 할 수 있다.

(3) 노동가치설(잉여가치착취설)

마르크스가 주장한 이론으로, 노동력의 가치는 노동자계급의 유지와 재생산에 필요한 생존수단을 생산하는 데 필요한 노동시간(사회적 필요노동시간)에 의하여 결정된다고 본다.

이 이론에 따르면 노동자는 필요노동시간과 잉여노동시간을 합친 만큼의 노동을 하는데, 이 중 필요노동시간에 대하여만 임금을 지급받고 나머지 잉여가치는 자본가가 착취한다.

(4) 한계생산력설

임금은 노동이라는 하나의 생산요소의 가격으로, 그것은 결국 노동의 수요와 공급의 균형점에서 결정된다는 것이다. 이 경우에 노동의 수요를 결정하는 것을 노동의 한계생산력이라고 한다.

(5) 교섭력설(세력설)

이 학설은 고용기회나 노동공급량에 불리한 영향을 미치지 않으면서도 일정한 범위 내에서 임금이 교섭력에 의하여 변경될 수 있다는 것이다. 즉, 개별근로자들은 지식의 부족과 교섭력의 부족으로 인하여 불리한 위치에 서게 되면 불리한 임금을 받고, 노동조합을 결성하여 조합의 교섭력이 강해지면 임금이 교섭력 상승에 의하여 인상될 수 있다고 본다.

❸ 임금수준의 결정

임금수준은 사용자가 노동자에게 지급하는 평균적인 임금률을 말하는데 이는 사용자에게는 인건비로서 제품원가와 연관되어 있고, 노동자에게는 소득의 원천으로서 생계비와 직결된다.

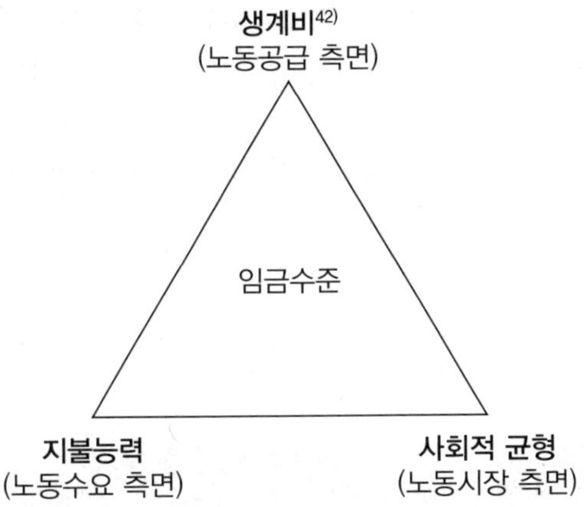

Section 02 임금과 물가 및 생산성의 관계

① 명목임금과 실질임금

(1) 명목임금

명목임금이란 물가변동을 고려하지 않고 화폐액수로 나타낸 임금을 말한다. 케인스는 노동자들이 화폐환상을 갖고 있기 때문에 물가수준의 변동 등은 고려하지 않고 명목임금의 변화에만 반응하기 때문에 임금이 하방경직성을 띠게 된다고 보았다.

(2) 실질임금

물가수준의 변동을 반영하여 구매력의 측정이 가능한 임금을 말한다. 일반적으로 실질임금은 명목임금을 물가지수로 나누어서 계산하는데 다음과 같다.

$$\text{실질임금} = \frac{\text{명목임금}}{\text{소비자물가지수}} \times 100$$

② 생산성임금제

생산성임금제란 실질임금상승률을 노동생산성증가율과 일치시키는 임금조정방식을 의미하며, 다음과 같은 등식이 성립한다.

> 노동생산성증가율 = 실질임금증가율(1)
> 실질임금증가율 = 명목임금증가율−물가상승률(2)
> ※ 노동생산성증가율의 노동생산성은 평균노동생산성을 의미함

한편 위 식 (1)의 양변에 물가상승률을 더하면

'노동생산성증가율 + 물가상승률 = 부가가치 노동생산성증가율'이 되며, '실질임금증가율 + 물가상승률=명목임금증가율'이 된다. 따라서 식 (1)은 아래와 같이 변형도 가능하다.

부가가치 노동생산성증가율 = 명목임금증가율

그러므로 생산성임금제를 부가가치 노동생산성증가율과 명목임금증가율을 일치시키는 임금조정방식이라고 해도 같은 말이 된다.

Section 03 임금격차

1 직종별 임금격차

(1) 보상적 임금격차(균등화 임금격차)–애덤 스미스

상대적으로 불리하거나 부담이 높은 직종에 종사하는 노동자들이 이를 보상해 줄 만큼의 임금을 받기 때문에 발생하는 임금격차를 말한다. 이는 완전경쟁노동시장에서 직종 간의 자유로운 노동이동을 통하여 화폐적(금전적) 이익의 균등화가 아닌 금전적·비금전적 이익(또는 불이익)을 합친 순이익의 균등화로 나타난다.

보상적 임금격차 발생원인으로는 ① 비금전적 차이, ② 금전적 위험, ③ 교육·훈련의 차이가 있다.

> **tip** 현실에서는 보상임금격차와는 반대로 유리한 직종이 더 많은 임금을 받고 불리한 직종이 더 적은 임금을 받는 현상도 관찰할 수 있는데, 이런 현상을 가속적 임금격차라고 부른다.

(2) 비경쟁집단

현실에서는 보상적 임금격차 이상의 임금격차가 유지되고 있는 현상을 발견할 수 있는데 이는 정보 부족, 다른 직무를 담당할 능력의 부족, 직장탐색, 교육·훈련비용의 요인 등으로 인해 직종 간의 노동이동이 제한되기 때문에 상이한 직종의 노동자집단 간에는 비경쟁관계가 발생하기 때문이다. 하지만 동일한 노동특성이나 동등한 자격의 노동자가 종사하는 직종 집단 간에는 여전히 보상적 임금격차에 의한 순이익 균등화가 실현된다.

(3) 과도적 임금격차

어떤 직종에서 노동수요가 증가하게 될 때 단기 노동공급곡선으로 발생하는 임금인상폭과 장기 노동공급곡선으로 발생하는 임금인상폭 간의 차액을 과도적 임금격차라 한다.

> **tip** 과도적 임금격차의 예로 2000년대 초반에 IT산업이 급성장하던 시기를 들 수 있다. 당시 IT산업에는 관련 인력이 부족하여 단기적으로는 임금수준이 다른 산업에 비해 높았지만 이후 꾸준히 IT산업으로 노동력이 공급되자 임금의 격차는 줄어들었다.

❷ 산업별 임금격차

산업별 임금격차는 장기간에 걸쳐 안정적으로 유지되는데, 산업별 임금격차의 발생원인으로는 노동생산성의 차이와 노동조합의 존재, 산업별 집중도 차이를 들 수 있다.

① 노동생산성이 높은 산업은 한계생산력의 차이에 의해 다른 산업에 비해 임금수준도 높게 된다.

② 노동조합이 광범위하게 조직되어 있거나 조합의 교섭력이 강한 산업일수록 임금수준은 높아지므로 격차가 커진다.

③ 독과점력을 강력히 행사할 수 있는 산업은 그로 인해 얻게 되는 독과점 이윤의 일부를 임금으로 지급할 수 있으므로 다른 산업에 비해 고임금 지급이 가능하여 임금격차가 커진다.

❸ 성별 임금격차

(1) 원인(낮은 노동생산성 / 차별)

여성들은 학력·연령·경력 등의 차이에서 오는 노동생산성의 차이로 인해 임금의 격차가 발생하는데, 낮은 생산성 역시 교육기회의 불리함이나 여성에 배타적인 고용관행 등으로 인해 유발된다. 또한 채용 시의 직종차별, 편견에 기인한 순수한 임금차별도 성별 임금격차의 원인이다.

(2) 대책

인적자본의 투자개념에 따라 여성에 대한 교육·훈련기회를 확대하여 여성노동력의 생산성을 높이는 한편 사회에 만연된 성차별적 제도들의 철폐를 병행하여야 한다.

❹ 학력별 임금격차

(1) 원인

① 학력 간 노동력의 질적 차이 또는 생산성의 차이

② 노동시장의 학력별 분단 및 차별적 제도와 관행

(2) 대책

제도적 차별을 제거, 채용·배치·승진·임금결정에 학력을 기준으로 하는 관행의 철폐

❺ 지역별 임금격차

지역별 임금격차는 말 그대로 지역에 따른 임금격차로서 ① 지역별 산업배치의 차이, ② 노동력 이동의 곤란함, ③ 노동력의 수요독점적 착취에 의해 발생할 수 있다.

❶ 임금체계

임금을 어떠한 기준에 따라서 분배할 것인지를 정한 기준을 임금체계라고 한다.

❷ 임금체계의 종류

(1) 연공급

연공급은 속인적 요소를 기준으로 정한 연공서열에 따라 임금을 지급하는 형태를 말한다. 장기고용이나 종신고용을 전제로 연령이나 근속연수의 상승에 따라 임금을 많이 주는 형태로 운영하는 것이 일반적이다. 근속기간에 따라 호봉이 오르고 그에 따라 임금도 상승하는 공무원의 호봉제 임금체계가 대표적 연공급이라 할 수 있다.

> **tip** 속인적 요소
>
> 나이, 성별, 학력, 근속기간처럼 노동자 개인에게 속하는 요소를 의미하는데, 연공급은 주로 근속기간을 기준으로 임금을 분배한다.

> **tip** 발음이 유사하다고 하여 연공급 임금체계와 연봉제 임금을 혼동하면 안 된다. 둘은 같은 개념이 아니다. 쉽게 말하자면 연공급은 연공서열이 높을수록 임금을 많이 준다는 임금의 분배기준을 의미한다. 연봉제는 단지 임금을 연(年)단위로 계산하여 지급한다는 임금의 지급형태를 의미한다. 다만, 순수한 의미의 연봉제는 임금을 연단위로 계산하여 지급할 때 해당근로자의 성과나 업적, 능력 등을 고려하기 때문에 연공급보다는 직무급이나 직능급 임금체계에서 연봉제 임금형태를 더 쉽게 목격할 수 있을 뿐이다. 그러나 연공급 임금을 지급할 때도 이를 연단위로 계산하여 연봉으로 지급할 수도 있다. 물론 월단위로 계산한 월급이나 일단위로 계산한 일당 또는 시간단위로 계산한 시급 등 임금형태는 다양하게 정할 수 있다. 이는 직무급이나 직능급도 마찬가지이다.

① 장점

   ㉠ 고용안정 및 노동력의 정착화

   ㉡ 생활급형 임금으로 근로자 생활보장 및 귀속의식 확대

   ㉢ 팀워크 유지 유리

   ㉣ 배치전환과 이동에 융통성이 높음

   ㉤ 주 임무가 불분명한 직무나 상위직급에 적용

   ㉥ 근속, 충성을 임금과 연결시켜, 질서확립과 사기 유지

② 단점

   ㉠ 노동의 대가라는 기준에서 합리적이지 않음

   ㉡ 전문기술인력 확보에 장애

   ㉢ 인건비 부담 가중

ㄹ 종업원의 무사안일한 태도

ㅁ 정년퇴직자 재취업에 장애

(2) 직무급

직무급이란 직무분석 및 직무평가를 통해서 정한 직무의 상대적 가치에 따라 임금을 지급하는 형태를 의미한다.

① 장점

ㄱ 동일노동에 대한 동일임금 원칙 고수

ㄴ 개인별 임금격차에 대한 불만 해소

ㄷ 전문인력 확보 용이

ㄹ 능력 위주의 풍토 조성

② 단점

ㄱ 직무분석과 직무평가를 공정하고 엄밀하게 실시하기 어려움

ㄴ 임금수준이 최저생계비 이하일 경우 적용이 어려움

ㄷ 기업 내에서 이동이나 배치전환 등 인사관리의 융통성이 적음

ㄹ 연공 중심 풍토에서 저항이 심하면 적용 어려움

(3) 직능급

직능급이란 직무수행능력을 기준으로 정한 직능등급에 따라 임금을 지급하는 형태를 의미한다. 직능급은 직무급과 연공급의 혼합형태를 취하기 때문에 직무표준화가 충분치 못한 상황에서도 사용이 가능하며, 직무급 도입이 어려운 우리나라나 일본 등에 적합하다는 장점을 갖고 있다.

❸ 임금형태

(1) 의의

임금형태란 임금산정방법 및 지급방법, 즉 어떠한 형태로 임금을 지급하는가 하는 지급형태를 말한다.

(2) 임금형태의 분류

기본적인 임금형태에는 시간급과 성과급이 있다.

① 시간급(정액급/고정급) : 시간급은 성과와 무관하게 일한 시간에 따라 임금을 지급하는 방법으로, 정액급 또는 고정급이라고도 한다. 시급제, 일급제, 주급제, 월급제 및 연봉제 등이 있다.

② 성과급(능률급/업적급) : 노동자 개인이나 집단이 수행한 성과나 능률에 대해 지급되는 임금형태로서 능률급 또는 업적급이라고도 한다.

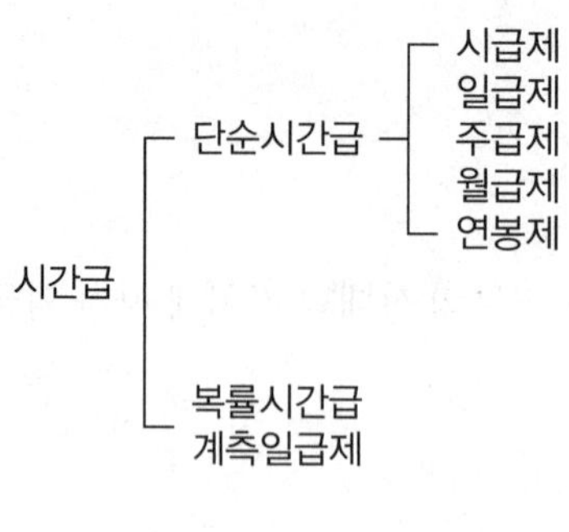

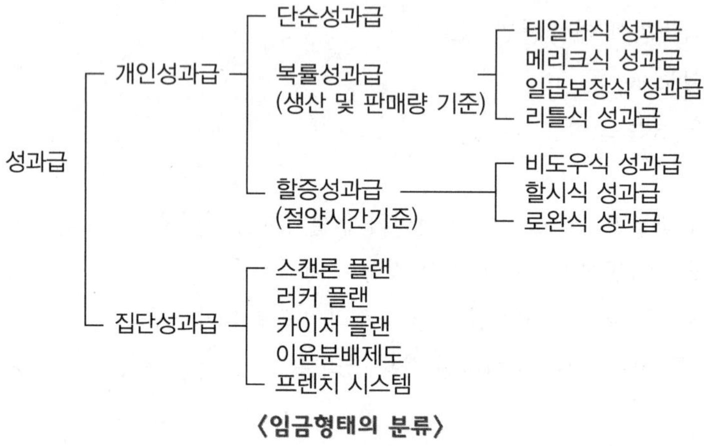

〈**임금형태의 분류**〉

▶ **개인성과급** ◀

명 칭	내 용
테일러식	• 테일러가 고안한 것으로, 표준량까지는 일정한 성과급률을 적용하고 표준량을 초과하면 높은 성과급률을 적용(2종류 임률 적용) • 초보자에게 불리
메리크식	• 메리크가 고안한 것으로, 테일러식을 보완하여 초보자에게도 인센티브를 주는 제도(3종류 임률 적용)
맨체스터 플랜	• 미숙련자가 예정된 성과를 올리지 못해도 최저생활 보장을 위해 작업성과의 일정한도까지는 보장된 일급을 제공 • 일급보장제도
리틀식	• 테일러식의 변형으로, 표준과업을 110% 이상 달성한 자에게 높은 임률을 제공하는 방식(4종류 임률 적용)
비도우식	• 표준작업량 이하의 생산량에 대해서는 보너스 없이 시간임률이 일정하고, 표준작업량 이상일 경우에는 절약시간에 대하여 75%의 보상 적용
할시식	• 과거 경험에 의해 표준작업시간을 정해 두고 시간절약분에 해당하는 할증급을 추가 지급하는 방식
로완식	• 과거 실적 중심으로 표준시간을 정하고, 표준시간 이하로 작업을 마치면 절약임금의 일부를 분배하되 분배율은 능률이 증진됨에 따라 감소 • 처음에는 할시식보다 근로자에게 유리하지만 일정한 한계를 넘어서면 로완식이 불리

▶ 집단성과급 ◀

명 칭	내 용
스캔론 플랜	• 이익참가 모형의 하나로서 집단 중심(가령 생산위원회 등)의 제안제도 등을 통하여 생산성 증대를 꾀하여 생산제품의 판매가치에서 차지하는 노무비의 비율이 일정기준 이하로 낮아질 경우 절감된 노무비에서 일정비율을 근로자에게 인센티브로 지급하는 제도를 말함
러커 플랜	• 생산의 부가가치 증대를 목표로 한 노사협력체계를 만들고 그 생산성 향상의 성과를 '러커 표준'이라고 하는 일정한 분배율에 따라 노사 간에 적정하게 분배하는 이익참가 모형을 말함 • '판매가격' 중심의 성과배분이 아니라 '부가가치' 중심의 성과배분 제도임
카이저 플랜	• 능률적인 작업과 낭비제거를 유도하기 위해 재료, 노무 측면에서 발생하는 비용의 절감액을 분배하는 제도 • 과도경쟁을 유발하는 개인적인 인센티브 대신에 협동적 집단인센티브를 적용
이윤분배제도	• 생산능률이 향상되어 그에 의해 이익이 발생한 경우 그 이익을 사용자와 근로자에게 배분하여 노동자의 능률을 자극하고 임금의 과도한 증대를 억제
프렌치 시스템	• 공장 전체적인 능률향상을 목표로 총투입에 대한 총산출의 비율을 집단성과급 계산의 기초로 함 • 스캔론 플랜, 러커 플랜이 노무비 절감에 관심이 있는 데 비해 프렌치 시스템은 모든 비용절감에 관심을 둠

Section 05 부가급여/효율임금/최저임금

❶ 부가급여

(1) 의의

부가급여(Fringe Benefits)란 사용자가 복리후생차원으로 임금 이외에 별도로 지급하는 다양한 형태의 보상을 의미한다.

(2) 종류

부가급여는 임금 이외에 기업이 직원에게 부여하는 경제적 혜택이므로 유급휴일, 경조휴가, 퇴직금, 생리휴가, 복리후생시설, 학자금지급, 산전산후 유급휴가, 교육훈련, 정기승급, 사내복지기금, 주택자금대출, 의료비지원, 출퇴근상해보험 등 다양한 형태가 있을 수 있다.

(3) 선호 이유

① 부가급여는 임금액이 감소되어 그만큼 조세나 보험료 부담이 줄어든다.

② 사용자가 희망하는 노동특성을 가진 근로자들을 채용하고자 할 때 그와 같은 희망근로자의 기호에 알맞은 부가급여제도를 제공하는 방법을 채택할 수 있다(예 : 30대 여성근로자를 많이 채용하려고 직장 내 어린이집 무료이용이라는 부가급여를 제공하는 경우).

③ 정부가 독과점을 이유로 임금 등에 대한 규제를 강화할 때, 그것을 회피하는 수단으로서 임금인 상 대신 정부에서 식별하기 어려운 부가급여수준을 높일 수 있다.

④ 장기근속을 유도하는 방편으로 이용된다.

⑤ 인사관리수단으로서 사기를 진작시키며 근로자의 기업에 대한 충성심을 발휘하게 하고, 근로자의 내부통제에 이용된다.

② 효율임금이론

(1) 효율임금

시장의 균형임금보다 높은 임금을 지급해도 노동생산성이 향상되어 이윤극대화를 달성할 수 있도록 하는 임금을 효율임금이라고 한다. 주로 대기업들이 동기부여 수단으로 효율임금제도를 많이 도입한다.

(2) 효율임금이론에서 고임금이 고생산성을 가져오는 이유

① 고임금은 노동자의 직장상실 비용을 증대시켜서 노동자로 하여금 작업 중에 태만하지 않고 스스로 열심히 일하게 한다.

② 고임금을 지불하여 노동자들이 스스로 알아서 열심히 일하도록 함으로써 통제상실을 방지할 수 있다.

③ 고임금을 노동자가 은혜로 받아들여 해고위협이 없더라도 작업노력을 증대시킨다.

④ 노동자의 사직을 감소시켜 신규채용 및 훈련비용을 감소시킨다.

⑤ 고임금에 따라 기업 이미지가 개선되면 채용 시에 보다 양질의 노동자를 고용할 수 있다.

③ 최저임금제도

(1) 의의

최저임금제도란 국가가 법적 강제력을 가지고 임금의 최저한도를 정하여 이보다 낮은 수준으로는 사용자가 근로자를 고용하지 못하도록 함으로써 상대적으로 불리한 위치에 있는 근로자를 보호하고자 하는 제도를 말한다.

(2) 기대효과

① 지나친 저임금으로 인해 발생하는 산업 간·직종 간·지역 간 임금격차를 개선한다.

② 2차 노동시장의 근로자, 즉 청소년, 여성근로자, 고령자 등을 보호한다.

③ 저임금에 의존하는 기업에 충격을 주어 경영개선, 경영합리화 및 효율화를 기하여 기업근대화를 촉진한다.

④ 지나친 저임금에 의존하여 값싼 제품을 제조·판매하는 기업을 정리하여 기업 간 공정한 경쟁을 가능하게 한다.

⑤ 근로자의 근로의욕 향상을 통해 생산성을 높이고 고임금 경제를 가져온다.

⑥ 산업구조의 고도화에 기여한다.

⑦ 노사분규를 방지한다.

⑧ 소득증대로 유효수요의 확보가 가능하다.

⑨ 근대복지국가의 사회복지제도의 기초가 된다.

(3) 부정적 효과

① 고용에 대한 부정적 효과 : 최저임금이 시장의 균형임금보다 높게 설정되어 있으면 노동의 초과공급을 초래하여 실업이 발생할 수 있다. 그런데 현실에서는 최저임금제도가 시행되고 있음에도 최저임금을 이유로 실업이 많이 발생하지 않는 이유는 최저임금이 낮아서 균형임금 이하로 형성된 경우가 많기 때문이다.

최저임금 〉 균형임금 → 실업발생

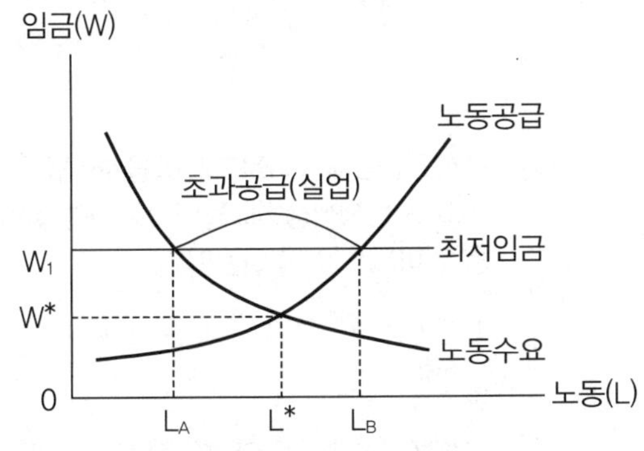

균형임금이 W^* 수준이고,
최저임금이 W_1 수준으로 결정되면
$L_B - L_A$만큼의 실업(노동의 초과공급)이 발생한다.

② 생산감소 : 지역 간 경제활동의 배분을 왜곡시키고 전반적인 생산을 감소시킨다.

③ 소득분배의 역진적인 효과 : 최저임금 이하로 임금을 받고 있던 근로자들이 실직함으로써 그 사람들의 소득과 부를 상대적으로 높은 임금을 받는 사람들에게 재분배하는 역진적인 효과를 가져온다.

기출문제 및 출제예상문제

01 임금학설인 임금생존비설과 임금기금설에 관한 설명 중 틀린 것은?   2003

① 임금생존비설은 노동수요 측을 무시한 이론이라는 비판을 받고 있다.

② 임금생존비설은 임금이 노동공급에 의해 결정된다고 보는 점에서 장기적 관점에 입각한 이론이다.

③ 임금기금설은 현실자본량으로 임금문제를 설명하기 때문에 단기적 관점에 입각한 이론이다.

④ 임금기금설은 임금생존비설을 부분적으로 계승한 것으로 노동공급 측을 강조하는 이론이다.

> **해설 |** 임금기금설은 노동의 수요 측면을 강조하는 이론이다.

02 임금수준결정의 중요 기준으로 활용되는 것과 가장 거리가 먼 것은?   2014

① 생계비 보장의 원칙
② 기업의 지불능력 원칙
③ 사회적 균등의 원칙
④ 생산능력 확보의 원칙

> **해설 |** 노동자–생계비, 기업–지불능력, 노동시장–사회적 균형

03 다음 중 실질임금산정에 중요한 의미를 가지는 것은?   2005

① 소비자물가지수
② 도매물가지수
③ GNP 디플레이터
④ 지니계수

> **해설 |**
> $$실질임금 = \frac{명목임금}{소비자물가지수} \times 100$$

04 생산성임금제하에서 물가가 5% 상승하고 생산성이 2% 하락하였다면 명목임금은 얼마나 상승하여야 하는가?   2005

① 3%
② 5%
③ 7%
④ 9%

> **해설 |** 생산성임금제를 적용하므로 생산성증가율이 −2%이면 실질임금증가율도 −2%, 물가상승률은 5%. 따라서 아래 식에 대입하면
> 실질임금증가율＝명목임금증가율 − 물가상승률
> − 2%＝명목임금증가율 − 5%
> 그러므로 명목임금증가율은 3%

05 생산성임금제에 따르고자 했을 때, 물가상승률이 5%이고 노동생산성변화율이 3%라면 실질임금변화율은 얼마가 되어야 하는가?   2014

① 8%
② 5%
③ 3%
④ 2%

> **해설 |** 생산성임금제를 적용하면 생산성증가율＝실질임금증가율이므로 생산성증가율이 3%이면 실질임금증가율도 3%

06 경제성장률이 5%, 물가상승률이 3%, 명목임금상승률이 10%이면, 실질임금상승률은?   2009, 2004

① 3%
② 5%
③ 7%
④ 8%

> **해설 |** 실질임금상승률＝명목임금상승률 − 물가상승률이므로 10% − 3%＝7%

07 다음 표는 2008년과 2009년의 소비자물가지수 및 노동생산성지수에 대한 가상적 자료이다. 생산성임금제를 적용한다면 2009년의 명목임금상승률은 얼마가 되어야 하겠는가?   2014, 2009

연도	소비자물가지수	노동생산성지수
2008년	200	400
2009년	210	440

① 10% ② 15%
③ 20% ④ 25%

해설 | 노동생산성은 400에서 440으로 40만큼 증가했으므로 노동생산성증가율 $= \dfrac{40}{400} = 10\%$

생산성임금제를 적용하면 노동생산성증가율＝실질임금증가율이므로 실질임금증가율＝10%

소비자물가지수는 200에서 210으로 10만큼 증가했으므로 물가상승률 $= \dfrac{10}{200} \times 100 = 5\%$

실질임금증가율＝명목임금증가율－물가상승률이므로
10%＝명목임금증가율－5%
∴ 명목임금증가율＝15%

08 어떤 직업이 다른 직업에 비하여 노동강도가 심하거나 열악한 환경에서 작업해야 하는 경우 더 높은 임금을 지급하기 때문에 임금격차가 발생한다고 보는 이론은?   2009, 2005

① 생산성 격차설   ② 보상 격차설
③ 노동시장 분단설   ④ 노동조합 효과설

해설 | 보상적 임금격차＝균등화 임금격차

09 애덤 스미스(Adam Smith)가 국부론에서 직업을 식별하는 5가지 기준으로 제시한 것과 거리가 먼 것은?   2004

① 업무수행의 자율성/타율성
② 직업수행자에게 요구되는 책임의 크기
③ 직업기술습득의 어려움과 비용의 많고/적음
④ 직업의 쾌적함/불유쾌함

해설 | ㉠ 일이 쉬운가, 명예로운가, 깨끗한가? ㉡ 직업에 필요한 기술을 습득하기 위한 정신적·금전적 비용 ㉢ 수요가 꾸준하여 안정적인 수입이 있는가? ㉣ 일에 얼마나 큰 책임이 필요한가? ㉤ 성공 가능성

10 다른 모든 자격과 조건이 동일하다는 전제하에, 성차별에 해당되는 것으로 가장 적합한 것은? (단, 교육이나 근속연수가 높을수록 생산성도 커진다)   2014

① 대졸 남성근로자의 임금이 고졸 여성근로자보다 높다.
② 근속연수가 높은 남성근로자의 임금이 근속연수가 적은 여성근로자보다 높다.
③ 대졸 남성근로자의 임금이 대졸 여성근로자보다 높다.
④ 대졸 여성근로자의 임금이 고졸 남성근로자보다 높다.

해설 | 문제에서 교육수준이 높을수록 생산성도 커진다고 가정하고 있으므로 대졸이 고졸보다 생산성이 높다. 생산성이 높아서 임금이 높은 경우는 차별에 해당하지 않는다. 대졸 남성과 대졸 여성은 교육수준이 동일하므로 생산성이 동일한데 남성이 여성보다 임금이 높다면 성별을 이유로 한 차별에 해당한다.

11 다음 중 직종별 임금격차의 발생원인이 아닌 것은?   2012

① 근로조건에 따른 보상
② 숙련도별 임금격차
③ 인적자본투자에 대한 보상
④ 생산시장의 독점비율

해설 | ④ 산업별 임금격차의 발생원인에 해당한다.

12 노동자에게 지급되는 임금과 어떤 직무특성 간의 관계를 요약한 헤도닉 임금함수(Hedonic Wage Function)에 대한 설명으로 옳지 않은 것은?   2004

① 헤도닉 임금함수의 기울기는 근로자의 유보임금(Reservation Wage)과 같다.

② 헤도닉 임금함수의 기울기는 기업의 등이윤곡
선(Iso-profit Curve)의 기울기와 같다.
③ 직무특성이 바람직하지 않은 것이라면 헤도닉
임금함수의 기울기는 음(-)이 된다.
④ 근로자들의 직무특성에 대한 숨겨진 선호가
헤도닉 임금함수를 통해 노출된다.

> **해설 |** 산재위험도가 높을수록 고임금을 지급하는 것을
> 헤도닉 임금제라고 이해하면 된다. 따라서 직무특성
> 이 바람직하지 않다면(산재위험이 높다면) 임금이 증
> 가하는 우상향하는 형태가 된다(+관계).

13 연공급 임금체계의 장단점에 관한 설명 중 틀린 것은?

2004

① 배치전환 등 인력관리의 융통성 결여
② 전문기술인력의 확보 곤란
③ 근로자의 기업에 대한 귀속의식 고양
④ 동일노동, 동일임금의 원칙 실현 곤란

> **해설 |** 연공급의 경우는 직무의 변경, 인사이동이 임금
> 에 큰 영향을 미치지 않는다. 호봉제의 공무원 임금체
> 계를 생각하면 쉽게 이해할 수 있다.
> ②번 보기→단점, ③번 보기→장점, ④번 보기→단점

14 대다수 한국기업이 채택하고 있는 속인적 임금체계에 대한 설명으로 맞는 것은?

2004

① 단순히 근로시간을 기준으로 임금을 정하는 것
② 일의 결과를 기준으로 임금을 정하는 제도
③ 일의 특성을 기준으로 임금을 정하는 제도
④ 연령, 성, 근속연수 등을 기준으로 임금을 정하
는 제도

> **해설 |** 속인적 임금체계는 연령, 성, 근속연수와 같은
> 속인적 요소를 기준으로 임금을 지급하는 것으로서 연
> 공급 임금체계가 이에 해당한다.

15 직무급에 관한 설명 중 틀린 것은?

2014, 2004

① 신분이나 개인의 속성에 예속된 임금결정방식
이 아니라 직무에 의한 임금결정방식이다.
② 동일가치의 직무에는 동일한 임금이라고 하는
원칙을 명확히 함으로써 임금배분의 공평성을
기할 수 있는 방식이다.
③ 생활급과는 차이가 있기 때문에 경영의 합리화,
근로의욕의 제고, 노동생산성의 향상을 기할 수
있는 임금결정방식이다.
④ 임금격차는 직무 간의 격차에 의한 것이므로,
노동의 양과 질을 평가하는 임금결정방식은
아니다.

> **해설 |** 직무급은 중요한 직무를 맡은 노동자일수록 더
> 많은 임금을 지급하는 임금체계를 의미한다. 직무의
> 중요도를 판단하기 위해서는 그 직무를 정상적으로 수
> 행하기 위해 필요한 노동의 양이나 질을 평가해야 한
> 다. 요구되는 노동의 양과 질의 수준이 높을수록 중요
> 한 직무라고 할 수 있다.

16 직능급 임금체계와 관련된 내용으로 볼 수 없는 것은?

2003

① 직무능력이 중심이기 때문에 직무평가가 불필
요하다.
② 직능급은 개별근로자에게 동기부여효과가 강
하다.
③ 직무급의 경우와 같이 적정배치가 반드시 전제
되어야 한다.
④ 연공급의 속인적 요소와 직무급의 직무적 요소
를 결합한 것이다.

> **해설 |** 직능급은 직무급과 연공급의 혼합형태를 취하
> 기 때문에 직무표준화가 충분치 못한 상황에서도 사용
> 이 가능하며, 직무급 도입이 어려운 우리나라나 일
> 본 등에 적합하다는 장점을 갖고 있다.

17 우리나라의 임금체계에 관한 설명으로 옳지 않은 것은?

2004

① 명목임금은 정액급여, 초과급여, 특별급여로 구성된다.
② 통상임금에 포함되는 임금은 기본급과 통상적 수당이다.
③ 통상임금은 퇴직금, 휴업수당, 산재보상 등의 산출기준임금이다.
④ 평균임금은 고용기간 중 근로자가 지급받고 있던 평균적인 임금수준을 말한다.

해설ㅣ '임금체계'는 임금을 지급하는(분배하는) 기준의 의미 외에 임금의 분류체계로서의 의미로도 사용되는데 퇴직금, 휴업수당, 산재보상의 산정기준임금은 평균임금이다.

18 다음 중 집단성과급제의 형태가 아닌 것은?

2003

① 맨체스터 플랜(Manchester Plan)
② 스캔론 플랜(Scanlon Plan)
③ 프렌치 시스템(French System)
④ 러커 플랜(Rucker Plan)

해설ㅣ 맨체스터 플랜은 개인성과급에 속한다.

19 임금을 성과급이나 할증급 등 노동능률에 직접 관련시켜 지급하는 능률급 방식 중에서 아래의 설명 내용과 일치하는 것은?

2003

각 노동자의 과거 생산기록에 의해 일정생산량 완성에 필요한 표준시간을 설정한 후 작업이 표준시간보다 일찍 완성된 경우, 실제 작업시간에 대해서는 보장된 시간당 임금률을 지급하고, 표준시간보다 절약된 시간에 대해서는 그것에 일정비율을 곱한 시간에 대하여 동일한 시간당 임금률만큼의 프리미엄을 지불하는 방식

① 로완(Rowan) 할증급제
② 할시(Halsey) 할증급제

③ 테일러(Taylor) 성과급제
④ 디머(Diemer) 할증급제

해설ㅣ 할시식은 과거 경험에 의해 표준작업시간을 정해 두고 시간절약분에 해당하는 할증급을 추가 지급하는 방식이다.

20 일급제나 이익분배제 등의 결함을 시정하기 위해 시간급임금과 생산고임금을 절충한 임금형태는?

2014, 2004

① 토웬제(Towen's Gain-sharing Plan)
② 로완제(Rowan Premium Plan)
③ 테일러제(Taylor's Scientific System)
④ 할시제(Halsey Premium Plan)

21 다음 중 부가급여(Fringe Benefits)가 아닌 것은?

2012, 2009

① 유급휴일 ② 복리후생시설
③ 직책수당 ④ 학자금지급

해설ㅣ 직책수당은 부가급여가 아니라 임금이다.

22 부가급여가 아닌 것은?

2014

① 유급휴가 ② 법정복리비
③ 급식제공 ④ 상여금

해설ㅣ 상여금은 회사마다 자유롭게 지급기준을 정해서 지급할 수 있는데 지급기준에 따라서 임금에 해당할 수 있다.

23 사용자 측이 부가급여 지급을 선호하는 이유가 아닌 것은?

2003

① 부가급여만큼 임금액이 감소하면, 사용자에게 그만큼 조세와 보험료 부담이 감소된다.
② 정부가 임금 등에 대한 규제를 강화할 때, 그것을 회피하는 수단으로서 부가급여수준을 높일 수 있다.

③ 각종 채용 및 훈련비용을 절감하고 장기근속을
유도하는 방안으로 각종 부가급여를 이용한다.
④ 채용과정에서 성, 연령, 인종, 기혼·미혼 여부
등으로 차별대우하는 것을 방지하기 위함이다.

24 근로자들이 현금이 아닌 부가급여형태의 보상을 선
호하게 되는 이유와 가장 거리가 먼 것은? 2014

① 조세감면의 혜택이 있으므로
② 현금보다 현물이 근로자의 효용을 더욱 증가시
키므로
③ 이연보수형태가 저축의 성격을 지니므로
④ 현물형태의 급여는 대량 내지 할인된 가격으로
구입이 가능하므로

25 고임금이 높은 생산성을 가져온다는 효율임금(Effi-
ciency Wage)이론에 대한 설명으로 옳지 않은 것
은? 2005

① 고임금은 근로자의 직장상실 비용을 증대시켜
서 근로자로 하여금 작업 중 태만하지 않고 열
심히 일하게 한다.
② 고임금기업의 근로자는 고임금을 사용자가 주
는 일종의 선물로 간주하고 이러한 은혜에 보답
하기 위해 작업노력을 증대시킨다.

③ 고임금에 따라 우량기업이라는 기업의 명예와
신용이 높아지면, 신규근로자의 채용 시 보다
양질의 근로자를 고용할 수 있다.
④ 고임금은 근로자의 사직을 증가시켜서 신규근
로자의 채용 및 훈련비용을 증가시킨다.

26 효율임금이론에 대한 설명으로 옳지 않은 것은? 2004

① 다른 기업보다 효율적으로 임금을 낮춘다.
② 노동시장의 정보가 불완전하다고 가정한다.
③ 효율임금은 대기업에서 사용될 가능성이 높다.
④ 기업은 이윤극대화를 위해 이러한 임금정책을
사용한다.

27 근로자가 보다 열심히 일하도록 하기 위한 유인으로
서 시장임금보다 높은 임금을 지불한다는 효율임금
(Efficiency Wage)이론을 다음과 같은 간단한 모
형으로 나타내었다.

$E = (w\text{-}x)^a$(단, E는 근로자가 기울이는 노력, w는
효율임금, x는 시장임금이며 $0 \langle a \langle 1$)

이 모형에서 단위 노력당 임금, 즉 $\dfrac{w}{E}$ 를 최소화할
수 있는 효율임금 w의 수준은? 2012, 2003

① $\dfrac{a}{1-x}$

② $\dfrac{x}{1-a}$

③ $\dfrac{1-a}{x}$

④ $\dfrac{1-x}{a}$

28 다음 중 최저임금제도를 실시하는 중요한 목적에 해당되는 것은? 2009

① 기업의 독과점 방지　② 국제경쟁력 강화
③ 공정경쟁력 확보　　④ 물가안정

해설ㅣ 기업 간 공정경쟁을 확보하는 것은 최저임금제도의 기대효과로서 중요한 목적에 해당한다.

29 최저임금제도의 효과에 관한 설명으로 틀린 것은? 2012

① 소득의 계층별 분배를 개선할 수 있다.
② 기업 간의 공정경쟁을 확보할 수 있다.
③ 산업구조의 고도화에 기여할 수 있다.
④ 10대, 여성, 고령자 등 취약계층의 고용 확대를 가져올 수 있다.

해설ㅣ 최저임금 〉균형임금 → 실업발생
최저임금이 인상되면 최저임금수준에서 고용된 저임금 노동자들은 실직할 기능성이 커진다. 최저임금은 저임금 노동자의 임금상승을 유도할 수는 있지만 고용 확대를 가져오지는 못한다.

30 다음의 그림에서 W_0와 E_0는 각각 시장균형임금과 시장균형고용량이다. 이때 최저임금을 W_1으로 설정하면 비자발적 실업이 발생한다. 이 비자발적 실업 중 최저임금 설정으로 인한 노동수요 감소분의 크기는 얼마인가? 2003

① $0E_1$　　　　② E_1E_0
③ E_0E_2　　　　④ E_1E_2

해설ㅣ

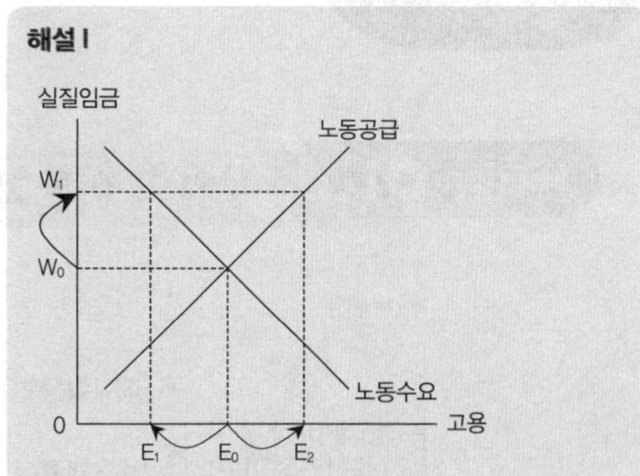

최저임금이 W_1수준으로 설정되면 임금이 W_0에서 W_1으로 상승한 것과 같다.
따라서 노동수요량은 E_0에서 E_1으로 감소하고, 노동공급량은 E_0에서 E_2로 증가한다.

31 시장균형임금보다 높은 수준으로 설정되는 최저임금이 일부 특정 노동시장에만 적용될 경우 그 결과에 대한 설명으로 옳지 않은 것은? 2004

① 최저임금제가 적용되는 부문에서 고용이 감소한다.
② 최저임금제가 적용되지 않는 부문의 임금이 감소하고 고용이 증대된다.
③ 경제 전체적으로는 고용이 증대된다.
④ 최저임금제가 적용되지 않는 부문의 노동수요 곡선에는 변화가 없다.

해설ㅣ 최저임금 〉균형임금 → 실업발생

정답　24 ②　25 ④　26 ①　27 ②　28 ③　29 ④　30 ②　31 ③

 실업의 이론과 형태

```
                                                        ┌─ 임금근로자(상용 / 임시 / 일용)
                                               취업자 ─┤
                              경제활동인구 ─┤             └─ 비임금근로자(자영업자 / 무급가족종사자)
           15세 이상 인구 ─┤             실업자
           (생산가능인구)    비경제활동인구
  총인구 ─┤
           15세 미만 인구
```

❶ 완전고용 및 자연실업률

완전고용은 실업자가 1명도 없는 것을 의미하는 것이 아니라 비자발적 실업이 없는 상태, 즉 마찰적 실업만 존재하는 상태를 의미한다. 대체로 실업률이 3~4% 정도면 실업이 안정된 상태로 보기 때문에 이를 완전고용 또는 자연실업률이라 한다.

> **tip** 효율임금, 고용보험, 노조의 임금인상, 최저임금제 등은 자연실업률을 높이는 원인이 된다.

❷ 실업의 유형과 발생원인

(1) 마찰적 실업

① 원인 : 노동시장에 대한 정보의 불완전성으로 인한 노동수요와 노동공급의 일시적 부조화로 발생하는 실업형태이다(노동시장이 구직자와 일자리를 신속하게 연결시켜주지 못할 때 발생하는 실업).

② 해결 : 구인·구직정보 제공

> **tip** 마찰이란 노동력이 노동시장에 새로 진출하거나 한 시장에서 다른 시장으로 이동하는 과정에서 발생하는 수급의 불일치 현상을 의미하며, 마찰의 크기는 노동력의 이동속도와 노동시장정보의 완전성에 따라 달라진다.

(2) 구조적 실업

① 원인 : 경제구조의 변화로 인하여 노동력에 대한 수요구조가 변화함에도 이에 대응하지 못하여 산업 간, 지역 간 노동의 수요와 공급이 불일치하여 발생하는 실업이다(예 : 산업의 구조조정이 이루어질 때 사양산업에 존재하는 잉여노동력이 성장산업으로 바로 유입되지 못하는 경우).

② 해결 : 교육 및 직업전환훈련(인력정책), 이주비 지원, 성장산업 예측정보제공

> **tip** 구조적 실업도 기본적으로는 마찰적 실업과 유사하지만, 경제의 구조변화라는 장기적 현상과 관련된 것이라는 점에서 차이가 있다.

(3) 경기적 실업

① 원인 : 경기변동으로 인해 불경기에 유효수요가 부족하여 노동수요가 감소할 때 발생하는 실업을 말한다. 따라서 경기적 실업은 수요부족실업에 해당한다.

② 해결 : 총수요 증대로 경기를 부양시키는 해결방법

> **tip** 구매력이 뒷받침되는 수요는 유효수요라고 하며, 구매력이 뒷받침되지 않는 수요를 잠재수요라고 한다.

(4) 계절적 실업

① 원인 : 건설업, 농림어업, 관광업 등과 같이 기후나 일기에 따라 생산 또는 서비스활동이 결정되는 산업에서 발생하는 실업이다.

② 해결 : 대체구인처 확보

(5) 기술적 실업

종래의 제품 또는 신제품의 생산에 사용되는 자본과 노동의 새로운 결합방법이 도입됨에 따라 노동력의 해고가 이루어짐으로써 발생하는 실업, 즉 노동절약적 기계나 설비가 도입됨으로 인하여 발생하는 실업을 말한다.

❸ 그 밖의 실업 개념

(1) 부가노동자효과

불황기에 가구주의 실직으로 인한 소득감소를 보전하기 위해 비경제활동인구에 속하던 배우자나 자녀들이 새로이 경제활동인구로 유입되는 현상. 부가노동자효과는 실업률을 증가시키는 요인이 된다.

(2) 실망노동자효과

불황으로 실업률이 높을 때 실업자들이 취업 가능성이 낮아서 구직활동 자체를 단념하여 비경제활동인구로 유출되는 현상. 실망노동자효과는 실업률을 감소시키는 요인이 된다.

> 부가노동자효과 > 실망노동자효과 ⇨ 경제활동인구 증가
> 부가노동자효과 < 실망노동자효과 ⇨ 경제활동인구 감소

(3) 잠재실업

구직의 가능성이 높았더라면 노동시장에 참가하여 적어도 구직활동을 했을 사람이 그와 같은 전망
이 없거나 낮다고 판단하여 비경제활동인구화되어 있는 경우를 말하며, 내용상으로는 은폐된 실업
이라고 할 수도 있다.

> **tip** 잠재실업자는 통계상으로 실업자가 아니다.

(4) 실업의 이력현상

일단 실업률이 높은 수준으로 올라가면 경기확장정책을 사용하더라도 실업률이 다시 하락하지 않
는 현상. 현재의 실업률이 과거의 실업률에 의해 크게 영향을 받는 현상. 현재의 실업률이 과거의
실업률 수준에 크게 영향을 받기 때문에 실제실업률이 자연실업률을 일단 초과하게 되면 자연실업
률도 증가하게 된다.

④ 실업률과 인플레이션율의 상충관계(필립스 곡선)

(1) 실업에 대한 견해

고전학파의 입장에 따르면 노동시장에서 실업은 마찰적 실업만 있는 완전고용상태이므로 실업의
문제는 시장의 자율적 조절기능에 맡기면 된다고 본다.

그러나 케인스의 견해에 따르면 경기침체로 유효수요가 부족해지면 노동수요도 감소하여 비자발
적인 실업이 발생할 수 있기 때문에 정책적으로 이를 해결할 필요가 있다.

(2) 필립스 곡선

① 최초의 필립스 곡선은 필립스가 명목임금상승률과 실업률 사이의 상충관계를 1861~1957년의
실제자료를 이용해 나타낸 것이다(이후에 물가상승률과 실업률의 상충관계로 의미를 확장함).

② 이에 따르면 실업률이 낮을수록 명목임금상승률이 높고, 반대로 실업률이 높을수록 명목임금상
승률이 낮다. 따라서 상충관계에 있는 실업률과 물가상승률에 대하여 각각 어느 정도 수준을 그
사회에서 수용할 것인가가 문제가 된다.

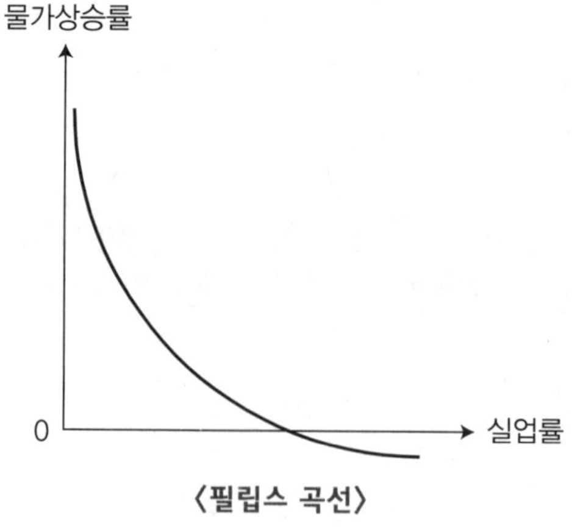

〈필립스 곡선〉

③ 필립스 곡선이 원점으로 이동해야 물가와 실업률의 상충관계를 개선할 수 있다.

    ㉠ 예상가격상승률을 낮추는 조치 시행(소득정책)

    ㉡ 임금의 하방 경직성을 강화하는 제도적 장애물을 제거하는 정책

    ㉢ 노동시장의 효율성 증대 : 고용정보 제공, 직업소개업무 향상, 직업훈련(인력정책)

> **tip** 소득정책
>
> 과도한 임금·물가상승을 규제할 목적으로 정부가 동원하는 강제적·반강제적 또는 설득적인 모든 조치(예 : 임금상승률의 상한을 정하는 임금 가이드라인, 임금인상과 물가인상을 억제 또는 동결하는 임금-물가 통제)

Section 02 실업률의 측정

❶ 생산가능인구

만 15세 이상인 자

❷ 경제활동인구

만 15세 이상 인구 중 취업자와 실업자를 말한다.

> **tip** 경제활동
>
> '경제활동'이란 상품이나 서비스를 생산하기 위해 수입이 있는 일을 행함을 뜻함
> 1. 수입이 있더라도 다음의 활동은 경제활동으로 보지 않음(취업자에 포함시키지 않음)
>   ① 법률에 위배되는 비생산적인 활동(예 : 도박, 매춘 등)
>   ② 법률에 의한 강제노역 및 봉사활동
>   ③ 경마, 경륜, 증권, 선물 등 투자활동
> 2. 불법 취업자(자격증 없는 간호사, 의사 등)의 활동상태는 본인의 확인 없이는 알 수 없는 사항이므로 구분하지 않고 조사(취업자에 포함시킴)

❸ 취업자

① 조사주간 중 소득, 이익, 임금 등 수입을 목적으로 1시간 이상 일한 자

② 자기에게 직접적으로 이득이나 수입이 오지 않더라도 가구단위에서 경영하는 농장이나 사업체의 수입을 높이는 데 도운 가족종사자로서 주당 18시간 이상 일한 자(무급가족종사자)

③ 직장 또는 사업체를 가지고 있으나 조사대상 주간 중 일시적인 병, 일기불순, 휴가 또는 연가, 노동쟁의 등의 이유로 일하지 못한 일시휴직자

① 가구

거주와 생계를 같이하는 사람의 모임을 가구라 하며, 한 사람이라도 별도로 거주하고 독립적인 가계를 이루고 있는 경우에는 하나의 가구로 간주함
- 가정부, 기타 가사사용인, 동거인(점원, 견습인, 하숙인) 등은 주가구의 가구원으로 포함
- 학교, 공장, 병원 등의 기숙사와 특수사회시설과 같은 집단시설가구는 조사대상에서 제외

② 비정규직근로자

1차적으로 고용형태에 의해 정의되는 것으로 한시적근로자, 시간제근로자, 비전형근로자 등으로 분류된다.
- 한시적근로자

  근로계약기간을 정한 근로자(기간제근로자) 또는 정하지 않았으나 계약의 반복 갱신으로 계속 일할 수 있는 근로자와 비자발적 사유로 계속 근무를 기대할 수 없는 근로자(비기간제근로자)를 포함
- 시간제근로자

  직장(일)에서 근무하도록 정해진 소정의 근로시간이 동일 사업장에서 동일한 종류의 업무를 수행하는 근로자의 소정 근로시간보다 1시간이라도 짧은 근로자로, 평소 1주에 36시간 미만 일하기로 정해져 있는 경우가 해당됨
- 비전형근로자

  파견근로자, 용역근로자, 특수형태근로종사자, 가정내(재택, 가내)근로자, 일일(단기)근로자

❹ 실업자

조사대상 주간(매월 15일이 포함된 1주일)에 수입 있는 일을 하지 않았고, 지난 4주간 일자리를 찾아 적극적으로 구직활동을 하였던 사람으로서 일자리가 주어지면 즉시 취업이 가능한 사람

---

tip 적극적 구직활동(Active job-searching)

단순히 구직광고를 보는 등의 소극적인 활동이 아니라, 전화, 방문, 구인광고 응모, 원서접수 등 구체적인 행동이 수반되는 경우를 구직활동으로 보며, 실업자와 비경제활동인구를 판단하는 기준이 됨

구직활동기간

실업률 산정에 있어 구직기간 4주 또는 1주 기준이라는 것이 따로 존재하는 것은 아님. 실업자로 분류되기 위해서는 구직활동을 해야 하는데 구직활동기간은 국가마다 다르게 정의됨

ILO(국제노동기구)에 의하면 구직활동기간이 특별히 정의되어 있지 않고 나라마다 상황에 따라 결정하도록 권고하고 있음

다만, OECD 국가 중 상당수가 구직활동기간을 4주간으로 하고 있기 때문에 국가 간의 자료비교를 위해 우리나라도 1999년 6월부터 참고지표로서 구직기간 4주 기준 실업통계를 작성하여 공표해 왔으며, 2005년 6월부터 공식적인 실업통계의 작성기준을 구직기간 4주 기준으로 변경하여 발표하고 있음

한편, 구직활동기간을 4주로 하는 경우 실업률은 약간 상승하는 것이 일반적. 왜냐하면, 조사대상 주간(매월 15일이 포함된 1주일) 이전에 구직활동을 한 경우 1주 기준으로는 비경제활동인구에 속하나, 4주 내에 구직활동을 하였다면 실업자로 분류되기 때문. 한편, 취업자는 구직활동기간 1주, 4주와 관계없기 때문에 4주간으로 하더라도 변화가 없음

---

❺ 비경제활동인구

조사대상 주간 중 취업자도 실업자도 아닌 만 15세 이상인 자. 즉, 집안에서 가사와 육아를 전담하는 가정주부, 학교에 다니는 학생, 일을 할 수 없는 연로자와 심신장애자, 자발적으로 자선사업이나 종교단

체에 관여하는 사람 등을 말한다(승려, 목사, 신부 등 성직자는 임금근로자로 분류함).

---

tip 구직단념자

비경제활동인구 중 취업의사와 일할 능력은 있으나 아래의 사유(노동시장적 사유)로 지난 4주간에 구직활동을 하지 않은
자 중 지난 1년 내 구직경험이 있었던 자
① 적당한 일거리가 없을 것 같아서(전공, 경력, 임금수준, 근로조건, 주변)
② 지난 4주간 이전에 구직하여 보았지만 일거리를 찾을 수 없어서
③ 자격이 부족하여(교육, 기술경험부족, 나이가 너무 어리거나 많다고 고용주가 생각할 것 같아서)
→ 향후 노동시장에 유입될 가능성이 있는 잠재인력이란 점에서 중요한 의미를 가짐

Plus Check 참고자료 : 활동상태별 비경제활동인구 용어해설

① 육아
조사대상 주간에 주로 미취학 자녀(초등학교 입학 전)를 돌보기 위하여 집에 있는 경우가 해당
② 가사
대부분의 시간을 자기 가정에서 가사업무를 수행한 사람 또는 가사를 돌볼 책임이 있었다고 한 사람의 경우 여기에 해당
③ 정규교육기관 통학
정규교육기관에 통학하는 경우
④ 입시학원 통학
입시학원에 통학하는 경우
⑤ 취업을 위한 학원 · 기관 통학
고시학원, 직업훈련기관에 통학하는 경우
※ 재학 · 수강 등
언론보도자료상의 재학 · 수강 등은 정규교육기관 통학, 입시학원 통학, 취업을 위한 학원 · 기관 통학을 하는 사람에 해당
⑥ 연로
나이가 너무 많아서 수입 있는 일, 구직활동 등 아무 일 없이 시간을 보낸 사람
⑦ 심신장애
정상적인 일을 하기가 어려운 장기적인 질환, 정신 · 육체적 장애가 있는 사람
⑧ 취업준비
학교나 학원에 가지 않고, 혼자 집이나 도서실에서 취업을 준비하는 경우
⑨ 진학준비
혼자 집이나 도서실 등에서 상급학교 진학을 위해 공부하는 경우
⑩ 군입대 대기
군대를 가기 위해 조사대상 기간에 아무 일도 하지 않고 대기 중인 사람
⑪ 쉬었음
중대한 질병이나 장애는 없지만, 조기퇴직 · 명퇴 등으로 인해 쉬고 싶은 상태에 있는 사람

---

❻ 경제활동참가율(노동참가율) $= \dfrac{\text{경제활동인구}}{\text{생산가능인구}} \times 100$

❼ 실업률 $= \dfrac{\text{실업자 수}}{\text{경제활동인구}} \times 100$

❽ 고용률 $= \dfrac{\text{취업자 수}}{\text{생산가능인구}} \times 100$

① 1주일에 1시간만 일해도 취업자인가요?

ILO에서는 수입을 목적으로 조사대상 주간(1주) 동안 1시간 이상 일한 사람을 취업자로 정의하고 있습니다. 그러나 일반적으로 취업자라고 하면 대기업에 다니거나 자기사업을 하면서 주 5일 이상 근무하는 사람을 떠올리기 쉬운데, ILO 기준에 따르면 근로형태를 가리지 않고 수입을 목적으로 1주 동안 1시간 이상 일했다면 모두 취업자라고 정의하고 있습니다.

② 취업기준은 왜 1시간인가요?

기본적으로 경제활동인구조사는 경제정책에 필요한 거시경제지표를 만들어내는 통계조사이기 때문입니다. 한 나라의 총생산을 측정하기 위해서는 취업자 수와 근로시간에 기초한 총노동투입량이 필요한데, 이를 계산하기 위해서는 수입을 목적으로 1시간 이상 수행된 모든 일이 파악되어야 합니다. 특히 고용상황이 변하면서 단시간근로, 부정기근로, 교대근로 등 다양한 취업형태가 나타나고 있으므로 이러한 형태의 취업을 모두 포함하기 위해서는 수입을 목적으로 1시간 이상 일한 모든 사람을 취업자로 파악할 필요가 있습니다.

③ 일을 하지 않는 사람은 모두 실업자 아닌가요?

ILO에서는 실업자를 지난 1주 동안 일을 하지 않았고(Without Work), 일이 주어지면 일을 할 수 있고(Availability for Work), 지난 4주간 적극적인 구직활동을 수행(Seeking Work)한 사람이라고 정의하고 있습니다. 또한 일자리를 구하려는 의중(意中)만 있다고 해서 실업자가 되는 것이 아니라 반드시 실제활동(Activity Principle)이 뒷받침되어야 합니다. 따라서 아무런 구직활동도 하지 않고 막연히 쉰 사람이라면 경제활동인구조사에서는 실업자로 파악되지 않습니다.

따라서 주변에서 흔히 보실 수 있는 취업을 준비하는 사람이나, 아르바이트를 하는 사람, 은퇴 후 쉬고 있는 사람 등은 주관적으로 자신을 실업자라고 생각할 수 있으나, 이러한 사람들은 국제기준에 따른 실업자 요건 3가지를 갖추지 못해 경제활동인구조사에서는 실업자로 분류되지 않습니다. 그래서 통계청에서는 다양한 고용상황을 파악할 수 있도록 취업준비자와 단시간취업자, 구직단념자, 쉬었음 인구 등 다양한 보조지표를 생산하여 제공하고 있습니다.

④ 학생이 아르바이트를 하면서 입사원서도 냈다면, 취업자인가요? 실업자인가요?

학교를 다니는 학생이므로 비경제활동인구이기도 하고, 아르바이트를 하고 있으므로 취업자의 정의에도 부합합니다. 또한 입사원서도 제출한 것으로 볼 때 구직활동을 수행한 실업자라고도 볼 수 있습니다. ILO에서는 이러한 복수의 활동상태를 가지게 되는 사람이 취업자, 실업자, 비경제활동인구 중 반드시 하나의 활동상태에만 배타적으로 귀속되도록 우선성 규칙(Priority Rule)을 적용하도록 하고 있습니다.

우선성 규칙은 노동력조사에서 경제활동상태가 취업인 사람을 먼저 파악하고, 나머지 사람들 중에서 실업자를 파악한 뒤 마지막으로 남은 사람들을 비경제활동인구로 간주하는 규칙입니다. 그 결과 항상 취업자를 실업자와 비경제활동인구보다 우선적으로 파악하고, 실업자는 비경제활동인구보다 우선적으로 파악하게 되는 것입니다.

따라서 사례에서처럼 아르바이트를 하였다면 그 사람이 학교를 다니고 있든지 또는 구직활동을 하고 있든지 여부와 상관없이 취업자가 되는 것입니다. 이 규칙 때문에 우리나라에 거주하는 15세 이상 모든 인구는 빠짐없이 취업자, 실업자, 비경제활동인구 중 하나의 활동상태를 가지게 됩니다.

⑤ 고용지표에 계절성이 있다는데 무슨 말인가요?

취업자, 실업자, 비경제활동인구와 같은 고용지표들이 경기적 요인에 따라 변동하기도 하지만, 계절적 요인, 불규칙 요인 등 비경기적 요인에 따라서도 변동하므로 이를 해석할 때는 이러한 점을 모두 감안해야 합니다.

경제활동인구조사에서는 매월 조사대상 주간 동안의 실제활동상태를 측정하기 때문에 농번기(4~10월)에는 농림어업 취업자 수가 증가하고, 농한기(11~3월)에는 농림어업 취업자 수가 감소하는 경향이 있습니다. 전체 취업자 수도 이러한 농림어업 취업자 수와 같이 계절적으로 변동하는 취업자 수의 영향을 받아 변동하게 됩니다. 실업자 수도 졸업과 각종 채용시험 등으로 인해 사람들의 구직활동이 활발해지는 1~3월에 크게 증가하는 경향을 보입니다.

이처럼 우리나라 고용지표들은 계절에 따라 변동성이 크므로 단지 전월에 비해 취업자 수나 실업자 수가 증가 또는 감소했다고 해서 이를 경기상승 또는 경기둔화로 보는 것은 지표의 의미를 잘못 해석하는 것입니다.

기출문제 및 출제예상문제

01 자연실업률이 4%로 알려져 있는데, 현재의 실업률은 3% 수준에 머무르고 있다. 어떤 상황인가?

2012, 2004

① 경기적 실업이 존재한다.
② 물가의 상승이 예견된다.
③ 부가노동자효과가 나타나고 있다.
④ 잠재실업이 존재한다.

해설 | 자연실업률은 정부의 안정화정책에 상관없이 장기적으로 변하지 않는 실업률을 말하며, 필립스곡선에서 물가상승률이 0일 때의 실업률이기도 하다. 즉, 완전고용상태에서의 실업률 또는 물가상승속도를 가속화시키지 않고 현재수준에서 안정시킬 수 있는 실업률이다. 이는 1968년 M. 프리드먼이 처음으로 주장했다. 현재의 실업률이 자연실업률의 수준보다도 낮다는 것은 경기가 정상수준 이상으로 지나치게 과열되어 있음을 의미한다. 따라서 물가상승을 예측할 수 있다.

02 다음 중 수요부족실업에 해당하는 것은?

2005

① 경기적 실업　　② 마찰적 실업
③ 구조적 실업　　④ 계절적 실업

해설 | 마찰적 · 구조적 · 계절적 실업은 비수요부족 실업에 해당한다.

03 다음 중 마찰적 실업이 발생하는 이유는?

2014, 2009

① 시장정보의 불완전성
② 기술혁신과 신기술도입
③ 경기침체
④ 계절적인 변화

해설 | ② 기술적 실업, ③ 경기적 실업, ④ 계절적 실업

04 마찰적 실업에 관한 설명으로 옳은 것은?

2012

① 생산물시장에서 총수요 감소로 노동에 대한 수요가 감소할 때 발생한다.
② 노동수요의 변동에 의해 유발되는데 규칙적으로 예측할 수 있다.
③ 수요와 공급이 장기적으로 불균형상태에 있기 때문에 발생한다.
④ 노동시장이 동태적이고 정보의 흐름이 불완전하기 때문에 발생한다.

해설 | ① 경기적 실업에 대한 설명
③ 마찰적 실업은 일시적인 실업 유형이다.

05 최근 경기불황으로 많은 구직자들이 열심히 일자리를 찾다가, 결국 찾지 못하자 구직활동을 포기하는 사람들이 늘고 있다. 이러한 추세가 지속되어 나타나는 결과는?

2014, 2005

① 실업률이 증가한다.
② 실업률이 줄어든다.
③ 실업률은 불변이다.
④ 경제활동참가율이 증가한다.

해설 | 구직자들이 구직활동을 포기하면 경제활동인구에서 비경제활동인구로 빠져나가게 된다. 이를 실망노동자효과라고 하는데, 실망노동자효과는 실업률의 감소요인이므로 실업률이 줄어들 수 있다.

정답　01 ②　02 ①　03 ①　04 ④　05 ②

06 다음 표는 외환위기를 전후한 수년간의 경제활동참가율 및 실업률을 보인 것이다. 외환위기 직후의 노동시장사정을 올바르게 추론한 것은? *2009, 2004*

연도	경제활동참가율(%)	실업률(%)
1996	62.1	2.0
1997	62.5	2.6
1998	60.6	7.0
1999	60.6	6.3

① 경제활동참가율의 하락은 부가노동자효과를 반영하는 것이다.

② 경제활동참가율의 하락은 실망노동자효과를 반영하는 것이다.

③ 실업률의 증가는 대부분 잠재실업에 기인한 것이다.

④ 실업률의 증가는 대부분 마찰적 실업에 기인한 것이다.

해설 | 1997년 겨울에 IMF외환위기가 발생했다. 이로 인해 실망노동자효과가 부가노동자효과보다 더 크게 나타나서 경제활동참가율이 감소했다. 한편 갑작스러운 기업의 도산으로 취업자들이 대거 실업자로 전환되면서 실업률도 2배 이상 상승했다.

07 우리나라의 경제활동참가율에 대한 정의로 옳은 것은? *2014*

① 총인구 중 취업자와 실업자를 더한 수

② 총인구 중 취업자 수

③ 15세 이상 인구 중 취업자와 실업자를 더한 수

④ 15세 이상 인구 중 취업자 수

08 경기침체로 실업률이 5%에서 7%로 상승하였다. 실망노동효과가 부가노동효과보다 크다면 잠재실업자를 포함할 때 실제 실업률은? *2003*

① 5% 미만

② 5%

③ 5% 초과 7% 사이

④ 7% 초과

해설 | 통계상의 실업률에 잠재실업자를 포함하여 실제 실업률을 계산한다고 할 때 통계상의 실업률은 7%. 실망노동자효과가 부가노동자효과보다 크면 비경제활동인구가 경제활동인구로 유입되어 실업자가 된 인원보다 경제활동인구 중 실업자가 비경제활동인구로 빠져나간 인원(이들이 잠재실업자가 된다)이 더 많다. 따라서 잠재실업자가 그전보다 늘어날 것이므로 통계상 실업률 7%까지 더한 실제 실업률은 7%를 초과한다.

09 총인구 2,500만 명 중 15세 이상 인구가 2,000만 명이다. 취업자가 1,500만 명, 실업자가 100만 명이라면 실업률과 경제활동참가율은 각각 얼마인가? *2009, 2005, 2003*

① 5%, 64%

② 5%, 80%

③ 6.25%, 64%

④ 6.25%, 80%

해설 | 경제활동인구 = 취업자 + 실업자 = 1,600만

$$실업률 = \frac{실업자\ 수}{경제활동인구} \times 100$$
$$= \frac{100만}{1,600만} \times 100 = 6.25\%$$

15세 이상 인구 = 생산가능인구 = 2,000만

$$경제활동참가율 = \frac{경제활동인구}{생산가능인구} \times 100$$
$$= \frac{1,600만}{2,000만} \times 100 = 80\%$$

10 어떤 나라의 생산가능인구는 1,000만 명이고, 이 중 경제활동인구는 800만 명이다. 600만 명이 취업자일 때 이 나라의 고용률은 몇 %인가? *2012*

① 80%

② 60%

③ 40%

④ 25%

해설 |

$$고용률 = \frac{취업자\ 수}{생산가능인구} \times 100$$
$$= \frac{600만}{1,600만} \times 100 = 60\%$$

11 다음 자료에서 여성의 경제활동참가율은? 2004

> • 전체 취업자 200명(여성취업자 50명 포함)
> • 전체 실업자 5명(남성실업자 3명 포함)
> • 15세 이상 전체 비경제활동인구 100명(남성 비경제활동인구 40명 포함)

① $(50/300) \times 100$
② $(50/200) \times 100$
③ $(52/112) \times 100$
④ $(50/112) \times 100$

해설 | 여성 경제활동인구＝여성취업자＋여성실업자
＝50명＋2명＝52명
여성 비경제활동인구＝100명－40명＝60명
여성 생산가능인구＝여성 경제활동인구＋여성 비경제활동인구＝52명＋60명＝112명
여성 경제활동참가율＝$\dfrac{여성경제활동인구}{여성생산가능인구} \times 100$
＝$\dfrac{52명}{112명} \times 100$

12 생산가능인구가 1,000명, 취업자가 630명, 실업자가 70명일 때, 경제활동참가율과 실업률은 각각 얼마인가? 2014

① 경제활동참가율＝63%, 실업률＝7%
② 경제활동참가율＝70%, 실업률＝7%
③ 경제활동참가율＝63%, 실업률＝10%
④ 경제활동참가율＝70%, 실업률＝10%

해설 | 경제활동인구＝취업자＋실업자
＝630＋70＝700
경제활동참가율＝$\dfrac{경제활동인구}{생산가능인구} \times 100$
＝$\dfrac{700}{1,000} \times 100 = 70\%$,
실업률＝$\dfrac{실업자\ 수}{경제활동인구} \times 100$
＝$\dfrac{70}{700} \times 100 = 10\%$

13 만약 우리나라 근로자의 20%가 새로운 직장을 구하기 위해 사표를 냈으며, 그들의 평균탐색기간이 약 3개월이라면 이 경우의 마찰적 실업률은? 2012

① 2%
② 3%
③ 4%
④ 5%

해설 | 탐색기간이 3개월이므로＝$20\% \times \dfrac{3}{12} = 5\%$

14 다음 표에서 주어진 변수들을 이용하여 총실업자 수를 구하면? 2012

	남자	여자
15세 이상 인구(명)	M	F
경제활동참가율(%)	a	b
실업률(%)	c	d

① $\dfrac{Ma+Fb}{100}$
② $\dfrac{Mc+Fd}{100}$
③ $\dfrac{M(a+c)+F(b+d)}{10,000}$
④ $\dfrac{Mac+Fbd}{10,000}$

해설 | 남자 실업자 수＝x_1, 남자 취업자 수＝x_2라고 가정하면
남자 경제활동참가율$(a)=\dfrac{(x_1+x_2)}{M} \times 100$
$\rightarrow aM = (x_1+x_2)100 \rightarrow (x_1+x_2) = \dfrac{aM}{100}$
→ 이 식을 아래 식에 대입
남자 실업률$(c)=\dfrac{x_1}{(x_1+x_2)} \times 100 \rightarrow c(x_1+x_2) = x_1 \times 100$
$\rightarrow c\left(\dfrac{aM}{100}\right) = x_1 \times 100 \rightarrow c\left(\dfrac{aM}{10,000}\right) = x_1 \rightarrow x_1 = \dfrac{Mac}{10,000}$

여자 실업자 수＝y_1, 여자 취업자 수＝y_2라고 가정하면
여자 경제활동참가율$(b)=\dfrac{(y_1+y_2)}{F} \times 100$
$\rightarrow bF = (y_1+y_2)100 \rightarrow (y_1+y_2) = \dfrac{bF}{100}$

→ 이 식을 아래 식에 대입
여자 실업률$(d)=\dfrac{y_1}{(y_1+y_2)} \times 100 \rightarrow d(y_1+y_2) = y_1 \times 100$

$$\rightarrow d\left(\frac{bF}{10,000}\right) = y_1 \rightarrow y_1 = \frac{Fbd}{10,000}$$

따라서 남자 실업자 수 + 여자 실업자 수

$$= x_1 + y_1 = \frac{Mac}{10,000} + \frac{Fbd}{10,000} = \frac{Mac + Fbd}{10,000}$$

15 다음 중 실업자가 실업풀로부터 탈출하는 데 도움을 주는 실업대책에 해당하지 않는 것은? 2014

① 직업훈련의 효율성 제고

② 창업을 위한 인프라 구축

③ 공공투자사업의 확충

④ 공공부문의 유연성 제고

> **해설 |** 직업훈련의 효율성 제고는 실업풀에의 진입이유에 대응하는 정책에 속한다.
>
> 실업대책은 다음 3가지로 구분된다.
>
> ㉠ 실업풀에의 진입이유에 대응하는 정책(고용안정정책)
> - 취업알선 등 고용서비스
> - 직업훈련의 효율성 제고
> - 기업의 고용유지 및 무분별한 해고제한 노력지원
> - 어음제도 개혁 및 금융경색으로 인한 우량중소기업의 흑자도산 억제
>
> ㉡ 실업풀로부터 탈출을 촉진하는 정책(고용창출정책)
> - 세계에서 유망한 생산입지 조성정책
> - 규제완화 및 경쟁활성화를 통한 창업촉진
> - 창업을 위한 인프라 구축
> - 공공투자사업 확충
> - 민간부문 노동시장 유연성 제고
> - 공공부문 유연성 확립
> - 공공봉사요원제 확충
>
> ㉢ 실업풀에 있는 실직자에 대한 생활안정정책(사회안전망 형성정책)
> - 실업급여사업 확대
> - 저소득계층 실업자에 대한 실업부조사업 실시
> - 대학의 정원 자율화

16 경제활동인구조사에 대한 설명으로 틀린 것은? 2005

① 통계청 사회통계국 인구조사과에서 작성한다.

② 과거 노동력조사라는 명칭으로 지방행정기관을 통하여 조사실시하였다.

③ 매월 전국의 약 30,000가구를 대상으로 조사된다.

④ 조사대상에서 공익근무요원, 교도소 수감자 등은 제외된다.

> **해설 |** 통계청 사회통계국 고용통계과에서 작성한다.

노사관계이론

던롭(Dunlop, J. T.)의 노사관계체계에 의하면 노사관계는 근로자 및 그 조직, 경영자 및 그 조직, 노동문제 관련 정부기구 등 3주체로 구성되며, 이들 3주체는 기술적 특성, 시장 또는 예산의 제약, 각 주체의 세력관계 등 3가지 여건에 의해 규제받는다.

① 노사관계의 3주체

(1) 노동자 및 노동조합

근로자 조직으로서 공식적 조직인 노동조합뿐만 아니라 장기간 근속으로 자연스럽게 형성되는 비공식적인 조직도 중요하다고 지적한다. 생산활동의 기준이나 회사에 대한 근로자들의 태도 등이 비공식적인 조직에서 형성된다고 보기 때문이다. 또한 근로자 내부에도 여러 계층이 존재하며 이들은 서로 경쟁적이거나 보완적인 수 개의 조직을 가지고 있다고 한다.

(2) 사용자 및 사용자단체

노사관계의 또 하나의 주체로서 경영자와 그 조직을 들고 있다. 경영자에는 중간관리층부터 최고경영자, 경우에 따라서는 기업체의 소유주까지 모두 포함되고, 경영자 조직에는 각종 협회, 조합, 기타 경제단체 등이 해당한다. 이들 경영자 및 그 조직의 성격에 따라 노사관계체계가 크게 영향을 받는다고 보고 있다.

(3) 정부

정부기구도 노사관계의 한 주체이다. 정부기구가 광범위하고 결정적인 영향력을 발휘하느냐 또는 제한적이고 자제된 역할을 차지하느냐에 따라 노사관계의 형태 결정에 폭넓은 영향력을 발휘하는 것으로 보고 있다.

② 노사관계를 규제하는 여건

(1) 기술적 특성

경영관리형태나 근로자들의 조직형태, 고용된 노동력의 특성 등 사업장의 기술적 특성에 따라 경영자, 근로자 및 정부기관에 여러 문제가 발생하기도 하고, 문제를 해결하는 데에도 영향이 미친다고 한다.

(2) 시장 또는 예산제약

시장 또는 예산제약은 일차적으로 경영자에 대하여 직접 영향을 미치며, 곧 다른 주체들에게도 영향을 미치게 된다. 경쟁적 시장일수록 낮은 이윤, 즉 낮은 지불능력으로 인하여 노사관계도 긴장상태에 들어가기 쉬운 반면 독점적 시장일수록 시장이나 예산제약에서 오는 압박은 상대적으로 적다고 한다. 이러한 제품시장이나 예산제약은 노사관계에 관한 규제의 내용을 결정함에 있어 매우 중요한 요인으로 작용하게 된다.

(3) 각 주체의 세력관계

던롭은 노사관계의 3주체 간의 영역을 넘어선 광범위한 사회 안에서의 세력관계가 이들 주체의 행동결정에 영향을 미치는 여건으로 작용한다고 보고 있다. 즉, 이들의 사회적 지위, 최고권력자에 대한 접근가능성, 정당 또는 일반여론 등이 노사관계체제의 구조를 형성시키는 하나의 여건으로 작용한다는 것이다.

Section 02 이원적 노사관계론

❶ 이원적 노사관계론의 구조

(1) 1차관계

경영 대 종업원관계이다. 친화, 우호, 협력적이다.

(2) 2차관계

경영 대 노동조합관계이다. 대등, 대립, 투쟁적이다.

❷ 이원적 노사관계론의 평가

이원적 노사관계론은 협력적이고 대립적인 노사관계의 본질을 균형 있게 설명한 이론으로 평가할 수 있으나, 복잡다단한 노사관계에 대해 설명할 수 있는 범위가 협소하다는 점, 노사관계의 동태적인 측면을 설명하기 부족하다는 점, 노사관계의 중요한 주체 중 하나인 정부를 다루지 않은 점 등은 그 한계로 지적되고 있다.

Section 03   경영참가

❶ 의의

광의의 경영참가란 근로자 또는 노조가 어떤 형태로든지 기업의 경영에 그 의사를 반영시키는 것을 의미하며, 협의의 경영참가란 근로자 또는 노조가 경영자와 대등한 입장에서 기업경영에 대해 공동으로 의사결정을 하고 그 실행을 의무화시키는 것을 뜻한다. 근로자의 경영참가는 1차 세계대전 이후 유럽을 중심으로 등장하였고, 노동의 인간화운동과 활발한 노조활동의 영향으로 더욱 촉진되었으며, 독일에서는 1951년 경영조직법 및 공동결정법과 1976년 신공동결정법에 의하여 입법화되기에 이르렀다.

❷ 형태

(1) 단체교섭에 의한 참가

노사자율의 전통이 강한 국가에서 행해지는 경영참가로 법률이 아닌 단체교섭의 결과로 경영참가가 이루어지므로 해당산업과 기업 실정에 적절한 경영참가를 기대할 수 있으나, 단체교섭은 대립관계를 바탕으로 한다는 점에서 노조가 지나친 경영참가를 요구하는 경우 상당한 갈등이 야기될 수 있다.

(2) 노사협의회에 의한 참가

임금 등 근로조건 이외의 사항에 대해 노사 간 일정한 협의가 필요한 경우 노사협의회를 통한 참여가 가능하다.

(3) 근로자중역 · 감사역제에 의한 참가

근로자 측의 중역 및 감사역을 중역회 및 감사역회에 참가시키는 형태로, 근로자가 기업경영의 의사결정에 직접 참가한다는 점에서 가장 고도의 경영참가형태라고 할 수 있다. 독일의 경영조직법과 공동결정법에 의한 근로자대표 참가가 대표적인 예이다.

> **tip 단체교섭과 노사협의회**
>
> ① 단체교섭
>
> 노동조합과 사용자 간에 임금, 근로시간 등 근로조건의 결정을 위하여 벌이는 일종의 협상을 말한다. 근로자 개인은 단체교섭의 주체가 될 수 없다.
>
> 단체교섭이 타결되면 단체협약을 체결한다.
>
> ② 노사협의회
>
> 30인 이상의 근로자를 사용하는 사업장은 의무적으로 설치하여야 하는 사업장 내의 협의기구를 말한다. 노사협의회는 근로자위원과 사용자위원으로 구성되는데, 임금 등 근로조건은 결정할 수 없지만 생산성 향상, 교육훈련, 고충처리, 보건안전 등에 관한 사항을 협의할 수 있다.

❶ 조직체계 – 단위노조와 연합체조직

조직체계란 노조의 결합방식을 의미하며, 단위노조와 연합체조직을 결합방식에 따른 노조형태로 분류하기도 한다.

(1) 단위노조

단위노조는 개개 근로자들이 직접 그 구성원이 되는 조합형태로서 기업별 단위노조, 산업별 단위노조 등이 있을 수 있다. 우리나라는 기업별 단위노조가, 외국은 산업별 단위노조가 각각 주종을 이룬다.

(2) 연합체조직

연합체조직은 단위노조를 그 구성원으로 하여 연합체로서 결성된 노동조합을 말한다. 연합체조직에서는 개별근로자는 구성원이 되지는 않는다.

❷ 조직형태

(1) 직종별 노동조합

① 의의 : 직종별 조합이란 동일한 직종에 종사하는 근로자들이 기업과 산업을 초월하여 결합한 횡단적 노동조합으로, 역사적으로 숙련근로자를 중심으로 가장 먼저 조직된 조직형태이다.

② 장단점 : 직종별 조합은 단결력이 강하고 어용화의 위험이 적다는 점, 근로조건에 관해 통일된 요구를 할 수 있다는 점, 실업근로자도 가입할 수 있다는 점 등의 장점이 있다. 반면, 배타적이고 독점적인 성격을 갖고 있어 근로자 전체의 지위향상에 적합하지 않다는 점과 조합원과 사용자와의 관련성이 약하다는 점 등의 단점이 있다.

(2) 기업별 노동조합

① 의의 : 기업별 조합은 하나의 사업 또는 사업장에 종사하는 근로자들이 직종에 관계없이 결합한 노동조합으로, 우리나라의 일반적인 노조형태이다.

② 장단점 : 기업별 조합은 조합원의 참여의식이 높고 기업의 특수성을 반영할 수 있다는 점 등의 장점이 있는 반면, 어용화의 가능성이 크고, 조합이기주의가 나타날 수 있다는 단점이 있다.

(3) 산업별 노동조합

① 의의 : 산업별 조합이란 기업, 직종을 초월해서 동종의 산업에 종사하는 근로자들로 조직된 횡단적 노동조합으로서 숙련·미숙련 근로자의 구별 없이 조직된다. 외국에서는 가장 일반화된 조직형태이며, 우리나라도 최근 기존의 기업별 노조에서 산업별 노조로 전환하는 사례가 늘고 있다.

② 장단점 : 산업별 조합은 동종산업에 종사하는 근로자의 지위를 통일적으로 개선할 수 있다는 점, 조직력이 강하고 어용화의 위험이 적은 점 등의 장점이 있으나, 개별기업의 특수성을 반영할 수 없다는 단점이 있다.

Section 05 숍제도

1 의의

숍제도란 노동조합 가입 및 유지 측면에서 사용자와 조합원과의 고용관계를 규율하는 제도를 뜻한다.

2 종류

(1) 오픈숍(Open Shop)

오픈숍은 사용자가 조합원여부에 상관없이 종업원으로 채용할 수 있는 제도로, 근로자는 채용조건 또는 고용유지조건으로서 노동조합에 가입할 의무가 없다.

(2) 클로즈드숍(Closed Shop)

클로즈드숍은 조합원만을 종업원으로 신규채용할 수 있는 제도로, 우리나라의 항운노조가 이에 해당한다.

(3) 유니온숍(Union Shop)

유니온숍제도는 조합원여부에 관계없이 종업원으로 채용될 수 있으나, 일단 채용된 후에는 일정 기간 이내에 조합원이 되어야 하는 제도로, 조합이 제명하거나 본인이 가입을 거부하면 해고된다. 우리나라의 노조법은 유니온숍을 인정하면서도 조합으로부터 제명된 종업원에 대한 사용자의 불이익조치를 금지하여 그 내용을 제한하고 있다.

(4) 에이전시숍(Agency Shop)

에이전시숍은 종업원들에 조합가입이 강제되지는 않으나, 조합가입에 대신하여 조합비를 납입하여야 하는 제도이다. 이는 조합에 가입하지 않고도 노조가 체결한 단체협약의 수혜를 받는 것을 방지하기 위한 것이다.

(5) 프레퍼런셜숍(Preferential Shop)

조합원우대제도라고도 하며, 사용자가 조합원여부에 관계없이 종업원을 채용할 수 있으나, 인사·해고 및 승진 등에 있어서 조합원에 우선적 특권을 부여하는 제도를 말한다.

⑹ 메인티넌스숍(Maintenance of membership Shop)

조합원자격유지제도라고도 하며, 사용자가 조합원여부에 관계없이 종업원을 채용할 수 있으나, 단체협약 체결당시 조합원인 종업원은 고용계속의 조건으로 일정 기간 동안 조합원 자격을 유지하여야 하는 제도이다.

노동조합이란 근로자가 주체가 되어 자주적으로 단결하여 근로조건의 유지·개선과 근로자의 복리증진, 기타 경제·사회적 지위의 향상을 도모함을 목적으로 조직하는 단체 또는 그 연합체로서 경제적 기능, 정치적 기능, 공제적 기능을 가진다.

❶ 경제적 기능

조합원의 경제적 권리와 이익을 신장하고 유지하는 기능을 말하며, 임금, 근로시간 등의 근로조건에 관한 요구를 교섭과 단체행동을 통해 관철하는 것을 수행한다. 경제적 기능은 노동조합의 본질적인 기능이다.

❷ 정치적 기능

근로자의 지위에 관한 문제는 관계법령이나 노동정책에 의해 많은 영향을 받으므로 노동조합이 관계법령의 제개정이나 정책개선을 위해 활동하는 것을 말한다. 다만, 정치적 기능은 노동조합의 부수적 기능으로서 주로 정치운동을 목적으로 하는 것은 노동조합의 결격사유가 된다.

❸ 공제·복지적 기능

노동조합이 조합원의 복지향상을 위해 각종 공제활동 및 복지활동을 전개하는 것을 뜻한다. 조합비 등으로 조성된 공제기금, 장학기금의 운영, 협동조합사업 등이 이에 해당한다. 공제적 기능도 노동조합의 부수적 기능으로, 복리공제사업만을 목적으로 하는 것은 노동조합의 결격사유가 된다.

Section 07 노동조합의 경제적 효과

① 임금에 대한 효과

(1) 상대적 임금효과

① 파급효과(Spillover Effect)(= 이전 또는 해고효과) : 노동조합이 조직되어 임금이 상승하면 그 결과 조직된 부문에서는 고용이 감소하게 되고, 그때 해고된 근로자들이 비조직 부문으로 이동하여 비조직 부문의 임금을 하락시키게 되는 효과이다(두 부문 사이의 임금격차가 커진다).

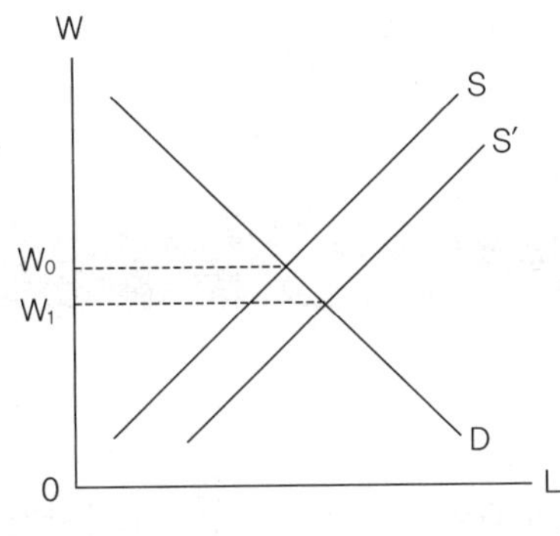

〈 노조 비조직 부문 〉

② 위협효과(Threat Effect) : 동종산업 내지 업종에 노조가 조직되면 비조직 부문의 기업은 해당근로자들이 노동조합을 조직할 것이라는 위협을 받게 되고, 그 결과 기업이 노조의 조직을 방지하기 위해 미리 조직 부문의 임금수준 이상으로 임금을 스스로 인상시키게 되는 효과이다(두 부문 사이의 임금격차가 줄어든다).

③ 대기실업효과(Wait Unemployment Effect) : 비조직 부문의 근로자들이 임금이 향상된 조직 부문에 취업하기 위해 비조직기업을 사직하고 실업상태로 취업을 대기하게 되어 그 결과 비조직 부문의 임금이 상승하는 효과이다(두 부문 사이의 임금격차가 줄어든다).

(2) 노동조합과 임금불평등효과

노조가 임금을 경쟁수준 이상으로 인상하기 위해 독점력을 이용하기 때문에 소득불평등이 확대되는 측면이 있는 반면, 노동조합이 임금표준화전략하에 동일사업 내의 임금격차를 축소하고 동일노동 동일임금 관철, 블루칼라와 화이트칼라의 임금격차를 축소함으로써 소득불평등을 축소하는 측면도 있다.

임금표준화전략이란 노조가 기업으로 하여금 인구학적 속성과 직종이 같은 근로자들에게 동일노동 동일임금을 지급하도록 요구하는 것으로, 근로자의 집단적 이익과 단결력을 증대시키고 임금결정과정에서 객관성을 높이기 위한 목적에서 취하는 전략이다.

② 생산성에 대한 효과

(1) 집단표현효과(Collective Voice Effect)

노동조합이 근로자들의 불만이나 애로사항을 집단을 대표하여 대신 전달해 주고, 이때 기업이 이를 받아들여 개선하면 노동자들의 동기부여 및 직무만족도 상승을 통한 이직률 감소와 장기근속이 유도되고 그 결과 생산성이 증대될 수 있다.

(2) 충격효과(Shock Effect)

노동조합이 사용자로 하여금 기업경영상의 기술적 비효율을 줄이도록 유도하는 하나의 충격을 제공함으로써 생산성이 증대하는 효과이다.

Section 08 단체교섭 및 쟁의행위

① 의의

단체교섭이란 노동조합과 사용자 또는 사용자단체 간에 근로조건, 기타 노사관계의 제반사항에 대하여 집단적으로 교섭하는 것을 말한다.

② 교섭대상

(1) 근로조건

임금, 근로시간, 휴가 등과 같은 근로조건에 관한 사항은 단체교섭의 의무적 교섭대상이다. 따라서 사용자는 이에 관한 교섭에는 반드시 응하여야 할 법적 의무를 부담한다.

(2) 집단적 노사관계에 관한 사항

숍제도, 쟁의절차에 관한 사항, 단체교섭절차에 관한 사항 등 집단적 노사관계에 관한 사항도 의무적 교섭대상이다.

(3) 경영에 관한 사항

사업의 양도·인수·합병, 부서의 폐지 등 경영에 관한 사항이 교섭대상이 될 수 있는가에 대하여는 논란이 있다. 경영권에 관한 것이므로 교섭대상이 될 수 없다는 견해와 근로조건과 밀접한 관련이 있거나 근로조건에 중대한 영향을 미치는 사항이라면 교섭대상이 될 수 있다는 견해가 대립하고 있다.

(4) 인사에 관한 사항

전직·징계·해고 등 인사의 기준이나 절차에 관한 사항은 교섭대상이 되지만, 개별적인 인사처분은 집단성이 없으므로 교섭대상이 될 수 없다고 해석하는 것이 일반적이다.

❸ 단체교섭의 유형

단체교섭의 유형은 노동조합의 조직형태와 노사관계의 양태에 따라서 달라진다.

(1) 기업별 교섭

기업별 교섭은 기업별 수준에서 행해지는 단체교섭으로, 기업별로 조직된 노동조합과 사용자가 교섭하는 것이다. 우리나라의 주된 교섭 유형이다.

(2) 통일교섭

통일교섭은 전국적 또는 지역적인 산업별 또는 직종별 노동조합과 그에 대응하는 사용자단체가 교섭하는 것이다.

(3) 대각선교섭

대각선교섭은 주로 산업별 노조나 직종별 노조가 그에 대응하는 사용자단체가 없거나 또는 사용자단체에 가입하고 있지 않은 개별사용자를 상대방으로 하여 직접 교섭하는 것이다.

(4) 공동교섭

공동교섭은 기업별 노동조합이 자기가 소속하고 있는 상급단체와 공동으로 개별사용자와 교섭하는 것이다.

(5) 집단교섭

몇 개의 기업별 노동조합이 집단적으로 이에 대응하는 사용자 또는 사용자들과 교섭하는 것이다.

❹ 노동쟁의와 쟁의행위

(1) 노동쟁의

노동쟁의란 노동조합과 사용자 또는 사용자단체 간에 임금·근로시간·복지·해고, 기타 대우 등 근로조건의 결정에 관한 주장의 불일치로 인해 발생한 분쟁상태를 뜻한다.

(2) 쟁의행위

① 의의 : 쟁의행위란 파업·태업·직장폐쇄, 기타 노동관계 당사자가 그 주장을 관철할 목적으로 행하는 행위와 이에 대응하는 행위로서 업무의 정상적인 운영을 저해하는 것을 말한다(노조법 제2조 제6호).

② 종류(유형)

ㄱ 파업 : 파업이란 다수의 근로자가 조직적인 방법으로 노무제공을 거부하는 쟁의행위로서 그 형태, 기간, 목적, 주체 등에 따라 전면파업과 부분파업, 시한부파업과 무기한파업, 정치파업과 동정파업, 조직파업과 비조직파업이 있다.

ㄴ 태업 : 태업은 근로자들이 집단적으로 작업능률을 저하시키는 것을 말한다. 단순한 작업능률의 저하에 그치지 않고 적극적으로 원자재나 생산시설을 파괴하는 것은 사보타주(Sabotage)로서 정당성이 인정되지 않는다.

ⓒ 보이콧(Boycott) : 보이콧은 조합원, 소비자 또는 타 기업을 대상으로 쟁의 중인 기업의 생산품의 불매 내지 거래의 중단을 호소함으로써 사용자에게 압력을 가하는 쟁의행위이다.

ⓔ 피케팅(Picketing) : 피케팅은 파업 등의 주된 쟁의행위를 효과적으로 수행하기 위한 보조적 쟁의행위로서 근로희망자들의 사업장 출입을 저지하고 파업동참에 협력할 것을 구하는 한편, 노조의 요구에 대한 공중의 이해를 얻고자 하는 쟁의행위이다.

ⓜ 직장점거 : 직장점거는 쟁의행위의 실효성을 확보하기 위해 사용자의 의사에 반해 사업장에 체류하는 행위로, 사용자 측의 점유를 배제하지 않고 조업도 방해하지 않는 부분적·병존적 직장점거와 직장을 전면적으로 점유하고 조업을 방해하는 전면적·배타적 직장점거가 있다.

ⓗ 직장폐쇄 : 사용자의 유일한 쟁의행위로, 사용자가 노조의 쟁의행위에 대항하여 임금지급을 면할 목적으로 직장을 폐쇄하여 근로자들의 근로수령을 거부하는 것이다.

❺ 단체교섭과 파업의 경제분석

(1) 힉스의 교섭모형

노사 양측이 수락하는 임금수준은 그 임금수준에 도달하기까지 필요한 파업기간의 함수이다. 사용자의 양보곡선과 노동조합의 저항곡선이 만나는 점에서 임금수준이 타결된다.

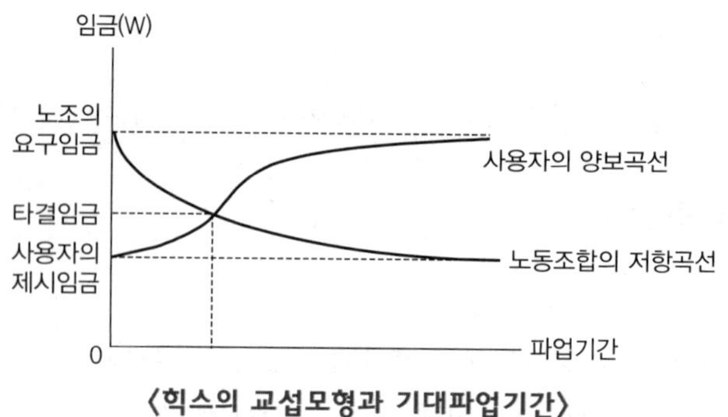

〈힉스의 교섭모형과 기대파업기간〉

(2) 카터-챔벌린 이론

단체교섭에 임금 등이 결정되는 과정을 챔벌린은 교섭력(Bargaining Power)이라는 개념으로 설명하였고, 카터는 같은 개념을 상대방의 교섭태도로 정의했다. 교섭력(상대방의 교섭태도)은 다음과 같이 나타낼 수 있다.

$$\text{노조의 교섭력(사용자의 교섭태도)} = \frac{\text{노조의 조건을 거부할 때의 사용자의 비용}}{\text{노조의 조건을 수락할 때의 사용자의 비용}}$$

$$\text{사용자의 교섭력(노조의 교섭태도)} = \frac{\text{사용자의 조건을 거부할 때의 노조의 비용}}{\text{사용자의 조건을 수락할 때의 노조의 비용}}$$

이때 노사 당사자는 자신들의 교섭태도가 1보다 크거나 같을 때는 더 이상 교섭을 진행하지 않고 상대방의 조건을 수락한다.

(3) 매브리 이론

노사 양측이 단체교섭에 임할 때 최종적으로 수락할 용의가 있는 자신의 조건과 교섭과정에서 겉으로 제안하는 조건과의 사이에 차이가 있다는 점에 주목하고 단체교섭과정에서 상대방의 그 수락용의 조건을 자신에게 유리한 방향으로 바꾸도록 노력하는 것을 다룬 이론이다.

(4) 아쉔펠타-존슨의 파업모형

노동조합은 회사의 경영상태나 지불능력 등에 대한 정보가 부족하지만 기업은 자신의 지불능력에 대해 잘 알고 있으므로 양 당사자 사이에는 정보의 비대칭성이 발생한다. 아쉔펠타와 존슨의 모형은 노조원과 노조지도부의 목적이 다르다는 점에 초점을 두고 있다. 노조원들은 금전적·비금전적 근로조건의 향상에 관심이 있지만, 노조지도부는 노조의 생존 및 성장, 지도부의 개인적·정치적 목표에 관심이 있다.

(5) 파업의 경제적 비용

① 사적비용

   ㉠ 노동자의 비용 : 감소되는 노동소득

   ㉡ 사용자의 비용 : 생산중단에 따른 이윤의 감소

② 사회적 비용

   ㉠ 경제의 한 부문에서 발생한 파업으로, 타 부문에서 나타나는 생산과 소비의 감소

   ㉡ 서비스산업(병원, 학교 등)이 파업의 사회적 비용이 가장 큰 분야

   ㉢ 파업의 경제적 손실이 지나치게 과장된 측면이 있음

01 지식기반사회가 되면서 근로자 경영참가의 필요성이 강조되고 있다. 그 논리로서 가장 적합한 것은? 2005

① 경영참가로 경쟁이 촉진되면 생산성이 향상된다.
② 근로자들의 권한 증가로 정보의 비대칭성이 감소한다.
③ 물적자산과 마찬가지로 인적자본의 재산권이 존중되면 역선택이 감소한다.
④ 팀작업을 통한 경영참가로 숙련형성이 이루어지면 주인-대리인 문제가 감소한다.

02 근로자의 경영참여는 전략적 수준, 기능적 수준, 작업장 수준에서 이루어진다. 다음 중 기능적 수준에서의 경영참여에 해당되는 것은? 2009, 2005

① 근로자대표의 이사회 참가
② 노사협의회
③ 품질분회(QC)
④ 자율작업팀

03 최근 전 세계적으로 노조조직률이 하락하고 있다. 그 이유로 가장 옳지 않은 것은? 2003

① 근로소득 불평등이 축소되었다.
② 사회주의 국가들이 대부분 패망하였다.
③ 서비스업 근로자 비율이 증가하고 있다.
④ 다양한 인적자원 관리방식이 개발되었다.

04 노동조합의 조합원 여부에 관계없이 사용자가 자유로이 고용할 수 있으나 채용 후에는 일정 기간 내에 반드시 노동조합에 가입하여야 하는 제도는? 2005

① 클로즈드숍(Closed Shop)
② 유니온숍(Union Shop)

③ 오픈숍(Open Shop)
④ 혼합 숍(Mixed Shop)

> **해설 |** 유니온숍제도는 조합원여부에 관계없이 종업원으로 채용될 수 있으나, 일단 채용된 후에는 일정 기간 이내에 조합원이 되어야 하는 제도

05 다음이 설명하고 있는 노동조합의 조직형태는? 2009

> 기업이 근로자를 채용할 때에는 노동조합원 자격 보유여부와 관계없이 채용할 수 있지만 일단 채용된 후에는 일정한 기간 내에 특정 노동조합에 가입해야 하고, 또 그 조합으로부터 탈퇴하거나 제명되어 조합원 자격을 상실할 때에는 종업원 자격도 상실하도록 하는 제도

① 프레퍼런셜숍(Preferential Shop)
② 클로즈드숍(Closed Shop)
③ 유니온숍(Union Shop)
④ 에이전시숍(Agency Shop)

06 조합원참가제도에 관한 설명과 가장 거리가 먼 것은? 2014

① 유니온숍(Union Shop)하에서 결원보충이나 신규채용에 있어서 사용자는 조합원 중에서 고용하지 않으면 안 된다.
② 오픈숍(Open Shop)하에서 비조합원이나 조합원이나 모두 고용될 수 있다.
③ 에이전시숍(Agency Shop)하에서 조합원이 아니라도 모든 종업원에게 단체교섭의 당사자인 노동조합이 조합비를 징수한다.
④ 프레퍼런셜숍(Preferential Shop)하에서 채용에 있어서 노조원에 우선순위가 주어진다.

해설 | 유니온숍은 비노조원도 직원으로 채용이 가능하고, 채용 후에 노조에 가입하면 된다.

07 여성근로자가 특정 직종에 집중되어 여성근로자 간의 경쟁으로 여성의 낮은 임금이 유지되는 현상을 무엇이라 하는가?
2005

① 혼잡효과(Crowding Effect)
② 직종효과(Occupational Effect)
③ 임금효과(Wage Effect)
④ 경쟁효과(Competition Effect)

해설 | 어린이집 종사자나 간병인 직종의 저임금도 혼잡효과로 설명이 가능하다.

08 다음은 무엇에 관한 설명인가?
2012

> 노동조합이 조직되면 교섭력에 의하여 임금을 상승시키기 때문에 노동공급곡선이 좌측으로 이동하게 되며, 그 결과 조직된 부문에서는 고용이 감소하게 되고, 그때 해고된 근로자들이 비조직 부문으로 이동하여 비조직 부문의 노동공급곡선을 우측으로 이동시켜 임금을 인하시킨다.

① 이전효과(Spillover Effect)
② 위협효과(Threat Effect)
③ 소득효과(Income Effect)
④ 대기실업효과(Wait Unemployment Effect)

해설 | 파급효과＝이전효과

09 노동조합이 비조직 부문의 임금에 미치는 상대적 임금효과 중에서 노조 비조직 부문의 임금을 하락시키는 효과는?
2014

① 충격효과　　　② 파급효과
③ 위협효과　　　④ 독점효과

10 다음 중 노동조합이 노동자의 이직률을 감소시킴으로써 생산성을 증대시키는 효과는?
2004

① 이전효과(Spillover Effect)
② 집단발언효과(Collective Voice Effect)
③ 위협효과(Threat Effect)
④ 대기실업효과(Wait Unemployment Effect)

해설 | ①, ③, ④번 보기는 임금에 영향을 주는 효과들이다.

11 노동조합에 대한 수요를 감소시켜 노조조직률을 낮추는 요인에 해당하지 않는 것은?
2012

① 노동자들의 불만과 고충이 작을수록
② 노조가입에 따른 예상순이익이 작을수록
③ 해외노동과 국내노동의 대체관계가 용이할수록
④ 사용자의 반노동조합 이데올로기가 강할수록

해설 | ㉠ 노동조합 가입에 대한 수요증가 요인
- 노동자의 불만이 커서 노조의 집단발언효과를 통한 예상순이익이 클 때
- 노조의 정치활동으로 근로자의 간접임금 증가 가능성이 클 때
- 여성의 경제지위 향상에 노조의 관심이 있을 때 여성노동자의 노조가입 수요증가

㉡ 노동조합 가입에 대한 수요감소 요인
- 산업구조가 서비스업 중심으로 재편
- 제조업이 중후장대형에서 경박단소형으로 전환
- 해외노동과 국내노동의 대체관계가 용이하게 될 때
- 세련된 인적관리기법으로 직장만족도가 높아질 때

㉢ 노동조합 가입에 대한 공급증가 요인
- 노조활동에 유리하도록 법이 개정될 때
- 노조가 초기업적 횡단조직을 갖출수록

㉣ 노동조합 가입에 대한 공급감소 요인
- 노조에 억압적인 정부입법
- 반노동조합 이데올로기가 강해져서 노조활동 시 사용자의 보복 가능성이 클 때

12 노동조합의 단체교섭구조는 다양하다. 노동조합들 및 사용자들이 각각의 대표를 통해 교섭하는 것을 무엇이라고 하는가? 2012, 2003

① 집단교섭 ② 통입교섭
③ 패턴교섭 ④ 대각선교섭

> **해설 |** 통일교섭은 전국적 또는 지역적인 산업별 또는 직종별 노동조합과 그에 대응하는 사용자단체가 교섭하는 것이다. 노동조합들을 대표한 산업별 노조와 사용자들을 대표한 사용자단체가 교섭을 통해 정해진 협약의 내용이 소속된 하부단위들에게 통일적으로 적용된다.

13 아쉔펠타와 존슨(Ashenfelter and Johnson)의 파업모형에 관한 설명으로 틀린 것은? 2011, 2005

① 노조원과 노조지도자들 간의 목적함수가 다르다는 점에 초점을 두고 있다.
② 노조지도부와 경영자들은 암묵적으로 노조원에게 손실을 주는 방향으로 결탁한다.
③ 노조지도부는 파업이 임금인상에 도움이 되지 않으면 파업을 권고하지 않는다고 가정한다.
④ 노조원들은 협상과정을 알지 못하고 있지만, 경영자들은 노조원들의 저항곡선을 잘 알고 있다고 가정한다.

14 단체교섭과 파업의 경제분석에 관한 설명으로 틀린 것은? 2014

① 노사 양측이 수락하는 임금수준은 그 임금수준에 도달시키기까지 필요한 파업기간의 함수라는 것이 힉스 이론의 핵심이다.
② 힉스 모형의 단점은 파업을 하지 않는 것이 노사 양측에 도움이 되므로 파업이 발생할 수 없게 되는 상황이 전개될 수 있다는 점이다.
③ 아쉔펠타-존슨의 파업모형은 노조지도부는 파업이 임금인상에 도움이 되지 않으면 파업을 권고하지 않는다고 가정한다.
④ 아쉔펠타-존슨의 파업모형은 노조원과 노조지도자들 간의 목적함수가 다르다는 점에 초점을 두고 있다.

15 다음은 단체교섭이론 중 그 설명이 올바르지 않은 것은? 2005

① 힉스에 의하면 사용자의 양보곡선과 노조의 저항곡선이 만나는 점에서 파업기간과 노사 양측이 수락하는 타협된 임금수준이 결정된다.
② 카터-챔벌린 이론에 의하면 노사가 상대방의 제안을 거부할 때 발생하는 비용과 수락했을 때의 비용을 고려해 교섭력 또는 교섭태도가 결정됨을 설명하고 있다.
③ 매브리의 계약영역모형에 의하면 사용자의 수락임금이 노조의 최종요구임금보다 크면 이를 양(+)의 계약영역이라 정의하고, 이 경우 파업할 확률이 커짐을 의미한다.
④ 전략적 파업으로 인해 적정파업기간이 연장될 수도 있다.

> **해설 |** 사용자의 수락임금이 노조의 최종요구임금보다 크면 사용자가 노조의 요구사항을 들어줄 수 있는 상태이므로 교섭이 타결될 가능성이 커진다.

01 다음 중 실질임금산정에 주로 사용하는 디플레이터는?

① 소비자물가지수 ② 생산자물가지수
③ GDP 디플레이터 ④ 지니계수

02 다음 중 노동수요에 관한 설명으로 틀린 것은?

① 노동수요는 사전적 개념이 아니라 사후적 개념이다.
② 노동수요는 유량개념이다.
③ 임금이 상승하면 고용량은 증가한다.
④ 단기노동수요는 한계생산 체감의 법칙이 적용된다.

03 다음 중 분단노동시장 이론과 가장 거리가 먼 것은?

① 직무경쟁이론 ② 인적자본이론
③ 비경쟁집단이론 ④ 이중노동시장이론

04 완전경쟁시장하에서, 노동의 한계생산물가치가 VMP =6N으로 주어져 있고, 노동의 시장임금률이 W= 60으로 주어져 있다면, 이윤극대화를 추구하는 기업의 균형고용량(N)은 얼마나 되겠는가?

① 5 ② 10
③ 15 ④ 20

05 임금은 Y축, 고용수준은 X축으로 표시할 때, 완전경쟁시장에서 이윤극대화를 추구하는 기업의 노동수요곡선에 관한 설명으로 옳은 것은?

① 우상향한다.
② 우하향한다.
③ 우상향하다가 일정시점에서 후방굴절형태가 된다.
④ 임금과 고용수준은 양(+)의 관계에 놓여 있다.

06 마찰적 실업에 관한 설명으로 옳은 것은?

① 대표적인 수요부족실업에 해당한다.
② 수요와 공급이 장기적으로 불균형상태에 있기 때문에 발생한다.
③ 마찰적 실업의 대책으로 일반적으로 제시되는 해법은 확장적 거시경제정책이다.
④ 노동시장이 동태적이고 정보의 흐름이 불완전하기 때문에 발생한다.

07 노동수요곡선이 우측으로 이동했다는 사실에서 유추할 수 있는 내용과 가장 거리가 먼 것은?

① 임금 이외에 다른 요인에 변화가 발생하면 노동수요곡선은 이동할 수 있다.
② 상품수요가 감소하였다.
③ 노동수요가 증가하였다.
④ 상품가격이 증가하였다.

08 임금학설에 관한 설명 중 틀린 것은?

① 임금생존비설은 임금철칙설이라고도 불린다.
② 임금생존비설은 임금이 노동공급에 의해 결정된다고 보는 점에서 장기적 관점에 입각한 이론이다.
③ 임금기금설은 현실자본량으로 임금문제를 설명하기 때문에 단기적 관점에 입각한 이론이다.
④ 임금기금설에 따르면 시간의 변화에 상관없이 임금총액은 항상 일정하다.

09 다음 중 경쟁시장하에 있는 기업의 단기 노동수요곡선이 우하향하는 이유로 가장 타당한 것은?

① 노동의 한계생산력이 체감하기 때문이다.
② 노동의 한계생산력이 체증하기 때문이다.
③ 기업의 한계수입이 체증하기 때문이다.
④ 기업의 한계수입이 불변이기 때문이다.

10 타가구원의 소득이 증가할 경우에 본인의 노동공급에 미치는 효과는? (단, 여가는 정상재임)

① 노동공급을 증가시킨다.
② 노동공급을 감소시킨다.
③ 노동공급을 증가시킬지, 아니면 감소시킬지 알 수 없다.
④ 소득효과가 대체효과보다 크다면 노동공급이 증가할 것이다.

11 다음 중 유니온숍제도에 대한 설명으로 바른 것은?

① 비조합원들은 조합비에 상당하는 금액을 노동조합에 납부해야 한다.
② 채용 당시에는 조합원여부와 상관없이 채용이 가능하다.
③ 주로 항운노동조합에서 채택하고 있다.
④ 단체협약 체결 당시에 조합원인 경우에는 협약의 유효기간 동안 노조탈퇴가 금지된다.

12 완전경쟁노동시장에 대한 가정으로 틀린 것은?

① 노동의 이동이 자유롭다.
② 동일노동에 동일임금이 지급된다.
③ 노동의 질은 이질적이다.
④ 노동수요자와 노동공급자가 무수히 많다.

13 다음 중 노동시장의 유연성(Labor Market Flexibility)과 가장 거리가 먼 것은?

① 근로자 파견가능 업종의 확대는 노동시장 유연성에 해당한다.
② 정규직 근로자를 계약직 근로자로 전환하는 것도 노동시장 유연성에 해당한다.
③ 노동시장이 유연화될수록 비정규직 일자리는 줄어든다.
④ 노동계는 노동시장 유연성 확대에 반대하는 입장이다.

14 생산성임금제를 따를 경우 물가가 1% 상승하고 생산성이 3% 상승할 때 명목임금의 변화율은?

① 4% 증가　　　② 4% 감소
③ 2% 증가　　　④ 2% 감소

15 다음 중 노동이동에 따르는 순이익의 현재가치가 작아지는 경우는?

① 현 직장보다 새 직장의 임금이 더 많은 경우
② 현 직장보다 새 직장의 근속기간이 더 길 경우
③ 현 직장에서 새 직장으로 이동하는 비용이 감소할 경우
④ 시차할인율이 커질 경우

16 다음 중 균등화 임금격차의 발생원인에 해당하지 않는 것은?

① 교육이나 훈련의 차이
② 통계적 차별
③ 비금전적 차이
④ 금전적 위험

17 다음 중 우리나라의 최저임금제도에 대한 설명으로 틀린 것은?

① 대한민국 헌법은 최저임금제를 시행하도록 규정하고 있다.

② 시장의 균형임금보다 최저임금이 낮게 설정되는 경우에는 실업이 발생할 수 있다.

③ 최저임금은 최저생계비, 물가상승률, 노동생산성증가율을 반영한 산식으로 산정한다.

④ 최저임금제도를 통하여 기업 간 공정한 경쟁을 유도할 수 있다.

18 어떤 나라의 생산가능인구는 1,000만 명이고, 이 중 비경제활동인구는 200만 명이다. 700만 명이 취업자일 때 이 나라의 고용률은 몇 %인가? 2012

① 60%　　② 70%

③ 80%　　④ 90%

19 상급단체 또는 연합단체 노동조합이 이에 대응하는 사용자단체가 존재하지 않기 때문에 개별기업사용자와 벌이는 단체교섭의 유형은?

① 집단교섭　　② 대각선교섭

③ 기업별교섭　　④ 통일교섭

20 노동공급곡선의 후방굴절이 발생하는 이유로 옳은 것은?

① 임금상승의 소득효과와 대체효과가 동일하기 때문이다.

② 임금상승으로 대체효과만 발생하기 때문이다.

③ 임금상승의 소득효과가 대체효과보다 크기 때문이다.

④ 임금상승의 대체효과가 소득효과보다 크기 때문이다.

01	02	03	04	05	06	07	08	09	10
①	①	②	②	②	④	④	④	①	②
11	12	13	14	15	16	17	18	19	20
②	③	③	①	④	②	③	②	②	③

01 실질임금 $= \dfrac{\text{명목임금}}{\text{소비자물가지수}} \times 100$

02 노동수요는 사전적 개념이다.

03 인적자본이론은 완전경쟁노동시장이론에 해당한다.

04 $VMP_L = W$ (이윤극대화 조건)

$VMP_L = 6N$이므로

$6N = W$

$W = 60$이라면

$6N = 60$

그러므로 $N = 10$

05 노동수요곡선의 두 변수인 임금과 노동은 서로 상충관계이므로 그래프 형태는 우하향한다.

06 마찰적 실업은 노동시장의 정보부족, 정보의 불완전성에 기인하는 일시적인 실업형태로서 자발적 실업유형에 속한다. ①번과 ③번 보기는 경기적 실업에 대한 설명이다.

07 임금 이외에 다른 요인이 변하면 노동수요가 변하는데 노동수요가 증가하면 곡선은 오른쪽으로 이동하고 감소하면 왼쪽으로 이동한다. 노동수요는 파생수요이므로 상품수요가 감소하면 노동수요도 감소하여 노동수요곡선은 왼쪽으로 이동한다.

08 임금기금설은 어느 한 시점에 노동자의 임금으로 지불될 수 있는 부의 총액이 기금처럼 고정돼 있음을 의미하는 것이다. 임금기금설도 시간의 변화에 따라 임금기금의 규모가 커질 수 있다는 사실은 인정한다.

09 단기 노동수요곡선은 노동의 한계생산 체감의 법칙을 통해 도출할 수 있다.

10 타가구원의 소득이 증가해도 본인의 임금은 변하지 않으므로 여가의 기회비용도 변하지 않고 따라서 대체효과는 없다. 그러나 가구소득의 증가는 본인 소득증가를 초래하므로 소득효과는 발생한다. 여가가 정상재이므로 소득증가는 여가소비를 증가시키고 그 결과 노동은 감소한다.

11 유니온숍 협정에 따르면 채용 당시에는 조합원 여부와 상관없이 채용이 가능하지만 채용된 후에는 노동조합에 가입해야 한다.

12 완전경쟁노동시장은 노동의 질이 동질적이라고 가정한다.

13 노동시장이 유연화될수록 비정규직 일자리는 증가한다.

14 생산성임금제를 적용하므로 생산성증가율이 3%이면 실질임금증가율도 3%, 물가상승률은 1%.
따라서 아래 식에 대입하면
실질임금증가율 = 명목임금증가율 − 물가상승률
3% = 명목임금증가율-1%
그러므로 명목임금증가율은 4%

15 할인율이 크면 그만큼 수익이 줄어든다. 이해하기 복잡하면 상인들이 "많이 깎아주면 남는 게 없어요"라고 하는 말을 떠올리면 된다.

16 통계적 차별이란 어떤 대상에 대한 정보가 부족할 경우에 그 대상이 속한 집단의 평균적인 수준을 기준으로 그 대상을 판단하는 것을 의미하며, 보상적 임금격차(균등화 임금격차)와는 무관한 개념이다.

17 최저임금은 근로자 생활수준이나 물가상승률 등을 고려한 산식이나 별도의 인상액 가이드라인에 따라 정하는 것이 아니라 매년 최저임금위원회에서 근로자위원, 사용자위원, 공익위원 3자의 협상(흥정)을 통해 결정한다.

18 고용률 $= \dfrac{\text{취업자 수}}{\text{생산가능인구}} \times 100$

$= \dfrac{700만}{1000만} \times 100 = 70\%$

20 대체효과 < 소득효과 : 임금상승 → 노동시간 감소
(임금과 노동은 상충관계)

MEMO

직업상담사 1급

Vocational Counselor

제5과목

노동관계법규

노동기본권의 이해

Section 01 노동법의 기본개념

❶ 노동법의 개념

노동법은 종속노동에 관한 법, 즉 종속노동관계를 규율하는 법규범의 총체이다. 종속적 노동관계란 사용자의 지휘명령 아래 근로자가 노동력을 제공하는 관계를 말한다.

❷ 종속노동의 본질

종속노동의 본질, 즉 노동의 종속성을 어떻게 이해할 것인가 또는 무엇이 종속노동을 발생케 하느냐에 관하여는 견해가 일치되어 있지 않다.

학설	내용	학자
인격적 종속설	근로자는 인적 노무급부, 즉 근로자의 신체 및 인격과 분리할 수 없는 노무급부를 해야 할 의무를 지기 때문에 생산과정 또는 노동관계에 있어서 사용자의 지배하에 서게 된다는 견해	Hueck, Nipperdey
경제적 종속설 (다수설)	근로자는 그의 노동력을 생산수단의 소유자에게 팔지 않고서는 생활할 수 없는 경제적 지위에 있으므로 경제적 강자인 사용자와 불평등한 계약을 체결하게 된다는 견해	Melsbach
법적 종속설	종속노동을 법률에 의한 권력관계에서 근로자가 제공하는 노동으로 파악하여 사용자는 근로자의 노동력에 대한 관리권과 처분권을 갖기 때문에 사용자와 근로자 사이에는 종속관계가 존재하게 된다는 견해	Sinzheimer
계급적 종속설	생산수단을 가지지 못하는 근로자들은 피지배계급으로서 총체로 사용자인 지배계급에 종속한다는 견해	누마타(沼田)
조직적 종속설	노동자가 사용자의 경영에 편입됨으로써 발생하는 조직권에의 복종에 기인한다고 보는 견해	Pothoff
타인 결정설	노동의 급부를 급부내용이 자율적으로 결정되는 특정노동과 타인의 지시에 따라 결정되는 종류노동으로 구분하여, 종류노동에 있어서는 그 타인결정성으로 인하여 종속관계가 발생한다고 하는 견해	Höniger

❸ 노동법의 분류

노동법은 크게 개별적 근로관계법, 집단적 노사관계법 및 사회보장법으로 구분할 수 있다.

(1) 개별적 근로관계법

개별적 근로관계법은 근로관계의 상대방인 사용자의 행위를 규제함으로써 개개 근로자를 보호하기 위한 법규범의 총체로서, 사용자와 근로자 개인의 권리와 의무관계인 개별적 근로관계는 근로계약관계를 통해 실현되므로 그 규율대상은 근로관계가 중심을 이룬다. 여기에는 근로기준법, 남녀고용평등과 일·가정 양립 지원에 관한 법률, 근로자퇴직급여 보장법 등이 있다.

(2) 집단적 노사관계법

집단적 노사관계법은 근로자가 노동조합을 통해 스스로 자조할 수 있는 수단을 보장함으로써 근로자들을 집단적으로 보호하는 것을 그 목적으로 하는 법으로서, 근로자 집단과 사용자 개인 또는 사용자단체와의 관계를 규율한다. 여기에는 노동조합 및 노동관계조정법, 근로자참여 및 협력증진에 관한 법률 등이 있다.

(3) 사회보장법

사회보장법은 사회법의 일종으로서 헌법 제34조(사회보장)의 취지에 따라 국민의 사회보장의 권리 및 이를 실현해야 할 국가의 의무관계를 규정한 법규범의 총체를 말한다. 여기에는 사회보장기본법, 고용정책 기본법, 고용보험법, 장애인고용촉진 및 직업재활법, 국민건강보험법 등이 있다.

❹ 노동법의 특수성

노동법은 근로자의 근로관계를 그 대상으로 하며 근로자에게 그의 생존을 확보하도록 하는 것을 목적으로 하는 법규의 총체로서, 종래의 시민법원리와는 다른 독자적인 특수성이 있다.

① 노동의 특수한 상품성
② 공법과 사법의 교착
③ 구체적 다양성
④ 노동입법상의 한계(집단자치성)
⑤ 노동관습을 존중하는 경향
⑥ 진보성
⑦ 통일법적 경향
⑧ 협력적 경향

❺ 노동법의 법원(法源)

(1) 법원의 개념

법원이란 법률관계를 규율하는 권리·의무의 원천으로서의 규범의 존재형식을 가리킨다. 그러므로 노동법에 있어서는 근로관계를 규율하는 규범들이 노동법의 법원이 된다.

(2) 법원의 종류

① 성문노동법
- ㉠ 헌법 : 헌법 제32조와 제33조는 근로자의 노동기본권을 규정하고 있으며, 동 조항들은 노동법의 해석·적용에 있어서 종국적 기준으로서의 효력을 가진다.
- ㉡ 법률 : 개별적 근로관계에 관한 법원인 근로기준법, 선원법, 산업재해보상보험법 등과 집단적 노사관계에 관한 법원인 노동조합 및 노동관계조정법, 노동위원회법, 근로자참여 및 협력증진에 관한 법률 등이 있다. 그 밖에도 최저임금법, 남녀고용평등 및 일·가정 양립에 관한 법률, 직업안정법, 고용보험법 등이 있다.
- ㉢ 시행령 : 노동관계법의 시행령이 개별적 근로관계 또는 집단적 노사관계를 규율하는 재판규범의 존재형식임은 물론이다.

② 노동관습법 : 노동관습법은 관습의 형식으로 존재하는 종속노동에 관한 법규로서, 노동관계는 관행적 사실이 존중되는 법영역에 속하기 때문에 노동관습법은 일반적으로 노동법의 법원으로서 중요한 위치에 있다.

③ 노동자치법 : 노동자치법은 노사가 자율적으로 설정하는 단체협약과 취업규칙 그리고 노동조합의 내부적 법규범의 성질을 가진 조합규약 등을 말한다.
- ㉠ 단체협약 : 단체협약은 노동조합과 사용자 사이에 체결된 규범계약이다. 노동조합 및 노동관계조정법 제33조에서는 단체협약의 법원성을 인정하고 있다.
- ㉡ 취업규칙 : 취업규칙은 근로자가 취업상 지켜야 할 규율과 임금·근로시간 등의 근로조건에 관한 구체적인 세목을 사용자가 작성한 규칙을 말한다.
- ㉢ 노동조합규약 : 노동조합의 규약은 노동조합의 조직과 운영에 관한 기본사항을 정하고 있는 자치적 규범이다. 따라서 조합규약은 그 기관이나 조합원을 구속하는 한도에서는 마땅히 법원성을 가진다.

④ 노동조약과 일반적으로 승인된 국제법규
- ㉠ 헌법 제6조 제1항에서 "헌법에 의하여 체결·공포된 조약과 일반적으로 승인된 국제법규는 국내법과 같은 효력을 가진다"고 규정하고 있다.
- ㉡ 따라서 적법절차를 거친 노동조약과 모든 문명국가들이 그 효력을 인정하고 있는 국제관습법의 법원성은 당연히 인정된다.
- ㉢ 노동조약으로 가장 중요한 것은 국제노동기구(ILO)가 정한 국제노동기구조약과 권고이다.

⑤ 노동판례와 행정해석
- ㉠ 노동판례 : 우리나라는 선례구속력의 원칙이 적용되지 않기 때문에 판례의 법원성을 부정하는 것이 통설이다.
- ㉡ 행정해석 : 행정해석에 관하여는 행정관청이 최종적 권위가 있는 법의 해석을 할 수 없다는 것을 근거로 그 법원성을 부정한다.

⑥ 기타

    ㉠ 근로계약 : 근로계약은 근로관계를 성립시키는 법률행위로서, 근로관계에 관한 직접적 법원이 된다.

    ㉡ 사용자의 지시권 : 사용자의 지시권은 근로자의 주된 의무인 노무급부의무를 사용자의 일방적 의사표시에 의하여 구체적으로 실현하는 권리로서, 강행법규나 단체협약, 취업규칙, 근로계약에 반하지 않는 범위 안에서 법원성을 가진다.

    ㉢ 경영관행 : 경영관행은 일종의 사실인 관습으로서 당사자가 그 관행에 의한다거나 의하지 않는다는 의사가 명백하지 않은 경우에 근로관계의 내용을 형성하는 효력을 가지며, 또한 재판규범으로서의 법원성을 가진다.

(3) 법원의 충돌

① 상·하위 법원 사이의 충돌

    ㉠ 원칙(상위법 우선의 원칙) : 상위법규가 하위법규에 우선하여 적용된다는 법의 일반원칙이다. 따라서 헌법, 법률, 명령, 단체협약, 취업규칙, 근로계약의 순으로 적용된다.

    ㉡ 예외(유리한 조건 우선의 원칙) : 상위법 우선의 원칙이 법의 일반원칙이나, 노동법에 있어서는 일반법에서와는 달리 하위법규라 하더라도 그 내용이 근로자에게 유리한 경우에는 상위법규에 우선하여 적용된다. 이를 유리한 조건 우선의 원칙이라 한다.

② 동순위 법원 사이의 충돌

    ㉠ 신법 우선의 원칙(질서의 원칙) : 어떤 동일 순위의 규정이 다른 동일 순위의 규정 후에 성립되어 그 2개의 규정이 서로 충돌하면 후에 성립한 규정이 우선한다는 원칙이다.

    ㉡ 특별법 우선의 원칙 : 동일 순위 규정 사이에 있어서 일반규정보다 특별규정이 근로자에게 불리하더라도 특별규정이 우선하여 적용된다는 원칙이다.

    ㉢ 노동법규 사이의 충돌의 해결은 우선 동일 순위 법규 간의 충돌문제를 해결하고, 다음에 상·하위 법규 간의 충돌문제를 해결해야 할 것이다.

Section 02 　노동기본권

❶ 노동기본권의 의의

(1) 의의

① 노동기본권이라 함은 근로자에 대한 생존권 확보를 위하여 헌법이 보장하고 있는 근로자의 기본적인 권리를 말하며, 이는 근로권과 노동3권이라고 부르는 단결권, 단체교섭권 및 단체행동권을 포괄하는 개념이다.

② 노동기본권을 헌법에서 처음으로 보장한 것은 1919년 독일의 바이마르(Weimar) 헌법이다.

(2) **헌법 규정**

① 제32조(근로의 권리 · 의무, 최저임금제, 여자 · 연소자보호, 국가유공자에 대한 기회우선)

 ㉠ 모든 국민은 근로의 권리를 가진다. 국가는 사회적·경제적 방법으로 근로자의 고용의 증진과 적정임금의 보장에 노력하여야 하며, 법률이 정하는 바에 의하여 최저임금제를 시행하여야 한다.

 ㉡ 모든 국민은 근로의 의무를 진다. 국가는 근로의 의무의 내용과 조건을 민주주의원칙에 따라 법률로 정한다.

 ㉢ 근로조건의 기준은 인간의 존엄성을 보장하도록 법률로 정한다.

 ㉣ 여자의 근로는 특별한 보호를 받으며, 고용·임금 및 근로조건에 있어서 부당한 차별을 받지 아니한다.

 ㉤ 연소자의 근로는 특별한 보호를 받는다.

 ㉥ 국가유공자·상이군경 및 전몰군경의 유가족은 법률이 정하는 바에 의하여 우선적으로 근로의 기회를 부여받는다.

② 제33조(근로자의 단결권 등)

 ㉠ 근로자는 근로조건의 향상을 위하여 자주적인 단결권·단체교섭권 및 단체행동권을 가진다.

 ㉡ 공무원인 근로자는 법률이 정하는 자에 한하여 단결권·단체교섭권 및 단체행동권을 가진다.

 ㉢ 법률이 정하는 주요방위산업체에 종사하는 근로자의 단체행동권은 법률이 정하는 바에 의하여 이를 제한하거나 인정하지 아니할 수 있다.

❷ 근로의 권리

(1) 의의

모든 국민은 근로의 권리를 가진다. 국가는 사회적·경제적 방법으로 근로자의 고용의 증진과 적정임금의 보장에 노력하여야 하며, 법률이 정하는 바에 의하여 최저임금제를 시행하여야 한다(헌법 제32조 제1항).

(2) 근로의 권리의 주체

① 근로의 권리는 국민의 권리이기 때문에 외국인에 대해서는 보장되지 않는다.

② 이때의 국민은 자연인만을 의미하고, 법인은 포함되지 않는다.

③ 국민 중에서도 특히 생산수단을 소유하지 못한 근로자가 그 주체가 된다.

(3) 근로의 권리의 내용

근로의 권리는 일반적으로 근로의 의사와 능력이 있는 자가 국가에 대하여 근로의 기회를 제공하여 주도록 요구할 권리를 그 내용으로 한다.

③ 노동3권

(1) 노동3권의 의의

노동3권이라 함은 단결권·단체교섭권·단체행동권을 총칭하는 개념이다.

(2) 노동3권의 법적 성격

근로자가 노동3권을 행사하는 것을 국가가 방해해서는 안 된다는 자유권적 성격과 이러한 권리가 사용자에 의하여 침해된 경우에 국가에 대한 적극적 보호를 요구할 수 있는 생존권적 성격을 아울러 갖는다고 보는 것이 다수설의 견해이다.

(3) 노동3권의 주체

① 노동3권의 주체인 근로자라 함은 "직업의 종류를 불문하고 임금·급료 기타 이에 준하는 수입에 의하여 생활하는 자"를 말한다(노동조합법 제2조 제1호).

② 여기에서의 근로자에는 실업 중에 있는 자 및 외국인도 포함된다.

(4) 단결권

① 의의 : 단결권은 근로자가 근로조건의 유지·개선을 목적으로 사용자와 대등한 교섭력을 가지기 위하여 자주적인 단체를 결성할 수 있는 권리를 말한다.

② 단결권의 내용

㉠ 근로자 개인의 단결권 : 개개의 근로자가 노동조합을 결성하거나 기존의 노동조합에 가입·탈퇴할 수 있는 권리를 말한다.

㉡ 근로자단체의 단결권 : 단체 자체의 조직을 유지·확대하고, 그가 선택하는 상급단체에 가입·탈퇴할 수 있는 권리를 말한다.

(5) 단체교섭권

① 의의 : 단체교섭권이라 함은 근로자의 단체가 근로조건을 유지·개선하기 위하여 사용자와 교섭할 수 있는 권리를 말한다.

② 주체 : 단체교섭에 있어서 근로자 측의 주체는 노동조합이고, 사용자 측의 당사자는 사용자이다. 사용자는 단체교섭의 주체가 아니라 그 상대방에 불과하다.

③ 단체교섭권의 내용

㉠ 단체교섭권은 근로자에게 사용자와 집단적으로 교섭할 권리를 보장하여 사용자에게 정당한 이유 없이 이를 거부할 수 없는 의무를 부과한다.

㉡ 단체교섭권의 정당한 행사에 의하여 사용자에게 손해를 주더라도 민사상 책임이 발생하지 않으며(노조법 제3조), 형사상 면책에 관하여는 노조법 제4조가 규정하고 있다.

㉢ 사용자가 정당한 이유 없이 단체교섭을 거부하면 부당노동행위가 된다(노조법 제81조 제3호).

(6) 단체행동권

① 의의 : 단체행동권이라 함은 근로자가 근로조건의 유지·개선을 목적으로 집단적인 활동을 할 수 있는 권리를 말한다.

② 내용

　㉠ 쟁의권 : 단체행동권에 있어서 가장 기본이 되는 권리는 쟁의권으로서, 이는 근로자단체가 단체교섭을 유리하게 전개하기 위하여 단결력을 배경으로 각종 쟁의행위를 할 수 있는 권리를 말한다. 정당한 쟁의행위에 대하여는 민·형사상 책임이 면제된다(노조법 제3조, 제4조).

　㉡ 조합활동권 : 단체행동권에는 쟁의권 이외에 근로자단체의 존재와 기능을 유지함에 있어 필요한 집단적인 활동을 할 수 있는 권리도 포함하고 있다.

(7) 노동3권의 제한

① 헌법 제33조 제2항, 제3항에 의한 제한

　㉠ 공무원인 근로자의 노동3권의 제한

　　• 헌법 제33조 제2항은 "공무원인 근로자는 법률이 정하는 자에 한하여 단결권·단체교섭권 및 단체행동권을 가진다"라고 하여, 일정 범위의 공무원에 대하여는 노동3권을 제한하고 있다.

　　• 국가공무원법은 사실상 노무에 종사하고 있는 공무원에 한하여 노동3권을 인정하고 있다(동법 제66조 제1항).

　㉡ 주요방위산업체에 종사하는 근로자의 단체행동권의 제한 : 법률이 정하는 주요방위산업체에 종사하는 근로자의 단체행동권은 법률이 정하는 바에 의하여 이를 제한하거나 인정하지 아니할 수 있다(헌법 제33조 제3항).

② 헌법 제37조 제2항에 의한 제한 : 노동3권도 국가안전보장·질서유지 또는 공공복리를 위하여 필요한 때에는 법률로써 제한할 수 있다. 그러나 노동3권의 본질적인 내용은 침해할 수 없다.

> **헌법 제37조 제2항**
> 국민의 모든 자유와 권리는 국가안전보장·질서유지 또는 공공복리를 위하여 필요한 경우에 한하여 법률로써 제한할 수 있으며, 제한하는 경우에도 자유와 권리의 본질적인 내용을 침해할 수 없다.

기출문제 및 출제예상문제

01 노동법의 경향으로 볼 수 없는 것은?   2014

① 노동관습 존중의 경향
② 통일법적 경향
③ 협력적 경향
④ 계급투쟁적 경향

> **해설 |** 노동법은 노사의 대립적인 측면을 지양하고, 보다 협력적인 노사관계의 수립을 위한 방안을 모색하고 있다.

02 노동법에 대한 설명과 가장 거리가 먼 것은?

① 근로자의 인간다운 생활보장
② 근대시민법 원리의 부정
③ 노사대등의 실현
④ 자본주의체제의 유지·발전

> **해설 |** 노동법은 근대시민법 원리를 부정하는 것이 아니라 수정한 것이다. 노동법은 근대시민법 질서의 방법만으로는 대부분의 근로자들이 그들의 생존을 확보할 수 없다는 현실적 인식하에서 시민법질서에 대한 기술적 수정이 필요하게 된 것이다.

03 다음 중 헌법으로 명시하고 있는 노동법의 이념 또는 내용이 아닌 것은?   2008

① 모든 국민의 근로권
② 합리적인 범위 내의 기업경영 참여
③ 국가유공자 등의 근로기회 우선 부여
④ 여성근로의 특별보호

> **해설 |** 합리적인 범위 내의 기업경영 참여는 노사 자율에 맡겨져 있으며 이를 헌법에서 명시하고 있지 않다.

04 다음 중 노동법의 성격에 가장 적합한 원칙은?   2015

① 계약자유의 원칙
② 자기책임의 원칙
③ 소유권 절대의 원칙
④ 당사자 대등의 원칙

> **해설 |** 노동법은 소유권 절대의 원칙, 계약자유의 원칙, 자기책임의 원칙 등 근대시민법 원리를 수정하여 근로자가 그의 노동에 의하여 생존을 확보할 수 있도록 사용자와 실질적으로 대등한 관계를 갖도록 하려는 데 그 의의가 있다.

05 헌법에 규정되어 있는 내용이 아닌 것은?

① 국가는 법률이 정하는 바에 의하여 최저임금제를 시행하여야 한다.
② 근로조건의 기준은 인간의 존엄성을 보장하도록 법률로 정한다.
③ 여자의 근로는 특별한 보호를 받으며, 고용·임금 및 근로조건에 있어서 부당한 차별을 받지 아니한다.
④ 장애인은 법률이 정하는 바에 의하여 우선적으로 근로의 기회를 부여받는다.

> **해설 |** 국가유공자 · 상이군경 및 전몰군경의 유가족은 법률이 정하는 바에 의하여 우선적으로 근로의 기회를 부여받는다(헌법 제32조 제6항).

06 다음 중 노동법의 법원이 될 수 없는 것은?   2004

① 헌법
② 취업규칙
③ 비준된 국제노동기구의 협약
④ 노동부의 예규나 질의 회시

해설 | 예규는 일반적으로 대외적으로 효력이 있는 법규가 아니며, 행정기관이나 공무원이 업무집행에 있어서 지켜야 할 내부기준을 정하고 있는 것으로서 그 법원성이 부정되며, 질의 회시 또한 행정관청이 최종적 권위가 있는 법의 해석을 할 수 없다는 것을 근거로 그 법원성을 부정한다.

07 근로권을 보장하는 방법으로 헌법이 명시하고 있지 아니한 것은? 2013

① 국가의 사회적·경제적 방법에 의한 고용증진 노력
② 국가의 사회적·경제적 방법에 의한 적정임금 보장 노력
③ 국가의 사회적·경제적 방법에 의한 최저임금제 실시
④ 인간의 존엄성을 보장하는 근로조건 기준의 법정주의

해설 | 최저임금제는 법률이 정하는 바에 의하여 시행하여야 한다(헌법 제32조 제1항).

08 헌법상 근로의 권리에 관한 설명으로 틀린 것은? 2009

① 근로의 권리의 보유주체는 일반국민을 말하고, 그 행사주체는 근로자를 말한다.
② 국가는 근로의사가 없는 국민들을 위해 그 인간다운 생활을 보장하기 위한 시책을 마련해야 한다.
③ 근로의 권리가 있다 하더라도 취업권 자체를 요구할 수 없다.
④ 근로조건의 기준은 인간의 존엄성을 보장하도록 법률로 정한다.

해설 | 근로의 권리의 행사주체는 근로의 의사와 능력을 가지고 있는 자이다.

09 헌법상 근로의 권리 기능이 아닌 것은?

① 근로를 통하여 개성과 자주적 인간성을 제고하고 함양하게 한다.
② 근로의 상품화를 허용함으로써 자본주의 경제의 이념적 기초를 제공한다.
③ 국민으로 하여금 근로를 통하여 생활의 기본적 수요를 스스로 충족하게 한다.
④ 근로기회의 제공을 통하여 생활무능력자에 대한 국가적 보호의무를 증가시킨다.

해설 | 근로기회의 제공은 생활의 기본적 수요를 충족, 국가의 보호의무를 감소시키게 한다.

10 헌법상 근로의 권리에 관한 내용으로 틀린 것은?

① 국가의 고용증진의무
② 근로조건 기준의 법정주의
③ 여자와 연소자의 근로의 특별보호
④ 국가유공자 등에 대한 근로기회의 평등 보장

해설 | 국가유공자 · 상이군경 및 전몰군경의 유가족은 법률이 정하는 바에 의하여 우선적으로 근로의 기회를 부여받는다(헌법 제32조 제6항).

11 헌법상 근로의 권리로서 명시되어 있지 않은 것은?

① 최저임금제 시행
② 여성 근로자의 특별보호
③ 연소근로자의 특별보호
④ 장애인 근로자의 특별보호

해설 | 근로의 권리 · 의무, 최저임금제, 여자 · 연소자보호, 국가유공자에 대한 기회우선(헌법 제32조)
1. 모든 국민은 근로의 권리를 가진다. 국가는 사회적 · 경제적 방법으로 근로자의 고용의 증진과 적정임금의 보장에 노력하여야 하며, 법률이 정하는 바에 의하여 최저임금제를 시행하여야 한다.
2. 모든 국민은 근로의 의무를 진다. 국가는 근로의 의무의 내용과 조건을 민주주의원칙에 따라 법률

제5과목 노동관계법규

3. 근로조건의 기준은 인간의 존엄성을 보장하도록 법률로 정한다.
4. 여자의 근로는 특별한 보호를 받으며, 고용·임금 및 근로조건에 있어서 부당한 차별을 받지 아니한다.
5. 연소자의 근로는 특별한 보호를 받는다.
6. 국가유공자·상이군경 및 전몰군경의 유가족은 법률이 정하는 바에 의하여 우선적으로 근로의 기회를 부여받는다.

12 헌법상 노동기본권에 관한 설명으로 틀린 것은? 2011

① 국가는 사회적·경제적 방법으로 근로자의 고용의 증진과 적정임금의 보장에 노력하여야 한다.
② 국가는 근로의 의무의 내용과 조건을 민주주의원칙에 따라 법률로 정한다.
③ 공무원인 근로자는 어떠한 경우에도 단체행동권을 갖지 못한다.
④ 여자의 근로는 특별한 보호를 받으며, 고용. 임금 및 근로조건에 있어서 부당한 차별을 받지 아니한다.

해설 | 국가공무원법은 사실상 노무에 종사하고 있는 공무원에 한하여 노동3권을 인정하고 있다(동법 제66조).

13 헌법상 노동기본권에 관한 설명으로 틀린 것은? 2015

① 근로조건의 기준은 인간의 존엄성을 보장하도록 법률로 정한다.
② 여자 및 연소자의 근로는 특별한 보호를 받는다.
③ 공무원인 근로자는 법률이 정하는 자에 한하여 단결권·단체교섭권 및 단체행동권을 가진다.
④ 법률이 정하는 주요방위산업체에 종사하는 근로자의 단결권은 법률이 정하는 바에 의하여 이를 제한하거나 인정하지 아니할 수 있다.

해설 | 법률이 정하는 주요방위산업체에 종사하는 근로자의 단체행동권은 법률이 정하는 바에 의하여 이를 제한하거나 인정하지 아니할 수 있다(헌법 제33조 제3항).

14 헌법상 노동기본권에 관한 내용으로 옳은 것은? 2014

① 노동기본권은 근로자의 기본권이다.
② 모든 근로자에 대해서 구별 없이 노동기본권을 인정하고 있다.
③ 노동기본권은 기본권에 대한 일반적인 제한법리가 적용되지 않는다.
④ 노동기본권은 국민의 권리이므로 외국인에게는 인정되지 않는다.

해설 | ② 공무원인 근로자나 주요방위사업체에 종사하는 근로자의 단체행동권은 법률이 정하는 바에 의하여 제한하거나 인정하지 아니할 수 있다.
③ 노동기본권도 국가안전보장·질서유지와 공공복리를 위하여 필요한 때에는 법률로써 제한할 수 있다.
④ 노동기본권은 근로자의 권리로서 외국인에게도 인정된다.

15 헌법 제32조가 규정하고 있는 법률이 정하는 바에 의하여 우선적으로 근로기회를 부여받는 유가족이 아닌 자는? 2003

① 국가유공자　　　　② 상이군인
③ 전몰경찰　　　　　④ 제대군인

해설 | 국가유공자·상이군경 및 전몰군경의 유가족은 법률이 정하는 바에 의하여 우선적으로 근로의 기회를 부여받는다(헌법 제32조 제6항).

16 다음 중 헌법에 의해 보장되는 노동3권에 해당하지 않는 것은? 2010, 2008

① 준법투쟁
② 직장폐쇄
③ 임금인상을 위한 단체교섭요구
④ 노동조합의 가입

해설 | 직장폐쇄는 사용자가 노동조합의 쟁의행위에 대항하여 직장을 폐쇄함으로써 근로자들의 근로수령을 거부하고 임금을 지급하지 아니하는 사용자의 행위이다.

해설 | 근로의 권리는 근로기회청구권(취업청구권, 해고의 제한 포함)과 근로기회제공을 요구하였으나 국가가 이를 제공하지 않을 경우 적절한 생활비 지급을 청구할 수 있는 권리(생활비지급청구권)를 내포한 개념이다.

17 헌법상 근로자의 노동3권에 해당하지 않는 것은?

① 단결권 　　　　② 단체교섭권
③ 단체행동권 　　④ 이익균점권

해설 | 제헌헌법 제18조 제2항은 "영리를 목적으로 하는 사기업에 있어서는 근로자는 법률이 정하는 바에 의하여 이익의 분배에 균점할 권리가 있다"고 명시하고 있다. 이 조항은 이후 제3공화국헌법에서 삭제되었다.

18 헌법상 근로기본권에 관한 설명으로 틀린 것은?

① 국가는 사회적·경제적 방법으로 근로자의 고용의 증진과 적정임금의 보장에 노력하여야 한다.
② 국가는 법률이 정하는 바에 의하여 최저임금제를 시행하여야 한다.
③ 국가유공자·상이군경 및 전몰군경의 유가족은 법률이 정하는 바에 의하여 우선적으로 근로의 기회를 부여받는다.
④ 여자의 근로는 고용·임금 및 근로조건에 있어서 부당한 차별을 받지 아니하며 특별한 보호를 받지 아니한다.

해설 | 여자의 근로는 특별한 보호를 받으며, 고용·임금 및 근로조건에 있어서 부당한 차별을 받지 아니한다(헌법 제32조 제4항).

19 근로의 권리에 관한 내용과 가장 거리가 먼 것은?

① 해고의 제한 　　② 취업청구권
③ 쟁의권 　　　　④ 생활비지급청구권

20 헌법상 노동기본권에 관한 내용으로 가장 적합한 것은?

2015

① 근로자는 근로조건의 향상을 위하여 노동3권인 단체협상권·단체교섭권 및 단체행동권을 가진다.
② 모든 공무원은 단결권·단체교섭권을 가진다.
③ 법률이 정하는 주요방위산업체에 종사하는 근로자의 단체행동권은 법률이 정하는 바에 의하여 이를 제한하거나 인정하지 아니할 수 있다.
④ 공무원인 근로자의 단체행동권은 인정하지 아니한다.

해설 | ① 근로자는 근로조건의 향상을 위하여 자주적인 단결권·단체교섭권 및 단체행동권을 가진다(헌법 제33조 제1항).
②, ④ 공무원인 근로자는 법률이 정하는 자에 한하여 단결권·단체교섭권 및 단체행동권을 가진다(헌법 제33조 제2항).

21 노동기본권에 관하여 헌법에 명시된 내용으로 틀린 것은?

① 공무원인 근로자는 법률이 정하는 자에 한하여 단결권·단체교섭권 및 단체행동권을 가진다.
② 근로자는 근로조건의 향상을 위하여 자주적인 단결권·단체교섭권 및 단체행동권을 가진다.
③ 법률이 정하는 주요방위산업체에 종사하는 근로자의 단체행동권은 법률이 정하는 바에 의하여 이를 제한하거나 인정하지 아니할 수 있다.

④ 공익사업에 종사하는 근로자의 단체행동권은 법률이 정하는 바에 의하여 이를 제한하거나 인정하지 아니할 수 있다.

> **해설 |** 법률이 정하는 주요방위산업체에 종사하는 근로자의 단체행동권은 법률이 정하는 바에 의하여 이를 제한하거나 인정하지 아니할 수 있다(헌법 제33조 제3항).

22 노동기본권에 관한 설명으로 틀린 것은?

① 노동기본권은 헌법에서 근로자에게 보장된 기본적 권리이다.
② 공무원인 근로자는 법률이 정하는 자에 한하여 노동3권을 가진다.
③ 우리나라 헌법상 모든 국민의 근로의 권리와 의무는 별개 개념이다.
④ 주요방위산업체에 종사하는 근로자의 단체행동권은 법률이 정하는 바에 의하여 이를 제한하거나 인정하지 아니할 수 있다.

> **해설 |** 근로의 권리는 근로자가 자신의 의사와 능력에 따라 근로관계를 형성·유지하며 근로의 기회를 얻지 못한 경우에 국가에 대하여 근로의 기회를 제공하여 줄 것을 요구할 수 있는 권리이며, 근로의 의무는 근로의 능력이 있는데도 노력하지 않는 자에 대하여는 근로권의 보호를 주지 않는다는 의미로 보는 것이 타당하다. 따라서 근로의 권리와 의무는 별개 개념이라 할 수 없다.

23 헌법상 근로의 권리와 관련하여 명시되어 있지 않은 것은?

① 최저임금제 시행
② 국가유공자의 유가족에 대한 우선적 근로기회 부여
③ 여자·연소자의 근로에 대한 특별한 보호
④ 산업재해로부터 특별한 보호

> **해설 |** 헌법 제32조 참조

24 다음 ( ) 안에 알맞은 것은?

> 헌법 제32조 제2항에 의하면 국가는 근로의 의무의 내용과 조건을 ( )에 따라 법률로 정한다.

① 민주주의원칙
② 자유주의원칙
③ 사회국가원칙
④ 복지국가원칙

> **해설 |** 모든 국민은 근로의 의무를 진다. 국가는 근로의 의무의 내용과 조건을 민주주의원칙에 따라 법률로 정한다(헌법 제32조 제2항).

25 헌법상의 노동기본권에 관한 설명으로 틀린 것은?

① 국가는 법률이 정하는 바에 의하여 최저임금제를 시행하여야 한다.
② 공무원인 근로자는 법률이 정하는 경우에 한하여 단결권·단체교섭권 및 단체행동권을 갖는다.
③ 외국인도 헌법상 근로의 권리의 주체가 될 수 있다는 것이 판례의 입장이다.
④ 여자의 근로는 고용·임금 및 근로조건에 있어서 차별을 받지 아니한다.

> **해설 |** 근로의 권리란 인간이 자신의 의사와 능력에 따라 근로관계를 형성하고, 타인의 방해를 받음이 없이 근로관계를 계속 유지하며, 근로의 기회를 얻지 못한 경우에는 국가에 대하여 근로의 기회를 제공하여 줄 것을 요구할 수 있는 권리를 말하며, 이러한 근로의 권리는 생활의 기본적인 수요를 충족시킬 수 있는 생활수단을 확보해 주고 나아가 인격의 자유로운 발현과 인간의 존엄성을 보장해 주는 것으로서 사회권적 기본권의 성격이 강하므로(헌재 2002.11.28., 2001헌바50), 이에 대한 외국인의 기본권주체성을 전면적으로 인정하기는 어렵다고 볼 것이다.

26 헌법상 근로의 특별한 보호 또는 우선적인 근로기회 보장의 대상자로서 명시되어 있지 않은 것은?

① 여자   ② 연소자
③ 실업자   ④ 국가유공자

> **해설 |** 헌법 제32조 참조

27 헌법상 노동기본권에 관한 설명으로 옳은 것은?

① 공무원인 근로자는 법률이 정하는 자에 한하여 노동3권을 가진다.
② 근로자는 근로자의 근로조건과 정치적 지위향상을 위하여 자주적인 노동3권을 가진다.
③ 법률이 정하는 주요방위산업체에 종사하는 근로자의 단체교섭권은 법률이 정하는 바에 의하여 인정하지 않을 수 있다.
④ 노동3권이라 함은 결사권, 단체교섭권, 단체행동권을 말한다.

> **해설 |** ② 근로자는 근로자의 근로조건의 향상을 위하여 자주적인 노동3권을 가진다.
> ③ 법률이 정하는 주요방위산업체에 종사하는 근로자의 단체행동권은 법률이 정하는 바에 의하여 이를 제한하거나 인정하지 않을 수 있다.
> ④ 노동3권이라 함은 단결권, 단체교섭권 및 단체행동권을 말한다.

28 다음 중 근로3권의 제한 및 한계에 관한 설명으로 틀린 것은?

① 근로3권은 어떠한 경우에도 제한할 수 없는 절대적인 권리이다.
② 현역군인·경찰관 등에게 근로3권을 인정하지 않는 것은 헌법위반이라고 볼 수 없다.
③ 근로3권을 제한하는 경우 근로3권의 전면적 부인이나 본질적 내용의 침해는 인정될 수 없다.

④ 근로3권은 국가의 안전보장·질서유지·공공복리를 위하여 필요한 경우에 한하여 법률로 제한할 수 있다.

> **해설 |** 국민의 모든 자유와 권리는 국가안전보장 · 질서유지 또는 공공복리를 위하여 필요한 경우에 한하여 법률로써 제한할 수 있으며, 제한하는 경우에도 자유와 권리의 본질적인 내용을 침해할 수 없다(헌법 제37조 제2항).

29 헌법에 규정된 노동기본권에 관한 설명으로 옳은 것은?

① 근로의 권리와 근로3권을 포함한다.
② 외국인도 근로의 권리주체가 될 수 있다.
③ 근로의 권리는 생존권적 성격보다 자유권적 성격이 강하다.
④ 근로의 권리는 국가의 적극적인 입법형성에 의해 구체화된다.

> **해설 |** ② 외국인은 원칙적으로 근로의 권리의 주체가 될 수 없다. 다만, 인간의 존엄성에 대한 침해를 방어하기 위한 자유권적 기본권의 성격도 갖고 있어 외국인근로자라고 하여 이 부분에까지 기본권 주체성을 부인할 수는 없다.
> ③ 근로의 권리는 자유권적 성격보다 생존권적 성격이 강하다.
> ④ 근로의 권리는 "일할 자리에 관한 권리"와 "일할 환경에 관한 권리"를 포괄하며 직접적 효력을 갖는 구체적 · 현실적인 권리이다.

근로기준법

Section 01　총설

(1) 서설

① 의의

　　㉠ 근로기준법은 근로조건의 최저기준을 정한 것으로서 근로자 일반에게 적용되는 노동보호법이다.

　　㉡ 헌법은 제32조 제3항에서 "근로조건의 기준은 인간의 존엄성을 보장하도록 법률로 정한다"고 함으로써 사용자에 비하여 상대적으로 약자의 지위에 있는 근로자의 근로조건에 관한 보호를 헌법적 차원에서 보장하고 있다.

② 목적 : 근로기준법은 헌법에 의거하여 근로조건의 기준을 정함으로써 근로자의 기본적 생활을 보장, 향상시키며 균형 있는 국민경제의 발전을 꾀하는 것을 목적으로 한다(제1조).

(2) 근로기준법상의 기본원칙

① 근로자의 기본생활의 보장 : 이 법에서 정하는 근로조건은 최저기준이므로 근로관계 당사자는 이 기준을 이유로 근로조건을 저하시킬 수 없다(제3조).

② 근로조건의 노사대등결정 : 근로조건은 근로자와 사용자가 동등한 지위에서 자유의사에 따라 결정하여야 한다(제4조).

③ 근로조건의 준수 : 근로자와 사용자는 각자가 단체협약, 취업규칙과 근로계약을 지키고 성실하게 이행할 의무가 있다(제5조).

④ 균등한 처우

　　㉠ 사용자는 근로자에 대하여 남녀의 성을 이유로 차별적 대우를 하지 못하고, 국적·신앙 또는 사회적 신분을 이유로 근로조건에 대한 차별적 처우를 하지 못한다(제6조).

　　㉡ 채용은 근로관계 이전의 사항이므로 근로기준법이 적용되지 않으나, 남녀의 성차별적 채용은 남녀고용평등과 일·가정 양립에 관한 법률에 의하여 규제된다.

　　㉢ 합리적 기준을 두고 업무의 난이도, 책임도, 위험도, 작업환경, 근로자의 능력 등에 따라 차별하는 것은 균등대우의 원칙에 반하지 않는다.

⑤ 강제 근로의 금지 : 사용자는 폭행, 협박, 감금, 그 밖에 정신상 또는 신체상의 자유를 부당하게 구속하는 수단으로써 근로자의 자유의사에 어긋나는 근로를 강요하지 못한다(제7조).

⑥ 폭행의 금지 : 사용자는 사고의 발생이나 그 밖의 어떠한 이유로도 근로자에게 폭행을 하지 못한다(제8조).

⑦ 중간착취의 배제 : 누구든지 법률에 따르지 아니하고는 영리로 다른 사람의 취업에 개입하거나 중간인으로서 이익을 취득하지 못한다(제9조).

⑧ 공민권 행사의 보장

　㉠ 사용자는 근로자가 근로시간 중에 선거권, 그 밖의 공민권 행사 또는 공의 직무를 집행하기 위하여 필요한 시간을 청구하면 거부하지 못한다. 다만, 그 권리 행사나 공의 직무를 수행하는 데에 지장이 없으면 청구한 시간을 변경할 수 있다(제10조).

　㉡ 본 규정은 근로자가 공민권 등을 행사함에 있어서 필요한 시간을 청구할 때 사용자가 이를 거부하지 못하게 하려는 데 그 목적이 있으므로, 공민권 등의 행사로 근로를 제공하지 않은 기간 동안의 임금은 법률에 특별한 규정이 없는 한 취업규칙이나 단체협약에서 정한 바에 따르고, 따로 정함이 없는 경우에는 무급으로 해도 위법이 아니다. 다만, 공직선거 및 선거부정방지법, 향토예비군 설치법, 민방위기본법에 의한 공민권 등의 행사기간은 유급으로 하여야 한다(대판 1989.5.9. 87도1801).

(3) 적용 범위

① 원칙 : 근로기준법은 상시 5명 이상의 근로자를 사용하는 모든 사업 또는 사업장에 적용한다(제11조 제1항 본문).

② 예외

　㉠ 동거하는 친족만을 사용하는 사업 또는 사업장과 가사 사용인에 대하여는 적용하지 아니한다(제11조 제1항 단서). 그러나 동거하는 친족 이외의 근로자가 1인이라도 있으면 동거하는 친족만을 사용하는 사업 또는 사업장에 해당하지 않으므로 동거하는 친족과 그렇지 않은 근로자를 모두 포함하여 상시 근로자 수를 판단하여야 한다.

　㉡ 상시 4명 이하의 근로자를 사용하는 사업 또는 사업장에 대하여는 대통령령으로 정하는 바에 따라 이 법의 일부 규정만을 적용한다(제11조 제2항).

③ 국외사업 및 외국기업의 국내사업에 대한 적용 문제

　㉠ 국외사업 : 근로기준법은 국내법이므로 통치권이 미치지 못하는 국외의 사업에 대해서는 적용되지 않는 것이 원칙이다. 따라서 우리나라의 기업이 외국에서 현지법인을 설립하여 우리나라의 근로자를 고용하고 있는 경우에는 근로기준법은 적용되지 않는다. 그러나 국내에 본사가 있고 외국에 지점·출장소 등이 있는 경우에는 그 지점·출장소에 근무하는 한국근로자에게 근로기준법이 적용된다.

　㉡ 외국기업의 국내사업 : 국내의 외국기업에 고용되어 있는 한국인근로자에 대하여는 근로기준법이 적용된다.

(4) 근로기준법상의 근로자와 사용자

① 근로기준법상의 근로자 : 이 법에서 근로자라 함은 직업의 종류와 관계없이 임금을 목적으로 사업이나 사업장에 근로를 제공하는 자를 말한다(제2조 제1호). 따라서 ㉠ 사용자의 지배관리하에서 근로를 제공하고(사용종속관계), ㉡ 근로의 대상인 임금을 목적으로 하며, ㉢ 사업 또는 사업장에서 근로를 제공하는 자는 근로기준법상 근로자에 해당한다.

② 근로기준법상의 사용자

㉠ 의의 : 이 법에서 사용자라 함은 사업주 또는 사업 경영 담당자, 그 밖에 근로자에 관한 사항에 대하여 사업주를 위하여 행위하는 자를 말한다(제2조 제2호).

㉡ 사용자의 범위

- 사업주 : 사업주란 그 사업의 경영주체로서 근로자를 사용하여 사업을 하는 자를 말한다.
- 사업 경영 담당자 : 사업 경영 담당자란 그 사업의 경영전반에 관하여 권한과 책임을 가지는 자로서 사업주로부터 사업 경영의 전부 또는 일부에 대하여 포괄적으로 위임을 받고 대외적으로 그 사업을 대표하거나 대리하는 자를 말한다.
- 근로자에 관한 사항에 관하여 사업주를 위하여 행위하는 자 : 이는 근로조건의 결정이나 지휘명령을 할 수 있는 권한과 책임이 사업주에 의하여 주어진 자를 말한다.

(5) 용어의 정의

용어	개념
근로자	직업의 종류와 관계없이 임금을 목적으로 사업이나 사업장에 근로를 제공하는 자를 말한다.
사용자	사업주 또는 사업 경영 담당자, 그 밖에 근로자에 관한 사항에 대하여 사업주를 위하여 행위하는 자를 말한다.
근로	정신노동과 육체노동을 말한다.
근로계약	근로자가 사용자에게 근로를 제공하고 사용자는 이에 대하여 임금을 지급하는 것을 목적으로 체결된 계약을 말한다.
임금	사용자가 근로의 대가로 근로자에게 임금, 봉급, 그 밖에 어떠한 명칭으로든지 지급하는 일체의 금품을 말한다.
평균임금	이를 산정하여야 할 사유가 발생한 날 이전 3개월 동안에 그 근로자에게 지급된 임금의 총액을 그 기간의 총일수로 나눈 금액을 말한다. 근로자가 취업한 후 3개월 미만인 경우도 이에 준한다.
소정근로시간	제50조, 제69조 본문 또는 「산업안전보건법」 제46조에 따른 근로시간의 범위에서 근로자와 사용자 사이에 정한 근로시간을 말한다.
단시간근로자	1주 동안의 소정근로시간이 그 사업장에서 같은 종류의 업무에 종사하는 통상 근로자의 1주 동안의 소정근로시간에 비하여 짧은 근로자를 말한다.

Section **O2** | 근로계약

(1) 의의

근로계약이란 근로자가 사용자에게 근로를 제공하고 사용자는 이에 대하여 임금을 지급하는 것을 목적으로 체결된 계약을 말한다(제2조 제1항 제4호).

(2) 근로계약상 근로자와 사용자의 의무

① 근로자의 의무

㉠ 근로제공의무 : 근로자는 근로계약에 따라 사용자에게 근로를 제공해야 할 의무를 진다. 근로제공의무는 근로계약체결에 의하여 발생하는 기본적 의무이다. 다만, 근로자가 근로제공을 이행한다는 것은 반드시 현실적인 근로제공의 실현을 의미하는 것은 아니며, 근로자 자신의 노동력을 처분 가능한 상태에 두는 것으로 충분하다. 따라서 작업대기 상태에 있는 것도 근로제공의 한 유형으로 볼 수 있다.

㉡ 부수적 의무 : 근로자는 주된 근로제공의무 외에도 계속적 채권관계에서 발생하는 부수적 의무를 부담한다. 즉, 근로자는 사용자의 이익을 보호하고 침해해서는 안 된다는 신의성실의 원칙상의 의무를 진다. 예컨대 비밀유지의무, 사용자의 신용·명예훼손 금지의무, 겸업금지의무, 위험발생 고지의무 등을 들 수 있다.

② 사용자의 의무

㉠ 임금지급의무

- 사용자는 근로의 대상으로 근로자에게 임금을 지급할 의무를 진다.
- 임금액에 관한 당사자의 약정이 있더라도 그것이 취업규칙, 단체협약 또는 최저임금법의 기준보다 낮을 때에는 임금액에 대한 약정은 무효로 되며, 그 부분은 취업규칙이나 단체협약 또는 최저임금법에 정한 기준으로 대체된다.
- 근로자가 미성년자인 경우 사용자는 미성년자인 근로자에게 직접 임금을 지불하여야 하며, 법정대리인의 대리수령은 허용되지 않는다.

㉡ 부수적 의무 : 사용자는 신의성실의 원칙상 부수적 의무로서 생산시설·기계·기구 등의 위험으로부터 근로자의 생명·신체·건강을 안정하게 보호할 의무인 안전배려의무를 진다. 사용자가 이러한 의무를 위반하여 근로자에게 손해가 발생한 경우에는 손해배상을 하여야 한다.

(3) 근로계약상 근로자의 보호

① 근로계약의 효력

㉠ 의의 : 근로기준법에서 정하는 기준에 미치지 못하는 근로조건을 정한 근로계약은 그 부분에 한하여 무효로 한다(제15조 제1항). 무효로 된 부분은 근로기준법에서 정한 기준에 따른다(동조 제2항).

ⓛ 무효로 되는 근로계약의 내용

- 근로기준법이 정한 기준은 임금과 근로시간을 비롯한 모든 근로조건의 기준이 포함된다.
- 근로기준법에 정한 기준 미만의 근로계약은 단체협약이나 취업규칙에 정함이 있거나 당사자의 동의가 있더라도 무효이다.
- 단체협약이나 취업규칙이 근로기준법에서 정한 기준 미만인 때에도 무효가 된다.

② 근로조건의 명시

ⓐ 명시해야 할 근로조건의 내용 : 사용자는 근로계약을 체결할 때에 근로자에게 임금, 소정근로시간, 유급주휴일, 연차휴가, 그 밖에 대통령령으로 정하는 근로조건을 명시하여야 한다. 근로계약 체결 후 근로조건을 변경하는 경우에도 또한 같다(제17조).

> **Plus Check** 대통령령으로 정하는 근로조건
> ① 취업의 장소와 종사하여야 할 업무에 관한 사항
> ② 법 제93조 제1호부터 제12호까지의 규정에서 정한 사항(취업규칙 기재사항)
> ③ 사업장의 부속 기숙사에 근로자를 기숙하게 하는 경우에는 기숙사 규칙에서 정한 사항

ⓑ 근로조건의 명시가 없는 근로계약의 효력 : 근로계약의 체결에 있어서 근로조건이 명시되지 않았다 하더라도 처벌의 대상이 될 뿐이며, 해당 근로계약 자체가 무효로 되는 것은 아니다.

ⓒ 명시의 방법 : 근로조건을 명시하는 방법에 대하여는 제한이 없으므로 구두로 하여도 상관이 없다. 그러나 근로계약 체결내용 중 임금의 구성항목·계산방법·지급방법, 소정근로시간, 유급주휴일, 연차휴가에 관한 사항이 명시된 서면을 근로자에게 교부하여야 한다. 다만, 단체협약 또는 취업규칙의 변경 등 대통령령으로 정하는 사유로 인하여 변경되는 경우에는 근로자의 요구가 있으면 그 근로자에게 교부하여야 한다(제17조 제2항).

③ 단시간근로자의 적용 제외 : 4주 동안(4주 미만으로 근로하는 경우에는 그 기간)을 평균하여 1주 동안의 소정근로시간이 15시간 미만인 근로자에 대하여는 제55조와 제60조를 적용하지 아니한다(제18조 제3항).

④ 근로조건의 위반

ⓐ 근로조건 명시 규정에 따라 명시된 근로조건이 사실과 다를 경우에 근로자는 근로조건 위반을 이유로 손해의 배상을 청구할 수 있으며 즉시 근로계약을 해제할 수 있다(제19조 제1항).

ⓑ 위 ⓐ에 따라 근로자가 손해배상을 청구할 경우에는 노동위원회에 신청할 수 있으며, 근로계약이 해제되었을 경우에는 사용자는 취업을 목적으로 거주를 변경하는 근로자에게 귀향 여비를 지급하여야 한다(동조 제2항).

⑤ 금지되는 근로조건

ⓐ 위약 예정의 금지 : 사용자는 근로계약 불이행에 대한 위약금 또는 손해배상액을 예정하는 계약을 체결하지 못한다(제20조).

    ⓒ 전차금 상계의 금지 : 사용자는 전차금이나 그 밖에 근로할 것을 조건으로 하는 전대채권과 임금을 상계하지 못한다(제21조).

    ⓒ 강제 저금의 금지

- 사용자는 근로계약에 덧붙여 강제 저축 또는 저축금의 관리를 규정하는 계약을 체결하지 못한다(제22조 제1항).
- 사용자가 근로자의 위탁으로 저축을 관리하는 경우에는 다음의 사항을 지켜야 한다(동조 제2항).
  - 저축의 종류·기간 및 금융기관을 근로자가 결정하고, 근로자 본인의 이름으로 저축할 것
  - 근로자가 저축증서 등 관련 자료의 열람 또는 반환을 요구할 때에는 즉시 이에 따를 것

(4) 해고

① 의의 : 해고란 근로자의 의사와는 관계없이 사용자의 일방적인 의사표시에 의하여 근로계약 내지 근로관계를 장래에 향하여 종료케 하는 법률행위를 말한다.

② 해고의 제한과 근로자의 보호(제23조)

    ㉠ 사용자는 근로자에게 정당한 이유 없이 해고, 휴직, 정직, 전직, 감봉, 그 밖의 징벌을 하지 못한다.

    ㉡ 사용자는 근로자가 업무상 부상 또는 질병의 요양을 위하여 휴업한 기간과 그 후 30일 동안 또는 산전·산후의 여성이 이 법에 따라 휴업한 기간과 그 후 30일 동안은 해고하지 못한다. 다만, 사용자가 제84조에 따라 일시보상을 하였을 경우 또는 사업을 계속할 수 없게 된 경우에는 그러하지 아니하다.

③ 경영상 이유에 의한 해고의 제한(제24조)

    ㉠ 긴박한 경영상의 필요 : 사용자가 경영상 이유에 의하여 근로자를 해고하려면 긴박한 경영상의 필요가 있어야 한다. 이 경우 경영 악화를 방지하기 위한 사업의 양도·인수·합병은 긴박한 경영상의 필요가 있는 것으로 본다.

    ㉡ 해고회피 노력과 합리적이고 공정한 선발 기준 : 사용자는 해고를 피하기 위한 노력을 다하여야 하며, 합리적이고 공정한 해고의 기준을 정하고 이에 따라 그 대상자를 선정하여야 한다. 이 경우 남녀의 성을 이유로 차별하여서는 아니 된다.

    ㉢ 근로자대표와의 사전 협의 : 사용자는 해고를 피하기 위한 방법과 해고의 기준 등에 관하여 그 사업 또는 사업장에 근로자의 과반수로 조직된 노동조합이 있는 경우에는 그 노동조합, 근로자의 과반수로 조직된 노동조합이 없는 경우에는 근로자의 과반수를 대표하는 자(근로자대표)에게 해고를 하려는 날의 50일 전까지 통보하고 성실하게 협의하여야 한다.

    ㉣ 신고 : 사용자는 대통령령으로 정하는 일정한 규모 이상의 인원을 해고하려면 대통령령으로 정하는 바에 따라 고용노동부장관에게 신고하여야 한다.

    ㉤ 효력 : 사용자가 요건을 갖추어 근로자를 해고한 경우에는 제23조 제1항에 따른 정당한 이유가 있는 해고를 한 것으로 본다.

④ 우선 재고용(제25조)

  ㉠ 제24조에 따라 근로자를 해고한 사용자는 근로자를 해고한 날부터 3년 이내에 해고된 근로자가 해고 당시 담당하였던 업무와 같은 업무를 할 근로자를 채용하려고 할 경우 제24조에 따라 해고된 근로자가 원하면 그 근로자를 우선적으로 고용하여야 한다.

  ㉡ 정부는 제24조에 따라 해고된 근로자에 대하여 생계안정, 재취업, 직업훈련 등 필요한 조치를 우선적으로 취하여야 한다.

⑤ 해고의 예고

  ㉠ 해고의 예고와 해고수당(제26조) : 사용자는 근로자를 해고(경영상 이유에 의한 해고를 포함한다)하려면 적어도 30일 전에 예고를 하여야 하고, 30일 전에 예고를 하지 아니하였을 때에는 30일분 이상의 통상임금을 지급하여야 한다. 다만, 천재·사변, 그 밖의 부득이한 사유로 사업을 계속하는 것이 불가능한 경우 또는 근로자가 고의로 사업에 막대한 지장을 초래하거나 재산상 손해를 끼친 경우로서 고용노동부령으로 정하는 사유에 해당하는 경우에는 해고 예고 없이 즉시 해고를 할 수 있다.

  ㉡ 예고해고의 적용 예외(제35조) : 해고의 예고에 관한 근로기준법 제26조는 다음의 어느 하나에 해당하는 근로자에게는 적용하지 아니한다.

- 일용근로자로서 3개월을 계속 근무하지 아니한 자
- 2개월 이내의 기간을 정하여 사용된 자
- 월급근로자로서 6개월이 되지 못한 자
- 계절적 업무에 6개월 이내의 기간을 정하여 사용된 자
- 수습 사용 중인 근로자(수습 사용한 날부터 3개월 이내인 자에 한함)

⑥ 해고사유 등의 서면통지(제27조)

  ㉠ 사용자는 근로자를 해고하려면 해고사유와 해고시기를 서면으로 통지하여야 한다.

  ㉡ 근로자에 대한 해고는 서면으로 통지하여야 효력이 있다.

  ㉢ 사용자가 제26조에 따른 해고의 예고를 해고사유와 해고시기를 명시하여 서면으로 한 경우에는 통지를 한 것으로 본다.

⑦ 노동위원회에 의한 구제

  ㉠ 부당해고 등의 구제신청(제28조)

- 사용자가 근로자에게 부당해고 등을 하면 근로자는 노동위원회에 구제를 신청할 수 있다.
- 구제신청은 부당해고 등이 있었던 날부터 3개월 이내에 하여야 한다.

  ㉡ 구제명령 등(제30조)

- 노동위원회는 제29조에 따른 심문을 끝내고 부당해고 등이 성립한다고 판정하면 사용자에게 구제명령을 하여야 하며, 부당해고 등이 성립하지 아니한다고 판정하면 구제신청을 기각하는 결정을 하여야 한다.
- 판정, 구제명령 및 기각결정은 사용자와 근로자에게 각각 서면으로 통지하여야 한다.

- 노동위원회는 구제명령(해고에 대한 구제명령만을 말한다)을 할 때에 근로자가 원직복직을 원하지 아니하면 원직복직을 명하는 대신 근로자가 해고기간 동안 근로를 제공하였더라면 받을 수 있었던 임금 상당액 이상의 금품을 근로자에게 지급하도록 명할 수 있다.

ⓒ 구제명령 등의 확정(제31조)

- 「노동위원회법」에 따른 지방노동위원회의 구제명령이나 기각결정에 불복하는 사용자나 근로자는 구제명령서나 기각결정서를 통지받은 날부터 10일 이내에 중앙노동위원회에 재심을 신청할 수 있다.
- 중앙노동위원회의 재심판정에 대하여 사용자나 근로자는 재심판정서를 송달받은 날부터 15일 이내에 「행정소송법」의 규정에 따라 소를 제기할 수 있다.
- 기간 이내에 재심을 신청하지 아니하거나 행정소송을 제기하지 아니하면 그 구제명령, 기각결정 또는 재심판정은 확정된다.

ⓓ 구제명령 등의 효력(제32조) : 노동위원회의 구제명령, 기각결정 또는 재심판정은 제31조에 따른 중앙노동위원회에 대한 재심 신청이나 행정소송 제기에 의하여 그 효력이 정지되지 아니한다.

ⓔ 이행강제금(제33조)

- 노동위원회는 구제명령(구제명령을 내용으로 하는 재심판정을 포함한다)을 받은 후 이행기한까지 구제명령을 이행하지 아니한 사용자에게 2천만 원 이하의 이행강제금을 부과한다.
- 노동위원회는 이행강제금을 부과하기 30일 전까지 이행강제금을 부과·징수한다는 뜻을 사용자에게 미리 문서로써 알려주어야 한다.
- 이행강제금을 부과할 때에는 이행강제금의 액수, 부과 사유, 납부기한, 수납기관, 이의제기 방법 및 이의제기기관 등을 명시한 문서로써 하여야 한다.
- 이행강제금을 부과하는 위반행위의 종류와 위반 정도에 따른 금액, 부과·징수된 이행강제금의 반환절차, 그 밖에 필요한 사항은 대통령령으로 정한다.
- 노동위원회는 최초의 구제명령을 한 날을 기준으로 매년 2회의 범위에서 구제명령이 이행될 때까지 반복하여 제1항에 따른 이행강제금을 부과·징수할 수 있다. 이 경우 이행강제금은 2년을 초과하여 부과·징수하지 못한다.
- 노동위원회는 구제명령을 받은 자가 구제명령을 이행하면 새로운 이행강제금을 부과하지 아니하되, 구제명령을 이행하기 전에 이미 부과된 이행강제금은 징수하여야 한다.
- 노동위원회는 이행강제금 납부의무자가 납부기한까지 이행강제금을 내지 아니하면 기간을 정하여 독촉을 하고 지정된 기간에 제1항에 따른 이행강제금을 내지 아니하면 국세 체납처분의 예에 따라 징수할 수 있다.
- 근로자는 구제명령을 받은 사용자가 이행기한까지 구제명령을 이행하지 아니하면 이행기한이 지난 때부터 15일 이내에 그 사실을 노동위원회에 알려줄 수 있다.

(5) 근로관계 종료 후의 관리

① 금품 청산(제36조) : 사용자는 근로자가 사망 또는 퇴직한 경우에는 그 지급 사유가 발생한 때부터 14일 이내에 임금, 보상금, 퇴직금, 그 밖에 일체의 금품을 지급하여야 한다. 다만, 특별한 사정이 있을 경우에는 당사자 사이의 합의에 의하여 기일을 연장할 수 있다.

② 사용증명서 교부(제39조)

㉠ 사용자는 근로자가 퇴직한 후라도 사용기간, 업무 종류, 지위와 임금, 그 밖에 필요한 사항에 관한 증명서를 청구하면 사실대로 적은 증명서를 즉시 내주어야 한다.

㉡ 증명서에는 근로자가 요구한 사항만을 적어야 한다.

③ 취업 방해의 금지(제40조) : 누구든지 근로자의 취업을 방해할 목적으로 비밀 기호 또는 명부를 작성·사용하거나 통신을 하여서는 아니 된다.

④ 계약 서류의 보존(제42조)

사용자는 근로자 명부와 대통령령으로 정하는 근로계약에 관한 중요한 서류를 3년간 보존하여야 한다.

Section 03 임금

(1) 서설

① 임금이란 사용자가 근로의 대가로 근로자에게 임금, 봉급, 그 밖에 어떠한 명칭으로든지 지급하는 일체의 금품을 말한다(제2조 제5호).

② 통상임금

㉠ 의의 : 통상임금이란 근로자에게 정기적이고 일률적으로 소정근로 또는 총근로에 대하여 지급하기로 정한 시간급 금액, 일급 금액, 주급 금액, 월급 금액 또는 도급 금액을 말한다(영 제6조).

> **Plus Check** 근로의 대가로서의 임금이 ①정기성, ②일률성, ③고정성을 모두 갖추고 있어야 통상임금에 해당한다. 즉, 야간, 휴일, 연장근무 등 초과근로수당 산정 등의 기준이 되는 통상임금이 되기 위해서는, 초과근무를 하는 시점에서 판단해 보았을 때, 근로계약에서 정한 근로의 대가로 지급될 어떤 항목의 임금이, 일정한 주기에 따라 정기적으로 지급이 되고(정기성), '모든 근로자'나 '근로와 관련된 일정한 조건 또는 기준에 해당하는 모든 근로자'에게 일률적으로 지급이 되며(일률성), 그 지급 여부가 업적이나 성과 기타 추가적인 조건과 관계없이 '사전에 이미 확정되어 있는 것'(고정성)이어야 하는데, 이러한 요건을 갖추면 그 명칭과 관계없이 통상임금에 해당한다.

㉡ 통상임금으로 산정하여야 할 경우 : 통상임금은 평균임금의 산정, 해고예고수당, 시간외·야간·휴일근로가산임금, 연차유급휴가수당 등을 산출하는 기초가 된다.

③ 평균임금

㉠ 의의 : 평균임금이란 이를 산정하여야 할 사유가 발생한 날 이전 3개월 동안에 그 근로자에게 지급된 임금의 총액을 그 기간의 총일수로 나눈 금액을 말한다. 근로자가 취업한 후 3개월 미

만인 경우도 이에 준한다(제2조 제6호).

ⓛ 평균임금으로 산정하여야 할 경우 : 평균임금은 퇴직금, 휴업수당, 연차유급휴가수당(연차유급 휴가수당의 경우 평균임금, 통상임금 모두 가능함), 재해보상금, 제재로서의 감급액 등을 산출하는 기초가 된다.

ⓒ 평균임금의 계산에서 제외되는 기간과 임금(영 제2조)

- 「근로기준법」 제2조 제1항 제6호에 따른 평균임금 산정기간 중에 다음의 어느 하나에 해당하는 기간이 있는 경우에는 그 기간과 그 기간 중에 지급된 임금은 평균임금 산정기준이 되는 기간과 임금의 총액에서 각각 뺀다.
  - 법 제35조 제5호에 따른 수습 사용 중인 기간
  - 법 제46조에 따른 사용자의 귀책사유로 휴업한 기간
  - 법 제74조에 따른 출산전후휴가 기간
  - 법 제78조에 따라 업무상 부상 또는 질병으로 요양하기 위하여 휴업한 기간
  - 「남녀고용평등과 일·가정 양립 지원에 관한 법률」 제19조에 따른 육아휴직 기간
  - 「노동조합 및 노동관계조정법」 제2조 제6호에 따른 쟁의행위기간
  - 「병역법」, 「향토예비군 설치법」 또는 「민방위기본법」에 따른 의무를 이행하기 위하여 휴직하거나 근로하지 못한 기간. 다만, 그 기간 중 임금을 지급받은 경우에는 그러하지 아니하다.
  - 업무 외 부상이나 질병, 그 밖의 사유로 사용자의 승인을 받아 휴업한 기간
- 법 제2조 제1항 제6호에 따른 임금의 총액을 계산할 때에는 임시로 지급된 임금 및 수당과 통화 외의 것으로 지급된 임금을 포함하지 아니한다. 다만, 고용노동부장관이 정하는 것은 그러하지 아니하다.

ⓔ 평균임금의 최저보장 : 원칙적인 평균임금 산출방식에 의하여 산출된 금액이 그 근로자의 통상임금보다 적으면 그 통상임금액을 평균임금으로 한다(제2조 제2항).

(2) 임금의 지급방법

① 임금은 통화로 직접 근로자에게 그 전액을 지급하여야 한다. 다만, 법령 또는 단체협약에 특별한 규정이 있는 경우에는 임금의 일부를 공제하거나 통화 이외의 것으로 지급할 수 있다.

② 임금은 매월 1회 이상 일정한 날짜를 정하여 지급하여야 한다. 다만, 임시로 지급하는 임금, 수당, 그 밖에 이에 준하는 것 또는 대통령령으로 정하는 임금에 대하여는 그러하지 아니하다.

③ 즉, 임금을 지급함에 있어서는 직접불, 전액불, 통화불 및 정기불의 원칙을 준수하여야 한다.

(3) 근로기준법상의 주요 임금제도

① 체불사업주 명단 공개(제43조의 2)

ⓖ 고용노동부장관은 제36조, 제43조, 제56조에 따른 임금, 보상금, 수당, 그 밖에 일체의 금품을 지급하지 아니한 사업주가 명단 공개 기준일 이전 3년 이내 임금 등을 체불하여 2회 이상 유

죄가 확정된 자로서 명단 공개 기준일 이전 1년 이내 임금 등의 체불총액이 3천만 원 이상인 경우에는 그 인적사항 등을 공개할 수 있다. 다만, 체불사업주의 사망·폐업으로 명단 공개의 실효성이 없는 경우 등 대통령령으로 정하는 사유가 있는 경우에는 그러하지 아니하다.

    ⓒ 고용노동부장관은 명단 공개를 할 경우에 체불사업주에게 3개월 이상의 기간을 정하여 소명 기회를 주어야 한다.

    ⓒ 체불사업주의 인적사항 등에 대한 공개 여부를 심의하기 위하여 고용노동부에 임금체불정보 심의위원회를 둔다.

② 임금 등 체불자료의 제공(제43조의 3)

    ㉠ 고용노동부장관은 「신용정보의 이용 및 보호에 관한 법률」 제25조 제2항 제1호에 따른 종합 신용정보집중기관이 임금 등 체불자료 제공일 이전 3년 이내 임금 등을 체불하여 2회 이상 유죄가 확정된 자로서 임금 등 체불자료 제공일 이전 1년 이내 임금 등의 체불총액이 2천만 원 이상인 체불사업주의 인적사항과 체불액 등에 관한 자료를 요구할 때에는 임금 등의 체불을 예방하기 위하여 필요하다고 인정하는 경우에 그 자료를 제공할 수 있다. 다만, 체불사업주의 사망·폐업으로 임금 등 체불자료 제공의 실효성이 없는 경우 등 대통령령으로 정하는 사유가 있는 경우에는 그러하지 아니하다.

    ⓒ 임금 등 체불자료를 받은 자는 이를 체불사업주의 신용도·신용거래능력 판단과 관련한 업무 외의 목적으로 이용하거나 누설하여서는 아니 된다.

③ 도급 사업에 대한 임금 지급(제44조) : 사업이 여러 차례의 도급에 따라 행하여지는 경우에 하수급인이 직상 수급인의 귀책사유로 근로자에게 임금을 지급하지 못한 경우에는 그 직상 수급인은 그 하수급인과 연대하여 책임을 진다. 다만, 직상 수급인의 귀책사유가 그 상위 수급인의 귀책사유에 의하여 발생한 경우에는 그 상위 수급인도 연대하여 책임을 진다.

④ 건설업에서의 임금 지급 연대책임(제44조의 2)

    ㉠ 건설업에서 사업이 2차례 이상 「건설산업기본법」 제2조 제11호에 따른 도급이 이루어진 경우에 같은 법 제2조 제7호에 따른 건설업자가 아닌 하수급인이 그가 사용한 근로자에게 임금(해당 건설공사에서 발생한 임금으로 한정한다)을 지급하지 못한 경우에는 그 직상 수급인은 하수급인과 연대하여 하수급인이 사용한 근로자의 임금을 지급할 책임을 진다.

    ⓒ 직상 수급인이 「건설산업기본법」 제2조 제7호에 따른 건설업자가 아닌 때에는 그 상위 수급인 중에서 최하위의 같은 호에 따른 건설업자를 직상 수급인으로 본다.

⑤ 건설업의 공사도급에 있어서의 임금에 관한 특례(제44조의 3)

    ㉠ 공사도급이 이루어진 경우로서 다음의 어느 하나에 해당하는 때에는 직상 수급인은 하수급인에게 지급하여야 하는 하도급 대금 채무의 부담 범위에서 그 하수급인이 사용한 근로자가 청구하면 하수급인이 지급하여야 하는 임금(해당 건설공사에서 발생한 임금으로 한정한다)에 해당하는 금액을 근로자에게 직접 지급하여야 한다.

    • 직상 수급인이 하수급인을 대신하여 하수급인이 사용한 근로자에게 지급하여야 하는 임금

을 직접 지급할 수 있다는 뜻과 그 지급방법 및 절차에 관하여 직상 수급인과 하수급인이 합의한 경우

- 「민사집행법」 제56조 제3호에 따른 확정된 지급명령, 하수급인의 근로자에게 하수급인에 대하여 임금채권이 있음을 증명하는 같은 법 제56조 제4호에 따른 집행증서, 「소액사건심판법」 제5조의 7에 따라 확정된 이행권고결정, 그 밖에 이에 준하는 집행권원이 있는 경우
- 하수급인이 그가 사용한 근로자에 대하여 지급하여야 할 임금채무가 있음을 직상 수급인에게 알려주고, 직상 수급인이 파산 등의 사유로 하수급인이 임금을 지급할 수 없는 명백한 사유가 있다고 인정하는 경우

ⓛ 「건설산업기본법」 제2조 제10호에 따른 발주자의 수급인(이하 "원수급인"이라 한다)으로부터 공사도급이 2차례 이상 이루어진 경우로서 하수급인(도급 받은 하수급인으로부터 재하도급 받은 하수급인을 포함한다. 이하 이 항에서 같다)이 사용한 근로자에게 그 하수급인에 대한 제1항 제2호에 따른 집행권원이 있는 경우에는 근로자는 하수급인이 지급하여야 하는 임금(해당 건설공사에서 발생한 임금으로 한정한다)에 해당하는 금액을 원수급인에게 직접 지급할 것을 요구할 수 있다. 원수급인은 근로자가 자신에 대하여 「민법」 제404조에 따른 채권자대위권을 행사할 수 있는 금액의 범위에서 이에 따라야 한다.

ⓒ 직상 수급인 또는 원수급인이 위에 따라 하수급인이 사용한 근로자에게 임금에 해당하는 금액을 지급한 경우에는 하수급인에 대한 하도급 대금 채무는 그 범위에서 소멸한 것으로 본다.

⑥ 비상시 지급(제45조) : 사용자는 근로자가 출산, 질병, 재해, 그 밖에 대통령령으로 정하는 비상(非常)한 경우의 비용에 충당하기 위하여 임금 지급을 청구하면 지급기일 전이라도 이미 제공한 근로에 대한 임금을 지급하여야 한다.

⑦ 휴업수당(제46조)

ㄱ 사용자의 귀책사유로 휴업하는 경우에 사용자는 휴업기간 동안 그 근로자에게 평균임금의 100분의 70 이상의 수당을 지급하여야 한다. 다만, 평균임금의 100분의 70에 해당하는 금액이 통상임금을 초과하는 경우에는 통상임금을 휴업수당으로 지급할 수 있다.

ㄴ 부득이한 사유로 사업을 계속하는 것이 불가능하여 노동위원회의 승인을 받은 경우에는 제1항의 기준에 못 미치는 휴업수당을 지급할 수 있다.

⑧ 도급 근로자(제47조) : 사용자는 도급이나 그 밖에 이에 준하는 제도로 사용하는 근로자에게 근로시간에 따라 일정액의 임금을 보장하여야 한다. 이 제도의 취지는 도급제 기타 성과급제 등에 의하여 근로자를 사용하는 경우에 원자재의 부족 기타 근로자의 책임으로 볼 수 없는 사정으로 인하여 그 성과가 적어서 임금이 극단적으로 저액이 될 경우를 예상하여 근로자에게 적어도 근로시간에 따른 일정액의 임금을 보장하려는 데 있다.

⑨ 임금의 시효(제49조) : 임금채권의 소멸시효기간은 3년이다.

⑩ 미지급 임금에 대한 지연이자(제37조) : 사용자는 제36조에 따라 지급하여야 하는 임금 및 「근로자퇴직급여 보장법」 제2조 제5호에 따른 급여(일시금만 해당된다)의 전부 또는 일부를 그 지급사유가 발

생한 날부터 14일 이내에 지급하지 아니한 경우 그다음 날부터 지급하는 날까지의 지연일수에 대하여 연 100분의 40 이내의 범위에서 「은행법」에 따른 은행이 적용하는 연체금리 등 경제 여건을 고려하여 대통령령으로 정하는 이율(연 20%)에 따른 지연이자를 지급하여야 한다.

⑪ 임금채권의 우선변제(제38조)

　㉠ 임금, 재해보상금, 그 밖에 근로 관계로 인한 채권은 사용자의 총재산에 대하여 질권·저당권 또는 「동산·채권 등의 담보에 관한 법률」에 따른 담보권에 따라 담보된 채권 외에는 조세·공과금 및 다른 채권에 우선하여 변제되어야 한다. 다만, 질권·저당권 또는 「동산·채권 등의 담보에 관한 법률」에 따른 담보권에 우선하는 조세·공과금에 대하여는 그러하지 아니하다.

　㉡ 다음의 어느 하나에 해당하는 채권은 사용자의 총재산에 대하여 질권·저당권 또는 「동산·채권 등의 담보에 관한 법률」에 따른 담보권에 따라 담보된 채권, 조세·공과금 및 다른 채권에 우선하여 변제되어야 한다.

　　• 최종 3개월분의 임금
　　• 재해보상금

Section 04 **근로시간과 휴식**

(1) 근로시간

① 의의 : 근로기준법상 근로시간이란 근로자가 사용자의 지휘·감독 아래 근로계약상의 근로를 제공하는 시간을 말한다.

② 기준근로시간(제50조)

　㉠ 1주간의 근로시간은 휴게시간을 제외하고 40시간을 초과할 수 없다.

　㉡ 1일의 근로시간은 휴게시간을 제외하고 8시간을 초과할 수 없다.

　㉢ 근로시간을 산정함에 있어 작업을 위하여 근로자가 사용자의 지휘·감독 아래에 있는 대기시간 등은 근로시간으로 본다.

③ 연장근로의 제한(제53조)

　㉠ 당사자 간에 합의하면 1주간에 12시간을 한도로 제50조의 근로시간을 연장할 수 있다.

　㉡ 당사자 간에 합의하면 1주간에 12시간을 한도로 제51조의 근로시간을 연장할 수 있고, 1개월 이내의 일정한 기간을 평균하여 1주간에 12시간을 초과하지 아니하는 범위에서 제52조의 근로시간을 연장할 수 있다.

　㉢ 사용자는 특별한 사정이 있으면 고용노동부장관의 인가와 근로자의 동의를 받아 근로시간을 연장할 수 있다. 다만, 사태가 급박하여 고용노동부장관의 인가를 받을 시간이 없는 경우에는 사후에 지체 없이 승인을 받아야 한다.

　㉣ 고용노동부장관은 근로시간의 연장이 부적당하다고 인정하면 그 후 연장시간에 상당하는 휴

게시간이나 휴일을 줄 것을 명할 수 있다.

④ 근로시간 유연화 제도

㉠ 탄력적 근로시간제(제51조)

- 사용자는 취업규칙에서 정하는 바에 따라 2주 이내의 일정한 단위기간을 평균하여 1주간의 근로시간이 제50조 제1항의 근로시간을 초과하지 아니하는 범위에서 특정한 주에 제50조 제1항의 근로시간을, 특정한 날에 제50조 제2항의 근로시간을 초과하여 근로하게 할 수 있다. 다만, 특정한 주의 근로시간은 48시간을 초과할 수 없다.

- 사용자는 근로자대표와의 서면 합의에 따라 다음의 사항을 정하면 3개월 이내의 단위기간을 평균하여 1주간의 근로시간이 제50조 제1항의 근로시간을 초과하지 아니하는 범위에서 특정한 주에 제50조 제1항의 근로시간을, 특정한 날에 제50조 제2항의 근로시간을 초과하여 근로하게 할 수 있다. 다만, 특정한 주의 근로시간은 52시간을, 특정한 날의 근로시간은 12시간을 초과할 수 없다.
  - 대상 근로자의 범위
  - 단위기간(3개월 이내의 일정한 기간으로 정하여야 한다)
  - 단위기간의 근로일과 그 근로일별 근로시간
  - 그 밖에 대통령령으로 정하는 사항

- 15세 이상 18세 미만의 근로자와 임신 중인 여성 근로자에 대하여는 위 사항을 적용하지 아니한다.

- 사용자는 위에 따라 근로자를 근로시킬 경우에는 기존의 임금수준이 낮아지지 아니하도록 임금보전방안을 강구하여야 한다.

㉡ 선택적 근로시간제(제52조) : 사용자는 취업규칙(취업규칙에 준하는 것을 포함한다)에 따라 업무의 시작 및 종료 시각을 근로자의 결정에 맡기기로 한 근로자에 대하여 근로자대표와의 서면 합의에 따라 다음의 사항을 정하면 1개월 이내의 정산기간을 평균하여 1주간의 근로시간이 제50조 제1항의 근로시간을 초과하지 아니하는 범위에서 1주간에 제50조 제1항의 근로시간을, 1일에 제50조 제2항의 근로시간을 초과하여 근로하게 할 수 있다.

- 대상 근로자의 범위(15세 이상 18세 미만의 근로자는 제외한다)
- 정산기간(1개월 이내의 일정한 기간으로 정하여야 한다)
- 정산기간의 총근로시간
- 반드시 근로하여야 할 시간대를 정하는 경우에는 그 시작 및 종료 시각
- 근로자가 그의 결정에 따라 근로할 수 있는 시간대를 정하는 경우에는 그 시작 및 종료 시각
- 그 밖에 대통령령으로 정하는 사항

㉢ 간주근로시간제(제58조)

- 근로자가 출장이나 그 밖의 사유로 근로시간의 전부 또는 일부를 사업장 밖에서 근로하여 근로시간을 산정하기 어려운 경우에는 소정근로시간을 근로한 것으로 본다. 다만, 그 업무

를 수행하기 위하여 통상적으로 소정근로시간을 초과하여 근로할 필요가 있는 경우에는 그
업무의 수행에 통상 필요한 시간을 근로한 것으로 본다.
- 위에도 불구하고 그 업무에 관하여 근로자대표와의 서면 합의를 한 경우에는 그 합의에서
  정하는 시간을 그 업무의 수행에 통상 필요한 시간으로 본다.
- 업무의 성질에 비추어 업무수행 방법을 근로자의 재량에 위임할 필요가 있는 업무로서 대
  통령령으로 정하는 업무는 사용자가 근로자대표와 서면 합의로 정한 시간을 근로한 것으로
  본다. 이 경우 그 서면 합의에는 다음의 사항을 명시하여야 한다.
  - 대상 업무
  - 사용자가 업무의 수행 수단 및 시간 배분 등에 관하여 근로자에게 구체적인 지시를 하지
    아니한다는 내용
  - 근로시간의 산정은 그 서면 합의로 정하는 바에 따른다는 내용

(2) 휴식

① 휴게(제54조)

    ㉠ 사용자는 근로시간이 4시간인 경우에는 30분 이상, 8시간인 경우에는 1시간 이상의 휴게시간
을 근로시간 도중에 주어야 한다.

    ㉡ 휴게시간은 근로자가 자유롭게 이용할 수 있다.

② 주휴일(제55조) : 사용자는 근로자에게 1주일에 평균 1회 이상의 유급휴일을 주어야 한다. 이에 따
른 유급휴일은 1주 동안의 소정근로일을 개근한 자에게 주어야 한다.

③ 연장·야간 및 휴일근로(제56조) : 사용자는 연장근로(제53조, 제59조 및 제69조 단서에 따라 연장된 시간의 근
로)와 야간근로(오후 10시부터 오전 6시까지 사이의 근로) 또는 휴일근로에 대하여는 통상임금의 100분
의 50 이상을 가산하여 지급하여야 한다.

④ 보상휴가제(제57조) : 사용자는 근로자대표와의 서면 합의에 따라 제56조에 따른 연장근로·야간근
로 및 휴일근로에 대하여 임금을 지급하는 것을 갈음하여 휴가를 줄 수 있다.

(3) 연차유급휴가

① 의의 : 연차유급휴가란 1년간 계속 근로한 근로자에 대하여 일정한 기간 유급으로 근로가 면제되
는 날을 말한다.

② 연차유급휴가의 성립요건(제60조)

    ㉠ 사용자는 1년간 80퍼센트 이상 출근한 근로자에게 15일의 유급휴가를 주어야 한다.

    ㉡ 사용자는 계속하여 근로한 기간이 1년 미만인 근로자 또는 1년간 80퍼센트 미만 출근한 근로
자에게 1개월 개근 시 1일의 유급휴가를 주어야 한다.

    ㉢ 사용자는 근로자의 최초 1년간의 근로에 대하여 유급휴가를 주는 경우에는 제2항에 따른 휴
가를 포함하여 15일로 하고, 근로자가 제2항에 따른 휴가를 이미 사용한 경우에는 그 사용한
휴가 일수를 15일에서 뺀다.

    ㉣ 사용자는 3년 이상 계속하여 근로한 근로자에게는 제1항에 따른 휴가에 최초 1년을 초과하는 계속 근로 연수 매 2년에 대하여 1일을 가산한 유급휴가를 주어야 한다. 이 경우 가산휴가를 포함한 총휴가 일수는 25일을 한도로 한다.

    ㉤ 사용자는 제1항부터 제4항까지의 규정에 따른 휴가를 근로자가 청구한 시기에 주어야 하고, 그 기간에 대하여는 취업규칙 등에서 정하는 통상임금 또는 평균임금을 지급하여야 한다. 다만, 근로자가 청구한 시기에 휴가를 주는 것이 사업 운영에 막대한 지장이 있는 경우에는 그 시기를 변경할 수 있다.

    ㉥ 위 ㉠부터 ㉢까지의 규정을 적용하는 경우 다음의 어느 하나에 해당하는 기간은 출근한 것으로 본다.

      • 근로자가 업무상의 부상 또는 질병으로 휴업한 기간

      • 임신 중의 여성이 보호휴가로 휴업한 기간

    ㉦ 위 ㉠부터 ㉣까지의 규정에 따른 휴가는 1년간 행사하지 아니하면 소멸된다. 다만, 사용자의 귀책사유로 사용하지 못한 경우에는 그러하지 아니하다.

③ 연차유급휴가의 사용 촉진(제61조) : 사용자가 연차유급휴가의 사용을 촉진하기 위하여 다음의 조치를 하였음에도 불구하고 근로자가 휴가를 사용하지 아니하여 연차유급휴가청구권이 소멸된 경우에는 사용자는 그 사용하지 아니한 휴가에 대하여 보상할 의무가 없고, 제60조 제7항 단서에 따른 사용자의 귀책사유에 해당하지 아니하는 것으로 본다.

    ㉠ 제60조 제7항 본문에 따른 기간이 끝나기 6개월 전을 기준으로 10일 이내에 사용자가 근로자 별로 사용하지 아니한 휴가 일수를 알려주고, 근로자가 그 사용 시기를 정하여 사용자에게 통보하도록 서면으로 촉구할 것

    ㉡ 촉구에도 불구하고 근로자가 촉구를 받은 때부터 10일 이내에 사용하지 아니한 휴가의 전부 또는 일부의 사용 시기를 정하여 사용자에게 통보하지 아니하면 제60조 제7항 본문에 따른 기간이 끝나기 2개월 전까지 사용자가 사용하지 아니한 휴가의 사용 시기를 정하여 근로자에게 서면으로 통보할 것

④ 연차유급휴가의 대체(제62조) : 사용자는 근로자대표와의 서면 합의에 따라 제60조에 따른 연차유급 휴가일을 갈음하여 특정한 근로일에 근로자를 휴무시킬 수 있다.

(4) 근로시간, 휴게와 휴일에 관한 규정의 적용 제외(제63조)

「근로기준법」 "제4장 근로시간과 휴식"과 "제5장 여성과 소년"에서 정한 근로시간, 휴게와 휴일에 관한 규정은 다음의 어느 하나에 해당하는 근로자에 대하여는 적용하지 아니한다.

① 토지의 경작·개간, 식물의 재식·재배·채취 사업, 그 밖의 농림 사업

② 동물의 사육, 수산 동식물의 채포·양식 사업, 그 밖의 축산, 양잠, 수산 사업

③ 감시 또는 단속적으로 근로에 종사하는 자로서 사용자가 고용노동부장관의 승인을 받은 자

④ 사업의 종류에 관계없이 관리·감독 업무 또는 기밀을 취급하는 업무에 종사하는 근로자

(1) 여자와 연소자에 공통되는 보호

① 탄력적 근로시간제의 적용 배제(제51조 제3항) : 15세 이상 18세 미만의 근로자와 임신 중인 여성근로자에 대하여는 탄력적 근로시간제를 적용하지 아니한다.

② 최저연령과 취직인허증(제64조)

　㉠ 15세 미만인 자(「초·중등교육법」에 따른 중학교에 재학 중인 18세 미만인 자를 포함한다)는 근로자로 사용하지 못한다. 다만, 대통령령으로 정하는 기준에 따라 고용노동부장관이 발급한 취직인허증을 지닌 자는 근로자로 사용할 수 있다.

　㉡ 취직인허증은 본인의 신청에 따라 의무교육에 지장이 없는 경우에는 직종을 지정하여서만 발행할 수 있다.

　㉢ 고용노동부장관은 거짓이나 그 밖의 부정한 방법으로 취직인허증을 발급받은 자에게는 그 인허를 취소하여야 한다.

③ 유해·위험 사업에의 사용금지(제65조)

　㉠ 사용자는 임신 중이거나 산후 1년이 지나지 아니한 여성(이하 "임산부"라 한다)과 18세 미만 자를 도덕상 또는 보건상 유해·위험한 사업에 사용하지 못한다.

　㉡ 사용자는 임산부가 아닌 18세 이상의 여성을 제1항에 따른 보건상 유해·위험한 사업 중 임신 또는 출산에 관한 기능에 유해·위험한 사업에 사용하지 못한다.

④ 연소자 증명서(제66조) : 사용자는 18세 미만인 자에 대하여는 그 연령을 증명하는 가족관계기록사항에 관한 증명서와 친권자 또는 후견인의 동의서를 사업장에 갖추어 두어야 한다.

⑤ 미성년자의 근로계약(제67조)

　㉠ 친권자나 후견인은 미성년자의 근로계약을 대리할 수 없다.

　㉡ 친권자, 후견인 또는 고용노동부장관은 근로계약이 미성년자에게 불리하다고 인정하는 경우에는 이를 해지할 수 있다.

　㉢ 사용자는 18세 미만인 자와 근로계약을 체결하는 경우에는 제17조에 따른 근로조건을 서면으로 명시하여 교부하여야 한다.

⑥ 미성년자의 임금청구(제68조) : 미성년자는 독자적으로 임금을 청구할 수 있다.

⑦ 근로시간의 특례(제69조) : 15세 이상 18세 미만인 자의 근로시간은 1일에 7시간, 1주일에 40시간을 초과하지 못한다. 다만, 당사자 사이의 합의에 따라 1일에 1시간, 1주일에 6시간을 한도로 연장할 수 있다.

⑧ 야간·휴일근로의 제한(제70조)

　㉠ 사용자는 18세 이상의 여성을 오후 10시부터 오전 6시까지의 시간 및 휴일에 근로시키려면 그 근로자의 동의를 받아야 한다.

ⓒ 사용자는 임산부와 18세 미만자를 오후 10시부터 오전 6시까지의 시간 및 휴일에 근로시키지 못한다. 다만, 다음의 어느 하나에 해당하는 경우로서 고용노동부장관의 인가를 받으면 그러하지 아니하다.

- 18세 미만자의 동의가 있는 경우
- 산후 1년이 지나지 아니한 여성의 동의가 있는 경우
- 임신 중의 여성이 명시적으로 청구하는 경우

ⓒ 사용자는 고용노동부장관의 인가를 받기 전에 근로자의 건강 및 모성 보호를 위하여 그 시행 여부와 방법 등에 관하여 그 사업 또는 사업장의 근로자대표와 성실하게 협의하여야 한다.

⑨ 시간외근로의 제한(제71조) : 사용자는 산후 1년이 지나지 아니한 여성에 대하여는 단체협약이 있는 경우라도 1일에 2시간, 1주일에 6시간, 1년에 150시간을 초과하는 시간외근로를 시키지 못한다.

⑩ 갱내근로의 금지(제72조) : 사용자는 여성과 18세 미만인 자를 갱내에서 근로시키지 못한다. 다만, 보건·의료, 보도·취재 등 대통령령으로 정하는 업무를 수행하기 위하여 일시적으로 필요한 경우에는 그러하지 아니하다.

⑪ 생리휴가(제73조) : 사용자는 여성 근로자가 청구하면 월 1일의 생리휴가를 주어야 한다.

⑫ 산전 · 산후의 유급보호휴가(제74조)

㉠ 사용자는 임신 중의 여성에게 출산 전과 출산 후를 통하여 90일(한 번에 둘 이상 자녀를 임신한 경우에는 120일)의 출산전후휴가를 주어야 한다. 이 경우 휴가기간의 배정은 출산 후에 45일(한 번에 둘 이상 자녀를 임신한 경우에는 60일) 이상이 되어야 한다.

㉡ 사용자는 임신 중인 여성 근로자가 유산의 경험 등 대통령령으로 정하는 사유로 출산전후휴가를 청구하는 경우 출산 전 어느 때라도 휴가를 나누어 사용할 수 있도록 하여야 한다. 이 경우 출산 후의 휴가기간은 연속하여 45일(한 번에 둘 이상 자녀를 임신한 경우에는 60일) 이상이 되어야 한다.

㉢ 사용자는 임신 중인 여성이 유산 또는 사산한 경우로서 그 근로자가 청구하면 대통령령으로 정하는 바에 따라 유산·사산 휴가를 주어야 한다. 다만, 인공 임신중절 수술(「모자보건법」 제14조 제1항에 따른 경우는 제외한다)에 따른 유산의 경우는 그러하지 아니하다.

㉣ 출산전후휴가 중 최초 60일(한 번에 둘 이상 자녀를 임신한 경우에는 75일)은 유급으로 한다. 다만, 「남녀고용평등과 일·가정 양립 지원에 관한 법률」 제18조에 따라 출산전후휴가급여 등이 지급된 경우에는 그 금액의 한도에서 지급의 책임을 면한다.

㉤ 사용자는 임신 중의 여성 근로자에게 시간외근로를 하게 하여서는 아니 되며, 그 근로자의 요구가 있는 경우에는 쉬운 종류의 근로로 전환하여야 한다.

㉥ 사업주는 출산전후휴가 종료 후에는 휴가 전과 동일한 업무 또는 동등한 수준의 임금을 지급하는 직무에 복귀시켜야 한다.

㉦ 사용자는 임신 후 12주 이내 또는 36주 이후에 있는 여성 근로자가 1일 2시간의 근로시간 단축을 신청하는 경우 이를 허용하여야 한다. 다만, 1일 근로시간이 8시간 미만인 근로자에 대

하여는 1일 근로시간이 6시간이 되도록 근로시간 단축을 허용할 수 있다.

◎ 사용자는 근로시간 단축을 이유로 해당 근로자의 임금을 삭감하여서는 아니 된다.

⑬ 태아검진 시간의 허용(제74조의 2)

㉠ 사용자는 임신한 여성 근로자가 「모자보건법」 제10조에 따른 임산부 정기건강진단을 받는 데 필요한 시간을 청구하는 경우 이를 허용하여 주어야 한다.

㉡ 사용자는 건강진단 시간을 이유로 그 근로자의 임금을 삭감하여서는 아니 된다.

⑭ 육아 시간(제75조) : 생후 1년 미만의 유아를 가진 여성 근로자가 청구하면 1일 2회 각각 30분 이상의 유급 수유 시간을 주어야 한다.

⑮ 육아휴직(「남녀고용평등법」 제19조)

㉠ 사업주는 근로자가 만 8세 이하 또는 초등학교 2학년 이하의 자녀(입양한 자녀를 포함한다)를 양육하기 위하여 휴직(이하 "육아휴직"이라 한다)을 신청하는 경우에 이를 허용하여야 한다. 다만, 대통령령으로 정하는 경우에는 그러하지 아니하다.

㉡ 육아휴직의 기간은 1년 이내로 한다.

㉢ 사업주는 육아휴직을 이유로 해고나 그 밖의 불리한 처우를 하여서는 아니 되며, 육아휴직 기간에는 그 근로자를 해고하지 못한다. 다만, 사업을 계속할 수 없는 경우에는 그러하지 아니하다.

㉣ 사업주는 육아휴직을 마친 후에는 휴직 전과 같은 업무 또는 같은 수준의 임금을 지급하는 직무에 복귀시켜야 한다. 또한 제2항의 육아휴직 기간은 근속기간에 포함한다.

⑯ 육아기 근로시간 단축제도(「남녀고용평등법」 제19조의 2)

㉠ 사업주는 동법 제19조 제1항에 따라 육아휴직을 신청할 수 있는 근로자가 육아휴직 대신 근로시간의 단축(이하 "육아기 근로시간 단축"이라 한다)을 신청하는 경우에 이를 허용하여야 한다. 다만, 대체인력 채용이 불가능한 경우, 정상적인 사업 운영에 중대한 지장을 초래하는 경우 등 대통령령으로 정하는 경우에는 그러하지 아니하다.

㉡ 사업주가 육아기 근로시간 단축을 허용하지 아니하는 경우에는 해당 근로자에게 그 사유를 서면으로 통보하고 육아휴직을 사용하게 하거나 그 밖의 조치를 통하여 지원할 수 있는지를 해당 근로자와 협의하여야 한다.

㉢ 사업주가 해당 근로자에게 육아기 근로시간 단축을 허용하는 경우 단축 후 근로시간은 주당 15시간 이상이어야 하고 30시간을 넘어서는 아니 된다.

㉣ 육아기 근로시간 단축의 기간은 1년 이내로 한다.

㉤ 사업주는 육아기 근로시간 단축을 이유로 해당 근로자에게 해고나 그 밖의 불리한 처우를 하여서는 아니 된다.

㉥ 사업주는 근로자의 육아기 근로시간 단축기간이 끝난 후에 그 근로자를 육아기 근로시간 단축 전과 같은 업무 또는 같은 수준의 임금을 지급하는 직무에 복귀시켜야 한다.

Section 06 기능 습득자의 보호

(1) 의의

사용자는 양성공, 수습, 그 밖의 명칭을 불문하고 기능의 습득을 목적으로 하는 근로자를 혹사하거나 가사, 그 밖의 기능 습득에 관계없는 업무에 종사시키지 못한다(제77조).

(2) 취지

이는 봉건적인 도제제도하에 있어서의 고용관계에서 유래하는 폐습을 배제하려는 데 그 취지가 있다.

Section 07 재해보상

(1) 재해보상제도의 의의

재해보상제도는 근로자가 근로 중에 업무상 부상하거나 질병에 걸리거나 또한 사망한 경우에 그 해당 근로자 또는 유족을 보호하기 위하여 마련된 제도이다.

(2) 재해보상의 종류

① 요양보상(제78조)

    ㉠ 근로자가 업무상 부상 또는 질병에 걸리면 사용자는 그 비용으로 필요한 요양을 행하거나 필요한 요양비를 부담하여야 한다.

    ㉡ 업무상 질병과 요양의 범위 및 요양보상의 시기는 대통령령으로 정한다.

② 휴업보상(제79조)

    ㉠ 사용자는 제78조에 따라 요양 중에 있는 근로자에게 그 근로자의 요양 중 평균임금의 100분의 60의 휴업보상을 하여야 한다.

    ㉡ 휴업보상을 받을 기간에 그 보상을 받을 자가 임금의 일부를 지급받은 경우에는 사용자는 평균임금에서 그 지급받은 금액을 뺀 금액의 100분의 60의 휴업보상을 하여야 한다.

③ 장해보상(제80조)

    ㉠ 근로자가 업무상 부상 또는 질병에 걸리고, 완치된 후 신체에 장해가 있으면 사용자는 그 장해 정도에 따라 평균임금에 별표에서 정한 일수를 곱한 금액의 장해보상을 하여야 한다.

    ㉡ 이미 신체에 장해가 있는 자가 부상 또는 질병으로 인하여 같은 부위에 장해가 더 심해진 경우에 그 장해에 대한 장해보상 금액은 장해 정도가 더 심해진 장해등급에 해당하는 장해보상의 일수에서 기존의 장해등급에 해당하는 장해보상의 일수를 뺀 일수에 보상청구사유 발생 당시의 평균임금을 곱하여 산정한 금액으로 한다.

④ 휴업보상과 장해보상의 예외(제81조) : 근로자가 중대한 과실로 업무상 부상 또는 질병에 걸리고 또한 사용자가 그 과실에 대하여 노동위원회의 인정을 받으면 휴업보상이나 장해보상을 하지 아니하여도 된다.

⑤ 유족보상(제82조)

    ㉠ 근로자가 업무상 사망한 경우에는 사용자는 근로자가 사망한 후 지체 없이 그 유족에게 평균임금 1,000일분의 유족보상을 하여야 한다.

    ㉡ 유족의 범위, 유족보상의 순위 및 보상을 받기로 확정된 자가 사망한 경우의 유족보상의 순위는 대통령령으로 정한다.

> **Plus Check** 유족의 범위와 순위(시행령 제48조)
>
> | 순위 | 범위 |
> | --- | --- |
> | 제1순위 | 근로자가 사망할 때 그가 부양하고 있던 배우자(사실혼 관계에 있던 자를 포함한다), 자녀, 부모, 손 및 조부모 |
> | 제2순위 | 근로자가 사망할 때 그가 부양하고 있지 아니한 배우자, 자녀, 부모, 손 및 조부모 |
> | 제3순위 | 근로자가 사망할 때 그가 부양하고 있던 형제자매 |
> | 제4순위 | 근로자가 사망할 때 그가 부양하고 있지 아니한 형제자매 |

⑥ 장의비(제83조) : 근로자가 업무상 사망한 경우에는 사용자는 근로자가 사망한 후 지체 없이 평균임금 90일분의 장의비를 지급하여야 한다.

⑦ 일시보상(제84조) : 제78조에 따라 보상을 받는 근로자가 요양을 시작한 지 2년이 지나도 부상 또는 질병이 완치되지 아니하는 경우에는 사용자는 그 근로자에게 평균임금 1,340일분의 일시보상을 하여 그 후의 이 법에 따른 모든 보상책임을 면할 수 있다.

⑧ 분할보상(제85조) : 사용자는 지급 능력이 있는 것을 증명하고 보상을 받는 자의 동의를 받으면 제80조(장해보상), 제82조(유족보상) 또는 제84조(일시보상)에 따른 보상금을 1년에 걸쳐 분할보상을 할 수 있다.

(3) 재해보상의 청구

① 보상 청구권의 보호(제86조) : 보상을 받을 권리는 퇴직으로 인하여 변경되지 아니하고, 양도나 압류하지 못한다.

② 이중보상금지(제87조) : 보상을 받게 될 자가 동일한 사유에 대하여 「민법」이나 그 밖의 법령에 따라 이 법의 재해보상에 상당한 금품을 받으면 그 가액의 한도에서 사용자는 보상의 책임을 면한다.

③ 고용노동부장관의 심사와 중재(제88조)

    ㉠ 업무상의 부상, 질병 또는 사망의 인정, 요양의 방법, 보상금액의 결정, 그 밖에 보상의 실시에 관하여 이의가 있는 자는 고용노동부장관에게 심사나 사건의 중재를 청구할 수 있다.

    ⓛ ㉠의 청구가 있으면 고용노동부장관은 1개월 이내에 심사나 중재를 하여야 한다.

    ⓒ 고용노동부장관은 필요에 따라 직권으로 심사나 사건의 중재를 할 수 있다.

    ⓔ 고용노동부장관은 심사나 중재를 위하여 필요하다고 인정하면 의사에게 진단이나 검안을 시킬 수 있다.

    ⓜ 위 ㉠에 따른 심사나 중재의 청구와 제2항에 따른 심사나 중재의 시작은 시효의 중단에 관하여는 재판상의 청구로 본다.

④ 노동위원회의 심사와 중재(제89조)

    ㉠ 고용노동부장관이 제88조 제2항의 기간에 심사 또는 중재를 하지 아니하거나 심사와 중재의 결과에 불복하는 자는 노동위원회에 심사나 중재를 청구할 수 있다.

    ⓛ 위 ㉠의 청구가 있으면 노동위원회는 1개월 이내에 심사나 중재를 하여야 한다.

⑤ 도급 사업에 대한 예외(제90조)

    ㉠ 사업이 여러 차례의 도급에 따라 행하여지는 경우의 재해보상에 대하여는 원수급인을 사용자로 본다.

    ⓛ 원수급인이 서면상 계약으로 하수급인에게 보상을 담당하게 하는 경우에는 그 수급인도 사용자로 본다. 다만, 2명 이상의 하수급인에게 똑같은 사업에 대하여 중복하여 보상을 담당하게 하지 못한다.

    ⓒ 원수급인이 보상의 청구를 받으면 보상을 담당한 하수급인에게 우선 최고할 것을 청구할 수 있다. 다만, 그 하수급인이 파산의 선고를 받거나 행방이 알려지지 아니하는 경우에는 그러하지 아니하다.

⑥ 서류의 보존(제91조) : 사용자는 재해보상에 관한 중요한 서류를 재해보상이 끝나지 아니하거나 제92조에 따라 재해보상 청구권이 시효로 소멸되기 전에 폐기하여서는 아니 된다.

⑦ 소멸시효(제92조) : 재해보상 청구권은 3년간 행사하지 아니하면 시효로 소멸한다.

Section 08 취업규칙

(1) 취업규칙의 의의와 작성

① 의의 : 취업규칙이라 함은 사업장에서 근로자가 취업상 지켜야 할 규율과 임금·근로시간 등의 근로조건에 관한 구체적인 세목을 정한 규칙을 말한다.

② 취업규칙의 작성 · 신고(제93조) : 상시 10명 이상의 근로자를 사용하는 사용자는 다음의 사항에 관한 취업규칙을 작성하여 고용노동부장관에게 신고하여야 한다. 이를 변경하는 경우에도 또한 같다.

    ㉠ 업무의 시작과 종료 시각, 휴게시간, 휴일, 휴가 및 교대 근로에 관한 사항

    ⓛ 임금의 결정·계산·지급 방법, 임금의 산정기간·지급시기 및 승급(昇給)에 관한 사항

ⓒ 가족수당의 계산·지급 방법에 관한 사항

ⓔ 퇴직에 관한 사항

ⓜ「근로자퇴직급여 보장법」제4조에 따라 설정된 퇴직급여, 상여 및 최저임금에 관한 사항

ⓗ 근로자의 식비, 작업 용품 등의 부담에 관한 사항

ⓢ 근로자를 위한 교육시설에 관한 사항

ⓞ 출산전후휴가·육아휴직 등 근로자의 모성 보호 및 일·가정 양립 지원에 관한 사항

ⓙ 안전과 보건에 관한 사항

ⓒ 근로자의 성별·연령 또는 신체적 조건 등의 특성에 따른 사업장 환경의 개선에 관한 사항

ⓚ 업무상과 업무 외의 재해부조(災害扶助)에 관한 사항

ⓣ 표창과 제재에 관한 사항

ⓟ 그 밖에 해당 사업 또는 사업장의 근로자 전체에 적용될 사항

> **tip** 취업규칙의 신고의무를 위반하였다고 하더라도 취업규칙이 그 때문에 효력이 없는 것은 아니다. 다만, 신고의 무위반에 따른 벌칙의 적용을 받을 뿐이다.

③ 취업규칙의 작성, 변경 절차(제94조)
  ㉠ 사용자는 취업규칙의 작성 또는 변경에 관하여 해당 사업 또는 사업장에 근로자의 과반수로 조직된 노동조합이 있는 경우에는 그 노동조합, 근로자의 과반수로 조직된 노동조합이 없는 경우에는 근로자의 과반수의 의견을 들어야 한다. 다만, 취업규칙을 근로자에게 불리하게 변경하는 경우에는 그 동의를 받아야 한다.
  ㉡ 사용자는 제93조에 따라 취업규칙을 신고할 때에는 위 ㉠의 의견을 적은 서면을 첨부하여야 한다.
④ 근로자에 대한 주지(제14조) : 사용자는 취업규칙을 근로자가 자유롭게 열람할 수 있는 장소에 항상 게시하거나 갖추어 두어 근로자에게 널리 알려야 한다.
⑤ 감급제재 규정의 제한(제95조) : 감급의 제재란 취업규칙 등에서 정하는 직장규율위반에 대한 제재로서 근로자가 실제로 제공한 노무급부에 대한 임금액에서 일정액을 감액하는 것을 말하는바, 취업규칙에서 근로자에 대하여 감급의 제재를 정할 경우에 그 감액은 1회의 금액이 평균임금의 1일분의 2분의 1을, 총액이 1임금지급기의 임금 총액의 10분의 1을 초과하지 못한다.

(2) 취업규칙의 효력

① 취업규칙의 법령·단체협약과의 관계(제96조)
  ㉠ 취업규칙은 법령이나 해당 사업 또는 사업장에 대하여 적용되는 단체협약과 어긋나서는 아니 된다.
  ㉡ 고용노동부장관은 법령이나 단체협약에 어긋나는 취업규칙의 변경을 명할 수 있다.

② 취업규칙의 근로계약에 대한 효력(제97조) : 취업규칙에서 정한 기준에 미달하는 근로조건을 정한 근로계약은 그 부분에 관하여는 무효로 한다. 이 경우 무효로 된 부분은 취업규칙에 정한 기준에 따른다.

③ 효력발생시기 : 사용자는 취업규칙을 상시 각 사업장에 게시 또는 비치하여 근로자에게 주지시킬 의무가 있으며(제14조 1항), 근로자가 이를 주지할 수 있는 상태에 있을 때부터 효력이 발생한다.

Section 09 기숙사

(1) 기숙사 생활의 보장

① 의의 : 기숙사란 상태적(常態的)으로 상당한 인원의 근로자가 숙박하며 공동생활의 실태를 갖추고 있는 시설을 말한다.

② 기숙사 생활의 보장(제98조)

　㉠ 사용자는 사업 또는 사업장의 부속 기숙사에 기숙하는 근로자의 사생활의 자유를 침해하지 못한다.

　㉡ 사용자는 기숙사 생활의 자치에 필요한 임원 선거에 간섭하지 못한다.

(2) 기숙사규칙의 작성 · 변경

① 기숙사규칙의 기재사항(제99조)

　㉠ 부속 기숙사에 근로자를 기숙시키는 사용자는 다음의 사항에 관하여 기숙사규칙을 작성하여야 한다.

　　• 기상, 취침, 외출과 외박에 관한 사항

　　• 행사에 관한 사항

　　• 식사에 관한 사항

　　• 안전과 보건에 관한 사항

　　• 건설물과 설비의 관리에 관한 사항

　　• 그 밖에 기숙사에 기숙하는 근로자 전체에 적용될 사항

　㉡ 사용자는 규칙의 작성 또는 변경에 관하여 기숙사에 기숙하는 근로자의 과반수를 대표하는 자의 동의를 받아야 한다.

　㉢ 사용자와 기숙사에 기숙하는 근로자는 기숙사규칙을 지켜야 한다.

② 주지의무 : 사용자는 기숙사에 관한 규정과 기숙사규칙을 기숙사에 게시 또는 비치하여 기숙하는 근로자에게 주지시켜야 한다(제14조 2항).

(3) **기숙사설비의 안전 · 위생**

사용자는 부속 기숙사에 대하여 근로자의 건강, 풍기(風紀)와 생명의 유지에 필요한 조치를 강구하여야 한다(제100조).

Section 10 　근로감독관

(1) **감독 기관(제101조)**

근로조건의 기준을 확보하기 위하여 고용노동부와 그 소속 기관에 근로감독관을 둔다.

(2) **근로감독관의 권한(제102조)**

① 근로감독관은 사업장, 기숙사, 그 밖의 부속 건물에 임검하고 장부와 서류의 제출을 요구할 수 있으며 사용자와 근로자에 대하여 심문할 수 있다.

② 의사인 근로감독관이나 근로감독관의 위촉을 받은 의사는 취업을 금지하여야 할 질병에 걸릴 의심이 있는 근로자에 대하여 검진할 수 있다.

③ 위 ① 및 ②의 경우에 근로감독관이나 그 위촉을 받은 의사는 그 신분증명서와 고용노동부장관의 임검 또는 검진지령서를 제시하여야 한다.

④ 위 ③의 임검 또는 검진지령서에는 그 일시, 장소 및 범위를 분명하게 적어야 한다.

⑤ 근로감독관은 이 법이나 그 밖의 노동 관계 법령 위반의 죄에 관하여 「사법경찰관리의 직무를 행할 자와 그 직무범위에 관한 법률」에서 정하는 바에 따라 사법경찰관의 직무를 수행한다.

(3) **근로감독관의 의무(제103조)**

근로감독관은 직무상 알게 된 비밀을 엄수하여야 한다. 근로감독관을 그만둔 경우에도 또한 같다.

(4) **감독 기관에 대한 신고(제104조)**

① 사업 또는 사업장에서 이 법 또는 이 법에 따른 대통령령을 위반한 사실이 있으면 근로자는 그 사실을 고용노동부장관이나 근로감독관에게 통보할 수 있다.

② 사용자는 ①의 통보를 이유로 근로자에게 해고나 그 밖에 불리한 처우를 하지 못한다.

(5) **사법경찰권 행사자의 제한(제105조)**

근로기준법이나 그 밖의 노동 관계 법령에 따른 임검, 서류의 제출, 심문 등의 수사는 검사와 근로감독관이 전담하여 수행한다. 다만, 근로감독관의 직무에 관한 범죄의 수사는 그러하지 아니하다.

(6) **권한의 위임(제106조)**

근로기준법에 따른 고용노동부장관의 권한은 대통령령으로 정하는 바에 따라 그 일부를 지방고용노동관서의 장에게 위임할 수 있다.

01 다음 중 근로기준법상 근로자로 보기 가장 어려운 경우는?

2004

① 개인 질병으로 휴직 중인 자
② 부당노동행위를 이유로 해고의 효력을 다투는 자
③ 노동조합 업무만을 전담하는 기업별 노조의 전임간부
④ 업무상 재해로 요양 중인 불법체류 외국인

> **해설 l** 근로기준법상의 근로자는 현실적으로 어느 특정의 사업 또는 사업장에서 사용자와 근로관계를 맺고 있는 취업근로자만을 그 대상으로 삼고 있으므로, 부당노동행위를 이유로 해고의 효력을 다투는 자는 근로기준법상의 근로자는 아니다. 다만, 노동조합법상으로는 근로자에 해당한다(법 제2조 제1항).

02 근로기준법에서 사용하는 용어의 정의로 틀린 것은?

2009

① "근로"란 정신노동과 육체노동을 말한다.
② "단시간근로자"란 1주 동안의 소정근로시간이 그 사업장에서 같은 종류의 업무에 종사하는 통상 근로자의 1주 동안의 소정근로시간에 비하여 짧은 근로자를 말한다.
③ "근로계약"이란 근로자가 사용자에게 근로를 제공하고 사용자는 이에 대하여 임금을 지급하는 것을 목적으로 체결된 계약을 말한다.
④ "평균임금"이란 이를 산정하여야 할 사유가 발생한 날 이전 6개월 동안에 그 근로자에게 지급된 임금의 총액을 그 기간의 총일수로 나눈 금액을 말한다.

> **해설 l** "평균임금"이란 이를 산정하여야 할 사유가 발생한 날 이전 3개월 동안에 그 근로자에게 지급된 임금의 총액을 그 기간의 총일수로 나눈 금액을 말한다(법 제2조 제1항).

03 근로기준법에서 사용하는 용어의 정의로 틀린 것은?

2013

① "근로계약"이란 근로자가 사용자에게 근로를 제공하고 사용자는 이에 대하여 임금을 지급하는 것을 목적으로 체결한 계약을 말한다.
② "단시간근로자"란 1주 동안의 소정근로시간이 그 사업장에서 같은 종류의 업무에 종사하는 통상 근로자의 1주 동안의 소정근로시간에 비하여 짧은 근로자를 말한다.
③ "평균임금"이란 사용자가 근로의 대가로 근로자에게 임금, 봉급, 그 밖에 어떠한 명칭으로든지 지급하는 일체의 금품을 말한다.
④ "근로"란 정신노동과 육체노동을 말한다.

> **해설 l** "임금"이란 사용자가 근로의 대가로 근로자에게 임금, 봉급, 그 밖에 어떠한 명칭으로든지 지급하는 일체의 금품을 말하며, "평균임금"이란 이를 산정하여야 할 사유가 발생한 날 이전 3개월 동안에 그 근로자에게 지급된 임금의 총액을 그 기간의 총일수로 나눈 금액을 말한다(법 제2조).

04 근로기준법상의 개념 정의와 틀린 것은?

① 근로자란 직업의 종류를 불문하고 임금·급료 기타 이에 준하는 수입에 의하여 생활하는 자를 말한다.

② 사용자란 사업주 또는 사업 경영 담당자, 그 밖에 근로자에 관한 사항에 대하여 사업주를 위하여 행위하는 자를 말한다.

③ 근로계약이란 근로자가 사용자에게 근로를 제공하고 사용자는 이에 대하여 임금을 지급하는 것을 목적으로 체결된 계약을 말한다.

④ 평균임금이란 이를 산정하여야 할 사유가 발생한 날 이전 3개월 동안에 그 근로자에게 지급된 임금의 총액을 그 기간의 총일수로 나눈 금액을 말한다.

05 근로기준법에서 사용하는 용어에 관한 설명으로 틀린 것은?

① 근로자란 직업의 종류와 관계없이 임금을 목적으로 사업이나 사업장에 근로를 제공하는 자를 말한다.

② 사용자란 사업주 또는 사업 경영 담당자, 그 밖에 근로자에 관한 사항에 대하여 사업주를 위하여 행위하는 자를 말한다.

③ 평균임금이란 이를 산정하여야 할 사유가 발생한 날 이전 6개월 동안에 그 근로자에게 지급된 임금의 총액을 그 기간의 총일수로 나눈 금액을 말한다.

④ 단시간근로자란 1주 동안의 소정근로시간이 그 사업장에서 같은 종류의 업무에 종사하는 통상 근로자의 1주 동안의 소정근로시간에 비하여 짧은 근로자를 말한다.

06 근로기준법상 단시간근로자의 정의로 옳은 것은?

① 1주 동안의 소정근로시간이 그 사업장에서 같은 종류의 업무에 종사하는 통상 근로자의 1주 동안의 소정근로시간에 비하여 짧은 근로자를 말한다.

② 2주 동안의 소정근로시간이 그 사업장에서 같은 종류의 업무에 종사하는 통상 근로자의 2주 동안의 소정근로시간에 비하여 짧은 근로자를 말한다.

③ 4주 동안의 소정근로시간이 그 사업장에서 같은 종류의 업무에 종사하는 통상 근로자의 4주 동안의 소정근로시간에 비하여 짧은 근로자를 말한다.

④ 8주 동안의 소정근로시간이 그 사업장에서 같은 종류의 업무에 종사하는 통상 근로자의 8주 동안의 소정근로시간에 비하여 짧은 근로자를 말한다.

07 근로기준법상 상시 4명 이하의 근로자를 사용하는 사업 또는 사업장에 적용되지 않는 것은? 2011

① 주휴일　　　　② 산전·후 보호휴가
③ 해고의 예고　　④ 연차유급휴가

08 근로기준법상 근로계약 체결 시 근로조건의 의무적 명시사항이 아닌 것은? 2013

① 근로계약기간
② 취업의 장소와 종사하여야 할 업무
③ 임금의 지급방법
④ 연차유급휴가에 관한 사항

해설 | 사용자는 근로계약을 체결할 때에 근로자에게 임금, 소정근로시간, 유급주휴일, 연차휴가, 그 밖에 대통령령으로 정하는 근로조건을 명시하여야 한다(법 제17조).

대통령령으로 정하는 근로조건
① 취업의 장소와 종사하여야 할 업무에 관한 사항
② 법 제93조 제1호부터 제12호까지의 규정에서 정한 사항(취업규칙 기재사항)
③ 사업장의 부속 기숙사에 근로자를 기숙하게 하는 경우에는 기숙사규칙에서 정한 사항

09 근로기준법상 사용자가 근로계약을 체결할 때 근로자에게 서면으로 명시하여야 하는 근로조건이 아닌 것은?

① 소정근로시간　　　② 연차유급휴가
③ 취업장소　　　　　④ 휴게장소

해설 | 근로조건의 명시사항은 임금, 소정근로시간, 휴일, 연차유급휴가, 취업장소, 업무에 관한 사항 및 취업규칙 필요적 기재사항 등이다(법 제17조, 시행령 제8조).

10 근로기준법상 근로계약에 관한 설명으로 틀린 것은?

① 사용자는 근로계약을 체결할 때에 임금의 구성항목·계산방법·지급방법, 소정근로시간, 연차유급휴가에 관한 사항을 서면으로 명시하고 근로자의 요구가 있으면 그 근로자에게 교부하여야 한다.
② 단시간근로자의 근로조건은 그 사업장의 같은 종류의 업무에 종사하는 통상 근로자의 근로시간을 기준으로 산정한 비율에 따라 결정되어야 한다.
③ 근로기준법에서 정하는 기준에 미치지 못하는 근로조건을 정한 근로계약은 그 부분에 한하여 무효로 한다.

④ 사용자는 근로계약 불이행에 대한 위약금 또는 손해배상액을 예정하는 계약을 체결하지 못한다.

해설 | 근로계약 체결 시 근로조건을 명시한 서면은 근로자가 요구하지 않아도 반드시 교부하여야 한다(법 제17조 제2항).

11 근로기준법상 근로계약에 관한 설명으로 틀린 것은?
2014

① 근로기준법이 정하는 기준에 미치지 못하는 근로조건을 정한 근로계약은 그 부분에 한하여 무효로 한다.
② 단시간근로자의 근로조건은 타 사업장의 같은 종류의 업무에 종사하는 통상 근로자의 근로시간을 기준으로 산정한 비율에 따라 결정되어야 한다.
③ 명시된 근로조건이 사실과 다를 경우에 근로자는 근로조건 위반을 이유로 손해의 배상을 청구할 수 있으며 즉시 근로계약을 해제할 수 있다.
④ 사용자는 전차금(前借金)이나 그 밖에 근로할 것을 조건으로 하는 전대(前貸)채권과 임금을 상계하지 못한다.

해설 | 단시간근로자의 근로조건은 그 사업장의 같은 종류의 업무에 종사하는 통상 근로자의 근로시간을 기준으로 산정한 비율에 따라 결정되어야 한다(법 제18조 제1항).

12 근로기준법상 근로조건에 관한 설명으로 틀린 것은?
2014

① 단시간근로자의 근로조건은 그 사업장의 같은 종류의 업무에 종사하는 통상 근로자의 근로시간을 기준으로 산정한 비율에 따라 결정되어야 한다.

② 사용자는 근로조건을 명시할 때, 임금의 구성 항목·계산방법·지급방법·소정근로시간·주휴일·연차유급휴가에 관한 사항 모두를 서면으로 명시하여야 한다.

③ 근로계약 체결 시 명시된 근로조건이 사실과 다를 경우 근로자는 근로조건 위반을 이유로 손해의 배상을 청구할 수 있으며, 1월의 기간이 경과된 후에 근로계약을 해제할 수 있다.

④ 근로자가 손해배상을 청구하는 경우에 노동위원회에 신청할 수 있으며, 근로계약이 해제되었을 경우에는 사용자는 취업을 목적으로 거주를 변경하는 근로자에게 귀향 여비를 지급하여야 한다.

> **해설 I** 근로계약 체결 시 명시된 근로조건이 사실과 다를 경우에 근로자는 근로조건 위반을 이유로 손해의 배상을 청구할 수 있으며 즉시 근로계약을 해제할 수 있다(법 제19조 제1항).

13 근로기준법의 내용에 관한 설명으로 틀린 것은?

① 명시된 근로조건이 사실과 다를 경우에 근로자는 근로조건 위반을 이유로 손해의 배상을 청구할 수 있으며 30일의 기간을 정하여 근로계약을 해제할 수 있다.

② 사용자는 근로계약 불이행에 대한 위약금 또는 손해배상액을 예정하는 계약을 체결하지 못한다.

③ 사용자는 전차금이나 그 밖에 근로할 것을 조건으로 하는 전대채권과 임금을 상계하지 못한다.

④ 임금채권은 3년간 행사하지 아니하면 시효로 소멸한다.

> **해설 I** 명시된 근로조건이 사실과 다를 경우에 손해배상 청구와 함께 즉시 근로계약을 해제할 수 있다(법 제19조).

14 다음 중 근로계약의 체결 시 금지되는 사항이 아닌 것은?
2014

① 실제로 발생된 손해에 대한 배상의 의무를 명시하는 계약

② 근로계약 불이행에 대한 위약금 또는 손해배상액을 예정하는 계약

③ 전차금(前借金)이나 그 밖에 근로할 것을 조건으로 하는 전대(前貸)채권과 임금을 상계하는 계약

④ 근로계약에 덧붙여 강제 저축 또는 저축금의 관리를 규정하는 계약

> **해설 I** 손해배상의 예정을 하지 않고, 근로 중 근로자의 고의 또는 과실로 인하여 현실적으로 발생한 손해에 대하여 사용자가 그 배상액을 청구하는 것을 금지하는 것은 아니다(법 제20조).

15 근로기준법상 허용되는 것은?

① 사용자가 근로계약 불이행에 대한 손해배상을 예정하는 계약을 체결하는 것

② 사용자가 근로자로부터 근로계약 불이행에 대한 손해배상을 받는 것

③ 사용자가 근로할 것을 조건으로 하는 전대(前貸)채권과 임금을 상계하는 것

④ 사용자가 근로계약에 덧붙여 저축금의 관리를 규정하는 계약을 체결하는 것

> **해설 I** ① 사용자는 근로계약 불이행에 대한 위약금 또는 손해배상액을 예정하는 계약을 체결하지 못한다(법 제20조). 위약 예정을 금지하는 것이지 사용자가 근로자로부터 근로계약 불이행에 대한 손해배상을 받는 것은 당연히 허용된다.
> ③ 사용자는 전차금이나 그 밖에 근로할 것을 조건으로 하는 전대채권과 임금을 상계하지 못한다(법 제21조).
> ④ 사용자는 근로계약에 덧붙여 강제 저축 또는 저축금의 관리를 규정하는 계약을 체결하지 못한다(법 제22조).

16 근로기준법상 경영상의 이유에 의해 일정 규모 이상의 인원을 해고하고자 할 때, 사용자가 고용노동부장관에게 신고해야 하는 사항이 아닌 것은? 2009

① 해고사유
② 해고예고수당
③ 해고예정인원
④ 근로자대표와 협의한 내용

해설 l 경영상의 이유에 의한 해고 계획의 신고사항은 ① 해고사유, ② 해고예정인원, ③ 근로자대표와 협의한 내용, ④ 해고 일정 등이다(시행령 제10조).

17 근로기준법상 경영상 이유에 의한 해고의 제한에 관한 설명으로 틀린 것은?

① 사용자가 경영상 이유에 의하여 근로자를 해고하려면 긴박한 경영상의 필요가 있어야 한다.
② 사용자는 해고를 피하기 위한 노력을 다하여야 한다.
③ 사용자는 해고를 피하기 위한 방법과 해고의 기준 등에 관하여 해고 대상자에게 해고를 하려는 날의 50일 전까지 통보하고 성실하게 협의하여야 한다.
④ 사용자는 대통령령으로 정하는 일정한 규모 이상의 인원을 해고하려면 대통령령으로 정하는 바에 따라 고용노동부장관에게 신고하여야 한다.

해설 l 사용자는 해고를 피하기 위한 방법과 해고의 기준 등에 관하여 그 사업 또는 사업장에 근로자 과반수로 조직된 노동조합이 있는 경우에는 그 노동조합(근로자의 과반수로 조직된 노동조합이 없는 경우에는 근로자의 과반수를 대표하는 근로자대표)에 해고를 하려는 날의 50일 전까지 통보하고 성실하게 협의하여야 한다(법 제24조 제3항).

18 근로기준법상 경영상 이유에 의한 해고의 요건에 관한 설명으로 틀린 것은?

① 사용자가 경영상 이유에 의하여 근로자를 해고하려면 긴박한 경영상의 필요가 있어야 한다.
② 모든 사업의 양도, 인수, 합병은 긴박한 경영상의 필요가 있는 것으로 본다.
③ 사용자는 해고를 피하기 위한 노력을 다하여야 하며, 합리적이고 공정한 해고의 기준을 정하고 이에 따라 그 대상자를 선정하여야 한다.
④ 사용자는 근로자의 해고를 피하기 위한 방법과 해고의 기준 등에 관하여 근로자의 과반수를 대표하는 근로자대표에게 해고를 하려는 날의 50일 전까지 통보하고 성실하게 협의하여야 한다.

해설 l 경영 악화를 방지하기 위한 사업의 양도, 인수, 합병의 경우에 긴박한 경영상의 필요가 있는 것으로 본다(법 제24조 제1항).

19 근로기준법상 평균임금으로 산정하여야 할 경우가 아닌 것은?

① 퇴직금   ② 휴업수당
③ 제재로서의 감급   ④ 해고예고수당

해설 l 해고예고수당은 통상임금으로 산정한다(법 제26조).

20 근로기준법상 이행강제금에 대한 설명으로 틀린 것은?

2008

① 노동위원회는 구제명령(구제명령을 내용으로 하는 재심판정을 포함한다)을 받은 후 이행기한까지 구제명령을 이행하지 아니한 사용자에게 2천만 원 이하의 이행강제금을 부과한다.

② 노동위원회는 이행강제금을 부과하기 60일 전까지 이행강제금을 부과·징수한다는 뜻을 사용자에게 미리 문서로써 알려주어야 한다.

③ 노동위원회는 최초 구제명령을 한 날을 기준으로 매년 2회의 범위에서 구제명령이 이행될 때까지 반복하여 이행강제금을 부과·징수할 수 있으며, 이 경우 이행강제금은 2년을 초과하여 부과·징수하지 못한다.

④ 근로자는 구제명령을 받은 사용자가 이행기한까지 구제명령을 이행하지 아니하면 이행기간이 지난 때부터 15일 이내에 그 사실을 노동위원회에 알려줄 수 있다.

21 근로기준법상 이행강제금에 관한 설명으로 틀린 것은?

① 노동위원회는 구제명령을 받은 후 이행기한까지 구제명령을 이행하지 않으면 2천만 원 이하의 이행강제금을 부과한다.

② 노동위원회는 이행강제금을 부과하는 때에는 이행강제금의 부과통지를 받은 날부터 15일 이내의 납부기한을 정하여야 한다.

③ 이행강제금은 매년 2회의 범위에서 반복하여 부과·징수할 수 있다.

④ 구제명령을 받은 자가 구제명령을 이행하면 이미 부과된 이행강제금은 징수하지 않아도 된다.

22 근로기준법상 예고해고의 적용 예외에 해당하지 않는 근로자는?

① 일용근로자로서 3개월을 계속 근무하지 아니한 자

② 2개월 이내의 기간을 정하여 사용된 자

③ 월급근로자로서 6개월이 되지 못한 자

④ 수습 사용 중인 근로자로서 3개월을 초과한 자

23 근로기준법상 예고해고의 적용 예외에 해당하지 않는 근로자는?

2015

① 일용근로자로서 3개월을 계속 근무하지 아니한 자

② 6개월 이내의 기간을 정하여 사용된 자

③ 월급근로자로서 6개월이 되지 못한 자

④ 계절적 업무에 6개월 이내의 기간을 정하여 사용된 자

24 근로기준법상 해고예고제도가 적용되는 근로자에 해당하는 자는?

① 일용근로자로서 3개월을 계속 근무하지 아니한 자
② 3개월 이내의 기간을 정하여 사용된 자
③ 월급근로자로서 6개월을 근무한 자
④ 계절적 업무에 6개월의 기간을 정하여 사용된 자

> **해설 ㅣ** 해고예고의 적용을 받지 않는 근로자는 2개월 이내의 기간을 정하여 사용된 자이다(법 제35조).

25 근로기준법상 부당해고의 구제명령의 제도 또는 그 효과에 관한 설명으로 틀린 것은? 2015

① 사용자가 근로자에게 부당해고 등을 하면 근로자는 노동위원회에 구제를 신청할 수 있다.
② 구제신청은 부당해고 등이 있었던 날부터 3개월 이내에 하여야 한다.
③ 노동위원회는 구제신청을 받으면 지체 없이 필요한 조사를 하여야 하며 관계 당사자를 심문하여야 한다.
④ 노동위원회는 구제명령을 받은 후 이행기간까지 구제명령을 이행하지 아니한 사용자에게 3천만 원 이하의 이행강제금을 부과한다.

> **해설 ㅣ** 노동위원회는 구제명령을 받은 후 이행기간까지 구제명령을 이행하지 아니한 사용자에게 2천만 원 이하의 이행강제금을 부과한다(법 제33조 제1항).

26 다음 ( ) 안에 들어갈 가장 알맞은 것은?

> 근로기준법상 사용자는 근로자가 사망 또는 퇴직한 경우에는 그 지급사유가 발생한 때부터 ( ) 이내에 임금, 보상금, 그 밖에 일체의 금품을 지급하여야 한다. 다만, 특별한 사정이 있을 경우에는 당사자 사이의 합의에 의하여 기일을 연장할 수 있다.

① 14일　　　　② 15일
③ 30일　　　　④ 45일

> **해설 ㅣ** 사용자는 근로자가 사망 또는 퇴직한 경우에는 그 지급사유가 발생한 때부터 14일 이내에 임금, 보상금, 그 밖에 일체의 금품을 지급하여야 한다. 다만, 특별한 사정이 있을 경우에는 당사자 사이의 합의에 의하여 기일을 연장할 수 있다(법 제36조).

27 근로기준법상 가장 우선변제되어야 할 것은? 2014

① 조세
② 공과금
③ 저당권에 의하여 담보된 채권
④ 재해보상금

> **해설 ㅣ** 임금, 재해보상금, 그 밖에 근로 관계로 인한 채권은 사용자의 총재산에 대하여 질권·저당권 또는 「동산·채권 등의 담보에 관한 법률」에 따른 담보권에 따라 담보된 채권 외에는 조세·공과금 및 다른 채권에 우선하여 변제되어야 한다(법 제38조 제1항).

28 근로기준법상 1순위로 변제되어야 하는 채권은? 2015

① 우선권이 없는 조세·공과금
② 최종 3개월분의 임금
③ 질권·저당권에 의해 담보된 채권
④ 최종 3개월분의 임금을 제외한 임금채권전액

> **해설 ㅣ** 우선변제의 순위는 ① 최종 3개월분의 임금, ② 질권·저당권에 의해 담보된 채권, ③ 최종 3개월분의 임금을 제외한 임금채권전액, ④ 우선권이 없는 조세·공과금이다(법 제38조).

29 근로기준법상 사용증명서에 관한 설명으로 틀린 것은?

2014

① 사용증명서를 청구할 수 있는 기한은 퇴직 후 3년 이내로 한다.

② 사용증명서를 청구할 수 있는 자는 계속하여 30일 이상 근무한 근로자이다.

③ 사용증명서의 법적 기재사항은 청구 여부에 관계없이 모두 기재해야 한다.

④ 사용자는 근로자가 퇴직한 후라도 사용증명서를 청구하면 사실대로 적은 증명서를 즉시 내주어야 한다.

30 근로기준법상 사용증명서에 관한 설명으로 틀린 것은?

① 사용증명서를 청구할 수 있는 자는 계속하여 3개월 이상 근무한 근로자이다.

② 사용증명서를 청구할 수 있는 기한은 퇴직 후 3년 이내로 한다.

③ 사용자는 근로자가 퇴직한 후라도 사용 기간, 업무 종류, 지위와 임금, 그 밖에 필요한 사항에 관한 증명서를 청구하면 즉시 내주어야 한다.

④ 사용증명서에는 근로자가 요구한 사항만을 적어야 한다.

31 근로기준법상 임금 지급 원칙이 아닌 것은?

① 통화불의 원칙　② 직접불의 원칙

③ 정액불의 원칙　④ 정기불의 원칙

32 근로기준법상 임금 지급에 관한 설명으로 틀린 것은?

① 법령 또는 단체협약에 특별한 규정이 있는 경우에는 임금의 일부를 공제하거나 통화 이외의 것으로 지급할 수 있다.

② 임금은 매월 1회 이상 일정한 날짜를 정하여 지급하여야 한다.

③ 임시로 지급하는 임금, 수당, 그 밖에 이에 준하는 것은 매월 1회 이상 일정한 날짜를 정하여 지급하여야 하는 것은 아니다.

④ 사업이 여러 차례의 도급에 따라 행하여지는 경우에 하수급인이 직상 수급인의 귀책사유로 근로자에게 임금을 지급하지 못한 경우에는 그 하수급인은 책임을 면하고 그 직상 수급인이 단독으로 임금 지급의 책임을 진다.

33 근로기준법상 임금의 비상시 지급이 허용되지 않는 경우는?

① 근로자가 혼인한 경우

② 근로자의 수입으로 생계를 유지하는 자가 출산한 경우

③ 근로자의 수입으로 생계를 유지하는 자가 재해를 당한 경우

④ 근로자가 부득이한 사유로 5일 이상 귀향하게 되는 경우

34 근로기준법상 임금에 관한 설명으로 틀린 것은?

① 임금은 원칙적으로 통화로 직접 근로자에게 그 전액을 지급하여야 한다.

② 임금은 원칙적으로 매월 1회 이상 일정한 날짜를 정하여 지급하여야 한다.

③ 사용자는 근로자가 출산, 질병, 재해, 그 밖에 대통령령으로 정하는 비상한 경우의 비용에 충당하기 위하여 임금 지급을 청구하면 지급기일 전이라도 향후 제공할 근로에 대한 임금을 지급하여야 한다.

④ 사업이 여러 차례의 도급에 따라 행하여지는 경우에 하수급인이 직상 수급인의 귀책사유로 근로자에게 임금을 지급하지 못한 경우에는 그 직상 수급인은 그 하수급인과 연대하여 책임을 진다.

> **해설 |** 임금의 비상시 지급은 이미 제공한 근로에 대한 임금을 지급하는 것이지, 앞으로 발생할 임금을 미리 지급하는 것은 아니다(법 제45조).

35 근로기준법상 임금에 관한 설명으로 가장 적합한 것은? 2015

① 해고예고수당은 평균임금을 기준으로 산정한다.

② 근로자의 동의를 전제로 연봉제를 도입할 수 있다고 규정하고 있다.

③ 사용자는 근로자가 출산, 질병, 재해, 그 밖에 대통령령으로 정하는 비상한 경우의 비용에 충당하기 위하여 임금 지급을 청구하면 지급기일 전이라도 월급여액의 한도 내에서 근로자가 청구한 금액 전액을 지급하여야 한다.

④ 사용자는 도급이나 그 밖에 이에 준하는 제도로 사용하는 근로자에게 근로시간에 따라 일정액의 임금을 보장하여야 한다.

> **해설 |** ① 해고예고수당으로 30일분 이상의 통상임금을 지급하여야 한다(법 제26조).
> ② 근로기준법에는 연봉제에 관한 규정이 없다.
> ③ 사용자는 근로자가 출산, 질병, 재해, 그 밖에 대통령령으로 정하는 비상한 경우의 비용에 충당하기 위하여 임금 지급을 청구하면 지급기일 전이라도 이미 제공한 근로에 대한 임금을 지급하여야 한다(법 제45조).

36 근로기준법상 임금의 비상시 지급사유가 아닌 것은?

① 자녀의 대학입학

② 자녀의 결혼

③ 배우자의 교통사고

④ 배우자의 출산

> **해설 |** 사용자는 근로자가 출산, 질병, 재해, 그 밖에 대통령령으로 정하는 비상한 경우(근로자나 그의 수입으로 생계를 유지하는 자가 ① 출산하거나 질병에 걸리거나 재해를 당한 경우, ② 혼인 또는 사망한 경우, ③ 부득이한 사유로 1주일 이상 귀향하게 되는 경우)의 비용에 충당하기 위하여 임금 지급을 청구하면 지급기일 전이라도 이미 제공한 근로에 대한 임금을 지급하여야 한다(법 제45조).

37 근로기준법상 사용자의 귀책사유로 인하여 휴업하는 경우 사용자가 지급하여야 하는 휴업수당액은? 2015

① 평균임금의 60% 이상

② 통상임금의 60% 이상

③ 평균임금의 70% 이상

④ 통상임금의 70% 이상

> **해설 |** 사용자의 귀책사유로 휴업하는 경우에 사용자는 휴업기간 동안 그 근로자에게 평균임금의 100분의 70 이상의 수당을 지급하여야 한다. 다만, 평균임금의 100분의 70에 해당하는 금액이 통상임금을 초과하는 경우에는 통상임금을 휴업수당으로 지급할 수 있다(법 제46조).

38 근로기준법상 휴업수당에 관한 설명으로 틀린 것은?

① 휴업수당은 사용자의 귀책사유로 휴업하는 경우 사용자가 휴업한 근로자에게 지급하는 수당을 말한다.

② 휴업수당은 원칙적으로 평균임금의 100분의 70 이상의 수당을 지급하여야 한다.

③ 평균임금의 100분의 70에 해당하는 금액이 통상임금을 초과하는 경우 통상임금을 휴업수당으로 지급할 수 있다.

④ 부득이한 사유로 사업을 계속하는 것이 불가능하여 고용노동부의 승인을 받은 경우에는 기준에 못 미치는 휴업수당을 지급할 수 있다.

> **해설 I** 부득이한 사유로 사업을 계속하는 것이 불가능하여 노동위원회의 승인을 받은 경우에는 기준에 못 미치는 휴업수당을 지급할 수 있다(법 제46조 제2항).

39 근로기준법상 임금채권의 소멸시효기간은?

① 1년 ② 3년
③ 5년 ④ 10년

> **해설 I** 근로기준법에 따른 임금채권은 3년간 행사하지 아니하면 소멸한다(법 제49조).

40 근로기준법상 근로시간과 휴게시간에 관한 설명으로 틀린 것은?

① 1주간의 근로시간은 휴게시간을 제외하고 40시간을 초과할 수 없다.

② 1일의 근로시간은 휴게시간을 제외하고 8시간을 초과할 수 없다.

③ 근로시간을 산정함에 있어 작업을 위하여 근로자가 사용자의 지휘·감독 아래에 있는 대기시간 등은 휴게시간으로 본다.

④ 사용자는 근로시간이 4시간인 경우에는 30분 이상, 8시간인 경우에는 1시간 이상의 휴게시간을 근로시간 이후에 주어야 한다.

> **해설 I** 근로시간을 산정함에 있어 작업을 위하여 근로자가 사용자의 지휘·감독 아래에 있는 대기시간 등은 근로시간으로 본다(법 제50조 제3항).

41 근로기준법에 명시된 휴일 또는 휴가로 볼 수 없는 것은?

① 주휴일 ② 출산휴가
③ 생리휴가 ④ 근로자의 날

> **해설 I** 「근로자의 날 제정에 관한 법률」에 "5월 1일을 근로자의 날로 하고 이날을 「근로기준법」에 의한 유급휴일로 한다"고 규정하고 있다.

42 근로기준법상 선택적 근로시간제에 있어서 서면합의의 내용이 아닌 것은? 2015

① 정산기간
② 대상 근로자의 범위
③ 3개월 이내의 단위기간
④ 정산기간의 총근로시간

> **해설 I** 정산기간은 1개월 이내의 일정한 기간으로 정하여야 한다(법 제52조 제2호).

43 근로기준법상 평균임금의 계산에서 제외되는 기간이 아닌 것은? 2015

① 업무상 질병으로 요양하기 위하여 휴업한 기간
② 적법한 쟁의행위 기간
③ 사용자의 귀책사유로 휴업한 기간
④ 근로자의 무단결근 기간

> **해설 I** 업무 외 부상이나 질병, 그 밖의 사유로 사용자의 승인을 받아 휴업한 기간은 평균임금 계산에서 제외되는 기간이나(시행령 제2조 제1항 제8호), 근로자의 무단결근 기간은 근로자 자신의 귀책사유로 또는 사용자의 승인을 받지 않고 결근한 것이므로 제외되지 아니한다.

44 근로기준법상 평균임금을 산정기준으로 하지 않는 것은?

① 휴일근로수당　　② 감급의 제재
③ 휴업보상　　　　④ 장해보상

해설 | 연장·야간·휴일근로수당 등은 통상임금을 산정기준으로 한다(법 제56조).

45 다음 (　) 안에 알맞은 것은?

> 근로기준법상 야간근로시간은 (A)부터 다음 날 (B)까지의 근로시간을 말한다.

① A : 오후 6시　　　　　B : 오후 12시
② A : 오후 8시　　　　　B : 오전 2시
③ A : 오후 10시　　　　B : 오전 6시
④ A : 오후 12시　　　　B : 오전 6시

해설 | 야간근로는 오후 10시부터 다음 날 오전 6시까지 사이의 근로를 말하며, 통상임금의 100분의 50 이상을 가산하여 지급하여야 한다(법 제56조).

46 법정기준근로시간이 잘못 짝지어진 것은? 　2015
(단, 주 40시간제가 적용되는 사업의 경우)

① 성인근로자 – 1일 8시간, 1주 40시간
② 연소근로자(15세 이상 18세 미만) – 1일 7시간, 1주 40시간
③ 잠함 또는 잠수작업 – 1일 6시간, 1주 34시간
④ 임신 중인 여성 근로자 – 1일 7시간, 1주 40시간

해설 | 임신 중인 여성 근로자에 대하여는 오후 10시부터 오전 6시까지의 시간 및 휴일에 근로시키지 못한다(법 제70조). 다만, 법정기준근로시간은 제한 규정이 없으므로 1일 8시간, 1주 40시간이다.

47 근로기준법상 연차유급휴가에 관한 설명으로 틀린 것은? 　2008

① 사용자는 1년간 8할 이상 출근한 근로자에게 15일의 유급휴가를 주어야 한다.
② 사용자는 계속해서 근로한 기간이 1년 미만인 근로자에게 1개월 개근 시 1일의 유급휴가를 주어야 한다.
③ 사용자는 3년 이상 계속 근로한 근로자에게는 15일의 유급휴가와 최초 1년을 초과하는 계속 근로연수 매 1년에 대하여 2일을 가산한 유급휴가를 주어야 한다.
④ 사용자가 유급휴가 사용을 촉진하였음에도 불구하고 근로자가 휴가를 사용하지 않은 경우 금전으로 보상할 의무는 없다.

해설 | 사용자는 3년 이상 계속 근로한 근로자에게는 15일의 유급휴가와 최초 1년을 초과하는 계속 근로연수 매 2년에 대하여 1일을 가산한 유급휴가를 주어야 한다(법 제60조).

48 근로시간에 관한 근로기준법의 규정 내용으로 타당하지 않는 것은? 　2003

① 광고업에서는 사용자와 근로자대표의 서면합의에 의하며 주 18시간의 연장근로를 정할 수 있다.
② 수산 사업에서는 사용자가 고용노동부장관의 승인을 얻은 경우에 한하여 근로시간에 관한 근로기준법의 규정의 적용을 받지 아니할 수 있다.
③ 15세 이상 18세 미만의 자의 근로시간은 1일에 7시간, 1주일에 42시간을 초과하지 못하지만, 당사자 간의 합의에 의하여 1일에 1시간, 1주일에 6시간을 한도로 연장할 수 있다.
④ 사용자는 18세 이상의 여성을 오후 10시부터 오전 6시까지의 사이 및 휴일에 근로시키고자 하는 경우에는 근로자의 동의를 얻어야 한다.

해설 ㅣ 수산 사업은 법률상 당연히 근로시간에 관한 근로기준법의 적용을 받지 아니하고, 감시 또는 단속적으로 근로에 종사하는 자로서 사용자가 고용노동부장관의 승인을 받은 경우에는 근로시간에 관한 근로기준법의 적용을 받지 아니한다(법 제63조).

49 근로기준법상의 근로시간, 휴게 및 휴일에 관한 규정이 적용되지 않는 근로자는?

① 운수업에 종사하는 근로자

② 기밀을 취급하는 업무에 종사하는 근로자

③ 감시 또는 단속적인 근로에 종사하는 자로서 고용노동부장관에게 신고한 근로자

④ 자동차판매회사의 외근사원

해설 ㅣ근로시간, 휴게와 휴일에 관한 규정의 적용 제외(제63조)
근로시간, 휴게와 휴일에 관한 규정은 다음의 어느 하나에 해당하는 근로자에 대하여는 적용하지 아니한다.
1. 토지의 경작 · 개간, 식물의 재식 · 재배 · 채취 사업, 그 밖의 농림 사업
2. 동물의 사육, 수산 동식물의 채포 · 양식 사업, 그 밖의 축산, 양잠, 수산 사업
3. 감시 또는 단속적으로 근로에 종사하는 자로서 사용자가 고용노동부장관의 승인을 받은 자
4. 사업의 종류에 관계없이 관리 · 감독 업무 또는 기밀을 취급하는 업무에 종사하는 근로자

50 근로기준법상 연소자 보호에 관한 내용으로 틀린 것은?
2014

① 초·중등교육법에 따른 중학교에 재학 중인 17세의 자는 원칙적으로 근로자로 사용하지 못한다.

② 사용자는 중학교를 졸업한 16세인 남성을 도덕상 또는 보건상 유해·위험한 산업에 사용할 수 있다.

③ 사용자는 16세인 자에 대하여는 그 연령을 증명하는 가족관계기록사항에 관한 증명서와 친권자 또는 후견인의 동의서를 사업장에 갖추어 두어야 한다.

④ 친권자, 후견인 또는 고용노동부장관은 근로계약이 미성년자에게 불리하다고 인정하는 경우에는 이를 해지할 수 있다.

해설 ㅣ 사용자는 임신 중이거나 산후 1년이 지나지 아니한 여성과 18세 미만자를 도덕상 또는 보건상 유해 · 위험한 사업에 사용하지 못한다(법 제65조 제1항).

51 근로기준법상 연소자 보호에 관한 설명으로 틀린 것은?

① 친권자나 후견인은 미성년자를 대리하여 근로계약을 체결할 수 있다.

② 친권자, 후견인 또는 고용노동부장관은 근로계약이 미성년자에게 불리하다고 인정하는 경우에는 이를 해지할 수 있다.

③ 미성년자는 독자적으로 임금을 청구할 수 있다.

④ 사용자는 18세 미만인 자에 대하여는 그 연령을 증명하는 가족관계기록사항에 관한 증명서와 친권자 또는 후견인의 동의서를 사업장에 갖추어 두어야 한다.

해설 ㅣ 친권자나 후견인은 미성년자를 대리하여 근로계약을 체결할 수 없다(법 제67조 제1항). 부모 등이 법정대리권을 남용하여 미성년자에게 노동을 강요할 수 있는 가능성을 배제하기 위함이다.

52 근로기준법상 여성과 소년의 보호에 관한 설명으로 틀린 것은?
2013

① 15세 미만인 자(「초·중등교육법」에 따른 중학교에 재학 중인 18세 미만인 자를 포함한다)는 근로자로 사용하지 못하는 것이 원칙이다.

② 사용자는 18세 이상의 여성을 오후 10시부터 오전 6시까지의 시간 및 휴일에 근로시키려면 그 근로자의 동의를 받아야 한다.

③ 미성년자는 독자적으로 임금을 청구할 수 없다.

④ 사용자는 여성 근로자가 청구하면 월 1일의 생리휴가를 주어야 한다.

> **해설 |** 미성년자는 독자적으로 임금을 청구할 수 있다(법 제68조). 또한 친권자 또는 후견인은 미성년자를 대리하여 미성년자의 임금을 수령할 수 없다.

53 근로기준법상 임금 지급에 관한 설명으로 틀린 것은?

① 임금은 원칙적으로 통화로 직접 근로자에게 그 전액을 지급하여야 한다.

② 법령 또는 단체협약에 특별한 규정이 있는 경우에는 임금의 일부를 공제하거나 통화 이외의 것으로 지급할 수 있다.

③ 임금은 원칙적으로 매월 1회 이상 일정한 날짜를 정하여 지급하여야 한다.

④ 미성년자인 근로자는 독자적으로 임금을 청구할 수 없다.

> **해설 |** 미성년자는 독자적으로 임금을 청구할 수 있다(법 제68조).

54 근로기준법상 여성과 소년의 보호에 관한 설명으로 틀린 것은? 2010

① 사용자는 18세 이상의 여성을 오후 10시부터 오전 6시까지의 시간 및 휴일에 근로시키려면 그 근로자의 동의를 받아야 한다.

② 사용자는 18세 미만인 자에 대하여는 그 연령을 증명하는 가족관계기록사항에 관한 증명서와 친권자 또는 후견인의 동의서를 사업장에 갖추어 두어야 한다.

③ 미성년자는 독자적으로 임금을 청구할 수 있다.

④ 사용자는 산후 1년이 지나지 아니한 여성에 대하여는 단체협약이 있는 경우에 한해 1일에 2시간, 1주일에 6시간, 1년에 150시간을 초과하는 시간외근로를 시킬 수 있다.

> **해설 |** 사용자는 산후 1년이 지나지 아니한 여성에 대하여는 단체협약이 있는 경우라도 1일에 2시간, 1주일에 6시간, 1년에 150시간을 초과하는 시간외근로를 시키지 못한다(법 제71조).

55 근로기준법상 여성과 소년에 대한 보호에 관한 설명으로 틀린 것은? 2011

① 15세 미만인 자는 원칙적으로 근로자로 사용을 못하나, 13세 이상인 경우(예술공연 참가를 위한 경우는 13세 미만인 자도 가능)에는 고용노동부장관이 발급한 취직 인허증을 소지하면 취업할 수 있다.

② 임산부가 아닌 18세 이상의 여성 근로자는 본인의 동의가 있으면 휴일근로와 야간근로를 하도록 할 수 있다.

③ 사용자는 임산 중의 여성에게 산전과 산후를 통하여 90일의 보호휴가를 주어야 하며 휴가 급여는 전액 사용자가 부담한다.

④ 15세 이상 18세 미만인 자의 근로시간은 1일에 7시간, 1주일에 40시간을 초과하지 못하나 당사자 사이의 협의에 따라 1일에 1시간, 1주일에 6시간을 한도로 연장할 수 있다.

> **해설 |** 출산전후휴가 중 최초 60일은 유급으로 한다. 다만, 남녀고용평등과 일·가정 양립 지원에 관한 법률 제18조에 따라 출산전후휴가급여 등이 지급된 경우에는 그 금액의 한도에서 지급의 책임을 면한다(법 제74조).

제5과목 노동관계법규

56 근로기준법상 임산부의 보호에 관한 설명으로 틀린 것은?

① 사용자는 임신 중의 여성에게 출산 전과 출산 후를 통하여 90일의 보호휴가를 주어야 한다.

② 보호휴가 기간의 배정은 출산 후에 30일 이상이 되어야 한다.

③ 사용자는 임신 중의 여성 근로자에게 시간외 근로를 하게 하여서는 아니 되며, 그 근로자의 요구가 있는 경우에는 쉬운 종류의 근로로 전환하여야 한다.

④ 사업주는 보호휴가 종료 후에는 휴가 전과 동일한 업무 또는 동등한 수준의 임금을 지급하는 직무에 복귀시켜야 한다.

57 근로기준법상 재해보상에 관한 설명으로 틀린 것은?

① 사용자는 요양 중에 있는 근로자에게 그 근로자의 요양 중 평균임금의 100분의 60의 휴업보상을 하여야 한다.

② 근로자가 업무상 사망한 경우에는 사용자는 근로자가 사망한 후 지체 없이 그 유족에게 평균임금 1,000일분의 유족보상을 하여야 한다.

③ 근로자가 업무상 사망한 경우에는 사용자는 근로자가 사망한 후 지체 없이 평균임금 90일분의 장의비를 지급하여야 한다.

④ 근로자가 중대한 과실로 업무상 부상 또는 질병에 걸리고 또한 사용자가 그 과실에 대하여 노동위원회의 인정을 받으면 휴업보상이나 장해보상은 기준 금액의 100분의 50만 지급하면 된다.

58 근로기준법상 취업규칙에 관한 설명으로 틀린 것은?

2010

① 취업규칙에서 정한 기준에 미달하는 근로조건을 정한 근로계약은 그 부분에 관하여는 무효로 한다. 이 경우 무효로 된 부분은 취업규칙에 정한 기준에 따른다.

② 상시 10명 이상의 근로자를 사용하는 사용자는 동법이 정하는 사항에 관한 취업규칙을 작성하여 고용노동부장관에게 승인을 받아야 한다.

③ 취업규칙에서 근로자에 대하여 감급(減給)의 제재를 정할 경우에 그 감액의 1회의 금액이 평균임금의 1일분의 2분의 1을, 총액이 1임금지급기의 임금 총액의 10분의 1을 초과하지 못한다.

④ 사용자는 취업규칙의 작성 또는 변경에 관하여 해당 사업 또는 사업장에 근로자의 과반수로 조직된 노동조합이 있는 경우에는 그 노동조합, 근로자의 과반수로 조직된 노동조합이 없는 경우에는 근로자의 과반수의 의견을 들어야 한다. 다만, 취업규칙을 근로자에게 불리하게 변경하는 경우에는 그 동의를 받아야 한다.

59 근로기준법상 취업규칙에 관한 설명으로 틀린 것은?

2011

① 취업규칙에서 정한 기준에 미달하는 근로조건을 정한 근로계약은 그 부분에 관하여는 무효로 한다.

② 모든 사업장의 사용자는 취업규칙을 작성하여 고용노동부장관에게 신고하여야 한다.

③ 고용노동부장관은 법령이나 단체협약에 어긋나는 취업규칙의 변경을 명할 수 있다.

④ 취업규칙은 법령이나 해당 사업 또는 사업장에 대하여 적용되는 단체협약과 어긋나서는 아니 된다.

> **해설 |** 상시 10명 이상의 근로자를 사용하는 사용자는 취업규칙을 작성하여 고용노동부장관에게 신고하여야 한다(법 제93조).

60 근로기준법상 취업규칙에 반드시 기재하여야 하는 사항이 아닌 것은?

① 휴게시간
② 근로자를 위한 교육시설
③ 근로계약기간
④ 퇴직

> **해설 |** 취업규칙의 필요적 기재사항(법 제93조)
> 1. 업무의 시작과 종료 시각, 휴게시간, 휴일, 휴가 및 교대 근로에 관한 사항
> 2. 임금의 결정·계산·지급 방법, 임금의 산정기간·지급시기 및 승급에 관한 사항
> 3. 가족수당의 계산·지급 방법에 관한 사항
> 4. 퇴직에 관한 사항
> 5. 「근로자퇴직급여 보장법」 제4조에 따라 설정된 퇴직급여, 상여 및 최저임금에 관한 사항
> 6. 근로자의 식비, 작업 용품 등의 부담에 관한 사항
> 7. 근로자를 위한 교육시설에 관한 사항
> 8. 출산전후휴가·육아휴직 등 근로자의 모성 보호 및 일·가정 양립 지원에 관한 사항
> 9. 안전과 보건에 관한 사항
> 10. 근로자의 성별·연령 또는 신체적 조건 등의 특성에 따른 사업장 환경의 개선에 관한 사항
> 11. 업무상과 업무 외의 재해부조에 관한 사항
> 12. 표창과 제재에 관한 사항
> 13. 그 밖에 해당 사업 또는 사업장의 근로자 전체에 적용될 사항

61 근로기준법상 취업규칙에 관한 설명으로 틀린 것은?

① 상시 10명 이상의 근로자를 사용하는 사용자는 취업규칙을 작성하여 고용노동부장관에게 허가를 받아야 하며, 이를 변경하는 경우 또한 같다.
② 취업규칙에서 근로자에 대하여 감급(減給)의 제재를 정할 경우에 그 감액은 1회의 금액이 평균임금의 1일분의 2분의 1을, 총액이 1임금지급기의 임금 총액의 10분의 1을 초과하지 못한다.
③ 취업규칙은 법령이나 해당 사업 또는 사업장에 대하여 적용되는 단체협약과 어긋나서는 아니 된다.
④ 취업규칙에서 정한 기준에 미달하는 근로조건을 정한 근로계약은 그 부분에 관하여는 무효로 한다. 이 경우 무효로 된 부분은 취업규칙에 정한 기준에 따른다.

> **해설 |** 상시 10명 이상의 근로자를 사용하는 사용자는 취업규칙을 작성하여 고용노동부장관에게 신고하여야 한다(법 제93조).

62 근로기준법상 상시 10인 이상의 근로자를 사용하는 사업 또는 사업장에 근로자의 과반수로 조직된 노동조합이 없는 경우, 근로조건을 저하시키는 취업규칙 변경이 유효하게 되기 위한 조건은?

2009

① 근로자 과반수의 동의
② 근로자 과반수의 의견청취
③ 근로자 과반수를 대표하는 자의 동의
④ 근로자 과반수를 대표하는 자의 의견청취

> **해설 |** 사용자는 취업규칙의 작성 또는 변경에 관하여 해당 사업 또는 사업장에 근로자의 과반수로 조직된 노동조합이 있는 경우에는 그 노동조합, 근로자의 과반수로 조직된 노동조합이 없는 경우에는 근로자의 과반수의 의견을 들어야 한다. 다만, 취업규칙을 근로자에게 불리하게 변경하는 경우에는 그 동의를 받아야 한다(법 제94조 제1항).

63 다음 중 취업규칙에 대한 설명으로 옳은 것은? 2014

① 원칙적으로 취업규칙의 제정권한은 사용자에게 있지만 근로자 과반수의 의견을 청취하지 않고 제정한 취업규칙은 무효이다.

② 취업규칙의 불이익 변경이 아닌 경우에는 근로자 과반수로 조직된 노동조합(이러한 노동조합이 없는 경우 근로자 과반수)의 의견청취만으로 유효하게 변경할 수 있다.

③ 취업규칙의 불이익 변경 시에는 근로자 과반수로 조직된 노동조합이 있더라도 개별 근로자 과반수의 동의를 얻어야 유효하다.

④ 취업규칙에 정한 기준에 미달하는 근로조건을 정한 근로계약은 그 전체가 무효로 된다.

64 근로기준법상 취업규칙에 관한 설명으로 틀린 것은?

① 상시 10명 이상의 근로자를 사용하는 사용자는 취업규칙을 작성하여 고용노동부장관에게 신고하여야 한다.

② 사용자는 취업규칙의 작성 또는 변경에 관하여 해당 사업 또는 사업장에 근로자의 과반수로 조직된 노동조합이 있는 경우에는 그 노동조합, 근로자의 과반수로 조직된 노동조합이 없는 경우에는 근로자의 과반수의 동의를 받아야 한다.

③ 취업규칙에서 근로자에 대하여 감급의 제재를 정할 경우에 그 감액은 1회의 금액이 평균임금의 1일분의 2분의 1을, 총액이 1임금지급기의 임금 총액의 10분의 1을 초과하지 못한다.

④ 취업규칙은 법령이나 해당 사업 또는 사업장에 대하여 적용되는 단체협약과 어긋나서는 아니 된다.

65 직장규율을 위반한 근로자에 대한 제재로서 감급을 하는 경우, 감급의 제한에 위반되지 않는 것은? 2004

① 1회의 위반에 대한 감급액이 평균임금의 1일분의 2의 1을 초과하거나 1임금지급기의 임금 총액의 10분의 1을 초과하는 경우

② 여러 번의 위반이 1임금지급기에 발생한 경우 위반행위에 대한 각각의 합계액이 1임금지급기의 임금 총액의 10분의 1을 초과하는 경우

③ 1회의 위반에 대해 수개월에 걸쳐 나누어 감급을 하는 경우 그 감급액을 합한 금액이 1임금지급기의 임금 총액의 10분의 1을 초과하는 경우

④ 1회의 위반에 대한 감급액이 평균임금의 1일분의 10분의 1을 초과하였으나 2분의 1을 초과하지 않은 경우

66 근로기준법상 평균임금과 통상임금에 대한 설명으로 틀린 것은?

① 평균임금은 이를 산정하여야 할 사유가 발생한 날 이전 3개월 동안에 그 근로자에게 지급된 임금의 총액을 그 기간의 총일수로 나눈 금액을 말한다.

② 평균임금액이 통상임금보다 적으면 그 통상임금액을 평균임금으로 한다.

③ 휴업수당, 제재로서의 감급액을 산출하는 기초는 통상임금이다.

④ 일용근로자의 평균임금은 고용노동부장관이 사업이나 직업에 따라 정하는 금액으로 한다.

해설 l 휴업수당은 평균임금의 100분의 70 이상을 지급하여야 하고(법 제46조), 제재로서의 감급액은 1회의 금액이 평균임금의 1일분의 2분의 1을, 총액이 1임금지급기의 임금 총액의 10분의 1을 초과하지 못한다(법 제95조).

67 근로기준법상 근로감독관에 관한 설명으로 틀린 것은?

① 근로조건의 기준을 확보하기 위하여 고용노동부와 그 소속 기관에 근로감독관을 둔다.

② 근로감독관은 사업장, 기숙사, 그 밖의 부속 건물에 임검(臨檢)하고 장부와 서류의 제출을 요구할 수 있으며 사용자와 근로자에 대하여 심문(尋問)할 수 있다.

③ 의사인 근로감독관이나 근로감독관의 위촉을 받은 의사는 취업을 금지하여야 할 질병에 걸릴 의심이 있는 근로자와 그 가족에 대하여 검진할 수 있다.

④ 근로감독관은 이 법이나 그 밖의 노동 관계 법령 위반의 죄에 관하여 「사법경찰관리의 직무를 수행할 자와 그 직무범위에 관한 법률」에서 정하는 바에 따라 사법경찰관의 직무를 수행한다.

해설 l 검진 대상자는 근로자이며, 가족은 대상자가 아니다(법 제102조).

남녀고용평등과 일·가정 양립 지원에 관한 법률

Section 01 총칙

(1) 목적(제1조)

이 법은 「대한민국헌법」의 평등이념에 따라 고용에서 남녀의 평등한 기회와 대우를 보장하고 모성보호와 여성 고용을 촉진하여 남녀고용평등을 실현함과 아울러 근로자의 일과 가정의 양립을 지원함으로써 모든 국민의 삶의 질 향상에 이바지하는 것을 목적으로 한다.

(2) 용어의 정의(제2조)

① 차별 : 사업주가 근로자에게 성별, 혼인, 가족 안에서의 지위, 임신 또는 출산 등의 사유로 합리적인 이유 없이 채용 또는 근로의 조건을 다르게 하거나 그 밖의 불리한 조치를 하는 경우(사업주가 채용조건이나 근로조건은 동일하게 적용하더라도 그 조건을 충족할 수 있는 남성 또는 여성이 다른 한 성에 비하여 현저히 적고 그에 따라 특정 성에게 불리한 결과를 초래하며 그 조건이 정당한 것임을 증명할 수 없는 경우를 포함한다)를 말한다. 다만, 다음의 어느 하나에 해당하는 경우는 제외한다.

  ㉠ 직무의 성격에 비추어 특정 성이 불가피하게 요구되는 경우

  ㉡ 여성 근로자의 임신·출산·수유 등 모성보호를 위한 조치를 하는 경우

  ㉢ 그 밖에 이 법 또는 다른 법률에 따라 적극적 고용개선조치를 하는 경우

② 직장 내 성희롱 : 사업주·상급자 또는 근로자가 직장 내의 지위를 이용하거나 업무와 관련하여 다른 근로자에게 성적 언동 등으로 성적 굴욕감 또는 혐오감을 느끼게 하거나 성적 언동 또는 그 밖의 요구 등에 따르지 아니하였다는 이유로 고용에서 불이익을 주는 것을 말한다.

③ 적극적 고용개선조치 : 현존하는 남녀 간의 고용차별을 없애거나 고용평등을 촉진하기 위하여 잠정적으로 특정 성을 우대하는 조치를 말한다.

④ 근로자 : 사업주에게 고용된 자와 취업할 의사를 가진 자를 말한다. 따라서 근로기준법상의 근로자보다 넓은 개념이다.

(3) 근로자 및 사업주의 책무(제5조)

① 근로자는 상호 이해를 바탕으로 남녀가 동등하게 존중받는 직장문화를 조성하기 위하여 노력하여야 한다.

② 사업주는 해당 사업장의 남녀고용평등의 실현에 방해가 되는 관행과 제도를 개선하여 남녀근로자가 동등한 여건에서 자신의 능력을 발휘할 수 있는 근로환경을 조성하기 위하여 노력하여야 한다.

③ 사업주는 일·가정의 양립을 방해하는 사업장 내의 관행과 제도를 개선하고 일·가정의 양립을 지원할 수 있는 근무환경을 조성하기 위하여 노력하여야 한다.

Section 02 고용에 있어서 남녀의 평등한 기회보장 및 대우 등

(1) 남녀의 평등한 기회보장 및 대우

① 모집과 채용(제7조)

㉠ 사업주는 근로자를 모집하거나 채용할 때 남녀를 차별하여서는 아니 된다.

㉡ 사업주는 여성 근로자를 모집·채용할 때 그 직무의 수행에 필요하지 아니한 용모·키·체중 등의 신체적 조건, 미혼 조건, 그 밖에 고용노동부령으로 정하는 조건을 제시하거나 요구하여서는 아니 된다.

② 임금(제8조)

㉠ 사업주는 동일한 사업 내의 동일 가치 노동에 대하여는 동일한 임금을 지급하여야 한다.

㉡ 동일 가치 노동의 기준은 직무 수행에서 요구되는 기술, 노력, 책임 및 작업 조건 등으로 하고, 사업주가 그 기준을 정할 때에는 제25조에 따른 노사협의회의 근로자를 대표하는 위원의 의견을 들어야 한다.

㉢ 사업주가 임금차별을 목적으로 설립한 별개의 사업은 동일한 사업으로 본다.

③ 임금 외의 금품 등(제9조) : 사업주는 임금 외에 근로자의 생활을 보조하기 위한 금품의 지급 또는 자금의 융자 등 복리후생에서 남녀를 차별하여서는 아니 된다.

④ 교육·배치 및 승진(제10조) : 사업주는 근로자의 교육·배치 및 승진에서 남녀를 차별하여서는 아니 된다.

⑤ 정년·퇴직 및 해고(제11조)

㉠ 사업주는 근로자의 정년·퇴직 및 해고에서 남녀를 차별하여서는 아니 된다.

㉡ 사업주는 여성 근로자의 혼인, 임신 또는 출산을 퇴직 사유로 예정하는 근로계약을 체결하여서는 아니 된다.

(2) 직장 내 성희롱의 금지 및 예방

① 직장 내 성희롱의 금지(제12조) : 사업주, 상급자 또는 근로자는 직장 내 성희롱을 하여서는 아니 된다.

② 직장 내 성희롱 예방 교육(제13조)

㉠ 사업주는 직장 내 성희롱을 예방하고 근로자가 안전한 근로환경에서 일할 수 있는 여건을 조성하기 위하여 직장 내 성희롱의 예방을 위한 교육(이하 "성희롱 예방 교육"이라 한다)을 실시하여야 한다.

㉡ 사업주 및 근로자는 성희롱 예방 교육을 받아야 한다.

③ 직장 내 성희롱 예방 교육의 횟수, 내용 및 방법(시행령 제3조)
　㉠ 사업주는 직장 내 성희롱 예방을 위한 교육을 연 1회 이상 하여야 한다.
　㉡ 직장 내 성희롱 예방 교육에는 다음의 내용이 포함되어야 한다.
　　• 직장 내 성희롱에 관한 법령
　　• 해당 사업장의 직장 내 성희롱 발생 시의 처리 절차와 조치 기준
　　• 해당 사업장의 직장 내 성희롱 피해 근로자의 고충상담 및 구제 절차
　　• 그 밖에 직장 내 성희롱 예방에 필요한 사항
　㉢ 직장 내 성희롱 예방 교육은 사업의 규모나 특성 등을 고려하여 직원연수·조회·회의, 인터넷 등 정보통신망을 이용한 사이버 교육 등을 통하여 실시할 수 있다. 다만, 단순히 교육자료 등을 배포·게시하거나 전자우편을 보내거나 게시판에 공지하는 데 그치는 등 근로자에게 교육 내용이 제대로 전달되었는지 확인하기 곤란한 경우에는 예방 교육을 한 것으로 보지 아니한다.
　㉣ 위 ㉡과 ㉢에도 불구하고 다음의 어느 하나에 해당하는 사업의 사업주는 직장 내 성희롱 예방 교육의 기본 내용을 근로자가 알 수 있도록 교육자료 또는 홍보물을 게시하거나 배포하는 방법으로 직장 내 성희롱 예방 교육을 할 수 있다.
　　• 상시 10명 미만의 근로자를 고용하는 사업
　　• 사업주 및 근로자 모두가 남성 또는 여성 중 어느 한 성으로 구성된 사업
　㉤ 사업주가 소속 근로자에게 「근로자직업능력 개발법」 제24조에 따라 인정받은 훈련과정 중 제2항 각 호의 내용이 포함되어 있는 훈련과정을 수료하게 한 경우에는 그 훈련과정을 마친 근로자에게는 직장 내 성희롱 예방 교육을 한 것으로 본다.
④ 성희롱 예방 교육의 위탁(제13조의 2)
　㉠ 사업주는 성희롱 예방 교육을 고용노동부장관이 지정하는 기관(이하 "성희롱 예방 교육기관"이라 한다)에 위탁하여 실시할 수 있다.
　㉡ 성희롱 예방 교육기관은 고용노동부령으로 정하는 기관 중에서 지정하되, 고용노동부령으로 정하는 강사를 1명 이상 두어야 한다.
　㉢ 성희롱 예방 교육기관은 고용노동부령으로 정하는 바에 따라 교육을 실시하고 교육이수증이나 이수자 명단 등 교육 실시 관련 자료를 보관하며 사업주나 피교육자에게 그 자료를 내주어야 한다.
　㉣ 고용노동부장관은 성희롱 예방 교육기관이 다음의 어느 하나에 해당하면 그 지정을 취소할 수 있다.
　　• 거짓이나 그 밖의 부정한 방법으로 지정을 받은 경우
　　• 정당한 사유 없이 제2항에 따른 강사를 6개월 이상 계속하여 두지 아니한 경우
　㉤ 고용노동부장관은 성희롱 예방 교육기관의 지정을 취소하려면 청문을 하여야 한다.

⑤ 직장 내 성희롱 발생 시 조치(제14조)

    ㉠ 사업주는 직장 내 성희롱 발생이 확인된 경우 지체 없이 행위자에 대하여 징계나 그 밖에 이에 준하는 조치를 하여야 한다.

    ㉡ 사업주는 직장 내 성희롱과 관련하여 피해를 입은 근로자 또는 성희롱 피해 발생을 주장하는 근로자에게 해고나 그 밖의 불리한 조치를 하여서는 아니 된다.

⑥ 고객 등에 의한 성희롱 방지(제14조의 2)

    ㉠ 사업주는 고객 등 업무와 밀접한 관련이 있는 자가 업무수행 과정에서 성적인 언동 등을 통하여 근로자에게 성적 굴욕감 또는 혐오감 등을 느끼게 하여 해당 근로자가 그로 인한 고충 해소를 요청할 경우 근무 장소 변경, 배치전환 등 가능한 조치를 취하도록 노력하여야 한다.

    ㉡ 사업주는 근로자가 피해를 주장하거나 고객 등으로부터의 성적 요구 등에 불응한 것을 이유로 해고나 그 밖의 불이익한 조치를 하여서는 아니 된다.

(3) 여성의 직업능력 개발 및 고용 촉진

① 직업 지도(제15조) : 「직업안정법」에 따른 직업안정기관은 여성이 적성, 능력, 경력 및 기능의 정도에 따라 직업을 선택하고, 직업에 적응하는 것을 쉽게 하기 위하여 고용정보와 직업에 관한 조사·연구 자료를 제공하는 등 직업 지도에 필요한 조치를 하여야 한다.

② 직업능력 개발(제16조) : 국가, 지방자치단체 및 사업주는 여성의 직업능력 개발 및 향상을 위하여 모든 직업능력 개발 훈련에서 남녀에게 평등한 기회를 보장하여야 한다.

③ 여성 고용 촉진(제17조)

    ㉠ 고용노동부장관은 여성의 고용 촉진을 위한 시설을 설치·운영하는 비영리법인과 단체에 대하여 필요한 비용의 전부 또는 일부를 지원할 수 있다.

    ㉡ 고용노동부장관은 여성의 고용 촉진을 위한 사업을 실시하는 사업주 또는 여성휴게실과 수유시설을 설치하는 등 사업장 내의 고용환경을 개선하고자 하는 사업주에게 필요한 비용의 전부 또는 일부를 지원할 수 있다.

④ 경력단절여성의 능력개발과 고용촉진지원(제17조의 2)

    ㉠ 고용노동부장관은 임신·출산·육아 등의 이유로 직장을 그만두었으나 재취업할 의사가 있는 경력단절여성(이하 "경력단절여성"이라 한다)을 위하여 취업유망 직종을 선정하고, 특화된 훈련과 고용촉진프로그램을 개발하여야 한다.

    ㉡ 고용노동부장관은 「직업안정법」 제2조의 2 제1호에 따른 직업안정기관을 통하여 경력단절여성에게 직업정보, 직업훈련정보 등을 제공하고 전문화된 직업지도, 직업상담 등의 서비스를 제공하여야 한다.

(4) 적극적 고용개선조치

① 적극적 고용개선조치 시행계획의 수립·제출 등(제17조의 3)

    ㉠ 고용노동부장관은 다음의 어느 하나에 해당하는 사업주로서 고용하고 있는 직종별 여성 근로자의 비율이 산업별·규모별로 고용노동부령으로 정하는 고용기준에 미달하는 사업주에 대하여는 차별적 고용관행 및 제도 개선을 위한 적극적 고용개선조치 시행계획(이하 "시행계획"이라 한다)을 수립하여 제출할 것을 요구할 수 있다. 이 경우 해당 사업주는 시행계획을 제출하여야 한다.

        • 대통령령으로 정하는 공공기관·단체의 장

        • 대통령령으로 정하는 규모 이상의 근로자를 고용하는 사업의 사업주

    ㉡ 위 ㉠의 어느 하나에 해당하는 사업주는 직종별·직급별 남녀 근로자 현황을 고용노동부장관에게 제출하여야 한다.

    ㉢ 위 ㉠의 어느 하나에 해당하지 아니하는 사업주로서 적극적 고용개선조치를 하려는 사업주는 직종별 남녀 근로자 현황과 시행계획을 작성하여 고용노동부장관에게 제출할 수 있다.

    ㉣ 고용노동부장관은 위 ㉠ 및 ㉢에 따라 제출된 시행계획을 심사하여 그 내용이 명확하지 아니하거나 차별적 고용관행을 개선하려는 노력이 부족하여 시행계획으로서 적절하지 아니하다고 인정되면 해당 사업주에게 시행계획의 보완을 요구할 수 있다.

② 이행실적의 평가 및 지원 등(제17조의 4)

    ㉠ 제17조의 3 제1항 및 제3항에 따라 시행계획을 제출한 자는 그 이행실적을 고용노동부장관에게 제출하여야 한다.

    ㉡ 고용노동부장관은 제출된 이행실적을 평가하고, 그 결과를 사업주에게 통보하여야 한다.

    ㉢ 고용노동부장관은 평가 결과 이행실적이 우수한 기업(이하 "적극적 고용개선조치 우수기업"이라 한다)에 표창을 할 수 있다.

    ㉣ 국가와 지방자치단체는 적극적 고용개선조치 우수기업에 행정적·재정적 지원을 할 수 있다.

    ㉤ 고용노동부장관은 평가 결과 이행실적이 부진한 사업주에게 시행계획의 이행을 촉구할 수 있다.

③ 적극적 고용개선조치 미이행 사업주 명단 공표(제17조의 5) : 고용노동부장관은 명단 공개 기준일 이전에 3회 연속하여 기준에 미달한 사업주로서 이행촉구를 받고 이에 따르지 아니한 경우 그 명단을 공표할 수 있다. 다만, 사업주의 사망·기업의 소멸 등 대통령령으로 정하는 사유가 있는 경우에는 그러하지 아니하다.

④ 시행계획 등의 게시(제17조의 6) : 시행계획을 제출한 사업주는 시행계획 및 제17조의 4 제1항에 따른 이행실적을 근로자가 열람할 수 있도록 게시하는 등 필요한 조치를 하여야 한다.

⑤ 적극적 고용개선조치에 관한 협조(제17조의 7) : 고용노동부장관은 적극적 고용개선조치의 효율적 시행을 위하여 필요하다고 인정하면 관계 행정기관의 장에게 차별의 시정 또는 예방을 위하여 필

요한 조치를 하여 줄 것을 요청할 수 있다. 이 경우 관계 행정기관의 장은 특별한 사유가 없으면 요청에 따라야 한다.

⑥ 적극적 고용개선조치에 관한 중요 사항 심의(제17조의 8) : 적극적 고용개선조치에 관한 다음의 사항은 「고용정책 기본법」에 따른 고용정책심의회의 심의를 거쳐야 한다.

  ㉠ 여성 근로자 고용기준에 관한 사항

  ㉡ 시행계획의 심사에 관한 사항

  ㉢ 적극적 고용개선조치 이행실적의 평가에 관한 사항

  ㉣ 적극적 고용개선조치 우수기업의 표창 및 지원에 관한 사항

  ㉤ 공표 여부에 관한 사항

  ㉥ 그 밖에 적극적 고용개선조치에 관하여 고용정책심의회의 위원장이 회의에 부치는 사항

⑦ 적극적 고용개선조치의 조사·연구 등(제17조의 9)

  ㉠ 고용노동부장관은 적극적 고용개선조치에 관한 업무를 효율적으로 수행하기 위하여 조사·연구·교육·홍보 등의 사업을 할 수 있다.

  ㉡ 고용노동부장관은 필요하다고 인정하면 ㉠에 따른 업무의 일부를 대통령령으로 정하는 자에게 위탁할 수 있다.

Section 03 모성 보호

(1) 출산전후휴가(제18조)

① 국가는 「근로기준법」 제74조에 따른 출산전후휴가 또는 유산·사산 휴가를 사용한 근로자 중 일정한 요건에 해당하는 자에게 그 휴가기간에 대하여 통상임금에 상당하는 금액(이하 "출산전후휴가급여 등"이라 한다)을 지급할 수 있다.

② 위 ①에 따라 지급된 출산전후휴가급여 등은 그 금액의 한도에서 「근로기준법」 제74조 제4항에 따라 사업주가 지급한 것으로 본다.

③ 출산전후휴가급여 등을 지급하기 위하여 필요한 비용은 국가재정이나 「사회보장기본법」에 따른 사회보험에서 분담할 수 있다.

④ 여성 근로자가 출산전후휴가급여 등을 받으려는 경우 사업주는 관계 서류의 작성·확인 등 모든 절차에 적극 협력하여야 한다.

(2) 배우자 출산휴가(제18조의 2)

① 사업주는 근로자가 배우자의 출산을 이유로 휴가를 청구하는 경우에 5일의 범위에서 3일 이상의 휴가를 주어야 한다. 이 경우 사용한 휴가기간 중 최초 3일은 유급으로 한다.

② 위 ①에 따른 휴가는 근로자의 배우자가 출산한 날부터 30일이 지나면 청구할 수 없다.

(1) 육아휴직(제19조)

① 사업주는 근로자가 만 8세 이하 또는 초등학교 2학년 이하의 자녀(입양한 자녀를 포함한다)를 양육하기 위하여 휴직(이하 "육아휴직"이라 한다)을 신청하는 경우에 이를 허용하여야 한다. 다만, 대통령령으로 정하는 경우에는 그러하지 아니하다.

② 육아휴직의 기간은 1년 이내로 한다.

③ 사업주는 육아휴직을 이유로 해고나 그 밖의 불리한 처우를 하여서는 아니 되며, 육아휴직 기간에는 그 근로자를 해고하지 못한다. 다만, 사업을 계속할 수 없는 경우에는 그러하지 아니하다.

④ 사업주는 육아휴직을 마친 후에는 휴직 전과 같은 업무 또는 같은 수준의 임금을 지급하는 직무에 복귀시켜야 한다. 또한 위 ②의 육아휴직 기간은 근속기간에 포함한다.

⑤ 기간제근로자 또는 파견근로자의 육아휴직 기간은 「기간제 및 단시간근로자 보호 등에 관한 법률」 제4조에 따른 사용기간 또는 「파견근로자보호 등에 관한 법률」 제6조에 따른 근로자파견기간에 산입하지 아니한다.

(2) 육아기 근로시간 단축

① 육아기 근로시간 단축(제19조의 2)

㉠ 사업주는 육아휴직을 신청할 수 있는 근로자가 육아휴직 대신 근로시간의 단축(이하 "육아기 근로시간 단축"이라 한다)을 신청하는 경우에 이를 허용하여야 한다. 다만, 대체인력 채용이 불가능한 경우, 정상적인 사업 운영에 중대한 지장을 초래하는 경우 등 대통령령으로 정하는 경우에는 그러하지 아니하다.

㉡ 사업주가 육아기 근로시간 단축을 허용하지 아니하는 경우에는 해당 근로자에게 그 사유를 서면으로 통보하고 육아휴직을 사용하게 하거나 그 밖의 조치를 통하여 지원할 수 있는지를 해당 근로자와 협의하여야 한다.

㉢ 사업주가 해당 근로자에게 육아기 근로시간 단축을 허용하는 경우 단축 후 근로시간은 주당 15시간 이상이어야 하고 30시간을 넘어서는 아니 된다.

㉣ 육아기 근로시간 단축의 기간은 1년 이내로 한다.

㉤ 사업주는 육아기 근로시간 단축을 이유로 해당 근로자에게 해고나 그 밖의 불리한 처우를 하여서는 아니 된다.

㉥ 사업주는 근로자의 육아기 근로시간 단축기간이 끝난 후에 그 근로자를 육아기 근로시간 단축 전과 같은 업무 또는 같은 수준의 임금을 지급하는 직무에 복귀시켜야 한다.

② 육아기 근로시간 단축 중 근로조건 등(제19조의 3)

㉠ 사업주는 육아기 근로시간 단축을 하고 있는 근로자에 대하여 근로시간에 비례하여 적용하는 경우 외에는 육아기 근로시간 단축을 이유로 그 근로조건을 불리하게 하여서는 아니 된다.

ⓛ 육아기 근로시간 단축을 한 근로자의 근로조건(육아기 근로시간 단축 후 근로시간을 포함한다)은 사업주와 그 근로자 간에 서면으로 정한다.

ⓒ 사업주는 육아기 근로시간 단축을 하고 있는 근로자에게 단축된 근로시간 외에 연장근로를 요구할 수 없다. 다만, 그 근로자가 명시적으로 청구하는 경우에는 사업주는 주 12시간 이내에서 연장근로를 시킬 수 있다.

ⓔ 육아기 근로시간 단축을 한 근로자에 대하여 「근로기준법」에 따른 평균임금을 산정하는 경우에는 그 근로자의 육아기 근로시간 단축기간을 평균임금 산정기간에서 제외한다.

③ 육아휴직과 육아기 근로시간 단축의 사용형태(제19조의 4) : 근로자는 제19조와 제19조의 2에 따라 육아휴직이나 육아기 근로시간 단축을 하려는 경우에는 다음의 방법 중 하나를 선택하여 사용할 수 있다. 이 경우 어느 방법을 사용하든지 그 총기간은 1년을 넘을 수 없다.

ⓖ 육아휴직의 1회 사용

ⓛ 육아기 근로시간 단축의 1회 사용

ⓒ 육아휴직의 분할 사용(1회만 할 수 있다)

ⓔ 육아기 근로시간 단축의 분할 사용(1회만 할 수 있다)

ⓜ 육아휴직의 1회 사용과 육아기 근로시간 단축의 1회 사용

(3) 일 · 가정의 양립을 위한 그 밖의 지원

① 육아지원을 위한 그 밖의 조치(제19조의 5)

ⓖ 사업주는 만 8세 이하 또는 초등학교 2학년 이하의 자녀(입양한 자녀를 포함한다)를 양육하는 근로자의 육아를 지원하기 위하여 다음의 어느 하나에 해당하는 조치를 하도록 노력하여야 한다.

- 업무를 시작하고 마치는 시간 조정
- 연장근로의 제한
- 근로시간의 단축, 탄력적 운영 등 근로시간 조정
- 그 밖에 소속 근로자의 육아를 지원하기 위하여 필요한 조치

ⓛ 고용노동부장관은 사업주가 제1항에 따른 조치를 할 경우 고용 효과 등을 고려하여 필요한 지원을 할 수 있다.

② 직장복귀를 위한 사업주의 지원(제19조의 6) : 사업주는 이 법에 따라 육아휴직 중인 근로자에 대한 직업능력 개발 및 향상을 위하여 노력하여야 하고 출산전후휴가, 육아휴직 또는 육아기 근로시간 단축을 마치고 복귀하는 근로자가 쉽게 직장생활에 적응할 수 있도록 지원하여야 한다.

③ 일 · 가정의 양립을 위한 지원(제20조)

ⓖ 국가는 사업주가 근로자에게 육아휴직이나 육아기 근로시간 단축을 허용한 경우 그 근로자의 생계비용과 사업주의 고용유지비용의 일부를 지원할 수 있다.

ⓛ 국가는 소속 근로자의 일·가정의 양립을 지원하기 위한 조치를 도입하는 사업주에게 세제 및 재정을 통한 지원을 할 수 있다.

④ 직장어린이집 설치 및 지원 등(제21조)

    ㉠ 사업주는 근로자의 취업을 지원하기 위하여 수유·탁아 등 육아에 필요한 어린이집(이하 "직장어린이집"이라 한다)을 설치하여야 한다.

    ㉡ 직장어린이집을 설치하여야 할 사업주의 범위 등 직장어린이집의 설치 및 운영에 관한 사항은 「영유아보육법」에 따른다.

    ㉢ 고용노동부장관은 근로자의 고용을 촉진하기 위하여 직장어린이집의 설치·운영에 필요한 지원 및 지도를 하여야 한다.

⑤ 그 밖의 보육 관련 지원(제21조의 2) : 고용노동부장관은 제21조에 따라 직장어린이집을 설치하여야 하는 사업주 외의 사업주가 직장어린이집을 설치하려는 경우에는 직장어린이집의 설치·운영에 필요한 정보 제공, 상담 및 비용의 일부 지원 등 필요한 지원을 할 수 있다.

⑥ 공공복지시설의 설치(제22조) : 국가 또는 지방자치단체는 여성 근로자를 위한 교육·육아·주택 등 공공복지시설을 설치할 수 있다.

⑦ 근로자의 가족 돌봄 등을 위한 지원(제22조의 2)

    ㉠ 사업주는 근로자가 부모, 배우자, 자녀 또는 배우자의 부모(이하 "가족"이라 한다)의 질병, 사고, 노령으로 인하여 그 가족을 돌보기 위한 휴직(이하 "가족돌봄휴직"이라 한다)을 신청하는 경우 이를 허용하여야 한다. 다만, 대체인력 채용이 불가능한 경우, 정상적인 사업 운영에 중대한 지장을 초래하는 경우 등 대통령령으로 정하는 경우에는 그러하지 아니하다.

    ㉡ 사업주가 가족돌봄휴직을 허용하지 아니하는 경우에는 해당 근로자에게 그 사유를 서면으로 통보하고, 다음의 어느 하나에 해당하는 조치를 하도록 노력하여야 한다.

       • 업무를 시작하고 마치는 시간 조정

       • 연장근로의 제한

       • 근로시간의 단축, 탄력적 운영 등 근로시간의 조정

       • 그 밖에 사업장 사정에 맞는 지원 조치

    ㉢ 가족돌봄휴직 기간은 연간 최장 90일로 하며, 이를 나누어 사용할 수 있다. 이 경우 나누어 사용하는 1회의 기간은 30일 이상이 되어야 한다.

    ㉣ 사업주는 가족돌봄휴직을 이유로 해당 근로자를 해고하거나 근로조건을 악화시키는 등 불리한 처우를 하여서는 아니 된다.

    ㉤ 가족돌봄휴직 기간은 근속기간에 포함한다. 다만, 「근로기준법」에 따른 평균임금 산정기간에서는 제외한다.

    ㉥ 사업주는 소속 근로자가 건전하게 직장과 가정을 유지하는 데에 도움이 될 수 있도록 필요한 심리상담 서비스를 제공하도록 노력하여야 한다.

    ㉦ 고용노동부장관은 사업주가 가족돌봄휴직을 허용하는 경우에는 고용 효과 등을 고려하여 필요한 지원을 할 수 있다.

⑧ 일·가정 양립 지원 기반 조성(제22조의 3)

    ㉠ 고용노동부장관은 일·가정 양립프로그램의 도입·확산, 모성 보호 조치의 원활한 운영 등을 지원하기 위하여 조사·연구 및 홍보 등의 사업을 하고, 전문적인 상담 서비스와 관련 정보 등을 사업주와 근로자에게 제공하여야 한다.

    ㉡ 고용노동부장관은 위 ㉠에 따른 업무와 직장보육시설 설치·운영의 지원에 관한 업무를 대통령령으로 정하는 바에 따라 공공기관 또는 민간에 위탁하여 수행할 수 있다.

    ㉢ 고용노동부장관은 업무를 위탁받은 기관에 업무수행에 사용되는 경비를 지원할 수 있다.

Section 05 분쟁의 예방과 해결

(1) 상담지원(제23조)

고용노동부장관은 차별, 직장 내 성희롱, 모성 보호 및 일·가정 양립 등에 관한 상담을 실시하는 민간단체에 필요한 비용의 일부를 예산의 범위에서 지원할 수 있다.

(2) 명예고용평등감독관(제24조)

① 고용노동부장관은 사업장의 남녀고용평등 이행을 촉진하기 위하여 그 사업장 소속 근로자 중 노사가 추천하는 자를 명예고용평등감독관(이하 "명예감독관"이라 한다)으로 위촉할 수 있다.

② 명예감독관은 다음의 업무를 수행한다.

    ㉠ 해당 사업장의 차별 및 직장 내 성희롱 발생 시 피해 근로자에 대한 상담·조언

    ㉡ 해당 사업장의 고용평등 이행상태 자율점검 및 지도 시 참여

    ㉢ 법령위반 사실이 있는 사항에 대하여 사업주에 대한 개선 건의 및 감독기관에 대한 신고

    ㉣ 남녀고용평등 제도에 대한 홍보·계몽

    ㉤ 그 밖에 남녀고용평등의 실현을 위하여 고용노동부장관이 정하는 업무

③ 사업주는 명예감독관으로서 정당한 임무 수행을 한 것을 이유로 해당 근로자에게 인사상 불이익 등의 불리한 조치를 하여서는 아니 된다.

④ 명예감독관의 위촉과 해촉 등에 필요한 사항은 고용노동부령으로 정한다.

(3) 분쟁의 자율적 해결(제25조)

사업주는 이 법에 따른 사항에 관하여 근로자가 고충을 신고하였을 때에는 「근로자참여 및 협력증진에 관한 법률」에 따라 해당 사업장에 설치된 노사협의회에 고충의 처리를 위임하는 등 자율적인 해결을 위하여 노력하여야 한다.

(4) 입증책임(제30조)

이 법과 관련한 분쟁해결에서 입증책임은 사업주가 부담한다.

(1) 보고 및 검사 등(제31조)

① 고용노동부장관은 이 법 시행을 위하여 필요한 경우에는 사업주에게 보고와 관계 서류의 제출을 명령하거나 관계 공무원이 사업장에 출입하여 관계인에게 질문하거나 관계 서류를 검사하도록 할 수 있다.

② 위 ①의 경우에 관계 공무원은 그 권한을 표시하는 증표를 지니고 이를 관계인에게 내보여야 한다.

(2) 고용평등 이행실태 등의 공표(제32조)

고용노동부장관은 이 법 시행의 실효성을 확보하기 위하여 필요하다고 인정하면 고용평등 이행실태나 그 밖의 조사결과 등을 공표할 수 있다. 다만, 다른 법률에 따라 공표가 제한되어 있는 경우에는 그러하지 아니하다.

(3) 관계 서류의 보존(제33조)

사업주는 이 법의 규정에 따른 사항에 관하여 대통령령으로 정하는 서류를 3년간 보존하여야 한다. 이 경우 대통령령으로 정하는 서류는 「전자문서 및 전자거래 기본법」에 따른 전자문서로 작성·보존할 수 있다.

(4) 파견근로에 대한 적용(제34조)

「파견근로자보호 등에 관한 법률」에 따라 파견근로가 이루어지는 사업장에 직장 내 성희롱 예방 교육을 적용할 때에는 「파견근로자보호 등에 관한 법률」에 따른 사용사업주를 이 법에 따른 사업주로 본다.

(5) 경비보조(제35조)

① 국가, 지방자치단체 및 공공단체는 여성의 취업촉진과 복지증진에 관련되는 사업에 대하여 예산의 범위에서 그 경비의 전부 또는 일부를 보조할 수 있다.

② 국가, 지방자치단체 및 공공단체는 경비보조를 받은 자가 다음의 어느 하나에 해당하면 보조금 지급결정의 전부 또는 일부를 취소하고, 지급된 보조금의 전부 또는 일부를 반환하도록 명령할 수 있다.

　㉠ 사업의 목적 외에 보조금을 사용한 경우

　㉡ 보조금의 지급결정의 내용(그에 조건을 붙인 경우에는 그 조건을 포함한다)을 위반한 경우

　㉢ 거짓이나 그 밖의 부정한 방법으로 보조금을 받은 경우

(6) 권한의 위임 및 위탁(제36조)

고용노동부장관은 대통령령으로 정하는 바에 따라 이 법에 따른 권한의 일부를 지방고용노동행정 기관의 장 또는 지방자치단체의 장에게 위임하거나 공공단체에 위탁할 수 있다.

기출문제 및 출제예상문제

01 남녀고용평등과 일·가정 양립 지원에 관한 법률의 목적으로 명시되어 있지 않은 것은?

① 고용에서 남녀의 평등한 기회와 대우 보장
② 모성 보호 촉진
③ 여성 고용 촉진
④ 모든 여성 근로자의 삶의 질 향상에 이바지

해설 ▮ 모든 국민의 삶의 질 향상에 이바지하는 것을 그 목적으로 한다(법 제1조).

02 남녀고용평등과 일·가정 양립 지원에 관한 법률의 목적으로 법률이 직접 명시하고 있지 않은 것은?

① 헌법의 자유이념
② 모성 보호
③ 여성 고용을 촉진
④ 모든 국민의 삶의 질 향상

해설 ▮ 이 법은 「대한민국헌법」의 평등이념에 따라 고용에서 남녀의 평등한 기회와 대우를 보장하고 모성 보호와 여성 고용을 촉진하여 남녀고용평등을 실현함과 아울러 근로자의 일과 가정의 양립을 지원함으로써 모든 국민의 삶의 질 향상에 이바지하는 것을 목적으로 한다(법 제1조).

03 남녀고용평등법상 규정된 내용이 아닌 것은? 2003

① 정년, 퇴직 및 해고에 있어서 남녀차별금지
② 산전후 휴가에 대한 지원
③ 직장과 가정생활의 양립의 지원
④ 생리휴가

해설 ▮ 생리휴가제도는 근로기준법에서 규정하고 있다.

04 남녀고용평등과 일·가정 양립 지원에 관한 법률상 남녀차별에 해당될 수 있는 경우는? 2008

① 남성 또는 여성이 다른 한 성에 비하여 현저히 적어 특정 성에게 불리한 결과를 초래하지만 채용 또는 근로의 조건을 동일하게 적용하는 경우
② 직무의 성질상 특정 성이 불가피하게 요구되는 경우
③ 근로여성의 임신·출산·수유 등 모성 보호를 위한 조치를 취하는 경우
④ 현존하는 차별을 해소하기 위하여 잠정적으로 특정 성을 우대하는 조치를 취하는 경우

해설 ▮ 사업주가 채용조건이나 근로조건은 동일하게 적용하더라도 그 조건을 충족할 수 있는 남성 또는 여성이 다른 한 성에 비하여 현저히 적고 그에 따라 특정 성에게 불리한 결과를 초래하며 그 조건이 정당한 것임을 증명할 수 없는 경우에는 법률상 남녀차별에 해당된다(법 제2조).

05 남녀고용평등과 일·가정 양립 지원에 관한 법률상 직장 내 성희롱의 성립요건과 가장 거리가 먼 것은?

① 직장 내 사업주·상급자 또는 근로자가 다른 근로자에게 할 것
② 직장 내 지위를 이용하거나 업무와 관련하여 이루어질 것
③ 성적 언동 또는 그 밖의 요구 등에 따르지 아니하였다는 이유로 고용에서 불이익을 주는 것
④ 직장 내에서만 성희롱이 이루어질 것

해설 ▮ 직장 내 성희롱은 직장 내의 지위를 이용하거나 업무와 관련하여 발생한 경우 발생 장소 및 발생 시간을 불문한다(법 제2조 제2호).

06 남녀고용평등과 일 · 가정 양립 지원에 관한 법률상의 성희롱에 관한 규정이다. 빈칸에 각각 알맞은 말은? 2015

> "직장 내 성희롱"이란 사업주 · 상급자 또는 (A)가 직장 내의 지위를 이용하거나 업무와 관련하여 다른 근로자에게 (B) 등으로 성적 (C) 또는 혐오감을 느끼게 하거나 (D) 또는 그 밖의 요구 등에 따르지 아니하였다는 이유로 고용에서 불이익을 주는 것을 말한다.

① A : 남성 근로자, B : 성적 언동, C : 불쾌함, D : 폭행

② A : 근로자, B : 성적 언동, C : 굴욕감, D : 성적 언동

③ A : 여성 근로자, B : 성적 언동, C : 수치감, D : 협박

④ A : 근로자, B : 협박, C : 굴욕감, D : 성행위

07 남녀고용평등과 일 · 가정 양립 지원에 관한 법률상 차별에 해당하지 않는 것은?

① 성별을 사유로 합리적인 이유 없이 근로조건을 달리하는 것

② 혼인을 사유로 합리적인 이유 없이 근로조건을 달리하는 것

③ 가족 안에서의 지위를 사유로 합리적인 이유 없이 근로조건을 달리하는 것

④ 여성 근로자의 임신·출산·수유 등 모성 보호를 위한 조치를 하는 것

08 남녀고용평등과 일 · 가정 양립 지원에 관한 법률상 "차별"에 해당될 수 있는 경우는? 2015

① 직무의 성격에 비추어 특정 성이 불가피하게 요구되는 경우

② 동일한 조건을 적용하였으나 남성이 현저히 적어 남성에 불리하게 된 경우

③ 여성 근로자의 임신·출산·수유 등 모성 보호를 위한 조치를 하는 경우

④ 이 법 또는 다른 법률에 따라 적극적 고용개선 조치를 하는 경우

09 남녀고용평등과 일 · 가정 양립 지원에 관한 법률상 차별에 해당하지 않는 것은?

① 여성 근로자에 한하여 육아휴직을 허용하는 경우

② 사업주가 근로자에게 성별, 혼인, 가족 안에서의 지위, 임신 또는 출산 등의 사유로 합리적인 이유 없이 채용 또는 근로의 조건을 다르게 하거나 그 밖의 불리한 조치를 하는 경우

② 사업주가 채용조건이나 근로조건은 동일하게 적용하더라도 그 조건을 충족할 수 있는 남성 또는 여성이 다른 한 성에 비하여 현저히 적고 그에 따라 특정 성에게 불리한 결과를 초래하며 그 조건이 정당한 것임을 증명할 수 없는 경우

④ 현존하는 남녀 간의 고용차별을 없애거나 고용평등을 촉진하기 위하여 잠정적으로 특정 성을 우대하는 조치를 취하는 경우

10 남녀고용평등과 일 · 가정 양립 지원에 관한 법률상 차별에 해당하지 않는 것은?

① 혼인, 임신 또는 출산 등을 사유로 합리적인 이유 없이 근로의 조건을 달리하는 경우
② 가족 안에서의 지위를 사유로 합리적인 이유 없이 근로의 조건을 달리하는 경우
③ 직무의 성격에 비추어 특정 성이 불가피하게 요구되는 경우
④ 사업주가 채용조건이나 근로조건은 동일하게 적용하더라도 그 조건을 충족할 수 있는 남성 또는 여성이 다른 한 성에 비하여 현저히 적고 그에 따라 특정 성에게 불리한 결과를 초래하며 그 조건이 정당한 것임을 증명할 수 없는 경우

> **해설ㅣ** 차별의 예외(법 제2조 제1호)
> ① 직무의 성격에 비추어 특정 성이 불가피하게 요구되는 경우
> ② 여성 근로자의 임신 · 출산 · 수유 등 모성 보호를 위한 조치를 하는 경우
> ③ 그 밖에, 이 법 또는 다른 법률에 따라 적극적 고용개선조치를 하는 경우

11 남녀고용평등과 일 · 가정 양립 지원에 관한 법률상 차별에 해당하지 않는 것은?

① 사업주가 근로자에게 성별, 혼인, 가족 안에서의 지위, 임신 또는 출산 등의 사유로 합리적인 이유 없이 채용 또는 근로의 조건을 다르게 하거나 그 밖의 불리한 조치를 하는 경우
② 사업주가 채용조건이나 근로조건은 동일하게 적용하더라도 그 조건을 충족할 수 있는 남성 또는 여성이 다른 한 성에 비하여 현저히 적고 그에 따라 특정 성에게 불리한 결과를 초래하며 그 조건이 정당한 것임을 증명할 수 없는 경우

③ 사업주가 여성 근로자를 모집·채용함에 있어서 모집·채용하고자 하는 직무의 수행에 필요로 하지 아니하는 용모·키·체중 등의 신체적 조건, 미혼 조건, 그 밖에 고용노동부령으로 정하는 조건을 제시하거나 요구하는 경우
④ 현존하는 남녀 간의 고용차별을 없애거나 고용평등을 촉진하기 위하여 잠정적으로 특정 성을 우대하는 조치를 취하는 경우

> **해설ㅣ** 적극적 고용개선조치의 개념으로서 현존하는 남녀 간의 고용차별을 없애거나 고용평등을 촉진하기 위하여 잠정적으로 특정 성을 우대하는 조치를 말한다(법 제2조 제3호).

12 남녀고용평등과 일 · 가정 양립 지원에 관한 법률상 상시 5명 미만의 근로자를 사용하는 사업장에도 반드시 적용되어야 하는 것은?

① 모집과 채용에 있어서의 남녀차별금지
② 동일 가치 노동에 대한 동일 임금 지급
③ 근로자의 생활보조적 금품 지급 등 복리후생에 있어서의 남녀차별금지
④ 교육·배치·승진에 있어서의 남녀차별금지

> **해설ㅣ** 이 법은 근로자를 사용하는 모든 사업 또는 사업장에 적용한다. 다만, 상시 5명 미만의 근로자를 사용하는 사업장에 대하여는 ① 동일 가치 노동에 대한 동일 임금 지급, ② 근로자의 생활보조적 금품 지급 또는 자금의 융자 등 복리후생에 있어서의 남녀차별금지, ③ 교육 · 배치 · 승진에 있어서의 남녀차별금지, ④ 정년 · 퇴직 · 해고에 있어서의 남녀차별금지 등은 적용하지 아니한다(법 제3조, 시행령 제2조).

13 남녀고용평등과 일·가정 양립 지원에 관한 법률상 근로자, 사업주, 국가, 지방자치단체의 책무에 관한 설명으로 틀린 것은?

① 사업주는 상호 이해를 바탕으로 남녀가 동등하게 존중받는 직장문화를 조성하기 위하여 노력하여야 한다.

② 사업주는 일·가정의 양립을 방해하는 사업장 내의 관행과 제도를 개선하고 일·가정의 양립을 지원할 수 있는 근무환경을 조성하기 위하여 노력하여야 한다.

③ 국가와 지방자치단체는 남녀고용평등과 일·가정 양립 지원에 관한 법률의 목적을 실현하기 위하여 국민의 관심과 이해를 증진시키고 여성의 직업능력 개발 및 고용 촉진을 지원하여야 한다.

④ 국가와 지방자치단체는 일·가정의 양립을 위한 근로자와 사업주의 노력을 지원하여야 하며 일·가정의 양립 지원에 필요한 재원을 조성하고 여건을 마련하기 위하여 노력하여야 한다.

> **해설 |** 근로자는 상호 이해를 바탕으로 남녀가 동등하게 존중받는 직장문화를 조성하기 위하여 노력하여야 한다(법 제5조 제1항).

14 남녀고용평등과 일·가정 양립 지원에 관한 법률상 임금에 관한 설명으로 틀린 것은?

① 사업주는 동일한 사업 내의 동일 가치 노동에 대하여는 동일한 임금을 지급하여야 한다.

② 사업주가 임금차별을 목적으로 설립한 별개의 사업은 별개의 사업으로 본다.

③ 동일 가치 노동의 기준은 직무 수행에서 요구되는 기술, 노력, 책임 및 작업 조건 등으로 한다.

④ 사업주가 동일 가치 노동의 기준을 정할 때에는 노사협의회의 근로자를 대표하는 위원의 의견을 들어야 한다.

> **해설 |** 사업주가 임금차별을 목적으로 설립한 별개의 사업은 동일한 사업으로 본다(법 제8조 제3항).

15 남녀고용평등과 일·가정 양립 지원에 관한 법률상 남녀의 평등한 기회보장 및 대우에 관한 설명으로 옳은 것은?

① 사업주는 여성 근로자를 모집·채용할 때 그 직무의 수행에 필요한 경우라 하더라도 용모·키·체중 등의 신체적 조건을 제시하거나 요구하여서는 아니 된다.

② 사업주는 동일한 사업 내의 동일 가치 노동에 대하여는 동일한 임금을 지급하여야 하며, 동일 가치 노동의 기준은 직무 수행에서 요구되는 기술, 노력, 책임 및 작업 조건 등으로 한다.

③ 사업주가 임금차별을 목적으로 설립한 별개의 사업은 동일한 사업으로 볼 수 없다.

④ 사업주는 근로자의 해고에서 남녀를 차별하여서는 아니 되나, 혼인을 퇴직 사유로 예정하는 근로계약을 체결할 수 있다.

> **해설 |** ① 사업주는 여성 근로자를 모집·채용할 때 그 직무의 수행에 필요하지 아니한 용모·키·체중 등의 신체적 조건, 미혼 조건, 그 밖에 고용노동부령으로 정하는 조건을 제시하거나 요구하여서는 아니 된다(법 제7조 제2항).
> ③ 사업주가 임금차별을 목적으로 설립한 별개의 사업은 동일한 사업으로 본다(법 제8조 제3항).
> ④ 사업주는 여성 근로자의 혼인, 임신 또는 출산을 퇴직 사유로 예정하는 근로계약을 체결하여서는 아니 된다(법 제11조 제2항).

16 남녀고용평등과 일·가정 양립 지원에 관한 법률상 직장 내 성희롱의 예방에 관한 설명으로 틀린 것은?

① 사업주는 직장 내 성희롱 예방을 위한 교육을 연 1회 이상 하여야 한다.

② 사업주 및 근로자 모두가 남성 또는 여성 중 어느 한 성으로만 구성된 사업의 사업주는 직장 내 성희롱 예방 교육을 생략할 수 있다.

③ 사업주는 성희롱 예방 교육을 고용노동부장관이 지정하는 기관에 위탁하여 실시할 수 있다.

④ 사업주는 근로자가 고객에 의한 성희롱의 피해를 주장하는 것을 이유로 해고나 그 밖의 불이익한 조치를 하여서는 아니 된다.

> **해설 |** 사업주 및 근로자 모두가 남성 또는 여성 중 어느 한 성(性)으로 구성된 사업의 사업주는 근로자가 알 수 있도록 교육자료 또는 홍보물을 게시하거나 배포하는 방법으로 직장 내 성희롱 예방 교육을 할 수는 있으나 예방 교육 자체를 생략할 수는 없다(동법 시행령 제3조 제4항).

17 남녀고용평등과 일·가정 양립 지원에 관한 법률상 직장 내 성희롱에 대한 설명으로 틀린 것은?

① 직장 내 성희롱이란 사업주·상급자 또는 근로자가 직장 내의 지위를 이용하거나 업무와 관련하여 다른 근로자에게 성적 언동 등으로 성적 굴욕감 또는 혐오감을 느끼게 하거나 성적 언동 또는 그 밖의 요구 등에 따르지 아니하였다는 이유로 고용에서 불이익을 주는 것을 말한다.

② 사업주는 직장 내 성희롱 발생이 확인된 경우 지체 없이 행위자에 대하여 징계나 그 밖에 이에 준하는 조치를 하여야 한다.

③ 사업주는 직장 내 성희롱과 관련하여 피해를 입은 근로자 또는 성희롱 피해 발생을 주장하는 근로자에게 해고나 그 밖의 불리한 조치를 하여서는 아니 된다.

④ 사업주 및 근로자 모두가 남성으로 구성된 사업의 사업주는 직장 내 성희롱 예방 교육을 생략할 수 있다.

> **해설 |** 다음의 어느 하나에 해당하는 사업의 사업주는 성희롱 예방 교육자료 또는 홍보물을 게시하거나 배포하는 방법으로 직장 내 성희롱 예방 교육을 할 수 있다(시행령 제3조 제4항).
> 1. 상시 10명 미만의 근로자를 고용하는 사업
> 2. 사업주 및 근로자 모두가 남성 또는 여성 중 어느 한 성(性)으로 구성된 사업

18 남녀고용평등과 일·가정 양립 지원에 관한 법률상 직장 내 성희롱의 금지와 예방에 관한 설명으로 틀린 것은?
2010, 2008

① 사업주, 상급자 또는 근로자는 직장 내 성희롱을 하여서는 아니 된다.

② 직장 내 성희롱과 관련하여 피해 발생을 주장하는 근로자에게 해고나 그 밖의 불리한 조치를 하여서는 아니 된다.

③ 사업주는 직장 내 성희롱 발생이 확인된 경우 지체 없이 행위자에 대하여 징계나 그 밖에 이에 준하는 조치를 하여야 한다.

④ 사업주는 성희롱 예방 교육을 고용노동부장관이 지정하는 기관에 위탁하여 실시해야 한다.

> **해설 |** 사업주는 성희롱 예방 교육을 자체적으로 실시하거나 고용노동부장관이 지정하는 기관에 위탁하여 실시할 수도 있다(법 제13조의 2).

19 남녀고용평등과 일·가정 양립 지원에 관한 법률상 직장 내 성희롱 예방 교육에 관한 설명으로 틀린 것은?

① 상시 10명 미만의 근로자를 고용하는 사업장의 경우 간접교육(단순히 교육자료 등의 게시, 배포)도 가능하다.

② 성희롱 예방 교육 내용에는 직장 내 성희롱에 관한 법령, 직장 내 성희롱 발생 시의 처리 절차와 조치기준, 직장 내 성희롱 피해 근로자의 고충상담 및 구제 절차 등이 있다.

③ 단순히 교육자료 등을 배포·게시하거나 게시판에 공지하는 등으로 근로자에게 교육 내용이 제대로 전달되었는지 확인하기 곤란한 경우에는 예방 교육을 한 것으로 보지 아니한다.

④ 직장 내 성희롱 예방 교육은 상·하반기로 나눠 연 2회 이상 실시하여야 한다.

20 남녀고용평등과 일·가정 양립 지원에 관한 법률상 직장 내 성희롱의 예방에 관한 설명으로 틀린 것은?

① 사업주는 직장 내 성희롱의 예방을 위한 교육을 연 1회 이상 실시하여야 한다.

② 사업주를 제외한 모든 근로자는 성희롱 예방 교육을 받아야 한다.

③ 사업주는 성희롱 예방 교육을 고용노동부장관이 지정하는 기관에 위탁하여 실시할 수 있다.

④ 성희롱 예방 교육기관은 성희롱 예방 강사를 1명 이상 두어야 한다.

21 남녀고용평등과 일·가정 양립 지원에 관한 법률상 직장 내 성희롱에 관한 설명으로 틀린 것은?

① 사업주, 상급자 또는 근로자는 직장 내 성희롱을 하여서는 아니 된다.

② 사업주는 직장 내 성희롱의 예방을 위한 교육을 실시하여야 하며, 그 예방 교육을 고용노동부장관이 지정하는 기관에 위탁하여 실시할 수 있다.

③ 성희롱 예방 교육기관은 고용노동부령으로 정하는 기관 중에서 지정하되, 고용노동부령으로 정하는 강사를 2명 이상 두어야 한다.

④ 사업주는 직장 내 성희롱과 관련하여 피해를 입은 근로자 또는 성희롱 피해 발생을 주장하는 근로자에게 해고나 그 밖의 불리한 조치를 하여서는 아니 된다.

22 남녀고용평등과 일·가정 양립 지원에 관한 법률상 직장 내 성희롱 또는 고객 등에 의한 성희롱과 관련된 사업주의 조치로 옳지 않은 것은?

① 피해자의 성희롱 행위자에 대한 손해배상청구 비용 지원

② 직장 내 성희롱 피해를 입거나 피해 발생을 주장하는 근로자에 대한 해고의 금지

③ 고객 등에 의한 성희롱으로 인한 고충 해소를 요청한 근로자에 대한 근로 장소 변경

④ 고객 등에 의한 성희롱으로 인한 고충 해소를 요청한 근로자에 대한 배치전환

23 남녀고용평등과 일·가정 양립 지원에 관한 법률상 차별이 아닌 것은?

2013

① 합리적인 이유 없이 혼인을 사유로 근로조건을 달리하는 경우

② 합리적인 이유 없이 가족 안에서의 지위를 사유로 근로조건을 달리하는 경우

③ 현존하는 남녀 간의 고용차별을 해소하기 위해 사업주가 특정 성을 우대하는 조치를 취하는 경우

④ 합리적인 이유 없이 수유를 사유로 여성 근로자에게 채용 조건을 불리하게 하는 경우

24 남녀고용평등과 일·가정 양립 지원에 관한 법률상 적극적 고용개선 위원회에서 심의하는 사항이 아닌 것은?

① 여성 근로자 고용기준에 관한 사항

② 적극적 고용개선조치 시행계획의 심사에 관한
   사항
③ 적극적 고용개선조치 이행실적의 평가에 관한
   사항
④ 직장 내 성희롱 발생 시 조치에 관한 사항

해설 | 적극적 고용개선 위원회에서 심의하는 사항(법 제17조의 8)
1. 여성 근로자 고용기준에 관한 사항
2. 시행계획의 심사에 관한 사항
3. 적극적 고용개선조치 이행실적의 평가에 관한 사항
4. 적극적 고용개선조치 우수기업의 표창 및 지원에 관한 사항
5. 시행계획의 게시 등 공표 여부에 관한 사항
6. 그 밖에 적극적 고용개선조치에 관하여 고용정책 심의회의 위원장이 회의에 부치는 사항

25 남녀고용평등과 일·가정 양립 지원에 관한 법률상 출산전후휴가에 대한 지원에 관한 설명으로 틀린 것은?

① 국가는 출산전후휴가를 사용한 근로자 중 일정한 요건에 해당하는 자에게 그 휴가기간에 대하여 평균임금에 상당하는 금액을 지급할 수 있다.
② 출산전후휴가급여 등은 그 금액의 한도에서 「근로기준법」에 따른 출산전후휴가급여를 사업주가 지급한 것으로 본다.
③ 출산전후휴가급여 등을 지급하기 위하여 필요한 비용은 국가재정이나 사회보장기본법에 따른 사회보험에서 분담할 수 있다.
④ 여성 근로자가 출산전후휴가급여를 받으려는 경우 사업주는 관계 서류의 작성·확인 등 모든 절차에 적극 협력하여야 한다.

해설 | 국가는 출산전후휴가를 사용한 근로자 중 일정한 요건에 해당하는 자에게 그 휴가기간에 대하여 통상임금에 상당하는 금액을 지급할 수 있다(법 제18조 제1항).

26 남녀고용평등과 일·가정 양립 지원에 관한 법률상 출산전후휴가에 대한 지원에 관한 설명으로 틀린 것은?

① 국가는 출산전후휴가를 사용한 근로자 중 일정한 요건에 해당하는 자에게 그 휴가기간에 대하여 평균임금에 상당하는 출산전후휴가급여를 지급할 수 있다.
② 출산전후휴가급여 등을 지급하기 위하여 필요한 비용은 국가재정이나 사회보장기본법에 따른 사회보험에서 분담할 수 있다.
③ 여성 근로자가 출산전후휴가급여를 받으려는 경우 사업주는 관계 서류의 작성·확인 등 모든 절차에 적극 협력하여야 한다.
④ 출산전후휴가급여의 지급요건 및 절차 등에 관하여 필요한 사항은 따로 법률로 정한다.

해설 | 평균임금이 아니라 통상임금이다(법 제18조 제1항).

27 다음 ( ) 안에 알맞은 것은?

> 배우자 출산휴가는 근로자의 배우자가 출산한 날부터 ( )이 지나면 청구할 수 없다.

① 15일　　　　② 30일
③ 60일　　　　④ 90일

해설 | 배우자 출산휴가는 근로자의 배우자가 출산한 날부터 30일이 지나면 청구할 수 없다(법 제18조의 2 제2항).

28 다음 (   ) 안에 들어갈 가장 알맞은 것은?

> 남녀고용평등과 일·가정 양립 지원에 관한 법률상 사업주는 근로자가 배우자의 출산을 이유로 휴가를 청구하는 경우에 (A) 일의 범위에서 (B)일 이상의 휴가를 주어야 한다. 다만, 근로자의 배우자가 출산한 날로부터 (C)일이 지나면 청구할 수 없다.

① A-7, B-5, C-60 ② A-7, B-3, C-45
③ A-5, B-3, C-30 ④ A-5, B-1, C-15

해설 | 사업주는 근로자가 배우자의 출산을 이유로 휴가를 청구하는 경우에 5일의 범위에서 3일 이상의 휴가를 주어야 한다. 이 경우 사용한 휴가기간 중 최초 3일은 유급으로 한다. 또한 동 휴가는 근로자의 배우자가 출산한 날부터 30일이 지나면 청구할 수 없다(법 제18조의 2).

29 남녀고용평등과 일·가정 양립 지원에 관한 법률에 명시되어 있는 내용이 아닌 것은?

① 배우자 출산휴가
② 생리휴가
③ 직장어린이집 설치 및 지원
④ 명예고용평등감독관

해설 | 생리휴가는 근로기준법에서 규정하고 있다(근로기준법 제73조).

30 남녀고용평등법의 내용에 대한 설명 중 옳지 않은 것은?
2004

① 근로자 모집, 채용과정에서의 남녀차별은 남녀고용평등법 위반은 당연하고 근로기준법상의 균등처우 조항에도 저촉된다.
② 여성 근로자를 모집, 채용함에 있어서 직무 수행에 필요로 하지 않는 용모, 키, 체중 등의 신체조건을 제시하여서는 아니 된다.

③ 직장 내 성희롱이라 함은 사업주, 상급자 또는 근로자가 직장 내의 지위를 이용하거나, 업무와 관련하여 다른 근로자에게 성적인 언동 등으로 혐오감 등을 느끼게 하는 것 등을 말한다.
④ 육아휴직을 신청할 수 있는 근로자는 생후 1년 미만의 영아를 가진 근로자이다.

해설 | 사업주는 근로자가 만 8세 이하 또는 초등학교 2학년 이하의 자녀를 양육하기 위하여 휴직을 신청하는 경우에 이를 허용하여야 한다(법 제19조).

31 남녀고용평등과 일·가정 양립 지원에 관한 법률상 육아휴직에 대한 설명으로 틀린 것은?
2015

① 육아휴직을 신청할 수 있는 자는 원칙적으로 만 8세 이하 또는 초등학교 2학년 이하의 자녀를 가진 근로자이다.
② 육아휴직 기간은 1년 이내로 한다.
③ 사업주는 육아휴직을 마친 후에는 휴직 전과 같은 업무 또는 같은 수준의 임금을 지급하는 직무에 복귀시켜야 한다.
④ 육아휴직 기간은 근속기간에 포함되지 않는다.

해설 | 육아휴직 기간은 근속기간에 포함된다(법 제19조 제4항).

32 남녀고용평등과 일·가정 양립 지원에 관한 법률상 육아휴직에 관한 설명으로 틀린 것은?

① 육아휴직 기간은 1년 이내로 한다.
② 육아휴직 기간은 근속기간에 포함되지 않는다.
③ 만 8세 이하 또는 초등학교 2학년 이하의 자녀를 양육하기 위하여 육아휴직을 신청할 수 있다.
④ 사업주는 육아휴직을 마친 후에는 휴직 전과 같은 업무 또는 같은 수준의 임금을 지급하는 직무에 복귀시켜야 한다.

해설 | 육아휴직 기간은 근속기간에 포함한다(법 제19조 제4항).

33 남녀고용평등과 일·가정 양립 지원에 관한 법률이 규정하고 있는 내용이 아닌 것은?

① 출산전후휴가에 대한 지원
② 배우자 출산휴가
③ 육아휴직급여
④ 육아기 근로시간 단축

> **해설ㅣ** 육아휴직제도는 근로자가 만 8세 이하 또는 초등학교 2학년 이하의 자녀를 양육하기 위한 휴직제도이며(법 제19조 제1항), 육아휴직급여에 관한 규정은 고용보험법에 있다.

34 남녀고용평등과 일·가정 양립 지원에 관한 법률상 육아휴직에 관한 설명으로 틀린 것은?

① 육아휴직의 기간은 1년 이내로 한다.
② 사업을 계속할 수 없는 경우를 제외하고 육아휴직 기간에는 육아휴직을 이유로 그 근로자를 해고하지 못한다.
③ 육아휴직 기간은 근속기간에 포함된다.
④ 육아휴직 기간은 파견근로자보호 등에 관한 법률 제6조에 따른 근로자파견기간에 산입한다.

> **해설ㅣ** 기간제근로자 또는 파견근로자의 육아휴직 기간은 「기간제 및 단시간근로자 보호 등에 관한 법률」 제4조에 따른 사용기간 또는 「파견근로자보호 등에 관한 법률」 제6조에 따른 근로자파견기간에 산입하지 아니한다(법 제19조 제5항).

35 남녀고용평등과 일·가정 양립 지원에 관한 법령상 육아휴직에 관한 설명으로 옳은 것은?

① 사업주는 근로자가 만 8세 이하 또는 초등학교 2학년 이하의 자녀(입양한 자녀 포함)의 양육을 위하여 육아휴직을 신청하는 경우 이를 허용해야 한다.

② 육아휴직 기간은 2년 이내로 한다.
③ 육아휴직을 시작하려는 날의 전날까지 해당 사업에서의 계속 근로기간에 관계없이 육아휴직을 허용하여야 한다.
④ 육아휴직 기간은 근속기간에 포함되지 않는다.

> **해설ㅣ** ② 육아휴직 기간은 1년 이내로 한다(법 제19조 제2항).
> ③ 육아휴직을 시작하려는 날의 전날까지 해당 사업에서 계속 근로한 기간이 1년 미만인 근로자 또는 같은 영유아에 대하여 배우자가 육아휴직을 하고 있는 근로자에게는 육아휴직을 허용하지 아니할 수 있다(동법 시행령 제10조).
> ④ 육아휴직 기간은 근속기간에 포함된다(법 제19조 제4항).

36 남녀고용평등과 일·가정 양립 지원에 관한 법률상 육아휴직에 관한 설명으로 틀린 것은?

① 근로자가 육아휴직종료예정일을 연기하려는 경우에는 한 번만 연기할 수 있다.
② 육아휴직의 기간은 1년 이내로 하며, 그 기간은 근속기간에 포함한다.
③ 사업주는 육아휴직을 시작하려는 날의 전날까지 해당 사업에서 계속 근로한 기간이 6개월 미만인 근로자에 대하여는 육아휴직을 허용하지 아니할 수 있다.
④ 사업주는 육아휴직을 이유로 해고나 그 밖의 불리한 처우를 하여서는 아니 되며, 원칙적으로 육아휴직 기간에는 그 근로자를 해고하지 못한다.

> **해설ㅣ** 사업주는 육아휴직을 시작하려는 날의 전날까지 해당 사업에서 계속 근로한 기간이 1년 미만인 근로자에 대하여는 육아휴직을 허용하지 아니할 수 있다(시행령 제10조 제1호).

정답 　28 ③　29 ②　30 ④　31 ④　32 ②　33 ③　34 ④　35 ①　36 ③

37 남녀고용평등과 일 · 가정 양립 지원에 관한 법률상 육아휴직에 관한 설명으로 틀린 것은?

① 사업주는 육아휴직을 시작하려는 날의 전날까지 해당 사업에서 계속 근로한 기간이 6개월 이상인 근로자에게는 육아휴직을 허용하여야 한다.

② 사업주는 육아휴직을 신청한 근로자에게 해당 자녀의 출생 등을 증명할 수 있는 서류의 제출을 요구할 수 있다.

③ 근로자는 휴직종료예정일을 연기하려는 경우에는 한 번만 연기할 수 있다.

④ 근로자는 휴직종료예정일을 연기하려는 경우에는 당초의 휴직종료예정일 30일 전까지 사업주에게 신청하여야 한다.

> **해설 ❙** 사업주는 육아휴직을 시작하려는 날의 전날까지 해당 사업에서 계속 근로한 기간이 1년 미만인 근로자 또는 같은 영유아에 대하여 배우자가 육아휴직을 하고 있는 근로자에게는 육아휴직을 허용하지 아니할 수 있다(동법 시행령 제10조).

38 남녀고용평등과 일 · 가정 양립 지원에 관한 법률상 육아휴직에 관한 설명으로 틀린 것은?

① 만 8세 이하 또는 초등학교 2학년 이하의 자녀(입양한 자녀를 포함)를 양육하기 위하여 육아휴직을 신청할 수 있다.

② 육아휴직 기간은 1년 이내로 하며, 그 기간은 근속기간에 포함되지 않는다.

③ 사업주는 육아휴직을 이유로 해고나 그 밖의 불리한 처우를 하여서는 아니 되며, 육아휴직 기간에는 그 근로자를 해고하지 못한다.

④ 사업주는 육아휴직을 마친 후에는 휴직 전과 같은 업무 또는 같은 수준의 임금을 지급하는 직무에 복귀시켜야 한다.

> **해설 ❙** 육아휴직 기간은 근속기간에 포함한다(법 제19조 제4항).

39 남녀고용평등과 일 · 가정 양립 지원에 관한 법률상 육아휴직과 육아기 근로시간 단축의 사용형태로 틀린 것은?

① 육아휴직을 5개월씩 2회 사용

② 육아기 근로시간 단축을 6개월씩 2회 사용

③ 육아휴직을 6개월 동안 1회 사용하고 육아기 근로시간 단축을 5개월 동안 1회 사용

④ 육아휴직을 6개월 동안 1회 사용하고 육아기 근로시간 단축을 2개월씩 2회 사용

> **해설 ❙ 육아휴직과 육아기 근로시간 단축의 사용형태 (제19조의 4)**
> 근로자는 육아휴직이나 육아기 근로시간 단축을 하려는 경우에는 다음의 방법 중 하나를 선택하여 사용할 수 있다. 이 경우 어느 방법을 사용하든지 그 총기간은 1년을 넘을 수 없다.
> ① 육아휴직의 1회 사용
> ② 육아기 근로시간 단축의 1회 사용
> ③ 육아휴직의 분할 사용(1회만 할 수 있다)
> ④ 육아기 근로시간 단축의 분할 사용(1회만 할 수 있다)
> ⑤ 육아휴직의 1회 사용과 육아기 근로시간 단축의 1회 사용

40 남녀고용평등과 일 · 가정 양립 지원에 관한 법률상 분쟁의 예방과 해결에 대한 설명으로 틀린 것은?

2010

① 고용노동부장관은 남녀고용평등 이행을 촉진하기 위하여 그 사업장 소속 근로자 중 명예고용평등감독관을 직권으로 위촉할 수 있다.

② 고용노동부장관은 차별, 직장 내 성희롱, 모성보호 및 일·가정 양립 등에 관한 상담을 실시하는 민간단체에 필요한 비용의 일부를 예산의 범위에서 지원할 수 있다.

③ 사업주는 임금, 승진 등의 사항에 관하여 근로자가 고충을 신고하였을 때에는 해당 사업장에 설치된 노사협의회에 고충의 처리를 위임하는 등 자율적인 해결을 위하여 노력하여야 한다.

④ 동법과 관련한 분쟁해결에서 입증책임을 사업
주가 부담한다.

해설 | 고용노동부장관은 사업장의 남녀고용평등 이행을 촉진하기 위하여 그 사업장 소속 근로자 중 노사가 추천하는 자를 명예고용평등감독관으로 위촉할 수 있다(법 제24조).

41 남녀고용평등과 일·가정 양립 지원에 관한 법률상 명예고용평등감독관에 대한 내용으로 옳지 않은 것은?

① 해당 사업장의 차별 및 직장 내 성희롱 발생 시 피해 근로자에 대한 상담·조언 업무를 수행한다.
② 해당 사업장의 고용평등 이행상태 자율점검 및 지도 시 참여 업무를 수행한다.
③ 명예고용평등감독관은 그 사업장 소속이 아닌 자로 위촉한다.
④ 법령위반 사실이 있는 사항에 대하여 사업주에 대한 개선 건의 및 감독기관에 대한 신고 업무를 수행한다.

해설 | 고용노동부장관은 사업장의 남녀고용평등 이행을 촉진하기 위하여 그 사업장 소속 근로자 중 노사가 추천하는 자를 명예고용평등감독관으로 위촉할 수 있다(법 제24조).

42 남녀고용평등과 일·가정 양립 지원에 관한 법률상 명예고용평등감독관에 관한 설명으로 틀린 것은?

① 고용노동부장관은 사업장의 남녀고용평등 이행을 촉진하기 위하여 외부 전문가 중 노사가 추천하는 자를 명예고용평등감독관으로 위촉할 수 있다.
② 사업주는 명예감독관으로서 정당한 임무수행을 한 것을 이유로 해당 근로자에게 인사상 불이익 등의 불리한 조치를 하여서는 아니 된다.

③ 명예고용평등감독관은 법령위반 사실이 있는 사항에 대하여 사업주에 대한 개선 건의 및 감독기관에 대한 신고를 행한다.
④ 명예고용평등감독관은 해당 사업장의 고용평등 이행상태 자율점검 및 지도 시 참여한다.

해설 | 고용노동부장관은 사업장의 남녀고용평등 이행을 촉진하기 위하여 그 사업장 소속 근로자 중 노사가 추천하는 자를 명예고용평등감독관으로 위촉할 수 있다(법 제24조 제1항).

43 남녀고용평등과 일·가정 양립 지원에 관한 법률상 명예고용평등감독관 또는 그의 업무에 관한 설명으로 틀린 것은?

① 고용노동부장관은 사업장의 남녀고용평등 이행을 촉진하기 위하여 외부 전문가 중 노사가 추천하는 자를 명예고용평등감독관으로 위촉할 수 있다.
② 명예고용평등감독관은 해당 사업장의 차별 및 직장 내 성희롱 발생 시 피해 근로자에 대한 상담·조언을 한다.
③ 명예고용평등감독관은 해당 사업장의 고용평등 이행상태 자율점검 및 지도 시 참여한다.
④ 명예고용평등감독관은 법령위반 사실이 있는 사항에 대하여 사업주에 대한 개선 건의 및 감독기관에 대한 신고를 한다.

해설 | 고용노동부장관은 사업장의 남녀고용평등 이행을 촉진하기 위하여 그 사업장 소속 근로자 중 노사가 추천하는 자를 명예고용평등감독관으로 위촉할 수 있다(법 제24조).

정답 37 ① 38 ② 39 ④ 40 ① 41 ③ 42 ① 43 ①

44 남녀고용평등과 일·가정 양립 지원에 관한 법령상 명예고용평등감독관(명예감독관)에 관한 설명으로 틀린 것은?

① 고용노동부장관은 사업장의 남녀고용평등 이행을 촉진하기 위하여 그 사업장 소속 근로자 중 근로자 측이 추천하는 자를 명예고용평등감독관으로 위촉할 수 있다.

② 명예감독관의 임기는 3년으로 하되, 연임할 수 있다.

③ 고용노동부장관은 근로자인 명예감독관이 퇴직 등의 사유로 해당 사업의 근로자 지위를 상실한 경우 그 명예감독관을 해촉할 수 있다.

④ 고용노동부장관은 명예감독관으로 활동하기에 부적합한 사유가 있어 해당 사업의 노사 대표가 공동으로 해촉을 요청한 경우에 그 명예감독관을 해촉할 수 있다.

45 남녀고용평등과 일·가정 양립 지원에 관한 법률의 내용에 관한 설명으로 틀린 것은? 2013

① 사용주는 동일한 사업 내의 동일 가치 노동에 대하여는 동일한 임금을 지급하여야 한다.

② 육아휴직을 시작하려는 날의 전날까지 해당 사업에서 계속 근로된 기간이 1년 미만인 근로자에게는 육아휴직을 허용하지 아니할 수 있다.

③ 남녀고용평등과 일·가정 양립 지원에 관한 법률과 관련한 분쟁해결에서 입증책임은 근로자가 부담한다.

④ 사업주가 임금차별을 목적으로 설립한 별개의 사업은 동일한 사업으로 본다.

46 남녀고용평등과 일·가정 양립 지원에 관한 법령상 전자문서로 작성·보존할 수 있는 서류가 아닌 것은?

① 적극적 고용개선조치 시행계획 및 그 이행실적에 관한 서류

② 직장 내 성희롱 예방 교육을 하였음을 확인할 수 있는 서류

③ 직장 내 성희롱 행위자에 대한 징계 등 조치에 관한 서류

④ 배우자 출산휴가의 청구 및 허용에 관한 서류

47 남녀고용평등과 일·가정 양립 지원에 관한 법률상 남녀고용평등 강조기간으로 옳은 것은? 2010

① 매년 3월 25일부터 3월 31일까지

② 매년 4월 25일부터 4월 30일까지

③ 매년 5월 25일부터 5월 31일까지

④ 매년 6월 25일부터 6월 30일까지

정답 ▶ **44** ① **45** ③ **46** ① **47** ③

고용상 연령차별금지 및 고령자고용촉진에 관한 법률

Section 01 총칙

(1) 목적(제1조)

이 법은 합리적인 이유 없이 연령을 이유로 하는 고용차별을 금지하고, 고령자(高齡者)가 그 능력에 맞는 직업을 가질 수 있도록 지원하고 촉진함으로써, 고령자의 고용안정과 국민경제의 발전에 이바지하는 것을 목적으로 한다.

(2) 용어의 정의(제2조)

용어	개념
고령자	인구와 취업자의 구성 등을 고려하여 대통령령으로 정하는 연령 이상인 자를 말한다(현재 55세 이상인 사람).
준고령자	대통령령으로 정하는 연령 이상인 자로서 고령자가 아닌 자를 말한다(현재 50세 이상 55세 미만인 사람).
사업주	근로자를 사용하여 사업을 하는 자를 말한다.
근로자	「근로기준법」에 따른 근로자(직업의 종류와 관계없이 임금을 목적으로 사업이나 사업장에 근로를 제공하는 자)를 말한다.
기준고용률	사업장에서 상시 사용하는 근로자를 기준으로 하여 사업주가 고령자의 고용촉진을 위하여 고용하여야 할 고령자의 비율로서 고령자의 현황과 고용 실태 등을 고려하여 사업의 종류별로 대통령령으로 정하는 비율을 말한다.

Plus Check 고령자 기준고용률

법 제2조 제5호에서 "대통령령으로 정하는 비율"이란 다음의 어느 하나에 해당하는 비율을 말한다.
1. 제조업 : 그 사업장의 상시근로자수의 100분의 2
2. 운수업, 부동산 및 임대업 : 그 사업장의 상시근로자수의 100분의 6
3. 제1호 및 제2호 외의 산업 : 그 사업장의 상시근로자수의 100분의 3

---

(3) 정부의 책무(제3조)

정부는 고용에서 연령을 이유로 차별하는 관행을 해소하기 위하여 연령차별금지정책을 수립·시행하며, 고령자의 고용에 관하여 사업주와 국민 일반의 이해를 높이고, 고령자의 고용촉진과 직업안정을 꾀하기 위하여 고령자 고용촉진 대책의 수립·시행, 직업능력개발훈련 등 필요한 시책을 종합적이고 효과적으로 추진하여야 한다.

(4) 사업주의 책무(제4조)

사업주는 연령을 이유로 하는 고용차별을 해소하고, 고령자의 직업능력계발·향상과 작업시설·업무 등의 개선을 통하여 고령자에게 그 능력에 맞는 고용 기회를 제공함과 아울러 정년연장 등의 방법으로 고령자의 고용이 확대되도록 노력하여야 한다.

(5) 고령자 고용촉진 기본계획의 수립(제4조의 3)

① 고용노동부장관은 고령자의 고용촉진에 관한 기본계획(이하 "기본계획"이라 한다)을 관계 중앙기관의 장과 협의하여 5년마다 수립하여야 한다.

② 기본계획에는 다음의 사항이 포함되어야 한다.

　㉠ 고령자의 현황과 전망

　㉡ 고령자의 직업능력개발

　㉢ 고령자의 취업알선, 재취업 및 전직(轉職) 지원 등 취업 가능성의 개선방안

　㉣ 그 밖에 고령자의 고용촉진에 관한 주요시책

③ 고용노동부장관은 기본계획을 수립할 때에는 「고용정책 기본법」에 따른 고용정책심의회(이하 "고용정책심의회"라 한다)의 심의를 거쳐야 한다.

④ 고용노동부장관은 필요하다고 인정하면 관계 행정기관 또는 공공기관의 장에게 기본계획의 수립에 필요한 자료의 제출을 요청할 수 있다.

Section 02 고용상 연령차별금지

(1) 모집 · 채용 등에서의 연령차별금지(제4조의 4)

① 사업주는 다음의 분야에서 합리적인 이유 없이 연령을 이유로 근로자 또는 근로자가 되려는 자를 차별하여서는 아니 된다.

　㉠ 모집·채용

　㉡ 임금, 임금 외의 금품 지급 및 복리후생

　㉢ 교육·훈련

　㉣ 배치·전보·승진

　㉤ 퇴직·해고

② 합리적인 이유 없이 연령 외의 기준을 적용하여 특정 연령집단에 특히 불리한 결과를 초래하는 경우에는 연령차별로 본다.

(2) 차별금지의 예외(제4조의 5)

다음의 어느 하나에 해당하는 경우에는 연령차별로 보지 아니한다.

① 직무의 성격에 비추어 특정 연령기준이 불가피하게 요구되는 경우

② 근속기간의 차이를 고려하여 임금이나 임금 외의 금품과 복리후생에서 합리적인 차등을 두는 경우

③ 이 법이나 다른 법률에 따라 근로계약, 취업규칙, 단체협약 등에서 정년을 설정하는 경우

④ 이 법이나 다른 법률에 따라 특정 연령집단의 고용유지·촉진을 위한 지원조치를 하는 경우

(3) 진정과 권고의 통보(제4조의 6)

① 연령차별금지의 위반으로 연령차별을 당한 사람(이하 "피해자"라 한다)은 「국가인권위원회법」 제30조에 따라 국가인권위원회에 그 내용을 진정할 수 있다.

② 국가인권위원회는 위에 따른 진정을 조사한 결과 연령차별이 있다고 판단하여 피진정인, 그 소속 기관·단체 또는 감독기관의 장에게 구제조치 등을 권고할 경우 그 권고내용을 고용노동부장관에게도 통보하여야 한다.

(4) 시정명령(제4조의 7)

① 고용노동부장관은 국가인권위원회로부터 구제조치 등의 권고를 받은 사업주가 정당한 사유 없이 권고를 이행하지 아니하고 다음의 어느 하나에 해당하여 그 피해의 정도가 심각하다고 인정되면 피해자의 신청에 의하거나 직권으로 시정명령을 할 수 있다.

  ㉠ 피해자가 다수인인 연령차별행위에 대한 권고 불이행

  ㉡ 반복적 연령차별행위에 대한 권고 불이행

  ㉢ 피해자에게 불이익을 주기 위한 고의적 권고 불이행

  ㉣ 그 밖에 피해의 내용과 규모 등을 고려하여 시정명령이 필요하다고 고용노동부령으로 정하는 경우

② 시정명령에는 다음의 사항을 포함하여야 한다.

  ㉠ 연령차별행위의 중지

  ㉡ 피해의 원상회복

  ㉢ 연령차별행위의 재발방지를 위한 조치

  ㉣ 그 밖에 연령차별시정을 위하여 필요하다고 고용노동부령으로 정한 조치

③ 피해자의 신청에 따라 시정명령을 할 경우 그 신청을 받은 날부터 3개월 이내에 하여야 한다.

④ 고용노동부장관은 시정명령을 할 때에는 다음의 사항을 명시한 서면을 해당 사업주와 피해자에게 각각 내주어야 한다.

  ㉠ 시정명령의 이유

  ㉡ 시정명령의 내용

  ㉢ 시정기한

  ㉣ 시정명령에 대한 불복 절차

(5) **시정명령 이행상황의 제출요구 등(제4조의 8)**

　① 고용노동부장관은 연령차별행위를 한 사업주에게 시정명령의 이행상황을 제출할 것을 요구할
　　수 있다.

　② 피해자는 연령차별행위를 한 사업주가 시정명령을 이행하지 아니하면 고용노동부장관에게 신
　　고할 수 있다.

(6) **해고나 그 밖의 불리한 처우의 금지(제4조의 9)**

　사업주는 근로자가 이 법이 금지하는 연령차별행위에 대한 진정, 자료제출, 답변·증언, 소송, 신고
등을 하였다는 이유로 근로자에게 해고, 전보, 징계, 그 밖의 불리한 처우를 하여서는 아니 된다.

Section 03　정부의 고령자 취업지원

(1) **구인 · 구직 정보수집(제5조)**

　고용노동부장관 및 특별시장·광역시장·도지사·특별자치도지사(이하 "고용노동부장관 등"이라 한다)는
고령자의 고용을 촉진하기 위하여 고령자와 관련된 구인·구직 정보를 수집하고 구인·구직의 개척
에 노력하여야 하며 관련 정보를 구직자·사업주 및 관련 단체 등에 제공하여야 한다.

(2) **고령자에 대한 직업능력개발훈련(제6조)**

　① 고용노동부장관 등은 고령자의 고용을 촉진하고 직업능력의 개발·향상을 위하여 고령자를 대상
　　으로 대통령령으로 정하는 바에 따라 직업능력개발훈련을 실시하여야 한다.

　② 고용노동부장관 등은 고령자가 작업환경에 쉽게 적응할 수 있도록 하기 위하여 필요하다고 인정
　　하면 취업 전에 안전·보건에 관한 내용을 포함하여 고용노동부령으로 정하는 적응훈련을 실시
　　하도록 조치하여야 한다.

　③ 고령자의 직업능력개발훈련과 해당 훈련생의 보호에 관한 사항은 「근로자직업능력 개발법」을
　　준용하되 고령자의 신체적·정신적 조건 등을 고려하여 특별한 배려를 하여야 한다.

(3) **사업주에 대한 고용지도(제7조)**

　① 고용노동부장관은 필요하다고 인정하면 고령자를 고용하고 있거나 고용하려는 사업주에게 채
　　용, 배치, 작업시설, 작업환경 등 고령자의 고용 관리에 관한 기술적 사항에 대하여 상담, 자문,
　　그 밖에 필요한 지원을 하여야 한다.

　② 고용노동부장관은 고령자를 고용하고 있거나, 고용하려는 사업주에 대하여 고령자의 신체적·정
　　신적 조건, 직업능력 등에 관한 정보와 그 밖의 자료를 제공하여야 한다.

(4) **사업주의 고령자 교육 · 훈련 및 작업환경 개선에 대한 지원(제8조)**

　① 고용노동부장관은 사업주가 고령자의 고용촉진을 위하여 필요한 교육이나 직업훈련 등을 실시
　　할 경우 그 비용의 전부 또는 일부를 지원할 수 있다.

② 고용노동부장관은 사업주가 고령자의 취업에 적합하도록 시설을 개선할 경우 그 비용의 전부 또는 일부를 지원할 수 있다.

③ 지원금은 예산(「고용보험법」에 따른 고용보험기금을 포함한다)에서 지급하되, 그 지급기준 등에 관한 사항은 고용노동부장관이 정한다.

(5) 고령자의 취업알선 기능 강화(제9조)

① 정부는 고령자가 그 능력에 맞는 직업에 취업할 수 있도록 고령자에 대한 직업상담, 직업적성검사 등 적절한 직업지도와 취업알선 등을 하여야 한다.

② 정부는 고령자에 대한 직업지도와 취업알선 등을 위하여 관련 행정기구와 시설을 정비하도록 노력하여야 한다.

③ 고용노동부장관등은 고령자의 직업지도와 취업알선 등을 담당하게 하기 위하여 소속 공무원 중에서 직업지도관을 지명한다.

(6) 고령자 고용정보센터의 운영(제10조)

① 고용노동부장관등은 고령자의 직업지도와 취업알선 등의 업무를 효율적으로 수행하기 위하여 필요한 지역에 고령자 고용정보센터를 운영할 수 있다.

② 고령자 고용정보센터는 다음의 업무를 수행한다.

   ㉠ 고령자에 대한 구인·구직 등록, 직업지도 및 취업알선

   ㉡ 고령자에 대한 직장 적응훈련 및 교육

   ㉢ 정년연장과 고령자 고용에 관한 인사·노무관리와 작업환경 개선 등에 관한 기술적 상담·교육 및 지도

   ㉣ 고령자 고용촉진을 위한 홍보

   ㉤ 그 밖에 고령자 고용촉진을 위하여 필요한 업무

(7) 고령자인재은행의 지정(제11조)

① 고용노동부장관은 다음의 단체 또는 기관 중 고령자의 직업지도와 취업알선 또는 직업능력개발훈련 등에 필요한 전문 인력과 시설을 갖춘 단체 또는 기관을 고령자인재은행으로 지정할 수 있다.

   ㉠ 「직업안정법」에 따라 무료직업소개사업을 하는 비영리법인이나 공익단체

   ㉡ 「근로자직업능력 개발법」에 따라 직업능력개발훈련을 위탁받을 수 있는 대상이 되는 기관

② 위 ①-㉠ 및 ㉡에 모두 해당하는 고령자인재은행의 사업범위는 다음의 사업 모두로 하고, ①-㉠에만 해당하는 고령자인재은행의 사업범위는 ㉠, ㉡ 및 ㉣의 사업만으로 하며, ①-㉡에만 해당하는 고령자인재은행의 사업범위는 ㉢ 및 ㉣의 사업만으로 한다.

   ㉠ 고령자에 대한 구인·구직 등록, 직업지도 및 취업알선

   ㉡ 취업희망 고령자에 대한 직업상담 및 정년퇴직자의 재취업 상담

   ㉢ 고령자의 직업능력개발훈련

ⓔ 그 밖에 고령자 고용촉진을 위하여 필요하다고 인정하여 고용노동부장관이 정하는 사업

③ 고용노동부장관은 고령자인재은행에 대하여 직업안정 업무를 하는 행정기관이 수집한 구인·구직 정보, 지역 내의 노동력 수급상황, 그 밖에 필요한 자료를 제공할 수 있다.

④ 고용노동부장관은 고령자인재은행에 대하여 예산의 범위에서 소요 경비의 전부 또는 일부를 지원할 수 있다.

⑻ 중견전문인력 고용지원센터의 지정(제11조의 2)

① 고용노동부장관은 퇴직한 고령자로서 경력 등을 고려하여 고용노동부령으로 정하는 자(이하 "중견전문인력"이라 한다)의 직업지도와 취업알선 등을 전문적으로 지원하는 중견전문인력 고용지원센터를 지정할 수 있다.

② 중견전문인력 고용지원센터는「직업안정법」에 따라 무료직업소개사업을 하는 비영리법인 또는 공익단체로서 필요한 전문인력과 시설을 갖춘 단체 중에서 지정한다.

③ 중견전문인력 고용지원센터는 다음의 사업을 한다.

　　㉠ 중견전문인력의 구인·구직 등록, 직업상담 및 취업알선

　　㉡ 중견전문인력의 중소기업에 대한 경영자문 및 자원봉사활동 등의 지원

　　㉢ 그 밖에 중견전문인력의 취업에 필요한 사업으로서 대통령령으로 정하는 사업

④ 중견전문인력 고용지원센터에 관하여는 고령자인재은행에 관한 제11조 제3항부터 제5항까지의 규정을 준용한다. 이 경우 "고령자인재은행"은 "중견전문인력 고용지원센터"로 본다.

⑼ 고령자인재은행 및 중견전문인력 고용지원센터의 지정취소 등(제11조의 3)

① 고용노동부장관은 고령자인재은행 또는 중견전문인력 고용지원센터로 지정을 받은 자가 다음의 어느 하나에 해당하는 경우에는 고용노동부령으로 정하는 바에 따라 그 지정을 취소할 수 있다.

　　㉠ 무료직업소개사업을 폐지하는 경우

　　㉡「직업안정법」에 따라 사업의 정지처분을 받은 경우

　　㉢「근로자직업능력 개발법」에 따라 직업능력개발훈련시설의 승인취소처분·지정취소처분 또는 직업능력개발훈련의 정지처분을 받은 경우

　　㉣「근로자직업능력 개발법」에 따라 지정직업훈련시설이 폐업한 경우

　　㉤「근로자직업능력 개발법」에 따라 직업능력개발훈련법인의 설립허가 취소처분을 받은 경우

　　㉥ 사업실적 부진 등 고용노동부장관이 정하는 사유에 해당하는 경우

② 고령자인재은행 또는 중견전문인력 고용지원센터로 지정을 받은 자가 그 업무를 폐지하거나 휴업하려는 경우에는 고용노동부령으로 정하는 바에 따라 고용노동부장관에게 신고하여야 한다.

⑽ 고령자 고용촉진을 위한 사업(제11조의 4)

고용노동부장관은 고령자의 고용촉진을 위하여 다음의 사업을 할 수 있다.

① 고령자에게 적합한 사회적 일자리의 창출

② 고령자의 자영업 창업 지원

③ 고령자를 대상으로 하는 취업박람회의 지원

④ 고령자 고용촉진과 고용안정에 관한 정책의 수립과 제도개선에 필요한 조사와 연구

⑤ 고령자인재은행, 중견전문인력 고용지원센터 등 관련 기관의 종사자에 대한 교육이나 필요한 인력의 양성

⑥ 고령자 고용 강조기간의 설정과 추진

⑦ 고령자 고용 우수기업의 선정과 지원

⑧ 그 밖에 고령자 고용촉진을 위하여 필요한 사업

Section 04 고령자의 고용촉진 및 고용안정

(1) 사업주의 고령자 고용 노력의무(제12조)

대통령령으로 정하는 수 이상의 근로자를 사용하는 사업주는 기준고용률 이상의 고령자를 고용하도록 노력하여야 한다.

(2) 사업주의 고령자 고용현황의 제출 등(제13조)

① 제12조에 따른 사업주는 고용노동부령으로 정하는 바에 따라 매년 고령자 고용현황을 고용노동부장관에게 제출하여야 한다.

② 고용노동부장관은 제12조에 따른 사업주로서 상시 고용하는 고령자의 비율이 기준고용률에 미달하는 사업주에 대하여 고령자의 고용촉진 및 안정을 위하여 필요한 조치의 시행을 권고할 수 있다.

③ 고용노동부장관은 제2항의 권고에 따른 조치를 시행하는 사업주에게 상담, 자문, 그 밖에 필요한 협조와 지원을 할 수 있다.

(3) 고령자 고용촉진을 위한 세제지원 등(제14조)

① 사업주가 제12조에 따른 기준고용률을 초과하여 고령자를 추가로 고용하는 경우에는 「조세특례제한법」으로 정하는 바에 따라 조세를 감면한다.

② 고용노동부장관은 예산의 범위에서 다음의 구분에 따른 고용 지원금을 지급할 수 있다.

   ㉠ 고령자를 새로 고용하거나 다수의 고령자를 고용한 사업주 또는 고령자의 고용안정을 위하여 필요한 조치를 취한 사업주에게 일정기간 지급하는 고용 지원금

   ㉡ 사업주가 근로자대표의 동의를 받아 일정 연령 이상까지 고용을 보장하는 조건으로 일정 연령, 근속시점 또는 임금액을 기준으로 임금을 감액하는 제도를 시행하는 경우에 그 제도의 적용을 받는 근로자에게 일정 기간 지급하는 고용 지원금. 이 경우 "근로자대표"란 근로자의 과반수로 조직된 노동조합이 있는 경우에는 그 노동조합의 대표자를 말하며, 해당 노동조합이 없는 경우에는 근로자의 과반수를 대표하는 자를 말한다.

ⓒ 고령자와 준고령자의 고용안정 및 취업의 촉진 등을 목적으로 임금체계 개편, 직무 재설계(고령자나 준고령자에게 적합한 직무를 개발하고 설계하는 것을 말한다) 등에 관하여 전문기관의 진단을 받는 사업주에게 지원하는 고용 지원금

⑷ 우선고용직종의 선정 등(제15조)

① 고용노동부장관은 고용정책심의회의 심의를 거쳐 고령자와 준고령자를 고용하기에 적합한 직종(이하 "우선고용직종"이라 한다)을 선정하고, 선정된 우선고용직종을 고시하여야 한다.

② 고용노동부장관은 우선고용직종의 개발 등 고령자와 준고령자의 고용촉진에 필요한 사항에 대하여 조사·연구하고 관련 자료를 정리·배포하여야 한다.

⑸ 우선고용직종의 고용(제16조)

① 국가 및 지방자치단체,「공공기관의 운영에 관한 법률」에 따라 공공기관으로 지정받은 기관의 장은 그 기관의 우선고용직종에 대통령령으로 정하는 바에 따라서 고령자와 준고령자를 우선적으로 고용하여야 한다.

② 위 ①에서 규정한 자 외의 사업주는 우선고용직종에 고령자와 준고령자를 우선적으로 고용하도록 노력하여야 한다.

⑹ 고용 확대의 요청 등(제17조)

① 고용노동부장관은 고령자와 준고령자를 우선적으로 채용한 실적이 부진한 자에게 그 사유를 제출하게 할 수 있으며, 그 사유가 정당하지 아니한 자(사유를 제출하지 아니한 자를 포함한다)에게 고령자와 준고령자의 고용을 확대하여 줄 것을 요청할 수 있다.

② 고용노동부장관은 고령자의 고용촉진 및 안정을 위하여 필요한 조치의 시행 권고를 따르지 아니하는 사업주에게 그 사유를 제출하게 할 수 있으며, 그 사유가 정당하지 아니한 사업주(사유를 제출하지 아니한 사업주를 포함한다)에게 고령자의 고용을 확대하여 줄 것을 요청할 수 있다.

⑺ 내용 공표 및 취업알선 중단(제18조)

고용노동부장관은 정당한 사유 없이 고용 확대 요청에 따르지 아니한 자에게 그 내용을 공표하거나 직업안정 업무를 하는 행정기관에서 제공하는 직업지도와 취업알선 등 고용 관련 서비스를 중단할 수 있다.

Section O5 정년

⑴ 정년(제19조)

① 사업주는 근로자의 정년을 60세 이상으로 정하여야 한다.

② 사업주가 ①에도 불구하고 근로자의 정년을 60세 미만으로 정한 경우에는 정년을 60세로 정한 것으로 본다.

(2) 정년연장에 따른 임금체계 개편 등(제19조의 2)

① 정년을 연장하는 사업 또는 사업장의 사업주와 근로자의 과반수로 조직된 노동조합(근로자의 과반수로 조직된 노동조합이 없는 경우에는 근로자의 과반수를 대표하는 자를 말한다)은 그 사업 또는 사업장의 여건에 따라 임금체계 개편 등 필요한 조치를 하여야 한다.

② 고용노동부장관은 ①에 따라 필요한 조치를 한 사업 또는 사업장의 사업주나 근로자에게 대통령령으로 정하는 바에 따라 고용지원금 등 필요한 지원을 할 수 있다.

③ 고용노동부장관은 정년을 60세 이상으로 연장하는 사업 또는 사업장의 사업주 또는 근로자에게 대통령령으로 정하는 바에 따라 임금체계 개편 등을 위한 컨설팅 등 필요한 지원을 할 수 있다.

(3) 정년제도 운영현황의 제출 등(제20조)

① 상시 300명 이상의 근로자를 사용하는 사업주는 고용노동부령으로 정하는 바에 따라 매년 정년제도의 운영현황을 고용노동부장관에게 제출하여야 한다.

② 고용노동부장관은 정년을 현저히 낮게 정한 사업주에게 정년의 연장을 권고할 수 있다.

③ 위 ②에 따른 권고를 정당한 사유 없이 따르지 아니한 경우 그 내용을 공표할 수 있다.

(4) 정년퇴직자의 재고용(제21조)

① 사업주는 정년에 도달한 자가 그 사업장에 다시 취업하기를 희망할 때 그 직무수행 능력에 맞는 직종에 재고용하도록 노력하여야 한다.

② 사업주는 고령자인 정년퇴직자를 재고용할 때 당사자 간의 합의에 의하여 「근로기준법」에 따른 퇴직금과 연차유급 휴가일수 계산을 위한 계속근로기간을 산정할 때 종전의 근로기간을 제외할 수 있으며 임금의 결정을 종전과 달리할 수 있다.

(5) 정년퇴직자의 재고용 지원(제21조의 2)

고용노동부장관은 제21조에 따라 정년퇴직자를 재고용하거나 그 밖에 정년퇴직자의 고용안정에 필요한 조치를 하는 사업주에게 장려금 지급 등 필요한 지원을 할 수 있다.

(6) 퇴직예정자 등의 구직활동지원(제21조의 3)

① 사업주는 정년퇴직 등의 사유로 이직예정인 고령자의 구직활동을 지원하도록 노력하여야 한다.

② 고용노동부장관은 위 ①에 따른 지원 조치를 성실히 이행하는 사업주에 대하여 인건비, 장려금 지급 등 필요한 지원을 할 수 있다.

(7) 정년연장에 대한 지원(제22조)

고용노동부장관은 정년연장에 따른 사업체의 인사와 임금 등에 대하여 상담, 자문, 그 밖에 필요한 협조와 지원을 하여야 한다.

(1) 보고와 검사(제23조)

① 고용노동부장관은 고령자의 고용촉진을 위하여 필요하다고 인정하는 경우에는 사업주, 고령자 인재은행 또는 중견전문인력 고용지원센터에 대하여 이 법 시행에 필요한 사항을 보고하게 할 수 있다.

② 고용노동부장관은 필요하다고 인정하는 경우에는 관계 공무원에게 사업장, 고령자인재은행, 중견전문인력 고용지원센터, 그 밖의 시설에 출입하여 그 업무상황, 장부, 그 밖의 물건을 검사하게 할 수 있다.

③ 고용노동부장관은 위 ②에 따라 검사를 하려면 사업주 등에게 검사일시와 검사내용 등 검사에 필요한 사항을 미리 알려주어야 한다. 다만, 긴급히 검사하여야 하거나 미리 알려줄 경우 그 목적을 달성할 수 없다고 인정되는 경우에는 그러하지 아니하다.

④ 위 ②에 따라 검사를 하는 관계 공무원은 그 권한을 표시하는 증표를 지니고 이를 관계인에게 내보여야 한다.

⑤ 고용노동부장관은 위 ②에 따라 검사를 한 경우에는 그 사업주 등에게 그 결과를 서면으로 알려야 한다.

(2) 권한의 위임(제23조의 2)

이 법에 따른 고용노동부장관의 권한은 대통령령으로 정하는 바에 따라 그 일부를 지방고용노동관서의 장 또는 지방자치단체의 장에게 위임할 수 있다.

01 고용상 연령차별금지 및 고령자고용촉진에 관한 법률상 고령자 기준고용률에 관한 설명으로 틀린 것은?

① 기준고용률은 사업장에서 상시 사용하는 근로자를 기준으로 하여 사업주가 고령자의 고용촉진을 위하여 고용하여야 할 고령자의 비율로서 고령자의 현황과 고용 실태 등을 고려하여 사업의 종류별로 대통령령으로 정하는 비율이다.

② 상시 300인 이상의 근로자를 사용하는 사업주는 기준고용률 이상의 고령자를 고용하도록 노력하여야 한다.

③ 고령자 기준고용률은 제조업의 경우에 그 사업장의 상시근로자수의 100분의 3이다.

④ 사업주가 기준고용률을 초과하여 고령자를 추가로 고용하는 경우에는 조세특례제한법으로 정하는 바에 따라 조세를 감면한다.

해설 I 고령자 기준고용률(영 제3조)
① 제조업 : 그 사업장의 상시근로자수의 100분의 2
② 운수업, 부동산 및 임대업 : 그 사업장의 상시근로자수의 100분의 6
③ 제1호 및 제2호 외의 산업 : 그 사업장의 상시근로자수의 100분의 3

02 고용상 연령차별금지 및 고령자고용촉진에 관한 법령상 준고령자의 연령으로 옳은 것은?

① 45세 이상 50세 미만
② 45세 이상 55세 미만
③ 50세 이상 55세 미만
④ 55세 이상 60세 미만

해설 I 준고령자는 50세 이상 55세 미만인 사람이다(시행령 제2조 제2항).

03 고용상 연령차별금지 및 고령자고용촉진에 관한 법률에 관한 설명으로 틀린 것은?

① 고령자란 55세 이상인 사람을 말한다.
② 준고령자란 50세 이상 55세 미만인 사람을 말한다.
③ 사업주란 근로기준법상 사용자를 말한다.
④ 근로자란 근로기준법상 근로자를 말한다.

해설 I 사업주란 근로자를 사용하여 사업을 하는 자를 말한다(시행령 제2조).

04 고용상 연령차별금지 및 고령자고용촉진에 관한 법률에 대한 설명으로 틀린 것은? 2015

① "기준고용률"이란 사업장에서 상시 고용하는 근로자를 기준으로 하여 사업주가 고령자의 고용촉진을 위하여 고용하여야 할 고령자의 비율로서 고령자의 현황과 고용 실태 등을 고려하여 사업의 종류별로 대통령령으로 정하는 비율을 말한다.

② "고령자"란 60세 이상인 사람을 말한다.

③ 기준고용률 이상의 고령자를 고용하도록 노력하여야 할 사업주는 상시 300인 이상의 근로자를 사용하는 사업장의 사업주로 한다.

④ 고용노동부장관은 대통령령으로 정하는 수 이상의 근로자를 사용하는 사업주로서 상시 고용하는 고령자의 비율이 기준고용률에 미달하는 사업주에 대하여 고령자의 고용촉진 및 안정을 위하여 필요한 조치의 시행을 권고할 수 있다.

05 고용상 연령차별금지 및 고령자고용촉진에 관한 법령상 고령자 기준고용률이 틀린 것은? 2008

① 제조업-그 사업장의 상시근로자수의 100분의 2
② 운수업, 부동산 및 임대업-그 사업장의 상시근로자수의 100분의 6
③ 판매업- 그 사업장 상시근로자수의 100분의 5
④ 건설업- 그 사업장 상시근로자수의 100분의 3

06 고용상 연령차별금지 및 고령자고용촉진에 관한 법령상 부동산 및 임대업의 고령자 기준고용률은? 2010

① 상시근로자수의 100분의 1
② 상시근로자수의 100분의 3
③ 상시근로자수의 100분의 6
④ 상시근로자수의 100분의 7

07 고용상 연령차별금지 및 고령자고용촉진에 관한 법령상 임대업의 고령자 기준고용률로 옳은 것은?

2015, 2011

① 그 사업장의 상시근로자수의 100분의 2
② 그 사업장의 상시근로자수의 100분의 3
③ 그 사업장의 상시근로자수의 100분의 5
④ 그 사업장의 상시근로자수의 100분의 6

08 고용상 연령차별금지 및 고령자고용촉진에 관한 법령상 운수업의 고령자 기준고용률은? 2013

① 상시근로자수의 100분의 2
② 상시근로자수의 100분의 3
③ 상시근로자수의 100분의 5
④ 상시근로자수의 100분의 6

09 고용상 연령차별금지 및 고령자고용촉진에 관한 법률상 고령자(A)와 준고령자(B)의 기준연령으로 옳은 것은?

① A : 50세 이상, B : 45세 이상 50세 미만
② A : 55세 이상, B : 50세 이상 55세 미만
③ A : 60세 이상, B : 55세 이상 60세 미만
④ A : 65세 이상, B : 60세 이상 65세 미만

10 고용상 연령차별금지 및 고령자고용촉진에 관한 법률상 사업주의 책무가 아닌 것은?

① 연령을 이유로 하는 고용차별 해소
② 고령자에게 그 능력에 맞는 고용기회 제공
③ 연령차별금지정책을 수립·시행
④ 정년연장 등의 방법으로 고령자의 고용 확대

11 고용상 연령차별금지 및 고령자고용촉진에 관한 법률상 고령자 고용촉진 기본계획에 관한 설명으로 틀린 것은?

① 고용노동부장관은 관계 중앙기관의 장과 협의하여 3년마다 수립하여야 한다.
② 고령자의 현황과 전망에 관한 사항이 포함되어야 한다.
③ 고령자의 직업능력개발에 관한 사항이 포함되어야 한다.
④ 기본계획을 수립할 때에는 고용정책 기본법상 고용정책심의회의 심의를 거쳐야 한다.

12 고용상 연령차별금지 및 고령자고용촉진에 관한 법률상 연령차별금지의 예외에 해당하지 않는 것은?

① 남녀의 성별에 따라 특정 연령기준이 불가피하게 요구되는 경우
② 근속기간의 차이를 고려하여 임금이나 임금 외의 금품과 복리후생에서 합리적인 차등을 두는 경우
③ 관계 법률에 따라 근로계약, 취업규칙, 단체협약 등에서 정년을 설정하는 경우
④ 관계 법률에 따라 특정 연령집단의 고용유지·촉진을 위한 지원조치를 하는 경우

해설 l 직무의 성격에 비추어 특정 연령기준이 불가피하게 요구되는 경우는 연령차별로 보지 아니한다(법 제4조의 5).

13 고용상 연령차별금지 및 고령자고용촉진에 관한 법률상 고령자인재은행에 관한 설명으로 틀린 것은?

2009

① 유료직업소개사업을 하는 법인이나 단체 중 고령자의 직업지도와 취업알선 등에 필요한 전문인력과 시설을 갖춘 단체를 고령자인재은행으로 지정할 수 있다.
② 고용노동부장관은 고령자인재은행에 대하여 예산의 범위에서 소요 경비의 전부를 지원할 수 있다.
③ 고용노동부장관은 고령자인재은행에 대하여 직업안정업무를 하는 행정기관이 수집한 구인·구직 정보, 지역 내의 노동력 수급상황, 그 밖에 필요한 자료를 제공할 수 있다.
④ 고령자인재은행은 고령자에 대한 구인·구직 등록, 직업지도 및 취업알선 업무 등의 사업을 한다.

해설 l 고용노동부장관은 무료직업소개사업을 하는 비영리법인 또는 공익단체를 고령자인재은행으로 지정할 수 있다(법 제11조).

14 고용상 연령차별금지 및 고령자고용촉진에 관한 법률상 고령자인재은행으로 지정된 무료직업소개사업을 하는 비영리법인이나 공익단체의 사업범위에 해당하지 않는 것은?

2011

① 고령자에 대한 구인·구직 등록, 직업지도 및 취업알선
② 취업희망 고령자에 대한 직업상담
③ 고령자의 직업능력개발훈련
④ 청년퇴직자의 재취업 상담

해설 l 고령자의 직업능력개발훈련사업은 「근로자직업능력 개발법」 제16조에 따라 직업능력개발훈련을 위탁받을 수 있는 대상이 되는 기관의 사업범위에 속한다(법 제11조).

15 고용상 연령차별금지 및 고령자고용촉진에 관한 법률에 관한 설명으로 틀린 것은?

① 고령자는 인구, 취업자의 구성 등을 고려하여 대통령령이 정하는 연령 이상인 자를 말한다.
② 사업주라 함은 근로자를 사용하여 사업을 하는 자를 말한다.
③ 근로자라 함은 근로기준법 제2조의 규정에 의한 근로자를 말한다.
④ 대통령은 고령자의 직업지도와 취업알선 등에 필요한 전문인력과 시설을 갖춘 단체를 고령자인재은행으로 지정할 수 있다.

해설 l 고용노동부장관은 고령자의 직업지도와 취업알선 등에 필요한 전문인력과 시설을 갖춘 단체를 고령자인재은행으로 지정할 수 있다(법 제11조).

16 고용상 연령차별금지 및 고령자고용촉진에 관한 법률상 고령자인재은행의 사업범위가 아닌 것은? 2013

① 고령자에 대한 구인·구직 등록, 직업지도 및 취업알선
② 취업희망 고령자에 대한 직업상담 및 정년퇴직자의 재취업 상담
③ 고령자의 직업능력개발훈련
④ 중견전문인력의 중소기업에 대한 경영자문 및 자원봉사 활동 등의 지원

> **해설 |** 고령자인재은행의 사업범위는 ① 고령자에 대한 구인 · 구직 등록, 직업지도 및 취업알선, ② 취업희망 고령자에 대한 직업상담 및 정년퇴직자의 재취업 상담, ③ 고령자의 직업능력개발훈련, ④ 그 밖에 고령자 고용촉진을 위하여 필요하다고 인정하여 고용노동부장관이 정하는 사업이다(법 제11조).

17 고용상 연령차별금지 및 고령자고용촉진에 관한 법률상 고령자인재은행으로 지정된 무료직업소개사업을 하는 비영리법인이나 공익단체의 사업범위에 해당하지 않는 것은? 2015

① 고령자에 대한 구인·구직 등록, 직업지도 및 취업알선
② 취업희망 고령자에 대한 직업상담
③ 고령자의 직업능력개발훈련
④ 정년퇴직자의 재취업 상담

> **해설 |** 고령자의 직업능력개발훈련은 고령자인재은행으로 지정된 직업능력개발훈련을 위탁받을 수 있는 대상이 되는 기관의 사업범위에 해당한다(법 제11조 제2항).

18 고용상 연령차별금지 및 고령자고용촉진에 관한 법률상 고령자고용정보센터의 업무 내용이 아닌 것은? 2015

① 고령자에 대한 구인·구직등록, 직업지도 및 취업알선
② 취업희망 고령자에 대한 직업상담 및 정년퇴직자의 재취업 상담

③ 고령자에 대한 직장 적응훈련 및 교육
④ 정년연장과 고령자 고용에 관한 인사·노무관리와 작업환경 개선 등에 관한 기술적 상담·교육 및 지도

> **해설 |** 취업희망 고령자에 대한 직업상담 및 정년퇴직자의 재취업 상담은 고령자인재은행의 사업범위에 해당한다(법 제11조 제2항).

19 고용상 연령차별금지 및 고령자고용촉진에 관한 법령상 고령자인재은행의 지정기준으로 틀린 것은?

① 고령자 구인·구직 또는 직업능력개발훈련에 관한 상담을 하기 위한 전화전용회선을 1회선 이상 설치할 것
② 인터넷을 통하여 고령자 구인·구직 또는 직업능력개발훈련에 관한 상담을 하기 위한 개인용 컴퓨터를 1대 이상 설치할 것
③ 고령자 구인·구직 또는 직업능력개발훈련에 관한 상담을 위한 별도의 상담실을 설치할 것
④ 고령자 구인·구직 또는 직업능력개발훈련에 관한 상담 전담자가 2명 이상일 것

> **해설 | 고령자인재은행 지정기준(시행령 제7조)**
>
> | 구분 | 지정기준 |
> | --- | --- |
> | 시설 및 장비 | 1. 고령자 구인 · 구직 또는 직업능력개발훈련에 관한 상담을 하기 위한 전화전용회선을 1회선 이상 설치할 것
2. 인터넷을 통하여 고령자 구인 · 구직 또는 직업능력개발훈련에 관한 상담을 하기 위한 개인용 컴퓨터를 1대 이상 설치할 것
3. 고령자 구인 · 구직 또는 직업능력개발훈련에 관한 상담을 위한 별도의 상담실을 설치할 것 |
> | 인력 | 1. 고령자 구인 · 구직 또는 직업능력개발훈련에 관한 상담 전담자가 1명 이상일 것
2. 그 밖에 고령자인재은행의 운영을 지원하는 인력이 1명 이상일 것 |

20 고용상 연령차별금지 및 고령자고용촉진에 관한 법률상 중견전문인력 고용지원센터에 관한 설명으로 틀린 것은?

① 중견전문인력 고용지원센터는 직업안정법에 따라 무료직업소개사업을 하는 비영리법인 또는 공익단체로서 필요한 전문인력과 시설을 갖춘 단체 중에서 지정한다.

② 고용노동부장관은 중견전문인력 고용지원센터에 대하여 직업안정 업무를 하는 행정기관이 수집한 구인·구직 정보, 지역 내의 노동력 수급상황, 그 밖에 필요한 자료를 제공할 수 있다.

③ 고용노동부장관은 중견전문인력 고용지원센터에 대하여 예산의 범위에서 소요 경비의 일부를 지원해야 한다.

④ 중견전문인력 고용지원센터는 중견전문인력의 구인·구직 등록, 직업상담 및 취업알선 등의 사업을 한다.

> **해설 ❘** 고용노동부장관은 중견전문인력 고용지원센터에 대하여 예산의 범위에서 소요 경비의 일부를 지원할 수 있다(법 제11조의 2 제4항).

21 고용상 연령차별금지 및 고령자고용촉진에 관한 법률에 관한 설명으로 틀린 것은?

① 근로자는 근로기준법상의 근로자를 말한다.

② 고령자는 55세 이상인 사람으로 한다.

③ 임대업은 그 사업장의 상시근로자수의 100분의 6을 고령자로 고용하여야 한다.

④ 상시 200명 이상의 근로자를 사용하는 사업주는 기준고용률 이상의 고령자를 고용하도록 노력하여야 한다.

> **해설 ❘** 상시 300명 이상의 근로자를 사용하는 사업주는 기준고용률 이상의 고령자를 고용하도록 노력하여야 한다(시행령 제10조).

22 고용상 연령차별금지 및 고령자고용촉진에 관한 법률상 고령자고용촉진에 관한 설명으로 옳은 것은?

① 상시근로자 300명 이상 사업주는 법령에서 정한 기준고용률 이상의 고령자를 고용하여야 한다.

② 기준고용률에 미달하는 고령자를 고용하는 사업주는 매년 고용노동부장관에게 고령자고용부담금을 납부하여야 한다.

③ 기준고용률을 초과하여 고령자를 고용하는 사업주에게는 조세특례제한법으로 정하는 바에 따라 조세를 감면한다.

④ 국가 및 지방자치단체, 정부투자기관과 정부출연기관의 장은 그 기관의 우선고용직종에 고령자와 준고령자를 우선적으로 채용하도록 노력해야 한다.

23 고용상 연령차별금지 및 고령자고용촉진에 관한 법률상 우선고용직종에 관한 설명으로 틀린 것은?

① 고용노동부장관은 고용정책심의회의 심의를 거쳐 고령자와 준고령자를 고용하기에 적합한 직종을 선정하고, 선정된 우선고용직종을 고시하여야 한다.

② 공공기관의 장은 그 기관에 우선고용직종이 신설되어 신규인력을 채용하는 경우 고령자와 준고령자를 우선적으로 고용하도록 노력하여야 한다.

③ 고용노동부장관은 우선고용직종의 개발 등 고령자와 준고령자의 고용촉진에 필요한 사항에 대하여 조사·연구하고 관련 자료를 정리·배포하여야 한다.

④ 공공기관 등의 장은 그 기관의 우선고용직종에 관한 고용현황을 매년 고용노동부장관에게 제출하여야 한다.

24 고용상 연령차별금지 및 고령자고용촉진에 관한 법률상 고령자고용촉진 및 고용안정에 관한 설명으로 틀린 것은?

① 상시 300명 이상의 근로자를 사용하는 사업장의 사업주는 기준고용률 이상의 고령자를 고용하도록 노력하여야 한다.

② 고용노동부장관은 고령자 고용 노력의무 대상 사업장의 사업주로서 상시 고용하는 고령자의 비율이 기준고용률에 미달하는 사업주에 대하여 고령자의 고용촉진 및 안정을 위하여 필요한 조치의 시행을 권고할 수 있다.

③ 사업주가 기준고용률을 초과하여 고령자를 추가로 고용하는 경우에는 「조세특례제한법」으로 정하는 바에 따라 조세를 감면한다.

④ 국가 및 지방자치단체, 공공기관의 운영에 관한 법률에 따라 공공기관으로 지정받은 기관의 장은 그 기관의 우선고용직종에 고령자와 준고령자를 우선적으로 고용하도록 노력하여야 한다.

> **해설 |** 국가 및 지방자치단체, 공공기관의 운영에 관한 법률에 따라 공공기관으로 지정받은 기관의 장은 그 기관의 우선고용직종에 고령자와 준고령자를 우선적으로 고용하여야 한다(법 제16조 제1항). 그러나 위에서 규정한 자(국가, 지방자치단체, 공공기관의 장) 외의 사업주는 우선고용직종에 고령자와 준고령자를 우선적으로 고용하도록 노력하여야 한다(동조 제2항).

25 고용상 연령차별금지 및 고령자고용촉진에 관한 법률상 우선고용직종에 고령자와 준고령자를 우선적으로 고용하여야 할 의무가 있는 고용주체가 아닌 것은?

① 국가

② 지방자치단체

③ 공공기관의 운영에 관한 법률에 따라 공공기관으로 지정받은 기관의 장

④ 상시 300명 이상의 근로자를 사용하는 사업의 사업주

26 고령자의 고용촉진에 관한 설명으로 틀린 것은? 2003

① 고용노동부장관은 상시 고용하는 고령자의 비율이 기준고용률에 미달하는 사업주에 대하여 고령자의 고용촉진 및 안정을 위하여 필요한 조치의 시행을 권고할 수 있다.

② 사업주가 기준고용률에 해당하는 고령자를 고용하는 경우에는 조세특례법이 정하는 바에 따라 조세를 감면한다.

③ 국가 및 지방자치단체, 정부투자기관관리기본법에 의한 정부투자기관의 장은 그 기관의 우선고용직종에 고령자와 준고령자를 우선적으로 고용하여야 한다.

④ 고용노동부장관은 고령자와 준고령자의 우선적 채용실적이 부진한 자에 대하여 고령자 및 준고령자의 고용 확대를 요청할 수 있다.

> **해설 |** 국가 및 지방자치단체, 「공공기관의 운영에 관한 법률」 제4조에 따라 공공기관으로 지정받은 기관의 장은 그 기관의 우선고용직종에 고령자와 준고령자를 우선적으로 고용하여야 한다(법 제16조 제1항).

27 고용상 연령차별금지 및 고령자고용촉진에 관한 법률상 우선고용직종에 관한 설명으로 틀린 것은?

① 고용노동부장관은 고용정책심의회의 심의를 거쳐 우선고용직종을 선정하고, 선정된 우선고용직종을 고시하여야 한다.

② 고용노동부장관은 정당한 사유 없이 고용 확대 요청에 따르지 아니한 자에게 그 내용을 공표하거나 직업안정 업무를 하는 행정기관에서 제공하는 직업지도와 취업알선 등 고용 관련 서비스를 중단할 수 있다.

③ 국가 및 지방자치단체, 「공공기관의 운영에 관한 법률」 제4조에 따라 공공기관으로 지정받은 기관의 장은 그 기관의 우선고용직종에 대통령령으로 정하는 바에 따라서 고령자와 준고령자를 우선적으로 고용하도록 노력하여야 한다.

④ 고용노동부장관은 우선고용직종의 개발 등 고령자와 준고령자의 고용촉진에 필요한 사항에 대하여 조사·연구하고 관련 자료를 정리·배포하여야 한다.

> **해설 |** 국가 및 지방자치단체, 「공공기관의 운영에 관한 법률」 제4조에 따라 공공기관으로 지정받은 기관의 장은 그 기관의 우선고용직종에 대통령령으로 정하는 바에 따라서 고령자와 준고령자를 우선적으로 고용하여야 한다(법 제16조 제1항).

28 고용상 연령차별금지 및 고령자고용촉진에 관한 법률 내용에 대한 설명 중 옳지 않은 것은? 　2004

① 사업주가 근로자의 정년을 정하는 경우 그 정년이 60세 이상이 되도록 노력하여야 한다.
② 사업주가 기준고용률을 초과하여 고령자를 추가로 고용하는 경우에는 조세특례제한법이 정하는 바에 따라 조세를 감면한다.
③ 사업주는 고령자인 정년퇴직자를 재고용함에 있어 퇴직금과 연차유급 휴가일수 계산을 위한 계속근로기간 산정에 있어 종전의 근로기간을 제외할 수 있다.
④ 고용노동부장관은 고령자의 고용촉진을 위하여 필요하다고 인정하는 때에는 사업주에게 고용상 연령차별금지 및 고령자고용촉진에 관한 법률 시행에 필요한 사항을 보고하게 할 수 있다.

> **해설 |** 사업주는 근로자의 정년을 60세 이상으로 정하여야 한다(법 제19조).

29 고용상 연령차별금지 및 고령자고용촉진에 관한 법령상 고령자고용을 촉진하기 위한 정년 관련 법 제도가 아닌 것은? 　2008년 변형

① 58세 이상 정년 의무화
② 정년제도의 운영현황의 제출
③ 정년퇴직자의 재고용지원
④ 정년연장에 대한 지원

> **해설 |** 사업주는 근로자의 정년을 60세 이상으로 정하여야 한다(법 제19조).

30 고용상 연령차별금지 및 고령자고용촉진에 관한 법률상 정년에 관한 설명으로 옳지 않은 것은?

① 사업주가 근로자의 정년을 60세 이상으로 정하여야 한다.
② 사업주는 고령자인 정년퇴직자를 재고용할 경우에는 퇴직 직전의 임금으로 임금을 결정해야 한다.
③ 사업주는 고령자인 정년퇴직자를 재고용할 경우에는 퇴직금과 연차유급 휴가일수 계산을 위한 계속근로기간 산정에 있어 종전의 근로기간을 제외할 수 있다.
④ 고용노동부장관은 상시 300인 이상의 근로자를 사용하는 사업장의 사업주로서 정년을 현저히 낮게 정한 사업주에 대하여 정년연장을 권고할 수 있다.

> **해설 |** 사업주는 고령자인 정년퇴직자를 재고용할 때 당사자 간의 합의에 의하여 「근로기준법」 제34조에 따른 퇴직금과 같은 법 제60조에 따른 연차유급 휴가일수 계산을 위한 계속근로기간을 산정할 때 종전의 근로기간을 제외할 수 있으며, 임금의 결정을 종전과 달리할 수 있다(법 제21조 제2항).

31 고용상 연령차별금지 및 고령자고용촉진에 관한 법률상 정년에 관한 설명으로 틀린 것은?

① 사업주가 근로자의 정년을 정하는 경우에는 그 정년이 60세 이상이 되도록 노력하여야 한다.

② 사업주는 정년에 도달한 자가 그 사업장에 다시 취업하기를 희망할 때 그 직무수행 능력에 맞는 직종에 재고용하도록 노력하여야 한다.

③ 고용노동부장관은 정년연장에 따른 사업체의 인사와 임금 등에 대하여 상담, 자문, 그 밖에 필요한 협조와 지원을 하여야 한다.

④ 사업주는 고령자인 정년퇴직자를 재고용할 때 퇴직금과 연차유급 휴가일수 계산을 위한 계속근로기간을 산정할 때 종전의 근로기간을 제외할 수 있다.

> **해설 ❘** 사업주는 근로자의 정년을 60세 이상으로 정하여야 한다(법 제19조 제1항).

32 고용상 연령차별금지 및 고령자고용촉진에 관한 법률상 정년에 관한 설명으로 틀린 것은? *2010년 변형*

① 사업주가 근로자의 정년을 60세 이상으로 정하여야 한다.

② 상시 300명 이상의 근로자를 사용하는 사업주는 매년 정년제도의 운영현황을 고용노동부장관에게 제출하여야 한다.

③ 고용노동부장관은 정년연장에 따른 사업체의 인사와 임금 등에 대하여 상담, 자문, 그 밖에 필요한 협조와 지원을 하여야 한다.

④ 고용노동부장관은 상시 300명 이상의 근로자를 사용하는 사업주로서 정년을 현저히 낮게 정한 사업주에게 정년의 연장을 권고할 수 있으며, 정당한 사유 없이 그 권고를 따르지 아니한 경우 과태료를 부과할 수 있다.

> **해설 ❘** 고용노동부장관은 상시 300명 이상의 근로자를 사용하는 사업주로서 정년을 현저히 낮게 정한 사업주에게 정년의 연장을 권고할 수 있으며, 정당한 사유 없이 그 권고를 따르지 아니한 경우 그 내용을 공표할 수 있다(법 제20조).

33 고용상 연령차별금지 및 고령자고용촉진에 관한 법률상 정년에 관한 설명으로 틀린 것은?

① 사업주는 정년에 도달한 자가 그 사업장에 다시 취업하기를 희망할 때 그 직무수행 능력에 맞는 직종에 재고용하도록 노력하여야 한다.

② 사업자는 고령자인 정년퇴직자를 재고용할 때 임금의 결정을 종전과 달리할 수 없다.

③ 고용노동부장관은 정년퇴직자를 재고용하는 사업주에게 장려금 지급 등 필요한 지원을 할 수 있다.

④ 고용노동부장관은 정년퇴직 등의 사유로 이직 예정인 고령자의 구직활동을 지원하는 사업주에 대하여 인건비, 장려금 등을 지원할 수 있다.

> **해설 ❘** 사업주는 고령자인 정년퇴직자를 재고용할 때 당사자 간의 합의에 의하여 「근로기준법」 제34조에 따른 퇴직금과 같은 법 제60조에 따른 연차유급 휴가일수 계산을 위한 계속근로기간을 산정할 때 종전의 근로기간을 제외할 수 있으며, 임금의 결정을 종전과 달리할 수 있다(법 제21조 제2항).

34 고용상 연령차별금지 및 고령자고용촉진에 관한 법률상 정년에 관한 설명으로 틀린 것은?

① 상시 300명 이상의 근로자를 사용하는 사업주가 정년제도 운영현황을 제출하지 아니한 경우에는 500만 원 이하의 과태료를 부과한다.
② 고용노동부장관은 정년을 현저히 낮게 정한 상시 300명 이상의 근로자를 사용하는 사업주에 대하여 정년의 연장을 권고할 수 있다.
③ 고용노동부장관은 정년퇴직자를 재고용하거나 그 밖에 정년퇴직자의 고용안정에 필요한 조치를 하는 사업주에게 장려금 지급 등 필요한 지원을 해야 한다.
④ 고령자인 정년퇴직자를 재고용할 때에는 당사자 간의 합의에 의하여 임금의 결정을 종전과 달리할 수 있다.

> **해설ㅣ** 고용노동부장관은 정년퇴직자를 재고용하거나 그 밖에 정년퇴직자의 고용안정에 필요한 조치를 하는 사업주에게 장려금 지급 등 필요한 지원을 할 수 있다(법 제21조의 2).

35 고용상 연령차별금지 및 고령자고용촉진에 관한 법률에 대한 설명으로 틀린 것은? 2008

① 고령자라 함은 55세 이상의 자를 말한다.
② 근로자의 모집이나 채용 등에 있어서 고령자를 차별하는 것에 대하여, 남녀고용평등법상에서 모집이나 채용에 있어서 남녀차별에 대한 벌칙이 있는 것과는 달리 아무런 벌칙이 없다.
③ 모든 사업주는 퇴직 또는 이직 등에 따라 우선고용직종에 결원이 생겨서 인력보충이 필요한 경우 고령자를 우선적으로 고용하여야 한다.
④ 고용노동부장관은 고령자의 비율이 기준고용률에 미달하는 경우에 사업주에 대하여 고령자의 고용 확대를 요청할 수 있다.

> **해설ㅣ** 법 제4조의 7에 따른 시정명령을 정당한 사유 없이 이행하지 아니하는 자에게는 3천만 원 이하의 과태료를 부과한다(법 제24조).

파견근로자보호 등에 관한 법률

Section 01 　총칙

(1) 목적(제1조)

이 법은 근로자파견사업의 적정한 운영을 기하고 파견근로자의 근로조건 등에 관한 기준을 확립함으로써 파견근로자의 고용안정과 복지증진에 이바지하고 인력수급을 원활하게 함을 목적으로 한다.

(2) 용어의 정의(제2조)

용어	개념
근로자파견	파견사업주가 근로자를 고용한 후 그 고용관계를 유지하면서 근로자파견계약의 내용에 따라 사용사업주의 지휘·명령을 받아 사용사업주를 위한 근로에 종사하게 하는 것을 말한다.
근로자파견사업	근로자파견을 업으로 행하는 것을 말한다.
파견사업주	근로자파견사업을 행하는 자를 말한다.
사용사업주	근로자파견계약에 의하여 파견근로자를 사용하는 자를 말한다.
파견근로자	파견사업주가 고용한 근로자로서 근로자파견의 대상이 되는 자를 말한다.
근로자파견계약	파견사업주와 사용사업주 간에 근로자파견을 약정하는 계약을 말한다.
차별적 처우	다음의 사항에 있어서 합리적인 이유 없이 불리하게 처우하는 것을 말한다. • 「근로기준법」에 따른 임금 • 정기상여금, 명절상여금 등 정기적으로 지급되는 상여금 • 경영성과에 따른 성과금 • 그 밖에 근로조건 및 복리후생 등에 관한 사항

(3) 정부의 책무(제3조)

정부는 파견근로자를 보호하고 근로자의 구직과 사용자의 인력확보를 용이하게 하기 위하여 다음의 각종 시책을 강구·시행함으로써 근로자가 사용자에게 직접 고용될 수 있도록 노력하여야 한다.

① 고용정보의 수집·제공

② 직업에 관한 연구

③ 직업지도

④ 직업안정기관의 설치·운영

(4) 근로자파견사업의 조사 · 연구(제4조)

① 정부는 필요한 경우 근로자대표·사용자대표·공익대표 및 관계전문가로 하여금 근로자파견사업의 적정한 운영과 파견근로자의 보호에 관한 주요사항을 조사·연구하게 할 수 있다.

② 위 ①의 규정에 의한 조사·연구에 관하여 필요한 사항은 고용노동부령으로 정한다.

Section 02 근로자파견사업의 적정운영

(1) 근로자파견대상업무 등(제5조)

① 근로자파견사업은 제조업의 직접생산공정업무를 제외하고 전문지식·기술·경험 또는 업무의 성질 등을 고려하여 적합하다고 판단되는 업무로서 대통령령이 정하는 업무를 대상으로 한다.

② 위 ①의 규정에 불구하고 출산·질병·부상 등으로 결원이 생긴 경우 또는 일시적·간헐적으로 인력을 확보하여야 할 필요가 있는 경우에는 근로자파견사업을 행할 수 있다.

③ 위 ① 및 ②의 규정에 불구하고 다음의 업무에 대하여는 근로자파견사업을 행하여서는 아니 된다.

　㉠ 건설공사현장에서 이루어지는 업무

　㉡ 「항만운송사업법」, 「한국철도공사법」, 「농수산물유통 및 가격안정에 관한 법률」, 「물류정책기본법」의 하역업무로서 「직업안정법」의 규정에 따라 근로자공급사업 허가를 받은 지역의 업무

　㉢ 「선원법」에 따른 선원의 업무

　㉣ 「산업안전보건법」에 따른 유해하거나 위험한 업무

　㉤ 그 밖에 근로자 보호 등의 이유로 근로자파견사업의 대상으로는 적절하지 못하다고 인정하여 대통령령이 정하는 업무

④ 위 ②의 규정에 의하여 파견근로자를 사용하고자 할 경우 사용사업주는 당해 사업 또는 사업장에 근로자의 과반수로 조직된 노동조합이 있는 경우에는 그 노동조합, 근로자의 과반수로 조직된 노동조합이 없는 경우에는 근로자의 과반수를 대표하는 자와 사전에 성실하게 협의하여야 한다.

⑤ 누구든지 위 ① 내지 ④의 규정을 위반하여 근로자파견사업을 행하거나 그 근로자파견사업을 행하는 자로부터 근로자파견의 역무를 제공받아서는 아니 된다.

▶ 근로자파견대상업무 ◀

한국표준직업분류 (통계청고시 제2000-2호)	대상업무	비고
120	컴퓨터 관련 전문가의 업무	
16	행정, 경영 및 재정 전문가의 업무	행정 전문가(161)의 업무를 제외한다.
17131	특허 전문가의 업무	
181	기록 보관원, 사서 및 관련 전문가의 업무	사서(18120)의 업무를 제외한다.
1822	번역가 및 통역가의 업무	
183	창작 및 공연예술가의 업무	
184	영화, 연극 및 방송 관련 전문가의 업무	

220	컴퓨터 관련 준전문가의 업무	
23219	기타 전기공학 기술공의 업무	
23221	통신 기술공의 업무	
234	제도 기술 종사자, 캐드 포함의 업무	
235	광학 및 전자장비 기술 종사자의 업무	보조업무에 한한다. 임상병리사(23531), 방사선사(23532), 기타 의료장비 기사(23539)의 업무를 제외한다.
252	정규교육 이외 교육 준전문가의 업무	
253	기타 교육 준전문가의 업무	
28	예술, 연예 및 경기 준전문가의 업무	
291	관리 준전문가의 업무	
317	사무 지원 종사자의 업무	
318	도서, 우편 및 관련 사무 종사자의 업무	
3213	수금 및 관련 사무 종사자의 업무	
3222	전화교환 및 번호안내 사무 종사자의 업무	전화교환 및 번호안내 사무 종사자의 업무가 당해 사업의 핵심 업무인 경우를 제외한다.
323	고객 관련 사무 종사자의 업무	
411	개인보호 및 관련 종사자의 업무	
421	음식 조리 종사자의 업무	「관광진흥법」 제3조에 따른 관광 숙박업의 조리사 업무를 제외한다.
432	여행안내 종사자의 업무	
51206	주유원의 업무	
51209	기타 소매업체 판매원의 업무	
521	전화통신 판매 종사자의 업무	
842	자동차 운전 종사자의 업무	
9112	건물 청소 종사자의 업무	
91221	수위 및 경비원의 업무	「경비업법」 제2조 제1호에 따른 경비업무를 제외한다.
91225	주차장 관리원의 업무	
913	배달, 운반 및 검침 관련 종사자의 업무	

(2) 파견기간(제6조)

① 근로자파견의 기간은 제5조 제2항의 규정에 해당하는 경우를 제외하고는 1년을 초과하지 못한다.

② 위 ①의 규정에 불구하고 파견사업주·사용사업주·파견근로자 간의 합의가 있는 경우에는 파견기간을 연장할 수 있다. 이 경우 1회를 연장할 때에는 그 연장기간은 1년을 초과하지 못하며, 연장된 기간을 포함한 총파견기간은 2년을 초과하지 못한다.

③ 「고용상 연령차별금지 및 고령자고용촉진에 관한 법률」에 따른 고령자인 파견근로자에 대하여는 ② 후단의 규정에 불구하고 2년을 초과하여 근로자파견기간을 연장할 수 있다.

④ 제5조 제2항의 규정에 의한 근로자파견의 기간은 다음과 같다.

　㉠ 출산·질병·부상 등 그 사유가 객관적으로 명백한 경우에는 그 사유의 해소에 필요한 기간

　㉡ 일시적·간헐적으로 인력을 확보할 필요가 있는 경우에는 3월 이내의 기간. 다만, 그 사유가 해소되지 아니하고 파견사업주·사용사업주·파견근로자 간의 합의가 있는 경우에는 1회에 한하여 3월의 범위 안에서 그 기간을 연장할 수 있다.

(3) 고용의무(제6조의 2)

① 사용사업주가 다음의 어느 하나에 해당하는 경우에는 해당 파견근로자를 직접 고용하여야 한다.

　㉠ 제5조 제1항의 근로자파견대상업무에 해당하지 아니하는 업무에서 파견근로자를 사용하는 경우(제5조 제2항에 따라 근로자파견사업을 행한 경우는 제외한다)

　㉡ 제5조 제3항의 규정을 위반하여 파견근로자를 사용하는 경우

　㉢ 제6조 제2항을 위반하여 2년을 초과하여 계속적으로 파견근로자를 사용하는 경우

　㉣ 제6조 제4항을 위반하여 파견근로자를 사용하는 경우

　㉤ 제7조 제3항의 규정을 위반하여 근로자파견의 역무를 제공받은 경우

② 위 ①의 규정은 당해 파견근로자가 명시적인 반대의사를 표시하거나 대통령령이 정하는 정당한 이유가 있는 경우에는 적용하지 아니한다.

③ 위 ①의 규정에 따라 사용사업주가 파견근로자를 직접 고용하는 경우에 있어서 파견근로자의 근로조건은 다음과 같다.

　㉠ 사용사업주의 근로자 중 당해 파견근로자와 동종 또는 유사업무를 수행하는 근로자가 있는 경우에는 그 근로자에게 적용되는 취업규칙 등에서 정하는 근로조건에 의할 것

　㉡ 사용사업주의 근로자 중 당해 파견근로자와 동종 또는 유사업무를 수행하는 근로자가 없는 경우에는 당해 파견근로자의 기존의 근로조건의 수준보다 저하되어서는 아니 될 것

④ 사용사업주는 파견근로자를 사용하고 있는 업무에 근로자를 직접 고용하고자 하는 경우에는 당해 파견근로자를 우선적으로 고용하도록 노력하여야 한다.

(4) 근로자파견사업의 허가(제7조)

① 근로자파견사업을 하고자 하는 자는 고용노동부령이 정하는 바에 의하여 고용노동부장관의 허가를 받아야 한다. 허가받은 사항 중 고용노동부령이 정하는 중요사항을 변경하는 경우에도 또한 같다.

② 위 ① 전단의 규정에 의하여 근로자파견사업의 허가를 받은 자가 허가받은 사항 중 동항 후단의 규정에 의한 중요사항 외의 사항을 변경하고자 하는 경우에는 고용노동부령이 정하는 바에 의하여 고용노동부장관에게 신고하여야 한다.

③ 사용사업주는 위 ①의 규정을 위반하여 근로자파견사업을 행하는 자로부터 근로자파견의 역무를 제공받아서는 아니 된다.

(5) 허가의 결격사유(제8조)

다음의 하나에 해당하는 자는 근로자파견사업의 허가를 받을 수 없다.

① 미성년자·미성년후견인·피한정후견인 또는 파산선고를 받고 복권되지 아니한 자

② 금고이상의 형(집행유예를 제외한다)의 선고를 받고 그 집행이 종료되거나 집행을 받지 아니하기로 확정된 후 2년이 경과되지 아니한 자

③ 이 법, 직업안정법, 「근로기준법」 제7조, 제9조, 제20조부터 제22조까지, 제36조, 제43조부터 제46조까지, 제56조 및 제64조, 「최저임금법」 제6조, 「선원법」 제110조을 위반하여 벌금이상의 형(집행유예를 제외한다)의 선고를 받고 그 집행이 종료되거나 집행을 받지 아니하기로 확정된 후 3년이 경과되지 아니한 자

④ 금고이상의 형의 집행유예선고를 받고 그 유예기간 중에 있는 자

⑤ 제12조의 규정에 의한 당해 사업의 허가가 취소된 후 3년이 경과되지 아니한 자

⑥ 법인으로서 그 임원 중 위 ① 내지 ⑤의 1에 해당하는 자가 있는 법인

(6) 허가의 기준(제9조)

고용노동부장관은 근로자파견사업의 허가신청이 있는 경우에는 다음의 요건에 적합한 경우에 한하여 이를 허가할 수 있다.

① 신청인이 당해 근로자파견사업을 적정하게 수행할 수 있는 자산 및 시설 등을 갖추고 있을 것

② 당해 사업이 특정한 소수의 사용사업주를 대상으로 하여 근로자파견을 행하는 것이 아닐 것

(7) 허가의 유효기간 등(제10조)

① 근로자파견사업의 허가의 유효기간은 3년으로 한다.

② 위 ①의 규정에 의한 허가의 유효기간의 만료 후 계속하여 근로자파견사업을 하고자 하는 자는 고용노동부령이 정하는 바에 의하여 갱신허가를 받아야 한다.

③ 위 ②의 규정에 의한 갱신허가의 유효기간은 당해 갱신 전의 허가의 유효기간이 만료되는 날의 다음 날부터 기산하여 3년으로 한다.

④ 제7조 내지 제9조의 규정은 제2항의 규정에 의한 갱신허가에 관하여 이를 준용한다.

⑻ **사업의 폐지(제11조)**

① 파견사업주는 근로자파견사업을 폐지한 때에는 고용노동부령이 정하는 바에 의하여 고용노동부장관에게 신고하여야 한다.

② 위 ①의 규정에 의한 신고가 있는 때에는 근로자파견사업의 허가는 신고일부터 그 효력을 잃는다.

⑼ **허가의 취소 등(제12조)**

① 고용노동부장관은 파견사업주가 다음의 ㉠에 해당하는 때에는 근로자파견사업의 허가를 취소하거나 6월 이내의 기간을 정하여 영업정지를 명할 수 있다. 다만, ㉠ 또는 ㉡에 해당하는 때에는 그 허가를 취소하여야 한다.

㉠ 제7조 제1항 또는 제10조 제2항에 따른 허가를 거짓이나 그 밖의 부정한 방법으로 받은 때

㉡ 제8조의 규정에 의한 결격사유에 해당하게 된 때

㉢ 제9조의 규정에 의한 허가의 기준에 미달하게 된 때

㉣ 제5조 제5항을 위반하여 근로자파견사업을 행한 때

㉤ 제6조 제1항, 제2항 또는 제4항을 위반하여 근로자파견사업을 행한 때

㉥ 제7조 제1항 후단을 위반하여 허가를 받지 아니하고 중요한 사항을 변경한 때

㉦ 제7조 제2항에 따른 변경신고를 하지 아니하고 신고사항을 변경한 때

㉧ 제11조 제1항에 따른 폐지신고를 하지 아니한 때

㉨ 제13조 제2항을 위반하여 영업정지처분의 내용을 사용사업주에게 통지하지 아니한 때

㉩ 제14조에 따른 겸업금지의무를 위반한 때

㉪ 제15조를 위반하여 명의를 대여한 때

㉫ 제16조 제1항을 위반하여 근로자를 파견한 때

㉬ 제17조에 따른 준수사항을 위반한 때

㉭ 제18조에 따른 보고를 하지 아니하거나 거짓의 보고를 한 때

㉮ 제20조 제1항에 따른 근로자파견계약을 서면으로 체결하지 아니한 때

㉯ 제24조 제2항을 위반하여 근로자의 동의를 얻지 아니하고 근로자파견을 행한 때

㉰ 제25조를 위반하여 근로계약 또는 근로자파견계약을 체결한 때

㉱ 제26조 제1항을 위반하여 파견근로자에게 제20조 제1항 제2호, 제4호부터 제12호까지의 사항을 알려주지 아니한 때

㉲ 제28조에 따른 파견사업관리책임자를 선임하지 아니하거나 결격사유에 해당하는 자를 선임한 때

㉳ 제29조에 따른 파견사업관리대장을 작성하지 아니하거나 보존하지 아니한 때

㉴ 제35조 제5항을 위반하여 건강진단결과를 송부하지 아니한 때

㉵ 제37조에 따른 근로자파견사업의 운영 및 파견근로자의 고용관리 등에 관한 개선명령을 이행하지 아니한 때

㉔ 제38조에 따른 보고명령을 위반하거나 관계 공무원의 출입·검사·질문 등의 업무를 거부·기
　피·방해한 때

② 고용노동부장관은 법인이 제8조 제6호의 규정에 의한 결격사유에 해당되어 허가를 취소하고자
하는 경우에는 미리 그 임원의 개임에 필요한 기간을 1월 이상 주어야 한다.

③ 고용노동부장관은 위 ①의 규정에 의하여 허가를 취소하고자 하는 경우에는 청문을 실시하여야
한다.

④ 위 ①의 규정에 의한 근로자파견사업의 허가의 취소 또는 영업정지의 기준은 고용노동부령으로
정한다.

⑽ 허가취소 등의 처분 후의 근로자파견(제13조)

① 제12조의 규정에 의한 허가의 취소 또는 영업의 정지처분을 받은 파견사업주는 그 처분 전에 파
견한 파견근로자와 그 사용사업주에 대하여는 그 파견기간이 종료될 때까지 파견사업주로서의
의무와 권리를 가진다.

② 위·①의 경우에 파견사업주는 그 처분의 내용을 지체 없이 사용사업주에게 통지하여야 한다.

⑾ 겸업금지(제14조)

다음의 ①에 해당하는 사업을 하는 자는 근로자파견사업을 행할 수 없다.

① 「식품위생법」 제36조 제1항 제3호에 따른 식품접객업

② 공중위생법 제2조 제1항 제1호 가목의 규정에 의한 숙박업

③ 가정의례에 관한 법률 제5조의 규정에 의한 결혼상담 또는 중매행위를 하는 업

④ 기타 대통령령으로 정하는 사업

⑿ 명의대여의 금지(제15조)

파견사업주는 자기의 명의로 타인에게 근로자파견사업을 행하게 하여서는 아니 된다.

⒀ 근로자파견의 제한(제16조)

① 파견사업주는 쟁의행위 중인 사업장에 그 쟁의행위로 중단된 업무의 수행을 위하여 근로자를 파
견하여서는 아니 된다.

② 누구든지 「근로기준법」 제24조의 규정에 의한 경영상의 이유에 의한 해고를 한 후 대통령령이
정하는 일정기간이 경과하기 전에는 당해 업무에 파견근로자를 사용하여서는 아니 된다.

⒁ 파견사업주 등의 준수사항(제17조)

파견사업주 및 제28조의 규정에 의한 파견사업관리책임자는 근로자파견사업을 행함에 있어 고용
노동부령이 정하는 사항을 준수하여야 한다.

⒂ 사업보고(제18조)

파견사업주는 고용노동부령이 정하는 바에 따라 사업보고서를 작성하여 고용노동부장관에게 제출
하여야 한다.

⒃ 폐쇄조치 등(제19조)

① 고용노동부장관은 허가를 받지 아니하고 근로자파견사업을 하거나 허가의 취소 또는 영업의 정지처분을 받은 후 계속하여 사업을 하는 자에 대하여는 관계공무원으로 하여금 당해 사업을 폐쇄하기 위하여 다음의 조치를 하게 할 수 있다.

㉠ 당해 사무소 또는 사무실의 간판 기타 영업표지물의 제거·삭제

㉡ 당해 사업이 위법한 것임을 알리는 게시물의 부착

㉢ 당해 사업의 운영을 위하여 필수불가결한 기구 또는 시설물을 사용할 수 없게 하는 봉인

② 위 ①의 규정에 의한 조치를 하고자 하는 경우에는 미리 이를 당해 파견사업주 또는 그 대리인에게 서면으로 알려주어야 한다. 다만, 급박한 사유가 있는 경우에는 그러하지 아니하다.

③ 위 ①의 규정에 의한 조치는 그 사업을 할 수 없게 함에 필요한 최소한의 범위에 그쳐야 한다.

④ 위 ①의 규정에 의하여 조치를 하는 관계공무원은 그 권한을 표시하는 증표를 관계인에게 내보여야 한다.

Section 03 파견근로자의 근로조건 등

(1) 근로자파견계약

① 계약의 내용 등(제20조)

㉠ 근로자파견계약의 당사자는 고용노동부령이 정하는 바에 따라 다음의 사항이 포함되는 근로자파견계약을 서면으로 체결하여야 한다.

- 파견근로자의 수
- 파견근로자가 종사할 업무의 내용
- 파견사유(제5조 제2항의 규정에 의하여 근로자파견을 행하는 경우에 한한다)
- 파견근로자가 파견되어 근로할 사업장의 명칭 및 소재지 기타 파견근로자의 근로장소
- 파견근로 중인 파견근로자를 직접 지휘·명령할 자에 관한 사항
- 근로자파견기간 및 파견근로 개시일에 관한 사항
- 시업 및 종업의 시각과 휴게시간에 관한 사항
- 휴일·휴가에 관한 사항
- 연장·야간·휴일근로에 관한 사항
- 안전 및 보건에 관한 사항
- 근로자파견의 대가
- 기타 고용노동부령이 정하는 사항

⑳ 사용사업주는 위 ㉮의 규정에 따라 근로자파견계약을 체결하는 때에는 파견사업주에게 제21
조 제1항의 규정을 준수하도록 하기 위하여 필요한 정보를 제공하여야 한다. 이 경우 제공하
여야 하는 정보의 범위 및 제공방법 등에 관한 사항은 대통령령으로 정한다.

② 차별적 처우의 금지 및 시정 등(제21조)

㉮ 파견사업주와 사용사업주는 파견근로자임을 이유로 사용사업주의 사업 내의 동종 또는 유사
한 업무를 수행하는 근로자에 비하여 파견근로자에게 차별적 처우를 하여서는 아니 된다.

⑳ 파견근로자는 차별적 처우를 받은 경우 노동위원회에 그 시정을 신청할 수 있다.

㉱ 위 ⑳의 규정에 따른 시정신청 그 밖의 시정절차 등에 관하여는 「기간제 및 단시간근로자 보
호 등에 관한 법률」 제9조 내지 제15조 및 제16조(동조 제1호 및 제4호를 제외한다)의 규정을 준용
한다. 이 경우 "기간제근로자 또는 단시간근로자"는 "파견근로자"로, "사용자"는 "파견사업주
또는 사용사업주"로 본다.

㉲ 위 ㉮ 내지 ㉱의 규정은 사용사업주가 상시 4인 이하의 근로자를 사용하는 경우에는 이를 적
용하지 아니한다.

③ 고용노동부장관의 차별적 처우 시정요구 등(제21조의 2)

㉮ 고용노동부장관은 파견사업주와 사용사업주가 제21조 제1항을 위반하여 차별적 처우를 한
경우에는 그 시정을 요구할 수 있다.

⑳ 고용노동부장관은 파견사업주와 사용사업주가 위 ㉮에 따른 시정요구에 응하지 아니할 경
우에는 차별적 처우의 내용을 구체적으로 명시하여 노동위원회에 통보하여야 한다. 이 경우
고용노동부장관은 해당 파견사업주 또는 사용사업주 및 근로자에게 그 사실을 통지하여야
한다.

㉱ 노동위원회는 위 ⑳에 따라 고용노동부장관의 통보를 받은 경우에는 지체 없이 차별적 처우
가 있는지 여부를 심리하여야 한다. 이 경우 노동위원회는 해당 파견사업주 또는 사용사업주
및 근로자에게 의견을 진술할 수 있는 기회를 부여하여야 한다.

㉲ 위 ㉱에 따른 노동위원회의 심리 및 그 밖의 시정절차 등에 관하여는 「기간제 및 단시간근로
자 보호 등에 관한 법률」 제15조의 2 제4항에 따라 준용되는 같은 법 제9조 제4항, 제11조부터
제15조까지의 규정 및 제15조의 2 제5항을 준용한다. 이 경우 "시정신청을 한 날"은 "통지를
받은 날"로, "기각결정"은 "차별적 처우가 없다는 결정"으로, "관계당사자"는 "해당 파견사업
주 또는 사용사업주 및 근로자"로, "시정신청을 한 근로자"는 "해당 근로자"로 본다.

④ 확정된 시정명령의 효력 확대(제21조의 3)

㉮ 고용노동부장관은 제21조 제3항 또는 제21조의 2 제4항에 따라 준용되는 「기간제 및 단시간
근로자 보호 등에 관한 법률」 제14조에 따라 확정된 시정명령을 이행할 의무가 있는 파견사업
주 또는 사용사업주의 사업 또는 사업장에서 해당 시정명령의 효력이 미치는 근로자 이외의
파견근로자에 대하여 차별적 처우가 있는지를 조사하여 차별적 처우가 있는 경우에는 그 시
정을 요구할 수 있다.

    ⓛ 파견사업주 또는 사용사업주가 위 ㉠에 따른 시정요구에 응하지 아니할 경우에는 제21조의 2 제2항부터 제4항까지의 규정을 준용한다.

⑤ 계약의 해지 등(제22조)

    ㉠ 사용사업주는 파견근로자의 성별·종교·사회적 신분이나 파견근로자의 정당한 노동조합의 활동 등을 이유로 근로자파견계약을 해지하여서는 아니 된다.

    ⓛ 파견사업주는 사용사업주가 파견근로에 관하여 이 법 또는 이 법에 의한 명령, 근로기준법 또는 동법에 의한 명령, 산업안전보건법 또는 동법에 의한 명령에 위반하는 경우에는 근로자파견을 정지하거나 근로자파견계약을 해지할 수 있다.

(2) 파견사업주가 강구하여야 할 조치

① 파견근로자의 복지증진(제23조) : 파견사업주는 파견근로자의 희망과 능력에 적합한 취업 및 교육훈련기회의 확보, 근로조건의 향상 기타 고용안정을 기하기 위하여 필요한 조치를 강구함으로써 파견근로자의 복지증진에 노력하여야 한다.

② 파견근로자에 대한 고지의무(제24조)

    ㉠ 파견사업주는 근로자를 파견근로자로서 고용하고자 할 때에는 미리 당해 근로자에게 그 취지를 서면으로 알려주어야 한다.

    ⓛ 파견사업주는 그가 고용한 근로자 중 파견근로자로 고용하지 아니한 자를 근로자파견의 대상으로 하고자 할 경우에는 미리 그 취지를 서면으로 알려주고 당해 근로자의 동의를 얻어야 한다.

③ 파견근로자에 대한 고용제한의 금지(제25조)

    ㉠ 파견사업주는 정당한 이유 없이 파견근로자 또는 파견근로자로서 고용되고자 하는 자와 그 고용관계의 종료 후 사용사업주에게 고용되는 것을 금지하는 내용의 근로계약을 체결하여서는 아니 된다.

    ⓛ 파견사업주는 정당한 이유 없이 파견근로자의 고용관계의 종료 후 사용사업주가 당해 파견근로자를 고용하는 것을 금지하는 내용의 근로자파견계약을 체결하여서는 아니 된다.

④ 취업조건의 고지(제26조)

    ㉠ 파견사업주는 근로자파견을 하고자 할 때에는 미리 당해 파견근로자에게 제20조 제1항 각호의 사항 기타 고용노동부령이 정하는 사항을 서면으로 알려주어야 한다.

    ⓛ 파견근로자는 파견사업주에게 제20조 제1항 제11호의 규정에 따른 당해 근로자파견의 대가에 관하여 그 내역의 제시를 요구할 수 있다.

    ⓒ 파견사업주는 ⓛ의 규정에 따라 그 내역의 제시를 요구받은 때에는 지체 없이 그 내역을 서면으로 제시하여야 한다.

⑤ 사용사업주에 대한 통지(제27조) : 파견사업주는 근로자파견을 할 경우에는 파견근로자의 성명 기타 고용노동부령이 정하는 사항을 사용사업주에게 통지하여야 한다.

⑥ 파견사업관리책임자(제28조)

　　㉠ 파견사업주는 파견근로자의 적절한 고용관리를 위하여 제8조 제1호 내지 제5호의 규정에 의한 결격사유에 해당하지 아니하는 자 중에서 파견사업관리책임자를 선임하여야 한다.

　　㉡ 파견사업관리책임자의 임무 등에 관하여 필요한 사항은 고용노동부령으로 정한다.

⑦ 파견사업관리대장(제29조)

　　㉠ 파견사업주는 파견사업관리대장을 작성·보존하여야 한다.

　　㉡ 위 ㉠의 규정에 의한 파견사업관리대장의 기재사항 및 그 보존기간은 고용노동부령으로 정한다.

(3) 사용사업주가 강구하여야 할 조치

① 근로자파견계약에 관한 조치(제30조) : 사용사업주는 제20조의 규정에 의한 근로자파견계약에 위반되지 아니하도록 필요한 조치를 강구하여야 한다.

② 적정한 파견근로의 확보(제31조)

　　㉠ 사용사업주는 파견근로자로부터 파견근로에 관한 고충의 제시가 있는 경우에는 그 고충의 내용을 파견사업주에게 통지하고 신속·적절하게 고충을 처리하도록 하여야 한다.

　　㉡ 위 ㉠의 규정에 의한 고충의 처리 외에 사용사업주는 파견근로가 적정하게 행하여지도록 필요한 조치를 강구하여야 한다.

③ 사용사업관리책임자(제32조) : 사용사업주는 파견근로자의 적절한 파견근로를 위하여 사용사업관리책임자를 선임하여야 한다.

④ 사용사업관리대장(제33조) : 사용사업주는 사용사업관리대장을 작성·보존하여야 한다.

(4) 근로기준법 등의 적용에 관한 특례

① 근로기준법의 적용에 관한 특례(제34조)

　　㉠ 파견 중인 근로자의 파견근로에 관하여는 파견사업주 및 사용사업주를 「근로기준법」에 의한 사용자로 보아 동법을 적용한다. 다만, 같은 법 제15조부터 제36조까지, 제39조, 제41조부터 제48조까지, 제56조, 제60조, 제64조, 제66조부터 제68조까지 및 제78조부터 제92조까지의 규정의 적용에 있어서는 파견사업주를, 같은 법 제50조부터 제55조까지, 제58조, 제59조, 제62조, 제63조 및 제69조부터 제75조까지의 규정의 적용에 있어서는 사용사업주를 사용자로 본다.

　　㉡ 파견사업주가 대통령령이 정하는 사용사업주의 귀책사유로 인하여 근로자의 임금을 지급하지 못한 때에는 사용사업주는 당해 파견사업주와 연대하여 책임을 진다. 이 경우 「근로기준법」 제43조 및 제68조의 규정을 적용함에 있어서는 파견사업주 및 사용사업주를 같은 법 제2조의 규정에 의한 사용자로 보아 동법을 적용한다.

ⓒ 「근로기준법」 제55조, 제73조 및 제74조 제1항의 규정에 의하여 사용사업주가 유급휴일 또는 유급휴가를 주는 경우 그 휴일 또는 휴가에 대하여 유급으로 지급되는 임금은 파견사업주가 지급하여야 한다.

ⓔ 파견사업주와 사용사업주가 근로기준법을 위반하는 내용을 포함한 근로자파견계약을 체결하고 그 계약에 따라 파견근로자를 근로하게 함으로써 동법을 위반한 경우에는 그 계약 당사자 모두를 동법 제15조의 규정에 의한 사용자로 보아 해당 벌칙규정을 적용한다.

② 산업안전보건법의 적용에 관한 특례(제35조)

ⓐ 파견 중인 근로자의 파견근로에 관하여는 사용사업주를 산업안전보건법 제2조 제3호의 규정에 의한 사업주로 보아 동법을 적용한다. 이 경우 동법 제31조 제2항의 규정을 적용함에 있어서는 동항 중 "근로자를 채용할 때"를 "근로자파견의 역무를 제공받은 때"로 본다.

ⓑ 위 ⓐ의 규정에 불구하고 산업안전보건법 제5조, 제43조 제5항(작업장소의 변경, 작업의 전환 및 근로시간 단축의 경우에 한한다), 제43조 제6항 단서, 제52조 제2항의 적용에 있어서는 파견사업주 및 사용사업주를 동법 제2조 제3호의 규정에 의한 사업주로 본다.

ⓒ 사용사업주는 파견 중인 근로자에 대하여 산업안전보건법 제43조의 규정에 의한 건강진단을 실시한 때에는 동법 제43조 제6항의 규정에 의하여 당해 건강진단결과를 설명하여야 하며, 당해 건강진단결과를 지체 없이 파견사업주에게 송부하여야 한다.

ⓓ 위 ⓐ 및 ⓒ의 규정에 불구하고 산업안전보건법 제43조 제1항의 규정에 의하여 사업주가 정기적으로 실시하여야 하는 건강진단 중 고용노동부령이 정하는 건강진단에 대하여는 파견사업주를 동법 제2조 제3호의 규정에 의한 사업주로 본다.

ⓔ 파견사업주는 위 ⓓ의 규정에 의한 건강진단을 실시한 때에는 산업안전보건법 제43조 제6항의 규정에 의하여 당해 건강진단결과를 설명하여야 하며, 당해 건강진단결과를 지체 없이 사용사업주에게 송부하여야 한다.

ⓕ 파견사업주와 사용사업주가 산업안전보건법을 위반하는 내용을 포함한 근로자파견계약을 체결하고 그 계약에 따라 파견근로자를 근로하게 함으로써 동법을 위반한 경우에는 그 계약 당사자 모두를 동법 제2조 제3호의 규정에 의한 사업주로 보아 해당 벌칙규정을 적용한다.

Section 04 보칙

(1) 지도 · 조언 등(제36조)

고용노동부장관은 이 법의 시행을 위하여 필요하다고 인정할 때에는 파견사업주 및 사용사업주에 대하여 근로자파견사업의 적정한 운영 또는 적정한 파견근로를 확보하는 데 필요한 지도 및 조언을 할 수 있다.

⑵ **개선명령(제37조)**

고용노동부장관은 적정한 파견근로의 확보를 위하여 필요하다고 인정할 때에는 파견사업주에 대하여 근로자파견사업의 운영 및 파견근로자의 고용관리 등에 관한 개선을 명할 수 있다.

⑶ **보고와 검사(제38조)**

① 고용노동부장관은 이 법의 시행을 위하여 필요하다고 인정할 때에는 고용노동부령이 정하는 바에 따라 파견사업주 및 사용사업주에 대하여 필요한 사항의 보고를 명할 수 있다.

② 고용노동부장관은 필요하다고 인정할 때에는 관계공무원으로 하여금 파견사업주 및 사용사업주의 사업장 기타 시설에 출입하여 장부·서류 기타 물건을 검사하거나 관계인에게 질문하게 할 수 있다.

③ 위 ②의 규정에 의하여 출입·검사를 하는 공무원은 그 권한을 표시하는 증표를 관계인에게 내보여야 한다.

⑷ **자료의 요청(제39조)**

① 고용노동부장관은 관계행정기관 기타 공공단체 등에 대하여 이 법 시행에 필요한 자료의 제출을 요청할 수 있다.

② 위 ①의 규정에 의하여 자료의 제출을 요청받은 자는 정당한 사유가 없는 한 이에 응하여야 한다.

⑸ **수수료(제40조)**

제7조 및 제10조의 규정에 의한 허가를 받고자 하는 자는 고용노동부령이 정하는 바에 따라 수수료를 납부하여야 한다.

⑹ **권한의 위임(제41조)**

이 법에 의한 고용노동부장관의 권한은 대통령령이 정하는 바에 의하여 그 일부를 지방고용노동관서의 장에게 위임할 수 있다.

01 파견근로자보호 등에 관한 법률상 사용하는 용어의 정의로 틀린 것은? *2015, 2009*

① "근로자파견계약"이라 함은 근로자와 파견사업주 간에 근로자파견을 약정하는 계약을 말한다.

② "파견사업주"라 함은 근로자파견사업을 행하는 자를 말한다.

③ "사용사업주"라 함은 근로자파견계약에 의하여 파견근로자를 사용하는 자를 말한다.

④ "파견근로자"라 함은 파견사업주가 고용한 근로자로서 근로자파견의 대상이 되는 자를 말한다.

> **해설 |** "근로자파견계약"이라 함은 파견사업주와 사용사업주 간에 근로자파견을 약정하는 계약을 말한다(법 제2조 제6호).

02 파견근로자보호 등에 관한 법률상 합리적 이유 없이 불리하게 처우하는 것이 금지되는 사항이 아닌 것은?

① 「근로기준법」상의 임금

② 정기적은 물론 부정기적으로 지급되는 상여금

③ 경영성과에 따른 성과금

④ 근로조건 및 복리후생 등에 관한 사항

> **해설 |** 차별적 처우의 금지사항은 정기상여금, 명절상여금 등 정기적으로 지급되는 상여금이다(법 제2조, 제21조).

03 파견근로자보호 등에 관한 법률상 근로자파견이 금지되는 경우가 아닌 것은? *2008*

① 건설공사현장에서 이루어지는 업무

② 은행의 전산개발 관련 업무

③ 여객자동차운송사업의 운전업무

④ 간호조무사의 업무

04 파견근로자보호 등에 관한 법령상 근로자파견이 금지되는 업무는? *2009*

① 개인보호 및 관련종사자 업무

② 전화통신 판매 종사자의 업무

③ 여객자동차운송사업의 운전업무

④ 정규교육 이외 교육 준전문가의 업무

05 파견근로자보호 등에 관한 법률에서 근로자파견이 금지되는 업무가 아닌 것은? *2010*

① 건설공사현장에서 이루어지는 업무

② 전화통신 판매 종사자의 업무

③ 여객자동차운송사업의 운전업무

④ 간호조무사의 업무

06 파견근로자보호 등에 관한 법률에 의거 근로자파견사업이 금지되는 사업이 아닌 것은? *2014*

① 건설공사현장에서 이루어지는 업무

② 화물자동차운송사업의 운송업무

③ 선원의 업무

④ 주유원의 업무

07 파견근로자보호 등에 관한 법률상 근로자파견 대상 업무가 아닌 것은? 2015

① 보건·의료와 관련된 업무
② 건설공사현장에서 이루어지는 업무
③ 선원법에 따른 선원의 업무
④ 산업안전보건법의 규정에 따른 유해하거나 위험한 업무

> **해설 |** 보기의 예문은 모두 근로자파견대상업무가 아닙니다(법 제5조 및 시행령 제2조).

08 파견근로를 규율하는 파견법상의 제도 및 그 해석에 관한 내용으로 틀린 것은? 2014

① 파견근로자의 차별적 처우가 존재하는 경우 그 시정을 위한 신청 또는 절차 등에 관한 내용은 기간제 및 단시간근로자 보호 등에 관한 법률의 규정을 준용한다.
② 근로자파견사업은 제조업의 직접생산 공정업무를 제외하고 전문지식, 기술, 경험 또는 업무의 성질 등을 고려하여 적합하다고 판단되는 업무로서 대통령령이 정하는 업무를 대상으로 한다.
③ 근로자파견의 기간은 1년을 초과하지 못하지만, 파견사업주와 사용사업주 사이에 합의가 있는 경우는 1회에 한하여 연장이 가능하므로 총파견기간은 2년이 될 수 있다.
④ 출산, 질병, 부상 등으로 결원이 생긴 경우 또는 일시적, 간헐적으로 인력을 확보해야 할 필요가 있는 경우에는 근로자파견사업을 행할 수 있다.

> **해설 |** 근로자파견의 기간은 1년을 초과하지 못하지만, 파견사업주, 사용사업주, 파견근로자 사이에 합의가 있는 경우는 1회에 한하여 연장할 수 있고, 그 연장기간은 1년을 초과하지 못하며, 연장된 기간을 포함한 총파견기간은 2년을 초과하지 못한다(법 제6조).

09 파견근로자보호 등에 관한 법률상 사용사업주의 고용의무에 관한 설명 중 틀린 것은?

① 근로자파견대상업무에 해당하지 아니하는 업무에서 파견근로자를 사용하는 경우에는 해당 파견근로자를 직접 고용하여야 한다.
② 사용사업주의 직접 고용의무가 발생한 경우라도 당해 파견근로자가 명시적인 반대의사를 표시한 경우에는 적용하지 아니한다.
③ 사용사업주가 파견근로자를 직접 고용하는 경우에 있어서 파견근로자의 근로조건은 사용사업주의 근로자 중 당해 파견근로자와 동종 또는 유사업무를 수행하는 근로자가 있는 경우에는 그 근로자에게 적용되는 취업규칙 등에서 정하는 근로조건에 의하여야 한다.
④ 사용사업주는 파견근로자를 사용하고 있는 업무에 근로자를 직접 고용하고자 하는 경우에는 당해 파견근로자를 우선적으로 고용하여야 한다.

> **해설 |** 사용사업주는 파견근로자를 사용하고 있는 업무에 근로자를 직접 고용하고자 하는 경우에는 당해 파견근로자를 우선적으로 고용하도록 노력하여야 한다(법 제6조의 2 제4항).

10 파견근로자보호 등에 관한 법률에 의한 파견기간에 관한 설명 중 틀린 것은? 2004

① 상시적으로 파견이 허용되는 업무의 근로자파견의 기간은 1년을 초과하지 못한다. 다만, 1회에 한하여 1년의 범위 안에서 그 기간을 연장할 수 있다.
② 일시적으로 인력을 확보할 필요가 있는 경우 근로자파견의 기간을 3월을 초과하지 못한다. 다만, 1회에 한하여 3월의 범위 안에서 그 기간을 연장할 수 있다.
③ 사용사업주가 2년을 초과하여 계속적으로 파견근로자를 사용하는 경우에는 2년의 기간이 만료된 날의 다음 날부터 파견근로자를 기간의 정함이 없는 근로자로 고용하여야 한다.

④ 출산·질병·부상 등 그 사유가 객관적으로 명백한 경우 근로자파견의 기간은 그 사유의 해소에 필요한 기간이다.

해설 | 사용사업주가 파견근로자를 직접 고용하는 경우에 있어서 파견근로자의 근로조건은 다음과 같다(법 제6조의 2 제3항).
① 사용사업주의 근로자 중 당해 파견근로자와 동종 또는 유사업무를 수행하는 근로자가 있는 경우에는 그 근로자에게 적용되는 취업규칙 등에서 정하는 근로조건에 의할 것
② 사용사업주의 근로자 중 당해 파견근로자와 동종 또는 유사업무를 수행하는 근로자가 없는 경우에는 당해 파견근로자의 기존의 근로조건의 수준보다 저하되어서는 아니될 것

11 파견근로자보호 등에 관한 법률에 의한 파견기간에 관한 설명 중 틀린 것은?

① 근로자파견의 기간은 임시파견사유에 해당하는 경우를 제외하고는 1년을 초과하지 못한다.
② 파견사업주·사용사업주·파견근로자 간의 합의가 있는 경우에는 파견기간을 연장할 수 있다. 이 경우 1회를 연장할 때에는 그 연장기간은 1년을 초과하지 못하며, 연장된 기간을 포함한 총파견기간은 2년을 초과하지 못한다.
③ 고용상 연령차별금지 및 고령자고용촉진에 관한 법률에 따른 고령자인 파견근로자에 대하여는 2년을 초과하여 근로자파견기간을 연장할 수 있다.
④ 일시적·간헐적으로 인력을 확보할 필요가 있는 경우에는 파견기간이 6월 이내의 기간이다. 다만, 그 사유가 해소되지 아니하고 파견사업주·사용사업주·파견근로자 간의 합의가 있는 경우에는 1회에 한하여 3월의 범위 안에서 그 기간을 연장할 수 있다.

해설 | 일시적·간헐적으로 인력을 확보할 필요가 있는 경우에는 파견기간이 3월 이내의 기간이다(법 제6조 제4항 제2호).

12 파견근로자보호 등에 관한 법률상 근로자파견사업의 허가를 받을 수 있는 자는?
2010

① 미성년자·금치산자·한정치산자 또는 파산선고를 받고 복권되지 아니한 자
② 금고이상의 형(집행유예를 제외한다)의 선고를 받고 그 집행이 종료되거나 집행을 받지 아니하기로 확정된 후 2년이 경과된 자
③ 금고이상의 형의 집행유예선고를 받고 그 유예기간 중에 있는 자
④ 고용노동부장관으로부터 근로자파견사업의 허가가 취소된 후 2년이 경과된 자

해설 | 다음 각호의 1에 해당하는 자는 제7조의 규정에 의한 근로자파견사업의 허가를 받을 수 없다(법 제8조).
1. 미성년자·금치산자·한정치산자 또는 파산선고를 받고 복권되지 아니한 자
2. 금고이상의 형(집행유예를 제외한다)의 선고를 받고 그 집행이 종료되거나 집행을 받지 아니하기로 확정된 후 2년이 경과되지 아니한 자
3. 이 법, 직업안정법, 「근로기준법」 제7조, 제9조, 제20조부터 제22조까지, 제36조, 제43조부터 제46조까지, 제56조 및 제64조, 「최저임금법」 제6조, 「선원법」 제110조을 위반하여 벌금이상의 형(집행유예를 제외한다)의 선고를 받고 그 집행이 종료되거나 집행을 받지 아니하기로 확정된 후 3년이 경과되지 아니한 자
4. 금고이상의 형의 집행유예선고를 받고 그 유예기간 중에 있는 자
5. 제12조의 규정에 의한 당해 사업의 허가가 취소된 후 3년이 경과되지 아니한 자
6. 법인으로서 그 임원 중 제1호 내지 제5호의 1에 해당하는 자가 있는 법인

13 파견근로자보호 등에 관한 법률상 근로자파견사업의 허가를 받을 수 있는 자는?

2013

① 미성년자

② 금고이상의 형(집행유예를 제외한다)의 선고를 받고 그 집행이 종료되거나 집행을 받지 아니하기로 확정된 후 2년이 경과된 자

③ 금고이상의 형의 집행유예선고를 받고 그 유예기간 중에 있는 자

④ 파산선고를 받고 복권되지 아니한 자

> **해설 l** 금고이상의 형(집행유예를 제외한다)의 선고를 받고 그 집행이 종료되거나 집행을 받지 아니하기로 확정된 후 2년이 경과되지 아니한 자는 근로자파견사업의 허가를 받을 수 없다(법 제8조).

14 파견근로자보호 등에 관한 법률상 겸업금지 대상 업종이 아닌 것은?

① 식품접객업   ② 숙박업

③ 결혼상담업   ④ 창고업

> **해설 l** 다음 각호의 1에 해당하는 사업을 하는 자는 근로자파견사업을 행할 수 없다(법 제14조).
> 1. 「식품위생법」 제36조 제1항 제3호에 따른 식품접객업
> 2. 공중위생법 제2조 제1항 제1호 가목의 규정에 의한 숙박업
> 3. 가정의례에관한법률 제5조의 규정에 의한 결혼상담 또는 중매행위를 하는 업
> 4. 기타 대통령령으로 정하는 사업

15 파견근로자보호 등에 관한 법률상 근로자파견에 대한 설명으로 틀린 것은?

2015

① 파견사업주와 사용사업주는 파견근로자임을 이유로 사용사업주의 사업 내의 동종 또는 유사한 업무를 수행하는 근로자에 비하여 차별적 처우를 하여서는 아니 된다.

② 파견사업주는 쟁의행위 중인 사업장에 그 쟁의행위로 중단된 업무의 수행을 위하여 근로자를 파견하여서는 아니 된다.

③ 누구든지 근로기준법상 경영상의 이유에 의한 해고를 한 경우 6월이 경과하면 당해 업무에 파견근로자를 사용할 수 있다.

④ 파견사업주는 정당한 이유 없이 파견근로자 또는 파견근로자로서 고용되고자 하는 자와 그 고용관계의 종료 후 사용사업주에게 고용되는 것을 금지하는 내용의 근로계약을 체결하여서는 아니 된다.

> **해설 l** 법 제16조 제2항에 따라 「근로기준법」 제24조에 따른 경영상의 이유에 의한 해고를 한 후 당해 업무에 파견근로자를 사용할 수 없는 기간은 2년으로 한다. 다만, 당해 사업 또는 사업장에 근로자의 과반수로 조직된 노동조합이 있는 경우에 그 노동조합(근로자의 과반수로 조직된 노동조합이 없는 경우에는 근로자의 과반수를 대표하는 자를 말한다)의 동의가 있는 때에는 6월로 한다(시행령 제4조).

16 파견근로자보호 등에 관한 법률에 관한 설명으로 틀린 것은?

2011

① 근로자파견사업을 하고자 하는 자는 고용노동부장관의 허가를 받아야 한다.

② 근로자파견사업의 허가의 유효기간은 3년으로 한다.

③ 경영상 이유에 의한 해고를 한 경우에는 3년이 경과하기 전에는 당해 업무에 파견근로자를 사용하여서는 아니 된다.

④ 숙박업을 하는 자는 근로자파견사업을 행할 수 없다.

> **해설 l** 법 제16조 제2항에 따라 「근로기준법」 제24조에 따른 경영상의 이유에 의한 해고를 한 후 당해 업무에 파견근로자를 사용할 수 없는 기간은 2년으로 한다. 다만, 당해 사업 또는 사업장에 근로자의 과반수로 조직된 노동조합이 있는 경우에 그 노동조합(근로자의 과반수로 조직된 노동조합이 없는 경우에는 근로자의 과반수를 대표하는 자를 말한다)의 동의가 있는 때에는 6월로 한다(시행령 제4조).

17 파견근로자보호 등에 관한 법률상 차별적 처우에 관한 설명으로 틀린 것은?

① 파견사업주와 사용사업주는 파견근로자임을 이유로 사용사업주의 사업 내의 동종 또는 유사한 업무를 수행하는 근로자에 비하여 파견근로자에게 차별적 처우를 하여서는 아니 된다.

② 파견근로자는 차별적 처우를 받은 경우 고용노동부장관에게 그 시정을 신청할 수 있다.

③ 고용노동부장관은 파견사업주와 사용사업주가 차별적 처우를 한 경우에는 그 시정을 요구할 수 있다.

④ 차별적 처우 금지 규정은 사용사업주가 상시 4인 이하의 근로자를 사용하는 경우에는 이를 적용하지 아니한다.

> **해설 ❙** 파견근로자는 차별적 처우를 받은 경우 노동위원회에 그 시정을 신청할 수 있다(법 제21조 제2항).

18 파견근로자보호 등에 관한 법률상 근로자파견계약을 해지할 수 있는 사유가 아닌 것은? 2013, 2008

① 파견근로자의 사회적 신분

② 파견근로자의 부당한 노동조합활동

③ 사용사업주의 산업안전보건법 위반

④ 사용사업주의 근로기준법 위반

> **해설 ❙** 사용사업주는 파견근로자의 성별 · 종교 · 사회적 신분이나 파견근로자의 정당한 노동조합의 활동 등을 이유로 근로자파견계약을 해지하여서는 아니 된다(법 제22조).

19 파견근로자보호 등에 관한 법률에 관한 설명으로 틀린 것은?

① 파견사업주는 근로자를 파견근로자로서 고용하고자 할 때에는 미리 당해 근로자에게 그 취지를 구두 또는 서면으로 알려주어야 한다.

② 파견사업주는 정당한 이유 없이 파견근로자 또는 파견근로자로서 고용되고자 하는 자와 그 고용관계의 종료 후 사용사업주에게 고용되는 것을 금지하는 내용의 근로계약을 체결하여서는 아니 된다.

③ 파견사업주는 정당한 이유 없이 파견근로자의 고용관계의 종료 후 사용사업주가 당해 파견근로자를 고용하는 것을 금지하는 내용의 근로자파견계약을 체결하여서는 아니 된다.

④ 파견근로자는 파견사업주에게 당해 근로자파견의 대가에 관하여 그 내역의 제시를 요구할 수 있다.

> **해설 ❙** 파견사업주는 근로자를 파견근로자로서 고용하고자 할 때에는 미리 당해 근로자에게 그 취지를 서면으로 알려주어야 한다(법 제24조 제1항).

기간제 및 단시간근로자 보호 등에 관한 법률

Section 01 총칙

(1) 목적(제1조)

이 법은 기간제근로자 및 단시간근로자에 대한 불합리한 차별을 시정하고 기간제근로자 및 단시간근로자의 근로조건 보호를 강화함으로써 노동시장의 건전한 발전에 이바지함을 목적으로 한다.

(2) 용어의 정의(제2조)

용어	개념
기간제근로자	기간의 정함이 있는 근로계약(이하 "기간제 근로계약"이라 한다)을 체결한 근로자를 말한다.
단시간근로자	「근로기준법」 제2조의 단시간근로자를 말한다. 즉, 1주 동안의 소정근로시간이 그 사업장에서 같은 종류의 업무에 종사하는 통상근로자의 1주 동안의 소정근로시간에 비하여 짧은 근로자를 말한다.
차별적 처우	다음의 사항에 있어서 합리적인 이유 없이 불리하게 처우하는 것을 말한다. ① 「근로기준법」 제2조 제1항 제5호에 따른 임금 ② 정기상여금, 명절상여금 등 정기적으로 지급되는 상여금 ③ 경영성과에 따른 성과금 ④ 그 밖에 근로조건 및 복리후생 등에 관한 사항

(3) 적용범위(제3조)

① 이 법은 상시 5인 이상의 근로자를 사용하는 모든 사업 또는 사업장에 적용한다. 다만, 동거의 친족만을 사용하는 사업 또는 사업장과 가사사용인에 대하여는 적용하지 아니한다.

② 상시 4인 이하의 근로자를 사용하는 사업 또는 사업장에 대하여는 대통령령이 정하는 바에 따라 이 법의 일부 규정을 적용할 수 있다.

③ 국가 및 지방자치단체의 기관에 대하여는 상시 사용하는 근로자의 수에 관계없이 이 법을 적용한다.

Section 02 기간제근로자

(1) 기간제근로자의 사용(제4조)

① 사용자는 2년을 초과하지 아니하는 범위 안에서(기간제 근로계약의 반복갱신 등의 경우에는 그 계속근로한 총기간이 2년을 초과하지 아니하는 범위 안에서) 기간제근로자를 사용할 수 있다. 다만, 다음의 어느

하나에 해당하는 경우에는 2년을 초과하여 기간제근로자로 사용할 수 있다.

㉠ 사업의 완료 또는 특정한 업무의 완성에 필요한 기간을 정한 경우

㉡ 휴직·파견 등으로 결원이 발생하여 당해 근로자가 복귀할 때까지 그 업무를 대신할 필요가 있는 경우

㉢ 근로자가 학업, 직업훈련 등을 이수함에 따라 그 이수에 필요한 기간을 정한 경우

㉣ 「고령자고용촉진법」 제2조 제1호의 고령자와 근로계약을 체결하는 경우

㉤ 전문적 지식·기술의 활용이 필요한 경우와 정부의 복지정책·실업대책 등에 따라 일자리를 제공하는 경우로서 대통령령이 정하는 경우

㉥ 그 밖에 제1호 내지 제5호에 준하는 합리적인 사유가 있는 경우로서 대통령령이 정하는 경우

② 사용자가 위 ① 단서의 사유가 없거나 소멸되었음에도 불구하고 2년을 초과하여 기간제근로자로 사용하는 경우에는 그 기간제근로자는 기간의 정함이 없는 근로계약을 체결한 근로자로 본다.

(2) 기간의 정함이 없는 근로자로의 전환(제5조)

사용자는 기간의 정함이 없는 근로계약을 체결하고자 하는 경우에는 당해 사업 또는 사업장의 동종 또는 유사한 업무에 종사하는 기간제근로자를 우선적으로 고용하도록 노력하여야 한다.

Section 03 단시간근로자

(1) 단시간근로자의 초과근로 제한(제6조)

① 사용자는 단시간근로자에 대하여 「근로기준법」 제2조의 소정근로시간을 초과하여 근로하게 하는 경우에는 당해 근로자의 동의를 얻어야 한다. 이 경우 1주간에 12시간을 초과하여 근로하게 할 수 없다.

② 단시간근로자는 사용자가 위 ①의 규정에 따른 동의를 얻지 아니하고 초과근로를 하게 하는 경우에는 이를 거부할 수 있다.

③ 사용자는 위 ①에 따른 초과근로에 대하여 통상임금의 100분의 50 이상을 가산하여 지급하여야 한다.

(2) 통상근로자로의 전환 등(제7조)

① 사용자는 통상근로자를 채용하고자 하는 경우에는 당해 사업 또는 사업장의 동종 또는 유사한 업무에 종사하는 단시간근로자를 우선적으로 고용하도록 노력하여야 한다.

② 사용자는 가사, 학업 그 밖의 이유로 근로자가 단시간근로를 신청하는 때에는 당해 근로자를 단시간근로자로 전환하도록 노력하여야 한다.

(1) 차별적 처우의 금지(제8조)

① 사용자는 기간제근로자임을 이유로 당해 사업 또는 사업장에서 동종 또는 유사한 업무에 종사하는 기간의 정함이 없는 근로계약을 체결한 근로자에 비하여 차별적 처우를 하여서는 아니 된다.

② 사용자는 단시간근로자임을 이유로 당해 사업 또는 사업장의 동종 또는 유사한 업무에 종사하는 통상근로자에 비하여 차별적 처우를 하여서는 아니 된다.

(2) 차별적 처우의 시정신청(제9조)

① 기간제근로자 또는 단시간근로자는 차별적 처우를 받은 경우 「노동위원회법」 제1조의 규정에 따른 노동위원회(이하 "노동위원회"라 한다)에 그 시정을 신청할 수 있다. 다만, 차별적 처우가 있은 날(계속되는 차별적 처우는 그 종료일)부터 6개월이 경과한 때에는 그러하지 아니하다.

② 기간제근로자 또는 단시간근로자가 위 ①의 규정에 따른 시정신청을 하는 때에는 차별적 처우의 내용을 구체적으로 명시하여야 한다.

③ 위 ① 및 ②의 규정에 따른 시정신청의 절차·방법 등에 관하여 필요한 사항은 「노동위원회법」 제2조 제1항의 규정에 따른 중앙노동위원회가 따로 정한다.

④ 제8조 및 제1항 내지 제3항과 관련한 분쟁에 있어서 입증책임은 사용자가 부담한다.

(3) 조사 · 심문 등(제10조)

① 노동위원회는 제9조의 규정에 따른 시정신청을 받은 때에는 지체 없이 필요한 조사와 관계당사자에 대한 심문을 하여야 한다.

② 노동위원회는 위 ①의 규정에 따른 심문을 하는 때에는 관계당사자의 신청 또는 직권으로 증인을 출석하게 하여 필요한 사항을 질문할 수 있다.

③ 노동위원회는 위 ① 및 ②의 규정에 따른 심문을 함에 있어서는 관계당사자에게 증거의 제출과 증인에 대한 반대심문을 할 수 있는 충분한 기회를 주어야 한다.

④ 위 ① 내지 ③의 규정에 따른 조사·심문의 방법 및 절차 등에 관하여 필요한 사항은 중앙노동위원회가 따로 정한다.

⑤ 노동위원회는 차별시정사무에 관한 전문적인 조사·연구업무를 수행하기 위하여 전문위원을 둘 수 있다.

(4) 조정 · 중재(제11조)

① 노동위원회는 제10조의 규정에 따른 심문의 과정에서 관계당사자 쌍방 또는 일방의 신청 또는 직권에 의하여 조정(調停)절차를 개시할 수 있고, 관계당사자가 미리 노동위원회의 중재(仲裁)결정에 따르기로 합의하여 중재를 신청한 경우에는 중재를 할 수 있다.

② 위 ①의 규정에 따라 조정 또는 중재를 신청하는 경우에는 제9조의 규정에 따른 차별적 처우의 시정신청을 한 날부터 14일 이내에 하여야 한다. 다만, 노동위원회의 승낙이 있는 경우에는 14일 후에도 신청할 수 있다.

③ 노동위원회는 조정 또는 중재를 함에 있어서 관계당사자의 의견을 충분히 들어야 한다.

④ 노동위원회는 특별한 사유가 없는 한 조정절차를 개시하거나 중재신청을 받은 때부터 60일 이내에 조정안을 제시하거나 중재결정을 하여야 한다.

⑤ 노동위원회는 관계당사자 쌍방이 조정안을 수락한 경우에는 조정조서를 작성하고 중재결정을 한 경우에는 중재결정서를 작성하여야 한다.

⑥ 조정조서에는 관계당사자와 조정에 관여한 위원전원이 서명·날인하여야 하고, 중재결정서에는 관여한 위원전원이 서명·날인하여야 한다.

⑦ 위 ⑤ 및 ⑥의 규정에 따른 조정 또는 중재결정은 「민사소송법」의 규정에 따른 재판상 화해와 동일한 효력을 갖는다.

⑧ 위 ① 내지 ⑦의 규정에 따른 조정·중재의 방법, 조정조서·중재결정서의 작성 등에 관한 사항은 중앙노동위원회가 따로 정한다.

(5) 시정명령 등(제12조)

① 노동위원회는 제10조의 규정에 따른 조사·심문을 종료하고 차별적 처우에 해당된다고 판정한 때에는 사용자에게 시정명령을 발하여야 하고, 차별적 처우에 해당하지 아니한다고 판정한 때에는 그 시정신청을 기각하는 결정을 하여야 한다.

② 위 ①의 규정에 따른 판정·시정명령 또는 기각결정은 서면으로 하되 그 이유를 구체적으로 명시하여 관계당사자에게 각각 교부하여야 한다. 이 경우 시정명령을 발하는 때에는 시정명령의 내용 및 이행기한 등을 구체적으로 기재하여야 한다.

(6) 조정 · 중재 또는 시정명령의 내용(제13조)

① 제11조의 규정에 따른 조정·중재 또는 제12조의 규정에 따른 시정명령의 내용에는 차별적 행위의 중지, 임금 등 근로조건의 개선(취업규칙, 단체협약 등의 제도개선 명령을 포함한다) 또는 적절한 배상 등이 포함될 수 있다.

② 위 ①에 따른 배상액은 차별적 처우로 인하여 기간제근로자 또는 단시간근로자에게 발생한 손해액을 기준으로 정한다. 다만, 노동위원회는 사용자의 차별적 처우에 명백한 고의가 인정되거나 차별적 처우가 반복되는 경우에는 손해액을 기준으로 3배를 넘지 아니하는 범위에서 배상을 명령할 수 있다.

(7) 시정명령 등의 확정(제14조)

① 지방노동위원회의 시정명령 또는 기각결정에 대하여 불복이 있는 관계당사자는 시정명령서 또는 기각결정서의 송달을 받은 날부터 10일 이내에 중앙노동위원회에 재심을 신청할 수 있다.

② 위 ①의 규정에 따른 중앙노동위원회의 재심결정에 대하여 불복이 있는 관계당사자는 재심결정서의 송달을 받은 날부터 15일 이내에 행정소송을 제기할 수 있다.

③ 위 ①에 규정된 기간 이내에 재심을 신청하지 아니하거나 제2항에 규정된 기간 이내에 행정소송을 제기하지 아니한 때에는 그 시정명령·기각결정 또는 재심결정은 확정된다.

⑻ 시정명령 이행상황의 제출요구 등(제15조)

① 고용노동부장관은 확정된 시정명령에 대하여 사용자에게 이행상황을 제출할 것을 요구할 수 있다.

② 시정신청을 한 근로자는 사용자가 확정된 시정명령을 이행하지 아니하는 경우 이를 고용노동부장관에게 신고할 수 있다.

⑼ 고용노동부장관의 차별적 처우 시정요구 등(제15조의 2)

① 고용노동부장관은 사용자가 제8조를 위반하여 차별적 처우를 한 경우에는 그 시정을 요구할 수 있다.

② 고용노동부장관은 사용자가 위 ①에 따른 시정요구에 응하지 아니할 경우에는 차별적 처우의 내용을 구체적으로 명시하여 노동위원회에 통보하여야 한다. 이 경우 고용노동부장관은 해당 사용자 및 근로자에게 그 사실을 통지하여야 한다.

③ 노동위원회는 위 ②에 따라 고용노동부장관의 통보를 받은 경우에는 지체 없이 차별적 처우가 있는지 여부를 심리하여야 한다. 이 경우 노동위원회는 해당 사용자 및 근로자에게 의견을 진술할 수 있는 기회를 부여하여야 한다.

④ 위 ③에 따른 노동위원회의 심리 및 그 밖의 시정절차 등에 관하여는 제9조 제4항 및 제11조부터 제15조까지의 규정을 준용한다. 이 경우 "시정신청을 한 날"은 "통지를 받은 날"로, "기각결정"은 "차별적 처우가 없다는 결정"으로, "관계당사자"는 "해당 사용자 또는 근로자"로, "시정신청을 한 근로자"는 "해당 근로자"로 본다.

⑤ 위 ③ 및 ④에 따른 노동위원회의 심리 등에 관한 사항은 중앙노동위원회가 정한다.

⑽ 확정된 시정명령의 효력 확대(제15조의 3)

① 고용노동부장관은 제14조(제15조의 2 제4항에 따라 준용되는 경우를 포함한다)에 따라 확정된 시정명령을 이행할 의무가 있는 사용자의 사업 또는 사업장에서 해당 시정명령의 효력이 미치는 근로자 이외의 기간제근로자 또는 단시간근로자에 대하여 차별적 처우가 있는지를 조사하여 차별적 처우가 있는 경우에는 그 시정을 요구할 수 있다.

② 사용자가 위 ①에 따른 시정요구에 응하지 아니하는 경우에는 제15조의 2 제2항부터 제5항까지의 규정을 준용한다.

Section 05   보칙

(1) 불리한 처우의 금지(제16조)

사용자는 기간제근로자 또는 단시간근로자가 다음의 어느 하나에 해당하는 행위를 한 것을 이유로 해고 그 밖의 불리한 처우를 하지 못한다.

① 사용자의 부당한 초과근로 요구의 거부
② 차별적 처우의 시정신청, 노동위원회에의 참석 및 진술, 재심신청 또는 행정소송의 제기
③ 시정명령 불이행의 신고
④ 제18조의 규정에 따른 통고

(2) 근로조건의 서면명시(제17조)

사용자는 기간제근로자 또는 단시간근로자와 근로계약을 체결하는 때에는 다음의 모든 사항을 서면으로 명시하여야 한다. 다만, 제6호는 단시간근로자에 한한다.

① 근로계약기간에 관한 사항
② 근로시간·휴게에 관한 사항
③ 임금의 구성항목·계산방법 및 지불방법에 관한 사항
④ 휴일·휴가에 관한 사항
⑤ 취업의 장소와 종사하여야 할 업무에 관한 사항
⑥ 근로일 및 근로일별 근로시간

(3) 감독기관에 대한 통고(제18조)

사업 또는 사업장에서 이 법 또는 이 법에 의한 명령을 위반한 사실이 있는 경우에는 근로자는 그 사실을 고용노동부장관 또는 근로감독관에게 통고할 수 있다.

(4) 권한의 위임(제19조)

이 법의 규정에 따른 고용노동부장관의 권한은 그 일부를 대통령령이 정하는 바에 따라 지방고용노동관서의 장에게 위임할 수 있다.

(5) 취업촉진을 위한 국가 등의 노력(제20조)

국가 및 지방자치단체는 고용정보의 제공, 직업지도, 취업알선, 직업능력개발 등 기간제근로자 및 단시간근로자의 취업촉진을 위하여 필요한 조치를 우선적으로 취하도록 노력하여야 한다.

01 기간제 및 단시간근로자 보호 등에 관한 법률에서 사용하는 용어의 정의로 틀린 것은?

① 기간제근로자라 함은 기간의 정함이 있는 근로계약을 체결한 근로자를 말한다.

② 단시간근로자라 함은 근로기준법 제2조의 단시간근로자를 말한다.

③ 차별적 처우라 함은 정기적 또는 부정기적으로 지급되는 상여금에 있어서 합리적인 이유 없이 불리하게 처우하는 것을 말한다.

④ 차별적 처우라 함은 경영성과에 따른 성과금에 있어서 합리적인 이유 없이 불리하게 처우하는 것을 말한다.

> **해설 l** 차별적 처우라 함은 다음의 사항에 있어서 합리적인 이유 없이 불리하게 처우하는 것을 말한다(법 제2조 제3호).
> 1. 「근로기준법」 제2조 제1항 제5호에 따른 임금
> 2. 정기상여금, 명절상여금 등 정기적으로 지급되는 상여금
> 3. 경영성과에 따른 성과금
> 4. 그 밖에 근로조건 및 복리후생 등에 관한 사항

02 기간제 및 단시간근로자 보호 등에 관한 법률상 2년을 초과하여 기간제근로자로 사용할 수 없는 것은?

① 고령자고용촉진법상의 준고령자와 근로계약을 체결하는 경우

② 사업의 완료 또는 특정한 업무의 완성에 필요한 기간을 정한 경우

③ 휴직·파견 등으로 결원이 발생하여 당해 근로자가 복귀할 때까지 그 업무를 대신할 필요가 있는 경우

④ 근로자가 학업, 직업훈련 등을 이수함에 따라 그 이수에 필요한 기간을 정한 경우

> **해설 l** 다음의 어느 하나에 해당하는 경우에는 2년을 초과하여 기간제근로자로 사용할 수 있다(법 제4조 제1항 단서).
> 1. 사업의 완료 또는 특정한 업무의 완성에 필요한 기간을 정한 경우
> 2. 휴직·파견 등으로 결원이 발생하여 당해 근로자가 복귀할 때까지 그 업무를 대신할 필요가 있는 경우
> 3. 근로자가 학업, 직업훈련 등을 이수함에 따라 그 이수에 필요한 기간을 정한 경우
> 4. 「고령자고용촉진법」 제2조 제1호의 고령자와 근로계약을 체결하는 경우
> 5. 전문적 지식·기술의 활용이 필요한 경우와 정부의 복지정책·실업대책 등에 따라 일자리를 제공하는 경우로서 대통령령이 정하는 경우
> 6. 그 밖에 제1호 내지 제5호에 준하는 합리적인 사유가 있는 경우로서 대통령령이 정하는 경우

03 기간제 및 단시간근로자 보호 등에 관한 법률상 2년을 초과하여 기간제근로자로 사용할 수 없는 것은?

① 사업의 완료 또는 특정한 업무의 완성에 필요한 기간을 정한 경우

② 휴직·파견 등으로 결원이 발생하여 당해 근로자가 복귀할 때까지 그 업무를 대신할 필요가 있는 경우

③ 근로자가 학업, 직업훈련 등을 이수함에 따라 그 이수에 필요한 기간을 정한 경우

④ 근로자와 사용자가 합의한 경우

04 기간제 및 단시간근로자 보호 등에 관한 법률상 단시간근로자에 관한 설명으로 틀린 것은?

① 사용자는 단시간근로자에 대하여 「근로기준법」 제2조의 소정근로시간을 초과하여 근로하게 하는 경우에는 당해 근로자의 동의를 얻어야 한다. 이 경우 1주간에 12시간을 초과하여 근로하게 할 수 없다.

② 단시간근로자는 사용자가 초과근로에 대한 동의를 얻지 아니하고 초과근로를 하게 하는 경우에는 이를 거부할 수 있다.

③ 사용자는 통상근로자를 채용하고자 하는 경우에는 당해 사업 또는 사업장의 동종 또는 유사한 업무에 종사하는 단시간근로자를 우선적으로 고용하여야 한다.

④ 사용자는 가사, 학업 그 밖의 이유로 근로자가 단시간근로를 신청하는 때에는 당해 근로자를 단시간근로자로 전환하도록 노력하여야 한다.

> **해설 |** 사용자는 통상근로자를 채용하고자 하는 경우에는 당해 사업 또는 사업장의 동종 또는 유사한 업무에 종사하는 단시간근로자를 우선적으로 고용하도록 노력하여야 한다(법 제7조 제1항).

05 기간제 및 단시간근로자 보호 등에 관한 법률상 차별적 처우에 관한 설명으로 틀린 것은?

① 사용자는 기간제근로자임을 이유로 당해 사업 또는 사업장에서 동종 또는 유사한 업무에 종사하는 기간의 정함이 없는 근로계약을 체결한 근로자에 비하여 차별적 처우를 하여서는 아니 된다.

② 사용자는 단시간근로자임을 이유로 당해 사업 또는 사업장의 동종 또는 유사한 업무에 종사하는 통상근로자에 비하여 차별적 처우를 하여서는 아니 된다.

③ 기간제근로자 또는 단시간근로자는 차별적 처우를 받은 경우 노동위원회에 그 시정을 신청할 수 있다.

④ 차별적 처우와 관련한 분쟁에 있어서 입증책임은 근로자가 부담한다.

> **해설 |** 처별적 처우와 관련한 분쟁에 있어서 입증책임은 사용자가 부담한다(법 제9조 제4항).

06 기간제 및 단시간근로자 보호 등에 관한 법률상 시정명령에 관한 설명으로 틀린 것은?

① 시정명령에 포함된 배상액은 차별적 처우로 인하여 기간제근로자 또는 단시간근로자에게 발생한 손해액을 기준으로 정한다.

② 노동위원회는 사용자의 차별적 처우에 명백한 고의가 인정되거나 차별적 처우가 반복되는 경우에는 손해액을 기준으로 3배를 넘지 아니하는 범위에서 배상을 명령할 수 있다.

③ 지방노동위원회의 시정명령 또는 기각결정에 대하여 불복이 있는 관계당사자는 시정명령서 또는 기각결정서의 송달을 받은 날부터 10일 이내에 중앙노동위원회에 재심을 신청할 수 있다.

④ 중앙노동위원회의 재심결정에 대하여 불복이 있는 관계당사자는 재심결정서의 송달을 받은 날부터 30일 이내에 행정소송을 제기할 수 있다.

> **해설 |** 중앙노동위원회의 재심결정에 대하여 불복이 있는 관계당사자는 재심결정서의 송달을 받은 날부터 15일 이내에 행정소송을 제기할 수 있다(법 제14조 제2항).

07 기간제 및 단시간근로자 보호 등에 관한 법률상 사용자가 기간제근로자와 근로계약을 체결할 때 반드시 서면으로 명시하여야 하는 사항이 아닌 것은?

① 근로계약기간에 관한 사항

② 근로일 및 근로일별 근로시간

③ 임금의 구성항목·계산방법 및 지불방법에 관한 사항

④ 휴일·휴가에 관한 사항

> **해설 |** 근로일 및 근로일별 근로시간에 관한 사항은 단시간근로자에 한한다(법 제17조 단서).

정답 01 ③ 02 ① 03 ① 04 ③ 05 ④ 06 ④ 07 ②

근로자퇴직급여 보장법

Section 01 총칙

(1) 목적(제1조)

이 법은 근로자 퇴직급여제도의 설정 및 운영에 필요한 사항을 정함으로써 근로자의 안정적인 노후 생활 보장에 이바지함을 목적으로 한다.

(2) 용어의 정의(제2조)

용어	개념
근로자	「근로기준법」 제2조 제1항 제1호에 따른 근로자를 말한다.
사용자	「근로기준법」 제2조 제1항 제2호에 따른 사용자를 말한다.
임금	「근로기준법」 제2조 제1항 제5호에 따른 임금을 말한다
평균임금	「근로기준법」 제2조 제1항 제6호에 따른 평균임금을 말한다.
급여	퇴직급여제도나 제25조에 따른 개인형퇴직연금제도에 의하여 근로자에게 지급되는 연금 또는 일시금을 말한다.
퇴직급여제도	확정급여형퇴직연금제도, 확정기여형퇴직연금제도 및 제8조에 따른 퇴직금제도를 말한다.
퇴직연금제도	확정급여형퇴직연금제도, 확정기여형퇴직연금제도 및 개인형퇴직연금제도를 말한다.
확정급여형 퇴직연금제도	근로자가 받을 급여의 수준이 사전에 결정되어 있는 퇴직연금제도를 말한다.
확정기여형 퇴직연금제도	급여의 지급을 위하여 사용자가 부담하여야 할 부담금의 수준이 사전에 결정되어 있는 퇴직연금제도를 말한다.
개인형 퇴직연금제도	가입자의 선택에 따라 가입자가 납입한 일시금이나 사용자 또는 가입자가 납입한 부담금을 적립·운용하기 위하여 설정한 퇴직연금제도로서 급여의 수준이나 부담금의 수준이 확정되지 아니한 퇴직연금제도를 말한다.
가입자	퇴직연금제도에 가입한 사람을 말한다.
적립금	가입자의 퇴직 등 지급사유가 발생할 때에 급여를 지급하기 위하여 사용자 또는 가입자가 납입한 부담금으로 적립된 자금을 말한다.
퇴직연금사업자	퇴직연금제도의 운용관리업무 및 자산관리업무를 수행하기 위하여 제26조에 따라 등록한 자를 말한다.

(3) 적용범위(제3조)

이 법은 근로자를 사용하는 모든 사업 또는 사업장(이하 "사업"이라 한다)에 적용한다. 다만, 동거하는 친족만을 사용하는 사업 및 가구 내 고용활동에는 적용하지 아니한다.

Section 02　퇴직급여제도의 설정

(1) 퇴직급여제도의 설정(제4조)

① 사용자는 퇴직하는 근로자에게 급여를 지급하기 위하여 퇴직급여제도 중 하나 이상의 제도를 설정하여야 한다. 다만, 계속근로기간이 1년 미만인 근로자, 4주간을 평균하여 1주간의 소정근로시간이 15시간 미만인 근로자에 대하여는 그러하지 아니하다.

② 위 ①에 따라 퇴직급여제도를 설정하는 경우에 하나의 사업에서 급여 및 부담금 산정방법의 적용 등에 관하여 차등을 두어서는 아니 된다.

③ 사용자가 퇴직급여제도를 설정하거나 설정된 퇴직급여제도를 다른 종류의 퇴직급여제도로 변경하려는 경우에는 근로자의 과반수가 가입한 노동조합이 있는 경우에는 그 노동조합, 근로자의 과반수가 가입한 노동조합이 없는 경우에는 근로자 과반수(이하 "근로자대표"라 한다)의 동의를 받아야 한다.

④ 사용자가 위 ③에 따라 설정되거나 변경된 퇴직급여제도의 내용을 변경하려는 경우에는 근로자대표의 의견을 들어야 한다. 다만, 근로자에게 불리하게 변경하려는 경우에는 근로자대표의 동의를 받아야 한다.

(2) 새로 성립된 사업의 퇴직급여제도(제5조)

2012년 7월 26일 이후 새로 성립(합병·분할된 경우는 제외한다)된 사업의 사용자는 근로자대표의 의견을 들어 사업의 성립 후 1년 이내에 확정급여형퇴직연금제도나 확정기여형퇴직연금제도를 설정하여야 한다.

(3) 가입자에 대한 둘 이상의 퇴직연금제도 설정(제6조)

① 사용자가 가입자에 대하여 확정급여형퇴직연금제도 및 확정기여형퇴직연금제도를 함께 설정하는 경우 제15조 및 제20조 제1항에도 불구하고 확정급여형퇴직연금제도의 급여 및 확정기여형퇴직연금제도의 부담금 수준은 다음에 따른다.

　㉠ 확정급여형퇴직연금제도의 급여 : 제15조에 따른 급여수준에 확정급여형퇴직연금규약으로 정하는 설정 비율을 곱한 금액

　㉡ 확정기여형퇴직연금제도의 부담금 : 제20조 제1항의 부담금의 부담수준에 확정기여형퇴직연금규약으로 정하는 설정 비율을 곱한 금액

② 사용자는 위 ㉠ 및 ㉡에 따른 각각의 설정 비율의 합이 1 이상이 되도록 퇴직연금규약을 정하여 퇴직연금제도를 설정하여야 한다.

⑷ **수급권의 보호(제7조)**

① 퇴직연금제도의 급여를 받을 권리는 양도하거나 담보로 제공할 수 없다.

② 위 ①에도 불구하고 가입자는 주택구입 등 대통령령으로 정하는 사유와 요건을 갖춘 경우에는 대통령령으로 정하는 한도에서 퇴직연금제도의 급여를 받을 권리를 담보로 제공할 수 있다. 이 경우 제26조에 따라 등록한 퇴직연금사업자는 제공된 급여를 담보로 한 대출이 이루어지도록 협조하여야 한다.

⑸ **퇴직금제도의 설정 등(제8조)**

① 퇴직금제도를 설정하려는 사용자는 계속근로기간 1년에 대하여 30일분 이상의 평균임금을 퇴직금으로 퇴직근로자에게 지급할 수 있는 제도를 설정하여야 한다.

② 위 ①에도 불구하고 사용자는 주택구입 등 대통령령으로 정하는 사유로 근로자가 요구하는 경우에는 근로자가 퇴직하기 전에 해당 근로자의 계속근로기간에 대한 퇴직금을 미리 정산하여 지급할 수 있다. 이 경우 미리 정산하여 지급한 후의 퇴직금 산정을 위한 계속근로기간은 정산시점부터 새로 계산한다.

⑹ **퇴직금의 지급(제9조)**

사용자는 근로자가 퇴직한 경우에는 그 지급사유가 발생한 날부터 14일 이내에 퇴직금을 지급하여야 한다. 다만, 특별한 사정이 있는 경우에는 당사자 간의 합의에 따라 지급기일을 연장할 수 있다.

⑺ **퇴직금의 시효(제10조)**

이 법에 따른 퇴직금을 받을 권리는 3년간 행사하지 아니하면 시효로 인하여 소멸한다.

⑻ **퇴직급여제도의 미설정에 따른 처리(제11조)**

제4조 제1항 본문 및 제5조에도 불구하고 사용자가 퇴직급여제도나 제25조 제1항에 따른 개인형퇴직연금제도를 설정하지 아니한 경우에는 제8조 제1항에 따른 퇴직금제도를 설정한 것으로 본다.

⑼ **퇴직급여 등의 우선변제(제12조)**

① 사용자에게 지급의무가 있는 퇴직금, 제15조에 따른 확정급여형퇴직연금제도의 급여, 제20조 제3항에 따른 확정기여형퇴직연금제도의 부담금 중 미납입 부담금 및 미납입 부담금에 대한 지연이자, 제25조 제2항 제4호에 따른 개인형퇴직연금제도의 부담금 중 미납입 부담금 및 미납입 부담금에 대한 지연이자(이하 "퇴직급여 등"이라 한다)는 사용자의 총재산에 대하여 질권 또는 저당권에 의하여 담보된 채권을 제외하고는 조세·공과금 및 다른 채권에 우선하여 변제되어야 한다. 다만, 질권 또는 저당권에 우선하는 조세·공과금에 대하여는 그러하지 아니하다.

② 위 ①에도 불구하고 최종 3년간의 퇴직급여 등은 사용자의 총재산에 대하여 질권 또는 저당권에 의하여 담보된 채권, 조세·공과금 및 다른 채권에 우선하여 변제되어야 한다.

③ 퇴직급여 등 중 퇴직금, 제15조에 따른 확정급여형퇴직연금제도의 급여는 계속근로기간 1년에 대하여 30일분의 평균임금으로 계산한 금액으로 한다.

④ 퇴직급여 등 중 제20조 제1항에 따른 확정기여형퇴직연금제도의 부담금 및 제25조 제2항 제2호에 따른 개인형퇴직연금제도의 부담금은 가입자의 연간 임금총액의 12분의 1에 해당하는 금액으로 계산한 금액으로 한다.

Section 03 확정급여형퇴직연금제도

(1) 확정급여형퇴직연금제도의 설정(제13조)

확정급여형퇴직연금제도를 설정하려는 사용자는 제4조 제3항 또는 제5조에 따라 근로자대표의 동의를 얻거나 의견을 들어 다음의 사항을 포함한 확정급여형퇴직연금규약을 작성하여 고용노동부장관에게 신고하여야 한다.

① 퇴직연금사업자 선정에 관한 사항

② 가입자에 관한 사항

③ 가입기간에 관한 사항

④ 급여수준에 관한 사항

⑤ 급여 지급능력 확보에 관한 사항

⑥ 급여의 종류 및 수급요건 등에 관한 사항

⑦ 제28조에 따른 운용관리업무 및 제29조에 따른 자산관리업무의 수행을 내용으로 하는 계약의 체결 및 해지와 해지에 따른 계약의 이전(移轉)에 관한 사항

⑧ 운용현황의 통지에 관한 사항

⑨ 가입자의 퇴직 등 급여 지급사유 발생과 급여의 지급절차에 관한 사항

⑩ 퇴직연금제도의 폐지·중단 사유 및 절차 등에 관한 사항

⑪ 그 밖에 확정급여형퇴직연금제도의 운영을 위하여 대통령령으로 정하는 사항

(2) 가입기간(제14조)

① 제13조 제3호에 따른 가입기간은 퇴직연금제도의 설정 이후 해당 사업에서 근로를 제공하는 기간으로 한다.

② 해당 퇴직연금제도의 설정 전에 해당 사업에서 제공한 근로기간에 대하여도 가입기간으로 할 수 있다. 이 경우 제8조 제2항에 따라 퇴직금을 미리 정산한 기간은 제외한다.

(3) 급여수준(제15조)

제13조 제4호의 급여수준은 가입자의 퇴직일을 기준으로 산정한 일시금이 계속근로기간 1년에 대하여 30일분의 평균임금에 상당하는 금액 이상이 되도록 하여야 한다.

⑷ **급여 지급능력 확보 등(제16조)**

① 확정급여형퇴직연금제도를 설정한 사용자는 급여 지급능력을 확보하기 위하여 매 사업연도 말
다음에 해당하는 금액 중 더 큰 금액(이하 "기준책임준비금"이라 한다)에 100분의 60 이상으로 대통령
령으로 정하는 비율을 곱하여 산출한 금액(이하 "최소적립금"이라 한다) 이상을 적립금으로 적립하
여야 한다. 다만, 제14조 제2항에 따라 해당 퇴직연금제도 설정 이전에 해당 사업에서 근로한 기
간을 가입기간에 포함시키는 경우 대통령령으로 정하는 비율에 따른다.

    ㉠ 매 사업연도 말일 현재를 기준으로 산정한 가입자의 예상 퇴직시점까지의 가입기간에 대한
급여에 드는 비용 예상액의 현재가치에서 장래 근무기간분에 대하여 발생하는 부담금 수입
예상액의 현재가치를 뺀 금액으로서 고용노동부령으로 정하는 방법에 따라 산정한 금액

    ㉡ 가입자와 가입자였던 사람의 해당 사업연도 말일까지의 가입기간에 대한 급여에 드는 비용
예상액을 고용노동부령으로 정하는 방법에 따라 산정한 금액

② 확정급여형퇴직연금제도의 운용관리업무를 수행하는 퇴직연금사업자는 매 사업연도 종료 후 6
개월 이내에 고용노동부령으로 정하는 바에 따라 산정된 적립금이 최소적립금을 상회하고 있는
지 여부를 확인하여 그 결과를 대통령령으로 정하는 바에 따라 사용자에게 알려야 한다. 다만,
최소적립금보다 적은 경우에는 그 확인 결과를 근로자대표에게도 알려야 한다.

③ 사용자는 위 ②에 따른 확인 결과 적립금이 대통령령으로 정하는 수준(현행 95%)에 미치지 못하
는 경우에는 대통령령으로 정하는 바에 따라 적립금 부족을 해소하여야 한다.

④ 위 ②에 따른 확인 결과 매 사업연도 말 적립금이 기준책임준비금을 초과한 경우 사용자는 그 초
과분을 향후 납입할 부담금에서 상계할 수 있으며, 매 사업연도 말 적립금이 기준책임준비금의
100분의 150을 초과하고 사용자가 반환을 요구하는 경우 퇴직연금사업자는 그 초과분을 사용자
에게 반환할 수 있다.

▶ 최소적립 비율 ◀

기간	비율
2012.07.26~2013.12.31	100분의 60
2014.01.01~2015.12.31	100분의 70
2016.01.01~2017.12.31	100분의 80
2018.01.01 이후	고용노동부령으로 정하는 100분의 80 이상

⑸ **급여 종류 및 수급요건 등(제17조)**

① 확정급여형퇴직연금제도의 급여 종류는 연금 또는 일시금으로 하되, 수급요건은 다음과 같다.

    ㉠ 연금은 55세 이상으로서 가입기간이 10년 이상인 가입자에게 지급할 것. 이 경우 연금의 지급
기간은 5년 이상이어야 한다.

    ㉡ 일시금은 연금수급 요건을 갖추지 못하거나 일시금 수급을 원하는 가입자에게 지급할 것

② 사용자는 가입자의 퇴직 등 위 ①에 따른 급여를 지급할 사유가 발생한 날부터 14일 이내에 퇴직연금사업자로 하여금 적립금의 범위에서 지급의무가 있는 급여 전액(사업의 도산 등 대통령령으로 정하는 경우에는 제16조 제1항 제2호에 따른 금액에 대한 적립금의 비율에 해당하는 금액)을 지급하도록 하여야 한다. 다만, 퇴직연금제도 적립금으로 투자된 운용자산 매각이 단기간에 이루어지지 아니하는 등 특별한 사정이 있는 경우에는 사용자, 가입자 및 퇴직연금사업자 간의 합의에 따라 지급기일을 연장할 수 있다.

③ 사용자는 위 ②에 따라 퇴직연금사업자가 지급한 급여수준이 제15조에 따른 급여수준에 미치지 못할 때에는 급여를 지급할 사유가 발생한 날부터 14일 이내에 그 부족한 금액을 해당 근로자에게 지급하여야 한다. 이 경우 특별한 사정이 있는 경우에는 당사자 간의 합의에 따라 지급기일을 연장할 수 있다.

④ 위 ② 및 ③에 따른 급여의 지급은 가입자가 지정한 개인형퇴직연금제도의 계정으로 이전하는 방법으로 한다. 다만, 가입자가 55세 이후에 퇴직하여 급여를 받는 경우 등 대통령령으로 정하는 사유가 있는 경우에는 그러하지 아니하다.

⑤ 가입자가 ④에 따라 개인형퇴직연금제도의 계정을 지정하지 아니하는 경우에는 해당 퇴직연금사업자가 운영하는 계정으로 이전한다. 이 경우 가입자가 해당 퇴직연금사업자에게 개인형퇴직연금제도를 설정한 것으로 본다.

⑹ 운용현황의 통지(제18조)

퇴직연금사업자는 매년 1회 이상 적립금액 및 운용수익률 등을 고용노동부령으로 정하는 바에 따라 가입자에게 알려야 한다.

Section 04 확정기여형퇴직연금제도

⑴ 확정기여형퇴직연금제도의 설정(제19조)

① 확정기여형퇴직연금제도를 설정하려는 사용자는 제4조 제3항 또는 제5조에 따라 근로자대표의 동의를 얻거나 의견을 들어 다음의 사항을 포함한 확정기여형퇴직연금규약을 작성하여 고용노동부장관에게 신고하여야 한다.

　㉠ 부담금의 부담에 관한 사항

　㉡ 부담금의 납입에 관한 사항

　㉢ 적립금의 운용에 관한 사항

　㉣ 적립금의 운용방법 및 정보의 제공 등에 관한 사항

　㉤ 적립금의 중도인출에 관한 사항

　㉥ 제13조 제1호부터 제3호까지 및 제6호부터 제10호까지의 사항

　㉦ 그 밖에 확정기여형퇴직연금제도의 운영에 필요한 사항으로서 대통령령으로 정하는 사항

② 위 ①에 따라 확정기여형퇴직연금제도를 설정하는 경우 가입기간에 관하여는 제14조를, 급여의
종류, 수급요건과 급여 지급의 절차·방법에 관하여는 제17조 제1항, 제4항 및 제5항을, 운용현황
의 통지에 관하여는 제18조를 준용한다. 이 경우 제14조 제1항 중 "제13조 제3호"는 "제19조 제6
호"로, 제17조 제1항 중 "확정급여형퇴직연금제도"는 "확정기여형퇴직연금제도"로 본다.

(2) 부담금의 부담수준 및 납입 등(제20조)

① 확정기여형퇴직연금제도를 설정한 사용자는 가입자의 연간 임금총액의 12분의 1 이상에 해당하
는 부담금을 현금으로 가입자의 확정기여형퇴직연금제도 계정에 납입하여야 한다.

② 가입자는 위 ①에 따라 사용자가 부담하는 부담금 외에 스스로 부담하는 추가 부담금을 가입자
의 확정기여형퇴직연금 계정에 납입할 수 있다.

③ 사용자는 매년 1회 이상 정기적으로 위 ①에 따른 부담금을 가입자의 확정기여형퇴직연금제도
계정에 납입하여야 한다. 이 경우 사용자가 정하여진 기일(확정기여형퇴직연금규약에서 납입 기일을 연
장할 수 있도록 한 경우에는 그 연장된 기일)까지 부담금을 납입하지 아니한 경우 그 다음 날부터 부담
금을 납입한 날까지 지연 일수에 대하여 연 100분의 40 이내의 범위에서 「은행법」에 따른 은행이
적용하는 연체금리, 경제적 여건 등을 고려하여 대통령령으로 정하는 이율에 따른 지연이자를
납입하여야 한다.

④ 위 ③은 사용자가 천재지변, 그 밖에 대통령령으로 정하는 사유에 따라 부담금 납입을 지연하는
경우 그 사유가 존속하는 기간에 대하여는 적용하지 아니한다.

⑤ 사용자는 확정기여형퇴직연금제도 가입자의 퇴직 등 대통령령으로 정하는 사유가 발생한 때에
그 가입자에 대한 부담금을 미납한 경우에는 그 사유가 발생한 날부터 14일 이내에 위 ①에 따른
부담금 및 위 ③ 후단에 따른 지연이자를 해당 가입자의 확정기여형퇴직연금제도 계정에 납입하
여야 한다. 다만, 특별한 사정이 있는 경우에는 당사자 간의 합의에 따라 납입 기일을 연장할 수
있다.

⑥ 가입자는 퇴직할 때에 받을 급여를 갈음하여 그 운용 중인 자산을 가입자가 설정한 개인형퇴직
연금제도의 계정으로 이전해 줄 것을 해당 퇴직연금사업자에게 요청할 수 있다.

⑦ 위 ⑥에 따른 가입자의 요청이 있는 경우 퇴직연금사업자는 그 운용 중인 자산을 가입자의 개인
형퇴직연금제도 계정으로 이전하여야 한다. 이 경우 확정기여형퇴직연금제도 운영에 따른 가입
자에 대한 급여는 지급된 것으로 본다.

(3) 적립금 운용방법 및 정보제공(제21조)

① 확정기여형퇴직연금제도의 가입자는 적립금의 운용방법을 스스로 선정할 수 있고, 반기마다 1
회 이상 적립금의 운용방법을 변경할 수 있다.

② 퇴직연금사업자는 반기마다 1회 이상 위험과 수익구조가 서로 다른 세 가지 이상의 적립금 운용
방법을 제시하여야 한다.

③ 퇴직연금사업자는 운용방법별 이익 및 손실의 가능성에 관한 정보 등 가입자가 적립금의 운용방법을 선정하는 데 필요한 정보를 제공하여야 한다.

⑷ 적립금의 중도인출(제22조)

확정기여형퇴직연금제도에 가입한 근로자는 주택구입 등 대통령령으로 정하는 사유가 발생하면 적립금을 중도인출할 수 있다.

⑸ 둘 이상의 사용자가 참여하는 확정기여형퇴직연금제도 설정(제23조)

퇴직연금사업자가 둘 이상의 사용자를 대상으로 하나의 확정기여형퇴직연금제도 설정을 제안하려는 경우에는 다음의 사항에 대하여 고용노동부장관의 승인을 받아야 한다.

① 다음의 사항이 포함된 확정기여형퇴직연금제도의 표준규약

  ㉠ 제19조 제1항 각 호의 사항

  ㉡ 그 밖에 대통령령으로 정하는 사항

② 대통령령으로 정하는 사항이 포함된 운용관리업무 및 자산관리업무에 관한 표준계약서

Section 05 개인형퇴직연금제도

⑴ 개인형퇴직연금제도의 설정 및 운영 등(제24조)

① 퇴직연금사업자는 개인형퇴직연금제도를 운영할 수 있다.

② 다음의 어느 하나에 해당하는 사람은 개인형퇴직연금제도를 설정할 수 있다.

  ㉠ 퇴직급여제도의 일시금을 수령한 사람

  ㉡ 확정급여형퇴직연금제도 또는 확정기여형퇴직연금제도의 가입자로서 자기의 부담으로 개인형퇴직연금제도를 추가로 설정하려는 사람

  ㉢ 자영업자 등 안정적인 노후소득 확보가 필요한 사람으로서 대통령령으로 정하는 사람

③ 위 ②에 따라 개인형퇴직연금제도를 설정한 사람은 자기의 부담으로 개인형퇴직연금제도의 부담금을 납입한다. 다만, 대통령령으로 정하는 한도를 초과하여 부담금을 납입할 수 없다.

④ 개인형퇴직연금제도 적립금의 운용방법 및 운용에 관한 정보제공에 관하여는 제21조를 준용한다. 이 경우 "확정기여형퇴직연금제도"는 "개인형퇴직연금제도"로 본다.

⑤ 개인형퇴직연금제도의 급여의 종류별 수급요건 및 중도인출에 관하여는 대통령령으로 정한다.

⑵ 10명 미만을 사용하는 사업에 대한 특례(제25조)

① 상시 10명 미만의 근로자를 사용하는 사업의 경우 제4조 제1항 및 제5조에도 불구하고 사용자가 개별 근로자의 동의를 받거나 근로자의 요구에 따라 개인형퇴직연금제도를 설정하는 경우에는 해당 근로자에 대하여 퇴직급여제도를 설정한 것으로 본다.

② 위 ①에 따라 개인형퇴직연금제도를 설정하는 경우에는 다음의 사항은 준수되어야 한다.

㉠ 사용자가 퇴직연금사업자를 선정하는 경우에 개별 근로자의 동의를 받을 것. 다만, 근로자가
요구하는 경우에는 스스로 퇴직연금사업자를 선정할 수 있다.

㉡ 사용자는 가입자별로 연간 임금총액의 12분의 1 이상에 해당하는 부담금을 현금으로 가입자
의 개인형퇴직연금제도 계정에 납입할 것

㉢ 사용자가 부담하는 부담금 외에 가입자의 부담으로 추가 부담금을 납입할 수 있을 것

㉣ 사용자는 매년 1회 이상 정기적으로 위 ㉡에 따른 부담금을 가입자의 개인형퇴직연금제도 계
정에 납입할 것. 이 경우 납입이 지연된 부담금에 대한 지연이자의 납입에 관하여는 제20조
제3항 후단 및 제4항을 준용한다.

㉤ 그 밖에 근로자의 급여 수급권의 안정적인 보호를 위하여 대통령령으로 정하는 사항

③ 사용자는 개인형퇴직연금제도 가입자의 퇴직 등 대통령령으로 정하는 사유가 발생한 때에 해당
가입자에 대한 위 ②-㉡에 따른 부담금을 납입하지 아니한 경우에는 그 사유가 발생한 날부터
14일 이내에 그 부담금과 위 ②-㉣ 후단에 따른 지연이자를 해당 가입자의 개인형퇴직연금제도
의 계정에 납입하여야 한다. 다만, 특별한 사정이 있는 경우에는 당사자 간의 합의에 따라 납입
기일을 연장할 수 있다.

Section 06 퇴직연금사업자 및 업무의 수행

(1) 퇴직연금사업자의 등록(제26조)

다음의 어느 하나에 해당하는 자로서 퇴직연금사업자가 되려는 자는 재무건전성 및 인적·물적 요
건 등 대통령령으로 정하는 요건을 갖추어 고용노동부장관에게 등록하여야 한다.

① 「자본시장과 금융투자업에 관한 법률」에 따른 투자매매업자, 투자중개업자 또는 집합투자업자

② 「보험업법」에 따른 보험회사

③ 「은행법」에 따른 은행

④ 「신용협동조합법」에 따른 신용협동조합중앙회

⑤ 「새마을금고법」에 따른 새마을금고중앙회

⑥ 「산업재해보상보험법」에 따른 근로복지공단(근로복지공단의 퇴직연금사업 대상은 상시 30명 이하의 근로
자를 사용하는 사업에 한한다)

⑦ 그 밖에 ①부터 ⑥까지에 준하는 자로서 대통령령으로 정하는 자

(2) 퇴직연금사업자에 대한 등록취소 및 이전명령(제27조)

① 고용노동부장관은 퇴직연금사업자가 다음의 어느 하나에 해당되는 경우에는 고용노동부령으로
정하는 바에 따라 시정을 명하거나 등록을 취소할 수 있다. 다만, ㉠ 및 ㉡에 해당하는 경우에는
등록을 취소하여야 한다.

㉠ 해산한 경우

ⓛ 거짓이나 그 밖의 부정한 방법으로 제26조에 따른 등록을 한 경우

ⓒ 제26조에 따른 등록요건을 갖추지 못하게 된 경우

ⓔ 제36조에 따른 고용노동부장관 또는 금융위원회의 명령에 따르지 아니한 경우

② 위 ①에 따라 등록이 취소된 퇴직연금사업자는 등록이 취소된 날부터 3년간 퇴직연금사업자 등록을 할 수 없다.

③ 퇴직연금제도 관련 업무를 중단하려는 퇴직연금사업자는 고용노동부장관에게 등록의 말소를 신청하여야 한다. 이 경우 등록이 말소된 퇴직연금사업자는 말소된 날부터 2년간 퇴직연금사업자 등록을 할 수 없다.

④ 위 ① 또는 ③에 따라 등록취소 처분을 받거나 등록말소를 신청한 퇴직연금사업자는 설정된 퇴직연금제도의 이전에 필요한 조치 등 대통령령으로 정하는 가입자 보호조치를 하여야 한다.

⑤ 고용노동부장관은 위 ① 또는 ③에 따라 등록을 취소하거나 말소하는 경우에 근로자의 퇴직급여 등 수급권 보호를 위하여 필요하다고 인정하면 등록이 취소되거나 말소되는 퇴직연금사업자에게 그 업무의 전부 또는 일부를 다른 퇴직연금사업자에게 이전할 것을 명할 수 있다. 이 경우 고용노동부장관은 그 업무의 전부 또는 일부를 이전받는 퇴직연금사업자의 동의를 받아야 한다.

(3) 운용관리업무에 관한 계약의 체결(제28조)

① 퇴직연금제도를 설정하려는 사용자 또는 가입자는 퇴직연금사업자와 다음의 업무(이하 "운용관리업무"라 한다)를 하는 것을 내용으로 하는 계약을 체결하여야 한다. 다만, ⓒ의 업무는 확정급여형 퇴직연금제도를 설정할 때에만 해당한다.

ⓐ 사용자 또는 가입자에 대한 적립금 운용방법 및 운용방법별 정보의 제공

ⓒ 연금제도 설계 및 연금 계리

ⓒ 적립금 운용현황의 기록·보관·통지

ⓔ 사용자 또는 가입자가 선정한 운용방법을 제29조 제1항에 따른 자산관리업무를 수행하는 퇴직연금사업자에게 전달하는 업무

ⓜ 그 밖에 운용관리업무의 적절한 수행을 위하여 대통령령으로 정하는 업무

② 위 ①에 따라 운용관리업무를 수행하는 퇴직연금사업자는 대통령령으로 정하는 일부 업무를 인적·물적 요건 등 대통령령으로 정하는 요건을 갖춘 자에게 처리하게 할 수 있다.

(4) 자산관리업무에 관한 계약의 체결(제29조)

① 퇴직연금제도를 설정한 사용자 또는 가입자는 다음의 업무(이하 "자산관리업무"라 한다)의 수행을 내용으로 하는 계약을 퇴직연금사업자와 체결하여야 한다.

ⓐ 계좌의 설정 및 관리

ⓒ 부담금의 수령

ⓒ 적립금의 보관 및 관리

ⓔ 운용관리업무를 수행하는 퇴직연금사업자가 전달하는 적립금 운용지시의 이행

ⓜ 급여의 지급

ⓗ 그 밖에 자산관리업무의 적절한 수행을 위하여 대통령령으로 정하는 업무

② 사용자 또는 가입자가 위 ①에 따른 계약을 체결하려는 경우에는 근로자 또는 가입자를 피보험자 또는 수익자로 하여 대통령령으로 정하는 보험계약 또는 신탁계약의 방법으로 하여야 한다.

(5) 운용관리업무의 수행(제30조)

① 퇴직연금사업자는 선량한 관리자로서의 주의의무를 다하여야 한다.

② 퇴직연금사업자는 적립금의 운용방법을 제시하는 경우에 다음의 요건을 갖춘 운용방법을 제시하여야 한다.

　㉠ 운용방법에 관한 정보의 취득과 이해가 쉬울 것

　㉡ 운용방법 간의 변경이 쉬울 것

　㉢ 적립금 운용결과의 평가방법과 절차가 투명할 것

　㉣ 확정기여형퇴직연금제도와 개인형퇴직연금제도의 경우에는 대통령령으로 정하는 원리금보장 운용방법이 하나 이상 포함될 것

　㉤ 적립금의 중장기 안정적 운용을 위하여 분산투자 등 대통령령으로 정하는 운용방법 및 기준 등에 따를 것

(6) 모집업무의 위탁(제31조)

① 퇴직연금사업자는 다음의 요건을 모두 갖춘 자(이하 " 퇴직연금제도 모집인")에게 퇴직연금제도를 설정하거나 가입할 자를 모집하는 업무(이하 "모집업무")로서 대통령령으로 정하는 업무를 위탁할 수 있다.

　㉠ 아래 ②에 따라 고용노동부장관에게 등록된 자가 아닐 것

　㉡ 퇴직연금제도에 대한 전문 지식이 있는 자로서 대통령령으로 정하는 요건을 갖출 것

　㉢ 아래 ⑥에 따라 등록이 취소된 경우 그 등록이 취소된 날로부터 3년이 경과하였을 것

② 퇴직연금사업자는 위 ①에 따라 퇴직연금제도 모집업무를 위탁한 경우에는 위탁받은 자를 고용노동부장관에게 등록하여야 한다. 이 경우 고용노동부장관은 그 등록업무를 대통령령으로 정하는 바에 따라 고용노동부장관이 정하는 기관에 위탁할 수 있다.

③ 위 ①에 따라 퇴직연금제도 모집업무를 위탁받은 자는 제2항에 따른 등록을 하지 아니하고는 퇴직연금제도 모집업무를 수행하여서는 아니 된다.

④ 퇴직연금사업자는 위 ②에 따라 등록한 퇴직연금제도 모집인 이외의 자에게 모집업무를 위탁하여서는 아니 된다.

⑤ 위 ②에 따른 등록 신청, 방법, 절차 및 그 밖에 등록을 위하여 필요한 사항은 고용노동부장관이 정한다.

⑥ 고용노동부장관은 다음의 어느 하나에 해당하는 경우 위 ②의 퇴직연금제도 모집인에 대한 등록을 취소하거나 6개월 이내에서 모집업무를 정지할 수 있다.

ㄱ 위 ①의 요건을 갖추지 못한 경우

ㄴ 아래 ⑦의 위탁받은 자의 준수사항을 위반한 경우

⑦ 위 ①에 따라 업무를 위탁한 경우 위탁받은 자는 다음의 사항을 지켜야 한다.

ㄱ 위탁한 업무를 다른 자에게 다시 위탁하지 아니할 것

ㄴ 허위 정보에 의한 모집행위 금지 등 퇴직연금제도의 적절한 운영을 위하여 필요한 사항으로서 대통령령으로 정하는 사항

⑧ 퇴직연금사업자는 위 ①에 따라 모집업무를 위탁받은 자가 ⑦에 따른 준수사항을 지키지 아니한 경우에는 모집업무의 위탁을 취소하여야 한다.

⑨ 퇴직연금사업자는 퇴직연금제도 모집인이 퇴직연금제도 모집업무를 수행함에 있어서 법령을 준수하고 건전한 거래질서를 해하는 일이 없도록 성실히 관리하여야 하며, 이를 위한 퇴직연금제도 모집업무수행기준을 정하여야 한다.

⑩ 「민법」 제756조는 퇴직연금제도 모집인이 모집업무를 수행함에 있어서 사용자 또는 가입자에게 손해를 끼친 경우에 준용한다.

Section 07 | 책무 및 감독

(1) 사용자의 책무(제32조)

① 사용자는 법령 및 퇴직연금규약을 준수하고 가입자 등을 위하여 대통령령으로 정하는 사항에 관하여 성실하게 이 법에 따른 의무를 이행하여야 한다.

② 퇴직연금제도(개인형퇴직연금제도는 제외한다)를 설정한 사용자는 매년 1회 이상 가입자에게 해당 사업의 퇴직연금제도 운영상황 등 대통령령으로 정하는 사항에 관한 교육을 하여야 한다. 이 경우 사용자는 퇴직연금사업자에게 그 교육의 실시를 위탁할 수 있다.

③ 퇴직연금제도를 설정한 사용자는 다음의 어느 하나에 해당하는 행위를 하여서는 아니 된다.

ㄱ 자기 또는 제3자의 이익을 도모할 목적으로 운용관리업무 및 자산관리업무의 수행계약을 체결하는 행위

ㄴ 그 밖에 퇴직연금제도의 적절한 운영을 방해하는 행위로서 대통령령으로 정하는 행위

(2) 퇴직연금사업자의 책무(제33조)

① 퇴직연금사업자는 이 법을 준수하고 가입자를 위하여 성실하게 그 업무를 하여야 한다.

② 퇴직연금사업자는 제28조 제1항 및 제29조 제1항에 따른 계약의 내용을 지켜야 한다.

③ 퇴직연금사업자는 정당한 사유 없이 다음의 어느 하나에 해당하는 행위를 하여서는 아니 된다.

ㄱ 운용관리업무의 수행계약 체결을 거부하는 행위

ㄴ 자산관리업무의 수행계약 체결을 거부하는 행위

ㄷ 특정 퇴직연금사업자와 계약을 체결할 것을 강요하는 행위

ⓔ 그 밖에 사용자 또는 가입자의 이익을 침해할 우려가 있는 행위로서 대통령령으로 정하는 행위

④ 운용관리업무를 수행하는 퇴직연금사업자는 다음의 어느 하나에 해당하는 행위를 하여서는 아니 된다.

　㉠ 계약체결 시 가입자 또는 사용자의 손실의 전부 또는 일부를 부담하거나 부담할 것을 약속하는 행위

　㉡ 가입자 또는 사용자에게 경제적 가치가 있는 과도한 부가적 서비스를 제공하거나 가입자 또는 사용자가 부담하여야 할 경비를 퇴직연금사업자가 부담하는 등 대통령령으로 정하는 특별한 이익을 제공하거나 제공할 것을 약속하는 행위

　㉢ 가입자의 성명·주소 등 개인정보를 퇴직연금제도의 운용과 관련된 업무수행에 필요한 범위를 벗어나서 사용하는 행위

　㉣ 자기 또는 제3자의 이익을 도모할 목적으로 특정 운용방법을 가입자 또는 사용자에게 제시하는 행위

⑤ 제24조 제1항에 따라 개인형퇴직연금제도를 운영하는 퇴직연금사업자는 해당 사업의 퇴직연금제도 운영상황 등 대통령령으로 정하는 사항에 대하여 매년 1회 이상 가입자에게 교육을 하여야 한다.

⑥ 퇴직연금사업자는 고용노동부령으로 정하는 바에 따라 퇴직연금제도의 취급실적을 사용자(개인형퇴직연금제도의 취급실적은 제외한다), 고용노동부장관 및 금융감독원장에게 제출하여야 한다.

⑦ 퇴직연금사업자는 제28조 제1항 및 제29조 제1항에 따른 계약 체결과 관련된 약관 또는 표준계약서(이하 "약관 등"이라 한다)를 제정하거나 변경하려는 경우에는 미리 금융감독원장에게 보고하여야 한다. 다만, 근로자 또는 사용자의 권익이나 의무에 불리한 영향을 주지 아니하는 경우로서 금융위원회가 정하는 경우에는 약관 등의 제정 또는 변경 후 10일 이내에 금융감독원장에게 보고할 수 있다.

⑧ 퇴직연금사업자는 매년 말 적립금 운용수익률 및 수수료 등을 금융위원회가 정하는 바에 따라 공시하여야 한다.

(3) 정부의 책무 등(제34조)

① 정부는 퇴직연금제도가 활성화될 수 있도록 지원방안을 마련하여야 한다.

② 정부는 퇴직연금제도의 건전한 정착 및 발전을 위하여 노사단체, 퇴직연금업무의 수행과 관련된 기관·단체와 공동으로 연구사업 지원 등 필요한 조치를 할 수 있다.

③ 정부는 퇴직연금제도의 급여 지급 보장을 위한 장치 마련 등 근로자의 급여 수급권 보호를 위한 방안을 강구하도록 노력하여야 한다.

(4) 사용자에 대한 감독(제35조)

① 고용노동부장관은 사용자가 퇴직연금제도의 설정 또는 그 운영 등에 관하여 이 법 또는 퇴직연금규약에 위반되는 행위를 한 경우에는 기간을 정하여 그 위반의 시정을 명할 수 있다.

② 고용노동부장관은 사용자가 위 ①에 따른 기간 이내에 시정명령에 따르지 아니하는 경우에는 퇴직연금제도 운영의 중단을 명할 수 있다.

(5) 퇴직연금사업자에 대한 감독(제36조)

① 고용노동부장관은 퇴직연금사업자가 이 법을 위반하는 행위를 한 경우에는 기간을 정하여 그 위반의 시정을 명할 수 있다.

② 고용노동부장관은 퇴직연금사업자가 위 ①에 따른 시정명령에 따르지 아니하는 경우에는 이 법에 따라 수행하는 업무를 다른 퇴직연금사업자에게 이전할 것을 명할 수 있다.

③ 금융위원회는 퇴직연금제도의 안정적 운영과 근로자의 수급권 보호를 위하여 대통령령으로 정하는 업무에 관하여 퇴직연금사업자를 감독하고, 퇴직연금사업자가 제33조를 위반하는 경우 다음의 조치를 할 수 있다.

　㉠ 퇴직연금사업자에 대한 주의, 그 임원에 대한 주의 또는 그 직원에 대한 주의·견책·감봉·정직·면직의 요구

　㉡ 해당 위반행위에 대한 시정명령

　㉢ 임원의 해임권고 또는 직무정지요구

　㉣ 6개월 이내의 영업의 일부정지

④ 금융감독원장은 퇴직연금사업자의 업무 및 재산상황 등을 검사할 수 있고, 제33조 제7항에 따라 퇴직연금사업자가 보고한 약관 등이 이 법에 위배될 경우에는 변경·보완을 명할 수 있다.

(6) 금융거래정보의 제공 요청 등(제37조)

① 고용노동부장관은 사용자가 제16조에 따른 급여 지급능력을 확보하였는지 등 퇴직연금제도 운영을 감독하기 위하여 필요한 경우 「금융실명거래 및 비밀보장에 관한 법률」 제4조 및 「신용정보의 이용 및 보호에 관한 법률」 제33조에도 불구하고 자산관리업무 및 운용관리업무 계약을 체결한 사업에 관한 다음의 금융거래에 관한 정보 또는 자료(이하 "금융거래정보"라 한다)의 제공을 퇴직연금사업자에게 요청할 수 있다.

　㉠ 가입자 현황

　㉡ 급여 지급 현황

　㉢ 부담금 납입 현황

　㉣ 적립금 운용현황에 관한 정보

② 고용노동부장관이 위 ①에 따라 금융거래정보를 요청할 때에는 다음의 사항을 적은 문서로 요청하여야 한다.

　㉠ 요청대상 거래기간

　㉡ 요청의 법적 근거

　㉢ 사용목적

　㉣ 요청하는 금융거래정보의 내용

③ 위 ①에 따른 금융거래정보의 요청은 퇴직연금제도 운영의 건전성 감독을 위하여 필요한 최소한
　도에 그쳐야 한다.

④ 위 ②에 따라 퇴직연금사업자가 고용노동부장관에게 금융거래정보를 제공하는 경우에는 그 퇴
　직연금사업자는 금융거래정보를 제공한 날부터 10일 이내에 제공한 금융거래정보의 주요내용,
　사용목적, 제공받은 자 및 제공일자 등을 해당 사용자 또는 가입자에게 서면으로 알려야 한다.
　이 경우 통지에 드는 비용에 관하여는 「금융실명거래 및 비밀보장에 관한 법률」 제4조의 2 제4항
　을 준용한다.

⑤ 고용노동부장관은 위 ①에 따라 퇴직연금사업자에게 금융거래정보를 요구하는 경우에는 그 사
　실을 기록하여야 하며, 금융거래정보를 요구한 날부터 5년간 그 기록을 보관하여야 한다.

⑥ 위 ①에 따라 금융거래정보를 제공받아 알게 된 자는 그 알게 된 금융거래정보를 타인에게 제공
　또는 누설하거나 그 목적 외의 용도로 이용하여서는 아니 된다.

Section 08 보칙

(1) 퇴직연금제도의 폐지 · 중단 시의 처리(제38조)

① 퇴직연금제도가 폐지되거나 운영이 중단된 경우에는 폐지된 이후 또는 중단된 기간에 대하여는
　제8조 제1항에 따른 퇴직금제도를 적용한다.

② 사용자는 퇴직연금제도가 폐지된 경우 지체 없이 적립금으로 급여를 지급하는 데에 필요한 조치
　로서 미납 부담금의 납입 등 대통령령으로 정하는 조치를 하여야 한다.

③ 사용자와 퇴직연금사업자는 제35조 제2항에 따른 사유 등으로 퇴직연금제도가 중단된 경우에
　적립금 운용에 필요한 업무 등 대통령령으로 정하는 기본적인 업무를 유지하여야 한다.

④ 사용자와 퇴직연금사업자는 퇴직연금제도가 폐지되어 가입자에게 급여를 지급하는 경우에 가
　입자가 지정한 개인형퇴직연금제도의 계정으로 이전하는 방법으로 지급하여야 한다. 다만, 가입
　자가 개인형퇴직연금제도의 계정을 지정하지 아니한 경우에는 제17조 제5항을 준용한다.

⑤ 가입자가 제4항에 따라 급여를 받은 경우에는 제8조 제2항에 따라 중간정산되어 받은 것으로 본
　다. 이 경우 중간정산 대상기간의 산정 등에 필요한 사항은 대통령령으로 정한다.

(2) 업무의 협조(제39조)

고용노동부장관은 이 법의 시행을 위하여 필요한 경우에 금융위원회 등 관련 기관에 자료의 제출을
요청할 수 있다. 이 경우 자료의 제출을 요청받은 기관은 정당한 사유가 없으면 이를 거부하여서는
아니 된다.

(3) 보고 및 조사(제40조)

① 고용노동부장관은 이 법 시행에 필요한 범위에서 사용자 및 퇴직연금사업자에게 퇴직연금제도의 실시 상황 등에 관한 보고, 관계 서류의 제출 또는 관계인의 출석을 요구할 수 있다.

② 고용노동부장관은 이 법의 시행을 위하여 필요하다고 인정하는 경우에는 소속 직원으로 하여금 퇴직연금제도를 실시하는 사업장 및 해당 퇴직연금사업자의 사업장에 출입하여 사용자 및 퇴직연금사업자 등 관계인에 대하여 질문하거나 장부 등 서류를 조사하게 할 수 있다.

③ 위 ②에 따라 사업장 및 해당 퇴직연금사업자의 사업장에 출입하여 관계인에 대하여 질문하거나 장부 등 서류를 조사하려는 직원은 그 권한을 나타내는 증표를 지니고 이를 관계인에게 내보여야 한다.

(4) 청문(제41조)

고용노동부장관은 제27조 제1항에 따른 등록취소 또는 제36조 제2항에 따른 이전명령을 하려는 경우에는 청문을 하여야 한다.

(5) 권한의 위임 · 위탁(제42조)

① 이 법에 따른 고용노동부장관의 권한은 대통령령으로 정하는 바에 따라 그 일부를 금융위원회 또는 금융감독원장에게 위탁하거나 지방고용노동관서의 장에게 위임할 수 있다.

② 이 법에 따른 금융위원회의 권한은 대통령령으로 정하는 바에 따라 그 일부를 금융감독원장에게 위탁할 수 있다.

01 근로자퇴직급여 보장법상 용어의 정의에 관한 설명으로 틀린 것은?

① 급여란 퇴직급여제도나 법 제25조에 따른 개인형퇴직연금제도에 의하여 근로자에게 지급되는 연금 또는 일시금을 말한다.

② 퇴직급여제도란 확정급여형퇴직연금제도, 확정기여형퇴직연금제도 및 개인형퇴직연금제도를 말한다.

③ 확정급여형퇴직연금제도란 근로자가 받을 급여의 수준이 사전에 결정되어 있는 퇴직연금제도를 말한다.

④ 확정기여형퇴직연금제도란 급여의 지급을 위하여 사용자가 부담하여야 할 부담금의 수준이 사전에 결정되어 있는 퇴직연금제도를 말한다.

> **해설 |** "퇴직급여제도"란 확정급여형퇴직연금제도, 확정기여형퇴직연금제도 및 법 제8조에 따른 퇴직금제도를 말하며, "퇴직연금제도"란 확정급여형퇴직연금제도, 확정기여형퇴직연금제도 및 개인형퇴직연금제도를 말한다(법 제2조).

02 근로자퇴직급여 보장법상 적용범위에 관한 설명으로 틀린 것은?

① 퇴직급여보장법은 동거하는 친족만을 사용하는 사업 및 가구 내 고용활동을 포함하여 모든 사업 또는 사업장에 적용되지 아니한다.

② 상시 4인 이하 근로자를 사용하는 사업장에도 2010년 12월 1일부터 퇴직급여 보장법이 적용되기 시작했다.

③ 계속근로기간이 1년 미만인 근로자, 4주간을 평균하여 1주간의 소정근로시간이 15시간 미만인 근로자에 대하여는 퇴직급여 보장법의 적용을 배제하고 있다.

④ 근로기준법상 근로자가 아닌 임원은 퇴직연금에 가입할 수 없다.

> **해설 |** 근로기준법상 근로자가 아닌 임원을 퇴직연금 적용대상으로 할지의 여부는 사업장별로 자유롭게 정할 수 있다(노동부질의회시 퇴직급여보장팀-1051, 2005.12.12.).

03 근로자퇴직급여 보장법상 퇴직급여제도에 관한 설명으로 틀린 것은?

① 퇴직급여제도에는 퇴직연금제도와 퇴직금제도가 있다.

② 확정급여형퇴직연금제도에서 근로자가 받을 연금급여는 일시금으로 환산했을 경우, 현행의 퇴직금과 동일한 금액이거나 또는 그 이상이어야 한다.

③ 확정기여형퇴직연금제도에서 사용자는 근로자의 연간 임금총액의 10분의 1 이상에 해당하는 금액을 근로자 명의의 퇴직연금 계정에 납입하여야 한다.

④ 퇴직연금제도의 운용주체에 있어 확정급여형퇴직연금제도는 사용자이고, 확정기여형퇴직연금제도는 근로자이다.

> **해설 |** 확정기여형퇴직연금제도를 설정한 사용자는 가입자의 연간 임금총액의 12분의 1 이상에 해당하는 부담금을 현금으로 가입자의 확정기여형퇴직연금제도 계정에 납입하여야 한다(법 제20조 제1항).

04 근로자퇴직급여 보장법상 퇴직급여제도에 관한 설명으로 틀린 것은?

① 사업주가 퇴직급여제도를 설정하는 경우 일부 근로자에게는 확정급여형, 일부 근로자에게는 확정기여형을 설정하는 것은 퇴직급여제도의 차등에 속한다.

② 하나의 사업 안에서 직위별, 직종별로 퇴직금 지급조건을 다르게 하는 것은 차등에 속하지 아니한다.

③ 사용자가 퇴직급여제도를 설정하는 경우 근로자의 과반수가 가입한 노동조합이 있는 경우에는 그 노동조합, 근로자의 과반수가 가입한 노동조합이 없는 경우에는 근로자 과반수의 동의를 받아야 한다.

④ 사용자가 설정된 퇴직급여제도를 다른 종류의 퇴직급여제도로 변경하려는 경우에는 근로자대표의 동의를 받아야 한다.

> **해설 |** 회사의 임원과 같이 근로기준법이 적용되지 않는 자의 퇴직금제도와 일반 근로자의 퇴직금제도에 차등을 주는 것은 가능하나, 근로자별로 퇴직금의 지급조건이 다른 경우에는 차등에 속한다.

05 근로자퇴직급여 보장법상 퇴직급여제도에 관한 설명으로 틀린 것은?

① 2012년 7월 26일 이후 신규로 설립된 사업에서의 사용자는 근로자대표의 의견을 들어 1년 이내에 확정급여형퇴직연금제도나 확정기여형퇴직연금제도를 설정하여야 한다.

② 2012년 7월 26일 이후 신규로 설립된 사업에서의 사용자는 1년 이내에 확정급여형퇴직연금제도나 확정기여형퇴직연금제도를 설정하지 않은 경우에는 처벌대상이 된다.

③ 퇴직연금의 급여를 받을 권리는 원칙적으로 양도하거나 담보로 제공할 수 없다.

④ 사용자는 가입자에 대한 둘 이상의 퇴직연금제도를 설정하는 경우 확정급여형 및 확정기여형의 급여의 각각의 설정 비율의 합이 1 이상이 되도록 퇴직연금규약을 정하여 퇴직연금제도를 설정하여야 한다.

> **해설 |** 사용자가 퇴직급여제도나 개인형퇴직연금제도를 설정하지 아니한 경우에는 법 제8조 제1항에 따른 퇴직금제도를 설정한 것으로 본다(법 제11조).

06 근로자퇴직급여 보장법상 적용범위에 관한 설명으로 틀린 것은?

① 퇴직금제도를 설정하려는 사용자는 계속근로기간 1년에 대하여 1개월 이상의 평균임금을 퇴직금으로 근로자에게 지급하여야 한다.

② 근로자는 퇴직한 날로부터 본인의 퇴직금에 대한 청구권을 가지는데 이 청구권은 퇴직한 날로부터 3년 이내에 행사하지 아니하면 소멸한다.

③ 퇴직금 중간정산제도란 근로자의 요구가 있는 경우 퇴직 전에 당해 근로자가 계속근로한 기간에 대하여 퇴직금을 미리 정산해 주는 제도를 말하며, 2012년 7월 26일 이후 전면 금지하고 있다.

④ 중간정산한 경우 연차유급휴가의 산정에 있어서 근속기간은 단절되지 아니한다.

> **해설 |** 사용자는 주택구입 등 대통령령으로 정하는 사유로 근로자가 요구하는 경우에는 근로자가 퇴직하기 전에 해당 근로자의 계속근로기간에 대한 퇴직금을 미리 정산하여 지급할 수 있다(법 제8조 제2항).

07 근로자퇴직급여 보장법상 퇴직금 중간정산 사유가 아닌 것은?

① 무주택자인 근로자가 본인 명의로 주택을 구입하는 경우

② 근로자 또는 근로자의 배우자와 생계를 같이 하는 부양가족이 질병 또는 부상으로 6개월 이상 요양을 하는 경우

③ 퇴직금 중간정산을 신청하는 날부터 역산하여 3년 이내에 근로자가 「채무자 회생 및 파산에 관한 법률」에 따라 파산선고를 받은 경우

④ 임금피크제를 실시하여 임금이 줄어드는 경우

해설 | 퇴직금의 중간정산 사유(시행령 제3조)

1. 무주택자인 근로자가 본인 명의로 주택을 구입하는 경우
2. 무주택자인 근로자가 주거를 목적으로 「민법」 제303조에 따른 전세금 또는 「주택임대차보호법」 제3조의 2에 따른 보증금을 부담하는 경우. 이 경우 근로자가 하나의 사업 또는 사업장에 근로하는 동안 1회로 한정한다.
3. 근로자, 근로자의 배우자 또는 「소득세법」 제50조 제1항에 따른 근로자 또는 근로자의 배우자와 생계를 같이하는 부양가족이 질병 또는 부상으로 6개월 이상 요양을 하는 경우
4. 퇴직금 중간정산을 신청하는 날부터 역산하여 5년 이내에 근로자가 「채무자 회생 및 파산에 관한 법률」에 따라 파산선고를 받은 경우
5. 퇴직금 중간정산을 신청하는 날부터 역산하여 5년 이내에 근로자가 「채무자 회생 및 파산에 관한 법률」에 따라 개인회생절차개시 결정을 받은 경우
6. 「고용보험법 시행령」 제28조 제1항 제1호 및 제2호에 따른 임금피크제를 실시하여 임금이 줄어드는 경우
7. 그 밖에 천재지변 등으로 피해를 입는 등 고용노동부장관이 정하여 고시하는 사유와 요건에 해당하는 경우

08 근로자퇴직급여 보장법상 퇴직연금제도에 관한 설명으로 틀린 것은?

① 확정급여형퇴직연금제도를 설정하려는 사용자는 근로자대표의 동의를 얻거나 의견을 들어 확정급여형퇴직연금규약을 작성하여 금융감독원장에 신고하여야 한다.
② 근로자대표란 과반수로 조직된 노동조합이 있는 경우에는 그 노동조합, 근로자의 과반수가 가입한 노동조합이 없는 경우에는 근로자의 과반수를 말한다.
③ 개인형퇴직연금제도는 퇴직급여제도의 일시금을 수령한 사람, 확정급여형퇴직연금제도 또는 확정기여형퇴직연금제도의 가입자로서 자기의 부담으로 개인형퇴직연금제도를 추가로 설정하려는 사람 및 자영업자 등 안정적인 노후소득 확보가 필요한 사람 등이 설정할 수 있다.

④ 확정기여형퇴직연금제도에 가입한 근로자는 주택구입 등 대통령령으로 정하는 사유가 발생하면 적립금을 중도인출할 수 있다.

해설 | 확정급여형퇴직연금제도 또는 확정기여형퇴직연금제도를 설정하려는 사용자는 근로자대표의 동의를 얻거나 의견을 들어 확정급여형퇴직연금규약을 작성하여 고용노동부장관에게 신고하여야 한다(법 제13조, 제19조).

09 근로자퇴직급여 보장법상 개인형퇴직연금제도를 설정할 수 있는 자로 옳지 않은 것은?

① 퇴직급여제도의 일시금을 수령한 사람
② 확정급여형퇴직연금제도 또는 확정기여형퇴직연금제도의 가입자로서 자기의 부담으로 개인형퇴직연금제도를 추가로 설정하려는 사람
③ 자영업자 등 안정적인 노후소득 확보가 필요한 사람으로서 대통령령으로 정하는 사람
④ 퇴직연금 가입자의 배우자

해설 | 개인형퇴직연금제도를 설정할 수 있는 자(법 제24조 제2항)

1. 퇴직급여제도의 일시금을 수령한 사람
2. 확정급여형퇴직연금제도 또는 확정기여형퇴직연금제도의 가입자로서 자기의 부담으로 개인형퇴직연금제도를 추가로 설정하려는 사람
3. 자영업자 등 안정적인 노후소득 확보가 필요한 사람으로서 대통령령으로 정하는 사람

10 근로자퇴직급여 보장법상 확정급여형퇴직연금제도에 관한 설명으로 틀린 것은?

① 퇴직연금제도의 설정 전에 해당 사업에서 제공한 근로기간 중 퇴직금을 미리 정산한 기간을 제외하고 가입기간으로 할 수 있다.
② 퇴직연금 가입기간은 과거 근로기간을 가입기간으로 하는 것도 가능하다.
③ 확정급여형퇴직연금제도에 있어 최소적립금은 기준책임준비금에 100분의 40 이상으로 대통령령으로 정하는 비율을 곱하여 산출한 금액 이상을 적립금으로 적립하여야 한다.

④ 확정급여형퇴직연금제도에 있어 매 사업연도
말 적립금이 기준책임준비금의 150%를 초과
한 경우 사용자는 퇴직연금사업자에게 그 초
과분을 반환 요구할 수 있다.

> **해설 ㅣ** 확정급여형퇴직연금제도를 설정한 사용자는
> 급여 지급능력을 확보하기 위하여 매 사업연도 말 기
> 준책임준비금에 100분의 60 이상으로 대통령령으
> 로 정하는 비율을 곱하여 산출한 금액 이상을 적립금
> 으로 적립하여야 한다(법 제16조 제1항).

11 근로자퇴직급여 보장법상 2017년 현재 사용자가 확
보해야 하는 최소적립금의 기준으로 옳은 것은?

① 기준책임준비금의 60% 이상
② 기준책임준비금의 70% 이상
③ 기준책임준비금의 80% 이상
④ 기준책임준비금의 90% 이상

> **해설 ㅣ** 확정급여형퇴직연금제도의 최소적립금 수준
> (시행령 제5조)
> 1. 2012년 7월 26일부터 2013년 12월 31일까지
>   의 기간 : 100분의 60
> 2. 2014년 1월 1일부터 2015년 12월 31일까지
>   의 기간 : 100분의 70
> 3. 2016년 1월 1일부터 2017년 12월 31일까지
>   의 기간 : 100분의 80
> 4. 2018년 1월 1일 이후 : 고용노동부령으로 정하
>   는 100분의 80 이상의 비율

12 근로자퇴직급여 보장법상 퇴직연금사업자가 둘 이상
의 사용자를 대상으로 하나의 퇴직연금제도를 설정
할 수 있는 것은?

① 확정급여형퇴직연금제도
② 확정기여형퇴직연금제도
③ 개인퇴직 계좌
④ 개인퇴직연금

> **해설 ㅣ** 퇴직연금사업자가 둘 이상의 사용자를 대상으
> 로 하나의 확정기여형퇴직연금제도 설정을 제안하려
> 는 경우에는 다음의 사항에 대하여 고용노동부장관
> 의 승인을 받아야 한다(법 제23조).

13 근로자퇴직급여 보장법상 확정급여형퇴직연금제도
에 관한 설명으로 틀린 것은?

① 확정급여형퇴직연금제도에 있어 퇴직연금사
업자는 매 사업연도 종료 후 6개월 이내에 최
소적립금 상회 여부를 확인하여 그 결과를 고
용노동부장관에게 서면으로 알려야 한다.
② 확정급여형퇴직연금제도의 부담금에는 표준
부담금, 보충부담금, 특별부담금이 있다.
③ 급여 지급능력 확보 여부 등을 확인한 결과 적
립금이 일정 수준에 미치지 못하는 경우에 충
당하는 부담금을 특별부담금이라 한다.
④ 퇴직연금제도의 설정 전의 과거 근무기간분에
대하여 발생한 급여를 충당하기 위한 부담금
을 보충부담금이라 한다.

> **해설 ㅣ** 확정급여형퇴직연금제도의 운용관리업무를 수
> 행하는 퇴직연금사업자는 매 사업연도 종료 후 6개
> 월 이내에 고용노동부령으로 정하는 바에 따라 산정
> 된 적립금이 최소적립금을 상회하고 있는지 여부를
> 확인하여 그 결과를 대통령령으로 정하는 바에 따라
> 사용자에게 알려야 한다. 다만, 최소적립금보다 적
> 은 경우에는 그 확인 결과를 근로자대표에게도 알려
> 야 한다(법 제16조 제2항).

14 근로자퇴직급여 보장법상 확정급여형퇴직연금제도
에 관한 설명으로 틀린 것은?

① 확정급여형퇴직연금제도에 있어 부담금은 예
상이율, 예상임금상승률, 예상퇴직률, 예상사
망률 등을 기초로 산정하며, 이러한 기초율은
3년마다 산출한다.

② 확정급여형퇴직연금제도의 급여 종류는 연금 또는 일시금으로 하되 연금은 55세 이상으로서 가입기간이 10년 이상인 가입자에게 지급하여야 한다.

③ 확정급여형퇴직연금제도에 있어 가입자가 55세 이후에 퇴직하여 급여를 받는 경우에는 개인형퇴직연금제도의 계정으로 이전되지 아니한다.

④ 확정급여형퇴직연금제도에 있어 사용자는 가입자의 퇴직 등 급여를 지급할 사유가 발생한 날부터 1개월 이내에 퇴직연금사업자로 하여금 적립금의 범위에서 지급의무가 있는 급여 전액을 지급하도록 하여야 한다.

> **해설 |** 1개월 → 14일(법 제17조 제2항)

15 근로자퇴직급여 보장법상 확정기여형퇴직연금제도에 관한 설명으로 틀린 것은?

① 확정기여형퇴직연금제도에 있어 사용자는 매년 1회 이상 정기적으로 부담금을 납부하여야 하며, 정하여진 기일에 부담금을 납부하지 아니한 경우에는 연 100분의 50 이내의 범위에서 지연이자를 납입하여야 한다.

② 확정기여형퇴직연금제도에 있어 사용자는 가입자의 연간 임금총액의 12분의 1 이상에 해당하는 부담금을 현금으로 가입자의 확정기여형퇴직연금제도 계정에 납입하여야 한다.

③ 확정기여형퇴직연금제도에 있어 과거근로기간에 대하여 부담금을 납부하고자 하는 경우 전액 납부하여야 한다는 것이 고용노동부의 행정해석이다.

④ 확정기여형퇴직연금제도에 있어 가입자는 사용자가 부담하는 부담금 이외에 스스로 부담하는 추가 부담금을 본인의 계정에 납입할 수 있다.

> **해설 |** 100분의 50 → 100분의 40(법 제20조 제3항)

16 근로자퇴직급여 보장법상 확정기여형퇴직연금제도에 관한 설명으로 틀린 것은?

① 확정기여형퇴직연금제도에 있어 사용자는 천재지변으로 인하여 미납 부담금이 발생한 경우 그 사유가 존속하는 기간에 대하여는 지연이자를 납입하지 않아도 된다.

② 확정기여형퇴직연금제도에 있어 가입자는 퇴직할 때에 받을 급여를 갈음하여 그 운용 중인 자산을 가입자가 설정한 개인형퇴직연금제도의 계정으로 이전해 줄 것을 해당 퇴직연금사업자에게 요청할 수 있다.

③ 확정기여형퇴직연금제도에 있어 가입자는 적립금의 운용방법을 반기마다 1회 이상 변경할 수 있다.

④ 확정기여형퇴직연금제도에 있어 퇴직연금사업자는 연 1회 이상 위험과 수익구조가 서로 다른 세 가지 이상의 적립금 운용방법을 제시하여야 한다.

> **해설 |** 퇴직연금사업자는 반기마다 1회 이상 위험과 수익구조가 서로 다른 세 가지 이상의 적립금 운용방법을 제시하여야 한다(법 제21조 제2항).

17 근로자퇴직급여 보장법상 개인형퇴직연금제도에 관한 설명으로 틀린 것은?

① 개인형퇴직연금제도를 설정한 사람은 개인의 부담으로 개인형퇴직연금제도의 부담금을 납입한다.

② 개인형퇴직연금제도에 있어 자기 부담 납임금은 연간 1천만 원을 한도로 한다.

③ 퇴직금제도를 설정한 사업장에 재직 중인 근로자는 개인형퇴직연금제도를 설정할 수 없다.

④ 개인퇴직계좌(IRA)는 퇴직일시금 수령자만 가입할 수 있으며, 개인형퇴직연금제도(IRP)는 퇴직일시금 및 퇴직연금가입 재직 근로자 모두 가입이 가능하다.

해설 | 개인형 퇴직연금제도의 부담금 납입한도는 연간 1천200만 원이다(시행령 제17조).

18 근로자퇴직급여 보장법상 10명 미만을 사용하는 사업에 대한 특례에 관한 설명으로 틀린 것은?

① 상시 10명 미만의 근로자를 사용하는 사업의 경우 사용자가 개별 근로자의 동의를 받거나 근로자의 요구에 따라 개인형퇴직연금제도를 설정하는 경우에는 해당 근로자에 대하여 퇴직급여제도를 설정한 것으로 본다.

② 사용자가 퇴직연금사업자를 선정하는 경우에 집단적 동의 방식에 의한다.

③ 사용자는 가입자별로 연간 임금총액의 12분의 1 이상에 해당하는 부담금을 현금으로 가입자의 개인형퇴직연금제도 계정에 납입하여야 한다.

④ 10명 미만을 사용하는 사업에 대한 특례에 있어 사용자가 납입하는 부담금에 대한 수수료는 사용자가 부담하고, 특례가입자가 추가로 납입하는 추가 부담금에 대한 수수료는 가입자가 부담한다.

해설 | 사용자가 퇴직연금사업자를 선정하는 경우에 개별 근로자의 동의를 받아야 한다. 다만, 근로자가 요구하는 경우에는 스스로 퇴직연금사업자를 선정할 수 있다(법 제25조 제2항 제1호).

19 근로자퇴직급여 보장법상 퇴직연금규약에 관한 설명으로 틀린 것은?

① 퇴직급여 보장법은 퇴직연금규약에 대하여 정의도 내리지 않고 있으며, 그 법적 지위에 대하여도 언급이 없다.

② 퇴직연금제도를 설정하는 사업 및 사업장은 근로자대표의 동의 또는 의견을 들어 퇴직연금규약을 작성하여야 한다.

③ 확정급여형퇴직연금제도의 규약 기재사항은 가입자에 관한 사항, 가입기간에 관한 사항, 부담금의 납입에 관한 사항, 적립금의 운용에 관한 사항 등이다.

④ 확정기여형퇴직연금제도의 규약 기재사항은 가입자에 관한 사항, 가입기간에 관한 사항, 부담금의 납입에 관한 사항, 적립금의 중도인출에 관한 사항 등이다.

해설 | 부담금 및 적립금의 내용은 확정기여형퇴직연금제도의 내용이다(법 제19조).

20 근로자퇴직급여 보장법상 퇴직연금규약에 관한 설명으로 틀린 것은?

① 하나의 사업장에서 복수의 퇴직연금제도를 설정할 수 있다.

② 복수의 퇴직연금제도를 설정하는 경우 규약은 확정급여형과 확정기여형 규약을 각각 작성하여야 한다.

③ 사용자는 근로자대표의 동의를 얻어 법정 기재사항을 포함하는 내용으로 작성된 퇴직연금규약을 고용노동부장관에게 신고하여야 한다.

④ 퇴직연금사업자가 둘 이상의 여러 사용자를 하나의 확정기여형퇴직연금제도에 설정하려는 때에 작성한 규약은 고용노동부장관에게 신고하여야 한다.

해설 | 퇴직연금사업자가 둘 이상의 사용자를 대상으로 하나의 확정기여형퇴직연금제도에 설정하려는 때에 작성한 규약은 고용노동부장관의 승인을 받아야 한다(법 제23조).

정답 14 ④ 15 ① 16 ④ 17 ② 18 ② 19 ③ 20 ④

고용정책 기본법

Section 01 총설

(1) 목적(제1조)

이 법은 국가가 고용에 관한 정책을 수립·시행하여 국민 개개인이 평생에 걸쳐 직업능력을 개발하고 더 많은 취업기회를 가질 수 있도록 하는 한편, 근로자의 고용안정, 기업의 일자리 창출과 원활한 인력 확보를 지원하고 노동시장의 효율성과 인력수급의 균형을 도모함으로써 국민의 삶의 질 향상과 지속가능한 경제성장 및 고용을 통한 사회통합에 이바지함을 목적으로 한다.

(2) 근로자의 정의(제2조)

이 법에서 "근로자"란 사업주에게 고용된 사람과 취업할 의사를 가진 사람을 말한다.

(3) 기본원칙(제3조)

국가는 이 법에 따라 고용정책을 수립·시행하는 경우에 다음의 사항이 실현되도록 하여야 한다.

① 근로자의 직업선택의 자유와 근로의 권리가 확보되도록 할 것
② 사업주의 자율적인 고용관리를 존중할 것
③ 구직자의 자발적인 취업노력을 촉진할 것
④ 고용정책은 효율적이고 성과지향적으로 수립·시행할 것
⑤ 고용정책은 노동시장의 여건과 경제정책 및 사회정책을 고려하여 균형 있게 수립·시행할 것
⑥ 고용정책은 국가·지방자치단체 간, 공공부문·민간부문 간 및 근로자·사업주·정부 간의 협력을 바탕으로 수립·시행할 것

(4) 근로자 및 사업주 등의 책임과 의무(제5조)

① 근로자는 자신의 적성과 능력에 맞는 직업을 선택하여 직업생활을 하는 기간 동안 끊임없이 직업에 필요한 능력(이하 "직업능력"이라 한다)을 개발하고, 직업을 통하여 자기발전을 도모하도록 노력하여야 한다.
② 사업주는 사업에 필요한 인력을 스스로 양성하고, 자기가 고용하는 근로자의 직업능력을 개발하기 위하여 노력하며, 근로자가 그 능력을 최대한 발휘하면서 일할 수 있도록 고용관리의 개선, 근로자의 고용안정 촉진 및 고용평등의 증진 등을 위하여 노력하여야 한다.
③ 노동조합과 사업주단체는 근로자의 직업능력개발을 위한 노력과 사업주의 근로자 직업능력개발, 고용관리 개선, 근로자의 고용안정 촉진 및 고용평등의 증진 등을 위한 노력에 적극 협조하여야 한다.

④ 근로자와 사업주, 노동조합과 사업주단체는 제6조에 따른 국가와 지방자치단체의 시책이 원활하게 시행될 수 있도록 적극 협조하여야 한다.

⑤ 「고용보험법」에 따른 실업급여 수급자, 「국민기초생활 보장법」에 따른 근로능력이 있는 수급자, 그 밖에 정부에서 지원하는 취업지원 사업에 참여하는 사람 등은 스스로 취업하기 위하여 적극적으로 노력하여야 하며, 국가와 지방자치단체가 하는 직업소개, 직업지도, 직업능력개발훈련 등에 성실히 따르고 적극 참여하여야 한다.

(5) 국가와 지방자치단체의 시책(제6조)

① 국가는 다음의 사항에 관하여 필요한 시책을 수립·시행하여야 한다.

ㄱ 국민 각자의 능력과 적성에 맞는 직업의 선택과 인력수급의 불일치 해소를 위한 고용·직업 및 노동시장 정보의 수집·제공에 관한 사항과 인력수급 동향·전망에 관한 조사·공표에 관한 사항

ㄴ 근로자의 전 생애에 걸친 직업능력개발과 산업에 필요한 기술·기능 인력을 양성하기 위한 직업능력개발훈련 및 기술자격 검정에 관한 사항

ㄷ 근로자의 실업 예방, 고용안정 및 고용평등 증진에 관한 사항

ㄹ 산업·직업·지역 간 근로자 이동의 지원에 관한 사항

ㅁ 실업자의 실업기간 중 소득지원과 취업촉진을 위한 직업소개·직업지도·직업훈련, 보다 나은 일자리로 재취업하기 위한 불완전 취업자의 경력개발 및 비경제활동 인구의 노동시장 참여 촉진에 관한 사항

ㅂ 학력·경력의 부족, 고령화, 육체적·정신적 장애, 실업의 장기화, 국외로부터의 이주 등으로 인하여 노동시장의 통상적인 조건에서 취업이 특히 곤란한 자와 「국민기초생활 보장법」에 따른 수급권자 등(이하 "취업취약계층"이라 한다)의 고용촉진에 관한 사항

ㅅ 사업주의 일자리 창출, 인력의 확보, 고용유지 등의 지원 및 인력부족의 예방에 관한 사항

ㅇ 지역 고용창출 및 지역 노동시장의 활성화를 위한 지역별 고용촉진에 관한 사항

ㅈ ㄱ부터 ㅇ까지의 사항에 관한 시책 추진을 위한 각종 지원금, 장려금, 수당 등 지원에 관한 제도의 효율적인 운영에 관한 사항

ㅊ ㄱ부터 ㅇ까지의 사항에 관한 시책을 효과적으로 시행하기 위하여 하는 구직자 또는 구인자에 대한 고용정보의 제공, 직업소개·직업지도 또는 직업능력개발 등 고용을 지원하는 업무(이하 "고용서비스"라 한다)의 확충 및 민간 고용서비스시장의 육성에 관한 사항

ㅋ 그 밖에 노동시장의 효율성 및 건전성을 높이는 데 필요한 사항

② 국가는 위 ①에 따른 시책을 수립·시행하는 경우에 기업경영기반의 개선, 경제·사회의 균형 있는 발전, 국토의 균형 있는 개발 등의 시책을 종합적으로 고려하여야 하며, 고용기회를 늘리고 지역 간 불균형을 시정하며 중소기업을 우대할 수 있도록 하여야 하고, 차별적 고용관행 등 근로자가 능력을 발휘하는 데에 장애가 되는 고용관행을 개선하도록 노력하여야 한다.

③ 지방자치단체는 위 ①에 따라 수립된 국가 시책과 지역 노동시장의 특성을 고려하여 지역주민의 고용촉진과 지역주민에게 적합한 직업의 소개, 직업훈련의 실시 등에 관한 시책을 수립·시행하도록 노력하여야 한다.

④ 국가는 위 ③에 따른 시책을 수립·시행하는 지방자치단체에 필요한 지원을 할 수 있다.

(6) 취업기회의 균등한 보장(제7조)

① 사업주는 근로자를 모집·채용할 때에 합리적인 이유 없이 성별, 신앙, 연령, 신체조건, 사회적 신분, 출신지역, 학력, 출신학교, 혼인·임신 또는 병력 등(이하 "성별 등"이라 한다)을 이유로 차별을 하여서는 아니 되며, 균등한 취업기회를 보장하여야 한다.

② 고용서비스를 제공하는 자는 그 업무를 수행할 때에 합리적인 이유 없이 성별 등을 이유로 구직자를 차별하여서는 아니 된다.

③ 직업능력개발훈련을 실시하는 자는 훈련대상자의 모집, 훈련의 실시 및 취업지원 등을 하는 경우에 합리적인 이유 없이 성별 등을 이유로 훈련생을 차별하여서는 아니 된다.

Section 02 고용정책의 수립 및 추진체계

(1) 고용정책 기본계획의 수립 · 시행(제8조)

① 고용노동부장관은 관계 중앙행정기관의 장과 협의하여 5년마다 국가의 고용정책에 관한 기본계획을 수립하여야 한다.

② 고용노동부장관은 위 ①에 따라 기본계획을 수립할 때에는 제10조 제1항에 따른 고용정책심의회의 심의를 거쳐야 하며, 수립된 기본계획은 국무회의에 보고하고 공표하여야 한다.

③ 기본계획에는 다음의 사항이 포함되어야 한다.

ㄱ 고용에 관한 중장기 정책목표 및 방향

ㄴ 인력의 수요와 공급에 영향을 미치는 경제, 산업, 교육, 복지 또는 인구정책 등의 동향(動向)에 관한 사항

ㄷ 고용 동향과 인력의 수급 전망에 관한 사항

ㄹ 제6조 제1항 각 호의 사항에 관한 시책의 기본방향에 관한 사항

ㅁ 그 밖의 고용 관련 주요시책에 관한 사항

ㅂ 관계 중앙행정기관의 장은 고용과 관련된 계획을 수립할 때에는 기본계획과 조화되도록 하여야 한다.

⑤ 고용노동부장관은 기본계획을 세우기 위하여 필요하면 관계 중앙행정기관의 장 및 지방자치단체의 장에게 필요한 자료의 제출을 요청할 수 있다.

(2) 지역고용정책기본계획의 수립 · 시행(제9조)

① 특별시장·광역시장·특별자치시장·도지사 및 특별자치도지사(이하 "시·도지사"라 한다)는 제10조 제1항에 따른 지역고용심의회의 심의를 거쳐 지역주민의 고용촉진과 고용안정 등에 관한 지역고용정책기본계획(이하 "지역고용계획"이라 한다)을 수립·시행하여야 한다.

② 시·도지사는 지역고용계획을 수립할 때에는 기본계획과 조화되도록 하여야 한다.

③ 시·도지사는 지역고용계획을 세우기 위하여 필요하면 관계 중앙행정기관의 장 및 관할 지역의 직업안정기관의 장에게 협조를 요청할 수 있다.

④ 국가는 시·도지사가 지역고용계획을 수립·시행하는 데에 필요한 지원을 할 수 있다.

(3) 지역 일자리 창출대책의 수립 등(제9조의 2)

① 시·도지사 및 시장·군수·구청장(자치구의 구청장을 말한다. 이하 같다)은 관할 지역주민들에게 자신의 임기 중에 추진할 일자리 창출대책을 수립·공표할 수 있다.

② 시·도지사 및 시장·군수·구청장은 위 ①에 따라 일자리 창출대책을 추진하기 위하여 관계 중앙행정기관의 장 및 관할 지역의 직업안정기관의 장에게 협조를 요청할 수 있다. 이 경우 협조를 요청받은 관계 중앙행정기관의 장 및 관할 지역의 직업안정기관의 장은 정당한 사유가 없으면 그 요청에 따라야 한다.

③ 고용노동부장관은 위 ①에 따른 일자리 창출대책의 추진성과를 확인하여 공표할 수 있고, 이를 위하여 관계 중앙행정기관의 장 및 지방자치단체의 장에게 필요한 자료의 제출 등 협조를 요청할 수 있다.

④ 국가는 시·도지사 및 시장·군수·구청장이 위 ①에 따라 일자리 창출대책을 추진하는 데에 필요한 지원을 할 수 있다.

⑤ 고용노동부장관은 일자리 창출대책의 효과를 높이기 위하여 관련 의견을 해당 지방자치단체의 장에게 제시할 수 있다.

⑥ 지역 일자리 창출대책의 운영에 관한 사항은 고용노동부령으로 정한다.

(4) 고용정책심의회(제10조)

① 고용에 관한 주요사항을 심의하기 위하여 고용노동부에 고용정책심의회(이하 "정책심의회"라 한다)를 두고, 특별시·광역시·특별자치시·도 및 특별자치도에 지역고용심의회를 둔다. 이 경우 「노사관계 발전 지원에 관한 법률」 제3조 제1항에 따른 지역 노사민정 간 협력 활성화를 위한 협의체가 특별시·광역시·특별자치시·도 및 특별자치도에 구성되어 있는 경우에는 이를 지역고용심의회로 볼 수 있다.

② 정책심의회는 다음의 사항을 심의한다.

　㉠ 제6조 제1항에 따른 시책 및 제8조 제1항에 따른 기본계획의 수립에 관한 사항

　㉡ 인력의 공급구조와 산업구조의 변화 등에 따른 고용 및 실업대책에 관한 사항

　㉢ 제13조에 따른 고용영향평가 대상의 선정, 평가방법 등에 관한 사항

ⓔ 제13조의 2에 따른 재정지원 일자리사업의 효율화에 관한 사항

ⓜ 「사회적기업 육성법」에 따른 다음의 사항

- 「사회적기업 육성법」 제5조에 따른 사회적기업육성기본계획

- 「사회적기업 육성법」 제7조에 따른 사회적기업 인증의 심사기준에 관한 사항

- 그 밖에 사회적기업의 지원을 위하여 필요한 사항으로서 대통령령으로 정하는 사항

ⓑ 「남녀고용평등과 일·가정 양립 지원에 관한 법률」 제17조의 8 각 호의 사항

ⓢ 「장애인고용촉진 및 직업재활법」에 따른 다음의 사항

- 「장애인고용촉진 및 직업재활법」 제7조 제1항에 따른 장애인의 고용촉진 및 직업재활을 위한 기본계획의 수립에 관한 사항

- 그 밖에 장애인의 고용촉진 및 직업재활에 관하여 위원장이 회의에 부치는 사항

ⓞ 「근로복지기본법」 제8조 각 호의 사항

ⓩ 관계 중앙행정기관의 장이 고용과 관련하여 심의를 요청하는 사항

ⓒ 그 밖에 다른 법령에서 정책심의회의 심의를 거치도록 한 사항 및 대통령령으로 정하는 사항

③ 정책심의회는 위원장 1명을 포함한 30명 이내의 위원으로 구성하고, 위원장은 고용노동부장관이 되며, 위원은 다음의 어느 하나에 해당하는 사람 중에서 고용노동부장관이 위촉하는 사람과 대통령령으로 정하는 관계 중앙행정기관의 차관 또는 차관급 공무원이 된다.

ⓐ 근로자와 사업주를 대표하는 사람

ⓑ 고용문제에 관하여 학식과 경험이 풍부한 사람

ⓒ 「지방자치법」 제165조에 따른 전국 시·도지사 협의체에서 추천하는 사람

④ 정책심의회를 효율적으로 운영하고 정책심의회의 심의 사항을 전문적으로 심의하도록 하기 위하여 정책심의회에 분야별로 전문위원회를 둘 수 있다.

> **Plus Check** 전문위원회의 종류
>
> 1. 사회적기업육성전문위원회
> 2. 적극적고용개선전문위원회
> 3. 장애인고용촉진전문위원회
> 4. 근로복지전문위원회
> 5. 건설근로자고용개선전문위원회

⑤ 전문위원회는 대통령령으로 정하는 바에 따라 정책심의회가 위임한 사항에 관하여 심의한다. 이 경우 전문위원회의 심의는 정책심의회의 심의로 본다.

(5) 직업안정기관의 설치 등(제11조)

① 국가는 제6조 제1항에 따른 시책을 추진하는 경우에 지역 근로자와 사업주가 편리하게 고용서비스를 받을 수 있도록 지역별로 직업안정기관을 설치·운영하여야 한다.

② 국가는 지방자치단체의 장이 해당 지역의 구직자와 구인기업에 대하여 고용서비스를 제공하는 업무를 담당하는 조직을 운영하는 경우에 그 조직의 운영에 필요한 지원을 할 수 있다.

③ 직업안정기관의 장과 지방자치단체의 장은 고용서비스 제공 업무를 수행하는 경우에 서로 협력하여야 한다.

④ 국가 또는 지방자치단체는 대통령령으로 정하는 바에 따라 취업취약계층에 대한 고용서비스 제공에 필요한 시설을 설치·운영할 수 있다.

(6) 민간에 의한 고용서비스 제공 지원 등(제12조)

① 국가는 민간 고용서비스산업의 발전에 필요한 다음의 시책을 수립·시행할 수 있다.

　㉠ 고용서비스 전문가의 양성

　㉡ 공공부문과 민간의 고용 관련 정보망의 연계

　㉢ 국가와 지방자치단체에서 하는 고용서비스 제공사업 중 민간의 전문성을 활용할 수 있는 사업의 발굴과 그 사업의 위탁

　㉣ 우수한 고용서비스를 제공하는 민간기관에 대한 인증

② 직업안정기관과 민간기관은 고용서비스 제공에 관한 사업을 공동으로 추진하거나 연계하여 추진하는 등 서로 협력하여 사업을 추진할 수 있다.

③ 고용노동부장관 또는 직업안정기관의 장은 고용서비스를 제공하는 행정기관, 지방자치단체, 그 밖의 민간 고용서비스 제공기관 등에 시설·장비 등 필요한 지원을 할 수 있다.

(7) 고용영향평가(제13조)

① 중앙행정기관의 장과 지방자치단체의 장은 소관정책이 일자리 증감 및 고용의 질 등에 미치는 영향을 분석·평가(이하 "고용영향평가"라 한다)하고, 그 결과를 정책의 수립·시행에 반영하도록 노력하여야 한다.

② 고용노동부장관은 고용에 미치는 영향이 큰 정책으로서 다음의 어느 하나에 해당하는 경우 고용영향평가를 하고, 그 결과를 소관 중앙행정기관의 장 또는 지방자치단체의 장에게 통보할 수 있다.

　㉠ 관계 중앙행정기관의 장 또는 지방자치단체의 장이 고용영향평가를 요청하는 정책

　㉡ 관계 중앙행정기관 또는 지방자치단체가 시행할 계획 또는 시행 중이거나 시행이 완료된 정책으로서 정책심의회에서 고용영향평가를 하기로 심의한 정책

　㉢ 고용노동부장관이 직권으로 고용영향평가가 필요하다고 인정하는 정책

　㉣ 대규모의 예산이 투입되는 정책으로서 대통령령으로 정하는 정책

③ 고용노동부장관은 고용영향평가를 위하여 필요하다고 인정할 때에는 관계 행정기관, 교육·연구기관 등에 필요한 자료를 요청할 수 있다. 이 경우 자료 요청을 받은 관계 행정기관의 장, 교육·연구기관의 장 등은 특별한 사정이 없으면 이에 따라야 한다.

④ 고용노동부장관은 위 ②에 따른 고용영향평가 결과를 공개하여야 한다.

⑤ 고용노동부장관은 고용영향평가의 결과 고용안정 촉진 및 일자리 창출을 위하여 필요하다고 인정하는 경우 관계 중앙행정기관의 장 및 지방자치단체의 장에게 정책에 관하여 제언을 하거나 개선을 권고할 수 있다.

⑥ 위 ⑤에 따라 정책에 관하여 제언 또는 개선 권고를 받은 관계 중앙행정기관의 장 또는 지방자치단체의 장은 특별한 사정이 있는 경우를 제외하고는 개선 대책을 수립·시행하고 그 결과를 고용노동부장관에게 통보하여야 한다.

⑦ 고용노동부장관은 대통령령으로 정하는 바에 따라 다음의 기관 중 어느 하나에 위 ②에 따른 고용영향평가 업무를 대행하도록 할 수 있다. 이 경우 고용노동부장관은 대행에 필요한 비용을 지급하여야 한다.

　㉠ 국가나 지방자치단체가 출연한 연구기관(국가나 지방자치단체의 출연기관이 재출연한 연구기관을 포함한다)

　㉡ 민간연구기관

(8) 재정지원 일자리사업의 효율화(제13조의 2)

① 고용노동부장관은 재정지원 일자리사업(중앙행정기관 및 지방자치단체 또는 이들로부터 위탁받은 각종 기관 및 단체가 취업을 지원하기 위하여 재정을 활용하여 시행하는 사업을 말한다. 이하 같다)의 효율화를 위하여 다음의 사항을 추진하여야 한다.

　㉠ 재정지원 일자리사업의 범위, 분류 및 평가기준의 마련

　㉡ 재정지원 일자리사업 간 중복 조정기준의 마련 및 이에 따른 조정

　㉢ 재정지원 일자리사업에 취업취약계층의 우선적 참여를 위한 취업취약계층의 정의 및 사업별 고용비율·고용방법 등 제시

　㉣ 재정지원 일자리사업의 추진체계 개선

　㉤ 재정지원 일자리사업 간 연계성 강화

　㉥ 재정지원 일자리사업 평가에 따른 제도개선 및 예산반영 의견 제시

　㉦ 재정지원 일자리사업을 통합 관리하는 정보전산망 운영

　㉧ 그 밖에 재정지원 일자리사업의 효율화를 위하여 정책심의회에서 정하는 사항

② 재정지원 일자리사업을 수행하는 중앙행정기관의 장 및 지방자치단체의 장 또는 위탁 기관·단체는 재정지원 일자리사업의 효율화를 위하여 고용노동부장관의 요청이 있는 경우 다음의 사항을 이행하여야 한다.

　㉠ 매년 자신이 수행하는 재정지원 일자리사업의 현황 통보

　㉡ 고용노동부장관이 제시한 사업개선과 예산반영 의견에 대한 결과의 보고

　㉢ 소관 재정지원 일자리사업의 통합 정보전산망 관리 및 기존 정보전산망과의 연계

　㉣ 정보전산망 등을 이용한 재정지원 일자리사업의 중복참여 여부 확인

　㉤ 그 밖에 재정지원 일자리사업의 효율화를 위하여 정책심의회에서 정하는 사항

(9) 국제협력(제14조)

고용노동부장관은 국제 노동시장의 동향 조사 및 대책 마련, 고용정책 개발 등에 관하여 국제기구, 외국정부 또는 외국기관과 협력사업을 할 수 있다.

Section 03 고용정보 등의 수집 · 제공

(1) 고용 · 직업 정보의 수집 및 제공(제15조)

① 고용노동부장관은 구직과 구인이 신속하고 적절하게 연결될 수 있도록 구직·구인 정보, 산업별·지역별 고용 동향, 노동시장 정보, 직업의 현황과 전망에 관한 정보, 직업능력개발훈련 정보, 재정지원에 의한 일자리에 대한 정보 및 그 밖의 고용·직업에 관한 정보(이하 "고용·직업 정보"라 한다)를 수집·관리하여야 한다.

② 고용노동부장관은 구직자·구인자, 직업훈련기관, 교육기관 및 그 밖에 고용·직업 정보를 필요로 하는 자가 신속하고 편리하게 이용할 수 있도록 책자를 발간·배포하는 등 필요한 조치를 하여야 한다.

③ 고용노동부장관은 위 ①과 ②에 따른 업무를 효율적으로 수행하기 위하여 고용안정정보망과 고용보험전산망 등 고용 관련 정보통신망을 구축·운영하여야 한다.

④ 고용노동부장관은 고용·직업 정보의 수집·관리를 위하여 노동시장의 직업구조를 반영한 고용직업분류표를 작성·고시하여야 한다. 이 경우 미리 관계 행정기관의 장과 협의할 수 있다.

⑤ 고용노동부장관은 수집한 고용·직업 정보를 지방자치단체 등에 제공하여 취업알선 등에 활용하게 할 수 있으며, 지방자치단체 등이 수집한 고용·직업 정보를 제공받아 취업알선 등에 활용할 수 있다.

⑥ 고용노동부장관은 위 ③에 따른 고용 관련 정보통신망의 효율적인 운영을 위하여 필요하면 중앙행정기관, 지방자치단체, 그 밖에 고용촉진 및 취업지원과 관련되는 기관·단체에 필요한 자료의 제공을 요청할 수 있다. 이 경우 자료 제공을 요청받은 자는 정당한 사유가 없으면 그 요청에 따라야 한다.

⑦ 고용노동부장관은 효율적인 고용정책 수행을 위하여 필요하면 관련 기관 또는 단체에 정보시스템의 연계를 요청할 수 있다. 이 경우 연계를 요청받은 자는 정당한 사유가 없으면 그 요청에 따라야 한다.

(2) 고용형태 현황 공시(제15조의 2)

상시 300명 이상의 근로자를 사용하는 사업주는 매년 근로자의 고용형태 현황을 공시하여야 한다.

(3) 인력의 수급 동향 등에 관한 자료의 작성(제16조)

① 고용노동부장관은 인력의 수급에 영향을 미치는 경제·산업의 동향과 그 전망 등이 포함된 인력의 수급 동향과 전망에 관하여 조사하고 자료를 매년 작성하여 공표하여야 한다.

② 고용노동부장관은 위 ①에 따른 인력의 수급 동향과 전망에 관한 자료를 작성하기 위하여 필요하다고 인정하면 다음의 기관에 필요한 자료의 제공을 요청할 수 있다.

　　㉠ 관계 행정기관

　　㉡ 교육·연구기관

　　㉢ 사업주 또는 사업주단체

　　㉣ 노동조합

　　㉤ 그 밖의 관계 기관

③ 위 ②에 따라 자료 제공을 요청받은 자는 특별한 사유가 없으면 그 요청에 따라야 한다.

(4) 고용 관련 통계의 작성 · 보급 등(제17조)

① 고용노동부장관은 고용정책의 효율적 수립·시행을 위하여 산업별·직업별·지역별 고용구조 및 인력수요 등에 관한 통계를 작성·공표하여 국민들이 이용할 수 있도록 하여야 한다.

② 고용노동부장관은 위 ①에 따라 작성된 통계를 국민들이 편리하게 이용할 수 있도록 데이터베이스를 구축하는 등 필요한 조치를 하여야 한다.

(5) 한국고용정보원의 설립(제18조)

① 고용정보의 수집·제공과 직업에 관한 조사·연구 등 제40조에 따라 위탁받은 업무와 그 밖에 고용지원에 관한 업무를 효율적으로 수행하기 위하여 한국고용정보원을 설립한다.

② 한국고용정보원은 법인으로 한다.

③ 한국고용정보원은 고용노동부장관의 승인을 받아 분사무소를 둘 수 있다.

④ 한국고용정보원의 사업은 다음과 같다.

　　㉠ 고용 동향, 직업의 현황 및 전망에 관한 정보의 수집·관리

　　㉡ 인력수급의 동향 및 전망에 관한 정보의 제공

　　㉢ 고용안정정보망, 고용보험전산망 등 고용 관련 정보통신망 운영

　　㉣ 직업지도, 직업심리검사 및 직업상담에 관한 기법(技法)의 연구·개발 및 보급

　　㉤ 고용서비스의 평가 및 지원

　　㉥ 위 ㉠부터 ㉤까지의 사업에 관한 국제협력과 그 밖의 부대사업

　　㉦ 그 밖에 고용노동부장관, 다른 중앙행정기관의 장 또는 지방자치단체로부터 위탁받은 사업

⑤ 정부는 예산의 범위에서 한국고용정보원의 설립·운영에 필요한 경비와 위 ④ ㉠부터 ㉥까지의 사업에 필요한 경비를 출연할 수 있다.

⑥ 한국고용정보원에 관하여 이 법과 「공공기관의 운영에 관한 법률」에 규정된 것 외에는 「민법」 중 재단법인에 관한 규정을 준용한다.

⑦ 한국고용정보원은 업무수행에 필요한 자료의 제공을 국가기관, 지방자치단체, 교육·연구기관, 그 밖의 공공기관에 요청할 수 있다.

⑧ 한국고용정보원의 임직원은 「형법」 제129조부터 제132조까지의 규정을 적용할 때에는 공무원으로 본다.

⑨ 한국고용정보원의 임직원이나 임직원으로 재직하였던 사람은 그 직무상 알게 된 비밀을 누설하거나 다른 용도로 사용하여서는 아니 된다.

(6) 한국잡월드의 설립 등(제18조의 2)

① 다음의 사업을 수행하기 위하여 한국고용정보원 산하에 한국잡월드를 설립한다.

ⓐ 직업 관련 자료·정보의 전시 및 제공

ⓑ 직업체험프로그램 개설·운영

ⓒ 청소년 등에 대한 직업교육프로그램 개설·운영

ⓓ 교사 등에 대한 직업지도 교육프로그램 개설·운영

ⓔ 직업상담 및 직업심리검사 서비스 제공

ⓕ 직업 관련 자료·정보의 전시기법 및 체험프로그램 연구·개발

ⓖ ⓐ부터 ⓕ까지의 사업에 관한 국제협력과 그 밖의 부대사업

ⓗ 그 밖에 고용노동부장관, 다른 중앙행정기관의 장 또는 지방자치단체의 장으로부터 위탁받은 사업

② 한국잡월드는 법인으로 한다.

③ 정부는 한국잡월드의 설립·운영에 필요한 경비와 위 ① ⓐ부터 ⓖ까지의 사업에 필요한 경비를 예산의 범위에서 출연할 수 있다.

④ 한국잡월드는 위 ①의 사업수행에 필요한 경비를 조달하기 위하여 입장료·체험관람료 징수 및 광고 등 대통령령으로 정하는 바에 따라 수익사업을 할 수 있다.

⑤ 개인 또는 법인·단체는 한국잡월드의 사업을 지원하기 위하여 한국잡월드에 금전이나 현물, 그 밖의 재산을 출연 또는 기부할 수 있다.

⑥ 한국잡월드의 수입은 다음의 것으로 한다.

ⓐ 국가나 국가 외의 자로부터 받은 출연금 및 기부금

ⓑ 그 밖에 한국잡월드의 수입금

⑦ 정부는 한국잡월드의 설립 및 운영을 위하여 필요한 경우에는 「국유재산법」, 「물품관리법」에도 불구하고 국유재산 및 국유물품을 한국잡월드에 무상으로 대부 또는 사용하게 할 수 있다.

Section 04 직업능력개발

(1) 직업능력개발에 관한 시책(제19조)

① 국가는 직업능력개발을 촉진·지원하기 위하여 필요한 다음의 시책을 수립·시행하여야 한다.

ⓐ 직업능력개발에 관한 표준 설정

ⓛ 직업능력개발훈련시설·장비의 확충

ⓒ 직업능력개발훈련의 내용 및 훈련방법의 연구·개발

ⓔ 직업능력개발훈련 교사의 양성·확보 및 자질향상 등

ⓜ 그 밖에 근로자의 직업능력개발을 지원하기 위하여 필요한 사항

② 국가는 다음의 훈련이 연계되도록 함으로써 산업에 필요한 직업능력을 갖춘 근로자가 양성될 수 있도록 하여야 한다.

㉠ 교육·연구기관에서 하는 교육·연구

ⓛ 공공직업훈련시설이 하는 직업능력개발훈련

ⓒ 사업주나 그 밖에 개인 또는 단체가 하는 직업능력개발훈련

(2) 직업능력개발의 지원(제20조)

① 사업주는 그가 고용하는 근로자에 대하여 필요한 직업능력개발훈련을 실시하고 근로자는 스스로 직업능력을 개발하도록 노력하여야 한다.

② 국가는 근로자와 사업주에게 직업능력개발에 관한 정보를 제공하고 지도·상담하며 필요한 비용을 지원할 수 있다.

③ 국가는 국민 모두가 전 생애에 걸쳐 직업능력을 개발하고, 경력을 관리할 수 있도록 필요한 지원을 할 수 있다.

(3) 기술 · 기능 인력의 양성(제21조)

국가는 산업발전의 추이와 노동시장의 인력수급 상황을 조사하여 지속적인 국가경제의 발전에 필요한 기술·기능 인력을 양성하기 위하여 필요한 시책을 수립·시행하여야 한다.

(4) 직업능력평가제도의 확립(제22조)

국가는 직업능력평가를 위한 기준을 설정하여 근로자의 지식·기술 및 기능에 대한 검정제도(檢定制度)를 확립하고, 이를 확산하도록 노력하여야 한다.

Section 05 근로자의 고용촉진 및 사업주의 인력확보 지원

(1) 구직자와 구인자에 대한 지원(제23조)

① 직업안정기관의 장은 구직자가 그 적성·능력·경험 등에 맞게 취업할 수 있도록 구직자 개개인의 적성·능력 등을 고려하여 그 구직자에게 적합하도록 체계적인 고용서비스를 제공하여야 한다.

② 직업안정기관의 장은 구인자가 적합한 근로자를 신속히 채용할 수 있도록 구직자 정보의 제공, 상담·조언, 그 밖에 구인에 필요한 지원을 하여야 한다.

(2) 학생 등에 대한 직업지도(제24조)

국가는 「초·중등교육법」과 「고등교육법」에 따른 각급 학교의 학생 등에 대하여 장래 직업선택에 관하여 지도·조언하고, 각자의 적성과 능력에 맞는 직업을 가질 수 있도록 직업에 관한 정보를 제공하며, 직업적성검사 등 직업지도를 받을 수 있게 하는 등 필요한 지원을 하여야 한다.

(3) 청년 · 여성 · 고령자 등의 고용촉진의 지원(제25조)

① 국가는 청년·여성·고령자 등의 고용을 촉진하기 위하여 이들의 취업에 적합한 직종의 개발, 직업능력개발훈련과정의 개설, 고용기회 확대를 위한 제도의 마련, 관련 법령의 정비, 그 밖에 필요한 대책을 수립·시행하여야 한다.

② 위 ①에 따른 청년·여성·고령자 등의 고용촉진에 필요한 사항은 따로 법률로 정한다.

(4) 취업취약계층의 고용촉진 지원(제26조)

국가는 취업취약계층의 고용을 촉진하기 위하여 다음의 내용이 포함된 취업지원프로그램에 따라 직업능력을 개발하게 하는 등 필요한 지원을 하여야 한다.

① 취업취약계층의 능력·적성 등에 대한 진단

② 취업의욕의 고취 및 직업능력의 증진

③ 집중적인 직업소개 등 지원

(5) 일용근로자 등의 고용안정 지원(제27조)

국가는 일용근로자와 파견근로자 등의 고용안정을 위하여 그 근로형태의 특성에 맞는 고용정보의 제공, 직업상담, 직업능력개발 기회의 확대, 그 밖에 필요한 조치를 하여야 한다.

(6) 사회서비스일자리 창출 및 사회적기업 육성(제28조)

① 국가는 사회적으로 필요함에도 불구하고 수익성 등으로 인하여 시장에서 충분히 제공되지 못하는 교육, 보건, 사회복지, 환경, 문화 등 사회서비스 부문에서 법인·단체가 일자리를 창출하는 경우에는 이에 필요한 지원을 할 수 있다.

② 국가는 취업취약계층 등에 사회서비스 또는 일자리를 제공하여 지역주민의 삶의 질을 높이는 등의 사회적 목적을 추구하면서 재화 및 서비스의 생산·판매 등 영업활동을 하는 법인·단체를 사회적기업으로 육성하도록 노력하여야 한다.

(7) 기업의 고용창출 등 지원(제29조)

① 국가는 근로자의 고용기회를 확대하고 기업의 경쟁력을 높이기 위하여 기업의 고용창출, 고용유지 및 인력의 재배치 등 지원에 필요한 대책을 수립·시행하여야 한다.

② 직업안정기관의 장은 근로자의 모집·채용 또는 배치, 직업능력개발, 승진, 임금체계, 그 밖에 기업의 고용관리에 관하여 사업주, 근로자대표 또는 노동조합 등으로부터 지원 요청을 받으면 고용정보 등을 활용하여 상담·지도 등 필요한 지원을 하여야 한다.

⑻ **중소기업 인력확보지원계획의 수립 · 시행(제30조)**

① 고용노동부장관은 중소기업의 인력확보를 지원하기 위하여 작업환경의 개선, 복리후생시설의 확충, 그 밖에 고용관리의 개선 등을 지원하기 위한 계획(이하 "중소기업 인력확보지원계획"이라 한다)을 수립·시행할 수 있다.

② 고용노동부장관은 중소기업 인력확보지원계획을 수립하려면 미리 관계 중앙행정기관의 장과 협의하여야 한다.

⑼ **외국인근로자의 도입(제31조)**

국가는 노동시장에서의 원활한 인력수급을 위하여 외국인근로자를 도입할 수 있다. 이 경우 국가는 국민의 고용이 침해되지 아니하도록 노력하여야 한다.

Section 06 고용조정지원 및 고용안정대책

⑴ **업종별 · 지역별 고용조정의 지원 등(제32조)**

고용노동부장관은 국내외 경제사정의 변화 등으로 고용사정이 급격히 악화되거나 악화될 우려가 있는 업종 또는 지역에 대하여 다음의 사항을 지원할 수 있다.

① 사업주의 고용조정

② 근로자의 실업 예방

③ 실업자의 재취업 촉진

④ 그 밖에 고용안정과 실업자의 생활안정을 위하여 필요한 지원

⑵ **고용재난지역의 선포 및 지원 등(제32조의 2)**

① 고용노동부장관은 대규모로 기업이 도산하거나 구조조정 등으로 지역의 고용안정에 중대한 문제가 발생하여 특별한 조치가 필요하다고 인정되는 지역에 대하여 고용재난지역으로 선포할 것을 대통령에게 건의할 수 있다.

② 위 ①에 따라 고용재난지역의 선포를 건의받은 대통령은 국무회의 심의를 거쳐 해당 지역을 고용재난지역으로 선포할 수 있다.

③ 고용노동부장관은 위 ①에 따라 고용재난지역으로 선포할 것을 대통령에게 건의하기 전에 관계 중앙행정기관의 장과 합동으로 고용재난조사단을 구성하여 실업 등 피해상황을 조사할 수 있다.

④ 위 ②에 따라 고용재난지역으로 선포하는 경우 정부는 행정상·재정상·금융상의 특별지원이 포함된 종합대책을 수립·시행할 수 있다.

⑶ **대량 고용변동의 신고 등(제33조)**

① 사업주는 생산설비의 자동화, 신설 또는 증설이나 사업규모의 축소, 조정 등으로 인한 고용량(雇傭量)의 변동이 대통령령으로 정하는 기준에 해당하는 경우에는 그 고용량의 변동에 관한 사항을

직업안정기관의 장에게 신고하여야 한다. 다만, 「근로기준법」 제24조 제4항에 따른 신고를 한 경우에는 그러하지 아니하다.

② 직업안정기관의 장은 위 ①에 따라 신고를 받으면 구인·구직정보를 확보하여 직업소개를 확대하고, 직업훈련기관으로 하여금 직업훈련을 실시하게 하는 등 실업자의 재취업 촉진 또는 해당 사업의 인력확보에 필요한 조치를 하여야 한다.

Plus Check 대량 고용변동의 신고기준(시행령 제31조)

법 제33조 제1항 본문에서 "대통령령으로 정하는 기준"이란 1개월 이내에 이직하는 근로자의 수가 다음의 구분에 따른 기준에 해당하는 경우를 말한다. 다만, 이직하는 근로자가 고용노동부령으로 정하는 기준에 해당하는 경우는 제외한다.

- 상시 근로자 300명 미만을 사용하는 사업 또는 사업장 : 30명 이상
- 상시 근로자 300명 이상을 사용하는 사업 또는 사업장 : 상시 근로자 총수의 100분의 10 이상

대량 고용변동의 신고(시행규칙 제2조)

「고용정책 기본법 시행령」 제31조 각 호 외의 부분 단서에서 "이직하는 근로자가 고용노동부령으로 정하는 기준에 해당하는 경우"란 이직하는 근로자가 다음의 어느 하나에 해당하는 경우를 말한다.

- 일용근로자 또는 기간을 정하여 고용된 사람(일용근로자 또는 6개월 미만의 기간을 정하여 고용된 사람으로서 6개월을 초과하여 계속 고용되고 있는 사람 또는 6개월을 초과하는 기간을 정하여 고용된 사람으로서 해당 기간을 초과하여 계속 고용되고 있는 사람은 제외한다)
- 수습 사용된 날부터 3개월 이내의 사람
- 자기의 사정 또는 귀책사유로 이직하는 사람
- 상시 근무를 요하지 아니하는 사람으로 고용된 사람
- 천재지변이나 그 밖의 부득이한 사유로 인하여 사업의 계속이 불가능하게 되어 이직하는 사람

---

(4) 실업대책사업(제34조)

① 고용노동부장관은 산업별·지역별 실업 상황을 조사하여 다수의 실업자가 발생하거나 발생할 우려가 있는 경우나 실업자의 취업촉진 등 고용안정이 필요하다고 인정되는 경우에는 관계 중앙행정기관의 장과 협의하여 다음의 사항이 포함된 실업대책사업(이하 "실업대책사업"이라 한다)을 실시할 수 있다.

㉠ 실업자의 취업촉진을 위한 훈련의 실시와 훈련에 대한 지원

㉡ 실업자에 대한 생계비, 생업자금, 「국민건강보험법」에 따른 보험료 등 사회보험료, 의료비(가족의 의료비를 포함한다), 학자금(자녀의 학자금을 포함한다), 주택전세자금 및 창업점포임대 등의 지원

㉢ 실업의 예방, 실업자의 재취업 촉진, 그 밖에 고용안정을 위한 사업을 하는 자에 대한 지원

㉣ 고용촉진과 관련된 사업을 하는 자에 대한 대부

㉤ 실업자에 대한 공공근로사업

㉥ 그 밖에 실업의 해소에 필요한 사업

② 고용노동부장관은 대통령령으로 정하는 바에 따라 실업대책사업의 일부를 「산업재해보상보험법」에 따른 근로복지공단(이하 "공단"이라 한다)에 위탁할 수 있다.

③ 위 ①, ②를 적용할 때에 대통령령으로 정하는 무급휴직자는 실업자로 본다.

Plus Check 무급휴직자

대통령령으로 정하는 무급휴직자란 6개월 이상 기간을 정하여 무급으로 휴직하는 사람을 말한다(시행령 제36조).

(5) 실업대책사업의 자금 조성 등(제35조)

① 공단은 제34조 제2항에 따라 실업대책사업을 위탁받아 하는 경우에는 다음의 방법으로 해당 사업에 드는 자금을 조성한다.

　㉠ 정부나 정부 외의 자의 출연 또는 보조

　㉡ 제36조에 따른 자금의 차입

　㉢ 그 밖의 수입금

② 공단은 위 ①에 따라 조성된 자금을 「근로복지기본법」 제87조에 따른 근로복지진흥기금의 재원으로 하여 관리·운용하여야 한다.

(6) 자금의 차입(제36조)

공단은 제34조 제2항에 따라 위탁받은 실업대책사업을 실시하기 위하여 필요하다고 인정하면 고용노동부장관의 승인을 받아 자금을 차입(국제기구, 외국정부 또는 외국인으로부터의 차입을 포함한다)할 수 있다.

(7) 관계 기관의 협력(제37조)

① 고용노동부장관은 실업자의 고용안정이나 인력의 수급 조절을 위하여 필요하다고 인정하면 관계 중앙행정기관의 장이나 지방자치단체의 장에게 그 소관 공사의 개시·정지 또는 근로자의 고용 등에 관하여 협력을 요청할 수 있다.

② 중앙행정기관 또는 지방자치단체의 장은 위 ①에 따른 협력을 요청받은 경우 특별한 사유가 없으면 그 요청에 따라야 한다.

Section 07　보칙

(1) 보고 및 검사(제38조)

① 고용노동부장관은 고용정보의 수집·제공, 고용관리 및 고용조정의 지원 등과 관련하여 필요하다고 인정하면 대통령령으로 정하는 바에 따라 사업주와 이 법에 따른 지원을 받았거나 받으려는 자에게 고용관리의 현황, 지원금의 사용 명세, 지원의 적합 여부 등 필요한 사항을 보고하게 할 수 있다.

② 고용노동부장관은 고용관리 및 고용조정의 지원과 관련하여 법 위반 사실의 확인 등이 필요하다고 인정하면 관계 공무원에게 사업주의 사무소 또는 사업장에 출입하여 관계자에게 질문하게 하거나 서류를 검사하게 할 수 있다.

③ 고용노동부장관은 위 ②에 따라 검사하려면 해당 사업주에게 검사일시와 검사내용 등 검사에 필요한 사항을 미리 알려야 한다. 다만, 긴급히 처리할 필요가 있거나 미리 알릴 경우 그 목적을 달성할 수 없다고 인정하는 경우에는 그러하지 아니하다.

④ 위 ②에 따라 검사를 하는 관계 공무원은 그 신분을 표시하는 증명서를 지니고 이를 관계자에게 보여주어야 한다.

⑤ 고용노동부장관은 위 ②부터 ④까지의 규정에 따라 검사를 한 경우에는 해당 사업주에게 그 결과를 서면으로 알려야 한다.

(2) 권한의 위임(제39조)

이 법에 따른 고용노동부장관의 권한은 대통령령으로 정하는 바에 따라 그 일부를 시·도지사나 직업안정기관의 장에게 위임할 수 있다.

(3) 위탁(제40조)

① 고용노동부장관은 제15조부터 제17조까지의 규정에 따른 고용정보 등의 수집·제공 등에 관한 업무의 일부를 제18조에 따른 한국고용정보원에 위탁할 수 있다.

② 국가나 지방자치단체는 제11조 제4항에 따른 시설의 설치·운영에 관한 업무를 대통령령으로 정하는 비영리 법인·단체에 위탁할 수 있다.

01 고용정책 기본법의 목적과 가장 거리가 먼 것은?

① 국민 개개인이 평생에 걸쳐 직업능력을 개발하고 더 많은 취업기회를 가질 수 있도록 한다.
② 노동시장의 효율성과 인력수급의 균형을 도모한다.
③ 근로자의 기본적 생활을 보장, 향상시킨다.
④ 국민의 삶의 질 향상과 지속가능한 경제성장 및 고용을 통한 사회통합에 이바지한다.

해설Ⅰ 근로자의 기본적 생활을 보장, 향상시키는 것을 목적으로 하는 것은 근로기준법이다(근로기준법 제1조).

02 고용정책 기본법상 근로자의 개념으로 옳은 것은?

① 직업의 종류를 불문하고 임금, 급료 기타 이에 준하는 수입에 의하여 생활하는 사람
② 직업의 종류와 관계없이 임금을 목적으로 사업이나 사업장에 근로를 제공하는 사람
③ 사업주에게 고용된 사람과 취업할 의사를 가진 사람
④ 사업주에게 고용된 사람과 취업 또는 창업할 의사를 가진 사람

해설Ⅰ 이 법에서 "근로자"란 사업주에게 고용된 사람과 취업할 의사를 가진 사람을 말한다(법 제2조).
①은 노동조합 및 노동관계조정법상의 근로자 개념이다.
②는 근로기준법상의 근로자 개념이다.

03 고용정책 기본법상 운영의 기본원칙이 아닌 것은?

① 근로자의 직업선택의 자유 확보
② 국가의 주도적인 고용안정역할 보장
③ 근로자의 근로의 권리 확보
④ 사업주의 자율적인 고용관리 존중

해설Ⅰ고용정책의 기본원칙(법 제3조)
1. 근로자의 직업선택의 자유와 근로의 권리가 확보되도록 할 것
2. 사업주의 자율적인 고용관리를 존중할 것
3. 구직자의 자발적인 취업노력을 촉진할 것
4. 고용정책은 효율적이고 성과지향적으로 수립·시행할 것
5. 고용정책은 노동시장의 여건과 경제정책 및 사회정책을 고려하여 균형 있게 수립·시행할 것
6. 고용정책은 국가·지방자치단체 간, 공공부문·민간부문 간 및 근로자·사업주·정부 간의 협력을 바탕으로 수립·시행할 것

04 고용정책 기본법상 고용정책을 수립·시행할 때 실현되도록 하여야 할 기본원칙이 아닌 것은?

① 근로자의 직업선택의 자유가 확보되도록 할 것
② 근로자의 근로의 권리가 확보되도록 할 것
③ 사업주의 자율적인 고용관리를 존중할 것
④ 구인자의 자발적인 구인노력을 촉진할 것

05 고용정책 기본법의 고용정책을 수립·시행하는 경우에 실현되도록 하여야 할 기본원칙으로 틀린 것은?

① 사업주의 자율적인 고용관리를 존중
② 실업의 예방
③ 근로자의 직업선택의 자유 확보
④ 고용정책을 효율적이고 성과지향적으로 수립·시행

06 고용정책 기본법상 이 법에서 실현하고자 하는 목적을 달성하기 위하여 일정한 임무를 부여하고 있는 주체가 아닌 것은?

① 사업주　　　　② 직업안정기관
③ 국가　　　　　④ 노동위원회

해설 l ① 사업주 : 법 제5조 제2항
② 직업안정기관 : 법 제23조
③ 국가 : 법 제6조
④ 노동위원회 : 노동위원회법에 규정되어 있다.

해설 l 사업주는 근로자를 모집 · 채용할 때에 합리적인 이유 없이 성별, 신앙, 연령, 신체조건, 사회적 신분, 출신지역, 학력, 출신학교, 혼인 · 임신 또는 병력 등을 이유로 차별을 하여서는 아니 되며, 균등한 취업기회를 보장하여야 한다(법 제7조).

07 고용정책 기본법에서 규정하고 있는 국가가 수립 · 시행하여야 하는 시책에 해당하지 않는 것은? 2013

① 국민 각자의 능력과 적성에 맞는 직업의 선택과 인력수급의 불일치 해소를 위한 고용, 직업 및 노동시장 정보의 수집·제공에 관한 사항
② 근로자의 전 생애에 걸친 직업능력개발과 산업에 필요한 기술·기능 인력을 양성하기 위한 직업능력개발훈련 및 기술자격 검정에 관한 사항
③ 사업주의 일자리 창출, 인력의 확보, 고용유지 등의 지원 및 인력부족의 예방에 관한 사항
④ 근로조건의 유지·개선과 근로자의 경제적·사회적 지위의 향상을 도모하기 위한 노동관계의 공정한 조정, 노동쟁의의 예방·해결 및 산업평화유지에 관한 사항

해설 l ④는 노동조합 및 노동관계조정법의 목적 사항이다.

08 고용정책 기본법상 근로자의 직업능력개발을 위하여 노력 또는 협조해야 할 주체로 볼 수 없는 것은? 2015

① 국가
② 노사협의회
③ 사업주
④ 노동조합

해설 l 고용정책 기본법상 근로자의 직업능력개발을 위하여 노력 또는 협조해야 할 주체로는 근로자, 사업주, 노동조합, 사업주단체, 국가 및 지방자치단체 등이다(법 제5조, 제6조).

09 고용정책 기본법상 사업주가 근로자를 모집 · 채용함에 있어서 차별이 금지되는 사유가 아닌 것은? 2008

① 국적
② 출신지역
③ 출신학교
④ 사회적 신분

10 고용정책 기본법상 취업기회의 균등한 보장을 위한 차별금지 사유가 아닌 것은?

① 국적
② 신체조건
③ 출신학교
④ 병력(病歷)

11 고용정책 기본법상 취업기회의 균등한 보장을 위한 차별금지 사유가 아닌 것은?

① 업무능력
② 출신지역
③ 임신
④ 성별

12 고용정책 기본법상 고용정책 기본계획에 직접적으로 포함되는 내용이 아닌 것은?

① 고용에 관한 중장기 정책목표 및 방향
② 인력의 수요와 공급에 영향을 미치는 경제정책 동향에 관한 사항
③ 지정직업훈련시설의 설치에 관한 사항
④ 고용 동향과 인력의 수급 전망에 관한 사항

해설 l 고용정책 기본계획에 포함되어야 할 사항(법 제8조 제3항)
1. 고용에 관한 중장기 정책목표 및 방향
2. 인력의 수요와 공급에 영향을 미치는 경제, 산업, 교육, 복지 또는 인구정책 등의 동향에 관한 사항
3. 고용 동향과 인력의 수급 전망에 관한 사항
4. 제6조 제1항 각 호의 사항에 관한 시책의 기본방향에 관한 사항
5. 그 밖의 고용 관련 주요 시책에 관한 사항

정답 ┃ 01 ③ 02 ③ 03 ② 04 ④ 05 ② 06 ④ 07 ④ 08 ② 09 ① 10 ① 11 ① 12 ③

13 고용정책 기본법상 고용정책 기본계획에 포함되는 내용이 아닌 것은?

① 고용 동향 ② 인력의 수급 전망
③ 교육정책 동향 ④ 근로조건 개선

14 고용정책 기본법상 고용정책 기본계획에 포함되지 않는 것은? 2015

① 고용 동향과 인력의 수급 전망에 관한 사항
② 사회적기업 인증의 심사기준에 관한 사항
③ 고용에 관한 중장기 정책목표 및 방향
④ 인력의 수요와 공급에 영향을 미치는 경제, 산업, 교육, 복지 또는 인구정책 등의 동향에 관한 사항

15 다음 중 고용정책심의회의 심의, 조정 사항이 아닌 것은? 2003

① 고용 동향과 인력의 수급 전망에 관한 기본계획
② 고용보험료율의 변경에 관한 사항
③ 근로자의 직업능력개발·향상을 위한 주요 시책
④ 근로자의 산업안전과 재해예방을 위한 주요 시책

16 고용정책 기본법상 고용정책심의회를 효율적으로 운영하고 심의사항을 전문적으로 심의하도록 하기 위한 분야별 전문위원회가 아닌 것은? 2013

① 사회적기업육성전문위원회
② 외국인고용촉진전문위원회
③ 장애인고용촉진전문위원회
④ 근로복지전문위원회

17 고용정책 기본법상 고용정책심의회에 두는 전문위원회가 아닌 것은?

① 사회적기업육성전문위원회
② 장애인고용촉진전문위원회
③ 근로복지전문위원회
④ 청년고용촉진전문위원회

18 고용정책 기본법상 고용정책심의회에 관한 설명으로 틀린 것은?

① 고용정책심의회는 위원장 1인을 포함한 30인 이내의 위원으로 구성한다.
② 고용정책심의회 위원장은 고용노동부차관이 된다.
③ 고용정책심의회 회의는 재적위원 과반수의 출석으로 개의하고 출석위원 과반수의 찬성으로 의결한다.
④ 고용정책심의회 위원의 임기는 원칙적으로 2년으로 한다.

19 고용정책 기본법상 고용정책심의회에 관한 설명으로 틀린 것은?

① 고용에 관한 국가정책을 직접 결정하는 독립된 행정 위원회이다.
② 근로자와 사업주를 대표하는 자도 심의위원으로 참여할 수 있다.
③ 특별시·광역시·도 및 특별자치도에 지역고용심의회를 둔다.
④ 고용정책심의회를 효율적으로 운영하기 위하여 분야별 전문위원회를 둘 수 있다.

> **해설 |** 고용에 관한 주요 사항을 심의하기 위하여 고용노동부에 고용정책심의회를 두고, 특별시 · 광역시 · 특별자치시 · 도 및 특별자치도에 지역고용심의회를 둔다(법 제10조 제1항).

20 고용정책심의회의 심의 · 조정사항에 해당하지 않는 것은?

① 고용보험료율의 변경에 관한 사항
② 고용정책 추진실적의 평가에 관한 사항
③ 시·도의 고용촉진·직업능력개발 및 실업대책에 관한 중요사항
④ 인력의 공급구조와 산업구조의 변화 등에 따른 고용 및 실업대책에 관한 사항

> **해설 |** 특별시 · 광역시 · 도 또는 특별자치도의 고용촉진, 직업능력개발 및 실업대책에 관한 중요사항은 지역고용심의회의 심의사항이다(시행령 제14조 제2호).

21 고용정책 기본법상 한국잡월드에 관한 설명으로 틀린 것은?

① 한국잡월드는 법인으로 한다.
② 한국잡월드는 사업수행에 필요한 경비를 조달하기 위하여 입장료·체험관람료 징수 및 광고 등의 수익사업을 할 수 없다.

③ 개인 또는 법인·단체는 한국잡월드의 사업을 지원하기 위하여 한국잡월드에 금전이나 현물, 그 밖의 재산을 출연 또는 기부할 수 있다.
④ 정부는 한국잡월드의 설립 및 운영을 위하여 필요한 경우에는 국유재산법, 물품관리법에도 불구하고 국유재산 및 국유물품을 한국잡월드에 무상으로 대부 또는 사용하게 할 수 있다.

> **해설 |** 한국잡월드는 사업수행에 필요한 경비를 조달하기 위하여 입장료 · 체험관람료 징수 및 광고 등 대통령령으로 정하는 바에 따라 수익사업을 할 수 있다(제18조의 2 제4항)

22 고용정책 기본법상 직업능력개발에 관한 설명 중 틀린 것은?

① 사업주는 그가 고용하는 근로자에 대하여 필요한 직업능력개발훈련을 실시하고 근로자는 스스로 직업능력을 개발하도록 노력하여야 한다.
② 국가는 근로자와 사업주에게 직업능력개발에 관한 정보를 제공하고 지도·상담하며 당해 비용을 징수할 수 있다.
③ 국가는 국민 모두가 전 생애에 걸쳐 직업능력을 개발하고, 경력을 관리할 수 있도록 필요한 지원을 할 수 있다.
④ 직업능력개발훈련 교사의 양성·확보 및 자질 향상 등의 시책을 수립·시행하여야 한다.

> **해설 |** 국가는 근로자와 사업주에게 직업능력개발에 관한 정보를 제공하고 지도 · 상담하며 필요한 비용을 지원할 수 있다(법 제20조 제2항).

23 고용정책 기본법상 근로자의 고용촉진 및 사업주의 인력확보 지원시책이 아닌 것은?

① 구직자와 구인자에 대한 지원
② 학생 등에 대한 직업지도

③ 취업취약계층의 고용촉진 지원
④ 업종별·지역별 고용조정의 지원

24 고용정책 기본법상 취업취약계층 고용촉진을 위한 취업지원 프로그램에 포함되는 내용으로 틀린 것은?

① 실업자의 재취업 촉진
② 취업취약계층의 능력·적성 등에 대한 진단
③ 취업의욕의 고취 및 직업능력의 증진
④ 집중적인 직업소개 등 지원

25 고용정책 기본법규상 사업주의 대량 고용변동 신고 시 이직하는 근로자 수에 포함되는 자는? *2010*

① 수습 사용된 날로부터 3개월 이내의 사람
② 자기의 사정 또는 귀책사유로 이직하는 사람
③ 상시 근무를 요하지 아니하는 사람으로 고용된 사람
④ 일용근로자 또는 6개월 미만의 기간을 정하여 고용된 사람으로서 6개월을 초과하여 계속 고용되고 있는 사람

26 고용정책 기본법상 대량 고용변동의 신고기준으로 옳은 것은? *2008*

① 상시 근로자 300명 미만을 사용하는 사업 또는 사업장에서 1개월 이내에 이직하는 근로자의 수가 30명 이상인 경우
② 상시 근로자 100명 미만을 사용하는 사업 또는 사업장에서 1개월 이내에 이직하는 근로자의 수가 10명 이상인 경우
③ 상시 근로자 300명 이상을 사용하는 사업 또는 사업장에서 3개월 이내에 이직하는 근로자의 수가 상시 근로자 총수의 100분의 10 이상인 경우
④ 상시 근로자 100명 이상을 사용하는 사업 또는 사업장에서 1개월 이내에 이직하는 근로자의 수가 상시 근로자 총수의 100분의 10 이상인 경우

27 고용정책 기본법에서 대량 고용변동의 신고기준의 내용인 "1월 이내의 기간에 이직하는 근로자의 수"에 해당되는 자는?　　　　2003

① 일용근로자
② 수습 사용된 날로부터 6월 이내의 자
③ 자기의 사정 또는 귀책사유로 이직하는 자
④ 상시 근무를 요하지 아니하는 자로 고용된 자

> **해설 |** 수습 사용된 날로부터 3월 이내의 자이다(시행규칙 제2조).

28 고용정책 기본법상 상시 근로자 300명 이상을 사용하는 사업 또는 사업장의 대량 고용변동의 신고기준으로 옳은 것은? (단, 1개월 이내에 이직하는 근로자의 수)

① 상시 근로자 총수의 100분의 10 이상
② 상시 근로자 총수의 100분의 20 이상
③ 상시 근로자 총수의 100분의 30 이상
④ 상시 근로자 총수의 100분의 40 이상

> **해설 | 대량 고용변동의 신고기준(시행령 제31조)**
> 1. 상시 근로자 300명 미만을 사용하는 사업 또는 사업장 : 30명 이상
> 2. 상시 근로자 300명 이상을 사용하는 사업 또는 사업장 : 상시 근로자 총수의 100분의 10 이상

29 고용정책 기본법령상 대량 고용변동의 신고기준으로 옳은 것은?

① 상시 근로자 200명 미만을 사용하는 사업 또는 사업장에서 1개월 이내에 40명 이상 이직할 경우
② 상시 근로자 200명 미만을 사용하는 사업 또는 사업장에서 1개월 이내에 상시 근로자 총수의 100분의 20 이상 이직할 경우
③ 상시 근로자 300명 미만을 사용하는 사업 또는 사업장에서 1개월 이내에 30명 이상 이직할 경우

④ 상시 근로자 300명 미만을 사용하는 사업 또는 사업장에서 1개월 이내에 상시 근로자 총수의 100분의 10 이상 이직할 경우

30 고용정책 기본법상 사업주의 대량 고용변동 신고 시 이직하는 근로자 수에 포함되는 자는?　　　　2015

① 수습 사용된 날로부터 3개월 이내의 사람
② 자기의 사정 또는 귀책사유로 이직하는 사람
③ 상시 근무를 요하지 아니하는 사람으로 고용된 사람
④ 일용근로자 또는 6개월 미만의 기간을 정하여 고용된 사람으로서 6개월을 초과하여 계속 고용되고 있는 사람

> **해설 |** 일용근로자 또는 기간을 정하여 고용된 사람은 대량 고용변동 신고 시 이직하는 근로자 수에 포함되지 아니한다. 다만, 일용근로자 또는 6개월 미만의 기간을 정하여 고용된 사람으로서 6개월을 초과하여 계속 고용되고 있는 사람 또는 6개월을 초과하는 기간을 정하여 고용된 사람으로서 해당 기간을 초과하여 계속 고용되고 있는 사람은 이직하는 근로자 수에 포함된다(시행규칙 제2조 제1항).

31 고용정책 기본법상 대량 고용변동 신고와 관련한 내용으로 틀린 것은?　　　　2015

① 사업주는 생산설비의 자동화, 신설 또는 증설이나 사업규모의 축소, 조정 등으로 인한 고용량의 변동이 대통령령이 정하는 기준에 해당하는 경우에는 그 고용량의 변동에 관한 사항을 직업안정기관의 장에게 신고하여야 한다.
② 근로기준법에 의한 정리해고 신고를 한 경우도 고용정책 기본법상 대량 고용변동 신고를 한 것으로 한다.

③ 대량 고용변동 신고 대상이 되는 범위는 상시 근로자 수 300명 미만을 사용하는 사업 또는 사업장에서는 30명 이상, 상시 근로자 수 300명 이상을 사용하는 사업 또는 사업장에서는 상시 근로자 총수의 100분의 20 이상으로 하고 있다.

④ 직업안정기관의 장은 대량 고용변동의 신고를 받으면 구인·구직 정보를 확보하여 직업소개를 확대하고, 직업훈련기관으로 하여금 직업훈련을 실시하게 하는 등 실업자의 재취업 촉진 또는 해당 사업의 인력확보에 필요한 조치를 하여야 한다.

> **해설 |** 대량 고용변동 신고 대상이 되는 범위는 상시 근로자 수 300명 미만을 사용하는 사업 또는 사업장에서는 30명 이상, 상시 근로자 수 300명 이상을 사용하는 사업 또는 사업장에서는 상시 근로자 총수의 100분의 10 이상으로 하고 있다(시행령 제31조).

32 고용정책 기본법상 대량 고용변동의 신고 시 이직근로자 수에 포함되는 자는?

① 수습 사용된 날부터 3개월 이내의 자

② 자기의 사정 또는 귀책사유로 이직하는 자

③ 천재지변으로 인하여 사업의 계속이 불가능하게 되어 이직하는 자

④ 6개월 미만의 기간을 정하여 고용된 자로서 6개월을 초과하여 계속 고용되고 있는 자

> **해설 |** 이직하는 근로자가 다음의 어느 하나에 해당하는 경우에는 이직근로자 수에 포함되지 아니한다(시행규칙 제2조).
> 1. 일용근로자 또는 기간을 정하여 고용된 사람(일용근로자 또는 6개월 미만의 기간을 정하여 고용된 사람으로서 6개월을 초과하여 계속 고용되고 있는 사람 또는 6개월을 초과하는 기간을 정하여 고용된 사람으로서 해당 기간을 초과하여 계속 고용되고 있는 사람은 제외한다)
> 2. 수습 사용된 날부터 3개월 이내의 사람
> 3. 자기의 사정 또는 귀책사유로 이직하는 사람

4. 상시 근무를 요하지 아니하는 사람으로 고용된 사람

5. 천재지변이나 그 밖의 부득이한 사유로 인하여 사업의 계속이 불가능하게 되어 이직하는 사람

33 고용정책 기본법상 실업대책사업에 관한 설명으로 틀린 것은?
2009

① 노동부장관은 다수의 실업자가 발생한 경우뿐만 아니라 발생할 우려가 있는 경우에도 실업대책사업을 실시할 수 있다.

② 노동부장관은 실업대책사업의 일부를 산업재해보상보험법에 따른 근로복지공단에 위탁하여 실시하게 할 수 있다.

③ 1년 미만의 기간을 정하여 무급으로 휴직하는 자는 근로관계가 종료되지 않은 상태이므로 실업대책사업의 대상이 되는 실업자의 범위에는 포함되지 않는다.

④ 실업자에 대한 직접적인 지원의 내용에는 가족의 의료비에 대한 지원도 포함된다.

> **해설 |** 실업자로 보는 무급휴직자는 6개월 이상 기간을 정하여 무급으로 휴직하는 사람을 말한다(시행령 제36조).

34 고용정책 기본법상 근로복지공단이 고용노동부장관으로부터 실업대책사업을 위탁받아 실시하는 경우 허용되는 자금조성 방법이 아닌 것은?
2011

① 정부의 보조

② 정부의 출연(出捐)

③ 정부 외의 자의 출연 또는 보조

④ 기획재정부장관의 승인을 받은 자금의 차입

> **해설 |** 근로복지공단은 실업대책사업을 위탁받아 하는 경우에는 ① 정부나 정부 외의 자의 출연 또는 보조, ② 고용노동부장관의 승인을 받은 자금의 차입, ③ 그 밖의 수입금에 의한 방법으로 해당 사업에 드는 자금을 조성한다(법 제34조).

35 고용정책 기본법상 고용노동부장관이 실시할 수 있는 실업대책사업에 해당되지 않는 것은? (2014, 2011)

① 고령자에 대한 공공근로사업

② 고용촉진과 관련된 사업을 하는 자에 대한 대부(貸付)

③ 실업자의 취업촉진을 위한 훈련의 실시와 훈련에 대한 지원

④ 실업자에 대한 생계비, 학자금(자녀의 학자금 포함), 주택전세자금 및 창업점포임대 등의 지원

> **해설 |** 실업자에 대한 공공근로사업이다(법 제34조 제1항 제5호).

36 고용정책 기본법령상 실업대책사업에 관한 설명으로 틀린 것은?

① 고용노동부장관은 관계 중앙행정기관의 장과 협의하여 실업대책사업을 실시할 수 있다.

② 실업자에 대한 생계비, 생업자금, 사회보험료, 의료비 등의 지원을 실시할 수 있다.

③ 실업예방 등 고용안정을 위한 사업을 하는 자에 대한 지원을 실시할 수 있다.

④ 실업자로 보는 무급휴직자는 3개월 이상의 기간을 정하여 무급으로 휴직하는 자를 말한다.

> **해설 |** 실업대책사업(법 제34조 제1항)
> ① 고용노동부장관은 산업별 · 지역별 실업 상황을 조사하여 다수의 실업자가 발생하거나 발생할 우려가 있는 경우나 실업자의 취업촉진 등 고용안정이 필요하다고 인정되는 경우에는 관계 중앙행정기관의 장과 협의하여 다음의 사항이 포함된 실업대책사업을 실시할 수 있다.
> 　1. 실업자의 취업촉진을 위한 훈련의 실시와 훈련에 대한 지원
> 　2. 실업자에 대한 생계비, 생업자금, 「국민건강보험법」에 따른 보험료 등 사회보험료, 의료비, 학자금, 주택전세자금 및 창업점포임대 등의 지원

> 　3. 실업의 예방, 실업자의 재취업 촉진, 그 밖에 고용안정을 위한 사업을 하는 자에 대한 지원
> 　4. 고용촉진과 관련된 사업을 하는 자에 대한 대부
> 　5. 실업자에 대한 공공근로사업
> 　6. 그 밖에 실업의 해소에 필요한 사업
> ② 고용노동부장관은 실업대책사업의 일부를 근로복지공단에 위탁할 수 있다.
> ③ 실업자로 보는 무급휴직자는 6개월 이상 기간을 정하여 무급으로 휴직하는 사람을 말한다.

37 고용정책 기본법상 고용노동부장관이 실시할 수 있는 실업대책사업에 해당되지 않는 것은?

① 실업자의 취업촉진을 위한 훈련의 실시와 훈련에 대한 지원

② 실업의 예방, 실업자의 재취업 촉진, 그 밖에 고용안정을 위한 사업을 하는 자에 대한 지원

③ 고용촉진과 관련된 사업을 하는 자에 대한 대부

④ 실업자에 대한 생계비, 의료비(가족의 의료비 포함), 주택매입자금 등의 지원

> **해설 |** 주택매입자금이 아니라 주택전세자금이다(법 제34조 제1항 제2호).

38 고용정책 기본법상 실업대책사업에 해당하지 않는 것은?

① 실업자 가족의 의료비 지원

② 고용촉진과 관련된 사업을 하는 자에 대한 대부(貸付)

③ 실업자의 주택구입자금 지원

④ 실업자에 대한 공공근로사업

---

39 고용정책 기본법상 다수의 실업자가 발생하거나 발생할 우려가 있는 경우, 또는 실업자의 고용안정이 필요하다고 인정되는 경우 고용노동부장관이 실시할 수 있는 실업대책사업이 아닌 것은?

① 고용정책심의회의 구성
② 실업자의 취업촉진을 위한 훈련의 실시와 훈련에 대한 지원
③ 고용촉진과 관련된 사업을 하는 자에 대한 대부
④ 실업자에 대한 공공근로사업

해설 | 고용에 관한 주요 사항을 심의하기 위하여 고용노동부에 고용정책심의회를 둔다(법 제10조 제1항).

40 고용정책 기본법상 고용노동부장관이 실시할 수 있는 실업대책사업에 해당되지 않는 것은?

① 고용촉진과 관련된 사업을 하는 자에 대한 대부
② 실업자의 취업촉진을 위한 훈련의 실시와 훈련에 대한 지원
③ 실업의 예방, 실업자의 재취업 촉진, 그 밖에 고용안정을 위한 사업을 하는 자에 대한 지원
④ 실업자에 대한 생계비, 국민건강보험법에 의한 보험료 등 의료비(가족의 의료비 제외), 주택매입자금 등의 지원

41 고용정책 기본법상 고용노동부장관이 실시할 수 있는 실업대책사업에 해당되지 않는 것은?

① 고용촉진과 관련된 사업을 하는 자에 대한 대부(貸付)
② 실업의 예방, 실업자의 재취업 촉진, 그 밖에 고용안정을 위한 사업을 하는 자에 대한 지원
③ 고령자에 대한 공공근로사업
④ 실업자에 대한 생계비, 의료비(가족의 의료비 포함), 주택전세자금 및 창업점포임대 등의 지원

42 고용정책 기본법상 근로복지공단이 고용노동부장관으로부터 실업대책사업을 위탁받아 실시하는 경우 허용되는 자금조성 방법이 아닌 것은?

① 정부의 출연(出捐)
② 정부의 보조
③ 정부 외의 자의 출연 또는 보조
④ 기획재정부장관의 승인을 받은 자금의 차입

해설 | 실업대책사업의 자금조성 방법(법 제35조)
1. 정부나 정부 외의 자의 출연 또는 보조
2. 고용노동부장관의 승인을 받은 자금의 차입
3. 그 밖의 수입금

직업안정법

Section 01   총칙

(1) 목적(제1조)

이 법은 모든 근로자가 각자의 능력을 계발·발휘할 수 있는 직업에 취업할 기회를 제공하고, 정부와 민간부문이 협력하여 각 산업에서 필요한 노동력이 원활하게 수급되도록 지원함으로써 근로자의 직업안정을 도모하고 국민경제의 균형 있는 발전에 이바지함을 목적으로 한다.

(2) 균등처우(제2조)

누구든지 성별, 연령, 종교, 신체적 조건, 사회적 신분 또는 혼인 여부 등을 이유로 직업소개 또는 직업지도를 받거나 고용관계를 결정할 때 차별대우를 받지 아니한다.

(3) 용어의 정의(제2조의 2)

용어	개념
직업안정기관	직업소개, 직업지도 등 직업안정업무를 수행하는 지방고용노동행정기관을 말한다.
직업소개	구인 또는 구직의 신청을 받아 구직자 또는 구인자(求人者)를 탐색하거나 구직자를 모집하여 구인자와 구직자 간에 고용계약이 성립되도록 알선하는 것을 말한다.
직업지도	취업하려는 사람이 그 능력과 소질에 알맞은 직업을 쉽게 선택할 수 있도록 하기 위한 직업적성검사, 직업정보의 제공, 직업상담, 실습, 권유 또는 조언, 그 밖에 직업에 관한 지도를 말한다.
무료직업소개사업	수수료, 회비 또는 그 밖의 어떠한 금품도 받지 아니하고 하는 직업소개사업을 말한다.
유료직업소개사업	무료직업소개사업이 아닌 직업소개사업을 말한다.
모집	근로자를 고용하려는 자가 취업하려는 사람에게 피고용인이 되도록 권유하거나 다른 사람으로 하여금 권유하게 하는 것을 말한다.
근로자공급사업	공급계약에 따라 근로자를 타인에게 사용하게 하는 사업을 말한다. 다만, 「파견근로자 보호 등에 관한 법률」 제2조 제2호에 따른 근로자파견사업은 제외한다.
직업정보제공사업	신문, 잡지, 그 밖의 간행물 또는 유선·무선방송이나 컴퓨터통신 등으로 구인·구직 정보 등 직업정보를 제공하는 사업을 말한다.
고용서비스	구인자 또는 구직자에 대한 고용정보의 제공, 직업소개, 직업지도 또는 직업능력개발 등 고용을 지원하는 서비스를 말한다.

(4) **정부의 업무(제3조)**

① 정부는 이 법의 목적을 달성하기 위하여 다음의 업무를 수행한다.

㉠ 노동력의 수요와 공급을 적절히 조절하는 업무

㉡ 구인자, 구직자에게 국내외의 직업을 소개하는 업무

㉢ 구직자에 대한 직업지도 업무

㉣ 고용정보를 수집·정리 또는 제공하는 업무

㉤ 구직자에 대한 직업훈련 또는 재취업을 지원하는 업무

㉥ 직업소개사업, 직업정보제공사업, 근로자 모집 또는 근로자공급사업의 지도·감독에 관한 업무

㉦ 노동시장에서 취업이 특히 곤란한 사람에 대한 고용을 촉진하는 업무

㉧ 직업안정기관, 지방자치단체 및 민간 고용서비스 제공기관과의 업무 연계·협력과 고용서비스 시장의 육성에 관한 업무

② 정부는 위 ① ㉡부터 ㉤까지 및 ㉦의 업무에 관한 사업을 다음의 자와 공동으로 하거나 다음의 자에게 위탁할 수 있다.

㉠ 제18조에 따라 무료직업소개사업을 하는 자

㉡ 제19조에 따라 유료직업소개사업을 하는 자

㉢ 제23조에 따라 직업정보제공사업을 하는 자

㉣ 그 밖에 위 ① ㉡부터 ㉤까지 및 ㉦의 업무와 관련된 전문기관으로서 대통령령으로 정하는 기관

③ 위 ②에 따른 사업에 드는 비용은 대통령령으로 정하는 지원대상 및 지원방법에 따라 일반회계 또는 「고용보험법」에 따른 고용보험기금에서 지원할 수 있다.

(5) **지방자치단체의 국내 직업소개 업무 등(제4조의 2)**

① 지방자치단체의 장은 필요한 경우 구인자·구직자에 대한 국내 직업소개, 직업지도, 직업정보제공 업무를 할 수 있다.

② 지방자치단체의 장은 위 ①에 따른 업무를 수행하는 데에 필요한 전문인력을 둘 수 있다.

③ 고용노동부장관은 제3조에 따른 업무를 원활하게 수행하기 위하여 필요하다고 인정하면 지방자치단체의 장과 공동으로 구인자·구직자에 대한 국내 직업소개, 직업지도, 직업정보제공 업무를 할 수 있다.

④ 지방자치단체의 장이 위 ①에 따라 구인자·구직자에 대한 국내 직업소개 업무 등을 수행하는 경우에 관하여는 제2장(제5조 및 제7조는 제외한다)을 준용한다.

(6) **민간직업상담원(제4조의 4)**

① 고용노동부장관은 직업안정기관에 직업소개, 직업지도 및 고용정보 제공 등의 업무를 담당하는 공무원이 아닌 직업상담원(이하 "민간직업상담원"이라 한다)을 배치할 수 있다.

② 민간직업상담원의 배치기준과 그 밖에 필요한 사항은 고용노동부령으로 정한다.

(7) 고용서비스 우수기관 인증(제4조의 5)

① 고용노동부장관은 제3조 제2항 각 호의 어느 하나에 해당하는 자로서 구인자·구직자가 편리하게 이용할 수 있는 시설과 장비를 갖추고 직업소개 또는 취업정보 제공 등의 방법으로 구인자·구직자에 대한 고용서비스 향상에 기여하는 기관을 고용서비스 우수기관으로 인증할 수 있다.

② 고용노동부장관은 위 ①에 따른 고용서비스 우수기관 인증업무를 대통령령으로 정하는 전문기관에 위탁할 수 있다.

③ 고용노동부장관은 위 ①에 따라 고용서비스 우수기관으로 인증을 받은 기관에 대하여는 제3조 제2항에 따른 공동사업을 하거나 위탁할 수 있는 사업에 우선적으로 참여하게 하는 등 필요한 지원을 할 수 있다.

④ 고용노동부장관은 위 ①에 따라 고용서비스 우수기관으로 인증을 받은 자가 다음의 어느 하나에 해당하면 인증을 취소할 수 있다.

㉠ 거짓이나 그 밖의 부정한 방법으로 인증을 받은 경우

㉡ 정당한 사유 없이 1년 이상 계속 사업 실적이 없는 경우

㉢ 제7항에 따른 인증기준을 충족하지 못하게 된 경우

㉣ 고용서비스 우수기관으로 인증을 받은 자가 폐업한 경우

⑤ 고용서비스 우수기관 인증의 유효기간은 인증일부터 3년으로 한다.

⑥ 고용서비스 우수기관으로 인증을 받은 자가 위 ⑤에 따른 인증의 유효기간이 지나기 전에 다시 인증을 받으려면 대통령령으로 정하는 바에 따라 고용노동부장관에게 재인증을 신청하여야 한다.

Section 02 직업안정기관의 장이 하는 직업소개 및 직업지도 등

(1) 통칙

① 업무 담당기관(제5조) : 정부가 이 법의 목적을 달성하기 위하여 수행하는 업무의 일부는 직업안정기관의 장이 수행한다.

② 담당직원의 전문성 확보 등(제6조)

㉠ 정부는 직업안정기관의 장이 직업소개, 직업지도 등의 업무를 전문적으로 수행할 수 있도록 전담 공무원을 양성하고 배치하는 등 담당직원의 전문성 확보에 노력하여야 한다.

㉡ 고용노동부장관은 소속 공무원 중에서 직업소개, 직업지도 등을 담당할 직업지도관을 지명할 수 있다.

㉢ 위 ㉡에 따른 직업지도관의 자격 등에 관한 사항은 고용노동부장관이 정한다.

③ 시장·군수 등의 협력(제7조) : 특별자치도지사·시장·군수 및 구청장(자치구의 구청장을 말한다. 이하 같다)은 다음의 업무에 관하여 직업안정기관의 장이 요청할 때에는 협조하여야 한다.

㉠ 구인자 또는 구직자의 신원증명이나 그 밖의 조회에 관한 회답

㉡ 구인·구직에 관한 중계(中繼) 또는 공보(公報)

(2) **직업소개**

① 구인의 신청(제8조) : 직업안정기관의 장은 구인신청의 수리를 거부하여서는 아니 된다. 다만, 다음의 어느 하나에 해당하는 경우에는 그러하지 아니하다.

　㉠ 구인신청의 내용이 법령을 위반한 경우

　㉡ 구인신청의 내용 중 임금, 근로시간, 그 밖의 근로조건이 통상적인 근로조건에 비하여 현저하게 부적당하다고 인정되는 경우

　㉢ 구인자가 구인조건을 밝히기를 거부하는 경우

② 구직의 신청(제9조)

　㉠ 직업안정기관의 장은 구직신청의 수리를 거부하여서는 아니 된다. 다만, 그 신청 내용이 법령을 위반한 경우에는 그러하지 아니하다.

　㉡ 직업안정기관의 장은 구직자의 요청이 있거나 필요하다고 인정하여 구직자의 동의를 받은 경우에는 직업상담 또는 직업적성검사를 할 수 있다.

> **Plus Check** 구인 · 구직 신청의 유효기간 등(시행규칙 제3조)
> - 수리된 구인신청의 유효기간은 15일 이상 2개월 이내에서 구인업체가 정한다.
> - 수리된 구직신청의 유효기간은 3개월로 한다. 다만, 구직급여 수급자, 직업훈련 또는 직업안정기관의 취업지원 프로그램에 참여하는 구직자의 구직신청의 유효기간은 해당 프로그램의 종료시점을 고려하여 직업안정기관의 장이 따로 정할 수 있고, 국외 취업희망자의 구직신청의 유효기간은 6개월로 한다.
> - 직업안정기관의 장은 접수된 구인신청서 및 구직신청서를 1년간 관리 · 보관하여야 한다.
> - 직업안정기관의 장은 관할구역의 읍 · 면 · 동사무소에 구인신청서와 구직신청서를 갖추어 두어 구인자 · 구직자의 편의를 도모하여야 한다.

③ 근로조건의 명시 등(제10조) : 구인자가 직업안정기관의 장에게 구인신청을 할 때에는 구직자가 취업할 업무의 내용과 근로조건을 구체적으로 밝혀야 하며, 직업안정기관의 장은 이를 구직자에게 알려주어야 한다.

④ 직업소개의 원칙(제11조)

　㉠ 직업안정기관의 장은 구직자에게는 그 능력에 알맞은 직업을 소개하고, 구인자에게는 구인조건에 적합한 구직자를 소개하도록 노력하여야 한다.

　㉡ 직업안정기관의 장은 가능하면 구직자가 통근할 수 있는 지역에서 직업을 소개하도록 노력하여야 한다.

⑤ 광역 직업소개(제12조) : 직업안정기관의 장은 통근할 수 있는 지역에서 구직자에게 그 희망과 능력에 알맞은 직업을 소개할 수 없을 경우 또는 구인자가 희망하는 구직자나 구인 인원을 채울 수 없을 경우에는 광범위한 지역에 걸쳐 직업소개를 할 수 있다.

⑥ 훈련기관 알선(제13조) : 직업안정기관의 장은 구직자의 취업을 위하여 직업능력개발훈련을 받는 것이 필요하다고 인정되면 구직자가 「근로자직업능력 개발법」에 따른 직업능력개발훈련시설 등에서 직업능력개발훈련을 받도록 알선할 수 있다.

(3) 직업지도

① 직업지도(제14조) : 직업안정기관의 장은 다음의 어느 하나에 해당하는 사람에게 직업지도를 하여야 한다.

ⓘ 새로 취업하려는 사람

ⓛ 신체 또는 정신에 장애가 있는 사람

ⓒ 그 밖에 취업을 위하여 특별한 지도가 필요한 사람

② 직업안정기관의 장과 학교의 장 등의 협력(제15조) : 직업안정기관의 장은 필요하다고 인정하는 경우에는「초·중등교육법」및「고등교육법」에 따른 각급 학교의 장이나「근로자직업능력 개발법」에 따른 공공직업훈련시설의 장이 실시하는 무료직업소개사업에 협력하여야 하며, 이들이 요청하는 경우에는 학생 또는 직업훈련생에게 직업지도를 할 수 있다.

(4) 고용정보의 제공

① 고용정보의 수집 · 제공 등(제16조)

ⓘ 직업안정기관의 장은 관할 지역의 각종 고용정보를 수시로 또는 정기적으로 수집하고 정리하여 구인자, 구직자, 그 밖에 고용정보를 필요로 하는 자에게 적극적으로 제공하여야 한다.

ⓛ 직업안정기관의 장은 고용정보를 수집하여 분석한 결과 관할 지역에서 노동력의 수요와 공급에 급격한 변동이 있거나 현저한 불균형이 발생하였다고 판단되는 경우에는 적절한 대책을 수립하여 추진하여야 한다.

② 구인 · 구직의 개척(제17조) : 직업안정기관의 장은 구직자의 취업 기회를 확대하고 산업에 부족한 인력의 수급을 지원하기 위하여 구인·구직의 개척에 노력하여야 한다.

Section 03 직업안정기관의 장 외의 자가 하는 직업소개사업, 직업정보제공사업, 근로자 모집 또는 근로자공급사업 등

(1) 직업소개사업 및 직업정보제공사업

① 무료직업소개사업(제18조)

ⓘ 무료직업소개사업은 소개대상이 되는 근로자가 취업하려는 장소를 기준으로 하여 국내 무료직업소개사업과 국외 무료직업소개사업으로 구분하되, 국내 무료직업소개사업을 하려는 자는 주된 사업소의 소재지를 관할하는 특별자치도지사·시장·군수 및 구청장에게 신고하여야 하고, 국외 무료직업소개사업을 하려는 자는 고용노동부장관에게 신고하여야 한다. 신고한 사항을 변경하려는 경우에도 또한 같다.

ⓛ 위 ⓘ에 따라 무료직업소개사업을 하려는 자는 대통령령으로 정하는 비영리법인 또는 공익단체이어야 한다.

ⓒ 위 ⓘ에 따른 신고 사항, 신고 절차, 그 밖에 신고에 필요한 사항은 대통령령으로 정한다.

ⓔ 위 ㉠에도 불구하고 다음의 어느 하나에 해당하는 직업소개의 경우에는 신고를 하지 아니하고 무료직업소개사업을 할 수 있다.

- 「한국산업인력공단법」에 따른 한국산업인력공단이 하는 직업소개
- 「장애인고용촉진 및 직업재활법」에 따른 한국장애인고용공단이 장애인을 대상으로 하는 직업소개
- 교육 관계법에 따른 각급 학교의 장, 「근로자직업능력 개발법」에 따른 공공직업훈련시설의 장이 재학생·졸업생 또는 훈련생·수료생을 대상으로 하는 직업소개
- 「산업재해보상보험법」에 따른 근로복지공단이 업무상 재해를 입은 근로자를 대상으로 하는 직업소개

② 유료직업소개사업(제19조)

㉠ 유료직업소개사업은 소개대상이 되는 근로자가 취업하려는 장소를 기준으로 하여 국내 유료직업소개사업과 국외 유료직업소개사업으로 구분하되, 국내 유료직업소개사업을 하려는 자는 주된 사업소의 소재지를 관할하는 특별자치도지사·시장·군수 및 구청장에게 등록하여야 하고, 국외 유료직업소개사업을 하려는 자는 고용노동부장관에게 등록하여야 한다. 등록한 사항을 변경하려는 경우에도 또한 같다.

㉡ 위 ㉠에 따라 등록을 하고 유료직업소개사업을 하려는 자는 둘 이상의 사업소를 둘 수 없다. 다만, 사업소별로 직업소개 또는 직업상담에 관한 경력, 자격 또는 소양이 있다고 인정되는 사람 등 대통령령으로 정하는 사람을 1명 이상 고용하는 경우에는 그러하지 아니하다.

㉢ 위 ㉠에 따른 등록을 하고 유료직업소개사업을 하는 자는 고용노동부장관이 결정·고시한 요금 외의 금품을 받아서는 아니 된다. 다만, 고용노동부령으로 정하는 고급·전문인력을 소개하는 경우에는 당사자 사이에 정한 요금을 구인자로부터 받을 수 있다.

㉣ 고용노동부장관이 제3항에 따른 요금을 결정하려는 경우에는 「고용정책 기본법」에 따른 고용정책심의회의 심의를 거쳐야 한다.

③ 명의대여 등의 금지(제21조) : 제19조 제1항에 따라 유료직업소개사업을 등록한 자는 타인에게 자기의 성명 또는 상호를 사용하여 직업소개사업을 하게 하거나 그 등록증을 대여하여서는 아니 된다.

④ 선급금의 수령 금지(제21조의 2) : 제19조 제1항에 따라 등록을 하고 유료직업소개사업을 하는 자 및 그 종사자는 구직자에게 제공하기 위하여 구인자로부터 선급금을 받아서는 아니 된다.

⑤ 연소자에 대한 직업소개의 제한(제21조의 3)

㉠ 제18조 및 제19조에 따라 무료직업소개사업 또는 유료직업소개사업을 하는 자와 그 종사자(이하 이 조에서 "직업소개사업자 등"이라 한다)는 구직자의 연령을 확인하여야 하며, 18세 미만의 구직자를 소개하는 경우에는 친권자나 후견인의 취업동의서를 받아야 한다.

㉡ 직업소개사업자 등은 18세 미만의 구직자를 「근로기준법」 제65조에 따라 18세 미만 자의 사용이 금지되는 직종의 업소에 소개하여서는 아니 된다.

ⓒ 직업소개사업자 등은 「청소년 보호법」 제2조 제1호에 따른 청소년인 구직자를 같은 조 제5호에 따른 청소년유해업소에 소개하여서는 아니 된다.

⑥ 유료직업소개사업의 종사자 등(제22조)

　ⓙ 제19조 제1항에 따른 등록을 하고 유료직업소개사업을 하는 자는 제38조 제1호, 제2호, 제4호 또는 제6호에 해당하는 사람을 고용하여서는 아니 된다.

　ⓛ 제19조 제1항에 따른 등록을 하고 유료직업소개사업을 하는 자는 사업소별로 고용노동부령으로 정하는 자격을 갖춘 직업상담원을 1명 이상 고용하여야 한다. 다만, 유료직업소개사업을 하는 사람과 동거하는 가족이 본문에 따른 직업상담원의 자격을 갖추고 특정 사업소에서 상시 근무하는 경우에 해당 사업소에 직업상담원을 고용한 것으로 보며, 유료직업소개사업을 하는 자가 직업상담원 자격을 갖추고 특정 사업소에서 상시 근무하는 경우에 해당 사업소에는 직업상담원을 고용하지 아니할 수 있다.

　ⓒ 유료직업소개사업의 종사자 중 위 ⓛ에 따른 직업상담원이 아닌 사람은 직업소개에 관한 사무를 담당하여서는 아니 된다.

⑦ 직업정보제공사업의 신고(제23조) : 직업정보제공사업을 하려는 자(제18조에 따라 무료직업소개사업을 하는 자와 제19조에 따라 유료직업소개사업을 하는 자는 제외한다)는 고용노동부장관에게 신고하여야 한다. 신고 사항을 변경하는 경우에도 또한 같다.

⑧ 직업정보제공사업자의 준수사항(제25조) : 제18조에 따라 무료직업소개사업을 하는 자 또는 제19조에 따라 유료직업소개사업을 하는 자로서 직업정보제공사업을 하는 자와 제23조에 따라 직업정보제공사업을 하는 자는 대통령령으로 정하는 사항을 준수하여야 한다.

> **Plus Check** 직업정보제공사업자의 준수사항(시행령 제28조)
>
> 법 제25조의 규정에 의하여 직업정보제공사업을 하는 자 및 그 종사자가 준수하여야 할 사항은 다음과 같다.
> - 구인자의 업체명(또는 성명)이 표시되어 있지 아니하거나 구인자의 연락처가 사서함 등으로 표시되어 구인자의 신원이 확실하지 아니한 구인광고를 게재하지 아니할 것
> - 직업정보제공매체의 구인·구직의 광고에는 구인·구직자의 주소 또는 전화번호를 기재하고, 직업정보제공사업자의 주소 또는 전화번호는 기재하지 아니할 것
> - 직업정보제공매체 또는 직업정보제공사업의 광고문에 "(무료)취업상담"·"취업추천"·"취업지원" 등의 표현을 사용하지 아니할 것
> - 구직자의 이력서 발송을 대행하거나 구직자에게 취업추천서를 발부하지 아니할 것
> - 직업정보제공매체에 정보이용자들이 알아보기 쉽게 법 제23조에 따른 신고로 부여받은 신고번호를 표시할 것
> - 「최저임금법」 제10조에 따라 결정 고시된 최저임금에 미달되는 구인정보, 「성매매알선 등 행위의 처벌에 관한 법률」 제4조에 따른 금지행위가 행하여지는 업소에 대한 구인광고를 게재하지 아니할 것

⑨ 겸업 금지(제26조) : 「식품위생법」 제36조 제1항 제3호에 따른 식품접객업 또는 「공중위생관리법」 제2조 제1항 제2호에 따른 숙박업을 경영하는 자는 무료직업소개사업 또는 유료직업소개사업을 할 수 없다.

(2) 근로자의 모집

① 근로자의 모집(제28조) : 근로자를 고용하려는 자는 광고, 문서 또는 정보통신망 등 다양한 매체를 활용하여 자유롭게 근로자를 모집할 수 있다.

② 국외 취업자의 모집(제30조) : 누구든지 국외에 취업할 근로자를 모집한 경우에는 고용노동부장관에게 신고하여야 한다.

③ 모집방법 등의 개선 권고(제31조)

　　㉠ 고용노동부장관은 건전한 모집질서를 확립하기 위하여 필요하다고 인정하는 경우에는 제28조 또는 제30조에 따른 근로자 모집방법 등의 개선을 권고할 수 있다.

　　㉡ 고용노동부장관이 모집방법 등의 개선을 권고하려는 경우에는 고용정책심의회의 심의를 거쳐야 한다.

④ 금품 등의 수령 금지(제32조) : 근로자를 모집하려는 자와 그 모집업무에 종사하는 자는 어떠한 명목으로든 응모자로부터 그 모집과 관련하여 금품을 받거나 그 밖의 이익을 취하여서는 아니 된다. 다만, 제19조에 따라 유료직업소개사업을 하는 자가 구인자의 의뢰를 받아 구인자가 제시한 조건에 맞는 자를 모집하여 직업소개한 경우에는 그러하지 아니하다.

(3) 근로자공급사업

① 근로자공급사업(제33조)

　　㉠ 누구든지 고용노동부장관의 허가를 받지 아니하고는 근로자공급사업을 하지 못한다.

　　㉡ 근로자공급사업 허가의 유효기간은 3년으로 하되, 유효기간이 끝난 후 계속하여 근로자공급사업을 하려는 자는 고용노동부령으로 정하는 바에 따라 연장허가를 받아야 한다. 이 경우 연장허가의 유효기간은 연장 전 허가의 유효기간이 끝나는 날부터 3년으로 한다.

　　㉢ 근로자공급사업은 공급대상이 되는 근로자가 취업하려는 장소를 기준으로 국내 근로자공급사업과 국외 근로자공급사업으로 구분하며, 각각의 사업의 허가를 받을 수 있는 자의 범위는 다음과 같다.

　　　• 국내 근로자공급사업의 경우는 「노동조합 및 노동관계조정법」에 따른 노동조합

　　　• 국외 근로자공급사업의 경우는 국내에서 제조업·건설업·용역업, 그 밖의 서비스업을 하고 있는 자. 다만, 연예인을 대상으로 하는 국외 근로자공급사업의 허가를 받을 수 있는 자는 「민법」 제32조에 따른 비영리법인으로 한다.

　　㉣ 고용노동부장관이 위 ㉢에 따라 근로자공급사업을 허가하는 경우 국내 근로자공급사업에 대하여는 노동조합의 업무범위와 해당 지역별·직종별 인력수급상황 및 고용관계 안정유지 등을, 국외 근로자공급사업에 대하여는 해당 직종별 인력수급상황, 고용관계 안정유지 및 근로자취업질서 등을 종합적으로 고려하여야 한다.

　　㉤ 제3항 제2호에 해당하는 자로서 국외 근로자공급사업을 하려는 자는 대통령령으로 정하는 자산과 시설을 갖추어야 한다.

Section 04   **보칙**

(1) 거짓 구인광고 등 금지(제34조)

제18조, 제19조, 제28조, 제30조 또는 제33조에 따른 직업소개사업, 근로자 모집 또는 근로자공급사업을 하는 자나 이에 종사하는 사람은 거짓 구인광고를 하거나 거짓 구인조건을 제시하여서는 아니 된다.

(2) 손해배상책임의 보장(제34조의 2)

① 제19조 제1항에 따라 등록을 하고 유료직업소개사업을 하는 자 또는 제33조 제1항에 따라 허가를 받고 국외 근로자공급사업을 하는 자(이하 "유료직업소개사업자 등"이라 한다)는 직업소개, 근로자공급을 할 때 고의 또는 과실로 근로자 또는 근로자를 소개·공급받은 자에게 손해를 발생하게 한 경우에는 그 손해를 배상할 책임이 있다.

② 위 ①에 따른 손해배상책임을 보장하기 위하여 유료직업소개사업자 등은 대통령령으로 정하는 바에 따라 보증보험 또는 아래 ⓒ에 따른 공제에 가입하거나 예치금을 금융기관에 예치하여야 한다.

③ 제45조의 2에 따른 사업자협회는 위 ①에 따른 손해배상책임을 보장하기 위하여 고용노동부장관이 정하는 바에 따라 공제사업을 할 수 있다.

④ 제45조의 2에 따른 사업자협회가 위 ⓒ의 공제사업을 하려면 공제규정을 제정하여 고용노동부장관의 승인을 받아야 한다. 공제규정을 변경할 때에도 또한 같다.

⑤ 위 ④의 공제규정에는 다음의 사항이 포함되어야 한다.
   ㉠ 공제사업의 범위
   ㉡ 공제계약의 내용
   ㉢ 공제금
   ㉣ 공제료
   ㉤ 공제금에 충당하기 위한 책임준비금
   ㉥ 그 밖에 공제사업의 운영에 필요한 사항

(3) 허가 · 등록 또는 신고 사업의 폐업신고(제35조)

제18조, 제19조, 제23조 또는 제33조에 따라 신고 또는 등록을 하거나 허가를 받고 사업을 하는 자가 그 사업을 폐업한 경우에는 폐업한 날부터 7일 이내에 고용노동부장관 또는 특별자치도지사·시장·군수·구청장에게 신고하여야 한다.

(4) 등록 · 허가 등의 취소 등(제36조)

① 고용노동부장관 또는 특별자치도지사·시장·군수·구청장은 제18조, 제19조, 제23조 또는 제33조에 따라 신고 또는 등록을 하거나 허가를 받고 사업을 하는 자가 공익을 해칠 우려가 있는 경우로서 다음의 어느 하나에 해당하는 경우에는 6개월 이내의 기간을 정하여 그 사업을 정지하게

하거나 등록 또는 허가를 취소할 수 있다. 다만, ⓛ에 해당할 때에는 등록 또는 허가를 취소하여
야 한다.

　㉠ 거짓이나 그 밖의 부정한 방법으로 신고·등록하였거나 허가를 받은 경우

　㉡ 제38조 각 호의 어느 하나에 해당하게 된 경우

　㉢ 이 법 또는 이 법에 따른 명령을 위반한 경우

② 고용노동부장관 또는 특별자치도지사·시장·군수·구청장은 제38조 제7호에 해당하는 사유로 등
록 또는 허가를 취소하여야 할 때에는 미리 해당 임원을 바꾸어 임명할 기간을 1개월 이상 주어
야 한다.

⑸ 사업자의 지위승계 등(제36조의 2)

① 제35조에 따른 폐업신고(신고하지 아니하고 폐업한 경우를 포함한다. 이하 같다)를 한 자가 다시 제18조,
제19조, 제23조 또는 제33조에 따라 신고·등록을 하거나 허가를 받은 경우(이하 이 조에서 "재신고
등"이라 한다) 재신고 등을 한 사업자는 폐업신고 전의 사업자의 지위를 승계한다.

② 위 ①의 경우 고용노동부장관 또는 특별자치도지사·시장·군수·구청장은 재신고 등을 한 사업자
에 대하여 폐업신고 전의 위반행위를 사유로 제36조 제1항의 행정처분을 할 수 있다. 다만, 다음
의 어느 하나에 해당하는 경우는 그러하지 아니하다.

　㉠ 위반행위가 사업의 정지처분 기준에 해당하는 경우로서 폐업신고를 한 날부터 재신고 등을
　　한 날까지의 기간이 1년을 초과한 경우

　㉡ 위반행위가 등록·허가의 취소처분 기준에 해당하는 경우로서 폐업신고를 한 날부터 재신고
　　등을 한 날까지의 기간이 5년을 초과한 경우

③ 고용노동부장관 또는 특별자치도지사·시장·군수·구청장은 위 ②에 따라 행정처분을 하는 경
우에 폐업기간, 폐업의 사유 및 행정처분의 사유가 된 위반행위의 존속 여부 등을 고려하여야
한다.

⑹ 청문(제36조의 3)

고용노동부장관 또는 특별자치도지사·시장·군수·구청장은 제36조에 따라 등록 또는 허가를 취소하
려면 청문을 하여야 한다.

⑺ 폐쇄조치(제37조)

① 고용노동부장관 또는 특별자치도지사·시장·군수·구청장은 제18조, 제19조, 제23조 또는 제33조
에 따른 신고 또는 등록을 하지 아니하거나 허가를 받지 아니하고 사업을 하거나 제36조 제1항
에 따른 정지 또는 취소의 명령을 받고도 사업을 계속하는 경우에는 관계 공무원으로 하여금 다
음의 조치를 하게 할 수 있다.

　㉠ 해당 사업소 또는 사무실의 간판이나 그 밖의 영업표지물의 제거 또는 삭제

　㉡ 해당 사업이 위법한 것임을 알리는 안내문 등의 게시

　㉢ 해당 사업의 운영을 위하여 반드시 필요한 기구 또는 시설물을 사용할 수 없게 하는 봉인

② 위 ①에 따라 조치를 하는 관계 공무원은 그 권한을 표시하는 증표를 지니고 이를 관계인에게 보여주어야 한다.

(8) 결격사유(제38조)

다음의 어느 하나에 해당하는 자는 직업소개사업의 신고·등록을 하거나 근로자공급사업의 허가를 받을 수 없다.

① 미성년자, 금치산자 및 한정치산자

② 파산선고를 받고 복권되지 아니한 자

③ 금고이상의 실형을 선고받고 그 집행이 끝나거나 집행을 하지 아니하기로 확정된 날부터 2년이 지나지 아니한 자

④ 이 법,「성매매알선 등 행위의 처벌에 관한 법률」,「풍속영업의 규제에 관한 법률」 또는 「청소년 보호법」을 위반하거나 직업소개사업과 관련된 행위로「선원법」을 위반한 자로서 다음의 어느 하나에 해당하는 자

  ㉠ 금고이상의 실형을 선고받고 그 집행이 끝나거나 집행을 하지 아니하기로 확정된 날부터 3년이 지나지 아니한 자

  ㉡ 금고이상의 형의 집행유예를 선고받고 그 유예기간이 끝난 날부터 3년이 지나지 아니한 자

  ㉢ 벌금형이 확정된 후 2년이 지나지 아니한 자

⑤ 금고이상의 형의 집행유예를 선고받고 그 유예기간 중에 있는 자

⑥ 제36조에 따라 해당 사업의 등록이나 허가가 취소된 후 5년이 지나지 아니한 자

⑦ 임원 중에 ①부터 ⑥까지의 어느 하나에 해당하는 자가 있는 법인

(9) 장부 등의 작성 · 비치(제39조)

제19조에 따라 등록을 하거나 제33조에 따라 허가를 받은 자는 고용노동부령으로 정하는 바에 따라 장부·대장이나 그 밖에 필요한 서류를 작성하여 갖추어 두어야 한다. 이 경우 장부·대장은 전자적 방법으로 작성·관리할 수 있다.

(10) 직업소개사업을 하는 자 등에 대한 교육훈련(제40조의 2)

고용노동부장관 또는 특별자치도지사·시장·군수·구청장은 직업소개사업을 하는 자 및 그 종사자가 직업소개, 직업상담 등을 할 때 필요한 전문지식 및 직업윤리의식을 향상시킬 수 있도록 교육훈련을 하여야 한다.

(11) 보고 및 조사(제41조)

① 고용노동부장관 또는 특별자치도지사·시장·군수·구청장은 필요하다고 인정하면 제18조, 제19조, 제23조 또는 제33조에 따라 신고 또는 등록을 하거나 허가를 받고 사업을 하는 자에게 이 법 시행에 필요한 자료를 제출하게 하거나 필요한 사항을 보고하게 할 수 있다.

② 고용노동부장관 또는 특별자치도지사·시장·군수·구청장은 법 위반 사실의 확인 등을 위하여 필요하면 소속 공무원으로 하여금 이 법을 적용받는 사업의 사업장이나 그 밖의 시설에 출입하여 서류·장부 또는 그 밖의 물건을 조사하고 관계인에게 질문하게 할 수 있다.

③ 고용노동부장관 또는 특별자치도지사·시장·군수·구청장은 위 ②에 따른 조사를 하려면 미리 조사 일시, 조사 이유 및 조사 내용 등의 조사계획을 조사 대상자에게 알려야 한다. 다만, 긴급히 조사하여야 하거나 사전에 알리면 증거인멸 등으로 조사목적을 달성할 수 없다고 인정하는 경우에는 그러하지 아니하다.

④ 위 ②에 따라 출입·조사를 하는 관계 공무원은 그 권한을 표시하는 증표를 지니고 이를 관계인에게 보여주어야 한다.

⑤ 고용노동부장관은 이 법의 목적달성을 위하여 필요하다고 인정하면 특별자치도지사·시장·군수 및 구청장 등 관계 행정기관의 장과 합동으로 제18조, 제19조, 제23조 또는 제33조에 따라 신고 또는 등록을 하거나 허가를 받고 사업을 하는 자를 지도·감독할 수 있다.

⑿ 자료 협조의 요청(제41조의 2)

고용노동부장관 또는 특별자치도지사·시장·군수·구청장은 필요하다고 인정하면 관계 행정기관의 장에게 이 법 시행에 필요한 자료 협조를 요청할 수 있다.

⒀ 비밀보장 의무(제42조)

직업소개사업, 직업정보제공사업, 근로자 모집 또는 근로자공급사업에 관여하였거나 관여하고 있는 자는 업무상 알게 된 근로자 또는 사용자에 관한 비밀을 누설하여서는 아니 된다.

⒁ 수수료(제43조)

제19조에 따라 유료직업소개사업의 등록을 하려는 자는 고용노동부령으로 정하는 바에 따라 수수료를 내야 한다. 등록한 사항을 변경하는 경우에도 또한 같다.

⒂ 권한의 위임(제44조)

이 법에 따른 고용노동부장관의 권한은 그 일부를 대통령령으로 정하는 바에 따라 직업안정기관의 장이나 특별자치도지사·시장·군수 또는 구청장에게 위임할 수 있다.

⒃ 국고보조(제45조)

고용노동부장관은 제18조에 따른 무료직업소개사업 경비의 전부 또는 일부를 보조할 수 있다.

⒄ 사업자협회의 설립 등(제45조의 2)

① 제18조, 제19조, 제23조 또는 제33조에 따라 신고 또는 등록을 하거나 허가를 받고 사업을 하는 자는 직업소개사업, 직업정보제공사업 또는 근로자공급사업의 건전한 발전 등을 위하여 대통령령으로 정하는 바에 따라 사업자협회를 설립할 수 있다.

② 위 ①에 따른 사업자협회는 법인으로 한다.

③ 위 ①에 따른 사업자협회에 관하여 이 법에 특별한 규정이 있는 것을 제외하고는 「민법」 중 사단
법인에 관한 규정을 준용한다.

⒅ 포상금(제45조의 3)

① 고용노동부장관 또는 특별자치도지사·시장·군수·구청장은 제34조를 위반한 자 또는 제46조 제
1항 제1호 및 제2호에 해당하는 자를 신고하거나 수사기관에 고발한 사람에게 예산의 범위에서
포상금을 지급할 수 있다.

② 위 ①에 따른 포상금의 지급에 필요한 사항은 고용노동부령으로 정한다.

Section 05 · 벌칙

(1) 형벌

형벌	구성 요건
7년 이하의 징역 또는 7천만 원 이하의 벌금 (제46조)	① 폭행 · 협박 또는 감금이나 그 밖에 정신 · 신체의 자유를 부당하게 구속하는 것을 수단으로 직업소개, 근로자 모집 또는 근로자공급을 한 자 ② 「성매매알선 등 행위의 처벌에 관한 법률」 제2조 제1항 제1호에 따른 성매매 행위나 그 밖의 음란한 행위가 이루어지는 업무에 취업하게 할 목적으로 직업소개, 근로자 모집 또는 근로자공급을 한 자
5년 이하의 징역 또는 5천만 원 이하의 벌금 (제47조)	① 제19조 제1항에 따른 등록을 하지 아니하거나 제33조 제1항에 따른 허가를 받지 아니하고 유료직업소개사업 또는 근로자공급사업을 한 자 ② 거짓이나 그 밖의 부정한 방법으로 제19조 제1항에 따른 등록을 하거나 제33조 제1항에 따른 허가를 받은 자 ③ 제21조를 위반하여 성명 등을 대여한 자와 그 상대방 ④ 제21조의 3 제2항 및 제3항을 위반한 자 ⑤ 제32조를 위반하여 금품이나 그 밖의 이익을 취한 자 ⑥ 제34조를 위반하여 거짓 구인광고를 하거나 거짓 구인조건을 제시한 자
1년 이하의 징역 또는 1천만 원 이하의 벌금 (제48조)	① 제18조 제1항 또는 제23조 제1항에 따른 신고를 하지 아니하고 무료직업소개사업 또는 직업정보제공사업을 한 자 ② 거짓이나 그 밖의 부정한 방법으로 제18조 제1항 또는 제23조 제1항에 따른 신고를 한 자 ③ 제36조에 따른 정지기간에 사업을 한 자 ④ 제42조를 위반하여 비밀을 누설한 자

(2) 양벌규정(제49조)

법인의 대표자나 법인 또는 개인의 대리인, 사용인, 그 밖의 종업원이 그 법인 또는 개인의 업무에
관하여 제46조부터 제48조까지의 어느 하나에 해당하는 위반행위를 하면 그 행위자를 벌하는 외에

그 법인 또는 개인에게도 해당 조문의 벌금형을 과한다. 다만, 법인 또는 개인이 그 위반행위를 방지하기 위하여 해당 업무에 관하여 상당한 주의와 감독을 게을리하지 아니한 경우에는 그러하지 아니하다.

(3) 과태료(제50조)

과태료	구성 요건
1천만 원 이하의 과태료	① 제19조 제3항을 위반하여 고용노동부장관이 고시한 요금 외의 금품을 받은 자 ② 제21조의 2를 위반하여 선급금을 받은 자 ③ 제21조의 3 제1항을 위반하여 18세 미만의 구직자를 소개하는 경우에 친권자나 후견인의 취업동의서를 받지 아니한 자 ④ 제22조 제3항을 위반하여 직업소개에 관한 사무를 담당한 자
100만 원 이하의 과태료	① 제30조 제1항 또는 제35조를 위반하여 국외 취업 모집신고를 하지 아니하거나 허가 · 등록 또는 신고 사업의 폐업신고를 하지 아니한 자 ② 제39조를 위반하여 장부나 그 밖의 서류를 작성하지 아니하거나 갖추어 두지 아니한 자 ③ 제41조 제1항에 따른 보고를 하지 아니하거나 거짓으로 보고한 자 ④ 제41조 제2항에 따른 관계 공무원의 출입 · 조사를 거부 · 방해 또는 기피한 자

기출문제 및 출제예상문제

01 다음 중 직업안정법이 규율하는 사항에 해당하지 않는 것은?　　　　2003

① 근로자파견사업
② 근로자공급사업
③ 국가 및 지방자치단체의 직업소개
④ 민간이 행하는 직업소개사업

> **해설 l** 근로자파견사업은 「파견근로자보호 등에 관한 법률」에서 규율한다.

02 직업안정법상 '직업지도'에 대한 내용에 해당되지 않는 것은?　　　　2009, 2008

① 직업적성검사　　② 직업정보의 제공
③ 직업상담　　　　④ 직업소개

> **해설 l** 직업지도는 취업하려는 사람이 그 능력과 소질에 알맞은 직업을 쉽게 선택할 수 있도록 하기 위한 직업적성검사, 직업정보의 제공, 직업상담, 실습, 권유 또는 조언, 그 밖에 직업에 관한 지도를 말한다(법 제2조의 2).

03 직업안정법에서 사용하는 용어의 정의로 틀린 것은?　　　　2013

① "직업소개"란 구인 또는 구직의 신청을 받아 구직자 또는 구인자를 탐색하거나 구직자를 모집하여 구인자와 구직자 간에 고용계약이 성립되도록 알선하는 것을 말한다.
② "직업안정기관"이란 직업소개, 직업지도 등 직업안정업무를 수행하는 지방고용노동행정기관과 직업알선 등의 업무를 수행하는 비영리법인과 공익단체를 말한다.

③ "모집"이란 근로자를 고용하려는 자가 취업하려는 사람에게 피고용인이 되도록 권유하거나 다른 사람으로 하여금 권유하게 하는 것을 말한다.
④ "고용서비스"란 구인자 또는 구직자에 대한 고용정보의 제공, 직업소개, 직업지도 또는 직업능력개발 등 고용을 지원하는 서비스를 말한다.

> **해설 l** 직업안정기관이란 직업소개, 직업지도 등 직업안정업무를 수행하는 지방고용노동행정기관을 말한다(법 제2조의 2).

04 직업안정법령상 직업안정기관에 해당하는 것은?　　　　2014

① 한국산업인력공단
② 한국고용정보원
③ 한국장애인고용공단
④ 지방고용노동행정기관

> **해설 l** 직업안정기관은 직업소개, 직업지도 등 직업안정업무를 수행하는 지방고용노동행정기관을 말한다(법 제2조의 2).

05 직업안정법에 관한 설명으로 틀린 것은?

① 직업안정기관이란 직업소개, 직업지도 등 직업안정업무를 수행하는 지방고용노동행정기관을 말한다.
② 직업소개사업을 하고자 하는 자는 유료·무료를 불문하고 모두 신고하여야 한다.

정답　01 ①　02 ④　03 ②　04 ④　05 ②

③ 직업안정기관의 장은 구인자가 구인조건을 밝히기를 거부하는 경우 구인신청의 수리를 거부할 수 있다.
④ 파견근로자보호 등에 관한 법률에 따른 근로자파견사업은 근로자공급사업에서 제외된다.

> **해설 |** 무료직업소개사업은 신고사항이며 유료직업소개사업은 등록사항이다(법 제18조, 제19조).

06 직업안정법에서 사용하는 용어의 정의로 틀린 것은?

① 직업안정기관이란 직업소개, 직업지도 등 직업안정업무를 수행하는 지방고용노동행정기관을 말한다.
② 직업소개란 구인 또는 구직의 신청을 받아 구직자 또는 구인자를 탐색하거나 구직자를 모집하여 구인자와 구직자 간에 고용계약이 성립되도록 알선하는 것을 말한다.
③ 직업지도란 구인자 또는 구직자에 대한 고용정보의 제공, 직업소개, 직업지도 또는 직업능력개발 등 고용을 지원하는 서비스를 말한다.
④ 모집이란 근로자를 고용하려는 자가 취업하려는 사람에게 피고용인이 되도록 권유하거나 다른 사람으로 하여금 권유하게 하는 것을 말한다.

> **해설 |** 직업지도란 취업하려는 사람이 그 능력과 소질에 알맞은 직업을 쉽게 선택할 수 있도록 하기 위한 직업적성검사, 직업정보의 제공, 직업상담, 실습, 권유 또는 조언, 그 밖에 직업에 관한 지도를 말한다(법 제2조의 2).

07 직업안정법에서 사용하는 용어의 정의로 틀린 것은?

① 유료직업소개사업이란 무료직업소개사업이 아닌 직업소개사업을 말한다.
② 직업안정기관이란 직업소개, 직업지도 등 직업안정업무를 수행하는 지방고용노동행정기관을 말한다.

③ 무료직업소개사업이란 수수료, 회비 또는 그 밖의 어떠한 금품도 받지 아니하고 하는 직업소개사업을 말한다.
④ 직업소개란 구인 또는 구직의 신청을 받아 구인자와 구직자 간에 고용계약의 성립을 결정하는 것을 말한다.

> **해설 |** 직업소개란 구인 또는 구직의 신청을 받아 구직자 또는 구인자를 탐색하거나 구직자를 모집하여 구인자와 구직자 간에 고용계약이 성립되도록 알선하는 것을 말한다.

08 직업안정법에서 사용하는 용어의 정의로 틀린 것은?

① 직업안정기관이라 함은 직업소개·직업지도 등 직업안정업무를 수행하는 지방고용노동행정기관을 말한다.
② 모집이라 함은 근로자를 고용하고자 하는 자가 취업하려는 사람에게 피고용인이 되도록 권유하거나 다른 사람으로 하여금 권유하게 하는 것을 말한다.
③ 유료직업소개사업이라 함은 무료직업소개사업이 아닌 직업소개사업을 말한다.
④ 근로자공급사업이라 함은 공급계약에 의하여 근로자를 타인에게 사용하게 하는 사업으로서 지방자치단체의 장의 허가를 받은 사업을 말한다.

> **해설 |** 근로자공급사업이란 공급계약에 따라 근로자를 타인에게 사용하게 하는 사업을 말하며(법 제2조의 2), 고용노동부장관의 허가를 받아야 한다(법 제33조 제1항).

09 직업안정법상 지방자치단체의 장이 필요에 따라 구인자 및 구직자에 대하여 할 수 있는 업무가 아닌 것은?

① 국내 직업소개　　② 직업지도
③ 직업정보제공　　④ 국외 직업소개

해설 I 지방자치단체의 장은 필요한 경우 구인자·구직자에 대한 국내 직업소개, 직업지도, 직업정보제공 업무를 할 수 있다(법 제4조의 2).

10 직업안정법상 직업안정기관의 장의 권한 또는 의무에 해당하지 않는 것은?

① 고용서비스 우수기관을 인증하는 일
② 구직신청의 내용이 법령을 위반한 경우, 그 구직신청의 수리를 거부함에 있어서 구직자에게 그 이유를 설명하는 일
③ 구직자가 고용보험법 규정에 의한 구직급여의 수급자격을 확인하여 수급자격이 있다고 인정되는 경우에는 구직급여 지급을 위하여 필요한 조치를 취하는 일
④ 학생 또는 직업훈련생 등에 대하여 직업적성검사 및 집단상담 등을 통하여 직업선택에 필요한 지도를 하는 일

해설 I 고용노동부장관은 구인자·구직자가 편리하게 이용할 수 있는 시설과 장비를 갖추고 직업소개 또는 취업정보 제공 등의 방법으로 구인자·구직자에 대한 고용서비스 향상에 기여하는 기관을 고용서비스 우수기관으로 인증할 수 있다(법 제4조의 5).

11 직업안정법상 고용서비스 우수기관 인증에 관한 설명으로 틀린 것은?

① 고용노동부장관은 고용서비스 우수기관 인증 업무를 한국고용정보원에 위탁할 수 있다.
② 고용노동부장관은 고용서비스 우수기관으로 인증을 받은 자가 정당한 사유 없이 1년 이상 계속 사업 실적이 없는 경우 그 인증을 취소할 수 있다.
③ 고용서비스 우수기관 인증의 유효기간은 인증일부터 3년으로 한다.

④ 고용서비스 우수기관으로 인증을 받은 자가 인증의 유효기간이 지나기 전에 다시 인증을 받으려면 유효기간 만료 30일 전까지 고용노동부장관에게 재인증을 신청하여야 한다.

해설 I 고용서비스 우수기관으로 인증을 받은 자가 인증의 유효기간이 지나기 전에 다시 인증을 받으려면 유효기간 만료 30일 전까지 고용노동부장관에게 재인증을 신청하여야 한다(법 제4조의 5, 시행령 제2조의 6).

12 구인자–구직자가 직업안정기관에 구인·구직 신청을 하고자 할 때 제출하는 구인표 또는 구직표와 관련하여 올바른 것은?

2004

① 직업안정기관에 수리된 구인신청의 유효기간은 3월로 한다.
② 직업안정기관에 수리된 구직신청의 유효기간은 2월로 한다.
③ 국외 취업희망자의 구직신청의 유효기간은 6월로 한다.
④ 직업안정기관의 장은 접수된 구인표, 구직표를 2년간 관리·보관하여야 한다.

해설 I 구인·구직 신청의 유효기간 등(시행규칙 제3조)
1. 수리된 구인신청의 유효기간은 15일 이상 2개월 이내에서 구인업체가 정한다.
2. 수리된 구직신청의 유효기간은 3개월로 한다. 다만, 구직급여 수급자, 직업훈련 또는 직업안정기관의 취업지원 프로그램에 참여하는 구직자의 구직신청의 유효기간은 해당 프로그램의 종료시점을 고려하여 직업안정기관의 장이 따로 정할 수 있고, 국외 취업희망자의 구직신청의 유효기간은 6개월로 한다.
3. 직업안정기관의 장은 접수된 구인신청서 및 구직신청서를 1년간 관리·보관하여야 한다.

13 직업안정법상 직업안정기관의 장이 구인신청의 수리를 거부하지 못하는 경우는? `2010`

① 구인신청의 내용이 법령을 위반한 경우
② 구인신청의 내용 중 임금이 통상의 근로조건에 비하여 현저히 부적당하다고 인정되는 경우
③ 구인자가 구직조건의 명시를 거부하는 경우
④ 구인자가 자격증을 요구하는 경우

> **해설 I 구인신청의 수리 거부 사유(법 제8조)**
> 1. 구인신청의 내용이 법령을 위반한 경우
> 2. 구인신청의 내용 중 임금, 근로시간, 그 밖의 근로조건이 통상적인 근로조건에 비하여 현저하게 부적당하다고 인정되는 경우
> 3. 구인자가 구인조건을 밝히기를 거부하는 경우
> 4. 구인자가 구인신청 당시 「근로기준법」 제43조의 2에 따라 명단이 공개 중인 체불사업주인 경우

14 직업안정법령상 직업안정기관의 장이 구인자의 구인신청의 수리를 거부할 수 없는 경우에 해당하는 것은?

① 구인신청의 내용이 법령을 위반한 경우
② 구인신청의 내용 중 임금 등 근로조건이 통상적인 근로조건에 비하여 현저하게 부적당하다고 인정되는 경우
③ 구인신청을 구인자의 사업장소재지를 관할하는 직업안정기관에 하였을 경우
④ 구인자가 구인조건을 밝히기를 거부하는 경우

> **해설 I** 직업안정기관의 장은 구인신청의 수리를 거부하여서는 아니 된다(법 제8조 본문).

15 직업안정법상 직업소개에 대한 설명으로 틀린 것은? `2009`

① 직업안정기관의 장은 구인신청에 대하여 근로조건이 통상의 근로조건에 비하여 현저히 부적당하다고 인정되는 경우 이를 거부할 수 있다.

② 구인자가 직업안정기관의 장에게 구인신청을 할 때에는 근로조건을 명시하지 않아도 무방하나 구직자와의 근로계약이 체결되는 단계에서는 이를 명시하여야 한다.
③ 직업안정기관의 장은 구직자에 대하여 가능한 한 통근이 가능한 지역 안에서 직업을 소개하도록 노력하여야 하나 그렇지 못할 경우에는 광범위한 지역에 걸쳐 직업소개를 할 수 있다.
④ 직업안정기관의 장은 구직자에 대하여 직권으로 직업상담 또는 직업적성검사를 할 수 없다.

> **해설 I** 구인자가 직업안정기관의 장에게 구인신청을 할 때에는 구직자가 취업할 업무의 내용과 근로조건을 구체적으로 밝혀야 하며, 직업안정기관의 장은 이를 구직자에게 알려주어야 한다(법 제10조).

16 직업안정법상 직업소개의 원칙으로 틀린 것은?

① 구직자 능력에 알맞은 직업의 소개
② 구인자의 구인조건에 적합한 구직자 소개
③ 구직자의 이익을 우선적으로 고려하여 구직자 소개
④ 구직자가 통근 가능한 지역 내 직업의 소개

> **해설 I 직업소개 시 준수사항(시행령 제7조)**
> 직업안정기관의 장이 직업소개업무를 행할 때에는 다음의 원칙을 준수하여야 한다.
> 1. 구인자 또는 구직자 어느 한쪽의 이익에 치우치지 아니할 것
> 2. 구직자가 취업할 직업에 쉽게 적응할 수 있도록 종사하게 될 업무의 내용, 임금, 근로시간, 그 밖의 근로조건에 대하여 상세히 설명할 것

17 직업안정법상 직업소개 원칙과 가장 거리가 먼 것은? `2011`

① 적격자 소개의 원칙
② 근로조건의 구체적 설명 원칙
③ 광역 지역 소개의 원칙
④ 균등처우의 원칙

해설 | 직업안정기관의 장은 가능하면 구직자가 통근할 수 있는 지역에서 직업을 소개하도록 노력하여야 한다(법 제11조). 다만, 예외적으로 직업안정기관의 장은 통근할 수 있는 지역에서 구직자에게 그 희망과 능력에 알맞은 직업을 소개할 수 없을 경우 또는 구인자가 희망하는 구직자나 구인 인원을 채울 수 없을 경우에는 광범위한 지역에 걸쳐 직업소개를 할 수 있다(법 제12조).

18 직업안정법상 직업안정기관의 장이 직업지도를 하여야 하는 대상으로서 구체적으로 명시되어 있지 않은 자는?

① 새로 취업하려는 사람
② 국민기초생활 보장법상의 수급자
③ 신체에 장애가 있는 사람
④ 정신에 장애가 있는 사람

해설 | 직업안정기관의 장은 ① 새로 취업하려는 사람, ② 신체 또는 정신에 장애가 있는 사람, ③ 그 밖에 취업을 위하여 특별한 지도가 필요한 사람에게 직업지도를 하여야 한다(법 제14조).

19 직업안정법상 직업지도 대상이 아닌 것은? 2015

① 새로 취업하려는 사람
② 진로지도가 필요한 연소자
③ 신체 또는 정신에 장애가 있는 사람
④ 취업을 위하여 특별한 지도가 필요한 사람

해설 | 직업안정기관의 장은 ① 새로 취업하려는 사람, ② 신체 또는 정신에 장애가 있는 사람, ③ 그 밖에 취업을 위하여 특별한 지도가 필요한 사람에게 직업지도를 하여야 한다(법 제14조 제1항).

20 직업안정법령상 직업안정기관의 장이 수집·제공하여야 할 고용정보의 내용이 아닌 것은?

① 경제 및 산업동향
② 직업능력개발훈련에 관한 정보

③ 구인·구직에 관한 정보
④ 직업안정기관의 명칭 및 소재지

해설 | 직업안정기관의 장이 수집·제공하여야 할 고용정보의 내용(시행령 제12조)
1. 경제 및 산업동향
2. 노동시장, 고용·실업동향
3. 임금, 근로시간 등 근로조건
4. 직업에 관한 정보
5. 채용·승진 등 고용관리에 관한 정보
6. 직업능력개발훈련에 관한 정보
7. 고용관련 각종지원 및 보조제도
8. 구인·구직에 관한 정보

21 무료직업소개사업에 대한 다음의 설명 중 잘못된 것은? 2003

① 한국산업인력공단이 하는 직업소개는 신고 없이도 가능하다.
② 한국장애인고용촉진공단이 장애인을 대상으로 하는 직업소개는 신고 없이도 가능하다.
③ 국외 무료직업소개업을 하고자 하는 자는 시장·군수·구청장에게 신고하여야 한다.
④ 무료직업소개사업을 하고자 하는 자는 대통령령이 정하는 비영리법인 또는 공익단체로 한다.

해설 | 국외 무료직업소개업을 하고자 하는 자는 고용노동부장관에게 신고하여야 한다(법 제18조).

22 직업안정법상 신고를 하지 아니하고 무료직업소개사업을 할 수 없는 경우는? 2013

① 「한국산업인력공단법」에 따른 한국산업인력공단이 하는 직업소개
② 「한국산업안전보건공단법」에 따른 한국산업안전보건공단이 업무상 재해를 입은 근로자를 대상으로 하는 직업소개

③ 「장애인고용촉진 및 직업재활법」에 따른 한국
장애인고용공단이 장애인을 대상으로 하는 직
업소개
④ 「근로자직업능력 개발법」에 따른 공공직업훈
련시설의 장이 훈련생, 수료생을 대상으로 하
는 직업소개

> **해설 |** 「산업재해보상보험법」에 따른 근로복지공단이
> 업무상 재해를 입은 근로자를 대상으로 하는 직업소
> 개를 할 수 있다(법 제18조 제4항 제4호).

23 직업안정법상 신고를 하지 않고 무료직업소개사업을
할 수 있는 기관이 아닌 것은?
　　　　　　　　　　　　　　　　　　　　2015

① 한국산업인력공단
② 직업학교의 진로지도 담당자
③ 한국장애인고용공단
④ 근로복지공단

> **해설 |** 직업안정법상 신고를 하지 않고 무료직업소개
> 사업을 할 수 있는 기관은 ① 한국산업인력공단, ②
> 한국장애인고용공단, ③ 교육관계법에 따른 각급 학
> 교의 장, 근로자직업능력 개발법에 따른 공공직업훈
> 련시설의 장, ④ 근로복지공단 등이다(법 제18조 제
> 4항)

24 직업안정법상 신고나 등록사항에 관한 내용 연결이
틀린 것은?
　　　　　　　　　　　　　　　　　　　　2010

① 국외 무료직업소개사업-고용노동부장관에게
신고
② 국내 무료직업소개사업-주된 사업소의 소재
지를 관할하는 특별자치도지사·시장·군수 및
구청장에게 신고
③ 국내 유료직업소개사업-주된 사업소의 소재
지를 관할하는 특별자치도지사·시장·군수 및
구청장에게 신고
④ 국외 유료직업소개사업-고용노동부장관에게
등록

> **해설 |** 유료직업소개사업은 신고사항이 아니라 등록
> 사항이다(법 제19조 제1항).

25 직업안정법상 직업소개사업에 관한 설명으로 옳은
것은?
　　　　　　　　　　　　　　　　　　　　2009

① 국내 무료직업소개사업을 하고자 하는 자는 시
장·군수·자치구의 구청장에게 신고하여야 하
고, 국외 무료직업소개사업을 하고자 하는 자
는 직업안정기관의 장에게 신고하여야 한다.
② 유료직업소개사업을 하는 자 및 그 종사자는
구직자에게 제공하기 위하여 구인자로부터 선
불금을 받을 수 있다.
③ 시장·군수·자치구의 구청장은 직업안정법 위
반 외에 공익을 해할 우려가 있다고 인정되는
경우에 그 사업의 등록을 취소할 수 있다.
④ 유료직업소개사업의 등록이 취소된 후 1년이
경과되지 아니한 경우에는 다른 영업장소에서
유료직업소개사업의 등록을 할 수 없다.

> **해설 |** ① 국외 무료직업소개사업을 하려는 자는 고용
> 노동부장관에게 신고하여야 한다.
> ② 유료직업소개사업을 하는 자 및 그 종사자는 구직
> 자에게 제공하기 위하여 구인자로부터 선불금을
> 받아서는 아니 된다.
> ④ 유료직업소개사업의 등록이나 허가가 취소된 후
> 5년이 경과되지 아니한 경우에는 다른 영업장소
> 에서 유료직업소개사업의 등록을 할 수 없다.

26 직업안정법상 직업소개사업에 관한 설명으로 틀린
것은?

① 무료직업소개사업은 사업장이 위치한 장소를
기준으로 하여 국내 무료직업소개사업과 국외
무료직업소개사업으로 구분한다.
② 국내 무료직업소개사업을 하려는 자는 주된
사업소의 소재지를 관할하는 특별자치도지
사·시장·군수 및 구청장에게 신고하여야 한다.
③ 국외 유료직업소개사업을 하려는 자는 고용노
동부장관에게 등록하여야 한다.

④ 유료직업소개사업을 하는 자는 고용노동부장
관이 결정·고시한 요금 외의 금품을 받아서는
아니 되나, 고용노동부령으로 정하는 고급·전
문인력을 소개하는 경우에는 당사자 사이에
정한 요금을 구인자로부터 받을 수 있다.

> **해설 |** 무료직업소개사업은 소개대상이 되는 근로자
> 가 취업하려는 장소를 기준으로 하여 국내 무료직업
> 소개사업과 국외 무료직업소개사업으로 구분한다(법
> 제18조 제1항).

27 직업안정법상 사업을 하려는 경우 고용노동부장관에
게 신고해야 하는 것은?

① 국외 무료직업소개사업
② 국내 유료직업소개사업
③ 국외 유료직업소개사업
④ 근로자공급사업

> **해설 |** 무료직업소개사업은 소개대상이 되는 근로자
> 가 취업하려는 장소를 기준으로 하여 국내 무료직업
> 소개사업과 국외 무료직업소개사업으로 구분하되,
> 국내 무료직업소개사업을 하려는 자는 주된 사업소
> 의 소재지를 관할하는 특별자치도지사·시장·군수
> 및 구청장에게 신고하여야 하고, 국외 무료직업소개
> 사업을 하려는 자는 고용노동부장관에게 신고하여야
> 한다(법 제18조 제1항).

28 직업안정법상 유료직업소개사업에 관한 설명으로 옳
은 것은?

① 등록된 유료직업소개사업자는 구인자로부터
선급금을 받을 수 있다.
② 등록을 하고 유료직업소개사업을 하려는 자는
둘 이상의 사업소를 두어야 한다.
③ 국외 유료직업소개사업을 하려는 자는 고용노
동부장관에게 등록하여야 한다.
④ 유료직업소개사업은 사업장이 위치한 장소를
국내 유료직업소개사업과 국외 유료직업소개
사업으로 구분한다.

> **해설 |** ① 유료직업소개사업을 하는 자 및 그 종사자
> 는 구직자에게 제공하기 위하여 구인자로부터 선
> 급금을 받아서는 아니 된다(법 제21조의 2).
> ② 유료직업소개사업을 하려는 자는 둘 이상의 사업
> 소를 둘 수 없다. 다만, 사업소별로 직업소개 또는
> 는 직업상담에 관한 경력, 자격 또는 소양이 있다
> 고 인정되는 사람 등 대통령령으로 정하는 사람을
> 1명 이상 고용하는 경우에는 그러하지 아니하다
> (법 제19조 제2항).
> ④ 유료직업소개사업은 소개대상이 되는 근로자가
> 취업하려는 장소를 기준으로 하여 국내 유료직업
> 소개사업과 국외 유료직업소개사업으로 구분한다
> (법 제19조 제1항).

29 직업안정법령상 유료직업소개사업의 등록을 할 수
없는 자는?

① 조합원이 100인 이상인 단위노동조합에서 노
동조합업무전담자로 1년의 근무경력이 있는 자
② 국가기술자격법에 의한 직업상담사 2급의 국
가기술자격이 있는 자
③ 국가공무원 또는 지방공무원으로서 5년 근무
경력이 있는 자
④ 초·중등교육법에 의한 교원자격증을 가지고
있는 자로서 3년의 교사근무경력이 있는 자

> **해설 |** 유료직업소개사업의 등록을 할 수 있는 자(시
> 행령 제21조 제1항)
> • 「국가기술자격법」에 의한 직업상담사 1급 또는 2
>   급의 국가기술자격이 있는 자
> • 직업소개사업의 사업소, 「근로자직업능력 개발법」
>   에 의한 직업능력개발훈련시설, 「초·중등교육법」
>   및 「고등교육법」에 의한 학교, 「청소년기본법」에
>   의한 청소년단체에서 직업상담·직업지도·직업
>   훈련 기타 직업소개와 관련이 있는 상담업무에 2
>   년 이상 종사한 경력이 있는 자
> • 「공인노무사법」 제3조의 규정에 의한 공인노무사
>   자격을 가진 자
> • 조합원이 100인 이상인 단위노동조합, 산업별 연
>   합단체인 노동조합 또는 총연합단체인 노동조합에
>   서 노동조합업무전담자로 2년 이상 근무한 경력이
>   있는 자

30 직업안정법상 유료직업소개사업에 관한 설명으로 틀린 것은?

① 국내 유료직업소개사업을 하려는 자는 주된 사업소의 소재지를 관할하는 특별자치도지사·시장·군수 및 구청장에게 등록하여야 한다.

② 유료직업소개사업을 하는 자는 고용노동부장관이 결정·고시한 요금 외의 금품을 받아서는 아니 되나 고용노동부령으로 정하는 고급·전문인력을 소개하는 경우에는 당사자 사이에 정한 요금을 구인자로부터 받을 수 있다.

③ 유료직업소개사업을 하는 자는 구직자에게 제공하기 위하여 구인자로부터 선급금을 받아 구직의 편의를 도모할 수 있다.

④ 유료직업소개사업을 하는 자는 구직자의 연령을 확인하여야 하며, 18세 미만의 구직자를 소개하는 경우에는 친권자나 후견인의 취업동의서를 받아야 한다.

해설 ❘ 유료직업소개사업을 하는 자 및 그 종사자는 구직자에게 제공하기 위하여 구인자로부터 선급금을 받아서는 아니 된다(법 제21조의 2).

31 ·다음 직업상담원에 관한 설명 중 틀린 것은? 2003

① 유료직업소개사업의 종사자 중 직업상담원 외의 자는 직업소개에 관한 사무를 담당하여서는 아니 된다.

② 유료직업소개사업을 하는 자는 법인별로 직업상담원을 1인 이상 두어야 한다.

③ 노동부장관은 직업안정기관 및 인력은행에 직업소개·직업지도 및 고용정보의 제공 등의 업무를 담당하는 공무원이 아닌 직업상담원을 배치할 수 있다.

④ 노동부장관은 민간직업상담원을 배치함에 있어서 직업안정기관 및 인력은행이 위치한 지역의 인구·근로자 수 및 사업장 수 등을 고려하여야 한다.

해설 ❘ 사업소별로 직업상담원을 1인 이상 두어야 한다.

32 직업안정법상 유료직업소개사업을 하는 자가 사업소별로 고용해야 하는 직업상담원의 자격으로 틀린 것은?

① 국가기술자격법에 따른 직업상담사 1급 또는 2급

② 사회복지사업법에 따른 사회복지사

③ 고등교육법에 따른 교원

④ 노동조합의 업무, 사업체의 노무관리업무 또는 공무원으로서 행정 분야에 2년 이상 근무한 경력이 있는 사람

해설 ❘ 「초 · 중등교육법」에 의한 교원자격증을 가지고 있는 자로서 교사근무경력이 2년 이상인 자(시행령 제21조 제1항)

33 직업안정법상 직업정보제공사업을 하고자 하는 경우의 요건은? 2011

① 고용노동부장관의 허가

② 고용노동부장관에게 신고

③ 시장·군수·구청장의 허가

④ 시장·군수·구청장에게 신고

해설 ❘ 직업정보제공사업을 하려는 자(제18조에 따라 무료직업소개사업을 하는 자와 제19조에 따라 유료직업소개사업을 하는 자는 제외한다)는 고용노동부장관에게 신고하여야 한다(법 제23조).

34 직업안정법상 직업정보제공사업자의 준수사항에 대한 설명으로 틀린 것은?

2008

① 구인자의 신원이 확실하지 아니한 구인광고는 게재하지 아니한다.
② 직업정보제공매체의 구인·구직의 광고에는 직업정보제공사업자의 주소 또는 전화번호를 기재하여야 한다.
③ 직업정보제공매체 또는 직업정보제공사업의 광고문에 (무료)취업상담·취업추천·취업지원 등의 표현을 사용하지 아니하여야 한다.
④ 구직자의 이력서 발송을 대행하거나 구직자에게 취업추천서를 발부하지 아니하여야 한다.

> **해설 l** 직업정보제공매체의 구인·구직의 광고에는 구인·구직자의 주소 또는 전화번호를 기재하고, 직업정보제공사업자의 주소 또는 전화번호는 기재하지 않아야 한다(시행령 제28조).

35 직업안정법상 직업정보제공사업자의 준수사항으로 틀린 것은?

① 직업정보제공매체의 구인·구직의 광고에는 구인·구직자 및 직업정보제공사업자의 주소 또는 전화번호를 기재할 것
② 구인자의 연락처가 사서함으로 표시된 구인광고를 게재하지 아니할 것
③ 광고문에 취업상담·추천 등의 표현을 사용하지 아니할 것
④ 구직자의 이력서 발송을 대행하거나 구직자에게 취업추천서를 발부하지 아니할 것

> **해설 l 직업정보제공사업자의 준수사항(시행령 제28조)**
> 1. 구인자의 업체명(또는 성명)이 표시되어 있지 아니하거나 구인자의 연락처가 사서함 등으로 표시되어 구인자의 신원이 확실하지 아니한 구인광고를 게재하지 아니할 것
> 2. 직업정보제공매체의 구인·구직의 광고에는 구인·구직자의 주소 또는 전화번호를 기재하고,

> 직업정보제공사업자의 주소 또는 전화번호는 기재하지 아니할 것
> 3. 직업정보제공매체 또는 직업정보제공사업의 광고문에 "(무료)취업상담"·"취업추천"·"취업지원"등의 표현을 사용하지 아니할 것
> 4. 구직자의 이력서 발송을 대행하거나 구직자에게 취업추천서를 발부하지 아니할 것
> 5. 직업정보제공매체에 정보이용자들이 알아보기 쉽게 법 제23조에 따른 신고로 부여받은 신고번호를 표시할 것
> 6. 「최저임금법」 제10조에 따라 결정 고시된 최저임금에 미달되는 구인정보, 「성매매알선 등 행위의 처벌에 관한 법률」 제4조에 따른 금지행위가 행하여지는 업소에 대한 구인광고를 게재하지 아니할 것

36 직업안정법령상 직업정보제공사업자의 준수사항으로 틀린 것은?

① 구직자의 이력서 발송을 대행하지 아니할 것
② 직업정보제공매체 또는 직업정보제공사업의 광고문에 '(무료)취업상담'·'취업추천'·'취업지원' 등의 표현을 사용하지 아니할 것
③ 구인자의 신원이 확실하지 아니한 구인광고를 게재하지 아니할 것
④ 직업정보제공매체의 구인·구직의 광고에는 구인·구직자의 주소 또는 전화번호를 기재하지 아니할 것

37 직업안정법령상 직업정보제공사업자가 준수해야 하는 사항이 아닌 것은?

① 직업정보제공매체 또는 직업정보제공사업의 광고문에 '(무료)취업상담'·'취업추천'·'취업지원' 등의 표현을 사용하지 아니할 것
② 직업정보제공매체에 부여받은 신고번호를 표시하지 아니할 것
③ 직업정보제공매체의 구인·구직의 광고에 직업정보제공사업자의 주소 또는 전화번호는 기재하지 아니할 것

④ 구직자의 이력서 발송을 대행하거나 구직자에게 취업추천서를 발부하지 아니할 것

38 직업안정법상 직업소개사업을 겸할 수 있는 업종은?

2004

① 식품접객업 　② 영화제작업
③ 결혼상담업 　④ 숙박업

해설 | 「식품위생법」 제36조 제1항 제3호에 따른 식품접객업 또는 「공중위생관리법」 제2조 제1항 제2호에 따른 숙박업을 경영하는 자는 무료직업소개사업 또는 유료직업소개사업을 할 수 없다(법 제26조).

39 직업안정법상 직업소개사업을 겸업할 수 없는 자는?

① 교육사업자 　② 제조업자
③ 결혼상담업자 　④ 식품접객업자

40 직업안정법상 식품위생법상의 규정에 따른 식품접객업을 경영하는 자의 겸업에 관한 설명으로 옳은 것은?

① 무료직업소개사업은 할 수 있고, 유료직업소개사업은 할 수 없다.
② 무료직업소개사업은 할 수 없고, 유료직업소개사업은 할 수 있다.
③ 무료직업소개사업도 할 수 있고, 유료직업소개사업도 할 수 있다.
④ 무료직업소개사업도 할 수 없고, 유료직업소개사업도 할 수 없다.

41 직업안정법상 근로자 모집에 관한 설명으로 틀린 것은?

① 근로자를 고용하려는 자는 광고, 문서 또는 정보통신망 등 다양한 매체를 활용하여 자유롭게 근로자를 모집할 수 있다.
② 국외에 취업할 근로자를 모집하는 경우에는 고용노동부장관의 허가를 받아야 한다.

③ 고용노동부장관이 근로자 모집방법 등의 개선을 권고하려는 경우에는 고용정책심의회의 심의를 거쳐야 한다.
④ 근로자를 모집하려는 자와 그 모집업무에 종사하는 자는 어떠한 명목으로든 응모자로부터 그 모집과 관련하여 금품을 받거나 그 밖의 이익을 취하여서는 아니 된다.

해설 | 누구든지 국외에 취업할 근로자를 모집한 경우에는 고용노동부장관에게 신고하여야 한다(법 제30조 제1항).

42 직업안정법에 관한 설명으로 틀린 것은?

① 누구든지 어떠한 명목으로든 구인자로부터 그 모집과 관련하여 금품을 받거나 그 밖의 이익을 취하여서는 아니 된다.
② 국외 유료직업소개사업을 하려는 자는 고용노동부장관에게 등록하여야 한다.
③ 누구든지 고용노동부장관의 허가를 받지 아니하고는 근로자공급사업을 하지 못한다.
④ 누구든지 성별, 연령, 종교, 신체적 조건, 사회적 신분 또는 혼인 여부 등을 이유로 직업소개 또는 직업지도를 받거나 고용관계를 결정할 때 차별대우를 받지 아니한다.

해설 | 근로자를 모집하려는 자와 그 모집업무에 종사하는 자는 어떠한 명목으로든 응모자로부터 그 모집과 관련하여 금품을 받거나 그 밖의 이익을 취하여서는 아니 된다. 다만, 유료직업소개사업을 하는 자가 구인자의 의뢰를 받아 구인자가 제시한 조건에 맞는 자를 모집하여 직업소개한 경우에는 그러하지 아니하다(법 제32조).

43 직업안정법상 국내 근로자공급사업의 허가를 받을 수 있는 자는?

2004

① 노동조합 및 노동관계조정법에 의한 노동조합
② 국내에서 제조업을 행하고 있는 사업주
③ 국내에서 용역업을 행하고 있는 사업주
④ 국내에서 서비스업을 행하고 있는 사업주

해설 | 근로자공급사업의 허가를 받을 수 있는 자의 범위(법 제33조 제3항)
1. 국내 근로자공급사업의 경우 : 「노동조합 및 노동관계조정법」에 따른 노동조합
2. 국외 근로자공급사업의 경우 : 국내에서 제조업·건설업·용역업, 그 밖의 서비스업을 하고 있는 자

44 근로자공급사업을 하는 자는 사업계획서·근로자명부·근로자공급대장 등 장부 및 서류를 몇 년간 비치하여야 하는가?

2004

① 1년 ② 2년
③ 3년 ④ 4년

해설 | 근로자공급사업을 하는 자는 법 제39조에 따라 다음의 장부 및 서류를 작성하여 3년간 갖추어 두어야 한다(시행규칙 제40조 제2항).
1. 사업계획서
2. 근로자명부
3. 공급 요청 접수부 또는 공급계약서
4. 근로자공급대장
5. 경리 관련 장부
6. 공급 근로자 임금대장

45 직업안정법규상 국외 공급 근로자의 보호 및 국외 근로자공급사업의 관리에 관한 설명으로 틀린 것은?

2010

① 공급대상 국가로부터 취업자격을 취득한 근로자만을 공급할 것
② 공급 근로자를 공급계약 외의 업무에 종사하게 하거나 공급계약기간을 초과하여 체류하게 하지 아니할 것
③ 국외의 임금수준 등을 고려하여 공급 근로자에게 적정 임금을 보장할 것
④ 임금은 매월 1회 이상 일정한 기일을 정하여 근로자공급사업자를 통해 해당 근로자에게 통화로 그 전액을 지급할 것

해설 | 국외 근로자공급사업자는 다음의 기준에 따라 국외 공급 근로자를 보호하고 국외 근로자공급사업을 관리하여야 한다(시행규칙 제41조).
1. 공급대상 국가로부터 취업자격을 취득한 근로자만을 공급할 것
2. 공급 근로자를 공급계약 외의 업무에 종사하게 하거나 공급계약기간을 초과하여 체류하게 하지 아니할 것
3. 국외의 임금수준 등을 고려하여 공급 근로자에게 적정 임금을 보장할 것
4. 임금은 매월 1회 이상 일정한 기일을 정하여 통화로 직접 해당 근로자에게 그 전액을 지급할 것
5. 다음의 사항을 작성·관리할 것
   ① 공급 근로자의 출국일자, 국외 취업기간, 현 근무처 및 귀국일자 등을 기록한 명부
   ② 공급 근로자별 임금, 월별 임금 지급방법 및 지급일자 등을 기록한 임금대장
   ③ 공급 근로자의 고충처리 상황

46 직업안정법상 직업안정기관의 사업내용이 아닌 것은?

2011, 2008

① 직업소개 ② 직업지도
③ 고용정보의 제공 ④ 근로자 공급

해설 | 근로자공급사업은 ① 국내 근로자공급사업의 경우 : 「노동조합 및 노동관계조정법」에 따른 노동조합, ② 국외 근로자공급사업의 경우 : 국내에서 제조업·건설업·용역업, 그 밖의 서비스업을 하고 있는 자가 할 수 있다(제33조).

47 직업안정법령상 국외 공급 근로자의 보호 및 국외 근로자공급사업의 관리에 관한 설명으로 옳지 않은 것은?

2014

① 공급대상 국가로부터 취업자격을 취득한 근로자만을 공급할 것
② 공급 근로자를 공급계약 외의 업무에 종사하게 하거나 공급계약기간을 초과하여 체류하게 하지 아니할 것

정답 ▶ 38 ②, ③ 39 ④ 40 ④ 41 ② 42 ① 43 ① 44 ③ 45 ④ 46 ④

③ 국외의 임금수준 등을 고려하여 공급 근로자에게 적정 임금을 보장할 것
④ 임금은 매월 1회 이상 일정한 기일을 정하여 근로자 공급사업자를 통해 해당 근로자에게 통화로 그 전액을 지급할 것

48 직업안정법상 고용노동부장관의 허가를 받아야 하는 것은?

① 국외 취업자모집
② 국외 유료직업소개사업
③ 직업정보제공사업
④ 근로자공급사업

49 직업안정법상 근로자공급사업에 관한 설명으로 틀린 것은?

① 근로자공급사업 허가의 유효기간은 3년이다.
② 근로자공급사업 허가의 유효기간이 끝난 후 계속하여 근로자공급사업을 하려는 자는 연장허가를 받아야 하며, 이 경우 연장허가의 유효기간은 연장 전 허가의 유효기간이 끝나는 날부터 3년으로 한다.
③ 국내 근로자공급사업의 허가를 받을 수 있는 자는 「노동조합 및 노동관계조정법」에 따른 노동조합이다.

④ 연예인을 대상으로 하는 국외 근로자공급사업의 허가를 받을 수 있는 자는 「민법」에 따른 비영리법인이 아니어야 한다.

50 직업안정법상 국외 공급 근로자의 보호 및 국외 근로자공급사업의 관리에 관한 설명으로 틀린 것은?

① 공급 국가로부터 취업자격을 취득한 근로자만을 공급할 것
② 국외의 임금수준 등을 고려하여 공급 근로자에게 적정임금을 보장할 것
③ 공급 근로자의 출국일자, 국외 취업기간, 현 근무처 및 귀국일자 등을 기록한 명부를 작성 · 관리할 것
④ 임금은 매월 1회 이상 일정한 기일을 정하여 통화로 직접 해당 근로자에게 그 전액을 지급할 것

51 직업안정법규상 고용노동부장관 또는 특별자치도지사 · 시장 · 군수 · 구청장이 직업소개사업을 하는 자 및 그 종사자에 대하여 실시하는 교육훈련의 교육내용이 아닌 것은?

① 노동경제학 이론

② 직업상담 이론 및 기법

③ 직업정보의 수집 및 제공

④ 직업소개사업의 사회적 책임

해설 ㅣ 직업소개사업자 및 그 종사자에 대한 교육훈련의 내용(시행규칙 제44조의 2)

교육 과목	교육 내용
직업소개 제도	– 직업안정법 해설 – 불법 직업소개행위 및 거짓 구인광고 유형과 처벌규정
직업상담 실무	– 직업상담이론 – 직업상담기법
직업정보 관리	– 직업정보의 수집 · 제공 – 고용안정전산망 운용
직업윤리 의식	– 직업소개사업의 사회적 책임 – 직업소개사업자의 윤리강령 및 자정 노력

Chapter 10 고용보험법

(1) 목적(제1조)

이 법은 고용보험의 시행을 통하여 실업의 예방, 고용의 촉진 및 근로자의 직업능력의 개발과 향상을 꾀하고, 국가의 직업지도와 직업소개 기능을 강화하며, 근로자가 실업한 경우에 생활에 필요한 급여를 실시하여 근로자의 생활안정과 구직 활동을 촉진함으로써 경제·사회 발전에 이바지하는 것을 목적으로 한다.

(2) 용어의 정의(제2조)

용어	개념
피보험자	① 「고용보험 및 산업재해보상보험의 보험료징수 등에 관한 법률」(이하 "보험료징수법"이라 한다) 제5조 제1항·제2항, 제6조 제1항, 제8조 제1항·제2항에 따라 보험에 가입되거나 가입된 것으로 보는 근로자 ② 보험료징수법 제49조의 2 제1항·제2항에 따라 고용보험에 가입하거나 가입된 것으로 보는 자영업자(이하 "자영업자인 피보험자"라 한다)
이직	피보험자와 사업주 사이의 고용관계가 끝나게 되는 것을 말한다.
실업	근로의 의사와 능력이 있음에도 불구하고 취업하지 못한 상태에 있는 것을 말한다.
실업의 인정	직업안정기관의 장이 제43조에 따른 수급자격자가 실업한 상태에서 적극적으로 직업을 구하기 위하여 노력하고 있다고 인정하는 것을 말한다.
보수	「소득세법」 제20조에 따른 근로소득에서 대통령령으로 정하는 금품을 뺀 금액을 말한다. 다만, 휴직이나 그 밖에 이와 비슷한 상태에 있는 기간 중에 사업주 외의 자로부터 지급받는 금품 중 고용노동부장관이 정하여 고시하는 금품은 보수로 본다.
일용근로자	1개월 미만 동안 고용되는 자

(3) 보험의 관장(제3조)

고용보험(이하 "보험"이라 한다)은 고용노동부장관이 관장한다.

(4) 고용보험사업(제4조)

① 고용보험은 이 법의 목적을 이루기 위하여 고용보험사업(이하 "보험사업"이라 한다)으로 고용안정·직업능력개발 사업, 실업급여, 육아휴직급여 및 출산전후휴가 급여 등을 실시한다.

② 보험사업의 보험연도는 정부의 회계연도에 따른다.

(5) 국고의 부담(제5조)

① 국가는 매년 보험사업에 드는 비용의 일부를 일반회계에서 부담하여야 한다.

② 국가는 매년 예산의 범위에서 보험사업의 관리·운영에 드는 비용을 부담할 수 있다.

(6) 보험료(제6조)

① 이 법에 따른 보험사업에 드는 비용을 충당하기 위하여 징수하는 보험료와 그 밖의 징수금에 대하여는 보험료징수법으로 정하는 바에 따른다.

② 보험료징수법 제13조 제1항 제1호에 따라 징수된 고용안정·직업능력개발 사업의 보험료 및 실업급여의 보험료는 각각 그 사업에 드는 비용에 충당한다. 다만, 실업급여의 보험료는 육아휴직급여 및 출산전후휴가 급여 등에 드는 비용에 충당할 수 있다.

③ 제2항에도 불구하고 자영업자인 피보험자로부터 보험료징수법 제49조의 2에 따라 징수된 고용안정·직업능력개발 사업의 보험료 및 실업급여의 보험료는 각각 자영업자인 피보험자를 위한 그 사업에 드는 비용에 충당한다.

(7) 고용보험위원회(제7조)

① 이 법 및 보험료징수법(보험에 관한 사항만 해당한다)의 시행에 관한 주요 사항을 심의하기 위하여 고용노동부에 고용보험위원회(이하 이 조에서 "위원회"라 한다)를 둔다.

② 위원회는 다음의 사항을 심의한다.

　㉠ 보험제도 및 보험사업의 개선에 관한 사항

　㉡ 보험료징수법에 따른 보험료율의 결정에 관한 사항

　㉢ 제11조의 2에 따른 보험사업의 평가에 관한 사항

　㉣ 제81조에 따른 기금운용 계획의 수립 및 기금의 운용 결과에 관한 사항

　㉤ 그 밖에 위원장이 보험제도 및 보험사업과 관련하여 위원회의 심의가 필요하다고 인정하는 사항

③ 위원회는 위원장 1명을 포함한 20명 이내의 위원으로 구성한다.

④ 위원회의 위원장은 고용노동부차관이 되고, 위원은 다음의 사람 중에서 각각 같은 수로 고용노동부장관이 임명하거나 위촉하는 사람이 된다.

　㉠ 근로자를 대표하는 사람

　㉡ 사용자를 대표하는 사람

　㉢ 공익을 대표하는 사람

　㉣ 정부를 대표하는 사람

⑤ 위원회는 심의 사항을 사전에 검토·조정하기 위하여 위원회에 전문위원회를 둘 수 있다.

(8) 적용범위(제8조)

이 법은 근로자를 사용하는 모든 사업 또는 사업장(이하 "사업"이라 한다)에 적용한다. 다만, 산업별 특성 및 규모 등을 고려하여 대통령령으로 정하는 사업에 대하여는 적용하지 아니한다.

⑼ **보험관계의 성립 · 소멸(제9조)**

이 법에 따른 보험관계의 성립 및 소멸에 대하여는 보험료징수법으로 정하는 바에 따른다.

⑽ **적용 제외(제10조)**

다음의 어느 하나에 해당하는 자에게는 이 법을 적용하지 아니한다. 다만, ①의 근로자 또는 자영업자에 대한 고용안정·직업능력개발 사업에 관하여는 그러하지 아니하다.

① 65세 이후에 고용되거나 자영업을 개시한 자

② 소정(所定)근로시간이 대통령령으로 정하는 시간 미만인 자

③ 「국가공무원법」과 「지방공무원법」에 따른 공무원. 다만, 대통령령으로 정하는 바에 따라 별정직 공무원, 임기제공무원의 경우는 본인의 의사에 따라 고용보험(제4장에 한한다)에 가입할 수 있다.

④ 「사립학교교직원 연금법」의 적용을 받는 자

⑤ 그 밖에 대통령령으로 정하는 자

⑾ **보험 관련 조사 · 연구(제11조)**

① 고용노동부장관은 노동시장·직업 및 직업능력개발에 관한 연구와 보험 관련 업무를 지원하기 위한 조사·연구 사업 등을 할 수 있다.

② 고용노동부장관은 필요하다고 인정하면 위 보험 관련 조사·연구 업무의 일부를 대통령령으로 정하는 자에게 대행하게 할 수 있다.

⑿ **보험사업의 평가(제11조의 2)**

① 고용노동부장관은 보험사업에 대하여 상시적이고 체계적인 평가를 하여야 한다.

② 고용노동부장관은 ①에 따른 평가의 전문성을 확보하기 위하여 대통령령으로 정하는 기관에 위 ①의 보험사업의 평가를 의뢰할 수 있다.

③ 고용노동부장관은 보험사업의 평가 결과를 반영하여 보험사업을 조정하거나 제81조에 따른 기금운용 계획을 수립하여야 한다.

⒀ **국제교류 · 협력(제12조)**

고용노동부장관은 보험사업에 관하여 국제기구 및 외국 정부 또는 기관과의 교류·협력 사업을 할 수 있다.

Section 02 피보험자의 관리

⑴ **피보험자격의 취득일(제13조)**

① 피보험자는 이 법이 적용되는 사업에 고용된 날에 피보험자격을 취득한다. 다만, 다음의 경우에는 각각 그 해당되는 날에 피보험자격을 취득한 것으로 본다.

ㄱ 제10조에 따른 적용 제외 근로자였던 자가 이 법의 적용을 받게 된 경우에는 그 적용을 받게 된 날

ㄴ 보험료징수법 제7조에 따른 보험관계 성립일 전에 고용된 근로자의 경우에는 그 보험관계가 성립한 날

② 위 ①에도 불구하고 자영업자인 피보험자는 보험료징수법 제49조의 2 제1항 및 같은 조 제12항에서 준용하는 같은 법 제7조 제3호에 따라 보험관계가 성립한 날에 피보험자격을 취득한다.

(2) 피보험자격의 상실일(제14조)

① 피보험자는 다음의 어느 하나에 해당하는 날에 각각 그 피보험자격을 상실한다.

ㄱ 피보험자가 제10조에 따른 적용 제외 근로자에 해당하게 된 경우에는 그 적용 제외 대상자가 된 날

ㄴ 보험료징수법 제10조에 따라 보험관계가 소멸한 경우에는 그 보험관계가 소멸한 날

ㄷ 피보험자가 이직한 경우에는 이직한 날의 다음 날

ㄹ 피보험자가 사망한 경우에는 사망한 날의 다음 날

② 위 ①에도 불구하고 자영업자인 피보험자는 보험료징수법 제49조의 2 제10항 및 같은 조 제12항에서 준용하는 같은 법 제10조 제1호부터 제3호까지의 규정에 따라 보험관계가 소멸한 날에 피보험자격을 상실한다.

(3) 피보험자격에 관한 신고 등(제15조)

① 사업주는 그 사업에 고용된 근로자의 피보험자격의 취득 및 상실 등에 관한 사항을 대통령령으로 정하는 바에 따라 고용노동부장관에게 신고하여야 한다.

② 보험료징수법 제9조에 따라 원수급인(元受給人)이 사업주로 된 경우에 그 사업에 종사하는 근로자 중 원수급인이 고용하는 근로자 외의 근로자에 대하여는 그 근로자를 고용하는 다음의 하수급인(下受給人)이 피보험자격에 관한 신고를 하여야 한다. 이 경우 원수급인은 고용노동부령으로 정하는 바에 따라 하수급인에 관한 자료를 고용노동부장관에게 제출하여야 한다.

ㄱ 「건설산업기본법」에 따른 건설업자

ㄴ 「주택법」에 따른 주택건설사업자

ㄷ 「전기공사업법」에 따른 공사업자

ㄹ 「정보통신공사업법」에 따른 정보통신공사업자

ㅁ 「소방시설공사업법」에 따른 소방시설업자

ㅂ 「문화재수리 등에 관한 법률」에 따른 문화재수리업자

③ 사업주가 피보험자격에 관한 사항을 신고하지 아니하면 대통령령으로 정하는 바에 따라 근로자가 신고할 수 있다.

④ 고용노동부장관은 신고된 피보험자격의 취득 및 상실 등에 관한 사항을 고용노동부령으로 정하는 바에 따라 피보험자 및 원수급인 등 관계인에게 알려야 한다.

⑤ 사업주, 원수급인 또는 하수급인은 피보험자격에 관한 신고를 고용노동부령으로 정하는 전자적 방법으로 할 수 있다.

⑥ 고용노동부장관은 전자적 방법으로 신고를 하려는 사업주, 원수급인 또는 하수급인에게 고용노동부령으로 정하는 바에 따라 필요한 장비 등을 지원할 수 있다.

⑦ 자영업자인 피보험자는 피보험자격의 취득 및 상실에 관한 신고를 하지 아니한다.

(4) 이직의 확인(제16조)

① 사업주는 제15조 제1항에 따라 피보험자격의 상실을 신고할 때 근로자가 이직으로 피보험자격을 상실한 경우에는 피보험 단위기간·이직 사유 및 이직 전에 지급한 임금(「근로기준법」에 따른 임금을 말한다. 이하 같다)·퇴직금 등의 명세를 증명하는 서류(이하 "이직확인서"라 한다)를 작성하여 고용노동부장관에게 제출하여야 한다. 다만, 제43조 제1항에 따른 수급자격의 인정신청을 원하지 아니하는 피보험자격 상실자(일용근로자는 제외한다)에 대하여는 그러하지 아니하다.

② 이직으로 피보험자격을 상실한 자는 실업급여의 수급자격의 인정신청을 위하여 종전의 사업주에게 이직확인서의 교부를 청구할 수 있다. 이 경우 청구를 받은 사업주는 이직확인서를 내주어야 한다.

(5) 피보험자격의 확인(제17조)

① 피보험자 또는 피보험자였던 자는 언제든지 고용노동부장관에게 피보험자격의 취득 또는 상실에 관한 확인을 청구할 수 있다.

② 고용노동부장관은 피보험자격의 확인 청구에 따르거나 직권으로 피보험자격의 취득 또는 상실에 관하여 확인을 한다.

③ 고용노동부장관은 피보험자격의 확인 결과를 대통령령으로 정하는 바에 따라 그 확인을 청구한 피보험자 및 사업주 등 관계인에게 알려야 한다.

(6) 피보험자격 이중 취득의 제한(제18조)

근로자가 보험관계가 성립되어 있는 둘 이상의 사업에 동시에 고용되어 있는 경우에는 고용노동부령으로 정하는 바에 따라 그중 한 사업의 근로자로서의 피보험자격을 취득한다.

Section 03 고용안정 · 직업능력개발 사업

(1) 고용안정 · 직업능력개발 사업의 실시(제19조)

① 고용노동부장관은 피보험자 및 피보험자였던 자, 그 밖에 취업할 의사를 가진 자(이하 "피보험자 등"이라 한다)에 대한 실업의 예방, 취업의 촉진, 고용기회의 확대, 직업능력개발·향상의 기회 제공 및 지원, 그 밖에 고용안정과 사업주에 대한 인력 확보를 지원하기 위하여 고용안정·직업능력개발 사업을 실시한다.

② 고용노동부장관은 고용안정·직업능력개발 사업을 실시할 때에는 근로자의 수, 고용안정·직업능력개발을 위하여 취한 조치 및 실적 등 대통령령으로 정하는 기준에 해당하는 기업을 우선적으로 고려하여야 한다.

▶ 우선지원 대상기업의 상시 사용하는 근로자 기준 ◀

산업분류	분류기호	상시 사용하는 근로자 수
1. 제조업[다만, 산업용 기계 및 장비 수리업(34)은 그 밖의 업종으로 본다]	C	500명 이하
2. 광업	B	300명 이하
3. 건설업	F	
4. 운수업	H	
5. 정보통신업[다만, 부동산 이외 임대업(69)은 그 밖의 업종으로 본다]	J	
6. 사업시설관리 및 사업지원 서비스업	N	
7. 전문, 과학 및 기술 서비스업	M	
8. 보건업 및 사회복지 서비스업	Q	
9. 도매 및 소매업	G	200명 이하
10. 숙박 및 음식점업	I	
11. 금융 및 보험업	K	
12. 예술, 스포츠 및 여가 관련 서비스업	R	
13. 그 밖의 업종		100명 이하

⑵ 고용창출의 지원(제20조)

고용노동부장관은 고용환경 개선, 근무형태 변경 등으로 고용의 기회를 확대한 사업주에게 대통령령으로 정하는 바에 따라 필요한 지원을 할 수 있다.

⑶ 고용조정의 지원(제21조)

① 고용노동부장관은 경기의 변동, 산업구조의 변화 등에 따른 사업 규모의 축소, 사업의 폐업 또는 전환으로 고용조정이 불가피하게 된 사업주가 근로자에 대한 휴업, 휴직, 직업전환에 필요한 직업능력개발훈련, 인력의 재배치 등을 실시하거나 그 밖에 근로자의 고용안정을 위한 조치를 하면 대통령령으로 정하는 바에 따라 그 사업주에게 필요한 지원을 할 수 있다. 이 경우 휴업이나 휴직 등 고용안정을 위한 조치로 근로자의 임금이 대통령령으로 정하는 수준으로 감소할 때에는 대통령령으로 정하는 바에 따라 그 근로자에게도 필요한 지원을 할 수 있다.

② 고용노동부장관은 고용조정으로 이직된 근로자를 고용하는 등 고용이 불안정하게 된 근로자의 고용안정을 위한 조치를 하는 사업주에게 대통령령으로 정하는 바에 따라 필요한 지원을 할 수

있다.

③ 고용노동부장관은 고용조정의 지원을 할 때에는 「고용정책 기본법」 제32조에 따른 업종에 해당하거나 지역에 있는 사업주 또는 근로자에게 우선적으로 지원할 수 있다.

(4) 지역 고용의 촉진(제22조)

고용노동부장관은 고용기회가 뚜렷이 부족하거나 산업구조의 변화 등으로 고용사정이 급속하게 악화되고 있는 지역으로 사업을 이전하거나 그러한 지역에서 사업을 신설 또는 증설하여 그 지역의 실업 예방과 재취업 촉진에 기여한 사업주, 그 밖에 그 지역의 고용기회 확대에 필요한 조치를 한 사업주에게 대통령령으로 정하는 바에 따라 필요한 지원을 할 수 있다.

(5) 고령자 등 고용촉진의 지원(제23조)

고용노동부장관은 고령자 등 노동시장의 통상적인 조건에서는 취업이 특히 곤란한 자(이하 "고령자 등"이라 한다)의 고용을 촉진하기 위하여 고령자 등을 새로 고용하거나 이들의 고용안정에 필요한 조치를 하는 사업주 또는 사업주가 실시하는 고용안정 조치에 해당된 근로자에게 대통령령으로 정하는 바에 따라 필요한 지원을 할 수 있다.

(6) 건설근로자 등의 고용안정 지원(제24조)

① 고용노동부장관은 건설근로자 등 고용상태가 불안정한 근로자를 위하여 다음의 사업을 실시하는 사업주에게 대통령령으로 정하는 바에 따라 필요한 지원을 할 수 있다.

㉠ 고용상태의 개선을 위한 사업

㉡ 계속적인 고용기회의 부여 등 고용안정을 위한 사업

㉢ 그 밖에 대통령령으로 정하는 고용안정 사업

② 고용노동부장관은 위의 사업과 관련하여 사업주가 단독으로 고용안정 사업을 실시하기 어려운 경우로서 대통령령으로 정하는 경우에는 사업주 단체에 대하여도 지원을 할 수 있다.

(7) 고용안정 및 취업촉진(제25조)

고용노동부장관은 피보험자 등의 고용안정 및 취업을 촉진하기 위하여 다음의 사업을 직접 실시하거나 이를 실시하는 자에게 필요한 비용을 지원 또는 대부할 수 있다.

① 고용관리 진단 등 고용개선 지원 사업

② 피보험자 등의 창업을 촉진하기 위한 지원 사업

③ 그 밖에 피보험자 등의 고용안정 및 취업을 촉진하기 위한 사업으로서 대통령령으로 정하는 사업

(8) 고용촉진 시설에 대한 지원(제26조)

고용노동부장관은 피보험자 등의 고용안정·고용촉진 및 사업주의 인력 확보를 지원하기 위하여 대통령령으로 정하는 바에 따라 상담 시설, 어린이집, 그 밖에 대통령령으로 정하는 고용촉진 시설을 설치·운영하는 자에게 필요한 지원을 할 수 있다.

⑼ **지원의 제한(제26조의 2)**

고용노동부장관은 제20조부터 제26조까지의 규정에 따른 지원을 할 때 사업주가 다른 법령에 따른 지원금 또는 장려금 등의 금전을 지급받은 경우 등 대통령령으로 정하는 경우에는 그 금액을 빼고 지원할 수 있다.

⑽ **사업주에 대한 직업능력개발훈련의 지원(제27조)**

고용노동부장관은 피보험자 등의 직업능력을 개발·향상시키기 위하여 대통령령으로 정하는 직업능력개발훈련을 실시하는 사업주에게 대통령령으로 정하는 바에 따라 그 훈련에 필요한 비용을 지원할 수 있다.

⑾ **비용 지원의 기준 등(제28조)**

고용노동부장관이 제27조에 따라 사업주에게 비용을 지원하는 경우 지원 금액은 보험료징수법 제16조의 3에 따른 해당 연도 고용보험료 또는 같은 법 제17조에 따른 해당 연도 고용보험 개산보험료 중 고용안정·직업능력개발 사업의 보험료에 대통령령으로 정하는 비율을 곱한 금액으로 하되, 그 한도는 대통령령으로 정한다.

⑿ **피보험자 등에 대한 직업능력개발 지원(제29조)**

① 고용노동부장관은 피보험자 등이 직업능력개발훈련을 받거나 그 밖에 직업능력개발·향상을 위하여 노력하는 경우에는 대통령령으로 정하는 바에 따라 필요한 비용을 지원할 수 있다.

② 고용노동부장관은 필요하다고 인정하면 대통령령으로 정하는 바에 따라 피보험자 등의 취업을 촉진하기 위한 직업능력개발훈련을 실시할 수 있다.

③ 고용노동부장관은 대통령령으로 정하는 저소득 피보험자 등이 직업능력개발훈련을 받는 경우 대통령령으로 정하는 바에 따라 생계비를 대부할 수 있다.

⒀ **직업능력개발훈련시설에 대한 지원 등(제30조)**

고용노동부장관은 피보험자 등의 직업능력개발·향상을 위하여 필요하다고 인정하면 대통령령으로 정하는 바에 따라 직업능력개발훈련시설의 설치 및 장비 구입에 필요한 비용의 대부, 그 밖에 고용노동부장관이 정하는 직업능력개발훈련시설의 설치 및 장비 구입·운영에 필요한 비용을 지원할 수 있다.

⒁ **직업능력개발의 촉진(제31조)**

① 고용노동부장관은 피보험자 등의 직업능력개발·향상을 촉진하기 위하여 다음의 사업을 실시하거나 이를 실시하는 자에게 그 사업의 실시에 필요한 비용을 지원할 수 있다.

㉠ 직업능력개발 사업에 대한 기술지원 및 평가 사업

㉡ 자격검정 사업 및 「숙련기술장려법」에 따른 숙련기술 장려 사업

㉢ 그 밖에 대통령령으로 정하는 사업

② 고용노동부장관은 직업능력개발·향상과 인력의 원활한 수급을 위하여 필요하다고 인정하면 대통령령으로 정하는 바에 따라 고용노동부장관이 정하는 직종에 대한 직업능력개발훈련 사업을 위탁하여 실시할 수 있다.

⒂ 건설근로자 등의 직업능력개발 지원(제32조)

① 고용노동부장관은 건설근로자 등 고용상태가 불안정한 근로자를 위하여 직업능력개발·향상을 위한 사업으로 대통령령으로 정하는 사업을 실시하는 사업주에게 그 사업의 실시에 필요한 비용을 지원할 수 있다.

② 고용노동부장관은 위 ①의 사업과 관련하여 사업주가 단독으로 직업능력개발 사업을 실시하기 어려운 경우로서 대통령령으로 정하는 경우에는 사업주 단체에 대하여도 지원할 수 있다.

⒃ 고용정보의 제공 및 고용 지원 기반의 구축 등(제33조)

① 고용노동부장관은 사업주 및 피보험자 등에 대한 구인·구직·훈련 등 고용정보의 제공, 직업·훈련 상담 등 직업지도, 직업소개, 고용안정·직업능력개발에 관한 기반의 구축 및 그에 필요한 전문 인력의 배치 등의 사업을 할 수 있다.

② 고용노동부장관은 필요하다고 인정하면 위에 따른 업무의 일부를 「직업안정법」 제4조의 4에 따른 민간직업상담원에게 수행하도록 할 수 있다.

⒄ 지방자치단체 등에 대한 지원(제34조)

고용노동부장관은 지방자치단체 또는 대통령령으로 정하는 비영리법인·단체가 그 지역에서 피보험자 등의 고용안정·고용촉진 및 직업능력개발을 위한 사업을 실시하는 경우에는 대통령령으로 정하는 바에 따라 필요한 지원을 할 수 있다.

⒅ 부정행위에 따른 지원의 제한 등(제35조)

① 고용노동부장관은 거짓이나 그 밖의 부정한 방법으로 이 장의 규정에 따른 고용안정·직업능력개발 사업의 지원을 받은 자 또는 받으려는 자에게는 해당 지원금 중 지급되지 아니한 금액 또는 지급받으려는 지원금을 지급하지 아니하고, 1년의 범위에서 대통령령으로 정하는 바에 따라 지원금의 지급을 제한하며, 거짓이나 그 밖의 부정한 방법으로 지원받은 금액을 반환하도록 명하여야 한다.

② 고용노동부장관은 위 ①에 따라 반환을 명하는 경우에는 이에 추가하여 고용노동부령으로 정하는 기준에 따라 그 거짓이나 그 밖의 부정한 방법으로 지급받은 금액의 5배 이하의 금액을 징수할 수 있다.

③ 거짓이나 그 밖의 부정한 방법으로 직업능력개발 사업의 지원을 받은 자 또는 받으려는 자에 대한 지원의 제한, 반환 및 추가징수에 관하여는 「근로자직업능력 개발법」 제55조 제1항·제2항, 제56조 제1항부터 제3항까지의 규정을 준용한다.

④ 고용노동부장관은 보험료를 체납한 자에게는 고용노동부령으로 정하는 바에 따라 이 장의 규정에 따른 고용안정·직업능력개발 사업의 지원을 하지 아니할 수 있다.

⑲ **업무의 대행(제36조)**

고용노동부장관은 필요하다고 인정하면 제19조 및 제27조부터 제31조까지의 규정에 따른 업무의 일부를 대통령령으로 정하는 자에게 대행하게 할 수 있다.

Section 04 실업급여

(1) 통칙

① 실업급여의 종류(제37조)

㉠ 실업급여는 구직급여와 취업촉진 수당으로 구분한다.

㉡ 취업촉진 수당의 종류

- 조기재취업 수당
- 직업능력개발 수당
- 광역 구직활동비
- 이주비

② 실업급여수급계좌(제37조의 2)

㉠ 직업안정기관의 장은 제43조에 따른 수급자격자의 신청이 있는 경우에는 실업급여를 수급자격자 명의의 지정된 계좌(이하 "실업급여수급계좌"라 한다)로 입금하여야 한다. 다만, 정보통신장애나 그 밖에 대통령령으로 정하는 불가피한 사유로 실업급여를 실업급여수급계좌로 이체할 수 없을 때에는 현금 지급 등 대통령령으로 정하는 바에 따라 실업급여를 지급할 수 있다.

㉡ 실업급여수급계좌의 해당 금융기관은 이 법에 따른 실업급여만이 실업급여수급계좌에 입금되도록 관리하여야 한다.

㉢ 위에 따른 신청방법·절차와 실업급여수급계좌의 관리에 필요한 사항은 대통령령으로 정한다.

③ 수급권의 보호(제38조)

㉠ 실업급여를 받을 권리는 양도 또는 압류하거나 담보로 제공할 수 없다.

㉡ 제37조의 2 제1항에 따라 지정된 실업급여수급계좌의 예금 중 대통령령으로 정하는 액수 이하의 금액에 관한 채권은 압류할 수 없다.

④ 공과금의 면제(제38조의 2) : 실업급여로서 지급된 금품에 대하여는 국가나 지방자치단체의 공과금(「국세기본법」 제2조 제8호 또는 「지방세기본법」 제2조 제1항 제26호에 따른 공과금을 말한다)을 부과하지 아니한다.

(2) 구직급여

① 구직급여의 수급 요건(제40조)

㉠ 구직급여는 이직한 피보험자가 다음의 요건을 모두 갖춘 경우에 지급한다. 다만, 제5호와 제6호는 최종 이직 당시 일용근로자였던 자만 해당한다.

- 이직일 이전 18개월간(이하 "기준기간"이라 한다) 제41조에 따른 피보험 단위기간이 통산하여 180일 이상일 것
- 근로의 의사와 능력이 있음에도 불구하고 취업(영리를 목적으로 사업을 영위하는 경우를 포함한다. 이하 이 장에서 같다)하지 못한 상태에 있을 것
- 이직사유가 제58조에 따른 수급자격의 제한 사유에 해당하지 아니할 것
- 재취업을 위한 노력을 적극적으로 할 것
- 제43조에 따른 수급자격 인정신청일 이전 1개월 동안의 근로일수가 10일 미만일 것
- 최종 이직일 이전 기준기간의 피보험 단위기간 180일 중 다른 사업에서 제58조에 따른 수급자격의 제한 사유에 해당하는 사유로 이직한 사실이 있는 경우에는 그 피보험 단위기간 중 90일 이상을 일용근로자로 근로하였을 것

ⓛ 피보험자가 이직일 이전 18개월 동안에 질병·부상, 그 밖에 대통령령으로 정하는 사유로 계속하여 30일 이상 보수의 지급을 받을 수 없었던 경우에는 18개월에 그 사유로 보수를 지급받을 수 없었던 일수를 가산한 기간을 기준기간(3년을 초과할 때에는 3년)으로 한다.

② **피보험 단위기간**(제41조)

ⓛ 피보험 단위기간은 피보험기간 중 보수 지급의 기초가 된 날을 합하여 계산한다. 다만, 자영업자인 피보험자의 피보험 단위기간은 제50조 제3항 단서 및 제4항에 따른 피보험기간으로 한다.

ⓛ 위 ⓛ에 따라 피보험 단위기간을 계산할 때에는 최후로 피보험자격을 취득한 날 이전에 구직급여를 받은 사실이 있는 경우에는 그 구직급여와 관련된 피보험자격 상실일 이전의 피보험 단위기간은 넣지 아니한다.

③ **실업의 신고**(제42조)

ⓛ 구직급여를 지급받으려는 자는 이직 후 지체 없이 직업안정기관에 출석하여 실업을 신고하여야 한다.

ⓛ 위 ⓛ에 따른 실업의 신고에는 구직 신청과 제43조에 따른 수급자격의 인정신청을 포함하여야 한다.

④ **수급자격의 인정**(제43조)

ⓛ 구직급여를 지급받으려는 자는 직업안정기관의 장으로부터 제40조 제1항 제1호부터 제3호까지·제5호 및 제6호에 따른 구직급여의 수급 요건을 갖추었다는 사실(이하 "수급자격"이라 한다)의 인정을 받아야 한다.

ⓛ 직업안정기관의 장은 위 ⓛ에 따른 수급자격의 인정신청을 받으면 그 신청인에 대한 수급자격의 인정 여부를 결정하고, 대통령령으로 정하는 바에 따라 신청인에게 그 결과를 알려야 한다.

ⓛ 위 ⓛ에 따른 신청인이 다음의 요건을 모두 갖춘 경우에는 마지막에 이직한 사업을 기준으로 수급자격의 인정 여부를 결정한다. 다만, 마지막 이직 당시 일용근로자로서 피보험 단위기간

이 1개월 미만인 자가 수급자격을 갖추지 못한 경우에는 일용근로자가 아닌 근로자로서 마지막으로 이직한 사업을 기준으로 결정한다.

- 피보험자로서 마지막에 이직한 사업에 고용되기 전에 피보험자로서 이직한 사실이 있을 것
- 마지막 이직 이전의 이직과 관련하여 구직급여를 받은 사실이 없을 것

ㄹ 위 ㄴ에 따라 수급자격의 인정을 받은 자(이하 "수급자격자"라 한다)가 제48조 및 제54조 제1항에 따른 기간에 새로 수급자격의 인정을 받은 경우에는 새로 인정받은 수급자격을 기준으로 구직급여를 지급한다.

⑤ 실업의 인정(제44조)

ㄱ 구직급여는 수급자격자가 실업한 상태에 있는 날 중에서 직업안정기관의 장으로부터 실업의 인정을 받은 날에 대하여 지급한다.

ㄴ 실업의 인정을 받으려는 수급자격자는 제42조에 따라 실업의 신고를 한 날부터 계산하기 시작하여 1주부터 4주의 범위에서 직업안정기관의 장이 지정한 날(이하 "실업인정일"이라 한다)에 출석하여 재취업을 위한 노력을 하였음을 신고하여야 하고, 직업안정기관의 장은 직전 실업인정일의 다음 날부터 그 실업인정일까지의 각각의 날에 대하여 실업의 인정을 한다. 다만, 다음에 해당하는 자에 대한 실업의 인정 방법은 고용노동부령으로 정하는 기준에 따른다.

- 직업능력개발훈련 등을 받는 수급자격자
- 천재지변, 대량 실업의 발생 등 대통령령으로 정하는 사유가 발생한 경우의 수급자격자
- 그 밖에 대통령령으로 정하는 수급자격자

ㄷ 위 ㄴ에도 불구하고 수급자격자가 다음의 어느 하나에 해당하면 직업안정기관에 출석할 수 없었던 사유를 적은 증명서를 제출하여 실업의 인정을 받을 수 있다.

- 질병이나 부상으로 직업안정기관에 출석할 수 없었던 경우로서 그 기간이 계속하여 7일 미만인 경우
- 직업안정기관의 직업소개에 따른 구인자와의 면접 등으로 직업안정기관에 출석할 수 없었던 경우
- 직업안정기관의 장이 지시한 직업능력개발훈련 등을 받기 위하여 직업안정기관에 출석할 수 없었던 경우
- 천재지변이나 그 밖의 부득이한 사유로 직업안정기관에 출석할 수 없었던 경우

ㄹ 직업안정기관의 장은 위 ㄱ에 따른 실업을 인정할 때에는 수급자격자의 취업을 촉진하기 위하여 재취업 활동에 관한 계획의 수립 지원, 직업소개 등 대통령령으로 정하는 조치를 하여야 한다. 이 경우 수급자격자는 정당한 사유가 없으면 직업안정기관의 장의 조치에 따라야 한다.

⑥ 급여의 기초가 되는 임금일액(제45조)

ㄱ 구직급여의 산정 기초가 되는 임금일액[이하 "기초일액(基礎日額)"이라 한다]은 제43조 제1항에 따른 수급자격의 인정과 관련된 마지막 이직 당시 「근로기준법」 제2조 제1항 제6호에 따라 산정된 평균임금으로 한다. 다만, 마지막 이직일 이전 3개월 이내에 피보험자격을 취득한 사

실이 2회 이상인 경우에는 마지막 이직일 이전 3개월간(일용근로자의 경우에는 마지막 이직일 이전 4개월 중 최종 1개월을 제외한 기간)에 그 근로자에게 지급된 임금 총액을 그 산정의 기준이 되는 3개월의 총일수로 나눈 금액을 기초일액으로 한다.

  ⓛ 위에 따라 산정된 금액이 「근로기준법」에 따른 그 근로자의 통상임금보다 적을 경우에는 그 통상임금액을 기초일액으로 한다. 다만, 마지막 사업에서 이직 당시 일용근로자였던 자의 경우에는 그러하지 아니하다.

  ⓒ 위에 따라 기초일액을 산정하는 것이 곤란한 경우와 보험료를 보험료징수법 제3조에 따른 기준보수(이하 "기준보수"라 한다)를 기준으로 낸 경우에는 기준보수를 기초일액으로 한다. 다만, 보험료를 기준보수로 낸 경우에도 위에 따라 산정한 기초일액이 기준보수보다 많은 경우에는 그러하지 아니하다.

  ⓔ 위의 규정에도 불구하고 이들 규정에 따라 산정된 기초일액이 그 수급자격자의 이직 전 1일 소정근로시간에 이직일 당시 적용되던 「최저임금법」에 따른 시간 단위에 해당하는 최저임금액을 곱한 금액(이하 "최저기초일액"이라 한다)보다 낮은 경우에는 최저기초일액을 기초일액으로 한다. 이 경우 이직 전 1일 소정근로시간은 고용노동부령으로 정하는 방법에 따라 산정한다.

  ⓜ 위의 규정에도 불구하고 이들 규정에 따라 산정된 기초일액이 보험의 취지 및 일반 근로자의 임금 수준 등을 고려하여 대통령령으로 정하는 금액을 초과하는 경우에는 대통령령으로 정하는 금액을 기초일액으로 한다.

⑦ 구직급여일액(제46조)

  ㉠ 구직급여일액은 다음의 구분에 따른 금액으로 한다.

   • 제45조 제1항부터 제3항까지 및 제5항의 경우에는 그 수급자격자의 기초일액에 100분의 50을 곱한 금액

   • 제45조 제4항의 경우(⑥-ⓔ)에는 그 수급자격자의 기초일액에 100분의 90을 곱한 금액(이하 "최저구직급여일액"이라 한다)

  ㉡ 수급자격자의 기초일액에 100분의 50을 곱한 구직급여일액이 최저구직급여일액보다 낮은 경우에는 최저구직급여일액을 그 수급자격자의 구직급여일액으로 한다.

⑧ 실업인정대상기간 중의 근로 등의 신고(제47조)

  ㉠ 수급자격자는 실업의 인정을 받으려 하는 기간(이하 "실업인정대상기간"이라 한다) 중에 근로를 제공하거나 창업한 경우에는 그 사실을 직업안정기관의 장에게 신고하여야 한다.

  ㉡ 직업안정기관의 장은 필요하다고 인정하면 수급자격자의 실업인정대상기간 중의 근로 제공 또는 창업 사실에 대하여 조사할 수 있다.

⑨ 수급기간 및 수급일수(제48조)

  ㉠ 구직급여는 이 법에 따로 규정이 있는 경우 외에는 그 구직급여의 수급자격과 관련된 이직일의 다음 날부터 계산하기 시작하여 12개월 내에 제50조 제1항에 따른 소정급여일수를 한도로 하여 지급한다.

   ⓛ 위에 따른 12개월의 기간 중 임신·출산·육아, 그 밖에 대통령령으로 정하는 사유로 취업할 수 없는 자가 그 사실을 수급기간에 직업안정기관에 신고한 경우에는 12개월의 기간에 그 취업할 수 없는 기간을 가산한 기간(4년을 넘을 때에는 4년)에 제50조 제1항에 따른 소정급여일수를 한도로 하여 구직급여를 지급한다.

   ⓒ 다음의 어느 하나에 해당하는 경우에는 해당 최초 요양일에 ⓛ에 따른 신고를 한 것으로 본다.

- 「산업재해보상보험법」에 따른 요양급여를 받는 경우
- 질병 또는 부상으로 3개월 이상의 요양이 필요하여 이직하였고, 이직기간 동안 취업활동이 곤란하였던 사실이 요양기간과 상병상태를 구체적으로 밝힌 주치의사의 소견과 요양을 위하여 이직하였다는 사업주의 의견을 통하여 확인된 경우

⑩ 대기기간(제49조) : 제44조에도 불구하고 제42조에 따른 실업의 신고일부터 계산하기 시작하여 7일간은 대기기간으로 보아 구직급여를 지급하지 아니한다.

⑪ 소정급여일수 및 피보험기간(제50조)

   ㉠ 하나의 수급자격에 따라 구직급여를 지급받을 수 있는 날(이하 "소정급여일수"라 한다)은 대기기간이 끝난 다음 날부터 계산하기 시작하여 피보험기간과 연령에 따라 별표 1에서 정한 일수가 되는 날까지로 한다.

   ㉡ 수급자격자가 소정급여일수 내에 제48조 제2항에 따른 임신·출산·육아, 그 밖에 대통령령으로 정하는 사유로 수급기간을 연장한 경우에는 그 기간만큼 구직급여를 유예하여 지급한다.

   ㉢ 피보험기간은 그 수급자격과 관련된 이직 당시의 적용 사업에서 고용된 기간(제10조 각 호의 어느 하나에 해당하는 근로자로 고용된 기간은 제외한다. 이하 이 조에서 같다)으로 한다. 다만, 자영업자인 피보험자의 경우에는 그 수급자격과 관련된 폐업 당시의 적용 사업에의 보험가입기간 중에서 실제로 납부한 고용보험료에 해당하는 기간으로 한다.

   ㉣ 위 ㉢에도 불구하고 피보험기간을 계산할 때에 다음의 경우에는 각각 해당 내용에 따라 피보험기간을 계산한다.

- 종전의 적용 사업에서 피보험자격을 상실한 사실이 있고 그 상실한 날부터 3년 이내에 현재 적용 사업에서 피보험자격을 취득한 경우 : 종전의 적용 사업에서의 피보험기간을 합산한다. 다만, 종전의 적용 사업의 피보험자격 상실로 인하여 구직급여를 지급받은 사실이 있는 경우에는 그 종전의 적용 사업에서의 피보험기간은 제외한다.
- 자영업자인 피보험자가 종전에 근로자로서 고용되었다가 피보험자격을 상실한 사실이 있고 그 상실한 날부터 3년 이내에 자영업자로서 피보험자격을 다시 취득한 경우 : 종전의 적용 사업에서의 피보험기간을 합산하지 아니하되, 본인이 종전의 피보험기간을 합산하여 줄 것을 원하는 때에 한정하여 합산한다. 다만, 종전의 적용 사업의 피보험자격 상실로 인하여 구직급여를 지급받은 사실이 있는 경우에는 그 종전의 적용 사업에서의 피보험기간은 제외한다.

⑩ 피보험자격 취득에 관하여 신고가 되어 있지 아니하였던 피보험자의 경우에는 하나의 피보험기간에 피보험자가 된 날이 다음의 어느 하나에 해당하는 날부터 소급하여 3년이 되는 해의 1월 1일 전이면 ⓒ에도 불구하고 그 해당하는 날부터 소급하여 3년이 되는 날이 속하는 보험연도의 첫날에 그 피보험자격을 취득한 것으로 보아 피보험기간을 계산한다. 다만, 사업주가 다음의 어느 하나에 해당하는 날부터 소급하여 3년이 되는 해의 1월 1일 전부터 해당 피보험자에 대한 고용보험료를 계속 납부한 사실이 증명된 경우에는 고용보험료를 납부한 기간으로 피보험기간을 계산한다.
- 제15조에 따른 피보험자격 취득신고를 한 날
- 제17조에 따른 피보험자격 취득이 확인된 날

▶ 구직급여의 소정급여일수 ◀

구분		피보험기간				
		1년 미만	1년 이상 3년 미만	3년 이상 5년 미만	5년 이상 10년 미만	10년 이상
이직일 현재 연령	30세 미만	90일	90일	120일	150일	180일
	30세 이상 50세 미만	90일	120일	150일	180일	210일
	50세 이상 및 장애인	90일	150일	180일	210일	240일

⑫ 훈련연장급여(제51조)

　㉠ 직업안정기관의 장은 수급자격자의 연령·경력 등을 고려할 때 재취업을 위하여 직업능력개발훈련 등이 필요하면 그 수급자격자에게 직업능력개발훈련 등을 받도록 지시할 수 있다.

　㉡ 직업안정기관의 장은 ㉠에 따라 직업능력개발훈련 등을 받도록 지시한 경우에는 수급자격자가 그 직업능력개발훈련 등을 받는 기간 중 실업의 인정을 받은 날에 대하여는 소정급여일수를 초과하여 구직급여를 연장하여 지급할 수 있다. 이 경우 연장하여 지급하는 구직급여(이하 "훈련연장급여"라 한다)의 지급기간은 대통령령으로 정하는 기간을 한도로 한다.

⑬ 개별연장급여(제52조)

　㉠ 직업안정기관의 장은 취업이 특히 곤란하고 생활이 어려운 수급자격자로서 대통령령으로 정하는 자에게는 그가 실업의 인정을 받은 날에 대하여 소정급여일수를 초과하여 구직급여를 연장하여 지급할 수 있다.

　㉡ 위에 따라 연장하여 지급하는 구직급여(이하 "개별연장급여"라 한다)는 60일의 범위에서 대통령령으로 정하는 기간 동안 지급한다.

⑭ 특별연장급여(제53조)

　㉠ 고용노동부장관은 실업의 급증 등 대통령령으로 정하는 사유가 발생한 경우에는 60일의 범위에서 수급자격자가 실업의 인정을 받은 날에 대하여 소정급여일수를 초과하여 구직급여를 연

장하여 지급할 수 있다. 다만, 이직 후의 생활안정을 위한 일정 기준 이상의 소득이 있는 수급자격자 등 고용노동부령으로 정하는 수급자격자에 대하여는 그러하지 아니하다.

ⓒ 고용노동부장관은 위에 따라 연장하여 지급하는 구직급여(이하 "특별연장급여"라 한다)를 지급하려면 기간을 정하여 실시하여야 한다.

⑮ 연장급여의 수급기간 및 구직급여일액(제54조)

㉠ 제51조부터 제53조까지의 규정에 따른 연장급여를 지급하는 경우에 그 수급자격자의 수급기간은 제48조에 따른 그 수급자격자의 수급기간에 연장되는 구직급여일수를 더하여 산정한 기간으로 한다.

ⓒ 제51조에 따라 훈련연장급여를 지급하는 경우에 그 일액은 해당 수급자격자의 구직급여일액의 100분의 100으로 하고, 제52조 또는 제53조에 따라 개별연장급여 또는 특별연장급여를 지급하는 경우에 그 일액은 해당 수급자격자의 구직급여일액의 100분의 70을 곱한 금액으로 한다.

ⓒ 위 ⓒ에 따라 산정된 구직급여일액이 제46조 제2항에 따른 최저구직급여일액보다 낮은 경우에는 최저구직급여일액을 그 수급자격자의 구직급여일액으로 한다.

⑯ 연장급여의 상호 조정 등(제55조)

㉠ 제51조부터 제53조까지의 규정에 따른 연장급여는 제48조에 따라 그 수급자격자가 지급받을 수 있는 구직급여의 지급이 끝난 후에 지급한다.

ⓒ 훈련연장급여를 지급받고 있는 수급자격자에게는 그 훈련연장급여의 지급이 끝난 후가 아니면 개별연장급여 및 특별연장급여를 지급하지 아니한다.

ⓒ 개별연장급여 또는 특별연장급여를 지급받고 있는 수급자격자가 훈련연장급여를 지급받게 되면 개별연장급여나 특별연장급여를 지급하지 아니한다.

ⓔ 특별연장급여를 지급받고 있는 수급자격자에게는 특별연장급여의 지급이 끝난 후가 아니면 개별연장급여를 지급하지 아니하고, 개별연장급여를 지급받고 있는 수급자격자에게는 개별연장급여의 지급이 끝난 후가 아니면 특별연장급여를 지급하지 아니한다.

ⓜ 그 밖에 연장급여의 조정에 관하여 필요한 사항은 고용노동부령으로 정한다.

⑰ 지급일 및 지급 방법(제56조)

㉠ 구직급여는 대통령령으로 정하는 바에 따라 실업의 인정을 받은 일수분을 지급한다.

ⓒ 직업안정기관의 장은 각 수급자격자에 대한 구직급여를 지급할 날짜를 정하여 당사자에게 알려야 한다.

⑱ 지급되지 아니한 구직급여(제57조)

㉠ 수급자격자가 사망한 경우 그 수급자격자에게 지급되어야 할 구직급여로서 아직 지급되지 아니한 것이 있는 경우에는 그 수급자격자의 배우자(사실상의 혼인 관계에 있는 자를 포함한다)·자녀·부모·손자녀·조부모 또는 형제자매로서 수급자격자와 생계를 같이하고 있던 자의 청구에 따라 그 미지급분을 지급한다.

ⓛ 수급자격자가 사망하여 실업의 인정을 받을 수 없었던 기간에 대하여는 대통령령으로 정하는 바에 따라 위 ㉠에 따라 지급되지 아니한 구직급여의 지급을 청구하는 자가 그 수급자격자에 대한 실업의 인정을 받아야 한다. 이 경우 수급자격자가 제47조 제1항에 해당하면 지급되지 아니한 구직급여를 청구하는 자가 같은 조 제1항에 따라 직업안정기관의 장에게 신고하여야 한다.

ⓒ 위 ㉠에 따라 지급되지 아니한 구직급여를 지급받을 수 있는 자의 순위는 같은 항에 열거된 순서로 한다. 이 경우 같은 순위자가 2명 이상이면 그중 1명이 한 청구를 전원을 위하여 한 것으로 보며, 그 1명에게 한 지급은 전원에 대한 지급으로 본다.

⑲ 이직사유에 따른 수급자격의 제한(제58조) : 제40조에도 불구하고 피보험자가 다음의 어느 하나에 해당한다고 직업안정기관의 장이 인정하는 경우에는 수급자격이 없는 것으로 본다.

㉠ 중대한 귀책사유로 해고된 피보험자로서 다음의 어느 하나에 해당하는 경우
- 「형법」 또는 직무와 관련된 법률을 위반하여 금고 이상의 형을 선고받은 경우
- 사업에 막대한 지장을 초래하거나 재산상 손해를 끼친 경우로서 고용노동부령으로 정하는 기준에 해당하는 경우
- 정당한 사유 없이 근로계약 또는 취업규칙 등을 위반하여 장기간 무단결근한 경우

ⓒ 자기 사정으로 이직한 피보험자로서 다음의 어느 하나에 해당하는 경우
- 전직 또는 자영업을 하기 위하여 이직한 경우
- 위 ㉠의 중대한 귀책사유가 있는 자가 해고되지 아니하고 사업주의 권고로 이직한 경우
- 그 밖에 고용노동부령으로 정하는 정당한 사유에 해당하지 아니하는 사유로 이직한 경우

⑳ 훈련 거부 등에 따른 급여의 지급 제한(제60조)

㉠ 수급자격자가 직업안정기관의 장이 소개하는 직업에 취직하는 것을 거부하거나 직업안정기관의 장이 지시한 직업능력개발훈련 등을 거부하면 대통령령으로 정하는 바에 따라 구직급여의 지급을 정지한다. 다만, 다음의 어느 하나에 해당하는 정당한 사유가 있는 경우에는 그러하지 아니하다.
- 소개된 직업 또는 직업능력개발훈련 등을 받도록 지시된 직종이 수급자격자의 능력에 맞지 아니하는 경우
- 취직하거나 직업능력개발훈련 등을 받기 위하여 주거의 이전이 필요하나 그 이전이 곤란한 경우
- 소개된 직업의 임금 수준이 같은 지역의 같은 종류의 업무 또는 같은 정도의 기능에 대한 통상의 임금 수준에 비하여 100분의 20 이상 낮은 경우 등 고용노동부장관이 정하는 기준에 해당하는 경우
- 그 밖에 정당한 사유가 있는 경우

ⓒ 수급자격자가 정당한 사유 없이 고용노동부장관이 정하는 기준에 따라 직업안정기관의 장이 실시하는 재취업 촉진을 위한 직업지도를 거부하면 대통령령으로 정하는 바에 따라 구직급여

의 지급을 정지한다.

ⓒ 위 ㉠의 단서 및 ㉡에서의 정당한 사유의 유무에 대한 인정은 고용노동부장관이 정하는 기준에 따라 직업안정기관의 장이 행한다.

ⓔ 위 ㉠과 ㉡에 따라 구직급여의 지급을 정지하는 기간은 1개월의 범위에서 고용노동부장관이 정하여 고시한다.

㉑ 부정행위에 따른 급여의 지급 제한(제61조)

㉠ 거짓이나 그 밖의 부정한 방법으로 실업급여를 받았거나 받으려 한 자에게는 그 급여를 받은 날 또는 받으려 한 날부터의 구직급여를 지급하지 아니한다. 다만, 그 급여와 관련된 이직 이후에 새로 수급자격을 취득한 경우 그 새로운 수급자격에 따른 구직급여에 대하여는 그러하지 아니하다.

㉡ 위 ㉠ 본문에도 불구하고 거짓이나 그 밖의 부정한 방법이 제47조 제1항에 따른 신고의무의 불이행 또는 거짓의 신고 등 대통령령으로 정하는 사유에 해당하면 그 실업인정대상기간에 한하여 구직급여를 지급하지 아니한다. 다만, 2회 이상의 위반행위를 한 경우에는 ㉠ 본문에 따른다.

ⓒ 거짓이나 그 밖의 부정한 방법으로 실업급여를 지급받았거나 받으려 한 자가 구직급여를 지급받을 수 없게 된 경우에도 제50조 제3항 및 같은 조 제4항을 적용할 때는 그 구직급여를 지급받은 것으로 본다.

ⓔ 거짓이나 그 밖의 부정한 방법으로 실업급여를 지급받았거나 받으려 한 자가 구직급여를 지급받을 수 없게 된 경우에도 제63조 제2항을 적용할 때는 그 지급받을 수 없게 된 일수분의 구직급여를 지급받은 것으로 본다.

㉒ 반환명령 등(제62조)

㉠ 직업안정기관의 장은 거짓이나 그 밖의 부정한 방법으로 구직급여를 지급받은 자에게 지급받은 전체 구직급여의 전부 또는 일부의 반환을 명할 수 있고, 이에 추가하여 고용노동부령으로 정하는 기준에 따라 그 거짓이나 그 밖의 부정한 방법으로 지급받은 구직급여액에 상당하는 액수 이하의 금액을 징수할 수 있다.

㉡ 위 ㉠의 경우에 거짓이나 그 밖의 부정한 방법이 사업주(사업주의 대리인·사용인, 그 밖의 종업원을 포함한다)의 거짓된 신고·보고 또는 증명으로 인한 것이면 그 사업주도 그 구직급여를 지급받은 자와 연대하여 책임을 진다.

ⓒ 직업안정기관의 장은 수급자격자 또는 수급자격이 있었던 자에게 잘못 지급된 구직급여가 있으면 그 지급금액을 징수할 수 있다.

㉓ 질병 등의 특례(제63조)

㉠ 수급자격자가 제42조에 따라 실업의 신고를 한 이후에 질병·부상 또는 출산으로 취업이 불가능하여 실업의 인정을 받지 못한 날에 대하여는 제44조 제1항에도 불구하고 그 수급자격자의 청구에 의하여 제46조의 구직급여일액에 해당하는 금액(이하 "상병급여"라 한다)을 구직급여에

갈음하여 지급할 수 있다. 다만, 제60조 제1항 및 제2항에 따라 구직급여의 지급이 정지된 기간에 대하여는 상병급여(傷病給與)를 지급하지 아니한다.

ⓒ 상병급여를 지급할 수 있는 일수는 그 수급자격자에 대한 구직급여 소정급여일수에서 그 수급자격에 의하여 구직급여가 지급된 일수를 뺀 일수를 한도로 한다. 이 경우 상병급여를 지급받은 자에 대하여 이 법의 규정(제61조 및 제62조는 제외한다)을 적용할 때에는 상병급여의 지급일수에 상당하는 일수분의 구직급여가 지급된 것으로 본다.

ⓒ 위 ㉠에 따른 상병급여는 그 취업할 수 없는 사유가 없어진 이후에 최초로 구직급여를 지급하는 날(구직급여를 지급하는 날이 없는 경우에는 직업안정기관의 장이 정하는 날)에 지급한다. 다만, 필요하다고 인정하면 고용노동부장관이 따로 정하는 바에 따라 지급할 수 있다.

ⓔ 위 ㉠에도 불구하고 수급자격자가 「근로기준법」 제79조에 따른 휴업보상, 「산업재해보상보험법」 제39조에 따른 휴업급여, 그 밖에 이에 해당하는 급여 또는 보상으로서 대통령령으로 정하는 보상 또는 급여를 지급받을 수 있는 경우에는 상병급여를 지급하지 아니한다.

ⓜ 상병급여의 지급에 관하여는 제47조, 제49조, 제57조, 제61조 제1항부터 제3항까지 및 제62조를 준용한다. 이 경우 제47조 중 "실업인정대상기간"은 "실업의 인정을 받지 못한 날"로 본다.

(3) 취업촉진 수당

① 조기재취업 수당(제64조)

㉠ 조기재취업 수당은 수급자격자(「외국인근로자의 고용 등에 관한 법률」 제2조에 따른 외국인근로자는 제외한다)가 안정된 직업에 재취직하거나 스스로 영리를 목적으로 하는 사업을 영위하는 경우로서 대통령령으로 정하는 기준에 해당하면 지급한다.

ⓒ 위에도 불구하고 수급자격자가 안정된 직업에 재취업한 날 또는 스스로 영리를 목적으로 하는 사업을 시작한 날 이전의 대통령령으로 정하는 기간에 조기재취업 수당을 지급받은 사실이 있는 경우에는 조기재취업 수당을 지급하지 아니한다.

ⓒ 조기재취업 수당의 금액은 구직급여의 소정급여일수 중 미지급일수의 비율에 따라 대통령령으로 정하는 기준에 따라 산정한 금액으로 한다.

ⓔ 조기재취업 수당을 지급받은 자에 대하여 이 법의 규정(제61조 및 제62조는 제외한다)을 적용할 때에는 그 조기재취업 수당의 금액을 제46조에 따른 구직급여일액으로 나눈 일수분에 해당하는 구직급여를 지급한 것으로 본다.

ⓜ 수급자격자를 조기에 재취업시켜 구직급여의 지급기간이 단축되도록 한 자에게는 대통령령으로 정하는 바에 따라 장려금을 지급할 수 있다.

② 직업능력개발 수당(제65조)

㉠ 직업능력개발 수당은 수급자격자가 직업안정기관의 장이 지시한 직업능력개발훈련 등을 받는 경우에 그 직업능력개발훈련 등을 받는 기간에 대하여 지급한다.

ⓒ 위에도 불구하고 제60조 제1항 및 제2항에 따라 구직급여의 지급이 정지된 기간에 대하여는 직업능력개발 수당을 지급하지 아니한다.

ⓒ 직업능력개발 수당의 지급 요건 및 금액에 필요한 사항은 대통령령으로 정한다. 이 경우 인력의 수급 상황을 고려하여 고용노동부장관이 특히 필요하다고 인정하여 고시하는 직종에 관한 직업능력개발훈련 등에 대하여는 직업능력개발 수당의 금액을 다르게 정할 수 있다.

③ 광역 구직활동비(제66조)

　ㄱ 광역 구직활동비는 수급자격자가 직업안정기관의 소개에 따라 광범위한 지역에 걸쳐 구직활동을 하는 경우로서 대통령령으로 정하는 기준에 따라 직업안정기관의 장이 필요하다고 인정하면 지급할 수 있다.

　ㄴ 광역 구직활동비의 금액은 위의 구직활동에 통상 드는 비용으로 하되, 그 금액의 산정은 고용노동부령으로 정하는 바에 따른다.

④ 이주비(제67조)

　ㄱ 이주비는 수급자격자가 취업하거나 직업안정기관의 장이 지시한 직업능력개발훈련 등을 받기 위하여 그 주거를 이전하는 경우로서 대통령령으로 정하는 기준에 따라 직업안정기관의 장이 필요하다고 인정하면 지급할 수 있다.

　ㄴ 이주비의 금액은 수급자격자 및 그 수급자격자에 의존하여 생계를 유지하는 동거 친족의 이주에 일반적으로 드는 비용으로 하되, 그 금액의 산정은 고용노동부령으로 정하는 바에 따라 따른다.

⑤ 취업촉진 수당의 지급 제한(제68조)

　ㄱ 거짓이나 그 밖의 부정한 방법으로 실업급여를 받았거나 받으려 한 자에게는 그 급여를 받은 날 또는 받으려 한 날부터의 취업촉진 수당을 지급하지 아니한다. 다만, 그 급여와 관련된 이직 이후에 새로 수급자격을 취득하면 그 새로운 수급자격에 따른 취업촉진 수당은 그러하지 아니하다.

　ㄴ 위 ㄱ 본문에도 불구하고 거짓이나 그 밖의 부정한 방법이 제47조 제1항에 따른 신고의무의 불이행 또는 거짓의 신고 등 대통령령으로 정하는 사유에 해당하면 취업촉진 수당의 지급을 제한하지 아니한다. 다만, 2회 이상의 위반행위를 한 경우에는 ㄱ 본문에 따른다.

　ㄷ 거짓이나 그 밖의 부정한 방법으로 실업급여를 지급받았거나 받으려 한 자가 취업촉진 수당을 지급받을 수 없게 되어 조기재취업 수당을 지급받지 못하게 된 경우에도 제64조 제4항을 적용할 때는 그 지급받을 수 없게 된 조기재취업 수당을 지급받은 것으로 본다.

⑷ 자영업자인 피보험자에 대한 실업급여 적용의 특례

① 자영업자인 피보험자의 실업급여의 종류(제69조의 2) : 자영업자인 피보험자의 실업급여의 종류는 제37조에 따른다. 다만, 제51조부터 제55조까지의 규정에 따른 연장급여와 제64조에 따른 조기재취업 수당은 제외한다.

② 구직급여의 수급 요건(제69조의 3) : 구직급여는 폐업한 자영업자인 피보험자가 다음의 요건을 모두 갖춘 경우에 지급한다.

    ㉠ 폐업일 이전 24개월간 제41조 제1항 단서에 따라 자영업자인 피보험자로서 갖춘 피보험 단위기간이 통산하여 1년 이상일 것

    ㉡ 근로의 의사와 능력이 있음에도 불구하고 취업을 하지 못한 상태에 있을 것

    ㉢ 폐업사유가 제69조의 7에 따른 수급자격의 제한 사유에 해당하지 아니할 것

    ㉣ 재취업을 위한 노력을 적극적으로 할 것

③ 기초일액(제69조의 4)

    ㉠ 자영업자인 피보험자이었던 수급자격자에 대한 기초일액은 다음의 구분에 따른 기간 동안 본인이 납부한 보험료의 산정 기초가 되는 보험료징수법 제49조의 2 제3항에 따라 고시된 보수액을 전부 합산한 후에 그 기간의 총일수로 나눈 금액으로 한다.

        • 수급자격과 관련된 피보험기간이 3년 이상인 경우 : 마지막 폐업일 이전 3년의 피보험기간

        • 수급자격과 관련된 피보험기간이 3년 미만인 경우 : 수급자격과 관련된 그 피보험기간

    ㉡ 위 ㉠에도 불구하고 자영업자인 피보험자이었던 수급자격자가 제50조 제4항에 따라 피보험기간을 합산하게 됨에 따라 제69조의 6에서 정한 소정급여일수가 추가로 늘어나는 경우에는 그 늘어난 일수분에 대한 기초일액은 위에 따라 산정된 기초일액으로 하되, 그 기초일액이 다음에 해당하는 경우에는 각각 해당 호에 따른 금액으로 한다.

        • 기초일액이 최저기초일액에 미치지 못하는 경우에는 최저기초일액

        • 기초일액이 제45조 제5항에 따라 대통령령으로 정하는 금액을 초과하는 경우에는 그 대통령령으로 정하는 금액

④ 구직급여일액(제69조의 5) : 자영업자인 피보험자로서 폐업한 수급자격자에 대한 구직급여일액은 그 수급자격자의 기초일액에 100분의 50을 곱한 금액으로 한다.

⑤ 소정급여일수(제69조의 6) : 자영업자인 피보험자로서 폐업한 수급자격자에 대한 소정급여일수는 제49조에 따른 대기기간이 끝난 다음 날부터 계산하기 시작하여 피보험기간에 따라 〈자영업자의 구직급여의 소정급여일수(별표 2)〉에서 정한 일수가 되는 날까지로 한다.

▶ 자영업자의 구직급여의 소정급여일수(별표 2) ◀

구분	피보험기간			
	1년 이상 3년 미만	3년 이상 5년 미만	5년 이상 10년 미만	10년 이상
소정급여일수	90일	120일	150일	180일

⑥ 폐업사유에 따른 수급자격의 제한(제69조의 7) : 제69조의 3에도 불구하고 폐업한 자영업자인 피보험자가 다음의 어느 하나에 해당한다고 직업안정기관의 장이 인정하는 경우에는 수급자격이 없는 것으로 본다.

　㉠ 법령을 위반하여 허가 취소를 받거나 영업 정지를 받음에 따라 폐업한 경우

　㉡ 방화 등 피보험자 본인의 중대한 귀책사유로서 고용노동부령으로 정하는 사유로 폐업한 경우

　㉢ 매출액 등이 급격하게 감소하는 등 고용노동부령으로 정하는 사유가 아닌 경우로서 전직 또는 자영업을 다시 하기 위하여 폐업한 경우

　㉣ 그 밖에 고용노동부령으로 정하는 정당한 사유에 해당하지 아니하는 사유로 폐업한 경우

⑦ 자영업자인 피보험자에 대한 실업급여의 지급 제한(제69조의 8) : 고용노동부장관은 보험료를 체납한 사람에게는 고용노동부령으로 정하는 바에 따라 이 장에 따른 실업급여를 지급하지 아니할 수 있다.

Section 05　육아휴직급여 등

(1) 육아휴직급여 및 육아기 근로시간 단축 급여

① 육아휴직급여(제70조)

　㉠ 고용노동부장관은 「남녀고용평등과 일·가정 양립 지원에 관한 법률」 제19조에 따른 육아휴직을 30일(「근로기준법」 제74조에 따른 출산전후휴가기간과 중복되는 기간은 제외한다) 이상 부여받은 피보험자 중 다음의 요건을 모두 갖춘 피보험자에게 육아휴직급여를 지급한다.

　　• 육아휴직을 시작한 날 이전에 제41조에 따른 피보험 단위기간이 통산하여 180일 이상일 것

　　• 같은 자녀에 대하여 피보험자인 배우자가 30일 이상의 육아휴직을 부여받지 아니하거나 「남녀고용평등과 일·가정 양립 지원에 관한 법률」 제19조의 2에 따른 육아기 근로시간 단축(이하 "육아기 근로시간 단축"이라 한다)을 30일 이상 실시하지 아니하고 있을 것

　㉡ 육아휴직급여를 지급받으려는 사람은 육아휴직을 시작한 날 이후 1개월부터 육아휴직이 끝난 날 이후 12개월 이내에 신청하여야 한다. 다만, 해당 기간에 대통령령으로 정하는 사유로 육아휴직급여를 신청할 수 없었던 사람은 그 사유가 끝난 후 30일 이내에 신청하여야 한다.

　㉢ 육아휴직급여액은 대통령령으로 정한다.

　㉣ 육아휴직급여의 신청 및 지급에 관하여 필요한 사항은 고용노동부령으로 정한다.

② 육아휴직의 확인(제71조) : 사업주는 피보험자가 제70조에 따른 육아휴직급여를 받으려는 경우 고용노동부령으로 정하는 바에 따라 사실의 확인 등 모든 절차에 적극 협력하여야 한다.

③ 취업의 신고 등(제72조)

　㉠ 피보험자가 육아휴직급여 기간 중에 이직 또는 새로 취업(취직한 경우 1주간의 소정근로시간이 15시간 미만인 경우는 제외한다. 이하 이 장에서 같다)하거나 사업주로부터 금품을 지급받은 경우에는 그 사실을 직업안정기관의 장에게 신고하여야 한다.

ⓛ 직업안정기관의 장은 필요하다고 인정하면 육아휴직급여 기간 중의 이직, 취업 여부 등에 대하여 조사할 수 있다.

④ 급여의 지급 제한 등(제73조)

㉠ 피보험자가 육아휴직급여 기간 중에 그 사업에서 이직하거나 새로 취업한 경우에는 그 이직 또는 취업하였을 때부터 육아휴직급여를 지급하지 아니한다.

㉡ 피보험자가 사업주로부터 육아휴직을 이유로 금품을 지급받은 경우 대통령령으로 정하는 바에 따라 급여를 감액하여 지급할 수 있다.

㉢ 거짓이나 그 밖의 부정한 방법으로 육아휴직급여를 받았거나 받으려 한 자에게는 그 급여를 받은 날 또는 받으려 한 날부터의 육아휴직급여를 지급하지 아니한다. 다만, 그 급여와 관련된 육아휴직 이후에 새로 육아휴직급여 요건을 갖춘 경우 그 새로운 요건에 따른 육아휴직급여는 그러하지 아니하다.

⑤ 육아기 근로시간 단축 급여(제73조의 2)

㉠ 고용노동부장관은 육아기 근로시간 단축을 30일(「근로기준법」 제74조에 따른 출산전후휴가기간과 중복되는 기간은 제외한다) 이상 실시한 피보험자 중 다음의 요건을 모두 갖춘 피보험자에게 육아기 근로시간 단축 급여를 지급한다.

• 육아기 근로시간 단축을 시작한 날 이전에 제41조에 따른 피보험 단위기간이 통산하여 180일 이상일 것

• 같은 자녀에 대하여 피보험자인 배우자가 30일 이상의 육아휴직을 부여받지 아니하거나 육아기 근로시간 단축을 30일 이상 실시하지 아니하고 있을 것

㉡ 육아기 근로시간 단축 급여를 지급받으려는 사람은 육아기 근로시간 단축을 시작한 날 이후 1개월부터 끝난 날 이후 12개월 이내에 신청하여야 한다. 다만, 해당 기간에 대통령령으로 정하는 사유로 육아기 근로시간 단축 급여를 신청할 수 없었던 사람은 그 사유가 끝난 후 30일 이내에 신청하여야 한다.

⑥ 준용(제74조)

㉠ 육아휴직급여에 관하여는 제62조를 준용한다. 이 경우 "구직급여"는 "육아휴직급여"로 본다.

㉡ 육아기 근로시간 단축 급여에 관하여는 제62조, 제71조부터 제73조까지의 규정을 준용한다. 이 경우 제62조 중 "구직급여"는 "육아기 근로시간 단축 급여"로 보고, 제71조부터 제73조까지의 규정 중 "육아휴직"은 "육아기 근로시간 단축"으로 본다.

(2) 출산전후휴가 급여 등

① 출산전후휴가 급여 등(제75조) : 고용노동부장관은 「남녀고용평등과 일·가정 양립 지원에 관한 법률」 제18조에 따라 피보험자가 「근로기준법」 제74조에 따른 출산전후휴가 또는 유산·사산휴가를 받은 경우로서 다음의 요건을 모두 갖춘 경우에 출산전후휴가 급여 등(이하 "출산전후휴가 급여 등"이라 한다)을 지급한다.

ㄱ 휴가가 끝난 날 이전에 제41조에 따른 피보험 단위기간이 통산하여 180일 이상일 것

ㄴ 휴가를 시작한 날[제19조 제2항에 따라 근로자의 수 등이 대통령령으로 정하는 기준에 해당하는 기업이 아닌 경우는 휴가 시작 후 60일(한 번에 둘 이상의 자녀를 임신한 경우에는 75일)이 지난 날로 본다] 이후 1개월부터 휴가가 끝난 날 이후 12개월 이내에 신청할 것. 다만, 그 기간에 대통령령으로 정하는 사유로 출산전후휴가 급여 등을 신청할 수 없었던 자는 그 사유가 끝난 후 30일 이내에 신청하여야 한다.

② 출산전후휴가 급여 등의 수급권 대위(제75조의 2) : 사업주가 출산전후휴가 급여 등의 지급사유와 같은 사유로 그에 상당하는 금품을 근로자에게 미리 지급한 경우로서 그 금품이 출산전후휴가 급여 등을 대체하여 지급한 것으로 인정되면 그 사업주는 지급한 금액(제76조 제2항에 따른 상한액을 초과할 수 없다)에 대하여 그 근로자의 출산전후휴가 급여 등을 받을 권리를 대위한다.

③ 지급기간 등(제76조)

ㄱ 제75조에 따른 출산전후휴가 급여 등은 「근로기준법」 제74조에 따른 휴가기간에 대하여 「근로기준법」의 통상임금(휴가를 시작한 날을 기준으로 산정한다)에 해당하는 금액을 지급한다. 다만, 제19조 제2항에 따라 근로자의 수 등이 대통령령으로 정하는 기준에 해당하는 기업이 아닌 경우에는 휴가기간 중 60일(한 번에 둘 이상의 자녀를 임신한 경우에는 75일)을 초과한 일수(30일을 한도로 하되, 한 번에 둘 이상의 자녀를 임신한 경우에는 45일을 한도로 한다)로 한정한다.

ㄴ 출산전후휴가 급여 등의 지급 금액은 대통령령으로 정하는 바에 따라 그 상한액과 하한액을 정할 수 있다.

④ 준용(제77조) : 출산전후휴가 급여 등에 관하여는 제62조, 제71조부터 제73조까지의 규정을 준용한다. 이 경우 제62조 중 "구직급여"는 "출산전후휴가 급여 등"으로, 제71조부터 제73조까지의 규정 중 "육아휴직"은 "출산전후휴가 또는 유산·사산휴가"로 각각 본다.

Section 06 고용보험기금

(1) 기금의 설치 및 조성(제78조)

① 고용노동부장관은 보험사업에 필요한 재원에 충당하기 위하여 고용보험기금(이하 "기금"이라 한다)을 설치한다.

② 기금은 보험료와 이 법에 따른 징수금·적립금·기금운용 수익금과 그 밖의 수입으로 조성한다.

(2) 기금의 관리 · 운용(제79조)

① 기금은 고용노동부장관이 관리·운용한다.

② 기금의 관리·운용에 관한 세부 사항은 「국가재정법」의 규정에 따른다.

③ 고용노동부장관은 다음의 방법에 따라 기금을 관리·운용한다.

ㄱ 금융기관에의 예탁

ⓛ 재정자금에의 예탁

ⓒ 국가·지방자치단체 또는 금융기관에서 직접 발행하거나 채무이행을 보증하는 유가증권의 매입

ⓔ 보험사업의 수행 또는 기금 증식을 위한 부동산의 취득 및 처분

ⓜ 그 밖에 대통령령으로 정하는 기금 증식 방법

④ 고용노동부장관은 기금을 관리·운용할 때에는 그 수익이 대통령령으로 정하는 수준 이상 되도록 하여야 한다.

(3) 기금의 용도(제80조)

① 기금은 다음의 용도에 사용하여야 한다.

ⓐ 고용안정·직업능력개발 사업에 필요한 경비

ⓛ 실업급여의 지급

ⓒ 육아휴직급여 및 출산전후휴가 급여 등의 지급

ⓔ 보험료의 반환

ⓜ 일시 차입금의 상환금과 이자

ⓗ 이 법과 보험료징수법에 따른 업무를 대행하거나 위탁받은 자에 대한 출연금

ⓢ 그 밖에 이 법의 시행을 위하여 필요한 경비로서 대통령령으로 정하는 경비와 ⓐ 및 ⓛ에 따른 사업의 수행에 딸린 경비

② 위 ①-ⓗ에 따른 출연금의 지급기준, 사용 및 관리에 관하여 필요한 사항은 대통령령으로 정한다.

(4) 기금운용 계획 등(제81조)

① 고용노동부장관은 매년 기금운용 계획을 세워 제7조에 따른 고용보험위원회 및 국무회의의 심의를 거쳐 대통령의 승인을 받아야 한다.

② 고용노동부장관은 매년 기금의 운용 결과에 대하여 제7조에 따른 고용보험위원회의 심의를 거쳐 공표하여야 한다.

(5) 기금계정의 설치(제82조)

① 고용노동부장관은 한국은행에 고용보험기금계정을 설치하여야 한다.

② 고용보험기금계정은 고용안정·직업능력개발 사업 및 실업급여, 자영업자의 고용안정·직업능력개발 사업 및 자영업자의 실업급여로 구분하여 관리한다.

(6) 기금의 적립(제84조)

① 고용노동부장관은 대량 실업의 발생이나 그 밖의 고용상태 불안에 대비한 준비금으로 여유자금을 적립하여야 한다.

② 위에 따른 여유자금의 적정규모는 다음과 같다.

ⓐ 고용안정·직업능력개발 사업 계정의 연말 적립금 : 해당 연도 지출액의 1배 이상 1.5배 미만

ⓛ 실업급여 계정의 연말 적립금 : 해당 연도 지출액의 1.5배 이상 2배 미만

(7) 잉여금과 손실금의 처리(제85조)

① 기금의 결산상 잉여금이 생기면 이를 적립금으로 적립하여야 한다.

② 기금의 결산상 손실금이 생기면 적립금을 사용하여 이를 보전할 수 있다.

(8) 차입금(제86조)

기금을 지출할 때 자금 부족이 발생하거나 발생할 것으로 예상되는 경우에는 기금의 부담으로 금융기관·다른 기금과 그 밖의 재원 등으로부터 차입을 할 수 있다.

Section 07 심사 및 재심사청구

(1) 심사와 재심사(제87조)

① 제17조에 따른 피보험자격의 취득·상실에 대한 확인, 제4장의 규정에 따른 실업급여 및 제5장에 따른 육아휴직급여와 출산전후휴가 급여 등에 관한 처분(이하 "원처분 등"이라 한다)에 이의가 있는 자는 제89조에 따른 심사관에게 심사를 청구할 수 있고, 그 결정에 이의가 있는 자는 제99조에 따른 심사위원회에 재심사를 청구할 수 있다.

② 심사의 청구는 같은 ①의 확인 또는 처분이 있음을 안 날부터 90일 이내에, 재심사의 청구는 심사청구에 대한 결정이 있음을 안 날부터 90일 이내에 각각 제기하여야 한다.

③ 심사 및 재심사의 청구는 시효중단에 관하여 재판상의 청구로 본다.

(2) 대리인의 선임(제88조)

심사청구인 또는 재심사청구인은 법정대리인 외에 다음의 어느 하나에 해당하는 자를 대리인으로 선임할 수 있다.

① 청구인의 배우자, 직계존속·비속 또는 형제자매

② 청구인인 법인의 임원 또는 직원

③ 변호사나 공인노무사

④ 제99조에 따른 심사위원회의 허가를 받은 사

(3) 고용보험심사관(제89조)

① 제87조에 따른 심사를 행하게 하기 위하여 고용보험심사관(이하 "심사관"이라 한다)을 둔다.

② 심사관은 제87조 제1항에 따라 심사청구를 받으면 30일 이내에 그 심사청구에 대한 결정을 하여야 한다. 다만, 부득이한 사정으로 그 기간에 결정할 수 없을 때에는 1차에 한하여 10일을 넘지 아니하는 범위에서 그 기간을 연장할 수 있다.

③ 당사자는 심사관에게 심리·결정의 공정을 기대하기 어려운 사정이 있으면 그 심사관에 대한 기피신청을 고용노동부장관에게 할 수 있다.

④ 심사청구인이 사망한 경우 그 심사청구인이 실업급여의 수급권자이면 제57조에 따른 유족이, 그 외의 자인 때에는 상속인 또는 심사청구의 대상인 원처분 등에 관계되는 권리 또는 이익을 승계한 자가 각각 심사청구인의 지위를 승계한다.

(4) 심사의 청구(제90조)

① 제87조 제1항에 따른 심사의 청구는 원처분 등을 한 직업안정기관을 거쳐 심사관에게 하여야 한다.

② 직업안정기관은 심사청구서를 받은 날부터 5일 이내에 의견서를 첨부하여 심사청구서를 심사관에게 보내야 한다.

(5) 청구의 방식(제91조)

심사의 청구는 대통령령으로 정하는 바에 따라 문서로 하여야 한다.

(6) 보정 및 각하(제92조)

① 심사의 청구가 제87조 제2항에 따른 기간이 지났거나 법령으로 정한 방식을 위반하여 보정하지 못할 것인 경우에 심사관은 그 심사의 청구를 결정으로 각하하여야 한다.

② 심사의 청구가 법령으로 정한 방식을 어긴 것이라도 보정할 수 있는 것인 경우에 심사관은 상당한 기간을 정하여 심사청구인에게 심사의 청구를 보정하도록 명할 수 있다. 다만, 보정할 사항이 경미한 경우에는 심사관이 직권으로 보정할 수 있다.

③ 심사관은 심사청구인이 위 ②의 기간에 그 보정을 하지 아니하면 결정으로써 그 심사청구를 각하하여야 한다.

(7) 원처분 등의 집행 정지(제93조)

① 심사의 청구는 원처분 등의 집행을 정지시키지 아니한다. 다만, 심사관은 원처분 등의 집행에 의하여 발생하는 중대한 위해를 피하기 위하여 긴급한 필요가 있다고 인정하면 직권으로 그 집행을 정지시킬 수 있다.

② 심사관은 위 ① 단서에 따라 집행을 정지시키려고 할 때에는 그 이유를 적은 문서로 그 사실을 직업안정기관의 장에게 알려야 한다.

③ 직업안정기관의 장은 위 ②에 따른 통지를 받으면 지체 없이 그 집행을 정지하여야 한다.

④ 심사관은 위 ②에 따라 집행을 정지시킨 경우에는 지체 없이 심사청구인에게 그 사실을 문서로 알려야 한다.

(8) 심사관의 권한(제94조)

① 심사관은 심사의 청구에 대한 심리를 위하여 필요하다고 인정하면 심사청구인의 신청 또는 직권으로 다음의 조사를 할 수 있다.

  ㉠ 심사청구인 또는 관계인을 지정 장소에 출석하게 하여 질문하거나 의견을 진술하게 하는 것

  ㉡ 심사청구인 또는 관계인에게 증거가 될 수 있는 문서와 그 밖의 물건을 제출하게 하는 것

    ⓒ 전문적인 지식이나 경험을 가진 제삼자로 하여금 감정하게 하는 것

    ⓔ 사건에 관계가 있는 사업장 또는 그 밖의 장소에 출입하여 사업주·종업원이나 그 밖의 관계인에게 질문하거나 문서와 그 밖의 물건을 검사하는 것

② 심사관은 위 ①-ⓔ에 따른 질문과 검사를 하는 경우에는 그 권한을 나타내는 증표를 지니고 이를 관계인에게 내보여야 한다.

(9) 실비변상(제95조)

제94조 제1항 제1호에 따라 지정한 장소에 출석한 자와 같은 항 제3호에 따라 감정을 한 감정인에게는 고용노동부장관이 정하는 실비를 변상한다.

(10) 결정(제96조)

심사관은 심사의 청구에 대한 심리를 마쳤을 때에는 원처분 등의 전부 또는 일부를 취소하거나 심사청구의 전부 또는 일부를 기각한다.

(11) 결정의 방법(제97조)

① 제89조에 따른 결정은 대통령령으로 정하는 바에 따라 문서로 하여야 한다.

② 심사관은 결정을 하면 심사청구인 및 원처분 등을 한 직업안정기관의 장에게 각각 결정서의 정본을 보내야 한다.

(12) 결정의 효력(제98조)

① 결정은 심사청구인 및 직업안정기관의 장에게 결정서의 정본을 보낸 날부터 효력이 발생한다.

② 결정은 원처분 등을 행한 직업안정기관의 장을 기속한다.

(13) 고용보험심사위원회(제99조)

① 제87조에 따른 재심사를 하게 하기 위하여 고용노동부에 고용보험심사위원회(이하 "심사위원회"라 한다)를 둔다.

② 심사위원회는 근로자를 대표하는 자 및 사용자를 대표하는 자 각 1명 이상을 포함한 15명 이내의 위원으로 구성한다.

③ 심사위원회의 위원 중 2명은 상임위원으로 한다.

④ 다음의 어느 하나에 해당하는 자는 위원에 임명될 수 없다.

    ㉠ 피성년후견인·피한정후견인 또는 파산의 선고를 받고 복권되지 아니한 자

    ㉡ 금고이상의 형을 선고받고 그 형의 집행이 종료되거나 집행을 받지 아니하기로 확정된 후 3년이 지나지 아니한 자

⑤ 위원은 형의 선고를 받았거나 심신 쇠약 또는 현저한 능력 부족으로 직무를 수행하기 곤란한 때 외에는 그 의사와 다르게 면직되지 아니한다.

⑥ 상임위원은 정당에 가입하거나 정치에 관여하여서는 아니 된다.

⑦ 심사위원회는 제87조 제1항에 따라 재심사의 청구를 받으면 50일 이내에 재결을 하여야 한다.

이 경우 재결기간의 연장에 관하여는 제89조 제2항을 준용한다.

⑧ 심사위원회에 사무국을 둔다.

⑭ 재심사의 상대방(제100조)

재심사의 청구는 원처분 등을 행한 직업안정기관의 장을 상대방으로 한다.

⑮ 심리(제101조)

① 심사위원회는 재심사의 청구를 받으면 그 청구에 대한 심리 기일 및 장소를 정하여 심리 기일 3일 전까지 당사자 및 그 사건을 심사한 심사관에게 알려야 한다.

② 당사자는 심사위원회에 문서나 구두로 그 의견을 진술할 수 있다.

③ 심사위원회의 재심사청구에 대한 심리는 공개한다. 다만, 당사자의 양쪽 또는 어느 한쪽이 신청한 경우에는 공개하지 아니할 수 있다.

④ 심사위원회는 심리조서를 작성하여야 한다.

⑤ 당사자나 관계인은 심리조서의 열람을 신청할 수 있다.

⑥ 위원회는 당사자나 관계인이 심리조서의 열람 신청을 하면 정당한 사유 없이 이를 거부하여서는 아니 된다.

⑦ 재심사청구의 심리에 관하여는 심사청구에 관한 규정을 준용한다.

⑯ 고지(제103조)

직업안정기관의 장이 원처분 등을 하거나 심사관이 제97조 제2항에 따라 결정서의 정본을 송부하는 경우에는 그 상대방 또는 심사청구인에게 원처분 등 또는 결정에 관하여 심사 또는 재심사를 청구할 수 있는지의 여부, 청구하는 경우의 경유 절차 및 청구기간을 알려야 한다.

⑰ 다른 법률과의 관계(제104조)

① 재심사의 청구에 대한 재결은 「행정소송법」 제18조를 적용할 경우 행정심판에 대한 재결로 본다.

② 심사 및 재심사의 청구에 관하여 이 법에서 정하고 있지 아니한 사항은 「행정심판법」의 규정에 따른다.

Section 08 보칙

(1) 불이익 처우의 금지(제105조)

사업주는 근로자가 제17조에 따른 확인의 청구를 한 것을 이유로 그 근로자에게 해고나 그 밖의 불이익한 처우를 하여서는 아니 된다.

(2) 소멸시효(제107조)

① 이 법에 따른 각종 지원금·실업급여·육아휴직급여 또는 출산전후휴가 급여 등을 지급받거나 그 반환을 받을 권리는 3년간 행사하지 아니하면 시효로 소멸한다.

② 소멸시효의 중단에 관하여는 「산업재해보상보험법」 제113조를 준용한다. 따라서 이 법에 따른 각종 지원급, 급여 등의 청구로 소멸시효는 중단된다.

(3) 보고 등(제108조)

① 고용노동부장관은 필요하다고 인정하면 피보험자 또는 수급자격자를 고용하고 있거나 고용하였던 사업주, 보험료징수법 제33조에 따른 보험사무대행기관(이하 "보험사무대행기관"이라 한다) 및 보험사무대행기관이었던 자에게 피보험자의 자격 확인, 부정수급의 조사 등 이 법의 시행에 필요한 보고, 관계 서류의 제출 또는 관계인의 출석을 요구할 수 있다.

② 이직한 자는 종전의 사업주 또는 그 사업주로부터 보험 사무의 위임을 받아 보험 사무를 처리하는 보험사무대행기관에 실업급여를 지급받기 위하여 필요한 증명서의 교부를 청구할 수 있다. 이 경우 청구를 받은 사업주나 보험사무대행기관은 그 청구에 따른 증명서를 내주어야 한다.

③ 고용노동부장관은 피보험자, 수급자격자 또는 지급되지 아니한 실업급여의 지급을 청구하는 자에게 피보험자의 자격 확인, 부정수급의 조사 등 이 법의 시행에 필요한 보고를 하게 하거나 관계 서류의 제출 또는 출석을 요구할 수 있다.

(4) 조사 등(제109조)

① 고용노동부장관은 피보험자의 자격 확인, 부정수급의 조사 등 이 법의 시행을 위하여 필요하다고 인정하면 소속 직원에게 피보험자 또는 수급자격자를 고용하고 있거나 고용하였던 사업주의 사업장 또는 보험사무대행기관 및 보험사무대행기관이었던 자의 사무소에 출입하여 관계인에 대하여 질문하거나 장부 등 서류를 조사하게 할 수 있다.

② 고용노동부장관이 위에 따라 조사를 하는 경우에는 그 사업주 등에게 미리 조사 일시·조사 내용 등 조사에 필요한 사항을 알려야 한다. 다만, 긴급하거나 미리 알릴 경우 그 목적을 달성할 수 없다고 인정되는 경우에는 그러하지 아니하다.

③ 위에 따라 조사를 하는 직원은 그 신분을 나타내는 증표를 지니고 이를 관계인에게 내보여야 한다.

④ 고용노동부장관은 위에 따른 조사 결과를 그 사업주 등에게 서면으로 알려야 한다.

(5) 자료의 요청(제110조)

① 고용노동부장관은 보험사업의 효율적인 운영을 위하여 필요하면 관계 중앙행정기관·지방자치단체, 그 밖의 공공단체 등에게 필요한 자료의 제출을 요청할 수 있다.

② 자료의 제출을 요청받은 자는 정당한 사유가 없으면 요청에 따라야 한다.

⑹ **진찰명령(제111조)**

직업안정기관의 장은 실업급여의 지급을 위하여 필요하다고 인정하면 제44조 제3항 제1호에 해당하는 자로서 같은 조 제2항에 따른 실업의 인정을 받았거나 받으려는 자 및 제63조에 따라 상병급여를 지급받았거나 지급받으려는 자에게 고용노동부장관이 지정하는 의료기관에서 진찰을 받도록 명할 수 있다.

⑺ **포상금의 지급(제112조)**

고용노동부장관은 이 법에 따른 고용안정·직업능력개발 사업의 지원·위탁 및 실업급여·육아휴직급여 또는 출산전후휴가 급여 등의 지원과 관련한 부정행위를 신고한 자에게 예산의 범위에서 포상금을 지급할 수 있다.

⑻ **「국민기초생활 보장법」의 수급자에 대한 특례(제113조의 2)**

① 제8조에도 불구하고 「국민기초생활 보장법」 제15조 제1항 제4호에 따라 자활을 위한 근로기회를 제공하기 위한 사업은 이 법의 적용을 받는 사업으로 본다. 이 경우 해당 사업에 참가하여 유급으로 근로하는 「국민기초생활 보장법」 제2조 제2호에 따른 수급자는 이 법의 적용을 받는 근로자로 보고, 같은 법 제2조 제4호에 따른 보장기관(같은 법 제15조 제2항에 따라 사업을 위탁하여 행하는 경우는 그 위탁기관을 말한다)은 이 법의 적용을 받는 사업주로 본다.

② 위 ① 후단에 따른 수급자가 「국민기초생활 보장법」 제8조 제2항에 따른 수급권자인 경우에는 해당 수급자에 대하여는 제3장의 규정만을 적용한다.

③ 제18조에도 불구하고 ②에 따라 제3장의 규정만 적용되는 수급자는 보험관계가 성립되어 있는 다른 사업에 고용되어 있는 경우에는 그 다른 사업의 근로자로서만 피보험자격을 취득한다.

④ 위 ①에 따라 수급자가 사업에 참가하고 받은 자활급여는 제41조에 따른 피보험 단위기간 산정의 기초가 되는 보수 및 제45조에 따른 임금일액의 기초가 되는 임금으로 본다.

⑼ **시범사업의 실시(제114조)**

① 고용노동부장관은 보험사업을 효과적으로 시행하기 위하여 전면적인 시행에 어려움이 예상되거나 수행 방식 등을 미리 검증할 필요가 있는 경우 대통령령으로 정하는 보험사업은 시범사업을 할 수 있다.

② 고용노동부장관은 위에 따른 시범사업에 참여하는 사업주, 피보험자 등 및 직업능력개발훈련시설 등에 재정·행정·기술이나 그 밖에 필요한 지원을 할 수 있다.

③ 위에 따른 시범사업의 대상자·실시 지역·실시 방법과 지원 내용 등에 관하여 필요한 사항은 고용노동부장관이 정하여 고시한다.

⑽ **권한의 위임 · 위탁(제115조)**

이 법에 따른 고용노동부장관의 권한은 대통령령으로 정하는 바에 따라 그 일부를 직업안정기관의 장에게 위임하거나 대통령령으로 정하는 자에게 위탁할 수 있다.

⑾ **벌칙 적용 시의 공무원 의제(제115조의 2)**

제36조와 제115조에 따라 업무를 대행하거나 위탁하도록 하는 경우에 그 대행하거나 위탁받은 업무에 종사하는 자는 「형법」 제129조부터 제132조까지의 규정에 따른 벌칙을 적용할 때에는 공무원으로 본다.

01 고용보험법이 명시하고 있는 고용보험법의 목적에 관한 설명으로 틀린 것은? 2003

① 사업주의 구조조정을 용이하게 함
② 국가의 직업지도·직업소개 기능을 강화함
③ 근로자가 실업한 경우에 생활에 필요한 급여를 실시함
④ 근로자의 생활의 안정과 구직활동을 촉진함

> **해설 |** 고용보험법은 고용보험의 시행을 통하여 실업의 예방, 고용의 촉진 및 근로자의 직업능력의 개발과 향상을 꾀하고, 국가의 직업지도와 직업소개 기능을 강화하며, 근로자가 실업한 경우에 생활에 필요한 급여를 실시하여 근로자의 생활안정과 구직활동을 촉진함으로써 경제·사회 발전에 이바지하는 것을 목적으로 한다(제1조).

02 고용보험법상 ( ) 안에 들어갈 내용으로 옳은 것은? 2014

> "일용근로자"란 ( ) 미만 동안 고용되는 자를 말한다.

① 15일
② 1개월
③ 3개월
④ 6개월

> **해설 |** "일용근로자"란 1개월 미만 동안 고용되는 자를 말한다(법 제2조).

03 고용보험법에서 사용하는 용어에 관한 설명으로 틀린 것은?

① "이직"은 피보험자와 사업주 사이의 고용관계가 끝나게 되는 것을 말한다.

② "실업"은 근로의 의사와 능력이 있음에도 불구하고 취업하지 못한 상태에 있는 것을 말한다.
③ "보수"는 소득세법에 따른 근로소득에서 대통령령으로 정하는 금품을 뺀 금액을 말한다.
④ "일용근로자"는 3개월 미만 동안 고용되는 자를 말한다.

04 고용보험법상 사업의 일괄적용의 요건이 아닌 것은? 2003

① 사업주가 동일인일 것
② 각각의 사업은 기간의 정함이 없는 사업일 것
③ 사업의 종류, 연간공사실적액 등이 대통령령이 정하는 요건에 해당할 것
④ 고용보험법의 적용을 받고자 하는 경우 근로자 과반수의 동의와 노동부장관의 승인을 얻을 것

> **해설 |** 각각의 사업은 기간의 정함이 있는 사업일 것을 요한다(시행령 제2조, 「고용보험 및 산업재해보상보험의 보험료징수 등에 관한 법률」 제8조 제1항).

05 고용보험법상 고용안정·직업능력개발 사업에 관하여 고용보험 적용이 제외되지 않는 근로자는? 2009

① 65세 이상인 자
② 별정우체국법에 따른 별정우체국 직원
③ 사립학교교직원 연금법의 적용을 받는 자
④ 국가공무원법과 지방공무원법에 의한 별정직 및 계약직을 제외한 공무원

> **해설 |** 65세 이후에 고용된 자라도 고용안정·직업능력개발 사업에 관하여는 고용보험이 적용된다(법 제10조 단서).

06 고용보험법상 실업급여사업이 적용되는 자는? 2015

① 별정우체국법에 따른 별정우체국 직원
② 자영업을 개시한 자
③ 생업을 목적으로 근로를 제공하는 자 중 3개월 이상 계속하여 근로를 제공하는 자
④ 사립학교교직원 연금법의 적용을 받는 자

> **해설 ❘** 월간 소정근로시간이 60시간 미만인 단시간 근로자(1주간 소정근로시간이 15시간 미만인 자 포함)는 고용보험 적용 제외 근로자에 해당한다. 다만, 생업을 목적으로 근로를 제공하는 자 중 3개월 이상 계속해 근로를 제공하는 자와 1개월 미만의 기간 고용된 일용근로자는 고용보험에 적용된다(시행령 제3조 제1항).

07 고용보험법의 적용 제외 근로자에 해당하는 자는?

① 60세 이후에 새로이 고용된 근로자
② 「별정우체국법」에 따른 별정우체국 직원
③ 근로자파견사업에 고용된 파견근로자
④ 6개월 미만의 기간 동안 고용되는 일용근로자

> **해설 ❘** 고용보험법 적용 제외 근로자(법 제10조, 시행령 제3조)
> ㉠ 65세 이후에 고용되거나 자영업을 개시한 자
> ㉡ 1개월간 소정근로시간이 60시간 미만인 자(1주간의 소정근로시간이 15시간 미만인 자를 포함)
> ㉢ 「국가공무원법」과 「지방공무원법」에 따른 공무원. 다만, 별정직공무원, 임기제공무원의 경우는 본인의 의사에 따라 고용보험(실업급여에 한함)에 가입 가능
> ㉣ 「사립학교교직원 연금법」의 적용을 받는 자
> ㉤ 외국인근로자로서 대통령령으로 정한 자
> ㉥ 「별정우체국법」에 따른 별정우체국 직원

08 고용보험법상 고용보험 피보험자격의 취득일·상실일에 관한 설명으로 틀린 것은? 2013, 2010

① 피보험자가 사망한 경우에는 사망한 날의 다음 날에 피보험자격을 상실한다.

② 보험관계 성립일 전에 고용된 근로자의 경우에는 그 보험관계가 성립한 날에 피보험자격을 취득한 것으로 본다.
③ 피보험자가 고용보험의 적용 제외 근로자에 해당하게 된 경우에는 그 적용 제외 대상자가 된 날에 피보험자격을 상실한다.
④ 고용보험의 적용 제외 근로자였던 자가 고용보험법의 적용을 받게 된 경우에는 그 적용을 받게 된 날의 다음 날에 피보험자격을 취득한 것으로 본다.

> **해설 ❘** 고용보험의 적용 제외 근로자였던 자가 고용보험법의 적용을 받게 된 경우에는 그 적용을 받게 된 날에 피보험자격을 취득한 것으로 본다(법 제13조 제1항 제1호)

09 고용보험법상 피보험자격의 취득일 및 상실일에 대한 설명으로 틀린 것은? 2008

① 적용 제외 근로자였던 자가 고용보험의 적용을 받게 된 경우에는 그 적용을 받게 된 날 피보험자격을 취득한 것으로 본다.
② 당해 사업장의 보험관계 성립일 전에 고용된 근로자의 경우에는 그 고용된 날 피보험자격을 취득한 것으로 본다.
③ 피보험자가 적용 제외 근로자에 해당하게 된 경우에는 그 적용 제외 대상자가 된 날 피보험자격을 상실한다.
④ 피보험자가 이직한 경우에는 이직한 날의 다음 날 피보험자격을 상실한다.

> **해설 ❘** 당해 사업장의 보험관계 성립일 전에 고용된 근로자의 경우에는 그 보험관계가 성립한 날 피보험자격을 취득한 것으로 본다(법 제13조 제1항 제2호).

제5과목 노동관계법규

정답 01 ① 02 ② 03 ④ 04 ② 05 ① 06 ③ 07 ② 08 ④ 09 ②

10 고용보험법상 고용보험 피보험자격의 취득일·상실일에 관한 설명으로 옳은 것은?

① 고용보험의 적용 제외 근로자였던 자가 고용보험법의 적용을 받게 된 경우에는 그 적용을 받게 된 날의 다음 날에 피보험자격을 취득한 것으로 본다.

② 피보험자가 고용보험의 적용 제외 근로자에 해당하게 된 경우에는 그 적용 제외 대상자가 된 날에 피보험자격을 상실한다.

③ 보험관계 성립일 전에 고용된 근로자의 경우에는 고용된 날에 피보험자격을 취득한 것으로 본다.

④ 피보험자가 사망한 경우에는 사망한 날에 피보험자격을 상실한다.

> **해설** | ① 고용보험의 적용 제외 근로자였던 자가 고용보험법의 적용을 받게 된 경우에는 그 적용을 받게 된 날 피보험자격을 취득한 것으로 본다(법 제13조 제1항 제1호).
> ③ 보험관계 성립일 전에 고용된 근로자의 경우에는 그 보험관계가 성립한 날 피보험자격을 취득한 것으로 본다(동조 제1항 제2호).
> ④ 피보험자는 다음의 어느 하나에 해당하는 날에 각각 그 피보험자격을 상실한다(법 제14조 제1항).
> ㉠ 피보험자가 제10조에 따른 적용 제외 근로자에 해당하게 된 경우에는 그 적용 제외 대상자가 된 날
> ㉡ 보험료징수법 제10조에 따라 보험관계가 소멸한 경우에는 그 보험관계가 소멸한 날
> ㉢ 피보험자가 이직한 경우에는 이직한 날의 다음 날
> ㉣ 피보험자가 사망한 경우에는 사망한 날의 다음 날

11 고용보험법상 피보험자격의 취득일과 상실일에 관한 설명으로 틀린 것은?　　　　2015, 2011

① 원칙적으로 피보험자는 고용보험법에 적용되는 사업에 고용된 날에 피보험자격을 취득한다.

② 피보험자가 적용 제외 근로자에 해당하게 된 경우 그 적용 제외 대상자가 된 날 피보험자격을 상실한다.

③ 피보험자가 이직한 경우에는 이직한 날 피보험자격을 상실한다.

④ 피보험자가 사망한 경우에는 사망한 날의 다음 날 피보험자격을 상실한다.

> **해설** | 피보험자가 이직한 경우에는 이직한 날의 다음 날 피보험자격을 상실한다(법 제14조 제1항 제3호).

12 다음 중 고용보험법상 고용안정사업의 실시에 있어서 우선적으로 고려하여야 하는 기업의 범위로 틀린 것은?　　　　2004

① 상시 근로자 300인 이하의 광업 기업

② 상시 근로자 300인 이하의 제조업 기업

③ 상시 근로자 300인 이하의 건설업 기업

④ 상시 근로자 300인 이하의 통신업 기업

> **해설** | 제조업은 상시 근로자 500인 이하이다(시행령 제12조).

13 고용보험법규상 둘 이상의 사업에 일용근로자가 아닌 자로 동시에 고용되어 있는 경우 피보험자격을 취득하는 순서로 옳은 것은?

A : 월평균보수가 많은 사업
B : 근로자가 선택한 사업
C : 월 소정근로시간이 많은 사업

---

① A → B → C　　　　② A → C → B

③ B → C → A　　　　④ C → A → B

> **해설** | 보험관계가 성립되어 있는 둘 이상의 사업에 동시에 고용되어 있는 근로자는 다음의 순서에 따라 피보험자격을 취득한다. 다만, 일용근로자와 일용근로자가 아닌 자로 동시에 고용되어 있는 경우에는 일용근로자가 아닌 자로 고용된 사업에서 우선적으로 피보험자격을 취득한다(시행규칙 제14조 제1항).

⊙ 월평균보수가 많은 사업
ⓒ 월 소정근로시간이 많은 사업
ⓒ 근로자가 선택한 사업

14 고용보험법상 사업주에게 고용창출에 대한 지원으로 임금의 일부를 지원할 수 있는 경우가 아닌 것은?

① 정기적인 교육훈련·안식휴가 부여, 교대근로 또는 근로시간 단축 등을 통하여 실업자를 고용함으로써 근로자 수가 증가한 경우
② 고용노동부장관이 정하는 시설을 설치·운영하여 고용환경을 개선하고 실업자를 고용하여 근로자 수가 증가한 경우
③ 직무의 분할, 근무체계 개편 또는 시간제직무 개발 등을 통하여 실업자를 근로계약기간을 정하고 시간제로 근무하는 형태로 하여 새로 고용하는 경우
④ 고용보험위원회에서 심의·의결한 성장유망업종에 해당하는 창업기업이 실업자를 고용하는 경우

> **해설 |** 직무의 분할, 근무체계 개편 또는 시간제직무 개발 등을 통하여 실업자를 근로계약기간을 정하지 않고 시간제로 근무하는 형태로 하여 새로 고용하는 경우 사업주에게 임금의 일부를 지원할 수 있다(시행령 제17조 제1항).

15 고용보험법상 근로자가 받을 수 없는 것은? 2004

① 이주비　　　　② 광역 구직활동비
③ 직업능력개발 수당　④ 고용유지지원금

> **해설 |** 고용유지지원금은 해당 사업주에게 지급한다 (법 제21조).

16 고용보험법상 지역고용촉진 지원금의 지급요건으로 틀린 것은?

① 지역고용계획이 제출된 날부터 2년 이내에 이전, 신설 또는 증설된 사업의 조업이 시작될 것
② 지역고용계획의 실시 상황과 고용된 피보험자에 대한 임금지급 상황이 적힌 서류를 갖추고 시행할 것
③ 이전, 신설 또는 증설된 사업의 조업이 시작된 날 현재 그 지정지역이나 다른 지정지역에 3개월 이상 거주한 구직자를 그 이전, 신설 또는 증설된 사업에 피보험자로 고용할 것
④ 고용정책 기본법에 따른 고용정책심의회에서 그 필요성이 인정된 사업일 것

> **해설 |** 지역고용계획이 제출된 날부터 1년 6개월 이내에 이전, 신설 또는 증설된 사업의 조업이 시작될 것(시행령 제24조 제1항 제3호)

17 고용보험법상 임금피크제 지원금에 대한 설명으로 틀린 것은? 2015

① 근로자대표의 동의를 얻어 임금피크제를 시행하는 사업주에게 지급한다.
② 임금피크제 지원금은 해당 근로자의 피크임금과 해당 연도 임금의 차액, 임금인상률과 소정근로시간 단축으로 인한 사업주의 노무비용 증가액 등을 고려하여 고용노동부장관이 고시하는 금액으로 한다.
③ 임금피크제 지원금은 임금피크제가 적용되는 날부터 최대 5년 동안 지급한다.
④ 해당 연도 중에 분기별 또는 월별로 임금피크제 지원금을 지급받으려는 경우에는 각각 매 분기 또는 매월 다음 달 말일까지 소재지 관할 직업안정기관의 장에게 신청서를 제출하여야 한다.

18 고용보험법에 관한 설명으로 옳은 것은?

① 피보험기간이 2년이며 이직일 현재 45세인 자의 구직급여 소정급여일수는 150일이다.

② 65세 이상인 자에게도 고용보험법상의 고용안정·직업능력개발 사업은 적용된다.

③ 구직급여의 산정 기초가 되는 임금일액이 그 근로자의 통상임금보다 저액일 경우에는 보험료징수법에 따른 기준임금을 기초일액으로 한다.

④ 구직급여를 수급받기 위하여서는 이직일 이전 12월간에 피보험 단위기간이 통산하여 90일 이상이라야 한다.

19 고용보험법령상 근로자 수강지원금의 지원수준을 높게 정할 수 있는 대상자로 옳은 것은? 2010

① 파견근로자

② 40세 이상인 자

③ 우선지원 대상기업에 고용된 자

④ 이직 예정자로서 훈련 중이거나 훈련 수련 후 1개월 이내에 이직된 자

20 고용보험법상 직업능력개발훈련을 실시하는 사업주에 대하여 비용을 지원하는 경우 고용노동부장관이 정하여 고시하는 바에 따라 지원수준을 높게 정할 수 있는 대상자로 틀린 것은?

① 일용근로자

② 「근로기준법」에 따른 단시간근로자

③ 「산업재해보상보험법」에 따른 특수형태근로종사자

④ 「기간제 및 단시간근로자 보호 등에 관한 법률」에 따른 기간제근로자

21 고용보험법상 실업급여에 관한 설명으로 틀린 것은?

① 구직급여는 실업급여와 취업촉진 수당으로 구분한다.

② 실업급여를 받을 권리는 양도 또는 압류하거나 담보로 제공할 수 없다.

③ 실업급여로서 지급된 금품에 대하여는 국가나 지방자치단체의 공과금을 부과하지 아니한다.

④ 조기재취업 수당, 직업능력개발 수당, 광역구직활동비, 이주비는 취업촉진 수당의 종류이다.

22 고용보험법상 실업급여에 포함되지 않는 것은?

① 생계비   ② 이주비

③ 구직급여   ④ 조기재취업 수당

23 고용보험법상 취업촉진 수당에 해당하지 않는 것은?

① 조기재취업 수당 ② 직업능력개발 수당
③ 구직급여 ④ 이주비

24 고용보험법상 구직급여의 수급요건에 관한 설명으로 틀린 것은?

① 이직일 이전 18개월간 피보험 단위기간이 통산하여 180일 이상이어야 한다.
② 근로의 능력이 있음에도 불구하고 취업하지 못한 상태이어야 한다.
③ 피보험자가 해고된 경우에는 해고사유와 관계 없이 수급자격이 있다.
④ 피보험자가 정당한 사유 없이 자기 사정으로 이직한 경우에는 수급자격이 없다.

> **해설 | 이직사유에 따른 수급자격의 제한(법 제58조)**
> 피보험자가 다음의 어느 하나에 해당한다고 직업안정기관의 장이 인정하는 경우에는 수급자격이 없는 것으로 본다.
> ㉠ 중대한 귀책사유로 해고된 피보험자로서 다음의 어느 하나에 해당하는 경우
> • 「형법」 또는 직무와 관련된 법률을 위반하여 금고이상의 형을 선고받은 경우
> • 사업에 막대한 지장을 초래하거나 재산상 손해를 끼친 경우로서 고용노동부령으로 정하는 기준에 해당하는 경우
> • 정당한 사유 없이 근로계약 또는 취업규칙 등을 위반하여 장기간 무단결근한 경우
> ㉡ 자기 사정으로 이직한 피보험자로서 다음의 어느 하나에 해당하는 경우
> • 전직 또는 자영업을 하기 위하여 이직한 경우
> • 제1호의 중대한 귀책사유가 있는 자가 해고되지 아니하고 사업주의 권고로 이직한 경우
> • 그 밖에 고용노동부령으로 정하는 정당한 사유에 해당하지 아니하는 사유로 이직한 경우

25 고용보험법상 구직급여의 수급요건에 해당하지 않는 것은?
2015

① 이직일 이전 18개월간 피보험 단위기간이 통산하여 180일 이상일 것
② 근로의 의사와 능력이 있음에도 불구하고 취업하지 못한 상태에 있을 것
③ 전직 또는 자영업을 하기 위하여 이직하였을 것
④ 재취업을 위한 노력을 적극적으로 할 것

> **해설 |** 전직 또는 자영업을 하기 위하여 이직한 경우에는 구직급여의 수급자격이 없는 것으로 본다(법 제58조).

26 고용보험법상 이직한 피보험자의 구직급여 수급요건으로 틀린 것은?

① 이직일 이전 18개월간 피보험 단위기간이 통산하여 150일 이상일 것
② 근로의 의사와 능력이 있음에도 불구하고 취업하지 못한 상태에 있을 것
③ 재취업을 위한 노력을 적극적으로 할 것
④ 일용근로자는 수급자격 인정신청일 이전 1개월 동안의 근로일수가 10일 미만일 것

> **해설 |** 이직일 이전 18개월간 피보험 단위기간이 통산하여 180일 이상일 것(법 제40조 제1항)

27 고용보험법에서 구직급여 수급자격자에 대한 설명 중 옳지 않은 것은?
2004

① 근로의 의사와 능력을 가지고 있음에도 취업하지 못한 상태에 있음
② 자기의 중대한 귀책사유로 해고되거나 정당한 사유 없는 자기 사정으로 이직하지 않았음
③ 실직 전 기준기간 동안에 고용보험이 적용되는 사업장에서 근무한 기간이 통산하여 180일 이상임

④ 수급자격을 인정받은 후 취업했다가 다시 실업하게 되었으나 새로이 보험 단위기간은 충족하지 아니한 상태임

해설 ㅣ 피보험자로서 마지막에 이직한 사업에 고용되기 전에 피보험자로서 이직한 사실이 있고, 마지막 이직 이전의 이직과 관련하여 구직급여를 받은 사실이 없는 경우에는 마지막에 이직한 사업을 기준으로 수급자격의 인정 여부를 결정한다. 따라서 새로이 피보험 단위기간을 충족하여야 한다(법 제41조 제2항).

28 다음 ( ) 안에 알맞은 것은?

> 고용보험법상 구직급여를 지급받고자 하는 자는 이직 후 ( ) 직업안정기관에 출석하여 실업을 신고하여야 한다.

① 14일 이내에　　　　② 7일 이내에
③ 3일 이내에　　　　④ 지체 없이

해설 ㅣ 구직급여를 지급받으려는 자는 이직 후 지체 없이 직업안정기관에 출석하여 실업을 신고하여야 한다(법 제42조 제1항).

29 고용보험법상 다음 조건에서 기초일액은? (단, 주어진 조건 외에는 고려하지 않는다)

> - 마지막 이직일 이전 3개월간의 일수 : 90일
> - 산정하여야 할 사유가 발생한 날 이전 3개월 동안에 그 근로자에게 지급된 임금의 총액 : 810만 원
> - 일용직이 아님
> - 산정된 기초일액이 근로기준법에 따른 그 근로자의 통상임금보다 많음
> - 산정된 기초일액이 그 수급자격자의 이직 전 1일 소정근로시간에 이직일 당시 적용되던 최저임금법에 따른 시간 단위에 해당하는 최저임금액을 곱한 금액보다 많음

① 7만 5천 원　　　　② 8만 원
③ 8만 6천 원　　　　④ 9만 원

해설 ㅣ 원칙적으로 마지막 이직일 이전 3개월간에 그 근로자에게 지급된 임금 총액(810만 원)을 그 산정의 기준이 되는 3개월의 총일수(90일)로 나눈 금액(9만 원)을 임금일액(기초일액)으로 하지만, 그 임금일액이 8만 6천 원을 초과하는 경우에는 8만 6천 원을 해당 임금일액(기초일액)으로 한다(법 제45조 제1항, 시행령 제68조 제1항).

30 고용보험법상 피보험기간이 5년 이상 10년 미만이고, 이직일 현재 연령이 30세 이상 50세 미만인 경우의 구직급여 소정급여일수는?

2010

① 90일　　　　② 120일
③ 150일　　　　④ 180일

해설 ㅣ 제50조 구직급여의 소정급여일수

구분		피보험기간				
		1년 미만	1년 이상 3년 미만	3년 이상 5년 미만	5년 이상 10년 미만	10년 이상
이직일 현재 연령	30세 미만	90일	90일	120일	150일	180일
	30세 이상 50세 미만	90일	120일	150일	180일	210일
	50세 이상 및 장애인	90일	150일	180일	210일	240일

31 고용보험상 구직급여의 연장급여 종류에 해당되지 않는 것은?

2014

① 지정연장급여　　　　② 특별연장급여
③ 개별연장급여　　　　④ 훈련연장급여

해설 ㅣ 고용보험상 구직급여의 연장급여에는 훈련연장급여, 개별연장급여, 특별연장급여가 있다(법 제51조~제53조).

32 고용보험법상 이직사유에 따른 수급자격의 제한 요건이 아닌 것은?

2015, 2009

① 중대한 귀책사유가 없는 자가 사업주의 권고로 이직한 경우
② 형법 또는 직무와 관련된 법률을 위반하여 금고이상의 형을 선고받은 경우
③ 정당한 사유 없이 근로계약 또는 취업규칙 등을 위반하여 장기간 무단결근한 경우
④ 전직 또는 자영업을 하기 위하여 이직한 경우

해설 | 중대한 귀책사유가 있는 자가 사업주의 권고로 이직한 경우에는 수급자격이 없다(법 제58조).

33 고용보험법상 구직급여에 관한 설명으로 틀린 것은?

① 근로자의 중대한 귀책사유로 해고된 경우에는 구직급여의 수급자격이 제한될 수도 있다.
② 이직 당시 1억 원 이상의 금품을 퇴직위로금으로 수령한 수급자격자에 대하여는 실업의 신고일부터 3개월간 구직급여의 지급이 유예될 수 있다.
③ 수급자격자가 직업안정기관의 장이 소개하는 직업에 취직하는 것을 거부하거나 직업안정기관의 장이 지시한 직업능력개발훈련 등을 거부하는 경우에는 이미 지급한 구직급여를 환수한다.
④ 거짓이나 기타 부정한 방법으로 구직급여를 지급받은 자에 대하여는 이미 지급한 구직급여의 반환을 명할 수 있으며, 그것이 사업주의 허위의 신고·보고 또는 증명에 의한 것인 경우에는 사업주도 연대책임을 진다.

해설 | 수급자격자가 직업안정기관의 장이 소개하는 직업에 취직하는 것을 거부하거나 직업안정기관의 장이 지시한 직업능력개발훈련 등을 거부하면 대통령령으로 정하는 바에 따라 구직급여의 지급을 정지한다(법 제60조 제1항).

34 고용보험법상 취업촉진 수당에 해당하지 않는 것은?

2013, 2009, 2008

① 직업능력개발 수당 ② 이주비
③ 조기재취업 수당 ④ 구직급여

해설 | 취업촉진 수당에는 조기재취업 수당, 직업능력개발 수당, 광역 구직활동비, 이주비 등이 있다(법 제64조~제67조).

35 고용보험법에서 취업촉진 수당에 대한 설명 중 옳지 않은 것은?

2003

① 조기재취업 수당은 실직자의 실직기간을 최소화시키고 안정된 직장에 조기에 재취직을 장려하기 위한 인센티브 제도임
② 직업능력개발 수당은 수급자격자가 직업안정기관의 장이 지시하는 직업능력개발훈련을 받는 경우 구직급여외에 지급하는 일정액의 수당임
③ 광역 구직활동비는 수급자격자가 직업안정기관의 장의 소개에 의하여 광범위한 지역에 걸쳐 구직활동을 하는 경우에 지급할 수 있음
④ 이주비는 대기기간 이내에 수급자격자가 취직하여 그 주거를 이전하는 경우에 지급할 수 있음

해설 | 이주비는 대기기간이 지난 후 수급자격자가 취업하거나 직업안정기관의 장이 지시한 직업능력개발훈련 등을 받기 위하여 그 주거를 이전하는 경우에 지급할 수 있다(법 제67조).

36 고용보험법상 자영업자인 피보험자의 실업급여의 종류로 틀린 것은?

① 조기재취업 수당 ② 직업능력개발 수당
③ 광역 구직활동비 ④ 구직급여

해설 | 자영업자인 피보험자의 실업급여의 종류는 제37조(구직급여와 취업촉진 수당)에 따른다. 다만, 제51조부터 제55조까지의 규정에 따른 연장급여(훈련연장급여, 개별연장급여, 특별연장급여)와 제64조에 따른 조기재취업 수당은 제외한다(법 제69조의 2).

37 고용보험법상 취업촉진 수당에 포함되지 않는 것은?

2015

① 조기재취업 수당　　② 육아휴직 수당
③ 직업능력개발 수당　④ 이주비

해설 | 취업촉진 수당에는 조기재취업 수당, 직업능력개발 수당, 광역 구직활동비, 이주비 등이 있다.

38 고용보험법상 자영업자인 피보험자의 실업급여에 관한 내용이다. ( ) 안에 알맞은 것은?

> 구직급여는 폐업한 자영업자인 피보험자가 폐업일 이전 (A)간 자영업자인 피보험자로서 갖춘 피보험 단위기간이 통산하여 (B) 이상이 되어야 지급한다.

① A : 12개월,　　　　B : 180일
② A : 18개월,　　　　B : 180일
③ A : 18개월,　　　　B : 1년
④ A : 24개월,　　　　B : 1년

해설 | 구직급여는 폐업한 자영업자인 피보험자가 다음의 요건을 모두 갖춘 경우에 지급한다(제69조의 3).
㉠ 폐업일 이전 24개월간 제41조 제1항 단서에 따라 자영업자인 피보험자로서 갖춘 피보험 단위기간이 통산하여 1년 이상일 것
㉡ 근로의 의사와 능력이 있음에도 불구하고 취업을 하지 못한 상태에 있을 것
㉢ 폐업사유가 제69조의 7에 따른 수급자격의 제한사유에 해당하지 아니할 것
㉣ 재취업을 위한 노력을 적극적으로 할 것

39 다음 ( ) 안에 알맞은 것은?

> 고용보험법령상 육아휴직급여를 지급받으려는 사람은 육아휴직을 시작한 날 이후 1개월부터 육아휴직이 끝난 날 이후 ( ) 이내에 신청하여야 한다. 다만, 해당 기간에 대통령령으로 정하는 사유로 육아휴직급여를 신청할 수 없었던 사람은 그 사유가 끝난 후 30일 이내에 신청하여야 한다.

① 3개월　　　　　　② 6개월
③ 12개월　　　　　④ 24개월

해설 | 육아휴직급여를 지급받으려는 사람은 육아휴직을 시작한 날 이후 1개월부터 육아휴직이 끝난 날 이후 12개월 이내에 신청하여야 한다. 다만, 해당 기간에 대통령령으로 정하는 사유로 육아휴직급여를 신청할 수 없었던 사람은 그 사유가 끝난 후 30일 이내에 신청하여야 한다(법 제70조 제2항).

40 고용보험법상 육아휴직급여에 관한 설명으로 옳은 것은?

① 피보험자가 「남녀고용평등 및 일·가정 양립 지원에 관한 법률」에 따른 육아휴직을 10일 이상 부여받은 경우에 육아휴직급여를 지급한다.
② 같은 자녀에 대하여 피보험자인 배우자가 30일 이상의 육아휴직을 부여받은 경우에 육아휴직급여를 지급한다.
③ 피보험자가 육아휴직을 시작한 날 이전에 피보험 단위기간이 통산하여 90일 이상인 경우에 육아휴직급여를 지급한다.
④ 피보험자가 육아휴직급여 기간 중에 그 사업에서 이직한 경우에는 그 이직하였을 때부터 육아휴직급여를 지급하지 아니한다.

해설 | ㉠ 육아휴직급여 지급 요건(법 제70조 제1항)
: 고용노동부장관은 「남녀고용평등과 일·가정 양립 지원에 관한 법률」에 따른 육아휴직을 30일(「근로기준법」에 따른 출산전후휴가기간과 중복되는 기간은 제외한다) 이상 부여받은 피보험자 중 다음의 요건을 모두 갖춘 피보험자에게 육아휴직

급여를 지급한다.
- 육아휴직을 시작한 날 이전에 피보험 단위기간이 통산하여 180일 이상일 것
- 같은 자녀에 대하여 피보험자인 배우자가 30일 이상의 육아휴직을 부여받지 아니하거나 「남녀고용평등과 일·가정 양립 지원에 관한 법률」에 따른 육아기 근로시간 단축을 30일 이상 실시하지 아니하고 있을 것
ⓒ 육아휴직급여 지급 제한(법 제73조 제1항) : 피보험자가 육아휴직급여 기간 중에 그 사업에서 이직하거나 새로 취업한 경우에는 그 이직 또는 취업하였을 때부터 육아휴직급여를 지급하지 아니한다.

41 고용보험법상 육아휴직급여에 관한 설명으로 틀린 것은?
2011

① 피보험자가 사업주로부터 육아휴직을 이유로 금품을 지급받은 경우라도 이를 이유로 하여 육아휴직급여가 감액되어 지급되어서는 아니 된다.
② 피보험자가 육아휴직급여 기간 중에 그 사업에서 이직한 경우에는 이직하였을 때부터 육아휴직급여를 지급하지 아니하는 것이 원칙이다.
③ 거짓이나 그 밖의 부정한 방법으로 육아휴직급여를 받았거나 받으려 한 자에게는 급여를 받은 날 또는 받으려 한 날로부터의 육아휴직급여를 지급하지 아니하는 것이 원칙이다.
④ 피보험자가 육아휴직급여 기간 중에 새로 취업한 경우에는 그 사실을 직업안정기관의 장에게 신고하여야 하지만 1주간의 소정근로시간이 15시간 미만인 경우는 신고할 필요가 없다.

해설 | 피보험자가 사업주로부터 육아휴직을 이유로 금품을 지급받은 경우 대통령령으로 정하는 바에 따라 급여를 감액하여 지급할 수 있다(법 제73조).

42 고용보험법상 육아휴직급여와 지급 요건에 대한 설명으로 틀린 것은?
2015

① 육아휴직 개시일 이전에 고용보험 피보험 단위기간이 통산 180일 이상일 것
② 같은 자녀에 대하여 피보험자의 배우자가 30일 이상의 육아휴직을 부여받지 않고 있을 것
③ 육아휴직 개시일 이후 1개월부터 종료일 이후 18개월 이내에 신청할 것
④ 배우자의 질병·부상으로 신청할 수 없었던 자는 사유 종료 후 30일 이내에 신청할 것

해설 | 육아휴직급여를 지급받으려는 사람은 육아휴직을 시작한 날 이후 1개월부터 육아휴직이 끝난 날 이후 12개월 이내에 신청하여야 한다(제70조 제2항).

43 고용보험법상 육아휴직급여에 관한 설명으로 틀린 것은?
2015

① 피보험자가 사업주로부터 육아휴직을 이유로 금품을 지급받은 경우라도 이를 이유로 하여 육아휴직급여가 감액되어 지급되어서는 아니 된다.
② 피보험자가 육아휴직급여 기간 중에 그 사업에서 이직하거나 새로 취업한 경우에는 그 이직 또는 취업하였을 때부터 육아휴직급여를 지급하지 아니한다.
③ 거짓이나 그 밖의 부정한 방법으로 육아휴직급여를 받았거나 받으려 한 자에게는 그 급여를 받은 날 또는 받으려 한 날부터의 육아휴직급여를 지급하지 아니한다.
④ 피보험자가 육아휴직급여 기간 중에 새로 취업한 경우에는 그 사실을 직업안정기관의 장에게 신고하여야 하지만 1주간의 소정근로시간이 15시간 미만인 경우는 제외한다.

제5과목 노동관계법규

44 고용보험법상 출산전후휴가 급여에 대한 설명 중 틀린 것은?

2004년 변형

① 출산전후휴가 종료일 이전에 피보험 단위기간이 통산하여 180일 이상일 것
② 휴가를 시작한 날 이후 1개월부터 휴가가 끝난 날 이후 12개월 이내에 신청할 것
③ 출산전후휴가기간 중 60일을 초과하는 일수에 대하여 근로기준법상 평균임금에 상당하는 금액을 지급한다.
④ 출산전후휴가 급여의 지급금액은 대통령령이 정하는 바에 따라 그 상한액과 하한액을 정할 수 있다.

45 고용보험법상 고용보험기금의 용도로 틀린 것은?

① 퇴직급여의 지급
② 일시 차입금의 상환금과 이자
③ 고용안정·직업능력개발 사업에 필요한 경비
④ 육아휴직급여 및 출산전후휴가 급여의 지급

46 고용보험법령상 고용노동부장관은 고용보험기금을 관리 · 운용함에 있어 대량 실업의 발생이나 그 밖의 고용상태 불안에 대비한 준비금을 여유자금으로 적립하여야 한다. 실업급여 계정의 연말 적립금의 적정규모는?

① 해당 연도 지출액의 1배
② 해당 연도 지출액의 1배 이상 2배 미만
③ 해당 연도 지출액의 1.5배 이상 2배 미만
④ 해당 연도 지출액의 1.5배 이상 2.5배 미만

47 고용보험법상 심사 및 재심사청구의 대상이 되는 것은?

① 보험료 징수처분
② 피보험자격의 취득·상실에 대한 확인
③ 고용안정사업에 관한 처분
④ 직업능력개발 사업에 관한 처분

48 고용보험법상 실업급여에 관한 처분에 대한 심사 및 재심사의 청구에 관한 설명으로 틀린 것은?

① 심사의 청구는 확인 또는 처분이 있음을 안 날부터 90일 이내에 제기하여야 한다.
② 심사 및 재심사의 청구는 시효중단에 관하여 재판상의 청구로 본다.
③ 심사관에 대한 기피신청은 그 사유를 구체적으로 밝힌 서면으로 하여야 한다.
④ 심사청구인은 법정대리인 외에 청구인의 배우자는 대리인으로 선임할 수 없다.

해설 | 심사청구인 또는 재심사청구인은 법정대리인 외에 다음의 어느 하나에 해당하는 자를 대리인으로 선임할 수 있다(법 제88조).
㉠ 청구인의 배우자, 직계존속·비속 또는 형제자매
㉡ 청구인인 법인의 임원 또는 직원
㉢ 변호사나 공인노무사
㉣ 제99조에 따른 심사위원회의 허가를 받은 자

49 고용보험의 심사청구와 관련된 설명으로 틀린 것은?

① 심사청구는 즉시 원처분의 집행을 정지시킨다.

② 결정은 원처분 등을 행한 직업안정기관의 장을 기속한다.

③ 심사의 청구는 대통령령으로 정하는 바에 따라 문서로 하여야 한다.

④ 직업안정기관은 심사청구서를 받은 날부터 5일 이내에 의견서를 첨부하여 심사청구서를 심사관에게 보내야 한다.

해설 | 심사의 청구는 원처분 등의 집행을 정지시키지 아니한다(집행부정지의 원칙). 다만, 심사관은 원처분 등의 집행에 의하여 발생하는 중대한 위해를 피하기 위하여 긴급한 필요가 있다고 인정하면 직권으로 그 집행을 정지시킬 수 있다(법 제93조 제1항).

50 고용보험법상 심사 및 재심사의 청구에 관한 설명으로 틀린 것은?

① 피보험자격의 취득·상실에 대한 확인 등에 이의가 있는 자는 고용보험심사관에게 심사를 청구할 수 있고, 그 결정에 이의가 있는 자는 고용보험심사위원회에 재심사를 청구할 수 있다.

② 심사청구인은 법정대리인 외에 변호사나 공인노무사를 대리인으로 선임할 수 있다.

③ 고용보험심사관은 심사의 청구에 대한 심리를 마쳤을 때에는 원처분 등의 전부 또는 일부를 취소하거나 심사청구의 전부 또는 일부를 기각한다.

④ 결정의 효력은 심사청구인 및 직업안정기관의 장이 결정서의 정본을 받은 날부터 발생하며 결정은 원처분 등을 행한 직업안정기관의 장을 기속한다.

해설 | 결정은 심사청구인 및 직업안정기관의 장에게 결정서의 정본을 보낸 날부터 효력이 발생하며, 원처분 등을 행한 직업안정기관의 장을 기속한다(법 제98조).

51 고용보험법상 실업급여를 지급받을 권리는 몇 년간 행사하지 아니하면 시효로 소멸하는가?

① 1년   ② 2년
③ 3년   ④ 5년

해설 | 고용안정·직업능력개발 사업의 지원금, 실업급여, 육아휴직급여 또는 출산전후휴가 급여 등을 지급받거나 그 반환을 받을 권리는 3년간 행사하지 아니하면 시효로 소멸한다(법 제107조 제1항). 일반적으로 노동관계법상의 소멸시효는 3년이다.

근로자직업능력 개발법

Section 01 총칙

(1) 목적(제1조)

이 법은 근로자의 생애에 걸친 직업능력개발을 촉진·지원하고 산업현장에서 필요로 하는 기술·기능인력을 양성하며 산학협력 등에 관한 사업을 수행함으로써 근로자의 고용촉진·고용안정 및 사회·경제적 지위 향상과 기업의 생산성 향상을 도모하고 능력중심사회의 구현 및 사회·경제의 발전에 이바지함을 목적으로 한다.

(2) 용어의 정의(제2조)

이 법에서 사용하는 용어의 뜻은 다음과 같다.

용어	개념
직업능력개발훈련	근로자에게 직업에 필요한 직무수행능력을 습득 · 향상시키기 위하여 실시하는 훈련을 말한다.
직업능력개발 사업	직업능력개발훈련, 직업능력개발훈련 과정 · 매체의 개발 및 직업능력개발에 관한 조사 · 연구 등을 하는 사업을 말한다.
직업능력개발훈련 시설	• 공공직업훈련시설 : 국가 · 지방자치단체 및 대통령령으로 정하는 공공단체(이하 "공공단체"라 한다)가 직업능력개발훈련을 위하여 설치한 시설로서 제27조에 따라 고용노동부장관과 협의하거나 고용노동부장관의 승인을 받아 설치한 시설 • 지정직업훈련시설 : 직업능력개발훈련을 위하여 설립 · 설치된 직업전문학교 · 실용전문학교 등의 시설로서 제28조에 따라 고용노동부장관이 지정한 시설
근로자	사업주에게 고용된 사람과 취업할 의사가 있는 사람을 말한다.
기능대학	「고등교육법」 제2조 제4호에 따른 전문대학으로서 학위과정인 제40조에 따른 다기능기술자과정 또는 학위전공심화과정을 운영하면서 직업훈련과정을 병설운영하는 교육 · 훈련기관을 말한다.

(3) 직업능력개발훈련의 기본원칙(제3조)

① 직업능력개발훈련은 근로자 개인의 희망·적성·능력에 맞게 근로자의 생애에 걸쳐 체계적으로 실시되어야 한다.

② 직업능력개발훈련은 민간의 자율과 창의성이 존중되도록 하여야 하며, 노사의 참여와 협력을 바탕으로 실시되어야 한다.

③ 직업능력개발훈련은 근로자의 성별, 연령, 신체적 조건, 고용형태, 신앙 또는 사회적 신분 등에 따라 차별하여 실시되어서는 아니 되며, 모든 근로자에게 균등한 기회가 보장되도록 하여야 한다.

④ 다음의 사람을 대상으로 하는 직업능력개발훈련은 중요시되어야 한다.
　㉠ 고령자·장애인
　㉡ 「국민기초생활 보장법」에 따른 수급권자
　㉢ 「국가유공자 등 예우 및 지원에 관한 법률」에 따른 국가유공자와 그 유족 또는 가족이나 「보훈보상대상자 지원에 관한 법률」에 따른 보훈보상대상자와 그 유족 또는 가족
　㉣ 「5·18민주유공자예우에 관한 법률」에 따른 5·18민주유공자와 그 유족 또는 가족
　㉤ 「제대군인지원에 관한 법률」에 따른 제대군인 및 전역예정자
　㉥ 여성 근로자
　㉦ 「중소기업기본법」에 따른 중소기업의 근로자
　㉧ 삭제
　㉨ 일용근로자, 단시간근로자, 기간을 정하여 근로계약을 체결한 근로자, 일시적 사업에 고용된 근로자
　㉩ 「파견근로자보호 등에 관한 법률」에 따른 파견근로자
⑤ 직업능력개발훈련은 교육 관계 법에 따른 학교교육 및 산업현장과 긴밀하게 연계될 수 있도록 하여야 한다.

(4) 국가 및 사업주 등의 책무(제4조)

① 국가와 지방자치단체는 근로자의 생애에 걸친 직업능력개발을 위하여 사업주·사업주단체 및 근로자단체 등이 하는 직업능력개발 사업과 근로자가 자율적으로 수강하는 직업능력개발훈련 등을 촉진·지원하기 위하여 필요한 시책을 마련하여야 한다. 이 경우 국가는 지방자치단체가 마련한 시책을 시행하는 데에 필요한 지원을 할 수 있다.
② 사업주는 근로자를 대상으로 직업능력개발훈련을 실시하고, 직업능력개발훈련에 많은 근로자가 참여하도록 하며, 근로자에게 직업능력개발을 위한 휴가를 주거나 인력개발담당자(직업능력개발훈련시설 및 기업 등에서 직업능력개발 사업의 기획·운영·평가 등을 하는 사람을 말한다. 이하 같다)를 선임하는 등 직업능력개발훈련 여건을 조성하기 위한 노력을 하여야 한다.
③ 근로자는 자신의 적성과 능력에 따른 직업능력개발을 위하여 노력하여야 하고, 국가·지방자치단체 또는 사업주 등이 하는 직업능력개발 사업에 협조하여야 한다.
④ 사업주단체, 근로자단체 지역인적자원개발위원회 및 「산업발전법」 제12조 제2항에 따른 산업부문별 인적자원개발협의체 등은 직업능력개발훈련이 산업현장의 수요에 맞추어 이루어지도록 지역별·산업부문별 직업능력개발훈련 수요조사 등 필요한 노력을 하여야 한다.
⑤ 직업능력개발훈련을 실시하는 자는 직업능력개발훈련에 관한 상담·취업지도, 선발기준 마련 등을 함으로써 근로자가 자신의 적성과 능력에 맞는 직업능력개발훈련을 받을 수 있도록 노력하여야 한다.

(5) **직업능력개발기본계획의 수립(제5조)**

① 고용노동부장관은 관계 중앙행정기관의 장과 협의하고 「고용정책 기본법」 제10조 제1항에 따른 고용정책심의회의 심의를 거쳐 근로자의 직업능력개발 촉진에 관한 기본계획(이하 "직업능력개발 기본계획"이라 한다)을 5년마다 수립·시행하여야 한다.

② 직업능력개발기본계획에는 다음의 사항이 포함되어야 한다.

　　㉠ 직업능력개발에 관한 정책의 기본방향

　　㉡ 「고용정책 기본법」 제16조에 따른 인력의 수급 동향 및 전망을 반영한 직업능력개발훈련의 수급에 관한 사항

　　㉢ 근로자가 자율적으로 행하는 직업능력개발훈련에 대한 지원에 관한 사항

　　㉣ 사업주가 근로자를 위하여 실시하는 직업능력개발 사업에 대한 지원에 관한 사항

　　㉤ 근로자단체, 사업주단체 또는 산업부문별 인적자원개발협의체 등이 하는 직업능력개발 사업에 대한 지원에 관한 사항

　　㉥ 산업발전의 추이와 노동시장의 인력수급 상황을 감안하여 국가경제의 지속적인 발전에 필요한 인력의 양성에 관한 사항

　　㉦ 제8조에 따른 직업능력개발훈련의 표준 설정, 직업능력개발훈련교사 및 인력개발담당자의 육성·지원, 직업능력개발훈련 매체 및 방법의 개발·보급 등 직업능력개발훈련의 여건 조성에 관한 사항

　　㉧ 직업능력개발훈련과 자격의 연계에 관한 사항

　　㉨ 직업능력개발 사업의 평가에 관한 사항

　　㉩ 그 밖에 근로자의 고용촉진 및 고용안정을 위하여 직업능력개발 사업을 할 필요가 있다고 인정되는 사항

③ 고용노동부장관은 직업능력개발기본계획을 수립하는 경우에는 사업주단체 및 근로자단체 등 관련 기관·단체 등의 의견을 수렴하여야 하며, 필요하다고 인정할 때에는 관계 행정기관, 지방자치단체 및 공공단체의 장(이하 "관계행정기관장 등"이라 한다)에게 자료의 제출을 요청할 수 있다.

(6) **직업능력개발정보망의 구축(제6조)**

① 고용노동부장관은 직업능력개발에 관한 정보의 수집·관리·제공, 근로자의 직업능력개발 경력의 관리 및 직업능력개발과 자격의 효율적 연계를 위하여 직업능력개발정보망을 구축하여야 한다.

② 고용노동부장관은 직업능력개발 사업을 하는 자 또는 관계행정기관장 등에게 직업능력개발정보망의 구축·운영에 필요한 자료 제출을 요구할 수 있다. 직업능력개발 사업을 하는 자 또는 관계행정기관장 등은 특별한 사정이 없으면 그 요구에 적극 협조하여야 한다.

③ 고용노동부장관은 관계행정기관장 등이 직업능력개발정보망을 활용하여 업무를 처리할 수 있도록 필요한 조치를 취하여야 한다.

(7) 직업능력개발에 관한 조사 · 연구(제7조)

고용노동부장관은 근로자의 직업능력개발을 위한 정책수립 및 제도개선에 필요한 조사·연구·개발을 할 수 있다.

(8) 직업능력개발훈련의 표준(제8조)

① 고용노동부장관은 직업능력개발훈련의 상호호환·인정·교류가 가능하도록 직업능력개발훈련과 관련된 기술·자원·운영 등에 관한 표준(이하 "직업능력개발훈련의 표준"이라 한다)을 정할 수 있다.

② 고용노동부장관은 직업능력개발훈련의 표준을 정하려는 경우에는 사업주단체 및 근로자단체 등 관련 기관·단체 등의 의견을 수렴하여야 한다.

(9) 훈련계약과 권리 · 의무(제9조)

① 사업주와 직업능력개발훈련을 받으려는 근로자는 직업능력개발훈련에 따른 권리·의무 등에 관하여 훈련계약을 체결할 수 있다.

② 사업주는 훈련계약을 체결할 때에는 해당 직업능력개발훈련을 받는 사람이 직업능력개발훈련을 이수한 후에 사업주가 지정하는 업무에 일정 기간 종사하도록 할 수 있다. 이 경우 그 기간은 5년 이내로 하되, 직업능력개발훈련 기간의 3배를 초과할 수 없다.

③ 훈련계약을 체결하지 아니한 경우에 고용근로자가 받은 직업능력개발훈련에 대하여는 그 근로자가 근로를 제공한 것으로 본다.

④ 훈련계약을 체결하지 아니한 사업주는 직업능력개발훈련을 「근로기준법」 제50조에 따른 근로시간(이하 "기준근로시간"이라 한다) 내에 실시하되, 해당 근로자와 합의한 경우에는 기준근로시간 외의 시간에 직업능력개발훈련을 실시할 수 있다.

⑤ 기준근로시간 외의 훈련시간에 대하여는 생산시설을 이용하거나 근무장소에서 하는 직업능력개발훈련의 경우를 제외하고는 연장근로와 야간근로에 해당하는 임금을 지급하지 아니할 수 있다.

(10) 훈련수당(제10조)

직업능력개발훈련을 실시하는 자는 직업능력개발훈련을 받는 훈련생에게 훈련수당을 지급할 수 있다.

(11) 재해 위로금(제11조)

직업능력개발훈련을 실시하는 자는 해당 훈련시설에서 직업능력개발훈련을 받는 근로자(「산업재해보상보험법」을 적용받는 사람은 제외한다)가 직업능력개발훈련 중에 그 직업능력개발훈련으로 인하여 재해를 입은 경우에는 재해 위로금을 지급하여야 한다. 이 경우 위탁에 의한 직업능력개발훈련을 받는 근로자에 대하여는 그 위탁자가 재해 위로금을 부담하되, 위탁받은 자의 훈련시설의 결함이나 그 밖에 위탁받은 자에게 책임이 있는 사유로 인하여 재해가 발생한 경우에는 위탁받은 자가 재해 위로금을 지급하여야 한다.

⑫ **공공단체의 직업능력개발 사업(제11조의 2)**

공공단체는 근로자의 직업능력개발을 위하여 다음의 사업을 할 수 있다.

① 제12조 제1항 각 호의 사람에 대한 직업능력개발훈련

② 제15조에 따른 국가기간·전략산업직종의 인력수급을 위한 직업능력개발훈련

③ 직업능력개발 사업에 관한 조사·교육·홍보사업

④ 직업능력개발훈련 과정·매체 및 방법 등의 개발·보급사업

⑤ 직업능력개발훈련교사와 인력개발담당자의 양성 및 능력개발사업

⑥ 그 밖에 대통령령으로 정하는 사업

⑬ **소요 재원(제11조의 3)**

이 법에 따른 직업능력개발 사업과 그 지원 또는 융자에 필요한 재원은 일반회계, 「고용보험법」에 따른 고용보험기금 등에 의한다.

⑭ **국제협력 증진(제11조의 4)**

고용노동부장관은 근로자의 직업능력개발에 관하여 외국인의 기능·기술 훈련, 근로자의 직업능력개발에 관한 국제회의 개최 및 참가 등 국제기구·외국정부 또는 외국기관과의 교류·협력사업을 할 수 있다.

Section 02 근로자의 자율적인 직업능력개발 지원 등

⑴ **실업자 등에 대한 직업능력개발훈련 지원 등(제12조)**

국가와 지방자치단체는 다음의 어느 하나에 해당하는 사람(이하 "실업자 등"이라 한다)의 고용촉진 및 고용안정을 위하여 직업능력개발훈련을 실시하거나 직업능력개발훈련을 받는 사람에게 비용을 지원할 수 있다.

① 실업자

② 「국민기초생활 보장법」에 따른 수급권자, 여성가장 또는 청소년으로서 대통령령으로 정하는 요건에 해당하는 사람

③ 그 밖에 대통령령으로 정하는 사람

⑵ **국가기간 · 전략산업직종에 대한 직업능력개발훈련의 실시(제15조)**

① 국가와 지방자치단체는 다음의 직종(이하 "국가기간·전략산업직종"이라 한다)에 대한 원활한 인력수급을 위하여 필요한 직업능력개발훈련을 실시할 수 있다.

㉠ 국가경제의 기간(基幹)이 되는 산업 중 인력이 부족한 직종

㉡ 정보통신산업·자동차산업 등 국가전략산업 중 인력이 부족한 직종

ⓒ 그 밖에 산업현장의 인력수요 증대에 따라 인력을 양성할 필요가 있다고 고용노동부장관이 고시하는 직종

② 국가기간·전략산업직종의 선정기준 및 절차, 훈련대상, 훈련과정의 요건, 훈련수당, 그 밖에 직업능력개발훈련에 필요한 사항은 대통령령으로 정한다.

(3) 직업능력개발훈련의 위탁 등(제16조)

① 제12조 및 제15조에 따른 직업능력개발훈련을 실시하려는 국가 또는 지방자치단체는 대통령령으로 정하는 자와 위탁계약을 체결하여 직업능력개발훈련을 실시할 수 있다.

② 위 ①에 따라 직업능력개발훈련을 위탁한 자는 이를 위탁받은 자가 다음의 어느 하나에 해당하면 시정을 요구하거나 위탁계약을 해지할 수 있다. 다만, ㉠ 또는 ㉡에 해당하는 경우에는 위탁계약을 해지하여야 한다.

㉠ 거짓이나 그 밖의 부정한 방법으로 위탁을 받은 경우

㉡ 거짓이나 그 밖의 부정한 방법으로 훈련비용을 받았거나 받으려고 한 경우

㉢ 위탁계약을 위반하여 직업능력개발훈련을 실시한 경우

㉣ 시정 요구에 따르지 아니한 경우

㉤ 제58조에 따른 보고 및 자료 제출 명령에 따르지 아니하거나 거짓으로 따른 경우

③ 국가 또는 지방자치단체는 위 ②에 따라 위탁계약이 해지된 자(제2항 제2호에 해당하여 위탁계약이 해지된 자 중 훈련비용이 대통령령으로 정하는 금액 미만인 경우는 제외한다)에 대하여는 그 해지일부터 5년의 범위에서 위 ①에 따른 직업능력개발훈련의 위탁과 제19조 및 제24조에 따른 직업능력개발훈련과정의 인정을 하지 아니할 수 있다.

(4) 근로자의 자율적 직업능력개발 지원(제17조)

① 고용노동부장관은 근로자(실업자 등은 제외한다. 이하 이 조에서 같다)의 자율적인 직업능력개발을 지원하기 위하여 근로자에게 다음의 비용을 지원하거나 융자할 수 있다.

㉠ 제19조에 따라 고용노동부장관의 인정을 받은 직업능력개발훈련과정의 수강 비용

㉡ 「고등교육법」에 따른 전문대학 또는 이와 같은 수준 이상의 학력이 인정되는 교육과정의 수업료 및 그 밖의 납부금

㉢ 그 밖에 위 ㉠ 및 ㉡의 비용에 준하는 비용으로서 대통령령으로 정하는 비용

② 고용노동부장관은 위에 따른 지원 또는 융자를 하는 경우에 다음의 근로자를 우대할 수 있다.

㉠ 대통령령으로 정하는 기준에 해당하는 기업에 고용된 근로자

㉡ 제3조 제4항 제9호 또는 제10호에 따른 근로자 중 대통령령으로 정하는 근로자

(5) 직업능력개발계좌의 발급 및 운영(제18조)

① 고용노동부장관은 다음의 어느 하나에 해당하는 사람의 자율적 직업능력개발을 지원하기 위하여 직업능력개발훈련비용을 지원하는 계좌(이하 "직업능력개발계좌"라 한다)를 발급하고 이들의 직업능력개발에 관한 이력을 종합적으로 관리하는 제도를 운영할 수 있다.

㉠ 실업자 등

㉡ 전직·창업 등을 준비하는 취업 중인 근로자로서 고용노동부장관이 정하는 사람

② 고용노동부장관은 위 ①의 어느 하나에 해당하는 사람이 직업능력개발계좌를 활용하여 필요한 직업능력개발훈련을 받을 수 있도록 직업능력개발계좌에서 훈련비용이 지급되는 직업능력개발 훈련과정(이하 "계좌적합훈련과정"이라 한다)에 대한 정보를 제공하여야 한다.

(6) 직업능력개발훈련과정 · 계좌적합훈련과정의 인정 및 인정취소 등(제19조)

① 제17조 제1항 제1호에 따라 근로자가 훈련비용을 지원 또는 융자 받을 수 있는 직업능력개발훈련을 실시하려는 자와 계좌적합훈련과정을 운영하려는 자는 그 직업능력개발훈련과정(계좌적합 훈련과정을 포함한다. 이하 이 조에서 같다)에 대하여 고용노동부장관으로부터 인정을 받아야 한다.

② 고용노동부장관은 위 ①에 따라 직업능력개발훈련과정의 인정을 받은 자가 다음의 어느 하나에 해당하면 시정을 명하거나 그 훈련과정의 인정을 취소할 수 있다. 다만, ㉠부터 ㉣까지의 규정에 해당하는 경우에는 인정을 취소하여야 한다.

㉠ 거짓이나 그 밖의 부정한 방법으로 위 ①에 따른 인정을 받은 경우

㉡ 거짓이나 그 밖의 부정한 방법으로 훈련비용을 지원 또는 융자를 받았거나 받으려고 한 경우

㉢ 직업능력개발훈련을 수강하는 근로자로부터 거짓이나 그 밖의 부정한 방법으로 비용을 받았거나 받으려고 한 경우

㉣ 직업능력개발훈련을 수강하는 근로자에게 거짓이나 그 밖의 부정한 방법으로 훈련비용을 지원 또는 융자받게 한 경우

㉤ 위 ①에 따라 인정받은 내용을 위반하여 직업능력개발훈련을 실시한 경우

㉥ 시정명령에 따르지 아니한 경우

㉦ 제58조에 따른 보고 및 자료 제출 명령에 따르지 아니하거나 거짓으로 따른 경우

③ 위 ②에 따라 인정이 취소된 자(제2항 제2호부터 제4호까지의 규정에 해당하여 인정이 취소된 자 중 비용이 대통령령으로 정하는 금액 미만인 경우는 제외한다)에 대하여는 그 취소일부터 5년의 범위에서 제16조 제1항에 따른 직업능력개발훈련의 위탁과 위 ① 및 제24조에 따른 인정을 하지 아니할 수 있다.

Section 03 사업주 등의 직업능력개발 사업 지원 등

(1) 사업주 및 사업주단체 등에 대한 직업능력개발 지원(제20조)

① 고용노동부장관은 다음의 어느 하나에 해당하는 직업능력개발 사업을 하는 사업주나 사업주단체·근로자단체 또는 그 연합체(이하 "사업주단체 등"이라 한다)에게 그 사업에 필요한 비용을 지원하거나 융자할 수 있다.

㉠ 근로자 직업능력개발훈련(위탁하여 실시하는 경우를 포함한다)

㉡ 근로자를 대상으로 하는 자격검정사업

ⓒ「고용보험법」제19조 제2항에 따른 기업(이하 "우선지원대상기업"이라 한다) 또는 중소기업과 공동으로 우선지원대상기업 또는 중소기업에서 근무하는 근로자 등을 위하여 실시하는 직업능력개발 사업

ⓔ 직업능력개발훈련을 위하여 필요한 시설(기숙사를 포함한다) 및 장비·기자재를 설치·보수하는 등의 사업

ⓜ 직업능력개발에 대한 조사·연구, 직업능력개발훈련과정 및 매체의 개발·보급 등의 사업

ⓗ 그 밖에 대통령령으로 정하는 사업

② 고용노동부장관은 위에 따른 지원 또는 융자를 하는 경우에 다음의 어느 하나에 해당하는 직업능력개발 사업을 하는 사업주 또는 사업주단체 등을 우대할 수 있다.

㉠ 해당 사업주 외의 다른 사업주에게 고용된 근로자를 대상으로 하는 직업능력개발훈련

㉡ 국가기간·전략산업직종에 대한 직업능력개발훈련

㉢「근로자참여 및 협력증진에 관한 법률」제21조에 따라 노사협의회에서 의결된 근로자의 교육훈련 및 능력개발기본계획에 따라 실시되는 직업능력개발훈련(노사협의회가 없는 경우에는 노동조합 또는 근로자 과반수를 대표하는 대표자와 협의하여 수립된 훈련계획에 따라 실시되는 직업능력개발훈련을 말한다)

㉣ 유급휴가(「근로기준법」에 따른 월차·연차 유급휴가는 제외한다)를 주어서 하는 직업능력개발훈련

㉤ 위 ㉠-㉢에 해당하는 직업능력개발 사업

㉥ 대통령령으로 정하는 기준에 해당하는 기업의 사업주가 하는 직업능력개발 사업

㉦「고용상 연령차별금지 및 고령자고용촉진에 관한 법률」제2조 제1호에 따른 고령자 또는 같은 조 제2호에 따른 준고령자를 대상(전직하려는 경우에 한정한다)으로 하는 직업능력개발훈련

(2) 산업부문별 인적자원개발협의체의 직업능력개발 사업 지원(제22조)

① 고용노동부장관은 산업부문별 인적자원개발협의체가 다음의 어느 하나에 해당하는 직업능력개발 사업을 실시하는 경우에 그 산업부문별 인적자원개발협의체에 필요한 비용을 지원하거나 융자할 수 있다.

㉠ 산업부문별 인력수급 및 직업능력개발훈련 수요에 대한 조사·분석

㉡ 자격 및 직업능력개발훈련 기준의 개발·보급

㉢ 직업능력개발훈련 과정 및 매체 등의 개발·보완·보급사업

㉣ 그 밖에 ㉠부터 ㉢까지의 사업에 준하는 직업능력개발 사업으로서 대통령령으로 정하는 사업

② 위 ①에 따른 지원 또는 융자의 요건·내용·절차 및 수준에 필요한 사항은 대통령령으로 정한다.

(3) 직업능력개발단체의 직업능력개발 사업 지원(제23조)

고용노동부장관은 대통령령으로 정하는 비영리법인 또는 비영리단체(이하 "직업능력개발단체"라 한다)가 실시하는 직업능력개발 사업에 필요한 비용을 지원하거나 융자할 수 있다.

⑷ **비용 지원ㆍ융자 관련 서류의 보존(제23조의 2)**

① 제12조, 제20조, 제22조 및 제23조에 따라 직업능력개발 사업 비용을 지원·융자받는 자(직업능력개발훈련을 위탁받아 실시하는 자를 포함한다)와 제17조 제1항 제1호에 따라 근로자가 훈련비용을 지원 또는 융자받을 수 있는 직업능력개발훈련을 실시하려는 자는 고용노동부령으로 정하는 관련 서류를 3년간 보존하여야 한다. 다만, 직업능력개발훈련의 실시를 위한 시설(기숙사를 포함한다) 및 장비·기자재의 설치·보수에 사용되는 비용의 지원·융자에 관한 서류의 보존기간은 10년의 범위에서 고용노동부령으로 정한다.

② 위 ①에 따른 서류는 「전자문서 및 전자거래 기본법」 제2조 제1호에 따른 전자문서로 작성·보존할 수 있다.

⑸ **직업능력개발훈련과정의 인정 및 인정취소 등(제24조)**

① 제20조 및 제23조에 따라 직업능력개발훈련을 실시하려는 자(직업능력개발훈련을 위탁받아 실시하려는 자를 포함한다)는 그 직업능력개발훈련과정에 대하여 고용노동부장관으로부터 인정을 받아야 한다.

② 고용노동부장관은 직업능력개발훈련과정의 인정을 받은 자가 다음의 어느 하나에 해당하면 시정을 명하거나 그 훈련과정의 인정을 취소할 수 있다. 다만, ㉠부터 ㉣까지의 규정에 해당하는 경우에는 인정을 취소하여야 한다.

㉠ 거짓이나 그 밖의 부정한 방법으로 위 ①에 따른 인정을 받은 경우

㉡ 거짓이나 그 밖의 부정한 방법으로 비용 또는 융자를 받았거나 받으려고 한 경우

㉢ 직업능력개발훈련을 위탁한 사업주·사업주단체 등으로부터 거짓이나 그 밖의 부정한 방법으로 비용을 받았거나 받으려고 한 경우

㉣ 직업능력개발훈련을 위탁한 사업주·사업주단체 등이 거짓이나 그 밖의 부정한 방법으로 훈련비용을 지원 또는 융자받게 한 경우

㉤ 위 ①에 따라 인정받은 내용을 위반하여 직업능력개발훈련을 실시한 경우

㉥ 시정명령에 따르지 아니한 경우

㉦ 제58조에 따른 보고 및 자료 제출 명령에 따르지 아니하거나 거짓으로 따른 경우

③ 위 ②에 따라 인정이 취소된 자(위 ②-㉡부터 ㉣까지의 규정에 해당하여 인정이 취소된 자 중 비용이 대통령령으로 정하는 금액 미만인 경우는 제외한다)에 대하여는 그 취소일부터 5년의 범위에서 제16조 제1항에 따른 직업능력개발훈련의 위탁과 위 ① 및 제19조에 따른 인정을 하지 아니할 수 있다.

<table><tr><td>Section **04**</td><td>**직업능력개발훈련법인, 직업능력개발훈련시설 및 직업능력개발훈련교사 등**</td></tr></table>

(1) 직업능력개발훈련시설

① 공공직업훈련시설의 설치 등(제27조)

㉠ 국가, 지방자치단체 또는 공공단체는 공공직업훈련시설을 설치·운영할 수 있다. 이 경우 국가 또는 지방자치단체가 공공직업훈련시설을 설치하려는 때에는 고용노동부장관과 협의하여야 하며, 공공단체가 공공직업훈련시설을 설치하려는 때에는 고용노동부장관의 승인을 받아야 한다.

㉡ 고용노동부장관은 위 ㉠에 따라 승인을 받은 공공직업훈련시설이 다음의 어느 하나에 해당되면 그 승인을 취소할 수 있다. 다만, 제1호에 해당되는 경우에는 그 승인을 취소하여야 한다.

- 거짓이나 그 밖의 부정한 방법으로 승인을 받은 경우
- 정당한 사유 없이 계속하여 1년 이상 직업능력개발훈련을 실시하지 아니한 경우
- 그 밖에 이 법 또는 이 법에 따른 명령을 위반한 경우

㉢ 고용노동부장관은 국가, 지방자치단체 또는 공공단체가 설치한 공공직업훈련시설의 운영과 관련하여 해당 기관에 필요한 자료의 제출을 요청할 수 있다.

② 지정직업훈련시설(제28조)

㉠ 지정직업훈련시설을 설립·설치하여 운영하려는 자는 다음의 요건을 갖추어 고용노동부장관의 지정을 받아야 한다. 다만, 소속 근로자 등의 직업능력개발훈련을 위한 전용시설을 운영하는 사업주 또는 사업주단체 등이 지정을 받으려는 경우에는 제2호 및 제3호의 요건을 갖추지 아니할 수 있고, 위탁받아 직업능력개발훈련을 실시하려는 자가 지정을 받으려는 경우에는 제3호의 요건을 갖추지 아니할 수 있다.

- 해당 훈련시설을 적절하게 운영할 수 있는 인력·시설 및 장비 등을 갖추고 있을 것. 다만, 시설의 건축물 용도는 「건축법」 제2조 제2항에 적합하여야 한다.
- 해당 훈련시설을 적절하게 운영할 수 있는 교육훈련 실시 경력을 갖추고 있을 것
- 직업능력개발훈련을 실시하려는 훈련 직종별로 해당 직종과 관련된 제33조에 따른 직업능력개발훈련교사 1명 이상을 둘 것. 다만, 그 훈련 직종에 관련된 직업능력개발훈련교사가 정하여지지 아니한 경우에는 그러하지 아니하다.
- 그 밖에 직업능력개발훈련시설의 운영에 필요하다고 대통령령으로 정하는 요건을 갖출 것

㉡ 위 ㉠에 따라 지정받은 내용 중 대통령령으로 정하는 사항을 변경하려는 경우에는 고용노동부장관으로부터 변경지정을 받아야 한다.

ⓒ 위 ㉠에 따라 지정을 받은 자가 해당 시설에서 3개월 이상 직업능력개발훈련을 실시하지 아니하거나 폐업을 하려는 경우 또는 ㉡에 따라 대통령령으로 정한 사항 외의 지정 내용을 변경하려는 경우에는 고용노동부장관에게 신고하여야 한다.

③ 결격사유(제29조) : 제28조에 따른 지정직업훈련시설을 지정받으려는 자가 다음의 어느 하나에 해당하면 제28조에 따른 지정을 받을 수 없다.

㉠ 피성년후견인·피한정후견인·미성년자

㉡ 파산선고를 받고 복권되지 아니한 자

㉢ 금고이상의 형을 선고받고 그 집행이 끝나거나(집행이 끝난 것으로 보는 경우를 포함한다) 집행이 면제된 날부터 2년이 지나지 아니한 자

㉣ 금고이상의 형의 집행유예를 선고받고 그 유예기간 중에 있는 자

㉤ 법원의 판결에 따라 자격이 정지되거나 상실된 자

㉥ 제31조 제1항에 따라 지정직업훈련시설의 지정이 취소된 날부터 1년이 지나지 아니한 자 또는 직업능력개발훈련의 정지처분을 받고 그 정지기간 중에 있는 자

㉦ 「평생교육법」 제42조에 따라 평생교육시설의 설치인가취소 또는 등록취소를 처분받고 1년이 지나지 아니한 자 또는 평생교육과정의 운영정지처분을 받고 그 정지기간 중에 있는 자

㉧ 「학원의 설립·운영 및 과외교습에 관한 법률」 제17조에 따라 학원의 등록말소 또는 교습소의 폐지처분을 받고 1년이 지나지 아니한 자 또는 학원·교습소의 교습정지처분을 받고 그 정지기간 중에 있는 자

㉨ 제16조 제3항에 따른 위탁의 제한 또는 제19조 제3항, 제24조 제3항에 따른 인정의 제한을 받고 있는 자

㉩ 법인의 임원 중 ㉠부터 ㉨까지의 어느 하나에 해당하는 사람이 있는 법인

④ 훈련비(제30조)

㉠ 지정직업훈련시설을 운영하는 자는 근로자로부터 훈련비를 받을 수 있다.

㉡ 지정직업훈련시설을 운영하는 자는 근로자가 직업능력개발훈련을 계속 받을 수 없는 경우 또는 지정취소·폐업 등으로 직업능력개발훈련을 계속할 수 없는 경우에는 훈련비 반환 등 근로자 보호를 위하여 필요한 조치를 하여야 한다.

⑤ 지정직업훈련시설의 지정취소 등(제31조) : 고용노동부장관은 제28조에 따른 지정직업훈련시설이 다음의 어느 하나에 해당하면 그 시정을 명하거나 그 지정의 취소 또는 1년 이내의 기간을 정하여 직업능력개발훈련의 정지를 명할 수 있다. 다만, 제1호 또는 제3호(제29조 제1호부터 제8호까지의 규정 중 어느 하나에 해당하는 경우로 한정한다)에 해당하는 경우에는 그 지정을 취소하여야 한다.

㉠ 거짓이나 그 밖의 부정한 방법으로 제28조에 따른 지정을 받은 경우

㉡ 제28조에 따른 지정 요건을 갖추지 못한 경우

㉢ 제29조 각 호의 어느 하나에 해당하게 된 경우

㉣ 정당한 사유 없이 계속하여 1년 이상 직업능력개발훈련을 실시하지 아니한 경우

ⓜ 변경지정을 받지 아니하고 지정 내용을 변경하는 등 부정한 방법으로 지정직업훈련시설을 운영한 경우

ⓗ 훈련생을 모집할 때 과대 광고 또는 거짓 광고를 한 경우

ⓢ 시정명령에 따르지 아니한 경우

ⓞ 그 밖에 이 법 또는 이 법에 따른 명령을 위반한 경우

(2) 직업능력개발훈련법인

① 직업능력개발훈련법인의 설립 등(제32조)

　㉠ 고용노동부장관은 다음에 따른 직업능력개발 사업을 목적으로 하는 비영리법인(이하 "직업능력개발훈련법인"이라 한다)의 설립을 허가할 수 있다.

- 직업능력개발훈련
- 근로자의 직업능력개발을 위한 조사·연구사업
- 직업능력개발훈련과정 및 매체 등의 개발·보급사업

　㉡ 고용노동부장관은 직업능력개발훈련법인이 다음의 어느 하나에 해당하면 시정을 명하거나 그 법인의 설립허가를 취소할 수 있다. 다만, 제1호부터 제3호까지의 경우 중 어느 하나에 해당하면 그 허가를 취소하여야 한다.

- 거짓이나 그 밖의 부정한 방법으로 설립허가를 받은 경우
- 설립허가 조건을 위반한 경우
- 목적 달성이 불가능한 경우
- 목적사업 외의 사업을 한 경우
- 제16조 제3항에 따른 위탁의 제한 또는 제19조 제3항·제24조 제3항에 따른 인정의 제한을 받거나 제31조 제1항에 따라 지정직업훈련시설의 지정이 취소된 경우
- 이 법 또는 이 법에 따른 명령이나 정관을 위반한 경우
- 정당한 사유 없이 설립허가를 받은 날부터 6개월 이내에 목적사업을 시작하지 아니하거나 1년 이상 사업실적이 없는 경우

　㉢ 고용노동부장관은 직업능력개발훈련법인이 수익사업을 하는 경우 다음의 어느 하나에 해당하면 그 법인에 그 수익사업의 시정이나 정지를 명할 수 있다.

- 수익을 목적사업 외의 사업에 사용한 경우
- 해당 사업을 계속하는 것이 직업능력개발훈련법인의 목적에 위배된다고 인정되는 경우

② 직업능력개발훈련법인 해산의 특례(제32조의 2)

　㉠ 직업능력개발훈련법인이 영리를 목적으로 하는 지정직업훈련시설로 전환하려는 경우에는 「민법」 제77조에도 불구하고 고용노동부장관의 허가를 받아 해산할 수 있다.

　㉡ 위 ㉠에 따라 고용노동부장관의 허가를 받으려는 직업능력개발훈련법인은 해산허가신청서에 잔여재산처분계획서를 첨부하여 고용노동부장관에게 제출하여야 한다.

ⓒ 위 ㉠에 따른 해산과 위 ㉡에 따른 잔여재산처분계획은 이사 3분의 2 이상의 동의를 받아야 한다.

㉣ 위 ㉠에 따라 해산되는 직업능력개발훈련법인은 「민법」 제80조에도 불구하고 그 잔여재산의 전부 또는 일부를 잔여재산처분계획서에서 정한 자에게 귀속시킬 수 있다. 이 경우 그 재산을 귀속받은 자는 재산 귀속일부터 10년 동안 직업능력개발훈련 외의 목적으로 그 재산을 처분하거나 변경하여서는 아니 된다.

㉤ 고용노동부장관은 위 ㉣의 후단을 위반한 자에 대하여 대통령령으로 정하는 바에 따라 처분·변경한 재산에 상당하는 금액 이하의 금액을 징수하거나 원상회복을 명할 수 있다.

㉥ 직업능력개발훈련법인의 해산 및 잔여재산 처분에 관한 사항을 심사하기 위하여 고용노동부장관 소속으로 훈련법인정비심사위원회를 둘 수 있다.

(3) 직업능력개발훈련교사

① 직업능력개발훈련교사 등(제33조)

㉠ 직업능력개발훈련교사나 그 밖에 해당 분야에 전문지식이 있는 사람 등으로서 대통령령으로 정하는 사람은 직업능력개발훈련을 위하여 근로자를 가르칠 수 있다.

㉡ 직업능력개발훈련교사가 되려는 사람은 제36조에 따른 직업능력개발훈련교사 양성을 위한 훈련과정을 수료하는 등 대통령령으로 정하는 기준을 갖추어 고용노동부장관으로부터 직업능력개발훈련교사 자격증을 발급받아야 한다.

㉢ 직업능력개발훈련교사 자격증을 발급받으려는 사람은 고용노동부령으로 정하는 바에 따라 수수료를 내야 한다.

② 결격사유(제34조) : 다음의 어느 하나에 해당하는 사람은 제33조에 따른 직업능력개발훈련교사가 될 수 없다.

㉠ 피성년후견인·피한정후견인

㉡ 금고이상의 형을 선고받고 그 집행이 끝나거나(집행이 끝난 것으로 보는 경우를 포함한다) 집행이 면제된 날부터 2년이 지나지 아니한 사람

㉢ 금고이상의 형의 집행유예를 선고받고 그 유예기간 중에 있는 사람

㉣ 법원의 판결에 따라 자격이 상실되거나 정지된 사람

㉤ 제35조 제1항 제1호, 제3호 또는 제4호에 따라 자격이 취소된 후 3년이 지나지 아니한 사람

③ 직업능력개발훈련교사의 자격취소 등(제35조) : 고용노동부장관은 직업능력개발훈련교사의 자격을 취득한 사람이 다음의 어느 하나에 해당하면 그 자격을 취소하거나 3년의 범위에서 그 자격을 정지시킬 수 있다. 다만, ㉠ 또는 ㉡에 해당하는 경우에는 자격을 취소하여야 한다.

㉠ 거짓이나 그 밖의 부정한 방법으로 자격증을 발급받은 경우

㉡ 제34조 제1호부터 제4호까지의 어느 하나에 해당하게 된 경우

㉢ 고의 또는 중대한 과실로 직업능력개발훈련에 중대한 지장을 준 경우

㉣ 자격증을 빌려 준 경우

④ 직업능력개발훈련교사의 양성(제36조)

　　㉠ 국가, 지방자치단체, 공공단체 또는 고용노동부장관이 고시하는 법인·단체는 직업능력개발훈련교사 양성을 위한 훈련시설 또는 훈련과정을 설치·운영할 수 있다. 이 경우 국가 및 지방자치단체가 아닌 자가 훈련시설 또는 훈련과정을 설치·운영하려면 고용노동부장관의 승인을 받아야 한다.

　　㉡ 위 ㉠에 따라 승인을 받으려는 자는 다음의 요건을 갖추어야 한다.
- 직업능력개발훈련교사 양성을 위한 훈련시설 또는 훈련과정을 적절하게 운영할 수 있는 인력·시설 및 장비를 갖추고 있을 것
- 해당 승인을 받으려는 자는 그 훈련시설 또는 훈련과정을 적절하게 운영할 수 있는 교육훈련 경력을 갖춘 자일 것
- 제29조 각 호에 따른 결격사유에 해당하지 아니할 것
- 그 밖에 직업능력개발훈련교사 양성을 위하여 필요하다고 대통령령으로 정하는 요건을 갖출 것

　　㉢ 고용노동부장관은 위에 따라 승인을 받은 자가 다음의 어느 하나에 해당하는 경우에는 시정을 명하거나 그 승인을 취소할 수 있다. 다만, 제1호 또는 제2호에 해당하는 경우에는 그 승인을 취소하여야 한다.
- 거짓이나 그 밖의 부정한 방법으로 승인을 받은 경우
- 제29조 각 호의 어느 하나에 해당하게 된 경우. 다만, 제29조 제10호에 해당하는 경우로서 3개월 이내에 그 임원을 바꾸어 임명한 경우는 제외한다.
- 위 ㉡에 따른 승인 요건을 충족하지 못하게 된 경우
- 정당한 사유 없이 계속하여 1년 이상 직업능력개발훈련교사 양성을 위한 훈련을 실시하지 아니한 경우
- 시정명령에 따르지 아니한 경우
- 그 밖에 이 법 또는 이 법에 따른 명령을 위반한 경우

⑤ 직업능력개발훈련교사의 능력개발(제37조)

　　㉠ 고용노동부장관은 직업능력개발훈련교사의 능력개발을 위하여 직업능력개발 사업을 할 수 있다.

　　㉡ 고용노동부장관은 직업능력개발훈련교사의 능력개발을 위한 직업능력개발 사업을 하는 자에게 필요한 비용을 지원하거나 융자할 수 있다.

⑥ 직업능력개발훈련의 훈련기준(제38조) : 고용노동부장관은 체계적이고 효과적인 직업능력개발훈련을 위하여 훈련의 대상이 되는 직종별로 훈련의 목표, 교과 내용 및 시설·장비와 교사 등에 관한 훈련기준을 정할 수 있다.

(1) 기능대학의 설립(제39조)

① 국가, 지방자치단체 또는 「사립학교법」에 따른 학교법인은 산업현장에서 필요로 하는 인력을 양성하고 근로자의 직업능력개발을 지원하기 위하여 기능대학을 설립·경영할 수 있다.

② 국가가 기능대학을 설립·경영하려면 관계 중앙행정기관의 장은 교육부장관 및 고용노동부장관과 각각 협의하여야 하며, 지방자치단체가 기능대학을 설립·경영하려면 해당 지방자치단체의 장은 고용노동부장관과 협의를 한 후 교육부장관의 인가를 받아야 한다.

③ 학교법인이 기능대학을 설립·경영하려면 고용노동부장관의 추천을 거쳐 교육부장관의 인가를 받아야 한다.

④ 기능대학을 설립·경영하려는 자는 시설·설비 등 대통령령으로 정하는 설립기준을 갖추어야 한다.

⑤ 교육부장관의 인가를 받은 기능대학은 직업능력개발훈련시설로 보며, 기능대학은 그 특성을 고려하여 다른 명칭을 사용할 수 있다.

(2) 과정의 구분 등(제40조)

① 기능대학의 교육·훈련과정은 다음의 과정으로 구분한다.

　㉠ 다기능기술자과정 : 둘 이상의 직종에 관한 기능과 지식을 고르게 보유함으로써 제품의 개발로부터 제작에 이르는 전 공정에서 생산성 향상과 기술적 문제의 해결에 기여할 수 있는 인력을 양성하기 위한 교육·훈련과정

　㉡ 학위전공심화과정 : 기능대학 또는 전문대학을 졸업한 사람의 계속교육을 촉진·지원하고 학사학위를 수여하는 전공심화과정

　㉢ 직업훈련과정

　　• 기능장과정 : 전공분야의 최상급 숙련기능 및 생산관리기법에 관한 지식을 보유함으로써 작업관리 및 소속 기능인의 지도·감독 등의 업무를 수행하는 생산현장의 중간관리자를 양성하기 위한 직업훈련과정

　　• 직업능력개발훈련의 과정

　　• 그 밖에 다기능기술자과정 및 학위전공심화과정 외의 교육·훈련과정

② 기능대학의 장(이하 "학장"이라 한다)은 다기능기술자과정과 직업훈련과정이 균형을 이루도록 노력하여야 한다.

③ 기능대학은 교육·훈련과정 외에 다음의 사업을 수행할 수 있다.

　㉠ 직업능력개발 사업(직업능력개발훈련은 제외한다)

　㉡ 중소기업기술지도 및 창업보육센터 운영 등 산학협력사업

ⓒ 고용노동부장관, 다른 중앙행정기관의 장, 지방자치단체의 장 또는 사업주 등이 위탁하는 사업

ⓔ 교육·훈련생의 직업상담 및 고용촉진사업

ⓜ 그 밖에 지역주민의 평생능력개발 등 지역발전에 기여할 수 있는 사업

(3) 학위전공심화과정의 인가 등(제40조의 2)

① 학위전공심화과정을 설치·운영하려는 자는 관련되는 다기능기술자과정을 운영하여야 하며, 고용노동부장관의 인가를 받아야 한다.

② 고용노동부장관은 학위전공심화과정의 설치인가를 할 때에는 미리 교육부장관과 협의하여야 한다.

③ 설치·운영되는 학위전공심화과정은 「고등교육법」 제49조에 따른 전공심화과정으로 본다.

④ 학위전공심화과정에 입학할 수 있는 사람은 같은 계열의 기능대학 또는 전문대학을 졸업한 사람으로서 관련 분야에서 재직한 경력이 있는 사람으로 한다.

(4) 학점의 인정 및 학위수여(제41조)

① 학장은 다음의 어느 하나에 해당하는 학점을 대통령령으로 정하는 범위에서 학칙으로 정하는 바에 따라 이를 기능대학에서 취득한 학점으로 인정할 수 있다.

ⓐ 「고등교육법」 제2조 제4호에 따른 전문대학 이상의 국내외의 다른 학교에서 취득한 학점

ⓑ 「학점인정 등에 관한 법률」 제7조에 따라 인정받은 학점

ⓒ 「평생교육법」 제2조 제2호에 따른 평생교육기관에서 취득한 학점

② 학장은 다음의 어느 하나에 해당하는 사람에게 대통령령으로 정하는 바에 따라 그에 상당한 학점을 인정할 수 있다.

ⓐ 「숙련기술장려법」에 따라 대한민국명장으로 선정된 사람

ⓑ 「숙련기술장려법」에 따라 숙련기술전수자로 선정된 사람

ⓒ 「숙련기술장려법」에 따른 전국기능경기대회 또는 국제기능올림픽대회에서 입상한 사람

ⓓ 산업체에서 전공학과와 관련된 기능·기술 분야에 근무한 경력이 있는 사람

ⓔ 1년 이상의 직업능력개발훈련과정을 수료한 사람

③ 기능대학에서 다기능기술자과정을 이수한 사람에게는 「고등교육법」 제50조에 따른 전문학사학위와 같은 수준의 산업학사학위를 수여한다.

(5) 학위전공심화과정에 대한 학위수여(제41조의 2)

제40조의 2에 따라 설치·운영되는 학위전공심화과정에 입학하여 학칙으로 정하는 과정을 이수한 사람에게는 「고등교육법」에 따라 학사학위를 수여한다.

(6) 학칙(제42조)

① 학장은 기능대학을 효율적으로 운영하기 위하여 학칙을 제정 또는 개정할 수 있다.

② 학장은 학칙을 제정 또는 개정한 때에는 이를 교육부장관 및 고용노동부장관에게 보고(「정보통신망 이용촉진 및 정보보호 등에 관한 법률」 제2조 제1항 제1호에 따른 정보통신망을 이용한 보고를 포함한다)하여야 한다.

⑺ 교원 등의 종별 · 자격 및 정원(제43조)

① 기능대학에 학장을 둔다.

② 기능대학에 두는 교원은 학장 외에 교수·부교수 및 조교수로 구분한다.

③ 기능대학에는 ②에 따른 교원 외에 대통령령으로 정하는 바에 따라 제33조에 따른 직업능력개발훈련교사, 산학겸임교원(관련 분야의 전문지식이 있는 사람으로서 해당 관련 분야에 종사하면서 기능대학의 교원으로 겸임된 사람을 말한다. 이하 같다), 초빙교원(특수한 분야의 기술과 전문지식을 필요로 하는 교과를 가르치기 위하여 제44조에 따라 임용된 사람을 말한다. 이하 같다), 시간강사 및 조교를 둘 수 있다.

⑻ 교원 등의 임용 · 정년 · 복무 등(제44조)

① 제43조 제2항에 따른 교원의 임용은 교육 관계 법령에서 정하는 바에 따른다. 다만, 「사립학교법」 제53조 제1항에도 불구하고 「한국산업인력공단법」 제26조 제1항에 따라 한국산업인력공단 산하에 있는 기능대학의 학장은 해당 기능대학을 설립·경영하는 학교법인이 고용노동부장관의 승인을 받아 임용한다.

② 「교육공무원법」 제47조 제1항 및 「사립학교법」 제53조의 2 제3항에도 불구하고, 제43조 제2항에 따른 교원의 정년은 다음과 같다.

   ㉠ 국가가 설립·경영하는 경우는 대통령령으로 정함

   ㉡ 지방자치단체가 설립·경영하는 경우는 조례로 정함

   ㉢ 학교법인이 설립·경영하는 경우는 정관으로 정하고, 60세 이상으로 함

③ 제43조 제2항에 따른 교원의 복무에 관한 사항은 교육 관계 법령에서 정하는 바에 따른다.

⑼ 교직원의 파견근무 및 시설 · 장비의 활용(제45조)

① 학장은 제40조에 따른 교육·훈련 및 사업을 효율적으로 수행하기 위하여 필요한 경우 해당 기능대학의 교직원을 다른 기능대학, 「한국산업인력공단법」에 따른 한국산업인력공단, 고용노동부장관이 정하여 고시하는 기준에 적합한 산업체 등에 일정 기간 파견하여 근무하게 하거나 다른 기능대학의 교직원, 한국산업인력공단 및 산업체의 직원 등을 파견받아 근무하게 할 수 있다.

② 학장은 제40조에 따른 교육·훈련 및 사업을 수행함에 있어서 필요한 경우 해당 기능대학의 교육·훈련용 시설 및 장비를 다른 기능대학, 한국산업인력공단, 대학, 고등학교 등에 제공하여 사용하게 할 수 있다.

⑽ 사업계획의 제출 및 회계연도 등(제46조)

① 학장은 대통령령으로 정하는 바에 따라 매년 해당 회계연도의 사업계획을 작성하여 고용노동부장관에게 제출하여야 한다. 다만, 둘 이상의 기능대학을 설립·경영하는 학교법인은 그 법인이 각 기능대학별 사업계획을 종합작성하여 제출할 수 있다.

② 기능대학의 회계연도는 정부의 회계연도에 따른다.

③ 기능대학은 제40조 제3항 제1호부터 제3호까지의 규정에 따른 사업의 수입·지출을 다른 사업의 수입·지출과 구분하여 회계처리하여야 한다.

⑾ 수업료 등(제47조)

기능대학은 다기능기술자과정 및 학위전공심화과정의 학생과 직업훈련과정의 훈련생에 대하여 수업료와 그 밖의 징수금을 받을 수 있다.

⑿ 기능대학 및 학생 등에 대한 지원(제48조)

① 국가·지방자치단체 또는 사업주 등은 기능대학 설립·경영자에게 교육·훈련시설의 설치, 장비구입, 학교운영 등에 필요한 비용의 전부 또는 일부를 지원할 수 있다.

② 국가 또는 지방자치단체는 기능대학의 설립·경영을 위하여 필요한 때에는 「국유재산법」 또는 「공유재산 및 물품 관리법」에도 불구하고 기능대학의 설립·경영자(국가, 지방자치단체 또는 공공단체가 설립한 학교법인에 한정한다)에게 국유·공유재산을 무상으로 대부할 수 있으며, 건물이나 그 밖의 시설물을 축조하기 위한 사용·수익을 허가할 수 있다.

③ 국가 또는 지방자치단체는 기능대학의 다기능기술자과정 및 학위전공심화과정의 학생과 직업훈련과정의 훈련생에 대하여 그 재학기간 중의 교육·훈련에 필요한 비용의 전부 또는 일부를 지원할 수 있다.

⒀ 인가의 취소 등(제49조)

① 교육부장관은 기능대학이 다음의 어느 하나에 해당하는 때에는 그 설립인가를 취소할 수 있다.

   ㉠ 거짓이나 그 밖의 부정한 방법으로 제39조에 따른 인가를 받은 때

   ㉡ 제39조 제4항에 따른 시설·설비 등 설립기준에 미달하게 된 때

   ㉢ 정하여진 휴가기간을 제외하고 정당한 사유 없이 2개월 이상 수업을 하지 아니한 때

② 교육부장관이 위 ①에 따라 기능대학의 설립인가를 취소하려면 고용노동부장관과 협의하여야 한다.

③ 교육부장관은 기능대학 설립인가를 취소하려면 청문을 하여야 한다.

⒁ 학위전공심화과정 설치인가의 취소 등(제49조의 2)

① 고용노동부장관은 제40조의 2 제1항에 따라 학위전공심화과정의 설치인가를 받은 기능대학이 다음의 어느 하나에 해당하는 경우에는 그 인가를 취소할 수 있다.

   ㉠ 거짓이나 그 밖의 부정한 방법으로 제40조의 2 제1항에 따른 인가를 받은 경우

   ㉡ 제40조의 2 제5항에 따른 인가기준에 미달하게 된 경우

   ㉢ 정하여진 휴가기간을 제외하고 정당한 사유 없이 2개월 이상 수업을 하지 아니한 경우

② 고용노동부장관은 학위전공심화과정의 설치인가를 취소하려면 교육부장관과 협의하여야 한다.

⒂ **기능대학에 대한 감독 등(제50조)**

① 고용노동부장관은 기능대학 및 기능대학을 설립·경영하는 학교법인에 대하여 교육 관계 법령에서 정한 교육부장관의 권한 중 다음의 사항을 위탁받아 관장한다.

㉠ 기능대학 및 기능대학을 설립·경영하는 학교법인에 대한 지도·감독

㉡ 기능대학을 설립·경영하는 학교법인의 임원취임 승인 및 그 취소

㉢ 학교법인이 설립한 기능대학의 교원의 임면보고 수리 및 해직·해임 등의 요구에 관한 사항

㉣ 그 밖에 대통령령으로 정하는 사항

② 교육부장관과 고용노동부장관은 기능대학 또는 기능대학의 설립·경영자에게 필요한 보고를 하게 하거나 자료를 제출하게 할 수 있다.

⒃ **유사명칭의 사용금지(제51조)**

기능대학이 아닌 자는 기능대학 또는 이와 유사한 명칭을 사용할 수 없다.

Section 06 **직업능력개발 사업의 평가 및 부정행위의 제재 등**

⑴ **직업능력개발훈련시설 등에 대한 평가(제53조)**

① 고용노동부장관은 직업능력개발훈련의 질적 수준을 높이기 위하여 다음에 해당하는 자에 대하여 훈련실시 능력, 훈련성과 등 대통령령으로 정하는 사항에 대한 평가를 실시할 수 있다.

㉠ 제16조에 따라 직업능력개발훈련을 위탁받아 실시한 자

㉡ 제19조 또는 제24조에 따라 직업능력개발훈련과정의 인정을 받아 직업능력개발훈련을 실시한 자

㉢ 위 ㉠ 및 ㉡의 자 외에 중앙행정기관의 장 또는 지방자치단체의 장이 위탁한 직업능력개발훈련을 실시한 자(고용노동부장관이 사전에 해당 중앙행정기관의 장 또는 지방자치단체의 장과 협의하여 평가하기로 정한 자에 한정한다)

㉣ 직업능력개발훈련시설 및 직업능력개발훈련법인

② 고용노동부장관은 위에 따라 평가를 실시한 때에는 그 결과를 사업주, 근로자 등이 알 수 있도록 공개하여야 한다.

⑵ **직업능력개발훈련시설 평가 결과에 따른 차등지원(제54조)**

고용노동부장관은 이 법에 따른 지원 또는 융자를 할 때에는 제53조에 따른 평가 결과에 따라 차등을 둘 수 있다.

⑶ **부정행위에 따른 지원 · 융자 또는 수강의 제한(제55조)**

① 국가 또는 지방자치단체는 제12조 또는 제15조에 따른 직업능력개발훈련을 받고 있거나 받은 근로자가 다음의 어느 하나에 해당하면 거짓이나 부정한 방법으로 훈련비용 및 훈련수당을 지

원받았거나 지원받으려고 한 날(제2호의 경우에는 위탁계약이 해지된 날)부터 3년의 범위에서 고용노동부령으로 정하는 기간 동안 제12조 및 제15조에 따른 직업능력개발훈련의 수강을 제한하거나 제17조 및 제18조에 따른 지원 또는 융자를 아니할 수 있다.

　㉠ 거짓이나 그 밖의 부정한 방법으로 훈련비용 및 훈련수당을 지원받았거나 지원받으려 한 경우

　㉡ 직업능력개발훈련을 위탁받은 자와 공모하여 제16조 제2항 각 호의 어느 하나에 해당하는 행위를 하여 위탁계약이 해지된 경우

② 고용노동부장관은 제17조, 제18조, 제20조, 제22조 및 제23조에 따라 비용의 지원 또는 융자를 받으려고 하거나 이미 받은 근로자나 사업주, 사업주단체 등, 산업부문별 인적자원개발협의체 또는 직업능력개발단체가 다음의 어느 하나에 해당하면 거짓이나 그 밖의 부정한 방법으로 비용의 지원 또는 융자를 받으려고 하거나 이미 받은 날(제2호에 해당하는 경우에는 인정이 취소된 날)부터 3년의 범위에서 고용노동부령으로 정하는 기간 동안 제12조 및 제15조에 따른 직업능력개발훈련의 수강을 제한하거나 제17조, 제18조, 제20조, 제22조 및 제23조에 따른 지원 또는 융자를 아니 할 수 있다.

　㉠ 거짓이나 그 밖의 부정한 방법으로 비용을 지원·융자받았거나 지원·융자받으려 한 경우

　㉡ 제16조에 따라 직업능력개발훈련을 위탁받아 실시하는 자 또는 제19조 및 제24조에 따라 직업능력개발훈련과정의 인정을 받아 직업능력개발훈련을 실시하는 자와 공모하여 제19조 제2항 각 호 또는 제24조 제2항 각 호의 어느 하나에 해당하는 행위를 하여 인정이 취소된 경우

⑷ 부정수급액의 반환 및 추가징수(제56조)

① 국가 또는 지방자치단체는 제16조 제2항에 따라 위탁계약이 해지된 자 또는 제55조 제1항에 따라 수강이나 지원·융자의 제한을 받은 근로자가 이미 지원 또는 융자받은 금액 중 거짓이나 그 밖의 부정한 방법으로 지원 또는 융자받은 금액의 반환을 명할 수 있다.

② 고용노동부장관은 제19조 제2항이나 제24조 제2항에 따라 인정이 취소된 자 또는 제55조 제2항에 따라 수강 또는 지원·융자가 제한되는 근로자나 사업주, 사업주단체 등, 산업부문별 인적자원개발협의체 또는 직업능력개발단체가 이미 지원 또는 융자받은 금액 중 거짓이나 그 밖의 부정한 방법으로 지원 또는 융자받은 금액의 반환을 명할 수 있다.

③ 국가·지방자치단체 또는 고용노동부장관은 위 ① 및 ②에 따라 반환을 명하는 경우에는 거짓이나 그 밖의 부정한 방법으로 지원 또는 융자를 받은 금액에 대하여 고용노동부령으로 정하는 기준에 따라 다음의 금액을 추가로 징수할 수 있다.

　㉠ 제16조 제2항에 따라 위탁계약이 해지된 자 또는 제19조 제2항이나 제24조 제2항에 따라 인정이 취소된 자 : 다음의 구분에 따른 금액

　　• 부정수급액이 대통령령으로 정하는 금액 미만인 경우 : 그 금액의 5배 이하의 금액

　　• 부정수급액이 대통령령으로 정하는 금액 이상인 경우 : 그 금액 이하의 금액

　㉡ 제55조에 따라 지원·융자 또는 수강이 제한되는 근로자나 사업주, 사업주단체 등, 산업부문별 인적자원개발협의체 또는 직업능력개발단체 : 부정수급액 이하의 금액

④ 국가·지방자치단체나 고용노동부장관은 부정수급액 반환금 또는 추가징수금을 기한 내에 내지
아니한 경우에는 국세 또는 지방세 체납처분의 예에 따라 징수할 수 있다.

(5) 신고 포상금(제57조)

고용노동부장관은 이 법에 따른 직업능력개발 사업을 하거나 위탁을 받은 자의 부정행위를 신고하
는 자에게 예산의 범위에서 포상금을 지급할 수 있다.

Section 07 보칙 및 벌칙

(1) 지도 · 감독 등(제58조)

① 고용노동부장관은 다음의 어느 하나에 해당하는 자에게 필요한 보고를 명하거나 자료를 제출하
게 하거나, 관계 공무원 등으로 하여금 직업능력개발훈련 등을 하는 장소에 출입하여 관계 서류
를 조사하게 하거나 관계인에게 질문을 하게 하는 등 지도·감독을 할 수 있다.

　㉠ 제16조에 따라 고용노동부장관으로부터 위탁받아 직업능력개발훈련을 실시하는 자

　㉡ 제19조 또는 제24조에 따라 인정을 받은 자

　㉢ 제12조, 제17조, 제18조, 제20조, 제22조 및 제23조에 따라 지원 또는 융자를 받는 자

　㉣ 공공직업훈련시설을 설치·운영하는 공공단체 및 지정직업훈련시설을 설치·운영하는 자

　㉤ 직업능력개발훈련법인

　㉥ 제36조에 따라 승인을 받아 직업능력개발훈련교사의 양성을 위한 훈련시설 또는 훈련과정을
　　운영하는 자

　㉦ 제59조에 따라 업무를 대행하는 자

② 고용노동부장관이 위에 따라 조사를 하는 경우에는 조사를 받는 자에게 미리 조사 일시·조사 내
용 등 필요한 사항을 알려야 한다. 다만, 긴급하거나 미리 알릴 경우 그 목적을 달성할 수 없다고
인정되는 경우에는 그러하지 아니하다.

③ 출입·지도·감독을 하는 공무원은 그 권한을 표시하는 증표를 지니고 이를 관계인에게 내보여야
한다.

④ 고용노동부장관은 조사결과를 조사를 받은 자에게 서면으로 알려야 한다.

(2) 업무의 대행(제59조)

고용노동부장관은 제6조부터 제8조까지, 제16조(고용노동부장관의 소관 업무로 한정한다), 제19조, 제20
조, 제22조, 제23조, 제24조, 제28조, 제37조, 제38조 및 제53조에 따른 업무의 일부를 대통령령으로
정하는 자에게 대행하게 할 수 있다.

⑶ 권한의 위임 · 위탁(제60조)

고용노동부장관은 이 법에 따른 권한의 일부를 대통령령으로 정하는 바에 따라 지방고용노동관서의 장 또는 지방자치단체의 장에게 위임하거나 공공단체의 장 등 대통령령으로 정하는 자에게 위탁할 수 있다.

⑷ 벌칙 적용 시의 공무원 의제(제61조)

고용노동부장관이 제60조에 따라 위탁한 업무에 종사하는 사람은 「형법」 제129조부터 제132조까지의 규정을 적용할 때에는 공무원으로 본다.

⑸ 청문(제62조)

고용노동부장관은 다음의 어느 하나에 해당하는 처분을 하려면 청문을 실시하여야 한다.

① 직업능력개발훈련과정 설치인가의 취소

② 공공직업훈련시설의 승인취소

③ 지정직업훈련시설의 지정취소

④ 직업능력개발훈련법인의 설립허가취소

⑤ 직업능력개발훈련교사의 자격취소

⑥ 훈련시설 또는 훈련과정의 승인취소

⑦ 학위전공심화과정 설치인가의 취소

01 근로자직업능력 개발법의 목적이 아닌 것은?

① 노동시장의 효율성 제고와 연구인력 양성
② 근로자의 직업능력개발 촉진
③ 근로자의 고용안정 및 고용촉진
④ 기업의 생산성 향상

> **해설 |** 이 법은 근로자의 생애에 걸친 직업능력개발을 촉진·지원하고 산업현장에서 필요로 하는 기술·기능 인력을 양성하며 산학협력 등에 관한 사업을 수행함으로써 근로자의 고용촉진·고용안정 및 사회·경제적 지위 향상과 기업의 생산성 향상을 도모하고 사회·경제의 발전에 이바지함을 목적으로 한다(법 제1조).

02 근로자직업능력 개발법령상 직업능력개발훈련시설을 설치할 수 있는 공공단체가 아닌 것은? 2015, 2011

① 근로복지공단
② 대한상공회의소
③ 한국산업인력공단
④ 한국장애인고용공단

> **해설 |** 직업능력개발훈련시설을 설치할 수 있는 공공단체의 범위(시행령 제2조) : 한국산업인력공단(한국산업인력공단이 출연하여 설립한 학교법인을 포함), 한국장애인고용공단, 근로복지공단

03 근로자직업능력 개발법에서 사용하는 용어의 정의로 틀린 것은?

① "직업능력개발훈련"이란 근로자에게 직업에 필요한 직무수행능력을 습득·향상시키기 위하여 실시하는 훈련을 말한다.
② "근로자"란 사업주에게 고용된 사람과 직업훈련을 받고 있는 사람을 말한다.
③ "양성훈련"이란 근로자에게 작업에 필요한 기초적 직무수행능력을 습득시키기 위하여 실시하는 직업능력개발훈련을 말한다.

④ "집체훈련"이란 직업능력개발훈련을 실시하기 위하여 설치한 훈련전용시설이나 그 밖에 훈련을 실시하기에 적합한 시설(산업체의 생산시설 및 근무장소는 제외)에서 실시하는 방법을 말한다.

> **해설 |** 근로자란 사업주에게 고용된 사람과 취업할 의사가 있는 사람을 말한다(법 제2조 제4호).

04 근로자의 직업능력개발훈련 시 기본원칙으로 거리가 먼 것은? 2014

① 직업능력개발훈련은 근로자 개인의 희망, 적성, 능력에 맞게 근로자의 생애에 걸쳐 체계적으로 실시되어야 한다.
② 직업능력개발훈련은 민간의 자율과 창의성이 존중되도록 하여야 하며, 노사의 참여와 협력을 바탕으로 실시되어야 한다.
③ 직업능력개발훈련은 근로자 능력을 고려하여 차별적으로 기회를 부여하여야 하지만 고령자·장애인의 직업능력개발훈련은 중시되어야 한다.
④ 직업능력개발훈련은 교육 관계 법에 의한 학교교육 및 산업현장과 긴밀하게 연계될 수 있도록 실시되어야 한다.

> **해설 |** 직업능력개발훈련은 근로자의 성별, 연령, 신체적 조건, 고용형태, 신앙 또는 사회적 신분 등에 따라 차별하여 실시되어서는 아니 되며, 모든 근로자에게 균등한 기회가 보장되도록 하여야 한다(법 제3조).

05 근로자직업능력 개발법상 직업능력개발훈련의 기본 원칙으로 틀린 것은?

① 직업능력개발훈련은 근로자 개인의 희망, 적성, 능력에 맞게 근로자의 생애에 걸쳐 체계적으로 실시되어야 한다.

② 직업능력개발훈련은 사회적 공공성의 원리에 따라 국가 주도로 진행되어야 한다.

③ 직업능력개발훈련이 필요한 근로자에 대하여 균등한 기회가 보장되도록 실시하여야 한다.

④ 직업능력개발훈련은 교육 관계 법에 따른 학교교육 및 산업현장과 긴밀하게 연계될 수 있도록 하여야 한다.

> **해설 |** 직업능력개발훈련은 민간의 자율과 창의성이 존중되도록 하여야 하며, 노사의 참여와 협력을 바탕으로 실시되어야 한다(법 제3조 제2항).

06 근로자직업능력 개발법상 직업능력개발훈련이 중요시되는 대상이 아닌 것은?

① 제조업의 생산직에 종사하는 근로자

② 단시간근로자

③ 비진학청소년

④ 국민기초생활 보장법에 따른 수급권자

> **해설 |** 직업능력개발훈련이 중요시되는 대상(법 제3조 제4항) : ㉠ 고령자·장애인, ㉡ 「국민기초생활 보장법」에 따른 수급권자, ㉢ 「국가유공자 등 예우 및 지원에 관한 법률」에 따른 국가유공자와 그 유족 또는 가족이나 「보훈보상대상자 지원에 관한 법률」에 따른 보훈보상대상자와 그 유족 또는 가족, ㉣ 「5·18민주유공자예우에 관한 법률」에 따른 5·18민주유공자와 그 유족 또는 가족, ㉤ 「제대군인지원에 관한 법률」에 따른 제대군인 및 전역예정자, ㉥ 여성근로자, ㉦ 「중소기업기본법」에 따른 중소기업(이하 "중소기업"이라 한다)의 근로자, ㉧ 제조업의 생산직에 종사하는 근로자, ㉨ 일용근로자, 단시간근로자, 기간을 정하여 근로계약을 체결한 근로자, 일시적 사업에 고용된 근로자, ㉩ 「파견근로자보호 등에 관한 법률」에 따른 파견근로자

07 근로자직업능력 개발법상 직업능력개발훈련이 중요시되어야 할 대상에 해당하지 않는 것은?

① 「국민기초생활 보장법」에 따른 수급권자

② 「제대군인지원에 관한 법률」에 따른 전역예정자

③ 제조업의 연구직에 종사하는 근로자

④ 일시적 사업에 고용된 근로자

08 근로자직업능력 개발법령상 직업능력개발훈련의 구분 및 실시 방법에 관한 설명으로 옳은 것은?

① 직업능력개발훈련은 훈련의 목적에 따라 현장훈련과 원격훈련으로 구분한다.

② 양성훈련은 근로자에게 작업에 필요한 기초적 직무수행능력을 습득시키기 위하여 실시하는 직업능력개발훈련이다.

③ 혼합훈련은 전직훈련과 향상훈련을 병행하여 직업능력개발훈련을 실시하는 방법이다.

④ 집체훈련은 산업체의 생산시설 및 근무장소에서 직업능력개발훈련을 실시하는 방법이다.

> **해설 |** ㉠ 직업능력개발훈련의 목적에 따른 구분(시행령 제3조 제1항)
> - 양성훈련 : 근로자에게 작업에 필요한 기초적 직무수행능력을 습득시키기 위하여 실시하는 직업능력개발훈련
> - 향상훈련 : 양성훈련을 받은 사람이나 직업에 필요한 기초적 직무수행능력을 가지고 있는 사람에게 더 높은 직무수행능력을 습득시키거나 기술발전에 맞추어 지식·기능을 보충하게 하기 위하여 실시하는 직업능력개발훈련
> - 전직훈련 : 근로자에게 종전의 직업과 유사하거나 새로운 직업에 필요한 직무수행능력을 습득시키기 위하여 실시하는 직업능력개발훈련
> ㉡ 직업능력개발훈련의 실시 방법에 따른 구분(시행령 제3조 제2항)
> - 집체훈련 : 직업능력개발훈련을 실시하기 위하여 설치한 훈련전용시설이나 그 밖에 훈련을 실시하기에 적합한 시설(산업체의 생산시설 및 근무장소는 제외한다)에서 실시하는 방법

> • 현장훈련 : 산업체의 생산시설 또는 근무장소에
> 서 실시하는 방법
> • 원격훈련 : 먼 곳에 있는 사람에게 정보통신매
> 체 등을 이용하여 실시하는 방법
> • 혼합훈련 : 위의 3가지 훈련 방법을 2개 이상
> 병행하여 실시하는 방법

09 근로자직업능력 개발법상 공공단체의 직업능력개발
사업에 해당하지 않는 것은? 2015

① 사업주에게 고용된 근로자를 위한 직무능력향
상훈련

② 직업능력개발에 관한 방송사업 및 원격훈련
사업

③ 중소기업에 근무하는 근로자 등을 위하여 중
소기업 또는 우선지원 대상기업과 공동으로
실시하는 직업능력개발 사업

④ 근로자의 평생직업능력개발 촉진을 위한 사업
으로서 관련 단체장이 고시하는 사업

해설 | 근로자의 평생직업능력개발 촉진을 위한 사업
으로서 고용노동부장관이 정하여 고시하는 사업이다
(시행령 제5조의 2).

10 근로자직업능력 개발법령상 훈련의 목적에 따라 구
분한 직업능력개발훈련에 해당하지 않는 것은?

① 양성훈련　　　　② 집체훈련
③ 향상훈련　　　　④ 전직훈련

11 근로자직업능력 개발법령상 직업에 필요한 기초적
직무수행능력을 가지고 있는 사람에게 더 높은 직무
수행능력을 습득시키거나 기술발전에 맞추어 지식·
기능을 보충하게 하기 위하여 실시하는 직업능력개
발훈련은?

① 양성훈련　　　　② 향상훈련
③ 전직훈련　　　　④ 집체훈련

12 근로자직업능력 개발법상 직업능력개발훈련의 기본
원칙이 아닌 것은? 2004

① 산업현장과 학교교육과 밀접한 관련하에 실시

② 기업 등 민간의 자율과 창의성 존중원칙과 직
업능력개발훈련이 필요한 근로자의 균등기회
보장

③ 근로자의 희망·적성·능력에 맞게 직업종사 전
기간에 걸쳐 단계적·체계적 실시

④ 고령자·장애인·국가유공자·군인·청소년·여성
근로자와 대기업 및 제조업의 생산직 근로자
등의 직업능력개발훈련을 중시

해설 | 대기업이 아니라 「중소기업기본법」에 따른 중소
기업의 근로자가 중시되어야 한다(법 제3조 제4항).

13 근로자직업능력 개발법상 직업능력개발훈련의 기본
원칙이 아닌 것은? 2013

① 인간의 자율과 창의성이 존중되도록 하여야
한다.

② 모든 근로자에게 균등한 기회가 보장되도록
하여야 한다.

③ 노사의 참여와 협력을 바탕으로 실시하여야
한다.

④ 교육 관계 법에 따른 학교교육보다 산업현장
과 긴밀하게 연계될 수 있도록 하여야 한다.

해설 | 교육 관계 법에 의한 학교교육 및 산업현장과
긴밀하게 연계될 수 있도록 실시되어야 한다(법 제3
조 제5항).

14 근로자직업능력 개발법상 직업능력개발훈련의 기본
원칙으로 틀린 것은? 2015

① 근로자의 희망·적성·능력에 맞게 생애에 걸쳐
체계적으로 실시되어야 한다.

② 국가·지방자치단체가 전담하여 실시하여야
한다.

③ 모든 근로자에게 균등한 기회가 보장되도록
하여야 한다.

④ 교육 관계 법에 따른 학교교육 및 산업현장과
긴밀하게 연계될 수 있도록 하여야 한다.

> **해설 |** 국가와 지방자치단체는 근로자의 생애에 걸친
> 직업능력개발을 위하여 사업주 · 사업주단체 및 근로
> 자단체 등이 하는 직업능력개발 사업과 근로자가 자
> 율적으로 수강하는 직업능력개발훈련 등을 촉진 · 지
> 원하기 위하여 필요한 시책을 마련하여야 한다(법 제
> 4조 제1항).

15 근로자직업능력 개발법상 국가 및 사업주 등의 책무
에 관한 설명으로 틀린 것은?

① 지방자치단체–근로자단체 등이 하는 직업능
력개발 사업을 촉진·지원하기 위하여 필요한
시책을 마련할 의무

② 사업주–근로자를 대상으로 직업능력개발훈
련에 관한 상담·취업지도, 선발기준을 마련할
의무

③ 사업주단체–직업능력개발훈련이 산업현장의
수요에 맞추어 이루어지도록 산업부문별 직업
능력개발훈련 수요조사 등 필요한 노력을 할
의무

④ 직업능력개발훈련을 실시하는 자–직업능력
개발훈련에 관한 상담·취업지도, 선발기준 마
련 등을 하여 근로자가 자신의 적성과 능력에
맞는 직업능력개발훈련을 받을 수 있도록 노
력할 의무

> **해설 |** 사업주는 근로자를 대상으로 직업능력개발훈
> 련을 실시하고, 직업능력개발훈련에 많은 근로자가
> 참여하도록 하며, 근로자에게 직업능력개발을 위한
> 휴가를 주거나 인력개발담당자를 선임하는 등 직업
> 능력개발훈련 여건을 조성하기 위한 노력을 하여야
> 한다(법 제4조 제2항).

16 근로자직업능력 개발법상 훈련계약에 관한 설명으로
틀린 것은?
2013, 2009

① 사업주와 직업능력개발훈련을 받으려는 근로
자는 직업능력개발훈련에 따른 권리·의무 등
에 관하여 훈련계약을 체결할 수 있다.

② 사업주는 훈련계약을 체결할 때에는 해당 직
업능력개발훈련을 받는 사람이 직업능력개발
훈련을 이수한 후에 사업주가 지정하는 업무
에 5년 이내, 훈련기간의 3배를 초과하지 않는
범위에서 종사하도록 할 수 있다.

③ 훈련계약을 체결하지 아니한 경우에 고용근
로자가 받은 직업능력개발훈련에 대하여는
그 근로자가 근로를 제공한 것으로 보지 아니
한다.

④ 기준근로시간 외의 훈련시간에 대하여는 생산
시설을 이용하거나 근무장소에서 하는 직업능
력개발훈련의 경우를 제외하고는 연장근로와
야간근로에 해당하는 임금을 지급하지 아니할
수 있다.

> **해설 |** 훈련계약을 체결하지 아니한 경우에 고용근로
> 자가 받은 직업능력개발훈련에 대하여는 그 근로자
> 가 근로를 제공한 것으로 본다(법 제9조 제3항).

17 근로자직업능력 개발법상 훈련계약에 관한 설명으로
틀린 것은?

① 사업주와 직업능력개발훈련을 받으려는 근로
자는 직업능력개발훈련에 따른 권리·의무 등
에 관하여 훈련계약을 체결하여야 한다.

② 기준근로시간 외의 훈련시간에 대하여는 생산
시설을 이용하거나 근무장소에서 하는 직업능
력개발훈련의 경우를 제외하고는 연장근로와
야간근로에 해당하는 임금을 지급하지 아니할
수 있다.

③ 훈련계약을 체결할 때에는 해당 직업능력개발훈련을 받는 사람이 직업능력개발훈련을 이수한 후에 사업주가 지정하는 업무에 일정기간 종사하도록 할 수 있다. 이 경우 그 기간은 5년 이내로 하되, 직업능력개발훈련 기간의 3배를 초과할 수 없다.

④ 훈련계약을 체결하지 아니한 경우에 고용근로자가 받은 직업능력개발훈련에 대하여는 그 근로자가 근로를 제공한 것으로 본다.

> **해설 |** 사업주와 직업능력개발훈련을 받으려는 근로자는 직업능력개발훈련에 따른 권리·의무 등에 관하여 훈련계약을 체결할 수 있다(법 제9조 제1항).

18 다음 (   ) 안에 들어갈 가장 알맞은 것은? 2011

> 근로자직업능력 개발법상 사업주는 훈련계약을 체결할 때에는 해당 직업능력개발훈련을 받은 사람이 직업능력개발훈련을 이수한 후에 사업주가 지정하는 업무에 일정 기간 종사하도록 할 수 있다. 이 경우 그 기간은 (A)년 이내로 하되, 직업능력개발훈련기간의 (B)배를 초과할 수 없다.

① A : 2, B : 1 ② A : 2, B : 2
③ A : 5, B : 2 ④ A : 5, B : 3

> **해설 |** 사업주는 훈련계약을 체결할 때에는 해당 직업능력개발훈련을 받는 사람이 직업능력개발훈련을 이수한 후에 사업주가 지정하는 업무에 일정 기간 종사하도록 할 수 있다. 이 경우 그 기간은 5년 이내로 하되, 직업능력개발훈련기간의 3배를 초과할 수 없다(법 제9조 제2항).

19 근로자직업능력 개발법상 훈련계약에 관한 설명으로 틀린 것은?

① 훈련계약을 체결할 때에는 해당 직업능력개발훈련을 받는 사람이 직업능력개발훈련을 이수한 후에 사업주가 지정하는 업무에 일정 기간 종사하도록 할 수 있다. 이 경우 그 기간은 5년 이내로 하되, 직업능력개발훈련기간의 3배를 초과할 수 없다.

② 훈련계약을 체결하지 아니한 경우에 고용근로자가 받은 직업능력개발훈련에 대하여는 그 근로자가 근로를 제공한 것으로 본다.

③ 기준근로시간 외의 훈련시간에 대하여는 생산시설을 이용하거나 근무장소에서 하는 직업능력개발훈련의 경우를 제외하고는 연장근로와 야간근로에 해당하는 임금을 지급하여야 한다.

④ 훈련계약을 체결하지 아니한 사업주는 직업능력개발훈련을 기준근로시간 내에 실시하되, 해당 근로자와 합의한 경우에는 기준근로시간 외의 시간에 직업능력개발훈련을 실시할 수 있다.

> **해설 |** 기준근로시간 외의 훈련시간에 대하여는 생산시설을 이용하거나 근무장소에서 하는 직업능력개발훈련의 경우를 제외하고는 연장근로와 야간근로에 해당하는 임금을 지급하지 아니할 수 있다(법 제9조 제5항).

20 근로자직업능력 개발법상 훈련계약에 관한 다음 설명 중 틀린 것은? 2003

① 사업주와 직업능력개발훈련을 받고자 하는 근로자는 직업능력개발훈련의 실시에 따른 권리·의무 등에 관한 사항을 정하는 훈련계약을 체결할 수 있다.

② 훈련 이수 후 사업주가 지정하는 업무에 종사하도록 할 수 있는 기간은 5년의 범위 이내로 하되, 훈련기간의 3배를 초과할 수 없다.

③ 훈련계약을 체결하지 아니한 경우에 있어서 고용근로자가 받은 직업능력개발훈련에 대하여는 당해 근로자가 근로를 제공한 것으로 보지 아니한다.

④ 기준근로시간 외의 연장된 훈련시간에 대하여는 현장 훈련의 경우를 제외하고는 연장근로와 야간근로에 대한 임금을 지급하지 아니할 수 있다.

> **해설 |** 훈련계약을 체결하지 아니한 경우에 있어서 고용근로자가 받은 직업능력개발훈련에 대하여는 그 근로자가 근로를 제공한 것으로 본다(법 제9조 제3항).

21 근로자직업능력 개발법상 재해 위로금에 관한 설명으로 틀린 것은?

① 직업능력개발훈련으로 인하여 재해를 입은 사람 중 산업재해보상보험법을 적용받는 사람은 재해 위로금을 지급하지 아니한다.

② 위탁에 의하여 실시하는 직업능력개발훈련의 훈련생에 대하여는 그 위탁자가 재해 위로금을 부담한다.

③ 수탁자의 귀책사유로 인하여 재해가 발생한 경우 위탁자는 수탁자에게 구상권을 행사할 수 있다.

④ 재해 위로금의 지급기준은 대통령령으로 정한다.

> **해설 |** 직업능력개발훈련을 실시하는 자는 해당 훈련시설에서 직업능력개발훈련을 받는 근로자(「산업재해보상보험법」을 적용받는 사람은 제외한다)가 직업능력개발훈련 중에 그 직업능력개발훈련으로 인하여 재해를 입은 경우에는 재해 위로금을 지급하여야 한다. 이 경우 위탁에 의한 직업능력개발훈련을 받는

근로자에 대하여는 그 위탁자가 재해 위로금을 부담하되, 위탁받은 자(수탁자)의 훈련시설의 결함이나 그 밖에 위탁받은 자(수탁자)에게 책임이 있는 사유로 인하여 재해가 발생한 경우에는 위탁받은 자(수탁자)가 재해 위로금을 지급하여야 한다(법 제11조 제1항).

22 근로자직업능력 개발법령상의 내용에 관한 설명으로 틀린 것은?

① 직업능력개발훈련은 15세 이상인 자에게 실시한다.

② 직업능력개발훈련은 집체훈련, 현장훈련, 원격훈련, 혼합훈련의 방법으로 실시한다.

③ 근로자에게 종전의 직업과 유사하거나 새로운 직업에 필요한 직무수행능력을 습득시키기 위하여 실시하는 직업능력개발훈련을 전직훈련이라고 한다.

④ 재해 위로금의 산정기준이 되는 통상임금은 산업재해보상보험법에 의한 최고 보상기준 금액 및 최저 보상기준 금액을 각각 그 상한 및 하한으로 한다.

> **해설 |** 재해 위로금의 산정기준이 되는 평균임금은 「산업재해보상보험법」에 따라 고용노동부장관이 매년 정하여 고시하는 최고 보상기준 금액 및 최저 보상기준 금액을 각각 그 상한 및 하한으로 한다(시행령 제5조).

23 근로자직업능력 개발법규상 저소득층이 아닌 근로자의 직업능력개발계좌 훈련비용의 지원한도는?

① 근로자 1명당 1년에 한하여 200만 원

② 근로자 1명당 1년에 한하여 300만 원

③ 근로자 1명당 2년에 한하여 200만 원

④ 근로자 1명당 2년에 한하여 300만 원

24 다음 중 직업능력개발훈련을 위탁한 자가 이를 위탁받은 훈련기관에 대하여 그 위탁을 해지할 수 있는 경우가 아닌 것은? 2003

① 허위 기타 부정한 방법으로 위탁을 받은 경우
② 위탁계약에 위반하여 훈련을 실시한 경우
③ 허위 그 밖의 부정한 방법에 의하여 훈련비용을 청구한 경우
④ 대표자가 형사소추를 받은 경우

25 근로자직업능력 개발법령상 직업능력개발계좌제도에 관한 설명으로 틀린 것은? 2010

① 직업능력개발계좌는 직업능력개발훈련비용과 직업능력개발에 관한 이력을 전산으로 종합관리하는 계좌를 말한다.
② 고용노동부장관은 직업능력개발훈련이 필요하다고 판단되는 근로자에게 본인의 신청을 받아 직업능력개발계좌를 개설할 수 있다.
③ 고용노동부장관은 직업능력개발계좌가 개설된 근로자가 인정받은 직업능력개발계좌 적합훈련과정을 수강하는 경우에는 그 훈련비용의 전부를 지원해야 한다.

④ 직업능력개발계좌의 개설 절차 등에 관하여 필요한 사항은 고용노동부장관이 정하여 고시한다.

26 근로자직업능력 개발법령상 직업능력개발 사업을 하는 사업주에게 지원되는 것으로 틀린 것은?

① 근로자를 대상으로 하는 자격검정사업비용
② 직업능력개발훈련을 위한 시설의 설치 사업비용
③ 근로자의 경력개발관리를 위하여 실시하는 사업비용
④ 고용노동부장관의 인정을 받은 직업능력개발훈련과정 수강비용

27 근로자직업능력 개발법상 고용노동부장관이 비용을 지원하거나 융자할 수 있는 산업부문별 인적자원개발협의체의 직업능력개발 사업이 아닌 것은?

① 산업부문별 인력수급 및 직업능력개발훈련 수요에 대한 조사·분석
② 자격 및 직업능력개발훈련 기준의 개발·보급
③ 직업능력개발훈련을 실시하는 기관 및 그 훈련과정 등에 대한 인증사업
④ 직업능력개발훈련과정 및 매체 등의 개발·보완·보급 사업

> **해설 |** 고용노동부장관은 산업부문별 인적자원개발협의체가 다음의 어느 하나에 해당하는 직업능력개발 사업을 실시하는 경우에 그 산업부문별 인적자원개발협의체에 필요한 비용을 지원하거나 융자할 수 있다(법 제22조, 시행령 제20조).
> ㉠ 산업부문별 인력수급 및 직업능력개발훈련 수요에 대한 조사 · 분석
> ㉡ 자격 및 직업능력개발훈련 기준의 개발 · 보급
> ㉢ 직업능력개발훈련과정 및 매체 등의 개발 · 보완 · 보급사업
> ㉣ 직업능력개발훈련교사 및 인력개발담당자의 능력개발 사업
> ㉤ 직업능력개발 사업에 관한 조사 · 연구 · 교육 및 홍보 사업
> ㉥ 그 밖에 산업부문별 직업능력개발을 촉진하기 위한 사업으로서 고용노동부장관이 정하여 고시하는 사업

28 근로자직업능력 개발법상 직업능력개발훈련시설의 지정을 받고자 하는 자의 결격사유에 해당하지 않는 것은?

① 금치산자
② 파산선고를 받은 자로서 복권되지 아니한 자
③ 동법 규정에 따라 지정직업훈련시설의 지정이 취소된 날부터 1년이 지나지 아니한 자
④ 평생교육법 규정에 따라 평생교육시설의 설치인가취소처분을 받고 2년이 지나지 아니한 자

> **해설 |** 「평생교육법」에 따라 평생교육시설의 설치인가취소 또는 등록취소를 처분받고 1년이 지나지 아니한 자 또는 평생교육과정의 운영정지처분을 받고 그 정지기간 중에 있는 자가 결격사유에 해당된다(법 제29조 제7호).

29 근로자직업능력 개발법상 직업능력개발훈련교사에 관한 설명으로 틀린 것은?

① 직업능력개발훈련교사의 자격증이 있는 사람만이 직업능력개발훈련을 위하여 훈련생을 가르칠 수 있다.
② 금고이상의 형의 집행유예를 선고받고 그 유예기간 중에 있는 사람은 직업능력개발훈련교사가 될 수 없다.
③ 직업능력개발훈련교사의 자격증을 빌려준 경우에는 그 자격을 취소할 수 있다.
④ 지방자치단체도 직업능력개발훈련교사의 양성을 위한 훈련과정을 설치·운영할 수 있다.

> **해설 | 직업능력개발훈련을 위하여 근로자를 가르칠 수 있는 사람(시행령 제27조)**
> ㉠ 「고등교육법」에 따른 전문대학 또는 대학을 졸업하거나 이와 같은 수준 이상의 학력을 가진 사람으로서 해당 분야의 교육훈련을 담당한 경력이 있는 사람
> ㉡ 「정부출연연구기관 등의 설립 · 운영 및 육성에 관한 법률」, 「과학기술분야 정부출연연구기관 등의 설립 · 운영 및 육성에 관한 법률」에 따른 연구기관 및 기업부설연구소 등에서 해당 분야의 연구를 한 경력이 있는 사람
> ㉢ 「국가기술자격법」이나 그 밖의 법률에 따른 해당 분야의 자격증을 취득한 사람
> ㉣ 해당 분야에서 1년 이상의 실무경력이 있는 사람
> ㉤ 그 밖에 해당 분야의 훈련생을 가르칠 수 있는 전문지식이 있는 사람으로서 고용노동부령으로 정하는 사람

제5과목 노동관계법규

30 근로자직업능력 개발법상 직업능력개발훈련교사의 결격사유가 아닌 것은?

① 피성년후견인·피한정후견인

② 금고이상의 형의 집행유예를 선고받고 그 유예기간 중에 있는 사람

③ 금고이상의 형을 선고받고 그 집행이 끝나거나(집행이 끝난 것으로 보는 경우를 포함한다) 집행이 면제된 날부터 3년이 지나지 아니한 사람

④ 법원의 판결에 따라 자격이 상실되거나 정지된 사람

> **해설 | 직업능력개발훈련교사의 결격사유(법 제34조)**
> ㉠ 피성년후견인 · 피한정후견인
> ㉡ 금고이상의 형을 선고받고 그 집행이 끝나거나(집행이 끝난 것으로 보는 경우를 포함한다) 집행이 면제된 날부터 2년이 지나지 아니한 사람
> ㉢ 금고이상의 형의 집행유예를 선고받고 그 유예기간 중에 있는 사람
> ㉣ 법원의 판결에 따라 자격이 상실되거나 정지된 사람
> ㉤ 자격이 취소된 후 3년이 지나지 아니한 사람

31 근로자직업능력 개발법상 직업능력개발훈련교사의 양성을 위한 훈련과정에 해당하지 않는 것은?

① 양성훈련과정 ② 향상훈련과정
③ 전직훈련과정 ④ 교직훈련과정

> **해설 |** 직업능력개발훈련교사의 양성을 위한 훈련과정은 양성훈련과정, 향상훈련과정 및 교직훈련과정으로 구분한다(시행규칙 제18조 제1항).

32 근로자직업능력 개발법상 기능대학에 관한 설명으로 옳은 것은?

① 사립학교법에 따른 학교법인은 기능대학을 설립·경영할 수 없다.

② 지방자치단체가 기능대학을 설립·경영하려면 해당 지방자치단체의 장은 교육부장관과 협의를 한 후 고용노동부장의 인가를 받아야 한다.

③ 국가가 기능대학을 설립·경영하려면 관계 중앙행정기관의 장은 교육부장관 및 고용노동부장관과 각각 협의하여야 한다.

④ 기능대학은 그 특성을 고려하여 다른 명칭을 사용할 수 없다.

> **해설 | 기능대학의 설립(법 제39조)**
> ㉠ 국가, 지방자치단체 또는 「사립학교법」에 따른 학교법인은 산업현장에서 필요로 하는 인력을 양성하고 근로자의 직업능력개발을 지원하기 위하여 기능대학을 설립 · 경영할 수 있다.
> ㉡ 국가가 기능대학을 설립 · 경영하려면 관계 중앙행정기관의 장은 교육부장관 및 고용노동부장관과 각각 협의하여야 하며, 지방자치단체가 기능대학을 설립 · 경영하려면 해당 지방자치단체의 장은 고용노동부장관과 협의를 한 후 교육부장관의 인가를 받아야 한다.
> ㉢ 학교법인이 기능대학을 설립 · 경영하려면 고용노동부장관의 추천을 거쳐 교육부장관의 인가를 받아야 한다.
> ㉣ 기능대학을 설립 · 경영하려는 자는 시설 · 설비 등 대통령령으로 정하는 설립기준을 갖추어야 한다.
> ㉤ 교육부장관의 인가를 받은 기능대학은 직업능력개발훈련시설로 보며, 기능대학은 그 특성을 고려하여 다른 명칭을 사용할 수 있다.

장애인고용촉진 및 직업재활법

Section 01 총칙

(1) 목적(제1조)

이 법은 장애인이 그 능력에 맞는 직업생활을 통하여 인간다운 생활을 할 수 있도록 장애인의 고용촉진 및 직업재활을 꾀하는 것을 목적으로 한다.

⑵ 용어의 정의(제2조)

이 법에서 사용하는 용어의 뜻은 다음과 같다.

용어	개념
장애인	신체 또는 정신상의 장애로 장기간에 걸쳐 직업생활에 상당한 제약을 받는 자로서 대통령령으로 정하는 기준에 해당하는 자를 말한다.
중증장애인	장애인 중 근로능력이 현저하게 상실된 자로서 대통령령으로 정하는 기준에 해당하는 자를 말한다.
고용촉진 및 직업재활	장애인의 직업지도, 직업적응훈련, 직업능력개발훈련, 취업알선, 취업, 취업 후 적응지도 등에 대하여 이 법에서 정하는 조치를 강구하여 장애인이 직업생활을 통하여 자립할 수 있도록 하는 것을 말한다.
사업주	근로자를 사용하여 사업을 행하거나 하려는 자를 말한다.
근로자	「근로기준법」 제2조 제1항 제1호에 따른 근로자를 말한다. 다만, 소정근로시간이 대통령령으로 정하는 시간 미만인 자(중증장애인은 제외한다)는 제외한다.
직업능력개발훈련	「근로자직업능력 개발법」 제2조 제1호에 따른 훈련을 말한다.
직업능력개발훈련시설	「근로자직업능력 개발법」 제2조 제3호에 따른 직업능력개발훈련시설을 말한다.
장애인 표준사업장	장애인 고용 인원·고용비율 및 시설·임금에 관하여 고용노동부령으로 정하는 기준에 해당하는 사업장(「장애인복지법」 제58조 제1항 제3호에 따른 장애인 직업재활시설은 제외한다)을 말한다.

⑶ 국가와 지방자치단체의 책임(제3조)

① 국가와 지방자치단체는 장애인의 고용촉진 및 직업재활에 관하여 사업주 및 국민 일반의 이해를 높이기 위하여 교육·홍보 및 장애인 고용촉진 운동을 지속적으로 추진하여야 한다.

② 국가와 지방자치단체는 사업주·장애인, 그 밖의 관계자에 대한 지원과 장애인의 특성을 고려한 직업재활 조치를 강구하여야 하고, 장애인의 고용촉진을 꾀하기 위하여 필요한 시책을 종합적이고 효과적으로 추진하여야 한다. 이 경우 중증장애인과 여성장애인에 대한 고용촉진 및 직업재활을 중요시하여야 한다.

⑷ 국고의 부담(제4조)

① 국가는 매년 장애인 고용촉진 및 직업재활 사업에 드는 비용의 일부를 일반회계에서 부담할 수 있다.

② 국가는 매년 예산의 범위에서 장애인 고용촉진 및 직업재활 사업의 사무 집행에 드는 비용을 적극 지원한다.

⑸ 사업주의 책임(제5조)

① 사업주는 장애인의 고용에 관한 정부의 시책에 협조하여야 하고, 장애인이 가진 능력을 정당하게 평가하여 고용의 기회를 제공함과 동시에 적정한 고용관리를 할 의무를 가진다.

② 사업주는 근로자가 장애인이라는 이유로 채용·승진·전보 및 교육훈련 등 인사관리상의 차별대우를 하여서는 아니 된다.

③ 사업주는 직장 내 장애인 근로자의 안정적인 근무여건 조성과 채용 확대를 위하여 장애인 인식개선 교육을 실시하여야 한다.

④ 고용노동부장관은 사업주의 장애인 인식개선 교육이 원활하게 이루어지도록 교육교재 등을 개발하여 보급하여야 한다.

⑹ 장애인의 자립 노력 등(제6조)

① 장애인은 직업인으로서의 자각을 가지고 스스로 능력 개발·향상을 도모하여 유능한 직업인으로 자립하도록 노력하여야 한다.

② 장애인의 가족 또는 장애인을 보호하고 있는 자는 장애인에 관한 정부의 시책에 협조하여야 하고, 장애인의 자립을 촉진하기 위하여 적극적으로 노력하여야 한다.

⑺ 장애인 고용촉진 및 직업재활 기본계획 등(제7조)

① 고용노동부장관은 관계 중앙행정기관의 장과 협의하여 장애인의 고용촉진 및 직업재활을 위한 기본계획을 세워야 한다.

② 장애인 고용촉진 및 직업재활 기본계획에는 다음의 사항이 포함되어야 한다.

  ㉠ 장애인의 고용촉진 및 직업재활에 관한 사항

  ㉡ 제68조에 따른 장애인 고용촉진 및 직업재활 기금에 관한 사항

  ㉢ 장애인을 위한 시설의 설치·운영 및 지원에 관한 사항

  ㉣ 그 밖에 장애인의 고용촉진 및 직업재활을 위하여 고용노동부장관이 필요하다고 인정하는 사항

③ 위의 기본계획, 장애인의 고용촉진 및 직업재활에 관한 중요 사항은 「고용정책 기본법」 제10조에 따른 고용정책심의회 심의를 거쳐야 한다.

(8) 교육부 및 보건복지부와의 연계(제8조)

① 교육부장관은 「장애인 등에 대한 특수교육법」에 따른 특수교육 대상자의 취업을 촉진하기 위하여 필요하다고 인정하면 직업교육 내용 등에 대하여 고용노동부장관과 협의하여야 한다.

② 보건복지부장관은 직업재활 사업 등이 효율적으로 추진될 수 있도록 고용노동부장관과 긴밀히 협조하여야 한다.

Section 02 | 장애인 고용촉진 및 직업재활

(1) 장애인 직업재활 실시 기관(제9조)

① 장애인 직업재활 실시 기관(이하 "재활실시기관"이라 한다)은 장애인에 대한 직업재활 사업을 다양하게 개발하여 장애인에게 직접 제공하여야 하고, 특히 중증장애인의 자립능력을 높이기 위한 직업재활 실시에 적극 노력하여야 한다.

② 재활실시기관은 다음의 어느 하나와 같다.

　㉠ 「장애인 등에 대한 특수교육법」에 따른 특수교육기관

　㉡ 「장애인복지법」에 따른 장애인 지역사회재활시설

　㉢ 「장애인복지법」에 따른 장애인 직업재활시설

　㉣ 「장애인복지법」에 따른 장애인복지단체

　㉤ 「근로자직업능력 개발법」에 따른 직업능력개발훈련시설

　㉥ 그 밖에 고용노동부령으로 정하는 기관으로서 고용노동부장관이 장애인에 대한 직업재활 사업을 수행할 능력이 있다고 인정하는 기관

(2) 직업지도(제10조)

① 고용노동부장관과 보건복지부장관은 장애인이 그 능력에 맞는 직업에 취업할 수 있도록 하기 위하여 장애인에 대한 직업상담, 직업적성 검사 및 직업능력 평가 등을 실시하고, 고용정보를 제공하는 등 직업지도를 하여야 한다.

② 고용노동부장관과 보건복지부장관은 장애인이 그 능력에 맞는 직업생활을 할 수 있도록 하기 위하여 장애인에게 적합한 직종 개발에 노력하여야 한다.

③ 고용노동부장관과 보건복지부장관이 직업지도를 할 때에 특별히 전문적 지식과 기술이 필요하다고 인정하면 이를 재활실시기관 등 관계 전문기관에 의뢰하고 그 비용을 지급할 수 있다.

④ 고용노동부장관과 보건복지부장관은 직업지도를 실시하거나 하려는 자에게 필요한 비용을 융자·지원할 수 있다.

(3) **직업적응훈련(제11조)**

① 고용노동부장관과 보건복지부장관은 장애인이 그 희망·적성·능력 등에 맞는 직업생활을 할 수 있도록 하기 위하여 필요하다고 인정하면 직업 환경에 적응시키기 위한 직업적응훈련을 실시할 수 있다.

② 고용노동부장관과 보건복지부장관은 직업적응훈련의 효율적 실시를 위하여 필요하다고 인정하면 그 훈련기준 등을 따로 정할 수 있다.

③ 고용노동부장관과 보건복지부장관은 장애인의 직업능력 개발·향상을 위하여 직업적응훈련시설 또는 훈련 과정을 설치·운영하거나 하려는 자에게 필요한 비용(훈련비를 포함한다)을 융자·지원할 수 있다.

④ 고용노동부장관과 보건복지부장관은 직업적응훈련시설에서 직업적응훈련을 받는 장애인에게 훈련수당을 지원할 수 있다.

(4) **직업능력개발훈련(제12조)**

① 고용노동부장관은 장애인이 그 희망·적성·능력 등에 맞는 직업생활을 할 수 있도록 하기 위하여 장애인에게 직업능력개발훈련을 실시하여야 한다.

② 고용노동부장관은 장애인의 직업능력 개발·향상을 위하여 직업능력개발훈련시설 또는 훈련 과정을 설치·운영하거나 하려는 자에게 필요한 비용(훈련비를 포함한다)을 융자·지원할 수 있다.

③ 고용노동부장관은 직업능력개발훈련시설에서 직업능력개발훈련을 받는 장애인에게 훈련수당을 지원할 수 있다.

(5) **지원고용(제13조)**

고용노동부장관과 보건복지부장관은 중증장애인 중 사업주가 운영하는 사업장에서는 직무수행이 어려운 장애인이 직무를 수행할 수 있도록 지원고용을 실시하고 필요한 지원을 하여야 한다.

(6) **보호고용(제14조)**

국가와 지방자치단체는 장애인 중 정상적인 작업 조건에서 일하기 어려운 장애인을 위하여 특정한 근로 환경을 제공하고 그 근로 환경에서 일할 수 있도록 보호고용을 실시하여야 한다.

(7) **취업알선 등(제15조)**

① 고용노동부장관은 고용정보를 바탕으로 장애인의 희망·적성·능력과 직종 등을 고려하여 장애인에게 적합한 직업을 알선하여야 한다.

② 고용노동부장관은 장애인이 직업생활을 통하여 자립할 수 있도록 장애인의 고용촉진을 위한 시책을 강구하여야 한다.

③ 고용노동부장관은 취업알선 및 고용촉진을 할 때에 필요한 경우에는 그 업무의 일부를 재활실시기관 등 관계 전문기관에 의뢰하고 그 비용을 지급할 수 있다.

④ 고용노동부장관은 취업알선 시설을 설치·운영하거나 하려는 자에게 필요한 비용(취업알선을 위한 지원금을 포함한다)을 융자·지원할 수 있다.

⑻ 취업알선기관 간의 연계 등(제16조)

① 고용노동부장관은 장애인의 취업 기회를 확대하기 위하여 취업알선 업무를 수행하는 재활실시 기관 간에 구인·구직 정보의 교류와 장애인 근로자 관리 등의 효율적인 연계를 꾀하고, 제43조에 따른 한국장애인고용공단에서 이를 종합적으로 집중 관리할 수 있도록 취업알선전산망 구축 등의 조치를 강구하여야 한다.

② 고용노동부장관이 취업알선전산망 구축 등의 조치를 강구할 때에는 「직업안정법」 제2조의 2 제1호에 따른 직업안정기관과 연계되도록 하여야 한다.

⑼ 자영업 장애인 지원(제17조)

① 고용노동부장관은 자영업을 영위하려는 장애인에게 창업에 필요한 자금 등을 융자하거나 영업장소를 임대할 수 있다.

② 영업장소의 연간 임대료는 「국유재산법」에도 불구하고 그 재산 가액(價額)에 1천분의 10 이상을 곱한 금액으로 고용노동부장관이 정하되, 월할이나 일할로 계산할 수 있다.

⑽ 장애인 근로자 지원(제18조)

고용노동부장관은 장애인 근로자의 안정적인 직업생활을 위하여 필요한 자금을 융자할 수 있다.

⑾ 취업 후 적응지도(제19조)

고용노동부장관과 보건복지부장관은 장애인의 직업안정을 위하여 필요하다고 인정하면 사업장에 고용되어 있는 장애인에게 작업환경 적응에 필요한 지도를 실시하여야 한다.

⑿ 근로지원인 서비스의 제공(제19조의 2)

고용노동부장관은 중증장애인의 직업생활을 지원하는 사람(이하 이 조에서 "근로지원인"이라 한다)을 보내 중증장애인이 안정적·지속적으로 직업생활을 할 수 있도록 하는 등 필요한 서비스를 제공할 수 있다.

⒀ 사업주에 대한 고용지도(제20조)

고용노동부장관은 장애인을 고용하거나 고용하려는 사업주에게 필요하다고 인정하면 채용, 배치, 작업 보조구, 작업 설비 또는 작업 환경, 그 밖에 장애인의 고용관리에 관하여 기술적 사항에 대한 지도를 실시하여야 한다.

⒁ 장애인 고용 사업주에 대한 지원(제21조)

① 고용노동부장관은 장애인을 고용하거나 고용하려는 사업주에게 장애인 고용에 드는 다음의 비용 또는 기기 등을 융자하거나 지원할 수 있다. 이 경우 중증장애인 및 여성 장애인을 고용하거나 고용하려는 사업주를 우대하여야 한다.

㉠ 장애인을 고용하는 데에 필요한 시설과 장비의 구입·설치·수리 등에 드는 비용

㉡ 장애인의 직업생활에 필요한 작업 보조 공학기기 또는 장비 등

ⓒ 장애인의 적정한 고용관리를 위하여 장애인 직업생활 상담원, 작업 지도원, 수화 통역사 또는 낭독자 등을 배치하는 데에 필요한 비용

ⓔ 그 밖에 ㉠부터 ⓒ까지의 규정에 준하는 것으로서 장애인의 고용에 필요한 비용 또는 기기

② 고용노동부장관은 장애인인 사업주가 장애인을 고용하거나 고용하려는 경우에는 해당 사업주 자신의 직업생활에 필요한 작업 보조 공학기기 또는 장비 등을 지원할 수 있다.

⒂ 장애인 표준사업장에 대한 지원(제22조)

① 고용노동부장관은 장애인 표준사업장을 설립·운영하거나 설립하려는 사업주에게 그 설립·운영에 필요한 비용을 융자하거나 지원할 수 있다.

② 고용노동부장관은 위에 따른 융자 또는 지원을 할 때에 다음의 사업주를 우대하여야 한다.

㉠ 중증장애인과 여성장애인을 고용하거나 고용하려는 사업주

㉡ 지방자치단체로부터 지원을 받거나 비영리 법인 또는 다른 민간 기업으로부터 출자를 받는 등 지역 사회의 적극적 참여를 통하여 장애인 표준사업장을 설립·운영하거나 설립하려는 사업주

⒃ 불공정거래행위 금지에 대한 특례(제22조의 2)

제22조 제3항에 따라 장애인 표준사업장을 실질적으로 지배하고 있는 사업주가 대통령령으로 정하는 바에 따라 사전에 공개한 합리적인 기준에 의하여 해당 장애인 표준사업장을 지원하는 경우에는 「독점규제 및 공정거래에 관한 법률」에 따른 불공정거래행위에 해당하지 아니하는 것으로 본다.

⒄ 장애인 표준사업장 생산품의 우선구매 등(제22조의 3)

① 「중소기업제품 구매촉진 및 판로지원에 관한 법률」 제2조 제2호에 따른 공공기관의 장은 물품·용역에 관한 계약을 체결하는 경우에는 장애인 표준사업장에서 생산한 물품과 제공하는 용역을 우선구매하여야 한다.

② 공공기관의 장은 장애인 표준사업장 생산품의 구매계획과 전년도 구매실적을 대통령령으로 정하는 바에 따라 고용노동부장관에게 제출하여야 한다. 이 경우 구매계획에는 공공기관별 총구매액(물품과 용역에 대한 총구매액을 말하되, 공사비용은 제외한다)의 100분의 1의 범위에서 고용노동부장관이 정하는 비율 이상에 해당하는 장애인 표준사업장 생산품의 구매목표를 제시하여야 한다.

③ 공공기관의 장은 장애인 표준사업장 생산품을 수의계약으로 구매할 수 있다. 이 경우 수의계약의 절차 및 방법 등에 관하여는 「국가를 당사자로 하는 계약에 관한 법률」 등 관계 법령에 따른다.

④ 공공기관의 장은 소속 기관 등에 대한 평가를 실시하는 경우에는 장애인 표준사업장 생산품의 구매실적을 포함하여야 한다.

⑤ 고용노동부장관은 구매계획의 이행 점검 등을 위하여 공공기관의 장에게 장애인 표준사업장 생산품의 구매실적의 제출을 요구할 수 있다. 이 경우 공공기관의 장은 특별한 사유가 없는 한 이에 따라야 한다.

⑱ **장애인 표준사업장의 인증 및 인증취소(제22조의 4)**

① 장애인 표준사업장을 운영하려는 자는 제2조 제8호의 기준을 갖추어 고용노동부장관의 인증을 받아야 한다.

② 고용노동부장관은 장애인 표준사업장이 다음의 어느 하나에 해당하는 경우에는 위에 따른 인증을 취소할 수 있다. 다만, ㉠에 해당하는 경우에는 인증을 취소하여야 한다.

㉠ 거짓이나 그 밖의 부정한 방법으로 인증을 받은 경우

㉡ 제2조 제8호의 기준을 갖추지 못하게 된 경우

㉢ 불가피한 경영상의 사유 등으로 고용노동부장관에게 인증의 취소를 요청한 경우

③ 고용노동부장관은 위에 따라 장애인 표준사업장을 인증하거나 인증을 취소한 경우에는 이를 공고하여야 한다.

④ 위에 따라 인증을 받지 아니한 자는 장애인 표준사업장 또는 이와 유사한 명칭을 사용하여서는 아니 된다.

⑤ 위에 따라 인증을 받은 자는 다른 사람에게 자기의 성명 또는 상호를 사용하여 장애인 표준사업장을 운영하게 하거나 인증서를 대여하여서는 아니 된다.

⑲ **부당 융자 또는 지원금 등의 징수 및 지급제한 등(제23조)**

① 고용노동부장관은 제21조 또는 제22조에 따라 융자 또는 지원을 받은 자가 다음의 어느 하나에 해당하는 경우에는 해당 융자 또는 지원을 취소하고, 그 금액 또는 지원에 상응하는 금액을 징수하여야 한다.

㉠ 거짓 또는 그 밖의 부정한 방법으로 융자 또는 지원을 받은 경우

㉡ 동일한 사유로 국가 또는 지방자치단체로부터 중복하여 융자 또는 지원을 받은 경우

㉢ 동일한 사유로 아래 ②에 따른 시정요구를 2회 이상 받고도 시정하지 아니한 경우

㉣ 융자 또는 지원의 취소를 요청하는 경우

② 고용노동부장관은 제21조 또는 제22조에 따라 융자 또는 지원을 받은 자가 다음의 어느 하나에 해당하는 경우에는 기간을 정하여 시정을 요구할 수 있다.

㉠ 융자 또는 지원을 위한 조건을 이행하지 아니한 경우

㉡ 융자 또는 지원금을 제21조 제1항 각 호, 같은 조 제2항 및 제22조 제1항에 따른 사업의 목적에 맞게 집행하지 아니한 경우

㉢ 그 밖에 고용노동부장관이 정하여 고시하는 경우

③ 고용노동부장관은 위 ① 각 호의 어느 하나에 해당하는 경우에는 그 사실이 있는 날부터 3년간 융자 또는 지원을 제한할 수 있다.

⑳ **장애인 고용 우수사업주에 대한 우대(제24조)**

고용노동부장관은 장애인의 고용에 모범이 되는 사업주를 장애인 고용 우수사업주로 선정하여 사업을 지원하는 등의 조치를 할 수 있다.

⑵ **사업주에 대한 자료 제공(제25조)**

고용노동부장관은 장애인을 고용하거나 고용하려는 사업주에게 장애인의 신체적·정신적 조건, 직업능력 등에 관한 정보, 그 밖의 자료를 제공하여야 한다.

⑵ **장애인 실태조사(제26조)**

고용노동부장관은 장애인의 고용촉진 및 직업재활을 위하여 2년마다 장애인의 취업직종·근로형태·근속기간·임금수준 등 고용현황 및 장애인 근로자의 산업재해 현황에 대하여 전국적인 실태조사를 실시하여야 한다.

Section 03 · 장애인 고용 의무 및 부담금

⑴ **국가와 지방자치단체의 장애인 고용 의무(제27조)**

① 국가와 지방자치단체의 장은 장애인을 소속 공무원 정원의 100분의 3 이상 고용하여야 한다.

② 각 시험 실시 기관의 장은 장애인이 신규채용 인원의 100분의 3(장애인 공무원의 수가 해당 정원의 100분의 3 미만이면 100분의 6) 이상 채용되도록 시험을 실시하여야 한다.

③ 임용권을 위임받은 기관의 장이 공개채용을 하지 아니하고 공무원을 모집하는 경우에도 위 ②를 준용한다.

④ 위 ①과 ②는 공안직군 공무원, 검사, 경찰·소방·경호 공무원 및 군인 등에 대하여는 적용하지 아니한다. 다만, 국가와 지방자치단체의 장은 본문에 규정된 공안직군 공무원 등에 대하여도 장애인이 고용될 수 있도록 노력하여야 한다.

⑤ 위 ②와 ③에 따른 채용 시험 및 모집에 응시하는 장애인의 응시 상한 연령은 중증장애인인 경우에는 3세, 그 밖의 장애인인 경우에는 2세를 각각 연장한다.

⑥ 다음의 어느 하나에 해당하는 기관의 장은 소속 각급기관의 공무원 채용계획을 포함한 장애인 공무원 채용계획과 그 실시 상황을 대통령령으로 정하는 바에 따라 고용노동부장관에게 제출하여야 한다.

  ㉠ 국회사무총장, 법원행정처장, 헌법재판소사무처장, 중앙선거관리위원회사무총장, 중앙행정기관의 장 등 대통령령으로 정하는 국가기관의 장

  ㉠ 「지방자치법」에 따른 지방자치단체의 장

  ㉡ 「지방교육자치에 관한 법률」에 따른 교육감

⑦ 고용노동부장관은 장애인 공무원 채용계획이 적절하지 아니하다고 인정되면 장애인 공무원 채용계획을 제출한 자에게 그 계획의 변경을 요구할 수 있고, 고용 의무의 이행 실적이 현저히 부진한 때에는 그 내용을 공표할 수 있다.

(2) 사업주의 장애인 고용 의무(제28조)

① 상시 50명 이상의 근로자를 고용하는 사업주(건설업에서 근로자 수를 확인하기 곤란한 경우에는 공사 실적액이 고용노동부장관이 정하여 고시하는 금액 이상인 사업주)는 그 근로자의 총수(건설업에서 근로자 수를 확인하기 곤란한 경우에는 대통령령으로 정하는 바에 따라 공사 실적액을 근로자의 총수로 환산한다)의 100분의 5의 범위에서 대통령령으로 정하는 비율(이하 "의무고용률"이라 한다) 이상에 해당하는 장애인을 고용하여야 한다.

② 위에도 불구하고 특정한 장애인의 능력에 적합하다고 인정되는 직종에 대하여는 장애인을 고용하여야 할 비율을 대통령령으로 따로 정할 수 있다. 이 경우 그 비율은 의무고용률로 보지 아니한다.

③ 의무고용률은 전체 인구 중 장애인의 비율, 전체 근로자 총수에 대한 장애인 근로자의 비율, 장애인 실업자 수 등을 고려하여 5년마다 정한다.

(3) 공공기관 장애인 의무고용률의 특례(제28조의 2)

제28조에도 불구하고 「공공기관의 운영에 관한 법률」 제4조부터 제6조까지의 규정에 따라 지정·고시된 공공기관과 「지방공기업법」 제3장, 제4장, 제4장의 2에 따라 설립된 지방공사, 지방공단, 지방공사 및 지방공단 외의 출자법인·출연법인의 의무고용률은 상시 고용하고 있는 근로자 수의 100분의 3으로 한다. 이 경우 의무고용률에 해당하는 장애인 수를 계산할 때에 소수점 이하는 버린다.

(4) 장애인 고용인원 산정의 특례(제28조의 3)

제27조, 제28조, 제28조의 2, 제29조 및 제33조에 따라 장애인 고용인원을 산정하는 경우 중증장애인의 고용은 그 인원의 2배에 해당하는 장애인의 고용으로 본다. 다만, 1개월 동안의 소정근로시간이 60시간 미만인 중증장애인은 제외한다.

(5) 사업주의 장애인 고용 계획 수립 등(제29조)

① 고용노동부장관은 사업주에게 대통령령으로 정하는 바에 따라 장애인의 고용에 관한 계획과 그 실시 상황 기록을 작성하여 제출하도록 명할 수 있다.

② 고용노동부장관은 사업주의 장애인 고용 계획이 적절하지 아니하다고 인정하는 때에는 사업주에게 그 계획의 변경을 명할 수 있다.

③ 고용노동부장관은 제28조 제1항에 따른 사업주가 정당한 사유 없이 장애인 고용 계획의 수립 의무 또는 장애인 고용 의무를 현저히 불이행하면 그 내용을 공표할 수 있다.

(6) 장애인 고용장려금의 지급(제30조)

① 고용노동부장관은 장애인의 고용촉진과 직업안정을 위하여 장애인을 고용한 사업주(제28조 제1항을 적용받지 아니하는 사업주를 포함한다)에게 고용장려금을 지급할 수 있다.

② 고용장려금은 매월 상시 고용하고 있는 장애인 수에서 의무고용률에 따라 고용하여야 할 장애인 총수를 뺀 수에 아래 ③에 따른 지급단가를 곱한 금액으로 한다. 다만, 제33조에 따라 낼 부담금이 있는 경우에는 그 금액을 뺀 금액으로 한다.

③ 고용장려금의 지급단가 및 지급기간은 고용노동부장관이 「최저임금법」에 따라 월 단위로 환산한 최저임금액의 범위에서 제33조 제3항에 따른 부담기초액, 장애인 고용부담금 납부 의무의 적용 여부, 그 장애인 근로자에게 지급하는 임금, 고용기간 및 장애정도 등을 고려하여 다르게 정할 수 있다. 이 경우 중증장애인과 여성장애인에 대하여는 우대하여 정하여야 한다.

④ 「고용보험법」과 「산업재해보상보험법」에 따른 지원금 및 장려금 지급 대상인 장애인 근로자 및 그 밖에 장애인 고용촉진과 직업안정을 위하여 국가나 지방자치단체로부터 지원을 받는 등 대통령령으로 정하는 장애인 근로자에 대하여는 대통령령으로 정하는 바에 따라 고용장려금의 지급을 제한할 수 있다.

(7) 부당이득금의 징수 및 지급 제한(제31조)

① 고용노동부장관은 제30조에 따른 고용장려금을 받은 자가 다음의 어느 하나에 해당하는 경우에는 각 호에 따라 지급한 금액을 징수하여야 한다. 다만, ㉠의 경우에는 지급한 금액의 5배의 범위에서 고용노동부령으로 정하는 금액을 추가로 징수하여야 한다.

㉠ 거짓이나 그 밖의 부정한 방법으로 고용장려금을 받은 경우

㉡ 그 밖에 잘못 지급된 고용장려금이 있는 경우

② 위 ① 각 호 외의 부분 단서에 따른 추가 징수에 있어서 거짓이나 그 밖의 부정한 방법으로 고용장려금의 지급신청을 한 날부터 3개월 이내에 자진하여 그 부정행위를 신고한 자에 대하여는 추가징수를 면제할 수 있다.

③ 고용노동부장관은 고용장려금을 거짓이나 그 밖의 부정한 방법으로 지급받았거나 받으려 한 자에 대하여는 1년간의 고용장려금을 지급하지 아니한다. 다만, 고용장려금을 받은 날부터 3년이 지난 경우에는 그러하지 아니하다.

④ 위 ③을 적용함에 있어서 고용장려금의 지급제한기간은 고용노동부장관이 지급 제한을 한 날부터 기산한다.

(8) 포상금(제32조)

거짓이나 그 밖의 부정한 방법으로 제30조에 따른 고용장려금을 지급받은 자를 지방고용노동관서, 제43조에 따른 한국장애인고용공단 또는 수사기관에 신고하거나 고발한 자에게는 대통령령으로 정하는 바에 따라 포상금을 지급할 수 있다.

(9) 장애인 고용부담금의 납부 등(제33조)

① 의무고용률에 못 미치는 장애인을 고용하는 사업주(상시 50명 이상 100명 미만의 근로자를 고용하는 사업주는 제외한다)는 대통령령으로 정하는 바에 따라 매년 고용노동부장관에게 장애인 고용부담금을 납부하여야 한다.

② 부담금은 사업주가 의무고용률에 따라 고용하여야 할 장애인 총수에서 매월 상시 고용하고 있는 장애인 수를 뺀 수에 아래 ③에 따른 부담기초액을 곱한 금액의 연간 합계액으로 한다.

③ 부담기초액은 장애인을 고용하는 경우에 매월 드는 다음의 비용의 평균액을 기초로 하여 고용정책심의회의 심의를 거쳐 「최저임금법」에 따라 월 단위로 환산한 최저임금액의 100분의 60 이상의 범위에서 고용노동부장관이 정하여 고시하되, 장애인 고용률(매월 상시 고용하고 있는 근로자의 총수에 대한 고용하고 있는 장애인 총수의 비율)에 따라 부담기초액의 2분의 1 이내의 범위에서 가산할 수 있다. 다만, 장애인을 상시 1명 이상 고용하지 아니한 달이 있는 경우에는 그 달에 대한 사업주의 부담기초액은 「최저임금법」에 따라 월 단위로 환산한 최저임금액으로 한다.

　㉠ 장애인을 고용하는 경우 필요한 시설·장비의 설치, 수리에 드는 비용

　㉡ 장애인의 적정한 고용관리를 위한 조치에 필요한 비용

　㉢ 그 밖에 장애인을 고용하기 위하여 특별히 드는 비용 등

④ 고용노동부장관은 「장애인복지법」 및 「산업재해보상보험법」에 따른 직업재활시설 또는 장애인표준사업장, 그 밖에 고용노동부장관이 정하는 장애인자립작업장에 생산설비와 원료·기술 등을 제공하고 생산관리 및 생산품의 판매를 전담하는 사업주 또는 직업재활시설 및 장애인자립작업장에 도급을 주어 그 생산품을 납품받는 사업주에 대하여 부담금을 감면할 수 있다.

⑤ 사업주는 다음 연도 1월 31일(연도 중에 사업을 그만두거나 끝낸 경우에는 그 사업을 그만두거나 끝낸 날부터 60일)까지 고용노동부장관에게 부담금 산출에 필요한 사항으로서 대통령령으로 정하는 사항을 적어 신고하고 해당 연도의 부담금을 납부하여야 한다.

⑥ 고용노동부장관은 사업주가 ⑤에서 정한 기간에 신고를 하지 아니하거나 부담금을 납부하지 아니하였을 때에는 이를 조사하여 부담금을 징수할 수 있다.

⑦ 고용노동부장관은 사업주가 납부한 부담금의 금액이 실제로 납부하여야 할 금액과 다르거나 거짓된 신고에 따른 것이라고 인정하는 때에는 이를 조사하여 그 차액을 추징하거나 환급하여야 한다.

⑧ 부담금은 대통령령으로 정하는 대로 분할 납부를 하게 할 수 있다. 이 경우 분할 납부를 할 수 있는 부담금을 제5항에 따른 납부기한에 모두 납부하는 경우에는 그 부담금액의 100분의 5 이내의 범위에서 대통령령으로 정하는 금액을 공제할 수 있다.

⑽ 부담금 등 과오납금의 충당과 환급(제34조)

고용노동부장관은 사업주가 부담금, 그 밖에 이 법에 따른 징수금과 체납처분비로 납부한 금액 중 잘못 납부한 금액을 환급하려는 때 또는 제30조에 따라 사업주에게 고용장려금을 지급하여야 하는 때에는 대통령령으로 정하는 순위에 따라 납부하여야 하는 부담금, 그 밖에 이 법에 따른 징수금에 우선충당하고, 그 잔액을 해당 사업주에게 환급하거나 지급할 수 있다.

⑾ 가산금과 연체금의 징수(제35조)

① 고용노동부장관은 제33조 제6항 및 제7항에 따라 부담금을 징수하는 때에는 사업주가 납부하여야 할 부담금의 100분의 10에 상당하는 금액을 가산금으로 징수한다.

② 고용노동부장관은 제33조에 따른 납부금의 납부 의무자가 납부 기한까지 부담금을 납부하지 아니하였을 때에는 그 연체 기간에 대하여 36개월을 초과하지 아니하는 범위에서 「은행법」 제2조에 따른 은행의 연체이자율 등을 고려하여 대통령령으로 정하는 대로 월 단위로 연체금을 징수한다.

③ 가산금 또는 연체금은 그 금액이 소액이거나 징수가 적절하지 아니하다고 인정되는 등 대통령령으로 정하는 경우에는 징수하지 아니한다.

⑿ 통지(제36조)

고용노동부장관은 제33조 제6항 및 제7항에 따른 징수를 하려 할 때에는 고용노동부령으로 정하는 바에 따라 납부 의무자에게 그 금액과 납부기한을 서면으로 알려야 한다.

⒀ 독촉 및 체납처분(제37조)

① 고용노동부장관은 부담금, 그 밖에 이 법에 따른 징수금을 납부 의무자가 납부하지 아니하였을 때에는 기한을 정하여 독촉하여야 한다.

② 고용노동부장관은 독촉을 하는 경우에는 독촉장을 발부하여야 한다. 이 경우에는 10일 이상의 납부기간을 주어야 한다.

③ 독촉을 받은 자가 그 납부기한까지 부담금이나 그 밖에 이 법에 따른 징수금을 납부하지 아니하였을 때에 고용노동부장관은 국세 체납처분의 예에 따라 징수할 수 있다.

④ 고용노동부장관은 체납처분의 예에 따라 압류한 재산의 공매에 전문지식이 필요하거나 그 밖에 특수한 사정이 있어 직접 공매하기에 적당하지 아니하다고 인정하는 때에는 대통령령으로 정하는 대로 「금융회사부실자산 등의 효율적 처리 및 한국자산관리공사의 설립에 관한 법률」에 따라 설립된 한국자산관리공사(이하 "공사"라 한다)에 이를 대행하게 할 수 있고, 이 경우 공매는 고용노동부장관이 한 것으로 본다.

⑤ 고용노동부장관은 공사가 공매를 대행하면 고용노동부령으로 정하는 바에 따라 수수료를 지급할 수 있다.

⑥ 공사가 공매를 대행하는 경우에 공사의 임원·직원은 「형법」 제129조부터 제132조까지의 규정을 적용하는 경우 공무원으로 본다.

⒁ 징수 우선순위(제38조)

부담금과 이 법에 따른 그 밖의 징수금(이하 이 조에서 "부담금 등"이라 한다)은 국세 및 지방세를 제외한 다른 채권보다 우선하여 징수한다. 다만, 부담금 등의 납부기한 전에 전세권·질권·저당권 또는 「동산·채권 등의 담보에 관한 법률」에 따른 담보권의 설정을 등기하거나 등록한 사실이 증명되는 재산을 매각하여 그 매각대금 중에서 부담금 등을 징수하는 경우에 그 전세권·질권·저당권 또는 「동산·채권 등의 담보에 관한 법률」에 따른 담보권에 의하여 담보된 채권에 대하여는 그러하지 아니하다.

⒂ 서류의 송달(제39조)

부담금이나 그 밖에 이 법에 따른 징수금에 관한 서류의 송달에 관하여는 「국세기본법」 제8조부터 제12조까지의 규정을 준용한다.

⒃ 소멸시효(제40조)

부담금이나 그 밖에 이 법에 따른 징수금을 징수하거나 그 환급을 받을 권리와 고용장려금을 받을 권리는 3년간 행사하지 아니하면 소멸시효가 완성된다.

⒄ 시효의 중단(제41조)

① 제40조에 따른 소멸시효는 다음의 어느 하나에 해당하는 사유로 중단된다.
- ㉠ 제30조에 따른 고용장려금의 청구
- ㉡ 제31조 제1항에 따른 고용장려금 환수금의 반환 명령
- ㉢ 제33조 제7항에 따른 부담금 환급금의 청구
- ㉣ 제36조에 따른 납부 통지
- ㉤ 제37조에 따른 독촉
- ㉥ 제37조에 따른 체납처분 절차에 따라 행하는 교부 청구
- ㉦ 그 밖의 「민법」에서 규정하고 있는 시효 중단 사유

② 중단된 소멸시효는 다음의 어느 하나에 해당하는 기간이 지난 때부터 새로 진행한다. 다만, 위 ①-㉦에 따라 중단된 소멸시효의 진행은 「민법」에 따른다.
- ㉠ 반환 명령에 따른 납부기한
- ㉡ 부담금 환급금의 청구 중의 기간
- ㉢ 제36조에 따라 통지한 납부기한
- ㉣ 독촉에 따른 납부기한
- ㉤ 교부청구 중의 기간

⒅ 결손처분(제42조)

고용노동부장관은 체납자에게 다음의 어느 하나에 해당하는 사유가 있을 때에는 부담금이나 그 밖에 이 법에 따른 징수금을 결손처분할 수 있다.
① 체납처분이 종결되고 체납액에 충당될 배분 금액이 체납액보다 적을 때
② 제40조에 따라 소멸시효가 완성될 때
③ 그 밖에 대통령령으로 정하는 바에 따라 징수 가능성이 없을 때

(1) 한국장애인고용공단의 설립(제43조)

　① 장애인이 직업생활을 통하여 자립할 수 있도록 지원하고, 사업주의 장애인 고용을 전문적으로 지원하기 위하여 한국장애인고용공단을 설립한다.

　② 공단은 다음의 사업을 수행한다.

　　㉠ 장애인의 고용촉진 및 직업재활에 관한 정보의 수집·분석·제공 및 조사·연구

　　㉡ 장애인에 대한 직업상담, 직업적성 검사, 직업능력 평가 등 직업지도

　　㉢ 장애인에 대한 직업적응훈련, 직업능력개발훈련, 취업알선, 취업 후 적응지도

　　㉣ 장애인 직업생활 상담원 등 전문요원의 양성·연수

　　㉤ 사업주의 장애인 고용환경 개선 및 고용 의무 이행 지원

　　㉥ 사업주와 관계 기관에 대한 직업재활 및 고용관리에 관한 기술적 사항의 지도·지원

　　㉦ 장애인의 직업적응훈련시설, 직업능력개발훈련시설 및 장애인 표준사업장 운영

　　㉧ 장애인의 고용촉진을 위한 취업알선 기관 사이의 취업알선전산망 구축·관리, 홍보·교육 및 장애인 기능경기 대회 등 관련 사업

　　㉨ 장애인 고용촉진 및 직업재활과 관련된 공공기관 및 민간 기관 사이의 업무 연계 및 지원

　　㉩ 장애인 고용에 관한 국제 협력

　　㉪ 그 밖에 장애인의 고용촉진 및 직업재활을 위하여 필요한 사업 및 고용노동부장관 또는 중앙 행정기관의 장이 위탁하는 사업

　　㉫ ㉠부터 ㉪까지의 사업에 딸린 사업

　③ 공단은 위 ②에 따른 사업을 효율적으로 수행하기 위하여 고용노동부장관의 승인을 받아 법인 또는 단체에 그 업무의 일부를 위탁할 수 있다.

(2) 법인격(제44조)

　공단은 법인으로 한다.

(3) 사무소(제45조)

　① 공단의 주된 사무소의 소재지는 정관으로 정한다.

　② 공단은 필요하다고 인정하면 고용노동부장관의 승인을 받아 분사무소를 둘 수 있다.

(4) 설립등기(제46조)

　공단은 주된 사무소의 소재지에서 설립등기를 함으로써 성립된다.

(5) 정관(제47조)

　① 공단의 정관에는 다음의 사항을 적어야 한다.

　　㉠ 목적

    ⓛ 명칭

    ⓒ 주된 사무소·분사무소 및 제55조에 따른 산하기관의 설치·운영

    ⓔ 업무와 그 집행

    ⓜ 재산과 회계

    ⓗ 임직원

    ⓢ 이사회의 운영

    ⓞ 정관의 변경

    ⓩ 공고의 방법

    ⓣ 내부규정의 제정·개정 및 폐지

    ⓚ 해산

② 공단의 정관은 고용노동부장관의 인가를 받아야 한다. 이를 변경하려고 할 때에도 같다.

(6) 임원의 임면(제48조)

① 공단에 이사장 1명을 포함한 10명 이상 15명 이하의 이사 및 감사 1명을 둔다.

② 이사장을 포함한 이사 3명은 상임으로 한다.

③ 임원의 임면에 관하여는 「공공기관의 운영에 관한 법률」 제26조에 따르되, 상임이사와 비상임이사 중 각각 3분의 1 이상은 장애인 중에서 임명하여야 한다.

(7) 임원의 임기(제49조)

이사장의 임기는 3년으로 하고, 이사와 감사의 임기는 2년으로 하되, 1년을 단위로 연임할 수 있다.

(8) 임원의 직무(제50조)

① 이사장은 공단을 대표하고 공단의 업무를 총괄한다.

② 이사장이 부득이한 사유로 그 직무를 수행할 수 없을 때에는 정관으로 정하는 바에 따라 상임이사 중 1명이 그 직무를 대행하고, 상임이사가 없거나 그 직무를 대행할 수 없을 때에는 정관으로 정하는 임원이 그 직무를 대행한다.

③ 이사는 이사회에 부쳐진 안건을 심의하고 의결에 참여하며, 상임이사는 정관으로 정하는 바에 따라 공단의 사무를 집행한다.

④ 감사는 「공공기관의 운영에 관한 법률」 제32조 제5항의 감사기준에 따라 공단의 업무와 회계를 감사하고, 그 의견을 이사회에 제출한다.

(9) 임원의 결격사유(제51조)

다음의 어느 하나에 해당하는 사람은 임원이 될 수 없다.

① 「국가공무원법」 제33조 각 호의 결격사유에 해당하는 사람

② 「공공기관의 운영에 관한 법률」 제34조 제1항 제2호에 해당하는 사람

⑽ **임직원의 겸직 제한(제52조)**

① 공단의 상임임원과 직원은 그 직무 외에 영리를 목적으로 하는 업무에 종사하지 못한다.

② 상임임원이 그 임명권자나 제청권자의 허가를 받은 경우와 직원이 이사장의 허가를 받은 경우에는 비영리 목적의 업무를 겸할 수 있다.

⑾ **이사회(제53조)**

① 공단에 「공공기관의 운영에 관한 법률」 제17조 제1항 각 호의 사항을 심의·의결하기 위하여 이사회를 둔다.

② 이사회는 이사장을 포함한 이사로 구성한다.

③ 이사장은 이사회의 의장이 된다.

④ 이사회의 회의는 의장이나 재적이사 3분의 1 이상의 요구로 소집하고, 재적이사 과반수의 찬성으로 의결한다.

⑤ 감사는 이사회에 출석하여 의견을 진술할 수 있다.

⑿ **직원의 임면(제54조)**

공단의 직원은 정관으로 정하는 바에 따라 이사장이 임면한다. 이 경우 장애인 채용을 고려하여야 한다.

⒀ **산하기관(제55조)**

① 공단은 제43조 제2항에 따른 사업을 효율적으로 수행하기 위하여 고용노동부장관의 승인을 받아 필요한 산하기관을 둘 수 있다.

② 공단의 이사장은 산하기관을 지휘·감독한다.

③ 산하기관의 설치, 운영 등에 필요한 사항은 공단의 정관으로 정한다.

⒁ **국유재산 등의 무상대부(제56조)**

국가는 공단의 설립 및 운영을 위하여 필요하면 「국유재산법」 및 「물품관리법」에 따라 국유재산과 물품을 공단에 무상으로 대부할 수 있다.

⒂ **자금의 차입(제57조)**

공단은 제43조 제2항에 따른 사업을 위하여 필요하면 고용노동부장관의 승인을 받아 자금을 차입(국제기구, 외국 정부 또는 외국인으로부터의 차입을 포함한다)할 수 있다.

⒃ **공단의 회계(제58조)**

① 공단의 사업연도는 정부의 회계연도에 따른다.

② 공단은 회계규정을 정하여 고용노동부장관의 승인을 받아야 한다.

⒄ **공단의 수입(제58조의 2)**

공단의 수입은 다음과 같다.

① 정부 또는 정부 외의 자로부터 받은 출연금 또는 기부금

② 제68조에 따른 장애인 고용촉진 및 직업재활 기금으로부터 받은 출연금

③ 제57조에 따른 차입금

④ 그 밖의 공단의 수입금

⒅ 예산의 편성 등(제60조)

① 이사장은 회계연도마다 「공공기관의 운영에 관한 법률」 제46조에 따라 수립한 경영목표와 같은 법 제50조에 따라 통보된 경영지침에 따라 다음 회계연도의 예산안을 편성하고, 다음 회계연도가 시작되기 전까지 이사회의 의결을 거쳐 고용노동부장관의 승인을 받아 예산을 확정하여야 한다. 예산을 변경하는 경우에도 또한 같다.

② 공단은 예산이 확정되면 지체 없이 이사회의 의결을 거쳐 그 회계연도의 예산에 따른 운영계획을 수립하고 그 운영계획을 예산이 확정된 후 2개월 이내에 고용노동부장관에게 제출하여야 한다. 예산이 변경되어 운영계획을 변경하는 경우에도 또한 같다.

⒆ 결산서의 제출(제61조)

공단은 사업연도마다 세입·세출결산서를 작성하고, 감사원규칙으로 정하는 바에 따라 공인회계사나 「공인회계사법」 제23조에 따라 설립된 회계법인을 선정하여 회계감사를 받아 매 회계연도 종료 후 2개월 이내에 고용노동부장관에게 제출하여야 한다.

⒇ 잉여금의 처리(제62조)

공단은 사업연도마다 사업연도말의 결산 결과 잉여금이 생긴 때에는 이월손실을 보전하고 나머지는 다음 연도에 이월하여 사용할 수 있다.

㉑ 수수료의 징수(제63조)

공단은 제43조 제2항에 따른 사업에 관하여 수수료나 그 밖의 실비를 받을 수 있다.

㉒ 출자 등(제64조)

① 공단은 사업을 효율적으로 수행하기 위하여 필요하면 제43조 제2항 제7호 및 제11호의 사업에 출자하거나 출연할 수 있다.

② 공단은 제17조에 따른 영업장소 임대를 목적으로 하는 시설을 관리·운영하기 위하여 고용노동부장관의 허가를 받아 관리기구를 설립할 수 있다. 이 경우 관리기구는 법인으로 하여야 한다.

③ 공단은 설립된 관리기구의 업무에 관하여 지도·감독한다.

㉓ 업무의 지도·감독(제65조)

① 고용노동부장관은 공단의 업무를 지도·감독한다.

② 고용노동부장관은 공단에 대하여 업무·회계 및 재산에 관하여 필요한 사항을 보고하게 하거나 그 밖에 필요한 조치를 할 수 있다.

(24) 비밀누설 등의 금지(제65조의 2)

공단의 임원 또는 직원이나 그 직에 있었던 자는 그 직무상 알게 된 비밀을 누설하거나 도용하여서는 아니 된다.

(25) 비슷한 명칭의 사용 금지(제66조)

공단이 아닌 자는 한국장애인고용공단 또는 이와 비슷한 명칭을 사용하지 못한다.

(26) 「민법」의 준용(제67조)

공단에 관하여는 이 법과 「공공기관의 운영에 관한 법률」에 규정된 것 외에는 「민법」 중 재단법인에 관한 규정을 준용한다.

Section 05 장애인 고용촉진 및 직업재활 기금

(1) 장애인 고용촉진 및 직업재활 기금의 설치(제68조)

고용노동부장관은 공단의 운영, 고용장려금의 지급 등 장애인의 고용촉진 및 직업재활을 위한 사업을 수행하기 위하여 장애인 고용촉진 및 직업재활 기금을 설치한다.

(2) 기금의 재원(제69조)

① 기금은 다음의 재원으로 조성한다.

　㉠ 정부 또는 정부 외의 자로부터의 출연금 또는 기부금

　㉡ 제33조와 제35조에 따른 부담금·가산금 및 연체금

　㉢ 기금의 운용에 따라 생기는 수익금과 그 밖의 공단 수입금

　㉣ 제57조에 따른 차입금

　㉤ 제70조에 따른 차입금

② 정부는 회계연도마다 위 ①-㉠에 따른 출연금을 세출예산에 계상하여야 한다.

(3) 차입금(제70조)

기금을 지출할 때 자금이 부족하거나 부족할 것으로 예상되면 기금의 부담으로 금융기관 및 다른 기금, 그 밖의 재원 등으로부터 차입을 할 수 있다.

(4) 기금의 용도(제71조)

기금은 다음에 규정하는 비용의 지급에 사용한다.

　㉠ 공단에의 출연

　㉡ 제30조에 따른 고용장려금

　㉢ 장애인 고용촉진 및 직업재활 정책에 관한 조사·연구에 필요한 경비

　㉣ 직업지도, 직업적응훈련, 직업능력개발훈련, 취업알선 또는 장애인 고용을 위한 시설과 장비의 설치·수리에 필요한 비용의 융자·지원

ⓜ 장애인을 고용하거나 고용하려는 사업주에 대한 비용·기기 등의 융자·지원

ⓗ 장애인 표준사업장을 설립하여 운영하거나 설립·운영하려는 사업주에 대한 비용의 융자·지원

ⓢ 직업지도, 취업알선, 취업 후 적응지도를 행하는 자에 대한 필요한 경비의 융자·지원

ⓞ 장애인에 대한 직업적응훈련, 직업능력개발훈련을 행하는 자 및 그 장애인에 대한 훈련비·훈련수당

ⓩ 자영업 장애인에 대한 창업자금 융자 및 영업장소 임대, 장애인 근로자에 대한 직업생활안정자금 등의 융자

ⓐ 사업주의 장애인 고용관리를 위한 장애인 직업생활 상담원 등의 배치에 필요한 경비

ⓚ 제70조에 따른 차입금의 상환금과 이자

ⓣ 이 법에 따라 장애인과 사업주 등이 금융기관으로부터 대여받은 자금의 이차보전

ⓟ 제32조에 따른 포상금

ⓗ 그 밖에 장애인 고용촉진 및 직업재활을 위하여 대통령령으로 정하는 사업에 필요한 비용과 ⓙ부터 ⓩ까지의 사업수행에 따르는 경비

(5) 기금의 운용 · 관리(제72조)

① 기금은 고용노동부장관이 운용·관리한다.

② 기금의 회계연도는 정부의 회계연도에 따른다.

③ 기금을 운용할 때에는 그 수익이 대통령령으로 정하는 수준 이상이 되도록 하여야 하고, 다음의 어느 하나에 해당되는 방법에 따라 운용하여야 한다.

　㉠「은행법」이나 그 밖의 법률에 따른 은행 또는 체신관서에의 예탁

　㉡ 국가 또는 지방자치단체가 발행하는 채권의 매입

　㉢「은행법」이나 그 밖의 법률에 따른 은행이나 그 밖에 대통령령으로 정하는 자가 그 지급을 보증하는 채권의 매입

　㉣「공공자금관리기금법」에 따른 공공자금관리기금으로의 예탁

　㉤ 그 밖에 대통령령으로 정하는 방법

(6) 기금의 회계기관(제73조)

① 고용노동부장관은 기금의 수입과 지출에 관한 사무를 행하게 하기 위하여 소속 공무원 중에서 기금수입징수관, 기금재무관, 기금지출관 및 기금출납공무원을 임명한다.

② 고용노동부장관은 제82조에 따라 공단에 업무를 위탁한 경우에는 기금의 출납 업무 수행을 위하여 공단의 상임이사 중에서 기금수입담당이사와 기금지출원인행위 담당이사를, 공단의 직원 중에서 기금지출원과 기금출납원을 각각 임명하여야 한다. 이 경우 기금수입담당이사는 기금수입징수관의 업무를, 기금지출원인행위 담당이사는 기금재무관의 업무를, 기금지출원은 기금지출관의 업무를, 기금출납원은 기금출납공무원의 업무를 각각 수행한다.

(7) **자금계정의 설치(제74조)**

고용노동부장관은 기금지출관으로 하여금 한국은행에 기금계정을 설치하도록 하여야 한다.

(1) **장애인 직업생활 상담원 등(제75조)**

① 고용노동부장관은 장애인의 직업지도, 직업적응훈련, 직업능력개발훈련, 취업 후 적응지도 등 장애인의 고용촉진 및 직업재활을 위한 업무를 담당하는 장애인 직업생활 상담원 등 전문요원을 양성하여야 한다.

② 대통령령으로 정하는 일정 수 이상의 장애인 근로자를 고용하는 사업주는 위에 따른 장애인 직업생활 상담원을 두어야 한다.

시행령 제80조(장애인 직업생활 상담원의 선임)

• 법 제75조 제2항에 따라 장애인 직업생활 상담원(이하 "상담원"이라 한다)을 두어야 하는 사업주는 상시 20명 이상의 장애인 근로자를 고용하는 사업주로 한다. 다만, 상시 20명 미만의 장애인 근로자를 고용하는 사업주의 경우에는 장애 유형에 따른 특성을 고려하여 고용노동부령으로 정하는 바에 따라 상담원을 두게 할 수 있다.

• 상담원을 두어야 하는 사업주는 그 사유가 발생한 날부터 90일 이내에 상담원을 선임하여야 한다.

③ 고용노동부장관은 필요하다고 인정하면 제9조 제2항에 따른 재활실시기관에서 전문요원에 대한 협조 요청이 있을 때에는 지원하여야 한다.

(2) **보고와 검사 등(제76조)**

① 고용노동부장관은 장애인 실태 조사, 장애인 고용 의무 이행 점검, 고용장려금 및 사업주에 대한 각종 지원, 부담금 징수 등의 업무 수행을 위하여 필요하다고 인정하면 관계 공무원으로 하여금 사업장에 출입하여 관계자에게 질문 또는 서류 검사를 하게 하거나 필요한 보고를 하게 할 수 있다.

② 사업장에 출입하는 공무원은 그 권한을 표시하는 증표를 지니고 이를 관계인에게 내보여야 한다. 이 경우 증표는 공무원증으로 대신할 수 있다.

(3) **세제 지원(제77조)**

제69조 제1호에 따른 정부 외의 자에게서 받은 출연금 또는 기부금과 제71조 제2호의 고용장려금, 제4호부터 제9호 및 제14호의 지원에 대하여는 「조세특례제한법」으로 정하는 바에 따라 조세를 감면한다.

(4) 경비 보조(제78조)

국가 또는 지방자치단체는 장애인 고용촉진 사업을 수행하는 자에게는 그에 따른 비용의 전부 또는 일부를 대통령령으로 정하는 바에 따라 보조할 수 있다.

(5) 국가와 지방자치단체에 대한 특례(제79조)

제27조 제6항에 따른 기관의 장이 공무원이 아닌 근로자를 고용하는 경우에는 그 근로자에 대하여 제19조의 2, 제21조, 제28조, 제29조 및 제33조부터 제42조까지의 규정을 적용한다. 이 경우 다음에 해당하는 사람은 근로자 및 장애인 총수에서 제외한다.

① 「국가공무원법」 제26조의 4에 따른 견습근무 중인 사람

② 「국가공무원법」 제50조 및 「지방공무원법」 제74조에 따른 교육훈련(실무수습을 포함한다)을 받고 있는 공무원 임용 예정자

③ 그 밖에 국가와 지방자치단체의 복지대책, 실업대책 등에 따라 고용하는 사람으로서 고용노동부령으로 정하는 사람

(6) 협조(제80조)

① 국가기관, 지방자치단체, 재활실시기관, 그 밖에 장애인과 관련된 기관 및 단체는 장애인의 고용촉진 및 직업재활을 위하여 고용노동부장관이 실시하는 시책에 협조하여야 한다.

② 고용노동부장관은 위에 따른 시책을 수행하는 자(국가기관과 지방자치단체는 제외한다)에게 필요한 지원을 할 수 있다.

(7) 자료 제공의 요청 등(제81조)

① 고용노동부장관은 장애인 고용촉진 및 직업재활 사업의 효율적인 운영을 위하여 필요하면 중앙 행정기관, 지방자치단체, 그 밖의 장애인 고용촉진 및 직업재활 사업과 관련되는 기관·단체의 장에게 필요한 국세·지방세·소득·재산, 건강보험·국민연금, 출입국·주민등록·가족관계등록·장애인등록 정보 등에 관하여 대통령령으로 정하는 관련 전산망 또는 자료의 이용 및 제공을 요청할 수 있다.

② 제82조에 따라 고용노동부장관의 권한 일부를 위임받거나 위탁받은 공단 등은 부담금 부과·징수, 장애인의 고용촉진 및 직업재활, 그 밖에 위임받거나 위탁받은 업무 수행을 위하여 필요한 국세·지방세·소득·재산, 건강보험·국민연금, 출입국·주민등록·가족관계등록·장애인등록 정보 등에 관하여 대통령령으로 정하는 관련 전산망 또는 자료의 이용 및 제공을 행정자치부·보건복지부·국토교통부·국세청·지방자치단체 등 관계 행정기관이나 장애인 고용촉진 및 직업재활 사업과 관련되는 기관·단체 등의 장에게 요청할 수 있다.

③ 고용노동부장관 및 제82조에 따라 고용노동부장관의 권한 일부를 위임받거나 위탁받은 공단 등은 위 ① 및 ②에 따른 자료의 확인을 위하여 「사회복지사업법」 제6조의 2 제2항에 따른 정보시스템을 연계하여 사용할 수 있다.

④ 위 ①과 ②에 따라 관련 전산망 또는 자료의 이용 및 제공을 요청받은 자는 정당한 사유가 없으
　　면 이에 따라야 한다.
⑤ 위 ①부터 ③까지에 따른 관련 전산망 또는 자료를 활용하여 업무를 수행했던 사람은 위 ①부터
　　③까지에 따라 제공받은 자료나 업무를 수행하면서 취득한 정보를 이 법에서 정한 목적 외의 용
　　도로 사용하거나 다른 사람 또는 기관에 제공하거나 누설하여서는 아니 된다.
⑥ 위 ① 및 ②에 따른 관련 전산망 또는 자료의 이용 및 제공에 대하여는 수수료·사용료 등을 면제
　　한다.

(8) 권한의 위임 · 위탁(제82조)

이 법에 따른 고용노동부장관의 권한은 대통령령으로 정하는 바에 따라 그 일부를 지방고용노동관
서의 장, 특별시장, 광역시장, 도지사 또는 특별자치도지사에게 위임하거나 공단에 위탁할 수 있다.

01 장애인고용촉진 및 직업재활법에서 사용하는 용어에 관한 설명으로 틀린 것은?

① 장애인이란 신체 또는 정신상의 장애로 장기간에 걸쳐 직업생활에 상당한 제약을 받는 자로서 대통령령으로 정하는 기준에 해당하는 자를 말한다.

② 중증장애인이란 장애인 중 근로능력이 현저하게 상실된 자로서 대통령령으로 정하는 기준에 해당하는 자를 말한다.

③ 사업주란 근로자를 사용하여 사업을 행하거나 하려는 자를 말한다.

④ 사업주에게 고용된 사람과 취업할 의사가 있는 사람을 말한다.

> **해설 |** 이 법에서 근로자란 「근로기준법」 제2조 제1항 제1호에 따른 근로자를 말한다. 다만, 소정근로시간이 대통령령으로 정하는 시간 미만인 자(중증장애인은 제외한다)는 제외한다(법 제2조). 따라서 취업할 의사가 있는 사람은 제외된다.

02 장애인고용촉진 및 직업재활법상 중증장애인에 해당하지 않는 것은?

2015

① 청각장애인 3급
② 시각장애인 3급
③ 지적장애인 3급
④ 뇌병변장애인 3급

> **해설 |** 중증장애인은 ㉠ 「장애인복지법 시행령」 제2조에 따른 장애인 기준에 해당하는 장애인 중 2급 이상의 장애등급에 해당하는 자, ㉡ 「장애인복지법 시행령」 제2조에 따른 장애인 기준에 해당하는 장애인 중 3급의 장애등급에 해당하는 자로서 뇌병변장애인 · 시각장애인 · 지적장애인 · 자폐성장애인 · 정신장애인 · 심장장애인 · 호흡기장애인 · 뇌전증장애인 및 팔에 장애가 있는지체장애인, ㉢ 「국가유공자 등 예우 및 지원에 관한 법률 시행령」 제14조 제3항에 따른 상이등급에 해당하는 자 중 3급 이상의 상이등급에 해당하는 자이다(법 제4조).

03 장애인고용촉진 및 직업재활법상 사업주의 책임에 관한 설명으로 틀린 것은?

① 사업주는 장애인의 고용에 관한 정부의 시책에 협조하여야 하고, 장애인이 가진 능력을 정당하게 평가하여 고용의 기회를 제공함과 동시에 적정한 고용관리를 할 의무를 가진다.

② 사업주는 근로자가 장애인이라는 이유로 채용·승진·전보 등 인사관리상의 차별대우는 금지되나, 교육훈련상의 차별대우는 가능하다.

③ 사업주는 직장 내 장애인 근로자의 안정적인 근무여건 조성과 채용 확대를 위하여 장애인 인식개선 교육을 실시하여야 한다.

④ 고용노동부장관은 사업주의 장애인 인식개선 교육이 원활하게 이루어지도록 교육교재 등을 개발하여 보급하여야 한다.

> **해설 |** 사업주는 근로자가 장애인이라는 이유로 채용 · 승진 · 전보 및 교육훈련 등 인사관리상의 차별대우를 하여서는 아니 된다(법 제5조 제2항).

정답   01 ④   02 ①   03 ②

04 장애인고용촉진 및 직업재활법상 장애인 직업재활 실시기관이 아닌 것은?

2010

① 장애인 생활시설
② 장애인 복지관
③ 장애인 직업재활시설
④ 장애인 복지단체

05 장애인고용촉진 및 직업재활법상 장애인 직업재활 실시 기관이 아닌 것은?

2014

① 장애인 거주시설
② 장애인 지역사회재활시설
③ 장애인 직업재활시설
④ 장애인 복지단체

06 장애인고용촉진 및 직업재활법상 장애인 고용촉진 및 직업재활에 대한 설명으로 틀린 것은?

① 고용노동부장관과 보건복지부장관은 직업지도를 실시하거나 하려는 자에게 필요한 비용을 융자·지원할 수 있다.
② 고용노동부장관과 보건복지부장관은 직업적응훈련시설에서 직업적응훈련을 받는 장애인에게 훈련수당을 지원할 수 있다.
③ 고용노동부장관과 보건복지부장관은 직업능력개발훈련시설에서 직업능력개발훈련을 받는 장애인에게 훈련수당을 지원할 수 있다.

④ 고용노동부장관과 보건복지부장관은 중증장애인 중 사업주가 운영하는 사업장에서는 직무수행이 어려운 장애인이 직무를 수행할 수 있도록 지원고용을 실시하고 필요한 지원을 하여야 한다.

07 장애인고용촉진 및 직업재활법상 국가 또는 사업주의 장애인 고용 의무에 대한 설명으로 틀린 것은?

2003년 변형

① 국가 및 지방자치단체의 장은 장애인을 소속 공무원 정원의 100분의 3 이상 고용하여야 한다.
② 국가 및 지방자치단체의 각 시험 실시 기관의 장은 장애인이 원칙적으로 신규채용 인원의 100분의 3 이상 채용되도록 시험을 실시하여야 한다.
③ 국가 또는 지방자치단체의 장애인 의무고용은 직무분야·직종·직급 등에 따라 달리 적용할 수 없다.
④ 의무고용률에 미달하는 장애인을 고용하는 사업주는 대통령령이 정하는 바에 의하여 매년 고용노동부장관에게 장애인 부담금을 납부하여야 한다.

08 장애인고용촉진 및 직업재활법상 국가 및 지방자치단체의 장은 원칙적으로 장애인을 소속 공무원 정원의 얼마 이상 고용해야 하는가?

2010. 2004

① 100분의 1 이상   ② 100분의 2 이상
③ 100분의 3 이상   ④ 100분의 4 이상

해설 | 국가 및 지방자치단체의 장은 장애인을 소속 공무원 정원의 100분의 3 이상 고용하여야 한다(법 제27조 제1항).

09 장애인고용촉진 및 직업재활법상 장애인 고용 의무에 관한 설명으로 틀린 것은?
2009

① 국가와 지방차치단체의 장은 장애인을 소속 공무원 정원의 100분의 3 이상 고용하여야 한다.

② 교육공무원법에 따른 교사의 신규채용을 할 때에 장애인 응시 인원 또는 장애인 합격자의 수가 장애인 채용 예정 인원에 미치지 못하면 그 부족한 인원을 장애인이 아닌 자로 채용할 수 있다.

③ 의무고용률은 전체 인구 중 장애인의 비율, 전체 근로자 총수에 대한 장애인 근로자의 비율, 장애인 실업자 수 등을 고려하여 5년마다 정한다.

④ 상시 50명 이상의 근로자를 고용하는 사업주는 그 근로자 총수의 100분의 3 이상에 해당하는 장애인을 고용하여야 한다.

해설 | 상시 50명 이상의 근로자를 고용하는 사업주는 그 근로자의 총수의 100분의 5의 범위에서 대통령령으로 정하는 비율 이상에 해당하는 장애인을 고용하여야 한다(법 제28조).
대통령령으로 정하는 비율(시행령 제25조)
㉠ 2015년 1월 1일부터 2016년 12월 31일까지 : 1000분의 27
㉡ 2017년 1월 1일부터 2018년 12월 31일까지 : 1000분의 29
㉢ 2019년 이후 : 1000분의 31

10 장애인고용촉진 및 직업재활법상 장애인의 고용 의무에 대한 설명으로 틀린 것은?
2015

① 상시 100명 이상의 근로자를 고용하는 사업주는 그 근로자 총수의 100분의 2 이상에 해당하는 장애인을 고용하여야 한다.

② 각 시험 실시 기관의 장은 장애인 공무원의 수가 해당 정원의 100분의 3 미만이면 신규채용 인원의 100분의 6 이상 채용되도록 시험을 실시하여야 한다.

③ 국가와 지방자치단체의 장은 장애인을 소속 공무원 정원의 100분의 3 이상 고용하여야 한다.

④ 공안직군 공무원, 검사, 경찰·소방·경호 공무원 및 군인에 대하여는 장애인 고용의무를 적용하지 아니한다.

해설 | 상시 50명 이상의 근로자를 고용하는 사업주는 그 근로자의 총수의 100분의 5의 범위에서 대통령령으로 정하는 비율(㉠ 2015년 1월 1일부터 2016년 12월 31일까지 : 1000분의 27, ㉡ 2017년 1월 1일부터 2018년 12월 31일까지 : 1000분의 29, ㉢ 2019년 이후 : 1000분의 31) 이상에 해당하는 장애인을 고용하여야 한다(제28조 제1항).

11 장애인고용촉진 및 직업재활법에 관한 설명으로 틀린 것은?
2011

① 의무고용률은 전체 인구 중 장애인 근로자의 비율, 전체 근로자 총수에 대한 장애인 근로자의 비율, 장애인 실업자 수 등을 고려하여 5년마다 정한다.

② 장애인 직업재활시설을 직접 설치·운영하는 경우에 이 시설의 장애인 근로자는 사업주가 고용하여야 하는 장애인 수에 포함하지 않는다.

③ 각급 지방자치단체의 장은 해당 연도의 장애
인의 고용에 관한 계획을 그 연도 1월 31일까
지, 그 고용계획의 실시 상황을 다음 연도 1
월 31일까지 고용노동부장관에게 제출하여야
한다.
④ 고용노동부장관은 장애인의 고용촉진 및 직
업재활을 위하여 2년마다 장애인의 취업직종,
근로형태, 근속기간, 임금수준 등 고용현황 및
장애인 근로자의 산업재해 현황에 대하여 전
국적인 실태조사를 실시하여야 한다.

12 장애인고용촉진 및 직업재활법상 한국장애인고용공
단(이하 "공단"이라 한다) 과 관련한 설명 중 옳지 않
는 것은?
2004

① 장애인이 직업생활을 통하여 자립할 수 있도
록 지원하고, 장애인의 고용촉진 및 직업재활
업무를 효율적으로 수행하게 하기 위하여 공
단을 설립하였다.
② 공단의 사업을 효율적으로 수행하기 위하여
고용노동부장관의 승인을 얻어 사회복지사업
법에 의한 사회복지법인 기타 비영리법인이
운영하는 장애인 복지단체 등에 그 업무의 일
부를 위탁할 수 있다.
③ 공단은 장애인 직업생활 상담원 등 전문요원
의 양성, 연수 사업 등을 수행한다.
④ 공단에 이사장 1인을 포함한 10인 이상 15인
이하의 이사를 두며 이사장을 포함한 이사 3
명은 상근으로 한다. 또한 전체 이사 중 3분의
1 이상은 장애인으로 하여야 한다.

13 장애인고용촉진 및 직업재활법상 한국장애인고용공
단에 대한 설명으로 틀린 것은?
2009

① 이사장의 임기는 3년으로 하고, 이사와 감사
의 임기는 2년으로 하되 1년을 단위로 연임할
수 있다.
② 이사장과 상근 이사는 고용노동부장관의 승인
없이 다른 직무를 겸할 수 없다.
③ 공단에 관하여 이 법에 규정된 것을 제외하고
는 민법 중 재단법인에 관한 규정을 준용한다.
④ 공단은 사업수행을 위하여 국제기구, 외국 정
부 또는 외국인으로부터의 차입을 제외하고
고용노동부장관의 승인을 받아 자금을 차입할
수 있다.

14 장애인고용촉진 및 직업재활법상 한국장애인고용공
단에 대한 설명으로 틀린 것은?

① 공단에 이사장 1명을 포함한 10명 이상 15명
이하의 이사 및 감사 1명을 둔다.
② 공단의 상임임원과 직원은 그 직무 외에 영리
를 목적으로 하는 업무에 종사하지 못한다.
③ 국가는 공단의 설립 및 운영을 위하여 필요하
면 「국유재산법」 및 「물품관리법」에 따라 국
유재산과 물품을 공단에 유상으로 대부할 수
있다.
④ 공단은 회계규정을 정하여 고용노동부장관의
승인을 받아야 한다.

해설 | 국가는 공단의 설립 및 운영을 위하여 필요하면 「국유재산법」 및 「물품관리법」에 따라 국유재산과 물품을 공단에 무상으로 대부할 수 있다(법 제56조).

15 장애인 고용촉진 및 직업재활 기금에 관한 설명으로 틀린 것은?   2013

① 기금은 보건복지부장관이 운용·관리한다.

② 기금의 회계연도는 정부의 회계연도에 따른다

③ 기금을 지출할 때 자금이 부족하거나 부족할 것으로 예상되면 기금의 부담으로 금융기관 및 다른 기금 그 밖의 재원 등으로부터 차입을 할 수 있다.

④ 기금은 정부 또는 정부 외의 자로부터의 출연금 또는 기부금 등으로 재원을 조성한다.

해설 | 기금은 고용노동부장관이 운용·관리한다(법 제72조).

과목별 모의고사

01 고용상 연령차별금지 및 고령자고용촉진에 관한 법령상 준고령자의 연령으로 옳은 것은?

① 45세 이상 55세 미만
② 50세 이상 55세 미만
③ 55세 이상 60세 미만
④ 60세 이상 65세 미만

02 근로기준법상 경영상의 이유에 의해 일정규모 이상의 인원을 해고하고자 할 때, 사용자가 고용노동부장관에게 신고해야 하는 사항이 아닌 것은?

① 해고 사유
② 해고 예정 인원
③ 해고예정자 우선 재고용 계획
④ 해고 일정

03 직업안정법상 '직업지도'에 대한 내용에 해당되지 않은 것은?

① 직업적성 검사
② 직업정보의 제공
③ 실습
④ 직업소개

04 근로기준법상 여성과 소년의 보호에 관한 설명으로 틀린 것은?

① 친권자나 후견인은 미성년자를 대리하여 근로계약을 체결할 수 있다.
② 사용자는 18세 이상의 여성을 오후 10시부터 오전 6시까지의 시간 및 휴일에 근로시키려면 그 근로자의 동의를 받아야 한다.
③ 사용자는 여성 근로자가 청구하면 월 1일의 생리휴가를 주어야 한다.
④ 친권자, 후견인 또는 고용노동부장관은 근로계약이 미성년자에게 불리하다고 인정하는 경우에는 이를 해지할 수 있다.

05 남녀고용평등과 일·가정 양립 지원에 관한 법률상 출산전후휴가에 대한 지원에 관한 설명으로 틀린 것은?

① 국가는 출산전후휴가를 사용한 근로자 중 일정한 요건에 해당하는 자에게 그 휴가기간에 대하여 평균임금에 상당하는 금액을 지급할 수 있다.
② 출산전후휴가급여 등은 그 금액의 한도에서 「근로기준법」에 따른 출산전후휴가급여를 사업주가 지급한 것으로 본다.
③ 출산전후휴가급여 등을 지급하기 위하여 필요한 비용은 국가재정이나 사회보장기본법에 따른 사회보험에서 분담할 수 있다.
④ 여성 근로자가 출산전후휴가급여를 받으려는 경우 사업주는 관계 서류의 작성·확인 등 모든 절차에 적극 협력하여야 한다.

06 고용정책 기본법상 고용노동부장관이 실시할 수 있는 실업대책사업에 해당되지 않는 것은?

① 고령자에 대한 공공근로사업
② 고용촉진과 관련된 사업을 하는 자에 대한 대부(貸付)
③ 실업자의 취업촉진을 위한 훈련의 실시와 훈련에 대한 지원
④ 실업자에 대한 생계비, 학자금(자녀의 학자금 포함), 주택전세자금 및 창업점포임대 등의 지원

07 무료직업소개사업에 대한 다음의 설명 중 잘못된 것은?

① 한국산업인력공단이 하는 직업소개는 신고 없이도 가능하다.

② 한국장애인고용촉진공단이 장애인을 대상으로 하는 직업소개는 신고 없이도 가능하다.

③ 국외 무료직업소개업을 하고자 하는 자는 시장·군수·구청장에게 신고하여야 한다.

④ 무료직업소개사업을 하려는 자는 대통령령이 정하는 비영리법인 또는 공익단체이어야 한다.

08 고용정책 기본법상 직업능력개발에 관한 설명 중 틀린 것은?

① 사업주는 그가 고용하는 근로자에 대하여 필요한 직업능력개발훈련을 실시하고 근로자는 스스로 직업능력을 개발하도록 노력하여야 한다.

② 국가는 근로자와 사업주에게 직업능력개발에 관한 정보를 제공하고 지도·상담하며 당해 비용을 징수할 수 있다.

③ 국가는 국민 모두가 전 생애에 걸쳐 직업능력을 개발하고, 경력을 관리할 수 있도록 필요한 지원을 할 수 있다.

④ 직업능력개발훈련교사의 양성·확보 및 자질 향상 등의 시책을 수립·시행하여야 한다.

09 헌법 제32조가 규정하고 있는 법률이 정하는 바에 의하여 우선적으로 근로의 기회를 부여받는 유가족이 아닌 자는?

① 국가유공자　　② 상이군경

③ 전몰군경　　④ 중증장애인

10 장애인고용촉진 및 직업재활법상 장애인 직업재활 실시 기관이 아닌 것은?

① 장애인 생활시설

② 장애인 지역사회재활시설

③ 장애인 직업재활시설

④ 장애인 복지단체

11 고용보험법상 육아휴직급여에 관한 설명으로 틀린 것은?

① 피보험자가 육아휴직급여 기간 중에 그 사업에서 이직하거나 새로 취업한 경우에는 그 이직 또는 취업하였을 때부터 육아휴직급여를 지급하지 아니한다.

② 피보험자가 사업주로부터 육아휴직을 이유로 금품을 지급받은 경우라도 이를 이유로 하여 육아휴직급여가 감액되어 지급되어서는 아니 된다.

③ 거짓이나 그 밖의 부정한 방법으로 육아휴직급여를 받았거나 받으려 한 자에게는 급여를 받은 날 또는 받으려 한 날로부터의 육아휴직급여를 지급하지 아니하는 것이 원칙이다.

④ 피보험자가 육아휴직급여 기간 중에 새로 취업한 경우에는 그 사실을 직업안정기관의 장에게 신고하여야 하지만 1주간의 소정근로시간이 15시간 미만인 경우는 신고할 필요가 없다.

12 파견근로자보호 등에 관한 법률에서 사용하는 용어의 정의로 틀린 것은?

① "근로자파견계약"이라 함은 근로자와 파견사업주 간에 근로자파견을 약정하는 계약을 말한다.

② "파견사업주"라 함은 근로자파견사업을 행하는 자를 말한다.

③ "사용사업주"라 함은 근로자파견계약에 의하여 파견근로자를 사용하는 자를 말한다.

④ "파견근로자"라 함은 파견사업주가 고용한 근로자로서 근로자파견의 대상이 되는 자를 말한다.

13 고용상 연령차별금지 및 고령자고용촉진에 관한 법률상 고령자인재은행에 관한 설명으로 틀린 것은?

① 고용노동부장관은 유료직업소개사업을 하는 법인이나 단체 중 고령자의 직업지도와 취업알선 등에 필요한 전문 인력과 시설을 갖춘 단체를 고령자인재은행으로 지정할 수 있다.

② 고용노동부장관은 고령자인재은행에 대하여 예산의 범위에서 소요 경비의 전부를 지원할 수 있다.

③ 고용노동부장관은 고령자인재은행에 대하여 직업안정 업무를 하는 행정기관이 수집한 구인·구직 정보, 지역 내의 노동력 수급상황, 그 밖에 필요한 자료를 제공할 수 있다.

④ 고령자인재은행은 고령자에 대한 구인·구직 등록, 직업지도 및 취업알선 업무 등의 사업을 한다.

14 근로자직업능력 개발법상 직업능력개발훈련교사의 양성을 위한 훈련과정에 해당하지 않는 것은?

① 양성훈련과정　　　② 향상훈련과정
③ 교직훈련과정　　　④ 전직훈련과정

15 남녀고용평등과 일·가정 양립 지원에 관한 법률상 육아휴직에 관한 설명으로 틀린 것은?

① 사업주는 근로자가 만 8세 이하 또는 초등학교 1학년 이하의 자녀를 양육하기 위하여 휴직을 신청하는 경우에 이를 허용하여야 한다.

② 육아휴직의 기간은 1년 이내로 한다.

③ 사업주는 육아휴직을 이유로 해고나 그 밖의 불리한 처우를 하여서는 아니 되며, 육아휴직 기간에는 그 근로자를 해고하지 못한다.

④ 사업주는 육아휴직을 마친 후에는 휴직 전과 같은 업무 또는 같은 수준의 임금을 지급하는 직무에 복귀시켜야 한다.

16 근로기준법상 취업규칙에 관한 설명으로 틀린 것은?

① 취업규칙에서 정한 기준에 미달하는 근로조건을 정한 근로계약은 그 부분에 관하여는 무효로 한다. 이 경우 무효로 된 부분은 취업규칙에 정한 기준에 따른다.

② 모든 사업장의 사용자는 취업규칙을 작성하여 고용노동부장관에게 신고하여야 한다.

③ 취업규칙에서 근로자에 대하여 감급(減給)의 제재를 정할 경우에 그 감액의 1회의 금액이 평균임금의 1일분의 2분의 1을, 총액이 1임금지급기의 임금 총액의 10분의 1을 초과하지 못한다.

④ 취업규칙은 법령이나 해당 사업 또는 사업장에 대하여 적용되는 단체협약과 어긋나서는 아니 된다.

17 고용보험법상 고용보험 피보험자격의 취득일, 상실일에 관한 설명으로 틀린 것은?

① 피보험자가 이직한 경우에는 이직한 날의 다음 날에 피보험자격을 상실한다.

② 피보험자가 사망한 경우에는 사망한 날의 다음 날에 피보험자격을 상실한다.

③ 피보험자가 고용보험의 적용제외 근로자에 해당하게 된 경우에는 그 적용 제외 대상자가 된 날에 피보험자격을 상실한다.

④ 고용보험의 적용 제외 근로자였던 자가 고용보험법의 적용을 받게 된 경우에는 그 적용을 받게 된 날의 다음 날에 피보험자격을 취득한 것으로 본다.

18 다음 중 근로3권에 관한 설명으로 틀린 것은?

① 근로조건의 향상과 관계없는 근로자의 단체행동권은 제한된다.

② 일정한 공무원에게 근로3권을 인정하지 않는 것은 헌법위반이라고 볼 수 없다.

③ 근로3권을 제한하는 경우 근로3권의 전면적 부인이나 본질적 내용의 침해는 인정될 수 없다.

④ 근로3권은 국가의 안전보장·질서유지를 위하여 필요한 경우에 한하여 법률로 제한할 수 있으나 공공복리를 위한 목적으로는 제한할 수 없다.

19 남녀고용평등과 일·가정 양립 지원에 관한 법률상 차별에 관한 설명으로 틀린 것은?

① 사업주는 근로자를 모집하거나 채용할 때 남녀를 차별하여서는 아니 된다.

② 사업주는 여성 근로자를 모집·채용할 때 그 직무의 수행에 필요하지 아니한 용모·키·체중 등의 신체적 조건, 미혼 조건, 그 밖에 고용노동부령으로 정하는 조건을 제시하거나 요구하여서는 아니 된다.

③ 사업주는 임금 외에 근로자의 생활을 보조하기 위한 금품의 지급 또는 자금의 융자 등 복리후생에 관하여는 남녀를 차별할 수 있다.

④ 사업주가 임금차별을 목적으로 설립한 별개의 사업은 동일한 사업으로 본다.

20 장애인고용촉진 및 직업재활법상 한국장애인고용공단에 대한 설명으로 틀린 것은?

① 공단에 이사장 1명을 포함한 10명 이상 15명 이하의 이사 및 감사 1명을 둔다.

② 이사장의 임기는 3년으로 하고, 이사와 감사의 임기는 2년으로 하되 1년을 단위로 연임할 수 있다.

③ 공단에 관하여 이 법에 규정된 것을 제외하고는 민법 중 재단법인에 관한 규정을 준용한다.

④ 국가는 공단의 설립 및 운영을 위하여 필요하면 「국유재산법」 및 「물품관리법」에 따라 국유재산과 물품을 공단에 유상으로 대부할 수 있다.

1	2	3	4	5	6	7	8	9	10
②	③	④	①	①	①	③	②	④	①
11	12	13	14	15	16	17	18	19	20
②	①	①	④	①	②	④	④	③	④

01 준고령자는 50세 이상 55세 미만인 사람이다(시행령 제2조 제2항).

02 경영상의 이유에 의한 해고 계획의 신고 사항은 ㉠ 해고 사유, ㉡ 해고 예정 인원, ㉢ 근로자대표와 협의한 내용, ㉣ 해고 일정 등이다(시행령 제10조).

03 직업지도는 취업하려는 사람이 그 능력과 소질에 알맞은 직업을 쉽게 선택할 수 있도록 하기 위한 직업적성 검사, 직업정보의 제공, 직업상담, 실습, 권유 또는 조언, 그 밖에 직업에 관한 지도를 말한다(법 제2조의2).

04 친권자나 후견인은 미성년자를 대리하여 근로계약을 체결할 수 없다(법 제67조 제1항). 부모 등이 법정대리권을 남용하여 미성년자에게 노동을 강요할 수 있는 가능성을 배제하기 위함이다.

05 국가는 출산전후휴가를 사용한 근로자 중 일정한 요건에 해당하는 자에게 그 휴가기간에 대하여 통상임금에 상당하는 금액을 지급할 수 있다(법 제18조 제1항).

06 실업자에 대한 공공근로사업이다(법 제34조 제1항 제5호).

07 국외 무료직업소개업을 하고자 하는 자는 고용노동부장관에게 신고하여야 한다(법 제18조).

08 국가는 근로자와 사업주에게 직업능력개발에 관한 정보를 제공하고 지도·상담하며 필요한 비용을 지원할 수 있다(법 제20조 제2항).

09 국가유공자·상이군경 및 전몰군경의 유가족은 법률이 정하는 바에 의하여 우선적으로 근로의 기회를 부여받는다(헌법 제32조 제6항).

10 **장애인 직업재활 실시 기관(법 제9조)**
　㉠「장애인 등에 대한 특수교육법」제2조 제10호에 따른 특수교육기관
　㉡「장애인복지법」제58조 제1항 제2호에 따른 장애인 지역사회재활시설
　㉢「장애인복지법」제58조 제1항 제3호에 따른 장애인 직업재활시설
　㉣「장애인복지법」제63조에 따른 장애인 복지단체
　㉤「근로자직업능력 개발법」제2조 제3호에 따른 직업능력개발훈련시설
　㉥ 그 밖에 고용노동부령으로 정하는 기관으로서 고용노동부장관이 장애인에 대한 직업재활 사업을 수행할 능력이 있다고 인정하는 기관

11 피보험자가 사업주로부터 육아휴직을 이유로 금품을 지급받은 경우 대통령령으로 정하는 바에 따라 급여를 감액하여 지급할 수 있다(법 제73조).

12 근로자파견계약이란 파견사업주와 사용사업주 간에 근로자파견을 약정하는 계약을 말한다(법 제2조).

13 고용노동부장관은 무료직업소개사업을 하는 비영리법인 또는 공익단체를 고령자인재은행으로 지정할 수 있다(법 제11조).

14 직업능력개발훈련교사의 양성을 위한 훈련과정은 양성훈련과정, 향상훈련과정 및 교직훈련과정으로 구분한다(시행규칙 제18조 제1항).

15 사업주는 근로자가 만 8세 이하 또는 초등학교 2학년 이하의 자녀를 양육하기 위하여 휴직을 신청하는 경우에 이를 허용하여야 한다(법 제19조 제1항).

16 상시 10명 이상의 근로자를 사용하는 사용자는 동법이 정하는 사항에 관한 취업규칙을 작성하여 고용노동부장관에게 신고하여야 한다(법 제93조).

17 고용보험의 적용 제외 근로자였던 자가 고용보험법의 적용을 받게 된 경우에는 그 적용을 받게 된 날에 피보험자격을 취득한 것으로 본다(법 제13조).

18 국민의 모든 자유와 권리는 국가안전보장·질서유지 또는 공공복리를 위하여 필요한 경우에 한하여 법률로써 제한할 수 있으며, 제한하는 경우에도 자유와 권리의 본질적인 내용을 침해할 수 없다(헌법 제37조 제2항).

19 사업주는 임금 외에 근로자의 생활을 보조하기 위한 금품의 지급 또는 자금의 융자 등 복리후생에서 남녀를 차별하여서는 아니 된다(법 제9조).

20 국가는 공단의 설립 및 운영을 위하여 필요하면「국유재산법」및「물품관리법」에 따라 국유재산과 물품을 공단에 무상으로 대부할 수 있다(법 제56조).

MEMO

직업상담사 1급

Vocational Counselor

최종 모의고사

③ 자기긍정 – 타인부정
④ 자기부정 – 타인긍정

제1과목 — 고급 직업상담학

01 직업상담사가 갖추어야 할 상담의 기초 기법 중 내담자가 전달하려는 내용에서 한 걸음 더 나아가 내담자의 입장이 되어 그의 주관적 세계를 이해하려는 것은?

① 요약과 재진술
② 명료화
③ 직면
④ 공감

02 인간발달을 8단계로 설명한 에릭슨(Erikson)의 이론에서 초기 성인기의 특징에 해당하는 것은?

① 자율성 대 수치심
② 친밀과 고립
③ 정체감 확립 대 혼란
④ 신뢰감 대 불신감

03 다음은 직업가계도에서 Okiishi와 Dagley가 제시했던 질문들이다. 질문의 목적으로 가장 적합한 것은?

> A. 개별 가족구성원에게서 어떤 역할을 본받게 되었는가?
> B. 어떤 태도나 행동들이 각각의 남성과 여성에게 강화되었는가?
> C. 남성과 여성에게 각각 부여한 벌은 어떤 것인가?
> D. 가족구성원 이외에 다른 모형이 있었는가?

① 직업가계도 구축
② 직업가계도 탐색
③ 직업가계도 활용
④ 직업가계도 요약

04 교류분석상담의 5가지 생활자세에 해당하지 않는 것은?

① 자기긍정 – 자기부정
② 자기긍정 – 타인긍정

05 다음 중 원형검사에 기초한 시간전망 개입의 3가지 측면이 아닌 것은?

① 방향성
② 변별성
③ 통합성
④ 결정성

06 다음 중 자신이 받아들이기 어려운 느낌, 생각, 충동 등을 무의식적으로 타인에게 귀인시킴으로써 자신을 보호하는 자아방어기제는?

① 억압
② 부정
③ 투사
④ 치환

07 프로이트 정신분석이론에서는 불안을 크게 3가지로 구분한다. 이드와 자아 간의 갈등으로 나타나는 불안은?

① 도덕적 불안
② 현실적 불안
③ 만성적 불안
④ 신경증적 불안

08 슈퍼(Super)의 직업발달과업과 그 특징이 올바른 것은?

① 특수화(Specification) – 직업에서 일을 수행하고 재능을 활용함으로써 진로선택이 적절한 것임을 보여준다.
② 구체화(Crystallization) – 선호하는 직업을 위한 교육훈련을 마치고 취업하는 단계의 과업이다.
③ 공고화(Consolidation) – 승진, 지위획득, 경력개발을 통하여 자신의 진로를 안정되게 하는 단계의 과업이다.
④ 안정화(Stabilization) – 선택된 직업을 더욱 확실히 이해하며 진로계획을 구체적으로 수립하는 것이다.

09 로(Roe)의 진로선택이론에 대한 설명으로 틀린 것은?

① 흥미에 기초하여 직업을 8개의 군집으로 나누고 각 군집에 알맞은 직업의 목록을 제시했다.

② 각 군집은 책임, 능력, 기술의 정도를 기준으로 각각 6단계로 나누어볼 수 있다.

③ 성격이론과 직업분류라는 이질적인 영역을 통합하였으며, 매슬로(Maslow)의 욕구위계이론을 바탕으로 한다.

④ 로(Roe)의 이론은 매우 검증하기 쉬울 뿐만 아니라 진로상담을 위한 구체적인 절차를 제공하였다.

10 다음 중 내담자의 응급한 문제나 증상의 해결을 목표로 하는 치료전략은?

① 통찰치료　　　　② 현실치료
③ 지지치료　　　　④ 인지치료

11 직업상담에서 과제물을 부여하는 기업 중 브라운(Brown)과 브룩스(Brooks)가 제안한 "3WHSS" 공식에 해당되지 않는 것은?

① 희망(Hope)
② 언제(When)
③ 자기진술(Self-statement)
④ 어디서(Where)

12 성공적인 집단직업상담 프로그램의 가정이 아닌 것은?

① 직업계획과 의사결정을 위해서 직업에 대한 많은 정보를 집단상담을 통해서 얻을 수 있다.

② 올바른 결정을 위해서 자신(예 : 적성, 흥미, 가치관)에 관한 정확한 정보를 집단에서 얻을 수 있다.

③ 타인들로부터의 객관적이고 다양한 피드백과 상호작용을 위해 집단구성원은 많을수록 좋다.

④ 집단직업상담의 절차는 자신의 주관적인 측면들에 대해 탐색하고 여러 역할을 시도해 볼 수 있는 기회를 제공한다.

13 다음 중 경력개발 프로그램에 관한 설명으로 틀린 것은?

① 훈련 프로그램은 컴퓨터와 기술교육에서부터 대인관계 훈련까지 조직 내에서 실시하는 프로그램이다.

② 후견인 프로그램은 조직에 쉽게 적응하도록 상사가 후견인이 되어 도와주는 과정이다.

③ 직무순환이란 종업원에게 다양한 직무를 경험하게 하여 여러 분야의 능력을 개발시키는 프로그램이다.

④ 사내공모제도는 특별한 경력경험을 제공하여 승진 가능성을 높이기 위한 프로그램이다.

14 직업카드 분류에 관한 설명으로 틀린 것은?

① 직업카드 분류는 진로탐색의 증진, 직업에 대한 호기심 강화, 즉각적인 피드백 제공 등의 장점이 있다.

② 직업카드 분류과정에서 상담자는 120개에서 180개 정도의 카드를 사용하는 것이 좋다.

③ 카드를 개발할 때, 한국표준직업분류에 제시된 교육적 수준이나 한국직업사전 분류체계 등을 고려하는 것이 좋다.

④ 카드분류의 주요 목적은 내담자의 주제체계를 탐색하는 것이다.

15 다음은 무엇에 대한 설명인가?

> 이는 자아의 이해와 일과 직업세계의 이해를 기초로 하여 자기 자신의 진로를 계획하고 선택하는 과정에서 동일 연령이나 발달단계에 있는 집단의 발달과업 수행정도에서 차지하는 개인의 상대적인 위치를 말한다.

① 진로결정수준
② 진로정체감
③ 진로성숙
④ 진로결정 자기효능감

16 다음 중 직업상담과정에서 내담자가 보이는 문제행동으로 볼 수 없는 것은?

① 직업선택에 대한 어려움 및 확신 부족
② 직업선택에 관한 지나친 의존성
③ 자신의 흥미와 적성 간의 모순
④ 다양한 직업 유형에 대한 탐색

17 내담자의 문제행동은 비합리적이고 자기파괴적인 신념에서 야기된다는 상담이론은?

① 인간 중심적 상담이론
② 인지-정서적 상담이론
③ 행동주의적 상담이론
④ 정신분석적 상담이론

18 내담자와 상담자의 가치관이 다를 경우 바람직한 태도가 아닌 것은?

① 상담자의 가치관을 직접 가르치거나 강요하지 않는다.
② 내담자가 가치관을 직면하고 검토하도록 한다.
③ 내담자의 자기결정을 존중하고, 자기가치관을 알고 스스로 결정하도록 한다.
④ 상담자의 올바른 자기가치관을 내담자가 받아들이도록 교육하고 설명한다.

19 상담자의 윤리와 관련하여, 후스(Hoose)는 3가지 이유에서 윤리강령이 필요하다고 주장하였으며, 이는 직업상담 장면에서도 적용될 수 있다. 다음 중 윤리강령에 대한 설명으로 옳지 않은 것은?

① 윤리강령은 정부로부터 상담자의 직업을 보호받는다.
② 윤리강령은 내부의 불일치와 다툼을 조정하도록 돕고 직업 내부의 안정성을 증진시킨다.
③ 윤리강령은 일반인으로부터 특히 배임행위 소송과 관련하여 상담자를 보호한다.
④ 발생한 모든 문제를 성문화된 윤리강령을 기준으로 해결할 수 있다.

20 홀랜드 이론과 관련된 세부 논의들 중 올바른 것은?

① RI형은 RS형보다 일관성이 높다고 볼 수 있다.
② 실제적 유형에 속하는 대표적인 직업은 기업경영인, 정치가 등이다.
③ 사회적 유형에 속하는 대표적인 직업은 공인회계사, 경제분석가, 세무사 등이다.
④ 6유형에서의 점수가 비슷한 경우 진로정체성이 뚜렷한 것으로 해석한다.

21 다음 중 여성의 경력개발 장애요인과 가장 거리가 먼 것은?

① 여성에 대한 남성의 편견이 쉽게 사라지지 않는다.
② 전문지식이나 기술이 부족하다.
③ 조직문화가 여성에게 비우호적이다.
④ 비공식 모임에서 제외된다.

22 직무 스트레스를 조절하는 변인 중 상황변인은?

① A유형 성격　　　② 통제의 위치
③ 사회적 지원　　　④ 작업조건

23 일반적으로 직무 스트레스를 조절하는 매개변수로 가정하기에 적합하지 않은 것은?

① A/B유형 성격　　② 통제의 위치
③ 사회적 지원　　　④ 역할모호성

24 직장에서 불만족한 점이나 부족한 점을 직장이 아닌 다른 친교 모임에서 해소하였다면 이는 어떤 모형을 설명한 것인가?

① 파급모형　　　　② 상호작용모형
③ 보충모형　　　　④ 분리모형

25 동기의 개념적 성질에 관한 설명으로 가장 적합한 것은?

① 과학적 심리학에서 사용하는 동기는 직접관찰 및 측정이 가능한 것이다.
② 동기는 행동의 가장 직접적인 원인요인이므로 동기는 곧 행동이다.
③ 동기는 가설적 구성체로서 행동주의 심리학 입장에서는 일반적으로 연구대상이 아니다.
④ 추동이론의 견해에서 볼 때, 동기가 행동에 영향을 미치는 과정은 순환적이다.

26 다음 중 목표설정 동기이론의 주요 개념에 대한 설명으로 틀린 것은?

① 목표가 어려울수록 작업수행 수준은 비례하여 증가한다.
② 직무수행 동기에 가장 직접적 영향요인은 의도 또는 목표이다.
③ 목표는 양적인 형태로 구체적으로 설정될 때 수행을 가장 잘 예측할 수 있다.
④ 목표설정과 함께 피드백을 사용하면 직무수행 수준에 강한 영향을 미친다.

27 형평이론에서 불형평을 감소시키는 인지적 방식이 아닌 것은?

① 자신의 투입이나 성과를 왜곡한다.
② 타인의 투입이나 성과를 왜곡한다.
③ 자신의 투입을 변화시킨다.
④ 비교대상을 변경한다.

28 고트프레드슨(Gottfredson)의 직업포부 발달이론에서 직업과 관련된 개인발달 4단계에 포함되지 않는 것은?

① 힘과 크기의 지향성　② 성역할 지향성
③ 사회적 가치 지향성　④ 관계 지향성

29 긴즈버그(Ginzberg)가 제시한 진로발달단계에 있어서 현실기의 특징에 해당되는 것은?

① 일지향적 놀이를 통해 직업세계에 대한 최초의 가치판단을 반영한다.
② 직업선택에 대한 결정과 진로선택에 대한 책임의식을 깨닫게 된다.
③ 직업적인 열망과 관련하여 자신의 능력을 깨닫게 된다.
④ 탐색을 통해 자신의 진로선택을 2~3가지 정도로 좁혀 간다.

30 구성 관련 타당도에 해당하는 것은?

① 수렴타당도, 변별타당도
② 안면타당도, 동시타당도
③ 예언타당도, 동시타당도
④ 내용타당도, 변별타당도

31 다음은 무엇에 대한 설명인가?

> 이것은 자아의 이해와 일과 직업세계의 이해를 기초로 하여 자기 자신의 진로를 계획하고 선택하는 과정에서 동일 연령이나 발달단계에 있는 집단의 발달과업 수행정도에서 차지하는 개인의 상대적인 위치를 말한다.

① 진로결정수준　　　② 진로정체감
③ 진로성숙　　　　　④ 진로결정 자기효능감

32 다음 중 작업동기의 3가지 중요한 구성요소가 아닌 것은?

① 의도(Intention)　　② 방향(Direction)
③ 지속기간(Duration)　④ 강도(Intensity)

33 진로개발과 관련하여 자기효능감과 가장 밀접한 관계가 있는 직업발달이론은?

① 정신분석이론　　　② 사회인지이론
③ 행동주의이론　　　④ 인본주의이론

34 특성-요인이론의 기본적 가정이 아닌 것은?

① 인간에게는 측정 가능한 독특한 특성이 있다.
② 직무의 성공적 수행을 위해 요구되는 구체적 특성이 있다.
③ 개인의 특성과 직업의 요구사항을 연결시키는 것이 가능하다.
④ 개인의 특성은 지속적인 발달과정을 통해 형성된다.

35 다음 중 개인의 특성과 직업세계의 특징과의 최적의 조화(Person-environment)를 가장 강조한 이론은?

① 슈퍼의 생애주기이론
② 홀랜드 이론
③ 베츠의 자기효능감이론
④ 사회적 인지학습이론

36 진로발달에 관한 이론 중에서 능력에 대한 자기평가, 즉 자신감이 개인의 직업선택 및 만족에 영향을 미친다는 가정은 다음 중 어느 이론에 기초하는가?

① 자기효능감이론
② 진로발달이론
③ 인지적 정보처리이론
④ 진로선택이론

37 어떤 심리검사의 타당도를 판단하기 위해 각 문항에 대해 전문가들에게 적합도를 평정하게 했다. 어떤 타당도를 산출하기 위한 절차인가?

① 준거타당도　　② 예언타당도
③ 내용타당도　　④ 수렴타당도

38 일정한 규칙에 따라 어떤 사건이나 대상의 특성에 숫자를 부여하는 과정은?

① 척도　　　　　② 조작적 정의
③ 개념적 정의　　④ 측정

39 직무분석자료의 특성에 해당하지 않는 것은?

① 직무분석은 분석시점에서 가장 최신 정보이다.
② 직무분석자료는 가공되지 않은 원자료이다.
③ 직무분석자료는 여러 가지 용도로 활용되는 다목적성이 있다.
④ 직무분석자료는 조사대상 특정기업에 대한 주관적 특성이 강하다.

40 직무만족이론 중 동기-위생이론(Motivation-hygiene theory) 또는 2요인이론(Two-factor theory)에 대한 설명으로 틀린 것은?

① 허즈버그(Herzberg)가 정립한 이론으로 매슬로(Maslow)의 욕구위계이론과 유사하다.
② 일반적으로 일의 내용은 위생요인인 반면, 작업환경의 여러 특징은 동기요인이다.
③ 낮은 수준의 요구가 만족되지 않으면 결과적으로 직무불만족이 생겨나 그 역은 성립되지 않는다.
④ 동기요인은 주로 직무만족과, 반면에 위생요인은 직무불만족과 관련된다.

제3과목　　**고급 직업정보론**

41 한국직업사전(2012) 부가정보의 숙련기간에 대한 설명으로 틀린 것은?

① 정규교육과정을 이수한 후 해당직업의 직무를 평균적인 수준으로 스스로 수행하기 위하여 필요한 각종 교육, 훈련, 숙련기간을 의미한다.
② 취업 후에 이루어지는 자격이나 면허취득기간은 포함되지 않는다.
③ 해당직무를 평균 이상으로 수행하기 위한 향상훈련기간은 포함되지 않는다.
④ 자격·면허가 요구되는 직업이 아니지만 해당 직무를 평균적으로 수행하기 위한 각종 교육·훈련기간도 포함된다.

42 실기능력이 중요하여 고용노동부령이 정하는 필기시험이 면제되는 기능사 종목이 아닌 것은?

① 조적기능사　　② 미장기능사
③ 방수기능사　　④ 판금기능사

43 공공직업정보에 관현 설명으로 가장 거리가 먼 것은?

① 장기적인 계획 및 목표에 따라 주기적으로 생산한다.
② 특정한 목적에 맞게 해당분야 및 직종을 제한하여 제공한다.
③ 직업정보 간의 비교·활용이 용이하도록 생산하여 제공한다.
④ 한국직업사전은 전형적인 공공직업정보이다.

44 다음 중 (　) 안에 알맞은 것은? 　　2014

> (　)공학은 일상생활 및 산업생산의 기본요소인 (　)을/를 다루며, 물질의 물리적, 화학적, 기계적, 전기적 및 자기적 제 성질에 대한 전반적인 이해와 응용을 추구하는 종합학문이다.

① 섬유　　② 기계
③ 재료　　④ 환경

45 다음 중 한국직업사전(2013)의 부가직업정보와 가장 거리가 먼 것은?

① 숙련수준　　② 교육수준
③ 직무기능　　④ 작업환경

46 워크넷의 학과정보 중 다음에서 설명하는 학과는?

> 아픈 사람을 돕는 것을 좋아하고 희생정신을 통해 보람을 느낄 수 있는 사람에게 적합한 학문이지만, 긴급상황에 당황하지 않고 침착하게 대처하고 정확한 판단을 할 수 있는 능력도 필요하다. 생물학이나 물리학 등의 자연과목에 흥미가 있고, 강한 체력을 바탕으로 활동적인 것을 좋아하는 사람이 흥미를 가질 수 있다.

① 응급재활학과　　② 작업치료학과
③ 응급구조학과　　④ 물리치료학과

47 다음 (　) 안에 알맞은 것은?

> 한국직업정보시스템(워크넷/직업 · 진로)에서 직업의 전망조건을 '밝음'으로 선택하여 직업정보를 검색하면 직업전망이 상위 (　) 이상인 직업만 검색된다.

① 5%　　② 10%
③ 15%　　④ 20%

48 한국표준직업분류(2007)의 개정 방향에 관한 설명으로 틀린 것은?

① 대분류는 국제 비교성을 위해 ISCO 08을 따르기로 원칙을 정하였다.
② 중분류 이하는 우리나라 노동시장 현실을 반영하도록 하였다.
③ 표준직업분류와 고용직업분류 간의 불일치에 따른 문제점 해소를 위해 고용자 수 등을 감안하여 고용직업분류의 중분류 명칭을 일치시키기로 하였다.
④ 직업 관련 정책수립에 필요한 통계의 생산 및 활용성 제고를 위하여 세분류는 고용자 수가 최소 1,000명 이상인 경우만 설정토록 하였다.

49 한국표준산업분류(2008) 통계단위에서 장소의 동질성을 기준으로 분류할 때 성격이 다른 하나는? 2015

① 기업집단　　② 지역단위
③ 기업체단위　　④ 활동유형단위

50 한국표준산업분류(2008)에서 산업분류의 적용원칙이 아닌 것은? 　　2015

① 수수료 또는 계약에 의하여 활동을 수행하는 단위는 자기계정과 자기책임하에서 소비하는 단위와 동일항목에 분류되어야 한다.

② 복합적인 활동단위는 우선적으로 최상급 분류 단계(대분류)를 정확히 결정하고, 순차적으로 중·소·세·세세분류 단계 항목을 결정하여야 한다.

③ '공공행정 및 국방, 사회보장사무' 이외의 다른 산업활동을 수행하는 정부기관은 그 활동의 성질에 따라 분류해야 한다.

④ 생산단위는 산출물뿐만 아니라 투입물과 생산공정 등을 함께 고려하여 그들의 활동을 가장 정확하게 설명된 항목에 분류해야 한다.

51 한국표준산업분류(2008)에서 보조적 활동이 아닌 것은?

① 회계　　　　　② 운송
③ 개발　　　　　④ 판매촉진

52 한국표준산업분류(2008)에서 국제표준산업분류 제4차 개정안을 반영한 사항이 아닌 것은?

① 정보 및 커뮤니케이션 산업을 하나로 묶는다.
② 환경 관련 산업의 중요성 및 산업활동의 결합성을 고려하였다.
③ 컴퓨터 제조업은 정보 및 커뮤니케이션으로 이동하였다.
④ 본사, 수의업, 여행사 등은 대분류가 변경되었다.

53 한국표준산업분류(2008)의 분류구조 및 부호체계에 대한 설명으로 틀린 것은?

① 분류구조는 대분류, 중분류, 소분류, 세분류, 세세분류의 5단계로 구성된다.
② 부호처리를 할 경우에는 알파벳만을 사용토록 했다.
③ 권고된 국제분류 ISIC Rev.4를 기본체계로 하였으나, 국내 실정을 고려하여 국제분류의 각 단계 항목을 분할, 통합 또는 재그룹화하여 독자적으로 분류항목과 분류부호를 설정하였다.

④ 중분류의 번호는 01부터 99까지 부여하였으며, 대분류별 중분류 추가 여지를 남겨놓기 위하여 대분류 사이에 번호 여백을 두었다.

54 고용정보분석 시 유의할 점과 가장 거리가 먼 것은?

① 민간자격정보는 정보제공기관의 공신력을 살펴볼 필요가 있다.
② 미등록 민간자격종목은 정보제공 시 각별한 주의가 필요하다.
③ 직업정보는 시간에 따라 동태적으로 분석할 필요가 있다.
④ 직업정보의 분석은 단편적 해석 및 분석수준으로만 제공해도 충분하다.

55 한국표준산업분류(2008)의 대분류와 관련 산업과의 연결이 틀린 것은?

① 제조업 – 인쇄업
② 도매 및 소매업 – 자동차 판매업
③ 운수업 – 택배업
④ 사업지원 서비스업 – 변호사업

56 한국표준산업분류(2008)에서 다음 산업활동의 산업분류로 가장 적합한 것은?

> 1차 자료를 수집 및 조합하여 일정 포맷에 따라 가공된 정보를 컴퓨터에 수록하여 주문에 따라 자동응답전화, 온라인, 디스켓 등의 전자매체로 제공하는 산업활동

① 63991 : 데이터베이스 및 온라인 정보제공업
② 85701 : 교육 관련 자문 및 평가업
③ 85709 : 기타 교육지원 서비스업
④ 63120 : 포털 및 기타 인터넷 정보매개 서비스업

57 다음 통계자료에서 충족률(%)은? (단, 주어진 조건 외는 고려하지 않음)

> - 구인배수 : 5
> - 신규구직자 수 : 100명
> - 취업 건수 : 50

① 5 　　　　② 10
③ 15 　　　④ 20

58 한국표준산업분류(2008)의 제조업에 대한 설명으로 옳지 않은 것은?

① 제조업이란 원재료(물질 또는 구성요소)에 물리적, 화학적 작용을 가하여 투입된 원재료를 성질이 다른 새로운 제품으로 전환시키는 산업활동을 말한다.
② 단순히 상품을 선별, 정리, 분할, 포장, 재포장하는 경우 등과 같이 그 상품의 본질적인 성질을 변화시키지 않는 처리활동은 제조활동으로 보지 않는다.
③ 구입한 기계부품의 조립은 제조업으로 분류하지 않는다.
④ 인쇄 및 인쇄 관련 서비스업은 제조업으로 분류된다.

59 응시자격에 학력 제한이 있는 국가기술자격 종목은?

① 멀티미디어콘텐츠제작전문가
② 스포츠경영관리사
③ 임상심리사 2급
④ 컨벤션기획사 2급

60 국가기술자격 기술사 등급의 응시자격으로 틀린 것은?

① 산업기사 자격을 취득한 후 응시하려는 종목이 속하는 동일 및 유사 직무분야에서 5년 이상 실무에 종사한 사람
② 응시하려는 종목이 속하는 동일 및 유사 직무분야의 다른 종목의 기술사 등급의 자격을 취득한 사람
③ 외국에서 동일한 종목에 해당하는 자격을 취득한 사람
④ 응시하려는 종목이 속하는 동일 및 유사 직무분야에서 7년 이상 실무에 종사한 사람

제4과목　노동시장론

61 노동수요 탄력성이 0일 때 임금이 10% 상승하면 노동수요량은 어떻게 변하는가?

① 10% 상승한다.
② 10% 하락한다.
③ 변하지 않는다.
④ 산업에 따라 다르므로 알 수 없다.

62 다음은 파급효과에 대한 설명이다. (　　) 안에 들어갈 내용이 바르게 짝지어진 것은?

> 노동조합이 조직되면 교섭력에 의하여 임금을 (㉠) 시키기 때문에 노동공급곡선이 좌측으로 이동하게 되며, 그 결과 조직된 부문에서는 고용이 감소하게 되고, 그때 해고된 근로자들이 비조직 부문으로 이동하여 비조직 부문의 노동공급곡선을 우측으로 이동시켜 임금을 (㉡)시킨다.

① ㉠ : 인하, ㉡ : 상승
② ㉠ : 인하, ㉡ : 인하
③ ㉠ : 상승, ㉡ : 인하
④ ㉠ : 상승, ㉡ : 상승

63 만약 연간 근로자의 30%가 새로운 직장을 구하기 위해 사표를 내는데 그들의 평균탐색기간이 약 2개월이라면 이 경우의 마찰적 실업률은?

① 2% 　　　② 3%
③ 4% 　　　④ 5%

64 다음 중 노동 측 대표가 감사회 이사나 이사회의 노동 이사로 참여하며, 직장협의회의 운영을 통한 공동결정 등의 경영참여제도를 운영하는 나라는 어디인가?

① 일본　　　　　　② 미국
③ 프랑스　　　　　④ 독일

65 노동수요는 감소하고 노동공급은 증가할 경우에 균형임금과 균형고용량의 변화는?

① 균형임금은 감소하고, 균형고용량은 증가한다.
② 균형임금은 감소하고, 균형고용량의 변화는 알 수 없다.
③ 균형임금은 감소하고, 균형고용량은 불변이다.
④ 균형임금은 감소하고, 균형고용량은 감소한다.

66 개인의 노동공급곡선이 우하향하는 기울기를 가진 곡선으로 표시되는 구간에서는 시간당 임금이 상승할 때 개별근로자의 노동시간은 어떻게 된다는 것을 의미하는가?

① 길어진다.　　　　② 짧아진다.
③ 일정하다.　　　　④ 알 수 없다.

67 다음 중 경제활동인구에 속하는 사람은?

① 뇌물죄로 수감 중인 자
② 은퇴한 노인
③ 경찰청 운전병
④ 명예퇴직 후 구직활동 중인 자

68 노동의 수요에 대한 설명으로 적절치 않은 것은?

① 기업의 노동에 대한 수요는 생산물의 수요에 의해 유발되는 유발수요이다.
② 기업의 노동에 대한 수요는 단기적으로는 생산물의 수요에 따라 결정된다.
③ 기업의 장기 노동수요곡선은 단기에 비해 더 탄력적이다.
④ 산업의 노동수요곡선은 개별기업의 노동수요곡선보다 탄력적이다.

69 다음은 어떤 이론에 대한 설명인가?

노사 양측이 단체교섭에 임할 때 최종적으로 수락할 용의가 있는 자신의 조건과 교섭과정에서 겉으로 제안하는 조건과의 사이에 차이가 있다는 점에 주목하고 단체교섭과정에서 상대방의 그 수락용의 조건을 자신에게 유리한 방향으로 바꾸도록 노력하는 것을 다룬 이론이다.

① 힉스의 교섭모형이론
② 아쉔펠타－존슨의 파업모형이론
③ 매브리 이론
④ 카터－챔벌린 이론

70 아래 그림은 어떤 기업의 노동의 한계생산가치(VMP_L)와 시장임금 수준을 나타낸다. 시장임금이 W_2일 때 이 기업의 고용량은 얼마인가?

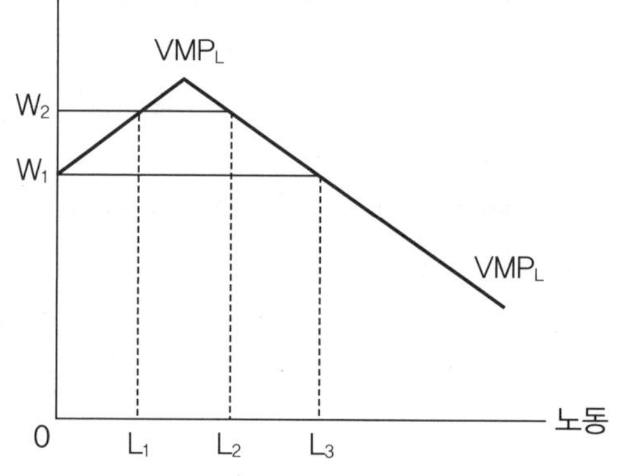

① 0　　　　　　　② L1
③ L2　　　　　　 ④ L3

71 속인급체계 임금이란 근로자의 어떤 면을 기준으로 임금을 정하는 제도인가?

① 직무
② 일을 수행하는 능력
③ 일의 실적
④ 학력, 연령, 근속연수 등의 개인 속성

72 정부의 고용정책 중 물가안정, 세금인하 등 미래의 다른 이익을 조건으로 노동자에게 낮은 명목임금을 받아들이도록 하는 정책은?

① 세금감면정책 　② 근로시간 단축

③ 소득정책 　④ 최저임금수준 조정

73 산업화 초기에 노동공급 독점과 직무통제를 통해 상대적 고임금을 유지했던 노동조합 유형은?

① 산업별 노동조합 　② 직업별 노동조합

③ 기업별 노동조합 　④ 이념별 노동조합

74 다음은 무엇에 관한 설명인가?

> 회사가 급여를 지급할 때 노동조합의 조합원들은 조합비를 급여에서 일괄 공제하여 노동조합에 지급하기로 맺어둔 단체협약상의 조항을 의미한다.

① 에이전시숍(Agency Shop)

② 체크오프시스템(Check-off System)

③ 스캔론 플랜(Scanlon Plan)

④ 러커 플랜(Rucker Plan)

75 물가상승률과 실업률의 상충관계를 보여주는 필립스 곡선에 대한 설명 중 틀린 것은?

① 필립스 곡선이 원점으로 이동해야 물가와 실업률의 상충관계를 개선할 수 있다.

② 실업률이 낮은 경우에는 물가상승률이 높다.

③ 여성이나 청소년 근로자의 비중이 커질수록 필립스 곡선은 우측으로 이동한다.

④ 예상 물가상승률이 높을수록 필립스 곡선은 좌측으로 이동한다.

76 고임금이 높은 생산성을 가져온다는 효율임금(Efficiency Wage)이론에 대한 설명으로 옳지 않은 것은?

① 고임금은 근로자의 직장상실비용을 증대시켜서 근로자로 하여금 작업 중 태만하지 않고 열심히 일하게 한다.

② 고임금기업의 근로자는 고임금을 사용자가 주는 일종의 선물로 간주하고 이러한 은혜에 보답하기 위해 작업노력을 증대시킨다.

③ 고임금을 제시하면 신규근로자의 채용 시 보다 양질의 근로자를 고용할 수 있다.

④ 효율임금제도는 근로자의 도덕적 해이를 방지하는 수단이 될 수 없다.

77 다음 중 실업률을 낮추기 위한 목적의 정책으로 가장 거리가 먼 것은?

① 소득정책 　② 금융정책

③ 인력정책 　④ 재정정책

78 장기 노동수요에 대한 설명으로 틀린 것은?

① 장기 노동수요곡선이 단기 노동수요곡선보다 더 완만한 형태를 띤다.

② 단기 노동수요곡선이 장기 노동수요곡선보다 더 비탄력적이다.

③ 노동과 자본을 서로 대체할 수 있다는 가정을 전제로 한다.

④ 대체효과와 소득효과에 따른 생산자균형점의 궤적으로 도출한다.

79 다음 중 내부노동시장의 형성요인이 아닌 것은?

① 기업특수적 훈련 　② 현장훈련

③ 관습 　④ 비정규직 고용

80 케인스의 실업이론은 무엇인가?

① 유효수요의 부족에 기인하는 실업
② 노동시장정보의 부족에 기인하는 실업
③ 경기의 계절적 변동에 따른 실업
④ 노동조합 등이 시장임금 이상의 임금을 요구함
　으로써 발생하는 실업

81 파견근로자보호 등에 관한 법률상 겸업금지 대상 업종이 아닌 것은?

① 식품접객업　　　② 숙박업
③ 결혼상담업　　　④ 운수업

82 근로기준법상 취업규칙에 관한 설명으로 틀린 것은?

① 취업규칙에서 정한 기준에 미달하는 근로조건을 정한 근로계약은 그 부분에 관하여는 무효로 한다. 이 경우 무효로 된 부분은 취업규칙에 정한 기준에 따른다.
② 상시 10명 이상의 근로자를 사용하는 사용자는 취업규칙을 작성하여 고용노동부장관에게 신고하여야 한다.
③ 사용자는 취업규칙의 작성 또는 변경에 관하여 해당 사업 또는 사업장에 근로자의 과반수로 조직된 노동조합이 있는 경우에는 그 노동조합, 근로자의 과반수로 조직된 노동조합이 없는 경우에는 근로자의 과반수의 동의를 받아야 한다.
④ 취업규칙에서 근로자에 대하여 감급(減給)의 제재를 정할 경우에 그 감액은 1회의 금액이 평균임금의 1일분의 2분의 1을, 총액이 1임금지급기의 임금총액의 10분의 1을 초과하지 못한다.

83 근로기준법에서 사용하는 용어의 정의로 틀린 것은?

① "근로자"란 직업의 종류와 관계없이 임금을 목적으로 사업이나 사업장에 근로를 제공하는 자를 말한다.
② "근로계약"이란 근로자가 사용자에게 근로를 제공하고 사용자는 이에 대하여 임금을 지급하는 것을 목적으로 체결한 계약을 말한다.
③ "단시간근로자"란 1주 동안의 소정근로시간이 그 사업장에서 같은 종류의 업무에 종사하는 통상근로자의 1주 동안의 소정근로시간에 비하여 짧은 근로자를 말한다.
④ "평균임금"이란 사용자가 근로의 대가로 근로자에게 임금, 봉급, 그 밖에 어떠한 명칭으로든지 지급하는 일체의 금품을 말한다.

84 고용정책 기본법상 사업주가 근로자를 모집 · 채용함에 있어서 차별이 금지되는 사유가 아닌 것은?

① 국적　　　　　② 출신지역
③ 학력　　　　　④ 병력

85 헌법상 근로의 권리에 관한 설명으로 틀린 것은?

① 법률에 의한 최저임금제의 시행
② 근로조건 기준에 관하여 계약자유의 원칙 보장
③ 여자와 연소자의 근로의 특별한 보호
④ 국가유공자 등의 우선적 근로의 기회 부여

86 고용보험법상 고용안정 · 직업능력개발 사업에 관하여 고용보험 적용이 제외되지 않는 근로자는?

① 65세 이상인 자
② 1개월간 소정근로시간이 60시간 미만인 자
③ 사립학교교직원 연금법의 적용을 받는 자
④ 별정우체국법에 따른 별정우체국 직원

87 헌법상 노동기본권에 관한 설명으로 틀린 것은?

① 노동기본권은 헌법에서 근로자에게 보장된 기본적 권리이다.
② 여자 및 연소자의 근로는 특별한 보호를 받는다.
③ 공무원인 근로자는 법률이 정하는 자에 한하여 단결권·단체교섭권 및 단체행동권을 가진다.
④ 법률이 정하는 주요방위산업체에 종사하는 근로자의 단결권은 법률이 정하는 바에 의하여 이를 제한하거나 인정하지 아니할 수 있다.

88 직업안정법상 직업안정기관의 장이 구인신청의 수리를 거부하지 못하는 경우는?

① 구인신청의 내용이 법령을 위반한 경우
② 구인신청의 내용 중 근로시간이 통상의 근로조건에 비하여 현저히 부적당하다고 인정되는 경우
③ 구인자가 구직조건을 밝히기를 거부하는 경우
④ 구인자가 자격증을 요구하는 경우

89 근로기준법상 상시 4명 이하의 근로자를 사용하는 사업 또는 사업장에 적용되지 않는 것은?

① 주휴일
② 산전·후 보호휴가
③ 해고의 예고
④ 연장근로가산수당

90 고용보험법령상 근로자 수강지원금의 지원수준을 높게 정할 수 있는 대상자로 틀린 것은?

① 기간제근로자
② 40세 이상인 자
③ 파견근로자
④ 일용근로자

91 장애인 고용촉진 및 직업재활 기금에 관한 설명으로 틀린 것은?

① 기금은 보건복지부장관이 운용·관리한다.
② 기금의 회계연도는 정부의 회계연도에 따른다
③ 기금을 지출할 때 자금이 부족하거나 부족할 것으로 예상되면 기금의 부담으로 금융기관 및 다른 기금, 그 밖의 재원 등으로부터 차입을 할 수 있다.
④ 기금은 정부 또는 정부 외의 자로부터의 출연금 또는 기부금 등으로 재원을 조성한다.

92 남녀고용평등과 일·가정 양립 지원에 관한 법률상 직장 내 성희롱에 대한 설명으로 틀린 것은?

① 사업주는 직장 내 성희롱 예방을 위한 교육을 연 1회 이상 하여야 한다.
② 사업주는 직장 내 성희롱 발생이 확인된 경우 지체 없이 행위자에 대하여 징계나 그 밖에 이에 준하는 조치를 하여야 한다.
③ 사업주는 직장 내 성희롱과 관련하여 피해를 입은 근로자 또는 성희롱 피해 발생을 주장하는 근로자에게 해고나 그 밖의 불리한 조치를 하여서는 아니 된다.
④ 상시 근로자 수가 10인 이상인 사업주는 직장 내 성희롱 예방 교육을 반드시 고용노동부장관이 지정하는 기관에 위탁하여 실시하여야 한다.

93 근로자직업능력 개발법상 훈련계약에 관한 다음 설명 중 틀린 것은?

① 사업주와 직업능력개발훈련을 받고자 하는 근로자는 직업능력개발훈련에 따른 권리·의무 등에 관하여 훈련계약을 체결할 수 있다.
② 훈련 이수 후 사업주가 지정하는 업무에 종사하도록 할 수 있는 기간은 5년의 범위 이내로 하되, 훈련기간의 3배를 초과할 수 없다.
③ 훈련계약을 체결하지 아니한 경우에 고용근로자가 받은 직업능력개발훈련에 대하여는 그 근로자가 근로를 제공한 것으로 보지 아니한다.
④ 기준근로시간 외의 훈련시간에 대하여는 생산시설을 이용하거나 근무장소에서 하는 직업능력개발훈련의 경우를 제외하고는 연장근로와 야간근로에 해당하는 임금을 지급하지 아니할 수 있다.

94 고용상 연령차별금지 및 고령자고용촉진에 관한 법령상 고령자 기준고용률이 틀린 것은?

① 제조업 – 그 사업장의 상시 근로자 수의 100분의 2

② 운수업, 부동산 및 임대업 – 그 사업장의 상시 근로자 수의 100분의 6

③ 통신업 – 그 사업장의 상시 근로자 수의 100분의 5

④ 건설업 – 그 사업장의 상시 근로자 수의 100분의 3

95 남녀고용평등과 일·가정 양립 지원에 관한 법률상 육아기 근로시간 단축에 관한 설명으로 틀린 것은?

① 사업주는 육아휴직을 신청할 수 있는 근로자가 육아휴직 대신 근로시간의 단축을 신청하는 경우에 이를 허용하여야 한다.

② 사업주가 근로자에게 육아기 근로시간 단축을 허용하는 경우 단축 후 근로시간은 주당 20시간 이상이어야 하고 30시간을 넘어서는 아니 된다.

③ 육아기 근로시간 단축의 기간은 1년 이내로 한다.

④ 사업주는 근로자의 육아기 근로시간 단축기간이 끝난 후에 그 근로자를 육아기 근로시간 단축 전과 같은 업무 또는 같은 수준의 임금을 지급하는 직무에 복귀시켜야 한다.

96 직업안정법상 직업소개에 대한 설명으로 틀린 것은?

① 직업안정기관의 장은 구인신청에 대하여 구인자가 구인조건을 밝히기를 거부하는 경우 이의 수리를 거부할 수 있다.

② 구인자가 직업안정기관의 장에게 구인신청을 할 때에는 근로조건을 명시하지 않아도 무방하나 구직자와의 근로계약이 체결되는 단계에서는 이를 명시하여야 한다.

③ 직업안정기관의 장은 구직자에 대하여 가능한 한 통근이 가능한 지역 안에서 직업을 소개하도록 노력하여야 하나 그렇지 못할 경우에는 광범위한 지역에 걸쳐 직업소개를 할 수 있다.

④ 직업안정기관의 장은 구직자에 대하여 직권으로 직업상담 또는 직업적성검사를 할 수 없다.

97 남녀고용평등과 일·가정 양립 지원에 관한 법률상 임금에 관한 설명으로 틀린 것은?

① 사업주는 동일한 사업 내의 동일 가치 노동에 대하여는 동일한 임금을 지급하여야 한다.

② 사업주가 임금차별을 목적으로 설립한 별개의 사업은 동일한 사업으로 본다.

③ 동일 가치 노동의 기준은 직무수행에서 요구되는 기술, 노력, 책임 및 작업 조건 등으로 한다.

④ 사업주가 동일 가치 노동의 기준을 정할 때에는 고용노동부장관의 의견을 들어야 한다.

98 고용정책 기본법상 상시 근로자 300명 이상을 사용하는 사업 또는 사업장의 대량 고용변동의 신고기준으로 옳은 것은?(단, 1개월 이내에 이직하는 근로자의 수)

① 상시 근로자 총수의 100분의 10 이상

② 상시 근로자 총수의 100분의 20 이상

③ 상시 근로자 총수의 100분의 30 이상

④ 상시 근로자 총수의 100분의 40 이상

99 근로자직업능력 개발법규상 저소득층이 아닌 근로자의 직업능력개발계좌 훈련비용의 지원한도는?

① 근로자 1명당 1년에 한하여 100만 원

② 근로자 1명당 1년에 한하여 200만 원

③ 근로자 1명당 1년에 한하여 300만 원

④ 근로자 1명당 1년에 한하여 500만 원

100 고용상 연령차별금지 및 고령자고용촉진에 관한 법률상 정년에 관한 설명으로 틀린 것은?

① 사업주는 근로자의 정년을 60세 이상으로 정하여야 한다.

② 사업주가 근로자의 정년을 60세 미만으로 정한 경우에는 정년을 60세로 정한 것으로 본다.

③ 고용노동부장관은 정년퇴직 등의 사유로 이직 예정인 고령자의 구직활동을 지원하도록 노력하여야 한다.

④ 고용노동부장관은 정년 연장에 따른 사업체의 인사와 임금 등에 대하여 상담, 자문, 그 밖에 필요한 협조와 지원을 하여야 한다.

제1과목 **고급 직업상담학**

01	02	03	04	05	06	07	08	09	10
④	②	②	①	④	③	④	③	④	③
11	12	13	14	15	16	17	18	19	20
①	③	④	②	③	④	②	④	④	①

01 공감적 이해에 대한 설명임

02 에릭슨(Erikson)의 6단계 : 성인기(청년기), 사랑 (love), '친밀감 vs 고립'의 시기

04 자기긍정 – 자기부정(×), 자기긍정 – 타인부정(○)

08 • 구체화기 : 자신의 흥미, 가치, 가용자원, 선호직 업을 위한 계획 등을 인식하여 일반적 직업 목적 을 형성
• 특수화기 : 잠정적인 직업에 대한 선호로부터 특 정한 직업에 대한 선호로 옮기는 단계
• 실행화기 : 선호하는 직업을 위한 교육훈련을 마 치고 취업하는 단계
• 안정화기 : 직업에서 일을 수행하고 재능을 활용 함으로써 진로선택이 적절한 것임을 보여주는 단계
• 공고화기 : 승진, 지위획득, 경력개발을 통하여 자신의 진로를 안정되게 하는 단계

09 ④의 설명은 특성 – 요인이론에 관한 설명임

10 지지치료 : 내담자의 대처능력과 적응능력을 향상 시키고 현재의 고통을 완화시키기 위한 전략으로 지지를 제공하는 심리치료의 방법

11 과제물 수행에 필요한 '3WHSS' 공식 : 무엇을(What), 어디서(Where), 언제(When), 얼마나 자주(How often), 자기진술(Self-statement)

12 집단구성원이 많을수록 좋은 것은 아니며, 집단의 목적과 대상에 따라 달라질 수 있다.

13 사내공모제도는 다양한 사내 아이디어를 수렴하고 종업원의 경영참여를 증진시키는 방법이다.

14 직업카드의 수는 대상과 발달단계 등에 따라 다르 게 적용할 수 있다.

17 인지·정서적 상담이론에서는 내담자의 '사고'가 '행동'과 '정서'에 영향을 미친다고 본다.

18 가치관에 옳고 그름이 있을 수 없으므로 상담자의 가치관이 옳다고 생각하는 것은 위험하다.

19 윤리강령에 모든 문제를 담을 수 없을 뿐만 아니라 윤리강령이 모든 문제의 해결수단이 될 수도 없다.

20 ② 기업경영인, 정치가 – 진취형
③ 공인회계사, 경제분석가, 세무사 – 관습형

제2과목 **고급 직업심리학**

21	22	23	24	25	26	27	28	29	30
②	③	③	③	③	①	③	④	④	①
31	32	33	34	35	36	37	38	39	40
③	①	②	④	②	①	③	②	④	②

21 여성의 경력개발 장애요인
• 여성의 과도한 가사부담
• 사업주의 편견
• 여성의 사회성 부족
• 여성 전공의 편중현상

22 ① 성격유형
② 통제소재 : 외적통제와 내적통제
③ 사회적 지원 : 직장 내의 상사, 동료, 부하, 고객 등을 들 수 있다. 직장 외에서는 가족, 친구 등 을 들 수 있다.

23 사회적 지원 : 직무 담당자의 직무 스트레스는 사 회적 지원 여부에 따라 스트레스 수준이 다르며, 직무 스트레스가 완화될 수 있도록 지원해 주는 조 직내적, 조직외적 요인을 말한다.

24 ① 파급모형 : 삶의 한 영역에서 만족(불만족)이 다 른 영역에 영향을 미치거나 파급된다고 본다.
③ 보상모형(보충모형) : 삶의 한 영역에서 불만족 이 삶의 다른 영역에서의 만족으로 보상된다는 것을 말함
④ 분리모형 : 자신들의 삶을 구분하며, 삶의 한 영 역에서의 만족은 다른 영역에서의 만족과 아무 런 상관이 없다고 주장

25 행동주의 심리학은 인간을 수동적인 존재라고 전제하며, 반복된 학습과 강화를 통해서 보다 올바른 행동의 일반화를 이끌어내는 것이 가능하다고 봄

26 • 사람들의 행동이 그들이 내적으로 가지고 있는 의도(Intentions), 목적 (Objectives), 목표(Goals)들에 의해 동기화된다는 것
• 직무수행을 향상시키기 위한 목표설정이 중요한 원인
　㉠ 종업원의 목표수용 : 종업원들은 목표에 몰입
　㉡ 목표를 향한 각 과정에 대한 피드백
　㉢ 어렵고 도전적인 목표 : 목표가 어려울수록 수행은 더욱 좋아질 가능성이 크다.
　㉣ 구체적인 목표 : 구체적이고 힘든 목표는 애매한 목표보다 훨씬 효과적이다.

27 불형평은 종업원들이 자신을 타인과 비교할 때 발생하는 심리적인 상태를 말한다.
• 과소지급 : 자신들이 투입한 것에 비해 다른 사람들이 더 많은 산출물을 얻는다고 믿게 되는 경우
• 과대지급 : 다른 사람에 비해 투입물 대비 자신의 산출물이 더 많다고 믿게 되는 경우

28 **직업포부 발달단계**
① 1단계 : 힘과 크기의 지향성
② 2단계 : 성역할 지향성
③ 3단계 : 사회적 가치 지향성
④ 4단계 : 내적, 고유한 자기 지향성

29 현실기(Realistic Period) : 이 시기는 3단계로 구분된다.
• 탐색단계(Exploration Stage) : 자신의 진로선택을 위해 교육이나 경험을 쌓으려고 노력하며 진로에 대한 범위를 2~3가지로 좁혀 나간다.
• 구체화단계(Crystalization Stage) : 직업목표를 정하고 진로결정에 관련된 내적·외적 요소를 종합하는 단계로, 특정분야에 몰두하게 된다.
• 특수화단계(Specification Stage) : 자신의 결정에 구체적으로 계획을 세우는 단계로, 직업을 선택하거나 직업훈련을 받는다.

30 구성타당도 : 수렴타당도, 변별타당도, 요인분석이 있다.

31 이해와 조정, 통합이 어느정도 수준인가를 나타내는 것이 진로성숙이다.

32 작업동기는 개개인의 직업에서 노력과 강도와 지속성, 방향을 설명할 수 있는 과정과 조건에 따라 달라진다.

33 사회인지이론에서는 인지적 측면의 변인으로서 개인적 목표가 자기효능감과 상호작용하여 개인의 진로 관련 활동의 영향을 결정한다고 주장한다.

34 **특성–요인이론의 가정**
• 개인의 고유한 특성을 객관적인 검사로 측정하고 직업이 요구하는 요인을 분석한다.
• 개인의 특성과 직업의 요구 간에 연결하여 직업을 선택하게 한다.

35 홀랜드는 성격, 환경과의 상호작용을 강조. 6가지 유형, 흥미와 성격과 환경에 맞는 유형의 사람이 최적의 선택이라고 함

36 자기효능감은 개인 노력의 강도를 결정하고, 높은 효능감을 갖고 있는 사람은 수행을 긍정적으로 이끌어가고 좋은 해결방안을 인지적으로 제시한다.

37 ③ 내용타당도 : 검사의 문항들이 측정하고자 하는 내용영역을 얼마나 잘 반영하고 있는지 하는 정도. 다수의 전문가들의 판단의 일치도를 계산해서 내용타당도 계수로 사용하는 경우도 있다.
① 준거타당도 : 어떤 심리검사가 특정준거와 어느 정도 관련성이 있는가 하는 정도
② 예언타당도 : 검사의 점수를 가지고 다른 준거점수들을 얼마나 예측해 낼 수 있는가 하는 정도
④ 수렴타당도 : 어떤 검사의 측정하고자 하는 개념과 관계있는 문항들의 높은 상관관계 정도를 알아보는 것

38 ① 척도 : 이들 수치를 체계적으로 할당하는 데 사용하는 도구를 측정도구라 하는데, 일반적으로 척도라고 부른다.
② 조작적 정의 : 단순히 조사연구 측정대상을 분류하거나 확인하기 위한 목적으로 숫자를 부여하기 때문에 측정대상에 조작적 정의를 한다.
③ 개념적 정의 : 개념을 보다 명백히 재구성해 보는 과정으로 모호한 개념보다 명확히 규정하는 과정이다.
④ 측정 : 현상에 대해 체계적으로 수치를 부여하는 과정이고, 이들 수치를 분석자료로 삼아 결론을 내리게 된다.

39 직무분석자료의 특징
- 최신 정보를 반영하고 있어야 한다.
- 사실 그대로 나타내어야 한다.
- 가공하지 않은 원상태의 정보이어야 한다.
- 논리적으로 체계화되어야 한다.

40 ① 동기요인 : 만족을 일으키는 요인으로 일에 대해 만족하게 되어 직무성과가 올라간다. 직무의 그 자체, 직무상의 성취.
② 위생요인 : 불만을 일으키는 요인으로 일과 관련된 환경요인으로서 조직의 정책과 관리, 감독, 봉급, 개인 상호간의 관계, 지위 및 안전 근무환경 등
③ 낮은 수준의 욕구를 만족하지 못하면 직무불만족이 생긴다.
④ 허즈버그(Herzberg)는 인간의 욕구는 2가지 유형으로 나눈다. 생리적 욕구와 상위수준의 정신적 성장을 도울 수 있는 인간의 능력의 욕구들이다.

제3과목 **고급 직업정보론**

41	42	43	44	45	46	47	48	49	50
②	④	②	③	①	③	④	③	②	①
51	52	53	54	55	56	57	58	59	60
③	③	②	④	④	①	②	③	③	①

41 취업 전후에 이루어지는 자격이나 면허취득기간도 포함한다.

42 필기시험이 면제되는 기능사 종목
거푸집, 건축도장, 건축목공, 도배, 미장, 방수, 비계, 온수온돌, 유리시공, 조적, 철근, 타일, 도화, 석공, 지도제작, 항공사진

43

	공공직업정보 (워크넷)	민간직업정보 (직업소개소)
목적	비영리 공익	영리
기간	지속적	한시적
범위	포괄적	제한적
비용	무료	유료
비교 · 활용	용이	낮음
직업분류 구분	객관적 직업	자의적

44 워크넷 직업·진로 > 학과정보검색

45 정규교육, 숙련기간, 직무기능, 작업강도, 육체활동, 작업장소, 작업환경, 유사명칭, 관련 직업, 자격·면허, 한국표준산업분류코드, 한국표준직업분류코드, 조사연도

46 관련 학과 : 전문응급구조학과, 응급구조학과, 소방안전구급과(취득국가자격 : 응급구조사 1급)

47 매우밝음(상위 10% 이상), 밝음(상위 20% 이상), 보통(중간 이상), 전망안좋음(감소예상직업)

48 세분류 명칭을 일치시키기로 하였다.

49 지역단위와 사업체단위는 단일장소

50 소비하는 단위가 아니고 생산하는 단위임

51 보조활동에는 회계, 창고, 운송, 구매, 판매촉진, 수리서비스업이 있다.

52 컴퓨터 제조업(30), 전자부품, 영상, 음향 및 통신장비 제조업(32)을 "26 전자부품, 컴퓨터, 영상, 음향 및 통신장비 제조업"으로 통합

53 아라비아 숫자만 사용토록 했다.

54 동일한 정보라 할지라도 다각적인 분석을 시도하여 해석을 풍부히 한다.

55 변호사업은 전문서비스업이다.

56
- 63120 : 인터넷에서 검색, 커뮤니티, 전자메일, 블로그 등의 서비스를 통해 금융, 생활정보, 뉴스, 이용자 제작콘텐츠 및 디지털화된 다양한 정보를 매개하는 산업활동
- 85701 : 교육에 관련된 상담 및 평가업무를 수행하는 산업활동
- 85709 : 기타 교육과정이나 시스템을 지원하는 교육지원 서비스를 제공하는 산업활동

57 ㉠ 구인배율(5) = 신규구인 수 ÷ 신규구직 수 100명, ∴ 신규구인 수 = 500
㉡ 충족률 = (취업 건수 50 ÷ 신규구인인원 500) × 100 = 10

58 제조업으로 분류되는 경우
- 구입한 기계부품의 조립
- 각종 상품의 본질적 개조활동
- 개량활동 및 재제조 등 재생활동
- 인쇄 및 인쇄 관련 서비스업

- 제조공정설비를 갖춘 주문제품업체(단, "섬유제품 염색, 정리 및 마무리 가공업", "인쇄 및 인쇄 관련 산업", "금속열처리, 도금 및 기타 금속가공업"은 제외)

59 기술·기능 분야 국가기술자격 중 기능사 및 서비스 분야, 직업상담사 2급, 컨벤션기획사 2급, 소비자전문상담사 2급은 응시자격에 제한이 없음

60 산업기사 자격 취득 후 응시하려는 종목이 속하는 동일 및 유사직무분야에서 9년 이상 실무에 종사한 사람

제4과목 **노동시장론**

61	62	63	64	65	66	67	68	69	70
③	③	④	④	②	②	④	④	③	③

71	72	73	74	75	76	77	78	79	80
④	③	②	②	④	④	①	④	④	①

61 노동수요 탄력성이 0이면 수요곡선형태는 수직이 되고 임금 변화에 상관없이 노동수요량은 변화하지 않는다.

63 탐색기간이 2개월이므로 $30\% \times \dfrac{2}{12} = 5\%$

65

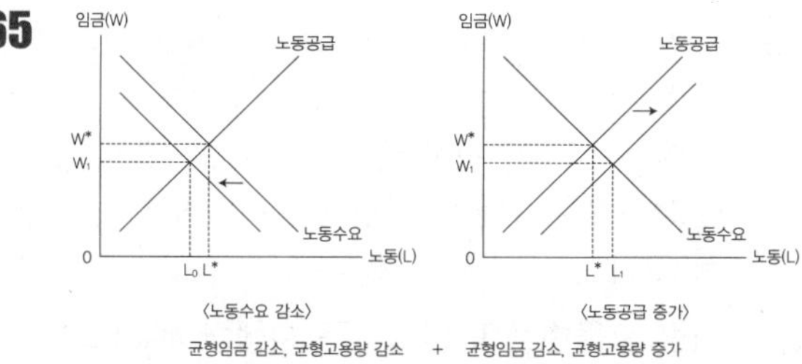

위 2가지 상황이 동시에 발생하면 균형임금은 감소하고 균형고용량은 감소할 수도 있고 증가할 수도 있으므로 균형고용량의 증감여부는 알 수 없다.

66 공급곡선이 우하향하는 기울기를 가지는 경우는 후방굴절하는 경우이므로 임금이 상승할 때 노동시간은 감소한다.

67 재소자 및 군복무 중인 자는 조사대상에서 제외, 은퇴한 노년층은 비경제활동인구, 명예퇴직 후 구직활동 중인 자는 실업자이므로 경제활동인구에 포함된다.

68 산업의 노동수요곡선은 더 비탄력적이다.

70 VMP_L이 상승하는 경우는 생산의 1단계에 속하는 영역(비경제적 영역)이므로 논의대상으로 삼지 않는다. 따라서 임금이 W_2일 때 고용량은 L_1이 아니라 L_2 수준에서 결정된다.

72 소득정책은 임금이나 물가를 억제하는 정책이다.

73 직업별(직종별) 노동조합은 역사가 가장 오래된 조직형태로서 단결력이 높다.

74 체크오프시스템 = 조합비공제제도

75 필립스 곡선이 우측으로 이동하면(원점에서 멀어지면) 실업률과 물가상승률의 상충관계가 악화되고, 반대의 경우에는 개선된다. 예상물가상승률이 높을수록, 분단된 노동시장 간의 실업률 격차가 클수록, 노동시장에서 상대적으로 취업이 곤란한 여성이나 청소년의 비중이 증가할수록 필립스 곡선은 우측으로 이동한다.

76 효율임금제도는 도덕적 해이(예 : 게으름 피우는 행위)나 역선택(예 : 능력이 부족한 직원을 채용하는 경우)을 방지하는 수단이 된다.

77 소득정책은 임금이나 물가를 억제하는 정책이다.

78 장기 노동수요곡선은 대체효과와 규모효과에 따른 생산자균형점의 궤적을 통해 도출한다.

80 케인스는 경기변동으로 불경기에 유효수요가 부족할 경우에 실업이 발생하므로 정부의 확장적 거시경제정책으로 이를 해결해야 한다고 주장한다.

제5과목 **노동관계법규**

81	82	83	84	85	86	87	88	89	90
④	③	④	①	②	①	④	④	④	②

91	92	93	94	95	96	97	98	99	100
①	④	③	③	②	②	④	①	②	③

81 다음의 1에 해당하는 사업을 하는 자는 근로자파견사업을 행할 수 없다(법 제14조).
- ㉠ 식품위생법 제36조 제1항 제3호에 따른 식품접객업
- ㉡ 공중위생법 제2조 제1항 제1호 가목의 규정에 의한 숙박업
- ㉢ 가정의례에 관한 법률 제5조의 규정에 의한 결혼상담 또는 중매행위를 하는 업

ㄹ 기타 대통령령으로 정하는 사업

82 사용자는 취업규칙의 작성 또는 변경에 관하여 해당 사업 또는 사업장에 근로자의 과반수로 조직된 노동조합이 있는 경우에는 그 노동조합, 근로자의 과반수로 조직된 노동조합이 없는 경우에는 근로자의 과반수의 의견을 들어야 한다. 다만, 취업규칙을 근로자에게 불리하게 변경하는 경우에는 그 동의를 받아야 한다(법 제94조 제1항).

83 "임금"이란 사용자가 근로의 대가로 근로자에게 임금, 봉급, 그 밖에 어떠한 명칭으로든지 지급하는 일체의 금품을 말하며, "평균임금"이란 이를 산정하여야 할 사유가 발생한 날 이전 3개월 동안에 그 근로자에게 지급된 임금의 총액을 그 기간의 총일수로 나눈 금액을 말한다(법 제2조).

84 사업주는 근로자를 모집·채용할 때에 합리적인 이유 없이 성별, 신앙, 연령, 신체조건, 사회적 신분, 출신지역, 학력, 출신학교, 혼인·임신 또는 병력 등을 이유로 차별을 하여서는 아니 되며, 균등한 취업기회를 보장하여야 한다(법 제7조).

85 근로조건의 기준은 인간의 존엄성을 보장하도록 법률로 정한다(헌법 제32조 제3항).

86 65세 이후에 고용된 자라도 고용안정·직업능력개발 사업에 관하여는 고용보험이 적용된다(법 제10조 단서).

87 법률이 정하는 주요방위산업체에 종사하는 근로자의 단체행동권은 법률이 정하는 바에 의하여 이를 제한하거나 인정하지 아니할 수 있다(헌법 제33조 제3항).

88 구인신청의 수리 거부 사유(법 제8조)
ㄱ 구인신청의 내용이 법령을 위반한 경우
ㄴ 구인신청의 내용 중 임금, 근로시간, 그 밖의 근로조건이 통상적인 근로조건에 비하여 현저하게 부적당하다고 인정되는 경우
ㄷ 구인자가 구인조건을 밝히기를 거부하는 경우
ㄹ 구인자가 구인신청 당시 「근로기준법」 제43조의2에 따라 명단이 공개 중인 체불사업주인 경우

89 연장·야간 및 휴일근로 가산수당은 상시 5인 이상의 근로자를 사용하는 사업 또는 사업장에만 적용된다(시행령 제7조, 별표1).

90 근로자 수강지원금의 지원수준을 높게 정할 수 있는 대상자는 기간제근로자, 단시간근로자, 파견근로자, 일용근로자 등이다(시행령 제41조 제3항).

91 기금은 고용노동부장관이 운용·관리한다(법 제72조).

92 상시 근로자 수와 관계없이 사업주는 직장 내 성희롱 예방 교육을 자체적으로 실시할 수 있으며, 고용노동부장관이 지정하는 기관에 위탁하여 실시할 수도 있다(법 제13조의2 제1항).

93 훈련계약을 체결하지 아니한 경우에 있어서 고용근로자가 받은 직업능력개발훈련에 대하여는 그 근로자가 근로를 제공한 것으로 본다(법 제9조 제3항).

94 제조업, 운수업, 부동산 및 임대업 이외의 산업은 그 사업장 상시 근로자 수의 100분의 3(시행령 제3조).

95 사업주가 근로자에게 육아기 근로시간 단축을 허용하는 경우 단축 후 근로시간은 주당 15시간 이상이어야 하고 30시간을 넘어서는 아니 된다(법 제19조의2 제3항).

96 구인자가 직업안정기관의 장에게 구인신청을 할 때에는 구직자가 취업할 업무의 내용과 근로조건을 구체적으로 밝혀야 하며, 직업안정기관의 장은 이를 구직자에게 알려주어야 한다(법 제10조).

97 동일 가치 노동의 기준은 직무수행에서 요구되는 기술, 노력, 책임 및 작업 조건 등으로 하고, 사업주가 그 기준을 정할 때에는 노사협의회의 근로자를 대표하는 위원의 의견을 들어야 한다(법 제8조 제2항).

98 대량 고용변동의 신고기준(시행령 제31조)
ㄱ 상시 근로자 300명 미만을 사용하는 사업 또는 사업장: 30명 이상
ㄴ 상시 근로자 300명 이상을 사용하는 사업 또는 사업장: 상시 근로자 총수의 100분의 10 이상

99 직업능력개발계좌가 개설된 근로자 1명당 1년에 한하여 200만 원을 한도로 지원한다(저소득층 등 고용노동부장관이 정하는 대상자는 제외)(시행규칙 제6조의2).

100 사업주는 정년퇴직 등의 사유로 이직예정인 고령자의 구직활동을 지원하도록 노력하여야 한다(법 제21조의3).

MEMO

직업상담사 1급

Vocational Counselor

최신
기출문제

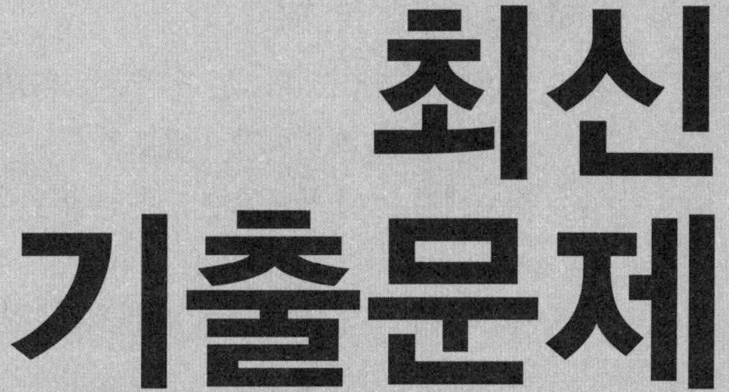

2016. 05. 08. 시행
2016. 10. 01. 시행
2017. 05. 07. 시행
2017. 09. 23. 시행

제1과목 고급 직업상담학

01 다음 중 게슈탈트 심리치료에서 가장 강조하는 개념은?

① 왜?, 여기에
② 지금, 여기에
③ 왜?, 과거의 경험
④ 무엇?, 과거의 경험

02 진로상담 프로그램과 각 프로그램의 주요 구성내용이 바르게 짝지어진 것은?

① 자아탐구 프로그램 – 일의 활동, 직업의 종류, 자격증 안내, 직업환경과 근로조건
② 직업세계 이해 프로그램 – 위인의 일대기, 성공한 직업인과의 만남, 만나보고 싶은 직업인
③ 계열탐색 프로그램 – 진학하는 길, 전공분야와 직업, 유학가는 길
④ 모델링 프로그램 – 나의 흥미, 나의 적성, 자신과 타인이 생각하는 나

03 직업상담과 관련하여 카츠(Katz)가 제시한 행정기술이 아닌 것은?

① 사무처리 기술(Technical Skills)
② 구상적 기술(Conceptual Skills)
③ 인화적 기술(Human Skills)
④ 조직적 기술(Organizing Skills)

04 다음은 어떤 종류의 인지적 오류에 해당하는가?

> 자신과 관련 없는 회사 일도 '내가 뭔가 실수를 했을 거야. 나 때문이야'라고 생각한다.

① 과잉일반화(Overgeneralization)
② 흑백논리(All-or-nothing Thinking)
③ 의미의 확대(Manification)
④ 개인화(Personalization)

05 다음 중 특성–요인 직업상담의 과정에 해당하는 문제해결 방법은?

① 진단
② 보상
③ 전이
④ 파지

06 정신분석적 상담에서 주로 사용되는 기법이 아닌 것은?

① 자유연상
② 꿈의 분석
③ 전이의 분석
④ 공감

07 행동주의 상담에서 내담자를 불안유발상황에 집중적으로 오랫동안 노출시키는 기법은?

① 홍수법
② 이완훈련법
③ 체계적 둔감법
④ 혐오법

08 집단직업상담에서 리더의 주요 역할에 해당하는 것은?

① 리더는 참여자들이 의사결정 전략들을 학습할 수 있도록 지원한다.
② 리더는 구성원들이 필요로 하는 감정을 원활히 제공한다.
③ 리더는 상호작용을 위한 분위기를 조성하고 집단의 탐색을 촉진한다.
④ 리더는 집단과 개인의 목표가 달성되었는가를 결정한다.

09 행동주의적 직업상담에서 목표로 하는 상담결과에 해당하지 않는 것은?

① 선행원인과 결과로서의 불안 감소 또는 제거하는 것
② 새로운 적응행동을 학습하는 것
③ 직업적응을 촉진하고 일상적인 삶에서의 적응력을 증진시키도록 돕는 것
④ 직업결정 기술을 습득하는 것

10 직업상담 시 사용되는 측정도구 중 질적 측정도구에 해당하지 않는 것은?

① 자기효능감 척도
② 카드분류
③ 욕구 및 근로 가치 설문
④ 역할놀이

11 직업상담사가 장애를 가진 사람들을 만날 때 이해해야 되는 것이 아닌 것은?

① 교육적인 장애의 배경
② 일에 대한 경험 및 사회적 경험의 제약
③ 가족배경
④ 고정적인 직업관

12 다음 포괄적 직업상담에 대한 설명의 ( ) 안에 알맞은 접근법은?

> 초기 단계에서는 (ㄱ)을 주로 사용하고, 재진술, 반영과 같은 반응을 자주 사용한다. 중간 단계에서는 (ㄴ)을 주로 사용하며 Colby의 '조정'과 '병치'를 통해 직업문제를 명확히 진술하도록 한다. 마지막 단계에서는 (ㄷ)을 적용하여 문제를 검토하고 강화기법을 활용한다.

① ㄱ : 정신역동적 접근법과 발달적 접근법
　ㄴ : 특성요인 및 내담자 중심 접근법
　ㄷ : 행동주의적 접근법
② ㄱ : 정신역동적 접근법과 특성요인 접근법
　ㄴ : 발달적 접근법과 행동주의 접근법
　ㄷ : 내담자 중심 접근법
③ ㄱ : 발달적 접근법과 내담자 중심 접근법
　ㄴ : 정신역동적 접근법
　ㄷ : 특성요인 및 행동주의적 접근법
④ ㄱ : 내담자 중심 접근법과 정신역동적 접근법
　ㄴ : 행동주의적 접근법과 발달적 접근법
　ㄷ : 특성요인 접근법

13 로(Roe)의 진로선택 욕구이론 중 부모-자녀의 상호작용 유형에 관한 설명으로 틀린 것은?

① 과보호형 : 자식들이 부모에게 의존하기를 기대한다.
② 과잉요구형 : 자식에게 엄격한 훈련을 시킨다.
③ 무시형 : 자녀에 대한 관심이 적고 감정적으로 거부한다.
④ 애정형 : 부모자녀관계가 단단하며 사려 깊은 격려를 한다.

14 윌리엄슨(Williamson)이 제시한 직업선택의 문제를 모두 고른 것은?

> ㄱ. 직업 무선택
> ㄴ. 직업선택의 확신 부족
> ㄷ. 흥미와 적성의 모순
> ㄹ. 현명하지 못한 직업선택

① ㄱ, ㄷ
② ㄴ, ㄹ
③ ㄱ, ㄴ, ㄹ
④ ㄱ, ㄴ, ㄷ, ㄹ

15 윌리엄슨(Williamson)의 특성-요인적 진로상담 기법의 특징이 아닌 것은?

① 친화관계 형성
② 자기이해의 증진
③ 실행계획이나 충고
④ 소망 방어체제의 해석

16 긴즈버그(Ginzberg)가 제시한 진로발달단계 중 흥미, 능력, 가치, 전환의 하위단계를 포함하고 있는 단계는?

① 환상기(Fantasy Period)
② 잠정기(Tentative Period)
③ 확정기(Confirmative Period)
④ 현실기(Realistic Period)

17 다음 중 직업상담의 목적이 아닌 것은?

① 내담자가 결정한 직업계획 및 직업선택 확신·확인
② 직업선택과 직업생활에서의 순응적 태도 함양
③ 자아와 직업세계에 대한 구체적인 이해
④ 진로 관련 의사결정 능력의 증진

18 형태주의 상담을 발전시킨 펄스(Perls)가 제시한 접촉과 성장의 5가지 수준에 속하지 않는 것은?

① 겉치레층(Phony Layer)
② 곤경층(Impasse Layer)
③ 외파층(Explosive Layer)
④ 의심층(Doubtful Layer)

19 상담의 기본방법 중 해석을 사용할 때 고려할 내용과 가장 거리가 먼 것은?

① 해석은 시기(Timing)가 중요하며, 내담자가 받아들일 준비가 되어 있다고 판단될 때 하는 것이 바람직하다.
② 내담자의 저항을 줄이기 위해 암시적이고 부드러운 표현을 사용한다.
③ 해석 때문에 내담자가 자신의 문제를 주지화하는 경향을 주의해야 한다.
④ 해석과정에서 질문을 사용하는 것은 바람직하지 못하므로 피해야 한다.

20 아들러(Adler)의 상담치료 단계를 바르게 나열한 것은?

```
ㄱ. 적절한 치료관계 수립
ㄴ. 자기이해의 독려 : 통찰
ㄷ. 내담자의 새로운 선택 : 재교육
ㄹ. 내담자의 역동탐색 : 분석과 평가
```

① ㄱ → ㄴ → ㄷ → ㄹ
② ㄱ → ㄹ → ㄴ → ㄷ
③ ㄹ → ㄱ → ㄷ → ㄴ
④ ㄹ → ㄷ → ㄱ → ㄴ

21 고용노동부 직업선호도 검사(L형)에 포함되어 있는 하위검사가 아닌 것은?

① 흥미검사
② 직업적응검사
③ 성격검사
④ 생활사검사

22 직무 스트레스 대처를 위한 기본조건으로 틀린 것은?

① 적절한 스트레스는 우리에게 도움을 준다는 명제를 받아들여야 한다.
② 긴장방출률(TDR)을 최대한으로 높여야 한다.
③ 목표보다는 과정을 중시하도록 해야 한다.
④ 스트레스는 자신보다는 외부적 요인으로 주로 발생한다는 것을 인식해야 한다.

23 긴즈버그(Ginzberg)가 제시한 진로발달단계에 있어서 현실기의 특징에 해당되는 것은?

① 일지향적 놀이를 통해 직업세계에 대한 최초의 가치판단을 반영한다.
② 직업선택에 대한 결정과 진로선택에 대한 책임의식을 깨닫게 된다.
③ 직업적인 열망과 관련하여 자신의 능력을 깨닫게 된다.
④ 탐색을 통해 자신의 진로선택을 2~3가지 정도로 좁혀 간다.

24 경력개발 프로그램 중 "종업원 개발"에 해당되지 않는 것은?

① 훈련 프로그램
② 직무순환
③ 조기발탁제
④ 후견인 프로그램

25 경력개발의 목적과 가장 거리가 먼 것은?

① 우수인력 영입
② 개인의 성취동기 유발
③ 조직에 필요한 인력 확보
④ 개인과 조직의 목표달성 극대화

26 구성 관련 타당도에 해당하는 것은?

① 수렴타당도, 변별타당도
② 안면타당도, 동시타당도
③ 예언타당도, 동시타당도
④ 내용타당도, 변별타당도

27 작업 스트레스에 대한 설명과 가장 거리가 먼 것은?

① 조직에서 스트레스를 일으키는 대부분의 원인들은 역할 속성과 관련되어 있다.
② 스트레스는 분노, 좌절, 적대, 흥분 등과 같은 보다 강렬하고 격앙된 정서상태를 일으킨다.
③ A유형의 종업원들이 B유형의 종업원들보다 스트레스를 덜 받는다.
④ 내적통제형 종업원들이 외적통제형의 종업원들보다 스트레스를 덜 받는다.

28 다음은 무엇에 대한 설명인가?

> 이것은 자아의 이해와 일과 직업세계의 이해를 기초로 하여 자기 자신의 진로를 계획하고 선택하는 과정에서 동일 연령이나 발달단계에 있는 집단의 발달과업 수행정도에서 차지하는 개인의 상대적인 위치를 말한다.

① 진로결정수준
② 진로정체감
③ 진로성숙
④ 진로결정 자기효능감

29 사회적 학습이론에서 '나는 할 수 있다.' 혹은 '나는 할 수 있을 것 같다.'라는 자기능력에 대한 예상이나 기대 또는 자기이해에 대한 인지적인 상태를 설명하는 개념으로 가장 적합한 것은?

① 자신감　　　② 자존감
③ 자아개념　　④ 자기효능감

30 진로개발과 관련하여 자기효능감과 가장 밀접한 관계가 있는 직업발달이론은?

① 정신분석이론　　② 사회인지이론
③ 행동주의이론　　④ 인본주의이론

31 형평이론에서 과소지급이나 과다지급과 같은 불형평상태를 형평상태로 변경시키는 방안에 대한 설명으로 틀린 것은?

① 개인의 여러 요인을 변경시키기 어려운 경우에는 타인의 투입이나 성과를 변경시키거나 인지적으로 왜곡할 수 있다.
② 개인이 비교하는 대상을 바꿀 수 있다.
③ 극단적인 과소지급의 경우 불형평을 해소하기 위해 현장을 떠날 수도 있다.
④ 과소지급의 경우 개인이 자신의 수행을 높이는 방안을 사용하여 불형평을 감소시키려 한다.

32 다음 중 직무분석을 위한 자료수집 방법에 대한 설명으로 옳은 것은?

① 관찰법은 종업원의 직무행동이 왜 일어나는지를 파악하기 용이하다.
② 면접법은 자료의 수집에 많은 시간과 노력이 들지만 수량화된 정보를 얻기가 쉽다.
③ 설문지법은 많은 사람들로부터 짧은 시간 내에 정보를 얻을 수 있고, 양적 정보를 얻을 수 있다.
④ 중요사건법은 사건과 관련된 종업원의 행동으로부터 지식, 기술, 능력들을 객관적으로 추론할 수 있다.

33 직무평가의 방법 중 분류법의 장점이 아닌 것은?

① 직무의 수가 많을 때 주로 사용한다.
② 중소기업에서 활용하기에 적합하다.
③ 시간이 짧게 소요된다.
④ 내용이 단순하여 조직구성원을 이해시키기 용이하다.

34 다음 중 작업동기의 3가지 중요한 구성요소가 아닌 것은?

① 의도(Intention)
② 방향(Direction)
③ 지속기간(Duration)
④ 강도(Intensity)

35 한 검사 내에서 하위검사들의 점수 분포는 서로 다르기 때문에 이것들을 직접 비교하기가 어렵다. 이 문제를 극복하기 위해 각 하위검사의 평균과 표준편차를 일치시킨 후 변환시킨 점수는?

① 백분위 점수 ② 원점수
③ 표준점수 ④ 규준점수

36 다음의 사례에 해당하는 준거 관련 문제는?

어느 회사에서 비서직무의 수행을 평가하기 위하여 인사고과 항목들을 개발하였다. 그러나 비서들이 하루에도 여러 번씩 전화를 받는 일을 함에도 불구하고 인사고과 항목 중에는 비서들이 전화를 얼마나 친절하게 받는지에 관한 항목이 포함되어 있지 않았다.

① 준거오염 ② 준거오류
③ 준거결핍 ④ 준거편파

37 형평성 이론에 따르면, 제조업에서 시간급으로 일하는 종업원들이 원래 시간당 정해진 금액보다 더 많이 임금을 받았을 때 취할 행동으로 가장 적합한 것은?

① 품질이 낮은 제품을 더 많이 생산하려고 할 것이다.
② 품질이 낮은 제품을 더 적게 생산하려고 할 것이다.
③ 품질이 좋은 제품을 더 많이 생산하려고 할 것이다.
④ 품질이 좋은 제품을 더 적게 생산하려고 할 것이다.

38 특정 검사점수의 해석에 필요한 규준(Norm)을 얻는 방법과 가장 거리가 먼 것은?

① 표준화 집단에서 특정 원점수 이하에 떨어지는 사례의 비율을 구한다.
② 정상분포를 이루는 점수들의 표준편차를 이용하여 개인점수가 평균으로부터 벗어난 정도를 구한다.
③ 소규모의 집단에서 얻어진 원점수를 비교한다.
④ 개인의 점수를 규준집단에 있는 사람들의 연령과 비교해서 몇 살에 해당되는지 해석한다.

39 고트프레드슨(Gottfredson)의 직업포부 발달이론에서 직업과 관련된 개인발달 4단계에 포함되지 않는 것은?

① 힘과 크기 지향성
② 성역할 지향성
③ 사회적 가치 지향성
④ 관계 지향성

40 다음의 직업적성과 가장 관련이 높은 홀랜드(Holland)의 유형은?

자료를 기록, 정리, 조직하는 일을 좋아하고 사무적 계산능력이 뛰어나다.

① 현실형 ② 탐구형
③ 예술형 ④ 관습형

| 제3과목 | 고급 직업정보론 |

41 민간직업정보에 관한 옳은 설명을 모두 고른 것은?

> ㄱ. 필요한 시기에 최대한 활용되도록 한시적으로 신속하게 생산되어 운영한다.
> ㄴ. 정보생산자의 임의적 기준에 따라 또한 관심이나 흥미 위주로 직업을 분류한다.
> ㄷ. 특정시기에 국한하지 않고 지속적으로 조사, 분석하여 제공된다.
> ㄹ. 정보 자체의 효과가 큰 반면 부가적인 파급효과는 적다.

① ㄱ, ㄴ, ㄷ
② ㄱ, ㄴ, ㄹ
③ ㄴ, ㄷ, ㄹ
④ ㄱ, ㄴ, ㄷ, ㄹ

42 한국표준직업분류에서 직업활동에 해당하는 경우는?

① 예금 인출, 보험금 수취, 차용 또는 토지나 금융자산을 매각하여 수입이 있는 경우
② 명확한 주기는 없으나 계속적으로 동일한 형태의 일을 하여 수입이 있는 경우
③ 이자, 주식배당, 임대료(전세금, 월세금) 등과 같은 자산 수입이 있는 경우
④ 연금법, 국민기초생활보장법, 국민연금법 및 고용보험법 등의 사회보장에 의한 수입이 있는 경우

43 다음 사례의 산업분류로 가장 적합한 것은?

> 금융기관이나 자산관리공사 등으로부터 부동산을 구입하여 이를 기초로 증권을 발행하고 일반 투자자들에게 증권을 판매하여 마련한 자금으로 부동산 구입비용을 충당하고, 구입한 부동산을 임대 및 처분한 수익금으로 증권을 구입한 투자자에게 상환하는 것이 주된 산업활동이다.

① 681 : 부동산 임대 및 공급업
② 6420 : 투자기관
③ 68221 : 부동산 자문 및 중개업
④ 711 : 법무 관련 서비스업

44 한국표준직업분류에서 한 사람이 전혀 상관이 없는 2가지 이상의 직업에 종사하고 있을 경우 그 직업을 결정하는 일반적 원칙을 우선순위에 따라 바르게 나열한 것은?

> ㄱ. 수입이 많은 직업을 택한다.
> ㄴ. 취업시간이 많은 직업을 택한다.
> ㄷ. 조사 시 최근의 직업을 택한다.

① ㄱ → ㄴ → ㄷ
② ㄴ → ㄱ → ㄷ
③ ㄷ → ㄴ → ㄱ
④ ㄴ → ㄷ → ㄱ

45 다음과 같은 직무를 수행하는 한국표준직업분류의 대분류는?

> 주로 자료의 분석과 관련된 직종으로 다양한 분야에서 높은 수준의 전문적 지식과 경험을 기초로 과학적 개념과 이론을 응용하여 해당 분야를 연구, 개발 및 개선하고 집행한다.

① 대분류 1 : 관리자
② 대분류 2 : 전문가 및 관련 종사자
③ 대분류 3 : 사무 종사자
④ 대분류 4 : 서비스 종사자

46 다음 중 응시하고자 하는 종목에 관한 기술기초이론지식 또는 숙련기능을 바탕으로 복합적인 기초기술 및 기능업무를 수행할 수 있는 능력 보유 여부를 평가하는 국가기술자격 등급은?

① 기능장
② 기능사
③ 기사
④ 산업기사

47 직업정보에 대한 일반적인 평가기준을 모두 고른 것은?

> ㄱ. 누가 만든 것인가
> ㄴ. 언제 만들어진 것인가
> ㄷ. 누구를 대상으로 한 것인가
> ㄹ. 어떤 목적으로 만든 것인가
> ㅁ. 자료를 어떤 방식으로 수집했는가

① ㄱ, ㄹ, ㅁ
② ㄴ, ㄷ, ㄹ
③ ㄱ, ㄴ, ㄷ, ㅁ
④ ㄱ, ㄴ, ㄷ, ㄹ, ㅁ

48 직업정보에 관한 설명으로 틀린 것은?

① 직업적 기회나 직업 자체에 관련된 사실의 기술이나 설명도 포함된다.
② 직업에 필요한 자질과 훈련, 직업의 전망 등과 같이 일의 세계에 관련된 넓은 사실을 기술, 설명, 전망하는 정보이다.
③ 직업정보에는 취업기회, 소요인원, 장래성, 직장의 근무조건, 보수, 필요한 자격과 직업에 요청되는 행동특성도 포함될 수 있다.
④ 직업정보는 잘못된 직업선택에 따른 개인적·사회적 비용을 개인에게 전가하는 데 목적이 있다.

49 한국표준산업분류의 산업결정방법에 관한 설명으로 틀린 것은?

① 생산단위의 산업활동은 그 생산단위가 수행하는 주된 산업활동의 종류에 따라 결정된다.
② 계절에 따라 정기적으로 산업을 달리하는 사업체의 경우에는 조사대상기간 중 산출액이 많았던 활동에 의하여 분류된다.
③ 휴업 또는 자산을 청산 중인 사업체의 산업은 영업 중 또는 청산을 시작하기 전의 산업활동에 의해 결정된다.
④ 단일사업체의 보조단위는 그 사업체와는 별도의 사업체로 처리한다.

50 금형기술자 직종에 구인자 수는 1,000명, 구직자 수는 5,000명, 취업자 수는 250명이라고 할 때 충족률은?

① 5%
② 25%
③ 50%
④ 75%

51 1,500명의 표본을 대상으로 국민들의 선호직업 조사를 하려할 때 최소의 비용으로 표집오차를 가장 효과적으로 감소시킬 수 있는 방법은?

① 표본수를 10배로 증가시킨다.
② 모집단의 동질성 확보를 위한 연구를 한다.
③ 조사요원의 증원과 이들에 대한 훈련을 철저히 한다.
④ 전 국민을 대상으로 철저한 단순 무작위 표집을 실행한다.

52 다음 구인·구직 및 취업동향 자료에 대한 설명으로 틀린 것은?

구분	2014년		2015년	
	제시 임금	희망 임금	제시 임금	희망 임금
경영·회계·세무 관련직	127.5	154.0	134.2	156.2
운전 및 운송 관련직	140.0	179.7	153.1	186.1
영업 및 판매 관련직	133.4	180.9	136.3	179.5

① 제시임금은 구인자가 구직자에게 제시하는 임금이다.
② 2014년에 비해 2015년 희망임금이 전 직종에 대해 높아졌다.
③ 2015년 경영·회계·세무 관련직의 희망임금충족률은 85.9%이다.
④ 희망임금은 구직자가 구인업체에 요구하는 임금이다.

53 한국표준산업분류의 분류구조 및 부호체계에 관한 설명으로 틀린 것은?

① 부호처리를 할 경우에는 아라비아 숫자만을 사용한다.

② 분류구조는 대분류, 중분류, 소분류, 세분류, 세세분류의 5단계로 구성된다.

③ 중분류의 번호는 01부터 09까지 부여하였으며, 대분류별 중분류 추가 여지를 남겨놓기 위하여 대분류 사이에 번호 여백을 두었다.

④ 권고된 국제분류 ISIC Rev.4를 기본체계로 하였으나, 국내 실정을 고려하여 국제분류의 각 단계 항목을 분할, 통합 또는 재그룹화하여 독자적으로 분류항목과 분류부호를 설정하였다.

54 내용분석법을 통해 직업정보를 수집할 때의 장점이 아닌 것은?

① 조사대상의 반응성이 높다.

② 장기간의 종단연구가 가능하다.

③ 필요한 경우 재조사가 가능하다.

④ 역사연구 등 소급조사가 가능하다.

55 국가기간 · 전략산업직종 훈련에 관한 설명으로 맞는 것은?

① 고용노동부 고용센터 등 직업안정기관에서 구직을 등록한 15세 이상 실업자는 훈련지원 대상이다.

② 직종은 훈련수요조사 연구결과 등에 따라 매년 고용노동부장관이 선정하여 고시한다.

③ 취업 및 창업을 목적으로 직업훈련이 필요한 구직·실업자에게 국비를 지원하여 실시하는 훈련제도이다.

④ 대상자에 따라 훈련장려금을 지급받을 수 있다.

56 고용안정사업 중 고용촉진지원에 해당하는 것은?

① 세대간상생고용지원금

② 유망창업기업지원금

③ 시간제일자리지원금

④ 정규직전환지원금

57 다음은 한국표준산업분류에서 무엇의 정의인가?

> 각 생산단위가 노동, 자본, 원료 등 자원을 투입하여, 재화 또는 서비스를 생산 또는 제공하는 일련의 활동과정

① 산업활동 　　　　　② 산업

③ 사업활동 　　　　　④ 기업활동

58 한국표준직업분류의 대분류와 관련된 직업이 잘못 짝지어진 것은?

① 전문가 및 관련 종사자 – 웹디자이너

② 기능원 및 관련 기능 종사자 – 용접원

③ 장치·기계조작 및 조립 종사자 – 갑판원

④ 단순노무 종사자 – 벌목원

59 워크넷(직업 · 진로)에서 제공하는 학과정보의 자연계열에 해당하는 것은?

① 천문·기상학과 　　　② 소방방재학과

③ 항공학과 　　　　　④ 조경학과

60 한국직업사전의 부가직업정보 중 작업환경에 해당하지 않는 것은?

① 고온 　　　　　　② 위험내재

③ 소음·진동 　　　　④ 실내

61 불경기에는 실망노동자효과(Discouraged Worker Effect)와 부가노동자효과(Added Worker Effect)가 동시에 나타난다. 다른 사정이 일정할 때 경제활동참가율이 낮아지는 경우는?

① 실망노동자효과가 부가노동자효과보다 클 때이다.

② 실망노동자효과가 부가노동자효과보다 작을 때이다.

③ 실망노동자효과와 부가노동자효과가 같을 때이다.

④ 실망노동자효과와 부가노동자효과의 합이 0일 때이다.

62 힉스(Hicks)의 교섭모형과 아쉔펠타-존슨(Ashenfelter and Johnson)의 파업모형에 공통적으로 나타나는 곡선은?

① 노조의 저항곡선

② 사용자의 양보곡선

③ 사용자 이윤의 현재가치곡선

④ 노조의 위협곡선

63 직능급 임금체계에 대한 설명으로 틀린 것은?

① 근로자의 직무능력을 중심으로 임금을 결정한다.

② 개별 근로자에 대한 동기부여효과가 강하다.

③ 직무급처럼 적정배치가 반드시 전제되어야 한다.

④ 연공급의 속인적 요소와 직무급의 직무적 요소를 결합한 것이다.

64 다음 중 가장 높은 수준의 노동자의 의사결정 참가 유형은?

① 품질관리

② 자율작업팀

③ 노사협의회에의 참가

④ 노동자대표의 이사회 참가

65 고임금 경제가 존재할 때의 노동수요에 대한 설명으로 틀린 것은?

① 노동의 수요곡선이 보다 가파른 모습을 띠게 된다.

② 노동의 한계생산력이 임금의 영향을 받는 것으로 가정한다.

③ 임금상승 시의 고용감소 폭이 고임금경제가 존재할 때 더 크다.

④ 임금이 상승하면 노동의 한계생산력이 상승하게 된다.

66 개별기업 수준에서 노동수요곡선을 이동시키는 요인과 가장 거리가 먼 것은?

① 기술의 변화

② 최종 생산물의 가격변화

③ 비노동 소득의 변화

④ 노동 이외의 타 생산요소의 가격변화

67 1차적 노동시장과 2차적 노동시장의 임금격차 발생 요인으로 가장 적합한 것은?

① 근로조건의 보상적 차이

② 노동공급 탄력성의 차이

③ 기술수준의 차이

④ 생산물의 가격탄력성 차이

68 효용함수가 $U=M0.6\ H0.4$이고 총이용가능시간(T)은 6시간이며 시장임금(W)은 2만 원이다. 근로자의 효용을 극대화시키는 근로시간(L)은?
(단, U = 효용, M = 근로소득, H = 여가시간)

① 2.2시간　　　　② 2.4시간

③ 3.4시간　　　　④ 3.6시간

69 실질임금산정에 중요한 의미를 가지는 것은?

① 소비자물가지수

② 도매물가지수

③ GNP 디플레이터

④ 지니계수

70 노동조합의 교섭모형 중 효율적 계약모형(Efficient Contract Model)의 특징이 아닌 것은?

① 주어진 노동수요에서 노조의 효용을 극대화하도록 임금과 고용이 결정되는 교섭모형이다.
② 독점적 노동조합모형의 교섭결과에 비해 파레토 개선을 이룰 수 있다.
③ 임금뿐 아니라 고용까지도 교섭영역에 포함되는 계약영역이 존재한다.
④ 노동수요곡선의 오른쪽에서 교섭이 이루어질 수 있어, 단체협약에는 초과노동 창출의 협약이 포함된다.

71 이중노동시장이론에서 1차 노동시장의 특성으로 옳은 것은?

① 노동이동률이 상대적으로 높다.
② 직업훈련의 기회가 상대적으로 부족하다.
③ 근로조건이 상대적으로 열악하다.
④ 고용이 상대적으로 안정적이다.

72 다음 중 노동조합의 노동공급권이 독점되어 그 세력이 대단히 강하고 단체교섭에도 유리한 입장을 갖게 되는 숍제도는?

① 클로즈드숍
② 유니언숍
③ 오픈숍
④ 에이전시숍

73 노동의 평균생산(APL)과 한계생산(MPL)에 대한 설명으로 옳은 것은? (단, 생산함수는 3차 함수이다)

① 평균생산이 증가하면 한계생산은 반드시 증가한다.
② 한계생산이 감소하면 평균생산도 반드시 감소한다.
③ 평균생산이 가장 높은 수준에 도달하면, 평균생산값과 한계생산값이 일치한다.
④ 한계생산이 최고 수준을 지나면 평균생산도 최고 수준을 지난다.

74 어떤 나라의 생산가능인구는 1,000만 명이고, 이 중 경제활동인구는 800만 명이다. 600만 명이 취업자일 때 이 나라의 고용률은 몇 %인가?

① 80%
② 60%
③ 40%
④ 25%

75 노동수요의 탄력성에 대한 설명으로 틀린 것은?

① 생산물의 수요가 생산물의 가격변화에 민감하게 반응할수록 노동수요가 탄력적으로 된다.
② 총생산비 중 노동비용이 차지하는 비중이 클수록 노동수요가 탄력적으로 된다.
③ 생산에서 노동을 다른 요소로 대체할 수 있는 가능성이 작을수록 노동수요가 비탄력적으로 된다.
④ 노동 이외의 생산요소의 공급이 탄력적일수록 노동수요가 비탄력적으로 된다.

76 근로소득세의 부과가 노동공급에 미치는 영향으로 가장 적합한 것은?

① 대체효과만 발생하기 때문에 노동공급을 감소시킨다.
② 소득효과만 발생하기 때문에 노동공급을 증가시킨다.
③ 노동공급을 증가시킬지, 아니면 감소시킬지 알 수 없다.
④ 소득효과가 대체효과보다 크다면, 노동공급이 증가할 것이다.

77 기업이 효율임금(Efficiency Wage)을 지급하는 이유와 가장 거리가 먼 것은?

① 이직률을 줄일 수 있기 때문이다.
② 노동조합 구성을 막을 수 있기 때문이다.
③ 근로자의 태만을 방지할 수 있기 때문이다.
④ 우수한 근로자를 채용할 수 있는 기회가 많아지기 때문이다.

78 동작 연구와 시간 연구 등과 같은 과학적 관리 기법을 이용하여 정확한 직무평가를 통해 임금 수준을 결정하는 임금형태에 해당하는 것은?

① 토웬(Towen)의 이익분배제
② 로완(Rowan)의 할증제
③ 테일러(Taylor)의 복률생산급제
④ 할시(Halsey)의 할증보너스제

79 인구의 노동력 상태에 관한 설명으로 옳은 것은?

① 전일제 학생은 비경제활동인구에 속한다.
② 취업률과 고용률은 동일한 의미의 용어이다.
③ 실업률 계산에서 부가노동자는 배제한다.
④ 실망노동자가 부가노동자보다 많으면 실업률을 높이게 된다.

80 다음 중 수요부족실업(경기적 실업)을 감소시키는 정책과 가장 거리가 먼 것은?

① 대규모의 공공근로사업을 실시한다.
② 적극적인 직업훈련을 실시한다.
③ 시중에 통화공급을 증가시킨다.
④ 확대재정정책을 실시한다.

제5과목 **노동관계법규**

81 고용정책 기본법에서 대량 고용변동의 신고기준의 내용인 "1개월 이내의 기간에 이직하는 근로자의 수"에 해당되는 자는?

① 일용근로자
② 수습 사용된 날부터 6월 이내의 사람
③ 자기의 사정 또는 귀책사유로 이직하는 사람
④ 상시 근무를 요하지 아니하는 사람으로 고용된 사람

82 남녀고용평등과 일·가정 양립 지원에 관한 법률상 직장 내 성희롱의 금지 및 예방에 관한 설명으로 틀린 것은?

① 사업주는 직장 내 성희롱 예방을 위한 교육을 연 1회 이상 하여야 한다.
② 사업주는 성희롱 예방 교육을 고용노동부장관이 지정하는 기관에 위탁하여 실시할 수 있다.
③ 사업주는 직장 내 성희롱 발생이 확인된 경우 지체 없이 행위자에 대하여 징계나 그 밖에 이에 준하는 조치를 하여야 한다.
④ 사업주는 직장 내 성희롱과 관련하여 피해를 입은 근로자 또는 성희롱 피해 발생을 주장하는 근로자에게 직장 질서문란을 이유로 불이익한 조치를 취할 수 있다.

83 직업안정법령상 직업정보제공사업자의 준수사항으로 옳은 것은?

① 구인자의 연락처를 신원이 불확실한 사서함으로 표시하며 구인광고에 게재할 것
② 직업정보제공매체의 구인·구직의 광고에는 구인·구직자의 주소 또는 전화번호를 기재할 것
③ 직업정보제공매체에는 "무료취업상담·취업추천·취업지원"의 표현을 사용할 것
④ 구직자의 이력서 발송을 대행하거나 구직자에게 취업추천서를 발부할 것

84 고용보험법상 고용보험기금의 용도에 해당하지 않는 것은?

① 보험료의 반환
② 징수금의 대납
③ 일시 차입금의 상환금과 이자
④ 고용보험법과 보험료징수법에 따른 업무를 대행하거나 위탁받은 자에 대한 출연금

85 고용상 연령차별금지 및 고령자고용촉진에 관한 법령상 제조업의 고령자 기준 고용률은?

① 상시 근로자 수의 100분의 1
② 상시 근로자 수의 100분의 2
③ 상시 근로자 수의 100분의 3
④ 상시 근로자 수의 100분의 6

86 헌법상 노동관계조항에 대한 설명으로 틀린 것은?

① 국가는 근로자의 고용증진과 적정임금의 보장에 노력하여야 한다.
② 근로조건의 기준은 인간의 존엄성을 보장하도록 법률로 정한다.
③ 여자의 근로는 특별한 보호를 받는다.
④ 연소자의 근로는 법률이 정하는 바에 의하여 우선적으로 근로의 기회를 부여받는다.

87 장애인고용촉진 및 직업재활법상 국가 및 지방자치단체의 장은 원칙적으로 장애인을 소속 공무원 정원의 얼마 이상 고용해야 하는가?

① 100분의 1 이상
② 100분의 2 이상
③ 100분의 3 이상
④ 100분의 4 이상

88 근로기준법상 취업규칙에 관한 설명으로 틀린 것은?

① 취업규칙에서 정한 기준에 미달하는 근로조건을 정한 근로계약은 그 부분에 관하여는 무효로 한다. 이 경우 무효로 된 부분은 취업규칙에 정한 기준에 따른다.
② 상시 10명 이상의 근로자를 사용하는 사용자는 동법이 정하는 사항에 관한 취업규칙을 작성하여 고용노동부장관에게 승인을 받아야 한다.
③ 취업규칙에서 근로자에 대하여 감급(減給)의 제재를 정할 경우에 그 감액은 1회의 금액이 평균임금의 1일분의 2분의 1을, 총액이 1임금지급기의 임금총액의 10분의 1을 초과하지 못한다.

④ 사용자는 취업규칙의 작성 또는 변경에 관하여 해당 사업 또는 사업장에 근로자의 과반수로 조직된 노동조합이 있는 경우에는 그 노동조합, 근로자의 과반수로 조직된 노동조합이 없는 경우에는 근로자의 과반수의 의견을 들어야 한다. 다만, 취업규칙을 근로자에게 불리하게 변경하는 경우에는 그 동의를 받아야 한다.

89 장애인고용촉직 및 직업재활법에 관한 설명으로 틀린 것은?

① 장애인이란 신체 또는 정신상의 장애로 장기간에 걸쳐 직업생활에 상당한 제약을 받는 자로서 대통령령으로 정하는 기준에 해당하는 자를 말한다.
② 국가와 지방자치단체는 장애인의 고용촉진 및 직업재활에 관하여 사업주 및 국민 일반의 이해를 높이기 위하여 교육·홍보 및 장애인고용촉진 운동을 지속적으로 추진하여야 한다.
③ 사업주는 근로자가 장애인이라는 이유로 채용·승진·전보 및 교육훈련 등 인사관리상의 차별대우를 하여서는 아니 된다.
④ 장애인의 직업인으로서의 자립노력은 면제된다.

90 남녀고용평등과 일·가정 양립 지원에 관한 법률상 분쟁의 예방과 해결에 대한 설명으로 틀린 것은?

① 고용노동부장관은 남녀고용평등 이행을 촉진하기 위하여 그 사업장 소속 근로자 중 명예고용평등감독관을 직권으로 위촉할 수 있다.
② 고용노동부장관은 차별, 직장 내 성희롱, 모성보호 및 일·가정 양립 등에 관한 상담을 실시하는 민간단체에 필요한 비용의 일부를 예산의 범위에서 지원할 수 있다.
③ 사업주는 임금, 승진 등의 사항에 관하여 근로자가 고충을 신고하였을 때에는 해당 사업장에 설치된 노사협의회에 고충의 처리를 위임하는 등 자율적인 해결을 위하여 노력하여야 한다.

④ 동법과 관련한 분쟁해결에서 입증책임은 사업
주가 부담한다.

91 고용정책 기본법상 고용정책심의회를 효율적으로 운영하고 심의사항을 전문적으로 심의하도록 하기 위한 분야별 전문위원회가 아닌 것은?

① 사회적기업육성전문위원회
② 외국인고용촉진전문위원회
③ 장애인고용촉진전문위원회
④ 근로복지전문위원회

92 다음 중 헌법에 의해 보장되는 노동3권에 해당하지 않는 것은?

① 준법투쟁
② 직장폐쇄
③ 임금인상을 위한 단체교섭요구
④ 노동조합의 가입

93 파견근로자보호 등에 관한 법률상 근로자파견사업 허가의 유효기간은?

① 1년　　　　② 2년
③ 3년　　　　④ 5년

94 고용보험법상 취업촉진 수당이 아닌 것은?

① 조기재취업 수당
② 구직급여
③ 직업능력개발 수당
④ 광역 구직활동비

95 직업안정법규상 유료직업소개사업의 시설기준으로 옳은 것은?

① 전용면적 10제곱미터 이상의 사무실
② 전용면적 15제곱미터 이상의 사무실
③ 전용면적 20제곱미터 이상의 사무실
④ 전용면적 25제곱미터 이상의 사무실

96 근로기준법상 정의된 용어에 대한 설명으로 틀린 것은?

① 근로자란 직업의 종류와 관계없이 임금을 목적으로 사업이나 사업장에서 근로를 제공하는 자를 말한다.
② 근로계약이란 근로자가 사용자에게 근로를 제공하고 사용자는 이에 대하여 임금을 지급하는 것을 목적으로 체결된 계약을 말한다.
③ 근로란 사업 또는 사업장에서의 육체노동만을 말한다.
④ 임금이란 사용자가 근로의 대가로 근로자에게 임금, 봉급, 그 밖에 어떠한 명칭으로든지 지급하는 일체의 금품을 말한다.

97 근로기준법상 상시 4명 이하 근로자를 사용하는 사업 또는 사업장에 적용되지 않는 규정은?

① 강제근로의 금지
② 근로조건의 명시
③ 경영상 이유에 의한 해고의 제한
④ 금품 청산

98 근로자직업능력 개발법상 직업능력개발훈련의 기본원칙이 아닌 것은?

① 근로자의 고용안정 촉진 및 고용평등의 증진을 위해 실시되어야 한다.
② 민간의 자율과 창의성이 존중되도록 하여야 한다.
③ 모든 근로자에게 균등한 기회가 보장되도록 하여야 한다.
④ 근로자 개인의 희망·적성·능력에 맞게 근로자의 생애에 걸쳐 체계적으로 실시되어야 한다.

99 파견근로자보호 등에 관한 법률에서 사용하는 용어의 정의로 틀린 것은?

① "근로자파견"이라 함은 파견사업주가 근로자를 고용한 후 그 고용관계를 유지하면서 근로자파견계약의 내용에 따라 사용사업주의 지휘·명령을 받아 사용사업주를 위한 근로에 종사하게 하는 것을 말한다.
② "근로자파견계약"이라 함은 파견사업주와 파견근로자 간에 약정하는 계약을 말한다.
③ "파견사업주"라 함은 근로자파견사업을 행하는 자를 말한다.
④ "사용사업주"라 함은 근로자파견계약에 의하여 파견근로자를 사용하는 자를 말한다.

100 근로기준법상 우선 재고용에 관한 설명으로 옳은 것은?

① 경영상의 해고와 징계해고를 당한 근로자에게도 적용된다.
② 사용자가 해고 당시 담당한 업무와 다른 업무에 근로자를 채용하는 경우 적용된다.
③ 해고된 날로부터 3년 이내에 사용자가 채용하는 경우라는 시기적 제한이 있다.
④ 해고된 근로자의 의사에 관계없이 사용자는 재고용을 해야 한다.

1	2	3	4	5	6	7	8	9	10
②	③	④	④	①	④	①	①	③	③
11	12	13	14	15	16	17	18	19	20
③	③	③	④	④	②	②	④	④	②

01 게슈탈트(형태주의)에서는 과거나 미래가 아닌 현재, 즉 '지금, 여기'를 강조하였다.

02 ① 자아탐구 프로그램 : 나의 흥미, 나의 적성, 자신과 타인이 생각하는 나
② 직업세계 이해 프로그램 : 일의 활동, 직업의 종류, 자격증 안내, 직업환경과 근로조건
④ 모델링 프로그램 : 위인의 일대기, 성공한 직업인과의 만남, 만나보고 싶은 직업인

03 행정학자인 카츠(R. L. Katz)가 제시한 3가지 행정기술
• 사무적(사무처리) 기술 (Technical Skills)
• 인간관계(인화적) 기술 (Human Skills)
• 개념적(구상적) 기술 (Conceptual Skills)

04 개인화의 오류란 일상생활 가운데 벌어지는 일들을 자신의 특별한 능력 때문에 일어나는 것으로 망상하는 오류를 말한다.

05 특성–요인이론은 객관적 검증방법을 통한 과학적 진단을 중시한다.

06 ④ 공감은 인간중심(로저스식) 상담에서 중시하는 상담기법이다.

07 ① 홍수법은 노출법의 한 형태로, 충격적인 경험을 안전한 조건에서 다시 경험하게 하면 충격적인 정서반응이 사라질 것이라는 가정하에 사용된다. 한 번에 매우 강한 자극에 노출시켜 공포반응이 소실될 때까지 지속하는 기법이다.

08 집단직업상담의 리더는 직업선택과정에서의 의사결정을 지원할 수 있어야 한다.

09 행동주의적 직업상담의 목표는 행동의 수정과 학습을 통한 적응행동의 촉진이다. ③은 직업적응이론에 대한 설명이다.

10 ① 자기효능감 : 수행해야 할 과제를 주고 내담자에게 과제의 난이도와 자신이 그 과제를 성공적으로 해낼 수 있는지의 확신을 묻고 나서 자신의 수행수준을 예측하게 하는 방법으로 측정한다.
③ 욕구 및 근로가치 설문 : 대표적인 욕구척도는 '미네소타 중요성 질문지(MIQ)'이고, 대표적인 근로가치 척도는 '일가치검사(WVI)'가 있다.

11 '가족배경'은 매우 포괄적인 의미로 해석할 수 있으나, 그 의미를 가족의 학력이나 사회·경제적 배경으로 한정한다면 ③번이 정답이다.

12 포괄적 직업상담의 3단계 과정
• 진단 : 상담자는 변별진단을 통해 내담자의 문제에 대한 분류를 실시한다. 문제의 원인과 결과를 확인하기 위해 정신역동적 진단을 실시하고, 그 결과를 통해 내담자에 대한 배경 지식을 얻는다 (발달적 직업상담, 인간 중심 상담).
• 명료화 또는 해석 : 내담자와 상담자는 협력적 상호작용을 통해 내담자의 의사결정과정을 방해하는 태도와 행동을 명확히 밝히고 함께 대안들을 탐색한다(정신역동적 상담).
• 문제해결 : 내담자가 자신의 직업문제 해결을 위해 어떤 행동을 취해야 하는지를 결정하는 단계이다. 내담자는 자기 자신과 일의 세계에 대한 정보가 어떻게 수집되며 진로목표를 설정할 때 어떤 제한을 두어야 하는지 그리고 예상하지 못한 사건이 발생했을 때 어떻게 대처해야 하는지에 대해 도구적 학습에 초점을 두고 해결하는 단계이다(행동주의 직업상담).

13 부모–자녀 상호작용 유형 : 로(Roe)는 일자리의 선택은 부모–자녀의 관계 속에서 형성된 개인의 욕구구조에 의해 결정되며, 개인의 욕구구조는 유전적 특성과 함께 어렸을 때 경험하는 좌절과 만족에 의해 형성된다고 보았다. 부모의 양육 방식이 과보호적·과요구적·애정적인 경우에는 인간지향적 직업분야(서비스, 비즈니스, 조직이나 단체활동, 일반 문화직, 예술과 예능직)를, 무시적·거부적·무관심한 경우에는 비인간지향적 직업분야(산업기술, 옥외활동, 과학연구직)를 선호하게 된다.
• 자녀집중 : 과보호적 분위기, 과요구적 분위기

- 자녀회피 : 무시적 분위기, 거부적 분위기
- 자녀수용 : 무관심한 분위기, 애정적 분위기

14 윌리엄슨(Williamson)의 직업문제 유형
- 무선택
- 불확실한 선택
- 흥미와 적성의 모순
- 현명하지 못한 선택

15 소망 방어체제의 해석은 정신역동적 상담기법의 특징이다.

16 환상기, 잠정기, 현실기 중 잠정기의 하위단계는 흥미, 능력, 가치, 전환단계이다.

17 직업선택과 직업생활에서의 순응적 태도함양이 직업상담의 목적이라 볼 수는 없다.

18 게슈탈트에서의 '신경증의 층'
- 허위층 : 진정한 내가 누구인지, 어떤 사람인지 잘 모르는 껍데기인 단계로, 타인의 반응을 자신보다 더 중시한다.
- 공포층 : 진정한 자기를 피하는 단계로, 진실된 자신을 거부하고 저항하는 데서 오는 공포감을 겪는 층이다.
- 곤경층 : 진정한 자기와 부딪쳐서 곤경에 빠지는 단계로, 진실한 자신과 맞닥뜨리려고 하나 곧 자기 회의감에 빠져 버리는 층이다.
- 내파층 : 진정한 자기를 느끼는 단계로, 자신이 방어하고 있었던 것을 노출하고 진실한 자기와 접하게 되는 단계이다.
- 외파층 : 진정한 자기를 외부로 펼쳐 보여 줄 수 있는 단계로, 진정한 자신을 외부로 내보이는 단계이다.

19 해석과정에서 내담자의 반응을 살펴가며 하고, 필요하다면 질문을 사용할 수 있다.

20 상담관계 형성 → 역동적 탐색 → 해석과 통찰 → 재교육

제2과목 고급 직업심리학

21	22	23	24	25	26	27	28	29	30
②	④	④	③	①	①	③	③	④	②

31	32	33	34	35	36	37	38	39	40
④	③	①	①	③	③	③	③	④	④

21 고용노동부 직업선호도검사의 하위검사는 흥미검사, 성격검사, 생활사검사로 결과가 나온다.

22 직무 스트레스 대처
- 가치관을 전환시켜야 한다.
- 적절한 스트레스는 우리에게 도움을 준다.
- 목표지향적 심리에서 과정중심적 사고방식으로 전환해야 한다.
- 스트레스를 완화할 수 있도록 해주는 내적 혹은 외적 요인을 의미한다.
- 스트레스로 인한 긴장을 가슴속에 남겨 놓지 말고 긴장을 최대로 방출한다.

23 현실기(Realistic Period)의 3단계
- 탐색단계(Exploration Stage) : 자신의 진로선택을 위해 교육이나 경험을 쌓으려고 노력하며 진로에 대한 범위를 2~3가지로 좁혀 나간다.
- 구체화단계(Crystalization Stage) : 직업목표를 정하고 진로결정에 관련된 내적·외적 요소를 종합하는 단계로 특정분야에 몰두하게 된다.
- 특수화단계(Specification Stage) : 자신의 결정에 구체적으로 계획을 세우는 단계로, 직업을 선택하거나 직업훈련을 받는다.

24 조기발탁제는 평가기관, 심리검사와 함께 종업원 평가에 해당된다.
종업원개발
- 훈련 프로그램 : 조직 내에서 실시하는 다양한 내용의 훈련 프로그램
- 후견인 프로그램 : 종업원이 조직에 쉽게 적응하도록 상사가 후견인이 되어 도와주는 과정
- 직무순환 : 다양한 직무를 경험하여 여러 분야의 능력을 개발시킬 목적

25 경력개발의 목적
- 개인의 성장, 발전, 성취동기 유발
- 조직 구성원의 전직 예방 및 인력확보
- 개인과 조직의 목표달성 극대화

26 구성타당도의 종류
- 발달적 변화 : 능력검사, 지능검사는 발달적 변화를 구성타당도의 증거로 사용한다.
- 요인분석법 : 검사를 구성하는 문항들 간의 상관관계를 분석해 서로 상관이 높은 문항들을 묶어주는 통계적 방법
- 수렴타당도 : 어떤 검사의 결과가 관계있는 변인들

과 상관관계가 높을 때 수렴타당도가 높다고 한다.
- 변별타당도 : 어떤 검사의 결과가 관계없는 변인과 상관관계가 낮을 때 변별타당도가 높다고 본다.

27 ① 직무관련 스트레스는 과제특성, 역할갈등, 역할모호성 등이 있다.
② 스트레스는 좌절, 분노, 흥분 등 강렬한 정서상태를 만든다.
③ A유형의 종업원들이 B유형 종업원보다 스트레스를 더 받는다.
④ 내적 통제자는 어떤 결과가 자신의 행동으로 인한 것으로 통제가능하나, 외적통제자는 사건에 민감하게 반응하고 자기방어적인 성향이 보여 높은 수준의 스트레스를 받는다.

28 진로성숙이란 자기에 대한 이해와 일과 직업세계에 대한 이해를 바탕으로 자신의 진로계획과 선택을 통합하고 조정해 나가는 과정으로 이해와 조정, 통합이 어느 정도 수준인가를 나타내는 것이다.

29 자기효능감이란 개인이 어떤 행동이나 활동을 성공적으로 수행할 수 있는 자신의 능력에 대한 신념을 말한다.

30 사회인지이론에서는 진로발달 및 진로선택이 개인의 타고난 성향 및 환경 간의 상호작용의 결과라는 전통적인 관점에서 벗어나 자기효능감의 개념을 도입함으로써 진로선택 시 개인의 평가와 믿음의 인지적 측면을 강조한다.

31 불평형은 종업원들이 자신을 타인과 비교할 때 발생하는 심리적인 상태
- 과소지급 : 자신들이 투입한 것에 비해 다른 사람들이 더 많은 산출물을 얻는다고 믿게 되는 경우
- 과대지급 : 다른 사람에 비해 투입물 대비 자신의 산출물이 더 많다고 믿게 되는 경우

32 설문지법은 현장의 작업자 또는 감독자에게 설문지를 배부하여 직무의 내용 및 특징을 기술하도록 하는 방법이다. 저렴한 비용으로 시행할 수 있으며, 모든 직무에 사용할 수 있다.

33 분류법의 장점
- 타 직무평가보다 실시가 간단하고 용이하다.
- 평가 대상 직무들이 가진 자격요건의 수준등급이 소수인 경우 매우 효과적이다.
- 직무내용이 충분히 표준화되어 있지 않은 직무의 경우에도 비교적 용이하다.

참조 : http://www.lec.co.kr/news   김민준 노무사의 인사노무관리론

34 작업 동기는 개개인의 직업에서 노력과 강도와 지속성, 방향을 설명할 수 있는 과정과 조건에 따라 달라진다.

35 ① 백분위점수 : 특정 개인의 점수가 규준집단 내에서 다른 사람들의 점수와 비교해서 어느 정도의 수준에 있는지를 가장 이해하기 쉽게 알려주는 것
② 원점수 : 검사를 채점해서 얻은 최초의 점수
③ 표준점수 : 원점수를 표준점수로 변환하는 것. 평균이 0, 표준편차가 1이 되도록 표준화된 표준정규분포에서 원점수들을 평균과 표준편차가 같은 정상분포곡선상에서의 상대적 위치로 표시하여 의미 있는 비교를 가능하게 하기 위해 사용하는 것
④ 규준점수 : 특정 검사점수의 해석에 필요한 기준이 되는 점수

36 ① 준거오염 : 실제준거가 개념준거가 아닌 다른 어떤 것을 측정하는 것
② 준거오류 : 실제준거가 어떤 것과도 관련되어 있지 않은 정도
③ 준거결핍 : 실제준거에 의해 측정되지 않은 부분
④ 준거편파 : 실제준거가 체계적이고 일관되게 개념준거가 아닌 다른 것을 측정하는 정도

37 고용인이 투입하면(직무에 투입한 노력) 고용주로부터 교환(투입에 대한 대가)을 얻게 되는데 이것이 곧 성과(보수, 공식적 예우, 표창 등)이다.

38 규준(Norm)을 얻는 방법
- 대표집단 사람들에게 실시한 검사점수를 일정한 분포도에서 개인의 점수가 어떤 위치에 있는가를 알아본다.
- 연령규준은 사람들의 연령에 비교해서 몇 살에 해당하는지를 해석할 수 있게 하는 방법이다.
- 표본수가 너무 적거나 지역적으로 편중되어 있지 않도록 해야 한다.

39 고트프레드슨(Gottfredson)의 직업포부 발달이론에서 개인발달 4단계
- 제1단계 : 힘과 크기의 지향성
- 제2단계 : 성역할 지향성
- 제3단계 : 사회적 가치 지향성
- 제4단계 : 내적, 고유한 자기 지향성

40 홀랜드 6가지 유형
- 현실형(R) : 기계, 도구, 동물에 관한 체계적인 조작활동을 좋아한다. 기술자
- 탐구형(I) : 분석적이고 호기심이 많다. 리더십 기술이 부족하다. 과학자
- 예술형(A) : 표현이 풍부하고 독창적이며 비순응적이다. 음악가와 미술가
- 사회형(S) : 다른 사람과 함께 일하거나 다른 사람을 돕는 것을 즐긴다. 사회복지사, 교육자, 상담사, 바텐더
- 진취형(E) : 조직 목표나 경제적 목표를 달성하기 위해 타인을 조작하는 활동을 즐긴다. 기업경영인, 정치가
- 관습형(C) : 체계적으로 자료를 처리하고 기록을 정리하거나 자료를 재생산하는 것을 좋아한다. 경리사원, 사서

제3과목 고급 직업정보론

41	42	43	44	45	46	47	48	49	50
②	②	①	②	②	④	④	④	④	②

51	52	53	54	55	56	57	58	59	60
②	②	③	①	④	①	①	④	①	④

41 민간직업정보
- 영리목적 : 유료
- 기간 : 한시적
- 범위 : 제한적
- 비교활용도 : 낮음
- 분류 : 자의적
- 효과 : 자체효과 큼

42 직업활동 : 지속성, 경제성, 윤리성, 사회성

43
- 투자기관(6420) : 각종 자금을 유가증권 및 기타 금융자산에 투자하는 기관으로, 증권발행을 통해 투자자로부터 모집한 자금 및 기타 신탁자금을 자기계정으로 유가증권에 투자하여 그 수익을 투자자에게 배분하는 자산운용회사(64201), 증권발행 및 신탁자금 이외의 자금(개인자산이나 채권, 어음 및 기타 채무자산 등)으로 금융자산에 투자하는 산업활동을 하는 기타 투자기관(64209)이 있다.
- 부동산 자문 및 중개업(68221) : 수수료 또는 계약에 의거 건물, 토지 및 관련 구조물 등을 포함한 모든 형태의 부동산을 구매 또는 판매하는 데 관련된 부동산중개 또는 대리서비스를 제공하는 산업활동을 말한다. 부동산 관련 자문서비스를 제공하는 산업활동을 포함한다.

44 2가지 이상 다른 직업에 종사하는 경우 그 직업을 결정하는 우선순위는 취업시간 → 수입 → 최근 직업(조사시점) 순이다.

45 전문가 및 관련 종사자(Professionals and Related Workers)
- 높은 수준의 전문적 지식과 경험을 기초로 과학적 개념과 이론을 응용하여 해당 분야를 연구하고 새로운 상품이나 서비스를 개발하고 적용한다.
- 전문가의 지휘하에 조사, 연구 및 의료, 경영에 관련된 기술적인 업무를 수행하는 관련 종사자들도 이 분류에 포함된다.
- 대부분의 직업들은 제4수준과 제3수준의 직무능력을 필요로 한다.
- 직능수준의 확정이 어려운 경우도 있는데, 예를 들어 간호사, 안경사의 경우 대학교와 (전문)대학에서 동시에 배출되고 있다.
(21 과학 전문가 및 관련직, 22 정보통신 전문가 및 기술직, 23 공학 전문가 및 기술직, 24 보건·사회복지 및 종교 관련직, 25 교육전문가 및 관련직, 26 법률 및 행정전문직, 27 경영·금융전문가 및 관련직, 28 문화·예술·스포츠 전문가 및 관련직)

46 국가기술자격 등급
- 기술사 : 고도의 전문지식과 실무경험
- 기사 : 공학적 기술이론 지식, 설계, 시공, 분석 등 기술 업무수행
- 기능장 : 최상급 숙련기능 산업현장에서 작업관리 및 현장관리 업무수행
- 산업기사 : 기술기초 이론, 지식 또는 숙련기능을 바탕으로 복합적 업무수행
- 기능사 : 숙련기능을 가지고 제작, 운전, 보수정비 및 작업관리 업무수행

47 누가, 언제, 대상, 목적, 자료수집방법

48 입수한 정보가 필요한 내용에 적합한지, 어떤 특징이 있는지, 정보 제공의 정도는 어느 정도인지, 추가정보를 입수할 수 있는지에 따라 직업정보의 신뢰도를 확인한다.

49 단일사업체의 보조단위는 그 사업체의 일개부서로 포함하며, 여러 사업체를 관리하는 경우 중앙보조단위(본부)는 별도의 사업체로 처리한다.

50 충족률 = (취업건수 / 신규구인인원) × 100 = (250 / 1,000) × 100 = 25%

52 영업 및 판매관련직은 희망임금이 낮아졌다.

53 중분류의 번호는 01부터 99까지 부여한다.

54 내용분석법은 간접조사방법으로 정보대상자와 직접 접촉하지 않으므로 정보제공자에게 반응요구를 하지 않는다.

55 국가기간·전략산업직종 훈련은 국가기간 및 전략사업 중 인력부족 직종과 산업현장의 인력수요증대에 따라 인력양성이 필요한 직종에 대하여 기술기능인력의 양성공급으로 기업의 인력난을 해소하기 위해 실시하는 훈련제도이다. 훈련비 전액을 지원하고 훈련대상자에 따라 훈련장려금을 지급받을 수 있다.

56 고용촉진지원은 노동자의 통상적인 조건하에서는 취업이 특히 곤란한 고령자, 장기실업자, 여성들의 고용촉진을 지원한다.

57 • 산업 : 유사한 성질을 갖는 산업활동에 주로 종사하는 생산단위의 집합을 말한다.
  • 산업활동 : 영리적·비영리적 활동이 모두 포함되며, 가정 내의 가사활동은 제외한다.

58 벌목원은 '6. 농림어업 숙련종사자'에 해당되며, '단순노무 종사자'로는 육아도우미, 주유원 등이 있다.

59 조경학과, 소방방재학과, 항공학과는 공학계열에 해당한다.

60 실내는 작업장소이다.

61	62	63	64	65	66	67	68	69	70
①	①	③	④	③	③	①	④	①	①

71	72	73	74	75	76	77	78	79	80
④	①	③	②	④	③	②	③	①	②

61 부가노동자효과가 실망노동자효과보다 클 때 경제활동참가율은 증가하고, 반대로 부가노동자효과가 실망노동자효과보다 작을 때 경제활동참가율은 감소한다.

62 힉스의 교섭모형에 나타나는 곡선은 노조의 저항곡선과 사용자의 양보곡선이며, 아쉔펠타-존슨의 파업모형에서 나타나는 곡선은 노조의 저항곡선과 사용자 이윤의 현재가치곡선이다. 즉, 두 모형에서 공통적으로 나타나는 곡선은 노조의 저항곡선이다.

64 독일의 경영조직법과 공동결정법에 의한 근로자 대표의 참가가 가장 대표적인 형태이다.

65 고임금경제가 존재하는 경우는 그렇지 않은 경우에 비해 노동수요가 더 비탄력적이다. 따라서 같은 비율로 임금이 상승하더라도 고임금경제가 존재할 경우에 고용량의 감소폭이 더 작다.

66 '여가', '소득'은 노동공급곡선에서 고려하는 요소이다.

68

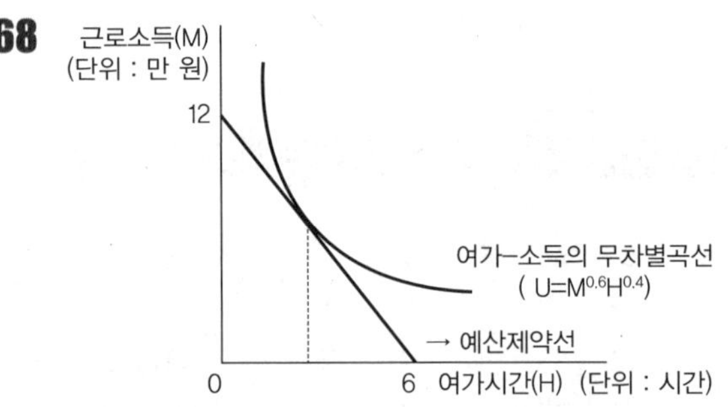

총이용가능 시간(T)은 6시간이므로 여가시간이 0시간이면 노동시간은 6시간, 여가시간이 6시간이면 노동시간은 0시간이다. 노동의 단위를 시간으로 파악하고 있으므로 주어진 시장임금도 시간당 임금으로 파악하면 여가시간 6시간일 때 소득은 0원, 여가시간 0시간(노동시간 6시간)일 때 소득은 12만 원(2만 원×6시간)이다.

근로자가 직면하는 여가-소득의 무차별곡선을 효용함수로 나타내면 $U=M^{0.6}H^{0.4}$이다. 근로자의 예산제약선과 여가-소득 무차별곡선이 접할 때 근로자의 효용이 극대화된다. 즉, 이는 예산제약선의 기울기와 여가-소득 무차별곡선의 접선의 기울기가 같아질 때를 의미한다.

예산제약선의 기울기는 $\dfrac{12}{6}$=2이다

(결국 예산제약선의 기울기가 시간당 임금임).
무차별곡선의 기울기는 소득으로 표시한 여가의 한계대체율(MRS)이므로

$$MRS_{HM}=-\frac{\Delta M}{\Delta H}=\frac{MU_H}{MU_M}$$ 이다.

효용함수 $U=M^{0.6}H^{0.4}$을 H에 대해 미분한 값이 H의
한계효용 $MU_H=0.4M^{0.6}H^{-0.6}$
효용함수 $U=M^{0.6}H^{0.4}$을 M에 대해 미분한 값이 M
의 한계효용 $MU_M=0.6M^{-0.4}H^{0.4}$

따라서 $MRSHM=\dfrac{MU_H}{MU_M}=\dfrac{0.4M^{0.6}H^{-0.6}}{0.6M^{-0.4}U^{0.4}}=$

$$\dfrac{0.4(\dfrac{M}{H})^{0.6}}{0.6(\dfrac{H}{M})^{0.4}}=\dfrac{4M}{6H}$$

위 한계대체율과 예산선의 기울기가 같을 때 효용
이 극대가 되므로

$$\dfrac{4M}{6H}=2, \therefore M=3H$$

한편, 예산선을 통해서 $M=-2H+12$라는 식을 도출
할 수 있으므로

$-2H+12=3H$

$H=2.4$

즉, 여가시간(H)이 2.4시간일 때 효용이 극대화된
다. 결국 총이용가능시간 6시간 중에서 여가시간
이 2.4시간이면 노동시간은 6−2.4=3.6시간이다.

69 실질임금$=\dfrac{명목임금}{소비자물가지수}\times100$

70 효율적 계약모형이란 노조에 일방적으로 유리하
게 정하는 것이 아니라 노사 양측에게 이익이 되는
파레토최적 상태가 될 수 있는 계약을 말한다.

71 ①, ②, ③은 2차 노동시장의 특성이다.

73 아래 그래프에서 보는 바와 같이 평균생산량 곡선
과 한계생산량 곡선이 만나는 점에서 평균생산량
은 최대가 된다. 참고로, 평균값이 증가할 때는 한
계값이 평균값보다 크고, 평균값이 감소할 때는 한
계값이 평균값보다 작다.

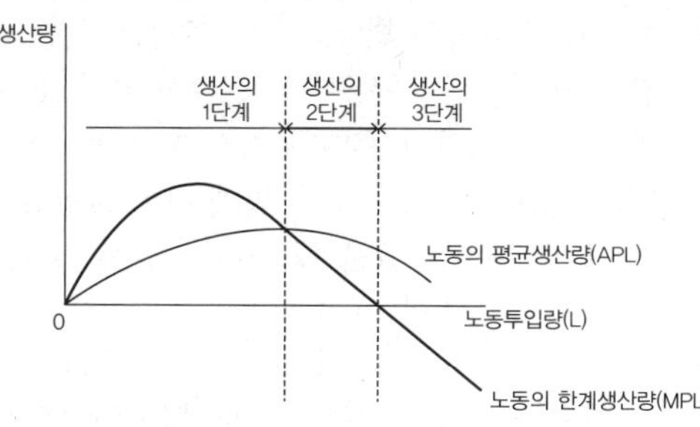

74 고용률$=\dfrac{취업자}{생산가능인구}\times100$

$=\dfrac{600만}{1000만}\times100=60\%$

75 다른 생산요소의 공급탄력성이 클수록 노동수요
의 탄력성도 크다. 탄력성 결정요인 4가지는 모두
방향이 같다(크면 크고, 작으면 작다).

76 근로소득세가 부과되었다는 말은 세율이 0%에서
증가했다는 의미이다. 그전보다 세율이 올라간 만
큼 세금을 더 징수하므로 시간당 임금은 감소한다.
시간당 임금이 변화할 경우에는 대체효과와 소득
효과의 크기에 따라 달라지므로 노동의 증감 여부
를 알 수 없다.

77 효율임금과 노동조합은 큰 관련성이 없다.

78 테일러의 복률생산급제는 표준량까지는 일정한
성과급률을 적용하고, 표준량을 초과하면 높은 성
과급률을 적용한다(2종류 임률 적용).

79 전업학생은 구직활동을 하지 않으므로 비경제활
동인구이다. 그러나 방과 후 1주일에 1시간 이상
아르바이트를 하는 학생은 취업자에 속한다.

80 직업훈련과 같은 인력정책은 주로 구조적 실업의
대책으로 제시된다.

<table>
<tr><td>제5과목</td><td colspan="9" align="center">노동관계법규</td></tr>
</table>

81	82	83	84	85	86	87	88	89	90
②	④	②	②	②	④	③	②	④	①

91	92	93	94	95	96	97	98	99	100
②	②	③	②	③	③	③	①	②	③

81 수습 사용된 날로부터 3월 이내의 자이다(시행규
칙 제2조).

82 사업주는 직장 내 성희롱과 관련하여 피해를 입은
근로자 또는 성희롱 피해 발생을 주장하는 근로자
에게 해고나 그 밖의 불리한 조치를 하여서는 아니
된다(법 제14조).

83 **직업정보제공사업자의 준수사항(시행령 제28조)**
- 구인자의 업체명(또는 성명)이 표시되어 있지 아
니하거나 구인자의 연락처가 사서함 등으로 표
시되어 구인자의 신원이 확실하지 아니한 구인
광고를 게재하지 아니할 것
- 직업정보제공매체의 구인·구직의 광고에는 구
인·구직자의 주소 또는 전화번호를 기재하고, 직
업정보제공사업자의 주소 또는 전화번호는 기재

하지 아니할 것
- 직업정보제공매체 또는 직업정보제공사업의 광고문에 "(무료)취업상담", "취업추천", "취업지원" 등의 표현을 사용하지 아니할 것
- 구직자의 이력서 발송을 대행하거나 구직자에게 취업추천서를 발부하지 아니할 것
- 직업정보제공매체에 정보이용자들이 알아보기 쉽게 법 제23조에 따른 신고로 부여받은 신고번호를 표시할 것
- 「최저임금법」 제10조에 따라 결정 고시된 최저임금에 미달되는 구인정보, 「성매매알선 등 행위의 처벌에 관한 법률」 제4조에 따른 금지행위가 행하여지는 업소에 대한 구인광고를 게재하지 아니할 것

84 고용보험기금의 용도(법 제80조)
- 고용안정·직업능력개발 사업에 필요한 경비
- 실업급여의 지급
- 육아휴직급여 및 출산전후휴가급여 등의 지급
- 보험료의 반환
- 일시 차입금의 상환금과 이자
- 고용보험법과 보험료징수법에 따른 업무를 대행하거나 위탁받은 자에 대한 출연금
- 그 밖에 고용보험법의 시행을 위하여 필요한 경비로서 대통령령으로 정하는 경비와 제1호 및 제2호에 따른 사업의 수행에 딸린 경비

85 고령자 기준고용률
- 제조업 : 그 사업장의 상시근로자 수의 100분의 2
- 운수업, 부동산 및 임대업 : 그 사업장의 상시근로자 수의 100분의 6
- 제1호 및 제2호 외의 산업 : 그 사업장의 상시근로자 수의 100분의 3

86 국가유공자·상이군경 및 전몰군경의 유가족은 법률이 정하는 바에 의하여 우선적으로 근로의 기회를 부여받는다(헌법 제32조 제6항).

87 국가 및 지방자치단체의 장은 장애인을 소속공무원 정원의 100분의 3 이상 고용하여야 한다(법 제27조 제1항).

88 상시 10명 이상의 근로자를 사용하는 사용자는 동법이 정하는 사항에 관한 취업규칙을 작성하여 고용노동부장관에게 신고하여야 한다. 이를 변경하는 경우에도 또한 같다(법 제93조).

89 장애인의 자립 노력(제6조 제1항) : 장애인은 직업인으로서의 자각을 가지고 스스로 능력 개발·향상을 도모하여 유능한 직업인으로 자립하도록 노력하여야 한다.

90 고용노동부장관은 사업장의 남녀고용평등 이행을 촉진하기 위하여 그 사업장 소속 근로자 중 노사가 추천하는 자를 명예고용평등감독관으로 위촉할 수 있다(법 제24조).

91 전문위원회
- 사회적기업육성전문위원회
- 적극적고용개선전문위원회
- 장애인고용촉진전문위원회
- 근로복지전문위원회
- 건설근로자고용개선전문위원회

92 직장폐쇄는 사용자가 노동조합의 쟁의행위에 대항하여 직장을 폐쇄함으로써 근로자들의 근로수령을 거부하고 임금을 지급하지 아니하는 사용자의 행위이다.

93 근로자파견사업의 허가의 유효기간은 3년으로 한다(법 제10조).

94 취업촉진 수당의 종류
- 조기재취업 수당
- 직업능력개발 수당
- 광역 구직활동비
- 이주비

95 유료직업소개사업의 등록을 하고자 하는 자는 전용면적 20제곱미터 이상의 사무실을 갖추어야 한다(시행규칙 제18조).

96 정신노동과 육체노동을 말한다(법 제2조 제3호).

97 해고와 관련하여 법 제23조 제2항에 의한 해고금지기간(사용자는 근로자가 업무상 부상 또는 질병의 요양을 위하여 휴업한 기간과 그 후 30일 동안 또는 산전·산후의 여성이 법에 따른 출산휴가기간과 그 후 30일 동안은 해고하지 못한다.) 및 법 제26조의 해고의 예고(사용자는 근로자를 해고하려면 적어도 30일 전에 예고를 하여야 하고, 30일 전에 예고를 하지 아니하였을 때에는 30일분 이상의 통상임금을 지급하여야 한다.)는 상시 4인 이하의 사업장에도 적용되지만, 통상적인 해고의 제한(법 제23조 제1항) 및 경영상 이유에 의한 해고의 제한

(법 제24조)은 상시 5인 이상의 근로자를 사용하는 사업장에만 적용된다.

98 근로자의 고용안정 촉진 및 고용평등의 증진 등을 위한 노력은 고용정책기본법상의 사업주의 책무이다(고용정책 기본법 제5조).

99 파견사업주와 사용사업주 간에 근로자파견을 약정하는 계약을 말한다.

100 제24조(경영상 이유에 의한 해고)에 따라 근로자를 해고한 사용자는 근로자를 해고한 날부터 3년 이내에 해고된 근로자가 해고 당시 담당하였던 업무와 같은 업무를 할 근로자를 채용하려고 할 경우 제24조에 따라 해고된 근로자가 원하면 그 근로자를 우선적으로 고용하여야 한다(법 제25조). 따라서 징계해고에는 그 적용이 없다.

01 직업상담 시 내담자가 보이는 '불확실함'과 관련된 정서만을 가장 적절하게 제시한 것은?

① 당황한, 혼란한, 의혹의, 모호한, 성가신
② 당황한, 걱정한, 가식의, 미결정한, 무력한
③ 놀라운, 환멸의, 좌절한, 의심스러운, 불확실한
④ 혼합된, 위험한, 낙심의, 절망의, 가식의, 당황한

02 진로탐색 프로그램에 포함해야 할 내용과 가장 거리가 먼 것은?

① 자신의 희망직업을 알아본다.
② 직업정보를 수집한다.
③ 직업의 위신과 가치를 알아본다.
④ 자신의 능력과 적성을 알아본다.

03 해결중심 상담에서 동기수준에 따라 분류한 내담자의 유형에 관한 설명으로 옳은 것은?

① 해결중심 상담에서는 방문자, 불평자, 실험자, 고객 등 4가지 유형으로 구분한다.
② 방문자는 내담자 유형 중 상담에 대한 동기가 가장 높은 사람들을 지칭한다.
③ 불평자란 상담서비스에 대한 불평보다는 자기 주변의 다른 사람이 문제가 많다고 불평하는 사람이다.
④ 실험자란 여러 종류의 상담을 받으면서 가장 적합한 서비스를 실험을 통해 찾는 사람을 지칭한다.

04 직업상담에서 활용하는 직업카드 분류에 관한 설명으로 틀린 것은?

① 다른 심리검사에 비해 유대감을 이루는 데 큰 도움이 된다.
② 카드의 수는 카드가 제공하는 정보의 양에 따라 다양할 수 있다.
③ 표준화된 흥미검사와 같은 수준의 정보를 얻을 수 있는 또 다른 방법이다.
④ 내담자가 다양한 종류의 주제, 아이디어, 가치, 느낌 등에 따라 직업 제목을 분류하는 활동이 가능하다.

05 자신이 받아들이기 어려운 느낌, 생각, 충동 등을 무의식적으로 타인에게 귀인시킴으로써 자신을 보호하는 자아방어기제는?

① 억압　　　　　② 부정
③ 투사　　　　　④ 치환

06 발달적 직업상담이론에 관한 설명으로 옳은 것은?

① 역할연기, 대화연습, 과장해서 표현하기 등의 상담기법을 사용한다.
② 직업선택의 과정은 결정이 이루어지는 성인기에 시작되어 은퇴할 때까지 계속된다.
③ 직업선택의 과정은 아동기에서 시작하여 은퇴할 때까지 계속되는 연속적 과정이다.
④ 내담자의 진로발달에 초점을 맞추지만 일반적 발달에는 관심이 없다.

07 다음에서 설명하고 있는 것은?

> 인간 중심적 상담의 기법 중 내담자를 구별하거나 비교하거나 선택하는 과정으로 평가 · 판단하지 않고, 내담자가 나타내는 어떤 감정이나 행동특성들을 있는 그대로 수용하여 존중하는 상담자의 태도를 말한다.

① 공감적 이해
② 무조건적 긍정적 존중
③ 진솔한 태도
④ 직면하기

08 하렌(Harren)의 의사결정 유형 특징 중 합리적인 유형의 특징으로만 짝지은 것은?

> ㄱ. 의사결정 과정에서 뚜렷한 목표를 가지고 있다.
> ㄴ. 의사결정의 과정에서 중요한 타인의 의견을 필요로 한다.
> ㄷ. 직관적인 생각과 느낌이 의사결정 과정에 중요한 영향을 미친다.
> ㄹ. 목표를 달성하는 데는 여러 가지 대안이 있음을 알고 있다.
> ㅁ. 여러 대안 중 순위를 배정하기 위한 지침이나 규칙이 있음을 믿고 있다.

① ㄱ, ㄷ, ㅁ 　② ㄱ, ㄹ, ㅁ
③ ㄴ, ㄷ, ㄹ 　④ ㄴ, ㄹ, ㅁ

09 칼 로저스(Carl Rogers)가 제시한 '충분히 기능하는 인간'의 내용에 해당하지 않는 것은?

① 경험에 대해 보다 개방적이다.
② 성장을 기꺼이 지속하려 한다.
③ 자신을 신뢰한다.
④ 도덕적 의무감에 따라 행동과 결과에 따른 책임을 진다.

10 프로그램 개발 및 평가과정에 대한 설명으로 틀린 것은?

① 새롭게 개발된 프로그램의 효과를 증진시키기 위해 프로그램이 완성되기 전에 실시되는 평가를 형성평가라고 한다.
② 요소연구란 프로그램을 개발, 개선하기 위해 프로그램 내에서 식별 가능한 최소의 내용단위 또는 과정단위나 그 조합의 효과성을 목표에 비추어 검증하는 절차이다.
③ 프로그램 개발과정에서 대체로 요구사정이 가장 먼저 실시된다.
④ 개별 프로그램의 효과를 평가하기 위해서 가장 강력한 연구설계방식은 메타분석방법이다.

11 상담에서의 질문에 대한 설명으로 틀린 것은?

① 질문은 구체적으로 한다.
② "왜"라는 질문은 가능한 피한다.
③ 질문이 필요할 때는 폐쇄질문이 효과적이다.
④ 이중질문은 피한다.

12 인지정서행동상담(REBT)과정에서 비합리적 사고를 판단하는 기준과 가장 거리가 먼 것은?

① 부정적 정서 유발
② 경험적 일치성
③ 논리성의 여부
④ 실용적 가치

13 생애기술 상담에서 개인에게 요구되는 생애기술이 아닌 것은?

① 반응성 　② 실재성
③ 관계성 　④ 책임성

14 행동주의 상담이론의 기법 중 학습촉진기법에 해당하지 않는 것은?

① 강화 　② 반조건형성
③ 대리학습 　④ 변별학습

15 행동주의적 직업상담 기법 중 사회적 모델링에 관한 설명으로 옳은 것은?

① 타인의 직업결정 행동과 그 결과를 관찰해서 직업결정 행동을 학습하게 한다.
② 내담자의 직업선택 행동에 대하여 정적 또는 바람직한 행동을 강화시킨다.
③ 직업결정에 대한 내담자의 말을 무조건적으로 수용하고 부드럽게 대하여 내담자가 편안한 감정을 경험하게 한다.
④ 사회적으로 모범적인 직업선택 모형을 마련하여 집중훈련을 통해서 안내한다.

16 집단상담의 기본 전제와 가장 거리가 먼 것은?

① 자기노출은 친밀성을 형성하는 열쇠이다.

② 감정을 표현하는 것은 위험스러운 일이 아니다.

③ 원하는 것을 얻기 위해서는 솔직성이 필요하다.

④ 집단문화는 다문화적이기보다 보편적이어야 한다.

17 다음 중 직업상담에 관한 설명으로 가장 적합한 것은?

① 직업상담 과정에서 최종결정과 선택은 직업상담사의 의견에 따른다.

② 직업상담사는 개인상담의 경우와는 달리 비밀유지의 윤리적 의무가 없다.

③ 특수집단(타 문화권자, 장애인, 고령자 등) 구성원들과의 직업상담은 적합하지 않다.

④ 인간관계 기술을 훈련시킴으로써 직장에서의 잠재적 갈등을 해결할 수 있도록 돕는다.

18 다음 중 인지적 상담에 대한 설명으로 틀린 것은?

① 정신분석적 상담에 비해 단기로 이루어진다.

② 상담의 목표가 구체적이고 명확하다.

③ 개인의 심층적인 사고방식이나 신념체계를 다루므로 효과가 단기적이다.

④ 문제중심적 접근이다.

19 내담자의 진술 중에서 "내 생각이 옳아요", "사람들은 나를 의기소침하게 만들지요", "내가 믿고 있는 것과 정반대지요"와 같은 진술은 전이된 오류 중 어떠한 오류에 해당하는가?

① 정보의 오류   ② 한계의 오류

③ 논리적 오류   ④ 감정적 오류

20 체계적 둔감법은 어떤 개념에 근거하여 개발된 기법인가?

① 인지적 조건화   ② 고전적 조건화

③ 조작적 조건화   ④ 사회적 조건화

21 홀랜드(Holland)의 관습적(Conventional) 유형의 직업으로 적합한 것은?

① 항공기 조종사   ② 공인회계사

③ 교사   ④ 상담사

22 다음 사례와 같은 스트레스 관리법은?

> 서비스 조직에서 무례한 고객 때문에 나는 화가 많이 났다. 이 스트레스를 벗어나기 위하여 나는 고객이 왜 그런 무례한 행동을 했는지에 대해서 심사숙고하였다. 결국 나는 고객의 행동이 내 책임이 아니라 고객 자신의 성격 때문이라고 결론을 내렸다.

① 감정이입법   ② 감정왜곡법

③ 인지재구성   ④ 분노관리법

23 타이드만(Tiedeman)의 진로발달이론에 관한 설명으로 틀린 것은?

① 자아정체감이 발달할 때 진로에 적합한 의사결정능력도 개발된다.

② 자기발달에 역점을 두면서 개인의 전체적인 인지발달과 의사결정을 강조한다.

③ 어떤 직업의 계속된 수용이나 거부 등으로 자신의 의사를 분명히 표현하는 것이 직업선택에서 중요하다.

④ 생애진로이론을 지지한다.

24 두 변인 간 상관의 정도에 영향을 미치는 요인이 아닌 것은?

① 범위의 축소   ② 단위의 변경

③ 집단의 구분   ④ 극단값

25 진로발달이론 중 인지적 정보처리이론의 주요 전제에 해당되지 않는 것은?

① 진로선택에서는 개인의 가치부여가 개입되어서는 안 된다.
② 진로를 선택하는 것은 일종의 문제해결 과정이다.
③ 진로문제해결은 고도의 기억력을 요구하는 과제이다.
④ 진로발달은 지식구조의 끊임없는 변화를 포함한다.

26 직무수행평가에서 행동기준 평정척도에 관한 설명으로 틀린 것은?

① 중대사건법과 평정척도법을 혼합한 것이다.
② 수행은 척도상에 평정되지만 척도점들에 행동적 사건들이 제시되어 있다.
③ 평가자는 일정기간 동안 종업원을 관찰하고, 중대사건의 빈도를 평정한다.
④ 중요사건들이 해당 차원에서 얼마나 효과적인지를 척도상에 평정한다.

27 다음 중 부적강화의 예로 가장 적합한 것은?

① 수강생이 조용한 학습태도를 보일 때 칭찬해준다.
② 수강생이 계속 떠들면, 강의실 뒤의 의자에 혼자 뒤돌아 앉아 있게 한다.
③ 교실에서 조용히 하지 않으면, 학생에게서 상으로 받은 스티커를 회수한다.
④ 어머니의 계속되는 잔소리가 듣기 싫어서 학생이 책상에 앉아서 공부를 한다.

28 다음 중 작업동기의 3가지 구성요소에 해당하지 않는 것은?

① 기대　　　　　② 방향
③ 강도　　　　　④ 지속기간

29 최대수행검사에 해당되는 것은?

① 성격검사　　　　② 흥미검사
③ 직업적성검사　　④ 구직욕구검사

30 직무평가(Job Evaluation)의 목적으로 가장 적합한 것은?

① 정상적인 임금격차 확립
② 합리적 선발, 고용, 배치
③ 교육훈련
④ 직무설계

31 직업적응이론에 관한 설명으로 틀린 것은?

① 직무만족을 위한 개인과 환경 간의 상호작용을 중시한다.
② 직업적응과 관련된 다양한 검사도구가 잘 개발되어 있다.
③ 직업적응은 개인이 주어진 환경에 맞추어가는 과정이다.
④ 강화요인은 대체적으로 개인을 둘러싸고 있는 환경으로부터 제공받는다.

32 자기효능감을 3개 문항, 10점 만점으로 구성하여 측정하고 각 문항의 점수를 표준점수(Z)로 환산하였을 때, 환산된 자기효능감의 평균은?

① 0　　　　　　② 5
③ 10　　　　　④ 15

33 레빈슨(Levinson)의 경력개발이론에 관한 설명으로 틀린 것은?

① 생애 단계를 성인 이전, 성인 초기, 성인 중기, 성인 후기 단계로 구분하였다.
② 각 단계는 안정시기와 변환시기로 구성된다.
③ 여성은 성인 초기에 가정과 경력개발 간의 갈등을 겪게 된다고 주장했다.
④ 성인 경력을 이해하는 데는 친밀, 생산, 자아통합이 중요한 주제라고 했다.

34 형평이론에서 불형평을 감소시키는 인지적 방식이 아닌 것은?

① 자신의 투입이나 성과를 왜곡한다.
② 타인의 투입이나 성과를 왜곡한다.
③ 자신의 투입을 변화시킨다.
④ 비교대상을 변경한다.

35 다음에 해당하는 슈퍼(Super)의 진로발달단계는?

> – 욕구가 지배적이며 자신의 역할수행을 중시한다.
> – 개인 취향에 따라 목표를 선정한다.
> – 흥미와 욕구보다는 능력을 중시한다.

① 성장기   ② 탐색기
③ 확립기   ④ 유지기

36 야호다(Jahoda)가 제시한 고용이 초래하는 중요한 잠재적 결과에 해당하지 않는 것은?

① 하루 일과에 규칙적인 시간 부여
② 개인의 생활에 목표 및 목적 부여
③ 개인의 지위 및 정체감 획득
④ 여가시간의 활용

37 각기 다른 직업에 종사하는 사람들은 서로 다른 성격을 가지며, 이러한 성격의 차이는 어린 시절 부모와의 심리적 관계에 기인한다고 보는 이론은?

① Roe의 욕구 이론
② Holland의 성격유형 이론
③ Osipow의 의사결정 이론
④ Lent의 사회인지 이론

38 직무분석의 과정도구(AET)에서 직무요구분석에 해당하지 않는 것은?

① 지각에 대한 요구
② 결정의 차원
③ 작업대상
④ 반응·활동의 요구

39 다음 논리에 의해서 문제 상황을 제시하고 여러 해결책의 실현 가능성이나 적용 가능성을 평정하도록 하는 검사는?

> 실제 작업상황에서의 문제들은 하나의 정답을 갖지는 않는다. 따라서 여러 대안 중에서 오직 하나만의 정답이 존재하는 것이 아니라 어떤 답은 다른 답보다 단지 실현 가능성이나 적절성이 더 할 뿐이다.

① 주제통각검사   ② 상황판단검사
③ 자기보고검사   ④ 수행능력검사

40 직무스트레스의 대처전략 중 직접적 대처에 해당하는 것은?

① 억압   ② 억제
③ 공격행동   ④ 합리화

제3과목   고급 직업정보론

41 한국표준직업분류(2007)에 대한 설명으로 틀린 것은?

① 대분류는 국제 비교성을 위해 국제표준직업분류를 따르기로 원칙을 정하고, 중분류 이하는 우리나라 노동시장 현실을 반영하였다.
② 국제표준직업분류(ISCO-08) 개정 내용을 한국표준직업분류에 반영하고, 우리나라 노동시장의 구조와 조사의 편리성을 고려하여 전문가 및 준전문가(기술공)는 통합하고, 중분류 이하는 직능유형(Skill Specialization)에 보다 중점을 두어 분류하였다.
③ 한국표준직업분류와 고용직업분류 간의 불일치에 따른 문제점 해소를 위해 고용자 수 등을 감안하여 고용직업분류의 소분류 명칭을 일치시켰다.
④ 직업 관련 정책수립에 필요한 통계의 생산 및 활용성 제고를 위하여 세분류는 고용자 수가 최소 1,000명 이상인 경우만 설정하였다.

42 한국표준직업분류에서 직종 분류를 위한 기능원과 기계 조작원의 직무능력 관계에 대한 설명으로 틀린 것은?

① 기능원은 재료, 도구, 수행하는 일의 순서와 특성 및 최종제품의 용도를 알아야 한다.

② 기능원은 제품 명세서가 바뀌거나, 새로운 제조기법이 도입될 때 이를 적용할 수 있는 직무능력을 갖추고 있어야 한다.

③ 직무능력 형태의 차이를 고려하여 장인(匠人) 및 수공 기예성(技藝性) 직업은 '대분류7 기능원 및 관련 기능종사자'로 분류하고 제품의 가공을 위한 기계 지향성(機械志向性) 직업은 '대분류8 장치·기계조작 및 조립 종사자'에 분류한다.

④ 기계조작원은 복잡한 기계 및 장비의 사용방법이나 기계에 어떤 결함이 발생 시 이를 대체하는 방법을 알아야 한다.

43 직업능력지식포털(HRD-Net)에서 제공하는 정보가 아닌 것은?

① 훈련정보　　　　② 국가기술자격정보
③ 구인정보　　　　④ 고용보험통계

44 다음 중 '고용'을 주제로 하는 통계가 아닌 것은?

① 고용형태별 근로실태조사
② 산업기술인력 수급실태조사
③ 여성관리자 패널조사
④ 사업체 노동력조사

45 한국표준산업분류의 통계단위에서 '하나 이상의 산업활동'과 관련성이 가장 낮은 것은?

① 기업 집단　　　　② 기업체 단위
③ 활동유형 단위　　④ 지역 단위

46 워크넷 구인·구직 및 취업 동향에서 사용하는 용어 해설로 틀린 것은?

① 취업건수 : 금월 기간에 워크넷에 취업 등록된 건수

② 제시임금 : 구직자가 구인업체에 요구하는 임금

③ 구인배수 : 신규구인인원 ÷ 신규구직자 수

④ 신규구직건수 : 해당 월에 워크넷에 등록된 구직건수

47 국가기술자격 기술사 등급의 응시자격으로 틀린 것은?

① 산업기사 자격을 취득한 후 응시하려는 종목이 속하는 동일 및 유사 직무분야에서 5년 이상 실무에 종사한 사람

② 응시하려는 종목이 속하는 동일 및 유사 직무분야의 다른 종목의 기술사 등급의 자격을 취득한 사람

③ 외국에서 동일한 종목에 해당하는 자격을 취득한 사람

④ 응시하려는 종목이 속하는 동일 및 유사 직무분야에서 7년 이상 실무에 종사한 사람

48 HRD-Net 훈련정보의 대상별 검색에 해당하지 않는 것은?

① 구직자 과정　　　　② 재직자 과정
③ 기업 과정　　　　　④ 외국인 과정

49 고용정보 수집을 위해 집단조사를 사용할 때 장점이 아닌 것은?

① 비용과 시간을 절약하고 동일성을 확보할 수 있다.

② 조사자와 응답자 간 직접 대화할 수 있는 기회가 있어 질문지에 대한 오해를 최소로 줄일 수 있다.

③ 면접방식과 자기기입의 방식을 조합하여 실시할 수 있다.

④ 중립적인 응답의 가능성을 높일 수 있고, 집단
을 위해 바람직하다고 생각되는 응답을 할 수
있다.

50 한국표준산업분류의 적용원칙으로 틀린 것은?

① 생산단위는 산출물뿐만 아니라 투입물과 생산
공정 등을 함께 고려하여 그들의 활동을 가장
정확하게 설명된 항목에 분류해야 한다.

② 수수료 또는 계약에 의하여 활동을 수행하는
단위는 자기계정과 자기책임하에서 생산하는
단위와 다른 항목에 분류되어야 한다.

③ 동일단위에서 제조한 재화의 소매활동을 별개
활동으로 파악되지 않고 제조활동으로 분류되
어야 한다.

④ 자기가 생산한 재화와 구입한 재화를 함께 판
매한다면 그 주된 활동에 따라 분류한다.

51 국가직무능력표준(NCS)에 관한 설명으로 틀린 것은?

① 산업현장에서 직무를 수행하기 위해 요구하는
지식·기술·태도 등의 내용을 국가가 체계화한
것이다.

② 24개 대분류는 한국고용직업분류를 참조하여
직능유형이 비슷한 분야로 분류했다.

③ 능력단위는 국가직무능력표준 분류의 하위단
위로 NCS의 기본 구성요소에 해당된다.

④ 수행준거는 능력단위별로 성취여부를 확인하
기 위해 도달해야 하는 수행의 기준을 제시한
것이다.

52 한국표준산업분류의 산업결정방법에 대한 설명으로
틀린 것은?

① 생산단위의 산업활동은 그 생산단위가 수행하
는 주된 산업활동(판매 또는 제공되는 재화 및
서비스)의 종류에 따라 결정된다.

② 단일사업체의 보조단위는 그 사업체를 관리하
는 중앙보조단위(본부)는 별도의 사업체로 처
리한다.

③ 계절에 따라 정기적으로 산업을 달리하는 사
업체의 경우에는 조사시점에서 경영하는 사업
에 따라 결정한다.

④ 휴업 중 또는 자산을 청산 중인 사업체의 산업
은 영업 중 또는 청산을 시작하기 전의 산업
활동에 의하여 결정한다.

53 다음은 한국직업사전에서 '동물사육사'의 부가직업
정보이다. 이에 대한 설명으로 틀린 것은?

정규교육 : 9년 초과 ~ 12년 이하(고졸 정도)
숙련기간 : 1년 초과 ~ 2년 이하
직무기능 : 자료(비교) / 사람(서비스 제공) / 사
물(단순작업)
작업강도 : 힘든 작업
작업장소 : 실내외
작업환경 : 대기환경 미흡 / 위험내재
유사명칭 : 동물원사육사
관련직업 : 육식동물사육사, 초식동물사육사,
포육사
표준산업분류 : [R912]유원지 및 기타 오락 관
련 서비스업
조사연도 : 2005

① 종사자의 평균학력은 고등학교 졸업 정도이다.

② 정규교육과정을 이수한 후 직무를 평균적인
수준으로 스스로 수행하기 위하여 1년 초과 ~
2년 이하의 숙련기간이 필요하다.

③ 직무를 수행하는 데 최고 40kg의 물건을 들어
올리고 20kg 정도의 물건을 빈번히 들어 올리
거나 운반한다.

④ 동물원사육사로 불리기도 한다.

54 워크넷(직업 · 진로)에서 제공하는 성인 대상 심리검
사가 아닌 것은?

① 성인용 직업적성검사

② 직업선호도검사 L형

③ 영업직무 기본역량검사

④ 사업적성검사

55 국가직무능력표준 사이트(www.ncs.go.kr)의 활용방법으로 틀린 것은?

① 분야별 능력단위를 검색할 수 있다.
② 분야별 학습모듈을 살펴볼 수 있다.
③ 직업기초능력을 살펴볼 수 있다.
④ 능력단위별 임금정보를 살펴볼 수 있다.

56 직업정보제공 시 유의해야 할 사항으로 틀린 것은?

① 직업은 그 분야에서 전문적이므로 이용자가 이해할 수 있는 수준의 언어를 사용한다.
② 가장 최신의 자료를 활용한다.
③ 시청각의 효과를 부여한다.
④ 정보제공 방법별로 구분하지 않고 표준화된 형태로 제공한다.

57 한국직업전망(2015)의 분야별 고용전망으로 틀린 것은?

① 특수산업용기계, 금속공작·가공기계, 일반산업용기계, 사무자동처리기계, 의료·정밀측정제어기기, 자동차 분야의 고용은 증가할 것으로 전망된다.
② 미용사 외에도 피부미용사 및 체형관리사, 메이크업아티스트, 스포츠 및 레크리에이션 강사의 종사자 수는 다소 증가할 것으로 전망된다.
③ 향후 10년간 건축가(건축사) 및 건축공학기술자, 토목공학기술자, 조경기술자, 측량기술자 등의 고용은 증가할 것으로 전망된다.
④ 여행 관련 직종인 항공기 객실승무원과 여행상품개발자, 여행사무원, 여행 및 관광통역안내원의 고용은 다소 증가할 것으로 예상된다.

58 한국고용정보원에서 제공하는 고용 DB분석 자료가 아닌 것은?

① 워크넷 구인·구직 및 취업 동향
② 고용 동향(경제활동인구조사)
③ 직업능력개발 통계연보
④ 고용보험통계현황

59 직업정보수집을 위한 조사를 하려고 한다. 다음 중 일반적으로 가장 높은 응답률을 확보할 수 있는 조사방법은?

① 우편설문법　　　② 직접면접법
③ 전화설문법　　　④ 전자서베이

60 한국표준산업분류의 분류기준이 아닌 것은?

① 생산된 재화 또는 제공된 서비스의 특성
② 투입물의 특성
③ 소비활동의 일반적인 형태
④ 산출물의 물리적 구성 및 가공단계

제4과목　노동시장론

61 외국인 노동자의 유입효과와 가장 거리가 먼 것은?

① 전체 고용량의 증가
② 임금수준의 하락
③ 내국인 노동자의 취업증가
④ 사회보장비용의 증가

62 다음은 무엇에 관한 설명인가?

> 노동자의 과거 생산기록에 의해 일정 생산량 완성에 필요한 표준시간을 설정한 후 작업이 표준시간보다 일찍 완성된 경우, 실제 작업시간에 대해서는 보장된 시간당 임금률을 지급하고, 표준시간보다 절약된 시간에 대해서는 절약된 시간의 일정비율에 해당하는 임금을 프리미엄으로 지불하는 방식

① 로완(Rowan) 할증급제
② 할시(Halsey) 할증급제
③ 테일러(Taylor) 성과급제
④ 디머(Diemer) 할증급제

63 기혼여성의 경제활동참가를 증가시키는 요인이 아닌 것은?

① 가구주 소득의 증가
② 시장임금의 상승
③ 보상요구임금의 하락
④ 가사노동시간의 감소

64 그림에서 W0와 E0는 각각 시장균형임금과 균형고용량이다. 최저임금을 W1으로 설정할 때 발생하는 비자발적 실업 중 최저임금 설정으로 인한 노동수요 감소분의 크기는 얼마인가?

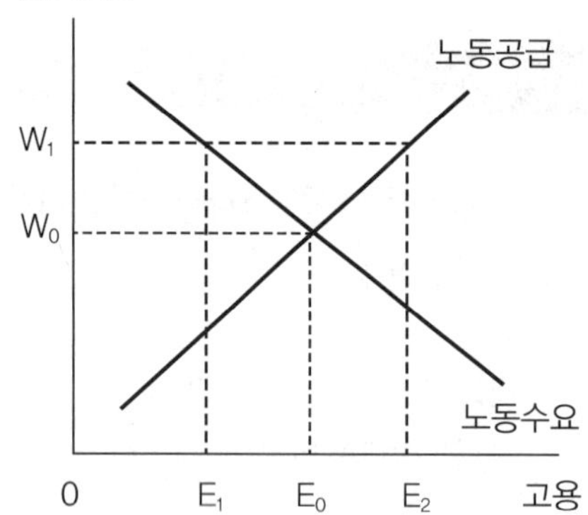

① OE_1
② E_1E_0
③ E_0E_2
④ E_1E_2

65 임금학설인 임금생존비설과 임금기금설에 관한 설명으로 틀린 것은?

① 임금생존비설은 노동수요 측을 무시한 이론이라는 비판을 받고 있다.
② 임금생존비설은 임금이 노동공급에 의해 결정된다고 보는 점에서 장기적 관점에 입각한 이론이다.
③ 임금기금설은 현실자본량으로 임금문제를 설명하기 때문에 단기적 관점에 입각한 이론이다.
④ 임금기금설은 임금생존비설을 부분적으로 계승하는 것으로 노동공급 측을 강조하는 이론이다.

66 임금상승이 노동의 한계생산력을 향상시키는 고임금의 경제가 존재하면 노동의 수요탄력성은?

① 보다 탄력적이 된다.
② 보다 비탄력적이 된다.
③ 탄력성이 변하지 않는다.
④ 완전탄력적이 된다.

67 생산성 임금제하에서 물가가 5% 상승하고 생산성이 2% 하락하였다면 명목임금은 얼마나 상승하여야 하는가?

① 3%
② 5%
③ 7%
④ 9%

68 던롭(Dunlop)의 노사관계 주요 환경과 가장 거리가 먼 것은?

① 기술적 특성
② 시장 또는 예산 제약
③ 각 주체의 세력관계
④ 정부의 정책방향

69 노동조합의 임금효과가 발생하는 경로 중 이전효과(Spill-over Effect)는?

① 노동조합에 의해 임금이 상승할 때 발생하는 조직부문의 고용감소가 비조직부문의 노동공급을 증가시켜 비조직부문의 임금을 인하시키는 효과
② 아직 노동조합이 조직되지 않은 부문에서 발생하는 노동조합 결성 가능성의 위협이 비조직부문의 임금을 인상시키는 효과
③ 비조직부문의 근로자들이 조직화된 기업에서 사직하고 실업상태에서 조직화로 임금이 높은 부문에 취업하기 위해 대기하는 효과
④ 조직화된 부문에서 노동조합의 위협으로 임금이 상승되는 효과

70 노동력의 60%가 매년 구직활동을 하고 구직에 평균 2개월이 소요되는 경우 이 이유만으로 인한 실업률은?

① 약 5% ② 약 10%

③ 약 15% ④ 약 20%

71 근로자의 이직비용과 노동공급곡선에 관한 설명으로 틀린 것은? (단, 노동시장은 완전경쟁적이다)

① 근로자의 이직비용이 0인 경우 개별기업이 직면하는 노동공급곡선은 수평이 된다.

② 근로자의 이직비용이 0인 경우 개별기업은 임금수용자가 된다.

③ 근로자의 이직비용이 0보다 클 경우 개별기업이 직면하는 노동공급곡선은 우상향한다.

④ 근로자의 이직비용이 클수록 노동공급의 임금탄력성이 커진다.

72 노동공급곡선이 일정 임금수준 이상에서 후방으로 굴절하는 이유는?

① 노동조합이 노동공급을 감소시키기 때문이다.

② 소득증가에 따라 인구증가율이 감소하기 때문이다.

③ 노동공급의 대체효과가 소득효과보다 작기 때문이다.

④ 임금상승에 따라 기업에서 노동을 자본으로 대체하기 때문이다.

73 힉스(Hicks)의 단체교섭이론에 관한 설명으로 틀린 것은?

① 노사 양측의 요구임금 및 제의임금의 수준이 파업기간에 따라 달라진다.

② 사용자들은 파업기간이 길어짐에 따라 점차 높은 임금을 지불하는 방향으로 양보할 수밖에 없다.

③ 노동조합은 파업이 진행됨에 따라 요구임금 수준을 낮출 수밖에 없다.

④ 파업이 발생하기 이전의 상태를 적절히 설명하는 이론이다.

74 보상적임금격차론에서 설명하는 바와는 달리 현실에서는 근로조건이 좋은 직종의 임금이 더 높은 이유와 가장 거리가 먼 것은?

① 고임금직종에서 요구되는 인적자본의 수준이 높으므로

② 고임금직종에서의 노동생산성이 높으므로

③ 고임금직종에서는 초과노동수요가 존재하므로

④ 고임금직종의 근로자들이 기업성과에 미치는 영향이 더 크므로

75 기업이 노동수요를 독점하는 경우의 임금수준은? (단, 상품시장은 완전경쟁시장이다)

① 노동의 한계요소비용과 같게 된다.

② 노동의 평균요소비용과 같게 된다.

③ 노동의 총요소비용과 같게 된다.

④ 노동의 비용과 관계없이 노동수요에 의해 결정된다.

76 장기노동수요함수와 관련된 효과에 해당하는 것은?

① 지역효과 ② 규모효과

③ 상승효과 ④ 충격효과

77 아래 표는 A기업의 노동공급(근로시간), 임금 및 한계수입생산을 나타내고 있다. 다음 중 옳은 것은?

노동공급	임금	한계수입생산
5	6	–
6	8	50
7	10	38
8	12	26
9	14	14
10	16	2

① 노동공급 7일 때 한계노동비용은 20이다.

② 이윤을 극대화하기 위한 노동공급은 7이다.

③ 노동공급이 7일 때 임금탄력성은 0.5이다.

④ 이윤을 극대화하기 위한 한계노동비용은 26이다.

78 이중노동시장구조에서 예측할 수 없는 것은?

① 인력난과 구인난이 동시에 존재한다.
② 저임금기업군에서 인력이 유출되어 장기간 대기실업 상태에 있을 수 있다.
③ 1차 노동시장에서 2차 노동시장으로 인력의 이동이 일어난다.
④ 고임금기업군에서는 인력난이 일어나지 않는다.

79 역사적으로 가장 오래되고, 숙련노동자가 노동시장을 배타적으로 독점하기 위해 조직한 노동조합의 형태는?

① 기업별 노동조합
② 산업별 노동조합
③ 일반 노동조합
④ 직업별 노동조합

80 다음 중 마찰적 실업이 발생하는 이유는?

① 시장정보의 불완전성
② 기술혁신과 신기술 도입
③ 경기침체
④ 계절적인 변화

제5과목　　노동관계법규

81 직업안정법상 신고나 등록사항에 관한 내용 연결이 틀린 것은?

① 국외 무료직업소개사업 – 고용노동부장관에게 신고
② 국내 무료직업소개사업 – 주된 사업소의 소재지를 관할하는 특별자치도지사·시장·군수 및 구청장에게 신고
③ 국내 유료직업소개사업 – 주된 사업소의 소재지를 관할하는 특별자치도지사·시장·군수 및 구청장에게 신고
④ 국외 유료직업소개사업 – 고용노동부장관에게 등록

82 근로기준법상 최우선 변제되는 채권은?

① 최종 3년간의 임금
② 조세 및 공과금
③ 최종 3월간의 임금
④ 질권 또는 저당권에 의하여 담보된 채권

83 남녀고용평등과 일·가정 양립 지원에 관한 법률이 규정하고 있는 내용이 아닌 것은?

① 육아휴직급여
② 배우자 출산휴가
③ 직장보육시설 설치
④ 출산전후휴가에 대한 지원

84 헌법 제32조(근로의 권리)에 관한 설명으로 틀린 것은?

① 근로조건의 기준은 인간의 존엄성을 보장하도록 법률로 정한다.
② 신체장애자는 법률이 정하는 바에 의하여 우선적으로 근로의 기회를 부여받는다.
③ 여자의 근로는 특별한 보호를 받으며, 고용·임금 및 근로조건에 있어서 부당한 차별을 받지 아니한다.
④ 국가는 사회적·경제적 방법으로 근로자의 고용의 증진과 적정임금의 보장에 노력하여야 하며, 법률이 정하는 바에 의하여 최저임금제를 시행하여야 한다.

85 남녀고용평등과 일·가정 양립 지원에 관한 법령상 직장 내 성희롱 예방 교육에 관한 설명으로 틀린 것은?

① 상시 10명 미만의 근로자를 고용하는 사업장의 경우 간접교육(홍보물 게시·배포)도 가능하다.
② 성희롱 예방 교육 내용에는 직장 내 성희롱 발생 시 처리절차와 조치기준, 고충상담 및 구제절차 등이 있다.

③ 단순히 교육자료 배포나 게시판 공지 등으로 교육내용이 제대로 전달되었는지 확인이 곤란한 경우 예방 교육을 한 것으로 보지 않는다.
④ 직장 내 성희롱 예방을 위한 교육은 연 2회 이상 실시하여야 한다.

86 근로기준법상 상시 4명 이하의 근로자를 사용하는 사업 또는 사업장에 적용되는 것을 모두 고른 것은?

> ㄱ. 제74조(임산부의 보호)
> ㄴ. 제60조(연차 유급휴가)
> ㄷ. 제46조(휴업수당)
> ㄹ. 제26조(해고의 예고)

① ㄱ, ㄴ
② ㄱ, ㄹ
③ ㄴ, ㄷ
④ ㄷ, ㄹ

87 고용보험법에서 사용하는 용어의 뜻으로 틀린 것은?

① 이직(離職)이란 피보험자와 사업주 사이의 고용관계가 끝나게 되는 것을 말한다.
② 실업이란 근로의 의사와 능력이 있음에도 불구하고 취업하지 못한 상태에 있는 것을 말한다.
③ 일용근로자란 매일 고용하고 그날 고용을 종료시키는 자를 말한다.
④ 실업의 인정이란 직업안정기관의 장이 수급자격자가 실업한 상태에서 적극적으로 구직노력을 하고 있다고 인정하는 것을 말한다.

88 고용정책 기본법상 명시된 기본원칙에 해당하지 않는 것은?

① 근로자의 직업선택의 자유와 근로의 권리가 확보되도록 할 것
② 사업주의 자율적인 고용관리를 존중할 것
③ 고용정책은 효율적이고 성과지향적으로 수립·시행할 것
④ 사업주의 채용의 자유 제한의 불가피성을 인정할 것

89 고용정책 기본법상 근로복지공단이 고용노동부장관으로부터 실업대책사업을 위탁받아 실시하는 경우 허용되는 자금조성 방법이 아닌 것은?

① 정부의 보조
② 정부의 출연(出捐)
③ 정부 외의 자의 출연 또는 보조
④ 기획재정부장관의 승인을 받은 자금의 차입

90 고용보험법상 피보험자격의 취득일 및 상실일에 대한 설명으로 틀린 것은?

① 적용제외 근로자이었던 자가 고용보험법의 적용을 받게 된 경우에는 그 적용을 받게 된 날 피보험자격을 취득한 것으로 본다.
② 보험관계 성립일 전에 고용된 근로자의 경우에는 그 고용된 날 피보험자격을 취득한 것으로 본다.
③ 피보험자가 적용제외 근로자에 해당하게 된 경우에는 그 적용제외 대상자가 된 날 피보험자격을 상실한다.
④ 피보험자가 이직한 경우에는 이직한 날의 다음 날 피보험자격을 상실한다.

91 고용정책 기본법상 근로자의 고용촉진 및 사업주의 인력확보 지원시책이 아닌 것은?

① 일용근로자 등의 고용안정 지원
② 사회서비스일자리 창출 및 사회적기업 육성
③ 취업취약계층의 고용촉진 지원
④ 업종별·지역별 고용조정의 지원

92 파견근로자보호 등에 관한 법률에 관한 설명으로 틀린 것은?

① 근로자파견사업의 허가의 유효기간은 3년으로 한다.
② 파견사업주는 자기의 명의로 타인에게 근로자파견사업을 행하게 하여서는 아니 된다.

③ 파견사업주는 쟁의행위 중인 사업장에 그 쟁의행위로 중단된 업무의 수행을 위하여 근로자를 파견하여서는 아니 된다.

④ 사용사업주는 파견근로자를 사용하고 있는 업무에 근로자를 직접 고용하고자 하는 경우에는 당해 파견근로자를 우선적으로 고용하여야 한다.

93 직업안정법상 직업안정기관의 장이 구인신청의 수리(受理)를 거부하지 못하는 경우는?

① 구인신청의 내용이 법령을 위반한 경우

② 구인신청의 내용 중 임금이 통상적인 근로조건에 비하여 현저히 부적당하다고 인정되는 경우

③ 구인자가 구인조건을 밝히기를 거부하는 경우

④ 구인자가 자격증을 요구하는 경우

94 근로기준법상 이행강제금에 대한 설명으로 틀린 것은?

① 노동위원회는 구제명령(구제명령을 내용으로 하는 재심판정 포함)을 받은 후 이행기한까지 구제명령을 이행하지 아니한 사용자에게 2천만 원 이하의 이행강제금을 부과한다.

② 노동위원회는 이행강제금을 부과하기 60일 전까지 이행강제금을 부과·징수한다는 뜻을 사용자에게 미리 문서로써 알려 주어야 한다.

③ 노동위원회는 최초의 구제명령을 한 날을 기준으로 매년 2회의 범위에서 구제명령이 이행될 때까지 반복하여 이행강제금을 부과·징수할 수 있다. 이 경우 이행강제금은 2년을 초과하여 부과·징수하지 못한다.

④ 근로자는 구제명령을 받은 사용자가 이행기한까지 구제명령을 이행하지 아니하면 이행기한이 지난 때부터 15일 이내에 그 사실을 노동위원회에 알려 줄 수 있다.

95 파견근로자보호 등에 관한 법률상 근로자파견사업의 허가를 받을 수 있는 자는?

① 미성년자

② 금고 이상의 형(집행유예를 제외한다)의 선고를 받고 그 집행이 종료되거나 집행을 받지 아니하기로 확정된 후 2년이 경과된 자

③ 금고 이상의 형의 집행유예선고를 받고 그 유예기간 중에 있는 자

④ 파산선고를 받고 복권되지 아니한 자

96 다음 (   ) 안에 알맞은 것은?

> 고용상 연령차별금지 및 고령자고용촉진에 관한 법령상 상시 (   ) 이상의 근로자를 사용하는 사업장의 사업주는 기준고용률 이상의 고령자를 고용하도록 노력하여야 한다.

① 50명　　　　② 100명
③ 200명　　　　④ 300명

97 노동기본권의 제한과 정당성에 관한 설명으로 틀린 것은?

① 노동기본권은 전혀 제한할 수 없거나 그의 행사로 다른 기본권을 무한정 침해할 수 있는 절대적인 권리는 아니다.

② 노동기본권의 행사의 정당성이 있는 경우에 한하여 비록 그 행위가 민·형사책임의 구성요건에 해당될지라도 위법성이 조각되어 민·형사책임이 면제된다.

③ 헌법에 단결권의 제한을 받는 근로자는 공무원, 주요방위산업체에 종사하는 근로자이다.

④ 단체교섭권을 가진 단위노조가 복수로 설립되어 배타적 교섭제도를 도입할 경우 단위 내 개별노동조합의 단체교섭권은 제한받게 된다.

98 근로기준법상 사용자가 근로계약을 체결할 때 근로자에게 서면으로 명시하고 교부하여야 하는 근로조건이 아닌 것은?

① 임금의 구성항목

② 연차 유급휴가

③ 소정근로시간

④ 취업의 장소와 종사하여야 할 업무에 관한 사항

99 고용상 연령차별금지 및 고령자고용촉진에 관한 법률에 대한 설명으로 틀린 것은?

① 고용노동부장관은 고령자의 고용촉진에 관한 기본계획을 관계 중앙기관의 장과 협의하여 5년마다 수립하여야 한다.

② 모집·채용 등에서 연령차별을 당한 사람은 노동위원회에 그 내용을 진정할 수 있다.

③ 고용노동부장관은 연령차별행위를 한 사업주에게 시정명령을 한 경우 그 시정명령의 이행상황을 제출할 것을 요구할 수 있다.

④ 피해자는 연령차별행위를 한 사업주가 시정명령을 이행하지 아니하면 고용노동부장관에게 신고할 수 있다.

100 근로자직업능력 개발법령상 근로자에게 작업에 필요한 기초적 직무수행능력을 습득시키기 위하여 실시하는 직업능력개발훈련은?

① 향상훈련

② 양성(養成)훈련

③ 전직(轉職)훈련

④ 혼합훈련

제1과목 — 고급 직업상담학

01	02	03	04	05	06	07	08	09	10
①	③	③	③	③	③	②	②	④	④

11	12	13	14	15	16	17	18	19	20
③	①	④	②	①	④	④	③	①	②

01 '가식의, 환멸의, 위험한' 등은 '불확실함'의 정서와는 거리가 먼 주제어이다.

02 직업의 위신과 가치를 알아보는 것이 직업상담 프로그램에 꼭 포함될 필요는 없다.

03 해결중심 상담의 내담자 유형
- 방문형 : 타자에 의해 의뢰된 경우로, 내담자는 자신이 문제가 있다고 보지 않고 도움도 구하지 않는다.
- 불평형 : 문제에 대해 정보를 제공하면서 많은 고통을 경험하고 있다며 도움을 요청하지만 여전히 자기 자신이 문제나 해결책의 일부라고 보지 않는다.
- 고객형 : 자신이 문제와 해결책의 일부라고 본다. 변화에 동기화되어 있다.

04 ③ 직업카드 분류는 표준화된 흥미검사를 보완하여 사용할 수 있는 질적 검사로, 보다 포괄적이고 심층적인 정보를 얻을 수 있다.

06 발달이론에서의 직업선택은 일회적인 것이 아니라 전 생애에 걸쳐 일어나는 연속적인 과정이다.

07 ② 무조건적 존중은 내담자를 수용하는 상담자의 태도이다.

08 하렌(Harren)의 의사결정 유형 : 합리적 유형, 의존적 유형, 직관적 유형

09 로저스의 충분히 기능하는 사람의 특징
- 경험에 대해 개방적이다.
- 실존적인 삶을 살아간다.
- 유기체적인 신뢰가 있다.
- 자유롭다.
- 창조적이다.

10 메타분석방법은 개별 연구들 간의 결과물들을 표준화하여 종합, 비교하는 방법으로 개별 프로그램의 효과를 검증하기 위한 가장 강력한 방법으로 보기는 어렵다.

11 개방적 질문은 내담자의 자기탐색을 돕고 보다 광범위한 답변을 통해 내담자를 더 잘 이해할 수 있는 질문기법이다. 폐쇄적 질문이 개방적 질문보다 더 효과적이라고 볼 수는 없다.

12 부정적 정서 유발은 비합리적 사고의 결과로서 나타나는 것이다.

13 생애기술 중 '책임성'은 해당되지 않는다.

14 반조건형성이란 노출치료, 혐오치료 등 부적응적 행동의 소거를 목적으로 하는 기법이다.

15 사회적 모델링이란 타인의 행동을 관찰하고 그를 통해 모방학습을 유발하는 상담기법이다.

16 ④ 다문화적인 집단문화를 통해 상대를 이해하는 관점을 증진시키고 자신을 보다 객관적으로 바라볼 수 있다.

17 ① 최종결정과 선택은 내담자가 해야 한다.
② 직업상담사는 비밀유지의 의무가 있다.
③ 특수집단의 직업상담도 필요하다.

18 인지적 상담은 심층적 사고방식과 신념체계를 다루므로 효과가 장기적이다.

19 정보의 오류란 표현된 정보가 완전하지 않은 오류(일부 정보의 삭제, 불확실한 정보)를 말한다.

20 체계적 둔감법이란 무조건 자극과 조건자극을 결합하여 조건반응을 유발하는 고전적 조건형성의 원리에 근거한다.

제2과목 — 고급 직업심리학

21	22	23	24	25	26	27	28	29	30
②	③	③	②	①	③	④	①	③	①

31	32	33	34	35	36	37	38	39	40
③	①	④	③	①	④	①	③	②	③

21 홀랜드의 성격 유형
- 현실형 : 기계, 도구, 동물에 관한 체계적인 조작 활동을 좋아한다. 기술자, 정비사, 엔지니어
- 탐구형 : 분석적, 호기심이 많고 조직적이며 정확하다. 생물학자, 과학자
- 예술형 : 표현이 풍부하고 독창적이고 비순응적이다. 실내장식가, 음악가
- 사회형 : 다른 사람과 함게 일하거나 다른 사람을 돕는 것. 장의사, 카운슬러, 바텐더
- 진취형 : 조직목표나 경제적 목표를 달성하기 위해 타인을 조작하는 활동을 즐긴다. 세일즈맨, 경영자, 법관
- 관습형 : 체계적으로 잘 처리하고 기록을 정리한다. 비서, 재정전문가, 사무원, 공무원, 공인회계사

22 라자루스와 포크만의 인지적 평가이론
- 스트레스를 유발하는 사건 자체보다 그 사건에 대한 개인의 지각 및 인지 관점에 초점을 두었다.
- 생활사건이 스트레스를 일으키기보다는 개인의 상황에 대한 인지적 평가가 스트레스를 만든다고 가정하였다.
- 개인에게 과도한 부담을 주거나 개인의 가용자원을 초과하여 안녕을 위협하는 것으로 평가되는 내적·외적 요구를 다스리기 위한 지속적인 인지적·행동적 노력을 '스트레스 대치'로 본다.

23 타이드만의 진로발달이론
- 타이드만과 오하라는 자아발달, 개인의 종합적인 인지발달과 의사결정과정을 중점으로 발달이론을 제시하였다.
- 개인들이 자신의 심리사회적 위기를 해결해 나감이 일에 대한 태도와 자아가 발달한다.
- 자아정체감이 발달하면서 진로 관련 의사결정도 이루어진다.

24 상관에 영향을 미치는 요인
- 범위의 축소(범위의 제한) : 자료에 따라 변인의 범위가 제한될 경우 상관계수 r은 증가되거나 감소될 수 있다.
- 관계의 비선형성 : 두 변수의 관계가 선형적(linear)이지 않은 경우, 두 변수 간의 상관계수는 선형관계일 때보다 작다.
- 이질적인 하위 표본의 영향 : 2개의 자료의 합한 상관계수를 해석할 때 자료의 이질성에 대해 주의해야 한다.

- 극단적 관찰값 : 타당한 이유 없이 그 값을 임의로 제거하면 안 된다.

참고 : http://blog.naver.com/PostView. 심리통계 3강

25 인지적 정보처리 이론의 주요 전제
- 진로선택은 인지적 및 정의적 과정들의 상호작용의 결과이다.
- 진로의 선택은 하나의 문제해결활동이다.
- 진로해결자의 잠재력은 지식과 인지적 조작의 가용성에 의존한다.
- 진로문제해결은 고도의 기억력을 요구한다.
- 동기의 근원을 알면서 자신을 이해하고 만족스러운 진로선택을 하려는 욕망이다.
- 진로발달은 지식구조의 계속적인 성장과 변화를 포함한다.
- 진로정체성(Career Identity)은 자기지식에 의존한다.
- 진로성숙은 진로문제를 해결할 수 있는 자신의 능력에 의존한다.
- 진로상담의 최종목표는 정보처리 기술들의 발전을 성장시킴으로써 완성된다.
- 진로상담의 최종목표는 진로문제해결자이고 의사결정인 내담자의 잠재력을 증진시킴에 있다.

26 행동기준 평정척도
- 행동에 기반을 둔 직무수행 평가도구로, 조직에서 일어나는 행동을 중대사건에서 도출하여 사용하는 방법과 응답 선택지가 행동으로 정의된 평정척도이다.
- 평정자는 제시된 행동 중 어느 행동이 직무수행과 가까운지 표시한다.
- 수행행동이 얼마나 더 나쁜지, 비슷한지, 나은지를 표시한다.

참고 : http:terms.naver.com 한태영(2013). 인사평가와 성과관리. 서울시그마

27 부적강화 : 불쾌자극을 제거하여 바람직한 반응의 확률을 높인다. 예 발표자에 대한 보충수업 면제를 통보하여 학생들의 발표를 유도한다.

28
- 직무상에서 발생되는 행동에 대한 것으로 정의
- 개인의 작업 관련 행동을 일으키며, 작업 관련 행동의 형태, 방향, 강도, 지속기간을 결정하는 역동적 힘의 집합으로, 작업수행, 직무만족, 이직 등의 문제와 관련 있다.

29 극대수행검사

- 문항에 정답이 있다.
- 응답의 시간제한이 있다.
- 최대한의 능력발휘를 요구한다.
- 지능검사, 적성검사, 성취도검사가 있다.

30 직무평가

- 직무 간의 내용과 성질에 따라 임금형평성을 결정할 수 있다.
- 직무의 상대적 가치를 결정하므로 직무분석과는 달리 직무에 대한 가치판단이 개재될 수 있다.
- 공정하고 객관적인 임금수준을 결정하기 위해서 직장 내 여러 직무들 각각이 조직효율성에 기여하는 상대적 가치를 판단한다.

31 직업적응이론

- 개인과 환경 간의 상호작용을 강조하고 있다.
- 개인의 특성과 환경에서의 요구사항과 연관지어 직무만족이나 직무유지 등의 진로행동을 설명하려는 이론이다.
- MIQ, JDQ, MSQ 등 다양한 측정도구가 있다.
- 강화요인 : 개인을 둘러싸고 있는 환경으로부터 제공받게 된다.

32

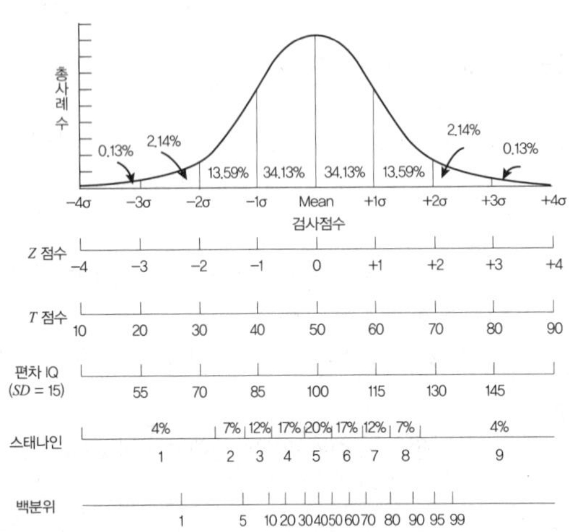

Z점수의 평균은 0점

33 레빈슨(Levinson)의 경력개발이론

- 인생의 사계절은 변화와 안정의 순환과정이며, 인생의 한 계절에서 다른 계절로 옮겨가는 과정에는 변화와 성장을 위한 고통이 동반한다.
- 인생주기
  - 성인이전 시기(0~22세) : 수태에서 청년말기까지의 형성기
  - 성인전기(17~40세) : 인생의 중요한 선택을 하며 최고의 정력을 활용하지만 가장 큰 스트레스를 받는다.
  - 성인중기(40~60세) : 생물학적 능력이 다소 감소, 사회적 책임은 커짐.
  - 성인후기(60세 이상) : 인생의 마지막 단계
- 성인전기 초보인생구조(22~28세)
  - 몇 개의 중요한 선택의 시기(사랑, 결혼, 가족, 직업, 독립, 삶의 양식)
  - 젊은 성인으로서 자신의 삶을 계획
  - 새로운 세계와 세대에서 자신의 위치를 마련하는 첫 시도

34 불평형 : 종업원들이 자신을 타인과 비교할 때 발생하는 심리적인 상태

- 과소지급 : 자신들이 투입한 것에 비해 다른 사람들이 더 많은 산출물을 얻는다고 믿게 되는 경우
- 과대지급 : 다른 사람에 비해 투입물 대비 자신의 산출물이 더 많다고 믿게 되는 경우

35 성장기

- 환상기(4~10세) : 욕구가 지배적이며 환상적인 역할수행이 중시된다.
- 흥미기(11~12세) : 활동의 목표와 내용을 결정하는 데 있어서 흥미가 중요요인이 된다.
- 능력기(13~14세) : 능력을 중시하면서 진로를 선택하려 하며 직업훈련에 있어서의 요구조건 또한 고려한다.

36 야호다(Jahoda)의 박탈이론

불만족스러운 취업이 실업상태보다는 낮다. 고용승계를 이어주는 기능도 있지만 한 개인을 현실과 연결시켜 주며 정신건강에 도움이 된다는 잠재효과가 있다는 이론

- 시간을 구조적으로 사용하게 해준다.
- 타인과 사회적인 접촉의 기회를 준다.
- 개인의 목표를 부여한다.
- 자신의 정체성을 갖게 된다.
- 활동을 강화시켜 준다.

37 로(Roe)의 욕구이론에서 아동기 초기의 경험은 가정환경, 특히 부모와의 관계, 부모 행동에 큰 영향을 받는다고 보았다.

38 직무분석의 과정도구(AET)

- 작업체계분석 : 작업대상, 장비, 작업환경
- 과제분석

• 직무요구분석 : 지각에 대한 요구, 결정의 차원, 반응·활동의 요구

39 ① 주제통각검사 : 성격검사
③ 자기보고검사 : 심리검사 방법
④ 수행능력검사 : 능력검사

40 **직무 스트레스에 대한 직접적 대처전략**
• 가치관을 전환시켜야 한다.
• 목표지향적 초고속심리에서 과정중심적 사고방식으로 전환해야 한다.
• 스트레스에 정면으로 도전하는 마음가짐이 있어야 한다.
• 균형 있는 생활을 해야 한다.
• 취미, 오락을 통해 생활 장면을 전환하는 활동을 규칙적으로 한다.

제3과목 고급 직업정보론

41	42	43	44	45	46	47	48	49	50
③	②	④	④	③	②	④	④	④	②

51	52	53	54	55	56	57	58	59	60
④	③	①	④	④	④	③	②	②	③

41 고용직업분류의 세분류 명칭을 일치시켰다.

42 기계조작원에 대한 설명이다.

43 고용보험 홈페이지에서 제공하는 자료이다.

44 사업체 노동력 조사는 고용이 아닌 '노동력'을 주제로 하는 조사이다.

45 활동유형 단위와 사업체 단위는 단일 산업활동이다.

46 ② 희망임금에 대한 설명이다.

47 9년 이상 실무에 종사한 사람이다.

48 HRD-Net 훈련정보의 대상별 검색으로는 구직자, 재직자, 기업, 일학습병행제, 청년이 있다.

49 개인의 의견보다는 집단의 의견에 따라갈 수 있다.

50 수수료 또는 계약에 의하여 활동을 수행하는 단위는 자기계정과 자기책임하에서 생산하는 단위와 동일항목에 분류되어야 한다.

51 수행준거는 능력단위 요소별로 성취해야 하는 수행의 기준을 제시한 것이다.

52 계절에 따라 정기적으로 산업을 달리하는 사업체의 경우에는 조사시점에서 경영하는 사업과는 관계없이 조사대상 기간 중 산출액이 많았던 활동에 의하여 분류된다.

53 '정규교육'은 해당 직업의 직무를 수행하는 데 필요한 일반적인 정규교육수준을 의미하는 것으로 해당 직업 종사자의 평균 학력을 나타내는 것은 아니다. 현행 우리나라 정규교육과정의 연한을 고려하였다.

54 중장년 직업역량검사 등이 있다.

55 임금정보는 NQF 구축 시 조사한다.

56 직업정보의 제공방법은 방법별로 적절한 형태로 제공한다.

57 다소감소 직업은 32개로, 경기침체와 인구구조의 변화 등에 의한 영향을 받는 제조 및 건설 관련 직업들이 대부분이다. 최근 금융업계의 구조조정 등으로 인력감축이 이뤄지고 있는 증권과 금융종사자와 침체가 장기화되고 있는 건설 관련 직종의 대부분은 고용이 다소 감소할 것으로 전망되었다. 또한 종사인원의 고령화, FTA 등을 통한 시장개방으로 경쟁력이 약화된 농림어업 관련직도 다소 감소할 것으로 전망된다.

58 한국고용정보원에서 제공하는 고용 DB 분석 자료로는 구인구직통계, 고용보험통계, 직업능력개발사업통계, 차트로 보는 고용행정통계 등이 있다.

59 직접면접법은 가장 높은 응답률을 확보할 수 있는 직업정보 수집방법이다.

60 산업분류는 생산단위가 주로 수행하고 있는 산업활동을 그 유사성에 따라 유형화한 것으로 이는 다음과 같은 분류기준에 의하여 분류된다.
• 산출물(생산된 재화 또는 제공된 서비스)의 특성
 - 산출물의 물리적 구성 및 가공단계
 - 산출물의 수요처
 - 산출물의 기능 및 용도
• 투입물의 특성 : 원재료, 생산 공정, 생산기술 및 시설 등
• 생산활동의 일반적인 결합형태

61	62	63	64	65	66	67	68	69	70
③	②	①	②	④	②	①	④	①	②

71	72	73	74	75	76	77	78	79	80
④	③	④	③	②	②	④	③	④	①

61 외국인 노동자의 임금수준이 상대적으로 저렴하기 때문에 내국인 노동자의 일자리를 일정 부분 잠식하게 된다.

63 타 가구원의 소득이 증가하면 기혼여성의 경제활동 참가는 감소한다.

64 임금이 W_0에서 W_1으로 상승하면 노동수요량은 E_0에서 E_1으로 감소($E_1 \sim E_0$만큼 감소)하고, 노동공급량은 E_0에서 E_2로 증가한다. 결국, 최저임금이 균형임금보다 커져서 실업이 발생한다($E_1 \sim E_2$만큼의 노동의 초과공급).

65 임금기금설은 노동수요자(기업)가 특정시점에 지불할 수 있는 임금의 총액은 한정되어 있으므로 누군가의 임금상승은 다른 누군가의 임금하락이나 실업을 초래한다고 본다. 즉, 노동수요자의 지불능력에 의해 임금수준이 좌우된다. 이처럼 노동수요자의 입장에서 설명하고 있으므로 임금기금설은 노동수요 측면을 강조하는 이론이다.

66 고임금경제가 존재할 경우에는 노동수요의 탄력성은 더 비탄력적이다. 그러므로 똑같은 비율로 임금이 상승하더라도 고임금경제가 존재하는 경우에 고용량의 감소 폭이 더 작다.

67 생산성임금제를 적용하므로 생산성증가율이 −2%이면 실질임금증가율도 −2%, 물가상승률은 5% 따라서 아래 식에 대입하면
실질임금증가율 = 명목임금증가율 − 물가상승률
−2% = 명목임금증가율 − 5%
그러므로 명목임금증가율은 3%이다.

68 기술적 특성, 시장 또는 예산 제약, 각 주체의 세력관계는 던롭의 노사관계를 규제하는 여건 3가지이다.

70 탐색기간이 2개월이므로 $60\% \times \dfrac{2}{12} = 10\%$이다.

71 노동공급의 탄력성 $= \dfrac{\text{노동공급량의 변화율}}{\text{임금의 변화율}}$

이직비용이 크면 노동자는 임금변화에 노동공급량을 신축적으로 늘리거나 줄이기 힘들어진다(회사 옮기는 데 비용이 많이 나가면 경쟁업체에서 조금 더 높은 임금을 제시하며 이직을 권유해도 쉽게 옮기지 못한다). 즉, 임금이 변할 때 노동공급량의 변화비율이 작아지므로 노동공급은 더 비탄력적이다.

72 소득효과가 대체효과보다 크면 임금과 노동은 상충(−)관계로, 노동공급곡선이 후방굴절한다.

73 힉스의 교섭이론에 등장하는 사용자의 양보곡선과 노조의 저항곡선은 파업기간 중 노사의 임금수준의 변화를 나타내고 있다.

74 ①, ②, ④는 고임금경제, 효율임금이론으로 설명이 가능하지만 ③은 설득력이 떨어진다.

75

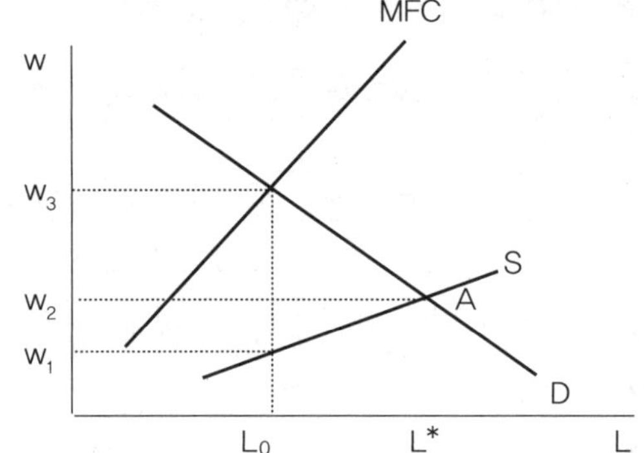

노동시장이 수요독점인 경우에는 노동의 한계비용(한계요소비용, MFC)과 수요곡선(D)이 만나는 점 L_0 수준에서 고용량이 결정되고, 임금은 L_0 수준에 대응하는 노동공급곡선(노동의 평균비용곡선)상의 W_1수준에서 결정된다. 그러므로 노동시장이 수요독점일 경우에는 노동시장이 완전경쟁일 때 임금수준(W_2)과 고용수준(L^*)보다 낮아지고 노동의 수요독점적 착취가 발생한다.

76 장기 노동수요곡선은 등량선과 등비선의 접점인 생산자균형점, 대체효과와 규모효과를 이용하여 도출한다.

77

노동 공급량 ①	단위당 임금 ②	총노동 비용(임 금총액) ①×②	한계노동 비용 (노동의 한 계비용)	한계 수입 생산
5	6	30		
6	8	48	18	50
7	10	70	22	38
8	12	96	26	26
9	14	126	30	14
10	16	160	34	2

이윤극대화 조건은 한계수입(MR)=한계비용(MC)이므로 노동시장의 경우는 '노동의 한계수입생산(MRPL) = 노동의 한계비용(MFC)'이다. 노동공급량이 7단위에서 8단위로 한 단위 증가할 때 총노동비용은 70단위에서 96단위로 26단위 증가하였으므로 노동 8단위가 될 때 한계비용은 26단위이고 그때의 한계수입이 26단위이므로 노동 8단위일 때 이윤이 극대가 되며 한계비용은 26단위가 된다.

78 이중노동시장은 노동시장의 분단을 전제로 한다. 노동시장이 분단되었다는 뜻은 분단된 시장 간 노동의 이동이 원활하지 않다는 의미이다.

79 직업별(직종별) 노동조합이 가장 오래된 형태의 노동조합이다.

80 마찰적 실업의 원인은 정보부족, 정보의 불완전성이고, 대책은 정보제공이다.

제5과목 **노동관계법규**

81	82	83	84	85	86	87	88	89	90
③	③	①	②	④	②	③	④	④	②
91	92	93	94	95	96	97	98	99	100
④	④	④	②	②	④	③	④	②	②

81 유료직업소개사업은 신고사항이 아니라 등록사항이다(법 제19조 제1항).

82 우선변제의 순위
- 최종 3월분의 임금·최종 3년분의 퇴직금
- 질권 또는 저당권에 우선하는 조세·공과금
- 질권 또는 저당권에 의하여 담보된 채권
- 최종 3월분을 제외한 임금, 최종 3년분을 제외한 퇴직금과 기타 근로관계로 인한 채권
- 조세·공과금 및 일반채권

83 육아휴직급여는 고용보험법에서 규정하고 있다(고용보험법 제70조).

84 국가유공자·상이군경 및 전몰군경의 유가족은 법률이 정하는 바에 의하여 우선적으로 근로의 기회를 부여받는다(헌법 제32조 제6항).

85 직장 내 성희롱 예방을 위한 교육은 연 1회 이상 실시하여야 한다(법 제13조 제2항, 시행령 제3조 제1항).

86 연차유급휴가, 휴업수당 등은 상시 5인 이상의 근로자를 사용하는 사업장에 적용된다.

87 일용근로자란 1개월 미만 동안 고용되는 자를 말한다.

88 고용정책의 기본원칙(법 제3조)
- 근로자의 직업선택의 자유와 근로의 권리가 확보되도록 할 것
- 사업주의 자율적인 고용관리를 존중할 것
- 구직자의 자발적인 취업노력을 촉진할 것
- 고용정책은 효율적이고 성과지향적으로 수립·시행할 것
- 고용정책은 노동시장의 여건과 경제정책 및 사회정책을 고려하여 균형 있게 수립·시행할 것
- 고용정책은 국가·지방자치단체 간, 공공부문·민간부문 간 및 근로자·사업주·정부 간의 협력을 바탕으로 수립·시행할 것

89 근로복지공단은 실업대책사업을 위탁받아 하는 경우에는 ① 정부나 정부 외의 자의 출연 또는 보조, ② 고용노동부장관의 승인을 받아 자금의 차입, ③ 그 밖의 수입금에 의한 방법으로 해당 사업에 드는 자금을 조성한다(법 제34조).

90 당해 사업장의 보험관계 성립일 전에 고용된 근로자의 경우에는 그 보험관계가 성립한 날 피보험자격을 취득한 것으로 본다(법 제13조 제1항 제2호).

91 근로자의 고용촉진 및 사업주의 인력확보 지원 시책(법 제23조~제31조)
- 구직자와 구인자에 대한 지원
- 학생 등에 대한 직업지도
- 청년·여성·고령자 등의 고용촉진의 지원
- 취업취약계층의 고용촉진 지원
- 일용근로자 등의 고용안정 지원
- 사회서비스일자리 창출 및 사회적기업 육성
- 기업의 고용창출 등 지원
- 중소기업 인력확보지원계획의 수립·시행
- 외국인근로자의 도입

92 사용사업주는 파견근로자를 사용하고 있는 업무에 근로자를 직접 고용하고자 하는 경우에는 당해 파견근로자를 우선적으로 고용하도록 노력하여야 한다(법 제6조의2 제4항).

93 구인신청의 수리 거부 사유(법 제8조)
- 구인신청의 내용이 법령을 위반한 경우
- 구인신청의 내용 중 임금, 근로시간, 그 밖의 근로조건이 통상적인 근로조건에 비하여 현저하게 부적당하다고 인정되는 경우
- 구인자가 구인조건을 밝히기를 거부하는 경우
- 구인자가 구인신청 당시 「근로기준법」 제43조의2에 따라 명단이 공개 중인 체불사업주인 경우

94 노동위원회는 이행강제금을 부과하기 30일 전까지 이행강제금을 부과·징수한다는 뜻을 사용자에게 미리 문서로써 알려 주어야 한다.

95 금고 이상의 형(집행유예를 제외한다)의 선고를 받고 그 집행이 종료되거나 집행을 받지 아니하기로 확정된 후 2년이 경과되지 아니한 자는 근로자파견사업의 허가를 받을 수 없다(법 제8조).

96 상시 300명 이상의 근로자를 사용하는 사업주는 기준고용률 이상의 고령자를 고용하도록 노력하여야 한다(법 제12조, 시행령 제10조).

97 법률이 정하는 주요방위산업체에 종사하는 근로자의 단체행동권은 법률이 정하는 바에 의하여 이를 제한하거나 인정하지 아니할 수 있으나, 단결권 및 단체교섭권은 보장된다.

98 서면 명시 및 교부사항은 임금(임금의 구성항목, 계산방법, 지급방법 포함), 소정근로시간, 주휴일, 연차유급휴가 등이다. 취업의 장소와 종사하여야 할 업무에 관한 사항은 서면 명시사항이지만 교부하여야 할 사항은 아니다(법 제17조 제2항).

99 연령차별 금지의 위반으로 연령차별을 당한 사람은 국가인권위원회에 그 내용을 진정할 수 있다(법 제4조의6 제1항).

100 ② 양성훈련 : 근로자에게 작업에 필요한 기초적 직무수행능력을 습득시키기 위하여 실시하는 직업능력개발훈련
③ 전직훈련 : 근로자에게 종전의 직업과 유사하거나 새로운 직업에 필요한 직무수행능력을 습득시키기 위하여 실시하는 직업능력개발훈련
④ 혼합훈련 : 집체훈련, 현장훈련, 원격훈련의 훈련방법을 2개 이상 병행하여 실시하는 방법

 고급 직업상담학

01 직업상담에서 자기효능감 척도의 점수가 의미하는 것은?

① 다양한 영역에서 발휘되는 내담자의 사회적 기술들에 관해 말해 준다.
② 내담자가 직업과 관련하여 스스로를 얼마나 유능하게 인식하고 있는지를 말해 준다.
③ 내담자들에게 긍정적이거나 부정적으로 영향을 미친 요인이 무엇인지를 말해 준다.
④ 내담자가 불안감을 얼마나 극복할 수 있는지를 말해 준다.

02 내담자의 권리보장을 위해 상담자가 내담자에게 제공해야 하는 정보와 가장 거리가 먼 것은?

① 상담자의 개인적 정보
② 상담의 비용
③ 예상되는 상담기간
④ 비밀보장의 내용과 한계

03 다음 중 특성-요인 직업상담에 관한 설명으로 옳은 것은?

ㄱ. 서로 다른 직업에 종사하는 사람들은 서로 다른 심리적 특성을 가지고 있다고 가정한다.
ㄴ. 내담자에 대한 내적인 심리 역동에 초점을 둠으로써 진단은 부차적이다.
ㄷ. 상담과정은 합리적이고 과학적인 문제해결 방법을 따른다고 알려져 있다.
ㄹ. 상담자는 내담자의 협조를 위해 내담자와의 관계형성에 주력한다.

---

① ㄱ, ㄴ   ② ㄱ, ㄷ
③ ㄴ, ㄷ   ④ ㄷ, ㄹ

04 마이어스-브릭스 유형지표(MBTI)에서 직관형(N)의 특징으로 옳은 것은?

① 새로운 기술의 학습을 즐긴다.
② 주의집중을 요하는 작업을 좋아한다.
③ 상세한 일을 좋아한다.
④ 실수를 거의 하지 않는다.

05 교류분석 상담에서 일반적 상담과정을 바르게 나열한 것은?

① 계약 → 구조분석 → 교류분석 → 각본분석 → 게임분석 → 재결단
② 계약 → 구조분석 → 게임분석 → 교류분석 → 각본분석 → 재결단
③ 계약 → 구조분석 → 교류분석 → 게임분석 → 각본분석 → 재결단
④ 계약 → 구조분석 → 각본분석 → 게임분석 → 교류분석 → 재결단

06 정신역동적 상담에서 해석을 통해 자신의 문제를 통찰하고 난 후, 행동변화를 위해 꾸준히 노력해 나가는 과정은?

① 직면(Confrontation)
② 명료화(Clarification)
③ 훈습(Working Through)
④ 반영(Reflection)

07 내담자 중심 상담에서 심리적 문제발생과정을 바르게 나열한 것은?

ㄱ. 괴리된 행동의 출현
ㄴ. 위협 혹은 불안의 경험과 이에 대한 방어의 실패
ㄷ. 유기체적 경험과 자기개념 사이의 불일치
ㄹ. 유기체적 경험에 대한 의식 및 이에 따른 자기개념의 붕괴

---

① ㄷ → ㄴ → ㄹ → ㄱ
② ㄴ → ㄷ → ㄹ → ㄱ
③ ㄱ → ㄹ → ㄷ → ㄴ
④ ㄱ → ㄷ → ㄴ → ㄹ

08 다음은 대안개발의 표준화된 직업정보 수집과정에서 어떤 단계의 출처와 관련이 있는가?

> – 생애설계   – 전문가와의 면접
> – 관찰과 참여

① 1단계 : 직업분류 제시하기
② 2단계 : 대안 만들기
③ 3단계 : 목록 줄이기
④ 4단계 : 직업정보 수집하기

09 진로 미결정이나 우유부단과 같이 인지적 명확성에 문제가 있는 내담자에게 가장 필요한 직업상담 프로그램은?

① 자신에 대한 탐구 프로그램
② 직업복귀 프로그램
③ 미래사회에 대한 이해 프로그램
④ 취업 효능감 증진 프로그램

10 생애진로사정에 관한 설명으로 틀린 것은?

① 반구조화된 면접기법이다.
② 아들러의 개인심리학에 기초한다.
③ 내담자와 환경과의 관계를 이해하는 데 도움을 준다.
④ 상담 초기 내담자의 정보를 얻는 데 유용하다.

11 의사결정 촉진을 위한 '6개의 생각하는 모자' 기법에서 모자 색깔과 역할이 바르게 짝지어진 것은?

① 청색 – 본인과 직업들에 대한 사실들만을 고려한다.
② 백색 – 합리적으로 생각한다.
③ 적색 – 직관에 의존하고 직감에 따라 행동한다.

④ 황색 – 새로운 대안들을 찾으려고 노력하고 문제들을 다른 각도에서 바라본다.

12 카츠(Katz)가 제시한 직업상담에서의 3가지 행정기술에 해당하지 않는 것은?

① 사무처리 기술   ② 인화적 기술
③ 구상적 기술   ④ 사회복지 기술

13 다음 상담과정의 목표를 가지는 이론은?

> – 사회적 관심을 갖도록 돕는다.
> – 내담자의 잘못된 가치와 목표를 수정하도록 돕는다.
> – 내담자가 타인과의 동질감을 갖도록 돕는다.
> – 사회의 구성원으로 기여하도록 돕는다.

① 개인주의 상담이론
② 실존주의 상담이론
③ 교류분석적 상담이론
④ 내담자 중심 상담이론

14 윌리엄슨(Williamson)의 직업상담 문제 분류에 대한 설명으로 틀린 것은?

① 직업 무선택 : 내담자가 직접 직업을 결정한 경험이 없거나, 선호하는 몇 가지 직업이 있음에도 불구하고 어느 것을 선택할지를 결정하지 못하는 경우
② 직업선택의 확신 부족 : 직업선택에 확신이 없어, 직업선택을 유보하고 타인으로부터 자기가 성공하리라는 위안을 받고자 직업정보를 추구하는 경우
③ 현명하지 못한 직업선택 : 동기나 능력이 부족한 사람이 고도의 능력이나 특수한 재능을 요구하는 직업을 선택하거나, 흥미가 없고 자신의 성격에 맞지 않는 직업을 선택하는 경우 또는 자신의 능력보다 훨씬 낮은 능력을 요구하는 직업을 선택하거나 안정된 직업만을 추구하는 경우

④ 흥미와 적성의 모순 : 흥미를 느끼는 직업에 대해서는 수행능력이 부족하거나, 적성이 맞는 직업에 대해서는 흥미를 느끼지 못하는 등 적성과 흥미가 서로 일치하지 않는 경우

15 직업상담사가 갖추어야 할 자질 또는 능력과 가장 거리가 먼 것은?

① 개인 및 집단상담에 대한 일반적 지식과 기술
② 개인적 특성에 대한 측정도구의 개발능력
③ 직업 관련 정보와 자원에 대한 풍부한 지식
④ 특수집단에 대한 직업상담 지식과 기술

16 집단상담자의 윤리적 지침으로서 올바른 것은?

① 자신의 동료나 친구는 이미 서로 잘 알기 때문에 집단원으로 받아들이기에 좋다.
② 내담자의 동의가 있더라도 교육목적을 위해서 집단사례를 논의하는 일은 삼가야 한다.
③ 집단상담은 보편성이라는 치료적 요인이 중요하기 때문에 문화적 다양성을 고려하지 않는 것이 좋다.
④ 집단상담자는 집단에서 비밀이 완전히 보장받지 못할 수도 있다는 사실을 집단원에게 분명히 진술해야 한다.

17 발달적 직업상담에서 슈퍼(Super)가 제시한 내담자 평가에 해당하지 않는 것은?

① 문제 평가 ② 환경 평가
③ 예언적 평가 ④ 개인적 평가

18 개인직업상담과 집단직업상담의 비교설명으로 틀린 것은?

① 개인직업상담은 보다 심층적인 접근과 해결이 가능하다.
② 개인직업상담은 시간과 비용이 많이 든다.
③ 집단직업상담은 타인들이 보여주는 행동, 노력, 통찰력에 대해 학습할 수 있도록 해준다.

④ 여러 접근들에서 제시하고 있는 진단체계들을 모두 고려하였다.

19 포괄적 직업상담에 관한 설명으로 틀린 것은?

① 상담이론들이 가지고 있는 장점들을 서로 절충하고 단점을 보완하였다.
② 직업상담 과정을 내담자와 직업상담사 간의 상호작용 과정으로 본다.
③ 직업상담 사례를 제외하고 여러 상담들의 이론적 배경을 반영하였다.
④ 여러 접근들에서 제시하고 있는 진단체계들을 모두 고려하였다.

20 진로시간전망 검사(Circles Test)의 하위 차원에 관한 설명으로 옳은 것은?

① 방향성 : 현재 행동과 미래 결과를 연결하는 계획된 실습으로 진로의식을 증진시킨다.
② 변별성 : 미래를 현실처럼 느끼게 하여 미래계획에 대한 정적 태도를 강화시킨다.
③ 통합성 : 미래지향성을 증진시켜 낙관적인 입장을 구성한다.
④ 확정성 : 선택 가능한 직업의 종류를 탐색함으로써 직업결정을 촉진한다.

제2과목   고급 직업심리학

21 긴즈버그(Ginzberg)의 직업선택 발달이론에 관한 설명으로 옳은 것은?

① 11세 이전의 성장기에는 자기개념과 연합된 역량, 태도, 흥미, 욕구가 발달한다.
② 능력과 흥미가 통합되고, 직업선택이 구체화되는 것은 17세 이후의 현실기이다.
③ 첫 단계인 환상기에는 개인이 좋아하는 것과 싫어하는 것에 대한 명확한 결정을 한다.
④ 특정 경력에 대한 몰입이 증가하는 유사결정이 나타나는 것은 현실기 마지막 결정화 단계다.

22 다음에 해당하는 육각형 모델의 특징은?

> 홀랜드(Holland)의 육각형에서 예술형과 사회형은 탐구형과 진취형보다 더 많은 공통점을 가진다.

① 변별성(Disorimination)
② 정체성(Indentity)
③ 일관성(Consistency)
④ 일치성(Congruence)

23 다음 중 내재적 보상에 관한 설명으로 가장 적합한 것은?

① 내재적 보상은 직무 그 자체보다는 승진이나 복지혜택을 통해 얻어진다.
② 내재적 보상은 주로 경영진으로부터 얻어진다.
③ 내재적 보상은 종업원에게 직무확충을 통해 일을 보다 의미 있게 만듦으로써 제공할 수 있다.
④ 내재적 보상은 종업원의 수행에 근거하여 제공할 수 있다.

24 다음 중 진로발달이론을 제시한 이론가와 진로발달 단계가 잘못 연결된 것은?

① Super – 성장기, 탐색기, 확립기, 유지기, 쇠퇴기
② Ginzberg – 환상기, 잠정기, 현실기
③ Tiedeman과 O'Hara – 예상기, 적응기
④ Tuckman – 탐색기, 선택기, 확립기, 통찰기

25 검사문항들의 내적합치도를 측정하는 신뢰도는 무엇인가?

① 검사–재검사 신뢰도
② 동형검사 신뢰도
③ 반분신뢰도
④ 채점자 간 신뢰도

26 조직 내에서 각 직무들의 상대적인 가치를 결정하는 데 유용한 절차로서 임금수준을 결정하도록 해주는 방법은?

① 작업자 요건평가
② 작업자 특성평가
③ 직무평가
④ 직책평가

27 직업적성검사에서 어떤 사람의 추리력 점수가 T 점수로 40점이 나왔다면 이 사람의 추리력 수준은 어느 정도인가?

① 점수분포에서 이 사람보다 추리력이 낮은 수준의 사람들이 16% 있다.
② 점수분포에서 이 사람보다 추리력이 낮은 수준의 사람들이 26% 있다.
③ 점수분포에서 이 사람보다 추리력이 낮은 수준의 사람들이 50% 있다.
④ 점수분포에서 이 사람보다 추리력이 낮은 수준의 사람들이 66% 있다.

28 향후 학업수행능력을 예측하기 위하여 심리검사를 하고자 할 때 가장 적합한 검사는?

① 성취도검사
② 흥미검사
③ 성격검사
④ 태도검사

29 다음 중 직무만족이론과 관계가 없는 것은?

① 동기–위생이론
② 개인 내 비교과정이론
③ 5요인이론
④ 대인 비교과정이론

30 홀랜드(Holland)의 6가지 성격 유형에 해당되지 않는 것은?

① 현실적 유형
② 탐구적 유형
③ 희귀적 유형
④ 관습적 유형

31 실업이 사람을 심리적으로 황폐해지도록 만드는 이유는 자유재량권의 상실 때문이라는 이론은?

① 비타민 모델   ② 행위자 제약이론
③ 학습된 무기력이론   ④ 박탈이론

32 수행평가에서 자주 나타나는 평정오류로서 좋은 태도를 가지고 있는 종업원은 태도뿐만 아니라 수행의 양과 질 등 다른 차원에서도 우수한 능력을 가졌을 것이라고 믿는 과잉 일반화 현상은?

① 관용효과   ② 맥락효과
③ 후광효과   ④ 부정성효과

33 다중(Multiple) 경력 개념에서 제시되는 4가지 경력 유형에 해당하지 않는 것은?

① 직선적 경력   ② 전문적 경력
③ 나선형 경력   ④ 프로틴 경력

34 다음 심리검사 중 진로 및 직업상담 장면에서 일반적으로 그 활용 목적이나 상황이 다른 것은?

① 적성검사   ② 진로성숙도검사
③ 직업흥미검사   ④ 가치관검사

35 다음 중 일반적인 스트레스 모형에서 매개변인으로 볼 수 없는 것은?

① 역할갈등   ② Type A 행동
③ 통제의 위치   ④ 사회적 지원

36 목표설정이론에서 주장한 효과적인 목표 설정방법을 가장 바르게 설명한 것은?

① 목표는 높고 구체적이어야 한다.
② 목표는 조금 낮고 구체적이어야 한다.
③ 목표는 자신이 좋아하는 것으로 설정해야 한다.
④ 목표는 애매해야 한다.

37 진로발달에 관한 이론 중에서 능력에 대한 자기평가, 즉 자신감이 개인의 직업선택 및 만족에 영향을 미친다는 가정은 어느 이론에 기초하는가?

① 자기효능감이론
② 진로발달이론
③ 인지적 정보처리이론
④ 진로선택이론

38 크롬볼트(Krumboltz)가 제시한 진로결정에 영향을 주는 요인이 아닌 것은?

① 유전적 요인과 특별한 능력
② 환경적 조건과 사건
③ 학습경험
④ 직업적응

39 과제중심 직무분석(Task-oriented job Analysis)에 관한 설명으로 가장 적합한 것은?

① 직무에 무관하게 표준화된 분석도구를 만들기가 용이하고 다양한 직무에서 요구되는 과제 특성의 유사성을 양적으로 비교할 수 있다.
② 각 직무의 과제나 활동이 서로 다르기 때문에 분석하고자 하는 각각의 직무에 대해 표준화된 분석도구를 만들 수 없다.
③ 직무 간의 관계 범주에 포함된 문항을 통해 직무수행에서 어떤 수준의 의사소통능력이 요구되는지를 평정한다.
④ 식역특성분석(Threshold Traits Analysis)이라고도 부른다.

40 다음 사례의 이유로 가장 적합한 것은?

> 소방관이라는 직업은 화재 현장에 출동할 때보다 출동대기 상태에서 스트레스를 더 많이 받는 것으로 보고되고 있다.

① 전혀 위험하지 않기 때문이다.
② 기술 사용이 불가능하기 때문이다.
③ 화재신고가 한 건도 없을 수 있기 때문이다.

④ 대기상태가 야기하는 긴장과 불안이 위험한
  상황에 대응하는 것보다 더 많은 스트레스를
  주기 때문이다.

41 다음 중 훈련정보망(HRD-Net)이 추구하는 목표와
가장 거리가 먼 것은?

① 직업훈련기관에 대한 홍보
② 직업훈련 관련 행정의 전산화를 통한 효율성
  및 편의성 제고
③ 직업능력개발 관련 종합 DB구축을 통한 정책
  의 과학화 달성
④ 직업능력개발에 관한 수요자의 다양한 요구를
  반영하는 종합직업훈련정보망 기능 수행

42 다음 중 민간직업정보의 특성과 가장 거리가 먼 것은?

① 국제적으로 인정되는 객관적인 기준에 근거하
  여 직업을 분류하다.
② 특정한 목적에 맞게 해당 분야 및 직종을 제한
  적으로 선택한다.
③ 시사적인 관심이나 흥미를 유도할 수 있도록
  해당 직업을 분류한다.
④ 필요한 시기에 최대한 활용되도록 한시적으로
  신속하게 생산되어 운영된다.

43 한국표준산업분류에서 산업분류의 적용원칙으로 틀
린 것은?

① 복합적인 활동단위는 우선적으로 세세분류 단
  계를 정확히 결정하고, 대·중·소·세분류 단계
  항목을 역순으로 결정하여야 한다.
② 생산단위는 산출물뿐만 아니라 투입물과 생산
  공정 등을 함께 고려하여 그들의 활동을 가장
  정확하게 설명된 항목에 분류해야 한다.
③ 산업활동이 결합되어 있는 경우에는 그 활동
  단위의 주된 활동에 따라서 분류하여야 한다.

④ 수수료 또는 계약에 의하여 활동을 수행하는
  단위는 자기계정과 자기책임하에서 생산하는
  단위와 동일항목에 분류되어야 한다.

44 한국표준직업분류에서 대분류가 다른 직업은?

① 점술가   ② 웨딩플래너
③ 미용사   ④ 여행사무원

45 한국표준산업분류의 제조업에 대한 설명으로 틀린
것은?

① 제조업이란 원재료(물질 또는 구성요소)에 물
  리적, 화학적 작용을 가하여 투입된 원재료를
  성질이 다른 새로운 제품으로 전환시키는 산
  업활동을 말한다.
② 상품을 선별·정리·분할·포장·재포장하는 경
  우 등과 같이 그 상품의 본질적 성질을 변화시
  키지 않는 처리활동은 제조활동으로 보지 않
  는다.
③ 구입한 기계부품의 조립은 제조업으로 분류하
  지 않는다.
④ 인쇄 및 인쇄 관련 서비스업은 제조업으로 분
  류한다.

46 한국표준산업분류의 통계단위에 대한 설명으로 틀린
것은?

① 기업체 단위는 재화 및 서비스를 생산하는 법
  적 또는 제도적 단위의 최소결합체이다.
② 사업체 단위는 공장, 광산, 상점, 사무소 등으
  로 산업활동과 지리적 장소의 양면에서 가장
  동질성이 있는 통계단위이다.
③ 사업체 단위는 자원배분에 관한 의사결정에서
  자율성을 갖고 있다.
④ 기업체는 하나 이상이 사업체로 구성될 수 있다.

47 워크넷(직업 · 진로)에서 제공하는 학과정보를 검색하는 방법이 아닌 것은?

① 개설대학별 검색

② 키워드 검색

③ 조건별 검색(계열, 취업률)

④ 계열별 검색

48 국가기술자격 종목 중 경영 · 회계 · 사무 직무분야에 해당하지 않는 것은?

① 사회조사분석사1급

② 스포츠경영관리사

③ 소비자전문상담사2급

④ 품질경영기사

49 다음 통계자료에서 구인배수는? (단, 소수점 셋째 자리에서 반올림)

```
[2016년 12월]
- 신규구직건수 : 327,000명
- 취업건수 : 143,000명
- 신규구인건수 : 189,000명
- 평균제시임금 : 169만원
```

① 2.29

② 0.58

③ 0.12

④ 0.76

50 한국표준직업분류의 분류체계 및 분류번호에 대한 설명으로 틀린 것은?

① 직업분류는 세분류를 기준으로 상위에는 소분류–중분류–대분류로 구성되어 있으며, 하위 분류는 세세분류로 구성되어 있다.

② 분류번호는 아라비아 숫자와 알파벳 A로 표시하며 대분류 1자리, 중분류 2자리, 소분류 3자리, 세분류 4자리, 세세분류는 5자리로 표시된다.

③ 동일 분류에 포함된 끝 항목의 숫자 9는 '기타 ~(그 외~)'를 표시하여 위에 분류된 나머지 항목을 의미한다.

④ 끝자리 5는 해당 분류수준에서 더 이상 세분되지 않는 직업을 의미하고 있다.

51 다음 한국직업사전의 직무기능에 대한 표의 (   ) 안에 알맞은 것은?

자료	비교 – 기록 – 계산 – 수집 – (ㄱ) – 조정 – 종합
사람	서비스제공 – 말하기 · 신호 – 설득 – 오락제공 – 감독 – (ㄴ) – 협의 – 자문
사물	단순작업 – 투입 · 인출 – (ㄷ) – 수동조작 – 조작운전 – 제어조작 – 정밀작업 – 설치

① ㄱ : 분석, ㄴ : 교육, ㄷ : 유지

② ㄱ : 교육, ㄴ : 분석, ㄷ : 유지

③ ㄱ : 분석, ㄴ : 유지, ㄷ : 교육

④ ㄱ : 유지, ㄴ : 교육, ㄷ : 분석

52 기술조사(Descriptive Research)에 적합한 조사주제를 모두 고른 것은?

```
ㄱ. 직업정보지의 구독률 조사
ㄴ. 직업정보지 구독자의 연령대 조사
ㄷ. 직업정보지 구독률과 구독자의 소득이나 직업 사이의 관련성 조사
```

① ㄱ, ㄴ

② ㄴ, ㄷ

③ ㄱ, ㄷ

④ ㄱ, ㄴ, ㄷ

53 다음 중 직업별 임금 관련 정보를 제공하지 않는 것은?

① Job Map

② 한국직업사전

③ 한국직업전망

④ 한국직업정보시스템

54 직업정보의 분석 시 유의할 사항과 가장 거리가 먼 것은?

① 동일한 정보라도 다각적인 분석을 시도하여 해석을 풍부히 해야 한다.
② 전문적인 시각에서 분석한다.
③ 원자료를 제공한 기관의 제시는 생략 가능하다.
④ 자료표집 방법 등을 고려해야 한다.

55 다음에 해당하는 고용 관련 지원시책은?

> – 장시간 근로를 개선하여 빈 일자리에 신규로 근로자를 고용
> – 시간선택제 근로자를 신규로 고용
> – 석 · 박사 등 전문인력을 신규로 고용
> – 취업이 어려운 중증장애인, 여성가장, 취업지원 프로그램 이수자 등을 신규로 고용하여 고용을 창출한 사업주에게 지원

① 고용창출장려금 　　② 고용안정장려금
③ 고용유지지원금 　　④ 고용환경개선지원

56 한국표준산업분류(KSIC 9) 대분류 명칭이 아닌 것은?

① 가사서비스업
② 사업시설관리 및 사업지원 서비스업
③ 출판, 영상, 방송통신 및 정보서비스업
④ 예술, 스포츠 및 여가관련 서비스업

57 직업정보수집을 위해 표준화 면접을 사용할 때의 장점과 가장 거리가 먼 것은?

① 비표준화 면접에 비해 타당도가 높다.
② 면접결과의 수치화가 용이하다.
③ 정보의 비교가 용이하다.
④ 면접자의 편의(Bias)가 개입될 가능성이 적다.

58 한국표준직업분류의 직업분류 원칙으로 틀린 것은?

① 동일하거나 유사한 직무는 어느 경우에든 같은 단위직업으로 분류되어야 한다.
② 2개 이상의 직무를 수행하는 경우는 수행되는 직무내용과 관련 분류항목에 명시된 직무내용을 비교 평가하여 관련 직무 내용상의 상관성이 가장 많은 항목에 분류한다.
③ 수행된 직무가 상이한 수준의 훈련과 경험을 통해서 얻어지는 직무능력을 필요로 한다면, 가장 높은 수준의 직무능력을 필요로 하는 일에 분류하여야 한다.
④ 재화의 생산과 공급이 같이 이루어지는 경우는 공급단계에 관련된 업무를 우선적으로 분류한다.

59 한국표준직업분류에서 '직업으로 보지 않는 활동'에 해당하지 않는 것은?

① 이자, 주식배당, 임대료(전세금, 월세금) 등과 같은 자산 수입이 있는 경우
② 연금법, 국민기초생활보장법, 국민연금법 및 고용보험법 등의 사회보장이나 민간보험에 의한 수입이 있는 경우
③ 사회복지시설 수용자의 시설 내 경제활동
④ 행정관리 및 입법기능 수행에 따른 수입이 있는 경우

60 워크넷에서 제공하는 청소년 직업인성검사(L형)의 구성요인 중 지적개방성의 세부요인이 아닌 것은?

① 상상 　　② 자극추구
③ 지성 　　④ 감수성

61 이윤극대화를 추구하는 경쟁기업의 단기 노동수요곡선을 이동시키는 요인은?

① 노동의 가격 　　② 임금
③ 생산품의 가격 　　④ 노동의 수요량

62 다음 ( ) 안에 알맞은 것은?

> 헤도닉 임금함수(Hedonic Wage Function)
> 의 기울기는 개인의 (   )와(과) 동일함을 알 수
> 있다.

① 선호 또는 소망　　② 수요
③ 공급　　　　　　　④ 보상요구임금

63 경영참가제도의 긍정적인 역할에 대한 설명으로 틀린 것은?

① 대결이 아닌 협의를 통해 노사문제를 해결함으로써 노사 상호신뢰를 증대시킬 수 있다.
② 노동조합이나 근로자에 대한 사용자의 이해를 높일 수 있다.
③ 기업과 경영에 관한 근로자의 이해를 높일 수 있다.
④ 경영에 재능이 있는 근로자나 노조지도자가 회사의 경영자로 선임되는 경력통로가 된다.

64 효율성임금이론에 관한 설명으로 틀린 것은?

① 노동자에게 고임금을 지불하여 생산성을 높이는 임금정책이다.
② 근로자의 도덕적 해이를 방지할 수 있는 임금정책이다.
③ 대기업에서는 가능하나 중소기업에서는 실행할 수 없는 임금정책이다.
④ 노동의 초과공급 상태에서도 실행하는 임금정책이다.

65 여성의 경제활동 참가를 결정하는 요인에 관한 설명으로 틀린 것은?

① 여타 조건이 일정불변일 때 시간의 경과에 따라 시장임금(실질임금의 의미)이 증가할수록 여성의 경제활동참가율은 높아진다.
② 여타 조건이 일정불변일 때 보상요구임금이 높을수록 여성의 경제활동참가율은 높아진다.
③ 가계생산의 기술이 향상될수록 여성의 경제활동참가율은 높아진다.
④ 탁아시설의 미비는 여성의 보상요구 임금수준을 높여 기혼여성의 경제활동참가율을 낮추게 된다.

66 다음과 같은 인구와 노동력 구성을 가진 나라의 경제활동참가율(ㄱ)과 실업률(ㄴ)은? (단, 소수점 둘째 자리에서 반올림)

> [단위 : 만 명]
> - 총인구 4,700　　　　- 남자 2,370
> - 여자 2,330　　　　　- 군복무자 65
> - 생산가능인구 3,500　- 취업자 2,300
> - 비경제활동인구 1,100

① ㄱ : 60.7%　　　　ㄴ : 4.8%
② ㄱ : 68.6%　　　　ㄴ : 4.8%
③ ㄱ : 68.6%　　　　ㄴ : 4.2%
④ ㄱ : 60.7%　　　　ㄴ : 4.2%

67 필립스 곡선이 이동하는 요인과 가장 거리가 먼 것은?

① 기대인플레이션의 증가
② 노동인구 구성비율의 변화
③ 부문 간 실업률 격차 심화
④ 실업률의 증가

68 다음 중 부가급여 항목과 가장 거리가 먼 것은?

① 작업용 피복지급　　② 의료비지원
③ 유급병가　　　　　④ 초과근로수당

69 노동조합이 비노조 부문의 임금에 미치는 영향에 관한 옳은 설명을 모두 고른 것은?

> ㄱ. 노조 부문에서 해고된 노동자들이 비노조 부문으로 이동하여 비노조 부문의 임금을 하락시킨다.
> ㄴ. 비노조 부문의 노동자들이 노동조합 결성을 사측에 위협함으로써 임금을 인상시켜 노조 부문과의 임금격차를 줄인다.
> ㄷ. 비노조 부문으로부터 유입되어온 노동자들이 노조 부문에 대기 상태로 있는 동안, 비노조 부문의 임금이 상승한다.

① ㄱ
② ㄱ, ㄴ
③ ㄴ, ㄷ
④ ㄱ, ㄴ, ㄷ

70 어떤 직업이 다른 직업에 비하여 노동강도가 심하거나 열악한 환경에서 작업해야 하는 경우 더 높은 임금을 지급하기 때문에 임금격차가 발생한다고 보는 이론은?

① 생산성 격차설
② 보상 격차설
③ 노동시장 분단설
④ 노동조합 효과설

71 노사 양측이 단체교섭을 임할 때 최종적으로 수탁할 용의가 있는 자신의 조건과 교섭과정에서 겉으로 제안하는 조건 간의 차이가 있다는 점을 주목하는 단체교섭이론은?

① 힉스(Hicks) 이론
② 카터-챔벌린(Carter-Chamberlin) 이론
③ 매브리(Mabry) 이론
④ 카츠(Katz) 이론

72 다음 중 실업에 관한 설명으로 틀린 것은?

① 수요부족실업의 가장 전형적인 것은 경기적 실업이다.
② 취업에 관한 정보제공을 포함한 노동시장기능이 효과적일수록 마찰적 실업은 감소한다.
③ 공석과 실업이 공존하더라도 구인처에서 요구하는 기술수준을 갖춘 근로자가 없거나 노동자의 지역 간의 이동이 불완전할 경우 구조적 실업이 발생된다.
④ 실망노동자가설에 의하면 실업이 증가함에 따라 가구원들의 노동시장 참여율은 증가하게 된다.

73 일급제나 이익분배제 등의 결함을 시정하기 위해 시간급임금과 생산고임금을 절충한 임금형태는?

① 토웬제(Towen's gain-sharing plan)
② 로완제(Rowan premium plan)
③ 테일러제(Taylor's scientific system)
④ 할시제(Halsey premium plan)

74 브루네(Brunhes)의 노동시장 유연화의 개념 중 내부적-수량적 유연성에 속하지 않는 것은?

① 고용형태의 다양화
② 탄력적 근로시간제
③ 연장근로 규제완화
④ 일시휴업이나 휴일대체

75 총수요의 부족에서 나타난 경기적 실업의 원인과 가장 거리가 먼 것은?

① 기업의 투자위축
② 가계 소비성향의 감소
③ 낮은 이자율
④ 화폐보유 성향의 증대

76 후방굴절형 노동공급곡선의 후방굴절 구간에 대한 설명으로 옳은 것은?

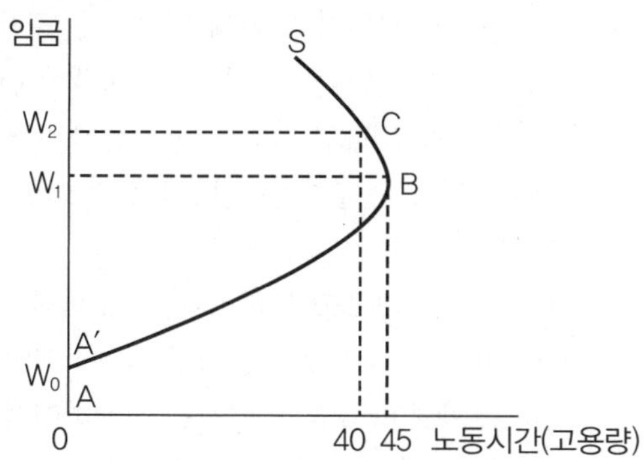

① 임금상승으로 인한 소득효과가 대체효과보다 크다.

② 임금상승으로 인한 소득효과가 대체효과보다 작다.

③ 임금상승으로 인한 노동시간의 증가효과가 여가의 증가효과보다 더 크다.

④ 임금상승으로 인한 노동시간의 증가효과가 소득효과보다 더 크다.

77 기업별 노동조합의 장점이 아닌 것은?

① 조합 구성이 용이하다.

② 단체교섭 타결이 용이하다.

③ 노동시장 분단을 완화시킬 수 있다.

④ 조합원 간의 친밀감이 높고 강한 연대감을 가질 수 있다.

78 노동이동에 대한 제약이 없고 직종 간 임금격차가 존재하지 않음에도 불구하고 산업별 임금격차가 발생할 수 있는 이유가 아닌 것은?

① 산업 간 생산성 차이

② 노동조합의 존재

③ 산업 간 혹은 산업 내 이중구조가 심화

④ 지역 간 직종별 노동력 구성의 차이

79 다음 표에서 주어진 변수들을 이용하여 총실업자 수를 구하면?

	남자	여자
15세 이상 인구(명)	M	F
경제활동참가율(%)	a	b
실업률(%)	c	d

① $\dfrac{Ma+Fb}{100}$ ② $\dfrac{Mc+Fd}{100}$

③ $\dfrac{M(a+c)+F(b+d)}{10000}$ ④ $\dfrac{Mac+Fbd}{10000}$

80 다음 중 집단성과급제의 형태가 아닌 것은?

① 맨체스터 플랜(Manchester Plan)

② 스캔론 플랜(Scanlon Plan)

③ 임프로쉐어 플랜(Improshare Plan)

④ 러커 플랜(Rucker Plan)

제5과목 **노동관계법규**

81 고용상 연령차별금지 및 고령자고용촉진에 관한 법령상 사업의 종류에 따른 고령자 기준고용률이 틀린 것은?

① 제조업 : 그 사업장의 상시근로자 수의 100분의 2

② 운수업 : 그 사업장의 상시근로자 수의 100분의 6

③ 도소매업 : 그 사업장의 상시근로자 수의 100분의 3

④ 부동산 및 임대업 : 그 사업장의 상시근로자 수의 100분의 5

82 고용정책 기본법상 고용정책심의회의 심의사항이 아닌 것은?

① 인력의 공급구조와 산업구조의 변화 등에 따른 고용 및 실업대책에 관한 사항

② 장애인의 고용촉진 및 직업재활을 위한 기본
계획의 수립에 관한 사항
③ 고용정책 추진실적의 평가에 관한 사항
④ 근로자의 산업안전과 재해예방을 위한 주요시
책에 관한 사항

83 파견근로자보호 등에 관한 법령상 근로자파견계약 체결 시 명시하여야 할 사항을 모두 고른 것은?

> ㄱ. 파견근로자의 수
> ㄴ. 파견근로자가 종사할 업무의 내용
> ㄷ. 사업 및 종업의 시각과 휴게시간에 관한 사항
> ㄹ. 근로자파견기간 및 파견근로 개시일에 관한
>   사항
> ㅁ. 연장 · 야간 · 휴일근로에 관한 사항
> ㅂ. 사용사업관리책임자의 성명 · 소속 및 직위

① ㄱ, ㄴ, ㄹ
② ㄷ, ㅁ, ㅂ
③ ㄱ, ㄴ, ㄷ, ㄹ, ㅁ
④ ㄱ, ㄴ, ㄷ, ㄹ, ㅁ, ㅂ

84 장애인고용촉진 및 직업재활법상 장애인고용의무 및 부담금에 관한 설명으로 틀린 것은?

① 2019년 이후 국가 및 지방자치단체의 장은 장애인을 소속공무원 정원의 1천분의 34 이상 고용하여야 한다.
② 의무고용률은 전체 인구 중 장애인의 비율, 전체 근로자 총수에 대한 장애인 근로자의 비율, 장애인 실업자 수 등을 고려하여 3년마다 정한다.
③ 고용노동부장관은 장애인고용촉진과 직업안정을 위하여 장애인을 고용한 사업주에게 고용장려금을 지급할 수 있다.
④ 부담금을 잘못 납부하여 그 환급을 받을 권리는 3년간 행사하지 아니하면 소멸시효가 완성된다.

85 근로기준법상 경영상 이유에 의한 해고에 관한 설명으로 틀린 것은?

① 사용자가 경영상 이유에 의하여 근로자를 해고하려면 긴박한 경영상의 필요가 있어야 한다. 이 경우 경영 악화를 방지하기 위한 사업의 양도·인수·합병은 긴박한 경영상의 필요가 있는 것으로 본다.
② 사용자는 해고를 피하기 위한 노력을 다하여야 하며, 합리적으로 공정한 해고의 기준을 정하고 이에 따라 그 대상자를 선정하여야 한다. 이 경우 남녀의 성을 이유로 차별하여서는 아니된다.
③ 사용자는 해고를 피하기 위한 방법 및 해고의 기준 등에 관하여 그 사업 또는 사업장에 근로자의 과반수로 조직된 노동조합이 있는 경우에는 그 노동조합, 근로자의 과반수로 조직된 노동조합이 없는 경우에는 근로자의 과반수를 대표하는 자에게 해고를 하고자 하는 날의 30일 전까지 통보하고 성실하게 협의하여야 한다.
④ 사용자는 대통령령으로 정하는 일정한 규모 이상의 인원을 해고하려면 대통령령으로 정하는 바에 따라 고용노동부장관에게 신고하여야 한다.

86 근로기준법상 여성과 소년에 대한 보호에 관한 설명으로 틀린 것은?

① 15세 미만인 자는 원칙적으로 근로자로 사용을 못하나, 13세 이상인 경우(예술공연 참가를 위한 경우는 13세 미만인 자도 가능)에는 고용노동부장관이 발급한 취직인허증을 소지하면 사용할 수 있다.
② 사용자는 임산부가 아닌 18세 이상의 여성근로자를 근로자 본인의 동의가 있으면 휴일근로와 야간근로를 하도록 할 수 있다.

③ 사용자는 임신 중의 여성(한 번에 둘 이상 자녀를 임신한 경우 제외)에게 출산 전과 출산 후를 통하여 90일의 출산전후휴가를 주어야 하며 휴가기간의 배정은 출산 후에 30일 이상이 되어야 한다.

④ 15세 이상 18세 미만인 자의 근로시간은 1일에 7시간, 1주일에 40시간을 초과하지 못하나 당사자 사이의 합의에 따라 1일에 1시간, 1주일에 6시간을 한도로 연장할 수 있다.

87 고용상 연령차별금지 및 고령자고용촉진에 관한 법령상의 고령자와 준고령자 기준은?

① 고령자 60세 이상, 준고령자 55세 이상 60세 미만

② 고령자 55세 이상, 준고령자 50세 이상 55세 미만

③ 고령자 60세 초과, 준고령자 50세 이상 60세 이하

④ 고령자 55세 초과, 준고령자 50세 이상 55세 이하

88 고용보험법상 구직급여의 수급 요건으로 틀린 것은?

① 이직일 이전 12개월간 피보험 단위기간이 통산하여 180일 이상일 것

② 근로의 의사와 능력이 있음에도 불구하고 취업하지 못한 상태에 있을 것

③ 이직사유가 수급자격의 제한 사유에 해당하지 아니할 것

④ 재취업을 위한 노력을 적극적으로 할 것

89 직업안정법령에 관한 설명으로 틀린 것은?

① 국내 유료직업소개사업을 하고자 하는 자는 관할 직업안정기관의 장에게 등록하여야 한다.

② 고용노동부장관이 유료직업소개사업의 요금을 결정하고자 하는 경우에는 고용정책심의회의 심의를 거쳐야 한다.

③ 근로자공급사업 허가의 유효기간은 3년으로 하되, 유효기간이 끝난 후 계속하여 근로자공급사업을 하려는 자는 고용노동부령으로 정하는 바에 따라 연장허가를 받아야 한다. 이 경우 연장허가의 유효기간은 연장 전 허가의 유효기간이 끝나는 날부터 3년으로 한다.

④ 신문·잡지 등에 구인을 가장하여 물품판매, 수강생 모집, 직업소개, 부업알선, 자금모금 등을 행하는 광고는 거짓 구인광고 또는 거짓 구인조건 제시의 범위에 해당한다.

90 직업안정법령상 직업정보제공사업자가 준수해야 할 사항으로 틀린 것은?

① 구인자의 업체명 또는 성명이 표시되어 있지 않은 구인광고를 게재하지 아니할 것

② 직업정보제공매체 또는 직업정보제공사업의 광고문에 취업상담, 취업추천, 취업지원 등의 표현을 사용하지 아니할 것

③ 직업정보제공매체의 구인·구직 광고에는 직업정보제공사업자의 주소 또는 전화번호를 기재하고 구인·구직자의 주소 또는 전화번호는 기재하지 아니할 것

④ 구직자의 이력서 발송을 대행하거나 구직자에게 취업추천서를 발부하지 아니할 것

91 근로자직업능력 개발법상 직업능력개발훈련의 기본원칙이 아닌 것은?

① 민간의 자율과 창의성이 존중되도록 하여야 한다.

② 모든 근로자에게 균등한 기회가 보장되도록 하여야 한다.

③ 노사의 참여와 협력을 바탕으로 실시되어야 한다.

④ 교육관계법에 따른 학교교육보다 산업현장과 긴밀하게 연계될 수 있도록 하여야 한다.

92 헌법상 노동기본권에 관한 설명으로 틀린 것은?

① 국가는 사회적·경제적 방법으로 근로자의 고용증진과 적정임금 보장에 노력하여야 한다.
② 근로조건의 기준은 인간의 존엄성을 보장하도록 법률로 정한다.
③ 공무원인 근로자는 어떠한 경우에도 단체행동권을 갖지 못한다.
④ 여자의 근로는 특별한 보호를 받으며, 고용·임금 및 근로조건에 있어서 부당한 차별을 받지 아니한다.

93 근로기준법에서 사용하는 용어에 대한 설명으로 틀린 것은?

① "근로계약"이란 근로자가 사용자에게 근로를 제공하고 사용자는 이에 대하여 임금을 지급하는 것을 목적으로 체결된 계약을 말한다.
② "임금"이란 사용자가 근로의 대가로 근로자에게 임금, 봉급, 그 밖에 어떠한 명칭으로든지 지급하는 일체의 금품을 말한다.
③ "근로자"란 직업의 종류를 불문하고 임금, 급료, 그 밖에 이에 준하는 수입에 의하여 생활하는 자를 말한다.
④ "사용자"란 사업주 또는 사업경영 담당자, 그 밖에 근로자에 관한 사항에 대하여 사업주를 위하여 행위하는 자를 말한다.

94 헌법상 근로의 권리와 의무에 관한 내용이다. (　　) 안에 알맞은 것은?

> 국가는 근로의무의 내용과 조건을 (　　) 원칙에 따라 법률로 정한다.

① 민주주의　　② 자유주의
③ 시장경제　　④ 자본주의

95 고용보험법상 피보험기간이 5년 이상 10년 미만이고, 이직일 현재 연령이 30세 이상 50세 미만인 경우의 구직급여 소정급여일수는?

① 90일　　② 120일
③ 150일　　④ 180일

96 고용정책 기본법령상 대량 고용변동의 신고기준으로 옳은 것은?

① 상시근로자 300명 미만을 사용하는 사업 또는 사업장에서 1개월 이내에 이직하는 근로자의 수가 30명 이상인 경우
② 상시근로자 100명 미만을 사용하는 사업 또는 사업장에서 1개월 이내에 이직하는 근로자의 수가 10명 이상인 경우
③ 상시근로자 300명 이상을 사용하는 사업 또는 사업장에서 3개월 이내에 이직하는 근로자의 수가 상시근로자 총수의 100분의 10 이상인 경우
④ 상시근로자 100명 미만을 사용하는 사업 또는 사업장에서 1개월 이내에 이직하는 근로자의 수가 상시근로자 총수의 100분의 10 이상인 경우

97 남녀고용평등과 일·가정 양립 지원에 관한 법률상 차별에 해당하는 것은?

① 직무의 성격상 남성이 불가피하게 요구되어 사업주가 남성근로자를 우대하는 경우
② 여성근로자의 임신·출산·수유 등 모성보호를 위한 조치를 하는 경우
③ 여성근로자에 한하여 육아휴직을 주는 경우
④ 현존하는 남녀 간의 고용차별을 해소하기 위하여 사업주가 남성근로자를 우대하는 경우

98 남녀고용평등과 일·가정 양립 지원에 관한 법률상 명시된 남녀고용 평등실현과 일·가정의 양립에 관한 기본계획에 포함되는 사항이 아닌 것은?

① 여성 취업의 촉진에 관한 사항
② 국내외의 직업소개에 관한 사항
③ 남녀의 평등한 기회보장 및 대우에 관한 사항
④ 동일가치노동에 대한 동일임금 지급의 정착에 관한 사항

99 근로기준법상 상시 4명 이하의 근로자를 사용하는 사업 또는 사업장에 적용되지 않는 것은?

① 주휴일
② 출산전후휴가
③ 해고의 예고
④ 연차 유급휴가

100 파견근로자보호 등에 관한 법률상 근로자파견사업이 금지되는 업무가 아닌 것은?

① 건설공사현장에서 이루어지는 업무
② 화물자동차운송사업의 운전업무
③ 선원의 업무
④ 주유원의 업무

제1과목　고급 직업상담학

01	02	03	04	05	06	07	08	09	10
②	①	②	①	③	③	①	④	①	①
11	12	13	14	15	16	17	18	19	20
③	④	①	②	②	④	②	④	③	②

01 자기효능감이란 자신이 어떤 일을 얼마나 성공적으로 수행할 수 있을지에 대한 스스로의 평가이다. 쉽게 말하면 '자신감'이라 할 수 있다.

02 상담자의 개인적 정보는 내담자가 꼭 알아야 할 정보에 해당하지 않는다.

03 특성-요인 직업상담은 합리적 평가와 진단을 중요시하며, 내담자와의 관계형성에 주력하기보다는 내담자가 호소하는 문제의 확인과 해결에 더 중점을 두고 있다.

04 직관형(N)은 육감을 통해 얻은 정보에 관심을 기울이고 실제로 존재하는 것보다는 그 안에 숨은 의미를 알아차리는 것을 선호하는 경향이 있으며, 미래지향적이며 새로운 시도를 한다.

06 정신역동적 상담에서는 상담이 성공적으로 되려면 전이 관계가 훈습되어야 한다고 보았으며, 이때 훈습이란 오랜 기간 전이해석을 반복적으로 진행할 때 달성된다고 하였다.

07 내담자중심 상담에서는 문제의 원인이 유기체의 경험과 자기개념 사이의 불일치에 의한다고 보았다.

09 인지적 명확성은 자기 자신, 타인, 상황(환경)에 대해 얼마나 확고하게 인식하는가와 관련되어 있다. 따라서 인지적 명확성에 문제가 있는 내담자에게는 자신에 대한 탐구 프로그램이 우선되어야 한다.

10 생애진로사정은 아들러의 개인심리학에 기초를 두고 있으며, 구조화된 면담기법이다.

11 합리적 의사결정 기법 6개의 생각하는 모자(Six thinking hats) : 에드워드 드 보노(Edward de Bono)
- 백색 : 중립적, 객관적 사실에 기초한 생각
- 노랑 : 낙관적이며, 긍정적 측면의 생각
- 검정 : 부정적, 비판적 측면에 초점을 맞춘 생각
- 빨강 : 직관에 의존하고 직감에 따른 생각
- 녹색 : 새로운 대안을 찾고 문제를 다른 각도에서 바라봄
- 파랑 : 전체적인 상황을 정의하고 결론을 이끌어냄

12 카츠(Katz)의 3가지 행정기술 : 사무처리 기술, 인화적 기술, 구상적 기술

13 아들러(Adler)의 개인주의 상담이론에서는 인간의 문제를 본질적으로 사회적인 관점에서 보고 있으며, 개인은 사회적 환경에 관해서만 이해할 수 있다고 한다.

14 윌리엄슨의 문제분류 : 무선택, 불확실한 진로선택, 흥미와 적성, 우둔한 진로선택

15 측정도구 개발능력은 직업상담사의 일반적인 자질이라 볼 수 없다.

16 이중적 관계인 경우 상담을 지양해야 하며, 내담자의 동의가 있을 경우 교육목적을 위해 사례를 논의할 수 있다.

17 슈퍼(Super)의 내담자 평가 : 문제 평가, 예언적 평가, 개인적 평가

18 개인상담과 집단상담의 비교와 관련이 없으며 포괄적 직업상담에 관한 설명이다.

19 포괄적 직업상담이론은 직업상담 사례에서 얻어진 경험들을 배경으로 도출된 이론이다.

20 진로시간전망검사의 하위차원으로는 방향성, 변별성, 통합성이 있다. 방향성은 미래지향성을 증진시키며, 통합성은 현재행동과 미래결과를 연결하여 진로의식을 증진시킨다.

제2과목　고급 직업심리학

21	22	23	24	25	26	27	28	29	30
②	③	③	④	③	③	①	①	③	③
31	32	33	34	35	36	37	38	39	40
②	③	④	②	①	①	①	④	②	④

21 ① 11세 이전의 환상기에는 환상 속에서 비현실적인 선택을 하는 경향이 있다. 즉, 욕구에만 충족한다.

② 17세 이후의 현실기는 직업에서 요구하는 조건과 개인의 능력을 고려하여 현명한 선택을 하고자 하는 시기로 능력과 흥미의 통합단계이다.

③ 17세 이전의 잠정기는 자신이 흥미, 능력, 취미에 따라 직업을 선택하려고 한다.

22 • 일관성 : 어떤 쌍은 다른 유형의 쌍보다 공통점을 더 많이 가지고 있다. 예술형–사회형은 탐구형–진취형보다 공통점이 많다.

• 차별성 : 하나의 유형에는 유사성이 많지만 다른 유형에는 별로 유사성이 없다.

• 정체성 : 개인의 목표, 흥미, 재능에 대한 명확하고 뚜렷한 청사진을 말함.

• 일치성 : 자신의 유형과 비슷한 환경에서 일을 하거나 생활할 때 일치성이 높아진다.

• 계측성 : 육각형 모형에서 유형 간의 거리는 그 사이의 이론적 관계에 반비례한다.

23 **내재적 보상**

• 데시의 내재적 동기이론으로 내재적 동기와 외재적 동기 모두에 의해 영향을 받는다. 특히 내재적 동기를 강조한다.

• 내재적으로 동기화되었다는 것은 행위 자체에서 오는 즐거움에 의해 행동을 하게 된다.

24 **터크만(Tuckman)의 진로발달이론**

• 일방적 의존적 단계(유치원~초등 1학년) : 외적 통제에 의존, 일에 대한 이야기와 가정에서 사용하는 도구들 중심으로 진로의식을 형성한다.

• 자기주장단계(초등 1~2학년) : 점차 자율성을 갖게 되면 단순한 형태의 선택이 가능

• 조건적 의존성 단계(초등 2~3학년) : 자아를 인식하게 되고 독립적 존재가 된다.

• 독립성단계(초등 4학년) : 일의 세계를 이론적으로 탐색하며 기술과 직업세계, 사회 내에서의 자신의 위치등을 생각해 보며 진로결정에 관심을 갖게 된다.

• 외부지원단계(초등 4~5학년) : 외부의 승인과 인정을 구하게 된다. 직업적 흥미, 목표, 작업조건, 직무내용 등에 관심을 갖는다.

• 자기결정단계(중 1~2학년) : 자신의 규칙과 규범을 설정하고, 자아인식을 위해 노력하며, 직업군을 탐색하기 시작한다. 직업관을 갖기 시작하며 진로결정의 기본요인들을 현실적 관점에서 탐색한다.

• 상호관계단계(중 3~고 1학년) : 동료집단문화와 교유관계를 중시하는 관점에서 진로를 선택한다.

• 자율성단계(고 2~3학년) : 직업에 대한 탐색과 자기 자신에 대한 인식을 확고히 한다. 진로 문제에서 자신의 적합성 여부, 교육조건, 선택가능성 등에 초점을 두면서 대안을 점차적으로 줄여 나간다.

참조 : http://blog.naver.com/wind0631. 서동오

25 **반분신뢰도(내적합치도 계수)**

• 둘로 구분된 문항들이 내적으로 얼마나 일관성이 있는가를 측정하는 것이다.

• 해당 검사를 문항 수가 같도록 반씩 나눠, 개인별로 2개의 점수를 구하여 두 점수 간의 상관계수를 구한다. 검사를 한 번만 실시해서 구하기 때문에 시간적 안정성계수는 포함되지 않는다.

• 다른 조건이 동등하다면 문항의 수가 많을수록 신뢰도는 높다. 왜냐하면 더 많은 행동 표집을 이용함으로써 더 일관성 있는 측정치를 얻어낼 수 있기 때문이다.

26 ③ 직무평가 : 어떤 조직 내에 존재하는 다른 직무들을 일정한 기준에 의해 서로 비교하고 직무 간의 상대적인 가치를 결정하는 체계적인 과정

27 T점수 40점 이하 13.59% + 2.14% + 0.13% = 15.86(≒16%)

28 성취도검사 : 학생들의 성적을 비교해 볼 수 있는 특정도구

29 ③ 5요인 이론 : 성격검사, 외향성, 호감성, 정서적 불안성, 성실성, 경험에 대한 개방성

30 현실형, 사회형, 탐구형, 예술형, 관습형, 진취형

31 ③ 학습된 무기력 : 피할 수 없거나 극복할 수 없는 환경에 반복된 노출된 경험으로 인하여 실제로 자신의 능력으로 피할 수 있거나 극복할 수 있음에도 불구하고 스스로 그러한 상황에서 자포자기하는 것이다.

④ 박탈이론 : 불만족스러운 취업일지라도 고용상태에 있는 것이 실직상태에 있는 것보다 심리적, 사회적 중요한 이점을 지닌다는 입장

32 후광효과 : 어떤 사람에 대해 부분적으로 가지고 있는 긍정적인 인상을 통해 그 사람의 전체적인 면을 높이 평가하는 것

33 다중 경력개념
① 직선적 경력 : 수직적 승진 강요
② 전문적 경력 : 특정분야에서 오랫동안 지속되는 유형
③ 나선형 경력 : 7~8년 주기로 주요 경력의 변화가 이루어지는 것
④ 단기적 경력 : 매 3~5년 주기로 빈번하게 경력의 변화가 이루어지는 것
참조 : http://blog.naver.com/yyh0811 경력개발 및 관리

34 ① 특성검사 : 적성, 흥미, 성격, 가치관 등
② 진로성숙도검사 : 자기에 대한 이해, 직업세계에 대한 이해를 바탕으로 자신의 진로계획과 선택을 통합하고 조정해 나가는 과정이 어느 수준인가를 나타내는 것

35 직무 스트레스의 조절변인
① A/B 성격유형　②통제위치　③ 사회적 지원

36 ① 설정된 목표가 구체적이어야 한다.
② 목표가 어려울수록 직무수행의 정도는 높아진다.
③ 목표에 대한 몰입이 목표의 난이도에 비례한다.
④ 피드백을 받게 될 때 높은 수준의 직무수행을 보인다.

37 자기효능감이론 : 진로선택 시 개인의 평가와 믿음의 인지적 측면을 강조하며 자신의 능력에 대한 신념을 강조하는 이론. 자기효능감 수준이 높으면 수행을 긍정적으로 이끌어 간다.

38 ① 유전적 요인과 특별한 능력
② 환경적 조건과 사건
③ 학습경험
④ 과제접근 기술

39 ① 과제 중심 직무분석 : 각 직무에서 일어나는 과제나 활동들이 서로 다르기 때문에 분석하고자 하는 직무 각각에 대한 표준화된 도구를 만들 수 없다는 것이 단점이다.
② 작업자 중심 직무분석 : 인간의 다양한 특성들이 각 직무에 어느 정도나 요구되는지 분석하기 때문에 직무에 관계없이 표준화된 도구를 용이하게 만들 수 있다. 다양한 직무들에서 요구

하는 인간 특성의 유사 정도를 양적으로 비교하는 것이 가능하다.
참조 http://blog.naver.com/PostView.nhn 직무분석의 방법과 개념

40 ① 라자루스와 포크만은 스트레스를 유발하는 사건 자체보다 그 사건에 대한 개인의 지각 및 인지 과정에 초점을 주었다.
② 생활사건이 스트레스를 일으키기보다는 개인의 상황에 대한 인지적 평가가 스트레스를 만든다고 가정한다.

41	42	43	44	45	46	47	48	49	50
①	①	①	④	③	③	①	②	②	④

51	52	53	54	55	56	57	58	59	60
①	④	②	③	①	①	①	④	④	②

41 직업훈련기관 검색, 훈련과정조회 등 정보제공

42 주관적 기준에 근거한다.

43 대분류(최상급)를 정확히 결정하고 순차적으로 중·소·세분류 단계 항목을 결정하여야 한다.

45 구입한 기계부품의 조립은 제조업으로 분류한다.

46 기업체 단위는 의사결정에서 자율성을 갖고 있다.

48 스포츠경영관리사는 이용·숙박·여행·오락·스포츠 직무분야 자격증이다.

49 구인배수=신규구인건수/신규구직건수

50 끝자리 9는 해당 분류수준에서 더 이상 세분되지 않는 직업을 의미한다.

52 기술조사는 연구 대상의 특성을 설명하는 데 사용한다. 빈도, 평균 등 기타 통계계산에 사용된다. 상황을 일으킨 원인 조사는 할 수 없다.

54 자료출처를 기록해야 한다.

55 • 고용안정장려금 : 시간선택제 전환지원, 일·가정 양립 환경개선지원, 정규직전환지원, 출산육아기고용안정장려금
• (일·가정)양립 고용환경개선지원 : 유연근무제
• 고용유지지원금 : 교대제, 실근로시간 단축, 일자리순환제

57 표준화면접의 장점
- 면접자의 행동에 일관성이 높다.
- 자료의 신뢰도와 객관성이 높다.
- 면접자 훈련이 용이하다.

58 재화의 생산과 공급이 같이 이루어지는 경우는 생산단계에 관련된 업무를 우선적으로 분류한다(생산우선원칙).

60 자극추구 : 외향성, 상상, 심미, 감수성, 신기, 지성, 가치

61	62	63	64	65	66	67	68	69	70
③	④	④	③	②	③	④	④	④	②

71	72	73	74	75	76	77	78	79	80
③	④	④	①	③	①	③	④	④	①

61 '노동의 가격=임금' 임금 이외에 노동수요에 영향을 줄 수 있는 요인이 변해야 노동수요가 변한다. 노동수요가 변하면 노동수요곡선이 이동한다.

62 헤도닉임금이론에 따르면 산재 위험도가 높을수록 높은 임금을 지급하게 된다.
보상요구임금(=의중임금, 눈높이 임금) : 노동을 시장에 공급하기 위해서 노동자가 요구하는 최소한의 주관적인 요구임금수준이며, 산재위험도가 높아질수록 노동자의 요구임금수준도 높아진다.

63 경영참가제도는 노사 간의 원활한 의견 교류, 나아가 공동의 의사결정 등을 도모하는 것이 목적이지 일부 근로자가 경영자로 선임되기 위한 경력통로는 아니다.

64 효율성임금정책은 주로 대기업이 실행하기는 하지만 대기업의 전유물은 아니다.

65 본인은 최소한 얼마는 받아야 일을 하겠다고 생각하고 있는 임금수준이 보상요구임금(=눈높이 임금, 의중임금)이므로 보상요구임금이 높으면 경제활동참가율은 낮아진다.

66 경제활동참가율 $= \dfrac{\text{경제활동인구}}{\text{생산가능인구}} \times 100$,

$\dfrac{3500-1100}{3500} \times 100 = 68.6\%$(소수점 2째자리에서 반올림)

실업률 $= \dfrac{\text{실업자}}{\text{경제활동인구}} \times 100 = \dfrac{2400-2300}{3500-1100} \times 100$
$= 4.2\%$(소수점 2째 자리에서 반올림)

67 필립스 곡선은 실업률과 물가상승률(또는 명목임금상승률) 두 변수를 이용하여 그린 그래프로서 우하향하는 기울기를 갖는다.
어떤 그래프이든 그 그래프의 가로축이나 세로축에 있는 변수가 변하는 경우에는 그래프는 움직이지 않고 그래프상의 점의 위치만 바뀐다.
따라서 필립스 곡선의 경우 실업률이 증가한다면 물가상승률이 감소할 뿐 필립스 곡선이 이동하지 않는다.
참고로, 기대인플레이션율(예상물가상승률)은 필립스 곡선의 세로축 변수로 등장하는 물가상승률과는 다른 변수로서 기대인플레이션율이 증가하면 필립스 곡선은 우측으로 이동한다.

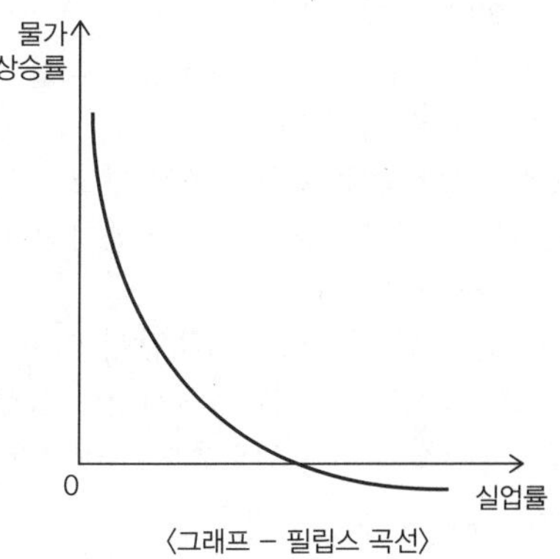

〈그래프 – 필립스 곡선〉

68 부가급여는 회사가 복리후생 차원으로 임금 이외에 별도로 지급하는 다양한 형태의 보상을 의미한다. 초과근로수당은 초과근로에 대한 대가로 지불되는 임금이다.

69 ㄱ : 파급효과
ㄴ : 위협효과
ㄷ : 대기실업효과

71 매브리 이론 : 노사 양측이 단체교섭에 임할 때 최종적으로 수락할 용의가 있는 자신의 조건과 교섭과정에서 겉으로 제안하는 조건과의 사이에 차이가 있다는 점에 주목하고 단체교섭과정에서 상대방의 그 수락용의 조건을 자신에게 유리한 방향으로 바꾸도록 노력하는 것을 다룬 이론이다.

72 ④번 보기는 부가노동자가설에 대한 설명이다.
실망노동자가설은 실업자들이 구직활동을 포기하여 비경제활동인구로 유출되는 경우를 의미한다.

73 할시제 : 미국의 할시가 고안한 방법으로, 일정한 과업을 달성하는 데 필요한 표준적인 작업시간을 과거의 경험을 토대로 하여 설정한 다음 그 표준작업시간보다 일찍 과업을 달성하여 절약된 시간급 임금의 1/2 또는 1/3을 추가로 근로자에게 지급하는 할증성과급의 일종이다. 할시제는 절약된 시간의 비율에 따라 임금을 지급한다는 점에서는 시간급임금, 일정한 과업 달성 정도에 따라 임금을 지급한다는 점에서는 생산고임금의 요소가 절충되어 있다.

74 내부적 수량적 유연성은 해고와 같은 방식으로 고용을 조정하는 것이 아니라 근로시간을 조정하여 유연성을 확보하는 것을 의미한다. 고용형태의 다양화는 외부적 수량적 유연성에 해당한다.

75 경기적 실업은 불경기에 유효수요의 부족으로 발생하는 실업을 의미한다.
기업의 투자가 위축되거나 가계가 소비를 줄이면 불황이 발생할 수 있다.
화폐보유성향의 증대는 돈을 쓰지 않고 갖고만 있는 것을 의미하므로 소비감소로 이해하면 된다(소비감소는 불황의 원인).
낮은 이자율은 싼 이자로 자금조달이 쉬운 상태를 의미하므로 투자나 소비를 촉진시키는 요인에 해당하므로 경기적 실업의 원인으로는 거리가 멀다.

76 소득효과>대체효과 ⇒ 후방굴절

77 기업별 노동조합은 노동계급으로서의 연대의식보다는 동일 기업 내의 종업원 의식을 갖기 쉽고 조합원들은 고임금과 근로조건 향상에만 매몰될 가능성이 있다. 이때 독과점 대기업은 우월적 지위를 이용하여 하청업체를 수탈하거나 높은 제품가격으로 소비자의 이익을 희생시켜서 손쉽게 이윤을 얻고 이 중 일부를 노동자에게 지급할 수 있다.
우리나라처럼 산업별 단결력이 약하고 연대조직이 없는 기업별 노동조합은 1차노동시장의 독과점 대기업에서 강력하게 조직되는 경향이 강하므로 노동시장 분단을 심화시키는 부작용이 있다.

78 ④번 보기는 지역별 임금격차의 발생원인이다.

79 남자 실업자 수=$x1$, 남자 취업자 수=$x2$라고 가정하면

남자 경제활동참가율(a)=$\dfrac{(X1+X2)}{M} \times 100 \Rightarrow$

aM=$(x1+x2)100 \Rightarrow (x1+x2)=\dfrac{aM}{100} \Rightarrow$

이 식을 아래 식에 대입

남자 실업률(c)=$\dfrac{X1}{(X1+X2)} \times 100 \Rightarrow c\,(x1+x2)=$

$x1 \times 100 \Rightarrow c\,(\dfrac{aM}{100})=x1 \times 100$

$\Rightarrow c\,(\dfrac{aM}{10000})=x1 \Rightarrow x1=\dfrac{Mac}{10000}$

여자 실업자 수=$y1$, 여자 취업자 수=$y2$라고 가정하면

여자 경제활동참가율(b)=$\dfrac{(y1+y2)}{F} \times 100 \Rightarrow$

bF=$(y1+y2)100 \Rightarrow (y1+y2)=\dfrac{bF}{100} \Rightarrow$

이 식을 아래 식에 대입

여자 실업률(d)=$\dfrac{y1}{(y1+y2)} \times 100 \Rightarrow d\,(y1+y2)=$

$y1 \times 100 \Rightarrow d\,(\dfrac{bF}{100})=y1 \times 100$

$\Rightarrow d\,(\dfrac{bF}{10000})=y1 \Rightarrow y1=\dfrac{Fbd}{10000}$

따라서 남자 실업자 수+여자 실업자 수 =$x1+y1=$
$\dfrac{Mac}{10000}+\dfrac{Fbd}{10000}=\dfrac{Mac+Fbd}{10000}$

80 맨체스터 플랜은 개인성과급제에 속한다.

제5과목 **노동관계법규**

81	82	83	84	85	86	87	88	89	90
④	④	④	②	③	③	②	①	①	③

91	92	93	94	95	96	97	98	99	100
④	③	③	①	④	①	③	②	④	④

81 부동산 및 임대업의 고령자 기준고용률은 그 사업장의 상시근로자 수의 100분의 6이다.

82 근로자의 산업안전과 재해예방을 위한 주요시책은 산업안전보건정책심의위원회의 심의 사항이다(법 제10조 제2항).

83 근로자파견계약 체결 시 명시하여야 할 사항(법 제20조).
• 파견근로자의 수
• 파견근로자가 종사할 업무의 내용

- 파견사유
- 파견근로자가 파견되어 근로할 사업장의 명칭 및 소재지 기타 파견근로자의 근로장소
- 파견근로 중인 파견근로자를 직접 지휘·명령할 자에 관한 사항
- 근로자파견기간 및 파견근로 개시일에 관한 사항
- 시업 및 종업의 시각과 휴게시간에 관한 사항
- 휴일·휴가에 관한 사항
- 연장·야간·휴일근로에 관한 사항
- 안전 및 보건에 관한 사항
- 근로자파견의 대가

84 의무고용률은 전체 인구 중 장애인의 비율, 전체 근로자 총수에 대한 장애인 근로자의 비율, 장애인 실업자 수 등을 고려하여 5년마다 정한다(법 제28조 제3항).

85 해고하고자 하는 날의 50일 전까지 통보하고 성실하게 협의하여야 한다(법 제24조 제3항).

86 사용자는 임신 중의 여성에게 출산 전과 출산 후를 통하여 90일의 출산전후휴가를 주어야 하며 출산 후의 휴가기간의 배정은 출산 후에 45일 이상이 되어야 한다(법 제74조 제1항).

87 고령자는 55세 이상, 준고령자는 50세 이상 55세 미만인 사람으로 한다(법 시행령 제2조).

88 이직일 이전 18개월간 피보험 단위기간이 통산하여 180일 이상일 것(법 제40조 제1항).

89 국내 유료직업소개사업을 하려는 자는 주된 사업소의 소재지를 관할하는 특별자치도지사·시장·군수 및 구청장에게 등록하여야 한다(법 제19조 제1항).

90 직업정보제공매체의 구인·구직의 광고에는 구인·구직자의 주소 또는 전화번호를 기재하고, 직업정보제공사업자의 주소 또는 전화번호는 기재하지 아니할 것(법 시행령 제28조 제2항).

91 직업능력개발훈련은 교육 관계 법에 따른 학교교육 및 산업현장과 긴밀하게 연계될 수 있도록 하여야 한다(법 제3조 제5항).

92 공무원인 근로자는 법률이 정하는 자에 한하여 단결권·단체교섭권 및 단체행동권을 가진다(헌법 제33조 제2항).

93 근로자의 정의
- 근로기준법: 근로자라 함은 직업의 종류와 관계 없이 임금을 목적으로 사업이나 사업장에 근로를 제공하는 자를 말한다(동법 제2조 1호).
- 노동조합 및 노동관계조정법: 근로자라 함은 직업의 종류를 불문하고 임금, 급료 기타 이에 준하는 수입에 의하여 생활하는 자를 말한다(동법 제2조 제2호).

94 국가는 근로의 의무의 내용과 조건을 민주주의원칙에 따라 법률로 정한다(헌법 제32조 제2항).

95 구직급여의 소정급여일수

구분		피보험기간				
		1년 미만	1년 이상 3년 미만	3년 이상 5년 미만	5년 이상 10년 미만	10년 이상
이직일 현재 연령	30세 미만	90일	90일	120일	150일	180일
	30세 이상 50세 미만	90일	120일	150일	180일	210일
	50세 이상 및 장애인	90일	150일	180일	210일	240일

96 대량 고용변동의 신고기준으로 1개월 이내에 이직하는 근로자의 수가 ① 상시근로자 300명 미만을 사용하는 사업 또는 사업장에서는 30명 이상, ② 상시근로자 300명 이상을 사용하는 사업 또는 사업장에서는 상시근로자 총수의 100분의 10 이상이다(법 시행령 제31조).

97 차별에 해당하지 않는 경우(법 제2조 제1호)
- 직무의 성격에 비추어 특정 성이 불가피하게 요구되는 경우
- 여성 근로자의 임신·출산·수유 등 모성보호를 위한 조치를 하는 경우
- 그 밖에 이 법 또는 다른 법률에 따라 적극적 고용개선조치를 하는 경우

현존하는 남녀 간의 고용차별을 없애거나 고용평등을 촉진하기 위하여 잠정적으로 특정 성을 우대하는 조치는 적극적 고용개선조치로서 차별에 해당하지 아니한다(법 제2조 제3호).

98 국내외의 직업소개에 관한 사항은 직업안정법이 규율하는 사항이다

99 연차유급휴가는 상시 5인 이상의 근로자를 사용하는 사업 또는 사업장에만 적용된다(법 시행령 제7조, 별표1).

100 근로자파견사업이 금지되는 업무(법 제5조 제3항)
- 건설공사현장에서 이루어지는 업무
- 「항만운송사업법」 제3조제1호, 「한국철도공사법」 제9조 제1항 제1호, 「농수산물유통 및 가격안정에 관한 법률」 제40조, 「물류정책기본법」 제2조 제1항 제1호의 하역업무로서 「직업안정법」 제33조의 규정에 따라 근로자공급사업 허가를 받은 지역의 업무
- 「선원법」 제2조 제1호에 따른 선원의 업무
- 「산업안전보건법」 제28조의 규정에 따른 유해하거나 위험한 업무

제1과목 고급 직업상담학

01 REBT 상담의 인간관에 대한 설명으로 옳지 않은 것은?

① 사람은 외부의 것에 의해 조건형성 되기보다는 장애를 느끼도록 스스로를 조건형성 한다.

② 사람은 올바르지 않게 생각하고 쓸데없이 자신을 혼란시키는 생물학적, 문화적인 경향을 가지고 있다.

③ 사람은 스스로가 혼란스러운 신념을 만들어내고, 그 혼란에 의해서 스스로 혼란된다.

④ 사람들은 자신의 인지, 정서, 행동을 변화시킬 수 있는 능력을 가지고 있지 않다.

02 포괄적 직업상담의 과정에 대한 설명으로 옳지 않은 것은?

① 진단단계: 내담자의 태도, 적성, 의사결정 유형 등과 관련한 검사자료와 상담을 통한 자료 수집 단계

② 공감 및 수용단계: 내담자의 심리적 안정을 위한 단계

③ 명료화 및 해석단계: 문제를 면료화하거나 해석하는 단계

④ 문제해결단계: 문제해결을 위해 어떤 행동을 취할지 결정하는 단계

03 Brayfield가 구분한 직업정보의 기능 중에서 직업정보의 제공을 통해 내담자를 의사결정과정에 적극적으로 참여시키는 기능은?

① 정보적 기능
② 재조정 기능
③ 동기화 기능
④ 결정화 기능

04 상담 종결 시 다루어야 할 과제와 가장 거리가 먼 것은?

① 상담에 대한 만족도는 어느 정도인가

② 상담 목표로 설정되었던 것들이 달성되었는가

③ 상담자에 대한 내담자의 감정은 어떠한 것인가

④ 상담이 끝난 후 예상되는 문제는 무엇이며, 어떻게 대처할 것인가

05 내담자 중심 직업상담에서 Patterson의 직업정보 활용 원리에 관한 설명으로 옳지 않은 것은?

① 직업과 관련된 사람들로부터 정보를 얻도록 격려해서는 안 된다.

② 상담자는 내담자가 직접 직업정보를 찾도록 격려한다.

③ 평가적인 방법으로 직업정보를 사용해서는 안 된다.

④ 직업정보는 내담자에게 영향을 주거나 조작하기 위해 사용되어서는 안 된다.

06 직업의사결정을 촉진하기 위한 6개의 생각하는 모자(six thinking hats) 기법에 관한 설명으로 옳지 않은 것은?

① 창의적으로 정보를 탐색함으로써 이용 가능한 정보의 양과 질을 확장시키기 위한 측면 의사결정법이다.

② 가능한 직업 대안을 열거한 뒤, 각 대안을 선택했을 때 예상되는 개인적인 득실을 목록으로 작성하고 총점을 계산한다.

③ 직업상담사는 "창의적 의사결정자가 6가지 색깔의 생각하는 모자를 쓰고 있다."는 이야기를 들려주고, 내담자가 각각의 모자를 쓰고 역할을 수행하도록 한다.

④ 모든 사고 유형들이 유용하기는 하지만 궁극적으로 의사결정자에게 가장 필요한 것은 청색 모자를 쓰고 있을 때의 접근이라고 제안한다.

07 Super가 제시한 발달적 직업상담 단계에 대한 설명으로 옳은 것은?

① 문제 탐색 및 자아개념 묘사: 지시적 방법으로 문제를 탐색하고 자아개념을 묘사한다.
② 심층적 탐색: 비지시적 방법으로 심층적 탐색을 위한 주제를 설정한다.
③ 현실검증: 수집한 사실적 자료들을 지시적으로 탐색한다.
④ 의사결정: 대안적 행위들에 대한 지시적 고찰을 통해 직업을 결정한다.

08 Williamson의 '흥미와 적성의 모순' 문제유형은 Crites의 어떤 문제유형과 가장 유사한가?

① 부적응형   ② 비현실성
③ 불충족형   ④ 다재다능형

09 직업상담사의 윤리강령에 해당하지 않은 것은?

① 직업상담사는 내담자의 인종과 민족, 나이와 성, 경제상태 등에 차별을 두지 않는다.
② 직업상담사는 상담 중 내담자와 관련된 인물과 면접을 하지 않는다.
③ 직업상담사는 모든 직업상담사들을 서로 아끼고 존중한다.
④ 직업상담사는 직업상담기법을 구현하고 그 결과를 관련 학회에 보고하여 정보를 공유한다.

10 내담자 정보수집을 위해 사용하는 구조화된 면접의 한 방법인 생애진로사정(life career assessment) 과정에서 다음 내용이 해당하는 단계는?

> – 직업경험에서 가장 좋았던 점
> – 교육 및 훈련경험에서 가장 싫었던 것
> – 여가 및 사회활동

① 진로사정(career assessment)
② 일상적인 하루 생활(typical day)
③ 강점과 장애(strengths and obstacles)
④ 직업능력평가(vocational competency assessment)

11 상담의 윤리기준에 비추어 볼 때 상담자가 가져야 하는 자세로 가장 적합한 것은?

① 자기 능력의 한계에 연연하지 않고 매사에 할 수 있다는 자세를 갖는다.
② 모든 문제에는 명확한 해답이 있다는 확신을 가지고 상담에 임한다.
③ 윤리 문제가 발생했을 때는 남의 도움을 받지 않고 스스로 해결한다.
④ 자신의 욕구를 인식하고 적절히 해결하는 노력을 지속적으로 해 나간다.

12 Freud의 심리성적 발달이론에 따르면 거세 불안이 나타나고 이러한 불안을 동일시를 통해 해소하는 단계는 어느 것인가?

① 구강기   ② 항문기
③ 남근기   ④ 생식기

13 활동강화 이론으로서 개인이 더 좋아하는 활동을 통해 덜 좋아하는 활동을 강화하는 방법은?

① 상호억제의 원리
② 프리맥의 원리
③ 역조건형성의 원리
④ 조성의 원리

14 다음 중 집단상담보다는 개인상담이 권장되는 내담자는?

① 자기노출에 관해 필요 이상의 위협을 느끼는 내담자
② 다른 사람이 자기를 어떻게 보는가를 알아야 할 것으로 판단되는 내담자
③ 타인에 대한 배려와 존경심을 습득해야 할 것으로 판단되는 내담자
④ 자기 자신에 대한 탐색, 통찰력이 극히 제한되어 있는 내담자

15 Bandura가 제시한 인지적 명확성을 사정하기 위해서 필요한 내용이 아닌 것은?

① 지금 시점에서 진로를 선택하거나 현재 지로를 유지하는 것의 중요성

② 진로를 선택하거나 현재의 진로를 바꾸는 것을 성공적으로 했는지에 대한 확신감

③ 내담자가 자신의 상황이 나아질 것이라는 확신감

④ 진로를 선택하거나 바꾸는 데 있어 일을 잘한다는 것의 중요성

16 다음은 행동주의 직업상담에서 어떤 학습촉진 기법에 해당하는가?

> "나는 직업을 선택해야 한다. 내게 적합한 직업은 무엇이며 어떻게 하면 그 직업을 가질 수 있을까?"라는 태도가 "나는 내가 열심히 하고자 하면 내가 원하는 어떤 종류의 일도 할 수 있다."라는 태도보다 직업성숙도가 왜 더 높은지 설명해 줌으로써 내담자의 자기 패배적 사고를 없애줄 수 있다.

① 변별학습　　　　② 강화
③ 대리학습　　　　④ 반조건형성

17 Cottle의 원형검사에 원의 크기가 나타내는 것은?

① 과거, 현재, 미래
② 시간차원에 대한 상대적 친밀감
③ 시간차원의 연결구조
④ 방향성, 변별성, 통합성

18 행동주의 상담에서 내담자를 불안유발상황에 단계적으로 노출시키는 기법은?

① 홍수법　　　　② 이완훈련법
③ 체계적 둔감법　　④ 혐오법

19 직업상담사가 자기개발을 추구하기 위해서 노력해야 할 부분과 가장 거리가 먼 것은?

① 측정도구에 대한 사용방법과 해석 능력
② 특수집단에 대한 지식과 기술 함양
③ 상담자의 의도에 맞추어 내담자를 설득할 수 있는 대인기술
④ 직업정보와 자원에 대한 정보수집

20 발달적 직업상담에 관한 설명으로 옳은 것은?

① 대표적인 학자는 Bordin, Super 등이다.
② 내담자의 약점에 대한 정확한 파악 및 수정을 강조한다.
③ 직업성숙도 개념을 중시한다.
④ 내담자보다는 직업상담자의 적극적인 역할을 중시한다.

제2과목　고급 직업심리학

21 한국판 웩슬러 성인지능검사(K–WAIS)에 대한 설명으로 틀린 것은?

① K–WAIS는 언어성 검사와 동작성 검사의 하위검사로 구성되어 있다.
② K–WAIS의 하위검사는 각각 6개의 소검사들로 구성되어 있다.
③ K–WAIS는 평균 100, 표준편차 15의 점수를 보인다.
④ 지능지수만이 아니라 반응내용이나 방식을 통해 독특한 심리특성을 알아볼 수도 있다.

22 A군은 최근 영어 모의고사에서 72점을 받았다. 학급 전체 평균이 60점, 표준편차가 4점 일 때 T점수로 옳은 것은?

① 65　　　　　　② 70
③ 75　　　　　　④ 80

23 심리검사의 유형 중 객관적 검사의 장점이 아닌 것은?

① 검사실시의 간편성　② 객관성의 증대
③ 반응의 풍부함　④ 높은 신뢰도

24 추동감소이론(drive reduction theory)에 관한 설명으로 옳은 것은?

① 인간동기의 목표는 최적의 각성상태를 찾는 것이다.
② 인간의 욕구수준에는 우선순위가 있다.
③ 추동감소의 생리적 목표는 항상성이다.
④ 인간의 추동은 욕구에 영향을 받지만 유인가에는 영향을 받지 않는다.

25 Tiedeman의 진로발달이론에 관한 설명으로 틀린 것은?

① 자아정체감이 발달할 때 진로에 적합한 의사결정 능력도 개발된다.
② 자기발달에 역점을 두면서 개인의 전체적인 인지발달과 의사결정을 강조한다.
③ 어떤 직업의 계속된 수용이나 거부 등으로 자신의 의사를 분명히 표현하는 것이 직업선택에서 중요하다.
④ 생애진로이론을 지지한다.

26 Alderfer의 ERG 이론에서 제시된 하위욕구 중 Maslow 욕구위계이론의 생리와 안전욕구에 해당하는 것은?

① 존재　② 관계
③ 성장　④ 성취

27 다음 (　　)의 직업발달 연구자로 옳은 것은?

> 직업발달이론 혹은 직업행동에 관한 이론은 왜 사람들은 특정한 직업을 선택하는가에 대한 설명을 탐색하는 것이다. 이에 대해 특성-요인이론은 각 개인들은 자신들의 특성과 일치하는 직업을 찾는다고 주장한 반면, (　ㄱ　)는(은) 사람들은 자신의 자아 이미지에 알맞은 직업을 원하기 때문에 직업발달에서 자아개념이 진로선택의 중요한 요인이 된다고 주장하였고, (　ㄴ　)는(은) 일차적인 직업선택의 결정요인은 내적인 욕구이며 사람들은 중요한 심리적 요구를 만족시키는 직업을 선택한다고 주장하였다.

① ㄱ: Lofquist　ㄴ: Dawis
② ㄱ: Super　ㄴ: Holland
③ ㄱ: Holland　ㄴ: Roe
④ ㄱ: Gottfredson　ㄴ: Roe

28 Lofquist와 Dawis의 직업적응이론에서 직업성격적 차원이 아닌 것은?

① 민첩성　② 역량
③ 지구력　④ 융통성

29 직업스트레스에 대한 설명으로 틀린 것은?

① 스트레스의 수준이 낮을수록 작업능률(생산성)은 비례하여 향상된다.
② 직업스트레스는 직업환경 내에서 발생되는 스트레스를 의미한다.
③ 스트레스는 그것을 유발하는 요인을 평가하거나 지각하는 심리적 과정이 포함된다.
④ 스트레스는 종업원의 성격요인과 관계가 있다.

30 경력개발 프로그램이 성공하기 위해 경력개발 담당자에게 요구되는 역할이 아닌 것은?

① 위험감수자　② 카운슬러
③ 프로그램 집행자　④ 재정적 지원자

31 Ginzberg의 직업발달이론에 대한 제한점으로 옳은 것은?

① 특정 사회문화적 배경을 가진 사람들에게만 국한된 이론이다.
② 개인의 직업성숙 정도를 평가하는 기준을 제공해주지 못한다.
③ 특정 발달단계에 해당하는 문제를 예견하는 데 도움을 주지 못한다.
④ 직업선택을 생애 특정 시점의 단일 의사결정으로 본다.

32 직무스트레스의 주요 원인인 역할 관련 요인 중 역할 간 (inter-role) 갈등에 해당하는 것은?

① 세금을 피하기 위해서 장부를 허위로 작성할 것을 요구받고 있는 공인회계사
② 결혼기념일에 외식하기로 약속했는데 급한 회사 일로 야근해야 하는 경우
③ 상사로부터 판매실적은 올리면서 비용이 드는 외근시간은 줄이라는 요구를 받는 영업사원
④ 시간절약을 위해서 고객과 거래하는 시간을 줄이라고 하는 사장과 고객에게 최대한 친절하게 상세한 정보를 제공하라고 요구하는 직속상사 사이에 끼인 은행 창구직원

33 다음 중 Holland의 직업적 성격모형 중 상담자와 가장 적합한 성격유형은?

① 관습적 성격유형　　② 진취적 성격유형
③ 탐구적 성격유형　　④ 사회적 성격유형

34 직무수행을 평가하기 위한 준거 중 역동적 직무수행 준거의 개념에 대한 설명으로 옳은 것은?

① 사실적이거나 객관적인 직무수행을 평가할 때 사용하는 준거이다.
② 직무수행을 주관적인 판단이나 평정에 의해서 평가할 때 사용하는 준거이다.
③ 시간경과에 따라 직무수행이 변하기 때문에 미래의 수행을 예측하기 어려운 직무수행을 평가할 때 사용하는 준거이다.
④ 직무수행의 과정에 초점을 둔 수행평가를 위한 준거이다.

35 허즈버그의 동기-위생이론에서 위생요인에 해당되지 않는 것은?

① 조직의 정책이나 관리 규정
② 감독형태
③ 개인의 성취감
④ 작업환경

36 Tiedeman과 O'Hara의 진로의사결정 과정을 바르게 나열한 것은?

ㄱ. 선택기	ㄴ. 순응기	ㄷ. 통합기
ㄹ. 탐색기	ㅁ. 개혁기	ㅂ. 구체화기
ㅅ. 명료화기		

① ㄱ → ㄹ → ㅂ → ㅅ → ㄴ → ㅁ → ㄷ
② ㄱ → ㄹ → ㅂ → ㅅ → ㅁ → ㄴ → ㄷ
③ ㄹ → ㄱ → ㅂ → ㅅ → ㅁ → ㄴ → ㄷ
④ ㄹ → ㅁ → ㄱ → ㅅ → ㄴ → ㅁ → ㄷ

37 다음 중 직무분석을 실시할 때 사용하는 방법에 관한 설명으로 틀린 것은?

① 관찰법은 직무분석을 시작할 때 직무에 대해 가장 기초적인 지식을 제공하는 방법으로 직무분석가가 직무를 몸소 체험할 수 있는 탁월한 방법이지만 직무행동이 일어나는 원인에 대한 파악은 힘들다.
② 면접법은 다양한 직무들에 관한 자료를 수집하는 데 광범위하게 적용될 수 있지만 자료 수집에 많은 시간과 노력이 들고 계량적인 정보를 얻기 힘든 단점이 있다.

③ 작업일지법은 작업자들의 문장작성 능력에 있어서 현저한 개인차가 있기 때문에 사용빈도가 낮은 방법이다.

④ 결정적 사건법은 직무상 가장 자주 발생하는 중간 수준의 수행에 해당하는 사건을 중심으로 그 사건이 발생한 환경이나 이유 등에 관해 분석하는 방법이다.

38 심리검사의 신뢰도에 영향을 주는 요인과 가장 거리가 먼 것은?

① 개인차
② 문항 수
③ 규준집단
④ 검사시간 및 속도

39 Hackman & Oldham의 직무특성이론에 관한 설명으로 틀린 것은?

① 직무 특성 변수는 기술 다양성, 과제 정체성, 과제 중요성, 자율성, 피드백 등이다.

② 성장 욕구 강도(GNS)가 성과 변수로 가는 조절 변수 역할을 한다.

③ 동기 부여 잠재력 점수(MPS) 공식에서는 모든 변수들의 점수가 그대로 들어가 똑같이 곱한다.

④ 결과 변수로는 내적 동기, 결근, 이직, 작업 만족, 수행 등이다.

40 전직 또는 실직 이후 직업상담의 목표와 가장 거리가 먼 것은?

① 직업훈련 이수
② 직업선택 계획에 대한 책임감
③ 직장적응의 문제인식
④ 구직활동 기법

41 다음 중 공공직업정보의 특성과 가장 거리가 먼 것은?

① 정보제공의 불연속성
② 객관적 기준에 의거한 직업의 분류 및 구분
③ 기초정보의 성격
④ 조사·수록되는 직업 범위의 포괄성

42 한국직업사전의 부가직업정보 중 작업강도에 대한 설명으로 틀린 것은?

① "들어올림", "운반", "밂", "당김"을 기준으로 결정한다.

② "가벼운 작업"은 최고 8kg의 물건을 들어 올리고 4kg 정도의 물건을 빈번히 들어 올리거나 운반한다.

③ "힘든 작업"은 20kg의 물건을 들어 올리고 10kg 정도의 물건을 빈번히 들어 올리거나 운반한다.

④ 심리적·정신적 노동강도를 고려하지 않는다.

43 다음 중 해당직업에서 업무를 수행하는 데 있어서 필요한 능력의 상대적 중요성(적합성) 정도를 직업 간 비교가 가능한 100점 만점으로 제공하는 직업정보원은?

① 한국직업사전
② 한국직업전망
③ 한국직업정보시스템
④ 신생 및 이색직업

44 다음 (　　)에 알맞은 것은?

> 워크넷의 한국직업정보시스템에서 직업의 전망 조건을 '밝음'으로 선택하여 직업정보를 검색하면 직업전망이 상위 (　　) 이상인 직업만 검색된다.

① 5%
② 10%
③ 15%
④ 20%

45 한국표준직업분류(2007)에서 공무원 직종의 분류
요령에 관한 설명으로 틀린 것은?

① 관공서의 기관장은 직급과 상관없이 관리자
직군으로 구분해야 한다.

② 정무직이나 선출직을 비롯하여 차관급 이상의
업무를 수행하는 경우는 '1201 정부행정 관리
자'로 분류한다.

③ 일반적인 4급 또는 5급의 공무원(구·시·군은 6
급 계장급 공무원 포함)과 지역예비군 중대장
은 '2620 정부 및 공공행정 전문가'로 구분한다.

④ 특정 직군이 아닌 6급 이하 공무원은 '3114 국
가·지방 및 공공행정 사무원'으로 분류한다.

46 한국표준직업분류(2007)에서 한 사람이 전혀 상관
성이 없는 두 가지 이상의 직업에 종사할 경우에 그
직업에 결정하는 일반적 원칙이 아닌 것은?

① 취업시간 우선의 원칙

② 수입 우선의 원칙

③ 조사 시 최근의 직업 원칙

④ 작업강도 우선의 원칙

47 한국표준직업분류(2007)의 '대분류 7 기능원 및 관
련 기능 종사자'에 대한 설명으로 틀린 것은?

① 중분류 체계는 5차 개정된 직업분류(2000년)
의 순서에 따라 배열하였다.

② 전산업에 걸쳐 있거나 특정산업으로 분류하기
에 부적합한 직업은 기타로 분류하였다.

③ 중·소분류에서는 5차 개정된 직업분류(2000
년)보다 분류 항목 수를 세분·확대하였다.

④ 세세분류 항목은 고용자 수에 비하여 너무 세
분되어 있고, 현장조사에 어려움이 있어 통합
하였다.

48 한국고용직업분류(KECO)의 분류원칙에 해당되지
않는 것은?

① 연계성 유지

② 직능유형 우선

③ 최대고용과 노동시장 우선

④ 배타성의 원칙

49 한국표준산업분류(2017)의 제10차 개정 내용으로
틀린 것은?

① 정보통신업 대분류는 출판, 영상, 방송통신 및
정보서비스업으로 명칭을 변경하였다.

② 국내 산업활동의 변화상과 특수성을 고려하여
미래 성장 산업, 기간산업 및 동력산업 등은
신설 또는 세분하였다.

③ 통합경제분류 연계표 작성 및 활용을 위한 기
본틀을 구축하고 경제분석을 종합적으로 수행
할 수 있는 기초를 마련하였다.

④ 한국재화 및 서비스분류(KCPC), 국민계정 경
제활동별분류(SNA 분류체계) 등 관련 분류들
을 동시에 고려하여 분류의 포괄범위, 명칭 및
개념 등을 조정하였다.

50 워크넷에서 채용정보를 검색할 때 선택할 수 있는 기
업형태가 아닌 것은?

① 중소기업

② 벤처기업

③ 청년친화강소기업

④ 가족친화인증기업

51 한국표준산업분류(2017)에서 산업분류의 적용원칙
이 아닌 것은?

① 동일 단위에서 제조한 재화의 소매활동은 별
개 활동으로 분류하지 않고 소매활동으로 분
류되어야 한다.

② 생산단위는 산출물뿐만 아니라 투입물과 생산
공정 등을 함께 고려하여 그들의 활동을 가장
정확하게 설명된 항목에 분류해야 한다.

③ 복합적인 활동단위는 우선적으로 최상급 분류
단계(대분류)를 정확히 결정하고, 순차적으로
중·소·세·세세분류 단계 항목을 결정하여야
한다.

④ 산업활동이 결합되어 있는 경우에는 그 활동
단위의 주된 활동에 따라서 분류하여야 한다.

52 한국표준산업분류(2017)에서 재무 관련 통계작성에 가장 유용한 통계단위는?

① 사업체　　　　② 기업체
③ 사업장　　　　④ 영업장

53 한국표준산업분류의 분류구조 및 부호체계에 대한 설명으로 틀린 것은?

① 부호처리를 할 경우에는 알파벳만을 사용토록 했다.
② 분류구조는 대분류, 중분류, 소분류, 세분류, 세세분류의 5단계로 구성된다.
③ 중분류의 번호는 01부터 99까지 부여하였으며, 대분류별 중분류 추가여지를 남겨놓기 위하여 대분류 사이에 번호 여백을 두었다.
④ 권고된 국제분류 ISIC Rev.4를 기본체계로 하였으나, 국내 실정을 고려하여 국제분류의 각 단계 항목을 분할, 통합 또는 재그룹화하여 독자적으로 분류 항목과 분류 부호를 설정하였다.

54 국가기술자격 서비스분야에 해당하지 않는 종목은?

① 소비자전문상담사1급
② 국제의료관광코디네이터
③ 멀티미디어콘텐츠제작전문가
④ 스포츠건강관리지도사

55 훈련의 목적에 따른 직업능력개발훈련의 구분이 아닌 것은?

① 집체훈련　　　　② 양성훈련
③ 향상훈련　　　　④ 전직훈련

56 NCS 직업기초 능력영역에 해당되지 않는 것은?

① 문제해결능력　　　　② 정보능력
③ 기술능력　　　　　　④ 집중능력

57 고용정보 수집을 위해 집단조사법을 활용할 때의 설명으로 틀린 것은?

① 개별조사와 비교하여 비용과 시간을 절약하고 동일성을 확보할 수 있다.
② 주위의 응답자들과 의논할 수 있어 왜곡된 응답을 줄일 수 있다.
③ 학교나 기업체, 군대 등의 조직체 구성원을 조사할 때 유용하다.
④ 조사대상에 따라서는 집단을 대상으로 한 면접방식과 자기기입방식을 조합하여 실시하기도 한다.

58 직업상담사 A씨는 직업정보를 수집하기 위한 설문지를 작성하였다. 개별적인 질문문항이 결정된 이후 응답자에게 제시하는 질문순서에 대한 설명으로 틀린 것은?

① 특수한 것을 먼저 묻고 그 다음에 일반적인 것을 질문하도록 하는 것이 좋다.
② 질문내용은 가급적 구체적인 용어로 표현하는 것이 좋다.
③ 개인 사생활에 관한 질문과 같이 민감한 질문은 가급적 뒤로 배치하는 것이 좋다.
④ 질문은 논리적인 순서에 따라 자연스럽게 배치하는 것이 좋다.

59 다음 중 '고용'을 주제로 하는 통계가 아닌 것은?

① 산업기술인력수습실태조사
② 청년패널조사
③ 최저임금적용효과에 관한 실태조사
④ 대졸자직업이동경로조사

60 다음 표에 관한 분석으로 틀린 것은? (단, 분석시점은 '17년 3월을 기준으로 함)

[표. 종사상 지위별 취업자 증감]

(천명, 전년 동월대비)

구분		2016년 11월	2016년 12월	2017년 1월	2017년 2월	2017년 3월
전체		304	455	331	469	469
임금근로자		511	599	536	574	449
	상용	731	715	593	604	617
	임시	−187	−75	−12	−57	−194
	일용	−33	−41	−45	27	26
비임금근로자		−207	−144	−205	−105	20
	자영업	−165	−127	−192	−130	−25
	무급가족 종사	−42	−17	−13	25	45

① 임금근로자는 전년 동월대비 449천명 증가하였음
② 상용직 증가폭은 전체 취업자 증가의 주요 요인으로 작용함
③ 비임금근로자는 전년 동월대비 20천명 증가하였음
④ 자영업을 제외한 비임금근로자는 전년 동월대비 지속적 감소추이를 보이다가 3월 들어 다소 증가함

제4과목   노동시장론

61 다음 중 노동수요곡선을 이동시키는 요인이 아닌 것은?

① 임금
② 다른 생산요소의 가격
③ 최종상품에 대한 수요
④ 기술혁신

62 A 기업의 임금에 대한 노동수요의 탄력성은?

이윤극대화를 추구하는 A 기업은 지난해 종업원 수 500명, 평균임금 200만원, 매출액 1000억 규모이었는데 금년도 평균임금을 10만원 인상하고 종업원을 50명 감원하였다.

① 0.5
② −0.5
③ 2
④ 1

63 일반적 훈련과 기업특수적 훈련에 대한 설명으로 틀린 것은?

① 기업특수적 인적자본은 차별화된 제품의 생산이나 생산공정의 특유성으로 형성된다.
② 기업특수적 인적자본은 근로자들의 특별한 팀워크로 형성된다.
③ 기업특수적 훈련은 일반적 훈련과 구분되며 훈련비용은 대부분 기업이 부담한다.
④ 기업은 훈련비용이 낮은 일반적 훈련을 선호한다.

64 다음 (   )에 알맞은 것은?

노동공급탄력성이 (−)인 경우 임금률이 증가하면 (ㄱ)효과가 (ㄴ)효과를 압도한다.

① ㄱ: 소득, ㄴ: 대체
② ㄱ: 소득, ㄴ: 규모
③ ㄱ: 대체, ㄴ: 소득
④ ㄱ: 대체, ㄴ: 규모

65 경쟁 노동시장에서 w*와 E*는 각각 균형임금과 균형고용수준이다. 최저임금을 w_{high}로 설정할 때 발생하는 비자발적 실업의 규모는 얼마인가?

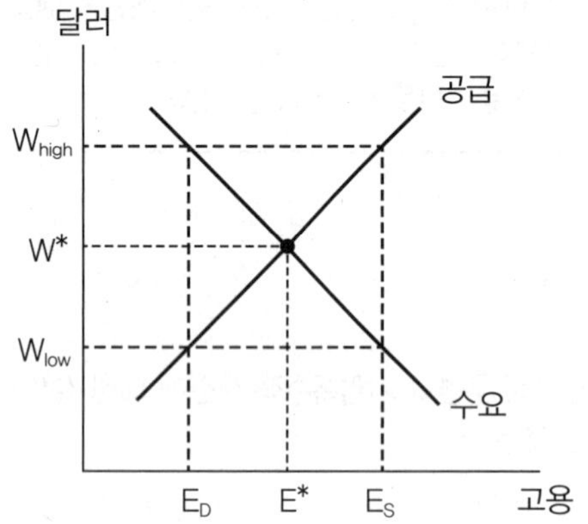

① $E_D E^*$
② $E^* E_S$
③ $E_D E_S$
④ $0 E_S$

66 생산성임금제의 특성과 경제적 기능에 대한 설명으로 틀린 것은?

① 생산성임금제는 소득정책의 일환으로 노사 간 임금교섭방식에 많이 활용된다.
② 생산성임금제는 실질임금상승률을 부가가치 생산성상승률과 일치시키는 방법이다.
③ 생산성임금제는 노조의 과도한 임금상승요구나 사용자의 임금억제를 동시에 제어할 수 있다.
④ 생산성임금제는 이론적으로 노동소득분배율을 고정시킬 수 있다.

67 최저임금제도의 효과에 관한 설명으로 틀린 것은?

① 소득의 계층별 분배를 개선할 수 있다.
② 기업 간의 공정경쟁을 확보할 수 있다.
③ 산업구조의 고도화에 기여할 수 있다.
④ 10대, 여성, 고령자 등 취약계층의 고용 확대를 가져올 수 있다.

68 취업자 수가 80만명, 비경제활동인구가 600만명이며, 경제활동참가율이 60%라고 할 때 실업률은 얼마인가? (단, 소수점 둘째 자리에서 반올림)

① 9.1% ② 10.1%
③ 11.1% ④ 12.1%

69 직무급에 관한 설명으로 가장 거리가 먼 것은?

① 신분이나 개인의 속성에 예속된 임금결정방식이 아니라 직무에 의한 임금결정방식이다.
② 동일가치의 직무에는 동일한 임금이라고 하는 원칙을 명확히 함으로써 임금배분의 공평성을 기할 수 있는 방식이다.
③ 생활급과는 차이가 있기 때문에 경영의 합리화, 근로의욕의 제고, 노동생산성의 향상을 기할 수 있는 임금결정방식이다.
④ 임금격차는 직무 간의 격차에 의한 것이므로, 노동의 양과 질을 평가하는 임금결정방식은 아니다.

70 고임금 경제하의 노동수요곡선에 관한 설명으로 옳은 것은?

① 한계생산력이 임금과는 무관하다고 가정한다.
② 고임금의 경제가 존재하지 않을 때에 비해 임금상승에 따른 고용감소 효과가 상대적으로 작다.
③ 노동수요곡선이 우상향한다.
④ 노동수요곡선이 수평선의 형태를 취한다.

71 다음 중 성과급제의 장점과 가장 거리가 먼 것은?

① 생산성 향상에 기여한다.
② 근로 중 사고의 위험을 줄인다.
③ 노동자의 소득증대에 기여한다.
④ 직접적인 감독의 필요성을 줄인다.

72 민서-폴라첵(Mincer-Polachek) 가설을 근거로 여성의 경력단절에 의한 임금손실을 분해한 요인이 아닌 것은?

① 인적자본의 부식에 따른 임금감소분
② 근속년수 상실에 의한 임금감소분
③ 경력단절의 예상으로 투자되지 않은 인적자본으로 야기된 임금감소분
④ 노동시장에서 임금 및 고용차별에 의한 임금의 감소분

73 실업기간을 확장시키는 요인과 가장 거리가 먼 것은?

① 높은 의중임금(reservation wage)
② 직업탐색의 기대 한계편익 증가
③ 높은 실업급여
④ 노동의 한계생산성 증가

74 경제가 불황에 놓여 실업률이 상승할 때 가구주의 배우자나 자녀와 같은 추가적인 노동자가 노동시장에 공급되어 실업률이 증가되는 효과는?

① 부가노동자 효과　　② 실망노동자 효과
③ 대체노동자 효과　　④ 기대참여 효과

75 만약 우리나라 근로자의 20%가 새로운 직장을 구하기 위해 사표를 냈으며 그들의 평균탐색기간이 약 3개월이라면 이 경우의 마찰적 실업률은?

① 2%　　　　　　② 3%
③ 4%　　　　　　④ 5%

76 단기 필립스곡선을 원점 방향으로 이동시키는 요인과 가장 거리가 먼 것은?

① 예상가격상승률의 인상
② 노동시장을 보다 경쟁적으로 만드는 정책
③ 노동시장의 효율성을 증대시키는 정책
④ 지역 간 실업률 격차를 줄일 수 있는 정책

77 내부노동시장에 관한 설명으로 틀린 것은?

① 내부노동시장은 사용자와 피고용인 간의 고용관계가 장기간 지속될 것으로 기대되는 경우 형성된다.
② 공공부문의 근로자에 대한 인적자원정책이 일반적으로 법으로 명시되어 있을 경우 이들은 내부노동시장의 영향을 강하게 받게 된다.
③ 대부분 소규모기업의 근로자가 내부노동시장에 의해 강하게 영향을 받게 된다.
④ 근로자의 보수가 외부노동시장의 영향을 받지 않도록 하기 때문에 내부노동시장은 근로자들에게 회사가 공정한 고용정책을 수행하고 있다는 인식을 주어 근로자의 동기부여와 충성심을 제고시킬 수 있다.

78 지식기반사회에서는 근로자 경영참가의 필요성이 강조되고 있다. 그 논리로서 가장 적합한 것은?

① 경영참가로 경쟁이 촉진되면 생산성이 향상된다.
② 근로자들의 권한 증가로 정보의 비대칭성이 감소한다.
③ 물적자산과 마찬가지로 인적자본의 재산권이 존중되면 역선택이 감소한다.
④ 팀작업을 통한 경영참가로 숙련형성이 이루어지면 주인-대리인 문제가 감소한다.

79 경제적 조합주의(economic unionism)에 관한 설명으로 틀린 것은?

① 노사관계를 이해조정이 가능한 비적대적 관계로 이해한다.
② 노동자의 경영참가를 적극 실현하고자 한다.
③ 노동조합운동의 목적을 노동자들의 근로 및 생활조건의 개선에 둔다.
④ 노동조합운동의 정치로부터의 독립을 특징으로 한다.

80 노동조합의 임금효과에 관한 설명으로 틀린 것은?

① 노동조합이 임금인상을 관철하게 되면, 조직부분에서 해고된 근로자들이 비조직부문으로 이동하여 비조직부문의 임금이 하락한다.

② 동종 산업의 일부 기업에 노조가 조직될 때, 노조가 조직되어 있지 않은 기업에서 과거에 비해 임금을 자발적으로 높게 인상하려고 한다.

③ 노조의 조직화로 임금이 높아지면, 비조직부문 근로자들이 조직부문에 취업하려고 이동하기 때문에 비조직부문의 임금이 인상된다.

④ 조직부문과 비조직부문 간의 임금격차는 호경기에 확대되고 불경기에 감소하게 된다.

---

81 헌법상 노동관계조항에 대한 설명으로 틀린 것은?

① 국가는 근로의 의무의 내용과 조건을 민주주의원칙에 따라 법률로 정한다.

② 국가는 사회적·경제적 방법으로 근로자의 고용의 증진과 적정임금의 보장에 노력하여야 한다.

③ 여자의 근로는 특별한 보호를 받으며, 고용·임금 및 근로조건에 있어서 부당한 차별을 받지 아니한다.

④ 전몰군경은 본인에 한하여 우선적으로 근로의 기회를 부여받는다.

82 헌법상 노동 3권에 해당되지 않는 것은?

① 단체교섭권　　② 단결권
③ 평등권　　④ 단체행동권

---

83 다음 중 상시 4인 이하의 근로자를 사용하는 사업장에 적용되지 않는 근로기준법의 규정으로만 짝지어진 것은?

> ㄱ. 근로조건의 명시
> ㄴ. 폭행의 금지
> ㄷ. 위약예정의 금지
> ㄹ. 휴업수당
> ㅁ. 휴일
> ㅂ. 부당해고의 구제신청

① ㄱ, ㄷ　　② ㄴ, ㅁ
③ ㄷ, ㄹ　　④ ㄹ, ㅂ

84 근로기준법령상 경영상의 이유에 의해 일정규모 이상 인원의 해고 계획을 고용노동부장관에게 신고할 때 포함해야 하는 사항이 아닌 것은?

① 해고 사유
② 해고 예고 수당
③ 해고 예정 인원
④ 근로자대표와 협의한 내용

85 근로기준법상 노동위원회가 부당해고가 성립한다고 판정하여 사용자에게 구제명령을 할 때에 근로자가 원직복직을 원하지 아니하는 경우 명할 수 있는 것으로 옳은 것은?

① 구제신청을 기각할 수 있다.

② 근로자가 원직에 복직한다면 1년간 근로를 제공하고 받을 수 있는 임금 상당액 이상의 금품을 근로자에게 지급하도록 명할 수 있다.

③ 근로자가 해고기간 동안 근로를 제공하였더라면 받을 수 있었던 임금 상당액 이상의 금품을 근로자에게 지급하도록 명할 수 있다.

④ 근로자가 해고기간 동안 근로를 제공하였더라면 받을 수 있었던 임금 상당액 이상의 금품과 평균임금 3개월분에 해당하는 위자료를 지급하도록 명할 수 있다.

86 근로기준법상 취업규칙에 관한 설명으로 틀린 것은?

① 상시 10명 이상의 근로자를 사용하는 사용자
는 취업규칙을 작성하여 고용노동부장관에게
신고하여야 한다.

② 취업규칙에서 근로자에 대하여 감급(減給)의
제재를 정할 경우에 그 감액은 1회의 금액이
평균임금의 1일분의 10분의 1을, 총액이 1임
금지급기의 임금 총액의 2분의 1을 초과하지
못한다.

③ 취업규칙에서 정한 기준에 미달하는 근로조건
을 정한 근로계약은 그 부분에 관하여는 무효
로 하며, 이 경우 무효로 된 부분은 취업규칙
에 정한 기준에 따른다.

④ 고용노동부장관은 법령이나 단체협약에 어긋
나는 취업규칙의 변경을 명할 수 있다.

87 남녀고용평등과 일 · 가정 양립 지원에 관한 법률상
남녀의 평등한 기회보장 및 대우에 관한 사항에 해당
하지 않는 것은?

① 임금
② 임금 이외의 금품
③ 정년
④ 육아시간

88 남녀고용평등과 일 · 가정 양립 지원에 관한 법령상
육아휴직에 관한 설명으로 옳은 것은?

① 육아휴직은 만 6세 이하의 초등학교 취학전
자녀를 둔 여성근로자만이 청구할 수 있다.

② 사업주는 같은 영유아에 대하여 근로자의 배
우자가 육아휴직을 하고 있는 경우라도 그 근
로자에게 육아휴직을 허용하여야 한다.

③ 육아휴직기간은 2년 이내로 한다.

④ 육아휴직을 신청한 근로자는 휴직개시예정일
의 7일 전까지 사유를 밝혀 그 신청을 철회할
수 있다.

89 고용상 연령차별금지 및 고령자고용촉진에 관한 법
령상 운수업의 고령자 기준고용률은?

① 그 사업장의 상시 근로자 수의 100분의 1
② 그 사업장의 상시 근로자 수의 100분의 3
③ 그 사업장의 상시 근로자 수의 100분의 5
④ 그 사업장의 상시 근로자 수의 100분의 6

90 고용상 연령차별금지 및 고령자고용촉진에 관한 법
률상 정부의 고령자 취업지원에 관한 설명으로 틀린
것은?

① 고용노동부장관은 고령자의 고용을 촉진하기
위하여 고령자와 관련된 구인·구직 정보를 수
집하고 구인·구직의 개척에 노력하여야 하며
관련 정보를 구직자·사업주 및 관련 단체 등에
제공하여야 한다.

② 고용노동부장관은 고령자의 고용을 촉진하고
직업능력의 개발·향상을 위하여 고령자를 대
상으로 대통령령으로 정하는 바에 따라 직업
능력개발훈련을 실시하여야 한다.

③ 고용노동부장관은 필요하다고 인정하면 고령
자를 고용하고 있거나 고용하려는 사업주에게
채용, 배치, 작업시설, 작업환경 등 고령자의
고용관리에 관한 기술적 사항에 대하여 상담,
자문, 그 밖에 필요한 지원을 하여야 한다.

④ 고용노동부장관은 사업주가 고령자의 고용촉
진을 위하여 필요한 교육이나 직업훈련 등을
실시할 경우 그 비용의 전부를 지원하여야 한
다.

91 파견근로자보호 등에 관한 법령상 근로자파견이 금
지되는 업무는?

① 개인보호 및 관련 종사자의 업무
② 전화통신 판매 종사자의 업무
③ 여객자동차운송사업의 운전업무
④ 정규교육 이외 교육 준전문가의 업무

92 파견근로자보호 등에 관한 법률상 근로자파견사업 허가를 받을 수 있는 자는?

① 파산선고를 받고 복권되지 아니한 자
② 근로자파견사업의 허가가 취소된 후 2년이 경과된 자
③ 법인으로서 임원 중 금고이상의 형의 집행유예선고를 받고 그 유예기간 중에 있는 자가 있는 법인
④ 최저임금법 제6조를 위반하여 벌금이상의 형(집행유예 제외)의 선고를 받고 그 집행이 종료되거나 집행을 받지 아니하기로 확정된 후 3년이 경과된 자

93 고용정책 기본법상 취업기회의 균등한 보장을 위하여 합리적인 이유 없이 차별을 금지하고 있는 사항이 아닌 것은?

① 출신지역　　② 출신학교
③ 성별　　　　④ 국적

94 고용정책 기본법상 근로자 및 사업주 등의 책무에 관한 설명으로 틀린 것은?

① 근로자는 자신의 적성과 능력에 맞는 직업을 선택하여 직업생활을 하는 기간 동안 끊임없이 직업능력을 개발하고, 직업을 통하여 자기발전을 도모하도록 노력하여야 한다.
② 노동조합과 사업주단체는 근로자의 직업능력 개발을 위한 노력과 사업주의 근로자 직업능력 개발, 고용관리 개선, 근로자의 고용안정 촉진 및 고용평등의 증진 등을 위한 노력에 적극 협조하여야 한다.
③ 사업주는 사업에 필요한 인력을 스스로 양성하고, 자기가 고용하는 근로자의 직업능력을 개발하기 위하여 노력하며, 근로자가 그 능력을 최대한 발휘하면서 일할 수 있도록 고용관리의 개선, 근로자의 고용안정 촉진 및 고용평등의 증진 등을 위하여 노력하여야 한다.

④ 직업안정기관의 장은 근로자의 모집·채용 또는 배치, 직업능력 개발, 승진, 임금체계, 그 밖에 기업의 고용관리에 관하여 사업주, 근로자 대표 또는 노동조합 등으로부터 지원 요청을 받으면 고용정보 등을 활용하여 상담·지도 등의 지원을 하여서는 아니된다.

95 직업안정법상 신고를 하지 아니하고 무료직업소개사업을 할 수 있는 경우에 해당하지 않는 것은?

①「한국산업인력공단법」에 따른 한국산업인력공단이 하는 직업소개
②「근로자직업능력 개발법」에 따른 지정직업훈련시설의 장이 훈련생·수료생을 대상으로 하는 직업소개
③「장애인고용촉진 및 직업재활법」에 따른 한국장애인고용공단이 장애인을 대상으로 하는 직업소개
④ 교육관계법에 따른 각급 학교의 장이 재학생·졸업생을 대상으로 하는 직업소개

96 직업안정법상 근로자공급사업에 관한 설명으로 틀린 것은?

① 국내 근로자공급사업은 노동조합만 사업의 허가를 받을 수 있다.
② 연예인을 대상으로 하는 국외 근로자공급사업은 금지된다.
③ 제조업자의 경우 국외 근로자공급사업 허가를 받을 수 있다.
④ 국외 근로자공급사업을 하고자 하는 경우 일정한 자산 및 시설을 갖추어야 한다.

97 고용보험법상 구직급여의 수급요건으로 틀린 것은?

① 이직일 이전 18개월간 피보험 단위기간이 통산하여 180일 이상일 것
② 근로의 의사와 능력이 있음에도 불구하고 취업(영리를 목적으로 사업을 영위하는 경우를 포함)하지 못한 상태에 있을 것

③ 재취업을 위한 노력을 적극적으로 할 것

④ 최종 이직 당시 일용근로자이었던 자는 수급자격 인정신청일 이전 1개월 동안의 근로일수가 15일 미만일 것

98 다음 (　　)에 알맞은 것은?

> 장애인고용촉진 및 직업재활법상 국가와 지방자치단체의 장은 장애인을 소속 공무원 정원에 대하여 다음 구분에 해당하는 비율 이상 고용하여야 한다.
> − 2017년 1월 1일부터 2018년 12월 31일까지: 1천분의 32
> − 2019년 이후: (　　　)

① 1천분의 33　　　② 1천분의 34
③ 1천분의 35　　　④ 1천분의 36

99 근로자직업능력 개발법령상 근로자에게 직업에 필요한 기초적 직무수행능력을 습득시키기 위하여 실시하는 직업능력개발훈련은?

① 향상훈련　　　② 집체훈련
③ 양성훈련　　　④ 현장훈련

100 고용보험법상 피보험자격의 취득 및 상실에 관한 설명으로 틀린 것은?

① 고용보험법 적용 제외 근로자였던 자가 고용보험법의 적용을 받게 된 경우에는 그 적용을 받게 된 날에 피보험자격을 취득한다.

② 보험관계 성립일 전에 고용된 근로자의 경우에는 그 보험관계가 성립한 날에 피보험자격을 취득한다.

③ 보험관계가 소멸한 경우에는 그 보험관계가 소멸한 날의 다음 날에 피보험자격을 상실한다.

④ 피보험자가 이직한 경우에는 이직한 날의 다음 날에 피보험자격을 상실한다.

제1과목　고급 직업상담학

01	02	03	04	05	06	07	08	09	10
④	②	③	③	①	②	③	②	②	①
11	12	13	14	15	16	17	18	19	20
④	③	②	④	①	①	②	③	③	③

01 REBT는 인간의 복합성과 유연성을 가정하며, 인간은 합리적 또는 비합리적 사고를 할 수도 있다고 가정한다. REBT 상담에서는 인간이 자신의 인지, 정서, 행동을 변화시킬 수 있다고 본다.

02 포괄적 직업상담의 단계 : 진단 → 명료화 및 해석 → 문제해결

03 브레이필드(Brayfield)의 정보의 기능 3가지
- 정보적 기능 : 내담자의 직업선택에 관한 지식을 증가시켜주는 기능
- 재조정 기능 : 내담자가 부적당한 직업을 선택했는지 재조정해보는 기능
- 동기화 기능 : 내담자가 의사결정과정에 적극 참여하도록 동기화시키는 기능

04 상담 종결 시에는 상담과정을 요약하고 상담목표 달성 여부와 상담에 대한 만족도를 평가하는 등의 활동이 이루어진다.

05 패터슨(Patterson)의 직업정보 활용의 원리
- 정보는 내담자의 입장에서 필요할 때만 제공한다.
- 내담자 스스로 직업정보를 찾도록 격려한다.
- 내담자에게 영향을 미치려고 하거나, 조작 혹은 평가적 방법을 사용하지 않는다.
- 직업정보 제공 후 직업과 일에 대한 내담자의 감정과 태도가 자유롭게 표현되도록 한다.

06 ② 직업 대안을 대조하는 방식으로 의사결정을 촉진하는 방법이며 '6개의 생각하는 모자' 기법과는 관련이 없다.

07 슈퍼(Super)의 발달적 직업상담 단계
- 문제탐색 및 자아개념 묘사 : 비지시적 방법으로 내담자의 문제탐색 및 자아개념을 묘사한다.
- 심층적 탐색 : 지시적 방법으로 내담자의 문제를 심층적으로 탐색한다.
- 자아수용 및 자아통찰 : 비지시적 방법으로 내담자의 문제를 스스로 자아수용 및 자아를 통찰하게 한다.
- 현실검증 : 지시적 방법으로 심리검사와 직업정보를 분석하여 현실을 검증한다.
- 태도와 감정의 탐색과 처리 : 비지시적 방법으로 현실검증을 통해 태도와 감정을 탐색하고 처리한다.
- 의사결정 : 비지시적 방법으로 자신의 직업을 결정한다.

08 윌리엄슨(Williamson)의 '흥미와 적성의 모순'은 크라이티스(Crites)의 '비현실형' 문제유형과 유사하며 이는 흥미는 있으나 적성에 맞지 않는 직업을 선택한 유형을 의미한다.

09 직업상담사 윤리강령에 상담 중 내담자와 관련된 인물과 면담하지 않는다는 내용은 포함되어 있지 않다. 필요하다면 가족이나 중요한 타인 등과 면담할 수 있다.

10 생애진로사정의 구조 중 일 경험, 교육훈련 경험, 여가 등과 같은 정보에 대해 탐색하는 단계는 진로사정의 단계이다.

11 상담사는 자신의 한계와 욕구를 인식하고 이를 해결하려는 노력을 지속적으로 해 나가야 한다.

12 프로이트(Freud)의 발달단계 중 남근기(3~5세)에 대한 설명으로 프로이트는 오이디푸스 콤플렉스, 엘렉트라 콤플렉스가 나타나는 시기로 설명하기도 하였다.

13 프리맥(Premack)의 원리는 강화원리로, 일어날 확률이 높은 행동이 확률이 낮은 행동을 강화한다는 것이다. 아동을 대상으로 '놀기'와 '먹기' 중 더 선호되는 행동을 찾아 덜 선호하는 행동을 한 다음 선호하는 행동을 할 수 있도록 하면 행동 비율이 낮았던 행동이 증가한다는 원리이다.

14 자기노출에 위협을 느끼는 내담자는 덜 위협적인 집단상담의 환경에서 점진적으로 자기노출을 할 수 있도록 하는 것이 좋다. 자신의 내면적 탐색을 깊이 해야 할 필요가 있는 내담자는 개인의 문제에

더 집중할 수 있는 개인상담이 더 적합하다.

15 반두라(Bandura)는 인지적 명확성에 대해 자기효능감의 관점으로 설명하였으며, 자기효능감이란 어떤 과제에 대해 성공적으로 수행할 수 있을 것이라는 주관적 자기평가이다.

16 변별학습은 몇 가지의 대안 중에서 적절한 것을 선택하도록 하는 학습촉진 기법이다. 다양한 속성 중에서 특별한 기준에 따라 적절한 것을 선택하도록 하는 학습형태이다.

17 코틀(Cottle)의 원형검사는 과거와 현재와 미래에 대한 원을 그리도록 함으로써 시간차원에 대한 개인의 주관적 지각을 탐색하는 기법이다. 원의 크기는 시간차원에 대한 친밀감, 원과 원 사이의 거리는 시간차원의 연결구조를 의미한다.

18 불안을 감소시키는 행동주의 상담기법으로, 근육이완훈련을 통해 불안을 단계적으로 완화하는 체계적 둔감법에 관한 설명이다.

19 상담자의 의도에 맞춰 내담자를 설득하는 기술은 상담자의 자기개발을 위한 노력과는 관련이 없다.

20 ① 보딘(Bordin)은 정신역동적 직업상담의 대표적 학자이다.
④ 직업상담자의 적극적 역할을 중시하는 것은 특성-요인 직업상담에 대한 설명이다.

제2과목 고급 직업심리학

21	22	23	24	25	26	27	28	29	30
②	④	③	③	③	①	④	④	①	④

31	32	33	34	35	36	37	38	39	40
①	②	④	③	③	④	④	③	③	②

21 웩슬러(Wechsler) 성인지능검사
- T점수를 이용하는 대표적인 검사는 MMPI와 웩슬러 지능검사가 있다(평균 100, 표준편차 15).
- 언어성 검사와 동작성 검사의 2개의 하위검사로 구성된다.
- 하위검사는 6개와 5개의 소검사로 구성된다.
- 반응내용, 반응방식, 언어적 표현방식, 검사행동 방식 등을 토대로 개인의 독특한 심리특성을 알 수 있다.

22 표준점수 = (원점수 − 평균) ÷ 표준편차
= (72 − 60) ÷ 4 = 3
T점수 = 10 × 표준점수(Z) + 50
= 10 × 3(표준점수) +50 = 80

23 ③ 반응의 풍부함은 투사적 검사의 장점이다.

24 추동감소이론
- 개체 내부에 있는 힘이 행동을 활성화한다는 것으로 프로이트가 제안했다.
- 동기에 대해 설명하면서 처음으로 심적 에너지라는 개념을 사용했다.
- 심적 에너지는 어떤 요구가 있을 때 축적된다.
- 심적 에너지를 행동으로 옮기는 것으로 요구를 만족시킨다.
- 요구 발생 → 심적 에너지 축적 → 행동 생성 → 요구 만족(소멸)

25 타이드만의 진로발달이론
- 타이드만과 오하라는 자아발달, 개인의 종합적인 인지발달과 의사결정 과정을 중점으로 발달이론을 제시했다
- 개인들이 자신의 심리사회적 위기를 해결해 나감이 일에 대한 태도와 자아가 발달한다.
- 자아정체감이 발달하면서 진로 관련 의사결정도 이루어진다.

26 존재 · 관계성 · 성장(ERG) 이론
- 존재 욕구 : 물리적인 것으로 환경적 요인에 의해 만족하는 것(음식, 물, 봉급 등)
- 관계성 욕구 : 의미 있는 타인과의 관계를 의미 (동료 작업자, 가족, 이웃, 친구 등)
- 성장 욕구 : 인간적 발전에 대한 열망(자아실현)

27 ㄱ. 직업적 포부의 발달(Gottfredson) : 사람들은 자신의 이미지에 맞는 직업을 원하므로 직업발달에서 자아개념은 진로선택의 중요한 요인으로 본다.
ㄴ. 욕구이론(Roe) : 개인의 욕구가 직업선택에 큰 영향을 준다고 본다.

28 직업성격적 차원으로는 민첩성, 역량, 리듬, 지구력의 4가지가 있다.

29 역U형 가설은 스트레스의 수준이 너무 낮거나 너무 높으면 우리의 건강이나 작업능률이 낮아지며, 스트레스 수준이 적당하면 건강도 최적 수준으로 유지되며 작업능률도 최대가 된다는 가설이다.

30 경력개발 담당자의 역할 및 역량 : 평가자, 그룹진행자, 경력개발상담자, 자료개발자, 강사, 마케터, 분석자, 프로그램운영자, 프로그램기획자, 이론가, 변화촉진자, 성과분석가, 행정담당자

31 긴즈버그(Ginzberg)의 직업발달이론의 제한점
- 표집대상은 앵글로 색슨계의 중상류층, 도시 지역, 신교도, 가톨릭의 남자였다.
- 표집대상의 교육수준은 고등학교 졸업부터 대학원까지 해당된다.
- 표집의 특성상 연구결과의 적용은 제한적이었다.
- 특히 여성과 소수인종, 농촌이나 도시 빈민층 역시 제외되었다.

32 ① 개인 내 역할갈등(개인이 수행하는 직무의 요구와 개인의 가치관이 다를 때)
② 개인 간 역할갈등(직업에서의 요구와 직업 이외의 요구 간의 갈등)
③ 송신자 내 갈등(업무의 지시자가 서로 배타적이고 양립할 수 없는 요구를 요청할 때)
④ 송신자 간 갈등(두 명 이상의 요구가 갈등을 일으킬 때)

33 사회적 성격 유형은 다른 사람과 함께 일하거나 다른 사람을 돕는 것을 즐긴다. 기계적이고 과학적인 능력이 부족하다. 상담사, 사회복지사, 간호사, 학교 선생님 등.

34 직무수행이 시간이 지남에 따라 변한다고 여겨진다. 시간에 따른 수행의 변산성은 역동적 준거라고 불린다.

35 허즈버그(Herzberg)의 동기-위생이론
- 동기요인(만족) : 직무만족을 산출해내는 요인으로 일의 내용, 개인의 성취감, 책임수준, 개인의 발전과 향상 등
- 위생요인(불만족) : 관리규정, 감독형태, 대인관계, 조직혜택, 작업환경 등

36 타이드만과 오하라의 의사결정과정
- 예상기(탐색기 → 구체화기 → 선택기 → 명료화기)
- 실천기(순응기 → 개혁기 → 통합기)

37 ① 관찰법은 분석자가 직접 사업장을 방문하여 작업자의 직무활동을 상세하게 관찰하고 그 결과를 기술하는 방법이다.

② 면접법은 숙련된 기술과 기능을 보유한 작업자를 방문하여 면담으로 분석한다. 정확한 자료를 얻을 수 있으나 직무를 분석하는 데 많은 시간과 노력이 소요된다.
④ 중요사건법(결정적 사건법)은 작업 중에 일어나는 경험적 사례를 작업자들로부터 구체적 행동을 내용 분석해서 기술, 능력 등의 직위 요건들을 추론해내는 질적인 직무분석 기법이다.

38 신뢰도에 영향을 주는 요인
- 개인차 : 개인차가 클수록 검사점수의 변량이 커지며 그에 따라 신뢰도계수도 커진다.
- 문항 수 : 문항 수가 많을수록 신뢰도가 높다.
- 문항의 반응 수 : 문항의 반응 수가 많을수록 신뢰도가 높다.
- 속도검사의 신뢰도 : 문항 수가 많고 주어진 시간이 제한되어 있는 속도검사의 경우 특히 전후반 분법을 이용하여 신뢰도를 추정하는 것은 바람직하지 못하다. 그 이유는 응답자가 후반부로 갈수록 문항에 답할 충분한 시간이 없으므로 상대적으로 낮은 점수를 받게 되기 때문이다.

39 해크먼과 올드햄(Hackman & Oldham)의 직무특성이론
- 종업원들은 직무특성 5가지 요소와 개별 종업원의 성장 욕구 강도(Growth need strength)에 의해 이직·결근율이 낮아지고 동기 부여 되며, 업무 성과를 향상시킬 수 있다.
- 기본 전제는 ㉠ 직무가 다양하고, ㉡ 종업원들이 그 직무를 중요하게 직각할수록 ㉢ 조직의 과업 흐름과 일체감을 지각할수록 ㉣ 직무수행에 대한 자율성과 ㉤ 피드백을 받을수록 그들은 직무에 의미를 부여하고 책임감을 느끼기 때문에 결과적으로 조직성과에 긍정적 영향을 미친다.
- 종업원들의 직무를 통해 심리적 동기부여가 향상될수록 생산성이 증가한다.
- 직무수행자인 종업원 개인이 일을 통해 성장하고자 하는 성장욕구강도의 수준에 따라 직무결과는 달라질 수 있기 때문에 개인의 내적 동기부여 또한 중요함을 강조한다.
- 직무수행자인 종업원의 개인 차이를 고려해서 직무특성과 성과변수의 관계를 제시하여 실무적인 직무설계를 제시했다.

40 직업전환
- 직무의 목표선택
- 직무선택과 이력서 작성
- 직업훈련
- 변화에 대한 인지능력

 고급 직업정보론

41	42	43	44	45	46	47	48	49	50
①	③	③	④	②	④	①	③	①	①
51	52	53	54	55	56	57	58	59	60
①	②	①	④	①	④	②	①	③	④

41 공공직업정보는 지속적으로 제공되는 특징을 갖고 있다.

42 힘든 작업은 40kg/20kg 정도, 보통 20kg/10kg 정도, 아주 힘든 작업 40kg 이상/20kg 이상

43 직업정보 시스템에서는 업무수행능력을 상대적 중요성(적합성)으로 표기한다. 예를 들어, 물류관리전문가 서비스 지향 능력 = 88점, 헤드헌터 = 100점이다.

44
- 매우 밝음 : 상위 10% 이상
- 밝음 : 상위 20% 이상
- 보통 : 중간 이상
- 전망 안 좋음 : 감소 예상 직업

45 ② 정무직이나 선출직을 비롯하여 차관급 이상의 업무를 수행하는 경우는 '1110 의회위원·고위공무원 및 공공단체임원'으로 분류한다.

46 취업시간, 수입, 최근 직업 순서이다.

47 직능유형을 중심으로 분류, 노동시장의 추세와 고용자 수를 감안하여 분류항목을 조정하였다.

48 직능유형 우선, 중분류 중심 체계(하나의 분류가 독립적 성격), 한국표준직업분류와 4단위에서 연계

49 출판, 영상, 방송통신 및 정보서비스업 대분류를 정보통신업으로 변경하였다.

50 강소, 청년친화, 대기업, 공무원/공기업/공공기관, 코스피/코스닥, 외국계기업, 벤처기업, 가족친화인증기업

51 제조활동으로 분류되어야 한다.

52 기업체는 하나 이상의 사업체로 구성될 수 있다는 점에서 사업체와 구분되며, 재무 관련 통계작성에 가장 유용한 단위이다.

53 아라비아숫자만 사용하도록 했다.

54 사회조사분석사, 직업상담사, 소비자전문상담사, 임상심리사, 컨벤션기획사, 국제의료관광코디네이터, 멀티미디어콘텐츠제작전문가, 스포츠경영관리사 등

55 훈련의 목적에 따른 직업능력개발훈련으로는 양성(신입), 향상(재직), 전직훈련이 있다. 집체, 현장, 통신, 혼합훈련은 훈련의 방법에 따른 분류이다.

56 문제해결, 의사소통, 대인관계, 조직이해, 자기개발, 정보, 기술, 수리, 자원관리, 직업윤리

57 응답에 영향을 줄 수 있다. 응답이 왜곡될 수 있다.

58 일반적인 것을 먼저 묻고 특수한 내용을 질문하는 방법이 유용하다.

59 최저임금적용효과에 관한 실태조사는 최저임금이 기업 경영과 고용에 미치는 효과, 사용자와 근로자가 느끼는 최저임금의 만족 등을 조사하여 향후 최저임금 심의 시 참고자료로 활용하기 위한 것이 조사 목적이다.

60 자영업 제외한 비임금근로자는 계속 증가세를 보여 3월에 45천 명이 증가하였다.

 노동시장론

61	62	63	64	65	66	67	68	69	70
①	③	④	①	①	②	④	③	④	②
71	72	73	74	75	76	77	78	79	80
②	④	④	①	④	①	③	③	②	④

61 임금 이외에 노동수요에 영향을 줄 수 있는 요인이 변해야 노동수요가 변한다. 노동수요가 변하면 노동수요곡선이 이동한다.

62 노동수요의 탄력성 $= \dfrac{\text{노동수요량 변화율}}{\text{임금 변화율}}$

$$= \frac{\Delta L/L}{\Delta W/W} = \frac{\dfrac{50\text{명}}{500\text{명}}}{\dfrac{50\text{명}}{200\text{만원}}} = 2$$

63 기업은 일반적 훈련투자를 회피하는 경향을 가지며 기업특수적 훈련투자를 선호하는 경향성을 갖는다.

64 노동공급탄력성이 (−)값이면 임금이 상승할 때 노동공급량은 감소한다는 뜻이다. 즉, 노동공급곡선이 후방굴절되는 경우이므로 소득효과가 대체효과보다 크다.

65 최저임금이 Whigh 수준에서 결정되면 노동수요량은 ED 수준으로 감소하고 노동공급량은 Es수준으로 증가한다. 따라서 ED~ES만큼의 노동의 초과공급(실업)이 발생한다. 이 경우 균형고용수준 대비 노동수요량 감소로 유발된 것을 비자발적 실업으로 판단하게 되면 ED~E*만큼이 이에 해당한다.

66 생산성임금제는 명목임금상승률을 부가가치생산성상승률과 일치시키는 임금제도를 의미한다.

67 최저임금제도의 부정적 효과 중에서 대표적인 것이 실업의 발생 가능성이다. 청소년, 여성, 고령자와 같은 취약계층은 기업이 선호하지 않음에도 임금수준이 낮아서 고용하고 있는 경우가 많은데 최저임금으로 이들의 임금이 인상되면 그만큼 고용가능성은 낮아질 수 있다.

68

15세 이상 인구 (1400만+X) ─┬─ 경제활동인구 800만+X ─┬─ 취업자 800만
　　　　　　　　　　　　　　　　　　　　　　　　　　└─ 실업자 X
　　　　　　　　　　　　　　└─ 비경제활동인구 600만

$$경제활동참가율 = \frac{경제활동인구}{15세\ 이상\ 인구} \times 100$$

$$= \frac{800만 + X}{1400만 + X} \times 100 = 60\%$$

위 식의 양변에 (1400만+X)를 곱하면 (800만+X)×100=60×(1400만+X)

따라서 X=100만, 경제활동인구=900만

$$실업률 = \frac{실업자}{경제활동인구} \times 100 = \frac{100만}{900만} \times 100$$

=11.1%(소수 둘째 자리에서 반올림)

69 직무급은 직무의 상대적 가치에 따라 임금을 결정한다. 노동의 양과 질을 평가하여 각 직무별 상대적 가치가 결정된다.

70 고임금경제가 존재할 경우에는 임금이 상승하면 노동생산성이 증가하기 때문에 기업은 임금상승에 따른 비용증가에 대응하여 고용을 줄이는 정도가 그렇지 않은 경우보다 작기 때문에 노동수요는 더 비탄력적으로 변한다.

71 성과급과 사고위험 감소는 거리가 멀다.

72 남녀 간의 임금격차를 출산 및 육아와 관련된 여성의 경력단절 측면에서 설명하는 가설이다. 여성의 비연속적 경제활동참가는 인적자본투자수익의 회수기간을 짧게 만들고 인적자본의 투자량 자체도 줄어들게 한다. 즉, 출산이나 육아 때문에 여성은 남성보다 상대적으로 근속기간도 짧고 교육투자 등 경력을 개발할 수 있는 기회도 적으며 인적자본의 부식(능력이나 기술 등을 지속적으로 유지·보수하지 않으면 쓸모없어지는 현상)으로 성별 간에 임금격차가 발생한다.

73 ①②③은 직업탐색기간을 길어지게 하므로 실업기간이 늘어날 수 있다. 노동의 한계생산성의 증가 노동수요에 영향을 미치는 요인으로 실업기간 확장과는 거리가 멀다.

75 $20\% \times \dfrac{3개월}{12개월} = 5\%$

76 예상가격상승률(예상물가상승률)의 인상은 필립스 곡선을 오른쪽으로 이동시키는(원점에서 멀어지게 하는) 원인이다. 앞으로 계속 물가가 상승할 것이라고 예상되면 노동자들의 임금인상 요구는 증대하며 그에 따라 기업들은 고용을 줄이는 방향으로 대응하여 물가와 실업률이 모두 증가하는 현상이 나타날 수 있는데 이렇게 되면 필립스곡선은 우측으로 이동한다.

77 내부노동시장은 주로 대기업에서 형성되기 쉽다.

78 지식기반경제에서 노동자는 인적자본의 소유자이다. 정보산업의 발달과 함께 지식근로자의 역할이 중시됨에 따라 이들의 일에 대한 적극성을 이끌어내기 위하여 사용자가 주도하는 형태의 경영참여가 필요하다는 견해가 부각되고 있다. 물적자산 소유자와 인적자본 소유자 간의 거래가 이루어질 때 서로 상대의 재산권을 존중할 때 서로 원원하는 결과를 얻을 수 있기 때문에 기업은 이를 위한 방편으로 노사공동결정(경영참가)을 취할 수 있다.

79 경제적 조합주의는 자유주의 전통이 가장 강력했던 영국의 노동운동 노선이다.
- 노동자들의 정치·경제·사회적 지위향상과 복지실현은 자본주의 체제하에서도 가능한 것으로 본다.
- 노동조합운동의 목적은 노동자들의 근로조건의 개선과 유지에 있으며 그 방법으로 단체교섭을 가장 중요한 것으로 파악한다.
- 경제적 조합주의는 경영전권을 인정하며 경영참여를 회피해온 노선이다(호황기에는 기업이윤 공동배분 투쟁, 불경기에는 대량해고가 경영실패 때문이므로 절대적으로 반대하는 투쟁).
- 노동조합의 독자성·자주성 확보 및 조합 내 민주주의 실현이 중요한 조직원리이며 운동의 기본 원칙이 된다.

80 노조 조직부문과 비조직부문 간의 임금격차는 호경기에 감소하고 불경기에 확대된다.

제5과목 노동관계법규

81	82	83	84	85	86	87	88	89	90
④	③	④	②	③	②	④	④	④	④

91	92	93	94	95	96	97	98	99	100
③	④	④	④	②	②	④	②	③	③

81 국가유공자·상이군경 및 전몰군경의 유가족은 법률이 정하는 바에 의하여 우선적으로 근로의 기회를 부여받는다(헌법 제32조 제6항).

82 노동3권이라 함은 단결권, 단체교섭권 및 단체행동권을 말한다.

83 휴업수당, 부당해고의 구제신청, 연차유급휴가, 연장·야간·휴일근로에 대한 가산수당지급, 생리휴가 규정 등은 상시 5인 이상의 근로자를 사용하는 사업장에만 적용된다(시행령 제7조, 별표1).

84 경영상의 이유에 의한 해고 계획의 신고 사항은 ① 해고 사유, ② 해고 예정 인원, ③ 근로자대표와 협의한 내용, ④ 해고 일정 등이다(시행령 제10조).

85 노동위원회는 구제명령을 할 때에 근로자가 원직복직을 원하지 아니하면 원직복직을 명하는 대신 근로자가 해고기간 동안 근로를 제공하였더라면 받을 수 있었던 임금 상당액 이상의 금품을 근로자에게 지급하도록 명할 수 있다(법 제30조 제3항).

86 취업규칙에서 근로자에 대하여 감급의 제재를 정할 경우에 그 감액은 1회의 금액이 평균임금의 1일분의 2분의 1을, 총액이 1임금지급기의 임금 총액의 10분의 1을 초과하지 못한다(법 제95조).

87 고용에 있어서 남녀의 평등한 기회보장 및 대우에 관한 사항은 ① 모집과 채용, ② 임금, ③ 임금 외의 금품, ④ 교육·배치 및 승진, ⑤ 정년·퇴직 및 해고 등이다(법 제8조~제11조).

88 ① 만 8세 이하 또는 초등학교 2학년 이하의 자녀(입양한 자녀를 포함)를 양육하기 위하여 육아휴직을 신청할 수 있다(법 제19조 제1항).
② 육아휴직을 시작하려는 날의 전날까지 해당 사업에서 계속 근로한 기간이 1년 미만인 근로자 또는 같은 영유아에 대하여 배우자가 육아휴직을 하고 있는 근로자에게는 육아휴직을 허용하지 아니할 수 있다(시행령 제10조).
③ 육아휴직기간은 1년 이내로 한다(법 제19조 제2항).

89 운수업, 부동산 및 임대업의 고령자 기준고용률은 그 사업장의 상시 근로자 수의 100분의 6이다(시행령 제3조).

90 고용노동부장관은 사업주가 고령자의 고용촉진을 위하여 필요한 교육이나 직업훈련 등을 실시할 경우 그 비용의 전부 또는 일부를 지원할 수 있다(법 제8조 제1항).

91 여객자동차운수사업법 제2조 제3호에 따른 여객자동차운송사업의 운전업무 및 화물자동차운수사업법 제2조 제3호에 따른 화물자동차운송사업의 운전업무는 파견금지업무이다(시행령 제2조 제5호 및 제6호).

92 파산선고를 받고 복권되지 아니한 자, 근로자파견사업의 허가가 취소된 후 3년이 경과되지 아니한 자, 법인으로서 그 임원 중 금고이상의 형의 집행유예선고를 받고 그 유예기간 중에 있는 자가 있는 법인은 근로자파견사업의 허가를 받을 수 없다(법 제8조).

93 사업주는 근로자를 모집·채용할 때에 합리적인 이유 없이 성별, 신앙, 연령, 신체조건, 사회적 신분, 출신지역, 학력, 출신학교, 혼인·임신 또는 병력 등을 이유로 차별을 하여서는 아니 되며, 균등한 취업기회를 보장하여야 한다(법 제7조 제1항).

94 직업안정기관의 장은 근로자의 모집·채용 또는 배치, 직업능력개발, 승진, 임금체계, 그 밖에 기업의 고용관리에 관하여 사업주, 근로자대표 또는 노동조합 등으로부터 지원 요청을 받으면 고용정보 등을 활용하여 상담·지도 등 필요한 지원을 하여야 한다(법 제29조 제2항).

95 근로자직업능력 개발법에 따른 공공직업훈련시설의 장이 재학생·졸업생 또는 훈련생·수료생을 대상으로 하는 직업소개의 경우에는 신고를 하지 아니하고 무료직업소개사업을 할 수 있다(법 제18조 제4항).

96 민법 제32조에 따른 비영리법인은 연예인을 대상으로 하는 국외 근로자공급사업의 허가를 받을 수 있다(법 제33조 제3항).

97 최종 이직 당시 일용근로자이었던 자는 수급자격 인정신청일 이전 1개월 동안의 근로일수가 10일 미만이어야 한다(법 제40조 제1항).

98 2019년 이후 : 1천분의 34(법 제27조 제1항)

99 ① 향상훈련 : 양성훈련을 받은 사람이나 직업에 필요한 기초적 직무수행능력을 가지고 있는 사람에게 더 높은 직무수행능력을 습득시키거나 기술발전에 맞추어 지식·기능을 보충하게 하기 위하여 실시하는 직업능력개발훈련
② 집체훈련 : 직업능력개발훈련을 실시하기 위하여 설치한 훈련전용시설이나 그 밖에 훈련을 실시하기에 적합한 시설에서 실시하는 방법
④ 현장훈련 : 산업체의 생산시설 또는 근무장소에서 실시하는 방법

100 보험관계가 소멸한 경우에는 그 보험관계가 소멸한 날에 피보험자격을 상실한다(법 제14조 제1항).

참고문헌

김병숙(2007), 직업심리학, 서울 : 시그마프레스

김병숙(2007), 직업상담심리학, 서울 : 시그마프레스

김병숙 역(2005), 직업심리학 핸드북 : 이론, 연구, 실제, 서울 : 시그마프레스

이현림 외(2003), 현대진로상담, 서울 : 학지사

김남순(2006), 발달심리학, 서울 : 교육과학사

김봉환 외(2013), 진로상담, 서울 : 학지사

김계현(2000), 상담심리학 연구, 서울 : 학지사

김충기(2000), 진로교육과 진로상담, 서울 : 동문사

박성희(2004), 질적 연구방법의 이해, 서울 : 도서출판 원미사

이장호(1997), 상담심리학, 서울 : 박영사

이희영(2003), 진로성숙과 상담, 서울 : 학지사

김병숙(2007), 직업정보론, 시그마프레스

이정미 편저(2017), 직업상담사 1급, 서원각

시대고시각(2016), 직업상담사 2급, (주) 시대고시각

통계청(2017), 한국표준산업분류

통계청(2008), 한국표준산업분류

통계청(2007), 한국표준직업분류

한국고용정보원(2017), 2017 한국직업전망

한국고용정보원(2015), 2015 한국직업전망

한국고용정보원(2012), 2012 한국직업사전

한국산업인력공단(2016), 국가전문자격시험 안내서

한국산업인력공단(2016), 국가기술 자격검정 안내서

http://www.moel.go.kr/

http://www.work.go.kr/seekWantedMain.do

http://www.hrd.go.kr/hrdp/ma/pmmao/index.do

http://www.q-net.or.kr/man001.do?gSite=Q

http://www.worktogether.or.kr/main.do

http://www.koreajobworld.or.kr/Index.do

http://www.ilmoa.go.kr/ilmoa_pub/main.do

https://www.pqi.or.kr/indexMain.do

MEMO

MEMO

MEMO